瀋陽年鑒

SHENYANG YEARBOOK

（总第三十二卷）

2016

沈阳市统计局 编

中国统计出版社
China Statistics Press

图书在版编目(CIP)数据

沈阳年鉴. 2016 / 沈阳市统计局编. —北京：中国统计出版社，2016.10
ISBN 978-7-5037-7994-7

Ⅰ. ①沈…　Ⅱ. ①沈…　Ⅲ. ①沈阳市—2016—年鉴
Ⅳ. ①Z523.11

中国版本图书馆 CIP数据核字(2016)第222374号

沈阳年鉴—2016

作　　者/ 沈阳市统计局
责任编辑/ 陈越月
装帧设计/ 杜春雷 阎力
出版发行/ 中国统计出版社
地　　址/ 北京市丰台区西三环南路甲6号 邮政编码/100073
电　　话/ 邮购（010）63376909 书店（010）68783171
网　　址/ http://csp.stats.gov.cn
印　　刷/ 沈阳大地印刷有限责任公司
经　　销/ 新华书店
开　　本/ 890mm × 1240mm 1/16
字　　数/ 1300千字
印　　张/ 31.25
版　　别/ 2016年10月 第1版
版　　次/ 2016年10月 第1次印刷
定　　价/ 200元

如有印装错误，本社发行部调换。

瀋陽数字

国土面积	12860	平方公里
户籍人口	730.4	万人
地区生产总值	7272.3	亿元
第一产业增加值	341.4	亿元
第二产业增加值	3474.2	亿元
第三产业增加值	3456.7	亿元
一般公共预算收入	606.2	亿元
一般公共预算支出	808.6	亿元
固定资产投资额	5326.0	亿元
社会消费品零售总额	3883.2	亿元
外贸进出口总额	140.8	亿美元
新签利用外资项目（合同）	137	个
实际利用外商直接投资额	10.6	亿美元
接待国际旅游者	65.0	万人次
城市居民人均可支配收入	36643	元
农村居民人均可支配收入	13486	元
城镇非私营单位在岗职工平均工资	61827	元

沈陽風采

SHENYANG FENG CAI

盛京大剧院

三好桥

富民桥亮化

北站金融商贸开发区

沈阳浑河

北陵公园

浑南中路环岛

沈陽風采

SHENYANG FENG CAI

沈阳环卫

桃仙机场T3航站楼

沈阳站

沈阳北站

沈阳南站

mixc
萬象城
Cartier

沈陽工業風采

SHENYANG GONG YE FENG CAI

沈鼓集团

东软生产车间

东北制药

悉尼盾构

北方重工

沈阳新松机器人

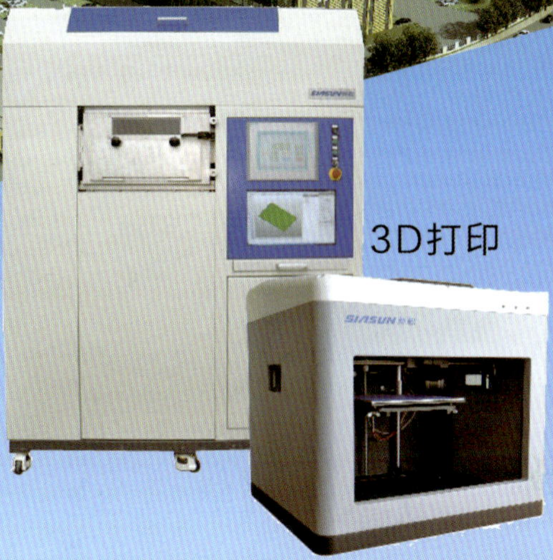

3D打印

沈阳远大集团建筑案例

机器人

沈阳远大集团

沈陽工業風采
SHENYANG GONG YE FENG CAI

正负800换流

特变电工全景

沈阳机床

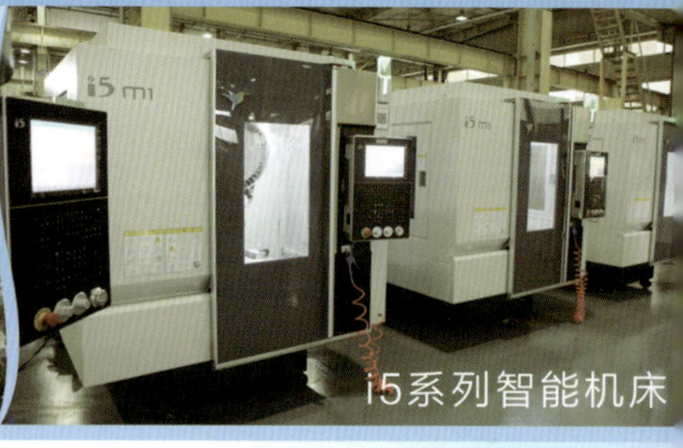
i5系列智能机床

华晨宝马

统计连着你我他 数据准确靠大家

统计数据要重视，做好工作靠法制。
诚信统计为宗旨，虚加水分真可耻。
要是数据不真实，依法处罚悔已迟。

什么是统计?

在实际应用中，人们对统计一词的理解一般有三种涵义：统计工作、统计资料和统计学。

1、统计工作。指利用科学的方法搜集、整理、分析和提供关于社会经济现象数量资料工作的总称，是统计的基础。

2、统计资料。指通过统计工作取得的、用来反映社会经济现象的数据资料的总称。统计工作所取得的各项数字资料及有关文字资料，一般反映在统计表、统计图、统计手册、统计年鉴、统计资料汇编和统计分析报告中。

3、统计科学。指研究如何搜集、整理和分析统计资料的理论与方法。统计工作、统计资料、统计科学三者之间的关系是：统计工作的成果是统计资料，统计资料和统计科学的基础是统计工作，统计科学既是统计工作经验的理论概括，又是指导统计工作的原理、原则和方法。

统计工作的任务

统计工作的任务体现为统计信息、统计咨询、统计监督三大职能。具体地说统计的基本任务是对经济社会发展情况进行统计调查、统计分析，提供统计资料和统计咨询意见，实行统计监督。

统计工作的过程

统计工作的过程是指统计部门进行统计业务活动的过程。主要分为统计设计、统计调查、统计整理、统计分析四个阶段。

地区生产总值及增长情况

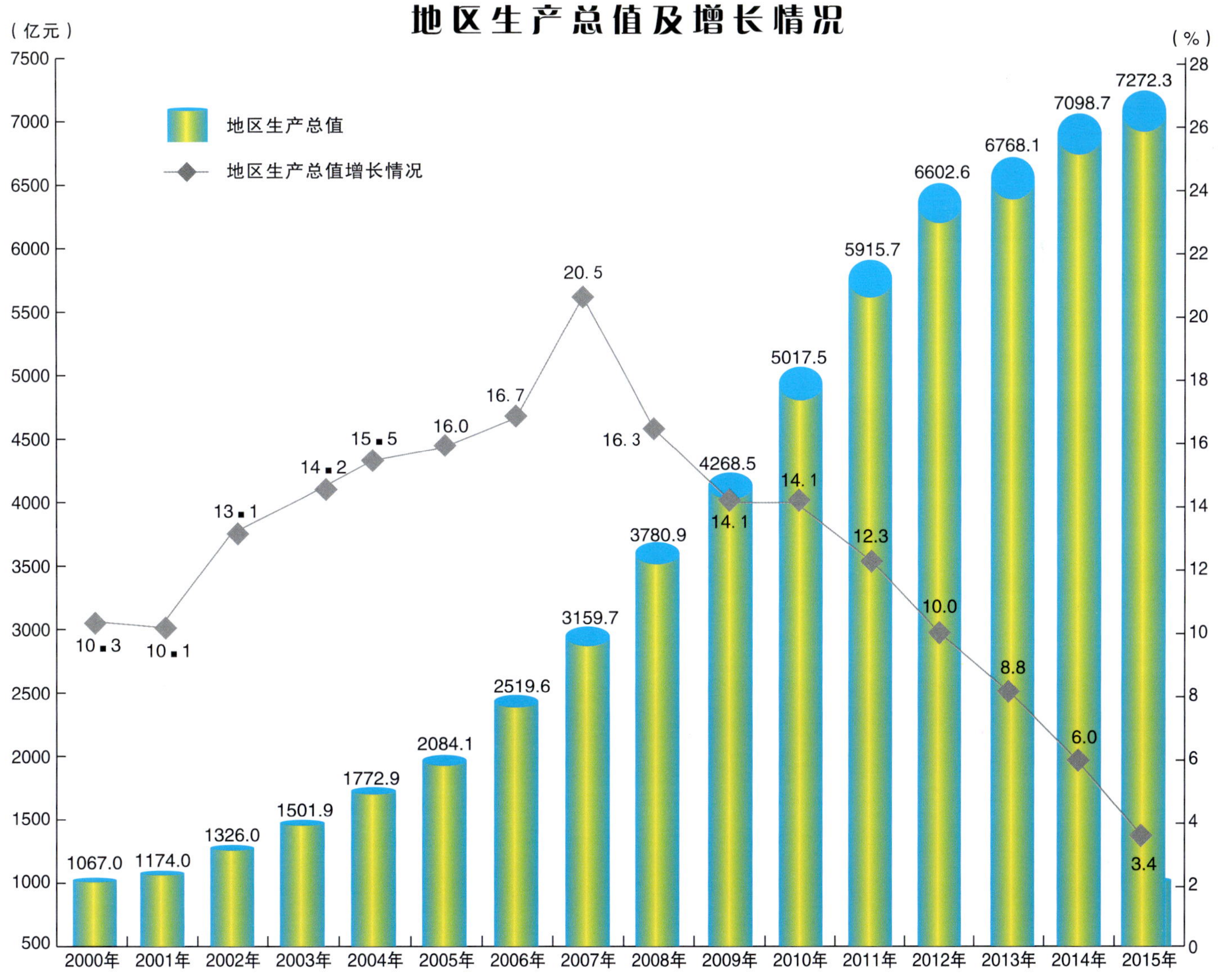

规模以上工业企业增加值及增长情况

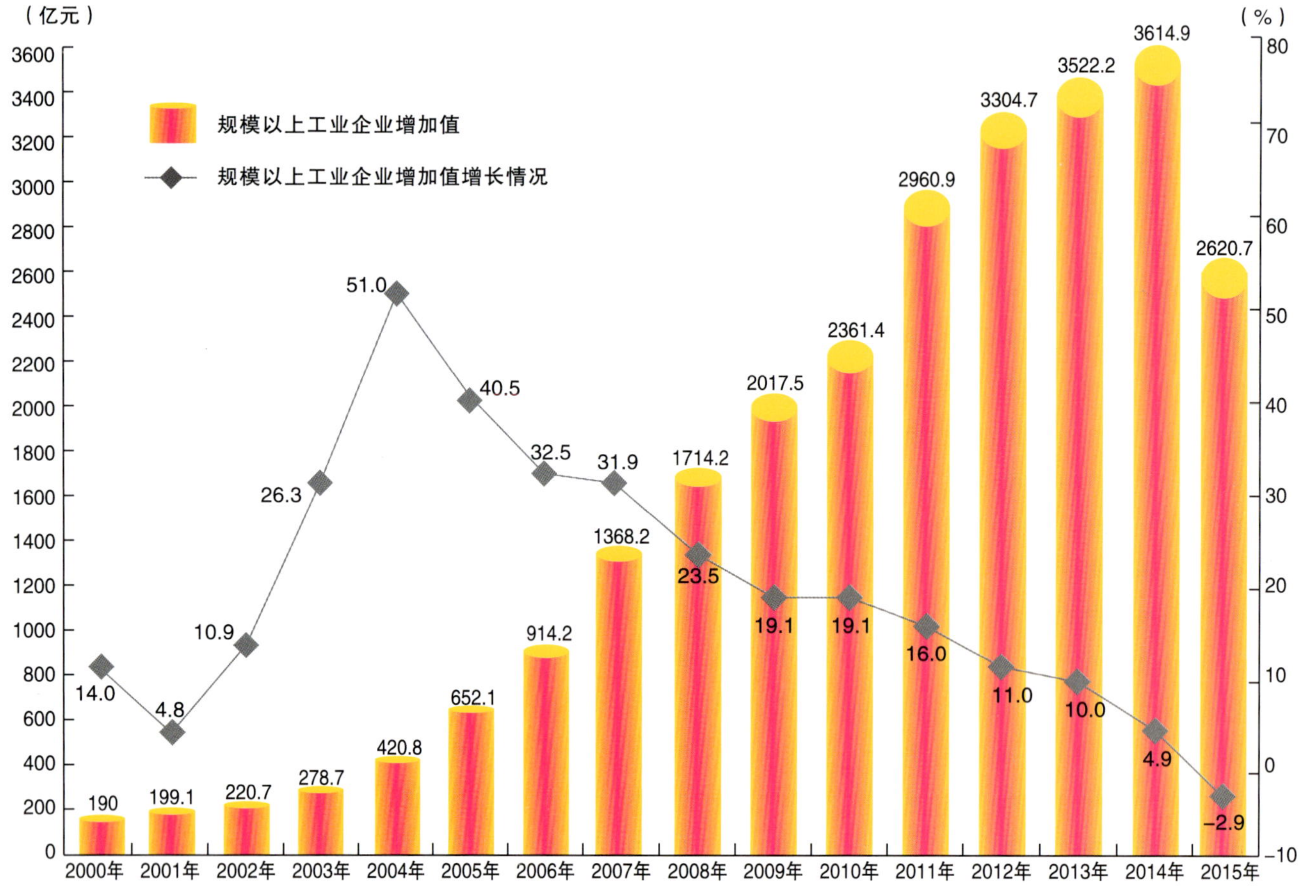

第三产业增加值及增长情况

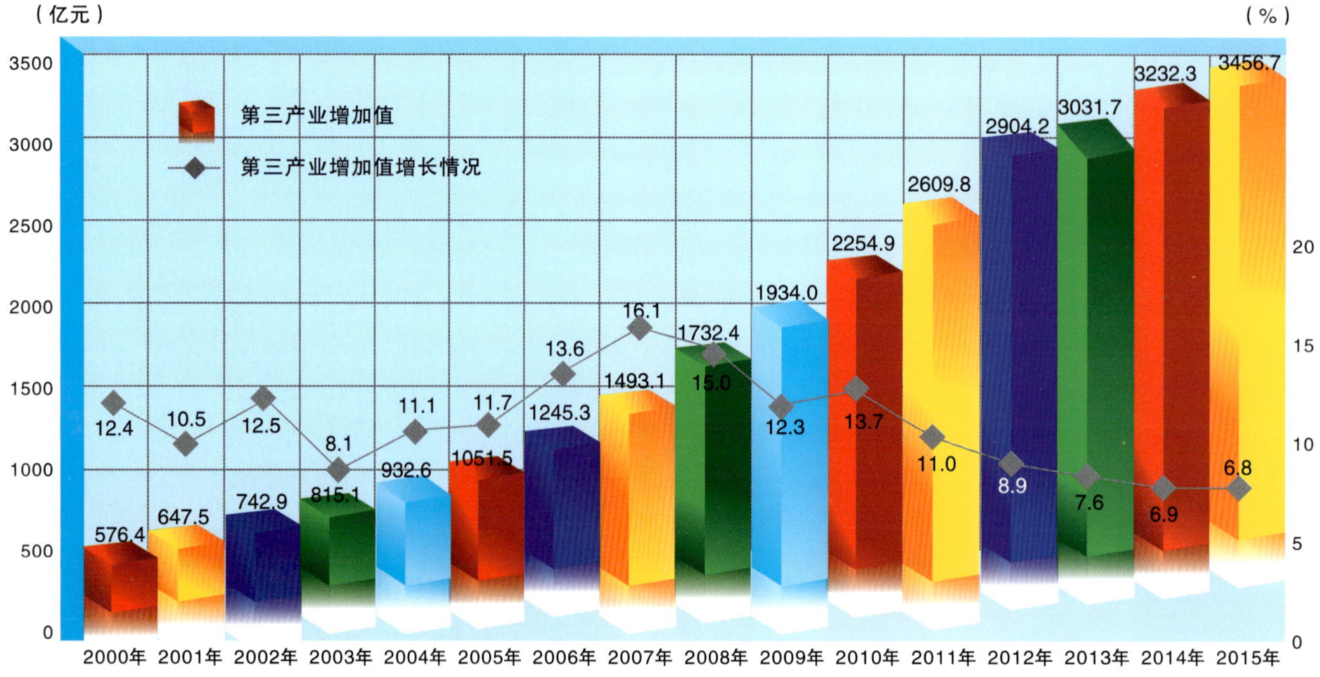

固定资产投资额及增长情况

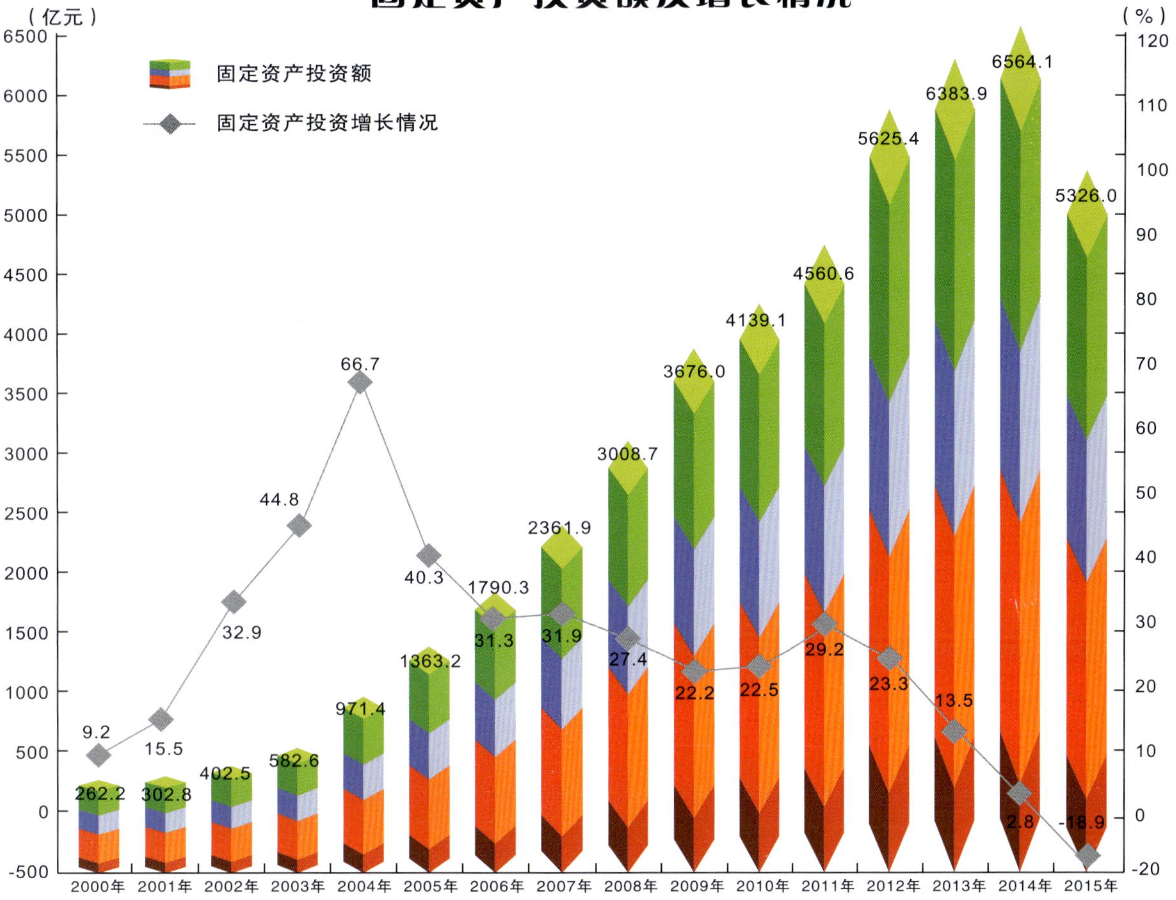

房地产开发投资额及增长情况

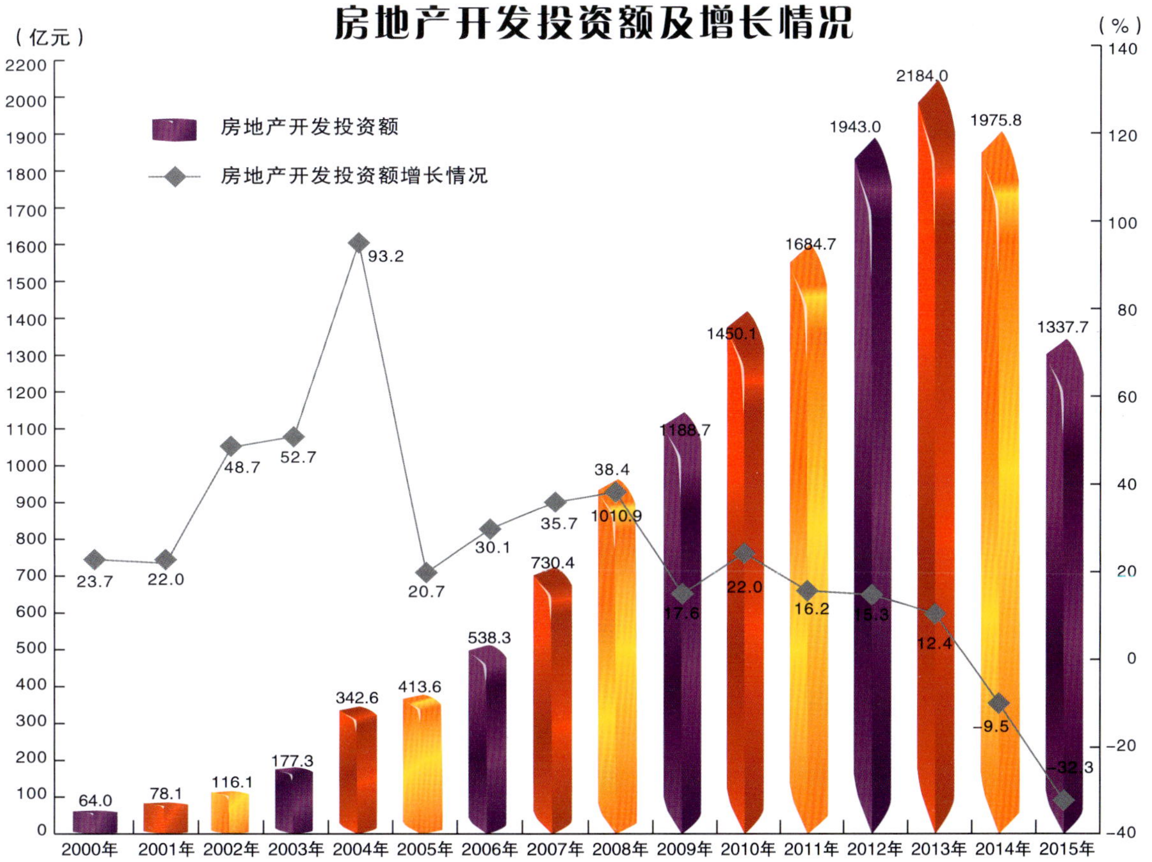

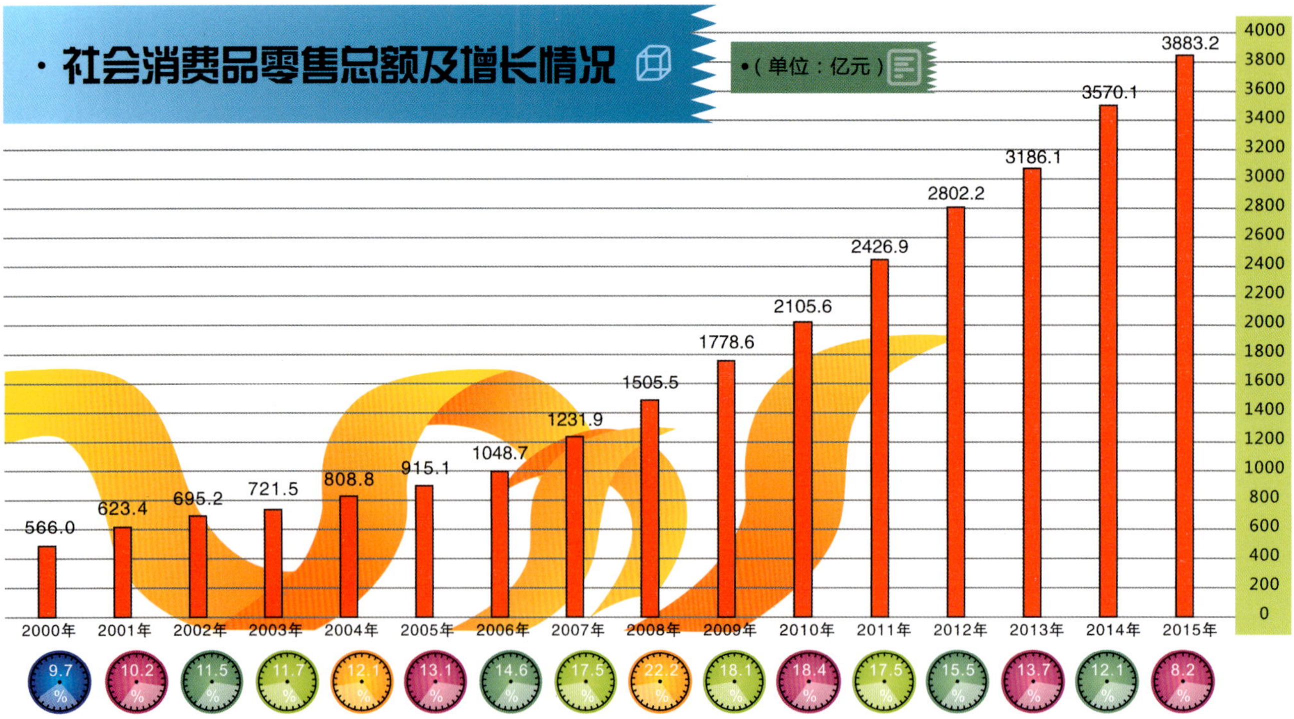

实际利用外资额及增长情况

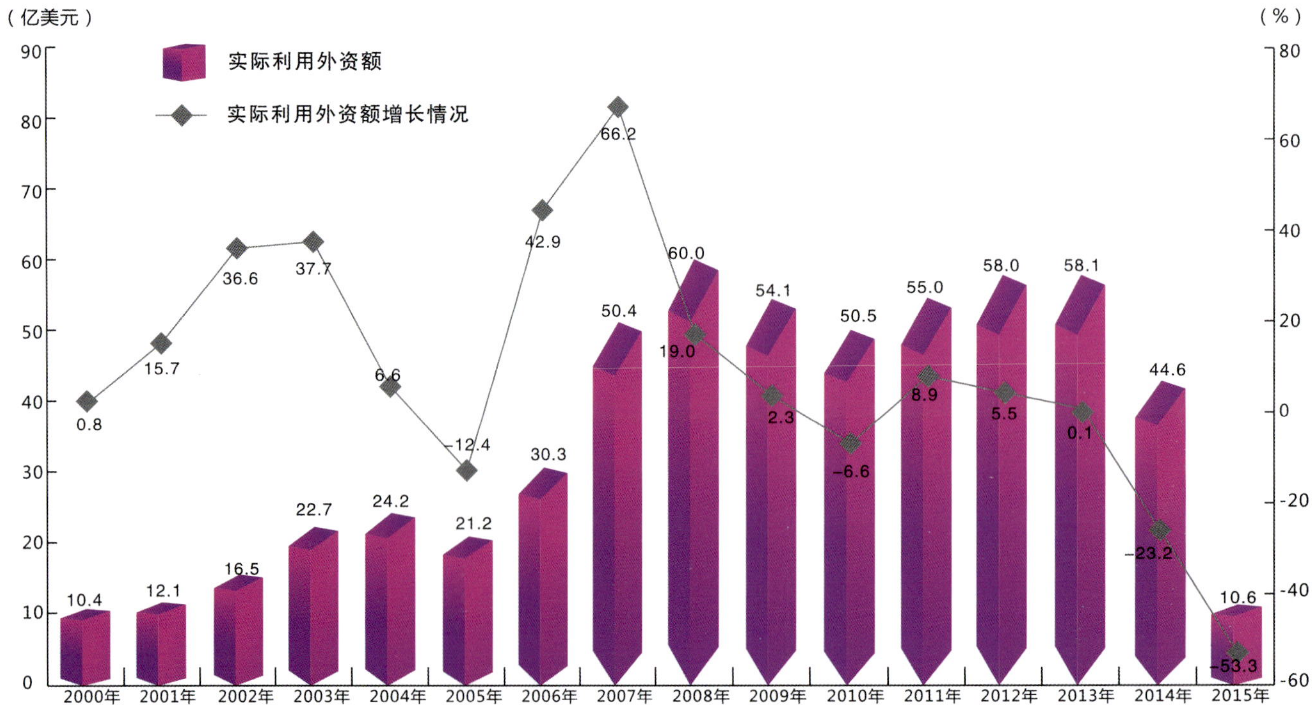

一般公共预算收支

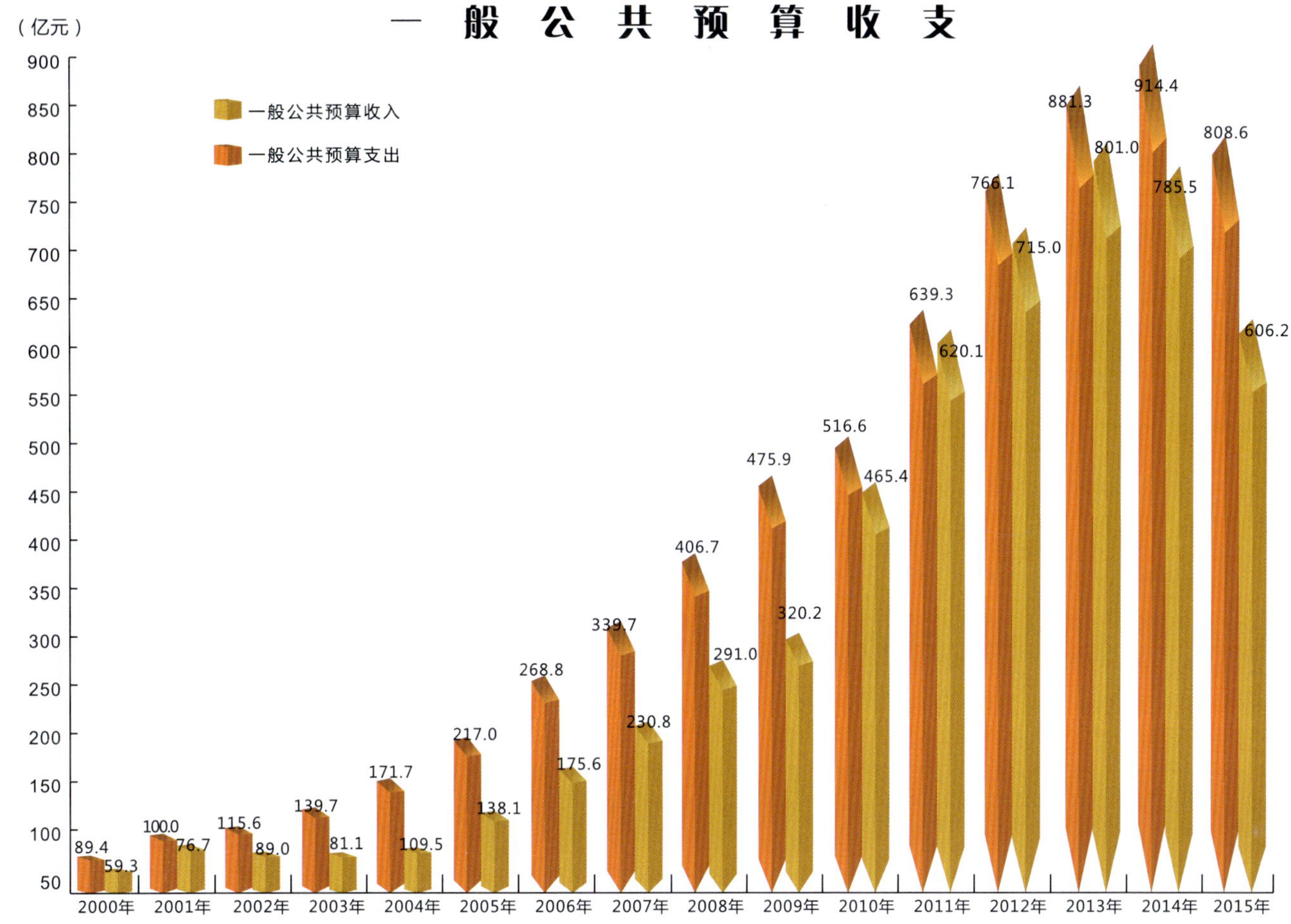

城镇非私营单位在岗职工平均工资及增长情况

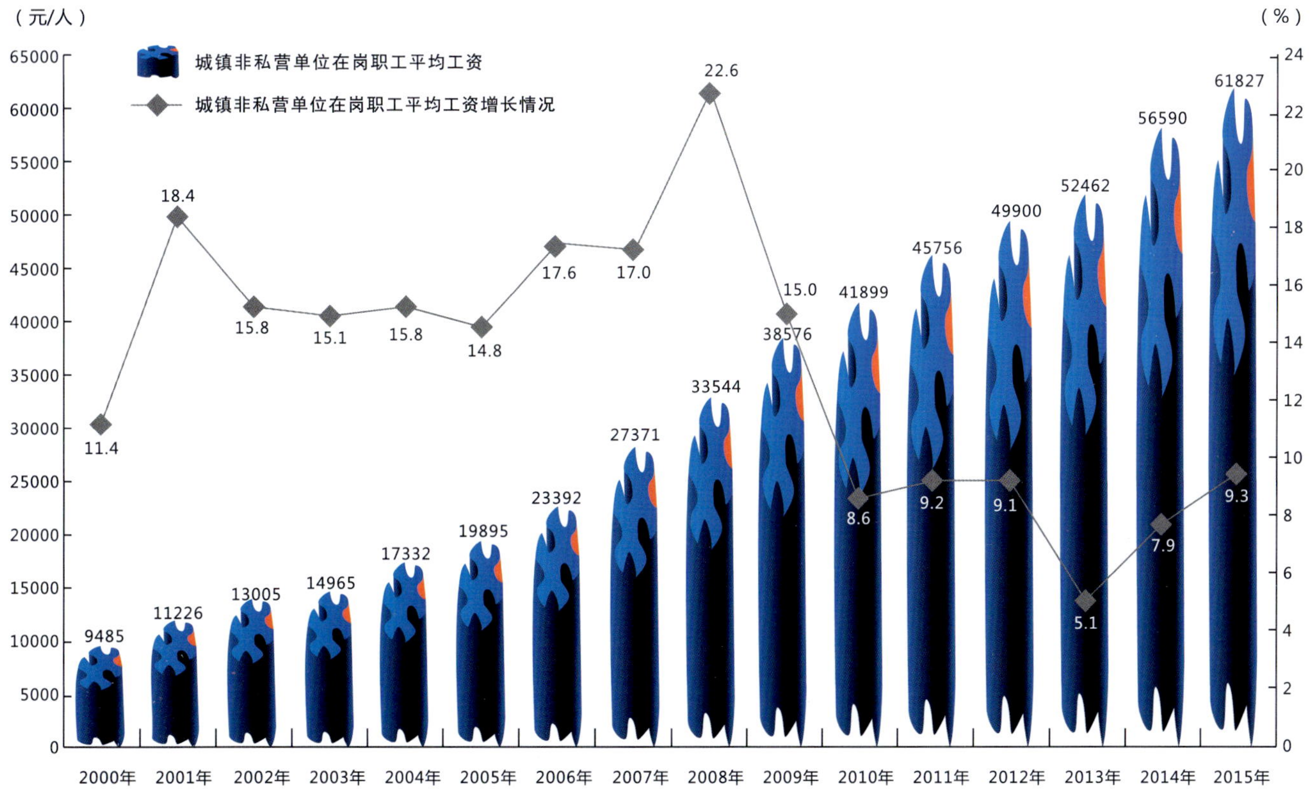

城市居民生活

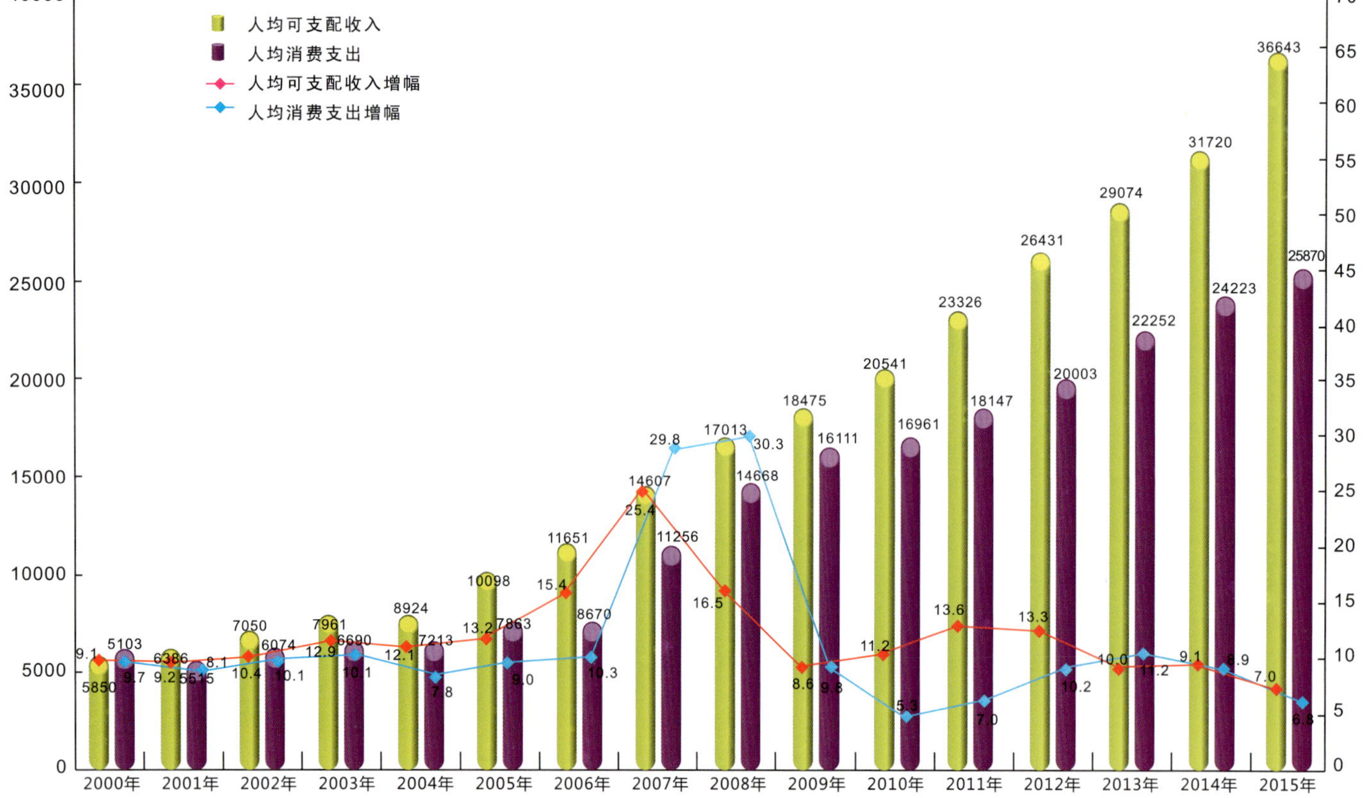

农村居民生活

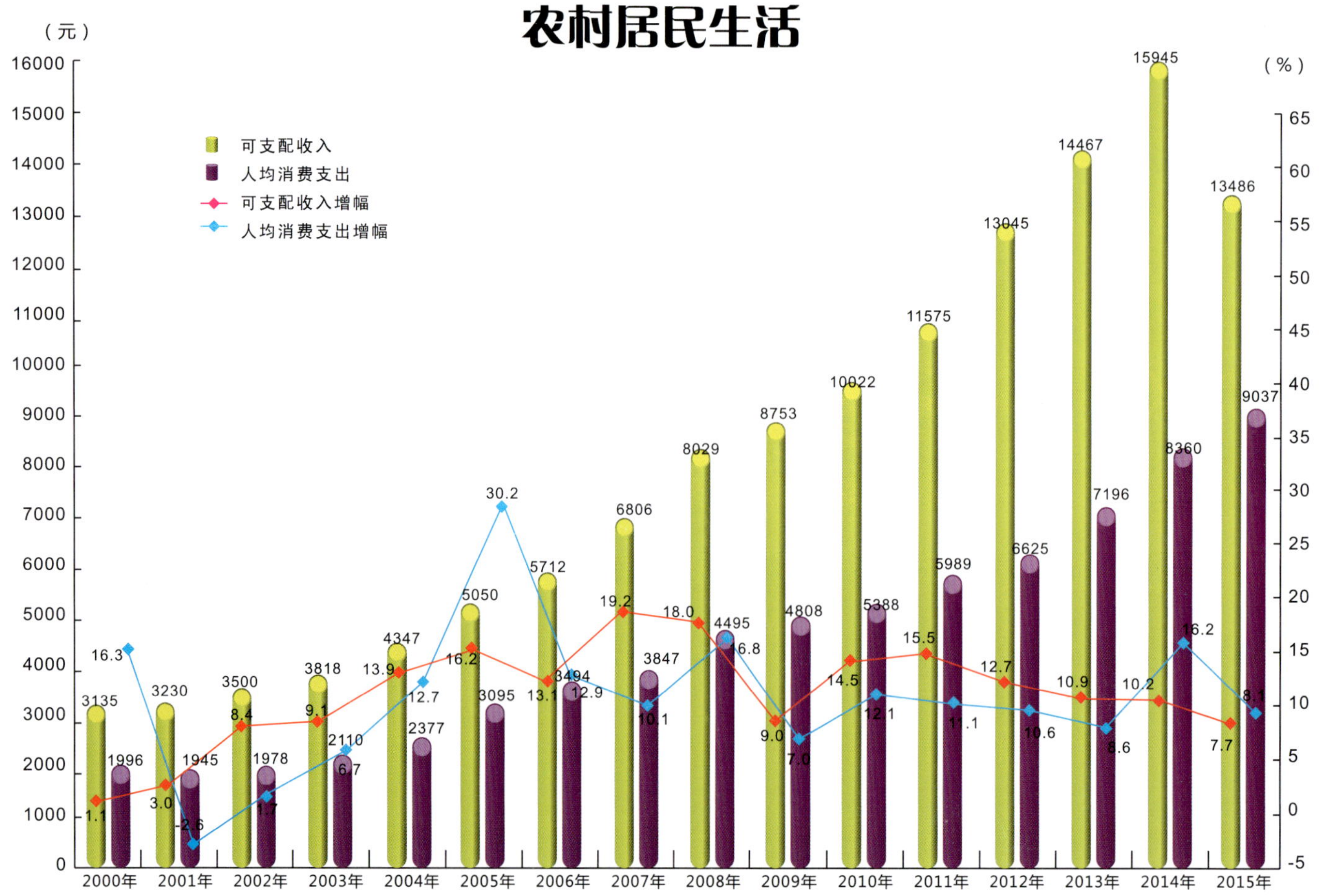

《沈阳年鉴》编纂委员会

《沈阳年鉴》编辑部

《沈阳年鉴》编辑部

地址：沈阳市沈河区奉天街305号

邮编：110013　电话：(024)22739160

E—mail：nj. sy@163. com

编 辑 说 明

一、《沈阳年鉴》是沈阳市人民政府主办、由沈阳市统计局负责编辑出版的综合性地方年鉴。自1985年创刊以来，已连续出版32卷。是国内外公开发行的集知识、信息、资料为一体的具有公报性、资料性、权威性的工具书。

二、《沈阳年鉴－2016》旨在全面、系统、翔实地记载2015年沈阳市社会经济和社会发展的基本情况和基本资料，为海内外各界人士了解沈阳、研究沈阳和建设沈阳提供翔实的资料和信息，为"让沈阳走向世界，让世界了解沈阳"提供窗口，发挥桥梁作用。

三、《沈阳年鉴－2016》在编纂体例上基本保持了类目的相对稳定。全书共设26个部类：(1)特辑；(2)沈阳概貌；(3)党政机关；(4)群众团体；(5)地方军事；(6)政法；(7)工业；(8)交通·邮政；(9)城乡建设和管理；(10)商务；(11)旅游；(12)农村经济；(13)经济管理；(14)财政·税收；(15)金融；(16)科学技术；(17)教育；(18)文化；(19)卫生·体育；(20)社会·民生；(21)区、县(市)及开发区；(22)人物；(23)统计资料；(24)文献·法规选编；(25)沈阳大事记；(26)附录。

四、《沈阳年鉴》统计资料版采用中英文对照，为海外各界人士了解沈阳经济和社会发展提供方便。

五、《沈阳年鉴》采用分类编辑法，以条目为主体。体例分一、二、三级目。一级目为大类，二级目为分目，三级目为条目，用黑体字加【】号作标题。

六、《沈阳年鉴》采用的稿件均由各有关部门和行业专人撰写，并经撰稿单位领导审定。统计资料由沈阳市统计局提供，因统计口径等原因，有关部门所用的个别数据与"统计资料"中的不尽一致，采用时请予注意。

七、《沈阳年鉴》的编撰工作得到了沈阳市各级领导和社会各界的大力支持，在此谨表谢意。并恳祈各界人士继续给年鉴工作以更多的支持和帮助，对书中错漏之处给予批评指正，以期不断完善提高。

目　录

特　　辑

·党和国家领导人来沈视察·

·专　　文·

·重大活动·

·沈城美誉·

·智慧城市建设·

沈阳概貌

·自然概况·

·国民经济与社会发展·

·精神文明建设·

·市妇女联合会·

·市科学技术协会·

·市社会科学界联合会·

·市残疾人联合会·

·市台湾同胞联谊会·

·市归国华侨联合会·

·市黄埔军校同学会·

地方军事

·沈阳警备区·

·预备役部队·

·武装警察·

·人民防空·

政　法

·综　述·

·法治政府建设·

·公　安·

·检　察·

·审　判·

·司法行政·

工　业

·综　述·

·电子信息制造业·

·无线电管理·

·装备制造业·

·医药工业·

·轻　工　业·

·化学工业·

·建材工业·

·汽车及零部件产业·

·航空航天制造业·

交通·邮政

·铁路运输·

·道路运输·

·审　计·

·质量技术监督·

·食品药品监督管理·

·安全生产监督管理·

·工商行政管理·

·物价管理·

财政·税收

·财　政·

·国　税·

·地　税·

金 融

·综 述·

·银 行·

人民银行

中国银行

工商银行

农业银行

盛京银行

交通银行

招商银行

中信银行

·保 险·

人保财险

人保寿险

太平洋财险

太平洋寿险

平安财险

科学技术

·科学研究与发展·

·新闻出版·

·档　　案·

·广播·影视·

沈阳广播电视台

卫生·体育

·卫　　生·

综　　述

卫生监督

医政管理

疾病预防控制

基层卫生

·民　　族·

·宗　　教·

区、县(市)及开发区

·和　平　区·

·沈　河　区·

·铁　西　区·

人　物

·新任副市级以上领导·

·感动沈阳人物·

·市级领导及市管领导干部名单·

·光　荣　榜·

统计资料

·综合平衡·

·人口与就业·

·农村经济·

·工业、能源、物资、交通、邮电·

·固定资产投资·

·国内贸易·

·外经外贸、旅游业·

CONTENTS

SPECIAL ARTICLES

GENERAL SURVEY OF SHENYANG

POLITICS

SOCIAL ORGANIZATION

LOCAL MILITARY AFFAIRS

LEGAL SYSTEM

INDUSTRY

TRANSPORTAION AND POSTAL SERVICES

CITY AND VILLAGE CONSTRUCTION AND MANAGEMENT

DOMESTIC TRADE

FOREIGN ECONOMY TRADE

TOURISM

RURAL ECONOMY

ECONOMY MANAGEMENT

FINANCE AND TAX

BANKING AND INSURANCE

SCIENCE RESEARCH AND COMPREHENSIVE TECHNOLOGY SERVICE

EDUCATION

CULTURE

PUBLIC HEALTH AND SPORTS

SOCETY AND LIFE

SURVEY OF DISTRICTS

FIGURES

STATISTICAL DATA

SELECTED DOCUMENTS AND LOCAL LAWS

特　　辑

党和国家领导人来沈视察

【沈跃跃来沈调研】　2015年10月20日至22日，全国人大常委会副委员长、全国妇联主席沈跃跃来到辽宁省，深入沈阳、辽阳等地的街道社区、乡镇村屯，就深入贯彻落实习近平总书记在中央党的群团工作会议上的重要讲话精神，进一步推动基层妇联工作进行调研。调研期间，沈跃跃同省委书记、省人大常委会主任李希就加强辽宁省妇女工作和促进妇女全面发展交换了意见。全国妇联副主席、书记处书记赵东花，省委副书记、沈阳市委书记曾维，省委常委、省总工会主席戴玉林等参加调研。每到一处，沈跃跃都详细了解妇联组织贯彻落实中央党的群团工作会议，特别是习近平总书记重要讲话精神的情况，强调各级妇联组织要把落实习近平总书记的重要讲话精神作为当前和今后一段时期的重要政治任务，采取务实有效举措，确保习近平总书记重要讲话精神落到基层、取得实效。街道社区、乡镇村屯是落实习近平总书记重要讲话精神的前沿阵地，也是沈跃跃此次调研的重点。在沈阳市和平区文安路社区，得知社区妇联增加两名兼职副主席，为社区妇女干了不少实事后，沈跃跃肯定地说，妇联组织要充分整合社会资源，广泛吸纳城乡基层各类、各方面优秀妇女代表作为基层妇联组织成员，依靠妇女群众推进基层妇女工作。“参与寻找‘最美家庭’的主要是哪些家庭？”“年轻女性参与的情况如何？”在参观了沈阳市大东区高教社区“最美家庭”一条街后，沈跃跃问道。她强调，寻找“最美家庭”关键在于寻找，要采取多种方式吸引更多人尤其是年轻女性参与，并使之常态化、长效化；要突出社会主义核心价值观主题和良好家风建设，使好的家风支撑起好的社会风气。调研期间，沈跃跃还实地了解了沈阳市沈河区反家庭暴力告诫制度的开展情况，考察了沈阳市富成蔬菜种植专业合作社、沈阳儿童活动中心等地。在由黑龙江省、吉林省妇联主席和辽宁省各级妇联干部参加的座谈会上，沈跃跃对东三省各级妇联工作给予肯定。

（胡士俊）

【常万全来沈调研】　中央军委委员、国务委员兼国防部长常万全于2015年5月中旬到东北三省调研人民防空工作。期间，5月10日来沈考察了沈阳市人民防空工作（市人防办），并出席国家人防办在沈举办的学习贯彻中共中央、国务院、中央军委《关于深入推进人民防空改革发展若干问题的决定》集训。

他强调，人民防空是国防的重要组成部分，是军事斗争准备的重要方面，是全民性的防护工作和利国利民的公益事业。在新形势下，各级要以邓小平理论、“三个代表”重要思想、科学发展观为指导，深入贯彻习主席系列重要讲话精神，贯彻落实“四个全面”战略布局，坚持总体国家安全观，按照《决定》部署要求，开拓进取，真抓实干，扎实推进人防改革发展。

（张　龙）

专　　文

曾维同志在中共沈阳市委十二届十一次全体会议上的报告

（2015年7月27日通过）

各位委员、同志们：

这次全会的主要任务是，以习近平总书记在振兴东北老工业基地座谈会上的重要讲话精神为指导，全面落实省委十一届十次全会精神，总结上半年工作，部署下半年任务，审议《中共沈阳市委关于加快推进全面创新改革的意见》，动员全市广大党员、干部和群众进一步统一思想，凝聚力量，真抓实干，加快全面创新改革，完成全年目标任务。现在，我受市委常委会委托，向全会报告工作。

一、关于上半年的工作总结

年初以来，在省委的正确领导下，市委团结带领全市广大党员、干部和群众，深入贯彻党的十八大、十八届三中、四中全会和习近平总书记系列重要讲话精神，围绕落实“四个全面”战略布局，继续坚持稳中求进工作总基调，主动适应新常态，积极应对新挑战，扎实推进改革创新、稳定增长、改善民生、依法治市等重点工作，认真落实全面从严治党新要求，经济运行中的新动力、新亮点正在积聚放大，发展质量稳步提高，经济实现了持续稳定发展，各项工作取得新进展。上半年，全市实现地区生产总值3342.2亿元，同比增长3.8%；公共财政预算收入340.3亿元，下降20.8%；固定资产投资3192.1亿元，下降11%；城市居民人均可支配收入18290元，增长6.5%；农村居民人均可支配收入8160元，增长7.8%，主要经济指标完成情况居全省前列。

1.积极培育新增长点，经济发展后劲进一步增强。面对严峻复杂的外部环境和持续加大的经济下行压力，我们坚持创新驱动、改革驱动、市场驱动、开放驱动“四个驱动”共同发力，积极挖掘和培育新的经济增长点，经济下滑的势头得到有效遏制。围绕主动适应经济发展新常态、超前谋划“十三五”时期经济发展思路和破解当前发展中遇到的难题，组织开展了全市经济发展状况大调研，理清了存量优势、找准了发展短板、发现了增长潜力、提出了实招良策，为推动新一轮振兴发展奠定了坚实基础。适时召开全市经济工作会议,进一步明确转方式调结构的主攻方向,部署引领经济新常态、推动经济持续健康发展的思路和举措,牢牢把握了当先锋打头阵的主动权。着眼于调整优化产业结构、培育发展新兴产业,先后召开一系列专题会议,制定出台加快发展高端装备制造业、现代建筑产业、电子商务产业、旅游业、会展业、现代农业等政策措施,设立沈阳振兴发展基金,新的经济增长点持续增多、不断壮大。结构调整步伐加快,三次产业结构进一步优化。智能机器人、航空、IC装备、电子信息、生物医药等战略性新兴产业快速发展,提前一年完成"十二五"科技发展规划重点任务,我市进入国家智能制造装备产业集聚发展试点行列。重点产业园区建设步伐加快,中德装备园进入全面建设阶段,正在推进的重点项目达74个;综合保税区产业集聚势头良好,一批重点项目加快入驻。积极促进政府和社会资本合作,已有89个项目向社会公示。推动政府部门加大经济运行组织协调和工作抓实力度,深入开展"双进双解"活动,项目建设单位和生产企业的实际困难得到有效解决。对内对外开放不断扩大,本地企业与央企、沪企、外企等合资合作进展顺利,各项招商活动取得丰硕成果,东北区域"通关一体化"全面实施,出口总额快速增长,企业"走出去"步伐不断加快。

2. 扎实推进改革创新,发展新动力不断激发。坚持以改革创新统领经济社会发展全局,深入推进新型工业化综合配套改革,加快建设国家创新型城市,经济社会发展动力和活力进一步增强。强化对深化改革的组织领导和顶层设计,制定出台《2015—2020年重要改革规划》,明确了全市改革的工作重点和时间表、路线图。重点领域和关键环节改革实现新突破,行政审批制度改革步伐加快,在全省率先实行企业登记"三证合一",全面启动第四轮简政放权,累计取消、下放行政职权778项,行政效能进一步提高,铁西区投资项目管理体制改革试点取得积极进展;沈阳机床、北方重工、沈鼓、东药等重点国有企业在推进股权多元化、发展混合所有制、完善法人治理结构等方面取得重要进展;综合保税区管理体制改革顺利完成,口岸功能不断完善,向建设富有沈阳特色的自由贸易区迈出了坚实步伐;土地制度改革实现突破,东北首家农村综合产权交易中心正式运营,供销合作社综合改革全面启动;医疗体制改革成效明显,在全省率先推出"医养结合"新样板;教育综合改革深入推进,中考制度调整全面实施,现代学校制度建设初见成效;颁布实施了全国首个《生态保护红线管理办法》,并率先完成了第一批生态保护红线划定工作。大力实施创新驱动发展战略,积极申报创建国家自主创新示范区,"两化"融合深入推进,装备制造等传统优势产业改造升级步伐不断加快,大众创业、万众创新的氛围日益浓厚,我市成功入选国家首批小微企业创业创新基地示范城市。尤为可喜的是,我市成为东北地区唯一的国家全面创新改革试验区。

3. 顺利实现创城目标,城市环境明显提升。坚持以改善人居环境为主攻方向,不断加大城市建设和管理力度,城市功能和城市品位持续提升。经过多年来的不懈追求和拼搏奋斗,我市赢得了"全国文明城市"这张最具含金量的国家级"城市名片"。城建计划稳步实施,南北二干线快速路开工建设,地铁9号线和10号线、二环快速路二期、北站北广场改造、迎宾路高架桥等一批重点工程进展顺利,沈康高速三期建成通车。城市精细化管理水平不断提高,智慧城市建设全面启动,数字化城管系统功能进一步完善,"公交都市"创建工作有效推进,我市以第一名的成绩进入全国首批"地下综合管廊"试点城市行列。高度重视生态环境建设和保护,大力实施"蓝天行动"、"碧水工程"、"绿化提升三年行动计划"和"农村环境治理宜居达标工程",不断加大对超标超量排污企业的治理力度,城乡生态环境进一步优化。

4. 注重加强社会建设,人民生活持续改善。坚持"发展为要、民生为大"的工作理念,加快发展各项社会事业,深入实施各项民生工程,群众生活质量没有因为经济下滑受到影响。创业就业扶持力度不断加大,"万人创业工程"全面启动。城乡社会保障覆盖面持续扩大,养老保险标准、医疗保险补贴标准、低保救助标准进一步提高,数字校园建设、百所幼儿园改造工程加快实施,"艺术惠民之城"建设成果丰硕,基本公共服务均等化扎实推进,老旧小区改造工程、暖房子工程、农村饮水安全工程进展顺利,我市成为"全国和谐社区建设示范城市"。依法治市工作有序推进,法治政府建设步伐明显加快。平安沈阳建设取得新成效,社会矛盾有效化解,治安形势总体稳定,安全生产和食品药品安全监管工作不断加强,安定和谐的社会局面得到巩固和发展,人民群众的幸福感和安全感进一步增强。

5. 强化全面从严治党,政治生态进一步优化。坚持把深入学习贯彻习近平总书记系列重要讲话精神作为最重要的政治任务,积极引导广大党员干部学原文、悟原理,准确把握核心要义和思想精髓,自觉用讲话精神武装头脑、指导实践、推动工作。通过召开高质量专题民主生活会、抓好教育实践活动整改落实,群众路线教育实践活动成果得到巩固和拓展,广大党员干部工作作风进一步转变。聚焦忠诚、干净、担当,全面开展"三严三实"专题教育,坚持从严要求,突出问题导向,推动边查边改、立行立改,各级领导干部践行"三严三实"和"八个带头、八个自觉"的坚定性明显增强。坚持正确的选人用人导向,严格落实干部选拔任用工作条例,加大干部任前监督审查力度,有效防范了"带病提拔"、"带病上岗"问题的产生,干部队伍呈现出新的生机和活力。深入开展全市基层组织建设调研督查,加强基层党建工作项目化管理,扎实推进基层党建工作指导站和"两代表一委员"工作室建设,党建工作基础得到夯实。全面落实党风廉政建设党委主体责任和纪委监督责任,严肃查处一批违纪违法案件,政治清明、干部清正、风气清新的良好政治生态进一步形成。

上半年,在外部环境严峻复杂和经济下行压力不断加大的情况下,之所以能够取得这些成就,关键在于我们深入学习、深刻理解习近平总书记系列重要讲话精神,坚持科学发展理念不动摇,以转变经济发展方式为主线,以调整经济结构为突破口,统筹推进各方面工作;关键在于我们坚持加强干部队伍建设不放松，强化德才兼备、以德为先的用人标准，打造了一支好的干部队伍；关键在于我们坚持遇到困难不慌乱，咬定目标，保持定力，沉着应对，立足当前稳增长，着眼长远促振兴，始终对沈阳的未来发展充满信心；关键在于我们坚持团结共事不分神，几大班子密切配合，干部群众齐心协力，方方面面步调一致，凝聚起共谋振兴发展的强大合力。这些经验，是我们继续前进、开创未来的宝贵财富，在下半年乃至今后的工作中必须一以贯之地坚持下去。在看到成绩的同时，我们也要清醒地看到还存在着一些问题和不足。主要是：经济下行压力仍然较大，一些主要指标增速仍处在低位，完成全年目标任务难度加大；传统产业增长乏力，新兴产业支撑作用有限，重大产业项目储备不足，产业结构调整任务艰巨；改革创新尚未取得实质进展，体制性、机制性矛盾仍然突出，国有企业缺乏活力，民营经济不大不强，全社会创业创新意识需要进一步增强；发展环境有待进一步优化，简政放权、转变职能与快速发展的市场节奏不相适应，办事难问题还没有得到根本解决；少数干部还存在不重学习、思想僵化、本领恐慌、不敢担当、自律不严、落实不力等不严不实的问题，精神状态和工作作风需要进一步转变。这些问题需要我们在今后工作中认真加以解决。

二、关于下半年的主要任务

做好下半年工作，最关键的是要认真学习贯彻好习近平总书记在振兴东北老工业基地座谈会上的重要讲话精神，切实用讲话精神统一思想行动、凝聚智慧力量、指导工作实践。

习近平总书记这次重要讲话，充分肯定了东北振兴十多年来取得的巨大成就，透彻分析了东北地区当前存在问题的症结和根源，深刻指出了解决问题的思路和方向，明确提出了抓好振兴发展的原则和要求，讲话站位高远、思想深刻、内涵丰富，具有很强的思想性、针对性和指导性，对于加快推进沈阳老工业基地全面振兴，具有极其重大的现实意义和深远的历史意义。我们要把总书记重要讲话作为振兴纲领、行动指南认真学习贯彻好。学习贯彻总书记这次重要讲话精神，必须准确把握讲话的思想精髓和深刻内涵，特别是要深刻领会"东北振兴正处在滚石上山、爬坡过坎关键阶段"的重要判断，准确把握沈阳老工业基地振兴所处的历史方位，负重奋进、攻坚克难，增强加快发展的责任感、紧迫感和使命感；深刻领会"目前东北地区遇到的困难和挑战，既有国内'三期叠加'的共性特征，又有自身产业结构、体制机制等个性特征"的科学分析，始终把分析和解决问题聚焦在体制机制上、聚焦在经济结构和产业结构上；深刻领会"在注重质量和效益的前提下，保持经济稳定增长"的发展理念，立足当前、着眼长远，始终坚持符合经济规律、自然规律和社会规律的科学发展、可持续发展和包容性发展；深刻领会"着力完善体制机制、着力推进结构调整、着力鼓励创新创业、着力保障改善民生"的具体要求，把"四个着力"作为事关沈阳全面振兴的治本之策、关键之举、决胜之要和稳定之基，抓住不放、持续用力、务求实效。

学习贯彻总书记这次重要讲话精神，要与深入学习贯彻落实总书记系列重要讲话精神紧密结合起来、与深入学习贯彻落实总书记视察辽宁时的重要讲话和东北振兴的重要批示紧密结合起来，按照省委十一届十次全会的安排部署，积极适应和全面把握我国经济社会发展新常态的趋势性特征，保持战略定力，坚定发展信心，增强内生动力，坚持变中求新、变中求进、变中突破，推动沈阳老工业基地在新形势下和新起点上开始新的征程，形成一个同市场完全对接、充满内在活力的体制机制，走出一条质量更高、效益更好、结构更优、优势充分释放的发展新路，推动沈阳老工业基地加快实现全面振兴。

为此，下半年要重点抓好以下八个方面工作：

1. 保持经济平稳健康发展。稳增长仍然是当前工作的重中之重，是解决振兴发展中一切问题的前提和基础。要把加快产业转型升级作为实现稳增长的根本出路，坚持优存量与扩增量两手抓，做好结构调整的"加减乘除"，推动传统产业"老树开出新花"，迈向中高端；引领新兴产业"新苗长成大树"，成为新支柱。坚持以信息化与工业化深度融合为主线，紧跟工业4.0步伐，抓住国家落实"中国制造2025"的有利契机，搞好国家智能制造装备产业集聚发展试点，加快传统制造业改造升级步伐，实现生产流程再造与技术、产品更新，促进制造业向数字化、智能化、绿色化转变，打造制造业升级版。大力发展IC装备、智能机器人、生物医药、新材料、新能源、节能环保等战略性新兴产业，全面实施信息化战略，推进"互联网+"、大数据、云计算与制造业和工业化加速融合，催生带动经济增长新业态。做大做强航空产业，积极推进与国内外知名飞机、发动机制造企业合作，不断提升国产大飞机整机集成和关键部件生产能力，加快支线飞机和新型通用飞机的研制，努力打造航空产业基地。优化结构，完善布局，不断提高汽车及零部件产业规模与实力。把发展现代建筑产业摆在转方式调结构的重要位置，抢抓高端领域，完善产业链条，健全产业体系，使沈阳成为全国现代建筑产业发展领军城市。发展壮大现代服务业，着力抓好服务业集聚区建设，鼓励企业分立生产性服务业，提高金融、物流、研发设计、高技术服务等生产性服务业对产业转型升级的支撑能力。创新发展都市现代农业和农产品精深加工业，进一步壮大县域经济实力。加强资本运作，放大存量资本功能，拓宽融资渠道，构建多层次资本市场体系。充分发挥有效投资对稳增长的关键作用，继续强力推进重点项目建设，加快政府和社会资本合作，强化土地、资金等要素保障，搞好跟踪服务，确保项目按时序进度投产、达效，特别是要做好国发〔2014〕28号文件中涉及我市的重点项目以及"央企沪企民企辽宁行"项目的对接工作，深入推进一批战略性合作项目，力争有更多带动能力强、支撑作用大的项目落户沈阳，不断增强发展后劲。发挥好消费对稳增长的基础作用，加快培育健康养老、休闲旅游、体育健身等消费热点，活跃房地产市场，壮大会展经济，努力扩大消费需求。加强政府债务管理，有效防控债务风险。强化服务意识，优化发展环境，深入开展"帮企业稳增长促振兴"和"双进双解"活动，点对点抓好政策措施的落地，一对一搞好跟踪服务，实打实帮助企业渡过难关，把各种增长潜能充分挖掘出来、释放出来，为稳增长提供重要支撑。

2. 不断加快改革开放步伐。完成全年目标任务，根本上要靠改革增动力、靠开放拓空间。要围绕处理好政府和市场、政府与社会的关系这一核心，把行政体制改革放在首要位置，坚持简政放权、放管结合、优化服务“三管齐下”，进一步转变政府职能、减少审批事项，给企业减负，给市场松绑。充分考虑基层实际，妥善做好审批事项下放工作，严禁将管理难、责任重的审批事项向基层甩包袱，确保下放事项基层政府接得住、管得好。深入推进国资国企改革，促进重点国企与央企战略重组，加快上市步伐，建立现代企业制度，真正把国有企业做大做强。推进民营经济改革试点，进一步放宽市场准入，创造良好营商环境，形成大企业顶天立地、小企业铺天盖地的生动格局。加大军民融合发展力度，积极推进沈阳军民融合示范区建设。扩大土地承包经营权改革试点范围，推广多种土地流转模式，争取国家宅基地管理制度改革和农村集体经营性建设用地入市试点。支持于洪区深化中小城市综合改革，积极探索统筹城乡发展新途径。要全力做好开放这篇大文章，加快构建开放型经济新体制，优化利用外资结构，加大招商选资力度，全力推进中德装备园建设，努力将其打造成为“中国制造 2025”的示范基地、融合德国工业 4.0 的重要平台、推动结构调整和加快改革创新的示范区。加强综合保税区建设，加大工作力度，吸引更多高端装备制造业、航空产业和生产性服务业项目向园区集聚。积极融入“一带一路”开放战略，深入推进一批跨国战略性合作项目，不断开辟俄罗斯、日韩、东南亚等国家和地区经贸合作市场，加快建设远大哈萨克斯坦工业园、特变电工印度工业园二期等境外园区，推动有条件的企业“借船出海”，促进产能和技术对外转移，实现消化优势产能、推动企业发展的双赢。

3. 着力推进大众创业创新。打造大众创业、万众创新的新引擎，是实现老工业基地全面振兴的根本之策。要深入贯彻落实国务院《关于大力推进大众创业万众创新若干政策措施的意见》精神，适时召开工作会议，出台相关举措，放宽政策、放开市场、放活主体，推动形成千军万马创事业、百舸争流促振兴的生动局面。鼓励和支持高端人才、科研人员、高校毕业生、军转人员、返乡人员从事创业活动，为创业者提供最快捷的服务和最宽松的环境，最大限度激发全社会创业活力。强化资金扶持，充分发挥政府财政引导资金作用，发展多层次资本市场，丰富创业融资新模式，千方百计解决好创业融资难融资贵问题。加快完善公共服务体系，成立沈阳高校创业联盟，建立创业创新网络服务中心，搭建创业咖啡、创新工场等新型创业载体，加快创业公共平台建设，构建良好创业生态。完善公平竞争市场环境，健全创业人才培养与流动机制，培育企业家精神和创客文化，在全社会形成想创业、敢创业、会创业的浓厚氛围。

4. 继续巩固提升创城成果。创城工作只有起点、没有终点。我市获得全国文明城市荣誉称号，并不意味着城市建设和管理工作就可以划上句号，全市上下一定要清醒地认识到保持荣誉的责任更大、任务更重。要以此为新的起点，牢牢抓住培育和践行社会主义核心价值观这个总纲，抓紧实施《沈阳市精神文明建设三年规划》，做好全国城市公共文明指数测评迎检工作，推进公共文化服务标准化、均等化，不断提升市民文明素质和城乡文明程度。加快基础设施建设，推动五爱街二环互通立交桥、沈康高速三环连接线等重大工程尽快开工建设，提高地铁、路桥、配套设施的施工进度，搞好城建项目储备，确保完成年度城建计划。加强浑南新城基础设施和生活配套设施建设，完善城市功能，推动各类要素向浑南聚集，促进浑南区大发展大繁荣。积极推进智慧沈阳建设，加快公交都市创建步伐，进一步提高城市管理精细化水平。继续加大卧龙湖生态区建设力度，扎实推进“蓝天行动”，搞好供暖锅炉“拆小并大”、“煤改气”、“煤改电”工作，严格治理机动车尾气和扬尘污染，实施“绿化提升三年行动计划”，努力打造更高水平的文明城市。积极争创全国双拥模范城，推动军民共建深入发展。

5. 突出抓好重点民生工程。抓民生就是抓发展，在经济下行压力加大的情况下，做好民生工作尤为重要。要全力抓好为群众办实事工作，切实保障民生建设资金投入。严格落实就业政策，积极推行就业服务网络化、便捷化，重点保证大学生和困难群体的就业工作，确保就业形势总体稳定。有针对性地做好相关企业的工作，坚决防止大规模裁员现象的发生。优质均衡发展义务教育，加快推进现代职教体系建设，不断提升各级各类教育质量和水平。加大公共体育设施开放力度，大力发展校园足球等体育项目，积极推进全民健身。进一步完善区域医疗联合体制度，全面启动县级中医院改革，千方百计解决好看病难看病贵问题。全面启动创建卫生城健康城工作。加强和谐社区建设，高质量实施老旧小区改造和暖房子工程，高标准建设宜居乡村，不断改善城乡人居环境。完善城乡最低生活保障制度，提升社会救助水平，实施精准扶贫，使发展成果更多惠及广大人民群众，让人民群众有更多获得感。

6. 全面深入推进依法治市。坚持立改废释并举，增强地方法律法规的及时性、针对性和有效性。深入推进依法行政，落实政府权责清单制度，强化对行政权力的监督，规范行政执法行为，进一步加强法治政府建设。积极推进司法改革，促进公正司法，构建开放、动态、透明、便民的阳光司法体制，进一步提高司法公信力，维护社会公平正义。深入开展法治宣传教育，引导全社会树立法治意识，弘扬法治精神。推动多领域依法治理。健全社会诚信体系。建设完备的公共法律服务体系。深化平安沈阳建设，建立健全立体化社会治安防控体系，防止发生各种暴恐事件，确保人员密集区域和重点场所的安全。开展好“2015 食药打假利剑行动”，确保食品药品安全。严格落实安全生产责任制，强化道路交通、消防安全监管和重点场所的安全防范，做好抗旱防汛和应对重大公共突发事件工作，切实保障人民群众生命财产安全。全面做好信访稳定工作，坚持把“事要解决”放在重要位置，进一步加强排查摸底，完善工作方案，强化领导包案，妥善化解各种矛盾纠纷，确保社会大局和谐稳定。

7. 科学编制“十三五”规划。搞好

"十三五"规划建议起草和"十三五"规划编制工作,对于正确指导和推动今后五年的经济社会发展,意义重大而深远。要准确把握习近平总书记对"十三五"规划制定工作的要求,以新的发展理念谋划"十三五"时期的发展,群策群力把我市"十三五"规划研究制定好。充分运用年初全市经济发展状况大调研的丰硕成果,认真总结"十二五"规划执行情况,科学分析"十三五"面临的形势,紧紧围绕"十三五"时期发展的蓝图目标、战略重点、路径措施,广泛听取社会各界、方方面面特别是专家学者的意见建议,切实汇聚民智、集思广益,增强规划的科学性和指导性。适应经济发展新常态的趋势性变化,以战略思维、宽广眼界和改革精神,深入探索转方式调结构、促进经济提质增效转型升级的创新思路和务实举措,增强规划的时代性和前瞻性。紧紧抓住国家推动新一轮东北振兴的重大机遇,紧密结合沈阳实际,围绕实现建设国家中心城市的总目标和完成老工业基地全面振兴的总任务,研究细化配套战略、具体任务和推进措施,切实增强规划的连续性和可操作性,确保规划既鼓舞士气又切实可行。

8. 切实履行全面从严治党责任。当前,"三严三实"专题教育正在扎实有序开展,我们要以此为重点,坚持一心一意谋发展、聚精会神抓党建,不断提高党的建设科学化水平。要认真贯彻中央和省委的要求部署,继续抓好党的政治纪律和政治规矩集中教育,广泛开展以"学讲话、讲诚信、懂规矩、守纪律、鼓士气、促振兴"为主题的大学习大讨论活动,引导广大党员干部深入落实中央八项规定精神,坚持不懈纠正"四风",努力践行"八个带头、八个自觉",着力抓好"不作为、不担当"问题专项整治,建立健全践行"三严三实"制度的长效机制,确保专题教育取得显著成效。严格干部选拔任用标准,强化干部监督管理,旗帜鲜明地支持担当者、保护担当者、褒奖担当者,为那些敢于担当的党员干部撑腰鼓劲,使"敢于担当、善于担当、体现担当"成为各级干部的价值追求、文化基因、时代风尚。深入贯彻省委《关于落实全面从严治党要求推进党的基层组织建设全面进步全面过硬的决定》精神,牢固树立大抓基层的鲜明导向,坚持突出政治功能、强化服务功能,进一步加强基层党组织建设,不断增强基层党组织的战斗力、凝聚力和感召力。深化纪律检查体制改革,推进反腐倡廉工作制度化、规范化,严格落实党风廉政建设责任制,切实履行好党委主体责任和纪委监督责任,强化责任追究,加大惩治和预防腐败工作力度,做到有腐必惩、有贪必肃,不断取得反腐倡廉建设的新成效。

三、关于加快推进全面创新改革

为深入贯彻落实党中央、国务院关于在部分区域系统推进全面创新改革试验的总体方案,破解创新驱动发展的瓶颈制约,加快老工业基地全面振兴,市委组织专门力量,深入调查研究,广泛征求意见,形成了《中共沈阳市委关于加快推进全面创新改革的意见》,提交本次全会审议。

1. 充分认识推进全面创新改革的重大意义。推进全面创新改革,是党中央、国务院主动顺应世界大势、协调推进"四个全面"战略布局、积极引领经济发展新常态作出的重大战略部署。沈阳被列为国家全面创新改革试验区,这是改革开放以来我市迎来的一次前所未有的重大历史机遇,充分体现了党中央、国务院对沈阳老工业基地的巨大关怀和殷切希望,对于我们真正破除旧有体制机制,彻底转变发展方式,加快沈阳全面振兴意义十分重大。我们一定要切实增强责任感和紧迫感,不负重托、不辱使命,大胆探索、勇于实践,迅速掀起全面创新改革新热潮。

2. 正确把握推进全面创新改革的基本要求。推进全面创新改革,必须整合创新资源,壮大创新主体,集聚创新人才,培育创新文化,加速新型工业化进程,实现经济发展方式从要素驱动向创新驱动转变,不断提升城市的持续创新能力与核心竞争力。在这一过程中,要突出改革取向,深刻认识到建设试验区的目标在创新、路径在改革,切实将着力点放在构建有利于创新的体制机制上来,勇于承担风险,敢于先行先试,坚决破除一切束缚创新的桎梏。要突出沈阳特色,以强烈的问题意识抓住主要矛盾,特别是要积极回应中央对老工业基地改革发展的重大关切,真正破解制约我市振兴发展的瓶颈问题,确保各项改革试验能够按住"七寸"、打中"靶心",切实创造出有实效、可复制、能推广的先进经验。

3. 聚焦落实推进全面创新改革的重点任务。推进全面创新改革,必须把中央要求和沈阳实际紧密结合起来,着眼于解决制约创新发展的瓶颈问题,聚焦重点难点,全力予以突破。要加大全面创新体制改革力度,积极构建职责明晰、协调有力、长效管用的创新治理体系。探索充分发挥市场作用有效机制,加快形成有利于全面创新改革的鲜明市场导向。促进科技与经济深度融合,打通科技创新与经济发展之间的通道,推动各类企业竞相发展、做大做强。强化企业创新主体地位,真正使企业成为创新决策、研发投入、科研组织和成果转化的主体。激发创新者动力活力,努力实现人尽其才、才尽其用、用有所成。营造良好创新生态环境,大力培育创新文化,为创新提供丰厚肥沃的土壤。

4. 加快形成推进全面创新改革的强大合力。全面创新改革是一项系统工程,任务艰巨繁重,需要全市上下、方方面面的共同努力。市政府要根据《意见》精神,抓紧制定《沈阳市全面创新改革试验方案》,明确改革试验的年度目标、主要任务、时间表、路线图。各地区、各部门要树立强烈的机遇意识、责任意识、担当意识,迅速把思想和行动统一到市委的要求和部署上来,形成共同推进全面创新改革的生动局面。各级领导干部要切实发挥表率作用,以自我革新的勇气和胸怀,跳出条条框框限制,克服部门利益掣肘,以勇于变革、善于创新的实际行动,确保各项创新改革举措落地生根、开花结果。

完成好全面创新改革和今年各项目标任务,需要全市上下同心协力、共同奋斗。要更好地发挥党委总揽全局、协调各方的领导核心作用,全力支持人大、政府、政协按照各自职能开展工作,加强同各民主党派、工商联和无党派人士的联系,保持和增强群团工作的政治性、先进性和群众性,特别是要开好市委人大、政协、统战和群团工作会议,调动一切积极因素,凝聚各方智慧力量,推动形成共克时艰、共谋发展、共促振兴的强大合力。

同志们，让我们更加紧密地团结在以习近平同志为总书记的党中央周围，在省委的坚强领导下，团结带领全市广大党员、干部和群众，为加快建设国家中心城市、推动沈阳老工业基地在新一轮振兴发展中当先锋打头阵而努力奋斗！

曾维同志在中共沈阳市委十二届十二次全体会议上的报告

（2015年12月29日通过）

各位委员、同志们：

现在，我受市委常委会委托，向全会报告工作。

一、关于2015年工作的简要回顾

年初以来，在省委的正确领导下，市委团结带领全市广大党员、干部和群众，全面贯彻落实党的十八大和十八届三中、四中、五中全会精神，深入学习贯彻习近平总书记系列重要讲话精神，按照“四个全面”战略布局要求，主动适应新常态，积极应对新挑战，扎实推进改革创新、稳定增长、改善民生、依法治市等重点工作，认真落实全面从严治党新要求，推动经济社会实现了持续稳定发展，各项主要经济指标完成情况位居全省前列。

1. 强化理论武装，学习贯彻讲话精神形成新热潮。坚持把深入学习贯彻习近平总书记系列重要讲话精神作为首要政治任务，结合开展“学讲话、讲诚信、懂规矩、守纪律、鼓士气、促振兴”大学习大讨论活动，注重发挥各级理论学习中心组的示范带动作用，引导广大党员干部深刻领会贯穿其中的立场、观点和方法，准确把握核心要义和思想精髓，切实用讲话精神武装头脑、指导实践、推动工作。特别是通过召开市委常委会和区县（市）委书记座谈会，有重点、分层次地传达学习十八届五中全会精神和习近平总书记在长春座谈会上的重要讲话精神，在全市上下迅速形成了学习宣传贯彻讲话精神的浓厚氛围。通过持续、广泛、深入地学习贯彻讲话精神，广大党员干部的思想更加统一、步调更加一致、力量更加凝聚，使讲话精神切实转化为谋划振兴的正确思路、领导振兴的工作能力和推动振兴的实际成效。

2. 锐意改革创新，发展动力和活力进一步激发。积极强化对深化改革的组织领导和顶层设计，全面启动实施《2015—2020年重点改革规划》，重点领域和关键环节改革实现新突破。下决心推动城市重心南移，市委、市政府驻地搬迁工作全部完成，大浑南地区发展活力进一步增强。行政体制改革步伐明显加快，第四轮简政放权工作全面完成，政府权责清单面向社会公布，行政职权精简率达61.7%。制定出台实施“盛京人才”战略的意见和推进大众创业万众创新的政策措施，“三证合一”登记制度全面实施，“一照一码”全面启动，创业创新环境得到改善。重点国有企业与央企战略重组、发展混合所有制取得重要进展。土地制度改革试点成效明显，东北首家农村综合产权交易中心投入运营。首批生态保护红线划定工作在副省级城市中率先完成。积极融入“一带一路”战略，东北区域实现“通关一体化”，“沈满欧”国际货运班列开通运行。紧紧抓住沈阳被确定为国家全面创新改革试验区的重大机遇，制定出台《中共沈阳市委关于加快推进全面创新改革的意见》，《沈阳市加快新型工业化进程系统推进全面创新改革试验方案》即将获批，各项试点准备工作扎实推进。

3. 全力稳定增长，经济运行呈现企稳向好态势。紧紧围绕适应引领新常态和破解当前发展中遇到的难题，组织开展了全市经济发展状况大调研，找准了转方式调结构的主攻方向，明确了推动经济持续健康发展的思路和举措，牢牢把握了当先锋打头阵的主动权。坚持推动政策引导、投资发力、消费支撑多管齐下，发展质量效益得到提高，财政收入结构进一步优化，税收收入占财政收入比重继续提高。深入开展“帮企业稳增长促振兴”和“双进双解”活动，企业发展中的难题得到有效解决。项目建设顺利推进，华晨宝马发动机、德国库卡机器人等重大产业项目加快建设，政府和社会资本合作项目取得新进展。重点产业园区建设成效明显，《中德（沈阳）高端装备制造产业园建设方案》已获国家批准，智能制造装备产业集聚区、金属新材料产业园、综合保税区产业集聚势头良好。鼓励产业发展的政策措施密集出台，机器人、航空航天、IC装备、电子信息、现代建筑、生物医药等新兴产业快速发展，高新技术企业突破400户，新的经济增长点不断壮大。服务业发展四年行动计划深入实施，金融、软件、电商、旅游、会展等现代服务业快速发展，服务业在三次产业中比重明显提升。现代农业稳步发展，农产品出口额创历史新高，粮食生产实现十二连丰，新农村建设取得新成效。

4. 持续改善民生，人民群众的获得感不断增强。坚持优先保障民生投入，扎实推进为城乡群众办实事工程，人民群众居住环境和生活质量得到进一步提升。全国文明城市创建成果不断巩固和拓展。城建计划高效实施，二环快速路二期、迎宾路和东陵路高架桥、北站北广场改造如期竣工，地铁9号线、10号线、2号线北延长线进展顺利，南北二干线快速路、地铁4号线开工建设，地下综合管廊试点项目全面启动，新型城镇化扎实推进，城乡基础设施不断完善。“万人创业”和“智慧就业创业”工程全面启动，创业带动就业取得明显成效。社会保障体系加快完善，养老保险、医保补贴和低保救助标准进一步提高，专项救助力度不断加大。国家义务教育发展基本均衡县评估验收提前三年全域通过，文化设施提升工程取得丰硕成果，医疗卫生信息化水平进一步提升，全民健身和体育活动丰富多彩，和谐社区建设成效显著。“蓝天行动”“碧水工程”“绿化提升三年行动计划”和“农村环境治理宜居达标工程”深入实施，城乡生态环境进一步优化。

5. 坚持依法治市，全社会法治化水平稳步提升。坚定不移推进法治建设，依法促进社会公平正义，维护社会大局稳定，保障人民安居乐业，法治沈阳和平安沈阳建设取得新成效。科学立法、严格执法、公正司法、全民守法工作有序推进，立法的科学化、民主化水平进一步提高，执法规范化建设扎实推进，司法公开走在全国前列，广大市民的法治观念和文明素质持续增强。重大决策社会稳定风险评估制度进一步健全，信访和调解工作沈阳模式进一步固化，社会矛盾得到妥善化解。立体化社会治安防控体系不断完善，严厉打击各类违法犯罪活动成效显著，安全生产和食品药品安全监管工作明显加强，安定和谐的局面得到巩固和发展。

6. 从严管党治党，政治生态得到进一步优化。加强群众路线教育实践活动整改落实工作，扎实开展"三严三实"专题教育，认真组织专题研讨活动，强化"不作为、不担当"和"不严不实"问题专项整治，驰而不息纠正"四风"，广大党员干部作风进一步转变。建立健全责任分工体系，定期分析研判情况，意识形态工作得到明显加强。坚持正确选人用人导向，严格落实干部选拔任用工作条例，强化干部监督管理，各级领导班子和干部队伍建设进一步加强。积极推进基层党建工作指导站和"两代表一委员"工作室建设，不断扩大党的组织覆盖和工作覆盖，基层党组织和党员队伍建设水平得到提升。坚持"三责联动"，全面落实党风廉政建设主体责任，稳步推进纪律检查体制改革，严肃查处了一批违纪违法案件，风清气正的良好环境进一步形成。

在肯定成绩的同时，我们也必须清醒地看到存在的差距和不足：一是主要经济指标增速明显下滑，产业转型升级不快，新的增长点不多，财政收入增长乏力，经济发展质量和效益有待进一步提高；二是体制性机制性矛盾仍然突出，国有企业活力不足，民营经济不大不强，创新创业意识不浓，营商环境有待进一步优化；三是城乡区域发展不平衡，基本公共服务均等化水平不够高，生态环境质量亟待改善，保障和改善民生的压力仍然较大；四是部分干部的思想观念、精神状态与新形势新要求还存在一定差距，不思进取、不敢担当、不愿作为的问题依然突出，抢抓机遇、奋力先行的意识还没有真正树立起来。对此，我们一定要增强忧患意识、责任意识、担当意识，采取更加有力的措施切实加以解决。

二、关于扎实推进"十三五"时期经济社会发展

"十三五"时期，是全面建成小康社会的决胜期，是全面创新改革的攻坚期，也是沈阳加快建设国家中心城市、推动老工业基地全面振兴的关键期。科学制定和实施"十三五"规划建议，对于推动沈阳老工业基地在新一轮振兴发展中当先锋打头阵意义重大。市委认真贯彻党的十八届五中全会精神，组织专门力量，深入调查研究，广泛征求意见，反复修改完善，形成了《中共沈阳市委关于制定国民经济和社会发展第十三个五年规划的建议》，经市委常委会讨论，决定提交本次全会审议。

扎实推进"十三五"时期经济社会发展，必须对面临的形势有一个清醒的认识。《规划建议》强调指出，"十二五"时期，全市上下紧紧围绕完成"五大任务"、实现"三大目标"，抢抓机遇、开拓进取，攻坚克难、真抓实干，较好地完成了"十二五"规划的主要目标任务，谱写了沈阳老工业基地振兴发展的崭新篇章。经过"十二五"时期的不懈努力，我市经济平稳健康发展，综合实力稳步提升，结构调整成效显著，增长动力平稳接续，发展空间持续优化，改革开放成果突出，城市功能逐步完善，生态环境不断改善，人民生活日益殷实，社会大局和谐稳定，为"十三五"时期的振兴发展奠定了坚实基础。《规划建议》还从"十三五"时期国内外发展环境的基本特征出发，作出了未来五年沈阳经济社会发展既面临难得历史机遇、也面临诸多严峻挑战的分析判断，强调沈阳老工业基地振兴发展正处于滚石上山、爬坡过坎的关键阶段，必须紧紧抓住新一轮东北振兴战略深入实施、"一带一路"开放战略加快推进、中蒙俄经济走廊加快建设，特别是沈阳成为国家全面创新改革试验区的重大战略机遇，进一步增强使命感、责任感和紧迫感，坚定必胜信心，积极主动作为，努力推动沈阳在科学发展道路上加快全面振兴。

扎实推进"十三五"时期经济社会发展，必须明确未来五年的指导思想。《规划建议》提出，"十三五"时期我市经济社会发展的指导思想是：高举中国特色社会主义伟大旗帜，全面贯彻党的十八大和十八届三中、四中、五中全会精神，以马列主义、毛泽东思想、邓小平理论、"三个代表"重要思想、科学发展观为指导，深入贯彻习近平总书记系列重要讲话精神，按照"五位一体"总体布局和"四个全面"战略布局要求，牢固树立创新、协调、绿色、开放、共享的发展理念，紧紧抓住新一轮东北振兴和全面创新改革试验的重大机遇，主动适应、科学把握、积极引领新常态，坚持发展是第一要务，以"四个着力"为根本遵循，以"四个驱动"为重要引擎，以提高发展质量和效益为中心，以转方式调结构为主攻方向，保持战略定力，坚持稳中求进，坚决破除体制机制障碍，加快推进产业转型升级，鼓励和支持创新创业，切实保障和改善民生，加快建设国家中心城市，实现沈阳老工业基地全面振兴。

扎实推进"十三五"时期经济社会发展，必须明确未来五年的目标任务。《规划建议》强调，根据党中央、国务院和省委、省政府的要求，结合沈阳实际，确定"十三五"时期全市经济社会发展的总目标是加快建设国家中心城市、总任务是实现老工业基地全面振兴。到2020年，保持经济年均增速不低于全国平均水平，保持居民收入增长与经济增长同步，保持全社会改革振兴发展活力不断增强，保持全市人民安全感、幸福感不断提升，确保如期全面建成小康社会。《规划建议》还提出，未来五年要努力实现综合经济实力明显增强、人民生活质量普遍提高、全面深化改革扎实推进、创新驱动发展成效显著、城市整体功能大幅提升、城乡生态环境不断优化等六个方面新的具体目标。扎实推进"十三五"时期经济社会发展，必须明确未来五年的重大举措。《规划建议》深入贯彻落实习近平总书记在长春座谈会上的重要讲话精神，坚持把"四个着力"作为推动振兴发展的总要求、实现全面振兴的总命题和引领各项工作的总纲领。强调着力完善体制机制，就是要积极推进重点领域和关键环节改革，加快形成同市场完全对接、充满内在活力的体制机制，切实增强振兴发展动力；着力推进结构调整，就是要坚持多策并举，加减乘除一起做，加快促进经济转型升级，走出一条质量更高、效益更好、结构更优、优势充分释放的发展新路；着力鼓励创新创业，就是要深入实施创新驱动发展战略，激发全社会创新活力和创造潜能，加快形成以创新为主要引领和支撑的经济体系和发展模式；着力保障和改善民生，就是要按照人人参与、人人尽力、人人共享的要求，注重机会公平，守住民生底线，

促进社会和谐，使广大市民在共建共享发展中有更多获得感。

扎实推进“十三五”时期经济社会发展，必须坚持把推进全面创新改革作为根本动力。沈阳被列为国家全面创新改革试验区，这是改革开放以来我市迎来的一次前所未有的重大历史机遇，充分体现了党中央、国务院对沈阳老工业基地的巨大关怀和殷切希望，为我们破除旧有体制机制、加快转变发展方式、推动全面振兴注入了强大动力。我们一定要不负重托、不辱使命，抢抓机遇、大胆探索，坚持把全面创新改革摆在振兴发展全局的核心位置，勇于打破传统思维惯性，破除以往路径依赖，突破陈规旧律束缚，紧紧围绕科技创新、转型升级、产业金融、国企改革、对外开放、人才支撑、行政改革等重点领域和关键环节，举全市之力攻坚，努力推出具有开创意义的改革举措，尽快形成可复制、能推广的改革经验，不断开创沈阳振兴发展的崭新局面。

制定和实施“十三五”规划，事关沈阳振兴发展全局。《规划建议》突出思想性、原则性、战略性和指导性，为科学编制《规划纲要》提供了依据，为细化各项指标和确定具体措施提供了遵循。市政府要根据《规划建议》要求，抓紧修改完善《规划纲要》，适时提交市十五届人大四次会议审议。

三、关于2016年的重点任务

明年是实施“十三五”规划的开局之年，也是推进结构性改革的攻坚之年。做好明年各项工作，对于凝聚民心、鼓舞士气、加快沈阳老工业基地全面振兴，具有十分重大的意义。党的十八大以来，以习近平同志为总书记的党中央，在综合分析和准确把握“三期叠加”阶段性特征的基础上，作出了经济发展进入新常态的历史性判断，确立了“四个全面”战略布局的治国理政总方略，标定了牢固树立“五大发展理念”的发展路径，特别是系统诠释了推动东北老工业基地振兴发展“四个着力”的总要求。我们必须深刻理解和全面贯彻这些新思想、新观点、新论断和新要求，坚持统筹兼顾，聚焦工作重点，坚定发展信心，保持战略定力，切实走出一条具有沈阳特色的振兴发展新路。

为此，全市上下要深入学习贯彻习近平总书记系列重要讲话精神，认真落实党的十八届三中、四中、五中全会和中央经济工作会议、省委十一届十二次全会和全省经济工作会议精神，系统推进全面创新改革试验，切实把“四个着力”转化为推动沈阳振兴发展的生动实践，促进经济社会持续健康发展，确保“十三五”开好局、起好步。

（一）推进全面创新改革，着力完善体制机制

深化改革是推动振兴发展的治本之策。必须坚持向改革要活力、要红利、要生产力，认真落实《沈阳市加快新型工业化进程系统推进全面创新改革试验方案》，积极深化重点领域和关键环节改革，坚决破除影响创新特别是科技创新的体制机制弊端，为振兴发展提供强大动力。

1. 加快转变政府职能。着眼于激发市场活力，持续推进简政放权、放管结合、优化服务，减少政府对市场的不合理干预和对市场主体的不合理管制，进一步提高政府效能。继续深化行政审批制度改革，积极推进相对集中行政许可权试点，建立快速审批通道，加快建设网上并联审批系统，推进市场监管从注重事前审批向加强事中事后监管转变，进一步营造便捷高效、充满活力的发展环境。完善权责清单配套工作，建立健全权责清单的动态管理机制，确保行政权力规范化运行。强化政府债务管理，坚决防范债务风险。

2. 深化国资国企改革。完善各类国有资产监管体系，推进经营性国有资产集中统一监管，制定国有企业资产损失责任追究办法。组建若干国有资本投资运营公司，放开企业投资权和资产处置权，促进国有资产保值增值。制定实施深化国有企业改革的实施意见，一企一策制定改革方案，积极稳妥推进重点国有企业集团与央企并购重组、发展混合所有制经济。完善公司法人治理结构，开展规范董事会建设试点，不断优化企业治理结构与经营机制。制定国有企业历史遗留问题解决方案，适时启动推进厂办大集体改革工作，进一步增强国有企业的市场活力。

3. 营造公平开放市场环境。深化商事制度改革，全面实施“三证合一”和“一照一码”登记改革，试行企业简易注销登记，提升市场准入和退出便利化水平。完善金融体系，全面深化国家优化金融生态改革试验，培育发展多层次资本市场，促进金融与产业深度融合，提升金融服务科技创新和支撑产业升级能力。优化企业发展环境，开展降低实体经济成本行动，健全促进企业健康发展的制度政策，大力清理不合理收费、不合规评估，切实帮助企业减轻负担。妥善处理保持社会稳定和推进结构性改革的关系，完善配套政策，加大兼并重组力度，积极稳妥化解产能过剩。

4. 创新对外开放体制机制。积极主动融入“一带一路”建设，加强与沿线国家和地区的经贸合作、人文交流，加快“引进来”和“走出去”步伐，构建对外开放新格局，增强国际竞争新优势。加强开放平台载体建设，提升投资领域开放水平，改善利用外资环境，发挥中德高端装备制造产业园和中法生态园的示范引领作用，吸引更多国家在沈设立产业园区，打造产业合作示范基地。提升综合保税区对外开放功能，不断壮大保税加工、保税贸易规模。鼓励支持更多有条件的企业进行全球布局，大力开拓国际市场，加强国际产能和装备制造合作。加快对外贸易平台建设，培育外贸出口品牌，促进对外贸易稳定增长。

（二）加快转变发展方式，着力推进结构调整

加快转方式调结构步伐，是提高经济发展质量和效益的关键所在。要按照省委培育壮大“六个新的增长点”要求，注重加减乘除并举，加大供给侧结构性改革力度，积极构建现代产业新体系，补齐发展短板，形成多点支撑经济稳定增长的发展格局，实现稳增长和调结构互为支撑、互促共进。

1. 促进工业转型升级。积极实施工业强基工程，加快传统制造业改造提升步伐，全面落实制造业智能升级三年行动计划，系统设计升级路径，分类制定解决方案，推进企业生产流程再造与技术、产品更新，提升装备成套和综合集成水平，推动传统制造业迈向中高端。加快发展大数据、云计算等新一代信息技术产业，促进互联网与实体经济融合发展。

着眼打造“中国制造2025”先行区，大力培育机器人及智能制造、航空航天、先进轨道交通、新能源汽车、现代建筑、生物医药、新材料、节能环保等新兴产业，壮大产业竞争新优势。探索军民融合发展新模式，加快体制、机制、项目融合步伐，打造军民融合示范区。强化优势产业集群建设，提高产业集中度和整体竞争力。

2. 加速壮大服务业能级。全力拓展国家现代服务业综合试点成果，促进现代服务业发展提速、质量提升、比重提高。积极培育发展工业设计及研发、金融、物流、信息等生产性服务业，加快东北金融中心和国家级电子商务产业基地建设，推动生产性服务业向专业化和价值链高端延伸。大力发展文化娱乐、健康养老、体育健身、社区服务等生活性服务业，促进商贸流通、餐饮住宿等传统服务业转型升级，推动生活性服务业向精细和高品质转变。加快发展基于技术集成创新、模式创新的新兴服务业，打造新的产业增长极。

3. 加快农业现代化进程。认真贯彻落实中央农村工作会议精神，加大强农惠农富农力度，深入推进农村各项改革，推动新型城镇化与新农村建设协调发展，不断拓展农业农村发展新空间、农民增收致富新渠道。积极优化农业结构，推动高端精品、高效特色、高产生态农业和现代都市农业加快发展，促进农业生产经营规模化、标准化、集约化。推进农村一二三产业融合发展，做大做强农产品加工业，提高农产品就地转化和精深加工率，培育壮大农村电子商务，支持农村服务业发展，多渠道增加农民收入，切实增强县域经济综合实力。稳步推进农村土地制度改革试点，创新土地流转和规模经营方式，提高农民组织化程度。深化户籍制度改革，有序推进农业转移人口市民化。优先保障财政对农村投入，加快宜居乡村建设，实施农村环境整治、设施完善提质、宜居示范创建三大系统工程，着力改善农村人居环境，打造农民幸福家园。

4. 抓好重大项目建设。坚持以增量促调整，着眼于优化经济结构、培植壮大税源，加大招商选资力度，着力培育、引进、建设一批重大优质项目，充分发挥有效投资的关键作用，不断夯实转方式调结构的根基。抓好装备制造产业园、现代建筑产业园、新松智慧产业园、航空零部件产业基地等重点园区建设，大力推进华晨宝马大东工厂扩建、上通北盛技术改造、金杯车辆搬迁改造等项目续建，全力推进飞机整机总装国际合作项目落地，确保华晨宝马铁西工厂三期按时投产，加快形成新的生产能力。强化土地、资金等要素保障，确保项目建设顺利推进，为加快产业转型升级提供坚实支撑。拓宽政府与社会资本合作的领域和渠道，增强拉动经济增长的社会合力。

5. 培育消费新增长点。充分发挥消费对结构调整的拉动作用，拓展品质消费、个性消费、绿色消费等消费新领域，培育壮大新的消费热点。积极促进智慧健康医疗和智慧养老消费，扩大教育文化消费，激活和满足多层次消费需求。整合旅游资源，培育新兴旅游业态，打造精品旅游线路，切实把沈阳建设成为东北地区重要旅游消费城市。进一步稳定房地产市场，通过推进新型城镇化、加快农民工市民化，扩大市场需求，有效化解商品房库存，推动房地产业平稳健康发展。改善消费环境，规范市场秩序，严厉打击假冒伪劣，让全市人民愿意消费、放心消费。

（三）激发社会创造潜能，着力鼓励创新创业

大众创业、万众创新是沈阳振兴发展的动力之源。要深入实施创新驱动发展战略，营造有利于创新的政策环境、制度环境和公共服务平台，激发全社会创新活力和创业激情，加快形成以创新为主要引领和支撑的经济体系和发展模式。

1. 制定完善鼓励创新的政策。抓紧出台鼓励科技成果转化的具体政策，下放科技成果使用、处置和收益权，提高科研人员成果转化收益水平，促进科技成果资本化、产业化。优化现有科技计划，改革财政科技资金管理，更多地向具有市场需求和能够产业化的科研项目倾斜。设立全面创新改革资金，建立跨部门的财政科技项目统筹决策和联动管理制度，扶持创新型企业发展。强化金融对创新驱动的支撑作用，探索采取知识产权和股权质押贷款等方式，支持科技型企业开展技术创新融资。全力推进国家自主创新示范区建设，加大政策支持力度，充分发挥国家大学科技城集聚辐射作用，打造创新发展新高地。探索建立“全面创新改革责任豁免”制度，允许在改革试验中试错、容错，切实为勇于创新者消除后顾之忧。

2. 强化企业创新主体地位。充分发挥大型企业创新骨干作用，激发中小微企业创新活力，引导创新资源向企业集聚，使企业真正成为技术创新决策、研发投入、科研组织和成果转化的主体。支持企业加大研发投入，鼓励企业建设高水平研发机构，构建以企业为主导、产学研用合作的产业技术创新战略联盟。实施品牌价值提升工程，增强产品的影响力和竞争力。大力引进国内外高端研发机构，加快省市共建沈阳工业技术创新研究院步伐，积极支持沈阳材料与制造国家实验室和机器人与智能制造创新研究院等新型创新平台发展，切实提升我市的自主创新能力。

3. 打造创新人才队伍。大力实施“盛京人才”战略，积极吸引国内外高层次创新人才和团队来沈创新创业，解决好工作条件、住房保障、薪资待遇等现实问题，真正使优秀人才引得来、留得住、用得好。创新人才评价机制，分类制定评价标准，对科技研发和成果转化贡献突出的人才，在职称评定等方面开辟绿色通道。建立健全科研人员双向流动机制，支持高等院校、科研院所和国有企业专业技术人员到科技创新型企业兼职兼薪，努力实现人尽其才、才尽其用、用有所成。

4. 积极鼓励大众创业。强化创业扶持，降低创业门槛，构建引导支持创业的制度体系和公共服务体系，推动形成千军万马竞相创业的生动局面。支持高端人才、科研人员、返乡人员创业，制定实施高校大学生创业办法。落实好鼓励创业的财税政策，引导更多社会资金和金融资本参与创业投资，扶持创业企业起步成长。加快“创客沈阳”建设，大力发展创业孵化器、第三方专业化服务和“互联网+”创业服务，打造一批产业创新活跃、创业资源丰富、孵化功能完善的众创空间。大力培育企业家精神和创客文化，使想创业、敢创业、能创业在全社会蔚然成风。

(四)强化共建共享理念,着力保障和改善民生

保障和改善民生是一切工作的出发点和落脚点。越是在经济下行压力加大的时候,越是要担负起改善民生的重大责任,解决好人民群众切身利益问题,让振兴发展成果更多更公平惠及全市人民。

1. 提升社会保障水平。加强就业动态监管,完善就业服务机制,全力做好重点人群就业工作,加大困难群体就业援助力度。确保企业退休人员基本养老金、城乡居民基础养老金和城乡低保、重点优抚对象生活补助及时足额发放,加快推进城镇职工养老保险与城乡居民基本养老保险的衔接。深入实施城乡居民大病保险制度,健全重特大疾病保障机制,有效防止“因病致贫、因病返贫”现象发生。加快推进棚户区改造,加大保障性住房建设力度,切实改善困难群众的居住条件。举全市之力支持康平打赢脱贫攻坚战。坚持多方参与,加大投入力度,积极推进精准扶贫,实施产业扶贫、项目扶贫、技能扶贫工程,不断完善临时救助制度,确保困难群众生活得到有效保障。

2. 发展各项社会事业。大力发展公办幼儿园,优质均衡发展义务教育,推进普通高中多样化发展,完善现代职教和终身教育体系,支持高校加强重点学科和专业建设,促进智慧教育发展,加快推进教育现代化。牢固树立常态化创城理念,大力加强社会主义核心价值观宣传教育,扎实做好新的创城指标体系达标工作,加快文化基础设施改造升级,实施重大文化惠民工程,不断提高市民文明素质。全面启动国家卫生城市和国家健康城市创建工作,加快推进城市公立医院综合改革试点,实施基层医疗卫生机构三年达标建设工程,切实提升医疗机构服务水平,有效解决看病难、看病贵问题。积极顺应人口老龄化趋势,加强养老服务体系建设。深入实施体育惠民工程,加大公共体育设施免费开放力度。推进军民共建深度发展,支持军队改革,提升双拥工作整体水平。

3. 强化城市建设管理。坚持以中央城市工作会议精神为指导,统筹做好城市规划、建设和管理工作,完善城市治理体系,提高城市治理能力,让人民群众在城市生活得更方便、更舒心、更美好。加大城建计划落实力度,加快地铁、京沈客专、南北二干线快速路、近海铁路等工程建设,积极推进五爱街立交桥、北一路高架桥、沈康高速三环连接线等重大工程,全力推进地下综合管廊试点项目建设,抓好老旧管网设施改造、城区道路整修、农村路网建设。加强统筹规划和布局,加大投入力度,推进停车设施和充电设施建设。积极创建国家公交都市和综合运输服务示范城市,进一步优化快速路网,打通交通节点,提高轨道交通效能,增强城市承载能力和运行保障能力。全力申报国家海绵城市建设试点。进一步完善信息基础设施,推进智慧沈阳建设,深入实施智慧政务、智慧社区等重点工程,提高城市智能化管理水平。

4. 加强生态环境建设。强化生态红线管理,加大重污染产业的退出力度,实行区域准入控制,健全环境监察和责任追究制度,保障生态安全。加强卧龙湖生态保护,提高浑河、蒲河治理水平,强化环城水系建设,打造绿色环保、生态休闲的景观式水系。加大污水处理力度,确保各污水处理厂稳定达标运行。扎实开展“抗霾攻坚”行动,加强源头管控,加快燃煤锅炉拆除替代,搞好扬尘综合治理,控制机动车尾气污染和工业排放,有效遏制严重雾霾天气。启动垃圾焚烧项目,推动垃圾无害化处理。继续实施老旧住宅小区环境改造工程,优化居住环境,提升居民生活品质。

5. 维护社会和谐稳定。深化平安沈阳建设,创新立体化社会治安防控体系,全面推进和谐社区建设,加强人员密集场所和重点要害部位安全防范,严防发生重大群体性事件、重大恶性案件和个人极端暴力事件。贯彻落实《法治政府建设实施纲要(2015—2020年)》,弘扬法治精神,推进依法治市,促进社会公平正义。进一步深化信访工作制度改革,创新群众工作方式方法,完善社会稳定风险评估机制,有效预防和妥善化解征地拆迁、劳动社保等重点领域的矛盾和问题,切实维护人民群众的合法权益。严格落实安全生产责任制,加强电梯运行、危险化学品和易燃易爆物品等重点行业领域安全监管,严防安全生产事故发生。健全应急保障机制,确保重大突发情况快速高效科学处置。以建设国家食品安全试点城市为契机,健全制度、加强监管,全力避免区域性、系统性和重大食品药品安全事件发生。

四、关于推进全面从严治党

做好“十三五”开局之年的各项工作,关键在党。必须认真贯彻《中国共产党地方委员会工作条例》,严格落实从严治党、依规治党要求,以改革创新精神全面加强和改进党的建设,不断提高党的建设科学化水平。

1. 努力建设高素质领导班子和干部队伍。不断强化党员干部思想教育,继续深入学习习近平总书记系列重要讲话精神,引导广大党员干部提高理论水平和业务能力、坚定理想信念、增强党性修养。巩固和拓展群众路线教育实践活动成果,落实“三严三实”“忠诚、干净、担当”和“讲诚信、懂规矩、守纪律”的要求,推动作风建设常态化、长效化。严格落实意识形态工作责任制,加强正面宣传引导,强化对各类意识形态阵地的管理,牢牢把握宣传思想工作主动权。牢固树立正确的选人用人导向,严格执行习近平总书记提出的好干部标准,认真贯彻《党政领导干部选拔任用工作条例》,切实做好市、县、乡三级党委换届工作,严肃换届纪律,坚决防止弄虚作假、跑官要官、拉票贿选等不正之风,真正把政治强、懂专业、善治理、敢担当、作风正的优秀干部选出来、用起来。继续深化干部人事制度改革,推进干部跨部门、跨行业、跨区域交流,完善政绩考核评价体系和奖惩机制,充分调动各级干部推动振兴发展的积极性、主动性、创造性。

2. 切实强化基层党组织整体功能。坚持把基层党组织建设作为重大基础性工程,不断强化基层党组织整体功能,推动基层党组织在强化服务中更好地发挥领导核心和政治核心作用。大力强化各领域基层党组织建设,扎实做好村“两委”换届工作,加强基层党组织“带头人”队伍和党员队伍建设,推进基层党组织建设全面进步、全面过硬。坚持党建活动扎根基层、扎根群众,完善党员干部联系基层、服务群众制度,加强“两代表一委员”工作室建设,深化“共产党员

工程”“为民服务全程代理”等活动，不断增强党在全社会的影响力和凝聚力。

3. 扎实推进党风廉政建设和反腐败斗争。严明党的纪律和规矩，深入学习贯彻《党章》《廉洁自律准则》和《纪律处分条例》，始终把纪律和规矩挺在前面。严格落实党风廉政建设的主体责任和监督责任，层层传导、层层落实，切实做到敢管敢治、严管严治、长管长治。密切注意“四风”新动向新表现，经常抓、抓经常，抓出习惯，让中央八项规定精神落地生根。强化权力运行的制约和监督，建立健全惩治和预防腐败体系，坚决整治和查处侵害群众利益的不正之风和腐败问题，进一步营造政治清明、干部清正、风气清新的从政环境和政治生态。

4. 认真抓好省委巡视整改落实工作。最近，省委巡视组通报了对我市的巡视情况，指出了我市在党风廉政建设和反腐败工作、落实“两个责任”、加强作风建设、执行民主集中制和干部选拔任用等方面存在的问题。对此，我们一定要高度重视，逐项细化措施，严格落实责任，不折不扣抓好整改。市委整改工作领导小组办公室要对反馈的问题进行系统梳理，抓紧制定整改方案，明确责任分工和时限要求，加强跟踪调度，搞好建章立制，确保全市整改落实工作取得实效。各地区、各部门、各单位要对照省委巡视组的反馈意见，认真查找存在的突出问题，有针对性地抓好整改落实，做到立行立改、对账销号。

5. 积极营造迎接市党代会召开的浓厚氛围。市第十三次党代会将于明年召开，这是我市政治生活中的一件大事。各级党政组织和广大党员干部一定要始终保持奋发有为的精神状态和求真务实的工作作风，扎实做好“十三五”开局之年的各项工作，以优异成绩迎接市第十三次党代会召开。要全力支持人大、政府、政协按照各自职能开展工作，充分发挥各民主党派、工商联、无党派人士和工会、共青团、妇联等群团组织的作用，大力推进协商民主建设，形成推动振兴发展的强大合力。坚持唱响主旋律、打好主动仗，广泛开展“开启新征程、喜迎党代会”主题宣传活动，广泛宣传各条战线推进创新发展、转型发展的新成就，把方方面面的力量凝聚起来，把广大干部群众的活力激发出来，努力为党代会的召开营造良好的舆论环境。

同志们，在新的历史起点上推动老工业基地全面振兴，使命催人奋进、责任重于泰山。让我们更加紧密地团结在以习近平同志为总书记的党中央周围，在省委的坚强领导下，团结带领广大党员、干部和群众，抢抓机遇，攻坚克难，开拓进取，全面做好“十三五”开局起步年的各项工作，为加快建设国家中心城市、推动沈阳老工业基地在新一轮振兴发展中当先锋打头阵而努力奋斗！

沈阳市人民代表大会常务委员会工作报告

——2016年1月7日在沈阳市第十五届人民代表大会第四次会议上

沈阳市人大常委会主任　赵长义

各位代表：

我受市人大常委会委托，向大会报告工作，请予审议。

2015年的主要工作

过去一年，在中共沈阳市委的正确领导下，常委会认真贯彻落实党的十八大和十八届三中、四中、五中全会精神，紧密围绕全市工作大局，依法履行职权，扎实开展工作，全面完成了市十五届人大三次会议确定的各项任务。

一、突出地方立法的引领和推动作用，在推进科学民主立法、确保立法质量方面取得了新成效

一年来，常委会秉承“针对问题立法、立法解决问题”的工作理念，坚持“立得住、行得通、真管用”的立法导向，积极推进地方立法进程，共制定地方性法规3件、废止1件。

通过立法规范和推进生活垃圾的处置管理工作。随着城市化进程加快，我市生活垃圾产生量逐年增加，环境承载压力日益增大，亟需从地方立法层面来促进改变全市生活垃圾处置管理现状，为破解生活垃圾处理难题提供保障。常委会针对生活垃圾处理能力严重不足、垃圾处理设施尤其是焚烧处置设施建设滞后、垃圾分类、投放、收集、运输和处理的衔接机制不完善等迫切需要解决的问题，制定了《沈阳市生活垃圾管理条例》。条例对生活垃圾处理的规划与建设、减量与分类、运输与处置以及监督管理等各个环节，都做了明确规范，将我市多年来在生活垃圾管理中积累的经验以法规形式确定下来，并从法规层面推进生活垃圾焚烧处置设施建设，加快实现我市生活垃圾处理的减量化、无害化和资源化。为了把这部涉及面广、问题复杂的重要法规制定好，常委会就条例的一些重要条款进行了反复研究论证，多次组织相关调研视察和到其他城市学习考察，尤其是本着审慎决策的原则，在表决法规草案之前，与政府及相关部门负责人就条例实施的重点问题进行了沟通协调，以确保条例颁布后能够得到有效实施。这部条例的制定，填补了我市生活垃圾管理工作的立法空白，标志着生活垃圾管理工作自此步入法制化轨道。

通过立法保障和推进公交优先发展战略的实施。公共交通是人民群众最为主要的出行方式，发展公交客运是满足百姓出行需求的首要选择。我市在实施公交优先发展战略，推进公交都市建设中，迫切需要通过地方立法来促进和规范全市公共汽车客运事业发展，有效解决“出行难”，回应人民群众对享有更高质量出行服务的新期待。因此，常委会把制定《沈阳市城市公共汽车客运管理条例》作为一项重要的民生立法加以推进，针对城市公交线网数量不足、基础设施建设滞后、财政资金投入不足、公交职工待遇偏低等突出问题，以地方法规的形式确定了公共汽车客运的公益属性、政府主导的保障机制、公共财政投入补贴原则、提高公交客运职工工资福利待遇，从规划建设、投入机制、保障体系、运营服务、安全管理等方面，明确和完善了各项具体制度规范。这部法规的制定，使我市发展公交客运的成熟举措得以法制化和常态化，对于推动公交优先发展战略的有效实施和建设公交都市，建立与城市规模相匹配的一体化公共交通体系，满足人民群众的公交出行需求，将发挥重要的引领保障作用。

通过立法为开展妇女权益保障工作创造法治条件。我市妇女人数占全市总人口50%以上，是推动经济社会发展的重要力量。常委会适应我市妇女权益保障的现实需求，制定了《沈阳市妇女权益保障条例》。在法规制定中，围绕解决妇女参与决策管理水平尚待提升、女职工劳动权益和特殊保护不到位、妇女特殊健康需求不能很好满足等问题，将我市一些适时管用的政策措施和经验做法上升为制度规范，对社会普遍关注的建立分性别统计指标体系、建设女性公共服务设施、城乡低保妇女“两癌”免费检查、预防和制止家庭暴力，特别是对特殊困难妇女的民生保障方面，都做出了明确具体的规定。这部条例的制定，不仅有助于通过法治思维和方式推进妇女权益保障工作，促进我市妇女事业发展进步，同时也有助于社会治理体制的创新，促进和谐社会建设。条例的颁布实施，在全市广大妇女群众中引起很大反响，社会各界也对我市出台首部关于女性权益保障方面的地方性法规给予积极评价，取得了良好社会效果。

在立法工作中，常委会注重发挥主导作用，坚持提前介入法规调研和起草工作，落实立法工作推进会议制度，保证立法项目顺利实施。坚持通过公开征集立法项目、公布法规草案、召开座谈会和论证会等方式，拓展了民主立法渠道。在发挥立法顾问、立法顾问单位作用的同时，首次聘任46名地方立法咨询专家，发挥专家学者在地方立法工作中的智力支持作用。确定了8个基层立法联系点，在建立健全征询立法意见机制方面有了新进展，使地方立法工作更接地气。坚持做好舆论引导工作，每部法规颁布实施前，都通过新闻发布会和各主要媒体宣传解读法规内容，促进法规的正确实施。此外，为适应改革发展需要，对现行法规进行了清理，废止了《沈阳市保护消费者合法权益规定》。

二、认真行使人大监督权，监督工作的针对性和实效性得到进一步增强

常委会坚持问题导向，注重围绕事关全市经济社会发展的重大问题和人民群众普遍关注的热点问题，综合运用多种监督形式，依法开展监督工作。

一是加强了对全市经济社会发展重大事项的监督。编制“十三五”规划是事关全局与长远的一件大事，常委会对此高度重视，认真组织了“十二五”规划执行情况的专项调研和专题视察，听取审议了相关情况报告，围绕科学把握我市新一轮发展的阶段性特征、深化创新改革、加快经济结构调整升级、重视生态建设、守住民生底线等8个方面，提出了系统的审议意见，使规划编制能够充分体现集中民智、顺应民意，为人代会审查批准这一规划奠定了基础。针对经济下行压力加大，稳增长任务艰巨的新形势，常委会对全市上半年经济运行情况开展专题调研，听取审议了政府相关报告，重点就推进国企改革、改善发展环境、保障重点民生支出等6个方面提出意见建议。为推动农业发展方式转变，对都市现代农业发展情况进行了专题视察，听取审议了相关报告，就完善都市现代农业规划、发展生态休闲和观光农业、探索“互联网+三农”等方面提出了审议意见。

为促进民族政策和相关法律法规的贯彻落实，听取审议了我市民族工作情况的报告，在审议意见中突出强调了少数民族聚集区、特色街区的规划和建设，建议把西塔朝鲜族风情街、清真美食街等一批民族街区打造好，把少数民族习俗传承好、把民族特色乡村建设好。为推进我市林业产业发展，听取了相关情况汇报，就保护生态林、建好景观林、发展经济林以及坚持依法管林等方面提出了具体建议。听取了旅游总体规划编制情况汇报，推动我市旅游资源开发与整合，加快打造独具特色的旅游品牌，提升旅游业整体发展水平。

二是深化对预决算的审查监督。听取审议了2014年市本级决算、2015年上半年全市预算执行情况的报告和审计工作报告，审查批准了2014年市本级决算，并在审议意见中突出强调，在财政支出刚性增长与财政收入增幅放缓矛盾日益凸显的情况下，应重视解决每年结余结转资金规模过大的问题，大力压缩沉淀资金，严控结余结转资金规模，最大限度发挥预算资金使用效益，保证财政支出的均衡性。推进了对预算执行的常态监督，在对重点资金拨付使用情况进行在线监督的基础上，增加了对已列支部门未使用资金的监督，促进提高了预算的执行率。听取审议了审计问题整改情况报告，对照问题清单进行跟踪问效，做到整改落实和责任追究并重。坚持把预算初审工作作为加强改进预算监督的关键环节，组织聘请部分人大代表及财税、审计方面专家对预算草案进行集中审查，各专委会提前参与并提出相关意见建议，督促相关部门按照初审意见进行整改，对市交通局、建委、农委、卫计委等部门的预算草案开展了专题审查，预算初审工作更具实效，为人代会审查批准预算创造了有利条件。

三是强化民生工作监督。去年以来，对防止经济下行压力传导到民生领域，切实守住民生底线的问题，常委会予以高度关注，并通过各种监督形式，对重点民生问题坚持连续监督与推动。围绕保障城乡百姓喝上“干净水、放心水”，集中视察了居民住宅小区供水管网改造以及农村饮水升级改造工程实施情况，推动相关改造任务全面完成。为促进社会保障工作，听取审议了我市社会救助工作情况报告，推动建立系统性、统筹性、可持续性和兜底性的社会救助体系。听取审议了我市公共卫生安全建设情况的报告并开展了专题调研视察，就增强重大疾病预防控制能力尤其是突发事件处置能力、加强公共卫生安全体系建设以及市传染病院搬迁改造等方面提出了具体建议。为推动我市中医药事业发展，常委会在对我市中医药事业发展情况进行深入调研的基础上，听取了相关工作汇报，建议把市中医院、沈河中医院、市第二中医院康复中心等一批特色中医院和中医康复中心建设好，满足人民群众对中医诊疗的需求，市区政府对此积极回应，已将三所中医院的搬迁改造项目纳入今年财政预算计划，着力提升中医药事业整体发展水平。听取了城乡垃圾处理工作进展情况汇报，对近几年常委会相关审议意见的落实情况进行了跟踪问效，推进垃圾焚烧发电、渗滤液处理以及餐厨垃圾处理项目的加快建设。为推进我市终身教育事业发展，听取了相关工作情况汇报，推动了学习型城市建设。

四是加强了对法律法规实施情况和依法行政、公正司法的监督。以义务教育均衡发展为重点，对义务教育法和我市义务教育条例的贯彻实施情况开展了执法检查，听取审议了相关报告，针对部分地区存在着入学难、教师人事管理政策滞后、城乡间和地区间教育资源不均衡等问题，在提出加快建设配套学校、加强教师队伍建设、合理配置教育资源的同时，突出强调了支持优质教育资源的有序扩张，建议将我市名校集团化办学模式作为义务教育均衡发展举措的重要选择，积极为名校、强校、特色校有序发展创造条件，实现优质教育的更广覆盖，满足人民群众对公平教育和优质教育的双重期盼。

为全面推进依法治市，听取审议了市政府依法行政工作报告，针对我市在依法行政上存在的主要问题，就加快政府职能转变、强化对行政权力的制约和监督、有效规范行政执法行为等方面提出审议意见，特别强调要对行政机关应诉败诉案件成因进行分析，切实提高运用法治思维和法治方式推进行政工作的能力。听取了依法开展征兵工作情况汇报，确保兵役法在我市的贯彻实施。听取了市法院关于人民陪审工作汇报，促进审判机关建立健全任职考核、定期培训、服务保障等机制，切实发挥人民陪审员的制度优势，推进阳光司法，让人民群众在每一个司法案件中感受到公平正义。听取了市检察院开展未成年人刑事检察工作情况的汇报，促进落实新修改的《刑事诉讼法》，维护涉罪未成年人合法权益。围绕加强备案审查制度和能力建设，认真开展相关工作，对所提报的政府规章和其他规范性文件进行了备案审查。加强了涉法涉诉、申诉控告事项的分析研判和转办督办工作，坚持“诉访分离”，邀请律师、法官参与接访，全年共受理群众来信来访、申诉控告事项1541件，促进了人民群众合法诉求的解决。

三、依法行使重大事项决定权和人事任免权，保障和促进了全市重大决策部署的有效落实

常委会坚持将行使重大事项决定权与开展重点监督工作紧密结合起来，围绕事关全市振兴发展的工作大局和人民群众普遍关注的重大事项，确定监督审议议题，适时作出决议提出审议意见，依法推动市委重大决策部署和全市重点工作的有效落实。先后围绕公交优先发展战略实施、“十三五”规划编制、公共卫生安全、和谐社区建设、义务教育均衡发展、生活垃圾处理、推进依法行政等重大事项进行审议，作出决议或提出审议意见，并以听取审议报告、执法检查、专题视察、专项调研、专题询问等多种形式，跟踪促进各项重要审议意见的落实，使相关问题得到推进与解决。

常委会还将行使好对计划和财政预决算的审查批准权，作为讨论决定重大事项的重要内容，重点加强了对政府性债务和政府投资项目等重大事项的监督。根据我市政府存量债务进入还贷高峰期，债务资金监管需要改进、使用效率有待提升的状况，听取审议了政府性债务管理情况的报告，从加强对政府性债务的风险控制、调整政府性债务结构、加强政府存量债务管理与监督等方面，提出具体意见建议，促进政府严控债务总规模，确保债务规模合理、风险可控、使用规范。听取审议了2016年度政府投资建设项目计划编制情况报告，在审议意见中突出强调，对计划执行中有相当数量项目尚未开工或无法开工的情况要认真分析原因，提高投资决策的科学化水平，提升项目计划执行率，确保政府投资重大项目得到有效有序推进。在行使人事任免权方面，常委会坚持党管干部和人大依法任免相统一，全年共任免国家机关工作人员169人次，保证了国家机关正常运转和各项工作顺利进行。

四、突出代表的主体地位与作用，加强和改进了代表工作

一年来，常委会围绕保障代表充分履行职责、提升履职能力水平，不断增强代表工作实效。

代表履职学习培训更加深入。利用市人大代表培训基地以及其他方式，通过专题报告、专业培训、专题辅导等形式，组织了“一带一路”战略、解读“四个全面”、宏观经济社会改革、推进依法治国、县乡人大建设、现代农业发展等15个专题学习，涉及各级代表1140余人次。注重发挥各专委会的专业优势，组织专家学者进行专题辅导，使代表履职学习更具针对性，更有鲜活感和吸引力。

代表闭会期间履职活动更为丰富。围绕代表“三深入”活动主题，组织开展代表小组活动120余次，600余名省市人大代表深入基层了解社情民意，一年来，全市代表积极反映群众呼声，提出了许多高质量的意见建议，体现了为民履职的良好形象。围绕保障代表执行职务，重新完善了代表活动的组织网络，增拨了代表小组专项活动经费，保证闭会期间代表小组活动的更好开展。制定了代表约见“一府两院”部门负责人的工作程序，并首次就居民供暖、小区物业管理问题，组织相关代表约见房产、建委等部门负责人直接对话，推动解决百姓关切的民生问题，在改进代表工作方面做了新尝试。

代表对常委会工作的参与不断扩大。一年来，共邀请70名代表列席常委会会议和分组审议，980人次各级代表参加了常委会各项履职活动。常委会还紧密结合重点监督议题，注重发挥代表在联系人民群众中的独特作用，借助代表在各自领域的专业优势，反映民意、汇聚民智，提高常委会的工作质量和履职水平。

代表履职考核机制不断健全。推进代表履职监督考评工作，完善了代表履职档案，规范和细化代表履职考核记实内容，将代表参加原选举单位活动、代表小组活动等情况列入履职考评内容。组织了市人大代表向原选举单位述职工作，促进代表加强与原选举单位和人民群众的联系。

代表议案建议的督办工作成效显著。对本届人大三次会议主席团交付的两项议案，分别听取审议了专门委员会议案审议结果和市政府议案办理情况的报告，多次组织专题调研和视察检查。围绕办理优先发展城市公共交通的议案，常委会在加强跟踪督办、听取审议相关报告的同时，就公交基础设施建设、改善公交职工待遇、加大财政对公交的资金投入等10个方面问题，对政府部门进行了专题询问，推动我市加快补齐公共交通发展短板，有效解决议案办理中的难点问题。围绕办理推进和谐社区建设的议案，召开了10余次座谈会，先后深入20多个不同类型社区进行实地视察，促进政府加大对社区建设投入，完善社区公共服务体系，从体制机制上推进“去行政化”，使社区更好地服务百姓。市政府对此高度重视，将其列入为民办实事工程，制定了和谐社区建设工程实施方案，目前，城乡社区公共用房及相关配套设施的建设改造等各项工作正在推进之中。

为办好744件代表建议，常委会坚持把解决率作为办理工作基本标准，强化全程跟踪推动，对重点建议由主任会议进行了重点督办，加大对疑难建议办理工作的协调力度，积极回应代表关切，提高办理实效。在各方面的共同努力下，代表建议已全部办结，代表所提问题得到解决或基本解决的582件，占80.4%。

五、以提高常委会依法履职能力为目标，全面加强了自身建设

一年来，常委会始终自觉接受党的领导，坚持人大工作的正确政治方向，依法有效行使法定职权。结合“三严三实”专题教育，推进作风建设的常态化和长效化，从严从实改进工作作风，所有调研视察和检查活动，都坚持轻车简从，视察方式坚持明察暗访，不搞形式主义；对检查内容坚持求真务实，不搞报喜不报忧。为配合筹备市委人大工作会议，对全市人大工作进行了深入调研，在此基础上形成了推动解决人大工作实际问题的具体建议，其中关于统筹协调立法中的重大问题、增强人大监督刚性、加强县区、乡镇人大和街道人大工委建设，完善机构设置等一些建议被市委采纳，为市委做出相关决定提供了依据。常委会坚持每次会议都结合重点议题开展调研，安排专题辅导讲座，对审议发言进行摘要刊发并存档，促进和保证了审议质量不断提高。人大宣传工作不断深化，《沈阳人大》刊物、沈阳人大信息微平台在宣传人大制度、提高人大工作透明度方面发挥了积极作用。坚持人大重要会议和重大活动实时报道，审议意见向社会公布，推进了常委会履职的公开化。加强人大机关建设，严格执行中央八项规定，人大机关呈现出风清气正、务实进取、团结协作的良好风貌。

加强了对基层人大的工作指导，召开了全市乡镇人大工作经验交流座谈会，总结交流了铁西区新民屯镇、新民市张家屯镇、法库县四家子蒙古族乡等6个乡镇人大的工作经验，对推动乡镇人大建设发挥了重要作用。密切了与区县（市）人大的联系，坚持协调联动开展重点监督，共同推进全市人大工作。积极配合全国和省人大常委会来我市开展执法检查、立法调研和专题视察，开展了与兄弟城市人大的学习交流，先后出访缅甸、老挝、斯里兰卡等国家，接待柬中友好协会、斯里兰卡高尔市政府、美国犹他州参众两院等9个国家地方议会或城市的代表团来访，促进了友城交往与对外交流合作。

各位代表：在总结成绩的同时，我们也清醒认识到，常委会工作与形势任务的要求和全体代表的期盼还有差距，还存在一些薄弱环节和不足之处。立法听证和立法后评估还不够充分，立法精细化水平还需提高；对法律法规执行的监督相对薄弱，对重要审议意见落实情况的跟踪监督还不够到位；常委会联系代表、代表联系群众的渠道还需拓宽；人大工作信息化水平有待提升；在加强对基层人大特别是乡镇人大工作的联系指导方面还应做更多工作。对这些问题与不足，我们将认真听取各位代表意见，在今后工作中不断加以改进和解决。

2016年的主要任务

今年是实施“十三五”规划的开局之年，是推进结构性改革的攻坚之年，也是确保如期建成小康社会的关键之年。改革发展稳定任务更加繁重，民主法制建设需求更为迫切，新形势和新任务，对推进人大工作与时俱进提出了新要求。今年常委会工作总体思路是：认真贯彻落实党的十八大和十八届三中、四中、五中全会精神，按照市委十二届十二次全会和市委人大工作会议的部署，紧密围绕“四个着力”，充分发挥人大职能作用，认真履行法定职权，不断提高助推新一轮振兴发展的效能和水平，努力体现服务大局有为有位、履职为民有力有效、工作创新有声有色，为在新的历史起点上推动沈阳老工业基地全面振兴，营造良好的民主法治环境。

第一，在立法工作方面。要恪守为民立法、依法立法的理念，坚持立法与改革决策相衔接，发挥人大立法主导作用，始终坚持问题导向，抓住立法质量这个关键，把重点放在法规关键条款的设计上，确保所立之法严谨、科学、管用。要继续加强民生等重点领域立法，突出解决我市亟需通过立法来规范的现实问题。农田水利设施是发展现代农业的基础，是抗旱防洪、抵御自然灾害最重要的手段。对农田水利设施的管理维护，事关民生，事关农村经济社会的可持续发展。常委会针对当前我市农田水利设施多头管理、无序建设、缺少统筹规划，管护运行机制不完善、水利服务体系薄弱以及缺乏稳定的投入机制等问题，拟制定《沈阳市农田水利设施管理保护条例》。为了给我市劳动争议调解工作提供有效的法律支持，拟制定《沈阳市劳动争议调解条例》，对劳动争议协商、调解组织和调解程序进行规范，促进劳动关系的和谐发展。根据立法法和上位法的新要求，对《沈阳市制定地方性法规条例》、《沈阳市城市市容和环境卫生管理条例》进行修改，对制定沈阳市轨道交通管理条例、循环经济促进条例和修改大气污染防治条例、科技进步条例等进行调研论证。继续开展地方性法规特别是涉及行政许可、审批事项的清理工作。要在科学民主立法过程中，让公众拥有更多话语权，更多凝聚社会共识，增强社会公众对法规的认同感。

第二，在监督工作方面。围绕增强对经济社会发展重大问题的监督实效，重点对推进全面创新改革、工业转型升级、现代服务业发展、强农惠农富农、保障和改善民生、政府投资重大项目和生态环境建设等内容，适时开展调研视察活动。听取审议上半年经济工作报告，全力助推经济稳定增长，增强持续发展动力。关注推动“三农”工作，听取审议农田水利基础设施建设议案三年办理结果报告、听取扶贫开发工作汇报，通过多种方式，推进“菜篮子”安全、农村饮水改造工程、涉农电子商务和宜居乡村建设。审议批准我市旅游发展总体规划，推动旅游产业持续健康快速发展。听取外事工作情况汇报，促进全市对外交流合作。

做好预决算的监督工作，跟踪民生、环保、城建等预算资金安排及拨付使用情况，增强对预决算初审意见执行的严肃性，搞好预算执行过程的动态监督。针对政府投资项目建设中存在的突出问题，制定对政府投资项目的监督工作意见，建立完善对政府投资项目的监督审查机制，适时选择社会关注、群众关心的重点项目进行视察。对去年的有关审议意见进行跟踪落实，听取我市财政结余结转资金情况汇报，力促财政资金使用效益达到最大化。对防范和化解政府性债务风险问题持续监督问效，适时进行专题审议。对审计查出问题整改情况加强跟踪监督，把听取审议相关报告同运用其他监督形式结合起来，推动解决“审而不改”和“屡审屡犯”问题。

加强对重点民生问题监督，支持和促进政府通过工程化方式持续保障改善民生，依法推动公共资源配置向民生领域倾斜，使各项惠民举措兑现落实。围绕生活垃圾管理条例的贯彻实施和听取相关审议意见落实情况报告，对老虎冲垃圾焚烧处理厂、餐厨垃圾处理厂、大辛垃圾渗滤液处理厂等项目进展情况进行跟踪推进。结合公共汽车客运管理条例的贯彻实施，听取优先发展城市公共交通相关进展情况汇报，重点关注发展智慧交通、公交场站、公交港湾站、公交车辆更新、公交线网优化等问题的推进解决。听取审议我市养老服务业发展情况报告，推动构建与百姓需求相适应的社会养老服务体系。听取审议文化遗产保护与利用工作情况报告，适时对公共体育设施条例的贯彻实施进行执法检查，促进文化和体育设施更好地惠及百姓。关注普及高中教育，听取相关工作情况汇报；对现代职业教育给予关注，适时进行调研，推进我市现代职业教育体系建设，为经济转型升级培养更多高素质劳动者和技能型人才。针对人民群众关心关注的老旧小区和城乡结合部供水供气供暖管网改造、公办幼儿园建设、居民小区配套设施建设，以及发展医联体、整合医疗资源、促进三级诊疗体系建设、加快解决停车难等问题进行调研视察，让广大市民在共建共享发展中有更多的获得感。

推进执法、司法工作监督。听取审议政府依法行政工作报告，进一步推动法治政府建设。听取市法院贯彻民事诉讼法案件审理期限执行情况的汇报，市检察院民事行政检察监督工作情况的汇报，推动相关工作的规范化、透明化，维护司法公正。听取市公安部门受案立案工作情况汇报，促进公安机关不断提升执法公信力。认真做好群众来信来访和申诉控告工作。完善规范性文件备案审查制度，加强主动审查，增强备案审查工作的实效。

认真落实市委人大工作会议精神，制定出台政府工作部门主要负责人向常委会报告履职情况实施办法，探索对人大选举和任命人员任后监督的方法途径，适时选择部分政府工作部门的主要负责人向常委会报告履职情况。制定常委会审议意见督办办法，听取审议“一府两院”相关报告，对审议意见落实情况依法跟踪问效。制定专题询问实施办法，推进专题询问常态化，结合常委会重点审议议题和审议议案办理情况报告，适时安排专题询问。

第三，在代表工作方面。要深化和改进代表工作，加强对代表履职的服务保障，促进代表在反映民意、维护民利方面发挥更大作用。根据代表的要求与需要，制定实施代表履职学习培训计划，安排好对乡镇人大和街道人大工委负责人的培训。邀请更多代表参与常委会、专门委员会的相关活动，改进代表视察调研方式，适时开展异地视察、持证视察、联动调研。要拓宽常委会联系代表、代表联系群众的渠道，健全网络平台，发挥“代表之家”作用。研究制定代表述职办法和程序，推进代表向原选举单位述职工作。完善代表履职监督考评制度，开展代表执行职务写实，严格实施不称职代表退出机制。开展履职优秀代表和先进代表小组以及优秀代表议案建议评选表彰活动，激励代表真正为民代言、替群众发声。认真办理代表议案建议，探索建议办理第三方评估，注重用新的制度机制，推动群众诉求解决，力求将代表议案建议办得更实、更到位。

第四，在常委会自身建设方面。认真贯彻落实市委人大工作会议对加强人大常委会自身建设的各项要求，巩固“三严三实”专题教育成果，持续推进思想政治、纪律作风、业务能力建设，深入学习贯彻廉洁自律准则和纪律处分条例，加强党风廉政建设。积极适应治理能力现代化和依法治市新要求，结合常委会重点工作和审议议题，组织好专题培训和学习，提高与履行法定职责相适应的素质能力。以法制和创新思维推进各项工作，提高对多种监督形式的综合运用水平，善于以“组合拳”方式做好重点监督工作，保持人大的生机与活力。坚持人大宣传工作与时俱进，注重运用快速发展的互联网和新媒体技术，大力推进信息化建设，打造人大网站、微博、微信“三位一体”的信息化综合平台，拓展常委会履职空间。发挥好专门委员会和工作机构的作用，提高常委会整体工作效能。加强对基层人大工作的指导联系，推动基层人大组织机构和制度建设。围绕促进“走出去”战略的实施，开展与国外地方议会友好交往，促进我市在经贸、教育、文化等领域的对外交流合作。

各位代表：我市未来五年发展振兴的大幕已经开启，沈阳老工业基地全面振兴已经站在了新的历史起点上。责任与担当在考验着我们，事业与使命在激励着我们。让我们在市委的正确领导下，奋发进取，努力工作，为实现“十三五”良好开局、推进我市民主法治建设作出新的更大贡献！

政府工作报告

——2016 年 1 月 9 日沈阳市

第十五届人民代表大会第四次会议通过

沈阳市人民政府市长　潘利国

各位代表：

现在，我代表市政府向大会报告工作，请予审议，并请市政协各位委员提出意见。

一、2015 年和“十二五”时期主要工作回顾

过去一年，面对艰巨繁重的改革发展任务和经济下行压力，在市委的坚强领导下，在市人大及其常委会依法监督和市政协民主监督下，市政府紧紧依靠全市人民，认真贯彻落实党的十八大及十八届三中、四中、五中全会和习近平总书记系列重要讲话精神，科学把握发展趋势，坚持稳中求进工作总基调，主动适应引领经济发展新常态，拼搏进取，攻坚克难，推动全市经济社会实现了平稳健康发展。

预计全市地区生产总值实现 7280 亿元，比上年增长 3.5%；固定资产投资完成 5350 亿元，下降 18.5%；一般公共预算收入完成 606.2 亿元，下降22.8%；社会消费品零售总额实现 3885 亿元，增长8.2%；城镇居民人均可支配收入达到 36664 元，增长7.1%；农村居民人均可支配收入达到 13498 元，增长7.8%；城镇登记失业率为3.18%。

(一)经济保持稳定增长

坚持把稳增长作为经济工作重中之重,综合施策、主动作为,经济发展动力逐步转换,政策效力进一步显现。

大力培育发展动力。深入实施创新驱动发展战略,成立中科院智能制造及机器人技术创新与产业化联盟,组建机器人协同创新中心,国家机器人检测与评定中心、质量监督检验中心获批并建设,新增2个国家级重点实验室。中科仪泵阀项目通过国家重大科技专项验收,沈鼓集团研发出国内首台10万立方米空分压缩机组,国内首款锐翔电动轻型飞机批量生产,机床集团i5系列智能机床销量增长1.5倍,沈阳高新区成为国家首批科技服务业试点,全市规模以上工业高新技术产品增加值实现865亿元,科技创新对经济发展支撑作用进一步增强。积极推进产业创新,大力培育新产业、新模式、新优势,出台《沈阳市优先培育新兴业态指导意见》,加大专业部门抓产业力度,战略性新兴产业加快布局,新型服务业态蓬勃发展。

充分挖掘增长潜力。注重发挥有效投资关键作用,狠抓重大项目建设,全市开复工投资亿元以上项目1401个、完成投资3603.2亿元,270个市级重点项目完成投资1643.2亿元,255个政府投资项目完成投资124.2亿元。积极开展政府和社会资本合作,向社会公布89个PPP项目,总投资1653亿元,65个重点项目实现对接,华夏幸福公司投资64亿元整体开发建设沈水生态创新科技城,大辛垃圾焚烧发电等5个项目成为国家示范项目,非公投资占固定资产投资比重为84%。注重发挥消费基础性作用,制定促进旅游、会展、养老、文化、住房等消费政策措施,积极培育新增长点,消费对经济增长贡献率进一步提高。注重发挥出口促进作用,积极建设外贸出口通道和平台,成立"走出去"企业合作联盟,实施东北区域通关一体化,全市出口总额70亿美元。经济要素指标平稳增长,全社会用电量增长3.7%,货运总量增长5.9%;居民消费价格上涨1.2%。

积极发挥政策效力。深入贯彻落实国家新一轮东北振兴战略和稳增长各项政策措施,"三争取"工作成效显著,争取到国家和省重大项目153个、政策46项、专项资金总额439.5亿元,中德装备园成为全国首个由国务院批准的装备制造业对德合作园区。深入开展"双进双解"活动,帮扶企业1765家、重点项目320个。停止收取建设工程的安措费、社保费等,减轻企业负担26.6亿元。出台"大众创业、万众创新"实施意见和75条政策措施,与瀚华金控合作设立中小微企业融资担保基金和债权基金。推进商事制度改革,全市新登记公司2.6万户,增长13.5%,我市成为国家小微企业创业创新基地示范城市。开展"千人计划"专家沈阳行等活动,吸引了一批创业创新人才。

(二)转型升级取得明显成效

坚持把提高质量效益放在突出位置,着力促进产业结构调整,三次产业结构进一步优化。

工业结构加快调整。积极推动传统产业转型升级,制定《沈阳"中国制造2025"实施方案》,实施制造业智能升级三年行动计划,组织千名企业家进行智能制造专题培训,100户规模以上企业开展智能改造升级,首批20户示范企业已完成咨询诊断和解决方案编制,机床集团、东软集团改造项目成为国家智能制造试点示范项目,沈鼓集团、特变电工等骨干企业高端产品产值占60%以上。实施优势企业倍增计划,制定我市优质产品和促进企业间相互配套支持政策,汽车及零部件、机械装备等优势产业加快发展,规模以上装备制造业增加值占工业比重提高2.4个百分点。淘汰压缩了落后过剩产能。大力发展新兴产业,智能制造、航空装备、生物制药等产业规模不断壮大,50个重点培育项目加快推进。东软医疗、诺康生物、芯源微电子等企业产值增长10%以上。以新松为龙头的机器人产业迅猛发展,业务收入实现55亿元,增长30%。

服务业提质增效。深入实施服务业发展四年行动计划,服务业增加值占比提高2个百分点,现代服务业比重达到54.2%。渣打银行、友利银行等20家区域金融总部在沈设立。三生制药、桃李面包等18家企业上市、挂牌,新增贷款突破1300亿元,金融业增加值增长22.8%。出台促进会展业发展实施方案,成功举办中国绿公司年会、制博会暨机器人展览会、东北文博会、智慧产业博览会、法库国际飞行大会等大型会展活动,会展交易额增长7.9%。工业企业分立生产性服务企业170户。积极促进旅游业改革发展,沈阳成为境外旅客购物离境退税城市,全年接待游客增长11%,旅游总收入增长14.6%。消费市场繁荣活跃,商贸物流、电子商务、电信服务、快递业发展迅速,限额以上企业网上零售额增长50%。我市成为国家综合运输服务示范市,和平区成为国家电子商务示范区,永安新城电子商务产业园成为国家级示范基地。出台房地产扶持政策,商品房销售1640.5万平方米,增长13.1%,其中外地人购房占45.6%,二手房销售面积增长44.7%,房地产业实现平稳健康发展。

现代农业加快发展。充分发挥龙头企业带动作用,积极调整农业结构,大力发展多种形式适度规模经营,全市土地流转面积达到266.8万亩,新增农业产业化龙头企业17家。辽中县成为国家地理标志产品保护示范区,法库县成为国家农产品质量安全示范县。落实各项强农惠农政策,持续加强农业基础设施建设,粮食生产实现"十二连丰"。蒲河生态经济带93个市级重点项目完成投资1494亿元,沈康现代农业示范带32个农业科技园和10个休闲农业园区加快建设,环城都市农业产业带建成38个休闲采摘园、形成4条精品旅游线路,"三带"建设有力促进了县域经济发展。

(三)改革开放扎实推进

坚持以改革开放促进经济社会发展,突出问题导向,下大气力破除体制机制障碍,经济社会发展活力进一步增强。

重点领域改革取得新突破。通过积极努力,沈阳成为全国8个全面创新改革试验区之一。深入推进简政放权,累计取消、下放行政职权1089项,政府权责清单向社会公布,精简行政职权61.7%。进一步优化审批流程,减少审批要件2047个,削减31.5%;将基本建设审批环节由31个减少到17个,压缩45.2%。加快推进国企改革,机床集团、副食集团成功与社会资本组建混合所有制企业,北方重工与中建材实现战略重组。统筹城乡改革取得新成果,于洪区成为国家中小城市综合改革试点地区，新民市获批国家新型城镇化综合试点市，康平县被列为国家基础设施投融资体制改革试点县。优化金融生态改革试验深入推进，中兴通讯金融研究院在沈设立，东北首家农村综合产权交易中心挂牌运营，全市金融及服务机构达745家，金融市场活力进一步增强。投融资及财税体制改革稳步推进，设立规模100亿元的振兴发展基金，财政资金杠杆和引导作用得到充分发挥。

对外开放迈上新台阶。加大对境内外重点产业招商引资力度，全年引进内资867亿元，利用外资11亿美元。中德装备园与德国工业4.0联盟全面合作，西门子、诗道芬等德国企业积极参与我市产业发展、制造业转型、基础设施建设，对德合作迈入新阶段。深入实施“走出去”战略，积极开展国际产能合作，我市企业在印度、乌干达、白俄罗斯等国家建立项目基地，北方重工、联立铜业分别在境外拿到6亿美元和8亿美元项目大单，“沈满欧”班列开辟了对外经贸合作新通道，全市新签对外投资协议额、承包工程合同额分别为5.7亿美元和17.57亿美元。成功举办德国企业沈阳行暨中德智能制造创新论坛、“韩国周”等大型经贸活动，城市知名度和影响力大幅提升。

区域协同发展实现新提升。加强与沈阳经济区各城市联动发展，在基础设施、社会事业、产业发展、共同市场等方面对接合作，成立沈阳经济区旅游企业联盟、文化产业一体化联盟和城市商业银行联盟，“乘车易”在沈阳经济区范围内启用，沈抚同城化取得新进展。

（四）智慧城市建设全面展开

遵循惠民、兴业、善政原则，大力推进信息化与城市化融合发展，智慧城市建设取得初步成效，城市现代化治理能力不断提高。

智慧城市建设总体布局基本完成。编制完成沈阳市智慧城市总体规划、智慧产业发展规划和智慧沈阳建设实施方案。组建大数据管理局和运营公司，创建东北大数据产业联盟、智慧城市研究院、大数据研究院和大数据应用创新中心，大数据创新展示馆正式揭牌，设立大数据产业投资基金，管理体系、政策体系、标准体系初步形成。

智慧城市基础设施逐步完善。注重发挥东网超云平台作用，依托移动、联通、电信三大运营商加快宽带城市、光网城市建设，主城区光纤网络覆盖率达到99.3%，4G无线网络覆盖率达到99%，智能WiFi网络热点覆盖按计划推进，大数据采集、加工、利用、共享统一平台启动建设。

智慧城市重点工程加快实施。启动智慧政务、智慧医疗、智慧教育、智慧交通、智慧社区等11项重点工程。依托96123和“沈阳新社区”等网络服务平台，构建了三级市民智能服务网络。“我的沈阳”智能门户和“行车易”、“停车易”、“乘车易”、“就业通”等上线运行，中街智慧商圈、西塔智慧街和东中街智慧云街投入应用，首家“云医院”启动运营，300所中小学建成数字校园。加速培育智慧产业，阿里、百度、中兴、浪潮、软通动力等互联网龙头企业项目纷纷落地。全市统一协同办公平台和网上并联审批平台正式运行，行政效能和服务水平明显提高。

（五）城市建设管理水平进一步提升

更加注重城市功能完善和城乡环境治理，全年完成城建投资300亿元，城乡面貌明显改观。

畅通工程加快建设。地铁4号线、南北快速干道、五爱立交桥开工建设，地铁9号、10号和2号线北延长线工程进展顺利，二环快速路（二期）、迎宾路高架桥、东陵路高架桥建成通车，沈阳北站北广场、沈阳南站等一批城市重点交通工程、基础设施项目建成并投入使用。加快创建“公交都市”，新建停车场（站）16处，增加新能源公交车500辆，新开调整公交线路38条，公交出行率提高到43%。加快城际交通发展，京沈客专建设积极推进，沈丹高铁、沈康高速三期建成通车，城市交通体系不断完善。

蓝天工程扎实推进。开展9家火电企业和240台套燃煤锅炉脱硫、脱硝、除尘改造，120台燃煤锅炉实现清洁能源替代，拆除供热锅炉270台。综合整治扬尘污染，城区主干道机械化作业比重、工地围档设置比率大幅提高。加强机动车尾气治理，大力推广使用新能源汽车，淘汰黄标车3.4万台，新增加气站25座。加强秸秆焚烧治理和管控，秸秆综合利用率提高5%。加快污染企业关停和搬迁改造，节能减排各项目标全面完成。

绿化提升行动稳步实施。制定实施绿化提升三年行动计划，按照“身边有绿、出门见绿”目标，开展城市出口路、重要街路、公园景观提升及小区绿化工程，完成舍利塔碑林公园和万泉、仙女湖等10处公园改造，实施5条出口路景观提升、50块节点绿地绿化、389条街路行道树补植，新增17条绿篱街路、8条特色花街，全市植树造林26.1万亩，城乡绿化水平不断提高。

城乡环境持续改善。以巩固“创城”成果为主线，扎实推进市容环境综合整治。市区共投入1.5亿元，新增环卫设备214台，大力实行“绿色除雪”。美丽宜居乡村建设取得阶段性成果，投资12亿元完成5个示范乡镇、61个示范村建设，全年新建、改造、维修农村公路688公里。卧龙湖生态保护利用取得重要成果，康平辽河、辽中蒲河两个国家湿地公园通过验收。老虎冲垃圾焚烧发电项目开工建设、渗沥液处理厂建成运行。完成131.4公里供水、供热管网改造，国家地下综合管廊试点全面启动。

（六）社会更加和谐稳定

以百姓需求为导向，全力推进各项民生工程，重点民生支出比重达到85%，发展成果更多更好地惠及了人民群众。

就业和社会保障工作成效显著。启动“万人创业工程”，设立5000万元大学生及青年创业就业发展基金，开展“双创”系列活动，实名制就业16.5万人，新增创业人员1.3万人。完善社会保险和社会救助制度，企业退休人员基本养老金月人均提高209.7元，城乡居民基础养老金提高到月均145元，新农合补助标准提高到人均380元，城乡低保标准分别提高7.4%和12.7%。开展“城乡互联、结对共建”，推进精准扶贫脱贫，贫困人口减少3.6万人。完成保障性住房1.4万套（户）、棚户区改造4.1万套（户）、农村危房改造659户，改建农村厕所2.6万座。830个旧住宅区环境提升、1071万平方米节能暖房改造、20.74万农民饮水安全工程建设等民生实事全部完成。

社会事业全面发展。教育强区县创建工作全面完成，在省内率先通过全域义务教育发展均衡县国家验收，新增1万个普惠性幼儿园学位，完成230所中小学标准化建设，新建72所农村中小学塑胶操场，我市成为国家教育管办评分离改革试点市。推进文化惠民工程，开展“百万市民”走进博物馆系列活动，规划建设“抗战历史”文化遗产保护工程，东北陆军讲武堂旧址陈列馆、皇姑屯事件历史博物馆建成开放，辽文化博物馆投入使用，八一公园改造成为国防教育主题公园，公共文化服务体系逐步完善。全面推进医改工作，提前一年在全省率先完成县级公立医院改革。整合优质医疗资源，组建9个“医联体”，推行多点执业和分级诊疗，国家基层中医药先进市通过检查验收。启动“医养结合”新型养老服务模式试点，10个区域性居家养老服务中心和77个农村幸福院投入使用。慈善和残疾人工作扎实推进，民族宗教事业和谐健康发展。“足球之都”建设成效明显，建立足球产业孵化基地，改造建设137块足球场，129个校园足球场地向社会开放，法库获批全国青少年校园足球试点县。我市成为国家体育产业试点城市，全民健身“十百千万”工程蓬勃开展，“沈阳马拉松”成功举办，营造了注重健康、热爱体育、崇尚运动的浓厚氛围。

社会治理水平不断提高。实施和谐社区建设工程，市区两级财政投入2.88亿元，完成282个城乡社区公共用房达标改造等项目，启动建设3个区域性社区服务中心。积极开展信访积案攻坚行动，社会矛盾妥善化解。严厉打击违法犯罪行为，安全生产、质量监督、食药监管、交通消防、防灾减灾、应急处置工作进一步加强，我市通过首个国家级安全城区现场评定，“平安沈阳”建设取得明显成效。高标准推进双拥模范城创建。经过不懈努力，我市成为全国文明城市。

（七）政府自身建设取得新进展

开展行政效能提升行动，不断增强政府系统学习力、执行力、创新力，政府服务能力和水平逐步提高。

学习型政府建设不断深入。加强政府各级干部学习和培训，围绕智慧城市、产业转型、创新发展、法治政府建设等重点工作，聘请专家学者专题授课，组织政府干部赴先进地区调研学习。开展市政府智库建设，政府决策的科学化、民主化水平不断提高。

法治政府建设不断加强。自觉接受市人大及其常委会的依法监督、市政协的民主监督和社会各方面监督，人大代表建议、政协提案全部办复，满意率不断提高。出台《深入推进依法行政加快建设法治政府意见》，建立重大决策合法性审查制度，进一步规范行政自由裁量权和行政执法检查权。加强政府法制机构和队伍建设，政府依法决策、依法行政水平进一步提高。

廉洁政府建设扎实推进。认真践行“三严三实”和“讲诚信、懂规矩、守纪律”要求，制定出台《市政府党组关于全面落实党建工作和党风廉政建设责任制规定》，全面落实主体责任、监督责任，寓审计监督于服务保障发展之中，惩治和预防腐败体系进一步健全，廉洁政府建设走向制度化。

效能政府建设取得实效。继续开展“转职能、转作风、优环境”专项行动，坚持“三个导向”、推行“三化”方法，引导干部树立“七种精神”，积极开展“不作为、不担当”问题专项整治，加强政策执行等重要事项督查督办，政府行政效能进一步提升。

各位代表，刚刚过去的2015年，是“十二五”收官之年。五年来，全市上下积极应对挑战，抢抓发展机遇，齐心协力，锐意进取，励精图治，砥砺前行，推动沈阳老工业基地振兴发展取得了阶段性重要成果。

经济持续稳定发展，产业结构进一步优化。地区生产总值突破7千亿元，年均增长8.1%；一般公共预算收入累计完成3527.9亿元，年均增长5.4%。高新技术产业、新兴产业和现代服务业对经济增长贡献进一步加大，服务业增加值占比提高2.6个百分点。

改革开放不断深化，发展动能进一步增强。扎实推进新型工业化综合配套改革，大力实施创新驱动和对外开放战略，经济社会发展动力和活力进一步增强。世界500强企业在沈投资项目112个，五年实际利用外资226.8亿美元，实际到位内资、进出口总额分别突破5000亿元和600亿美元。

城市功能持续完善，承载能力进一步提升。编制完成新一轮沈阳城市总体规划和土地利用规划，优化城市空间布局，实施行政中心南迁，城市功能分区更加合理。以承办“十二运”为契机，持续加大城市建设和管理力度，累计完成城建投资2000亿元，城市功能进一步完善、配套更加齐全，区域中心城市集聚辐射能力显著增强。

宜居之都建设取得实效，生态环境进一步改善。强化辽河、蒲河、棋盘山、卧龙湖生态保护治理，重点项目全面完成。全市城区绿化覆盖率达到42.2%，城市污水处理率达到95%，生活垃圾处理率达到100%，“十二五”节能减排目标任务超额完成。

社会建设稳步推进，人民生活水平进一步提高。每年坚持为城乡居民办一批实事，财政每年民生投资占公共预算支出比重稳步提高。城乡居民收入分别是2010年的1.65倍和1.72倍，社会保障体系逐步完善，百姓幸福感不断增强。

各位代表，过去五年，是成绩显著的五年，是硕果累累的五年。这是省委、省政府和市委正确领导的结果，是全市人民团结奋斗的结果。在此，我代表市政府，向全市各族人民，向人大代表、政协委员、各民主党派、各人民团体和社会各界人士，向驻沈解放军、武警部队官兵和中省直单位，向关心支持沈阳建设发展的港澳台同胞、海外侨胞和国际友人，表示诚挚的感谢和崇高的敬意！

各位代表，去年我市地区生产总值、一般公共预算收入、固定资产投资等经济指标增速低于全年预期目标。这既有全球经济低迷、国内“三期叠加”的周期性原因；也有我们自身产业结构不合理、自主创新能力不强的结构性原因；还有我们积极落实国家减税降费要求的政策性原因；更有我们认真践行“三严三实”，注重质量、做实数据的主动性原因。

同时，我们也清醒地看到，发展过程中还存在着一些体制性、机制性矛盾和问题。一是国有企业缺乏活力，民营经济不大不强，经济发展外向度不高。二是城乡发展不平衡、县域经济仍是短板，交通不畅、环境污染等热点难点问题仍然存在。三是政府在转变职能、优化服务上还有差距，个别部门及工作人员效率低下、办事拖沓，缺乏激情和担当。对此，我们将高度重视，采取有力措施认真加以解决。

二、“十三五”时期目标任务和2016年重点工作

各位代表，“十三五”时期是全面建成小康社会的决胜期，是全面创新改革的攻坚期，也是推动老工业基地全面振兴的关键期。我们必须贯彻落实“四个全面”战略布局，牢固树立“五大理念”，认真落实中央全面振兴东北地区等老工业基地的若干意见，按照“四个着力”总体要求，贯彻市委十二届十二次全会部署，紧紧围绕“十三五”规划纲要确定的总目标、总任务，大力实施创新驱动发展战略，全面深化体制机制改革，加快产业转型升级，全面提升对外开放水平，深入推进新型城镇化，加强城市建设与管理，推进沈阳经济区一体化，加强生态环境建设，全面提升文化软实力，着力保障改善民生，加快建设国家中心城市，实现沈阳老工业基地全面振兴，确保如期全面建成小康社会。

各位代表，今年是“十三五”开局之年。当前，沈阳正处于爬坡过坎的关键阶段，面临着新形势、新挑战。我们要看到，我国经济受多种因素影响，面临的形势更加严峻。我们还要看到，我国经济长期向好的基本面没有改变，国家宏观经济政策效应正在逐步释放。我们更要看到，国家深入实施新一轮振兴东北的重要战略、沈阳成为国家全面创新改革试验区的重大机遇，特别是城市多年来发展积累奠定的雄厚基础、我们拥有一支善谋实干、甘于奉献的干部队伍，还有全市人民期盼和追求发展凝聚起来的强大合力，都是我们推进振兴发展的特殊优势和有利条件。我们一定要抢抓机遇、坚定信心，树立强烈的发展意识和责任意识，以全面创新改革为动力，以提升质量效益为重点，以保障改善民生为主线，以智慧城市建设为载体，统筹抓好稳增长、调结构、促改革 惠民生等各项工作，促进经济社会持续健康发展，确保实现“十三五”良好开局。

今年全市经济社会发展的主要预期目标是：地区生产总值增长5.5%，固定资产投资增长6%，一般公共预算收入增长3%，社会消费品零售总额增长8%，城镇居民人均可支配收入增长6.5%，农村居民人均可支配收入增长7%，城镇登记失业率控制在4%以内。

（一）坚持创新发展，不断增强发展动力

创新是引领发展第一动力。要深入实施创新驱动战略，全面推进创新改革试验，加快建设创新型城市。

以科技创新为核心，大力培育发展新动力。加快体制机制创新，以沈阳国家大学科技城为先导，探索建立以企业为主体、“政产学研金”相结合的全链条、贯通式协同创新体系，重点推进沈阳材料与制造国家实验室、沈阳工业技术创新研究院等各类创新平台建设，加快建设东北科技研发创新中心。深化科技体制改革，创新资源配置方式，构建市场驱动的科技研发和成果转化机制，建设区域性科技大市场，打通科技成果资本化、产业化通道。积极开展产业金融创新，支持天使基金、风投基金投资科技企业，鼓励金融租赁、融资租赁发展，大力发展金融市场，努力增强金融服务科技创新和支撑产业升级的能力。实施人才兴市战略，落实盛京人才计划，建立高端人才库，积极引进各类人才和创新团队，构建人才激励保障机制，营造人尽其才、大显其才的良好环境。努力培育“崇尚创新、宽容失败”的文化氛围，让创新成为城市发展的“基因”力量。

以创新政府管理体制为重点，努力营造发展良好环境。进一步厘清政府、市场、社会的关系，重新梳理政府职能，科学设置政府机构。组建行政审批局，深化公共资源交易管理体制改革，进一步简政放权、放管结合、优化服务、提高效能。创新绩效考评体系，加大创新创造、绿色发展、文明城市等指标权重，实行智慧化、差异化考核。制定公布涉企收费清单，落实国家正税清费政策，帮助企业降低非生产经营成本，减轻企业负担，为企业搬迁和要素流动创造良好条件。深化商事制度改革，推动大众创业、万众创新，加快推进众创、众包、众扶、众筹等新模式、新业态，让一切创造财富的源泉涌流、活力迸发。

以市场化为方向，探索实践国企改革新模式。建立国有资产管理新体制，组建国有资本投资运营公司，开展履行出资人权利试点，放开竞争性国企领导人员管理权和企业投资权、融资权、资产处置权，整合政府各类资产资源，提高国有资本收益水平。分类推进国有企业混合所有制改革，积极促进国有资产资本化、证券化，重点推进盛京银行、沈鼓集团A股上市。建立健全市场化经营机制，开展规范董事会建设试点。积极解决厂办大集体和“壳”企业等历史遗留问题。

（二）坚持转型发展，建设制造强市

制造业是沈阳的立市之本、发展之基。要以智能制造为主攻方向，促进传统产业升级，培育壮大新兴产业，加快建设具有国际竞争力的先进装备创新制造基地。

构建新型工业体系。紧紧围绕“中国制造2025”确定的战略任务和重点领域，打造智能制造装备和航空装备等新增长极，加快提升新一代信息技术、电力装备、汽车、机械装备等优势产业，培育壮大现代建筑产业及专用设备、先进轨道交通装备、新材料、生物制药等新兴产业。创新制造业服务体系，加快建设重点产业技术创新联盟，打造公共研发、工业设计、检验检测等公共服务平台。促进军民优势资源双向流动，建设军民融合示范区。

加快传统制造业转型升级。深入推进中德装备园建设，加强与德国工业4.0高效对接，大力发展高端装备制造业。落实“互联网＋”行动计划，按照“精准扶持、分类施策”原则，推进80户企业智能化升级。充分发挥产业联盟作用，强化装备制造业上下游配套合作，鼓励骨干企业加快向产品成套化发展、向产业链高端延伸、向服务化转型。促进汽车产业优化升级，推进铁西宝马研发中心、大东北盛技术改造、浑南米拉汽车研发与检测中心、华龙新能源汽车和辽中金杯卡车扩产等项目建设，提升整车配套能力，积极发展新能源汽车。淘汰化解落后过剩产能，让更多要素资源向优势企业、优势产业集聚。开展质量提升、品牌培育、标准化建设行动，提高企业核心竞争力。

推动新兴产业发展壮大。做大机器人及智能制造产业,建设沈阳机器人和智能制造创新研究院,突破核心技术和关键零部件瓶颈,进一步拓展应用市场。以机床集团为依托,大力发展高端数控机床。抢抓国家发展干支线飞机和开展重大专项机遇,统筹浑南、沈北、法库航空产业园区建设,重点推进整机装配、结构件制造和通用飞机研发与制造,促进航空产业加速发展。以利源轨道交通、铁路信号等企业为龙头,延长产业链条,做大做强轨道交通装备业。完善现代建筑设计、生产、施工等环节标准化体系,提升现代建筑产业发展水平。推动智能软硬件、传感技术、云计算与大数据、物联网等智慧产业发展,加快发展新材料、生物制药、新能源、节能环保等产业。

(三)坚持协调发展,进一步优化经济结构

协调是持续健康发展的内在要求。要切实把调整比例、补齐短板、优化结构作为重大任务来抓,在协调发展中拓展空间、增强后劲。

优化产业结构。围绕供给侧结构性改革,采取积极措施,提升全要素生产率。以需求升级促进产业升级,做大服务业、做优农业,提高有效供给能力。推动生产性服务业向专业化和价值链高端延伸,促进生活性服务业向精细和高品质转换,加快东北区域金融中心、物流中心、会展中心、商贸中心建设。大力发展金融、物流、会展、电子商务,积极发展总部经济,办好制博会、中国城市规划年会等知名展会活动。以扩大服务消费为重点,改造提升特色街区等传统服务业,大力发展文化、体育、旅游、健康等产业,促进消费结构升级。推进卧龙湖国家级生态旅游示范区创建工作,加大仙子湖、珍珠湖旅游开发力度,挖掘整合旅游资源,打造旅游品牌,建设旅游目的地城市。制定化解房地产库存政策,加强综合配套,推进户籍制度改革、农民工市民化,实行购租并举、活跃二手房市场等措施,推动房地产市场健康发展。推进农业现代化,兑现各项强农惠农富农政策,继续抓好"三带"建设,推进沈阜现代农业示范带建设,提高农业综合效益。加快转变农业发展方式,发展智慧农业,推进现代农业科技成果转化和技术推广。稳步推进土地流转,培育新型经营主体,做大农业产业化龙头企业,大力发展农产品加工业。

优化需求结构。全面实施项目带动战略,加大项目的策划、包装和储备力度,做好招商落地、开工建设、达产达效等工作。切实抓好 260 个重大产业项目、75 个新兴产业和新兴业态项目建设,加强项目"全过程、精细化、信息化"管理,加快投资进度,提高投资效率。发挥政府投资引导作用,吸引和鼓励企业、社会投资,加快 PPP 项目建设,形成多元化投资格局。在稳定传统消费需求的同时,引导消费向智能、绿色、健康、安全方向转变,不断培育新的消费增长点。深入实施"外贸出口五年倍增计划",促进优势产品和服务出口,不断提升出口规模和档次。

优化城乡结构。推进城乡基础设施、社会保障、公共服务一体化,加快以人为核心的新型城镇化建设,稳步推进辽中撤县设区,进一步提高城镇化率。提升产业园区基础配套水平,推进种养加一体、一二三产融合,进一步补齐县域经济短板。支持苏家屯区建设国家产城融合示范区,加快新民市国家新型城镇化综合试点市建设。推进供销社综合改革。深化农村产权制度改革,切实维护农民权益,让农民充分享受城乡一体化发展的成果。

推动沈阳经济区协同发展。发挥中心城市集聚辐射作用,创新区域合作机制,推进沈抚同城化发展,携手周边城市强化基础设施互联互通、产业合作、环境保护、要素资源共享和合理配置,共同打造区域协同发展的增长极。

(四)坚持建管并重,提升城市治理现代化水平

城市建设和管理是实现城市现代化的基础。要坚持以人为本,增强规划的科学性、系统性和权威性,加快智慧城市建设,完善城市功能,不断提高城市发展质量和运行效率。

提升基础设施建设水平。以完善城乡基础设施建设体系为目标,全面推进智慧城市、生态环境、畅通工程等重点项目建设,城建计划投资 302 亿元。加快重大基础设施建设,重点实施城市轨道交通、优化快速路网、打通交通节点、增加跨河通道等项目,加快地铁建设,推进动车公交、空轨公交,打造现代化立体交通体系,提升城市运行保障能力。规划建设城市慢行系统,拓展延长自行车道、人行步道和健身绿道。抓好城区道路整修、公园系统完善升级、农村路网建设、农村环境整治等工程建设。加大城市地下管网建设和改造力度,推进北部供水管网建设,完成南塔配水管线加固,推进雨污分流,加快建设"海绵城市"。

实施城市智能化、精细化管理。深化城市管理行政执法改革,建立属地管理、条块结合的管理模式,集中开展市政设施、市容秩序、公用设施等 10 大专项治理行动。建设城市智能管理系统,提高城市综合治理能力和水平。深入推进"公交都市"创建工作,优化公交网线,加大公交车辆更新力度,加快智能停车场建设,强化城市交通智能化管理,提高城市道路整体通行效率。创新公共服务供给方式,构建政府、企业、市民多元治理模式,提高保洁、绿化、垃圾处理和水电暖气保障等各类公共服务共建、共享能力。加强对城市出入口、城乡结合部等薄弱环节的环境综合整治,不断提升城市形象。提高城市规划水平,保护和传承文化特色、历史遗存、建筑风格等城市印记。

(五)坚持开放发展,提高经济发展外向度

开放是增强发展活力的重要途径。要实施更加积极的开放战略,坚持双向开放、优进优出,努力打造东北开放新高地。

切实提高招商引资质量效益。坚持引资与引智、引技相结合,由追求数量和规模转到注重质量和效益上来。不断强化招商活动的系统化、专业化,充分发挥各类招商平台、商会、协会作用,加大对重点企业、行业和区域的招商力度。以中德装备园建设为依托,不断深化与德国在科技、产业、教育等方面的合作。

着力提升对外经贸发展水平。紧紧抓住"一带一路"建设等战略机遇,积极拓展"沈满欧"铁路通道、沈阳陆港和空港通道,加快综合保税区和沈阳空港经济区建设。大力实施"走出去"战略,支持骨干企业发挥竞争优势,扩大国际产

能合作。加快境外工业园区建设，深化与“一带一路”节点国家经贸合作，推动装备、技术、标准、服务走出去，培育一批沈阳的跨国公司。

努力打造良好投资环境。深化外商投资管理体制改革，扩大国际交流合作渠道和范围。优化沈阳口岸72小时过境免签服务，建立与国际接轨的教育、医疗、卫生等配套服务体系。加强产权保护，维护合作利益。进一步放宽市场准入，加大对中小微企业支持力度，激发非公有制经济活力。保持政策和工作的连续性，信守承诺，进一步提高政府公信力。以政务诚信带动社会诚信，为经济社会发展创造良好的信用环境。

（六）坚持绿色发展，提升生态环境质量

绿色是永续发展的必要条件。要以创造优良人居环境为目标，大力开展生态修复和环境治理，加强生态保护红线管控，推动形成绿色发展方式和生活方式，促进人与自然和谐共生。

大力开展蓝天行动。推动能源和产业结构优化升级，建设清洁低碳、安全高效的现代能源体系，支持绿色清洁生产，推进传统制造业绿色化改造。全力开展抗霾攻坚行动，实施燃煤总量控制、机动车尾气治理、扬尘污染管控、重污染企业搬迁和提高秸秆综合利用率等九项重点工程。加强污染源在线监控能力建设，强化预测预警、科学应对。综合运用经济、法律、行政等手段，严格责任追究，以壮士断腕的决心治理大气污染，努力让城乡人民呼吸上清洁的空气。

持续开展绿化提升行动。全面落实绿化提升三年行动计划，大力开展道路、水系、公园、铁路沿线、城市出口等重点区域绿化景观提升工程。进一步巩固提升辽河、浑河、蒲河沿线生态景观环境，建设辽河七星湿地生态景观带。加快推进生态林、景观林、经济林建设，下力气建设东部山区和西北部沙区森林，不断提高森林覆盖率和蓄积量，构建更加完善的城市绿色生态系统。

实施城乡水环境治理工程。科学规划利用全域水系资源，实施源头治理、水质提升等工程，建设互通互联的城市网状水系。加快城乡污水处理厂建设，启动东部污水处理厂、南部污水处理厂二期和12处乡镇污水处理设施建设。实施柳河改造，开展新开河、南运河、辉山明渠和满堂河截污、清淤、水利设施等工程，综合治理提升环城运河水系，努力为人民群众提供更多的亲水环境。

全面推进节能减排。实施“全民节能行动计划”，倡导节俭、绿色、文明消费。加快节能减排技术开发和推广应用，从源头上控制高耗能、高排放产业。全面落实《沈阳市生活垃圾管理条例》，加大城乡垃圾处理力度。加快老虎冲垃圾焚烧发电厂建设，开工建设大辛、张士垃圾焚烧发电厂，老虎冲餐厨垃圾处理厂、大辛渗沥液处理厂建成并投入运行。推进西部500吨污泥厂扩容、祝家150万吨积存污泥无害化处理工作。

大力发展循环经济。强化企业能源资源“小循环”利用。推进法库陶瓷产业园、华润沈本生态循环经济产业园、中德装备产业园等园区“中循环”运行。利用生活垃圾焚烧发电，促进中水循环利用，构建产业、生产生活之间全域“大循环”系统。积极推动国家循环经济示范城市建设。

（七）坚持共享发展，建设幸福沈阳

共享是发展的目的。要牢固树立以人民为中心的工作导向，把人民群众对美好生活的期盼变成我们的目标行动，实施10大工程，办好民生实事，让城市更美好、人民更幸福。

实施就业创业工程。把促进就业作为最大的民生，坚持就业优先战略，实施更加积极的就业政策。提高就业服务网络化水平，加强就业和再就业培训，加大对高校毕业生、农民工、特困群体的就业帮扶力度，构筑政府、高校、社会力量“三位一体”的就业创业服务机制。全面推动“万人创业工程”，落实小额担保贷款、支持创业带头人等创业政策，加快创业孵化基地建设，激发民间创业热情，形成以创业带动就业的良好局面。

实施社会保障工程。加快构建城乡一体的社会保障体系，努力实现“五险合一”，提高城乡居民最低生活保障标准，统筹城镇职工医保、居民医保和新农合。推进居家、社区、机构、企事业单位“四位一体”社会化养老服务体系建设，鼓励社会力量兴办养老机构，推广医养结合新型养老模式，新建10个居家养老服务中心和30个社区老人日间照料站。加强大病救助和困难家庭临时救助，加大对独生子女伤残或失独家庭扶助力度，大力发展慈善和残疾人事业，确保兜住社会民生底线。

实施脱贫攻坚工程。动员各方面力量参与扶贫开发，构建专项扶贫、行业扶贫、社会扶贫三位一体的扶贫格局。坚持因人因地施策，实施“五个一批”工程，深入开展“城乡互联、结对共建”活动，扎实做好建档立卡贫困人口脱贫工作，确保康平县全面脱贫。

实施教育现代化工程。继续增加学前教育公办和普惠性民办学位，推动义务教育优质均衡发展，启动普通高中优质达标建设，提升特殊教育办学水平，推动终身教育向社区和农村延伸。按照市场机制，推进职业教育改革发展，深化校企融合，大力培养高素质技术技能型人才。充分发挥驻沈高校推动经济发展作用，鼓励高校向应用型大学转型。以数字校园为重点，推动区县开展智慧教育建设。落实中考制度改革和现代学校制度，进一步增强教育发展活力。

实施医疗卫生提升工程。全面开展“国家卫生城市”和“国家健康城市”创建工作。启动市中医院、浑南现代综合医院、传染病院、口腔医院等新建项目，大力培养全科医生，实施基层医疗卫生机构三年达标建设工程。启动建设人口健康信息平台，加快推进智慧医疗和“医联体”建设。积极推进城市公立医院改革试点，引导支持社会资本参与公立医院改制。稳步推进全面二孩生育政策。

实施文化精品工程。创作更多具有地域特色、无愧于时代的优秀作品，讲好“沈阳故事”。加快文化体制改革，培育骨干文化企业，打造文化支柱产业。扎实推进“艺术惠民双百万工程”，加大城乡文化基础设施建设投入，加强历史文化遗产保护，加快沈阳妇女会馆、青少年宫、美术馆、职工之家劳模纪念馆、盛京文化智慧城等项目建设，举办“中国·沈阳国际合唱节”，培育城市文化品牌。弘扬正能量，正确引导心理预期，培育荣誉文化，塑造城市精神。

实施体育惠民工程。深入实施全民健身战略，加大各类体育设施向社会开放，实施体育活动和器材进社区、进学校、进村屯、进机关、进企业。促进体育休闲消费，加快发展体育产业，建设休闲体育产业集聚区。将“沈阳马拉松”打造成国际金标赛事。开展以足球为重点的丰富多彩的全民健身活动，建设沈阳足球博物馆，推动校园足球发展，办好“哥德杯”等国内外大型赛事，将足球打造成沈阳的靓丽名片。

实施和谐社区工程。加快区域性社区服务中心建设，不断健全社区治理、服务、保障三大体系。继续推进“智慧社区”建设，建立人口社会信息系统，逐步建成市、区、街、社区四级服务网，形成小事不出社区、大事不出街道、难事妥善解决的便捷高效服务机制。完善社区事务“一口式”受理和网格化管理平台，提升社区政务服务、公共服务、商业服务功能，提高社区综合管理和惠民服务水平。

实施公共安全保障工程。畅通群众利益协调、权益保障渠道，加强社会稳定风险评估，做好信访工作，有效化解社会各类矛盾。提高公共应急处置和社会治安立体防控能力，加强自然灾害监测预警，继续开展危险化学品、食品药品、交通消防、特种设备、人员密集场所的安全专项整治，落实安全责任体系，强化安全监管，有效防范重特大安全事故发生。全力做好国家食品安全城市创建工作。

实施人居环境改善工程。加快推进棚户区改造等保障安居工程，完成2.55万户城市棚户区、8290户农村危房改造。推广沈河“楼道革命”经验，全面开展楼道整治行动。实施553个旧住宅区环境改造和1000万平方米节能暖房工程。继续推进城乡饮水安全工程建设。改造2030公里村内道路，新建195公里自然村油路，整修500公里农村公路，完成2.6万座农村改厕任务，创建220个达标村和5个示范样板村，加快建设美丽宜居乡村。

（八）坚持效能为先，加强政府自身建设

政府效能是衡量和检验政府工作的重要标准。要坚持转变政府职能，积极构建运行规范、决策科学、执法严格、服务高效、监管有力的政府管理新格局。

加强法治政府建设。牢固树立法治理念，依法设定、行使、制约、监督权力。推进综合执法改革，进一步规范行政执法自由裁量权，严格、规范、公正、文明执法。自觉接受市人大及其常委会的依法监督、市政协的民主监督和社会各方面监督，认真办理人大代表建议、议案和政协提案。做好普法宣传，提高全社会学法、尊法、守法意识。

努力转变工作作风。加强对各级政府领导干部实绩考核，强化责任担当，激发工作热情。建立重点工作督查评估机制，保障各项决策部署都得到有效落实。深化政务公开，打造“透明”政府。推行窗口部门延时服务，切实做到便民利民。深入实施“两转一优”专项行动，进一步提高服务水平和工作效率。

大力加强廉政建设。认真学习并严格执行《中国共产党廉洁自律准则》和《中国共产党纪律处分条例》，切实履行政府党组党风廉政建设主体责任，全面落实“一岗双责”。建立健全长效机制，严格执行中央八项规定和省、市相关要求。强化对行政权力的制约与监督，树立廉洁自律政府形象。

各位代表，我们又站在了新的历史起点上，新的目标承载着新的梦想，新的征程充满了新的希望。实现沈阳新一轮振兴发展的光荣使命，鼓舞我们开拓创新；全市人民的信任期望，激励我们奋勇向前。让我们更加紧密地团结在以习近平同志为总书记的党中央周围，在市委的正确领导下，在市人大及其常委会依法监督和市政协民主监督下，凝心聚力，只争朝夕，敢为人先，拼搏进取，为加快沈阳老工业基地全面振兴，为全市人民生活更加幸福美好而努力奋斗！

中国人民政治协商会议沈阳市第十四届委员会常务委员会工作报告

——2016年1月5日在政协沈阳市第十四届委员会第四次会议上

沈阳市政协主席　姜宏

各位委员：

现在，我代表市政协常委会作工作报告，请予审议。

一、2015年工作回顾

2015年是决胜“十二五”、谋划“十三五”的关键之年。我们在中共沈阳市委的领导下，深入贯彻中共十八届三中、四中、五中全会精神和习近平总书记系列重要讲话精神，牢牢把握团结和民主两大主题，紧紧依靠全体政协委员，广泛团结社会各界人士，全面履行政协职能，加强协商民主建设，为全面深化改革和推动沈阳老工业基地振兴发展作出了新的贡献。

（一）主动适应新常态，推动经济社会创新改革发展

坚持把推动创新改革发展作为政协履职的重点，突出经济社会民生领域的关键问题，深入开展协商议政，广纳贤言，共商大计。

积极推进创新驱动发展，促进经济发展方式的转变。针对经济增速放缓、下行压力加大的“新东北现象”，抓住“推动传统产业优化升级”这个重点议题，联合各民主党派、工商联和区县（市）政协，组织委员和专家学者深入企业调查研究，在市政协十四届十八次常委会议协商中提出，把握新常态下发展的主动权，向外融入“一带一路”发展战略，向内搞规划、定政策、建载体、优环境，务求在两化融合、体制改革、金融创新、人才汇聚等方面实现突破。同时，广大委员还对发展高端装备制造业、生产性服务业、通用航空产业、机器人产业和构建产业技术创新战略联盟等问题，群策群力，建言献策，许多意见建议被吸纳到《沈阳市“中国制造2025”实施方案》等文件中。

统筹城乡发展，推进宜居乡村建设。针对宜居城市建设中农村基础设施薄弱的问题，会同民盟、民建、九三学社等民主党派和八个涉农地区政协，深入查找问题、分析原因。在组织委员深入调查研究基础上，市政协十四届十七次常委会议进行了充分协商，所提出的完善公共服务设施、改善生态环境、创建支柱产业、打造特色村貌、提升村民生活质量等意见建议，已纳入我市宜居乡村建设“三年行动”计划。同时，还组织委员对创建公交都市、改造城市排水设施、营造绿化景观、发展设施农业、培育新型农业经营主体、建设农村综合产权交易中心等开展调研协商，着力促进城乡协调发展。

着眼于推动“大众创业、万众创新”，积极做好释放潜力、增添动力的工作。针对“推进就业服务平台建设”这个发展和民生问题，联合民革、民盟、民进和工商联，组织委员和专家学者开展专题调研，在市政协召开的十四届二十八次主席会议上，有针对性地提出优化创业就业环境、完善就业服务体系、建立智能化服务平台、强化队伍建设等协商建议，取得了预期成效。同时，广大委员针对《沈阳市集体合同条例》执行情况、沈阳国家大学科技城建设情况，以及保护知识产权、改善残疾人康复设施、加强住宅小区物业管理、规范综合执法等问题开展调研视察，建利民之言，谋惠民之策，推动了相关工作发展。

（二）完善机制制度，扎实开展政协协商工作

坚持从完善机制和健全制度入手，把加强政协协商民主建设作为重要任务来抓，逐步形成了广泛商量、经常商量、深入商量的良好氛围。

制定年度协商计划，推动政协协商有序开展。进一步完善在市委领导下共同推进政协协商的制度措施，协商议题由市委、市政府、市政协会商提出，协商计划由市委常委会审议决定，协商文件由市政协统一印发，规范了年度协商计划制定方式，从制度上保证了政协协商的开展。在政协年度协商计划牵动下，健全协商机制，改进协商工作，拓展协商范围，增加了市委全会报告草案和全市重要人事事项等协商内容，逐步形成与工作定位相匹配、与形势要求相适应的工作机制，推进政协履行职能的制度化、规范化、程序化。同时，加强调查研究，借鉴外地经验，结合本地实际，参与和推动顶层设计，为市委出台政协协商的规范性意见提供预案和智力支持。

注重协商质量，提高政协协商实际效果。充分利用专题协商会议这个重要平台，精心筹备，精准建言，共商发展大计。围绕制定“十三五”规划，组织委员和专家学者积极建言献策，提出了加快转变发展方式、合理规划产业布局、推进东北区域性金融中心建设、促进社会人文事业发展和加快建设小康社会等高质量的意见建议。全年还围绕加强法治政府建设、促进社区商业发展、加强农产品质量安全体系建设等议题召开专题协商会议，促进了决策的科学化、民主化。为贯彻全民健身国家战略，与农工党和区县（市）政协联动，就推动我市体育产业发展开展调研，通过市政协十四届二十七次主席会议深入协商，达成了以去行政化、去事业化、去福利化推动体育产业市场化发展的共识，提出了《关于发展体育产业的建议案》，其意见建议得到了市政府的高度重视，并纳入到我市发展体育产业意见当中，对促进体育产业成为我市新的经济增长点、优化产业结构、打造体育强市发挥了积极作用。

丰富协商形式，促进政协协商均衡发展。在开展专题协商的同时，对作用独特的界别协商、对口协商、提案办理协商积极加以推进。组织政协相关界别委员对2016年城建计划预安排情况、妇女和儿童发展规划执行情况等议题开展界别协商，体现了政协的界别特色。市政协有关专委会组织开展的优化开发区涉企政务环境的调研协商，把协商意见建立在科学定性分析与严格定量分析基础上，受到了市政府的高度重视，并以任务分解的形式推动相关问题的解决。市政协各专门委员会各尽其职、各展其长，组织委员建言献策，就创建公交都市、推进户外休闲运动基地建设、规范综合执法、推进文化市场发展等议题，广泛开展调研视察和对口协商，成效突出。同时，积极开展形式灵活的提案办理协商，对有建树有影响的提案进行重点协商、集中协商、反复协商，促进提办双方充分交流，加强提案分层督办，确保提案建议得到有效落实。

（三）加强能力建设，提高政协履职水平

坚持把政协履职能力现代化作为进取的方向，保持政治定力，提高综合素质，改进履职方式，发展大团结大联合，树立人民政协的良好形象。

加强思想政治建设。采取理论中心组学习、专家讲座等多种形式，认真组织学习习近平总书记系列重要讲话、中共中央《关于加强社会主义协商民主建设的意见》、《关于加强人民政协协商民主建设的实施意见》和中共辽宁省委政协工作会议精神，广泛凝聚改革共识、发展共识、协商共识、法治共识、反腐败共识和价值观共识，正确运用政协话语权和影响力，在推进“四个全面”战略布局中发挥人民政协的重要作用。深入开展“三严三实”专题教育，市政协党组切实履行率先垂范之责、学习教育之责、组织领导之责、检查考核之责和管理监督之责，把党风廉政建设主体责任和监督责任落到实处。

提高合作共事水平。坚持中国共产党领导的多党合作和政治协商制度，完善工作机制，拓宽履职平台，积极为民主党派、工商联和无党派人士协商议政、发挥作用创造条件。正确处理一致性和多样性的关系，在尊重差异中扩大社会认同，在包容多样中达成思想共识，对民主党派、工商联和无党派人士发表的真知灼见、提出的重点提案和反映的社情民意，及时纳入政协的协商建议、督办程序和信息报送工作，使其在政协平台上调研共同参与、视察共摸实情、研讨共抒见解、协商共谋计策。

强化委员队伍建设。创新委员培训方式，针对经济转型、社会发展、协商民主等理论和实践问题，采取集中学习、专题讲座、分期轮训的形式，对全体委员进行培训。重点学习领会习近平总书记关于治国理政思想，主动适应新常态，提高履职能力。有针对性地安排全面深化改革、发展协商民主、提高提案质量等系列专题讲座，并适时组织市情通报、事项通报和委员大视察，召开供水、燃气、供暖价格调整预案通报协商会，帮助委员了解基本市情、发展趋势、主要任务，提高参政议政的本领，为委员发挥主体作用创造条件。完善政协民主监督员工作机制，注重对“窗口”部门和社会关注度高的简化行政审批、提高政府公信力、促进司法公正和社会公平正义等问题开展民主监督，在帮助政府部门和“两院”改进工作的同时，促进自身参政议政能力素质的提升。组织委员开展捐资助学、扶贫济弱、帮困助残等活动，热心服务群众，担当社会责任，不断展示正能量。

做好团结联谊和民族宗教工作。密切与港澳委员的联系，开展同港澳台侨和海外回沈创业人员联谊工作，组织委员视察我市重点侨商企业发展情况，走访台商在沈投资企业，进一步拓宽海内外交流交往。加强同民族宗教界代表人

士的联系，开展对宗教教职人员养老保障、发展少数民族经济的专题调研，积极反映宗教界代表人士的意见建议，切实维护民族团结和宗教和睦。鼓励委员当好各界群众的代言人和知心人，积极做好反映诉求、解疑释惑、促进和谐等工作。

注重提高工作联动水平和服务保障能力。加强对区县（市）政协工作指导，积极协助开展委员培训工作。两级政协相互配合，联动协作，优势互补，成果共享，形成履职合力。依托委员，整合资源，深入开展政协理论研究，全年完成重点研究课题17个。做好政协宣传工作，拓宽宣传渠道，利用社会媒体办好专题节目，利用自办刊物和网站畅达信息促进工作交流，利用文史资料发挥存史资政团结育人功能。同时，按照建设“学习型、创新型、服务型”政协机关的要求，大力弘扬“责任、带头、规范、创新、务实”的新风气，较好地发挥了政协机关综合协调和服务保障作用。

各位委员，市政协一年来取得的工作成绩，离不开中共沈阳市委的正确领导和市人民政府的支持帮助，离不开各民主党派、工商联、无党派人士、人民团体、区县（市）政协和全体政协委员的辛勤付出，更离不开社会各界和全市人民的理解与配合。在此，我代表市政协常委会，向关心支持政协工作的各级各界各个方面表示崇高的敬意和衷心的感谢！

总结过去一年的工作，也应该清醒地看到，我们的工作还有许多差距和不足，主要是协商民主制度化、规范化和程序化还需要深入推进；民主监督工作还比较薄弱；协商议政成果落实机制还不够完善；深入基层服务群众的覆盖面还需要进一步扩大。对此，我们要积极加以改进。

二、2016年工作安排

2016年是“十三五”规划的开局之年，各项任务都很繁重。我们要在中共沈阳市委的领导下，坚持以邓小平理论、“三个代表”重要思想、科学发展观为指导，学习贯彻习近平总书记系列重要讲话和中共十八届五中全会精神，贯彻落实中共辽宁省委政协工作会议和中共沈阳市委十二届十二次全会精神，按照“四个着力”的总要求，适应新常态，聚焦“十三五”，汇聚正能量，以协商民主统筹政协各项职能，充分发挥政协作为协商民主重要渠道和专门协商机构重要作用，积极推动沈阳创新改革发展和老工业基地全面振兴，为“十三五”开局起步作出贡献。

（一）加强理论学习，广泛凝聚思想共识

适应新形势新任务，掌握工作主动权，首要的就是发扬人民政协重视学习的优良传统，加强理论武装，提高履职能力，在一些重要问题上取得共识，汇集起积极进取的强大合力。

当前，要认真学习贯彻好中共十八届五中全会精神。深刻领会《中共中央关于制定国民经济和社会发展第十三个五年规划的建议》和习近平总书记所作的重要说明，清晰把握“十三五”时期我国发展的战略布局，明确全面建成小康社会新的目标要求，树立创新、协调、绿色、开放、共享的发展理念，切实把思想统一到中央决策部署上来，真正用以指导工作、推动协商、促进发展。

同时，要结合沈阳实际，透彻把握国家对老工业基地振兴发展的新要求。习近平总书记关于加快东北老工业基地振兴发展的重要讲话，国家在沈阳等部分区域系统推进全面创新改革试验的决定精神，与中共十八届五中全会精神一脉相承，对指导沈阳振兴发展意义重大，要继续深入学习贯彻。通过学习，认识“滚石上山、爬坡过坎”的新阶段，了解“精准发力，创新发展”的新要求，树立机遇意识，坚持问题导向，在破解制约发展的突出矛盾和问题上深入思考研究，凝聚创新驱动发展的共识，增强推动市委相关重大决策落实的自觉性。

（二）汇聚智慧力量，推动经济社会发展和民生进步

做好开局之年的工作，要发扬改革创新精神，紧扣经济社会民生领域的重点工作，突出针对性，体现创造性，增强实效性。

抓住全面创新改革试验这个重大机遇，进一步推动改革开放。着眼于加快国有企业改革，大力发展混合所有制经济，推进科技创新，用大数据引领智慧城市建设等关键性问题，深入调研，集中智慧，精准发力，加大协商议政的力度。针对改善投资环境、推进综合保税区建设等反映强烈的问题，深入调查研究，倾听企业呼声，开展协商议政，推动构建开放型经济新体制。同时，针对打造都市农业品牌、推进“蓝天工程”建设和发展现代建筑产业中的突出问题，组织力量开展调研协商，推动城乡统筹发展和产业结构调整。

要始终把关注民生作为政协工作的出发点和落脚点。针对发展教育事业、文化产业、养老事业、优化医疗资源配置、实行分级诊疗、搞好精准扶贫、推进劳动争议调处等关系人民群众切身利益的问题，广泛深入地开展调研视察协商，让城乡群众在共建共享发展中有更多的获得感。

（三）推动工作创新，加强政协协商民主建设

按照重要决策开展政协协商的要求，进一步推动工作创新，理顺体制机制，尽快形成内部顺畅、内外衔接的政协协商工作体系。

坚持以年度协商计划为龙头，健全政协内部选题机制，完善协商议题会商机制，丰富协商形式，拓宽协商渠道，加强政协全体会议上的专题协商，提高专题协商、对口协商、界别协商、提案办理协商的整体水平。

坚持协商密度服从协商质量的原则，建立健全协商质量保证机制，加强对开展政协协商工作的民主监督，采取适当形式对协商成果采纳落实情况进行民主评议和跟踪问效，实现高水平选题、高质量协商、高效率落实的有机统一。

坚持以提高协商能力为重点，采用大数据、云计算等现代技术和问卷调查等方法，改进调研工作，强化研究论证，建立健全社情民意表达和汇集分析机制，搞好具有政协特点的决策智库建设，提高协商意见建议的前瞻性、针对性和可操作性，真正做到“懂政协、会协商、善议政”。

（四）完善工作体系，提高政协工作整体水平

实现政协工作创新发展，要以专委会为基础、以委员为主体、以党派为骨干、以政协机关为保障，不断完善相互配合、运转高效的工作体系。

加强和改进专委会工作。进一步优化政协专委会的设置和构成，着力提高专委会协商议政的核心能力，丰富和活跃以专委会为依托的界别活动，密切专委会与党政部门的对口联系，拓宽委员参加跨界别的调研协商议政活动的渠道，充分发挥专委会在政协工作中的基础性作用。

推进委员队伍建设。继续加强委员培训工作，有针对性地安排好专题讲座和市情通报，扩大和保障政协委员在协商民主中的知情权、参与权、监督权和话语权，拓宽委员资政建言渠道，提高委员提案质量和政协提案督办实效，鼓励委员承担社会责任，加强委员联谊工作，完善委员履职评价机制，进一步发挥委员作为政协履行职能的主体作用。

重视发挥党派团体和各界代表人士的作用。政协作为多党合作、政治协商的重要机构，要进一步密切同民主党派、工商联和无党派人士的联系与合作，继续鼓励和支持港澳委员、民族宗教界别委员积极参政议政，努力为政协各参加单位协商议政、建言立论创造条件。

加强两级政协工作联合联动。区县（市）政协是实现全市政协工作创新发展的重要力量，市政协要加强指导，在委员培训、调研考察、工作交流、智库建设等方面创造更多的条件，促进区县（市）政协工作发展。运用包括新媒体在内的多种手段，加大政协社会宣传力度，扩大政协社会影响力。切实做好政协机关工作人员素质提升工作，使其能够以良好的作风保证政协工作创新发展。

以实施"十三五"规划为标志，我们站在了新的历史起点上。面向未来五年，全面推进老工业基地振兴、全面展开国家中心城市建设、全面建成小康社会，人民政协责任在肩，使命光荣。尤其应当看到，开展全面创新改革试验，是沈阳发展动力、希望和机遇之所系，全体政协委员责无旁贷、任重至远。我们要响应时代的召唤，肩负人民的期望，围绕中心、服务大局，凝心聚力、攻坚克难，商以求同、协以成事，以严的态度和实的作风，团结一致，共襄大业。

各位委员，做好今年开局起步工作，对实现"十三五"规划具有重要意义。让我们更加紧密地团结在以习近平同志为总书记的中共中央周围，在中共沈阳市委的领导下，团结一致，开拓进取，为完成"十三五"开局之年的工作任务，建设国家中心城市，推进沈阳全面改革创新发展而努力奋斗！

重大活动

【第十四届中国国际装备制造业博览会暨首届中国沈阳国际机器人展】 由商务部、国家发展和改革委、工业和信息化部、科技部、中国贸促会和辽宁省政府主办，沈阳市政府承办的第十四届中国国际装备制造业博览会（简称：中国制博会），于2015年9月1日至5日在沈阳国际展览中心成功举办。

本届中国制博会展出面积约11万平方米，共设置9大展区，分别设置有国际机器人展区、中国苏州装备制造业精品展区、工业自动化与智能装备展区、通用和专用设备展区、国际机床展区、数控机床展区、机床及其附件展区、机床附件展区、工程机械及特种车辆展区。展位总数4026个，中外参展企业849家，采购商和专业观众达7.7万人次，观众总数超过15.1万人次。

1. 展会的国际性和专业性不断提高，产业智能化程度史无前例。境外参展企业和外商投资企业展位比例达到33%。参展企业分别来自美国、英国、德国等19个国家和地区，包括美国哈斯、哈挺、史丹利、莱玛特；德国西门子、卡尔蔡司、因代克斯、山特维克；意大利普瑞玛；日本东京精密、三菱、安川、川崎、那智不二越；韩国斗山、三星；台湾友嘉、东台精机、崴立等38家世界著名装备制造业企业和64家世界500强及跨国公司。国内有23个省、市、自治区的企业参展，包括北京楚天激光、北京精雕、江苏扬力、四川成都成量、湖北武汉高能激光、广东深圳迪能、三一集团、福田雷沃、沈阳机床、北方重工、沈鼓、特变电工、沈飞、沈阳新松机器人等。青海省商务厅、内蒙古商务厅、苏州市政府、昆明国家高新技术产业开发区、深圳市电子装备产业协会、东莞模具协会、日本川崎市政府、台湾电机电子工业同业公会等地的政府部门和商协会机构组织了展览代表团参加了本届展会。

除了继续安排传统优势装备制造业展出外，此届中国制博会还进一步增加了作为装备制造业重要先导产业的高端智能装备的展出。新能源、节能环保设备、轨道交通设备、海洋工程装备、3D打印技术和设备、IC装备、工业设计、电子信息技术和设备等等，越来越多高端智能装备出现在了制博会这个舞台上。

2. 服务企业、服务经济。本届中国制博会现场签订采购合同（含采购意向）金额达9.8亿元人民币。本届中国制博会期间，沈阳市政府积极利用中国制博会这一平台，共组织区、县专业招商人员和企业代表300余人参观展会，与200余家知名企业进行了对接，建立了联系，各县区与参展企业共达成合作意向35项，正式签约项目3项。

3. 首届中国沈阳国际机器人展。为加快我国装备制造业转型升级、创新驱动的发展进程，推动沈阳市建设具有国际竞争力的世界级机器人产业基地。在沈阳市贸促会的协调下，在中国制博会原机器人展区存量的基础上，扩大了展位体量，举办了首届中国沈阳国际机器人展览会。机器人展单独包用了沈阳国际展览中心W1馆，展出面积1.2万平方米，展位572个。国内外70家机器人生产企业参加了展出，包括德国库卡，瑞士ABB，日本安川、川崎、那智不二越、发那科以及沈阳新松机器人和广州数控等国内外知名机器人生产企业。这是东北地区第一个具有一定规模和水平的机器人专业展览会，对于促进辽沈地区传统装备制造业转型升级和培育壮大新的经济增长点，对于吸引国内外机器人生产厂商参与新一轮东北振兴，扩大经济技术合作具有重大的意义。

4. 中国制博会首次出现独立城市展厅。苏州市精选出能代表苏州装备制造业实力和水平的重点骨干企业和"专精特新"企业97家，单独承包了沈阳国际展览中心W2展馆，实现产品销售额1.8亿元人民币，展览面积1万多平方米，展位数量570个，以展示其工业实力，推介城市形象。

5. 配套子项活动丰富而务实。中国制博会不仅是高新技术的展示平台，更是国际交流的舞台。展会期间,先后举办了2015中国(沈阳)国际机器人大会系列活动、诺展商城(母机节)、第十四届中国制博会采购商大会、2015沈阳市百万职工岗位技能提升工程——焊接技能竞赛、辽宁省普通高等本科大学生机器人竞赛、百名创客创新创意3D打印演示会、川崎展团机器人表演等活动。在中国(沈阳)国际机器人大会上,2006年诺贝尔物理学奖得主、美国加州大学伯克利分校教授乔治·斯穆特博士,2007年诺贝尔经济学奖得主、美国哈佛大学教授埃里克·马斯金博士,2013年诺贝尔医学奖得主、美国斯坦福大学教授托马斯·聚德霍夫博士,国家"十二五""863计划"先进制造领域智能机器人主题专家组组长赵杰等多位国内外知名专家、机器人制造企业高管来到沈阳,围绕人工智能和机器人产业等话题论道。共有100余名来自德国、美国、日本、法国、荷兰、俄罗斯、意大利等20多个国家的国际顶尖专家和企业高管,300余名院士、学术专家、行业领军人物等国内代表出席。

本届展会期间共评出金奖4个、银奖7个、铜奖9个、特别奖2个,最佳展示奖3个、优秀组织奖17个,同时对连续参加十四届中国制博会的10家企业颁发了纪念奖。

(*李颂东*)

【第十四届中国(沈阳)韩国周】 由沈阳市政府和韩国驻沈阳总领事馆共同主办,和平区政府、沈阳韩国商会、市外经贸局等单位共同承办的第十四届中国(沈阳)韩国周于2015年9月11—15日在沈阳举办。

本届韩国周共举办24项主体活动,其中包括5项经贸活动和14项文化体育活动。参加韩国周各项活动的韩国嘉宾超过300名。共签订各种意向、协议、备忘录26项,洽谈推进韩资项目15个,外资额8000万美元,各类展会现场签约额4000万元,各类展会现场成交额约800万元。

与往年中国(沈阳)韩国周相比,第十四届中国(沈阳)韩国周主要呈现以下四个特点:

1.积极构建中韩自贸交流的平台,中韩自贸区沈阳进口商品直销中心落户西塔。6月中韩自贸协定刚刚签署,正待两国政府批准和落实之时,本届韩国周通过举办中韩自贸区发展论坛暨东北亚企业家交流会、中韩自贸区韩国商品展示中心启动仪式等活动,为中韩两国的企业家提供高端的政策解析和发展导航,为中韩自贸区的产品提供长期展示的平台,为中韩企业的交流、合作和发展创造了商机。

2.积极提供中韩优秀商品展示的平台。韩国周期间共有500多家中韩企业参加韩国周展示及相关经贸活动,展览展示的内容和数量都是历年之最。其中中韩自贸区韩国商品展示中心和中韩知名品牌商品展都将长期设立。

3.积极打造沈阳西塔美食文化知名品牌。韩国周文化交流活动的重点是突出西塔美食文化,活动场地集中在西塔地区,宣传的是西塔传统文化,展示品尝的是西塔朝鲜族美食,使西塔成为"中国韩式美食文化第一街"。通过韩国周活动,让中韩来宾在品尝美食中了解西塔,在欣赏西塔特色文化中了解沈阳。

4.韩国各界积极主动参与。韩国周的各项活动都有韩方的参与,其中首尔医疗美容推介会和韩国国乐表演等活动都是由韩方主动提出,并承担相应费用。韩国地方政府和行业协会还组织了大批韩国企业组团参展或参与交流。

(*赵建光*)

【中国企业家俱乐部(绿公司)年会】 由中国企业家俱乐部主办,辽宁省政府支持,省经济和信息化委、沈阳市政府联合主办的2015中国绿公司年会于4月20日至22日在沈阳市举行。

参加年会的代表共计1300人。共有44名中国企业家俱乐部理事参会,辽宁省参会代表为377人,其中沈阳市参会代表90人。年会国际嘉宾比重占10%,英、法、澳三国大使和欧盟大使,德、日和加拿大三国公使等外交使节纷纷参会。同时,英、法、德、澳、新加坡等国家派出了商务代表团出席年会。

年会期间,沈阳市政府和相关部门开展了大量的招商引资和洽谈活动,并取得了丰富的成果。通过组织部分参会代表参观铁西宝马工厂、新松机器人、沈阳国际软件园、沈飞公司等企业,与中外企业家就中德高端装备制造产业园、机器人产业、互联网金融、国企改革、创新发展进行了对接。

充公利用绿公司年会在沈举办和各行业领军的民营企业家集中来沈的契机,由市外经贸局策划的以"创变者,打造商业新价值——沈阳欢迎你"为主题的午餐会于4月22日在东软集团举行。市委书记曾维、市长潘利国与参加年会的理事集体会商,共叙友情、共谋发展。沈阳市政府与东软集团签订了合作协议,东软集团将在医疗健康、数字医疗设备制造、智慧城市、创新创业就业、汽车电子等领域与沈阳市开展战略合作。中国企业家俱乐部主席、联想控股股份有限公司董事长,联想集团创始人、名誉董事长柳传志;中国企业家俱乐部理事长,永隆银行董事长马蔚华与40余位绿公司成员共同见证了沈阳市政府与东软集团的签约。

绿公司年会期间,还重点洽谈推进了爱国者数码拟在沈北新区投资建设集互联网金融超市、中国科技文化大讲堂和微自媒体研发运营总部为一体的互联网创业孵化器项目;上海均瑶(集团)有限公司与皇姑区合作智慧城市、基础教育和信息惠民项目,在于洪区建设沈阳空港电子商务产业园项目,在苏家屯区建设大型现代化滑雪娱乐项目;德福资本拟在和平区设立办事处,通过其专业的行业资源、投资管理团队,从事管理资讯、资产重组、私募融资、企业改制以及企业上市等方面的增值服务;龙湖集团在和平区、铁西区、大东区、沈北新区建设的商住地产项目;上海复星集团拟在和平区投资建设复星沈阳金融蜂巢项目;菜鸟网络拟在浑南区投资建设中国智能骨干网电商产业城,重点打造阿里巴巴集团服务于东北三省、蒙东地区及东北亚跨境区域的核心节点;东软集团在健康医疗产业、智能制造产业、汽车电子产业、大众创业等领域与沈阳市达成多项战略协议等20个扩大投资或有投资意向项目,为沈阳今后的发展蓄积了能量。

年会选择了辽宁沈阳,既是对东北老工业基地再次振兴的关注,也是对沈阳城市化快速发展变化的充分肯定。为沈阳当地企业及创业人群面向企业领军人物和专家学者提供了一次极好的培训机会。年会论题与辽宁及沈阳区域发展战略相结合,成为带动地区可持续发展的动力。在新一轮振兴中,对提升沈阳传统产业转型与升级,打造现代新兴产业,加快国资国企改革,全面发展现代服务业和充分放开公共领域投资将起到巨大的推动作用。

(傅　倩)

【2015 中国沈阳国际农业博览会】

2015 第九届中国辽宁国际农产品交易会暨中国沈阳国际农业博览会于 9 月 17 日至 20 日在沈阳国际展览中心成功举办。展会为期 4 天,总展出面积 6.5 万平方米,设置了 4 个展馆 2000 个国际标准展位;接待观展群众 35 万人次,专业观众 7 万人次,签订交易合同 145 份、合同额 28.4 亿元,现场交易额 1.68 亿元。

创新展会模式。辽宁综合展区不再以行政区域为展示单元,重点突出了国家、省(市、县)农业龙头企业和产品品牌,参展展品全部符合“三品一标”、国内地理标志和具有地方特色等要求。除一乡一业、国内地理标志、有机绿色食品、营养保健食品外,湖北、青海、吉林、黑龙江、河北、新疆、西藏、内蒙古等省(区)团组一同参展,红酒展区比上届扩大 3 倍。首次设立农耕文化馆,展示辽沈地域文化、非物质文化遗产等版块,弘扬农耕文化,打造辽沈农业品牌。

国际化水平提升。首次设立展会主宾国(韩国),韩国驻沈阳总领事馆、韩国贸易投资振兴公社、沈阳韩国人会、沈阳韩国商会共同组织 200 余家韩国和韩资企业参展,展览面积超过 5000 平方米,韩国美食文化和演艺体验风情得到了精彩呈现。此外,法国的红酒、德国的啤酒、意大利的面条、俄罗斯的巧克力、澳大利亚的牛羊肉乳制品、阿根廷的海产品、希腊的橄榄油、土耳其的冰淇淋、东南亚的水果等特色产品得到展示和交流。

融入电商参展。展会再次引入农产品电子商务,直观演示了农副产品、农业生产资料和农村日用品线上、线下交易,并邀请京东、阿里等知名电商到会观摩、洽谈合作,通过网络将辽沈地区知名品牌、“特色沈阳”推向全国市场,并利用官方网站、微信、商城,建立对接贸易、展示产品、交易体验等模式,创建沈阳农博会“微农博”O2O 交易平台,实现永不落幕的农博会。

31 个国家、189 家境外企业和近千个境外展品齐聚沈城,国际农产品生产和加工的新工艺、新技术得到了借鉴学习;外省(市)、辽宁省农业科学院、沈阳农业大学带来了最新科研成果;沈阳市寒富苹果等果蔬品种得到展示推广。

本届农博会严把参展企业和产品质量关,提升了参展产品的品质。农博会期间,各具特色的品牌农产品云集,深受广大市民喜爱和欢迎。展会共评出 86 个优质农产品金奖、100 个“百佳品牌”。

(徐光明)

【第四届中国(沈阳)国际现代建筑产业博览会】　2015 年 5 月 15 日至 17 日,第四届中国(沈阳)国际现代建筑产业博览会在沈阳国际展览中心隆重举办。本届博览会是沈阳市推进建筑产业现代化发展、升级为国家示范城市后,集中展示我国建筑产业现代化发展水平的一次盛会。展会整体水平超越了以往三届,得到了住建部和省市领导、专家以及社会各界的一致好评。

一、基本情况

1. 领导高度重视,社会影响不断扩大。本届展会得到了住建部和省、市领导的高度关注,住建部副部长易军、副部长王宁,省委常委、沈阳市委书记曾维,辽宁省副省长薛恒,沈阳市市长潘利国都亲临展会参观指导,住建部质量安全监管司、住宅产业化促进中心等部门领导、全国 50 多个省、市住建系统的领导和相关部门负责人参加了此次展会。展会还吸引了国内外各界观众前来参观考察,参展观众达到 5.8 万人次,其中专业观众达到 4.5 万人次。参观展会的业内人士普遍认为,沈阳市的建筑产业现代化发展具有清晰的战略构想和明确的产业布局,从供应和需求两个方面来打造建筑产业现代化的经验值得其他城市学习借鉴,通过近几年举办的博览会,使沈阳现代建筑产业在全国的集聚辐射效应和先发优势进一步显现出来,使建筑产业化的影响越来越大,得到了社会各界的关注和认可,充分起到了沈阳市作为示范城市的引领示范作用。

2. 展会规模空前,国际化水平明显提高。近年来,沈阳市通过强力推进现代建筑产业化工程建设,大批建筑产业化优势企业集中涌入,产业规模不断扩大,产业链条不断延伸,博览会的规模和水平逐年提高。本届博览会共设置 4 个室内展场和一个室外展场,展览面积达 6.50 万平方米,国内外参展企业 600 余家,国际标准展位 3000 余个,设置了国际展区、混凝土构件展区、木结构展区、市政产品展区、现代建筑技术服务展区等九大特色展区,吸引了来自德国、意大利、日本、韩国、美国、新加坡等国家的境外参展企业 40 多家,集中了德国的艾巴维、安夫曼、沃乐特,芬兰的阿克太克、泰克拉,日本的藤田、积水野泽,韩国锦湖化工等世界知名企业,国内知名企业亚泰集团、中南建设、中辰钢构、北方重工、沈阳卫德、万融集团、沈阳远大等企业悉数参展,充分展现了国际先进的建筑产品、技术和理念。博览会吸引了来自国内 20 个省、市、自治区的 324 家龙头企业、165 家辽宁省品牌企业、98 家沈阳本地企业参展。

3. 会议活动丰富,示范引领作用进一步凸显。2015 年 5 月 14 日,国家住建部质量安全司在沈组织召开了部分省市建筑产业现代化工作座谈会,来自 27 个省、市住建系统领导和负责人共约 100 余人参加了此次会议。会上,北京、上海、安徽、沈阳等 10 个省市代表就各自推进建筑产业化工作情况进行了会议交流,同时就住建部编制的建筑产业现代化发展纲要进行了研讨和征求意见,此次会议达到了预期目的,为全国下一步推进建筑产业化发展奠定了基础。5 月 15 日,辽宁省推进建筑产业现代化工作会议也顺利举行,全省 16 个市(县)的建设系统领导参加此次会议,会议要求各市要充分学习借鉴沈阳推进现代建筑产业化工作经验,利用好沈阳现有建筑产业化资源和良好基础,全力推进产业化工程项目建设,促进全省建筑产业化加快发展。博览会期间,还举办了 2015 中国(沈阳)现代建筑产业化国际研讨会、沈阳市现代建筑产业新产品、新技术推广会、建筑产业化银企对接会等一系列的相关会议和活动,来自全国各地的与会代表还参观了沈阳现代建筑产业化构件工厂、示范工程。

二、取得成效

1. 辐射力和影响力明显增强。本次展会吸引了上海、重庆、江苏、湖南、内蒙古、深圳、西安、长春等省市及省内中部七城市组团来沈参加博览会，重庆、深圳、乌海等城市更是由多个政府部门和当地企业家组成的代表团专程来沈参加博览会。此次博览会在房地产和建筑业界产生了极大影响，对推动全国建筑产业现代化发展产生了积极作用，实现了举办博览会的预期目标。

2. 技术产品集聚效应凸显。通过各项会议和对接活动，达成签约意向项目400多个，多个城市期望沈阳的企业能到当地投资建厂，将沈阳建筑产业现代化相关技术、人才和产品带到当地。德国沃勒特集团、日本藤田建设集团、意大利MEP钢筋机械公司等企业表示将不断深化与沈阳合作，把更多世界先进的建筑装备制造技术和产品带到沈阳。博览会的举办，使更多的国际高端技术和产品汇集沈阳，使沈阳逐步成为建筑产业现代化领域的技术、人才高地。

3. 发展思路和理念拓宽提升。展会期间举办的各类会议活动，为沈阳市各界充分了解建筑产业现代化的新技术、新产品提供了一次难得的学习交流的机会。许多国内外专家对沈阳现代建筑产业发展提出了很好的思路。比如：发展现代建筑产业要从长期的战略角度统筹考虑，注重发挥市场配置资源和价格调节的决定作用；要加大在现代建筑技术培训、科研方面长期的投入，扩展装配式建筑技术体系，发展钢结构、木结构技术体系等；重视对建筑装备制造等上游产业链技术和产品的引进、生产和研发等等。

4. 工作信心进一步增强。本次展会的成功举办是沈阳市近几年现代建筑产业健康发展的缩影，也进一步增强了沈阳市发展现代建筑产业的信心，对今后的工作方向有了更加清晰的认识和定位，即把建筑产业现代化工作作为建筑业转型升级的主攻方向，在局部试点、示范的基础上，转向全面推进新阶段，通过抓好现代建筑产业基地和现代建筑装备制造业基地“两个基地”建设，进一步完善市场拓展、产业配套、技术推广、工程监管、政策扶持“五个体系”建设，助推沈阳新一轮老工业基地全面振兴提供有力支撑。

（郭　振）

【中国（沈阳）国际金融高层峰会】 2015年5月6日，中国（沈阳）国际金融高层峰会召开。本次峰会以“沈阳：通往中国东北之大门”为主题，通过主题演讲、专题讨论和实地考察，全面展示沈阳经济最新发展动态，推介沈阳金融发展优势，提高沈阳招商引资的竞争力和吸引力。辽宁省副省长刘强，沈阳市市长潘利国以及欧洲货币集团执行总裁尼尔·奥斯本，麦格里集团亚洲区首席执行官魏平分别在开幕式上致辞。

（崔　增）

【第六届中国东北文化产业博览交易会】 由文化部和辽、吉、黑三省人民政府共同主办，沈阳市人民政府承办的第六届中国东北文化产业博览交易会（以下简称东北文博会），于9月9日至13日在沈阳国际展览中心成功举行。第六届东北文博会取得了丰硕的成果，带来了广泛的商机，已成为全面展示东北地区文化产业发展成果、推动优秀文化产品交易和信息交流的重要平台。

第六届东北文博会展示展览面积2.6万余平方米，共有来自东北三省、京津冀等600余家企业参展，各项活动参观人数达30余万人，累计交易额达3113万元。展会共推出文化产业招商项目153个，有7个文化产业合作项目现场签约，其中国家音乐产业基地项目现场签约额高达200亿元人民币，创单项签约额历史新高。

本届展会以“文化、融合、创新、发展”为主题，以打造“智慧城市”为核心，多角度展现智慧文化，充分体现“文化＋互联网”、“文化＋科技”、“文化＋旅游”、“文化＋教育”、“文化＋金融”等元素。展会共有“创意设计、智慧文化、产业融合、国际交流、文化传承、书香墨染”六大专业板块，推出文化产品和文化服务8大门类3万余种，内容涵盖了广播电视、工艺美术、航天文化、创意文化、网络文化、文博旅游、文化用品等方面。黑龙江省以“发展文化产业，建设大美龙江”为主题，重点展出剪纸、满绣、旗袍绣、俄罗斯油画、宝玉石、乐器等。吉林省则推出吉林八吉工艺美术、长春剪纸、长春文创等参展项目。辽宁省充分展示近年来文化体制改革的丰硕成果和文化产业发展成就，重点展示沈阳经济区文化产业发展成果，鞍山岫玉、抚顺煤雕、本溪辽砚、法库陶瓷等特色工艺品和非遗产品琳琅满目。

本届文博会举办了沈阳经济区文化创意产业一体化启动仪式、“798”国际儿童节、2015东北区文化创意产业发展高峰论坛、文化产业项目推介会、文艺演出等五大主题文化活动。其中，沈阳经济区文化创意产业一体化启动仪式上，沈阳、鞍山、抚顺、本溪、营口、辽阳、阜新、铁岭八城市共同签署了合作协议，标志着沈阳经济区八城市文化产业发展开启了资源共享、优势互补、创新发展的新征程。由上海第1财经承办的“东北地区文化创意产业合作发展高峰论坛”，来自国家有关部委主管部门领导及国内文化产业专家学者齐聚一堂，第十一届全国政协副主席、著名经济学家厉无畏在论坛上做了主旨演讲，为东北地区文创产业发展建言献策。

文化部部长助理刘玉珠，中国载人航天工程办公室副主任杨利伟将军，辽宁省委常委、宣传部部长范卫平，沈阳市政府市长潘利国，以及辽、吉、黑三省政府副秘书长等领导出席了本届展会的开幕式。

（李笑逸）

【中国沈阳国际旅游节四季游活动】 由沈阳市人民政府主办，市旅游局、市外宣办、市公安局、市城建局、市外办、市外经贸局、市文化局、市体育局和各区、县（市）政府承办的2015中国沈阳国际旅游节四季游活动于4月16日全面启动。四季游活动旨在深入贯彻落实国务院《关于促进旅游业改革发展的若干意见》和全市旅游产业发展工作会议精神，围绕“传奇盛京、福运沈阳”城市旅游品牌形象，营造沈阳旅游节四季游氛围，建设沈阳国家中心城市，打造东北亚旅游名城，不断提高沈阳旅游业知名度和影响力。

旅游节四季游活动本着坚持“政府主导、社会参与、百姓受益”的原则，整合全市旅游、文化、民俗、商业等资源，推出沈阳四季游丰富多彩的旅游系列活动和线路产品，引导大众旅游消费，吸引更多的国内外游客来沈观光,促进旅游产业健康快速发展。

春季游活动。时间于2015年4月至6月,主题:希望之春。春季游期间,全市适时开展千万市民公益游、踏青、登山、赏花、观鸟、惠民、健身、休闲、采摘等春季特色旅游活动。

夏季游活动。时间于2015年6月至8月,主题为激情之夏。夏季游期间,全市适时开展推出美食节、啤酒节、采摘、购物等夏季特色旅游活动。

秋季游活动。时间于2015年9月至11月,主题为多彩之秋。秋季游期间,全市适时推出庙会、赏花、农家乐、摄影、自驾等秋季特色旅游活动。

冬季游活动。时间于2015年12月至2016年3月,主题为浪漫之冬。冬季游期间,全市适时推出冰雪、温泉、灯会、庙会、圣诞节、年货节、冬捕节等冬季特色旅游活动。

旅游节四季游期间,"春、夏、秋、冬"四季全市及各区、县(市)举行"踏青、登山、赏花、观鸟、健身、休闲、采摘、摄影、惠民、冬捕、温泉、冰雪"等300余项特色旅游活动,并结合四季不同特点和地域特色推出"赏花浪漫风情游、踏青时尚购物游、自驾休闲体验游、冰雪温泉度假游"等富有地域特色的旅游产品和精品线路,方便市民出游,为国内外游客提供沈阳四季旅游好去处。

主要特点:一是内涵丰富,主题鲜明。围绕打造"传奇盛京、福运沈阳"城市旅游形象品牌,结合沈阳四季特点,通过统一主题和整体包装策划,推出四季鲜明主题。全市各区、县(市)"天天有活动,周周有优惠,月月有亮点",举办的活动丰富多彩、特色各异,推出的精品旅游线路接地气,健康乐游养生气,为沈城百姓和国内外游客出游、休闲度假等,奉献上特色突出的旅游大餐,让广大游客和沈城市民感受到"传奇盛京、福运沈阳"的内涵和魅力。二是社会参与,惠及民生。旅游节四季游活动的设计上,采取市场化运作和社会参与的方式,通过整合全市旅游、文化、民俗、商业等资源,将全市各区、县(市)举办的特色各异活动统一纳入旅游节四季游活动中,为沈城百姓和国内外游客提供丰富多彩的旅游特色产品和线路,惠及民生,引导消费,让沈阳本地人走出家门,让沈城周边的百姓走进沈阳,吸引更多的游客来到沈阳、了解沈阳、感受沈阳,来沈体验四季之旅。三是内容丰富,绽放溢彩。春季游期间,各区、县(市)推出了"踏青游、赏花游、采摘游、书画征文、民俗节会活动等;夏季推出了"美食节、啤酒节、购物"等特色活动;秋季推出了"逛庙会、摄影展、自驾游"等活动;冬季主打推出了"圣诞节、年货节、冬捕节、冰雪节"等活动,种类众多,形式各异,特色突出。

(*孙学林*)

【中国沈阳国际旅游节冬季游活动】 由沈阳市人民政府主办,市旅游局、市外宣办、市体育局、市公安局、市文广局、市教育局、沈阳广播电视台及各区、县(市)人民政府承办的2015中国沈阳国际旅游节冬季游活动于2015年12月—2016年3月举行。实现了以"冷资源"带动"热经济"的办节效果。

1. 接待旅游者人数及收入取得新突破。自2015年12月中旬至2016年3月初,全市冬季游活动共接待旅游者1307.19万人次,同比增长57.5%,旅游活动点位收入8.93亿元人民币,同比增长218.93%。各区县冬季游活动热闹非凡,冰雪经济呈现爆发式增长态势。

2. 冰雪项目及区域范围取得新突破。除"棋盘山、东北亚、怪坡、白清寨"四大传统的滑雪场外,全市冰雪娱乐场所40余处,其中新增大型冰雪嘉年华活动10余处,全市形成城区与郊县区"中心开花"、"四面围景"纵横交错的嬉冰玩雪格局,让市民出了家门不远,便可体验冰雪旅游乐趣,极大方便了市民和游客的参与。

3. 启动仪式策划形式取得新突破。冬季冰雪游启动仪式在奥体中心体育场举行,以"沸腾盛京城冰雪嘉年华"主题,围绕展现"传奇盛京、福运沈阳"城市形象,通过四大篇章演绎,将冰雕雪雕、冰上芭蕾、冰雪大闯关、文艺演出等融为一体,再现了盛京文化千古韵,拉开全市冬季游活动帷幕。

4. 多部门融合发展取得新突破。市旅游委充分发挥职能作用,与文化、体育、电视台、教育、各区县(市)政府等多部门"联合作战",发挥行业优势,推出特色各异的活动。其中,与市体育局、沈阳电视台共同举办冬季游活动启动仪式和"百万市民上冰雪"活动;与市文化局、教育局联合推出"中小学生走进博物馆";与文广局联合举办了"到故宫过大年"活动等,丰富了冬季游内容,取得了多部门聚力融合发展的新突破。

(*孙学林*)

沈城美誉

【沈阳市荣获第四届全国文明城市称号】 2015年2月28日,沈阳市获评第四届"全国文明城市",省委常委、市委书记曾维代表沈阳市出席全国精神文明建设工作表彰暨学雷锋志愿服务大会领奖,并接受党和国家领导人接见。2005年,沈阳市获得"全国文明城市创建工作先进市"称号。2008年,获得"全国首批未成年人思想道德建设工作先进城市"称号。2011年6月,通过省文明办的提名测评,取得第四届全国文明城市的参评资格。2012年6月,沈阳市召开创建全国文明城市动员大会,决定用三年时间,迈入全国文明城市的行列。市委、市政府成立"创城"指挥部,下设政务、法治、市场、人文、社会文化、生活、社会、生态、农村、文明创建10个创建工作组,制定《沈阳市创建全国文明城市三年规划》,分配任务,落实责任。通过三年"创城"实践,市民对创建全国文明城市的知晓率、参与率、支持率达到92%以上。全市实现城市环境大整治、秩序大改善、文明水平大提升。2015年初,沈阳市顺利通过全国文明城市创建测评小组的全面测评。4月2日,沈阳市召开创建全国文明城市总结表彰暨推进城市文明建设动员大会。省委常委、市委书记曾维出席会议并讲话,市长潘利国主持会议,市政协主席姜宏出席会议。会上,市委副书记邢凯宣读了表彰决定,授予市委办公厅等47个单位"沈阳市创建全国文明城市突出贡献单位"荣誉称号,授予市委统战部等339个单位"沈阳市创建全国文明城市贡献单位"荣誉称号,授予程谟刚等120名同志"沈阳市创建全国文明城市突出贡献奖",授予刘巍等584名同志"沈阳市创建全国文明城市贡献奖",市领导向受表彰的先进单位和个人代表颁奖。市委、市人大常委会、市政府、市政协副市级以上领导,市法院、市检察院主要领导,各区县(市)、市直各部门、市级群团组织负责同志,沈阳市创建全国文明城市先进单位和先进个人代表以及沈阳市道德模范、驻沈部队官兵等各方面代表参加会议。

(杨建学)

【沈阳市获批国家首批综合运输服务示范城市】 2015年,沈阳市获批国家首批综合运输服务示范城市。围绕创建工作总体要求,以项目为支撑,编制完成《沈阳市综合运输服务示范城市建设实施方案》,全力推进综合客运枢纽、货物集疏运中心以及信息共享机制、组织模式、保障机制、服务标准等示范项目建设,全年完成沈阳南站、深国际沈阳现代综合物流园一期等示范项目建设16项,其中沈阳南站综合交通枢纽是东北地区最大、信息化程度最高、多种交通运输方式"零距离"换乘的国家一级交通枢纽。

(陈千城)

【和平区成为东北首家"中国电子商务示范区"】 2015年11月13日,中国电子商务协会批复和平区正式成为"中国电子商务示范区"。

和平区着力推进"东北亚平台经济中心"建设,把电子商务作为重要的战略新兴产业来抓,主要目的是通过电子商务平台衍生的"互联网+"模式,作为推动经济转型升级和大众创业创新的强大引擎。截至2015年底,和平区电子商务企业数量发展到100余家,其中在沈城颇具影响力的有:中兴"云购网"、大润发"飞牛网"、365易、"大地中天商城"、"盖多土特产商城"、街里网等电商销售平台,年销售额超百亿元以上。上述电商企业的日趋成熟和快速发展,为争创电子商务示范区奠定了良好基础。

为进一步加快电子商务的快速发展,争取国家、省市相关电子商务扶持政策的支持,和平区向中国电子商务协会申办国家级"电子商务示范区"称号。经过一年多的考察调研论证,2015年11月13日,中国电子商务协会正式批复,同意和平区成为"中国电子商务示范区"。

2015年11月15日,在长白岛时代广场举行授牌仪式,中国电子商务协会副秘书长李建华代表中国电子商务协会向和平区政府正式授予"中国电子商务示范区"称号,和平区人民政府区长田家接受牌匾。至此,和平区成为东北三省首家国家级"电子商务示范区"。

授牌仪式后,"中国电子商务人才培训基地"以及大地中天(沈阳)电子商务有限公司交易平台也同时启动。并举办了"2015中国(沈阳)电子商务与区域经济发展论坛",中国电子商务协会副秘书长李建华、中国电子商务协会互联网金融行业工作委员会秘书长张友芝、中国互联网经济研究院副院长欧阳日辉等分别作了题为"电子商务如何助推区域经济发展"、"互联网金融给传统产业带来的影响"以及"电子商务是区域发展的新引擎"的主题演讲,为和平区电子商务的未来发展方向献言献策。

(聂英利)

【和平区西塔街道图们社区被国家民委确定为全国"双语和谐乡村(社区)"试点单位】 沈阳市和平区西塔街道图们社区成立于1999年6月20日,东起延边街,西至西塔街,南到北七马路,北到珲春路,占地面积0.24平方公里。居民户籍人口3687户、11323人,其中朝鲜族居民788户、2364人,占总人口数的20%。社区办公楼总体面积800平方米,其中:办公面积600平方米,多功能活动厅200平方米。现有在编社区工作者14名,两名公益性岗位人员。2011年初,在市民委、市民政局的资金投入下,进行了升级改造,打造了民族特色社区,建立了汉族和朝鲜族系系相依的社区标示,建立了一站式具有民族特色的办公大厅,建立了双语服务窗口标示,每周四社区工作人员穿韩服办公。社区吸收了西塔朝鲜族老年协会社团组织共同办公,在西塔老年协会率先成立了民族特色的党支部,并发展了两名70多岁的协会会员加入了党组织。成立了沈阳市朝鲜语科普大学。成立了民族调解委员会,2011年10月,率先在社区开通了与和平区法院网络视频调解。

2015年11月,图门社区被国家民委授予"双语和谐社区"称号。2015年被辽宁省授予"科普大学示范社区"。2015年被沈阳市红十字会授予优秀志愿服务组织。

(周旭生)

【于洪新城旧城改造项目获"2014年中国人居环境范例奖"】 2015年1月12日,于洪新城旧城改造项目荣获住建部"2014年中国人居环境范例奖"。于洪新城位于沈城西南二三环之间,南临浑河,北临铁西区,土地面积25.18平方公里,2005年3月全面启动建设。10年中,共拆迁居民和企业8299户,亮出净地804万平方米。投资11.9亿元资金,建成总长38.3公里的"五横三纵"路网体系,直通市区的3座公铁立交桥及11座跨线(河桥)竣工通车。吸引地产项目数十个,竣工面积500余万平方米,居住人口达15万人。

(田洪伟)

【于洪区成为国家中小城市综合改革试点区】 2015年3月17日,于洪区获国家发改委批复开展中小城市综合改革试点。近年来,于洪区以"产城互动"发展理念推进全域城市化进程,探索出城市近郊地区统筹城乡发展、加速新型城镇化建设的新途径,在沈阳经济区新型工业化综合配套改革试验中发挥先导示范作用。于洪区提出力争用3年的时间,全面建立起覆盖全域的城乡规划体系、支撑有力的现代产业体系、布局合理的城镇体系、城乡一体的民生保障体系、规范完善的农村产权体系、渠道多元的要素保障体系、科学高效的城市治理体系,把于洪区建设成为经济持续繁荣、城市功能完备、生态环境良好、民生保障有力、人民幸福和谐、宜居宜业新城区。

(田洪伟)

【永安新城电子商务产业园成为"国家电子商务示范基地"】 2015年6月3日,于洪区永安新城电子商务产业园获批商务部第二批"国家电子商务示范基地"。永安新城位于沈城西侧,总面积191平方公里。坐落永安新城的电子商务产业园已成功引进电子商务类项目15个,总投资达265亿元,安必信沈阳电商物流园、沈阳维宜电商产业园等9个项目开工建设,其中深国际物流园(一期)主体竣工,五洲国际博览城、中集车辆园(一期)建成投产。

(田洪伟)

【沈北新区荣获“中国最受欢迎自驾游目的地”】 2015年4月,在中国旅游总评榜颁奖典礼上,沈北新区荣获“2014年度中国最受欢迎自驾游目的地”,沈北旅游开发区管委会荣获“2014年度中国最具推广力旅游局”。中国旅游总评榜是2007年在中国旅游品牌(博鳌)论坛背景下,由中国城市第一媒体旅游联盟(辽沈晚报等全国21家主流平面媒体)联合各方旅游权威组织精心打造的行业品牌活动,被誉为中国旅游界的“奥斯卡”奖,是国内最具权威和影响力的旅游品牌评价体系。新区成立以来,始终坚持绿色发展,投入近60亿元,完成33公里的蒲河生态廊道综合治理、933公顷辽河滩地退耕还绿和1200万平方米绿化工程,建成区绿化覆盖率达到52%,蒲河生态廊道成为沈阳一道靓丽的风景线。中国版迪斯尼——方特欢乐世界、全国市区最大的湿地公园——辽河七星湿地公园、世界最大的稻田画,还有怪坡、虎园、薰衣草主题公园等生态旅游资源全都汇集在沈北新区,成为辽沈地区旅游新亮点。2015年,沈北新区吸引游客370余万人次,比上年增长33%;实现旅游总收入21亿元,增长40%。

(贺　亮)

【尹家街道曙光村荣获“中国最美休闲乡村”】 2015年10月,“2015中国最美休闲乡村”花落沈北新区,尹家街道曙光村荣获“特色民居村”称号。曙光村在2007年就获得了“中国人居环境范例奖”。近年来,全村累计投入1000余万元用于基础设施建设,村民用上了自来水、水冲卫生间、太阳能热水器、地热、有线电视、节能路灯、视频监控等。近年来,沈北新区将美丽乡村建设作为新型城镇化和民生工作的重点,以提升农民生活品质为核心,以“生态、绿色、和谐”为主题,大力推进美丽乡村建设。为了让农民生活更美,沈北新区提升生态环境,统一美丽乡村建设标准,实施“三化”(村庄绿化、亮化和美化)、“四通”(通路、通水、通车、通网)、“五整治”(整治生活垃圾、污水、畜禽污染、广告招贴、违章搭建);为了让农民生活更富,沈北新区推进生态经济,坚持“美丽乡村”建设和产业发展同步推进,探索建立新型农业经营体系,培育特色产业村,发展乡村生态旅游,促进农民创业就业,增加农民收入,构建高效农村生态产业体系;为了让农民生活更乐,沈北新区还培育生态文化,培育特色文化品牌,完善农村公共文化服务体系建设,广泛开展群众性的文体活动,加快构建和谐农村生态文化体系。

(贺　亮)

【新民市获批国家新型城镇化综合试点市】 按照《国家发展改革委关于扩大国家新型城镇化综合试点范围的通知》的有关要求,经国家发展改革委、中央编办、公安部、民政部、财政部、人力资源社会保障部、国土资源部、住房城乡建设部、农业部、中国人民银行、中国银监会等11个部门联合评审,辽宁省新民市列为第二批国家新型城镇化综合试点地区。新民市委、市政府高度重视,认为成功获批国家新型城镇化综合试点市是新民市改革发展的新机遇。本着坚持以人为本、公平共享;坚持制度创新、先行先试;坚持产城融合、城乡统筹;坚持因地制宜、突出特色;坚持生态文明、文化传承;坚持定期评估、总结推广的基本原则,通过加快开发区转型升级,积极推进产城融合发展,建立农业转移人口市民化成本分担机制,建立多元化可持续的城镇化投融资机制,改革完善农村宅基地制度,探索建立行政管理创新和行政成本降低的新型管理模式,综合推进相关领域体制机制改革创新,确保城镇常住人口大幅度增加,到2020年达到辽宁省平均水平。

(张　强)

智慧城市建设

【天网工程和信息安全工程建设】 智慧沈阳建设工作全面开展以来,沈阳市公安局全力投入到平安城市天网工程、信息安全提升工程等智慧城市建设工作中。在天网工程建设中,组织市水利局、林业局、人防办等16家单位召开了“全市视频资源整合与需求调研会”。按照“圈、块、格、点”建设要求,经过对全市视频监控探头建设选址布点、设备技术参数标准、平台搭建等方面进一步精细化,制定形成了《沈阳市视频监控“天网工程”建设总体规划(2015－2017)》并提交市大数据管理局审阅。在信息安全建设工作中,为536家单位、1057个系统办理了重要信息系统安全等级保护定级备案手续。坚持日常监督检查与重大敏感时期专项检查相结合的方式,对全市各单位、各部门开展等级保护工作专项检查,全年共出动警力200余人次,检查单位112家,检查重要信息系统169个,出具反馈意见书和整改通知书106份。初步开展了互联网海量数据采集分析系统建设,全市固网出口在控率达65.5%,完成了系统扩容建设方案制定和预算申报。积极推进公共无线上网场所安全审计系统建设,完成系统安装428家。

(张　磊)

【“智慧社区”建设】 2015年,沈阳市完成了《智慧社区建设框架性技术方案》和《智慧社区建设标准》。制定下发了《沈阳市智慧社区建设实施方案(2016－2017年)》,(沈政办发[2015]88号)。成立了由市长潘利国担任组长的智慧社区建设工作领导小组。初步完成了社区事务一口式办理平台、社区网格管理服务平台和居家养老智能电视平台系统的测试版软件开发,并对6城区29个试点社区的58名社区工作者进行了智慧社区系统平台的操作培训。

(尹　琦)

【智慧文化建设】 2015年,市文广局积极采取有效措施,大力推进智慧文化建设工作。沈阳文化网内容与形式更加丰富,信息时效性大幅提升。“文化沈阳”官方微信成功创办,及时发布文化动态,提供文化惠民信息,搭建了文化信息宣传服务新平台。沈阳文化服务云平台完成前期调研,明确系统需求,借鉴成熟经验和模式,形成可行性研究报告,被列入智慧城市总体规划;局机关OA系统正式上线运行,并与市政府OA系统联通;全市文化产业运行监测系统建设完工,以企业填报相关数据为主线,以资源共享为基础,为产业发展提供有效数据分析和科学决策。同时,数字图书馆工程条码变更、RFID 射频系统等项目建设完成,数字博物馆工程部分完成,数字文化馆工程正在着手实施,全系统智慧化工作实现良好开局。

(杜 娟)

【"乘车易"APP 软件道路运输行业功能上线】 2015 年,沈阳市交通局参与编定了"我的沈阳·乘车易"手机软件,全面整合了长途客运、旅游包车、公交、出租、维修驾培等交通行业数据资源,以智能手机 APP 客户端软件为载体,为市民提供实时、准确、便捷的公众出行综合信息服务,实现了客运市场便民信息查询的智能化,开启了道路运输领域的"互联网+"时代。

(陈千城)

【利用车载卫星定位系统和视频监控设备强化行业监管】 2015 年,沈阳市全面实行道路运输智能监控监管。通过查询运行轨迹的方式,对经超越经营范围以及未事先申领旅游包车线路牌从事经营活动等旅游包车违章行为进行及时查处,使"两客一危"车辆联网联控率达到 100%,规范包车客运市场秩序。在全市查处的 160 余件违章案件中,有近 50% 的案件是通过全球卫星定位系统取得车辆违章证据,实现了道路运输行业的智能监控监管。

(陈千城)

【重载货车卫星定位系统安装工作顺利推进】 按照重载车辆动态监控工作的有关要求,进一步落实货运企业的安全主体责任,组织辖区运管部门做好动态监管工作。2015 年,沈阳市共有 2.58 万台重型载货汽车和半挂牵引车卫星安装了定位设备,并接入全国道路货运车辆公共监管与服务平台。顺利完成了全市在用重型载货车辆和半挂牵引车辆卫星定位装置安装工作,有效防范车辆超速行驶和驾驶员疲劳驾驶等违法行为,实现交通管理的现代化和智能化。

(陈千城)

【智能公交应用】 推动智能系统的升级维护。2015 年,沈阳市交通局积极推动系统软件升级工作,解决了 GPS 系统存在的数据统计误差大、系统定位不精确等核心问题。积极协调天禹星加大系统的维护、改造力度,完成了 GPS 系统软件及 4670 套硬件设备的升级工作。加强人员培训和应用管理。组织天禹星开展系统软件应用培训工作,对全行业进行了 21 次应用软件培训,培训人员 390 人次。强化系统应用管理,按照局相关要求,进一步明确了责任和义务,逐步理顺了企业报修无序、等待维修时间过长、出现问题权责不明等问题。

(陈千城)

【"行车易、停车易"上线运行】 作为"智慧城市"建设的重要组成部分,2015 年 7 月 16 日,"行车易、停车易"智慧交通建设项目成为了全市第一个成功签约并正式启动的"智慧城市"建设项目。8 月 31 日,"行车易、停车易"智慧交通系统研发完成并上线试运行。9 月 29 日,市长潘利国出席启动仪式,并宣布"行车易、停车易"智慧交通系统正式启动。"行车易、停车易"智慧交通系统,主要包括静态停车管理系统和互联网公众交通服务系统,是集行车服务、停车服务、交管服务于一体的公众交通服务平台,可为市民科学制定最佳的出行路线、快速找到附近的停车泊位、实时提供最新的出行资讯、全面提供便捷的交管服务。此外,系统还在全国首推路况短视频、停车泊位导航、轻微交通事故处理等亮点服务,为市民提供更高效、更快捷、更人性的智慧交通服务。在提供全方位便民服务的同时,系统还兼具公安机关"打、防、管、控"等业务功能,可以对停车场行业进行规范管理,及时发现假牌、套牌和涉案车辆,精确掌握车辆通行轨迹,实现对车辆的有效控制,更好地维护人民群众的人身和财产安全。

(贾远航)

【推进智慧水务建设】 2015 年,沈阳市大规模开展信息化建设,全面开展"智慧水务"建设。制定指导未来信息化建设的 5 年规划和实施方案,全面开展智慧管理 ERP、智慧营销、视频会议、图文档案管理、重点阀门远程监控、移动巡线、管网漏失分析等信息系统的开发建设工作,取得喜人的成果。完成智慧管理 ERP 系统建设第一阶段(财务核算、资金管理、协同办公、移动应用)的开发工作;完成视频会议系统、图文档案管理系统、重点阀门监控系统、移动巡线系统的开发建设;开展了支付宝收费平台开发、手机智能抄表软件的开发与部分应用。智慧管理 ERP 一期系统第二阶段及智慧营销系统正处于开发阶段,预计于 2016 年 5 月上线运行。系统的建设运行提升了水务集团的运行效率及管理水平,为全面实现"智慧水务"、"互联网水务"奠定了良好基础。

(周 雁)

沈　阳　概　貌

自然概况

【位置与地貌】　沈阳位于中国东北地区的南部，辽宁省的中部，在东经122度25分9秒—123度48分24秒、北纬41度11分51秒—43度2分13秒之间。东西长115公里，南北宽205公里。

沈阳市国土总面积为1.29万平方公里，其中：建成区面积430平方公里。沈阳地区以平原为主，地势平坦，平均海拔50米左右，山地丘陵集中在东北、东南部，属辽东丘陵的延伸部分。西部是辽河、浑河冲积平原，地势由东向西缓缓倾斜。全市最高海拔高度为447.2米，在法库县境内；最低海拔高度为5.3米，在辽中县于家房镇。

（鉴　闻）

【历史沿革】　沈阳市位于浑河北岸，浑河古称沈水，因古代以水北为阳，故称沈阳。沈阳历史悠久，2012年8月至2013年9月，沈阳市文物考古研究所与吉林大学边疆考古研究中心组成旧石器联合考古队，先后两次对沈阳农业大学后山旧石器时代遗址进行考古发掘，发掘面积109平方米。通过近7米深的发掘，该遗址中发现了5个连续分布的旧石器文化层，通过科学的光释光测年、沉积学检测分析，确定其年代距今1.5～11万年。出土了620余件古人类加工和使用过的打制石器，包括手镐、盘状石核、尖状器、砍砸器、刮削器、雕刻器、石核、石片等。揭示出的一组古人类建造和使用的建筑遗迹，推测其可能与古人类在野外搭建的窝棚式建筑有关，测定该遗迹的年代距今7～7.3万年。通过发现的5个旧石器文化层，确立了沈阳地区旧石器时代中晚期的文化序列，并将沈阳地区有人类活动的历史从新乐文化的7200年，提前至距今11万年左右。公元前300年（燕昭王十二年），燕国名将秦开在此屯兵戍边，设立侯城，为沈阳建城之始。秦始皇统一六国后，分天下为36郡，沈阳属辽东郡境。西汉时沈阳是东北的军事重镇，为中部都尉治所，已初具县邑规模。公元前108年（汉武帝元封三年）设玄菟郡。经魏晋至隋唐，沈阳地区部分属辽东郡，部分为玄菟郡所辖。公元668年（唐总章元年）后，隶安东都护府。公元921年（辽神册六年），在沈阳境内设置沈州，筑有土城。1116年金太祖完颜旻攻克沈州后，在境内设驿站多处，扼守交通，并发展了瓷器、铜镜等手工业。13世纪初元金交兵时，沈州土城被毁。1296年（元元贞二年），元改沈州为沈阳路，至此沈阳见于史册，并重筑土城，沈阳已成为关内外交通要冲、商品交易集散地和文化联系纽带，是东北重镇之一。1372年（明洪武五年）明军攻克沈阳，1386年改沈阳路为沈阳中卫。为加强防御，1388年在元代土城基础上新建砖城，设东南西北4门，并在城内修“十”字街通向各门。此时，在沈阳附近有开原、广宁、抚顺3大马市，促进了沈阳商业、手工业发展。1621年（清天命六年），后金汗王努尔哈赤领兵攻占沈阳，1625年把都城从辽阳迁至沈阳，将明代砖城加宽加高，改4门为8门，将城内“十”字街改为“井”字街，并大兴土木，修建了融汉、满、蒙、藏等各族文化艺术特色的宫殿及寺塔。1634年（清天聪八年），皇太极改沈阳为盛京（汉文为天眷盛京、满文音为谋克敦、英译MUKDEN）。1644年（清顺治元年）迁都北京后，清以沈阳为陪都，并于1657年（清顺治十四年）以“奉天承运”之意在沈阳古城区设奉天府，这便是沈阳又名奉天的由来。19世纪中后期，沈阳城内民族手工业和工商业迅速发展，关内外交往规模不断扩大，沈阳逐渐成为关外政治、经济、文化中心。1911年辛亥革命后，沈阳成为奉系军阀首领张作霖统治东北的中心，修铁路、开矿山、办工厂、建银号，使沈阳近代工业得到长足发展。1923年8月，奉天省划沈阳县城区及商埠地一带为市区，正式设立奉天市政公所，沈阳首次出现市的建制。1928年6月3日，张作霖被日军炸死于皇姑屯三洞桥后，张学良执政，于同年12月29日在沈阳宣布“东北易帜”，并于1929年4月2日将奉天市改名为沈阳市。1931年，日本帝国主义发动“九一八”事变并侵占沈阳，将沈阳市改为奉天市。1945年8月，抗日战争胜利，八路军进驻沈阳，奉天市恢复沈阳市名称。10月10日，沈阳市民主联合政府成立，白希清任市长，焦若愚任副市长。1946年3月，国民党军队进驻沈阳并发起内战。1948年11月2日，沈阳获得解放。11月3日，沈阳特别市政府成立，隶属东北行政委员会，朱其文任市长，焦若愚任副市长兼秘书长。同月20日，市政府决定将市内22个区合并为沈河、大东、北关、北市、南市、铁西、皇姑、和平8个区。1949年5月1日，沈阳特别市政府改为沈阳市人民政府，同年8月，沈阳市隶属东北人民政府领导。1953年2月，苏家屯镇改为苏家屯区，沈阳市辖区增至9个。1953年3月12日，沈阳市改为中央直辖市。1954年8月11日，沈阳市改为辽宁省辖市。1955年1月21日，沈阳市人民政府改称沈阳市人民委员会。1959年1月1日，辽宁省人民政府决定将原铁岭地区的铁岭、法库、康平、开原、昌图、西丰和原辽阳专区的沈阳、辽中、新民、台安10个县划归沈阳市领导，沈阳市共辖9个市区、10个县。同年2月24日，市人民委员会撤销北市、南市、北关3个区的建制，并入和平、沈河、大东等区。同年12月31日，撤销沈阳县建制，其所辖地区分别划入市内邻近各区，并设立新城子区。1964年3月16日，中共辽宁省委决定设立沈阳专区，将沈阳市所辖的铁岭、法库、康平、昌图、开原、西丰、新民、辽中、台安9县划归沈阳专区领导。1964年3月24日，市人民委员会决定设立东陵、于洪2个郊区。1968年5月10日，沈阳市革命委员会成立。1969年12月26日、1970年1月1日，辽中县、新民县分别划归沈阳市领导。1980年4月19日，沈阳市革命委员会改为沈阳市人民政府。1993年1月1日经国务院批准，原铁岭市的法库、康平县划归沈阳管辖。同年经国务院批准，新民县撤县设市。至2004年末，沈阳市辖和平、沈河、大东、皇姑、铁西、于洪、苏家屯、东陵、新城子9个市区以及新民、辽中、法库、康平4个县（市）。2006年10月8日，经国务院批准将新城子区和辉山农业高新技术开发区合并，成立沈北新区。2014年8月1日，经国务院批准，东陵区正式更名为浑南区。

（鉴　闻）

【经济地理位置】　沈阳地处东北地区的南部，辽宁省的中心。她背倚长白山麓，面向渤海之滨，是辽东半岛的腹地。在以沈阳为中心的150公里半径内，有中国著名的钢都鞍山、煤都抚顺、煤铁之城本溪、煤电之城阜新、石油之城盘锦、轻纺之城丹东、化纤之城辽阳和粮食煤炭基地铁岭，这些资源丰富、实力雄厚的辽宁中部工业城市形成了世界上罕见的城市群。沟通世界各大港口的大连港，正在开发的营口新港和锦州港，距沈阳不超过400公里。

沈阳作为中国东北地区最大的经济中心城市和通往中国长城以南地区必经之路，长期的经济发展，形成了密如蛛网的航空、铁路、公路运输网络。

中国南方航空股份有限公司北方分公司（以下简称南航北方分公司）前身系原中国北方航空公司。2004年底，经国家有关部门批准，北方航空公司正式将航空主业资产注入中国南方航空股份公司。作为中国南方航空股份公司在沈阳设立的分支机构，南航北方分公司从2005年1月1日起，正式按照分公司模式运营，该分公司位于沈阳东塔机场，以沈阳桃仙国际机场为基地机场，主要经营沈阳出港至国内外大中城市的航线。2015年底，北方分公司拥有A320系列运输飞机28架，经营沈阳始发航线50余条，国际航线连通日本、韩国、新加坡等多个国家。

沈阳的铁路是东北地区最大的铁路枢纽，沈山线、沈吉线、长大线、沈丹线、苏抚线等铁路干线，沟海线、辽溪线、开本线、溪田线、铁法线、丹大线等支线都交汇在沈阳。

沈阳的公路四通八达。不仅农村实现了村村通公路，而且与大连、本溪、抚顺、铁岭、锦州等省内城市全部实现高速公路化，形成了全国少有的高速公路网络。

（鉴　闻）

【人口】　2015年，沈阳人口总户数为265.2万户，比上年增加2.2万户；户籍人口为730.4万人，减少0.4万人。其中：市辖区户数为195.4万户，占全市总户数73.7%；人口为529.9万人，占全市总人口的72.5%。在全市13个区、县（市）中，铁西区人口最多，为90.9万人，沈北新区人口最少，为32.0万人。

在总人口中，男性人口为361.4万人，占总人口的49.5%；女性人口为369.0万人，占总人口的50.5%；性别比为97.9。出生人口中，男性人口2.51万人，女性人口2.39万人，性别比为105.2。

2015年，全市出生人口4.89万人，出生率为6.70‰，比上年降低3.17个千分点；死亡人口6.05万人，死亡率为8.28‰，提高0.35个千分点；自然增长率为-1.58‰。

全市共迁入人口4.8万人，比上年减少0.6万人。其中：省内迁入人口2.6万人，省外迁入人口2.2万人；迁出人口3.7万人，比上年增加0.6万人。其中：迁往省内人口0.6万人，迁往省外人口3.1万人。全年人口机械增长1.1万人，减少1.2万人。

人口年龄结构与上年相比变化不大，2015年全市17岁及17岁以下人口92.4万人，比上年减少0.3万人，占总人口的12.7%，比重与上年持平；18—34岁人口160.9万人，减少5.9万人，占总人口的22.0%，比重下降0.8个百分点；35—59岁人口315.5万人，减少3.6万人，占总人口的43.2%，比重下降0.5个百分点；60岁及60岁以上人口161.6万人，比上年增加9.3万人，占总人口的22.1%，比重比上年提高1.3个百分点，人口老龄化程度愈发严重。

（赵艳霞）

【民族】　沈阳市是一个多民族散杂居的特大城市。据第六次全国人口普查统计，全市总人口810万人，有52个少数民族、76.6万人（德昂、乌孜别克、阿昌族没有分布），占全市总人口的9.45%。满族、蒙古族、朝鲜族、回族、锡伯族五个少数民族人口75.8万人，占全市少数民族总人口近99%。全市共有外来流动人口142万人，其中少数民族流动人口28万人。全市现有5个民族乡（康平县沙金台蒙古族满族乡、柳树屯蒙古族满族乡、东升满族蒙古族乡、西关屯蒙古族满族乡，法库县四家子蒙古族乡）、27个少数民族相对聚居街道、256个少数民族村、57个民族社区（居民户数10.73万户，人口18.46万人，占民族聚居区总人口的52.99%）、23所民族学校（九年一贯制学校8所、中学7所、小学8所）。

（周旭生）

【宗教】　沈阳市佛教、道教、伊斯兰教、天主教、基督教五种宗教俱全，7个爱国宗教团体健全（佛教协会、道教协会、天主教爱国会、天主教教务委员会、基督教三自爱国运动委员会、基督教协会、伊斯兰教协会），宗教活动场所341处，其中：佛教场所58处，道教场所10处，伊斯兰教场所23处，天主教场所15处，基督教场所235处。信教群众约43.5万人，其中：佛教约15.5万人，道教约2万人，伊斯兰教约8万人，天主教约1.5万人，基督教约16.5万人。信众中女性占75%以上，60岁以下的占67%。教职人员591人，其中：佛教229人，道教37人，伊斯兰教40人，天主教11人，基督教274人。经常参加宗教活动的外国宗教信徒3000多人。

（周旭生）

【行政区划】　2015年9月12日，经国务院批准，沈阳市人民政府驻地由沈阳市沈河区市府大路260号迁至沈阳市浑南区沈中大街206-3号市规划大厦3号楼。截至2015年底，沈阳市辖和平、沈河、大东、皇姑、铁西、苏家屯、浑南、沈北、于洪9个市辖区，辽中、康平、法库3个县，代管新民1个县级市，共13个县级政区；下设141个街道办事处、55个镇、18个乡，共214个乡级政区。

（刘志明）

国民经济与社会发展

【经济总量】　2015年，全年地区生产总值（GDP）7272.3亿元，按可比价计算，比上年增长3.4%。其中：第一产业增加值341.4亿元，增长3.5%；第二产业增加值3474.2亿元，增长0.2%；第三产业增加值3456.7亿元，增长6.8%。按常住人口计算，人均GDP为8.77万元，增长3.1%。

2015年，四县(市)实现生产总值1381.1亿元，比上年增长3.3%。实现规模以上工业增加值864.6亿元，下降4.1%；固定资产投资1103.3亿元，下降24.2%；社会消费品零售总额352.4亿元，增长8.2%；实际利用外商直接投资9687万美元，增长169.0%；一般公共预算收入32.8亿元，下降67.3%；地方税收收入25.6亿元，下降67.6%。

(陈江宜)

【农业】 全年农林牧渔业总产值688.6亿元，比上年增长3.8%。其中：种植业产值265.2亿元，林业产值13.2亿元，畜牧业产值358.6亿元，渔业产值26.6亿元，农林牧渔服务业产值25.1亿元。

全市农作物播种面积65.9万公顷，其中粮食作物播种面积50.2万公顷。粮食生产实现十二连丰，粮食总产量358万吨，其中：水稻产量100.4万吨，玉米产量249万吨。水果产量30万吨，比上年减少0.5%；蔬菜产量537.7万吨，减少1.9%；肉类总产量98.7万吨，减少3.2%，其中猪、牛、羊肉分别减少0.8%、13.1%和9.4%；禽蛋产量73.4万吨，减少7.9%；牛奶产量50.5万吨，减少2.3%。

全年农业机械总动力374.63万千瓦，比上年增长5.5%，农业机械化综合水平提高到86.7%。农用化肥施用量(折纯)20.9万吨，地膜覆盖面积5.7万公顷。全市市级以上农业产业化龙头企业216个，其中省级以上重点龙头企业62个。全市农民专业合作社5885个，成员16.7万人。设施农业面积累计达到13.09万公顷；高效特色农业面积累计达到21.06万公顷。争取国家、省级粮油作物高产创建示范区98个。新建农村饮水安全工程155处，解决20.7万农民饮水安全。

(陈江宜)

【工业】 全年规模以上工业增加值2620.7亿元，比上年下降2.9%。其中：重工业增加值1921.2亿元，下降2.8%；轻工业增加值699.5亿元，下降3.1%。装备制造业实现增加值1376.7亿元，下降2.2%，占全市规模以上工业增加值的52.5%。汽车及零部件、建筑产品、农副产品加工、化工产品制造业、钢铁及有色金属冶炼及压延业等五大优势产业实现增加值1420.5亿元，下降2.4%。规模以上工业实现高新技术产品增加值870.1亿元，占全市规模以上工业增加值的33.2%。工业产品出口交货值221.6亿元，下降11.0%。

全市规模以上工业企业实现利税总额827.8亿元，比上年下降23.7%；利润总额477.8亿元，下降30.0%。工业经济效益综合指数310.6%，比上年下降33.2个百分点；工业产品产销率99.3%，提高0.6个百分点。

(陈江宜)

【建筑业及固定资产投资】 全年全市建筑业增加值389.6亿元，按可比价计算，比上年增长5.7%。资质等级以上建筑业企业完成总产值1601.1亿元，下降20.8%。

全年固定资产投资5326亿元，比上年下降18.9%。从投资主体看，国有经济投资731.8亿元，下降27.2%；外商及港澳台经济投资410.9亿元，下降35.7%；民间投资4183.3亿元，下降15.0%。从产业分布看，第一产业投资66.4亿元，下降35.1%；第二产业投资2112.3亿元，下降16.6%，其中工业投资2111.6亿元，下降15.8%；第三产业投资3147.4亿元，下降19.9%。全年新增固定资产4343.4亿元，下降6.6%。

全年房地产开发投资1337.7亿元，比上年下降32.3%，其中住宅投资935亿元，下降34.0%。房屋施工面积8341.3万平方米，下降27.4%；房屋竣工面积1037万平方米，下降15.4%，其中住宅竣工面积768.8万平方米，下降22.7%。商品房销售面积1065.1万平方米，下降28.9%，其中住宅销售面积949.9万平方米，下降29.2%；商品房销售额730.7亿元，下降21.6%，其中住宅销售额609.4亿元，下降22.6%。

(陈江宜)

【国内贸易】 全年社会消费品零售总额3883.2亿元，比上年增长8.2%，其中限额以上单位实现网上商品零售额101.4亿元，增长53.1%。按地区分，城镇零售额3636.1亿元，增长7.1%；乡村零售额247.2亿元，增长26.5%。

限额以上批发零售贸易企业实现零售额1932.2亿元，比上年增长6.8%。其中：汽车类零售额473.1亿元，增长6.3%；服装、鞋帽、针纺织品类零售额252亿元，增长5.1%；中西药品类零售额279.6亿元，增长10.5%；粮油、食品类零售额123.9亿元，增长8.0%；家用电器和音像器材类零售额185.3亿元，增长20.4%；日用品类零售额64.1亿元，增长2.9%；通讯器材类零售额104亿元，增长16.7%；建筑及装潢材料类零售额32.6亿元，增长8.2%。

(陈江宜)

【对外经济贸易与旅游】 全年进出口总额140.8亿美元，比上年下降10.8%。其中：进口总额72.9亿美元，下降15.7%；出口总额67.9亿美元，下降5.0%。

全年新签外商投资合同项目137个，合同外资额19.4亿美元，实际利用外商直接投资10.6亿美元，比上年下降53.3%。全年对外承包工程与劳务合作合同金额16.7亿美元；实现营业额11.2亿美元，增长3.0%。

全市国家A级旅游景区74家，旅行社204家，星级饭店96家。全年旅游总收入1221.2亿元，比上年增长14.6%。其中：国内旅游收入1171.6亿元，增长14.7%；外汇收入8亿美元，增长14.3%。接待国内外旅游者9219.2万人次，增长11.0%。其中：国内旅游者9154.2万人次，增长11.0%；入境旅游者65万人次，增长10.2%。

(陈江宜)

【财政、金融】 全年一般公共预算收入606.2亿元，比上年下降22.8%，其中各项税收492.4亿元，下降19.3%。在各项税收中：增值税79.4亿元，下降6.8%；营业税146.5亿元，下降11.1%；企业所得税77.2亿元，下降7.6%；个人所得税23.3亿元，增长8.8%；土地增值税20.4亿元，下降69.0%；耕地占用税7.3亿元，下降72.5%；契税29.5亿元，下降23.7%。

全年一般公共预算支出808.6亿元，下降11.6%。其中：节能环保支出增长46.1%，医疗卫生支出增长9.8%，社会保障和就业支出增长9.0%，城乡社区事务支出下降30.9%。

到2015年末，全市银行机构及网点1317家，金融机构本外币存款余额14035.4亿元，比年初增长11.0%；本外币贷款余额11581亿元，比年初增长

12.8%。

全市证券营业部112个。全年证券交易额55218.4亿元,比上年增长199.1%。其中:股票交易额40237.9亿元,增长244.1%;基金交易额3898.5亿元,增长531.3%。

全市保险机构及网点410家。全年保费收入230.3亿元,比上年增长8.3%。其中:国内财产险保费收入75.7亿元,增长12.0%;人身险保费收入151.7亿元,增长6.3%。全年赔付及给付支出99.9亿元,增长29.9%,其中:国内财产险赔款支出45.9亿元,增长24.2%;人身险赔付金额51.6亿元,增长37.2%。

(陈江宜)

【交通运输、邮政和信息传输业】 全年货物运输总量2.14亿吨,比上年增长5.7%。其中:铁路482.6万吨,下降11.6%;公路2.09亿吨,增长6.2%;民用航空6.52万吨,增长4.0%。全年旅客发送量2.06亿人次,增长3.2%。其中:铁路4427万人次,增长6.8%;公路15.55万人次,增长2.1%;民用航空661.7万人次,增长5.1%。

年末,全市民用汽车保有量164.5万辆,比上年末增长13.0%。其中:载客汽车146.6万辆,载货汽车16.8万辆。私人汽车保有量134.6万辆,增长16.9%。

沈阳与国际20个城市、国内72个城市(地区)通航。沈阳机场航线达到150条,其中国际航线25条,国内航线125条;民航运输飞机起降9.9万架次,增长2.6%;机场旅客吞吐量1268万人次,下降0.9%。

全年完成邮电业务总量196.5亿元。其中:邮政业业务总量23.2亿元,电信业务总量173.4亿元。完成快递业务量1.1亿件。年末固定电话交换机总容量419.2万门。城乡固定电话用户229.2万户,下降8.5%。移动电话交换机总容量1454.4万户。移动电话用户1349.3万户,新增305.4万户。国际互联网络登记注册用户179万户,增加16.1万户,其中宽带接入用户177.5万户,增加16.1万户。固定电话普及率27.6部/百人,移动电话普及率162.7部/百人。

(陈江宜)

【城市建设】 2015年,城建投资完成300.3亿元。地铁4号线、南北快速干道、五爱立交桥开工建设,地铁9号、10号和2号线北延长线工程进展顺利,二环快速路(二期)、迎宾路高架桥、东陵路高架桥建成通车,沈阳北站北广场、沈阳南站等一批城市重点交通工程、基础设施项目建成并投入使用。完成保障性住房1.4万套(户)、棚户区改造4.1万套(户)、农村危房改造659户。国家地下综合管廊试点全面启动。

城市环境。完成6条出口路的景观提升;830个旧住宅区环境提升、1071万平方米节能暖房改造;完成7条市政及小区配套路行道树补植、283条街路行道树补植;完成8个公园的提升改造、19块节点绿地绿化、8条特色花街建设,新增绿篱街路16条。

加快创建"公交都市",新建停车场(站)16处,公交出行率提高到43%。2015年末,城市公交运营线路229条,其中新开、调整公交线路38条,延时16条;增加运营里程179.7公里,公交运营线路长度达到4279.4公里;公交运营车辆5381台,年内新增、更新公交车辆658台,其中增加新能源公交车500台;更换公交站牌376个,改造候车廊438个。全年公共交通客运总量10.5亿人次。地铁1、2号线运营里程达到553.4万列公里,客运量2.78亿乘次。浑南有轨电车运营里程259.4万列公里,客运量849.9万人次。年末全市出租汽车2.17万辆,其中市区(不含苏家屯区和沈北新区)1.78万辆,年内新增、更新出租汽车2058台,全年客运量5.77亿人次。

全市供热管网总长度9840公里,供热面积达到2.8亿平方米。全年新增供水管网479.4公里,供水管网总长度7538.7公里,全年供水量5.9亿吨。城区天然气供气管道总长度6467公里。

(陈江宜)

【环境保护】 生态环境。推进蓝天工程,开展9家火电企业和240台套燃煤锅炉脱硫、脱硝、除尘改造,120台燃煤锅炉实现清洁能源替代,拆除供热锅炉270台。综合整治扬尘污染,加强机动车尾气治理,推广使用新能源汽车,淘汰黄标车3.3万台。全年环境空气质量优良天数207天。机动车尾气检测率82%以上,水源地水质达标率100%,城市污水处理能力达到100%,城市污水处理率达到95%,医疗废物无害化处置率100%,生活垃圾处理率达到100%。

(陈江宜)

【人口与就业】 2015年末,全市常住人口829.1万人,比上年末增长0.05%。户籍人口730.4万人,下降0.06%。其中:市区人口529.9万人,县(市)人口200.5万人;男性人口361.4万人,女性人口369万人。人口出生率6.70‰,降低3.17个千分点,出生人口性别比105.2;人口死亡率8.28‰,提高0.35个千分点。人口自然增长率-1.58‰,降低3.52个千分点。

全市城镇非私营单位从业人员146.8万人,比上年末下降4.5%,其中在岗职工136.5万人,下降4.1%。在岗职工中:国有经济单位60.3万人,减少2.7万人;集体经济单位3.7万人,减少0.4万人;其他经济单位72.5万人,减少2.8万人。在岗职工产业分布,第一产业0.3万人,与上年持平;第二产业60.7万人,减少4.1万人;第三产业75.5万人,减少1.8万人。

启动"万人创业工程",开展"双创"系列活动,全年实名制就业22.84万人,新增创业人员1.8万人。援助就业困难群体就业0.82万人。2015年末,城镇登记失业人员10.42万人,城镇登记失业率3.18%。

(陈江宜)

【人民生活和社会保障】 2015年,城市居民人均可支配收入36643元,比上年增长7.0%;人均消费支出25870元,增长6.8%。农村居民人均可支配收入13486元,增长7.7%;人均消费支出9037元,增长8.1%。

到2015年末,全市参加城镇基本养老保险370.6万人,比上年末增加14.8万人;参加城乡居民养老保险115.2万人,增加1.86万人;参加城镇职工基本医疗保险351.4万人,减少6.5万人;城镇居民基本医疗保险143.5万人,增加9.65万人;失业保险139.5万人,增加1.2万人;工伤保险188.8万人,增加2万人;生育保险290.9万人,减少1.62万人。被征地农民参加社会保障参保人数23.25万人。新型农村合作医疗参合人数224.59万人,参合率99.3%,人均筹资标准提高到500元,人均补助标准提高到380元。

企业退休人员基本养老金人均每月

2182元,比上年提高210元。失业保险金人均支出标准为每月965元,与上年持平。职工最低工资标准:市区和开发区1300元,四县(市)1050元。城镇居民最低生活保障标准:九城区每人每月580元,四县(市)每人每月505元。农村最低生活保障标准:九城区每人每月355元,四县(市)每人每月295元。

全年发放最低生活保障金5.09亿元。其中:城市发放最低生活保障金3.92亿元,4.7万户、7.04万人享受城市居民最低生活保障;农村发放最低生活保障金1.17亿元,3.04万户、5.4万人享受了农村居民最低生活保障。2599户、0.56万人享受城市低保边缘户救助;3884户、0.86万人享受农村低保边缘户救助。

启动"医养结合"新型养老服务模式试点,10个区域性居家养老服务中心和77个农村幸福院投入使用。新增30个社区日间照料站。到2015年末,全市各类收养性社会福利机构170个,床位3.8万张,入住养员2.1万人。

全年福利彩票销售23.82亿元,筹集福利彩票公益金6.58亿元。全年共募集慈善资金1190.9万元。

(陈江宜)

【社会事业】 2015年末,全市拥有市及市以上独立科学研究与技术开发机构107个;省级以上工程(技术)中心237个,其中国家级14个;省级以上重点实验室288个,其中国家级16个,新增2个。拥有两院院士25名,其中:中国科学院院士8名,中国工程院院士17名。全年市以上登记认定的科技成果200项,其中应用技术成果157项。应用技术成果中,达到国际水平94项(国际领先20项,国际先进74项),达到国内水平62项(国内领先50项,国内先进11项)。软科学成果及基础理论成果43项。各类技贸机构技术贸易成交额152.4亿元。专利申请1.8万件,其中发明专利申请9946件;专利授权9034件,其中发明专利授权2680件。

2015年末,全市普通高等院校47所(含独立学院5所),招收本、专科学生10.82万人,在校生40.40万人,本、专科毕业生10.07万人。普通高等院校和科研机构招收研究生1.57万人,在校研究生4.38万人,毕业研究生1.41万人。普通中学295所,在校生26.73万人;普通中专33所,在校生5.75万人;职业高中48所,在校生1.9万人;技工学校31所,在校生1.5万人。初中毕业生升学率113.1%,高中阶段毛入学率116.5%。小学274所,在校生36.51万人。小学适龄人口毛入学率112.9%。全市学前教育幼儿入园率96.8%。

推进文化惠民工程,开展"百万市民"走进博物馆系列活动,规划建设"抗战历史"文化遗产保护工程,东北陆军讲武堂旧址陈列馆、皇姑屯事件历史博物馆建成开放,辽文化博物馆投入使用,八一公园改造成为国防教育主题公园。全年开展各类群众文化活动2万场,参与群众2000万人次,开展公益性艺术培训606场次,组织公益性文艺演出846场。

2015年末,全市卫生机构2156个(不含村级卫生组织)。其中:医院216个;卫生院111个;社区卫生服务机构136个,其中社区卫生服务中心73个、社区卫生服务站63个;疾病预防控制中心(防疫站)16个;妇幼卫生保健机构15个;专科疾病防治机构20个;卫生监督所12个。年末实有病床5.90万张,各类卫生技术人员6.42万人,其中执业医师2.33万人,执业助理医师1532人,注册护士2.81万人。

全年共举办大型赛事活动200余场次,群众性健身活动2300余场次,参与群众500万人次。培训社会体育指导员1300余人,国民体质监测人数达11万余人。成功举办沈阳首届马拉松赛、首届国际市民体育联盟沈阳市民运动会,成功申办"哥德杯"世界青少年足球赛和国际市民体育联盟(IVV)市民冬季奥运会。沈阳市被国家体育总局列为"国家级足球培训基地",改造建设137块足球场,129个校园足球场地向社会开放。法库获批全国青少年校园足球试点县。体育彩票发行再创新高,销量达14.46亿元,比上年增长11.6%。

(陈江宜)

精神文明建设

【感动沈阳人物评选表彰活动】 为加强公民道德建设,市文明办广泛开展"我推荐、我评议身边好人"暨感动沈阳人物评选表彰系列活动,形成了层层有标杆、行行有典型、身边有好人的道德建设格局。2月6日,在盛京大剧院成功举办2014年度感动沈阳人物颁奖典礼。其中,万春春、梅桂兰与常骆山夫妇、沈阳市第十一中学西藏班教育团队、亢秉铨、王胜国、杨建夫、梁思源、"徐云亮、徐海洋、张晓宇"救人集体、吴绍新、李志强班等10位个人(集体),获评2014年感动沈阳十大人物,并被授予沈阳市道德模范称号;任川、刘从容、刘寒梅、朴云晶、张建强与石德才、姜大光、赵士庆、赵玉海、赵明阳、景亚栋等10位个人(集体),被评为2014年感动沈阳人物提名奖,并被授予沈阳市道德模范称号。因交通事故不幸去世的沈阳市道德模范、2012年感动沈阳人物提名奖获得者郭勇,荣获2014年"感动沈阳特别人物"奖。

(杨建学)

【第七届沈阳全民读书月】 为培育和弘扬社会主义核心价值观,推进全民阅读,沈阳市于4月23日至5月23日,以"阅读·提升·和谐"为主题,举办第七届沈阳全民读书月活动。举办2015辽宁省全民读书节暨沈阳市全民读书月揭幕大会。读书月期间共设计图书六进、春风伴我读好书、名家讲堂、经典诵读、图书捐赠、图书惠民、书香评选等9项主题活动,组织全市各地区、各部门,策划设计300余项各具特色的基层读书活动,全市约350余万市民参与活动。5月23日,举办第七届沈阳全民读书月闭幕式,展示读书月活动的优秀成果。打造首家以全国道德模范提名奖获得者冠名的"张振杰爱心书站",动员广大市民捐赠图书,并通过"张振杰爱心书站"赠送给全市有需要的社区(农家)书屋,读书月期间收赠图书10余万册。第七届沈阳全民读书月活动被授予辽宁省读书节优秀组织奖。

(杨建学)

【以家庭为重点践行社会主义核心价值观】 以市文明委名义印制下发《沈阳市以家庭为重点落细落小落实社会主义核心价值观实施方案》,制订下发"善行义举榜"、"好人榜"建设方案,在各区重点选择1至2个人员密集的广场、公园、绿地等公共场所,建设市、区两级"好人榜",引领社会风尚。在全市开展家风家教主题活动,举办以"孝"为主题的道德讲堂，开展敬老志愿服务，弘扬中华民族传统家庭美德。开展"建档记家史家和万事兴"家庭档案建设主题活动，倡导市民通过收集整理为老人庆生、家庭过父亲节母亲节等影像资料，把"孝悌"的优秀传统文化发扬光大，成为家庭的主流价值。8月21日，在沈河区溪林社区组织召开以家庭为重点落细落小落实社会主义核心价值观工作现场会，推广通过"孝亲"文化培育社会主义核心价值观的经验做法。沈阳市委宣传部上报的《创建家庭档案，激发社会正能量》经验材料入选中宣部《宣传工作创新百例》。

（杨建学）

经济协作

【概况】 2015年，沈阳市经济协作紧紧围绕着"请进来"招商活动、外埠省市政府驻沈办事处机构的衔接、各区域间、城市间的经济交流与合作、"双进双解"工作、推进驻沈异地商会服务等五项重点工作，立足经济协作工作重心和任务，以优化对内开放环境，推进国内合作交流为导向，主动拓展区域合作领域，努力营造优良发展环境，使各项经协工作顺利推进，较为圆满地完成了各项工作任务，为下一步开展与沈阳经济区、东北经济区、环渤海经济区区域间的深层次交流和合作，打下良好的基础。

（于 洁）

【对口支援】 对口支援新疆工作。2015年5月6日，常务副市长顾春明主持召开2015年市援疆工作领导小组会议并作重要讲话。全面总结了2014年援疆工作，会议通过了《沈阳市贯彻落实第二次中央新疆工作座谈会精神实施意见》。对口支援塔城市援建项目建设和产业援疆工作。2015年，计划在塔城市实施援助项目10个，主要用于塔城市基础设施建设、民生工程，计划总投资2.23亿元，其中使用援疆资金6149万元。截至2015年底，10个项目已全部开工建设，开工率和资金到位率都达到了100%。2015年先后组织部分企业参加了哈萨克斯坦、乌鲁木齐展洽会、塔城国际农展会，9月中旬，在辽宁农展会期间，利用编制的6个重点招商项目与沈阳市10余家企业进行了项目对接。展会期间，40余吨新疆和哈萨克斯坦特产销售一空。9月，在塔城召开的农博会上，沈阳8家知名农产品企业赴塔参展，40余种东北土特产展会期间销售一空。全力促进辽塔水泥项目建设，该项目是沈阳市产业援疆（规划外）的重点项目，项目总投资3.2亿元，计划年产水泥100万吨，2015年实现投资5000万元，9月正式投产。教育、智力、卫生援疆。协助塔城市方面做好援疆"十三五"规划相关编制工作，初步确定"十三五"援疆项目21个，计划总投资14亿元。沈阳市教育研究院专家、各中学校长组成的19人教育团队，以专家、校长、学科、班主任讲座等方式，面向全塔城地区3770名教育工作者开展为期四天的大型培训。认真开展医疗卫生辽宁援疆大讲堂活动，受益医疗人员1600余人次，带动塔城市整体医疗水平提升。干部人才援疆。完成第四批中期轮换的援疆专业技术干部选派工作。在市委党校先后举办了塔城市基层干部和中青年干部培训班，共培训干部117名。加强交流、深化合作，开展多层次和多领域的考察互访，共谋双赢发展。沈阳市政府副秘书长高杨来到塔城市考察援疆项目，并与援疆干部共同观看抗战胜利70周年阅兵仪式。在"爱在后备箱"大型公益活动中，捐赠2300多台收音机和50余台多媒体播放设备，在塔城市12个街道、乡、镇、牧场和新区进行发放。

对口支援三峡库区忠县工作。2015年，沈阳市安排的300万元援助资金主要用于石宝寨印山社区群众体育活动中心、甘井中学食堂和宿舍电路维修改造工程、黄金镇路灯安装、忠县八斗台乡村旅游景观亭建设、忠县官坝镇碾盘村五条索道建设、人才培训和工作规划编制等6个援助项目。组织忠县60名党政干部在沈阳培训，期间学员参加了讲座、参观、考察等培训活动并取得了良好的效果。

对口支援青海省民和县工作。2015年，沈阳市安排的161万元援助资金重点援建民和县古鄯镇小岭村、巴州镇麻家湾村易地扶贫整体搬迁亮化工程等4个涉及公益民生、人才培训和规划编制、产业合作等方面项目。

（于 洁）

党 政 机 关

中共沈阳市委

【市委十二届十一次全体会议】 2015年7月27日,中共沈阳市委十二届十一次全体会议在沈阳宾馆举行。会议由市委副书记、市长潘利国主持。省委副书记、市委书记曾维代表市委常委会作工作报告。会议审议通过了市委常委会工作报告、《中共沈阳市委关于加快推进全面创新改革的意见》。会议以习近平总书记在振兴东北老工业基地座谈会上的重要精神为指导,总结上半年工作,部署下半年任务,动员全市广大党员、干部和群众进一步统一思想,凝聚力量,真抓实干,加快全面创新改革,完成全年目标任务。出席会议的有:市委委员、候补委员。列席会议的有:市人大常委会、市政府、市政协党员副市级领导,市法院、检察院主要领导,市纪委委员;市委、市人大、市政府、市政协秘书长、党员副秘书长;市委各部委办主要领导;市人大驻会委员、各专门委员会负责人;市政府各部门、市直各单位党委(党组)书记;市政协各专门委员会负责人;各区县(市)党政主要领导;市级群团组织主要领导;市属高校党委书记;部分中央、省驻沈单位主要领导;市属企业和部分民营企业负责人;特邀离退休副省级老领导参加会议。邀请市党代会部分代表以及市决策咨询委部分委员列席大会。 (于 洋)

【市委十二届十二全体会议】 2015年12月29日,中共沈阳市委十二届十二次全体会议暨经济工作会议在盛京文化艺术中心会议中心举行。会议由市委常委会主持。省委副书记、市委书记曾维代表市委常委会作工作报告,市委副书记、市长潘利国就明年全市经济工作作出部署。会议审议通过了市委常委会工作报告、《中共沈阳市委关于制定国民经济和社会发展第十三个五年规划的建议》和《关于市委候补委员姜军同志递补为市委委员的决定》。会议高度评价了"十二五"时期全市经济社会发展取得重大成就,充分肯定了2015年以来市委常委会工作。参加会议的有:市委委员、候补委员,市纪委委员,市人大常委会、市政府、市政协领导班子成员,市法院、检察院、市直各部门各单位各企业、市级群团组织、驻沈单位主要领导,各区县(市)党政主要领导,部分民营企业负责人。特邀离退休副省级领导参加会议。邀请市党代会部分代表、市各民主党派和工商联负责人、无党派人士代表以及市决策咨询委部分委员列席大会。

(于 洋)

2015年市委常委会会议

时间	主要内容
1月6日	1. 传达贯彻"两办"通知精神,进一步加强安全生产和社会稳定工作 2. 听取垃圾无害化处理、解决办理房产证和公共交通建设等教育实践活动整改重点项目进展情况的汇报,之后观看沈阳广播电视台"看今天"栏目专题片
1月6日	1. 听取2014年度市委常委班子民主生活会安排意见的汇报;省委巡回督导组对开好市委常委班子民主生活会提出要求 2. 审议《市十五届人大三次会议组织机构建议名单》 3. 听取沈阳经济发展现状大调研工作方案的汇报
1月27日	1. 任命潘利国同志为市政府党组书记 2. 曾维同志讲话,市政府其他班子成员列席
2月2日	1. 听取关于2015年市"两会"筹备情况的汇报(审议《市人大常委会工作报告》、《市政府工作报告》、《市政协常委会工作报告》) 【印发《计划报告》、《预算报告》(送审编)】 2. 传达中、省纪委全会精神,研究我市贯彻落实意见 3. 传达全省组织部长会议精神,研究我市贯彻落实意见 4. 传达全国、省宣传部长会议精神,研究我市贯彻落实意见 5. 传达全国统战部长会议精神,研究我市贯彻落实意见 6. 研究干部调整任免问题

时间	主要内容
2月26日	1. 听取市人大常委会党组工作情况汇报 2. 听取市政府党组工作情况汇报 3. 听取市政协党组工作情况汇报 4. 听取市法院党组、市检察院党组工作情况汇报 5. 传达中央、省委政法工作会议精神，研究我市贯彻落实意见 6. 研究干部调整任免问题
3月10日	1. 听取关于创城工作情况、全国会议精神及召开创建全国文明城市总结表彰暨推进文明城市建设动员大会筹备情况的汇报 2. 听取关于召开全市农村工作会议有关情况的汇报 3. 听取关于召开全市新型城镇化工作会议有关情况的汇报
3月17日	1. 传达十二届全国人大三次会议和全国政协十二届三次会议精神，研究我市贯彻意见 ①长义同志传达十二届全国人大三次会议精神 ②姜宏同志传达全国政协十二届三次会议精神 2. 传达中央、省对台工作会议精神，研究我市贯彻落实意见
3月20日	研究干部调整任免问题
3月24日	研究干部调整任免问题
3月26日	听取关于召开全市旅游产业发展工作会议筹备情况的汇报 汇报《沈阳市旅游发展总体规划纲要(2015—2020年)》编制情况及主要内容 汇报《中共沈阳市委、沈阳市人民政府关于促进旅游产业改革发展的实施意见》起草情况、主要内容及会议筹备情况
4月8日	1. 听取全市经济发展状况大调研情况和全市经济工作会议筹备情况的汇报 2. 听取市政协2015年度协商计划起草情况的汇报 3. 听取中德产业园机构设置、综保区机构调整、改革办机构调整和市政府部门局级领导职数“三定”情况的汇报
4月24日	1. 审议《智慧沈阳建设实施方案(2015—2017年)》 2. 审议《中共沈阳市委沈阳市人民政府关于全面加强环境保护工作的意见》、《沈阳市蓝天行动实施方案(2015—2017年)》 3. 听取关于《市委市政府驻地迁移社会稳定风险评估报告》起草情况的汇报 4. 审议2015年度市委落实党风廉政建设《党委主体责任工作要点》和市纪委落实党风廉政建设《纪委监督责任工作要点》 5. 研究有关案件处理问题 6. 研究干部调整任免问题
5月18日	1. 传达省委常委扩大会议精神，研究我市贯彻落实意见 2. 传达中央、省委“三严三实”专题教育工作会议精神，研究我市贯彻落实意见 3. 听取关于《沈阳市深化预算管理制度改革实施方案》起草情况的汇报 4. 听取成立中共沈阳市委网络安全和信息化领导小组有关情况的汇报 5. 研究机构编制有关问题 6. 听取沈阳市第八次归侨侨眷代表大会筹备情况的汇报 7. 研究干部调整任免问题
5月25日	1. 传达省委主要领导到省委组织部、省纪委调研时的讲话精神 2. 传达贯彻中央统战工作会议精神
6月1日	研究干部调整任免问题
6月16日	研究干部调整任免问题

时间	主要内容
6月29日	审议《沈阳市全面创新改革试验工作领导小组成员名单》
7月3日	1. 传达省委主要领导到省委办公厅、宣传部、统战部、政法委及省总工会调研时的讲话精神 2. 听取关于开展以“学讲话、讲诚信、懂规矩、守纪律、鼓士气、促振兴”为主题的大学习大讨论情况的汇报 3. 听取关于我市调整机关事业单位工作人员基本工资标准和增加离退休人员离退休费有关工作情况的汇报 4. 研究干部调整任免问题
7月16日	1. 听取市人大常委会、市政府、市政协、市法院、市检察院党组关于2015年上年半年工作情况的汇报 2. 传达中央党的群团工作会议精神，研究我市贯彻落实意见
7月23日	1. 听取关于市委十二届十一次全会筹备情况的汇报 2. 传达省委全面深化改革领导小组第九次会议精神，研究我市贯彻落实意见 3. 听取反腐败国际追逃追赃工作有关情况的汇报
7月31日	1. 市委常委议军会议 2. 听取《关于做好市管后备干部和市管副职中长期培养对象集中调整工作的实施意见》起草情况的汇报
8月13日	1. 传达学习李希书记在我市调研时重要讲话精神，研究贯彻落实意见 2. 传达中央、省委会议精神，总结部署我市“三严三实”教育前段工作和下步安排 3. 听取关于市委统战工作会议筹备情况的汇报 4. 研究干部调整任免问题
9月15日	专题学习中办、国办《关于在部分区域系统推进全面创新改革试验的总体方案》 1. 研究干部调整任免问题 2. 研究有关案件处理问题
11月2日	1. 学习贯彻中共中央十八届五中全会精神 2. 学习贯彻省委全会精神，听取关于《贯彻落实习近平总书记在部分省区党委主要负责同志座谈会上的重要讲话精神责任分工和任务分解方案》起草情况的汇报 3. 听取关于《沈阳市系统推进全面创新改革试验方案》起草情况的汇报 4. 传达中央、省委“三严三实”专题教育有关会议精神，研究我市贯彻落实意见 5. 研究有关机构编制问题 6. 研究干部调整任免问题
11月17日	1. 市委全面深化改革领导小组第十次会议 程序：曾维同志主持；雷雨润同志汇报《沈阳市政府部门三定规定》；袁昭同志汇报《沈阳市领导干部干预司法活动、插手具体案件处理的记录、通报和责任追究实施细则》、《沈阳市司法机关内部人员过问案件的记录和责任追究实施细则》；么汝兴同志汇报《沈阳市纪律检查体制改革实施方案》；李超同志汇报《沈阳市环境保护责任追究办法》、《沈阳市管领导班子和市管干部环境保护工作考核办法》（每人8分钟）；讨论发言；市领导讲话。 2. 研究有关加强纪检监察工作问题 3. 研究有关机构编制问题 ①审议《关于加强市纪委派驻机构建设的意见》和《关于在市一级党和国家机关新设7家市纪委派驻机构的工作方案》； ②审议《区县（市）纪委书记、副书记提名考察办法（试行）》、《市纪委派驻纪检组组长、副组长提名考察办法（试行）》、《市管企业纪委书记、副书记提名考察办法（试行）》和《市属高校纪委书记、副书记提名考察办法（试行）》； ③研究有关纪律处分问题。

时间	主要内容
11月23日	1. 市委理论中心组第6次专题学习会,学习贯彻党的十八届五中全会精神程序:曾维同志主持;春明同志结合我市开展"十三五规划编制作重点发言(15分钟);有关同志结合我市开展全面创新改革试验作重点发言(书面);讨论发言;领导讲话。 2. 研究加强组织建设有关工作 ①听取关于严肃换届纪律情况的汇报; ②听取关于我市推荐全省"人民好干部"人选有关情况的汇报; ③听取关于我市消化超职数配备干部工作情况的汇报; ④听取关于我市党组清理规范工作情况的汇报。 3. 审议《关于召开沈阳市第十五届人民代表大会第四次会议的请示》和《关于召开政协沈阳市第十四届委员会第四次会议的请示》
11月27日	研究干部调整任免问题
12月2日	1. 市委理论中心组专题学习会,学习贯彻《中国共产党廉洁自律准则》和《中国共产党纪律处分条例》,贯彻落实全面从严治党要求。 2. 学习传达贯彻中央、省扶贫会议精神 3. 听取关于市委人大工作会议筹备情况的汇报(审议《中共沈阳市委关于进一步加强和改进人大工作的决定》) 4. 研究干部调整任免问题
12月4日	研究干部调整任免问题
12月15日	1. 学习传达贯彻省委全会精神 2. 听取我市应对雾霾工作情况汇报 3. 学习传达全省"三严三实"专题教育推进会精神,研究我市贯彻落实意见 4. 审议《市十五届人大四次会议组织机构建议名单》 5. 研究干部调整任免问题
12月23日	1. 学习贯彻中央经济工作会议精神 2. 听取关于市委十二届十二次全会暨经济工作会议筹备情况的汇报(审议《全会报告》、《讲话》、会议日程、《规划建议》;递补市委委员) 3. 听取全面创新改革试验进展情况汇报
12月26日	听取关于2016年市"两会"筹备情况的汇报(审议《市人大常委会工作报告》、《市政府工作报告》、《市政协常委会工作报告》、《十三五规划纲要》) 【印发《计划报告》、《预算报告》(送审稿)】
12月29日	听取关于全市主要经济指标预安排调整情况的汇报
12月31日	传达李希书记重要指示精神,研究我市近期公共安全和反恐工作有关问题

(市委办公厅秘书二处)

·重要会议·

【经济发展状况大调研动员部署会】 2015年1月21日,市委召开沈阳经济发展状况大调研动员部署会。省委常委、市委书记曾维出席会议并讲话,他强调,要切实以重任在肩的历史使命感和对沈阳未来高度负责的精神,精心谋划、扎实推进、全面做好大调研工作,主动适应新常态、积极引领新常态,确保赢得新一轮振兴发展主动权。市委副书记邢凯主持会议,市领导王翔坤、李继安、马占春、王凤波、姜军、黄凯、关志鸥、徐兴华、沙波涛参加会议。

(于　洋)

【农村工作会议】 3月17日,沈阳市召开农村工作会议,深入贯彻落实中央和省农村工作会议精神,研究部署新常态下当前和今后一个时期的全市"三农"工作。省委常委、市委书记曾维讲话,副省长、市长潘利国主持会议。市领导邢凯、马占春、于波、韩晓言、张景辉、庞洪波、冯守权参加会议。会上,市领导沙波涛作全市农业农村工作报告，沈北新区、新民市大民屯镇、禾丰牧业、法库县种粮大户代表作典型发言。

（于 洋）

【新型城镇化工作会议】 3月20日，沈阳市召开新型城镇化工作会议。省委常委、市委书记曾维主持会议并讲话。他强调，要认真贯彻落实中央和全省城镇化工作会议精神，紧密围绕“四个全面”战略布局，坚持以人为核心，加强规划引领，狠抓重点突破，努力走出具有沈阳特色的新型城镇化之路。副省长、市长潘利国出席会议并讲话。市领导邢凯、王翔坤、常明、马占春、王凤波、刘桂香、李松林、张景辉、佟晶石、庞洪波、冯守权、阎秉哲参加会议。曾维强调，要坚持以科学规划为引领，紧密围绕“四个全面”战略布局，着力加强项目建设，打造良好城镇环境，增强公共服务供给，加强组织领导，不断把新型城镇化工作推向前进。

（于 洋）

【经济工作会议】 4月10日，沈阳市召开经济工作会议。省委常委、市委书记曾维主持会议并讲话，市长潘利国就做好2015年经济工作进行安排部署，市人大常委会主任赵长义，市政协主席姜宏出席会议。会上，王翔坤、王凤波、沙波涛分别代表全市经济发展状况大调研的5个专题调研组发言。曾维强调，要超前思考、科学谋划，制定“十三五”规划建议，指导全市“十三五”规划的编制工作。要围绕加快建设国家中心城市的总目标和实现老工业基地全面振兴的总任务，进一步完善“十三五”时期的发展思路。全市上下要紧紧抓住当前项目建设的黄金期，抓好重大项目的开复工，加强经济运行的跟踪调度和组织协调。广大党员干部特别是领导干部要切实转变作风，为沈阳继续在新一轮东北振兴中当先锋、打头阵作出新的更大的贡献。

（于 洋）

【维护社会稳定工作会议】 7月3日，沈阳市召开维护社会稳定工作会议。省委常委、市委书记曾维出席会议并讲话，他强调，要把做好维护社会稳定工作作为检验“三严三实”专题教育成效的一个重要方面，坚持以严的精神和实的作风促和谐惠民生，为稳增长促振兴提供坚强保证。市委副书记邢凯主持会议，市领导常明、许文有、李松林、冯守权、阎秉哲参加会议。曾维强调，要牢固树立“发展为要、民生为大”的理念，不断增强人民群众的幸福感。要全面推进依法治市，推动各项工作步入法治化轨道。要牢固树立“大安全观”、“大稳定观”，扎实做好公共安全、生产安全、食品安全、消防安全、道路交通安全等领域工作，做好防汛等应对极端天气准备，切实保障人民群众生命财产安全。

（于 洋）

·组 织·

【概述】 2015年，市委组织部紧紧围绕学习贯彻党的十八大以及十八届三中、四中、五中全会精神和习近平总书记系列重要讲话精神，贯彻落实全面从严治党要求，扎实开展“三严三实”专题教育，统筹推进领导班子和干部队伍建设、人才队伍建设、基层党组织和党员队伍建设，深化党的建设制度改革，为沈阳实现全面振兴提供了坚强组织保证。积极有序推进“三严三实”专题教育。市委主要领导带头开展，示范带动全市各级领导干部讲专题党课、开展专题学习研讨、参加组织生活会、开好专题民主生活会、抓好整改落实。深入开展“不作为、不担当”“不严不实”等突出问题专项整治，通报案件9起、整治问题137个。大力加强干部教育培训和监督，干部宏观管理水平显著提高。圆满完成市第十五届人大三次会议和政协市第十四届三次会议人事安排及选举工作。认真做好2016年市委和区县（市）委换届前期调研和筹备工作，完成区县（市）人大、政协领导班子届中调整工作。认真履行人才工作牵头抓总职能，牢牢抓住沈阳列入国家全面创新改革试验区的重大机遇，充分发挥统揽全局、协调各方作用，调动各方面积极性，形成人才工作整体合力。严格落实党建工作责任制，扎实推进基层党建项目化管理，指导开展2015年度市、区（县）、乡（街道）、村（社区）党组织书记抓基层党建工作专项述职。开展新一轮133个软弱涣散村党组织整顿工作，排查并解决了一些影响2016年村“两委”换届工作的突出问题。

2015年底，全市党员总数为62.32万名。其中，预备党员1.34万名；女党员21.32万名；35岁及以下党员13.05万名；大专及以上学历党员24.03万名；少数民族党员4.8万名；建国前入党党员3052名。

全市党员队伍职业结构分布中，公有制单位在岗职工党员6.85万名；非公有制单位在岗职工党员3.06万名；农牧渔民党员8.05万名；学生党员2.46万名；离退休党员21.38万名；其他人员（主要包括无业人员、下岗职工、复员军人、大学毕业生、社区干部、中介组织从业人员和自有职业人员等）6.16万名。

2015年底，全市共有基层党组织3.27万个。其中，党委1814个，党总支1328个，党支部2.96万个。

（组织部）

【精心组织开展“三严三实”专题教育】 按照中央和省、市委部署要求，积极有序推进“三严三实”专题教育。市委主要领导带头开展，示范带动全市各级领导干部通过讲专题党课、开展专题学习研讨、参加组织生活会等形式，抓好整改落实。组织全市2.6万余名党员干部参观周恩来少年读书旧址、中共满州省委旧址等红色遗址；选树13名“人民好干部”和800余名身边先进典型，以《警钟》、《忏悔》等书目和查处的违纪违法案件为反面教材，引导党员干部自觉向先进典型看齐、以反面典型为镜鉴。深入开展“不作为、不担当”“不严不实”等突出问题专项整治，通报案件9起、整治问题137个。

（组织部）

【坚持高标准教育培养选拔干部】 贯彻落实《干部教育培训条例》和《沈阳市2013—2017年干部教育培训规划》，突出理想信念和党性教育，聚焦“四个全面”、五大发展理念和“五大教育”体系，举办各类培训班、“名家讲堂”和“深化改革、助推振兴”系列讲座，培训处级以上干部1.2万余人次；4.2万余名公务员参加在线学习，并实现百分百、全覆盖目标要求。

（组织部）

【持续深化党的建设制度改革】 严格履行市党的建设制度改革领导小组职责，研究制定了《2015—2020年重要改革规划》，提出12项重要改革举措，制定《改革台账》，并定期调查更新，实行销号管理，确保市委改革工作规划分解的16项目标任务圆满完成。深化干部人事制度改革，完善干部选拔任用制度，制定出台市级层面有关干部个人提拔任职、交流轮岗、试用期以及干部任免程序等32个制度性文件。

（组织部）

【启动并推进选拔任用专项治理工作】 按照《沈阳市关于开展选人用人突出问题专项治理工作的实施方案》要求，扎实开展整治超职数配备干部、领导干部在企业兼职（任职）、编造假履历假档案、冒充人头“吃空饷”、在编不在岗、公务员“混岗”、违反干部任用标准程序、跑官要官说情打招呼、“裸官”等选人用人突出问题，组织召开相关工作调度会，采取有效措施将治理工作持续深入推进。

（组织部）

【清理规范领导干部在社会团体兼职】 认真落实中央和省、市委相关要求，对全市市管以上领导干部在社团（协会）兼职情况进行全面摸底调研，汇总形成了相关领导干部在社团兼职情况统计表，认真分析和总结清理规范相关领导干部在社团兼职工作。严格审批程序，制定了《市委管理干部在社会团体兼职审批办法（内部掌握）》，形成了《关于清理规范退（离）休领导干部在社会团体兼职情况报告》、《关于清理规范在职和退（离）休领导干部在社会团体兼（任）职情况工作总结》等材料。

（组织部）

【做好“不作为、不担当”专项治理】 制订了《关于做好全市不作为、不担当问题专项整治活动的实施方案》、《关于市委组织部落实全市“不作为、不担当”问题专项整治活动的情况说明》，明确了专项治理工作的重点任务和责任部门（单位），为保证治理工作取得实效提供制度和机制保障。

（组织部）

【深入整治“不严不实”突出问题】 研究制订《关于落实〈沈阳市关于整治“不严不实”突出问题工作实施方案〉的安排意见》，深入查摆问题，全市共查摆突出问题88个（件），完成整治84个（件），有2个（件）正在履行司法程序，有2个（件）正在积极消化处理。同时，通过信访举报平台受理群众投诉举报89件，其中79件转由市纪委处理，完成整治举报10件。建立了整治突出问题长效机制，坚持高标准、严要求，切实保证整治工作取得实效。

（组织部）

【编纂出版《干部工作常用法规文件选编》工具书】 为切实做好“打基础利长远”工作，广泛收集各类有关干部工作的法律、法规、文件、政策800件，经过反复研究筛选甄别，最终收录了500余个干部工作法规文件，编辑出版了《干部工作常用法规文件选编》4卷本工具书。该套工具书受到了省委组织部相关领导以及市直单位的普遍欢迎和好评。

（组织部）

【开发组工系统APP】 与软件开发公司合作，成功开发组工系统APP，实现干部信息在移动端的便捷查询。扩展平台模块使用范围，增设部务会演示功能，实现干部任免流程电子化全覆盖。加强协同办公系统使用，确保工作文件在相关处室间的同步转接、提醒，部内干部工作智能化、办公系统无纸化、信息交互网络化水平显著提高。

（组织部）

【做好年度考核工作】 制定市管领导班子和市管干部2014年度考核工作实施方案、操作办法和综合评价计分办法，对考核体系和内容进行了多项改革创新，强化了作风考察、党建工作专项考察，并将法治建设列为考察领导班子和干部的重点内容。对全市112个市管班子和1598名市管干部2014年度考核结果进行等次评定划分，形成了《关于2014年度考核有关情况的综合报告》。

（组织部）

【做好援藏援疆干部人才选派工作】 按照省委组织部要求，认真开展第七批中期轮换的援藏专业技术干部和第四批中期轮换的援疆专业技术干部的选派工作，选派4名优秀专业技术人员赴藏工作，选派11名优秀专业技术人员赴疆工作。同时，按照要求，增选一名塔城市公安局副局长人选到塔城任职。

（组织部）

【全力推进援藏干部宿舍楼重建工作】 召开市援藏工作领导小组办公室主任会议，专题研究推进援藏公寓重建工作，为确保工期进度和工程质量，积极协调市财政局、市规划局、市建委、市审计局等单位，做好前方施工与后方保障各项工作。援藏干部宿舍楼基建主体工程已完成。

（组织部）

【做好新疆塔城市和西藏安多县干部来沈培训工作】 共举办两期塔城市基层干部来沈培训班，会同市委党校，共培训塔城市基层干部和中青年干部117名。同时，会同市委党校，培训安多县副县级以上干部7人，精心设计、合理安排课程，采取理论教学和现场考察相结合的培训方式，获得受援地和干部的一致好评。

（组织部）

【筹备组建党政代表团赴藏访问】 筹备组建由市委书记曾维同志任团长的党政代表团赴藏访问，看望慰问援藏干部。同时，选派沈阳市优秀医生和教师赴西藏安多县开展短期援助工作，进一步深化两地交流。

（组织部）

【做好迎接省委干部选拔任用工作专项检查】 按照省委组织部《关于开展干部选拔任用工作情况专项检查的通知》要求，认真做好迎接检查的相关工作，研究制订《迎接省委干部选拔任用工作专项检查工作方案》，与部内各处室共同对2014年以来提拔的市管干部材料进行归类建档，形成汇报材料，部署各市管党委（党组）进行自查，及时组织召开工作协调会。迎检准备工作受到检查组的充分肯定。

（组织部）

【组织干部选拔任用“一报告三评议”工作】 完成75家市管单位2014年度干部选拔任用“一报告三评议”工作，发放并收回评议票6665张，对353名新提拔任用正职领导干部进行了测评。在对评议结果进行汇总分析的基础上，形成了专题报告，由各干部主管处分别进行了反馈，对评议结果较低的单位提出了限期整改的明确要求。

（组织部）

【强化干部选拔任用工作监督】 强化事前监督，严把审核关口，会同市编委办、市人社局研究制定了《关于规范干部选拔任用审核工作的通知》（沈组通字〔2015〕28号），对干部选拔任用审核工作程序、内容作出进一步规范。对13个区、县（市）和54个市直单位共117次干部选拔任用工作进行了审核。

（组织部）

【对干部监督工作进行专项调研和督导】 按照部领导要求，派出2个督导调研组，对13个区、县（市）和28家市直单位进行了7个方面的调研和督导。其中重点是对超职数的督导，组织各地区主要领导签署超职数配备干部整改消化承诺书，对2014年度干部调整配备情况、超职数配备整改消化进度情况进行了统计，对部分单位完成整改消化任务进行了测算，并组织各区县（市）和市直单位进行了职数配备实名制汇总。

（组织部）

【组织开展严肃换届纪律工作】 着眼于2016年市、区县（市）和乡（镇）党委换届，与干部监督二处共同组成4个调研组，采取实地走访、个别访谈、召开座谈会等方式进行了深入调研，形成了调查报告。市委常委会专门听取汇报，并下发了《关于严肃换届纪律营造风清气正换届环境的通知》（沈委发〔2015〕14号）。同时，起草并下发了《关于抓好严肃换届纪律工作致各区县（市）委书记的一封信》，为营造风清气正的换届环境奠定了坚实基础。

（组织部）

【开展干部选拔任用工作专项检查】 按照省委组织部要求，经请示市委同意，坚持问题导向，重在工作规范，会同市纪委、市编委办、市人社局组成2个检查组，对所有有用人权的单位进行选人用人工作专项检查。检查分两个阶段，第一阶段检查范围为各区、县（市），在12月底前完成；第二阶段检查范围为部分市直单位及市管企事业单位，计划于2016年3月底前完成。

（组织部）

【扎实推进超职数配备干部问题整改消化】 建立月报告制度，每个月对全市超职数配备干部问题整改情况进行统计，对整改消化工作进行实时监控。10月份，中组部干部监督局在济南对各省（区、市）超职数配备干部问题整改情况进行了对账审核，沈阳市被确定为审核单位将有关情况进行了送检并顺利通过。及时向市委常委会进行了全市超职数整改消化工作专题汇报，下发了《中共沈阳市委组织部关于深入推进全市超职数配备干部整改消化工作的通知》（沈组通字〔2015〕52号），先后组织召开了3次整改消化工作协调推进会，进一步明确了时限要求、消化途径、责任落实等事宜。

（组织部）

【完成违规党政分设干部清查清理工作】 按照省委组织部关于党政分设问题整改消化的通知要求，认真调查摸底，汇总统计全市党政分设情况，并及时上报省委组织部。对各区县（市）党政分设清理工作，在部分干部自然消化的基础上，采取改任领导班子副职、交流任职等方式，要求各区县（市）按时限完成整改任务。对存在党政分设的市直单位，及时与部内相关处室协调，研究整改消化的具体措施。全市存在党政分设的112家单位整改消化任务已全部完成。

（组织部）

【推进基层党建工作指导站建设】 制发了《关于进一步推进基层党建工作指导站建设的通知》，建立68个基层党建工作指导站，其中，街道（社区）党建共组建指导站44个，乡镇（村）党建工作指导站22个，非公党建工作指导站2个。全市累计投入经费200余万元，市管党费按照每个指导站3万元标准下拨198万元。

（组织部）

【开展基层组织建设大调研督查】 4月下旬到6月中旬，利用两个月时间，深入到全市每个街道社区、部分国企和高校进行一次深入摸底、全面排查，分析研判、科学评估，弄清楚基层组织建设的难点在哪里、问题在哪里、症结在哪里，有针对性地提出对策措施，在找准问题、分析问题、解决问题中推动基层组织建设创新发展。成立街道社区调研督查组、国企调研督查组、高校调研督查组，分领域开展调研。全市形成了村（社区）、乡镇（街道）、区县（市）、市四级工作台账。

（组织部）

【召开全市基层组织建设推进会】 2015年7月30日，召开全市基层组织建设推进会，市委常委、组织部部长刘桂香出席会议并讲话。会议学习传达了习近平总书记在吉林调研时重要讲话精神、省委十一届十次全会精神、市委十二届十一次全会精神、全省基层组织建设座谈会等有关精神，要求全市各级党组织和广大党员切实把思想和行动统一到中央和省、市委部署要求上来，从政治的、全局的、战略的高度，深刻认识党的基层组织建设的极端重要性，切实增强责任感和使命感，推进全市基层组织建设再上新台阶。

（组织部）

【开展2015年度党委书记抓基层党建工作专项述职】 按照省委要求，开展2014年度市、区、乡（街道）、村（社区）四级党组织书记抓基层党建工作专项述职，全市2413名村（社区）党组织书记、186名乡镇（街道）党（工）委书记、13名功能区党工委书记、77名区直党（工）委书记、13名区县（市）委书记和18名市直党（工）委书记进行了专项述职。全年共立项1529个，其中区县（市）委书记20个，市直党（工）委书记23个，乡镇（街道）党（工）委书记245个，村（社区）党组织书记980个，区直部门党组织书记261个。

（组织部）

【认真落实《中共辽宁省委关于落实全面从严治党要求推进党的基层组织建设全面进步全面过硬的决定》】 出台《沈阳市贯彻落实〈中共辽宁省委关于落实全面从严治党要求推进党的基层组织建设全面进步全面过硬的决定〉的任务分解和具体举措》（沈委办〔2015〕41号），明确了加强基层组织建设的6大方面62条具体举措，推动全市各级党组织认真贯彻中央和省、市委的要求部署，全力抓好工作落实，确保基层党建各项任务落地生根。全年市财政共投入近13.25亿元用于基层党组织建设，全市城区社区工作和公益性用房面积全部达到400平方米以上，市村级活动场所面积全部达到200平方米以上。

（组织部）

【落实村级组织运转经费及农村党建经费保障】 为强化农村基层基础保障工作，从2014年7月起对村干部基本报酬补助进行了提标。各涉农区村干部基本报酬补助为每人2.16万元/年，三县一市村干部基本报酬补助为每人1.78万元/年，通过"一卡通"形式进行发放。2015年1月起，农村党建工作经费标准从原来的每村1.25万元/年提高到每村2.5万元/年。为加强村级组织运转保障经费及农村党建经费管理，联合市财政局、民政局及农委组成督查组，对浑南区、新民市等6个区、县（市）2014年、2015年村级组织运转保障经费及农村党建工作经费落实情况进行督查，确保经费落实到位。

（组织部）

【扎实开展"一走访三推动"活动】 在全市开展"一走访三推动"活动，通过到非公有制企业调研走访，推动解决企业党建工作的难点问题、企业发展面临的瓶颈问题和职工群众反映强烈的权益保障问题。全市共有1835名党员领导干部参与活动，共走访企业1611家，其中已建立党组织1219家，未建立党组织392家。直接推动企业新建立党组织95个，共走访企业出资人1438人，推动解决生产经营发展中遇到的瓶颈问题1069件，推动解决职工群众反映强烈的权益保障问题424件。

（组织部）

【推动外资企业党建工作】　按照中组部的要求，为切实加强外资企业党建工作，以华晨宝马汽车有限公司党委为突破口，在抓好组建的基础上，指导其进一步规范党组织设置，细化工作方案，加强与德方的沟通融合，真正发挥党组织的作用。10月末，中组部组织二局刘文局长一行在对华晨宝马党建工作调研时，对党建工作开展情况给予了肯定和认可。通过着力加强华晨宝马党组织建设，并以此为引领，全面推动全市外资企业党建工作的蓬勃开展。

（组织部）

【举办全市非公党建工作示范培训班】　11月25日至27日，举办了全市非公有制经济组织和社会组织党建工作示范培训班，对市委非公工委各成员单位、区县（市）、开发园区从事非公企业党建工作的党务干部和非公企业党组织书记、党员出资人、女企业家代表、青年企业家代表，共计近300人进行了培训。通过深入学习习近平总书记系列重要讲话精神，听取信仰信念和价值观专题报告，了解当前全省的经济形势，探索提升企业文化和加强职工素质培养，讲解非公企业党的建设基础知识等，有力的提高了非公党务工作者的综合能力素质。

（组织部）

【开展公务员职务与职级并行工作】　在全市13个区、县（市）全面实施公务员职务与职级并行工作。市委组织部、市人社局组织召开了沈阳市职务与职级并行工作会议，对相关工作进行了周密部署安排。为进一步推进此项工作，又及时组织召开了沈阳市职务与职级并行工作推进会议，转发了省委组织部、省人社厅《关于印发贯彻实施〈关于县以下机关建立公务员职务与职级并行制度的实施方案〉若干具体问题的答复意见的通知》，对前期工作中出现的各类问题进行了详细的梳理和解答，为相关工作的积极推进提供政策保障。

（组织部）

【开展法检系统司法警察套改工作】　按照辽组通字〔2014〕79号文件要求，为做好人民法院、人民检察院司法警察警员职务套改工作，成立了市套改领导小组，下设办公室（简称“市套改办”），具体负责全市套改实施方案的制定、所属区、县（市）套改方案的审核备案、套改人员范围的界定、资格审查等工作。此次套改实行市和区、县（市）两级同时启动的方式，经过认真审核，严格把关，对各单位上报的221人进行了审核，最终为检法系统符合套改条件的140人办理了审批手续。

（组织部）

·宣　　传·

【综述】　2015年，全市宣传思想文化战线以学习宣传贯彻党的十八大、十八届三中、四中、五中全会和习近平系列重要讲话精神为主线，牢牢把握“两个巩固”的根本任务，坚持围绕中心，服务大局，突出重点，狠抓落实，宣传思想文化工作实现新突破，取得新进展。一是实施学习型党组织建设“排头兵”工程。市委中心组召开“主动适应经济发展新常态”等12次专题学习，印发学习资料6期，向省委宣传部报送《学习纪要》6期，组织召开全市党委中心组学习习近平总书记系列重要讲话经验交流会，编发专家学者和领导干部学习讲话精神体会文章10余篇。建立“送餐式”、“点餐式”与民生需求相融合的理论宣讲模式。组织全市四级理论宣讲员队伍，运用“辽海·沈阳讲坛”、理论传播说唱团等平台，深入开展学习宣传党的十八大、十八届三中、四中、五中全会和习近平系列重要讲话精神活动。二是改进和创新新闻宣传，提升舆论引导能力。发挥中心组学习网站、“理尚网来”微博微信等新媒体平台作用，壮大网上理论之声。策划开展适应新常态，开创振兴发展新局面”等主题新闻宣传和“工业4.0”、“大数据时代”等全媒体宣传报道，在中央和省属新闻媒体刊发稿件3500多篇。组织策划“2015年中国绿公司年会”等重大活动宣传报道和“外国人眼中的沈阳好去处”主题活动，加强沈阳城市形象宣传。发挥“沈阳发布”影响力，组织新闻发布78场。推进“沈阳新社区”政务微信服务平台建设，策划“微访谈”、“微公益”等精品活动和品牌栏目，开展各类主题宣传活动30个，编发信息6500条，阅读量9000万，转载评论13.2万条。妥善处置涉沈重大敏感舆情事件，向国家直报舆情5830条，向省报送舆情6270条，确保网上涉沈舆情安全。三是开展沈阳人基本道德准则主题实践活动。普及道德讲堂1170个，受众10万余人次。组织开展纪念中国人民抗日战争暨世界反法西斯战争胜利70周年系列活动，举办勿忘“九一八”撞钟鸣警仪式等系列活动；组织开展“弘扬伟大抗战精神、同心共筑强大国防”主题宣传教育和“寻找抗战老兵、倾诉亲身历史”专题新闻宣传活动；拓宽国防教育覆盖面，将沈阳八一公园改建为国防教育主题公园。举办“我们的节日·清明文明祭祀”大型公益活动，开展“陋习大曝光”和陋习抄报行动。印发《关于推进诚信沈阳建设的实施意见》，推进诚信建设制度化。四是深入拓展提升艺术惠民“双百万”工程。建立100个市级培训、演出、电影放映、展览基地和1000名艺术惠民文艺志愿服务骨干队伍，全年艺术惠民培训143.9万人次、公益惠民演出1.19万场、公益电影放映2.3万场。沈阳市被中国合唱协会命名为中国合唱基地。五是加强宣传思想文化人才培养和队伍建设。市委宣传部深入实施宣传思想战线“四个一批”人才培养工程，评选出宣传思想战线“四个一批”人才33名，继续组织举办2期全市基层宣传文化干部培训班，培训基层宣传文化部门骨干人员近260人，有效提高全市宣传思想文化人才队伍建设水平。

（梁　源）

【深入学习贯彻习近平总书记系列重要讲话精神】　2015年，全市各级党委中心组，把学习习近平总书记系列重要讲话精神作为核心内容，明确学习专题，制定学习计划，精心安排部署，努力打造“深学、常学、实学”中心组理论学习品牌。一是突出发挥市委中心组学习的示范引领作用。制定了《2015年市委中心组学习安排建议》，市委中心组组长亲自审定学习专题。组织了“主动适应经济发展新常态”、“严以修身”、“深入学习贯彻习近平总书记吉林调研重要讲话精神”、“严守党的政治纪律和政治规矩”、“严以用权”等12次专题学习，中心组成员平均每人发言6次以上。编印学习资料20多万字，编辑报送《学习纪要》6期，在《沈阳工作》刊发领导学习发言20多万字。市委中心组学习采取分组讨论、中心发言、专题报告等多种形式，坚持实学、深学、常学，切实发挥了市委中心组示范引领作用。二是有序推进基层党委（党组）中心组的学习活动。印发《2015年全市各级党委中心组理论学习安排意见》；专题有部署，组织基层党委中心组学习系列重要讲话精神、“三严三实”专题、大学习大讨论、五中全会精神等重要内容，从学习内容、学习形式、邀请讲课人等方面，指导各级党委中心组认真开展专题学习；组织召开全市党委中心组学习习近平总书记系列重要讲话精神经验交流会，和平区、黎明集团、沈阳航空航天大学等6家单位做了发言交流，市委领导作了重要讲话，编印了《全市党委中心组学习习近平总书记系列重要讲话精神成果汇编》；下发《关于进行2015年全市党委（党组）中心组理论学习检查考核的通知》，明确检查考核范围对象、考核内容、考核方式，进一步加强各级党委（党组）中心组理论学习的组织和管理，健全学习制度。

（曹金萍）

【学习贯彻党的十八届五中全会精神】 印发《关于认真学习贯彻党的十八届五中全会精神的通知》，明确全市广大党员干部群众学习贯彻五中全会精神的重大意义、重要内容、工作安排和具体要求，迅速掀起学习五中全会精神热潮。印发《关于全市党委中心组认真学习党的十八届五中全会精神的通知》，将全会精神作为各级党委（党组）中心组学习的重要内容，制定学习计划，开展专题学习研讨，充分发挥党委中心组的示范带动作用。认真组织十八届五中全会精神中央宣讲团在沈宣讲报告会，做好中央宣讲团在创业孵化基地、材料科学（联合）实验室、文安路社区与基层干部群众交流学习五中全会精神体会的组织接待工作；组织全市理论骨干参加全省理论骨干培训班；组织十八届五中全会精神省委宣讲团来沈作宣讲报告，并协助省委宣传部做好五中全会精神基层宣讲的宣传工作，带动全市广大党员干部以报告会、座谈会、研讨会等多种形式深入学习领会五中全会精神。市委宣传部、市委讲师团联合组建由实际工作部门领导干部和辽沈专家学者组成的学习五中全会精神市委宣讲团，深入基层开展集中宣讲。

（洪淼炎）

【打造“走基层”理论宣讲活动】 2015年，沈阳市委讲师团运用座谈、访谈、交谈“三谈”宣讲方法，小型化、经常化“两化”宣讲方式，宣讲人、听课人、新闻宣传、资料培训、组织者“五联动”的宣讲机制，深入基层开展点对点、面对面的宣讲活动。印发《关于加强和完善理论宣讲联系点工作机制的意见》、《关于做好“把学习贯彻习近平总书记系列重要讲话精神进一步引向深入”理论学习宣讲工作的意见》、《关于做好党的十八届五中全会精神学习宣讲工作的通知》等文件，编印《〈中共中央关于制定国民经济和社会发展第十三个五年规划的建议〉宣讲要点》、《宣讲的力量——沈阳市优秀理论宣讲员和理论宣讲先进群体事迹汇编》等理论读物。进一步加强全市四级理论宣讲员队伍建设，开展全市基层理论宣讲员实名制统计和建档工作，调整和充实实名制基层理论宣讲员为298人。推进88个理论宣讲基层联系点建设。截至年末，开展宣讲723场，受众22万人次。

（周　克）

【“适应新常态 开创振兴发展新局面”主题宣传】 围绕“改革创新、稳定增长、改善民生、依法治市”四项重点工作和全面加强党的建设工作的宣传，相继推出了“适应新常态开创振兴发展新局面”、“培育和践行社会主义核心价值观”、“扎实开展党的群众路线教育实践活动”、“三严三实”主题教育、全面创新改革、学习贯彻五中全会精神、十二五成就系列宣传等多个重要主题新闻宣传，为加快建设国家中心城市、把沈阳老工业基地振兴发展推向新阶段提供强大的精神力量，营造良好的舆论氛围。为了响应中央的号召，充分激发全市各类主体的创业创新潜能，加快形成政府激励创业、社会支持创业、劳动者勇于创业的机制和氛围，推动形成大众创业、万众创新的生动局面，开展了“大众创业万众创新”主题系列宣传，集中报道了一批创业创新典型个人，这些宣传报道和活动已引起了强烈的社会反响，收到了良好的社会效益和宣传效果。

（赵书科）

【做好新常态下的民生新闻】 沈阳市委宣传部组织市属各新闻单位对2015年民生报道的立意、侧重与整体思路、实施方式等进行了研究与探讨。把民生报道的核心确定为“围绕中心、服务全局”的大民生，加大力度发现、挖掘改革领域内的新亮点，同时用老百姓听得懂的语言，做好改革举措的解读，继续在党委、政府与百姓之间搭架建对话平台。沈阳日报立足现有民生栏目，继续经营“改革进行时”、“百川归海－沈阳中小企业系列报道”、“沈城论坛”等栏目，着力打造一批具有社会影响力的民生新闻品牌栏目，还依托“读者来信”、“民生连线”版面，“圆梦之旅”等重点栏目，继续为政府与百姓之间搭建连心桥，讲述民生故事，扶贫帮困、排解纠纷，疏导社会情绪。沈阳广播电视台新闻广播，以《沈阳新闻》、《新闻播客》、《连心桥》、《新闻30分》、《新闻晚高峰》等栏目为依托，加大民生新闻策划、报道力度，实现全媒体传播。沈阳广播电视台经济频道民生新闻节目《直播生活》、《直播生活早高峰》、《直播生活晚高峰》在节目创新方面紧紧围绕和百姓日常消费相关层面展开现场探访，通过体验式的报道呈现最直观的、最贴近百姓的有关出行、日常消费等信息。

（赵书科）

【与台湾《旺报》开展新闻宣传合作】 为了积极响应国台办、省台办关于加强入岛新闻交流合作的指示精神，进一步扩大沈阳在台湾地区的知名度和影响力，在沈阳市台办的积极推进和大力支持下，沈阳市委外宣办与台湾旺旺中时集团经过近三年的沟通与交流，促成《沈阳晚报》与台湾《旺报》的新闻合作。《沈阳晚报》每半个月向《旺报》提供一次沈阳新闻信息，内容包括沈阳的经贸、文化、旅游、教育及台资企业在沈的发展情况等资讯信息，《旺报》在其“沈阳新闻专版”整版刊发，每月两版。台湾《旺报》“沈阳新闻专版”是沈阳市开辟入岛新闻宣传的新阵地，2015年共刊发沈阳新闻专版24期，通过大量的图文报道，让台湾民众了解到沈阳是一个经济快速发展、城市功能完善、环境日益提升、历史文化悠久、适宜投资和生活的北方重要大都市，扩大沈阳在台湾的知名度和影响力，促进沈阳与台湾地区的文化交流与合作。

（徐增军）

【全面推进“沈阳发布”品牌建设】 2015年，全面推进“沈阳发布”品牌建设，准确发布权威信息，及时回应市民关切。建立和完善了“两会”新闻发布制度、新闻发布和突发事件新闻报道工作机制；加强选题策划，不断提升策划水平，策划发布了蓝天工程、畅通工程等市政府七项重点工程建设新闻发布会；充分利用沈阳网“沈阳发布”专题、“沈阳发布”政务微博、微信实现全媒体发布；加强硬件建设，正式启用了设施完善、功能完备的新市政府新闻发布厅。“沈阳发布”全年共举办发布会78场，平均每周举办2场，参与新闻发布单位189家（次），累计到会采访记者5000多人次，各级媒体已刊播（发）、转载稿件1万多篇（条）。沈阳市新闻发布工作总体实现了信息公开、政策解读、公众理解的良好效果，通过沈阳发布及时传递市委、市政府真实声音，讲沈阳好故事，充分展示沈阳市经济社会建设成果，营造良好舆论环境。“沈阳发布”品牌已经受到各级新闻媒体和广大市民的欢迎和好评，得到中宣部、省委宣传部的充分肯定和全市各地区、各部门、各单位的高度认可。

（张清洋）

【摄制城市歌曲《阳光传奇》国际版MV】《阳光传奇》国际版MV从剧本征集、演员海选、取景开拍、主题曲MV制作，再到剪辑成片，历时10个月的时间。以歌曲《阳光传奇》中文版的旋律为蓝本，在充分尊重原中文版歌词内容的基础上进行重新译词、编曲、混音，融入外国人的阅读和表达习惯，邀请美、英等国家的专业歌手演唱，汪峰团队核心成员编曲，亚洲爱乐乐团进行器乐演奏，采用好莱坞redone拍摄技术和航拍镜头，实现MV电影般的画质，呈现出沈阳国际、时尚、现代化的城市风貌。用一对外国恋人的视角，以游记的方式，通过故事情节生动展现沈阳城市风貌和风土人情，以文艺作品和城市宣传有机结合的形式，进一步挖掘城市内涵，突出沈阳作为智慧城市、宜居城市的青春活力和动人魅力，打造思想性、艺术性、通俗性融为一体的城市之歌，提升沈阳的国际知名度和美誉度，让外国受众在歌声中了解沈阳，传播沈阳。

（陈　华）

【摄制播映纪录电影《铁血残阳》】 2015年，沈阳市委宣传部部与北方联合影视集团有限公司等联合摄制的纪录电影《铁血残阳》入选中宣部、国家广电总局纪念中国人民抗日战争暨世界反法西斯战争胜利70周年全国13部重点影片。9月18日，市委宣传部举办纪录电影《铁血残阳》沈阳地区首映式，市委常委、宣传部部长王凤波及社会各界群众共同观看本片。11月3日，电影《铁血残阳》在中美电影节上获得最佳纪录片“金天使”奖，将被译成多种语言在全球播映。影片由中方导演沈好放与美方导演李察·安德森共同执导，以设立在沈阳的二战盟军战俘营为切入视角，通过二战盟军战俘的故事，从侧面反映世界反法西斯战争与东方主战场的关联。

（刘　湛）

【举行“勿忘九一八”撞钟鸣警仪式】 9月18日，沈阳市举行“勿忘九一八”撞钟鸣警仪式在沈阳市举行，这也是中国人民抗日战争暨世界反法西斯战争胜利70周年系列纪念活动之一。省委书记、省人大常委会主任李希，中央宣传部副部长王世明，省政协主席夏德仁出席仪式，省委副书记、沈阳市委书记曾维主持仪式。沈阳军区，东北三省有关领导，在辽参加过抗日战争的老战士和老同志代表、抗战烈士遗属代表和社会各界群众代表参加仪式。

（徐睿达）

【电视剧《大路上》获“飞天奖”优秀电视剧金奖】 12月28日，由沈阳市委宣传部等单位联合摄制的工业题材电视连续剧《大路上》获得第30届中国电视剧“飞天奖”优秀电视剧金奖。电视剧《大路上》以中央实施东北地区等老工业基地振兴战略为时代背景，以沈阳国有大型工业企业在改革路上迎难而上，重振雄风的奋斗历程为主线，讲述了国有企业克服重重困难，在调整改造中实现振兴发展的生动故事。电视剧《大路上》已经先后获得第十三届中宣部精神文明建设“五个一工程”优秀作品奖、第十届中美电影节优秀中国电视剧“金天使”奖等奖项。

（陈　尧）

【举行“大众创业、万众创新”典型报告会】 6月26日，沈阳市举行“大众创业、万众创新”典型报告会。“中国工业淘堡网”创办人、沈阳格微软件有限责任公司董事长张桂平等9位全市创业、创新代表，分别讲述了自己的创业创新历程，为与会者上了一堂生动的人生励志课。省委常委、市委书记曾维，市人大常委会主任赵长义，市政协主席姜宏等市委、市人大、市政府、市政协领导班子成员，各地区、各部门、各单位党政主要领导和分管领导，以及社会各界代表共1500余人聆听了报告。报告会前，市领导还会见了报告团成员并与他们合影留念。报告会由市委常委、市委宣传部部长王凤波主持。在全市营造“想创业、敢创业、能创业”的浓厚氛围，取得了良好成效。中央、省属媒体对沈阳市开展的典型报告会和“双创”工作进展及成效进行宣传，新华网、人民网、凤凰网等10余家门户网站刊发与转载；中央人民广播电台的经济广播和中国之声栏目也推出沈阳市创新创业典型系列报道。

（马　驰）

·统　　战·

【市委统战工作会议】 2015年8月20日，市委召开统战工作会议。省委副书记、市委书记曾维出席会议并讲话。他强调，要深入学习贯彻中央、省委统战工作会议精神，着眼新形势，立足新起点，施展新作为，不断把统战工作提高到新水平，为沈阳在新一轮振兴发展中当先锋打头阵凝聚更加广泛强大的力量。市委副书记邢凯主持会议并作总结讲话，市政协副主席、市委统战部部长汪涛作《中共沈阳市委关于贯彻〈中国共产党统一战线工作条例（试行）〉的实施意见》说明。市委组织部、和平区委、铁西区委、沈阳师范大学党委、沈阳机床集团党委的代表作会议交流发言。市委副书记、市长潘利国，市人大常委会主任赵长义，市政协主席姜宏出席会议。市委常委，市法院、市检察院主要领导，各区县（市）委书记、统战部部长，市直各部门、各人民团体负责同志及有关企业、高校、科研院所党委书记和统战部部长参加会议。

（李　铁）

【深入开展坚持和发展中国特色社会主义学习实践活动】 支持民主党派、无党派人士深入开展坚持和发展中国特色社会主义学习实践活动，举办了统战系统学习系列讲话暨学习实践活动交流研讨会，成立民主党派形势任务教育宣讲团，举办“同心”大讲堂活动。组织党外干部、非公有制经济人士赴井冈山、厦门大学、古田会议旧址等地开展专题研修和理念信念教育实践考察活动。发挥《沈阳统一战线》、“沈阳同舟网”两大媒体作用，为民主党派、工商联、无党派代表人士深入开展学习实践活动搭建平台。设立无党派人士“好声音”讲堂，举办“主题课”、“统战课”、“心声课”、“经验课”的做法，得到中央统战部的肯定。

（李　铁）

【加强政党协商制度建设，巩固发展多党合作事业】 协助市委制定并落实年度民主协商计划，贯彻中共市委常委与党外人士交友工作制度，推进“四个一”的落实，加强协调沟通，进一步密切党际交往联系。建立了民主党派季度沟通协商会制度，相互交流探讨相关工作，协商沟通有关问题。沈阳市加强政党协商工作的经验，在省委统战工作会议上作了经验介绍。

（李　铁）

【支持参政党加强自身建设】 指导和推动民主党派基层组织换届工作，进一步规范民主党派基层组织换届工作有关原则、程序、步骤和要求。协助民主党派市级组织做好届中调整工作。协助民主党派加强思想建设和组织建设，做好民主党派省市级组织换届的人才培养工作。在市社会主义学院和井冈山干部学院举办了140名民主党派骨干成员培训班，引导民主党派成员进一步坚定走中国特色社会主义道路的信心、决心。

（李　铁）

【推动党外干部队伍建设】 建立了市委统一领导，组织部门和统战部门各司其职、密切配合，各有关部门大力支持、积极参与，共同推进党外干部选拔任用的工作机制。协助市委召开了全市党外干部安排工作中期推动会议，推动了党外干部安排工作取得新进展。推动配备了辽中县政府党外副县长、市政协配备了党外专职副秘书长和教科文卫体专委会主任。积极做好党外后备干部的遴选推荐工作，推荐上报16名同志为市管副职后备干部初步人选，11名同志为市管副职中长期培养对象初步人选。扎实开展教育培训工作，与市委组织部、市委党校、市人社局联合制定培训计划，规范统一战线培训体制机制、培训模式等，全年共完成培训25期。协助做好10名党外干部在沈挂职锻炼工作，积累了实践锻炼基地建设经验。党外代表人士信息管理系统正式投入使用取得较好效果。

（李　铁）

【探索非公经济组织人才培养新模式】 积极争取思想政治工作专业职务任职资格评定向非公有制企业倾斜，全市9名非公有制企业思想政治工作者参评，通过率达100%，经验做法得到省委统战部孙远良部长的批示并在全省推广。积极改进综合评价考核工作，在中央统战部完善非公有制经济代表人士综合评价工作座谈会上介绍了经验，并成为综合评价政策制定工作六人研究小组成员之一。

（李　铁）

【推动非公有制经济人士服务社会】 积极推动民营企业家参与“光彩事业乡村行”活动，帮扶辽中县牛心坨镇姜家村，人均收入达6000多元，基本实现了脱贫目标。全市民营企业家帮助贫困地区修路15条、修桥涵5座、开发项目27个、引进项目59个、援建光彩小学3所、帮扶贫困学生和贫困户1114户、帮扶重点优抚对象340人次，安置职工就业1.74万人次。推动指导苏家屯区率先成立了光彩事业促进会。

（李　铁）

【扎实做好民族宗教领域工作】 贯彻落实中央民族工作会议和中央统战部等七部委文件精神，推进民族团结进步创建活动。顺利召开伊斯兰教协会换届大会，选举产生了新的领导班子。贯彻落实党的宗教政策，积极协调相关部门解决了辽宁省天主教修女院房产土地遗留问题和三经路天主教堂回迁新址及补偿问题。

（李　铁）

【欧美同学会服务创新创业】 以沈阳市委、市政府名义与欧美同学会总会联合组织了千人计划专家团沈阳行和百名留英博士沈阳行活动，邀请42名千人计划专家和101名英国牛津、剑桥和帝国理工博士来沈进行人才项目洽谈活动，取得丰硕成果。千人计划专家签订高科技项目合作意向140余项，已经启动14项；留英博士达成合作意向460余项。积极争取欧美同学会批准创建了留学创业报国沈阳基地和海归创业沈阳学院。

（李　铁）

【港澳台海外统战工作】 贯彻全国统战系统港澳台海外统战工作会议精神，进一步加强联络交往，拓展港澳台海外统战工作广度和深度。组织了赴美国、德国、法国、意大利、韩国及港澳台地区等4个考察团组，建立与港澳台海外企业、重点人物和社团的联系机制，为引资引智、促进沈阳发展拓展了资源。全年共接待港澳台海外团组12个、200余人次，进一步充实了港澳台海外代表人士数据库。

（李　铁）

【基层统战工作】 与市国资委、中省直企业工委联合开展大中型国有企业统战工作调研，组织50余名国企统战部长开展集中培训。组织50多名基层统战干部，到铁西区兴工街道九委社区、大东区洮昌街道如意社区、沈河区大南街道多福社区现场考察、交流工作，有力地促进了全市社区统战工作的进一步开展。

（李　铁）

【党外知识分子工作】 推动5所本科高校成立了知联会，成立知联会的高校达到12所，占18所重点高校的70%。充分发挥了无党派人士建言献策积极作用，开展了党外知识分子“为沈阳振兴谏诤言”活动，《新型城镇化进程中企业参与社区建设的研究》《以长期视角分析我省经济形势及对策》等调研成果，在全省“为辽宁新一轮振兴发展献良策”座谈会上作了书面交流。

（李　铁）

【新媒体社会组织统战工作】 贯彻中央统战部、中央网信办和省委统战部、省民政厅有关文件精神，组织召开新社会阶层人士统战工作联席会议和社会组织统战工作经验交流座谈会。与市网信办联合举办了沈阳新媒体从业人员培训班，40多名新媒体领域党外代表人士参加培训。以社会组织重点领域律师行业为突破口，与市司法局、市律师协会共同组建了由19名优秀党外律师组成的沈阳“同心·律师服务团”，在法库县举行了启动仪式和法律咨询服务活动。建立了100多名党外人士组成的社会组织党外代表人士队伍。

（李 铁）

【统战宣传、理论研究和信息工作】 完成了同舟网的改版升级，网站使用更为方便快捷。发挥《沈阳统一战线》、“沈阳同舟网”作用，加大《条例》宣传力度，形成了浓厚舆论氛围，统战宣传和理论研究工作获省委统战部优秀组织奖。统战信息工作荣获中央统战部三等奖、省委统战部突出贡献奖。

（李 铁）

【推进统一战线实践创新】 紧紧抓住服务全面深化改革、促进振兴发展、加强党外代表人士队伍建设等重点工作开展创新，认真组织立项、推动、总结各个环节，市委统战部《创载体 建机制 切实做好留学人才的引进工作》、辽宁大学党委统战部《高校统战宣传教育的“三位一体”模式》、沈飞公司党委统战部《构建“三个三”体系开展“同心·精铸战鹰”质量强企行动》3个项目获全省统战工作实践创新成果奖；《加强部门联动，共筑非公经济思想政治工作新平台》等10个项目获市统一战线实践创新优秀成果奖。

（李 铁）

·政策研究·

【重要会议筹备和重要文稿起草】 2015年，沈阳市政研室坚持把文稿服务作为决策服务的重要抓手，以起草好市委全会报告、重要讲话文稿、重要政策文件等为载体，积极主动为市委重大战略决策和重大工作部署服务。在时间紧、任务重、要求高的情况下，精心组织起草了市委主要领导在十二届十一次、十二次全会上的报告，并较好完成了全会其他重要文稿的起草任务。两次全会报告充分体现了习近平总书记系列重要讲话精神和中央、省委有关要求，注重把创新精神贯穿始终，更加突出针对性、指导性和操作性，赢得了市委领导和各个方面的一致好评。组织起草了市委主要领导在全市经济工作会议、农村工作会议、旅游工作会议上的讲话等重要会议文稿近20篇。按照市委要求，围绕推动全面深化改革，起草形成了《沈阳市2015—2020年重要改革规划》和《沈阳市全面深化改革2014年工作总结和2015年工作要点》；围绕推进全面创新改革试验，起草形成了《中共沈阳市委关于加快推进全面创新改革的意见》；围绕谋划未来五年振兴发展大计，高质量起草了《中共沈阳市委关于制定国民经济和社会发展第十三个五年规划的建议》；牵头组织起草了《贯彻落实习近平总书记长春座谈会讲话精神责任分工和任务分解方案》，为各地区各部门各单位深入贯彻习近平总书记重要讲话精神指明了方向、提供了遵循。与相关部门密切合作，在深入研究论证基础上，起草了《关于加强和改进人大工作的决定》、《关于促进旅游产业改革发展的实施意见》、《关于全面推进建筑产业现代化发展的实施意见》、《关于实施“盛京人才”战略，打造具有国际竞争力人才高地的意见》等一批关乎全局、关系长远的市委重要文件，充分体现了中央和省委要求、体现了市委决策意图，得到了市委领导的充分肯定和相关部门的高度评价。

（殷 伟）

【开展调查研究】 坚持把调查研究作为政研工作的“主业”和服务决策的根基，紧密围绕领导关注、群众关心、事关全局的重点问题开展前瞻性、对策性调查研究，全年共完成各类调研报告47篇，其中14篇获得市领导批示，为领导决策提供重要依据，并转化为振兴实践成果。在全市经济发展状况大调研中发挥主力军作用，全程参与和服务了历时近三个月的大调研活动，抽调业务骨干分别进入五个专项调研小组，完成了各组调研方案设计、组长汇报材料起草、各类调研报告和督查报告撰写等文字综合任务，最终撰写了大调研综合报告，获得市委主要领导的肯定，同时精心做好调研活动组织协调、外出考察、问卷访谈和成果汇总编辑出版等大量事务性工作，赢得了五个专项调研小组组长以及市直有关部门的广泛赞誉，进一步树立了召之即来、来之能战、战之能胜的良好形象。出色完成市委领导关注的重点课题调研，形成的《以沈报集团为全市文化体制改革试点，积极探索主流媒体融合发展新路子》等6篇调研报告，均得到市委主要领导的肯定性批示，此外，按照市委、市政府有关领导意见，围绕推进大众创业万众创新、系统推进全面创新改革试验等课题进行了专题研究，形成的研究报告均获得市领导的肯定性批示。以强烈的问题意识抓好自主调研，充分发挥主观能动性，紧紧围绕适应引领新常态、推进转方式调结构等热点问题，积极走出去、切实沉下去，先后形成了《关于沈阳市工业经济和国有（控股）企业外资企业发展情况的调查报告》等30余个调研成果，其中《加快沈阳市竞争类国有企业改革发展的几点建议》等一批调研报告，得到市委主要领导的充分肯定。

（殷 伟）

【决策咨询和信息编研】 坚持把借力外脑作为提升以智佐政效能的重要途径，组织咨询委员紧紧围绕市委中心工作建言献策，决策咨询工作的针对性、操作性不断增强。咨政建言质量显著提高，围绕起草“十三五”规划建议和全市中心工作，公开征集了17个重大研究课题，得到了专家学者的高度重视，形成了一批高质量的研究成果，为市委、市政府决策提供了有力的智力支持。决策咨询作用充分发挥，积极组织咨询委员列席市委全会、市人大、政协“两会”，参加各类座谈会、论证会，围绕“一带一路”、大众创业万众创新等重点工作建言立论、献计献策，有效推动了决策的科学化、民主化。全年共编发《决策咨询》简报22期，有11期获得市领导肯定性批示，其中《关于沈阳申报建设自由贸易区的建议》、《关于沈阳市“十三五”发展战略的几点思考》获得市委主要领导批示，《关于加强沈阳与韩国庆尚南道产业合作的对策建议》等5篇获得市政府主要领导批示。资料编研的深度和广度不断拓展，注重紧跟市委领导的关注点和事关全局的重大问题开展资料编研，形成了《大力发展跨境电子商务加快培育经济新动力》、《深刻理解和把握“四个全面”的战略布局》、《以互联网+农业为驱动打造现代农业升级版》等20篇资料分析报告，为相关工作开展提供了有益的理论启示和实践借鉴。其中《分级诊疗：或许可以让看病不再难》、《借鉴德国工业4.0战略深化我国工业转型升级》等资料分析报告得到市政府主要领导的批示。

（殷 伟）

·对台工作·

【对台经济】 2015年，全市新批台资项目10个，投资总额5198万美元，合同台资额4563万美元，实际利用台资额8228万美元。截至2015年底，全市累计审批台资项目1202个，总投资额76亿美元，合同台资额64亿美元，实际利用台资额22亿美元。在建重点项目—联恒汽车配套产业园、富士康（沈阳）科技工业园、富邦财险省分支机构、台商·东北国际会展中心、法库陶瓷艺术酒店等11个项目均有调资、增资；在谈重点项目—富士康鸿准精密工业股份有限公司汽车精密压铸生产基地、正新轮胎生产基地、友嘉数控机床、长兴化工合成树脂及光固化材料生产基地、顶益食品有限公司扩建生产基地、华硕电脑北方总部6个项目均有实质性进展。全年共组织因公赴台经贸团组48个、170人次，尤其是市人大主要领导、市政府主管领导和有关领导分别率团赴台，围绕装备制造业、社会公共事业、现代农业等领域开展经贸交流，洽谈推进了一批项目。各区、县（市）根据各自区位特点和优势产业不断加大招商引资力度。通过第十四届辽宁台湾周活动加强沈台产业合作。组织指导沈阳台商协会成立20周年庆典活动，海基会董事长林中森为团长的代表团、台湾中小企业代表团等纷纷来沈，参加了台湾周和沈阳台商协会成立20周年庆典活动，召开了沈台两地中小企业项目对接会，省委副书记、市委书记曾维会见了林中森一行。接待了国民党主席特别顾问兼大陆事务部主任高孔廉先生为团长的参访团。深入开展了全市台资企业发展状况调研活动，加强了对沈阳台商协会的监管指导。

（刘一帆）

【对台交流交往】 2015年，经沈阳出入境的台胞近5万人次，全市居民赴岛近11万人次。在沈就读台湾学生32人，赴台湾就读沈阳市学生198人，办理台胞子女在沈入学12人。办理涉台公证文书1050件，其中收到台湾海基会寄送公证书副本433件，寄送台湾海基会涉台公证书副本617件。办理台胞台属来信来访3件。全年共组织因公赴台交流团组20个、74人次。全年，以基层交流为主线，充分发挥沈阳市的影响力，调动对台交流的优势资源，围绕教育、文化、体育、城乡规划建设、民族宗教等领域，深化与台湾各阶层交流，开创了对台交流工作新局面。市政协主要领导率团赴台走访基层，深入农村、少数民族部落、学校、家庭，与台湾乡亲亲切互动，拉近感情，增进认同。沈阳职业技术学院与台湾东南科技大学签订校际对口交流合作意向书，这是沈阳市首次与台湾建立高等职业教育对口交流关系。民主党派、群团组织及各区、县（市）积极发挥作用，纷纷赴台开展基层交流，拓宽了交流渠道。和平区教育系统多次组团赴台，就中小学基础教育、品德培养、国学教育和幼儿学前教育进行交流考察。台湾著名学者冯沪祥将颁发给其祖父冯麟阁和大伯冯庸的中国人民抗日战争胜利70周年纪念章赠与沈阳市，协助上级台办举办了冯庸大学及抗战史研讨会。依托沈阳故宫博物院、张氏帅府博物馆举办文物展览、"两岸三馆年会"等文化交流活动。通过市领导赴台、接待台湾知名人士来访，及发挥社会各界积极作用等方式，做好上层联络工作。接待了台湾陆委会副主委施惠芬女士为团长的司法交流考察团。积极做好全国海峡两岸交流基地申报准备工作。制定了《在因公赴台审批管理工作中落实中央八项规定精神注意事项》和公职人员2016年因公赴台计划。走访慰问在沈台胞台属，安置台胞子女入学，联系两岸婚姻家庭，及时办理来信来访，妥善处理涉台突发事件，深入做好台胞台属管理和服务工作。

（刘一帆）

【对台宣传教育】 围绕"活力沈阳、魅力台湾"主题深入岛内宣传，营造有利于沈台各领域交流合作的良好舆论氛围。充分利用国台办网站和"两刊"等宣传媒介，把涉台教育的触角延伸到基层，市台办和和平区、浑南区、沈北新区、于洪区、新民市、法库县、康平县台办被国台办宣传局评为"两刊"对台宣传工作先进单位。全年接待了21家台湾媒体42人次来沈采访，不断提高沈阳市在岛内的知名度。在台湾联合新闻网辽宁专区登载了市台办和市发改委主要领导的专访文章。在华夏经纬网的沈阳与台湾城市网页、辽台往来栏目发稿304篇，向辽宁神韵网页专栏发稿量保持全省前列。深入开展沈阳晚报与台湾旺报合作的相关工作，在旺报开辟沈阳新闻专版，实现了入岛宣传新突破。

（刘一帆）

【台胞合法权益保护】 认真落实《台湾同胞投资保护法》及其实施细则，以及鼓励台商投资的各项优惠政策，拓宽工作渠道，创新工作方法，提高处理投诉案件效率，帮助台胞解决实际困难，为台资企业营造良好的发展环境。全年共受理台商诉求案32件，办结27件。通过海峡两岸协处机制平台，研究解决了2件涉台协调案件。根据市政府主管领导对5件台商涉行政诉求案作出的具体批示，通过努力推动了4件得到解决。在春节等重大节日、重要活动和重大会议等敏感时间节点，做好涉事台商的思想稳定工作。研究草拟了《涉台涉法工作管理办法》、《涉台协调工作办法》等处理涉台投诉规定。举办涉台经贸仲裁辅导讲座，为台商推荐解决涉法纠纷的新途径，取得了较好效果。

（刘一帆）

·保　　密·

【概述】 2015年，沈阳市保密工作紧紧围绕"改革创新、稳定增长、改善民生、依法治市"四项重点工作，以重点突破带动难点解决，以强化责任促进工作落实，深入推进"三大管理"，扎实做好基础工作，充分发挥了保密工作"保安全、保发展、保稳定"作用。做好市委、市政府机关驻地迁移的保密管理，针对搬迁过程中点多、量大、线长等给保密管理带来的不利因素，从加强组织领导、抓好全程保密管理、做好监督检查等三个方面，切实加强保密管理，杜绝失泄密事件发生，确保国家秘密安全。加强军工科研生产单位的保密管理，完成31家单位申报认证和重新认证的审核，配合省军工认证办完成了16家单位第一轮和6家单位第二轮、第三轮重新申请单位保密资格认证的现场审查。加强涉密（内部）计算机保密管理，市国家保密局认真总结了近年来各单位发生涉密（内部）计算机违规外联情况的经验教训，查摆问题、分析原因，制定了有针对性的指导意见，指导机关、单位切实强化涉密（内部）计算机保密管理。完成保密工作统计数据报送工作，在认真总结近年来保密普查工作经验的基础上，通过采取电话咨询、上门答疑、走访座谈等形式，加强对数据统计工作的指导，协调解决有关问题，确保高标准、高质量、高效率地完成数据统计工作。继续做好涉密项目审查工作，规范确认审查程序，提出保密管理要求，并适时进行监督，确保了涉密项目建设安全进行。开展国家秘密载体印制资质审查的前期审核工作，对上报的材料进行了认真审查，并到现场逐项核实，确保上报材料真实准确。做好“六五”保密法制宣传教育总结验收工作，“六五”保密法制宣传教育期间，全市保密战线积极营造宣传教育的浓厚氛围，涌现出许多先进经验和做法。市国家保密局对部分地区和单位进行了抽查，有力地促进了保密法制宣传教育各项制度落实。开展《保密法》学习宣传月活动，各地区、各单位根据实际情况，通过不同角度，针对不同对象确定保密法宣传教育的重点内容和宣传方式，真正把学习与宣传、理论与实际、内容与形式有机结合起来，切实带动了广大公民学法懂法用法。做好保密干部业务培训工作，针对保密工作现状，将国有企业保密干部列为培训重点对象，对全市国有企业的保密部门负责人、专兼职保密干部和涉密人员90余人进行了保密业务培训。同时，通过送培训“下乡”，新民市等地区和单位216人参加培训，并通过考试取得证书。全市已累计培训1434人，圆满完成全员培训任务。充分发挥《保密工作》杂志等刊物宣传作用，通联工作连续17年荣获全国副省级城市第一名。组织开展涉密网络保密检查，在全市各地区、各单位认真开展自查的基础上，市国家保密局会同市委督查室组成联合检查组进行了抽查，切实排除了风险隐患，堵塞了漏洞，确保了涉密网络安全。组织开展国有企业保密管理专项检查，市国家保密局成立了专项检查领导小组，对国有企业进行了现场检查，有效解决了组织机构不健全、计算机防护不到位等问题，强化了国有企业保密管理工作。开展中高考等国家考试保密检查，加强与教育、招考、司法等部门的配合，抓好各类国家统一考试试卷的保密管理，确保试卷在各个环节的安全保密。开展互联网计算机使用保密管理专项检查，要求各机关单位切实加强互联网计算机使用保密管理，认真整改存在的问题，杜绝互联网计算机失泄密事件发生。

（于　浩）

【召开中共沈阳市委保密委员会扩大会议】 中央、省委保密委员会全体会议召开后，市委保密委员会认真组织学习会议精神，及时研究确定全年保密工作任务。4月7日，召开了中共沈阳市委保密委员会扩大会议。会议总结了2014年全市保密工作；通报了2014年全省保密违法违规案件；审议通过了《中共沈阳市委保密委员会2015年工作要点》；市委常委、秘书长、市委保密委员会主任马占春同志作了重要讲话，系统回顾了2014年的主要工作，认真分析了当前面临的新形势，对做好2015年的保密工作提出了新要求。会后，全市各地区和单位分别召开了保密委员会（保密工作领导小组）和保密业务会议传达会议精神，安排部署全年的保密工作任务。

（于　浩）

【做好市委、市政府机关驻地迁移的保密管理】 2015年10月，沈阳市委、市政府迁址浑南，针对搬迁过程中点多、量大、线长等给保密管理带来的不利因素，采取“三个措施”加强保密管理，杜绝失泄密事件发生，确保国家秘密安全。一是加强组织领导。按照市领导提出的要抓细抓实保密工作，确保国家秘密安全的要求，制发了《关于加强市委、市政府机关驻地迁移期间保密管理的通知》，对迁移期间保密管理提出具体要求。二是抓好全程保密管理。迁移期间，各单位均能按相关要求，对各类涉密载体和设备加强了搬出、运输、搬入、销毁等环节的管理，并指派专人负责，全程跟踪管护。三是做好监督检查。市国家保密局成立专项检查组进行了专项检查，切实抓好机关驻地迁移的保密管理。

（于　浩）

【加强军工科研生产单位的保密管理】

在日常工作中加强对拟申请和新认证单位的指导，做好涉密人员培训，提供组织、制度建设、技防保障等方面的咨询与服务，为保密资格认证单位建立健全保密管理长效机制打下基础。全年共完成31家单位申报认证和重新认证的审核；配合省军工认证办完成16家单位第一轮和6家单位第二轮、第三轮重新申请单位保密资格认证的现场审查。

（于　浩）

【做好“六五”保密法制宣传教育总结验收工作】 按照《关于组织开展“六五”保密法制宣传教育总结验收工作的通知》要求，认真组织开展了“六五”保密法制宣传教育总结验收工作。各地区各单位结合实际制定检查督导方案，进行动员部署，做好各项准备工作。“六五”保密法制宣传教育期间，全市保密战线积极营造宣传教育的浓厚氛围，在深化宣传教育工作中积极探索、思考和总结，在强化组织领导、创新体制机制、提升管理水平，克服工作短板等方面涌现出许多先进经验和做法。市国家保密局将市委办公厅、检察院、安监局等单位经验材料刊发在《沈阳保密工作》简报上进行全市交流，有力地推动了保密宣传教育工作的开展。同时，市国家保密局以总结验收工作为契机，对部分地区和单位进行了抽查，有力地促进了保密法制宣传教育各项制度落实，为下一个保密法制宣传教育五年规划奠定坚实基础。

（于　浩）

【开展《保密法》学习宣传月活动】 为进一步学习宣传保密法，全面提升反窃密、防泄密的能力和水平，按照省保密局的相关要求，组织开展了《保密法》学习宣传月活动。各地区、各单位根据实际情况，通过不同角度，针对不同对象确定保密法宣传教育的重点内容和宣传方式，切实带动了广大公民学法懂法用法。市国家保密局在活动期间组织开展了“五个一”活动，即开展一次保密专题教育培训、组织一次保密宣传教育资料订阅活动、开展一次“六五”普法先进典型宣传活动、组织一次保密管理自查自纠、组织一次保密知识集中学习，切实提高了广大干部群众的保密意识和保密法制观念，确保学习宣传活动取得实效。

（于　浩）

【做好保密干部业务培训工作】 继续推动保密干部全员培训工作。为确保全员培训实现无死角、全覆盖，针对沈阳市保密工作现状，将国有企业保密干部列为培训重点对象。就国有企业保密工作存在的问题和实际需要，聚焦重点难点，精心组织备课，对全市家国有企业的保密部门负责人、专兼职保密干部和涉密人员90余人进行了保密业务培训，并向考试合格的学员颁发了辽宁省统一制发的《全国保密干部培训结业证书》。同时，通过送培训“下乡”，新民市等地区和单位216人参加培训，并通过考试取得证书。全市已累计培训1434人，圆满完成了全员培训任务。

（于　浩）

【开展多种形式的保密宣传教育】 继续以送教上门的方式开展保密培训。市国家保密局紧密联系各单位实际情况，解读真实泄密案件，指导如何开展工作，为市委办公厅、市政府办公厅等16家单位进行保密业务培训和窃密与反窃密技术演示，累计培训500余人；坚守党校保密教育阵地。依托市委党校教学资源，会同党校专职保密教师制订保密教学计划。为贯彻落实《普通手机使用保密守则》，市国家保密局集思广益、群策群力，精心准备，新增《手机保密与泄密》课程，切实加强了手机使用保密管理。全年，在市管干部、中青后备干部、初任公务员培训等班次开保密课80多学时，对1000余名领导干部进行保密教育培训；组织各单位观看警示教育宣传片，于洪区等13个地区和单位到市国家保密局借阅光盘组织学习观看全国窃密泄密案例警示教育、涉密经济数据案例、保密业务常识等专题片。

（于　浩）

【充分发挥《保密工作》杂志等刊物宣传作用】　沈阳市通联工作连续17年荣获全国副省级城市第一名。在日常工作中，认真组织全市各机关单位利用《保密工作》、《保密科学技术》、《党政干部和涉密人员保密常识必知必读》、《互联网计算机使用安全保密须知》等图书、杂志、挂图、音像等保密宣传教育资料进行保密宣传教育，营造了良好的学习宣传氛围。

（于　浩）

【组织开展国有企业保密管理专项检查】　按照中央保密委员会《关于组织开展国有企业保密管理专项检查的通知》要求，市国家保密局成立了专项检查领导小组，对市燃气总公司、市水务集团等23家国有企业进行了现场检查。针对个别单位存在的组织机构不健全、涉密人员界定不准、计算机防护不到位等问题，进行了认真的研究，分别下达了整改通知书，切实强化了国有企业保密管理工作。辽宁省保密局8月份对沈阳市沈鼓集团等单位进行了抽查，情况良好，国有企业保密管理工作得到省保密局的充分肯定。

（于　浩）

【开展中高考等国家考试保密检查】　加强与教育、招考、司法等部门的配合，抓好各类国家统一考试试卷的保密管理，全年同教育、招考部门一同完成了20余次各类考试的保密监管。会同市招办对各区、县（市）试卷保密室进行了全面检查；对中考命题设备进行保密检查和封存，并指派专人入闱中考命题，确保了试卷在各个环节的安全保密。

（于　浩）

·信　　访·

【全面推进“阳光信访”】　围绕中央提出的“实行网上受理信访制度，建立及时就地解决信访问题机制”总目标，按照省信访局《关于做好全省网上信访信息系统上线准备工作的通知》要求，加大建设网上信访工作力度，进一步完善了“12345网上信访”工作平台，对市信访大厅网络进行了改造，完成了系统初始化和应用培训等工作，努力实现受理数据全录入、信访业务全应用、办理过程全公开，自觉接受社会和群众监督，真正让数据多跑路、群众少跑腿，极大地方便信访群众。2015年，依托省网上信访信息系统，实现了与辽宁省信访局以及与13个区、县（市）15个信访大厅、199个乡镇街道、89个市直部门互联互通，共采集录入了市、区县、乡镇（街道）信访部门548个、市直部门89个，信访工作人员439人信息接口数据，实现了“群众来信、上级交办、网上投诉”信访事项等业务网上流转、网下办理，受理、办理“可查询、可跟踪、可督办”。全年组织全市各级信访部门录入国家信访信息系统12467件，做到应录尽录，受到省信访局表扬；全市受理群众来信7881件全部纳入网上流转，网上受理群众投诉3222件，按期答复率100%，涉满意度评价131件，满意率100%。

（彭长根）

【全面施行逐级走访】　按照中央、省关于全面落实依法逐级走访的要求，制定出台了《沈阳市信访事项受理办法》，严格落实“属地管理、分级负责，谁主管、谁负责”原则，全面规范信访事项受理办理程序；组织开展“依法逐级走访宣传月”活动，加大教育疏导力度，引导信访群众变越级上访、重复上访、多头上访为就地反映问题，依法逐级有序走访，取得了明显成效。2015年，全市两级信访大厅共受理群众走访1.37万件次、3.32万人次。其中，市信访大厅受理走访4782件次（集体访204件次）、7831人次（集体访3093人次），区县信访大厅受理走访8870件次（集体访1108件次）、2.54万人次（集体访1.59万人次）。实现了进京访、到省访双下降。2015年，进京正常访登记3031人次，比2014年下降43.2%；进京非正常访登记111人次，比2014年下降67%，全省16个考核单位排名第十一位。2015年，到省访登记1123件次3211人次，比2014年件次下降41.3%、人次下降39%。同时，制定出台了《沈阳市推进依法处理涉法涉诉信访工作的实施意见》和终结移交制度，落实诉访分离。将信访部门过去受理的1048件涉法涉诉信访事项转由政法机关依法处理，移交终结涉法涉诉信访事项204件。

（彭长根）

【全面打造“责任信访”】　厘清信访边界，明确工作职责，积极改进信访工作考核，推进有权处理机关责任落实。紧扣首接责任落实，加强初信初访办理工作，进一步明确首办负责制，做好群众第一次来信、来访、网上投诉办理工作，提高初信初访办理质量；加强经常性督查检查，不断完善信访案件交办制度，采取领导干部“实名制”包案包保，进一步压实责任主体和领导包案责任，实行包案案件“实名制”通报制度，强化解决问题责任落实。同时，建立信访纪检监察倒查倒逼机制，对网上受理群众不满意的信访事项逐一实行“三查”：查信访部门受理程序是否合规到位、查责任部门接待受理是否到位、查责任单位办理是否依法依规，并要逐一提出整改意见和责任追究建议。2015年，共对65件信访事项实行“三查”，经整改“重新办理”息访54件；对98件网上重信进行责任倒查后息访89件。总结形成并上报了题为“建立网上信访责任倒查机制，推进及时就地解决问题”的工作经验。2015年6月25日，“三查”经验在全国网上信访工作经验交流会（国家信访局烟台会议）作书面交流，《沈阳日报》等媒体进行了报道。

（彭长根）

【维护群众利益】　充分发挥信访联席会议组织领导和信访大厅综合协调作用，依法依规组织推动信访问题及时就地解决，扎实开展信访积案化解，信访增量和信访存量实现“双下降”。2015年，共受理信访事项4.38万件（其中，受理群众来信7881件、群众来电3.21万、网上信访案件3222件、走访567件），累计化解3.55万件,化解率81%。同时,以推进中央、省级交办案件为重点,加大积案化解工作力度,推进问题解决。2015年,中央、省、市交办信访积案1002件,办结923件,办结率92.1%。其中,中央、省交办沈阳市信访积案化解683件,办结率90.7%。争取中央和省级信访专项资金107.6万元,化解积案11件。严格落实领导干部包案、接访制度。书记、市长带头包案解决问题,市委书记曾维包案解决沈北新区沈北街道新城子社区二队失地农民养老保险信访问题;市长潘利国包案解决沈阳天主教大南修女宿舍楼房产信访问题等5件十年以上复杂疑难积案。在市主要领导的带领下,全年,市级领导干部接待群众来访83案3170人,息访71案;各县区(市)级领导干部下访接待3278件次,息访1454件。

(彭长根)

【扎实开展源头预防】 认真开展"社会稳定风险评估规范年"活动。研究制定下发了《沈阳市2015年"社会稳定风险评估规范年"活动工作意见》,对社会稳定风险评估工作进行系统部署,将社会稳定风险评估工作纳入政府绩效考核内容,进一步完善了社会稳定风险评估"五个一"工作模式,并在原有60名风险评估专家基础上新增5位不同领域专家进入社会稳定风险评估专家库。2015年,全市共对"地铁四号线"等137个重大项目(决策)进行了社会稳定风险评估。其中,对3个高风险评估项目建议暂不实施,21个中风险项目建议整改后实施。凡经过评估的重大项目无一引发群体性上访,较好地发挥了稳定风险预警作用。同时,严格落实矛盾纠纷排查工作制度,组织全市各级党政组织落实月排查、月上报,重大政治活动、重要敏感时点、重要传统节假日前都要开展责任区内不稳定因素排查、稳控工作。2015年,共排查出重点群体和重点人员22711件次,稳控率达92%。全面推广"沈河区全社会调解工作模式",预防从基层开始,推进"琐事不出网格、小事不出社区、大事不出街道、难事不出城区",风险前移、重心下移,尽最大可能把矛盾纠纷化解在当地,防范于未然。

(彭长根)

【全力确保重大节点稳定】 2015年,重要敏感节点多,确保敏感期信访稳定任务繁重。全市信访系统认真贯彻落实中央和省、市的部署、要求,严格各项工作措施落实,敢于担当,苦干实干,较好地完成了重要敏感期信访稳定工作任务,确保了万无一失。一是完成了"三级两会"信访工作任务。组织全市信访部门超前谋划,集中人力,集中智慧,精心部署,措施到位,做到会前有方案、会中有调度、会后有通报,较好地完成了"三级两会"期间信访稳定任务。特别是全国"两会"期间,加强京沈联动、全市联动,实现了既定目标,受到省维稳办通报表扬。二是确保了省委巡视期间信访稳定。2015年8中下旬至10月末,辽宁省委第六巡视组进驻沈阳开展为期两个月的巡视工作。市信访局组织力量,在沈阳医学院成立了接访中心,成立了登记、引导、接谈、劝返、综合、保障和驻地控访7个工作组,集中开展接访活动。期间,受理登记6044人,梳理、甄别纯案3572案。其中,办结2592案,有973案息访。向省委巡视组报送日报39期,编辑《省委巡视组在沈巡视期间接访情况专报》7期,专项信息报送46条,为省委巡视组巡视工作创造了良好工作环境。三是完成了其它敏感节点信访工作任务。主要是:"党的十八届五中全会"、"北京田径世界锦标赛"、"'9·3'纪念中国人民抗日战争暨世界反法西斯战争胜利70周年阅兵"以及"沈阳2015马拉松比赛"、"大连达沃斯论坛"、"九一八"涉日敏感节点等信访稳定工作任务。特别是"9·3"阅兵,省联席会议专门发来慰问电,表扬沈阳为全省社会稳定作出了突出贡献。

(彭长根)

·老干部工作·

【落实离休干部生活待遇】 坚持用心用情做好服务保障工作,离休干部生活待遇有新的提高。一是离休干部住房补贴工作进入尾声。在市财政和房产部门的大力支持配合下,拨款2133万元,解决了413名市直特困企业离休干部的住房补贴问题,年底前已全部发放到位。沈阳东药集团等一些市属企业,克服资金紧张困难,于年内完成此项工作。市卫计委针对所属事业单位离休干部人数多,一次性解决有困难的实际,采取分期、分批解决的办法,使全系统大部分离休干部享受到此项待遇。截至2015年底,共解决1.36万名离休干部住房补贴,占全市符合政策离休干部总数1.52万人的90%。二是离休干部看病开药,实行"持卡就医"。积极落实离休干部持卡就医工作,10月1日起全市离休干部在指定医疗机构就医(包括住院、门诊),不再由个人或单位垫付医药费,由财政部门直接与医疗机构结算,进一步缓解了全市离休干部医疗不便的问题。按照中央和省委有关规定,为83位符合条件的离休干部提高了副省级医疗和副省级医药费报销待遇。为2100名市直企事业单位离休干部办理了医疗统筹手续。三是离休干部居家养老措施更加多样和稳固。各区县(市)积极探索利用社会资源为离休干部提供亲情化、个性化、多样化和制度化服务,使离休干部居家养老措施多样和稳固。四是为抗战离休干部发放补贴。2015年是抗战胜利70周年,在走访慰问抗战老干部时,除了按照上级文件精神为每位抗战离休干部发放5000元补贴,沈阳市还为每人发放了2000元慰问金,还为生活有特殊困难的抗战离休干部每人又发放了2000元生活补贴,使抗战老干部进一步感受到党和政府的尊重和关爱。五是加大对离休干部的帮扶解困力度。继续采取"双反馈"措施,协调解决长期易地居住离休干部的实际困难,对市局安排走访的33位离休干部提出的问题和建议,及时反馈离休干部所在单位,并将处理结果反馈本人。协调市财政局为14名长期易地居住的特困企业离休干部核定报销医药费81万元。协调市房产局为1500余名特困企业离休干部办理了采暖费免缴手续。为市直特困企业的566名离休干部办理了减免医疗统筹手续,减免额达1400余万元。全市共启用帮扶资金537万元,使428名生活出现困难的离休干部得到帮助。

(毕文杰)

【落实离休干部政治待遇】 全市各级老干部工作部门以习近平总书记在会见全国离退休干部"双先"代表时的重要讲话为指导,认真贯彻落实全国离退休干部"双先"表彰大会精神,以开展为党的事业增添正能量活动为载体,坚持为党的事业增添正能量的价值取向,组织广大离退休干部开展丰富多彩的系列活动,积极落实离休干部政治待遇。一是开展为党的事业增添正能量的“双十”选树活动。从4月份开始到10月底截止，活动共收到各单位推荐的39个先进典型材料，最终评选出“振兴中的老干部”20佳和17位“阳光老人”。活动广泛宣传了老干部在促进经济发展与社会和谐中老有所为、无私奉献的精神风采，展示了老同志乐观向上的阳光心态，促进了广大离退休干部为沈阳老工业基地振兴继续发挥余热和做出更大贡献的热情。二是举办沈阳市老干部迎新春音乐会。2月13日，在沈阳盛京大剧院举行了全市老干部迎新春音乐会，沈阳市四大班子主要领导、市委常委全体成员集体登台向参加音乐会的1200名离退休干部及全市离退休干部拜年，送去新年祝福。三是举办全市老干部著作展。从3月份开始至9月1日截止，共征集展出220位老同志的420部著作，分别以“难忘岁月”、“人生感悟”、“科研成果”、“暮年文采”四个部分展出。其中126部著作被沈阳市档案馆收藏，其余著作由沈阳市老干部大学图书馆收藏。展览活动充分满足了沈阳市广大老干部实现自我价值、引发他人共鸣、获得社会尊重的精神需求，展示了他们离退休以后仍然关心党和国家建设事业，仍然非常关注沈阳当地经济社会发展。四是开展讲好“两个故事”征文活动。3月份，市委老干部局在全市开展了讲好“我与阳光老人的故事”和“老同志讲述身边的好故事”征文活动。全市广大老干部工作者和离退休干部积极参与，以讲故事的形式，讲述身边好人好事，宣扬身边的真善美，传播好声音、传递正能量，营造了和谐社会的良好氛围。活动共撰写故事近百篇，其中“老同志讲述身边的好故事”4篇和“我与阳光老人的故事”5篇参加全省展评，有4篇获奖。五是开展征文活动。4月份，市委老干部局与晚晴报社联合举办以“纪念抗日战争胜利70周年”为主题，在广大在离退休干部中开展征文活动。共收到各类文章147篇，经过筛选，有17篇文章在晚晴报上刊登，并评选出一、二、三等奖。七是继续落实全市老干部工作各项政治制度。全年共组织老干部参观考察活动2501人次，参加形势报告3111人次，上门走访慰问9071人次，电话询访慰问7886人次，参加各种文体活动1.54万人次，为420名年满90周岁的离休干部赠送彩电。

（毕文杰）

【阵地建设】　市老干部大学迁建项目按照计划逐步实施，56项审批手续已全部办结，市财政已累计拨付3240万元，各项工程已全面开工建设。市老干部大学新址占地面积2万多平方米，建筑面积1.27万平方米，可容纳1万多名学员上课。

（毕文杰）

【队伍建设】　全市各级老干部工作部门把开展“三严三实”专题教育作为加强队伍建设、推进老干部工作的重要抓手，以严的精神和实的作风贯穿全年工作始终，切实抓好老干部各项政策的落实。老干部工作队伍责任感和使命感进一步增强，促进了市委、市政府关于老干部工作各项部署的扎实推进。离休干部反映突出的住房补贴、医疗不便等问题得到实质性的解决，赢得了老干部的普遍赞誉。

（毕文杰）

纪检监察

【综述】　2015年，全市各级纪检监察机关深入贯彻全面从严治党要求，忠诚履行党章赋予的职责，围绕振兴发展大局，聚焦主责主业，强化监督执纪问责，全市党风廉政建设和反腐败工作取得了新的成效。

注重压力传导，“两个责任”得到有效落实。充分发挥协助作用。认真贯彻《沈阳市落实党风廉政建设党委主体责任和纪委监督责任及责任追究的实施意见（试行）》，协助市委党风廉政建设责任制工作领导小组，召开区县（市）党委落实党风廉政建设主体责任工作推进会，以市委办公厅文件形式下发了落实“两个责任”年度工作要点，指导各区县（市）、市直单位制定落实“两个责任”的年度工作计划，做到下发要点和上报计划的全覆盖。注重压力传导，围绕推动责任落实，深入到各区县（市）、市直单位召开60余次座谈会，传达中央和省市精神，统一思想认识，增强工作的主动性。加强督促检查，指导基层按照市委提出的“三责联动”和“四有”要求，扎实推进“两个责任”的落实。人民日报和人民日报内参相继刊发了题为《辽宁沈阳“两个责任”落地有声》、《沈阳“三责联动”推动主体责任落地》的文章，深度报道了沈阳市落实“两个责任”的做法。

持续推进“三转”，改革取得阶段性成果。转职能重在解决体制机制问题。制定下发了《沈阳市纪律检查体制改革实施方案》，对2015—2017年改革重点任务作出了部署。推进“三转”向基层延伸，及时总结试点经验，下发指导意见，在全省率先完成区县（市）纪委内设机构调整。稳步推进体制改革，按照落实“两个为主”和派驻机构全覆盖要求，下发了区县（市）纪委书记、副书记，市纪委派驻纪检组组长、副组长，市管企业和市属高校纪委书记、副书记等“四个提名考察办法”。启动派驻机构改革工作，制定了《关于加强市纪委派驻机构建设的意见》，召开了加强派驻机构建设工作会议，对派驻机构的职责权限、工作关系、管理保障等提出明确要求。转方式重在解决思想观念和方法问题，加强对基层议事协调机构清理情况的督促检查，及时纠正工作中存在的越位、缺位、错位问题。转作风重在解决“不严不实”问题。结合开展“三严三实”专题教育，认真整改工作中存在的责任担当意识不强、工作作风不过硬问题。

强化纪律约束，纪律审查工作实现新突破。坚持聚焦主责主业，严肃查处违纪问题。全市各级纪检监察机关共受理信访举报1.05万件（次）；新立案件1716件，给予党政纪处分1747人。其中涉及市管干部25人，处级干部196人。立案数、处分人数同比分别增长55%、38.67%。在纪律审查过程中，充分运用监督执纪“四种形态”，党纪政纪轻处分1310人，占处分总人数75%；党纪政纪重处分437人，占处分总人数25%；移送司法机关119人，占处分总人数6.8%。健全完善纪律审查相关制度，出台《沈阳市纪检监察机关办理实名举报暂行办法》和《市管干部问题线索管理暂行办法》。加强对纪律审查工作的督导，加强安全防范工作，确保纪律审查安全。开展第三批排查解决损害群众利益典型信访问题活动，结合实际开展以化解重点信访问题为主的“融冰行动”，全市共排查解决疑难信访问题120件，使积压多年的损害群众利益信访问题得到有效化解。

锲而不舍纠“四风”,党风政风持续好转。坚持作风建设月巡查和区域监管制度。组织市、区县(市)两级纪检监察机关对572家所属单位、1044个窗口单位公款消费和公车使用情况进行明察暗访,开展党政机关“不作为、不担当”和窗口单位“四风”问题专项整治,共查处违反中央八项规定精神问题53起,给予党政纪处分57人;查处发生在群众身边的“四风”和腐败问题177件,给予党政纪处分153人;查处“不作为、不担当”问题64件,给予党政纪处分64人。市纪委对22起发生在群众身边的“四风”和腐败等问题进行了通报曝光。认真落实党内监督制度,加强对干部的监督管理,共受理市管干部出国境备案429人,组织廉政征询1644人,廉政约谈1.3万余人次。持续开展“青山工程”专项治理,对113名党员干部进行了追责。深化党风廉政教育。认真开展《中国共产党党组工作条例》、《中国共产党巡视工作条例》、《中国共产党廉洁自律准则》和《中国共产党纪律处分条例》的学习宣传,促进党员干部增强党章党规党纪意识。开展“正风肃纪永远在路上”系列主题宣传,传递正风反腐正能量。加强政治纪律和政治规矩专项教育、新任市管领导干部廉政教育,营造“让纪律严起来、把规矩立起来”的浓厚氛围。

抓好组织协调,协作配合机制逐步形成。将沈阳市反腐败协调小组更名为沈阳市委反腐败协调小组,制定《中共沈阳市委反腐败协调小组工作规则》,协调组织、政法、公安、司法、审计等机关和部门,健全联合办案、案情通报、线索移送机制,充分发挥各自职能作用。成立市委反腐败协调小组国际追逃追赃工作办公室,制定追逃追赃工作规则和年度追逃追赃工作方案,对15名涉嫌外逃人员的动态情况深挖细查,一追到底,将潜逃美国达14年之久的原沈阳黎明服装集团董事长王宏明在内的4名外逃人员成功抓捕或劝返归案,国际追逃追赃工作取得明显成效。

加强队伍建设,履职能力有新的提升。坚持以学引领、以查驱动、以建促改,扎实开展“三严三实”专题教育。组织相关部门编撰《精神财富力量》一书,引导广大党员干部对照先进典型找差距,坚定理想信念,补足精神之钙。举办全市党风政风监督、纪律审查等各类业务培训班,培训2000余人次。选派思想素质好、工作能力强的干部到区县挂职或参与中省纪委专项纪律审查、巡视工作。加强自身监督,制定了《沈阳市纪委关于反映纪检监察干部问题线索初核及案件审查暂行办法》,强化对重要问题线索的全程督办,对9名违纪的纪检监察干部作出处理。

(朱鸿雁)

【市纪委十二届五次全会】 2015年2月5日,中共沈阳市纪律检查委员会召开第十二届五次全体会议,传达十八届中央纪委五次全会和省纪委十一届五次全会精神,总结2014年全市党风廉政建设和反腐败工作,部署2015年重点工作任务。省委常委、市委书记曾维出席会议并讲话;市委常委、市纪委书记王德波代表市纪委常委会作了题为《严格执纪,勇于担当,扎实推进党风廉政建设和反腐败斗争》的工作报告。市委、市人大、市政府、市政协领导班子全体成员,市法院、市检察院主要领导,市纪委委员和市直各部门、各单位,各区县(市)及有关方面负责同志参加会议。

(朱鸿雁)

【开展窗口单位“四风”问题专项整治】 2015年5月,印发实施方案,部署开展专项治理工作,对各政府部门和窗口单位不作为、乱作为、慢作为,服务态度恶劣、吃拿卡要,工作纪律松懈、效率低下,违规公务消费、滥用职权等“四风”问题进行重点整治。在组织各地区、各部门开展自查自纠,成立检查组开展明察暗访的同时,在网上公开全市4200个窗口单位及1.2万多名审批和执法人员的相关信息,公示短信投诉码,认真受理群众投诉举报。全年共受理群众反映窗口“四风”方面问题投诉208件,其中涉及办事效率低19件,服务态度差53件,工作纪律问题17件,内部管理不当63件,不作为11件,乱作为1件,其他问题44件。对全市51名窗口单位工作人员进行相应处理和责任追究,有效推动了窗口单位的服务作风建设,进一步优化了发展环境。

(朱鸿雁)

【开展“不作为、不担当”问题专项整治】 2015年7月,市纪委和市委组织部联合印发了《关于在全市开展“不作为、不担当”问题专项整治活动方案》,对全市党政机关、事业单位及其工作人员“不作为、不担当”问题进行专项整治,着力解决对上级决策部署贯彻不及时、措施不得力、落实不到位、效率低下,或者打折扣、做选择,搞上有政策、下有对策等11个方面的问题。为了推动专项整治活动的深入开展,建立了由市纪委、市委组织部牵头,市委政法委、市委督察室、市直机关工委、市人社局等11个单位参加的专项整治活动联席会议,明确各单位工作职责任务,建立工作协调机制,畅通信访举报,强化监督检查,严肃查处问题。2015年,全市共处理“不作为、不担当”方面的问题86件,对57名人员给予党政纪处分,对29名相关人员进行问责,市纪委通报了5起“不作为、不担当”典型问题。

(朱鸿雁)

【开展国际追讨追赃工作】 2015年,沈阳市委把反腐败国际追逃追赃工作作为一项重大政治任务来抓,成立由市纪委、市委组织部、市法院、市检察院、市公安局、市国家安全局、市外事办、人民银行沈阳分行营业管理部等单位组成的市委反腐败协调小组追逃追赃工作办公室,以中央发布“红通”和省追逃办挂牌督办的外逃人员为重点目标,健全机制、强化措施,一案一策、全面调度,扎实推进全市追逃追赃工作,将潜逃美国14年之久的原沈阳黎明服装集团公司董事长王宏明等4名外逃人员抓捕或劝返归案,并对80名外逃和滞留境外人员作出了党政纪处分和组织处理,取得了比较明显的阶段性成果。

(朱鸿雁)

【开展青山工程违法违纪专项治理】 2015年,沈阳市纪委针对部分政府部门在推进青山工程中因管理不到位而导致的占林毁山的问题进行了专项治理,重点查处监管部门及有关人员对破坏山体、非法征占林地以及其他破坏土地行为应查未查、应罚未罚,或构成犯罪应移交而未移交等失职渎职以及收受他人财物等问题。在协调相关部门深入排查占林毁山问题的基础上,对1562个毁林占地项目涉及的相关公职人员失职渎职问题,组织全市各级纪检监察机关进行责任倒查,严肃追责。全市共立案115件,给予党政纪处分117人。同时,督促相关职能部门对专项治理中发现的问题认真整改。

(朱鸿雁)

【开展第三批损害群众利益典型信访案件暨“融冰行动”】 2015年4月至12月,沈阳市纪委认真按照省纪委的工作部署,进一步聚焦主责主业,巩固深化党的群众路线教育实践活动成果,在全市范围内积极组织开展了集中排查解决第三批损害群众利益典型信访案件活动,并结合纪检监察信访举报工作实际,同步进行了以化解近年来重点信访积案为主要目标的“融冰行动”。全市共集中排查出128件典型信访案件和重点信访积案,包括省纪委交办22件,市纪委交办40件,区县纪委自查66件。截至年底,已结案120件,结案率达93.8%;其中,息访74件,息访率为61.7%;给予党政纪处分121人,移送司法机关19人,挽回经济损失6637.34万元。

(朱鸿雁)

【编辑出版《精神 力量 财富》一书】 在全市“三严三实”专题教育中,为了加强正面典型教育,市纪委与沈阳市委党校共同编辑出版了《精神 财富 力量》一书。该书由曾维书记作序,分上下两卷,共收录87个词条,33万字,于2015年10月12日正式出版,首印1万套。全书顺着“五四”运动以来的历史脉络,以时间为序,选取了中国共产党成立以来所弘扬的以及中国共产党人在革命和建设、改革开放过程中所形成的中国精神,详细阐述了伟大精神产生的背景、基本内涵、历史地位和时代意义,收集整理了人物事迹、人物作品、领导题词和评价,相关的纪念场馆介绍和文艺作品及延伸阅读。该书作为沈阳市“三严三实”专题教育的重要学习教材,受到了全市广大党员干部的普遍欢迎和好评。

(朱鸿雁)

市人大常委会

【市十五届人大四次会议】 沈阳市第十五届人民代表大会第四次会议于1月6日至9日召开。(一)听取和审议了沈阳市人民政府工作报告;(二)审查和批准了沈阳市国民经济和社会发展第十三个五年规划纲要草案;(三)审查和批准了沈阳市2015年国民经济和社会发展计划执行情况与2016年国民经济和社会发展计划草案的报告,批准了沈阳市2016年国民经济和社会发展计划;(四)审查和批准了沈阳市2015年预算执行情况和2016年预算草案的报告,批准了沈阳市2016年市本级预算;(五)听取和审议了沈阳市人民代表大会常务委员会工作报告;(六)听取和审议了沈阳市中级人民法院工作报告;(七)听取和审议了沈阳市人民检察院工作报告;(八)通过了沈阳市第十五届人民代表大会第四次会议关于接受卞富学辞去沈阳市第十五届人民代表大会常务委员会副主任职务请求的决定;(九)通过了沈阳市第十五届人民代表大会第四次会议关于设立沈阳市人民代表大会人事选举委员会的决定;(十)补选邢凯、顾春明为沈阳市第十五届人民代表大会常务委员会副主任、隋莉、郭向文、张明、袁昭为沈阳市第十五届人民代表大会常务委员会委员;(十一)选举王宏伟、任桂芳、安俊辉、沈凤娟、张传东、孟昭贵、袁立斌为沈阳市第十五届人民代表大会人事选举委员会组成人员。

(胡士俊)

·市人大常委会会议·

【第十五届人民代表大会常务委员会第十六次会议】 会议于2015年1月23日举行,会期半天。市人大常委会主任赵长义、副主任徐璐分别主持了会议期间的两次全体会议。

一、会议审议通过了沈阳市第十五届人民代表大会第三次会议议程(草案)和日程(草案)。会议决定:沈阳市第十五届人民代表大会第三次会议于2015年2月10日召开。会议议程(草案):(一)听取和审议沈阳市人民政府工作报告;(二)审查和批准沈阳市2014年国民经济和社会发展计划执行情况与2015年国民经济和社会发展计划草案的报告,批准沈阳市2015年国民经济和社会发展计划;(三)审查和批准沈阳市2014预算执行情况和2015年预算草案的报告,批准沈阳市2015年市本级预算;(四)听取和审议沈阳市人民代表大会常务委员会工作报告;(五)听取和审议沈阳市中级人民法院工作报告;(六)听取和审议沈阳市人民检察院工作报告;(七)选举事项。会议议程(草案)和日程(草案),将按程序提请市十五届人大三次会议预备会议和主席团第一次会议通过。

二、会议听取了市人大常委会副秘书长、办公厅主任孟昭贵作的关于沈阳市第十五届人民代表大会第三次会议筹备工作情况的报告。2014年11月中旬,市人大常委会成立了大会筹备工作机构,制定了筹备工作方案,各项筹备工作全面展开,有序进行。

三、听取审议了市人大常委会副主任聂洪升作的沈阳市人民代表大会常务委员会代表资格审查委员会关于代表变动和补选代表的代表资格审查报告。沈阳市第十五届人民代表大会代表名额为529名,市十五届人大二次会议召开时实有代表525人。市十五届人大二次会议以来,代表出缺26人。依照《中华人民共和国全国人民代表大会和地方各级人民代表大会代表法》的有关规定,吴汉圣等26人的代表资格终止。依照《中华人民共和国全国人民代表大会和地方各级人民代表大会选举法》的有关规定,张国祥的沈阳市第十五届人民代表大会环境与资源保护城乡建设委员会委员、王燕玲的沈阳市第十五届人民代表大会内务司法委员会委员、刘贵文的沈阳市第十五届人民代表大会财政经济委员会委员、陶庆才的沈阳市第十五届人民代表大会内务司法委员会委员、陈双伟的沈阳市第十五届人民代表大会农业与农村委员会委员、韩燕子的沈阳市第十五届人民代表大会教育科学文化卫生委员会委员职务相应终止。沈阳市第十五届人民代表大会常务委员会第十六次会议同意代表资格审查委员会的审查报告,确认于丽岿等26人的代表资格有效。沈阳市第十五届人民代表大会实有代表525人。

会议审议通过了沈阳市第十五届人民代表大会第三次会议主席团和秘书长、主席团常务主席、副秘书长及列席人员建议名单。市十五届人大三次会议主席团和秘书长、主席团常务主席、副秘书长建议名单,是根据有关法律规定和工作需要,参照以往构成情况并与市委组织部反复沟通提出的。建议名单将按程序提请市十五届人大三次会议预备会议和主席团第一次会议选举、推选和决定。列席人员建议名单,是根据有关法律规定和工作需要提出的。

(胡士俊)

【第十五届人民代表大会常务委员会第十七次会议】 会议于2015年2月2

日下午举行。市人大常委会主任赵长义、副主任聂洪升分别主持了会议期间的两次全体会议。

一、会议听取审议了市人大常委会副主任聂洪升作的沈阳市人民代表大会常务委员会代表资格审查委员会关于补选代表的代表资格审查报告。沈阳市第十五届人民代表大会代表名额为529名,市十五届人大常委会第十六次会议确认代表资格时,实有代表525人。2015年1月29日,浑南区补选潘利国为沈阳市第十五届人民代表大会代表。会议同意代表资格审查委员会的审查报告,确认潘利国的代表资格有效。沈阳市第十五届人民代表大会实有代表526人。

二、会议审议并表决通过了沈阳市人民代表大会常务委员会关于接受陈海波辞去沈阳市人民政府市长职务请求的决定。鉴于中央批准陈海波不再担任沈阳市人民政府市长职务,根据《中华人民共和国地方各级人民代表大会和地方各级人民政府组织法》的有关规定,决定接受陈海波辞去沈阳市人民政府市长职务的请求,并报沈阳市第十五届人民代表大会第三次会议备案。

三、会议审议了沈阳市人民代表大会常务委员会主任会议关于提请决定任命潘利国为沈阳市人民政府副市长并决定其为代理市长的议案,表决通过了决定任命潘利国为沈阳市人民政府副市长、沈阳市人民代表大会常务委员会关于潘利国为沈阳市人民政府代理市长的决定。

四、会议审议并表决通过了沈阳市人民代表大会常务委员会关于接受邓福林辞去沈阳市第十五届人民代表大会常务委员会委员职务请求的决定。根据《中华人民共和国地方各级人民代表大会和地方各级人民政府组织法》的有关规定,决定接受邓福林辞去沈阳市第十五届人民代表大会常务委员会委员职务的请求,并报沈阳市第十五届人民代表大会第三次会议备案。

(胡士俊)

【第十五届人民代表大会常务委员会第十八次会议】 会议于2015年2月27日上午举行。市人大常委会主任赵长义、副主任于波分别主持了会议期间的两次全体会议。

会议审议并表决通过了沈阳市人大常委会2015年工作要点。常委会组成人员认为,工作要点紧紧围绕全市工作大局,更加突出了依法治市、助推经济发展、生态文明建设和保障改善民生,重点突出,安排科学,具有很强的针对性和可操作性。市人大各专门委员会和常委会各工作机构要按照工作要点的总体安排,对相关工作进行具体分解和细化,确保高质量完成全年各项工作。

(胡士俊)

【第十五届人民代表大会常务委员会第十九次会议】 会议于2015年3月18日上午举行,市人大常委会主任赵长义主持会议。

会议进行了人事免职事项。鉴于黄凯同志已当选为沈阳市人大常委会副主任,根据地方组织法的相关规定,会议表决决定免去黄凯同志的沈阳市人民政府副市长职务。

(胡士俊)

【第十五届人民代表大会常务委员会第二十次会议】 会议于2015年4月22日至23日举行,会期一天半。

市人大常委会主任赵长义、副主任王开军分别主持了会议期间的两次全体会议。

一、会议审议了《沈阳市妇女权益保障条例(草案)》(一审)。常委会组成人员认为,制定《沈阳市妇女权益保障条例》是市人大常委会重要立法项目,制定该条例对规范妇女权益保障工作、依法保护妇女合法权益非常必要、切实可行。审议过程中,组成人员对条例草案提出了一些具体的意见和建议。

二、会议审议并表决通过了《沈阳市保护消费者合法权益规定废止案》,会后将按程序报省人大常委会审议批准。

三、会议听取、审议并表决通过了市人大内务司法委员会关于市十五届人大三次会议主席团交付审议的《关于大力推进和谐社区建设的议案》等三件议案审议结果的报告。会议决定,将此议案列入市人大常委会会议议程,交由市政府办理,市人大常委会将于下半年适时听取市政府办理情况的报告。会议同意市人大内务司法委员会为推动议案落实提出的建议。

四、会议听取、审议并表决通过了市人大环境与资源保护城乡建设委员会关于市十五届人大三次会议主席团交付审议的《关于加快创建"公交都市",优先发展城市公共交通的议案》等八件议案审议结果的报告。会议决定,将此议案列入市人大常委会会议议程,交由市政府办理,市人大常委会将于下半年适时听取市政府办理情况的报告。会议同意市人大环境与资源保护城乡建设委员会为推动议案落实提出的建议。

五、会议听取、审议并表决通过了市政府关于民族工作情况的报告。常委会组成人员认为,近年来,市政府及相关部门对做好民族工作高度重视,认真贯彻落实党和国家相关民族政策和法律法规,不断加大对少数民族的支持和帮扶力度,尤其是在推进民族乡村经济和社会事业发展,加强少数民族公共服务体系建设和流动人口服务管理,保障少数民族合法权益,开展对口援疆、援藏工作,发展少数民族教育以及少数民族传统文化的传承与保护等方面,切实采取一系列措施,做了大量工作,进一步巩固了各民族和谐发展的良好局面。常委会组成人员指出,从全局和长远发展看,沈阳市民族工作还存在一些值得注意的问题,主要是基层民族工作力量还比较薄弱;少数民族民生方面还有些亟待解决的问题;民族乡村经济社会发展还比较落后。

六、会议审议并表决通过了沈阳市人民代表大会常务委员会关于撤销吴桐沈阳市中级人民法院审判员职务的决定。鉴于吴桐犯受贿罪,已被判刑和行政开除,根据《中华人民共和国各级人民代表大会常务委员会监督法》和《中华人民共和国地方各级人民代表大会和地方各级人民政府组织法》的有关规定,决定撤销吴桐沈阳市中级人民法院审判员职务。

七、会议进行了人事任免事项。

(胡士俊)

【第十五届人民代表大会常务委员会第二十一次会议】 会议于2015年6月23日至24日举行,会期两天。市人大常委会主任赵长义、副主任李继安分别主持了会议期间的两次全体会议。

一、会议审议了《沈阳市城市公共汽车客运管理条例(草案)》(一审)、《沈阳市生活垃圾管理条例(草案)》(二审)。常委会组成人员认为,制定《沈阳市城市公共汽车客运管理条例》是加快创建公交都市、优先发展城市公共交通的重要保证,非常必要、切实可行。提交会议二次审议的《沈阳市生活垃圾管理条例(草案)》内容更加完善,立法条件更趋成熟。审议过程中,组成人员对两部条例草案提出了一些具体的意见和建议。会后,市人大及其常委会有关部门要认真研究,充分吸纳,做好条例的修改和完善,适时提请常委会会议再次审议。

二、会议审议并表决通过了《沈阳市妇女权益保障条例(草案)》。会后将按程序报省人大常委会审议批准,相关部门要为条例的贯彻实施做好各项准备工作。

三、会议听取、审议了市政府关于沈阳市2014年财政决算的报告。会议结合审议审计工作报告,对《2014年沈阳市财政决算(草案)》和决算报告进行了审查,同意市人大财政经济委员会提出的《关于2014年市本级决算审查结果的报告》,决定批准《沈阳市2014年市本级决算》。

四、会议听取、审议了市政府关于2014年沈阳市本级预算执行和其他财政收支审计工作的报告。常委会组成人员认为,市审计部门紧紧围绕市委、市政府确定的"深化改革、稳定增长、改善民生、优化环境"中心工作,认真履行审计职责。审计报告全面真实、客观公正地反映了市本级预算执行和其他财政收支情况,审计报告揭示的问题比往年更加深入、具体、准确、透彻,对存在问题的部门及违规违纪行为不回避、不掩饰,注重从体制、机制层面揭示问题和分析原因,提出的审计意见是积极可行的。审计工作在保障全市经济和各项社会事业健康发展,为市人大及其常委会依法监督预决算等方面工作提供了有力支持。组成人员对审计工作报告表示满意,对审计部门所做的卓有成效的工作和付出的辛勤努力给予高度评价和充分肯定。

五、会议听取、审议了市政府关于沈阳市政府性债务情况的报告。

六、会议审议并表决通过了市政府关于都市现代农业发展情况的报告。

七、会议进行了人事任免事项。

(胡士俊)

【第十五届人民代表大会常务委员会第二十二次会议】 会议于2015年8月25日至27日举行。市人大常委会主任赵长义、副主任卞富学分别主持了会议期间的两次全体会议。

一、会议审议了《沈阳市城市公共汽车客运管理条例(草案)》(二审)、《沈阳市生活垃圾管理条例(草案)》(三审)。常委会组成人员认为,提交会议再次审议的两部条例草案内容更加充实、完善。审议过程中,组成人员对条例草案提出了一些具体的意见和建议。会后,市人大及其常委会有关部门要认真研究,充分吸纳,做好条例的修改和完善,适时提请常委会会议再次审议。

二、会议听取审议了市政府关于沈阳市2015年上半年国民经济和社会发展计划执行情况的报告。

三、会议听取审议了市政府关于沈阳市2015年上半年预算执行情况的报告。

四、会议审议了市政府关于2015年沈阳市本级预算调整方案(草案),表决通过了沈阳市人民代表大会常务委员会关于批准2015年沈阳市本级预算调整方案的决议(草案)。会议同意市人大财政经济委员会关于2015年沈阳市本级预算调整方案(草案)的审查报告,决定批准2015年沈阳市本级预算调整方案。

五、会议听取、审议并表决通过了市政府关于公共卫生安全建设情况的报告。

六、会议听取审议了市政府关于市十五届人大三次会议以来代表建议、批评和意见办理情况的报告。

七、会议听取审议了市法院关于市十五届人大三次会议以来代表建议、批评和意见办理情况的报告。常委会组成人员认为,市法院对代表建议办理工作高度重视,主要领导亲自研究部署和协调督办,严格落实办理责任,完善办理制度,建议办理质量和成效明显提高。对此,常委会组成人员在审议中给予了充分肯定。常委会组成人员指出,认真办理代表建议是审判机关的法定职责和义务,也是自觉接受人大及其常委会监督、认真改进工作的重要途径。

八、会议听取审议了市检察院关于市十五届人大三次会议以来代表建议、批评和意见办理情况的报告。常委会组成人员认为,市检察院对代表建议办理工作高度重视,主要领导亲自协调督办,认真落实办理责任,注重规范办理流程,完善办理制度,创新办理工作方式,办理工作取得明显成效。对此,常委会组成人员在审议中给予了充分肯定。常委会组成人员指出,认真办理代表建议是检察机关的法定职责和义务,也是自觉接受人大及其常委会监督、认真改进工作的重要途径。

九、会议听取审议了市人大常委会执法检查组关于检查《中华人民共和国义务教育法》和《沈阳市义务教育条例》实施情况的报告。根据市人大常委会工作安排,市人大常委会组成执法检查组,于6月18日和24日,对贯彻实施《中华人民共和国义务教育法》和《沈阳市义务教育条例》(以下简称"一法一例")情况进行了执法检查。

十、会议听取审议了市人大常委会代表资格审查委员会关于个别代表资格的报告。沈阳市第十五届人民代表大会第三次会议召开时实有代表526人。会议闭幕后代表空缺5人。

十一、会议补选陈求发为辽宁省第十二届人民代表大会代表。

十二、会议进行了人事免职事项。会议决定免去关志鸥的沈阳市人民政府副市长职务。

(胡士俊)

【第十五届人民代表大会常务委员会第二十三次会议】 会议于2015年10月28日至30日举行。市人大常委会主任赵长义、副主任徐璐分别主持了会议期间的两次全体会议。

一、会议审议并表决通过了《沈阳市城市公共汽车客运管理条例(草案)》、表决通过了《沈阳市生活垃圾管理条例(草案)》。会后将按程序报辽宁省人大常委会审议批准,相关部门要为两部条例的贯彻实施做好各项准备工作。

二、会议听取、审议并表决通过了市政府《关于大力推进和谐社区建设的议案》办理情况的报告。

三、会议听取、审议并表决通过了市政府《关于加快创建"公交都市",优先发展城市公共交通的议案》办理情况的报告。

四、会议听取审议了市政府关于沈阳市国民经济和社会发展"十二五"规划完成情况和"十三五"规划编制情况的报告。

五、会议听取、审议并表决通过了市政府依法行政工作的报告。

六、会议听取、审议并表决通过了市政府关于社会救助工作情况的报告。常委会组成人员认为,市政府高度重视社会救助工作,始终将其作为惠民生、解民忧、暖民心的基础性工作,完善各项配套政策措施,加大资金投入,扩大救助范围,初步建立了"五位一体"社会救助体系，有力地保障了困难群众的基本生活，对于保障改善民生、调节收入分配、促进社会公平正义、维护社会和谐稳定发挥了重要作用。对此，常委会组成人员给予高度评价和充分肯定。

七、会议进行了人事任免事项。

（胡士俊）

【第十五届人民代表大会常务委员会第二十四次会议】 会议于2015年11月19日举行。市人大常委会主任赵长义、副主任黄凯分别主持了会议期间的两次全体会议。会议进行了人事任职事项：决定任命赵忠滨同志为沈阳市人民政府副市长。

（胡士俊）

【第十五届人民代表大会常务委员会第二十五次会议】 会议于2015年12月4日举行。市人大常委会主任赵长义、副主任聂洪升分别主持了会议期间的两次全体会议。

一、会议审议并表决了沈阳市人民代表大会常务委员会关于召开沈阳市第十五届人民代表大会第四次会议的决定（草案）。会议决定：沈阳市第十五届人民代表大会第四次会议于2016年1月6日召开。建议会议的主要议程是：（一）听取和审议沈阳市人民政府工作报告；（二）审查和批准沈阳市国民经济和社会发展第十三个五年规划纲要（草案）；（三）审查和批准沈阳市2015年国民经济和社会发展计划执行情况与2016年国民经济和社会发展计划草案的报告，批准沈阳市2016年国民经济和社会发展计划；（四）审查和批准沈阳市2015年预算执行情况和2016年预算草案的报告，批准沈阳市2016年市本级预算；（五）听取和审议沈阳市人民代表大会常务委员会工作报告；（六）听取和审议沈阳市中级人民法院工作报告；（七）听取和审议沈阳市人民检察院工作报告；（八）选举事项；（九）其他。

二、会议审议并原则通过了市人大常委会向市十五届人大四次会议所作的工作报告（草）。常委会组成人员认为，《工作报告（草）》比较客观、全面地反映了市人大常委会一年来的主要工作，对明年市人大常委会的工作安排切实可行。会议要求，报告起草组要按照市委的总体要求，认真吸纳组成人员在审议过程中提出的意见和建议，以及即将开展的走访各区、县（市）代表团过程中人大代表提出的意见、建议，对《工作报告（草）》作进一步修改完善，真正向大会提交一个站位高、操作性和指导性强的工作报告。

三、会议听取审议了市政府投资建设项目计划2015年执行情况及2016年编制情况的报告。

四、会议审议了市政府关于《2014年度沈阳市本级预算执行和其他财政收支的审计工作报告》提出问题整改情况的报告（书面）。

五、会议听取审议了市政府关于市十五届人大三次会议以来代表建议、批评和意见办理情况的报告。

六、会议审议了市法院关于市十五届人大三次会议以来代表建议、批评和意见办理情况的报告（书面）。委会组成人员认为，市法院对代表建议办理工作高度重视，坚持主要领导亲自研究和协调调度，不断加大办理工作推动力度，严肃认真办理代表建议，积极回应代表关切，工作作风和办理措施更加务实，不仅提升了办理工作质量和成效，同时也推动了法院的相关工作。对此，常委会组成人员在审议中给予了充分肯定。

七、会议审议了市检察院关于市十五届人大三次会议以来代表建议、批评和意见办理情况的报告（书面）。常委会组成人员认为，市检察院对代表建议办理工作高度重视，坚持主要领导亲自研究和协调调度，严格落实办理责任，规范办理程序，工作作风和办理措施更加务实，不仅提升了办理工作质量和成效，同时也推动了检察院的相关工作。对此，常委会组成人员在审议中给予了充分肯定。

（胡士俊）

【第十五届人民代表大会常务委员会第二十六次会议】 会议于2015年12月25日举行。市人大常委会主任赵长义、副主任于波分别主持了会议期间的两次全体会议。

一、会议审议并表决通过了沈阳市第十五届人民代表大会第四次会议议程（草案）和日程（草案）。会议议程（草案）：（一）听取和审议沈阳市人民政府工作报告；（二）审查和批准沈阳市国民经济和社会发展第十三个五年规划纲要草案；（三）审查和批准沈阳市2015年国民经济和社会发展计划执行情况与2016年国民经济和社会发展计划草案的报告，批准沈阳市2016年国民经济和社会发展计划；（四）审查和批准沈阳市2015年预算执行情况和2016年预算草案的报告，批准沈阳市2016年市本级预算；（五）听取和审议沈阳市人民代表大会常务委员会工作报告；（六）听取和审议沈阳市中级人民法院工作报告；（七）听取和审议沈阳市人民检察院工作报告；（八）通过沈阳市第十五届人民代表大会第四次会议关于接受卞富学辞去沈阳市第十五届人民代表大会常务委员会副主任职务请求的决定（草案）；（九）通过沈阳市第十五届人民代表大会第四次会议关于设立沈阳市人民代表大会人事选举委员会的决定（草案）；（十）补选沈阳市第十五届人民代表大会常务委员会副主任、委员；（十一）通过沈阳市第十五届人民代表大会有关专门委员会组成人员人选。会议议程（草案）和日程（草案），将按程序分别提请市十五届人大四次会议预备会议和主席团第一次会议通过。

二、会议听取了关于沈阳市第十五届人民代表大会第四次会议筹备工作情况的报告。2015年11月中旬，市人大常委会成立了大会筹备工作机构，制订了筹备工作方案，各项筹备工作全面展开，有序进行。大会的会场和代表驻地安排、会议报告起草和文件材料准备等各项筹备工作基本就绪，能够保证大会如期召开。

三、会议听取审议了沈阳市人民代表大会常务委员会代表资格审查委员会关于代表变动和补选代表的代表资格审查报告。沈阳市第十五届人民代表大会代表名额为529名。市十五届人大常委会第二十二次会议召开时，实有代表521名。第二十二次会议召开后，代表又空缺23名。沈阳市第十五届人民代表大会实有代表527名。

四、会议审议并表决通过了沈阳市第十五届人民代表大会第四次会议主席团和秘书长、主席团常务主席、副秘书长及列席人员建议名单。市十五届人大四次会议主席团和秘书长、主席团常务主席、副秘书长建议名单，是根据有关法律规定和工作需要，参照以往构成情况并与市委组织部反复沟通提出的。建议名单将按程序提请市十五届人大四次会议预备会议和主席团第一次会议选举、推选和决定。列席人员建议名单，是根据有关法律规定和工作需要提出的。

五、会议审议并表决通过了沈阳市人民代表大会常务委员会关于接受王建国等辞去沈阳市第十五届人民代表大会常务委员会委员等职务请求的决定。因已到任职年龄界限,王建国、王柏岩同志请求辞去沈阳市第十五届人民代表大会常务委员会委员职务,张利同志请求辞去沈阳市第十五届人民代表大会常务委员会委员、市人大财政经济委员会主任委员职务,郭君达同志请求辞去沈阳市第十五届人民代表大会常务委员会委员、市人大农业与农村委员会主任委员职务。根据《中华人民共和国地方各级人民代表大会和地方各级人民政府组织法》的有关规定,经审议决定,接受王建国等四名同志的辞职请求,并报沈阳市第十五届人民代表大会第四次会议备案。

六、会议审议并表决通过了沈阳市人民代表大会常务委员会关于接受王洪涛等辞去辽宁省第十二届人民代表大会代表职务请求的决定。由于工作岗位变动,根据《中华人民共和国全国人民代表大会和地方各级人民代表大会选举法》的有关规定,决定接受王洪涛、史桂茹、李静文、张广增、柏和、徐克、戴贺臣等7人辞去辽宁省第十二届人民代表大会代表职务。

七、会议补选了辽宁省第十二届人民代表大会代表。会议补选朱文蔚、李鹏宇、陈佳标、王中印、张庆、冷奎英6人为辽宁省第十二届人民代表大会代表。

八、会议进行了人事任免事项

决定任命:

张景辉为沈阳市人民政府副市长;

庞洪波为沈阳市人民政府副市长;

张森为沈阳市监察局局长;

方铁林为沈阳市工商行政管理局局长;

王晶莹为沈阳市人民政府外事办公室主任。

决定免去:

李林畔的沈阳市监察局局长职务;

方向东的沈阳市人民政府外事办公室主任职务。

(胡士俊)

【注重提高地方立法质量】 2015年,常委会秉承"针对问题立法、立法解决问题"的工作理念,坚持"立得住、行得通、真管用"的立法导向,积极推进地方立法进程,共制定地方性法规3件、废止1件。

通过立法规范和推进生活垃圾的处置管理工作。随着城市化进程加快,全市生活垃圾产生量逐年增加,环境承载压力日益增大,亟需从地方立法层面来促进改变全市生活垃圾处置管理现状,为破解生活垃圾处理难题提供保障。常委会针对生活垃圾处理能力严重不足、垃圾处理设施尤其是焚烧处置设施建设滞后、垃圾分类、投放、收集、运输和处理的衔接机制不完善等迫切需要解决的问题,制定了《沈阳市生活垃圾管理条例》。条例对生活垃圾处理的规划与建设、减量与分类、运输与处置以及监督管理等各个环节,都做了明确规范,将沈阳市多年来在生活垃圾管理中积累的经验以法规形式确定下来,并从法规层面推进生活垃圾焚烧处置设施建设,加快实现生活垃圾处理的减量化、无害化和资源化。为了把这部涉及面广、问题复杂的重要法规制定好,常委会就条例的一些重要条款进行了反复研究论证,多次组织相关调研视察和到其他城市学习考察,尤其是本着审慎决策的原则,在表决法规草案之前,与政府及相关部门负责人就条例实施的重点问题进行了沟通协调,以确保条例颁布后能够得到有效实施。这部条例的制定,填补了生活垃圾管理工作的立法空白,标志着生活垃圾管理工作自此步入法制化轨道。

通过立法保障和推进公交优先发展战略的实施。公共交通是人民群众最为主要的出行方式,发展公交客运是满足百姓出行需求的首要选择。在实施公交优先发展战略,推进公交都市建设中,迫切需要通过地方立法来促进和规范全市公共汽车客运事业发展,有效解决"出行难",回应人民群众对享有更高质量出行服务的新期待。因此,常委会把制定《沈阳市城市公共汽车客运管理条例》作为一项重要的民生立法加以推进,针对城市公交线网数量不足、基础设施建设滞后、财政资金投入不足、公交职工待遇偏低等突出问题,以地方法规的形式确定了公共汽车客运的公益属性、政府主导的保障机制、公共财政投入补贴原则、提高公交客运职工工资福利待遇,从规划建设、投入机制、保障体系、运营服务、安全管理等方面,明确和完善了各项具体制度规范。这部法规的制定,使沈阳市发展公交客运的成熟举措得以法制化和常态化,对于推动公交优先发展战略的有效实施和建设公交都市,建立与城市规模相匹配的一体化公共交通体系,满足人民群众的公交出行需求,将发挥重要的引领保障作用。

通过立法为开展妇女权益保障工作创造法治条件。妇女人数占全市总人口50%以上,是推动经济社会发展的重要力量。常委会适应妇女权益保障的现实需求,制定了《沈阳市妇女权益保障条例》。在法规制定中,围绕解决妇女参与决策管理水平尚待提升、女职工劳动权益和特殊保护不到位、妇女特殊健康需求不能很好满足等问题,将一些适时管用的政策措施和经验做法上升为制度规范,对社会普遍关注的建立分性别统计指标体系、建设女性公共服务设施、城乡低保妇女"两癌"免费检查、预防和制止家庭暴力,特别是对特殊困难妇女的民生保障方面,都做出了明确具体的规定。这部条例的制定,不仅有助于通过法治思维和方式推进妇女权益保障工作,促进妇女事业发展进步,同时也有助于社会治理体制的创新,促进和谐社会建设。条例的颁布实施,在全市广大妇女群众中引起很大反响,社会各界也对出台首部关于女性权益保障方面的地方性法规给予积极评价,取得了良好社会效果。

在立法工作中,常委会注重发挥主导作用,坚持提前介入法规调研和起草工作,落实立法工作推进会议制度,保证立法项目顺利实施。坚持通过公开征集立法项目、公布法规草案、召开座谈会和论证会等方式,拓展了民主立法渠道。在发挥立法顾问、立法顾问单位作用的同时,首次聘任46名地方立法咨询专家,发挥专家学者在地方立法工作中的智力支持作用。确定了8个基层立法联系点,在建立健全征询立法意见机制方面有了新进展,使地方立法工作更接地气。坚持做好舆论引导工作,每部法规颁布实施前,都通过新闻发布会和各主要媒体宣传解读法规内容,促进法规的正确实施。此外,为适应改革发展需要,对现行法规进行了清理,废止了《沈阳市保护消费者合法权益规定》。

(胡士俊)

【增强依法监督实效】 常委会坚持问题导向,注重围绕事关全市经济社会发展的重大问题和人民群众普遍关注的热点问题,综合运用多种监督形式,依法开展监督工作。

一是加强了对全市经济社会发展重大事项的监督。编制"十三五"规划是事关全局与长远的一件大事,常委会对此高度重视，认真组织了“十二五”规划执行情况的专项调研和专题视察，听取审议了相关情况报告，围绕科学把握我市新一轮发展的阶段性特征、深化创新改革、加快经济结构调整升级、重视生态建设、守住民生底线等8个方面，提出了系统的审议意见，使规划编制能够充分体现集中民智、顺应民意，为人代会审查批准这一规划奠定了基础。针对经济下行压力加大，稳增长任务艰巨的新形势，常委会对全市上半年经济运行情况开展专题调研，听取审议了政府相关报告，重点就推进国企改革、改善发展环境、保障重点民生支出等6个方面提出意见建议。为推动农业发展方式转变，对都市现代农业发展情况进行了专题视察，听取审议了相关报告，就完善都市现代农业规划、发展生态休闲和观光农业、探索“互联网+三农”等方面提出了审议意见。

为促进民族政策和相关法律法规的贯彻落实，听取审议了民族工作情况的报告，在审议意见中突出强调了少数民族聚集区、特色街区的规划和建设，建议把西塔朝鲜族风情街、清真美食街等一批民族街区打造好，把少数民族习俗传承好、把民族特色乡村建设好。为推进林业产业发展，听取了相关情况汇报，就保护生态林、建好景观林、发展经济林以及坚持依法管林等方面提出了具体建议。听取了旅游总体规划编制情况汇报，推动旅游资源开发与整合，加快打造独具特色的旅游品牌，提升旅游业整体发展水平。

二是深化对预决算的审查监督。听取审议了2014年市本级决算、2015年上半年全市预算执行情况的报告和审计工作报告，审查批准了2014年市本级决算，并在审议意见中突出强调，在财政支出刚性增长与财政收入增幅放缓矛盾日益凸显的情况下，应重视解决每年结余结转资金规模过大的问题，大力压缩沉淀资金，严控结余结转资金规模，最大限度发挥预算资金使用效益，保证财政支出的均衡性。推进了对预算执行的常态监督，在对重点资金拨付使用情况进行在线监督的基础上，增加了对已列支部门未使用资金的监督，促进提高了预算的执行率。听取审议了审计问题整改情况报告，对照问题清单进行跟踪问效，做到整改落实和责任追究并重。坚持把预算初审工作作为加强改进预算监督的关键环节，组织聘请部分人大代表及财税、审计方面专家对预算草案进行集中审查，各专委会提前参与并提出相关意见建议，督促相关部门按照初审意见进行整改，对市交通局、建委、农委、卫计委等部门的预算草案开展了专题审查，预算初审工作更具实效，为人代会审查批准预算创造了有利条件。

三是强化民生工作监督。对防止经济下行压力传导到民生领域，切实守住民生底线的问题，常委会予以高度关注，并通过各种监督形式，对重点民生问题坚持连续监督与推动。围绕保障城乡百姓喝上“干净水、放心水”，集中视察了居民住宅小区供水管网改造以及农村饮水升级改造工程实施情况，推动相关改造任务全面完成。为促进社会保障工作，听取审议了社会救助工作情况报告，推动建立系统性、统筹性、可持续性和兜底性的社会救助体系。听取审议了公共卫生安全建设情况的报告并开展了专题调研视察，就增强重大疾病预防控制能力尤其是突发事件处置能力、加强公共卫生安全体系建设以及市传染病院搬迁改造等方面提出了具体建议。为推动中医药事业发展，常委会在对中医药事业发展情况进行深入调研的基础上，听取了相关工作汇报，建议把市中医院、沈河中医院、市第二中医院康复中心等一批特色中医院和中医康复中心建设好，满足人民群众对中医诊疗的需求，市区政府对此积极回应，已将三所中医院的搬迁改造项目纳入财政预算计划，着力提升中医药事业整体发展水平。听取了城乡垃圾处理工作进展情况汇报，对近几年常委会相关审议意见的落实情况进行了跟踪问效，推进垃圾焚烧发电、渗滤液处理以及餐厨垃圾处理项目的加快建设。为推进终身教育事业发展，听取了相关工作情况汇报，推动了学习型城市建设。

四是加强了对法律法规实施情况和依法行政、公正司法的监督。以义务教育均衡发展为重点，对义务教育法和沈阳市义务教育条例的贯彻实施情况开展了执法检查，听取审议了相关报告，针对部分地区存在着入学难、教师人事管理政策滞后、城乡间和地区间教育资源不均衡等问题，在提出加快建设配套学校、加强教师队伍建设、合理配置教育资源的同时，突出强调了支持优质教育资源的有序扩张，建议将名校集团化办学模式作为义务教育均衡发展举措的重要选择，积极为名校、强校、特色校有序发展创造条件，实现优质教育的更广覆盖，满足人民群众对公平教育和优质教育的双重期盼。

为全面推进依法治市，听取审议了市政府依法行政工作报告，针对在依法行政上存在的主要问题，就加快政府职能转变、强化对行政权力的制约和监督、有效规范行政执法行为等方面提出审议意见，特别强调要对行政机关应诉败诉案件成因进行分析，切实提高运用法治思维和法治方式推进行政工作的能力。听取了依法开展征兵工作情况汇报，确保兵役法在的贯彻实施。听取了市法院关于人民陪审工作汇报，促进审判机关建立健全任职考核、定期培训、服务保障等机制，切实发挥人民陪审员的制度优势，推进阳光司法，让人民群众在每一个司法案件中感受到公平正义。听取了市检察院开展未成年人刑事检察工作情况的汇报，促进落实新修改的《刑事诉讼法》，维护涉罪未成年人合法权益。围绕加强备案审查制度和能力建设，认真开展相关工作，对所提报的政府规章和其他规范性文件进行了备案审查。加强了涉法涉诉、申诉控告事项的分析研判和转办督办工作，坚持“诉访分离”，邀请律师、法官参与接访，全年共受理群众来信来访、申诉控告事项1541件，促进了人民群众合法诉求的解决。

（胡士俊）

【依法行使重大事项决定权和人事任免权】 常委会坚持将行使重大事项决定权与开展重点监督工作紧密结合起来，围绕事关全市振兴发展的工作大局和人民群众普遍关注的重大事项，确定监督审议议题，适时作出决议提出审议意见，依法推动市委重大决策部署和全市重点工作的有效落实。先后围绕公交优先发展战略实施、“十三五”规划编制、公共卫生安全、和谐社区建设、义务教育均衡发展、生活垃圾处理、推进依法行政等重大事项进行审议，作出决议或提出审议意见，并以听取审议报告、执法检查、专题视察、专项调研、专题询问等多种形式，跟踪促进各项重要审议意见的落实，使相关问题得到推进与解决。

常委会还将行使好对计划和财政预决算的审查批准权，作为讨论决定重大事项的重要内容，重点加强了对政府性债务和政府投资项目等重大事项的监督。根据政府存量债务进入还贷高峰期，债务资金监管需要改进、使用效率有待提升的状况，听取审议了政府性债务管理情况的报告，从加强对政府性债务的风险控制、调整政府性债务结构、加强政府存量债务管理与监督等方面，提出具体意见建议，促进政府严控债务总规模，确保债务规模合理、风险可控、使用规范。听取审议了2016年度政府投资建设项目计划编制情况报告，在审议意见中突出强调，对计划执行中有相当数量项目尚未开工或无法开工的情况要认真分析原因，提高投资决策的科学化水平，提升项目计划执行率，确保政府投资重大项目得到有效有序推进。在行使人事任免权方面，常委会坚持党管干部和人大依法任免相统一，全年共任免国家机关工作人员169人次，保证了国家机关正常运转和各项工作顺利进行。

（胡士俊）

【加强和改进代表工作】 常委会围绕保障代表充分履行职责、提升履职能力水平，不断增强代表工作实效。

代表履职学习培训更加深入。利用市人大代表培训基地以及其他方式，通过专题报告、专业培训、专题辅导等形式，组织了“一带一路”战略、解读“四个全面”、宏观经济社会改革、推进依法治国、县乡人大建设、现代农业发展等15个专题学习，涉及各级代表1140余人次。注重发挥各专委会的专业优势，组织专家学者进行专题辅导，使代表履职学习更具针对性，更有鲜活感和吸引力。

代表闭会期间履职活动更为丰富。围绕代表“三深入”活动主题，组织开展代表小组活动120余次，600余名省市人大代表深入基层了解社情民意，全市代表积极反映群众呼声，提出了许多高质量的意见建议，体现了为民履职的良好形象。围绕保障代表执行职务，重新完善了代表活动的组织网络，增拨了代表小组专项活动经费，保证闭会期间代表小组活动的更好开展。制定了代表约见“一府两院”部门负责人的工作程序，并首次就居民供暖、小区物业管理问题，组织相关代表约见房产、建委等部门负责人直接对话，推动解决百姓关切的民生问题，在改进代表工作方面做了新尝试。

代表对常委会工作的参与不断扩大。全年共邀请70名代表列席常委会会议和分组审议，980人次各级代表参加了常委会各项履职活动。常委会还紧密结合重点监督议题，注重发挥代表在联系人民群众中的独特作用，借助代表在各自领域的专业优势，反映民意、汇聚民智，提高常委会的工作质量和履职水平。

代表履职考核机制不断健全。推进代表履职监督考评工作，完善了代表履职档案，规范和细化代表履职考核记实内容，将代表参加原选举单位活动、代表小组活动等情况列入履职考评内容。组织了市人大代表向原选举单位述职工作，促进代表加强与原选举单位和人民群众的联系。

代表议案建议的督办工作成效显著。对本届人大三次会议主席团交付的两项议案，分别听取审议了专门委员会议案审议结果和市政府议案办理情况的报告，多次组织专题调研和视察检查。围绕办理优先发展城市公共交通的议案，常委会在加强跟踪督办、听取审议相关报告的同时，就公交基础设施建设、改善公交职工待遇、加大财政对公交的资金投入等10个方面问题，对政府部门进行了专题询问，推动加快补齐公共交通发展短板，有效解决议案办理中的难点问题。围绕办理推进和谐社区建设的议案，召开了10余次座谈会，先后深入20多个不同类型社区进行实地视察，促进政府加大对社区建设投入，完善社区公共服务体系，从体制机制上推进“去行政化”，使社区更好地服务百姓。市政府对此高度重视，将其列入为民办实事工程，制订了和谐社区建设工程实施方案，城乡社区公共用房及相关配套设施的建设改造等各项工作正在推进之中。

为办好744件代表建议，常委会坚持把解决率作为办理工作基本标准，强化全程跟踪推动，对重点建议由主任会议进行了重点督办，加大对疑难建议办理工作的协调力度，积极回应代表关切，提高办理实效。在各方面的共同努力下，代表建议已全部办结，代表所提问题得到解决或基本解决的582件，占80.4%。

（胡士俊）

【加强常委会自身建设】 常委会始终自觉接受党的领导，坚持人大工作的正确政治方向，依法有效行使法定职权。结合“三严三实”专题教育，推进作风建设的常态化和长效化，从严从实改进工作作风，所有调研视察和检查活动，都坚持轻车简从，视察方式坚持明察暗访，不搞形式主义；对检查内容坚持求真务实，不搞报喜不报忧。为配合筹备市委人大工作会议，对全市人大工作进行了深入调研，在此基础上形成了推动解决人大工作实际问题的具体建议，其中关于统筹协调立法中的重大问题、增强人大监督刚性、加强县区、乡镇人大和街道人大工委建设，完善机构设置等一些建议被市委采纳，为市委做出相关决定提供了依据。常委会坚持每次会议都结合重点议题开展调研，安排专题辅导讲座，对审议发言进行摘要刊发并存档，促进和保证了审议质量不断提高。人大宣传工作不断深化，《沈阳人大》刊物、沈阳人大信息微平台在宣传人大制度、提高人大工作透明度方面发挥了积极作用。坚持人大重要会议和重大活动实时报道，审议意见向社会公布，推进了常委会履职的公开化。加强人大机关建设，严格执行中央八项规定，人大机关呈现出风清气正、务实进取、团结协作的良好风貌。

加强了对基层人大的工作指导，召开了全市乡镇人大工作经验交流座谈会，总结交流了铁西区新民屯镇、新民市张家屯镇、法库县四家子蒙古族乡等6个乡镇人大的工作经验，对推动乡镇人大建设发挥了重要作用。密切了与区县（市）人大的联系，坚持协调联动开展重点监督，共同推进全市人大工作。积极配合全国和辽宁省人大常委会来沈阳开展执法检查、立法调研和专题视察，开展了与兄弟城市人大的学习交流，先后出访缅甸、老挝、斯里兰卡等国家，接待柬中友好协会、斯里兰卡高尔市政府、美国犹他州参众两院等9个国家地方议会或城市的代表团来访，促进了友城交往与对外交流合作。

（胡士俊）

沈阳市人民政府

【十九届五次全体（扩大）会议】 2015年7月21日召开。会议的主要任务是总结分析上半年工作，安排部署下半年工作。市长潘利国充分肯定了上半年全市经济社会发展所取得的成绩，分析了当前宏观经济形势以及存在的问题，同时指出完成全年的目标任务仍然十分艰巨，要求全市各级政府和部门继续保持锐意进取、奋发有为的精神状态和求真务实、埋头苦干的工作作风，咬定目标、保持定力、主动作为、勇于担当，全力抓好稳增长、产业优化升级、全面创新改革、城市建设和管理、民生保障等各项工作，加强政府自身建设，提升工作执行力，推动各项工作落到实处、取得实效，确保全面完成全年各项目标任务，为"十三五"和新一轮振兴发展奠定坚实基础。市委常委、常务副市长顾春明通报了2015年上半年全市经济运行情况及下半年重点工作。

（刘广州）

【十九届六次全体（扩大）会议】 12月30日召开。会议讨论通过了提交市十五届人大四次会议审议的《政府工作报告》。市长潘利国主持会议并作了讲话，要求全市各级政府和部门认真贯彻落实中央和全省经济工作会议精神，紧紧围绕市委十二届十二次全会的安排和部署，按照"十三五"规划提出的发展目标和重点任务，持续加强学习，强化工作落实，凝心聚力、攻坚克难、创新突破，努力把握和引领发展新常态，促进全市经济社会平稳健康可持续发展。同时，对做好"两会"和"两节"期间的民生和社会管理工作进行了重点部署。市委常委、常务副市长顾春明作了《关于 <政府工作报告> 的说明》。

（刘广州）

【建议提案办理】 2015年，市政府将建议提案办理工作与贯彻党的群众路线、深化"三严三实"专题教育和推动政府改进工作相结合，以建议提案解决落实为核心，切实加强领导，逐级落实责任，采取了建立代表委员联系人制度、C类建议提案由分管市领导确定、主协办单位联合走访、业务大培训、办理工作大回访等一系列新举措，建议提案办理质量进一步提升。市政府系统承办的106件省建议提案、1243件市建议提案，实现了见面率、办复率、应满意率3个100%，得到了省政府、市人大常委会、市政协和广大代表委员的充分肯定。

（赵炜炜）

【督查工作】 2015年，市政府督查室紧紧围绕全市中心工作特别是市政府领导同志关注的大事、要事，着力开展督查落实。在工作作风、督办环节、督查实效上下功夫，取得了新的提升和突破，保证了各项任务的顺利完成。

强化对全市经济运行情况的督查分析。围绕稳增长这一首要任务，按照"一季度开门红"、"半年双过半"、"三季度回头看"、"年底全面完成"四步走的时间节点，重点对全市经济社会发展主要指标的完成情况开展专项督查，定期通报指标任务进展情况，及时发现倾向性问题开展分析并提出工作建议，助推经济平稳健康发展。

强化对市政府重要决策部署事项的督办落实。对市政府全体会议、常务会议、市长办公会议确定事项以及市政府主要领导同志考察调研、现场办公、专业座谈会议等确定和交办事项，及时进行任务分解和立项督查，并采取定期巡查、重点督办、联合督查等形式督办落实。全年列入督查的1742项工作，按时完成率达98.5%。

强化对重点项目建设的督办落实。紧密围绕市政府确定的270个市级重点项目和50个战略性新兴产业项目，着力在项目开复工和投产达效两方面深入开展督查督办，推进重点项目全部按期实现开复工、计划竣工的全部验收并投产；对"央企、沪企辽宁行"与沈阳市对接战略性合作项目进行跟踪落实，促进这批重大项目早签约、快落地。

强化对重点产业发展的督办落实。为持续推进支柱产业对全市经济的拉动作用，以宝马和北盛等利税大户扩大产能、中德装备园和中法生态园建设、创建国家电子商务示范城等为重点，开展系列专项督查行动，分类形成专题督查报告向市政府主要领导全面反馈情况，切实督促相关责任单位推动支柱产业和龙头企业进一步做大做强。

强化对改革创新部署的督办落实。按照市委、市政府有关深化改革和推进创新的工作部署，以国务院28号文件落实、申报国家自主创新示范区、设立"三个清单"、审批权限下放、国企改革、农村产权制度改革等为重点，紧盯牵头部门和责任单位开展跟踪督查，每季度将工作落实情况通过《督查专报》向市政府主要领导和分管领导报告，切实推进工作落实。

（督查室一处）

【完成国务院督查组迎检任务】 圆满完成迎接国务院重大政策措施落实情况督查任务。认真做好迎检材料准备相关工作，完成16项专题材料和20项备查材料收集、整理、装订、发放等工作，受到督查组组长姜大明部长的充分肯定。按照国务院督查组反馈意见，起草了整改方案，印发了沈阳市《关于国务院第八督查组反馈意见涉及整改落实责任分工的通知》，汇总形成了自查报告并按时将整改情况反馈省政府有关部门。

（督查室一处）

【召开全市政府系统督查干部业务培训会】 市政府督查室于2015年12月16日主办了全市政府系统督查干部业务培训会。各区、县（市）督查室（督考办）的领导同志及市直相关部门负责同志共100余人参加了培训。本次培训会通过深入讲解中央和省、市有关全面加强督查工作的一系列重要批示指示精神，分析督查工作面临的新形势新任务，把握当前督查工作的方向和重点，使参会人员的督查工作能力和水平获得了全面提升，进一步推动了市政府决策部署的落地见效。

（督查室三处）

【市政府办实事工作全面完成】 2015年，在全市上下的共同努力下，各责任单位克服事项多、工程量大、办理时间紧等不利条件，超前谋划，精心实施，保证了办实事工作全面有序展开、快速扎实推进。截至2015年12月31日，各项实事按计划工作圆满完成。

1、超额完成12项。分别是：计划改造提升200个旧住宅区环境，实际完成830个，为计划任务的4.1倍；计划实施"暖房子工程"500万平方米，实际完成1071万平方米，超额571万平方米；计划维修改造街巷路40条，实际完成100条，超额60条；计划维修改造农村公路500公里，实际完成503公里，超额3公里；计划新开、调整公交线路20条，实际完成38条，为计划任务的190%；计划改造建设公交停车场5处，实际完成16处，超额11处；计划开办网络公益学堂录制微播课程2000节，实际录制2135节，超额135节；计划新增公办幼儿园学位3500个，实际新增4200个，超额700个；计划开展公益性文艺演出700场次，实际完成721场，超额21场；计划拆除供暖锅炉房50座，实际拆除66座，超额16座；计划完成非电燃煤锅炉除尘改造60台，实际完成130台，为计划任务的2.2倍；计划完成燃煤锅炉清洁能源替换30台，实际完成75台，为计划任务的2.5倍。

2、提前完成14项。分别是："提高高龄老人补贴标准"于3月份完成；"建设10个区域性居家养老服务中心”于6月份完成，“建设60个宜居示范乡村”、“实施棋盘山生态修复工程”于10月份完成；“启动改造51片棚户区”、“举办各类艺术培训班350场次”、“实施国家森林公园生态修复工程”、“改造北塔、克俭等6处休闲健身公园”、“新建、改造30处公共厕所”、“继续实施农村生活垃圾专项治理”、“改造排水站60座”、“改造桥涵闸80座”、“完成沟渠清淤140条”、“完成20.7万农村人口饮水安全工程”于11月份完成。

3、按期完成3项。2015年重点推进的92处农村污水处理设施于12月18日全部检修完毕，实现试运行；幼儿园提标补助资金于12月29日全部发放至各幼儿园；计划建设中小学数字校园300所于12月30日前完成了办实事计划。

（督查室）

【应急管理】 2015年，全市应急管理工作紧紧围绕全局，完善体系，夯实基础，提升能力，深入推进应急管理各项工作，有效防范和应对了各类突发事件，没有发生较大以上突发事件，为全市经济社会稳定发展创造了良好环境。

一是妥善处置突发事件，社会大局保持平稳。全市各级各部门坚持预防为主、预防与应急相结合，强化预测预警、隐患排查和监管执法，在突发事件信息报送、先期处置、启动应急响应、组织应急救援、社会舆情引导、善后处置、事故调查等方面认真履行了职责，协调处置了出租车群体维权涉稳事件、康平县一过境槽罐车侧翻造成危化品泄漏事故、大伙房原水发现非典型大肠杆菌事件、重度污染天气等一般突发事件70余起，社会大局持续平稳。

二是加强应急预案管理，应急演练亮点突出。严格实施《沈阳市突发事件应急预案管理办法》，加强对各类应急预案的检查指导，切实做好各类应急预案的编修、评审、发布和管理工作。10月份，《沈阳市突发事件总体应急预案》通过市政府常务会议审议并下发。高危行业、学校、防火等敏感领域，都按要求开展了应急预案演练活动，其中，由市公安局、沈阳供电公司等多个部门联合举办的“沈阳市危化品事故应急处置演练”、“电力系统应对大面积停电应急演练”、防汛及森林防火等演练活动圆满成功。

三是应急体制逐步理顺，应急机制不断完善。调整了应急委领导及成员，应急组织体系进一步健全。下发实施了《沈阳市突发事件预警信息发布管理办法》，依托气象部门建立突发事件预警信息发布平台工作进展顺利。按照“智慧沈阳”工作的总体部署，完成移动应急指挥平台软件研发和建设工作，并于下半年开始试运行。5月份，该项目在“2015中国应急管理信息化高峰论坛”上，被评为应急管理信息化创新奖。

四是应急值守更加规范，信息报告及时高效。修订完善了《沈阳市政府系统值班工作规范》，进一步改善了值班条件；对重大节假日值班及森林防火、防寒防冻等重要敏感时期的值班工作，加大检查抽查工作力度，努力做到全年值班工作无差错，全市整体政务值班水平得到显著提升。国庆节期间，中央办公厅、国务院办公厅联合值班检查组到市政府总值班室检查节日值班，沈阳市值班情况得到联合检查组的充分肯定。

五是应急宣传有声有色，宣教培训有新成效。各级各部门结合自身特点和职能，对相关的应急知识、应急预案和应急技能开展了经常化的宣传教育和培训。下发实施了《沈阳市应急管理培训制度》，应急培训工作更加注重基层工作人员，应急管理队伍业务素质有所提升。在国务院办公厅主办的《中国应急管理》和《中国应急救援》杂志刊发3篇文章，推介沈阳市消防工作、基层应急指挥平台和应急救援体系建设等成果。

（马仁舜）

【完成《沈阳市突发事件总体应急预案》修订工作】 《沈阳市突发事件总体应急预案》（以下简称总体预案）是全市防范和处置突发事件总的指导原则和工作依据纲领性文件，2006年颁布实施。9年来，在市委、市政府的领导下，全市形成了以总体预案为总纲，29个市级专项预案、100多个部门预案和13个区、县（市）级总体预案为主要支撑，4万余个市、县及企事业单位专项应急预案为基础的预案体系。随着沈阳市经济社会的发展和应急管理工作的不断深入，总体预案中涉及的编制依据、指挥机构、预防预警、应急处置等方面均发生了变化和调整。为使总体预案更具科学性、实用性，指导全市做好突发事件防范和处置工作，根据《中华人民共和国突发事件应对法》、《辽宁省突发事件应对条例》和国务院《突发事件应急预案管理办法》、《辽宁省政府突发事件总体应急预案》及办公厅重点工作要求，市政府应急办具体组织力量对总体预案进行了修订。2015年10月13日市政府第十九届27次常务会议审议通过，2015年11月2日，市政府正式下发实施。

（马仁舜）

【沈阳市干部教育培训基地在市应急指挥中心揭牌】 5月18日，市政府应急办与市委党校合作项目——沈阳市干部教育培训基地在市应急指挥中心揭牌。

2015年5月，沈阳市政府制定了《应急管理干部培训制度》，建立健全应急管理干部培训长效机制，将应急管理人员分为领导干部、管理人员、工作人员3个层次，每年分级进行集中培训。实训基地的成立，将进一步深化应急管理领域重大理论和实践问题的科学研究，推进全市应急管理体系建设，还将对全市各级领导干部进行应急管理知识方面的实际培训，提升政府应对突发事件能力，加强应急管理专业人才培养。揭牌仪式后，国家行政学院教授李雪峰应邀讲授了应急实训基础课程。

（马仁舜）

【行政审批】 2015年，市政务服务办组织有关部门逐项对行政审批事项及要件进行改革式清理。全市审批事项由666项减少至558项，削减幅度达16.22%；审批要件由6503个减少至4456个，削减幅度达31.48%；基本建设项目环节由48个减少至24个，压缩幅度为50%。《沈阳市政务服务管理办法》以第51号政府令形式正式颁布实施，《办法》对政务服务建设、政务服务运行、政务服务监督作出明确规定，标志沈阳市政务服务管理工作进入新阶段。围绕“智慧城市”建设，着手搭建“跨部门、跨区域、跨线条”的网上并联审批系统，制订了《沈阳市网上并联审批建设方案》，并列入智慧城市总体规划。进一步推进全市三级政务服务体系建设，全市198个乡镇（街道）全部建立政务服务中心，政务服务中心覆盖率达100%。组织市区两级审批部门为全市270个重点项目提供审批服务，即时跟进项目审批动态，加快项目审批进程，全年累计受理审批事项78万件，办结率达99%。

（唐御骁）

【项目清理】 2015年，对照《市直部门权责清单目录》，梳理确认保留的行政审批事项共666项。经过新一轮改革式清理,减少审批事项108项,审批事项由666项减少至558项,减少108项,削减幅度达16.22%;审批要件由原来的6503个减少至4456个,减少2047个,削减幅度达31.48%;审批时限由7182个工作日减至4665个工作日,减少2517个工作日,审批效率大幅度提升;清理取消安措费、社保基金和农民工保障金三项收费。从2016年1月1日起停止收取三项费用,减轻了企业负担,进一步优化了投资环境。

(唐御骁)

【制定政务服务指导性文件】 《沈阳市政务服务管理办法》于2015年8月1日以第51号政府令形式正式颁布实施。《办法》出台标志着沈阳市政务服务管理工作进入依法推进的新阶段。全市1个市级政务服务中心、14个区县政务服务中心、198个乡镇(街道)政务服务中心全部遵照《办法》相关规定实施政务服务。

(唐御骁)

【政务公开】 2015年,各地区各部门通过网站、报纸、广播、电视和政府信息查阅中心等载体,主动公开政府信息11万条,信息公开率和更新率达100%。按照《沈阳市政府信息依申请公开操作规程》,指导各地区各部门受理依申请公开732件,申请人对答复基本满意。在电视台"沈阳新闻"时段推出《沈阳新政》栏目,解读政府部门出台的最新政策,方便群众办事。组织政府职能部门走进社区、农村、企业,帮助基层群众解决实际问题;组织群众代表走进政府大门,参观政府工作流程,面对面向政府提出建议。继续开展"5·15政务公开日"活动,帮助群众解答问题万余件。做好《民心网》咨询件办理工作,反馈率、满意率、优秀率均为100%,办件综合排名全省第一。

(唐御骁)

【依法依规公开政府信息】 组织各地区各部门通过网站、报纸、电台、电视和政府信息查阅中心等公开载体,主动公开政府信息和便民信息11.52万条,全市规范性文件和政策法规类政府信息主动公开率和更新率100%。按照《沈阳市政府信息依申请公开操作规程》,指导各地区各部门规范依申请公开受理、答复和备案各环节的操作。累计处理依申请公开732件,申请人对答复基本满意。

(唐御骁)

【畅通各类公开渠道】 全市"114政务服务热线"接听量120余万次,解答群众问题70余万件。广播电台《连心桥政务公开热线》播出217期,解决1086个问题。电视台《看今天—政务公开走向全民》播出30期,内容涉及疫苗安全、大气环境监测及保护、交通赌点的治理措施等群众关注的热点问题。沈阳日报《民生连线》政务公开专栏制作81期,内容涉及市建委、市房产局、市公安局等18个部门。《政务公开报》已编辑15期,发放45万份。政务公开LED显示屏日播放时间400分钟左右,已制作并更新宣传片3个。在电视台"沈阳新闻"时段推出日播节目"沈阳新政",对政府部门出台的相关政策,方便群众获取政策信息,播放210期节目,解答解读217个问题。

(唐御骁)

【开展政务公开进基层活动】 为延伸政务公开服务领域,及时将政府政策和信息传递到基层,针对社区居民、农民群众和企业对政府信息的不同需求,组织涉及民生、农业和企业的政府部门,深入社区、农村、企业宣传和解答政策,解决实际问题。同时,组织群众代表走进政府的大门,参观政府部门为民服务流程,与部门负责人座谈面对面沟通交流,提出问题和建议。

(唐御骁)

【开展"5·15政务公开日"活动】 组织部分与民生密切关联的市直部门,分别在市人社局人才就业中心、于洪区、浑南区、沈北新区开展了进中心、进高校、进医院、进企业等专题政策咨询活动,与群众面对面沟通交流,宣讲政策,解决难题。全市共有5.72万余名群众参与了活动,帮助群众解答各类问题1.07万余件,受到群众的认可和好评。

(唐御骁)

【做好《民心网》咨询件办理】 通过《民心网》受理群众咨询件991件,已办结991件;受理《民心网内参》群众咨询件68件,办结56件。按时反馈率、群众满意率、优秀率均为100%,办件综合排名位居全省第一。

(唐御骁)

【公共资源交易】 2015年,全市累计成交交易项目6060项,成交金额566.25亿元。市本级成交各类交易项目2764项,成交金额367.21亿元。其中,建设工程1381项158.11亿元;政府采购824项10.22亿元;卫生项目36项5100万元;铁路项目216项41.81亿元;全市土地出让282宗128.07亿元;产权交易25宗28.49亿元。区、县(市)开发区累计成交项目3296项,成交金额199.04亿元。全市共选取招标代理机构1179个,投资金额493.14亿元。制定了《沈阳市公共资源交易管理办法》,明确了交易系统各部门的工作职能和职责,并列入立法计划。以市政府办公厅名义印发了《投标保证金、履约保证金集中管理暂行办法》,进一步加强投标保证金、履约保证金集中统一管理,维护招投标双方的合法权益。制订了《简流程、优结构、提效能实施方案》,通过清理交易事项、简化交易流程、清查收费项目,切实提高交易质量和效率。会同市发改委等部门对各区县公共资源项目进场交易执行情况开展专项检查,共发现建设工程、政府采购、产权交易等方面存在的9类问题,已向相关地区和部门提出了整改建议。

(唐御骁)

【完善投标保证金、履约保证金集中管理工作】 为有效遏制招标投标中出现的围标串标违法行为,规范投标保证金履约保证金管理,沈阳市公共资源交易管理办公室在对全国20个城市投标保证金集中监管情况进行调研的基础上,于2015年11月13日以市政府办公厅名义正式印发了《沈阳市公共资源交易投标保证金履约保证金集中管理暂行办法》(沈政办发〔2015〕73号)。

(唐御骁)

【公共资源交易简政放权】 根据市政府关于转变政府职能简政放权的有关精神,沈阳市公共资源交易管理办公室制定了《关于全市公共资源交易系统落实简流程优结构提效能的实施方案》,通过全面清理公共资源交易审批事项、全面简化公共资源交易流程、全面提高公共资源交易时效、全面清查公共资源交易收费项目、充分发挥公共资源交易平台作用、全面加快公共资源交易信息化建设等工作,进一步完善和规范了公共资源交易各项工作制度,简化了工作流程,提高了工作质量和效率。

(唐御骁)

·外　　事·

【市领导出访】 2015年,市领导出访了美国、德国、巴西、日本和港澳等10余个国家和地区，积极推进重点产业和项目，开展招商引资，加强友城合作。举办了形式多样的推介会、洽谈会、座谈会等活动，推进重点发展产业，加强与国外知名企业的合作，在汽车及零部件、航空航天、装备制造、现代建筑、节能环保、电子信息、生物医药、现代服务业等领域推进了一大批重点合作项目，促进了沈阳市与国外有关国家和地区在经贸、科技、旅游、文化、教育等方面的合作交流。

（李　丹）

【重要外国团组访沈】 2015年，市领导共出席各类外事活动996批次，接待外宾9875人次，法国、英国、德国、荷兰、印度、韩国、乌干达、尼泊尔、柬埔寨9个国家和欧盟的驻华大使，乌干达教育部长、美国关岛总督、德国巴登符腾堡州州长、俄罗斯乌法市长，以及美国波音、德国宝马、法国米其林、日本三菱等世界知名企业代表先后到访，全面推动了沈阳市与相关国家和地区的经贸合作和人文交流，扩大了沈阳的国际影响力和知名度。

（李　丹）

【澳大利亚驻华大使孙芳安访沈】 2015年6月23日，澳大利亚驻华大使孙芳安率团访沈，积极推进对沈合作。孙芳安大使详细介绍了中澳自贸协定签订后的各项投资优惠措施，她表示澳大利亚与中国在农业，教育、旅游、健康等众多领域都将迎来合作机遇，她还特别指出在投资领域，澳方将对中国企业赴澳投资降低审查门槛，并提供便利化安排。她希望以此为契机，推动沈阳与澳大利亚在更宽领域、更深层次展开合作。

（李　丹）

【欧盟驻华大使史伟访沈】 4月20至21日，欧盟驻华大使史伟访沈，出席2015年中国绿公司年会，并考察沈阳市投资环境。此次访问，是其上任以来首次到访东北地区。他表示，近年来沈阳与欧盟经济交往密切，双方经贸投资日益扩大，人员来往频繁。沈阳欧盟经济开发区、中德产业园和中法生态园都为欧盟企业对沈投资搭建了良好平台。中央政府又提出振兴东北老工业基地和“一带一路”经济带建设，这些都为欧盟企业对沈阳投资提供了有力的政策保障。他将推荐欧洲企业积极参与到东北振兴发展过程中，实现互利共赢。

（李　丹）

【法国驻华大使顾山访沈】 4月20日至21日，法国驻华大使顾山访沈，拜会省委副书记、市委书记曾维，并出席2015年中国绿公司年会。顾山大使与曾维书记会谈时，高度肯定了沈阳把发展经济与改善民生、保护生态并重的做法。他表示，法国企业界希望与沈阳建立长期合作关系，实现互利共赢。曾维书记表示当前中国经济进入新常态，沈阳将坚持科学发展理念，不断扩大对外开放，全面深化重点领域改革，推进发展与保护环境之间的关系，力争以更加完善的市场经济体制、更加优化的企业发展环境和社会法制环境为新一轮振兴发展奠定坚实基础。

（李　丹）

【印度驻华大使康特访沈】 3月16日，印度驻华大使康特率团访沈，举办印度投资说明会，重点介绍了印度投资环境和重点投资领域，与沈阳市企业交流了相关投资经验，全市百余家制造业企业参加说明会。康特大使在与潘利国市长会见时表示，将以此次访问为契机，全面开启印度与沈阳新一轮交流合作，支持沈阳企业在印度制造业和基础设施建设领域开展投资合作，在两国互办“旅游年”活动中，重点加强与沈阳旅游观光领域合作，积极推进印度城市与沈阳缔结友好城市。

（李　丹）

【德国巴登符腾堡州州长克莱驰曼访沈】 10月21日，德国巴登符腾堡州（简称巴符州）州长克莱驰曼率团来访，推进与沈阳市在中德装备园、职业教育培训，建立企业合作平台等方面开展合作。巴符州职业教育领域优势显著，正积极探索适合中国国情的合作项目。巴符州表示将引荐更多德企与沈阳开展合资合作，为两地企业牵线搭桥。

（李　丹）

【美国关岛总督访沈】 4月9日至12日，美国关岛总督埃帝·布查·卡尔沃率团来访，与沈阳市签订友好合作关系协议，进一步加强两地经贸、旅游、文化、教育等领域合作交流。卡尔沃总督表示，欢迎沈阳企业到关岛投资，希望与沈阳市政府开展合作，为市民到关岛旅游提供更好的服务。关岛位于西太平洋马里亚纳群岛最南端，美国海外属地，是美国的非宪辖管制领土，美军基地占地约全岛的1/4。关岛人口总数为17.8万人，旅游业是其支柱产业。

（李　丹）

【乌法市长雅拉洛夫访沈】 11月24至26日，乌法市长雅拉洛夫率团访沈，进一步推动乌法与沈阳的全面合作。省委副书记、市委书记曾维会见代表团一行。访沈期间，双方深入探讨了航空、医疗、文化、教育等领域的交流合作内容。航空领域，双方将整合优势资源，加强技术交流，重点开展航空制造产业的合作，加强对航空产业人才的培养。医疗领域，双方将积极推进成立“乌法市沈阳中医医疗中心”，协助乌法医务人员来沈学习中医知识，进一步拓宽两市医疗卫生领域的合作层面。文化教育领域，双方将互派演出团队开展惠民演出，加强青少年交流、互访，加强高校间合作。

（李　丹）

【美国芝加哥市副市长访沈】 7月15日至16日，美国芝加哥市副市长史蒂芬·高克先生率经贸代表团访问沈阳。2015年是沈阳市与芝加哥市建立友好城市三十周年，此次来访旨在共同庆祝沈阳与芝加哥结好三十周年，进一步加强两市在经贸、现代服务业、文化及旅游等领域的交流与合作。高克副市长希望沈阳企业能够在“8+1”门户城市合作机制的基础上，充分利用芝加哥与商务部签署的《加速中小企业发展与合作谅解备忘录》，促进两市经贸合作进一步发展。代表团还出席沈阳—芝加哥经贸合作洽谈会，重点介绍了芝加哥的区位特点、交通状况、城市规划、产业基础和人才优势，并表示将全力打造亲商宜商环境，让更多沈阳企业在芝加哥实现良性发展。

（李　丹）

【美国犹他州议会参众两院代表团访沈】 8月25日至26日，美国犹他州议会参议院议长尼德豪瑟和众议院议长休斯率团来沈访问，代表团成员包括州参议院多数党（共和党）领袖、多数党督导、拨款委员会副主任等重要成员。市人大常委会主任赵长义会见了代表团，双方共同探讨了沈阳与犹他州未来交流合作计划。尼德豪瑟议长介绍，犹他州30%的学生学习汉语课程，对汉语教师需求很大。犹他州旅游资源丰富、冬季运动项目盛行，该州的盐湖城市曾举办过2002年世界冬奥会。犹他州高新技术产业发达，产业孵化园区众多，有“硅坡”之称。赵长义主任建议，沈阳市可派遣汉语教师赴犹他州进行汉语教学，加强沈阳与犹他州在旅游、冬季运动、高新技术领域的交流合作。此外,双方一致决定推动沈阳与盐湖城市结为友好城市。

(李 丹)

【美国国会助手代表团访沈】 8月13日至15日,美中政策基金会组织美国国会助手代表团来沈访问,代表团成员主要由美国国会参众两院民主党与共和党的重要议员组成。代表团先后考察访问了沈飞民机公司、沈阳辽中县三南村王树常将军出生地、"九一八"历史博物馆、张氏帅府博物馆和沈阳故宫,详细了解了中美重大合作项目以及沈阳的悠久历史和经济社会发展情况,并对中美两国人民二战期间共同抗击法西斯历史加深了认识。代表团表示将积极向美国各州及企业推介沈阳,充分利用美中政策基金会这一重要桥梁,密切沈阳与美国之间的交流与合作。

(李 丹)

【荷兰贸易促进委员会代表团访沈】 3月10日,荷兰贸易促进委员会代表团来沈访问,与沈阳市就进一步加强经贸往来和建立长期友好合作关系等事宜进行了深入探讨。代表团希望与沈阳在经贸合作基础上加强政府和民间领域的交流,发展友好合作城市关系。沈阳市希望更多的荷兰企业来沈寻求合作,在装备制造、汽车零部件和环保产业方面实现合作共赢。荷兰贸易促进委员会是荷兰经济事务部在中国的派出机构,旨在帮助荷兰企业在中国寻找投资和贸易机会,促进双方经贸合作与往来。

(李 丹)

【埃及住房部基础设施规划与建设代表团访沈】 8月13日至18日,埃及住房部基础设施规划与建设代表团来沈访问,学习沈阳市城市规划与基础设施建设的先进经验。代表团表示,埃及正在推进国内新城市建设,希望将沈阳在基础设施规划和建设中的先进经验运用到新埃及的建设中,同时寻求与沈阳市企业开展多领域合作。我国正在加快实施"一带一路"战略,埃及正在推进"苏伊士运河走廊经济带"建设,为双方企业加强国际合作提供了战略机遇和发展空间。

(李 丹)

【英国驻华使馆北爱尔兰事务代表团访沈】 1月15日,英国驻华大使馆北爱尔兰事务参赞罗帝思率团访沈,举办北爱尔兰投资说明会。来自华晨集团、北车集团、北方重工、远大集团等20多家企业的50余名代表参加会议。北爱尔兰投资局投资总监Bill Montgomery详细介绍了北爱尔兰投资概况,包括优惠政策和人力资源等方面的优势。与会企业也分别介绍了各自的优势项目和在欧洲投资的情况,希望通过北爱投资局能够与当地企业展开进一步的接触。罗帝思表示,沈阳作为东北最大的城市在产业结构、发展模式上与北爱尔兰有很多相似之处,希望双方能够在软件、服务业、生命科学、远程医疗等领域开展交流合作。

(李 丹)

【韩国大田国际交流中心代表团访沈】 4月9日至12日,韩国大田广域市国际交流中心李美淑主任一行访沈,与沈阳市就加强民间交流和开展教育领域合作进行深入探讨。代表团与市外办和市友协就强化友城交流,共同提高两市市国际化程度,以及合作开展文化艺术交流项目等方面达成共识。代表团访问东北大学期间表示讲积极推进东北大学与韩国科学技术院、韩国培材大学加强校际交流合作,并邀请东北大学参加"2015大田市全球大学生论坛"。

(李 丹)

【韩国城南市工会代表团访沈】 6月8日至12日,韩国劳动总联盟城南支部全汪杓议长率城南市工会代表团访沈,与市总工会举办第七届友好交流大会。代表团参观了沈阳市职工文体活动中心、市文化宫、市职工大学等,详细了解了市总工会在困难职工救助、就业、技能培训、签订集体劳动合同等方面的帮扶措施。代表团表示,要学习沈阳市职工帮扶领域的先进做法,并应用到实际工作当中。

(李 丹)

【日本滨松市大学生代表团访沈】 9月9日至14日,日本滨松市产业部长今中秀裕率滨松市大学生代表团来沈访问,深入了解沈阳历史文化与经济社会发展情况,以及日资企业在沈运营情况。代表团还与沈阳师范大学进行了合作洽谈,并开展了大学生友好交流活动。双方表示将共同推动沈阳师范大学与滨松市静冈文化艺术大学开展校际合作,进一步加强两市在产业及大学生领域的友好交流。

(李 丹)

【美国德克萨斯州柴维斯郡公民国际委员会理事访沈】 11月16日,美国德克萨斯州柴维斯郡公民国际委员会主席沈中平、理事马萧明来沈访问,推进其首府奥斯汀市与沈阳市结为友好合作关系城市。沈中平主席表示,柴维斯郡公民国际委员会将进一步推进两地在政府、商贸、教育及文化等领域开展交流与合作,并通过德州媒体加大沈阳市宣传力度,提高沈阳在美知名度。德州首府奥斯汀市位于柴维斯郡,有美国第二硅谷之称,驻有众多世界知名品牌公司总部,被评为全美最佳宜居城市。

(李 丹)

【澳大利亚国库部及澳大利亚储备银行驻华代表访沈】 5月5日至8日,澳大利亚国库部驻华参赞黄莉娜、澳大利亚储备银行驻华参赞帕特里克·达西访沈,出席第二届中国(沈阳)国际金融峰会。代表团实地考察澳大利亚在沈合作项目,全面了解沈阳市经济发展最新动态、现有产业结构及未来调整方向,并深入了解房地产市场情况、地方政府融资平台、PPP项目总体布局及运行规范等。代表团表示,这些情况对澳大利亚政府制定针对我国东北地区的经贸合作战略具有重要指导意义。国库部是澳大利亚最重要的宏观经济管理部门,负责制定宏观经济政策和财政政策。澳大利亚储备银行是澳大利亚联邦的中央银行和货币发钞机构。

(李 丹)

【朝鲜平壤市人民委员会代表团访沈】 5月29日,朝鲜平壤市人民委员会代表团一行来沈访问,先后参观了老虎冲垃圾处理厂和南部污水处理厂。代表团特别关注沈阳市城市垃圾处理和污水处理技术,与沈阳市垃圾处理和污水处理方面的专家进行务实有效地交流。代表团表示他们会把在沈阳学习到的污水处理技术应用到平壤市的城市建设中,进一步加强与沈阳市的交流与合作。

(李 丹)

【日本北海道副知事辻泰弘访沈】 7月15日至18日,日本北海道副知事辻泰弘一行访沈,出席"2015中日经济合作会议"。辻泰弘副知事邀请沈阳市参加"2016北海道环保领域企业商务洽谈会",继续加深双方在环保领域的交流,拓展交流合作领域。沈阳市希望与北海道在养老、农业、企业合作等方面加强交流。北海道位于日本最北端，面积8.35万平方公里，人口约540万。北海道农业、水产业发达，是日本最大食材供应基地。北海道也是中国游客喜爱的观光地之一，5年间到访北海道的中国游客增加了1.7倍。

（李　丹）

【组织召开非政府组织管理工作座谈会】 3月13日，市外办组织市公安局、市安全局等部分非政府组织管理联席会议成员单位召开座谈会。座谈会围绕现阶段NGO在沈阳市发展现状，NGO管理面临问题，以及如何把NGO管理工作做深做细等方面进行了充分讨论，提出了增强联席会议职能、建立与境外NGO互动机制等建议。

（李　丹）

【“爱尔兰主题日”活动】 3月19日，“爱尔兰主题日”活动在沈阳市举办，活动由市外办、爱尔兰驻华大使馆主办，沈阳大学承办。活动旨在通过沈阳与爱尔兰高校间的合作搭建起两地人文交流的桥梁，以民间外交推动双方政府的友好合作。爱尔兰都柏林城市大学、沃特福德科技学院、爱尔兰国家学院代表出席活动。活动期间，爱尔兰三所高校与沈阳大学在合作办学、互派教师和学生交流等方面达成多项共识。此外，还举办了爱尔兰留学讲座和中爱文化交流音乐会。

（李　丹）

【“驻沈领事官员校园行”系列活动】 4月16日，沈阳市举办“驻沈领事官员校园行”活动。俄罗斯、美国、日本、韩国、法国、德国领事官员赴沈阳音乐学院和沈阳鲁迅美术学院进行了座谈参观。各国领事官员详细了解了二所高校的基本概况、对外交流成果以及未来发展方向，高度肯定二所高校的专业地位和良好声誉，并表示会引荐更多本国艺术院校及文化团体之开展合作交流。

（李　丹）

【“驻沈领馆官员沈阳传统文化行”活动】 6月9日，市外办举办“驻沈领事官员沈阳传统文化行”活动，各国驻沈领事官员参观了老北市艺术品收藏展示中心，欣赏了红木艺术品、瓷器、玉器、青铜器、根雕、砚台、古化石等中国传统艺术品。著名书法家王逸先生还为领事官员们讲授了中国书法艺术的起源与发展，并现场进行了书法表演。领事官员们表示，中国传统文化博大精深，沈阳文化底蕴浑厚，非常愿意加强本国艺术团体与沈阳的文化交流，增进了解、加深友谊。

（李　丹）

【“沈阳釜山医疗技术交流特别展”】 6月3日至5日，韩国釜山广域市市长徐秉洙率团访沈，在沈阳市举办釜山医疗技术交流特别展。会展内容涵盖医疗观光、医疗设备、生物科技、整形美容等领域。来自釜山和沈阳以及北京、大连、哈尔滨的50余家医疗、整形、美容、旅游观光机构及医疗器械、生物科技、化妆品生产厂商参展。沈阳市第六人民医院、沈阳市第五人民医院、沈阳医学院附属中心医院、沈阳杏林美容整形医院等多家沈阳医疗机构与釜山市高神大学福音医院、东南圈原子能医学院、东亚大学医院、纽莱茵整形医院等共15对医疗机构签署了交流合作协议，双方将在先进医疗技术交流、共享医疗信息、共同举办医学研讨会等方面开展合作。

（李　丹）

【“沈阳——城南国际经济洽谈会”活动】 6月15日至17日，韩国城南市政府代表团来沈访问，举办“沈阳——城南国际经济洽谈会”。沈阳市组织沈阳美容美发协会、韩百商场、新松医疗科技股份有限公司、康达进出口贸易有限公司等数十家企业及协会与韩方展开对接。本次洽谈会涵盖了制氧仪器、照明设备、化妆品、孕婴用品、功能性饮料、绿色食品等领域的新产品和新技术。

（李　丹）

【“沈阳·法国日暨开放的奥弗涅”活动】 4月29日，市外办和法国奥弗涅大区“新世界”组委会联合举办“沈阳·法国日暨开放的奥弗涅”青年环球旅行沈阳站活动。活动旨在加深中法文化、教育领域交流，来自东北大学、辽宁大学、沈阳师范大学、沈阳大学的师生，以及在沈法资企业员工代表共计150余人参加了活动。“开放的奥弗涅”青年环球旅行活动共分为六站，分别是比利时布鲁塞尔站、荷兰阿姆斯特丹站、日本东京站、中国沈阳站、美国诺曼站以及加拿大蒙特利尔站。

（李　丹）

【“沈阳日语文化节”活动】 4月26日，2015年沈阳日语文化节活动成功在沈举办。活动主办单位为沈阳日本人教师会，市外办、沈阳日本人会和日本驻沈阳总领事馆为特别支持单位。来自辽宁大学、沈阳药科大学、辽宁石油化工大学、东北育才外国语学校、沈阳航空航天大学、东北大学、中国医科大学、东北育才学校、沈阳师范大学等院校的300余名学生参加活动。学生们表演了洋溢着日本文化气息的歌曲、舞蹈、配音、舞台剧等丰富多彩的节目。沈阳日语文化节每年举办一届，2015年是第19届，为日语学习者、日本文化爱好者搭建了自我展示与交流的平台。

（李　丹）

【德国驻沈阳总领事馆迁入新址】 2月7日，德国驻沈阳总领事馆正式迁入新址，新址位于青年大街286号华润大厦21层。德领馆于2012年10月12日开馆，一直在沈阳凯宾斯基酒店16层办公，经过两年的调整，各项职能逐步完善。德领馆新签证中心将设有8个办理窗口。

（李　丹）

【德国驻沈阳总领事傅培言获“沈阳市荣誉市民”称号】 7月23日，德国驻沈阳总领事傅培言获得“沈阳市荣誉市民”称号，市长潘利国代表市政府为傅培言颁发荣誉证书。傅培言于2012年出任德国驻沈阳总领事馆第一任总领事。在任期间，他积极促进沈阳与德国友好往来，努力开拓双方经济、文化、教育等领域的交流。在他的积极联络和大力帮助下，中德装备园落户沈阳，吸引了众多德国优秀企业，开启了沈阳与德国高端装备制造业领域的务实合作。此外，在他的积极推动下，德国驻沈阳总领馆于2015年6月正式开展对华签证业务，为沈阳市对德合作交流提供了极大便利。

（李　丹）

【德国驻沈阳总领事馆新任总领事卜布博士到任】 7月29日，德国驻沈阳总领事馆卜布博士就职履新，出任第二任德国驻沈阳总领事。卜布博士1953年出生于美国俄亥俄州哥伦布市，德国国籍。1971年起在德国明斯特大学学习国民经济学、传播学及汉学，1976年获传播学硕士学位，1978年获政治经济学硕士学位，随后就读于汉堡大学。1980年至1982年获德意志学术交流中心奖学金赴北京外国语大学和南京大学学习,2001年在上海同济大学取得博士学位。1986年起,卜布在德国外交部任职,曾先后任德国驻尼泊尔大使馆副馆长、德国驻华大使馆贸易促进处处长及德国驻经济合作与发展组织常驻代表等职。2002年至2005年任德国工业联合会国际市场部,德国经济北非中东倡议活动协调人。2005年至2011年任德国驻上海副总领事兼经济处处长。2011年至2015年任德国驻华大使馆经济处副处长。卜布博士多年来致力于经济、文化、教育等领域的交流,2005年起于同济大学教授国际管理课程,2007年起任同济大学客座教授,2007年至2010年任上海世博会德国馆副总代表。

(李　丹)

【德国驻沈阳总领馆开通因私签证业务】 7月20日,德国驻沈阳总领事馆签证处开始受理因私申根签证申请,签证处地址为和平区青年大街286号华润大厦21层。

领馆仅受理居住地或常住地为辽宁、吉林、黑龙江三省申请人提交的申请,可以发放短期申根签证(停留不超过90天),类别包括探亲访友、商务、展会、旅游和过境等。

(李　丹)

【法国驻沈阳总领事美屿离任】 7月23日,法国驻沈阳总领事美屿女士完成任期,之后将赴斯里兰卡履新。美屿,1964年出生,中文文学本科、中文研究生,曾获新闻学位和深入学习研究(远东亚太研究)学位。1993年起在法国外交部工作,曾历任法国驻华大使馆新闻专员、法国外交部副发言人、法国驻泰国大使馆二秘、法国驻越南大使馆一秘及新闻参赞和法国外交部亚太司调研员等职。2012年9月19日被任命为法国驻沈阳总领事馆总领事。

(李　丹)

【法国驻沈阳总领事馆第三任总领事马克·拉米到任】 9月1日,法国驻沈阳总领事馆马克·拉米就职履新,出任第三任法国驻沈阳总领事。马克·拉米,男,1961年11月15日出生,精通英文和中文,先后获得语言科学深入学习文凭、语言学硕士文凭、现代文学学士。马克·拉米先生有着丰富的国际交流及外交经验,21岁起担任津巴布韦法语培训中心主任,随后在法国国民教育部工作。1989年至1995年,先后担任武汉大学语言合作专员和法国驻上海总领事馆文化专员;2006年至2010年担任法国驻韩国大使馆文化副参赞;2010年至2012年担任外交部亚大司司长特派员;2012年至2015年担任法国驻斯里兰卡和马尔代夫大使馆公使衔参赞。

(李　丹)

【川崎市代表团出席第十四届装备制造业博览会】 9月1日至5日,日本川崎市产业振兴财团率川崎10家重点 企业来沈参加第十四届装备制造业博览会,推动两市在工业、科技、经济等领域的交流和合作。参展的川崎企业涉及金属加工、医药品与健康食品的原材料加工、激光焊接机制造等领域。制博会期间,代表团还出席了在日本展区举办的第五届中日机器人大赛,共6支队伍参赛,来自川崎市的2支队伍获得并列第二名。

(李　丹)

【沈阳设立首家国际医院】 10月20日,“沈阳国际医院”挂牌仪式在中国医大附属盛京医院举办,盛京医院成为沈阳市首家国际医院,将为外籍人士提供国际化的医疗服务和健康保障。美国驻沈总领事馆总领事闻思国、法国驻沈总事领馆总领事马克·拉米、韩国驻沈总领事馆副总领事刘福根等各国驻沈总领事馆代表,以及境外驻沈官方代表机构、驻沈涉外企业、涉外医疗保险机构代表出席仪式。

(李　丹)

【沈阳札幌结为友好城市35周年】 日本札幌市是沈阳市建立的第一个国际友好城市,2015年正值两市结好35周年,为进一步巩固传统友谊,推进友城关系深入发展,两市举办了形式多样的纪念活动,取得了丰富成果。一是规模空前。双方分别组织由政府、议会、工商界、文艺界以及市民代表组成的百人团队进行了互访,在沈阳和札幌两地共举办各类经济洽谈和友好交流活动13项,数千名两地各界人士和市民参与其中,活动规模盛况空前。二是高层重视。通过高层交流进一步深化了友好关系,札幌市长秋元克广、议长铃木健雄亲自率团访沈,辽宁省委副书记、沈阳市委书记曾维,沈阳市长潘利国,沈阳市人大常委会主任赵长义分别会见代表团一行。两市高层共同明确,未来双方将重点加强城市建设、节能环保、智慧城市、旅游观光、文化教育、医疗卫生、健康养老等领域的合作。三是交流广泛。环保领域,两市环保企业在土壤改良、污泥处理、净水处理、控制碳排放等领域展开对接,并就多个具体项目达成合作意向。城建领域,市城建局与札幌市建设局签署了友好合作交流协议,学习借鉴日本城市建设领域的先进经验。教育领域,浑南二中与札幌市开成中学结为友好学校,搭建两市高校合作平台,开启两市基础教育和高等教育合作。体育领域,加强田径、足球、乒乓球等竞技项目的比赛和交流。四是广泛关注。中日两国领馆的高度重视,中国驻札幌总领事孙振勇、日本驻沈阳总领事大泽勉均出席了纪念活动,并表示双方应进一步加强交流与合作,共同促进中日友好关系的发展。

(李　丹)

【美国犹他州小学与沈阳望湖路小学举办视频交流活动】 11月17日,美国犹他州德莱佩市德莱佩小学和我市望湖路小学举行跨洋视频交流,旨在增进教育文化交流,见证中美友好。犹他州参议院主席尼德豪瑟、众议院议长休斯、资深参议员史提芬森、资深众议员克里斯勒森,犹他州肯年区教育董事长泰勒、副董事长亭伊、教育局局长布里斯司,犹他州教育厅代表韦德,以及辽宁省人大、辽宁省外办、沈阳市外办、沈阳市教育局等单位出席了活动。小学生们分别使用对方语言展开交流介绍各自的传统节日。活动过程中还穿插了童趣盎然的猜谜环节,并围绕饮食、课外作业、业余爱好、语言学习等话题进行了互动交流。

(李　丹)

【处理涉外事件】 2015年,市外办严格按照国内法、国际法和中外领事条约的规定,坚持以人为本,积极协调处理美国远见国际学校所有权之争、韩国江南高尔夫球场被取缔、韩资企业—沈阳绿岛温泉俱乐部有限公司土地问题、俄罗斯墓地小礼拜堂迁移和复建工作、朝鲜领导人头像和杂志及盗版影像制品事等各类涉外案件20起。

(李　丹)

【加强因公出国(境)管理】 2015年,市外办严格落实上级因公出国管理的有关要求,全年共审核审批各类因公出国(境)团组510批1410人次,实行计划考核的党政干部较上年同期减少26.5%,实现了年度工作目标。全年共受理因公出国护照(通行证)签证907批、2406人次,因公护照收缴率达到100%。

(李　丹)

·侨　　务·

【“侨爱工程光明行义诊暨侨法宣传周”活动】 5月5日至7日,市侨办与何氏眼科在新民、康平举办2015年“侨爱工程光明行”义诊暨侨法宣传周活动。何氏眼科医院的10余名专家分赴新民市辽滨街道向阳社区和康平县海洲窝堡乡,为当地278名群众进行眼科检查,检查项目包括视力检测、眼底扫描、虹膜检查等,并承诺为21人进行免费的白内障手术。“侨爱工程”是国务院侨办为广大海外侨胞、归侨侨眷关注民生、扶危济困、回馈社会、奉献爱心以及参与支持国内经济和社会发展提供服务而搭建的平台和桥梁。沈阳市开展“侨爱工程”活动以来,得到了海外华人华侨和归侨侨眷的积极响应和普遍好评。

(李　丹)

【侨法宣传活动】 5月15日,市外办会同沈阳音乐学院举办了“深入贯彻落实侨法,维护归侨侨眷权益”侨法宣传暨5.15政务公开日活动。活动重点宣传普及了《归侨侨眷权益保护法》、《归侨侨眷权益保护法实施办法》等涉侨法律,详细解答了如何办理华侨回国来沈落户、“三侨考生”升学加分等群众普遍关心的热点问题,并现场发放宣传资料300余份。

(李　丹)

【“感知沈阳·共谋发展——非洲侨界精英人士沈阳行”活动】 10月20日,西非及尼日利亚中国和平统一促进会会长董瑞萼率非洲侨界精英代表团来沈访问,与沈阳市共同举办“感知沈阳·共谋发展—非洲侨界精英人士沈阳行”活动,进一步拓宽沈阳与非洲在经贸、医疗、文化等领域的交流渠道。国侨办国外司副司长林旭出席活动。活动期间,代表团系统了解了沈阳产业结构特点和国家振兴东北老工业基地的方针、政策以及沈阳作为国家全面创新改革试验区未来的发展重点,参观考察了沈阳机床股份有限公司和沈阳远大集团,对沈阳市重型装备制造业的发展水平和先进技术给予高度评价。

(李　丹)

【“感知沈阳·共谋发展——欧华联会侨领沈阳行”活动】 4月9日至11日,欧洲华侨华人社团联合会(简称:欧华联会)秘书长牟国量、斯洛伐克首都D1经济开发区总裁Ivan Carnogursky率团访沈,与沈阳市举办“感知沈阳·共谋发展—欧华联会侨领沈阳行”活动。活动期间,代表团考察了沈阳欧盟经济开发区,召开了沈阳与中东欧经贸交流与合作座谈会,举办了斯洛伐克置业投资推介会。欧盟经济开发区与斯洛伐克首都D1经济开发区深入探讨了合作发展有关事宜,在共搭平台、互设窗口、资源共享、携手发展等方面达成初步合作意向。欧洲华侨华人社团联合会于1992年在荷兰注册成立。拥有326家社团会员,分布全欧28个国家,是全球惟一的跨国洲际华人民间社团组织。

(李　丹)

【“海外侨领侨商走进浑南”活动】 11月12日,“海外侨领侨商走进浑南”活动在沈阳举办,来自匈牙利、美国、德国和俄罗斯等国家的16位侨领和侨商考察浑南区,举办项目推介和经贸洽谈活动。代表们希望能够发挥海外资源优势,开展项目对接,合力推动大浑南地区发展大数据产业,为沈阳建设智慧城市贡献力量。沈阳欧罗巴餐饮有限公司、沈阳青联农科有限公司、沈阳欧华商贸有限公司、沈阳童欣德威商贸有限公司、沈阳鱼眼儿咖啡商贸有限公司,以及斯联邦工商会和新西兰博士硕士联合会等9家单位一并出席活动。

(李　丹)

【举办海归人员创业创新发展培训班】 11月25日至27日,辽宁省侨务办公室和沈阳市侨务办公室共同举办“辽宁省暨沈阳市海外归国人员创业创新发展培训班”,首次对海外归国留学生、新侨人员以及有创业愿望的归侨侨眷子女进行培训,共计70人。市发改委、市就业局、市人才办,以及市委党校的专家和教授重点讲授了“沈阳市经济发展形势深入分析及重点产业政策”、“国家‘十三五规划’展望”、“沈阳市创业政策及经验指导”、沈阳市人才发展趋势,以及“盛京人才战略”等方面内容,侨资企业——中嘉博众集团董事长匡永双介绍了创业历程和经验。组织学员参观考察了沈阳国际软件园、何氏医学院、东泰热源等我市知名的侨资企业。

(李　丹)

【沈阳市在澳大利亚设立侨务工作联络站】 7月7日,沈阳市经贸代表团访问澳大利亚,授予澳洲中国东北同乡会“中国·沈阳海外侨务工作(澳洲)联络站”牌匾,并签订建立友好合作关系协议书。中国驻悉尼总领馆商务参赞彭刚、中国驻悉尼总领馆商务领事吕博、中国文化部悉尼中国文化中心主任赵丽杰等出席活动。澳洲中国东北同乡会成立于2004年,在促进澳中关系,特别是澳洲同中国东北地区的经贸、科教、文化等方面的交流合作做出了重要贡献。中国·沈阳海外侨务工作(澳洲)联络站是沈阳市在海外设立的第二个侨务工作联络站,将为沈阳与澳大利亚开展多领域交流合作提供有力支撑。

(李　丹)

【“香港-沈阳公务员交流日”活动】 1月11日至13日,香港运输署许良芬主任率团访沈,与沈阳市共同举办“香港-沈阳公务员交流日”活动,进一步加强沈港公共交通运输管理领域的交流。活动期间,代表团参观了沈阳市公共交通指挥调度中心和浑南有轨电车车辆段的运营库和控制中,并与交通局科技外事处、设施管理处、客运集团、公交指挥调度中心、浑南区有轨交通管理中心等通一线单位进行了业务座谈,双方深入交流了在城市交通和运输管理方面各自的先进做法和经验。代表团对沈阳市公共交通实现跨跃式发展给予高度赞赏,许良芬主任表示,沈阳的公共交通事业十分先进和发达,城市整体公共交通体系完善,有很多值得香港学习和借鉴的地方,双方应加强沟通联络,研究探讨城市交通的改良方案,共同促进两地交通运输事业蓬勃发展。

(李　丹)

【“感知沈阳·共谋发展——政务公开走进港企”政策咨询活动】 1月16日,市外办与市政务公开办、香港商会沈阳分会联合举办了“感知沈阳·共谋发展-政务公开走进港企”政策咨询活动,为驻沈香港企业家答疑解惑,营造港企在沈发展的良好环境。活动期间,市人社局、市住房公积金管理中心等单位详尽解读了新《劳动合同法》等相关政策法规,并与20余位香港商会沈阳分会会员企业代表就员工劳资关系、合同保障、"五险一金"的福利、公积金缴存、简化办事流程提高效率等热点问题展开讨论。香港商会沈阳分会邝碧珠秘书长表示,此次活动针对性强且及时有效,为香港企业在沈阳发展营造了良好的环境。

(李　丹)

【"感知沈阳·共谋发展——香港企业家沈阳行之走进欧盟开发区"活动】 4月18日,市外办与沈阳香港商会成功联合举办"感知沈阳·共谋发展—香港企业家沈阳行之走进欧盟开发区"活动,香港特区政府驻辽宁联络处参加活动。活动期间,香港企业家一行赴欧盟开发区进行了参观,全面了解欧盟开发区的整体建设、规划布局、发展前景等方面情况。企业家们表示愿意通过香港特区政府驻辽联络处和沈阳香港商会这两个渠道为沈港合作与交流贡献力量。

(李　丹)

【"感知沈阳、共谋发展—港澳人士沈阳行·走进法库日"活动】 8月21日,市外办联合香港特区政府驻辽宁联络处、香港商会沈阳分会、澳门贸易投资促进局沈阳联络处共同举办"感知沈阳、共谋发展—港澳人士沈阳行·走进法库日"活动,20余位驻沈港澳人士以及香港企业家出席活动。活动期间,代表团参观了中国陶瓷谷、辽宁苏泊尔陶瓷有限公司、陶瓷文化创意中心,详细了解陶瓷的选材质地、生产工艺、种类鉴别,以及沈阳陶瓷产业的发展历史,进一步加强了港澳人士投资沈阳陶瓷产业的信心。代表团还出席了"第四届沈阳法库国际飞行大会",观摩了航空表演,参观了静态航空器材展。

(李　丹)

【香港少年警讯代表团访沈】 7月21日,香港少年警讯代表团一行77人来沈访问,进一步加强沈阳与香港青少年领域的交流。代表团参观了新松机器人自动化股份有限公司,现场感受了交通智能机器人生产过程,并与机器人进行了交流与互动。代表团团长梁国新高级督察表示,感谢沈阳市政府的精心安排,让香港的孩子们参观了代表世界最先进水平的机器人生产企业,更深刻的感受到沈阳的历史文化底蕴和科技创新成果。他表示今后将进一步推动学校和青少年互访,增进两地间的青少年交流与合作。香港少年警讯是香港最大的青少年组织,成立于1974年,宗旨是鼓励和加强香港警方与青少年之间的沟通和认识,预防青少年犯罪,培育青少年社会责任感及正确的人生价值观。

(李　丹)

【澳门街坊总会代表团访沈】 7月14日,澳门街坊总会代表团来沈访问,与沈阳市在社区文化建设领域开展交流。代表团前往沈河区大南街道多福社区,参观了汇福门、迎福墙、祈福石、聚福亭、福田广场、千福榜八大"福文化"景观,高度称赞了多福社区的环境建设和文化生活。多福社区是沈阳市的明星社区,2013年8月,习近平总书记曾专程来到多福社区考察,与社区居民进行了亲切交流。

(李　丹)

·编　　制·

【全面建立权责清单】 2015年,市编委办编制了权责清单《工作指南》,印发了《工作手册》,成立了人大代表、政协委员、专家学者、基层代表等组成的"第三方"审核组进行审核评估。在政府门户网站公示《权责清单(征求意见稿)》,并在《沈阳日报》等主流媒体进行公告,同时召开企业和基层、"第三方"代表座谈会,广泛征求社会各界意见。全市按照省规定的时间节点完成了权责清单建设工作,分别在市和区县(市)政府门户网站公布,做到了"组织到位、梳理到位、公示到位、会诊到位、审议到位、公布到位",市和区县(市)率先按省要求提前完成了权责清单建设和公布工作。通过建立权责清单,市本级保留的2265项行政职权,与各部门(单位)最初报送的4421项相比,精简比例达48.8%;与2011年清权确权后保留的5916项行政职权相比,精简比例达61.7%。同时,在市级层面彻底取消了非行政许可审批事项这一类别,实现了权力"瘦身",规范了权力运行,做到了"法无授权不可为"和"法定职责必须为"的统一。沈阳市的经验做法被省政府刊登在《各地信息》上推广。

(刘　洋)

【简政放权】 2015年,市编委办继续深入区县(市)、企业等基层单位采取座谈、问卷调查等形式,广泛听取各方面意见和建议,认真对照省取消和下放的行政职权、对照副省级城市放权目录、对照区县(市)需求、对照各部门"三定"、结合建立权责清单工作,确定了放权项目,并对放权事项的配套性、合法性、可行性和同级立项、同级审批等方面进行了反复审查。全市分三批又取消下放了283项行政审批事项,其中特别向被省确定为企业投资项目管理体制改革试点的铁西区,下放了34项市级投资审批事项。砍掉了一批中介服务、一批审批过程中的繁文缛节、一批企业登记注册和办事的关卡、一批不合法不合规不合理的涉企收费,促进了项目建设,激发了市场活力,方便了群众办事。

(刘　洋)

【政府机构改革】 2015年,市编委办将"三定"工作作为政府机构改革的重要环节,坚持"三个不突破"的底线,精心组织实施,印发了《关于做好市政府各部门"三定"规定工作的通知》,制做了各委、办、局主要职责内设机构和人员编制规定模板。对存在的共性问题,制定了统一的原则,对一些个性问题,推动部门之间通过协商达成共识,对一些重大问题,提请市编委会、市委常委会研究审定。严格审核把关,定期召开审核小组会议,分析问题、研究问题和解决问题,对各部门的"三定"意见进行集中"会诊"。在国家和省规定的机构限额内,按时完成了政府机构改革工作。进一步转变了政府职能,科学界定了部门职责,厘清了职能边界,该取消的取消,该下放的下放,该整合的整合,40个部门共取消、下放、整合行政管理职责586项。进一步优化了内设机构设置,精简了人员编制,大力压缩办公室、人事、财务、离退休干部等非业务处室的比例,保障一线业务力量需求。

(刘　洋)

【事业单位改革】 2015年,市编委办按照积极稳妥,扎实有序的原则,稳步推进事业单位改革。一是积极推进分类改革,按照"分类指导、分业推进、分级组织、分步实施"的方针,对全市4810家事业单位进行了深入调研,确定了"撤一建一、合并组建"的原则,对任务不饱满、职能丧失的事业单位进行合并重组或撤销;对暂时不具备调整条件的事业单位,实行过渡期管理,机构编制事项全部冻结,将其空余编制全部收回。已将

89 家任务不饱满等事业单位，确定为特殊管理事业单位，人员只出不进，并将编制全部收回。二是全面推进年度报告公示度改革，按照以人为本、服务大局、依法行政、优质服务”的要求，对全市 94 个机关部门、647 家事业单位进行了培训，紧盯“申请、受理、审查、核准、发证、公告”六关，严格把握年度报告公示制度，采取网上受理和现场审核相结合的方式，最大限度地为事业单位提供方便、快捷服务，全年公示事业单位 779 家，公示率达 100%，办理单位法人设立和变更登记 361 家，新增注册域名 112 家，网站挂标 577 家，实现了由登记管理为主向服务监管为主的转变。

（刘　洋）

【机构编制管理】　按照“严控总量、盘活存量、增减平衡、优化结构、分级负责”的要求，全面推进控编减编工作，制定了《关于全市控编减编方案执行情况开展专项督查的工作方案》，成立了五个督查组开展“回头看”，采取听汇报、查资料、个别访谈、召开座谈会等方式，对 13 个区县（市）的机构编制管理情况进行了全方位检查，明确了整改时限，确保行政编制控制在中央和省核定的总数内，事业编制控制在 2012 年年底基数总量内，全年共计完成市直各部门核验工作 1300 余次，回绝不合理申请核验事项 180 余次，做到从源头上把住编制入口。

（刘　洋）

政协沈阳市委员会

【市政协十四届四次全体会议】　中国人民政治协商会议沈阳市第十四届委员会第四次会议，于 2016 年 1 月 5 日至 8 日举行。会议审议并通过了姜宏主席代表市政协十四届委员会常务委员会所作的工作报告和刘慧鸣副主席所作的提案工作情况报告。会议增补了市政协常务委员。

会议协商讨论了潘利国市长所作的政府工作报告、沈阳市国民经济和社会发展第十三个五年规划纲要（草案）以及其他报告；协商讨论了沈阳市中级人民法院工作报告和沈阳市人民检察院工作报告，均表示赞同；协商讨论了市人大副主任人选。

会议认为，过去的一年，市政协常务委员会在中共沈阳市委的领导下，牢牢把握团结和民主两大主题，紧紧依靠全体政协委员，广泛团结社会各界人士，全面履行政协职能，加强协商民主建设，为全面深化改革和推动沈阳老工业基地振兴发展作出了积极贡献。会议对市政协常务委员会提出的 2016 年工作任务表示赞同，对进一步做好政协工作提出了建议。

会议要求，市政协各参加单位和全体委员，在新的一年里，要以邓小平理论、“三个代表”重要思想、科学发展观为指导，认真学习贯彻习近平总书记系列重要讲话和中共十八届五中全会精神，贯彻落实中共辽宁省委政协工作会议和中共沈阳市委十二届十二次全会精神，按照“四个着力”的总要求，适应新常态，聚焦“十三五”，汇聚正能量，充分发挥政协作为协商民主重要渠道和专门协商机构重要作用，积极推动沈阳创新改革发展和老工业基地全面振兴，为“十三五”开局起步作出新的贡献。

（吴汉伟）

【市政协常委会议】　2015 年，市政协先后召开了 7 次常委会议。

2015 年 2 月 10 日，政协沈阳市第十四届委员会举行第十三次常委会议，市政协主席姜宏主持会议。会议协商了相关人事事项。

2015 年 2 月 11 日，政协沈阳市第十四届委员会举行第十四次常委会议，市政协主席姜宏主持会议。会议听取了大会秘书长关于小组讨论综合情况的汇报；审议了相关人事事项；审议通过了市政协十四届三次会议提案审查报告（草案）；审议通过了市政协十四届三次会议决议（草案）。

2015 年 2 月 12 日，政协沈阳市第十四届委员会举行第十五次常委会议，市政协主席姜宏主持会议。会议讨论通过了市政协 2015 年工作要点及年度协商计划；协商通过了增补市政协部分专门委员会兼职副主任名单。

2015 年 3 月 17 日，市政协召开十四届十六次常委会议，会议传达了全国政协十二届三次会议精神。全国政协委员、市政协主席姜宏从会议概况、委员讨论报告和政协工作的情况、委员关注的热点等方面对全国政协十二届三次会议的主要情况和精神进行了传达。

2015 年 6 月 25 日，市政协召开十四届十七次常委会议。市政协主席姜宏主持会议并讲话。会议听取了关于“推进宜居乡村建设”专题调研工作情况的汇报；讨论通过了《关于推进宜居乡村建设的调研报告》。市长潘利国出席会议并讲话。

2015 年 8 月 13 日，市政协召开十四届十八次常委会议。市政协主席姜宏主持会议并讲话。会议协商讨论了关于“推动传统产业优化升级，加快沈阳老工业基地振兴步伐”的有关问题；讨论通过了《关于“推动传统产业优化升级，加快沈阳老工业基地振兴步伐”专题调研报告》。市长潘利国出席会议并讲话。

2015 年 12 月 14 日，市政协召开十四届十九次常委会议。市政协主席姜宏主持会议并讲话。会议听取了市党群系统、市政府系统关于市政协十四届三次会议以来提案办理工作情况的通报；审议了市法院、市检察院关于市政协十四届三次会议以来提案办理工作情况的通报（书面）；协商通过了调整增补市政协委员名单；协商通过了设置农业和农村工作委员会的建议；协商通过了市政协农业和农村工作委员会主任、兼职副主任名单；协商通过了增补市政协兼职副秘书长名单；讨论通过了市政协十四届四次会议相关事项。

（吴汉伟）

【提案工作】　2015 年，共收到提案 679 件，经审查立案 583 件。其中，集体提案和界别提案 94 件、委员提案 489 件。已全部办复，已解决或采纳的 480 件，占 82.3%；列入计划解决的 79 件，占 13.6%；因政策或条件限制暂时难以解决、留作有关部门工作参考的 24 件，占 4.1%。

广大市政协委员、政协各参加单位和各专门委员会充分运用提案形式，积极建言献策。围绕改革创新和稳定增长，提出提案 126 件。为助推沈阳工业转型升级，推进“智慧沈阳”建设，激发民营经济活力，促进经济发展发挥了重要作用。围绕促进城乡建设与城乡管理，提出提案 231 件。关于秸秆资源合理利用、加强排水设施建设、改善农村生活环境、加强社区建设、提高部分开发区公共交通设施水平等提案，为有效改善空气质量，推进环境综合整治和完善城乡建设方面起到了推动作用。围绕发展社会事业和改善民生,提出提案135件。为养老服务业发展,教育治理体系现代化,公共文化服务水平提升发挥了积极的促进作用。提出的加快建设辽文化产业基地、创新农产品流通体系建设、促进区域卫生信息化平台建设、加强公共场所儿童体育设施建设等提案也被政府吸收利用,为社会民生事业的发展提供了有力支持。围绕推进法治建设、依法治市,提出91件提案。有力推动了市法院涉诉信访工作改革和检法人员岗位及通讯方式公开化,促进了经济发展环境的优化和宗教场所周边环境的改善。完善保障体系建设、维护见义勇为人员合法权益的提案也被市委政法委采纳并加以落实。

全年,市政协常务委员会按照"围绕中心、服务大局、提高质量、讲求实效"的工作方针,以深化"提案质量年"活动为抓手,进一步强化了提案质量、办理质量和服务质量,有效地提高了提案工作的整体水平。一是健全提案线索征集、提案联合审查、提案培训咨询机制、重点提案遴选等机制,进一步提高提案工作质量。二是分层次开展提案办理协商,针对重点提案开展重点协商,同类提案进行集中协商,疑难提案进行反复协商,通过分层督办,进一步加大提案办理协商力度。三是牢固树立为委员服务的意识,制订出台了《政协沈阳市委员会关于进一步提高提案质量的意见》,通过组织调研,为提案者与相关部门搭建沟通平台。同时,加大了提案公开力度,先后在《沈阳日报》等新闻媒体上公开了重点提案、集体提案、界别提案和委员提案,并及时报道提案工作成果。认真开展提案工作"双评互推"工作,采取"提、办"双方互相评议、互相推荐的方式。

(吴汉伟)

【海外联谊工作】 密切与港澳台侨人士的联系,开展联络工作。一是走访慰问港澳台侨朋友。市政协全会期间,市政协领导看望了来沈参加会议的港澳委员;市政协主要领导赴港澳地区走访看望港澳委员,向委员介绍全市经济运行情况和社会发展所取得的成就,通报了市政协的主要工作,并征求对政协工作的意见和建议。二是组织港澳委员参观考察。先后参观考察了八王寺饮料有限责任公司、浑南区中小学中央厨房、新松机器人、盛京大剧院等企业单位。三是以多种形式开展联络工作。每逢春节、中秋节、圣诞节等重大节日,以电话、电子邮件、贺卡、微信等形式向港澳台侨朋友送去祝福;举办了"大众创业、万众创新——2015沈阳国际软件园杯羽乒友谊赛",来自港澳台侨朋友、海外归国创业人士、区(县)政协委员、"五侨"单位代表共计400多人应邀参加了比赛。

选择有效方式,开展建言献策活动。市政协积极发挥港澳委员作用,通过撰写提案、实地视察、调研座谈等形式,为经济发展和城市建设献计出力。一是召开港澳委员座谈会,委员分别就进一步优化发展环境、大力发展现代服务业、充分发挥行业协会作用、完善物业管理制度、推动沈阳企业加快"走出去"等提出意见建议,市委曾维书记出席会议并听取委员相关建议。二是对沈阳综合保税区发展情况进行视察,先后对沈阳黎明国际动力工业公司、瓦克华磁性材料(沈阳)有限公司、沈阳奥拓福科技股份有限公司三家外资企业实地视察。提出了在综保区内设置银行机构、发展非银行金融机构、引进国际创新的金融工具、以灵活多样的方式引入外资和民间资本、积极推进跨境贸易人民币结算业务等意见建议。三是对农业旅游项目进行视察。实地考察了仙子湖旅游项目、景区环境、水利资源等,同时考察了辽中珍珠湖景区。建议应综合开发仙子湖和珍珠湖,以荷花为源头,将短暂的夏季花期式旅游发展至全年四季生态旅游;发展乡村旅游集聚区,打造珍珠湖绕湖公路自然景观带;大力兴建特色农家韵味风情小镇;开发旅游商品、餐饮产品,全面带动辽沈地区区域旅游经济发展。

开展全方位、多渠道的对外交往。一是加强与驻沈总领事馆工作联系。邀请美国、日本、朝鲜、俄罗斯、韩国、法国、德国等七国驻沈总领事馆总领事出席十四届三次全会开幕式;市政协领导出席2015年德国统一日庆祝活动。二是做好来访接待和组团出访工作。市政协领导会见以西非及尼日利亚中国和平统一促进会会长董瑞萼为团长的非洲侨界精英人士访问团;会见香港政府驻京办主任傅小慧女士一行;接待世界台湾商会联合总会考察团。全年共办理和协助办理沈阳市赴法国、意大利英国、塞尔维亚、匈牙利、澳大利亚、美国、加拿大、港澳台等7个出访团组,完成了考察、签约、交流任务,还结交了一批海外华侨、华人朋友。三是积极筹建侨商数据库,拓展对外交流渠道。联合"五侨"、市外经贸局等涉外部门,整合侨务资源,建立了部分重点侨领、侨商信息库,实现信息、资源、权益共享,为沈阳开展民间外交、公共外交活动提供支持。

(吴汉伟)

【学习宣传文史工作】 2015年,主要做了五个方面的工作:

认真开展学习工作,为市政协中心组及委员学习提供优质服务。委员会紧密结合当前形势和政协履职需要,通过举办专题报告会、中心组学习会、订阅报刊杂志和印发学习参考资料等多种形式,组织和推动中心组成员与广大政协委员的学习,为不断提高履行职能、服务大局的水平打下了坚实基础。

增强宣传工作活力,努力塑造政协的良好形象。认真把握重点,做好重要会议宣传。围绕会议主题,通过专题报道、综述、侧记等及时深入地对会议进行全方位、多角度的报道,及时把政协的声音传递出去,扩大了人民政协的社会影响;努力聚焦亮点,抓好调研视察成果和提案宣传。通过报纸、广播、电视、网络等媒体,报道了近百件委员提出的关注民生的提案落实情况和10多件视察调研成果,使广大委员的履职情况得到及时、充分的反映,也加大了对政协工作的关注;凸显履职特点,精心打造民主监督与舆论监督平台。通过专委员会与沈阳日报、沈阳广播电台联办的《政协园地》专版和《委员在线》节目,发表建言立论成果,倾听民声,反映民意,为民解忧,受到社会各界欢迎。

坚持"三亲"特色,切实做好文史资料工作。一是圆满完成征集史料任务。2015年,共征集专题史料150余万字,编辑出版了《沈阳老建筑》,与市政府地方志办公室联合出版了《沈阳御膳文化》文史资料。二是积极参与全国及省政协系统文史工作大协作。按照全国政协和省政协的要求,委员会积极做好有关专题史料的协作征集工作。三是加强全市政协系统文史部门及相关单位的联系和交流。委员会先后参加了全国暨地方政协文史委主任会议、省政协文史工作协作会议,提供的相关交流材料被收

入到会议材料汇编中

围绕中心，积极开展履行职能活动。按照围绕中心，服务大局的工作原则，委员会结合自身特点，组织辽文化研究等专题考察视察活动。2015年7月29日，在刘慧鸣副主席带领下，委员会组织部分委员和专家学者对皇姑区的无垢净光舍利塔、沈北新区的石佛寺辽塔等进行了专题视察，并召开了座谈会，通过视察和座谈，进一步掌握和了解了相关情况，与会专家学者提出了有价值的意见和建议，对进一步挖掘、整理、保护和利用辽代历史文化遗产起到了积极的推动作用。同时，委员会组织本委委员积极撰写提案，反映社情民意，努力为经济社会发展贡献力量。

加强自身建设，营造良好的履职氛围。政协委员是专委会工作的主体。根据学习宣传文史委员会委员的特点和优势，积极推动委员参与政协开展的调研、视察等活动，努力营造良好的履职氛围。通过召开委员会全体会议等多种渠道，广泛征求委员对学习、宣传和文史工作的意见和建议，使工作的指导性更加明确，计划安排更加切实可行。同时，注重发挥专委会主任会议的核心作用，召开了两次主任会议研究工作，平时经常沟通工作并加强与本专委会委员的联系交流，帮助他们解决一些具体问题，形成相互配合、相互支持的良好局面。

（吴汉伟）

民主党派和工商联

【中国国民党革命委员会沈阳市委员会】 中国国民党革命委员会沈阳市委员会（简称"民革沈阳市委"），现有主副委8名、常委23名、委员35名，基层支部28个，党员1008名。民革沈阳市委机关内设"四部一室"，分别为参政议政部、宣传部、对台联络部、组织部、办公室。其中参政议政部下设参政议政工作委员会、社会服务工作委员会、社会与法制工作委员会；宣传部下设学习宣传文史工作委员会；对台联络部下设祖统工作委员会；组织部下设妇女工作委员会。在沈阳市政协十四届三次全会上，市委会共提交大会口头发言1件，书面发言6件，民革集体提案7件，民革界别提案6件，委员联名提案2件。市委会提出的《关于实施创新驱动发展战略 加快经济结构转型升级》被确立为大会发言，并确定作为市政协主席督办的重点提案。民革界别提案《关于进一步加大依法处理涉诉信访力度的提案》得到了市政协重点督办协商。

全年共发展新党员71人，平均年龄36岁。大学学历43人，具有学士学位28人。研究生学历28人，具有硕博学位25人。中高级职称30人，占发展总数的42%。民革特色30人，占发展总数的42%。市、区政协委员4人，区人大代表1人。

持续推进坚持和发展中国特色社会主义学习实践活动。市委会在全市民主党派及工商联等组织中率先举办了坚持和发展中国特色社会主义道路"同心大讲堂"活动。由民革沈阳市委学习宣传文史委员会副主任哈林以"三同"在新时期带给我们的新思考为主题进行讲座，受到与会听众的好评。

开展了"纪念中国抗日战争胜利70周年暨世界反法西斯战争胜利70周年"主题系列活动。征集文史资料、照片、作品24篇（幅）。采访了抗战老党员家属，形成了《记民革抗战将领郭景珊：号角铮铮 戎马一生》、《民革老党员赵克非：打响抗日战争第一炮》珍贵史料事迹；市委会与东北中山中学联合举办纪念中国人民抗日战争暨世界反法西斯战争胜利70周年大会；参与了市委统战部开展的"我的抗战记忆"主题征文活动，被市委统战部评为"我的抗日记忆"主题征文活动优秀组织奖，《血色衣冠》等三篇文章获得征文活动优秀征文。有25名党员参加了民革辽宁省委会举办的纪念抗战胜利70周年主题书画作品展活动；民革皇姑区支部举办了纪念抗战胜利70周年白传巨书画作品展；民革铁西区支部组织开展纪念抗战胜利70周年抚顺之旅及参观"九一八"系列活动；民革沈音支部参加纪念抗战胜利70周年沈阳音乐学院统战成员教授专场音乐会。

理论调研课题撰写。市委会主委王垂杰在《沈阳民革》杂志先后发表了《坚持中国共产党领导共创统一战线事业新篇章》、《认真学习十八届五中全会精神为"十三五"时期发展履职助力》两篇理论文章。全年共整理报送省委统战部、市委统战部理论研究课题16篇。副主委高孝杰作为课题负责人的《网络宗教活动管理的法律依据研究》被省委统战部选为立项课题并获二等奖，同时报送中央统战部优秀课题评选，被中央统战部评选为优秀课题，收录在中央统战部2015年理论课题文集。副主委高孝杰作为课题负责人的《非公有制经济领域意识形态及对策研究》以及副主委王吉发作为课题负责人的《辽宁省非公有制企业转型与升级面临的问题及对策》被市委统战部选为立项课题。《提升统战工作法治化水平研究》等6篇理论文章分获2015年度沈阳市统战理论研究优秀成果二、三等奖。市委会被市委统战部评为2015年度沈阳市统战理论研究工作优秀组织奖。

开展"机关大讲堂"活动。全年共有9名机关干部结合各自工作实际，向全体机关工作人员传授了宣传、祖统、参政议政、文字综合等各方面的工作技巧。

广泛开展"博爱 牵手"活动。市委会组织向沈阳对口扶贫点西藏安多县敬老院和小学捐赠了价值数千元的衣物和学习用品。组织妇委会委员，对沈阳市儿童福利院开展"博爱牵手 关注儿童服务社会"主题活动。向福利院儿童捐赠童装100套、短裤100条、童袜400双及毛巾、食品等节日礼物，总价值2万余元。民革沈河区支部赴凌海市开展"博爱·牵手"活动。

开拓对台工作新途径。市委会与市台盟共同举办了台湾大学生在沈"两岸一家亲，共圆中国梦"座谈会，来自辽宁中医药大学和中国医科大学的6名台湾省籍在校大学生参加了座谈。举办了以抗战胜利70周年为主题的"追忆历史，珍爱和平"中秋茶话座谈会。

（杨潇音）

【中国民主同盟沈阳市委员会】 2015年，中国民主同盟沈阳市委员会（以下简称：民盟沈阳市委）在民盟辽宁省委和中共沈阳市委的正确领导下，民盟沈阳市委团结带领全市盟员深入推进坚持和发展中国特色社会主义学习实践活动（以下简称"学习学践活动"），切实加强自身建设，积极履行参政党职能，各项工作都取得了显著成绩。

参政议政。民盟沈阳市委主要领导积极参与政治协商。分别参加中共辽宁省委、中共沈阳市委、市政府、市政协召开的座谈会、协商会、情况通报会，就中共辽宁省委工作、贯彻落实中央统战工作会议精神、《中共沈阳市委关于制定全市国民经济和社会发展第十三个五年规划的建议》、《在中共沈阳市委十二届十二次全会上的报告》、沈阳市2016年《政府工作报告》、沈阳市党风廉政建设和反腐败工作等提出意见建议。

借助“两会”建言献策。在全国“两会”上，全国政协委员提交了《关于进一步优化经济发展软环境的建议》、《关于改革出租车行业管理方式的建议》的提案，并提出将波音完成中心项目和庞巴迪Q400总装项目落户沈阳的建议；全国人大代表提交了《进一步加强面源污染治理的建议》的议案。在省“两会”上，盟内人大代表、政协委员提交了《关于推进辽宁省农村信息化建设的建议》、《关于大力发展文化产业建设的建议》等提案、议案近20件。在市政协十四届三次全会上，民盟沈阳市委提交集体提案11件。其中《关于进一步优化沈阳经济发展软环境的建议》作为大会发言；《关于加快我市旅游业发展的建议》等4件作为大会书面发言。《关于激发民营经济活力和创造力促进经济发展的建议》得到市政府积极采纳，经过研究论证后再次取消和下放424项行政职权。在市政协确定的30件重点提案中，民盟占5件。民盟沈阳市委2件集体提案和9名盟员撰写的个人提案被市政协评为优秀提案。

创新建立调研机制。为进一步调动盟员参政议政的积极性和主动性，提高建言献策质量和水平，民盟沈阳市委建立调研课题申报制度，制订《民盟沈阳市委集体提案招标办法》、《民盟沈阳市委2015年提案参考选题》。各基层组织、专委会依据选题，就宜居乡村示范村建设、全市就业平台建设、城乡养老和社会救助情况等积极开展调研活动，形成《关于进一步完善农村环境风貌建设的建议》、《充分发挥就业服务功能，推动沈阳市就业平台建设》等调研报告30余篇，并在此基础上形成了《关于进一步优化沈阳市大型零售商业运营的建议》等多份政协提案。

有序推进民主监督。特邀民主监督员充分发挥独特作用，到市科技局、审计局、旅游局，沈河区、和平区、等7个区，参加政风行风视察、检查、评议活动，向党委、政府及有关职能部门提出有理有力的意见及操作性强的建议。

及时反映社情民意。民盟沈阳市委建立信息登记、审核、编发、报送程序，健全跟踪反馈通报和考评奖励机制，举办信息工作培训班，社情民意信息的内容和质量均有较大提升。及时向有关部门报送社情民意信息50多条。其中，《关于丰富农村文化娱乐生活的建议》、《我国亟待构建过期药品回收长效联动机制》被民盟中央《民盟信息》采用，《关于搭建沈抚新城融资平台的建议》被省政协《政协信息》采用，并获得省领导批示。民盟沈阳市委反映社情民意信息工作被民盟辽宁省委评为一等奖。

自身建设。民盟沈阳市委突出主线，凝聚共识，不断夯实思想政治基础。深入开展学习实践活动。积极引领全市各级组织和全体盟员深入学习贯彻中共十八大，十八届三中、四中、五中全会和习近平总书记系列重要讲话精神，学习中共中央《关于加强社会主义协商民主建设的意见》、《中国共产党统一战线工作条例（试行）》。进一步统一思想，提高认识，坚定信念，凝聚共识，汇聚合力。

以纪念中国人民抗日战争暨世界反法西斯战争胜利70周年为契机，在“沈阳民盟网”开辟纪念专栏，举办征文活动。组织盟员参观中共满洲省委旧址纪念馆、海防纪念馆、“九一八”历史博物馆、沈阳二战盟军战俘营旧址陈列馆和东北陆军讲武堂旧址，通过不同侧面、多个角度回顾抗战历史。联合哈尔滨、长春、大连市盟，举办“铭记历史 珍视和平”民盟东北副省级城市书画巡展，缅怀在抗日战争中英勇献身的英烈和为抗战胜利作出贡献的人们，展示为实现中华民族伟大复兴的中国梦而共同奋斗的决心。举行纪念大会暨“民族魂 中国梦”——纪念抗战胜利70周年，民盟沈阳市艺术家演出团成立20周年汇报演出。展现中华民族为世界反法西斯战争全面胜利所作出的巨大贡献，弘扬爱国主义精神。民盟沈阳市委学习实践活动取得重要的阶段性成果，激发了广大成员的参与热情，创新了思想教育的形式载体，巩固了多党合作的政治基础，促进了参政党作用的有效发挥。在全市统战系统学习实践活动经验总结交流会上，民盟沈阳市委作了题为《坚定信念不辱使命 扎实开展学习实践活动》的经验交流发言。

扎实抓好统战理论研究。成立统战理论研究工作小组，建立健全理论研究工作机制和奖励机制。研究课题《促进各民族交往交流交融政策体系研究》获得中共省委统战部批准立项；《互联网时代的协商民主研究》、《新时期基层民主监督的探索》、《党外青年知识分子维护国家政治安全机制构建研究》获得中共市委统战部批准立项。民盟沈阳市委获得全市统战理论研究优秀组织奖。

不断提升宣传工作实效。着力加强“一刊一网”建设，对《沈阳民盟》进行改版。网站增加文章、影像资料182篇。借助外界主流宣传媒体，广泛宣传报道民盟沈阳市委重大活动及盟员先进事迹，报送文章信息600余篇次，进一步扩大民盟组织社会影响力。加强对盟史的宣传力度，在网站盟史学习专栏，陆续登载《正义千秋——忆高崇民同志》、《传承与发扬》等影像资料，使盟员深入了解民盟的发展及民盟与中国共产党密切合作的光荣历史。积极开展统战文化宣传活动，民盟沈阳市委荣获统战文化宣传品“法宝扇”设计制作竞赛一等奖。

广泛吸纳优秀人才入盟。全年共发展新盟员185人，平均年龄36.4岁。大学以上文化程度183人，占98.9%，高、中级职称46人，占25%。文化教育界71人，科技医卫界21人，政府界25人，经济界68人。截至2015年12月底，全市共有盟员3928人。

扎实推进基层组织换届。认真开展前期调研和准备工作，下发《民盟沈阳市委关于基层组织2015年换届工作的实施意见》，对基层组织换届的指导思想、基本原则、人选条件、操作程序和工作要求作了明确具体的规定。在基层组织所在单位党组织的大力支持和广大盟员的积极配合下，部分基层已圆满完成换届工作，一批政治素质高、热心盟务、年富力强的骨干盟员走上基层组织领导岗位，为盟组织的发展带来了新的生机与活力。

切实加强人才队伍建设。推荐骨干盟员参加民盟中央举办的盟务工作骨干培训班，以增长见识，开拓视野，强化政治自觉、提升工作能力。举办第三十二期新盟员学习班，对新盟员进行盟史和多党合作知识教育。强化新盟员的参政党意识，增进他们的政治责任感和历史使命感。

社会服务。民盟沈阳市委巩固特色,拓展领域,更加扎实开展社会服务工作。巩固丰富老品牌。“民盟同馨讲坛”关注社会热点,继续充分发挥文化品牌作用,不断扩大社会影响,走进沈阳农业大学举行“昭昭前事,惕惕后人”抗战历史报告会,到社区、学校举办公益讲座40余场。《打造“民盟同馨讲坛”品牌工程》荣获全市统一战线实践创新成果奖。“农村教育烛光行动”继续为实现教育资源共享,助推城乡教育均衡发展贡献力量。为辽阳第三高级中学、铁岭高级中学作高考辅导讲座;为辽阳八校联合体高中的教师和机关幼儿园的幼师作辅导讲座,传播教学经验和先进的教育理念。

探索开拓新领域。实施“黄丝带帮教计划”,到沈阳市第一监狱为服刑人员作“拥抱生活 感受幸福——人生的终极目标”讲座,捐赠帮教器材和5000册文化书刊,并为部分贫困服刑人员捐赠了生活用品。

坚持不懈办实事。在浑南区建立助残创业基地,为残疾人朋友提供无投资创业、就业平台。到于洪区东老边村举行“关注民生 情系百姓”——“三下乡”和“乡村法律服务行”活动。到铁岭西丰县,针对当地的特色鹿产业进行科技对口帮扶。组织两次“文化惠民丹东行”活动。赴抚顺市东洲区二伙洛村为村民进行义诊和法律咨询,捐赠图书和农业科技资料,受到当地群众的热烈欢迎。走进苏家屯区葵花社区、金山社区,沈河区雨坛社区、文萃社区举办公益讲座,开展法制宣传与法律咨询活动。为庆祝“三八”妇女节、“六一”儿童节、教师节,举行公益讲座、义诊、医疗咨询、法律宣传和咨询等活动,受到广泛赞誉。

立足岗位展风采。全市各级民盟组织和广大盟员,爱岗敬业,刻苦钻研,业绩显著,为沈阳民盟添光增彩。陈温福被评为“全国先进工作者”、“2015年感动沈阳人物”;王国仁入选国家百千万人才工程,被评为“有突出贡献中青年专家”;任卫东被评为“辽宁省名医”;王秋月被评为“辽宁省三八红旗手”;孙萍、孔庆国、王彤获得“沈阳市五一劳动奖章”;刘长远、苗则彦获得“辽宁省科技进步二等奖”;孙思予获得“沈阳市科技进步一等奖”、“辽宁省医学会科技进步一等奖”;马晓欣被评为“辽宁省特聘教授”、“沈阳市三八红旗手”;朱利获得“2015年度中国书法风云榜最佳潜力奖”;李君被评为“中国文化馆榜样人物”;赵怿君、张艳彦被评为“沈阳市十佳法律援助律师”。

（白艳立）

【中国民主建国会沈阳市委员会】 2015年,民建沈阳市委荣获民建全国先进集体、民建全国参政议政工作先进集体,民建辽宁省委2014－2015年度新闻宣传工作优秀组织奖、理论研究工作优秀组织奖、参政议政工作先进集体二等奖和“读会史颂伟业,学会章树新风”主题征文活动优秀组织奖,中共沈阳市委统战部统战宣传工作先进单位。

参与政治协商。中共沈阳市委与民建沈阳市委举行交友活动。会员围绕如何节省土地资源、促进房地产行业发展等方面进行了交流。民建市委将会员企业所反映的具体情况进行了整理并报送中共沈阳市委,有效助推了会员企业解决难题。促成民建会员企业——沈阳积水潭医院项目正式纳入沈阳市第二批PPP项目中,促进了这一重大民生项目尽早投入使用。中共沈阳市委就常委会工作报告和《中共沈阳市委关于加快推进全面创新改革的意见》征求党派意见建议,民建市委提出在下半年工作中应增加“开好全市统战工作会议”的建议被采纳,并写入中共市委常委会工作报告中。民建市委提出的“除了新创造的全国知名品牌应给予奖励,原有的全国知名品牌也应给予奖励”建议也被采纳。

参政议政。提交市政协十四届四次会议发言材料6篇,集体提案8件。其中《进一步优化沈阳市经济发展环境》和《加快推进沈阳市环境污染第三方治理的建议》被沈阳市政府采纳。共收到社情民意信息71条,经整理,向有关部门报送社情民意信息64条,被省政协专报采用3篇,市政协专报采用5篇,《沈阳政协》杂志采用2篇,其他被民建省委采用。

理论研究。共推送理论研究文章9篇。《民建如何在全面深化改革和全面推进依法治国中发挥作用》获民建中央重点理论课题二等奖,获民建省委优秀理论研究成果2篇,《关于推进人民政协界别协商和界别活动的思考》获市政协理论研究重点课题研究成果特等奖,《辽宁省非公有制企业转型中融资问题研究》等两个课题被中共沈阳市委统战部立项并结项,《加强民主党派理论研究工作的思考与实践》一文获沈阳市委统战部统战理论研究优秀成果二等奖,并被提交到民建中央理论研究委员会工作会议上进行交流。

自身建设。召开了中国民主建国会成立70周年暨民建沈阳市委成立60周年纪念大会。编写了民建沈阳市委成立至今60余年发展历程的会史《沈阳民建六十年》一书,制作了同名专题片,举办了反映各区域性基层组织重要活动的图片展,编排了由会员自编、自导、自演的文艺演出“我们一起走过”,作词作曲创作了歌曲《同心》。举办学习《中国共产党统一战线工作条例(试行)》培训班,重点对《条例》颁布的重要意义、主要内容等方面进行了解读。创办了“民建沙龙”活动,旨在围绕会的发展、建言献策、理论研究、社会服务、自身建设以及为会员服务等开展研讨和交流,积极为会员搭建相互交流的平台和空间,不定期开展活动6次。全年发展新会员152人,2015年末,全市共有会员2564人。共向全国、省、市相关媒体报刊杂志推送宣传报道文章152篇,被中央采用47篇,省级采用122篇,市级采用148篇。

社会服务。民建沈阳市委抓住“一带一路”建设面临的新机遇,积极为会员企业走出国门拓展海外市场搭建平台,帮助会员企业产能输出。与兴业银行沈阳分行合作,为会员企业提供金融服务,为会员企业提供业务咨询服务200余人次,办理银行卡100余张,为会员及企业进行理财服务累计金额达1000余万元,为会员企业提供贷款500余万元。号召会员献爱心自愿购买康平县寒富苹果19吨。将会员捐款18万元,用于康平县方家屯镇沈阳鑫方正河农副产品专业合作社特色农家院旅游项目。举办了校企项目合作推介会和名企名家进课堂活动,助推大学生就业。

（李　阳）

【中国民主促进会沈阳市委员会】 思想建设。紧密结合形势和工作大局,始终把深入学习贯彻十八大、十八届四中、五中全会精神和习近平总书记系列重要讲话、中央统战工作会议精神作为一项重要政治任务,通过理论中心组学习、基层组织工作会议、各类培训及网上答题、座谈、交流等活动，分层次组织开展理论学习。领导班子成员认真落实学习制度，定期组织集体学习，并带头撰写理论文章，指导推进全会政治理论学习，各级组织和广大会员以高度的政治自觉积极参与理论学习，全会认识进一步提高，思想高度统一，进一步坚定了道路自信、理论自信、制度自信；有组织、有计划地开展“回顾民进历史、缅怀民进先辈、畅想美好未来”主题征文活动、庆祝民进成立70周年书画摄影展、民进成立70周年庆祝大会等丰富多彩的庆祝活动，组织书画家会员创作反映民进光辉历史的书画长卷《民进先驱》，策划推出会章会史知识竞赛和网络答题、“我身边的榜样”宣讲活动、寻找民进先辈足迹、参观民进会史教育基地等系列学教活动，编辑出版《悠悠七十载，绵绵民进情——庆祝中国民主促进会成立70周年征文集锦》、《民进沈阳市委庆祝中国民主促进会成立七十周年美术、书法、摄影作品集》、《我身边的榜样》等文集，全面展示我会成立以来取得的重要成就和宝贵经验。教育局工委举办“在正道上行”专题座谈会，不断深化会员对民进优良传统的理解和传承，激励和引导广大会员在学习实践活动中多做贡献；围绕学习实践活动和工作实践中的问题，通过课题招标、成立课题组，先后开展13项课题研究，取得了一批具有较高价值的理论研究成果。其中，马成、孔颖等撰写的《民主党派专委会建设实践研究》首次在民进中央结项，曹萌等撰写的《东北少数民族交往交流交融的和谐价值及其平台构建研究》和孔颖等撰写的《民主党派专委会建设实践研究》荣获全省统战理论研究优秀成果三等奖，张旭东等撰写的《“如何把一部分优秀人才留在党外”问题研究》和董丽娜等撰写的《民主党派代表人士队伍建设问题研究》在市委统战部结项，刘斌等撰写的《人民政协统战功能探析》在市政协结项，另有9篇论文在会省委统战理论评比中获奖；积极组织、撰写和推荐稿件在主流媒体刊发，大力宣传重大活动、履职亮点、优秀会员和基层组织，有510篇(次)被民进中央等各级网站、媒体采用，产生良好社会影响。认真办好会刊和网站，对《沈阳民进》进行扩版，增加《民进沈阳市委信息简报》信息量，编印《2015年〈沈阳民进〉合订本》，积极参加全市统战文化宣传品设计制作竞赛，充分利用沈阳民进网站及微信平台发布信息。市委会先后荣获2015年度沈阳市统战宣传工作先进单位、2015年《民主》杂志发行工作优秀集体。

组织建设。以政治坚定、民主和谐、作风过硬为目标，不断加强市委班子建设，增补副主委2名，调整常委、委员3人。继续推进代表人士和专职干部队伍建设，组织会员参加会省委和市委统战部举办的各类培训班，先后举办市委委员、基层干部和后备干部培训班，加强政治理论、形势政策、会务工作的学习，使各级领导干部的理论知识和素质能力都得到提高。不断完善人才发现培养、推荐使用机制，全年共发展新会员132名，平均年龄38岁，90%具有中高级职称。全市会员总数达2699人，其中主界别2176人，占80.7%；中上层人士2082人，占77%；副处级以上实职37人。先后向团省委推荐后备干部3名，向会省委推荐留学归国人员32名、新媒体从业人员3名、非公有制经济人士90名，向市委统战部推荐党外代表人士37名；制定《基层组织换届实施意见》，坚持民主程序、充分酝酿协商，基层换届工作平稳有序进行。全市98%的基层组织完成换届工作，一批年富力强、政治素质好、德才兼备的中青年骨干会员进入各级领导班子，进一步改善了各级领导班子的年龄结构、知识结构。根据实际和工作需要，重组市卫计委等6个工委，成立中国医科大学等18个支部，撤销4个支部，对辽宁卫生职业学院等2个支部进行更名，进一步理顺了基层组织管理体制，民进会员整体优势得到有效发挥。全市共有12个工委、2个总支、15个高校组织、131个基层支部；建立组织建设和日常管理长效机制，对“四参与、五实现”量化考评试点区域进行阶段性总结。编印《基层组织活动范例》，将先进经验、典型事例集结成册，供大家学习交流。积极推动基层组织“走出去”，组织工委班子工作交流，持续开展“六市六校”支部、沈抚两市部分学校支部教学交流，举办直属、高校及区域组织工作交流会，加强了基层组织之间的联系和互动。关爱离退休会员，开展7项专题活动，走访慰问离退休会员50余人次。社会文化出版总支、朝阳一校支部、铁路实验中学支部荣获全国先进基层组织称号，涌现出30个市级先进基层组织、10名十佳会员、42名优秀基层干部和271名优秀会员。

参政议政。全年参加中共沈阳市委、市政府、市政协组织召开的座谈会、情况通报会18次，紧紧围绕全面创新改革、法制政府建设、党风廉政建设、“十三五”规划编制等重大议题提出一系列建议，得到充分肯定和高度重视，有25条建议得到全面采纳，市委会在全市民主政治建设中的影响力和话语权得到进一步提升。提交市政协十四届三次会议大会发言7件、提案11件，其中《关于强化企业信用信息公示制度，提升消费者维权力度的提案》被列为重点提案。提交民进省委提案素材17件，4件被选为全国政协提案，3件被选为省政协提案；首次开展调研课题招标立项活动，并注重加强与会中央、会省委和省、市政协之间的互动联动。将“沈阳市学生体质健康状况分析及发展趋势”确定为市委会重点调研课题，同时承担会省委“促进高校办出特色和水平”课题、市政协“推进我市就业和社会保障平台建设”专题调研，配合民进中央开展“公共文化服务体系”、“教师工资情况”调研，高质量完成调研报告1篇、社情民意信息2件，推动了相关政策的制定和实际问题的解决；全年共上报信息179件，被上级单位和媒体采用279件次，获得省长批示2件、市领导批示5件。市政协《社情民意》全年出刊的35期中，有13期是民进报送的信息。在省委会社情民意信息评比中，市委会以超出第二名261分的成绩位列第一，同时荣获中共省委统战信息工作先进基层单位。

社会服务。坚持以教育帮扶为主，继续开展与新民市柳河沟学校“同心牵手，爱心扶助”活动，启动“记录孩子快乐成长”活动。整合会内资源，推动优势互补，组织和平、大东、沈河、回民中学、辽宁中医药大学、沈阳医学院等基层组织，对阜新市、辽中县多所中小学校开展捐赠教学用品、教学交流和医疗义诊等扶贫帮困活动，累计捐助款物260万余元；组织企联会、直属四支部开展敬老、慰问消防官兵等多项捐赠活动，取得良好社会效果。市委会荣获“民进全国社会服务工作先进集体”称号；沈阳民进艺术团在和平区沈水湾公园举办庆祝中国人民抗日战争胜利暨民进成立70周年“金秋水韵”文艺晚会，沈阳民进大讲堂开展依法治国等专题系列讲座，社会文化出版总支、开明书画院的会员为社区居民义务写春联，苏家屯区支部多次开展声乐艺术指导进社区活动，和平一校支部开展“非物质文化遗产进课堂”实践活动，大东区工委和沈河区少年宫支部会员踊跃参加社会公益专场演出，为促进和谐沈阳建设做出了重要贡献；倡导“服务就在身边，人人可以参与”理念，积极组织广大基层会员参与抗灾救灾、扶危济困、助学助教、送医送教等公益活动。沈河、浑南及直属四、直属五、直属十等开展捐资助学，沈河、大东、和平、皇姑、铁西、于洪、卫计委和直属四、回民中学、南昌中学、五中、东北中山中学等慰问老会员、低保户、贫困家庭，教育局、和平、沈北、南昌中学等开展教学交流，沈河区工委独立开展“清理楼道卫生，建设幸福沈河”活动，沈阳大学总支举办“知沈阳，爱家乡”社会服务系列活动。会员赵飞龙、周波积极组织开展捐助义卖活动，募集款物390万余元。

（刘庆国）

【中国农工民主党沈阳市委员会】 2015年，农工党沈阳市委在中共沈阳市委和农工党辽宁省委的正确领导下，全面贯彻落实中共十八届三中、四中、五中全会精神和习近平总书记系列重要讲话精神，深入开展坚持和发展中国特色社会主义学习实践活动，围绕沈阳市中心工作，认真履行参政党职责，切实加强自身建设，扎实推进全年各项工作任务的落实，并取得了显著成绩。

围绕中心，为推进“四个全面”战略布局献计出力。市委会领导参加中共沈阳市委、市政府、市政协举行的各种民主协商会、座谈会、情况通报会，对沈阳市的大政方针及重大决策进行了积极认真讨论和协商。在农工党全国副省级城市第九次工作联席会议，赵午主委代表农工党沈阳市委作了《我国水环境中抗生素来源、危害及防控措施》的发言。在农工党全国副省级城市第十次工作联席会议赵午主委代表农工党沈阳市委作《关于大力推进立体绿化发展，加快沈阳市绿化生态城市建设的建议》的发言。农工党沈阳市委“围绕中心服务大局推进沈阳市城乡居民基本医疗保险一体化”的统一战线实践创新项目，被中共辽宁省委统战部评为“全省统战工作实践创新成果奖”，这是沈阳市8个民主党派中惟一获此殊荣的民主党派市委会。全市共有45个支部的100名党员报送了167条信息、5条建议和10件提案，农工党沈阳市委被中共辽宁省委统战部评为“辽宁省基层统战信息工作先进单位”，这是市委会连续4年获此荣誉；被农工党辽宁省委授予“2012—2015年度参政议政工作先进市级组织”荣誉称号；被中共沈阳市委统战部评为“2015年度沈阳市统战信息工作先进集体”，是沈阳市8个民主党派中惟一获此荣誉的市委会；陆啸被农工党辽宁省委授予“2012—2015年度参政议政工作先进个人”。

凝心聚力，充分发挥在人民政协中的作用。在市政协十四届三次会议上，农工党沈阳市委向大会提交了《关于推进和构建沈阳市混合所有制医疗机构的建议》等11件提案，其中8篇作为大会书面发言载入会议发言文集中。与此同时，李铁男副主委代表农工党沈阳市委作了《关于沈阳市医改向纵深推进需要认真面对和妥善解决的几个问题》的大会发言。农工党沈阳市委提交的两件提案被评为“沈阳市政协2013—2014年度优秀提案”。由农工党沈阳市委提交的《关于大力促进沈阳市区域卫生信息化平台与普及应用居民健康卡的提案》，被确定为市政协十四届三次会议以来的重点提案。与市政协教科文卫体委员会联合召开推进分级诊疗制度建设座谈研讨会，农工党政协委员以强烈的政治责任感和强烈的使命感，研讨分级诊疗制度建设基本情况和存在的主要问题，提出推进分级诊疗制度建设的意见和建议。农工党沈阳市委完成的《关于促进秸秆还田工作，保护沈阳市生态环境的建议》和两篇调研报告，被载入市政协“推进宜居乡村建设，改善农村人居环境”十四届十七次专题常委会议材料汇编中。农工党沈阳市委提交的3篇调研成果被编入市政协十四届十八次“推动传统产业优化升级 加快老工业基地振兴步伐”专题常委会议材料汇编。李铁男、马平、朴成哲、李淑芳、葛春林等5名农工党政协委员，被市政协评为“优秀政协委员”。

推动全民健身国家战略，促进体育产业发展。在科学制定方案、周密部署动员的基础上，农工党沈阳市委组成体育消费市场培育发展专题调研组，历时5个月，先后深入市区县（市）实地调研，完成了《关于沈阳市体育消费培育市场发展情况的调研报告》和5篇体育产业发展理论文章，被载入市政协“推动全民健身战略促进体育产业发展”专题主席会议材料汇编，王莉副主委代表调研组在市政协十四届二十七次主席会议上作大会发言。

大力推进“三二一”活动，不断推动学习实践活动向纵深发展。“三二一”活动，是农工党沈阳市委2015年开展的“三个工程”、“两个基地建设”和“一个大讲堂”活动的统称。“三个工程”是指“爱国国防教育工程”、“传统文化教育工程”和“助学圆梦工程”。其中，“爱国国防教育工程”是为纪念中国人民抗日战争胜利暨世界人民反法西斯战争胜利70周年而开展主题学习实践活动，先后组织领导班子成员和机关干部赴哈尔滨、青岛开展爱国国防教育活动，参观侵华日军第七三一部队遗址等。举行革命歌曲大合唱活动，表达了强烈的爱国热情和走中国特色社会主义道路的理想信念。重阳节期间，组织老党员到抚顺平顶山惨案纪念馆和抚顺雷锋纪念馆开展以勿忘国耻、铭记历史为主题的学习实践活动。除大力强化社会宣传、组织6场“辽海讲坛”国防教育系列讲座外，还在市委会官方网站醒目位置和机关刊物《沈阳农工》杂志同时开设“大力开展‘爱国国防教育工程’活动”专题专栏。各支部也适时组织了一系列爱国国防教育活动。赵午主委出席了“纪念中国农工民主党建党85周年暨中国人民抗日战争暨世界反法西斯战争胜利70周年——‘翰墨同心’中国画展”。“传统文化教育工程”是借助曲阜孔子学院的智力优势，举办的弘扬中华传统文化讲坛活动，山东儒源文化集团创始人、孔子礼仪文化学校校长金辉作弘扬中华优秀传统文化、实现中华文化伟大复兴讲座，全市农工党党员代表和社会各界人士500余人参加讲坛。“助学圆梦工程”是发挥农工党自身优势，为新民市胡台中心校和法库县东湖一中的贫困生开展的扶贫助学活动，党员吕志海等先后5次赴新民开展捐助活动。“两个基地建设”是将农工党科教家庭支部农场和农工党沈阳药科大学支部社会服务基地作为市委会开展坚持和发展中国特色社会主义学习实践活动两个基地，取得了可喜的效果。“一个大讲堂”即农工党沈阳市委坚持和发展中国特色社会主义主题学习实践活动进社区健康大讲堂讲座，王莉副主委等坚持每周为社区居民普及科学养生知识，受到群众的称赞。

构建“大宣传、大教育”宣传思想工作格局，统战宣传和理论研究工作成绩斐然。不断提高《沈阳农工》编辑和发行质量，网站建设健康发展，网站内容更新及时，将官方网站上所有的文章，增加了分享到微信的功能，扩大的网络宣传手段，全年共上传927篇文章，为网站建立以来上传数量最多的一年。截至年底，网站访问量已达290余万人次。同时将各支部所在单位官网与农工党沈阳市委官方网站在“相关单位”处进行链接，以适应信息化发展的需要。经过精心准备和借鉴先进经验，农工党沈阳市委会官方微信订阅平台（微信公众号：“沈阳农工”）获认证，于2015年5月20日正式上线投入使用，全年共上传图文信息82条、视频15条，共97条图文和视频信息，至年底已有394人关注，收到了良好的宣传效果。

召开统战理论研究工作会议。赵春杰副主委当选为沈阳市统战理论（统战文化）研究会副会长，农工党沈阳市委被评为“2008—2014年度统战理论研究工作先进单位”。由赵春杰教授执笔完成的《如何做好民主党派社会服务工作研究》的论文，被农工党中央评为“2014年理论研究优秀论文奖三等奖”。由贺可嘉执笔完成的《关于民族地区中小企业发展促进问题的研究》论文，被中共辽宁省委统战部、辽宁省统战理论研究会评为“2014年度全省统战理论研究优秀成果三等奖”。赵午主委负责的农工党沈阳市委课题组完成的2014年沈阳市人民政协理论研究会重点课题——《进一步提升人民政协协商民主的能力和水平》，被市政协办公厅、沈阳市人民政协理论研究会评为“重点课题研究成果一等奖”。赵午主委和王莉副主委完成的两篇论文，被评为“优秀论文二等奖”。李海洋完成的论文，被评为“优秀论文优秀奖”。

牢固树立“人才强党”战略意识，全面推进组织建设。一是把握质量、改善结构，稳步推进组织发展。全年新发展包括专家学者、实职干部、企业管理人员的新党员87人。市委会党员现有人数为1725人，组织发展工作呈现出健康、平稳、有序的态势，为市委会各项事业创新发展夯实了组织基础。二是强基固本、开拓创新，基层组织建设不断巩固。按照农工党章程规定，全年完成了12个基层支部的换届工作，并新成立了文教支部，推动了基层组织建设发展。把学习实践活动与各项工作有机结合，全年支各部开展了以“中国梦·农工情”、纪念抗战胜利和法西斯胜利70周年等主题鲜明、形式多样、务实有效的学习实践活动50余次。三是加强人才队伍建设，努力抓好人才培养和党员培训工作。举办基层干部培训班和第31期新党员学习班，教育引导广大党员深刻理解把握会议精神和《条例》的丰富内涵与精神实质，进一步凝聚思想政治共识。与农工党大连市委会在广州市社会主义学院联合举办基层骨干培训班，20余名党员参加学习培训。年内有9名骨干党员参加了由市委统战部举办的民主党派骨干成员培训班，3名骨干党员参加了中央举办的农工党医药卫生界院所长骨干培训班。四是增强创新意识、责任意识，加强机关建设。建立完善机关工作责任体系，重新修订《机关工作制度汇编》，继续巩固好“每月一讲”工作机制，把月度工作汇报、重点工作研究交流与学习演讲有机结合，通过组织炼干部工作能力和业务素质，推动机关干部队伍素质全面提高。机关建设、参政议政、组织建设、社会服务等方面工作被被农工党辽宁省委评为先进集体。

把坚持和发展中国特色社会主义学习实践活动与开展“同心·健康服务工程”活动有机结合。与农工党丹东市委会联合开展“捐资助学”主题学习实践活动，向宽甸县永安小学捐献价值3余万元的教学用品和举办医疗专家健康咨询服务活动；市委会丹东市委会联合组织中医专家开展“中医惠民”健康义诊主题学习实践活动。组织医疗专家赴朝阳市喀左蒙古族自治县东哨镇东台子村参加“全省少数民族百乡万户惠民工程”义诊活动，为改善农村医疗卫生现状，促进新农村医疗卫生事业发展做贡献。在党员马平参与组织成立的郭明义爱心团队沈阳振兴爱心分队成立暨授旗仪式上向特困家庭和贫困学生进行捐赠，市政协副主席、市委统战部部长汪涛出席成立和捐赠仪式。

发挥界别特色和自身优势，持续做好“中国环境与健康宣传周”、“国际科学与和平周”、“保健康、促春耕”等社会服务品牌活动。联合农工党辽宁省委和市精神文明办，开展“中国环境与健康宣传周”活动，组织医疗咨询和捡拾马耳山白色垃圾环保公益活动。结合纪念“农工党植树林”建设两周年，组织开展春季植树绿化暨“保健康、促春耕”活动。组织医疗专家和法律界党员，赴沈阳智慧产业园举办助推沈北新区全面创新发展暨第二十七届“中国国际科学与和平周公益活动”。市委会被农工党辽宁省委评为“2012—2015年度社会服务先进市级组织”。

（王　勇）

【中国致公党沈阳市委员会】 2015年，中国致公党成立90周年。致公党沈阳市委紧抓机遇、超前谋划、精心组织，举办了一系列形式新颖、影响广泛、富有特色、卓有实效的纪念活动。隆重举行了“纪念抗日战争胜利70周年暨庆祝中国致公党成立90周年书画展”，中央常务副主席蒋作君、省委主委滕卫平、中共沈阳市委统战部常务副部长任桂芳等领导出席了画展开幕式，并做了重要讲话，各位领导对市委取得的成绩给予了高度肯定。出版了《继往开来——纪念致公党成立90周年》画集和《沈阳致公——庆祝致公建党90周年专刊》，举办了纪念抗日战争胜利70周年座谈会、致公党抗日战争中的贡献征文活动等，使广大党员全面了解致公党与中共风雨同舟的光辉历程，进一步增强了荣誉感、责任感和使命感，坚定了走中国特色社会主义道路的信念和决心。围绕当前形势，推进教育实践。市委始终把学习贯彻中共十八大、十八届三中、四中、五中全会和习近平总书记系列讲话精神作为首要政治任务。

注重新闻宣传，扩大社会影响。继续加强对大型活动的宣传力度。在召开致公党副省级城市会议，纪念抗日战争胜利70周年暨庆祝中国致公党成立90周年书画展等大型会议活动中，联系各类媒体对活动进行了广泛宣传报道，讲好致公故事，扩大社会影响力。得到与会的20余城市的高度好评。继续加强

“一刊一网”建设。全年共编印《沈阳致公》4期。开通了沈阳致公微信公众平台，网站和微信公众平台的内容日益丰富，信息承载量越来越多，逐渐成为反映党务工作的窗口、学习交流的平台、联系基层的桥梁。

发挥骨干作用，提升理论研究。积极组织广大党员深入开展统战理论研究和统战宣传工作，形成了一批高质量的理论研究文章。1人论文荣获中央社会主义学院理论研讨优秀论文，1人论文在《中国致公》杂志全文刊登。致公党委荣获“2015年度沈阳市统战理论研究工作优秀组织奖”，1人被评为“2015年度沈阳市统战理论研究工作先进个人”，4人荣获“2015年度沈阳市统战理论研究优秀成果”一等奖，1人荣获二等奖。

围绕中心工作，政党协商建真言。2015年，市委主要领导积极参加中共沈阳市委、市政府召开的协商会、座谈会、情况通报会，就国民经济和社会发展“十三五”规划建议、经济运行、贯彻落实中央统战工作会议精神等积极建言献策。尤其是在制定沈阳市经济和社会发展“十三五”规划建议过程中，市委集中党员智慧，在金融改革、创新人才体制等方面提出了很多务实的建议和意见，得到中共沈阳市委的高度重视，并予以采纳。

发挥智力优势，参政议政献良策。在沈阳市政协十四届三次全会上，致公党市委及本党政协委员个人共提交提案43件，比2014年增加了8件。集体提案8件，包括大会发言6件，个人提案35件。致公市委创新提案征集方式，改变以往集体提案“公开征集、自愿提交”的单一方式，制定实施了《集体提案招投标工作实施方案》，同时结合中共沈阳市委、市政府2015年中心工作，制定下发了《2015年集体提案提纲目录》，为集体提案招投标和公开征集工作提供了参考和基础。致公党市委在集体提案的办理过程中，着重加强了与办理单位的协商工作。如《关于改善农村生活环境，加强农村面源污染治理的提案》，被市政协列为重点督办提案，并由主管市长进行了签批。在提案办理过程中，与承办单位市环保局、协办单位市建委、执法局、农委等相关政府部门，进行了多次深度沟通，通过这种专题协商的方式办理集体提案，大大提高了提案办理深度和效果。

整合资源优势，调查研究结硕果。年初，市委对全年调研工作进行了全面部署，极大推动了调研工作的深入开展。市委领导亲自牵头抓重点课题调研，根据党员的专业特点和行业优势，精心组织了专门课题组，就“医养结合养老服务体系建设”、“煤的清洁利用”、“地下管廊建设”等问题，到建委、民政局、卫计局、发改委等政府相关单位进行实地考察，形成了高质量的调研报告。同时，大力支持和协助直属第三支部、直属第二支部到康平县法院、市养老服务中心分别进行人民陪审员制度建设、养老服务事业建设等专项调研活动。

保持和发挥“侨海”优势，深化海内外联谊工作。巩固传统友谊。致公党市委继续利用网络平台加强和海外朋友及各省市致公党组织的沟通与联系，巩固老朋友，发展新朋友，积极参与“五侨”各项活动，高度重视侨务工作，积极协助辽宁省暨沈阳市海外归国人员创业创新发展培训，进一步做好侨务工作。加强与国内各致公党市委的联系。承办了中国致公党第五届副省级城市暨第二届省会城市党务工作会议，纪念抗日战争胜利七十周年暨庆祝中国致公党成立九十周年书画展，接待湖南衡阳、北京石景山区、广东佛山、四川成都、海南华侨农场、南京“五侨”等来访，多次参与致公党中央社会服务、组织建设等工作调研，深化了各地间的交流。推进民间交流。广大党员利用学术交流、探亲访友等机会大力宣传国内改革开放的大好形势和党的方针政策，积极宣传党的侨务政策、统一战线政策，以切身体会和事实影响海外侨界人士。

整合多方资源，强化社会服务工作。打造品牌，服务地方经济发展。市委紧紧围绕致公党中央提出的“致福工程”活动要求，结合中央社会服务工作会议精神，以“同心”工程和“四个一”为活动载体努力打造属于自己的社会服务工作品牌。着力打造了“致力童心·学生体质提升工程”品牌，这项工程自2014年实施以来，中小学生的体质状况有明显提升。企业家专委会丁武、单泷等继续出资10万元支持该工程进一步实施，助力“校园吉尼斯”挑战赛、“暑假体育作业”、阳光体育一小时等特色活动，为学生体质提升作出了自己的贡献。开展募捐，做好精准扶贫工作。市委领导高度重视扶贫工作，多次亲赴毕节试验区等贫困地区及本地贫困家庭实地调研考察扶贫工作。举办了“为了孩子们快乐成长”迎“六一”主题义卖活动，共筹得善款1.31万元，全部捐赠给了铁西区阳光家园弱智儿童幼儿园；铁西区等支部组织党员到儿童福利院、养老服务中心开展慰问调研活动；四院、辽宁中医等支部组织开展了送医送药下乡义诊活动；苏家屯等支部进行了贫困学生一对一帮扶；皇姑支部主委陈志峰因长期关心资助教育事业，被昆山二校聘为名誉校长，直属第六支部副主委孙屹到养老院进行帮扶，老人们深受感动。

加强组织和机关建设，夯实履职基础。严控发展质量，组织发展有序推进。按照致公党中央对组织发展工作的制度要求，按照组织发展原则争取处理发展质量和发展速度的关系，严把质量关。全年共培养考察65名党员，发展40人，其中具侨海特色28人，占70%；硕士以上学历19人，占47.5%。全市共有党员740人。进一步完善组织管理信息系统，推动党员发展工作制度化、规范化。组织协商到位，完成基层支部换届。增补市委常委6人，委员10人。完成了8个基层支部的换届工作，苏家屯支部届中调整，与5个基层支部所在单位党委统战部进行了协商，为2016年换届奠定了基础。成立了皇姑区工委，东北大学由小组升格为支部。在换届过程中，重视与各单位统战部门的沟通，不拘一格，把熟悉统战理论、方针、政策，参政议政能力强，作风正派，热心党派工作，有较强事业心和政治责任感，有较强组织领导能力和一定群众基础的双岗皆优人才选拔出来担任主委、副主委和委员。强化队伍建设，构建人才蓄水池。成立新党员支部，助力新党员成长。市委专门建立新党员支部，对新党员集中进行为期一年的直接培养和教育再分配到各支部。新党员支部一年中要进行多党合作和政治协商制度教育、中国特色社会主义理论教育、党章党史教育、参政议政教育、撰写社情民意技能教育等。加强一般党员和后备干部队伍的学习。特别是加强对“十八”大以来中国共产党的重要理论和统一战线理论的学习。对党员，包括入党积极分子进行分层次、分梯队、分特长、分领域的培训。16名中青年党员参加了省委在中央社院举办的培训班，在学习期间，受到了闫小培副主席和曹鸿鸣秘书长的亲切接见。通过培训，提高了政治理论水平和参政议政才干。

（韩志强）

【九三学社沈阳市委员会】 参政议政。参与市政协组织的“宜居乡村建设”等专题调研活动，积极撰写高质量调研报告和建议。《关于农村饮用水安全及污水治理的调研报告》及《关于进一步推动我市创业服务发展的建议》被作为市政协常委会和协商会重点发言；《切实尊重市场主体 有效减轻企业负担的对策与建议》被《沈阳政协》刊登。共提交提案、议案29篇。“关于加快提升沈阳市公共文化服务水平的提案”作为市政协大会发言。在社省委课题招标中，《关于加强辽宁农村人才队伍建设的建议》中标立项。2015年社市委征集信息130篇，市领导先后对8篇社情民意作了重要批示。社市委被评为“2015年度辽宁省基层统战信息工作先进单位”。

思想建设。全年九三学社沈阳市委坚持开展学习实践活动，开展了庆祝创建70周年、参观爱国主义教育基地、纪念主题征文等系列活动，多项理论研究课题申报立项，编撰了“沈阳九三学社简史”、《学习实践活动画册》及多幅宣传展板，开展了“我的抗日记忆”征文活动，举办了宣传工作培训班，“发挥智力优势开展九三学社‘三下乡’活动”获批实践创新项目。通过系列活动、座谈、培训、主题实践等多种方式，引领社员深刻认识了新形势下作为参政党的政治责任和历史使命。

组织发展。社市委以“人才强社”战略为指导，坚持“三个为主”原则，全年发展社员82人，社员总数已达2159人，并重视社员队伍建设，积极组织新社员和骨干社员培训，不断提高社员在思想政治素养、政策理论水平和参政议政能力等多方面的能力，并涌现出一大批先进典型，多名社员获得省级以上科技进步奖。

专委会。能够充分发挥九三学社科技人才广泛的特色优势，广泛开展了如“久缘红媒”、缔结友好妇委会、考察沈北蒲河环境保护工程、宜居乡村建设调研、“建筑杂谈”论坛等活动，基层组织也开展了丰富多彩的社会服务活动，在取得了较好工作成效的同时，也逐步建立起了社会服务长效机制，有效提升了九三市委的整体形象和社会影响力，受到了社会各界和人民群众的广泛赞誉。

机关建设。通过“第一批机关能力建设试点单位”的一系列举措、完善机关制度建设、制定具体工作流程、常态化例会、培训、交流，加强机关“三化”建设，提高机关干部的政治把握能力和沟通协商能力。机关干部参加了上级组织的干部培训班、工作联席会议并与其他市级组织座谈交流经验，多名机关干部获得了各种荣誉称号，市委机关被授予先进集体。

（马 佳）

【台湾民主自治同盟沈阳市委员会】 参政议政。2015年，在市政协十四届四次全会上，台盟沈阳市委共递交4件集体提案和6件个人提案。其中，《借鉴台湾养老模式有效应对乡村老龄化的建议》被确定为大会口头发言；《关于加强社区建设的建议》被确定为重点提案，共有4件调研成果被收录到大会发言汇编中。在大会的总结表彰活动中，台盟沈阳市委递交的《关于规范沈阳市月嫂行业的建议》和《关于进一步完善老龄社会福利事业，全民参与养老服务的建议》等两件提案被市政协评为2013－2014年度优秀提案（集体）；《关于在沈阳市开展医疗改革工作的建议》等2件个人提案被评为优秀提案，副主委吴利薇被授予优秀政协委员荣誉称号。盟市委被台盟中央授予市级组织参政议政工作突出进步奖。

政治协商。台盟沈阳市委领导全年参加中共沈阳市委、市政府、市政协等召开的座谈会、协商会、通报会、约谈会等协商活动20余次，并就市委全会报告、十三五规划、市政府工作报告、市政协常委会工作报告、市级领导人选等，代表盟市委作协商发言，提出相关的意见、建议，其中“关于加强铁路沿线环境综合整治和绿化提升的建议”等得到了市领导的肯定和相关部门的采纳。

民主监督。盟市委认真履行参政党民主监督的职能，积极参与市政协及市政府相关部门组织的民主监督活动。盟员中的政协委员分别以民主监督员的身份参加了法院、公安、教育、卫生、质监、政务服务等部门的民主监督活动10余次，并分别就医德医风、行政审批、教育等百姓关注的热点问题提出建议、意见。

对台工作。举办台情报告会和研讨会，就两岸关系和习近平总书记关于对台工作的重要讲话精神进行深入学习和探讨，促使广大盟员深刻理解并正确把握当前的台海形势，提升对台工作能力。定期出刊《台情参考》，为盟员及时提供最新、最全面的台情信息咨讯。举办两岸青年联谊活动。如与民革沈阳市委共同举办在沈台湾大学生端午节联谊活动，与在中国医科大学、辽宁中医药大学就读的台湾大学生进行座谈，并组织青年盟员与台湾大学生共同参观沈阳“九一八”历史博物馆，使两岸青年更为全面地了解84年前中华民族那段沉重的历史。带领两岸青年参观辽宁省科学技术馆，共同学习科普知识，领略辽宁工业产业发展的最新成果。积极开展两岸民建交流活动。组成台盟沈阳市委赴台参访团，由专职副主委赵主委带队赴岛内开展民间交流、参访活动。为纪念中国人民抗日战争胜利暨台湾光复70周年，台盟沈阳市委与台盟辽宁省委、省台联、市台联共同策划制作了纪念中国人民抗日战争胜利暨台湾光复70周年宣传品，并以信函的形式，通过台湾抗日志士亲属协进会等渠道，与岛内抗日志士的后人、亲属以及盟员在岛内的亲友开展交流纪念活动。与市台联共同接待了台湾实践大学教授、留美音乐艺术学博士周兆仪女士一行，并就沈台文化艺术、教育培训等民间交流等方面进行座谈，并应邀出席台湾实践大学周兆仪博士、台湾嘉义大学丁心茹博士在沈阳音乐学院举办的钢琴独奏音乐会。

专题调研。台盟沈阳市委在前期调研的基础上，完成了盟中央调研课题调研子课题《辽宁冷链物流业的现状与问题分析》；完成了《保护乡情美景，打造特色风貌》、《自主创新推动沈阳产业优化升级，加快老工业基地振兴步伐》等市政协常委会调研课题。盟市委提出的《关于抢占数据时代高点，启动大数据沈阳战略的提案》被转化为政协信息后，得到市政府相关部门的重视，为沈阳市大数据管理局的组建发挥了积极的作用。

宣传工作。台盟沈阳市委充分利用《沈阳日报》、“台盟中央网站”、“同舟网”、《沈阳政协》等，对盟市委开展的各项工作进行全面及时的报道。全年，台盟沈阳市委全年共报送宣传报道稿件（信息、短讯）40余件，其中：《沈阳日报》采用6件、台盟中央网站采用8件、盟中央刊物《台盟》采用4件等。共向同舟网投稿30余件，其中，《台盟沈阳市委召开盟史编撰工作会议》等分获同舟网2015年季度优秀稿件二、三等奖。完成市委统战部《沈阳市各民主党派坚持和发展中国特色社会主义学习实践活动回眸2015年》的编辑工作。

组织发展工作。严格依据组织程序要求，平稳完成盟市委届中调整工作；发展2名青年台胞加入台盟组织；积极推荐青年盟员参加台盟中央举办的盟员培训班；推荐2名中青年女盟员为市十三次妇代会代表；组织盟员参加台盟省委举办的培训班等。全年，机关的办公室、组宣、调研等各项工作稳步推进，顺利完成全年工作任务。圆满完成完成台盟中央安排的对盟员基本信息的采集工作，严格按照相关要求，采取盟员个人申报和组织统一填报同时进行的方式，对沈阳台盟组织所有盟员的个人信息共7大类、62个小项的基础数据进行采集、核对、整理和录入，建立全盟组织信息数据库，为实现对全体盟员个人信息进行日常动态管理夯实了基础。

组织建设。加强与盟员的日常联系，为过生日的盟员发送祝福短信；试行“盟情微社区”微信平台，及时发布盟市委的相关信息。关注中青年盟员，在盟刊上积极发布他们在本职工作取得的成绩，宣传他们在爱岗敬业和履职方面的先进事迹；召开中青年盟员议政工作交流会，提升中青年盟员的履职能力。召开“感恩，分享”女盟员座谈会，并组织女盟员观看电影。举办“亲历台湾光复”老盟员座谈会，请在沈老盟员代表吴永福、谢辉、吴庆元分别结合自己及祖辈70年前亲历台湾光复的经历作交流发言，并为在沈老盟员发放慰问品。举办纪念中国人民抗日战争胜利70周年—“我的抗日记忆”主题征文活动，共征集《亲历东京大轰炸》、《不能忘却的纪念》、《胜利的嘉奖》、《方寸间的纪念》等4件稿件，其中3件荣获市委统战部主题征文活动优秀征文。组织盟员、机关干部参观了东北抗联史实陈列馆、平顶山惨案史实馆、台湾同胞抗战史实展、百色起义纪念馆等，在盟员和机关干部中广泛开展革命主义、爱国主义的思想教育活动。举办盟市委纪念中国人民抗日战争胜利70周年观影活动，组织全体在沈盟员及所联系的台胞观看纪念抗战70周年题材影片《百团大战》。与市台联共同举办“弘扬抗战精神促进祖国统一”在沈台胞中秋节联欢会，与全市定居台胞、部分在沈台商代表，共襄抗战胜利日和中华民族传统佳节。

思想建设。利用盟市委扩大会议、机关办公会等，组织领导班子成员、市委委员、机关干部学习习近平纪念中国人民抗日战争暨世界反法西斯战争胜利70周年大会上发表的重要讲话精神等；举办纪念中国人民抗日战争胜利暨台湾光复70周年报告会，邀请中共沈阳市委党校党史党建教研部主任、副教授吴辽生作题为《中国共产党是全民族抗战的中流砥柱》的专题报告；与市台联共同召开学习中共十八届五中全会精神报告会，邀请中共沈阳市委宣讲团成员、市委党校教授朱卫东做《深刻理解和把握五大发展理念》专题报告会。举办坚持和发展中国特色社会主义学习实践活动暨第28期盟员培训班，培训班邀请中共辽宁省委党校副教育长黄莉教授作《新常态下我国的宏观经济形势》的专题报告，使盟员能够全面在制定国民经济和社会发展第十三个五年规划中我国宏观经济的总体情况。盟市委报送的论文《民主党派在政治协商制度建设中发挥作用的途径思考》和《新社会阶层的特点及在民主政治中的作用》，分别荣获市政协理论研究会优秀论文一等奖和优秀奖。

机关建设。以有利于工作为原则，对部分机关干部的分工进行了调整。按照台盟中央、中共沈阳市委统战部相关要求，利用盟市委员会，专题研究盟史编撰工作，邀请原盟市委老领导、老盟员，分别就沈阳台盟组织成立前的历史背景、筹备组成立的过程及初期活动等相关情况，听取了老盟员的回顾，进一步收集整理与沈阳台盟盟史相关的盟史资料，圆满完成分别由台盟中央、中共沈阳市委统战部出版的《台盟地方组织发展沿革》、《沈阳民主党派史》总计5万余字的编撰工作。积极参与中共沈阳市委统战部、市文史馆共同举办的“统战联谊、喜迎国庆、共建和谐家园”书画创作笔会活动，台盟盟员、市台联会长杨晓健代表台盟参加活动，并现场创作“歌颂祖国、墨写春秋”书法作品，代表全体盟员和台胞向伟大祖国66周岁华诞献上真挚祝福。组织部分医疗卫生界的盟员，赴康平县小城子镇小城子中心敬老院开展义诊服务活动，为敬老院的老人作健康检查，向老人们讲解老年疾病的防控常识，为老人们求医问药提供帮助。

（沈家明）

【沈阳市工商业联合会】 2015年，沈阳市工商业联合会坚持以服务经济发展和全面振兴为重点，深入开展调查研究，主动建言献策，参政议政工作成效明显。一是服务中心，调查研究水平不断提升。先后参加了全市经济大调研和市委创新型人才队伍建设专题调研活动；受市政府委托，开展了营商环境专题调研；会同市政协完成了“建立健全中小企业社会化服务体系”和“创业服务开展情况”两个专题调研；根据全国工商联要求，开展了企业“走出去”调研；完成了民营经济景气指数调研和会员需求调研。其中，营商环境的调研报告得到市长潘利国的重要批示；企业“走出去”的调研报告受到全国工商联黄荣副主席的肯定。二是围绕重点，建言献策工作成果突出。围绕推动经济社会发展、人才培养、创业创新及服务民营经济上市等热点、难点问题，向市政协提出了《提升公共服务水平，积极推动大众创业》等9件提案；提交了《进一步优化营商环境，促进沈阳市民营经济健康发展的建议》、《关于重视创新人才培养，助推民营经济发展的建议》等大会发言。指导和平区工商联成功举办“商会功能发挥与和平区经济发展恳谈会”，收集、整理意见建议57条。全年，全系统共提交大会发言、政协提案190余件。三是拓展渠道，参政议政能力不断增强。市工商联提出的《关于在沈阳市重要决策落实督察与考核中引入第三方评估的提案》和《关于民间协会商会参与沈阳市立法协商的提案》得到市政府高度重视。市政府采纳市工商联建议，开展了重大决策引入第三方评估机制试点工作，并委托市工商联对“个转企”政策落实情况进行第三方评估，形成的评估报告得到市政府主要领导的肯定。市政府法制办同意在所有经济领域立法实施前，委托市工商联征求意见，就《沈阳市政务服务管理办法（草案）》征求了意见并采纳了市工商联的建议。在团体提案的办理工作中，市工商联与市政府有关部门主动配合，积极沟通，有效地促进了提案的落实。

非公有制经济人士思想政治工作。坚持“团结、服务、引导、教育”方针，积极创新思想政治工作方式和载体，努力促进非公经济人士健康成长。一是深入开展理想信念教育。以守法诚信为重点，巩固“诚敬做产品”教育实践活动成果，与市精神文明办、市广播电台联合举办了四期“诚信道德讲堂”；指导大东区工商联、古玩商会分别开展了“我诚信、我光彩”、“诚敬做产品”宣传教育活动；结合纪念抗战胜利70周年，组织会员参观爱国教育基地，积极引导会员建立社会主义核心价值观和诚信道德标准，帮助会员树立发展信心和依法诚信经营的理念。二是扎实抓好培训和宣传工作。大力推进企业家培训工作，先后在北大、厦大和复旦大学举办3期“总裁高级研修班”；组织企业家进校园演讲3次；会同禾丰、豪玛等企业，举办了“民营企业人才发展论坛”、“财金讲坛”、“2015微商与创业专家讲坛”；组织会员参加“东北大学商界领袖培训班”、“辽宁大学国学论坛”等培训活动，参加培训人数达1200多人(次)。继续深化与沈阳日报、电台等媒体的合作，发挥《沈阳商会》杂志的宣传作用，大力宣传报道了20多家企业“双创”典型事迹；利用网站和微信平台，积极宣传政策、人才、产品和经贸等信息2300余条。三是努力构建先进企业文化与和谐劳动关系。重点推进了以企业党建为主导，以法治文化为主要内容的企业文化建设，建立了山水紫晨等一批企业文化建设示范基地。大力宣传《劳动合同法》，引导和规范企业用工；会同人社局等部门开展模范和谐劳动关系企业评选活动，推荐12家企业参加了市级模范和谐劳动关系企业认证。积极参加构建和谐劳动关系三方会议，引导非公企业尊重和维护员工的合法权益。

开展光彩和慈善工作。继续推进光彩事业“九个一”活动，组织企业家帮助贫困地区修建道路15条、建设桥涵5座、援建光彩小学3所；开发项目27个、引进项目59个，安置职工就业1.74万人(次)，帮扶重点优抚对象340人(次)，捐助贫困学生和困难户1114户。继续推进“千人复明工程”及“双走进”、“为光明奔走”等系列慈善活动，积极为500名低保边缘白内障患者无偿实施了复明手术，受到社会的广泛赞誉。

实施会员服务系列活动。坚持有效服务工作理念，充分发挥自身优势，大力开展融资、人才、维权等服务工作，努力促进非公企业发展。一是创新融资服务，缓解企业资金难题。市工商联积极开辟会员上市融资新途径，与上海股权托管中心签署战略合作协议，成为上海股权托管中心企业挂牌孵化基地，积极宣传和推介上海股权托管中心E板、Q板，助力企业转型升级。继续推动企业与广发、民生等8家银行的合作，大力开展银企对接活动。全系统组织银企对接活动120余次，服务企业5100余家，实现融资额60多亿元，有效缓解了企业融资难题。二是开展人才服务，助推企业转型发展。会同市就业局等单位，举办人才招聘会9场；组织会员参加省就业局等单位举办的人才招聘会2场。全年共组织320多家会员参加招聘活动，提供就业岗位3764个，服务人数超过1万人。三是强化维权服务，维护企业合法权益。市工商联与盈科律师事务所签订战略合作协议，大力开展“百名律师进百企”活动，积极为100余家会员提供了法律咨询服务；会同市法制办在企业建立市级执法监督联系点90个；先后举办“法律大讲堂”、“劳动争议预防和经济合同风险防范讲座”12期。指导和平区工商联建立法律维权和商会调解工作室13个、维权服务站103个。全系统受理企业维权案件70余起，挽回经济损失8000多万元，有效维护了广大会员的合法权益。

开展招商引资工作。市工商联接待来访国内外工商代表团8个，90多人(次)；组织会员参加了“辽宁省‘一带一路’政策解读暨投资说明会”、“澳大利亚皇家农博会”等经贸交流活动；会同市政府有关部门成功举办了“2015中国(沈阳)亚太酒店设计周暨亚太酒店设计协会夏季峰会”；指导汽车服务业商会、美容美发商会分别举办了“汽车文化节暨中国汽车诊断师大赛”、“亚太美博会”。组织会员赴省内外进行商务考察，参加各类项目推介、投资洽谈等招商活动。全系统共引进项目21个，合同金额144.87亿元，到位资金30.48亿元。

加强会员队伍建设 。坚持优化会员结构，规范商会管理，增强组织活力，商会组织建设得到进一步加强。一是商会管理不断规范。以强化管理、促进规范为重点，研究出台了《关于进一步规范基层商会管理意见》、《沈阳市工商联系统评优评先实施办法》；认真落实商会秘书长例会制度；指导安徽、河北、美容美发、礼品和金融服务业商会完成换届；配合民政部门开展商会等级评估；完成了会员数据维护及商会年检工作。二是会员队伍不断壮大。市工商联新建了佳木斯商会，指导电子商会和伊春商会完成了筹建工作；指导法库、康平、铁西工商联等8个单位新成立行业、乡镇、街道等10家商会，吸纳新会员1300多个。全市工商联会员总数1.85万个，团体会员198家，其中行业商会57个，异地商会27个。全市共有乡镇、街道商会96个，市场、园区商会12个。由于政社分开，已经有6个区县级私营企业协会和个体劳动者协会加入区县工商联。三是组织活力不断增强。会同新希望、苏酒集团等企业，先后举办羽毛球和乒乓球比赛、健康知识讲座、企业家生日宴会等活动；会同战友医院开展了部分会员免费体检活动，进一步增强了组织活力，提升了商会凝聚力。 *(朱小江)*

群　众　团　体

市总工会

【职工思想文化引领】　深化“劳动成就梦想”主题教育实践活动，举办工会大讲堂、职工道德故事汇专栏，编印发放数万册《习近平总书记关于工人阶级和工会工作重要论述摘编》“口袋书”，引领职工群众自觉践行社会主义核心价值观。组织开展“中国梦·振兴潮”沈阳市职工群众文体活动第二季，推出“劳动印记”职工收藏展等10项系列文体活动，丰富了职工精神文化生活。投入1700余万元，带动区县财政投入1.7亿元，累计建设职工文体广场52处，并培训了925名广场文体辅导员，在寓教于乐的广场活动中拉近了工会和职工群众的距离。

（曹佳钰）

【职工技能素质提升】　组织开展“当好主力军，奋战新阶段，共筑中国梦”振兴竞赛，重点向中小企业和车间班组拓展，共有7000余家企业、近5万个班组、百万职工参与，非公企业参赛率达60%，同比增长100%，参赛职工增长25%。推进群众性经济技术创新活动，全市职工完成技术创新成果2050项、技术攻关2962项，实施合理化建议10.3万条，创造和节约价值近12.5亿元。在办好职工职业技能四级竞赛的同时，把竞赛活动搬上电视，精选12个工种录播了《超级技工》电视技能大赛，参赛选手达1700余名，收视率创频道同时段新高，增强了广大职工学技术、当能手的荣誉感。依托沈阳职工大学技能培训基地、技协阵地和各专业技术协会组织各类技能培训42场，参训职工5000余人。建立技能大师工作站，征集推广高超技艺技法，职工技协“三百行动”深受企业欢迎。

（曹佳钰）

【劳模管理服务】　抓住“五一”契机召开表彰大会，对先进集体和先进个人进行表彰。筹备建设沈阳劳动模范纪念馆和网上劳模纪念馆，弘扬劳动精神、劳模精神，激发职工拼搏奋进的信心和热情。推动市政府出台了《关于进一步改善市级以上劳动模范待遇的意见》，每年拿出905万元建立劳模帮扶慰问“四金”补助制度，使7113名市级以上劳模受益。推进沈阳市劳动模范创新工作室创建工作，对首批26个市级劳模创新工作室进行命名，并分别给予2万元工作资金支持，进一步提高了企事业单位的自主创新能力，促进了全市经济社会更好更快发展。

（曹佳钰）

【维护职工合法权益】　宣传落实《集体合同条例》，推动市人大常委会对《劳动争议调解条例》进行立法论证。以市委、市政府名义召开全市依法推进和谐劳动关系建设工作会议。建立“蓝皮书制度”，发布了《2014年度沈阳工会推进和谐劳动关系建设蓝皮书》。加强调研督导，开展全市集体合同工作调研检查，截至2015年底，全市签订集体合同1.14万份，覆盖企业5.90万户，占建会企业的98.3%。集体合同预审率、备案率达到100%；职工群众知晓率达到99.9%，满意率达到99.8%，履约率达到98.3%。推广皇姑区经验，浑南区、新民市、铁西区相继成立劳动法庭。组织6450家企事业单位、4.1万个班组、75万名职工参加“安康杯”竞赛，安全卫生防控“工具包”得到推广应用。

（曹佳钰）

【服务农民工】　推动农民工工作以讨薪为主加快向系统维权、综合服务转变，实现市农民工领导小组办公室、维权中心和农工部职能一体化，强化了工作统筹与合力。开通集维权、入会、帮扶、培训和服务等五大功能为一体的农民工专属APP手机软件“爱异客”，与农民工综合服务大厅、96333农民工维权热线一道构成了线上、线下有效联动的服务平台。集中开展清理整顿拖欠农民工工资专项行动，为3.48万名农民工讨薪3.1亿元。举办沈阳第十个“9·25”农民工维权日活动，为广大农民工倾力办好十件实事，在促进农民工加快融入城市方面发挥了积极作用

（曹佳钰）

【普惠化帮扶服务】　充分整合资源，建立形成了涵盖工会会员服务网、12351信息平台，以及市、区县（市）、街道（乡镇）三级职工服务中心（站）的信息化三级服务体系。面向全市工会会员发放搭载职工大病互助保障、组合保险、工会文体设施优惠服务等多项功能的工会会员服务卡，制作发卡100余万张，并不断优化险种配置、丰富服务功能，其中组合保险和大病互助保障受理报案4900余件，赔付1700余万元。职工休息室、城市应急救护站等一批普惠化服务项目将被列入2016年市政府的民生工程，截至2015年底，已设立城市职工休息室59个，建立职工应急救护站100个，培训急救员519名。

持续开展“圆梦助学”、“冬季援助行动”，全市工会在“两节”期间开展“架起连心桥，当好娘家人”送温暖大走访，走访慰问困难职工家庭近万户，发放帮扶款物1300余万元。

（曹佳钰）

【促进就业创业】　与共青团、妇联、科协、残联携手开展了“万众就业创业”联合行动，政府设立5000万元引导基金，搭建就业创业服务平台，力争到2017年底扶持创业带头人1万人，培训30万人次，就业安置20万人次。全年共实名安置就业6.04万人，就业培训8.95万人次，扶持创业带头人3478人，沈阳市总工会被市政府授予促进就业创业工作先进单位。开展“就业援助月”活动，共组织133场就业援助专场招聘会，安置就业4302人。组织“春风行动”列车送岗位活动，印制发放《招聘农民工企业名录》，实现了农民工“上车找工作、下车

就上岗”的目标。

（曹佳钰）

【工会组织建设】 制订落实《加强基层工会建设“落实年”工作方案》，建立工会干部直通车QQ群，实现了与区县、街道、行业和重点企业工会干部的直接交流。加大建会力度，开展农民工入会集中行动，工会组织新覆盖企业3251户，新发展会员5.39万人。全市共有会员146.1万人，其中农民工会员16.2万人。组成“3 + x”工作巡回指导组，对基层工会典型单位进行检查指导，深化了“三项基本制度”建设，针对不同需求，依托市工会干校开展菜单式培训，全年培训工会干部8724人次。

（曹佳钰）

【自身建设】 将学习贯彻中央群团工作《意见》和群团工作会议精神，与开展“三严三实”专题教育、推动落实重点工作、加强干部队伍建设紧密结合起来，市总工会组织学习讨论，提出了坚持政治性、保持先进性、突出群众性的核心要求，打造一流工会的目标任务，以及克服机关化、行政化、贵族化、娱乐化倾向的具体举措。建立完善市总工会领导包区县、市总工会机关联系基层工会直通车、基层工会工作巡回指导等制度，强化了对基层工会的指导和联动。探索实行区县工会工作主题项目制，促进形成全市工会工作“一盘棋”。优化工会经费支出结构，提高下拨基层工会经费和市总工会本级服务职工经费比例，进一步激发了基层的生机活力，提高了工会的服务能力。积极创新工作运行机制，实行了重点工作主席调度制度和“三述两创”考评制度；成立市总工会资产管理委员会，完善了工会财务管控系统，有效促进了工作的良性运转。

（曹佳钰）

共青团市委

【农村青年就业创业】 一是开展青年就业创业培训及岗位对接。联合人社局、农委等部门，共组织返乡农民工青年培训753人次，农村青年培训3768人次。沈阳市耘垦有限公司王靳龙获辽宁省农村青年第四届技能比武大赛禽类加工项目冠军，为沈阳青年争得了荣誉。二是培养农村青年创业致富“领头雁”。在普遍开展创业小额贷款、实用技能培训的基础上，加大培养和扶持力度，每个乡镇增加完成培养1名致富带头人的工作任务，并推荐4人成为中国农村青年致富带头人协会会员。三是开展促进青年创业工作。动员青年积极参加2015辽宁青年创新创业大赛，成立创业咖啡3家，免费提供网络和商业洽谈会议室，有效帮助青年与创业投资人项目对接，提高了创业项目成活率。

（宋春颐）

【“五小发明”创新创造活动】 为了提高沈阳市广大青年职业技能人才的科技素质和创新意识，团市委联合市科技局、市人才办、市科协、市知识产权局、市青少年科学院开展了“2015年沈阳市青年职业技能人才发明创造活动”。鼓励青年积极投身有利于企业发展、创新增效的小发明、小革新、小改造、小设计、小建议活动中。同时，结合知识产权保护的实践，对活动中符合申报专利的项目提供申请专利相关服务。截至2015年底，共确定创新创效项目27个，“五小”项目67个。

（宋春颐）

【开展手、号、队、岗评选表彰】 全市各级团组织、青年文明号行业主管部门紧紧围绕全市中心工作，培养选树出了一大批敬业奉献、业绩卓著的先进集体和一大批品德优良、技能精湛、锐意创新、成绩突出的优秀青年人才。根据“手、号、队、岗”工作步骤，最终确定了青年文明号、青年安全生产示范岗、青年突击队、青年岗位能手能等项目的获奖人，在全社会形成了弘扬社会主义核心价值观的强大正能量。同时，与市中级法院、市公安局、卫生局合作开展青年文明号和青年岗位能手评选，并推报了4家敬老文明号，进一步健全了评选体系，挖掘了先进典型，促进了敬业奉献精神的有效传播。

（宋春颐）

【开展“最美青工”评选】 2014年团市委开展了寻找身边“最美青工”活动，全市各系统推荐了“最美青工”候选人170余名，来自装备制造业、汽车、电力、市政、医疗、教育等各行各业。2015年4月8日至12日，团市委通过海选、各级团组织推荐、活动组委会办公室初审、组委会综合评价等环节，东北制药有限公司王雅倩等10名同志被评为沈阳市十大“最美青工”，同时获得“沈阳市青年岗位能手称号。”沈阳市第六人民医院赵永霞等90名同志被评为沈阳市“最美青工”。

（宋春颐）

【“振兴杯”全国青年职业技能大赛】 2015年11月2—5日，由共青团中央、人力资源和社会保障部联合举办的第十一届“振兴杯”全国青年职业技能大赛决赛在辽宁沈阳开赛。本届“振兴杯”决赛共包括快递业务员、电子商务师、维修电工、数控车工4个竞赛项目。经过各地选拔，来自全国30个省（区、市）、新疆生产建设兵团及铁道、金融、煤炭、钢铁、汽车5个行业（系统）的349名选手进入决赛。决赛中，辽沈选手发挥出色，取得了两个单项冠军，两个单项亚军，一个单项季军，两个第四名的优异成绩。

本届大赛有三个亮点：一是创新比赛工种，首次设立快递业务员和电子商务师两个比赛项目，使比赛契合了我国经济结构和青工职业构成的变化。二是加强对选手创新能力的考核，大赛闭幕式上开展了“青创先锋”系列活动，引领职业青年投身“双创”活动。三是注重与国际接轨，聘请了6位参与过第43届世界技能大赛选拔工作的专家作为裁判员，邀请第43届世界技能大赛金牌选手与青工进行面对面交流。

（宋春颐）

【“振兴杯”沈阳青年职业技能大赛】 2015年，团市委联合市人社局贯穿全年开展了2015“振兴杯”沈阳青年职业技能大赛。本届大赛包括一产类农业竞赛工种、二产类传统竞赛工种、三产类现代服务业竞赛工种及高新科技行业和生产性服务业等战略新兴产业相关工种。针对当前装备制造、机加工及相关行业遭遇“寒冬”的现实状况，正确引导相关工种的青工，面对经济形势的压力要耐得住寂寞，在生产压力降低的情况下，珍惜时间做好技术储备。同时，市级大赛创新组织形式，采取基地办指导，企业承办的方式，降低专业技术门槛，扩大参与群体，利用技能大赛的平台调动青工群体的积极性，辅助企业避免由于经济大环境的影响造成行业技能人才的流失。

（宋春颐）

【义务植树统一行动日活动】 在保护母亲河行动实施16周年之际，为广泛发动青少年和社会公众参与生态文明建设，积极履行植树、绿化义务，自觉践行环保理念，在全社会营造“从我做起 建设美丽沈阳”的浓厚氛围。团市委联合市委组织部、市城建局、市林业局于4月21日在全市范围内开展“保护母亲河·美丽中国梦”全市党团员义务植树统一行动日活动。在义务植树统一行动期间，全市有1万余名党团员在各分会场参加了植树活动，共植树20万余株。

（宋春颐）

【法律咨询服务活动】 2015年3月5日，为进一步弘扬雷锋精神，践行司法为民宗旨，充分发挥人民法院在依法治国和全民普法教育中的职能作用和独特优势，让法律更加贴近人民群众的生活，使人民群众进一步增强法律意识和维权意识，团市委联合市中级人民法院开展“法官践行雷锋精神 志愿服务温暖万家”青年文明号法律咨询服务活动。活动现场设立法律义务咨询台，摆放法律知识宣传展板，现场解答群众提出的涉及立案、婚姻纠纷、继承纠纷、劳动合同、民间借贷、房产纠纷、执行等各方面的法律问题，并向群众发放了《诉讼指南》、《法官说法》、《托起明天的太阳》等自编法律书籍。

（宋春颐）

【“三下乡”活动】 一是坚持以“提高农民素质 加快农村发展”为宗旨，为农村青年提供了创业就业培训。二是开展了“守望家乡·青春建功”2015共青团联系服务农村青年月活动，组织开展农村青年群体青春分享会、真情助困活动、送票回家活动。活动期间共为农村青年提供网络、电话订票服务346人次，提供订票咨询1328人次，提供接送服务87人次。三是开展了“寒冬送温暖”系列活动，团市委扶贫帮困组多次赴新民、铁西、康平等地的贫困户家中进行走访慰问，为他们送去了大米、白面、豆油等慰问品和慰问金。帮扶对口扶贫点新民市南王岗村进行村部文化阵地建设，为他们送去了篮球架、乒乓球案、桌椅等文体用品。

（宋春颐）

【沈阳市青少年宫新宫建设】 沈阳市青少年宫建设项目于2015年3月17日正式复工，主体建筑于2015年7月1日完成封顶。截至2015年底，土建主体工程已基本结束并一次性验收合格。主体砌筑施工及一层地面垫层已全部完成；建筑外幕墙已完成80%；除2部观光电梯外，其余13部电梯已全部完成安装；室内装饰装修设计正在进行中。项目预计2016年底竣工，2017年投入运营。建成后，新宫将成为全国规模结构最大、功能设施最完备、服务项目最齐全的青少年“成长体验之城”。

（曾　莉）

【“4·18”成人节系列活动】 2015年3月启动“我是青年，我就是沈阳”沈阳市第十六届成人节系列活动，包括“青年·感恩·责任·担当”宣讲活动、“我为劳动点赞”义务奉献活动、“成长路上感谢有你”感恩卡传递行动、“我的18岁，我要对你说”话题讨论等活动。4月17日，在沈阳汽车工程学校报告厅举行第十六届成人礼，邀请了《我是演说家》全国总冠军、清华大学在读博士梁植来到现场，为青年学生做了《我要对你说》主题演讲。

（温　阳）

【大学生志愿服务西部计划西藏专项宣讲会】 2015年5月12日，团中央组织2015年大学生志愿服务西部计划西藏专项宣讲团先后来到沈阳农业大学和辽宁林业职业技术学院进行宣讲。“大学生志愿服务西部计划”又称“西部计划”，是由共青团中央、教育部、财政部、人力资源与社会保障部等部委于2003年根据国务院有关要求共同组织实施的大学生基层就业计划，按照公开招募、自愿报名、组织选拔、集中派遣的方式，每年招募一定数量的普通高等院校应届毕业生，以志愿服务的方式到西部贫困县的乡镇从事为期1-3年的教育、卫生、农技、扶贫以及基层社会管理和基层青年中心建设与管理等方面工作。在宣讲会上，服务于雪域高原的优秀志愿者们分享了自己的服务经历和工作感悟，鼓励同学们扎根西部，以坚持、感恩、不畏艰苦的优秀品质践行志愿者精神。

（温　阳）

【沈阳市首届中职学生校园服饰风采大赛】 2015年5月，沈阳市首届中职学生校园服饰风采大赛举办，共有近万名中职学生参与此次活动，成为中职学生培育和践行社会主义核心价值观的有效载体。通过贴近青年学生的宣传方式，把中华传统服饰文化与处于世界领先地位的新潮流进行结合，吸引了青年学生的兴趣，引导学生进一步了解服饰文化的发展历程和现状，增强了民族自豪感和时代使命感。6月17日，总决赛在沈阳市职教中心体育馆举行，通过“青服饰”、“青风采”、“青文化”等活动环节的展示，彰显了中职学生的个性创意，丰富了中职学校的校园文化生活。

（温　阳）

【大学生暑期社会实践】 2015年7月22日至30日，团市委等9部委办局组织开展了“助力振兴话改革 美丽乡村大调研”2015年沈阳市大学生暑期社会实践活动，进一步探索实践育人体系，扩大实践活动覆盖面，以县域发展为调研课题开展社会实践活动。首次组建全国重点高校博士（硕士）服务实践团，邀请清华大学、北京大学、浙江大学、中国人民大学、中国社会科学院等16所全国重点高校的11名博士研究生和52名硕士研究生与沈阳高校优秀大学生骨干代表共同参加实践活动，通过实地调研、讨论交流、与县长面对面座谈等活动形式，充分发挥博士研究生和硕士研究生的智力引擎作用，为一、二、三产业的协调发展提供科学化、战略化、可操作化的改革新思路，形成了质量较高的实践调研报告。

（温　阳）

【“两岸同心·三地同行”实践活动】 2015年8月10日至23日，团市委与清华大学联手打造“两岸同心·三地同行”大学生志愿者实践活动沈阳行。由清华大学与台湾大学、台湾成功大学、台湾政治大学等8所台湾高等学府学子共31人，与东北大学、辽宁大学和沈阳大学3所高校的优秀学生代表共同组成“两岸同心·三地同行”2015年大学生志愿者社会实践服务团，在沈开展了为期14天的社会实践活动。实践团深入沈阳重点国有大中型企业开展实践调研，了解沈阳发展历史和行业现状，进一步了解当代大陆城市发展脉络，还前往康平县进行支教活动，奉献两岸大学生的知识和爱心，体验新农村文化生活常态。通过实践活动，加强了两岸青年交流，促进了文化传承发扬，让青年学生不断丰富知识、拓展见识、融合文化、收获友谊。

（温　阳）

【高雅艺术进校园活动】 2015年10月，成功邀请中国爱乐乐团赴沈开展高雅艺术进校园活动，共举办沈阳理工大学、沈阳化工大学、沈阳体育学院、沈阳职业技术学院4次专场音乐会。中国爱乐乐团是国家级交响乐团，此次沈阳之行特别邀请到了长期旅居俄罗斯的青年华人指挥家焦飞虎执棒，精心挑选了一套由俄罗斯经典音乐作品组成的曲目：格林卡《鲁斯兰与柳德米拉》序曲、鲍罗丁《伊戈尔王》序曲、柴可夫斯基的《胡桃夹子》组曲与拉赫玛尼诺夫的歌剧《阿列科》选段等经典名作，并通过生动的讲解将这些曲目串联起来，帮助年轻观众更好地理解作品。全市近万名师生享受到了唯美经典的音乐盛宴，感受艺术的魅力，推动了校园文化内涵建设，提高了青年学生的艺术修养。

（温　阳）

【大中学生社团节系列活动】 2015年11月起，组织开展2015年沈阳市大中学生社团节系列活动，全市共1356个大中院校学生社团参与了此次活动，挖掘出了一批建制全、水平高、有特色、覆盖广的优秀学生社团组织。共评选出“十佳学生社团”70个、“优秀学生社团”123个、“优秀社团指导教师”190名。12月26日，举办2015年沈阳市大中学生社团峰会，专门邀请中国人民大学、南开大学、天津大学等全国知名高校社联主席，与沈阳市各学校社团联合会主席、十佳社团负责人代表等交流分享。12月28日，在沈阳航空航天大学举行了社团嘉年华文艺汇演，集中展示沈阳市学生社团发展水平，加强了学生社团的沟通交流，优化了学生社团管理制度，增强了社团的凝聚力和影响力，促进了沈阳市大中院校社团的健康可持续发展。

（温　阳）

【“暖冬行动”春运志愿者在行动】 团市委根据2015年青年志愿者服务春运“暖冬行动”工作总体安排，充分发挥志愿服务在春运工作中的更大作用，不断提升沈阳市春运志愿服务水平，结合沈阳市春运特点，精心组织，动员广大青年志愿者积极服务春运。制订沈阳市青年志愿者服务春运“暖冬行动”工作方案，细化志愿者服务岗位、服务时间、具体分工和保障措施，构建团市委、春运服务站、志愿者服务队三级联动工作体系。2015年春运期间，团市委共组织240名志愿者服务于沈阳站、沈阳北站、沈阳SK客运站、沈阳虎跃客运站等春运志愿服务站，提供1.8万余小时志愿服务，春运志愿者以其良好的形象、乐于奉献的精神、突出的表现得到广大旅客的一致好评。

（郭　赛）

【组织志愿者服务中国企业家俱乐部（绿公司）年会】 为确保中国企业家俱乐部（绿公司）年会各项活动安全、有序开展，团市委面向全市各高校开展了中国企业家俱乐部（绿公司）年会志愿者的招募、选拔、培训工作。通过面试、培训等工作，160名志愿者参与到中国企业家俱乐部（绿公司）年会活动志愿服务中，提供服务共计8960余小时。重点为外国嘉宾、政界要员、知名企业领袖提供接待、语言翻译等志愿服务，同时提供交通指引、后勤保障等服务。

（郭　赛）

【沈阳马拉松赛志愿者服务】 圆满完成2015沈阳马拉松赛志愿者工作。团市委面向全市各高校开展沈阳马拉松赛志愿者的招募、选拔、培训工作。共有1793名志愿者参与到沈阳马拉松志愿服务活动中。志愿者重点服务于竞赛部、医疗部、新闻宣传部等九部门85个岗位；全体志愿者服务结束后主动打扫现场和赛道卫生，捡拾沿途的垃圾并分类处理。为做好赛前及赛时宣传，全市青年志愿者分别在赛道周边设立14个V爱驿站，积极开展大赛宣传和志愿服务工作。

（郭　赛）

【安全进校园活动】 团市委组织开展了“以案为鉴，以安为根”安全进校园活动，要求全市各中小学居安思危，认真开展防踩踏、火灾地震等灾害逃生演练，制订突发事件应急方案，并将应急疏散演练常态化，全面培养中小学生安全防范意识和自救自护能力。同时，全市广大少先队、中队辅导员、团干部，及时掌握学生思想及心理状态，正确疏导期末考试紧张情绪及压力，并掌握特困学生及农民工子女、留守儿童生活需求进行帮扶，从源头上维护校园环境安全及守护孩子们的阳光心态。2015年9月1日，浑南团区委在全区各中小学开展“上好一堂安全课、开展一次安全宣传、组织一次火灾逃生演练、召开一次安全主题班会”的“四个一”宣教活动。浑南二中附小开展“齐心筑牢防火墙壁，携手打造平安校园”消防安全进校园宣传活动。宣传人员向师生们讲授了消防安全常识、火场自救逃生、应急疏散以及各器材装备在火场的用途等消防知识，学校师生进行了疏散、逃生及运用干粉灭火器灭火等演练。

（朱明慧）

【学雷锋主题活动】 2015年3月5日，按照团市委、市少工委的统一部署，全市各中小学统一举办了学习雷锋精神主题升旗仪式。通过发布学雷锋倡议、讲读雷锋故事、请英雄模范讲传统、与雷锋班长面对面、成立小雷锋志愿服务队等活动形式，进一步营造学习雷锋精神的深厚氛围，加深少先队员对雷锋精神时代内涵和精神实质的认知和了解，加强全市中小学生学习雷锋精神的主动性和自觉性。在沈阳市实验学校小学部大西分部，在升旗仪式现场，为新成立的学雷锋志愿服务小分队进行了授旗。仪式结束后，雷锋班战士与全体少先队员一起召开“雷锋—心中的榜样”主题中队会。雷锋班战士与少先队员们一起重温了雷锋感人的事迹和学习过程中的学习体会，并表示要与少先队员们一起沿着雷锋的足迹奋勇前进。

（朱明慧）

【“阅读·提升·和谐”读书月系列活动】 一是开展了“读童谣，讲故事，争当美德小达人”活动。以《核心价值观童谣100首》为基本读本，组织全市各中小学，以中队为单位，以校园为阵地，结合朗诵、拍手歌、问答谣、带动唱等各具特色的地方艺术形式，通过少先队活动课、主题中小队会、升旗仪式、红领巾小社团、红领巾广播站等形式和载体，生动活泼地传唱童谣，传播社会主义核心价值观“24个字”和习近平总书记的“16个字”要求。二是开展了“书海扬帆·爱心启航”图书漂流活动，依托北方图书城各营业网点设立图书漂流岛，组织号召少先队员参与图书漂流活动，将队员们手中喜爱的图书送到漂流岛，通过漂流的形式进行交换阅读，在连心卡上留下读书体会，分享阅读的喜悦与快乐，让图书成为少先队员们学习沟通的心灵桥梁。活动结束后将漂流书籍定向捐赠给希望小学和困难儿童。

（朱明慧）

【“红领巾小社团”创建】 2015年5月27日，由共青团沈阳市委员会、沈阳市教育局、沈阳市少先队工作委员会联合主办，和平区四经街第一小学承办的

"沈阳市首届红领巾社团启动仪式暨和平区四经一校第三届'淘理汇'"活动举行。活动中,孩子们把自己读过的好书拿到学校,从老师那折算到"成长币",用"成长币"到各班形成的书市换取自己喜爱的书。活动旨在引导青少年形成良好的读书习惯,助力营造全民读经典、学经典、懂经典,多读书、会读书、读好书的新风尚。

(朱明慧)

【成立首批"沈阳市红领巾教育实践基地"】 "沈阳市红领巾教育实践基地"是团市委、市少工委为少年儿童打造学习、参观、实践的课外场所,是开展丰富多彩、形象直观、各具特色的实践教育活动的有效载体。经过全市140家市直团委遴选推报,团市委、市少工委考察评审,最终命名沈阳市气象台等10家单位为首批"沈阳市红领巾教育实践基地"。

(朱明慧)

【优秀童谣征集推广传唱活动】 围绕培育和践行社会主义核心价值观的三个倡导、"中国梦"宣传教育、中华传统美德和礼仪礼节教育等方面征集优秀童谣。以获奖童谣和《核心价值观童谣100首》内容创作表演,录制成微视频,推动全市中小学利用各种形式广泛开展"唱童谣、学童谣、编童谣、画童谣、演童谣"活动,进一步增强广大中小学生爱党爱国情感,引导广大未成年人做一个有道德的人。最终,评选出一等奖2名,二等奖3名,三等奖5名,优秀奖50名。

(朱明慧)

【沈阳市首届红领巾小导游风采大赛】 2015年5-7月,团市委、市文明办、市教育局、市文广局、市旅游局、市少工委联合举办了"看大好河山,讲中国故事"沈阳市首届红领巾小导游风采大赛。通过宣传讲解美丽家乡沈阳的名胜古迹、历史名人、民俗风情,让少先队员更加了解和热爱家乡的优秀文化,激发他们热爱党、热爱祖国、立志投身建设家乡的朴素感情。大赛共分初赛和决赛两个部分。初赛共上交百余个作品,从制作视频、视频海选、网络投票、专家评审几项环节中产生优秀作品33个。总决赛通过现场讲解、知识问答、才艺展示三项比试,最终评选出金奖2名,银奖3名,铜奖6名。其中有3名小导游代表沈阳参加全国小导游风采大赛,刘禹彤获得十佳小导游称号,蔡欣恬、师颢原获得优秀小导游称号。

(朱明慧)

【对口援疆援藏工作】 开展"辽宁—新疆两地中(小)学生'同升一面旗、同学一部法、同爱一个家、同开一个主题团(队)会'"活动。按照全国和省少工委部署,沈阳市认真落实"四同"活动要求,结合实际,发动区、县(市)、各直属学校少先队组织积极参与"四同"活动,在保证活动质量的基础上,注重宣传,突出特色,在学生中和社会上掀起民族大团结的热潮,活动取得良好效果。重点对本市各结对学校通过升旗仪式向全校学生发出了倡议,对"四同"活动进行了说明和布署,全体学生积极响应参与此次活动,形成"学校有结对、班级有对接、学生有伙伴"的良好局面。通过开展学习《宪法》主题征文和撰写心得体会等活动,利用校园广播、校报校刊、宣传板报等校园宣传载体,开辟专题学习板块,集中推进中(小)学《宪法》知识宣传教育和普及工作,推动两地中(小)学生加强对国家根本大法的学习和认知,引导他们牢固树立崇尚宪法、遵守法律的观念,争做懂法守法用法小公民。全市各结对学校组织各个班级召开了以"民族团结代代传"为主题的班队会,少先队员们围绕我国民族政策常识认真准备了材料并积极发言。

(朱明慧)

【开展十佳(优秀)少先队员、十佳(优秀)少先队辅导员、优秀少先队集体评选工作】 2015年继续开展沈阳市十佳(优秀)少先队员、十佳(优秀)少先队辅导员、沈阳市优秀少先队集体评选工作。授予杜昊天等10名同学"沈阳市十佳少先队员"称号;授予王威等10名同志"沈阳市十佳少先队辅导员"称号;授予戴新曈等91名同学"沈阳市优秀少先队员"称号;授予卞恩涛等46名同志"沈阳市优秀少先队辅导员"称号;授予和平区浑河站小学少先大队等30支少先队大队"沈阳市优秀少先队大队"称号;授予和平区南京街第三小学邱少云中队等30支英雄中队"沈阳市优秀英雄中队"称号。

(朱明慧)

【沈阳市团校成为首批全国注册志愿者培训基地】 2015年8月25日,共青团中央、中国青年志愿者协会、中国青年工作院校协会在广州志愿者学院为沈阳市等10家省市团校首批全国注册志愿者培训基地授牌。团中央书记处书记汪鸿雁出席仪式并讲话。沈阳市团校在全国众多申报单位中脱颖而出获此殊荣,进一步提升了沈阳市志愿者培训的美誉度,是对沈阳市团校在2008年北京奥运会沈阳赛区志愿者培训、第十二届全运会沈阳赛区志愿者培训及后十二运志愿者培训工作的充分肯定。

(洪 宇)

市妇女联合会

【《沈阳市妇女权益保障条例》颁布实施】 2015年初以来,市妇联与市人大内司委共同组织妇女群众、专家学者及各相关单位召开座谈会,征求各方意见和建议,对《沈阳市妇女权益保障条例(草案)》进行修改完善。7月30日,省十二届人大常委会议第二十次会议通过了关于批准《沈阳市妇女权益保障条例》(简称《条例》)的决定。9月28日,市人大举行颁布实施《条例》的新闻发布会。10月1日,《沈阳市妇女权益保障条例》正式实施。《条例》共计22条,不仅对上位法中原则性的规定进行了补充和细化,还突出沈阳市特色,包括有针对性地规定了建立分性别指标体系、为高中阶段家庭困难女生提供资助、为家庭暴力受害妇女提供庇护、在公共场所设立母婴室、为城乡低保妇女提供"两癌"免费检查等内容,解决了妇女权益保障中存在的突出问题,健全了沈阳市妇女权益保障的法律机制,填补了沈阳妇女运动史的空白。

(郭铁新)

【引领妇女就业创业】 贯彻落实"大众创业、万众创新"重要部署,举办女带头人"大众创业、万众创新"电子商务培训班,建立49个"新起点"社区女性就业创业培训基地,带动近万名女性通过互联网微创业和手工编织实现弹性就业。发放女性创业贴息贷款,与市邮政储蓄银行签订战略框架合作协议,与相关部门联合下发《关于进一步推进我市妇女创业担保贷款工作的通知》,加强贷款工作业务培训,督办重点区县加大工作力度,稳步推进贷款发放工作。截至2015年底,沈阳市累计为创业妇女发放创业贴息贷款8040万元，扶持创业妇女963人。打造五公里“慧管”家政服务圈，投入家政专项经费72万元，建立“慧管”家政分中心8个、家政服务站点50个，将新风采家政培训、派送站点扩大至社区、村屯，全年举办家政培训36期，共培训家政服务员1120人。建立与“五公里家政服务圈”相衔接的O2O家政服务平台，开展前期平台设计工作，办理项目审批手续。开展女性专场招聘会、女大学生专场招聘会、组织女企业家与女大学生就业创业恳谈会，346名参与女性与用工企业达成初步意向。

（郭铁新）

【带动农村妇女增收致富】 将妇联组织的“双学双比”活动与沈阳市确立的农业战略发展部署有机结合，依托各级“巾帼科技培训示范基地”和“女教授牵手农家女”等工作载体，着力提高农村妇女的科技致富能力，发展壮大女致富带头人骨干队伍。2015年，全市各级妇联组织累计举办各类农村妇女实用技术培训班195期，培训农村妇女1.55万人次，培养妇女致富带头人2540人，培养妇女科技骨干1468人，推广致富项目60项，新增致富项目户1847户，培养女经纪人312人。

（郭铁新）

【实施妇女儿童发展规划中期评估】 成立沈阳市两个《规划》中期监测评估工作领导小组，制订下发《沈阳市妇女儿童发展规划中期评估检查工作方案》，组成五个专家评估组，对全市13个区、县（市）两个《规划》实施情况进行了中期评估检查，指导各区、县（市）按照《规划》中期指标要求，全面完成各项工作任务。举办沈阳市实施妇女儿童发展规划工作交流暨中期监测评估培训会议，召开沈阳市妇儿工委工作会议，对规划实施和中期评估迎检工作进行了全面部署。撰写《沈阳市妇女发展规划中期评估报告》和《沈阳市儿童发展规划中期评估报告》，做好迎接省妇儿工委对沈阳市规划实施情况进行中期评估的各项准备工作。

（郭铁新）

【服务妇女儿童民生】 主动承接涉及妇女儿童和家庭方面的服务事项，满足妇女儿童尤其是贫困妇女儿童的民生之需。一是承接省妇联援建农村单亲贫困母亲安居住房项目，争取援建资金36万元，为30户农村单亲贫困母亲援建（修）住房，所有住房全部保质保量如期竣工。二是承接“两癌”检查项目，为1.30万名适龄农村妇女提供免费“两癌”检查，争取全国、省妇联、市慈善总会专项基金113万元，救助农村“两癌”患病妇女94名。三是做好关爱“留守流动儿童”工作。争取省妇联和市慈善总会资金148万元，分别建设4所省级“留守妇女儿童之家”和5所市级留守流动儿童之家。四是以“互联网+扶贫助学”模式，建立“爱心超市”网络平台，实现了1000名贫困儿童和爱心人士的有效对接，资助贫困儿童款项30万元。五是设立“沈阳市妇联特困留守流动儿童牙病防治基地”，投入资金30万元，为100名特困儿童、特困留守流动儿童免费开展六龄齿窝沟封闭和浅龋治疗。六是组织儿童活动中心教师不定期对儿童之家留守流动儿童开展支教活动，全年送教30次，培训学员达6000人次。

（郭铁新）

【开展寻找“最美家庭”活动】 召开寻找“最美家庭”工作推进会，制订下发《沈阳市妇联寻找“最美家庭”活动实施方案》，与县区妇联签订目标责任状，对活动进行全方位部署，落实责任。在新浪辽宁开辟专栏，对参评的最美家庭典型进行网络公示，网络投票，评选出2015年沈阳市“最美家庭”。在主流媒体开设专版，集中宣传最美家庭事迹，组织基层妇联、妇女之家深入开展“最美家庭”事迹巡讲展示等活动。与市纪委、市直机关工委、市文明办联合下发《在市直机关开展家庭助廉行动的实施方案》，在市直机关各部门开展家庭助廉格言、家风故事征集活动。经过层层推选，沈阳市姜艳华家庭被评为全国“最美家庭”，伊文兰家庭获全国“最美家庭”提名奖，16户家庭被评为辽宁省最美家庭，100户家庭被评为“沈阳市最美家庭”。

（郭铁新）

【开展“双合格”活动】 市妇联与市文明办等单位联合下发了《关于运用重要时间节点深化“我的中国梦”主题教育实践活动的通知》，举办“共享蓝天·逐梦童年”庆“六一”国际儿童节庆祝活动，组织践行社会主义核心价值观演讲活动，引导儿童崇德向善。投入20余万元，在7个市级留守流动儿童之家配备了电视、空调、图书、电脑、室外全白钢橱窗及室内相关制度展板等物资。拍摄《我是幸福的》和《星光》两部家庭教育情景剧，在全市弘扬残障女性自强不息和优秀教师爱生如子的优良品质。其中《我是幸福的》获得2015全国“我爱我家”家庭情景剧展示活动优秀作品奖。开展“双合格”家庭教育评选活动，宣传选树“好爸好妈好家风”，在社区“母亲课堂”开展宣讲近百场，以好家规、家训引导广大家长以身作则，用良好的家风家教潜移默化教育影响儿童。汇编《家庭教育指导手册》，印刷了万册，为广大家长提供家庭教育科学化指导。

（郭铁新）

【推行家庭暴力告诫制度】 市妇联、市公安局社区警务支队分别下发《沈阳市家庭暴力告诫制度示范市创建工作实施方案》和《关于全市建立推行家庭暴力告诫制度工作的通知》，指导全市各级妇联与同级公安部门及时对接、密切合作，启动实施家庭暴力告诫制度。该项工作启动后，市公安局分7期对全市社区警务系统1300余名民警进行了反家庭暴力的工作培训，提高全市社区民警依法依规实施家庭暴力告诫制度的能力和水平。市妇联在沈阳大学继续教育学院举办家庭暴力告诫制度专题培训，在全市广泛开展家庭暴力告诫制度的宣传和推广活动，深入解读家庭暴力告诫制度，引导各级妇联干部全面掌握家庭暴力告诫制度实质内容，更好地运用家庭暴力告诫制度维护妇女合法权益。

（郭铁新）

【妇女信访】 2015年，市妇联接待妇女信访案件1203件，基本做到事事有回音、件件有回复。全市社区（村）妇女儿童维权站做好直面群众的信访接待、心理疏导、矛盾调解等工作，全年累计接待来访6587人次，代理信访案件170件，排查矛盾纠纷2813起，制止家庭暴力327起，为维护社会稳定作出了积极贡献。

（郭铁新）

【普法宣传】 举办《沈阳市妇女权益保障条例》专题培训，提高妇联干部和广大妇女群众的依法维权能力。开展“建设法治中国·巾帼在行动”普法宣传、家庭暴力告诫制度宣传月活动，依托基层妇女之家，组织女法官、女检察官、女律师等专业人士广泛推出法律知识讲座，法律现场咨询等服务，引导群众学法、守法、用法。加大对《沈阳市妇女权益保障条例》的宣传推广力度，采取编制宣传画册、制作公益宣传片、制作h5动画、微信息和沙画等多种形式促进《条例》家喻户晓。

（郭铁新）

【基层组织建设】 部署社区妇联与社区居委会同步换届，配齐社区妇联班子，100%的社区妇联主席进社区两委班子。积极拓展妇联组织服务领域，在沈阳农业大学成立了妇委会，在辽宁同格律师事务所成立了全省首家律师行业妇女组织，在美联商厦成立了全市第一个商务楼宇“妇女之家”。印发《沈阳市扩大基层妇联组织成员工作实施方案》，对各级妇联增加兼职执委、常委、副主席数量提出了明确要求。指导基层妇联探索建立“网上妇女之家”，皇姑区爱心姐妹联盟等网上妇女组织深受妇女群众欢迎。加大对基层“妇女之家”的建设投入，先后为26个优秀“妇女之家”配备了电脑。

（郭铁新）

【妇女干部培训】 制定下发了《2015－2018年沈阳市妇联干部教育培训规划》，科学计划安排，避免培训的随意性和盲目性。举办沈阳市社区妇联主席示范培训班、基层妇联干部培训班，组织21名女企业家参加沈阳市非公有制经济组织和社会组织党建工作示范培训班，提高妇女干部的综合业务能力。搭建女性人才培养渠道，完善更新沈阳市女性人才库，已储备女性人才1227名，向市委组织部推荐30名优秀女性作为市管后备干部储备人选。

（郭铁新）

【沈阳市妇女会馆迁建工程】 2015年，沈阳市妇女会馆工程有序推进手续办理和相关工程的审批、审核工作。办结了建筑消防建审、内装饰消防、人防、净空、民航、地下空间的审批手续。完成通风空调、电梯采购与安装、外墙装饰、弱电工程、消防工程、自动报警、柴油发电机组的报审、审核工作。稳步推进工程施工工作。按照施工要求，完成了地下室的全部施工任务，地上主体结构已封顶，二次砌筑，内墙抹灰，强、弱电桥架及水暖排水立管安装已全部就绪，外墙抹灰完成一半。通风空调工程，风机盘管全部吊装完毕，送风段及水立管已安装。外幕墙工程骨架、所有埋件、预制件已全部完成，局部楼层石材安装完毕，工程进度完成65%。消防工程已安装部分喷淋主管和消火栓主管道，占工程量的30%。

（郭铁新）

市科学技术协会

【第十二届沈阳科学学术年会】 2015年9月16日，第十二届沈阳科学学术年会在辽宁大厦开幕。本届年会由中共沈阳市委、沈阳市人民政府主办，市科协、市发改委、市社科联共同承办。年会的主题是“改革创新：新常态下的振兴抉择”。年会邀请中国科学院、中国工程院两院院士李德仁作题为《智慧城市与大数据》的大会特邀报告。年会举办“沈阳新一轮振兴论坛暨沈阳市党政领导与院士专家座谈会”，市长潘利国与应邀来沈的中国科学院、中国工程院院士及各相关领域专家共商沈阳发展大计，座谈会由市委常委、市总工会主席王翔坤主持。座谈会期间，潘利国市长向参加座谈会的16位院士专家颁发了沈阳市政府智库专家聘书。院士专家围绕大众创业万众创新、企业转型升级、智慧城市建设、科技惠民生、政府简政放权等沈阳振兴发展的重大问题各抒已见，纷纷向市委市政府建言献策。

年会期间，围绕浑南高新技术产业发展、沈阳战略性新兴产业发展、两化融合、装备制造业聚集区建设和汽车产业发展等方面，全市70余家高校、院所、企业和党政部门相继举办了“第二届全国公司治理青年论坛”、“首届中美‘老年营养健康’专家学术盛京论坛”、“第九届中日国际环境与健康学术研讨会”等重点学术活动和专题论坛61场次，30多位两院院士、百余名专家学者共议创新改革。由市科协、沈阳农业大学主办的“第二届全球变化与生物入侵国际学术研讨会”被中国科协评定为前沿高端学术交流活动。沈阳科学学术年会更加贴近沈阳振兴发展的实际需要，突出了服务沈阳振兴发展的特色。

（宋　丹）

【国家级科技思想库建设】 紧盯沈阳市经济社会发展中的重大科技问题，发动全市科技工作者积极建言献策。2015年初，组织2015年度科技思想库课题申报立项，基层上报立项课题128项。经审核评选，共有115项课题入选，其中：重点课题46项，一般课题69项。对2014年度沈阳市科技思想库优秀决策咨询课题进行了评选表彰，评选出一等奖6篇、二等奖10篇、三等奖12篇。整理编辑《2014年沈阳市科技思想库对策建议类调研成果汇编》，收录优秀专家建议42篇，共计25万余字。全年编发《决策参考》7期，获市领导批示4次。其中，省委副书记、市委书记曾维对《中国制造2025》规划制定课题组成员、原国家机械部机械科学研究总院副院长屈贤明教授提出的《中国制造2025及智能制造》建议作出批示，对沈阳工业大学韩越教授提出的《关于大力发展混合所有制企业的政策建议》作出批示。市科协报送的《关于促进沈阳市文化科技融合发展的对策建议》得到副市长姜军的批示，《关于促进科技与金融融合发展的对策建议》得到副市长祁鸣的批示。为期三年的中国科协国家级科技思想库第一批试点工作顺利通过验收，沈阳位列试点省、自治区、直辖市、副省级城市科协第三名，居副省级城市科协之首。

（宋　丹）

【院士专家工作站建设】 坚持以需求为导向、以项目为纽带、以企业为主体的工作原则，推动院士专家工作站建设。为进一步规范院士专家工作站管理与发展，市科协会同市人才办联合印发了《沈阳市院士专家工作站考核评价管理办法》及《沈阳市院士专家工作站建设管理办法》，成立了沈阳仪表科学研究院有限公司、沈阳隆泰生物工程有限公司、辽宁聚焦科技有限公司、辽宁峰阁钛业集团有限公司、康平县方家屯镇寒富苹果协会、沈阳艾克电缆公司等六家院士专家工作站，刘人怀、王立鼎、尤政、陈温福、李天等5名院士以及沈阳农业大学、沈阳化工大学、沈阳工业大学等三个专家团队进站工作。截至2015年底，沈阳市共建院士专家工作站81家，进站院士及专家260多名。

会同市人才办联合开展了沈阳市先进院士专家工作站及优秀院士专家（团队）评选表彰工作，共评选出沈阳鼓风机集团股份有限公司、沈阳机床（集团）有限责任公司、北方重工集团有限公司、沈阳黎明航空发动机(集团)有限责任公司、沈阳兴华航空电器有限责任公司、沈阳医学院、沈阳协合集团有限公司、沈阳北方交通重工集团有限公司、沈阳大陆激光集团有限公司、沈阳何氏眼科医院等10个先进院士专家工作站,每个建站单位奖励5万元;评选出柳百成、王子才、刘昌孝、闻邦椿、徐滨士、陈焕春、阮雪榆、庄辉、刘以训等9名院士及杨兆军团队为优秀院士专家及团队,每名院士及团队奖励10万元。

市科协与市人才办联合召开了院士专家工作站推进大会,市委常委、市总工会主席王翔坤到会讲话,沈阳黎明航空发动机(集团)有限责任公司、沈阳鼓风机集团股份有限公司、沈阳北方交通重工集团有限公司三家单位做典型发言,刘昌孝院士代表优秀院士专家发言。

(宋　丹)

【国内外科技交流与合作】　市科协在沈阳18所高校建立了海外国际科技交流联络员队伍,并组织了系统培训。邀请市外办、市国家安全局专家在外事礼仪活动、科技信息安全等方面进行了讲座。利用现有沈阳博士联合会海归人员情况,整理专家数据库,加强联系,互通信息。拓展与海外华人社团的合作,与中国美旅科技协会、中澳友好协会、全日本中国人博士协会、京港科技交流中心、台湾神农科技协会等5家团体就科技、信息、项目合作等方面进行签约。在浑南锦联新经济产业园成立了沈阳海智创业学院,为海(境)内外创业者提供系统培训和指导,并在产业园区建立了3个海智基地工作站,扩大了海智工作的活动范围。

2015年3月,得知部分环保企业针对污水处理问题需求,市科协及时邀请中国科协海智专家、荷兰太阳能技术转移国际有限公司共同创始人、亚太地区总监、无锡践行环保技术有限公司张少先博士来沈讲学,并带着项目、资金到企业进行合作。4月,邀请了海归专家武铮来沈讲学,与市城建局及有关企业共同探讨解决城市餐厨垃圾处理分类等难题,并针对项目问题与禾丰集团进行了合作签约。8月,与广州市科协共同组织了港澳专家沈阳行活动,14名港澳专家进行了项目研讨,市科协党组书记、副主席倪左参加了会议并讲话,与京港交流中心签订项目合作协议书。

申报辽宁省科协资助中青年科技工作者海外学术交流活动和开展沈阳市资助青年科技工作者参加海外学术交流会议活动。共资助15名中青年科技工作者海外学术交流,资助费用共计14万元

(宋　丹)

【海智工作】　市科协响应沈阳市群团组织"万众就业创业"联合行动,策划组织了中国沈阳海智创新创业大赛。通过创办海创赛官网、召开新闻发布会和媒体途径,广泛招募海内外英才及其智力成果。邀请8位两院院士、20位企业家和一大批投资专家,组建了院士专家顾问团队、项目专家评审团队、创业导师团队,沟通协调市人才办、市科技局、市经信委等12个政府部门,沈阳国际软件园、沈阳锦联新经济产业园等8大产业孵化园区共20多家企业,招商银行、盛京银行、中保财险沈阳分公司等多家投资机构参与合作。争取辽宁同方律师事务所、沈阳市第二公证处及其他第三方机构支持,为大赛提供科技中介服务、商事服务、法律服务。此次大赛历时5个月,报名应募的海内外科技人员达211人,引进100人;共征集科技成果317项,可转化30项;征集创业项目150项,审核通过112项,13项进入决赛,其中,2个项目分别获得1000万元和500万元的融资,11个项目与风投机构达成融资意向,3个项目落户浑南。

为做好创新创业服务,市科协积极参与全国"大众创业 万众创新"活动周沈阳分会场活动。由市科协策划组织的"海创赛"项目展示、"海创赛"项目签约仪式成为分会场9个主题活动中的重头戏。

(宋　丹)

【人才成长搭建平台】　2015年,市科协组织参加全省青年科技奖评选活动,沈阳市共组织上报12名候选人,最终沈阳药科大学孙进等8人入选,其中,沈阳药科大学孙进、沈阳农业大学苏芳莉、东北大学豆志河、沈阳航空航天大学吴振4人获得辽宁省十大青年英才称号。组织建立院士专家工作站的企业科技人员上报辽宁省博士启动基金和辽宁省自然科学基金,全市共组织上报7个博士启动基金、8个自然科学基金,最终有东北制药集团股份有限公司等4个项目获得博士启动基金,沈阳大陆激光技术有限公司等3个项目获得自然科学基金,共获得27万元的资金支持。组织开展2015年沈阳市自然科学学术成果评价,共征集学术论文、企业技术创新论文、科学著作658项,评出了"沈阳市十大优秀自然科学学术成果",评定一、二、三等奖学术成果375项。

(宋　丹)

【机关建设】　对照中央和省市委要求,认真组织召开领导班子民主生活会,自觉落实党委主体责任和纪委监督责任,建立了党风廉政建设责任制领导小组。严格执行领导干部重大事项报告制度,完成了处级干部个人事项申报工作。积极配合市委组织部对市科协离任领导干部的经济责任审计,针对不足事项和薄弱环节主动开展自查自纠。开展"三严三实"专题教育活动,针对"庸懒散"和"不作为、不担当"问题的专项整治取得阶段性成效。认真落实党组理论中心组、党支部和党员干部学习制度,邀请专家对党的十八大精神和习近平总书记系列重要讲话精神做专题辅导。举办读书报告会3次,深入开展"学讲话精神,谋科协发展"征文活动,多篇文章在市直机关征文活动中获奖。组织各项文化体育活动,机关活力不断增强。

(宋　丹)

市社会科学界联合会

【概况】　2015年,全市社会科学战线扎实做好经济发展新常态下各项工作,为推动沈阳在新一轮振兴发展中当先锋打头阵,提供了理论服务、智力支持和思想保证。

1. 科研工作围绕中心,服务大局。开展2015年度沈阳市社会科学立项课题研究,在结项的194项成果中,有43项得到市领导批示或被决策采用,166篇论文在报刊发表,5本课题著作出版。组织专家学者开展"沈阳振兴发展对策建议研究",7项研究成果通过《沈阳社科对策建议》平台报市委、市政府,市领导批示率和决策采用率均达到100%。开展纪念抗战胜利70周年,"弘扬抗联精神,实现伟大复兴"主题活动,举办"学讲话、鼓士气、促振兴"、"全面推进法治中国建设"等专题报告。承办2015年辽宁省第5届社会科学学术活动月学

术大会、第12届沈阳科学学术年会。

2. 科普、讲坛工作立足社会，服务百姓。举办2015年沈阳市社会科学普及周活动。共组织科普活动百余项，展示各类科普知识宣传展板500余块，发放科普活动指南5000余份、各类科普宣传资料2万余份，参与群众达10万余人。加强社会科学普及基地建设。组织社会科学普及基地重新申报、评审，对符合条件的40家社会科学普及基地挂牌。出台《科普基地建设管理办法》，推进社会科学普及基地建设与管理规范化。扎实开展讲坛活动，举行2015年度辽海·沈阳讲坛启动仪式，充实完善讲师队伍，制定《讲坛管理办法》，全年共举办讲座2938场，其中精品讲座92场。

3. 社科类社会组织加强建设与管理，服务基层。指导社科类社会组织为沈阳"大众创业，万众创新"服务。邀请海尔集团原党委书记王安喜在企业文化研究会为500余名企业家作报告。为市国际公共关系协会在境外引进的先进理念和服务项目落地，进行协调，搭建平台。按照市委要求，与民政部门联合对全市社科类社会组织进行清理整顿。截至2015年底沈阳市有社科类社会组织47家。

（刘松岩）

【学术交流】　参加辽宁省第5届社会科学学术活动月。活动月期间，共组织三项学术交流活动。一是开展纪念抗战胜利70周年，"弘扬抗联精神，实现伟大复兴"主题活动。在全市社科战线开展征文评选活动，共有来自27家高校、党校、科研院所的专家学者申报论文173篇，评选出特等奖论文5篇、一等奖论文20篇、二等奖论文35篇、三等奖论文50篇，优秀组织奖获奖单位5家。获奖论文在《沈阳干部学刊》增刊发表。举办理论研讨会，邀请杨靖宇将军之孙马继民、李兆麟将军之女张卓亚作抗联英雄事迹报告，邀请辽宁社科院地方党史研究所所长张洪军、吉林省抗联史专家刘贤作历史研究专题报告。二是举办"学讲话、鼓士气、促振兴"专题报告会。邀请辽宁大学教授林木西以"学习习近平关于东北振兴讲话精神，促进沈阳老工业基地振兴"为题，为500余名市管干部、后备干部等作专题报告，为沈阳振兴发展提供理论服务和智力支持。三是举办《全面推进法治中国建设》、《增强保密工作观念认真落实保密法》学术报告会。邀请沈阳市委党校教授孙政、陈萍分别在辽宁大学崇山校区图书馆报告厅和市工商局礼堂作专题报告，大学师生和工商系统干部近千人参加。

承办辽宁省第5届社会科学学术活动月学术大会。2015年10月21日，邀请中国社科院工业经济研究所研究员、教授、博士生导师陈耀，围绕"辽宁老工业基地振兴"问题，在2015年辽宁省第5届社会科学学术活动月学术大会"辽宁振兴论坛"上作专题报告，省内各市社科联有关领导及部分学术团体干部参加。

承办第12届沈阳科学学术年会。围绕年会主题认真设计全面理解"四个全面"战略布局、沈阳老工业基地振兴、中国特色新型智库与沈阳新型智库建设、文化与金融深度融合发展等分会场议题，邀请中国社科院科研局副局长张国春、中国社科院研究员张晓明等高层专家来沈出席年会并作专题报告。围绕年会主题组织征文近百篇，进行评审并收入文集。

（刘松岩）

【课题研究】　组织重大理论和实际问题研究，服务沈阳振兴发展。2015年初，市社科联围绕贯彻落实党的十八大、十八届三中、四中全会精神和市委十二届十次全会提出的各项重点工作，反复论证，确定108个选题方向，形成2015年度立项课题指南和招标通知，面向社会公开招标。共有来自高校、党校、科研院所、党政机关、社科类社会组织、企事业单位的54个申报点，投标课题465项，170多个单位的2700多人参与。经专家组评估，确定立项课题218项，其中资助课题10项。在结题的194项成果中，有43项得到市领导批示或被决策采用，166篇论文报刊刊发，出版5本著作。

发挥智库作用，为沈阳全面创新改革建言献策。一是组织、整合专家学者和实际工作者开展"2015年沈阳振兴发展课题研究"，形成了《关于沈阳加快建设国家全面创新改革试验区的对策建议》等研究成果，以《沈阳社科对策建议》为平台报送市委、市政府。二是围绕《中共沈阳市委关于加快推进全面创新改革的意见（讨论稿）》，组织辽沈地区专家学者学习研究并进行破题。8月11日，召开了社科界部分专家学者座谈会，围绕完善创新体系、加大全面创新体制改革力度、充分激发国有企业创新活力等专题进行讨论和深入研究。三是在中央《关于在部分区域系统推进全面创新改革试验的总体方案》和《中共沈阳市委关于加快推进全面创新改革的意见》下发后，市社科联组织专家学者调整研究思路，完善研究成果，《关于我市激发创新者动力活力的对策建议》、《关于优化沈阳电商发展环境的对策建议》等共7项研究成果报市委、市政府，市领导批示率和决策采用率均达到100%，其中，市委书记曾维给予肯定性批示6项。

（刘松岩）

【科学普及】　开展习近平总书记系列重要讲话进社区进楼道活动。为深入贯彻落实党的十八大、十八届三中、四中、五中全会和习近平总书记系列重要讲话精神，沈阳市社科联结合沈阳实际，扎实开展习近平总书记系列重要讲话进社区进楼道活动。通过召开活动现场会等"以点带面，全面推进"的方式，对活动进行阶段性总结，推动活动深入开展。完成450个社区的宣传任务，20余万人观看展板。《沈阳宣传》、《辽宁社科联》全文刊发了沈阳市社科联开展活动情况经验介绍，并在全省社科联工作会议上作了经验交流。

举办2015年沈阳市社会科学普及周活动。按照省社科联实施的"普及工程"要求，5月11日，市社科联在辽宁大厦举行了"2015年沈阳市社会科学普及周启动仪式暨大型现场咨询服务"活动。科普周期间，共组织科普活动百余项，展示各类科普知识宣传展板500余块，发放科普活动指南5000余份、各类科普宣传资料2万余份，参与群众达10万余人。沈阳广播电视台、沈阳日报连续跟踪报道。

加强社会科学普及基地建设。2015年，市社科联先后对首批社会科学普及基地和首批社会科学科普工作站建设情况进行专项调研，组织重新申报、评审，对符合条件的40家社会科学普及基地挂牌。同时，出台《沈阳市社会科学普及基地建设管理办法》，推进全市社会科学普及基地建设与管理规范化。市科普基地——辽宁蓝猫新媒体有限公司被评为全国社会科学普及教育基地。

扎实开展“辽海·沈阳讲坛”活动。2015年初,市社科联在市地税局举行了“2015年度辽海·沈阳讲坛”启动仪式。启动仪式后,在全市范围内开展讲坛进企业、进农村、进机关、进学校、进社区的“五进”活动。同时,为进一步加强讲坛管理,制定《辽海·沈阳讲坛管理办法》,并不断充实完善讲师队伍,新招聘兼职教授85人。2015年共举办讲座2938场,其中精品讲座92场。

(刘松岩)

市残疾人联合会

【残疾人教育】 2015年,沈阳市出台《沈阳市特殊教育提升计划实施方案》,残疾人教育普遍纳入全民教育发展总体规划和教育发展评价考核体系,有条件能够接受特殊教育的视力、听力、语言和智力残疾儿童少年入学率、巩固率达到96%,特殊学校、随班就读、送教上门等学生的生均经费达到每生每年8000元。

制定《沈阳市特殊教育学校“四位一体”就业实训基地建设项目实施方案》,投入280万元,建设了“一校一特色”就业实训基地。

2015年共资助学前教育105人、31.5万元;资助义务教育587人、58.7万元;资助残疾人大学生和残疾人子女大学生(大专、本科、硕士研究生、博士研究生)304人、成人自考毕业生16人,共76.2万元;资助国家开放大学残疾人教育沈阳学院学员257人、17.8万元。

(张 谌)

【残疾人康复】 新建省、市级社区康复示范站17个、“云朵之家”2个,完成了国家“七彩梦行动计划”及沈阳市“慈爱儿康行动”项目救助工作。培训社区康复管理人员480人、康复业务人员455人、康复协调员2410人;白内障复明手术3100例;新收训练聋儿23名,聋儿家长培训44名;为289名脑瘫儿童进行了系统康复训练救助,为4249名成年肢体残疾人进行了社区、家庭康复训练,对6名脊柱裂儿童进行了手术补贴救助;为155名智力残疾儿童进行了系统康复训练救助,为303名成年智力残疾人进行了社区、家庭康复服务。开展了“七彩梦行动计划”智力残疾儿童抢救性项目、贫困家庭重性精神病住院项目政府购买服务试点工作。与市卫计委联合出台了《沈阳市0-6岁儿童残疾筛查工作实施方案》,新筛查诊断0-6岁残疾儿童36名。圆满完成接待中残联调研组对沈阳市“十二五”残疾人康复工作检查调研,并获得中残联调研组的高度赞扬。

(董国新)

【残疾人社会保障】 2015年,全市有2.27万名城镇残疾人,9946名农村残疾人,共计3.27万名残疾人享受到低保救助。

符合参加城乡居民养老保险条件的残疾人为8.40万人,实际参保的残疾人为6.52万人,参保比例为77.3%。参加新型城乡养老保险的55—59周岁重度残疾人有1105人,享受到每月55元补贴。符合参加城镇居民医保条件的残疾人有3.83万人,参保残疾人有2.96万人,参保率76.3%,符合参加新农合的残疾人有4.23万人,参保残疾人有3.76万人,参保率88.8%。

建立困难残疾人生活补贴和重度残疾人护理补贴制度。为具有本市户籍持证享受低保的重度残疾人、老年残疾人、一户多残家庭中的残疾人或低保边缘户家庭中本人无经济收入的重度残疾人提供每人每月70元的生活补贴。全年补贴资金2029万元、月平均补贴人数2.42万人;为具有本市户籍持证的一级重度残疾人提供每人每月55元的护理补贴。全年补贴资金1033万元,月平均补贴人数1.57万人。

(张 谌)

【残疾人托养服务】 2015年,全市托养服务按照居家养残、日间照料、集中托养三个层次展开。

1. 居家养残通过“轻残养重残,一岗解两难”的形式,为无自理能力并且家庭照料有困难的低保或父母在60岁以上的重度残疾人提供家政和护理等方面的服务。共有857个居家养残公益岗位,托养的重度残疾人是857人。

2. 日间照料的载体是“阳光家园”,2015年新建“阳光家园”3个,投入经费80万元。下拨市级补贴经费184万元,下拨省财政专项补贴经费145万元,全市投入“阳光家园”建设和运行经费共计409万元。

3. 集中托养的载体是依托社会专业机构完成,挂牌的有5家,包括沈阳市安宁医院、辽中县精神病院、康平县精神病院、新民市精神病院、松浦博爱护养中心,主要对712名精神病残疾人进行集中托养。

(张 谌)

【残疾人文化体育】 2015年在国家、省、市媒体刊播沈阳市残疾人事业稿件1221条,市残联与市委宣传部、市文明办、市记协、沈阳广播电视台联合举办“播种暖阳,传递爱心”沈阳市扶残助残先进事迹颁奖典礼。沈阳市代表团参加“第七届全国特教学校学生艺术汇演”并取得优异成绩。市残疾人艺术团为中小学生进行德育教育演出200场,观众达10万余人。

在第十四届世界夏季特殊奥林匹克运动会上,沈阳市14岁智障小选手祝昕娜代表中国田径队获得了50米跑和100米竞走两枚金牌。在全国第六届特殊奥林匹克运动会、第九届残疾人运动会上,沈阳市共取得金牌26枚、银牌37枚、铜牌44枚、打破两项世界纪录、三项全国纪录。组织45名运动员参加2015年沈阳马拉松比赛。

(刘 涛)

【维权服务】 完善信访稳定工作10项制度措施,多措并举开展残疾人信访工作,依法办理残疾人的合理诉求。全年接待残疾人来信来电来访862人次,其中残联领导接访13批(人)次,接访率、答复率100%,信访量比上年下降35.7%。国家、省、市领导批示案件办结率达到100%。协调政府有关职能部门妥善解决2批残疾人群体访诉求,有效实现了息访。开展“普法进社区,送法进家庭”活动,举办法律知识讲座,广泛宣传《残疾人保障法》、《沈阳市残疾人保障条例》等法律法规。落实政府法律顾问制度,聘请1名律师担任法律顾问,帮助残疾人通过法律途径维护自身合法权益。举办信访与法律援助工作培训班,对91名信访工作人员进行了培训。发挥96113残疾人服务热线作用,随时解答残疾人关注的问题。发挥市、区县(市)和50个社区残疾人法律救助工作站作用,及时为残疾人提供法律服务,协调司法部门提供法律援助案件95件。

为全市2306名残疾人机动轮椅车车主发放燃油补贴59万元。全年办理市人大、政协建议提案5件,做到了见面率100%、办复率100%、满意率100%。

(刘 军)

【无障碍建设】 2015年,省政府民生实事工程下达沈阳市贫困残疾人家庭无障碍改造任务数为950户,全市下达任务指标为1492户,实际完成1643户。其中,实施贫困残疾人家庭无障碍改造1151户,农村贫困残疾人家庭无障碍旱厕改造492户,超额完成省下达的任务指标。家庭无障碍改造对象由肢体、视力和听力残疾人增加到精神和智力残疾人,基本涵盖了全部残别的残疾人。

新增加贫困精神和智力残疾人家庭安装热水器、盲人家庭安装煤气泄漏报警装置等改造项目。国家、省、市、区共投入改造资金763.83万元,其中:国家17.74万元,省92.8万元,市442.12万元,区、县(市)211.18万元。

(刘 军)

市台湾同胞联谊会

【同心聚力】 2015年,市台联认真落实党的群众路线教育实践活动取得的成果,每季度按时组织台胞活动日活动,安排相应的学习内容。先后组织台胞学习了党的十八大和十八届三中、四中、五中全会精神,习近平总书记系列重要讲话精神,以及中央统战工作会议、中央党的群团工作会议精神等,引领和推动全市台胞兴起学习的热潮。6月23日,市台联党组与沈阳市社会主义学院联合举办了"2015年沈阳市台湾省籍党员培训班",20余人参加了培训。市台联党组书记、市委统战部副部长杨志宏传达了中央统战工作会议精神,并为大家上了一堂"三严三实"专题党课。培训班还安排了《坚持依宪执政,加强宪法实施》的专题讲座。通过学习培训,台籍党员对宪法和党的方针政策有了更深的理解,对开展"三严三实"专题教育的意义有了深刻的认识。12月3日,市台联与台盟市委共同举办学习中共十八届五中全会精神报告会,对党十八届五中全会精神作了全面、细致解读,对"十三五"规划作了重点论述,与会台胞深刻理解了五中全会精神,全面把握了"十三五"时期新的发展理念。

加强涉台知识学习。为了使台胞能够准确掌握党的对台方针政策,及时了解台海形势的变化。市台联加强了涉台知识辅导,5月8日,市台联召开台情研究小组工作会议,深入学习习近平总书记在会见中国国民党主席朱立伦时提出的五点主张,研究探索新形势下做好争取台湾民心工作的途径和方法。7月14－16日,市委统战部、市社会主义学院、市台联联合举办了"沈阳市台联第五期中青年台胞培训班",30余名中青年台胞参加了培训。此次培训班内容丰富,形式多样,既有国际知名专家的国际形势讲座,又有党校教授作的《传承和弘扬中国优秀传统文化》的专题报告,还有台联领导对台湾问题、台海局势现状、党的对台方针政策的深入分析辅导,培训班还组织中青年台胞赴朝阳参观赵尚志纪念馆、著名的抗战基地清风岭等地进行革命传统教育。9月7日,市台联与民革、台盟共同举办"台海形势报告会",邀请国台办海峡两岸关系研究中心兼职研究员、台盟中央常委、盟中央台情研究委员会副主任王中作了题为《处于新的重要节点上两岸关系之路如何走》专题报告。11月13日,市台联、台盟市委共同举办2015年台情研讨会。台胞结合11月7日"习马会"、近期两岸关系发展以及岛内政情民意变化及对策等议题进行了深入探讨。

围绕纪念抗日战争胜利70周年暨台湾光复70周年,弘扬抗战精神。一是按照市委统战部统一部署,举办了纪念抗日战争胜利70周年主题征文活动,进一步激发全市台胞的爱国情怀。二是组织台胞参观了抚顺平顶山惨案遗址纪念馆、抚顺战犯管理所旧址、"九一八"历史博物馆,40余位台胞参加了活动。三是举办了"在沈台胞纪念中国人民抗日战争胜利70周年暨台湾光复70周年座谈会",在沈定居台胞、在沈部分台商、台生约50余人参加此次座谈会。四是市台联邀请赴京参加中国人民纪念抗日战争暨世界反法西斯战争胜利70周年纪念活动的沈阳市台商代表蔡百彦先生、陈云志先生、杨仁寿先生、林仲达先生与全市台胞座谈,介绍参加纪念活动的感受和体会。

(蔡鸿文)

【服务台胞】 关心台胞,了解台胞的心声。市台联作为党和政府联系台胞的桥梁和纽带,始终坚持重要节日走访慰问台胞家庭。2015年,看望慰问老台胞、患病台胞、困难台胞以及台胞遗属68户次,送去慰问品及慰问金1.3万余元;接待台胞来访20余人次;向60岁以上的老台胞和遗孀发放生活补助金6.5万元;向10名80岁以上老台胞送去慰问金及生日祝贺。通过走访慰问,全市台胞感受到了"台胞之家"的关怀和温暖。

热心服务,为台胞排忧解难。2015年先后为台胞协调办理养老保险、医疗报销、家庭纠纷、特困户确认、查找档案、更改子女户口原籍、遗产继承公证、了解两岸婚姻政策、子女入小学、动迁等事务14件次;积极配合沈阳市中招处、市招办、省台联,先后完成了9名台籍考生的身份认证工作。2015年,市台联还在市委统战部的支持下,争取到了困难台胞生活补助款,保障了困难台胞的生活。

开展丰富的联谊活动,办好台胞之家。2015年,市台联共举办各类活动15次。1月30日,市台联、台盟市委共同举办"'两岸一家亲,共圆中国梦'——在沈台胞2015年迎新春团拜会",全市定居台胞、在沈部分台商240余人欢聚一堂,共迎新春佳节。3月13日,纪念"三八"国际劳动妇女节之际,结合女性台胞实际需求,市台联组织女性台胞(家属)20余人到解放军第463医院进行免费妇科检查。4月,市台联再次组织老台胞共计18人参加省台联举办的赴台探亲团回乡探亲谒祖。中秋之际,市台联、台盟市委在玫瑰酒店共同举办"弘扬抗战精神 促进祖国统一"——在沈台胞中秋节联欢会,沈阳市定居台胞、在沈部分台商230余人参加了联欢活动。"重阳节"之际,市台联举办了"沈阳市台联2015年重阳节老台胞健康知识讲座",老台胞约40余人参加了此次活动。

(蔡鸿文)

【对台交流交往】 市台联积极发挥自身优势和特点,以亲情、乡情、友情为纽带,促进沈台两地交流交往,努力做好联络接待工作。

1.接待岛内外台胞来沈投资考察。先后接待了台湾钟美和女士一行,台湾现代农业技术推广中心江高举教授一行5人,台湾客人金鹏郎一行8人,台商徐正文先生,澳门社团优秀青年骨干辽宁访问团一行32人,台湾社造联盟辽宁参访团、全国台联台湾大学生夏(冬)令营辽宁分营等 8 个团组,共 267 人。

2. 积极推进沈台文化教育交流。8 月 5 日,台湾教师历史文化研习营一行 23 人来沈考察,此次台湾教师历史文化研习营是由在北京的台湾同学会主办、省市台联协办的一次两岸教育交流活动。市台联在市教育局的大力支持下,安排研习营一行赴和平区南昌中学进行参访,并进行交流活动,使研习营成员更多的了解祖国大陆及沈阳市中小学教育的实际情况,推进了沈、台两地的教育交流。

3. 为两岸台胞搭建起建立联系、加强交流、增进感情的良好平台。7 月 7 日,省、市台联联合举办"台胞、台商、台湾大学生座谈会"。参加"全国台联 2015 台湾大学生千人夏令营辽宁分营"的 32 名台湾大学生以及沈阳市部分台胞、台商代表参加了座谈会。座谈会上,在沈台胞代表、老台胞,台商青年代表分别介绍了在祖国大陆的生活经历以及在沈阳投资创业的经验体会。通过交流互动,让台胞青年更多地了解祖国大陆的发展变化,更深刻地了解两岸同胞交流交往的历史,更全面了解台湾同胞在大陆的生活和工作经历,增强了台湾青年的国家民族认同感。

4. 走出去,拓宽市台联与岛内进行民间交流的渠道。应中华两岸世纪发展协会邀请,3 月 9－15 日,以市台联党组书记、市委统战部副部长杨志宏为团长的"沈阳市台湾同胞联谊会参访团"一行 5 人,赴台进行了为期 7 天的交流参访活动。拜会了 6 个民间团体及新竹市议会等单位,就发挥两岸民间社团优势、深入开展两岸民间交流、两岸文化交流等相关议题进行了广泛而深入的座谈讨论,考察了 4 家台湾企业,会见新老朋友近百人。

5. 探索推进两岸关系和平发展、密切两岸同胞感情的有效途径。市台联先后组织台胞参与了全国台联辽宁调研组台联系统座谈会,组织台联名誉理事参加了省台联举办的台商座谈会,探索促进两岸交流交往、做好争取台湾民心工作的新途径、新方法。此外,市台联还向台湾新竹原市长许明财、现任市长李宏生发出邀请,增进了两岸的交流互动。

6. 做好在沈台湾学生工作。通过走访中国医科大学、辽宁中医药大学等高校,了解在校台湾学生的学习和生活情况。

(*蔡鸿文*)

【帮扶台商】 加强服务,为在沈常住台胞排忧解难。全年接待台商来访 77 人次,通过与市法院、区法院、区政府、区委统战部等部门沟通,为台商协调民事诉讼、经济纠纷、合同纠纷、土地租赁合同问题、停业废照问题、企业缴交土地税、招标事宜及了解投资政策等事务 21 件次。对于台商涉及的劳资纠纷、合同法律纠纷等问题,市台联不回避难题,攻坚克难,依法维护台胞合法权益,邀请市台胞法律咨询服务中心特聘法律顾问为台商进行了政策咨询和辅导,并启动法律诉调对接机制,积极协调台商案件,争取得到圆满解决。

创新工作,进一步提升市台联服务的效能和水平。一是市台联举办"市台联、市法院诉调对接工作联席会议",进一步完善法律诉讼调解机制。二是组织部分台商参加省台联举办的"省台联、省法院诉调对接工作座谈会",有 10 余位台商参加了会议。

发挥优势,为沈阳市经济建设和台联组织发展做贡献。召开"在沈台资企业座谈会",并结合企业生产、经营的实际情况,围绕台资企业在沈投资兴业的经验体会,台资企业在祖国大陆新一轮深化改革、扩大开放的利好形势下,如何抓住机遇、更好地发展,并就如何改善沈阳的投资环境、如何做好台联工作展开座谈。

组织台商参与中国人民抗日战争暨世界反法西斯战争胜利 70 周年纪念活动。2015 年 9 月,市台联组织推荐了 4 位台商代表参加了在北京举行的中国人民抗日战争暨世界反法西斯战争胜利 70 周年纪念活动。

打造"同心"品牌,继续开展在沈台商"同心助学帮困"活动。2015 年,市台联继续完善了"同心・助学帮困工程",组织部分台商捐建了第一个沈阳台商"同心图书馆"。6 月 17 日,由市台联、市图书馆主办的"沈阳台商同心图书馆暨沈阳市图书馆康平县北四家子学校分馆"在康平县北四家子乡九年一贯制学校成功落成。为促进沈阳台资企业的进一步发展,调动台商参与沈阳边远地区经济建设的积极性,市台联在关注贫困地区教育事业的同时,又积极引导台资企业参与当地经济建设。市政协副主席、市委统战部部长汪涛亲自带领台商到康平县实地考察,参加康平县政府举办的"康平县招商引资项目推介会",使台商对康平的经济发展有了进一步的了解,为台商在康平发展提供平台。

(*蔡鸿文*)

【建言献策】 市台联始终注重发挥台胞集体的智慧,充分调动广大台胞参政议政的积极性,努力提高提案质量,推进市台联参政议政工作再上新台阶。一是在市政协十四届三次会议上,市台联 4 件团体提案被市政协采纳。1 件界别提案被采纳,3 件市政协大会发言被书面交流,其中,《关于开发沈阳国家森林公园,打造沈阳生态旅游业新增长点的提案》被市政协列为重点提案,2 件提案被评为 2013－2014 年度市政协优秀提案。二是市台联重视提案的落实和结果反馈。先后接待浑南区、和平区、民政局、环保局、供暖办等部门的提案答复,并对提案的进展情况进行了跟踪。三是召开市台联参政议政工作会议,通报了市台联参政议政工作情况,部署了 2015 年市台联参政议政工作,征求委员们对市台联参政议政工作的意见和建议。四是受市政协邀请,参加了沈阳市环保局组织的提案现场办理办公会议,对《对综合治理雾霾的建议》提案进行了现场咨询。五是接待市政协提案委调研组,针对承办单位的提案办复情况,市台联结合实际工作提出了看法和建议,受到了市政协的高度重视。六是开展提案调研工作。针对市台联参政议政委员会研究确定的提案线索,根据涉及到的领域和部门,市台联进行了深入调研,先后对停车场建设问题、居家养老问题和增加公交车线路问题进行了调研,与民政局、城建局、国土局、交通局等多家职能部门进行了沟通,履行好市台联的参政议政职责。

(*蔡鸿文*)

【自身建设】 2015 年,市台联认真落实领导班子"两个责任",积极开展"三严三实"专题教育和"大学习,大讨论"活动,坚决扭转机关不良作风,查找问题,制定措施,推动整改,党员干部思想作风和精神面貌得到了显著提高,机关的工作水平也得到显著提升。

1. 落实"两个责任",提供坚强的政治和纪律保证。2015 年,市台联党组始终把落实"两个责任"作为必须履行的政治担当、政治任务和政治纪律，切实加强领导，扩大宣传教育，强力推进制度建设和作风建设，努力推进党风廉政和反腐工作向纵深发展，为台联事业发展、有效履行职责提供了坚强的政治和纪律保证。一是强化领导责任。确定市台联党组书记为第一责任人的党风廉政建设工作机制，根据责任制分工，形成层层抓落实的责任模式。二是坚持理论指导实践。以开展"三严三实"专题教育为契机，以学习贯彻习近平总书记系列重要讲话精神为重点，完善理论学习制度，丰富学习教育活动形式和内容。市台联领导干部带头讲党课，带头作专题发言。三是建立完善机关各项规章制度，对机关的学习制度、会议制度、工作纪律、财务管理等多方面进一步明确规定，把制度建设贯穿于各个环节，为促进市台联各项工作的开展提供制度保障。

2. 认真开展"三严三实"专题教育和"大学习，大讨论"活动，推动机关党建工作。7 月 22 日，市台联召开机关党员会议，选举产生新一届支部委员会。按照党章规定和"三严三实"专题教育的要求，市台联认真落实支部党员大会、支委会学习教育等各项制度，坚持每周三开展党员干部政治学习，领导亲自上党课。按照部署，机关党组织先后开展"严以修身"、"严以律己""严以用权"三个专题的学习和研讨，召开 2 次党支部组织生活会、1 次班子专题民主生活会。通过学习研讨，真正找准了台联及自身"不严不实"的表现和症结，明确了整改方向和措施。在开展专题教育和"大学习，大讨论"过程中，市台联严字当头，精心组织，狠抓落实，主动增加专题教育活动，确保了教育活动不断深入。7 月 1 日，市台联党支部举办了专题党日活动，围绕对"三严三实"学习和理解展开座谈，对自身进行深刻剖析，找出问题和不足，提出改进措施。

3. 机关工作稳步推进。市台联坚持每月工作例会制度，处室负责人汇报上月工作开展情况及本月工作打算，驻会领导对单位工作进行点评和部署。月例会制度使机关管理规范高效，各项工作得以稳步快速推进。2015 年，《沈阳台联》出刊 3 期，上报各类信息 29 期。按时完成了年度行政目标绩效考核、组织人事、公共节能、档案归档、保密自查、市志年鉴组织史编撰等机关各项工作事务。

（蔡鸿文）

市归国华侨联合会

【沈阳市第八次归侨侨眷代表大会】 2015 年 5 月 26 日，沈阳市第八次归侨侨眷代表大会召开。中国侨联向大会发来贺电。省侨联主席王朝霞，市委副书记邢凯，市政协副主席、市委统战部部长汪涛出席大会并讲话，市人大、市政府领导和市"五侨"部门领导出席会议。大会审议通过了市侨联第七届委员会所作的工作报告，选举产生了市侨联第八届委员会，王庆伟当选主席，聘请了市侨联第八届顾问和海外委员。市侨联贯彻落实中央八项规定，此次大会坚持节俭办会的原则，压缩会议时间、会议规模、会议程序、会议材料，受到市委充分肯定和与会代表好评。

（安美麟）

【沈阳高校侨务（侨联）工作座谈会】 为贯彻落实中央关于加强党的群团工作和新形势下侨联工作《意见》精神，2015 年 11 月 19 日，市侨联与市委教科工委、市侨办共同召开了沈阳高校侨务（侨联）工作座谈会，市政协副主席、市委统战部部长汪涛，市教科工委常务副书记蔡效军出席会议并讲话，市"五侨"部门领导及全市 19 所高校党委统战部部长、侨联主席参加会议。市侨联党组书记、主席王庆伟主持会议，沈阳广播电视大学党委、沈阳化工大学党委统战部、沈阳师范大学侨联作经验交流发言。

（安美麟）

【基层侨联组织建设和社团组织建设】 市侨联深入基层调研和指导工作，完成了沈阳广播电视大学侨联、辽宁中医药大学侨联成立，东北大学侨联、沈阳农业大学侨联、沈阳师范大学侨联、大东区侨联、苏家屯区侨联、辽中县侨联换届工作。同时推进所属社团组织建设。2015 年 9 月 16 日，市华侨文学艺术家协会换届工作完成，刘红军当选主席，并更名为"沈阳市华侨文学艺术家联合会"。9 月 8 日，沈阳市华侨收藏家协会成立，刘国庆当选会长。10 月 21 日，市老归侨联谊会换届，李天来当选会长。

（安美麟）

【举办"世界知名侨商辽宁行"走进沈阳主题活动】 2015 年 6 月 25 日，市侨联承办市委、市政府举办的"世界知名侨商辽宁行"走进沈阳主题活动，邀请了 25 个国家和地区的 300 多位海内外侨商，中国侨联主席林军和省委常委、市委书记曾维，市长潘利国出席活动，各区、县（市）政府与海外侨商交流互动、对接洽谈，展示沈阳独特的地理区位优势、产业实力优势、科技文化优势和基础设施优势，大力引导和鼓励海内外侨商来沈投资创业、经贸合作。

（安美麟）

【海内外联谊】 2015 年 7 月 26 日－8 月 4 日，市侨联主席王庆伟随沈阳市对外友好代表团赴匈牙利、塞尔维亚、英国进行友好访问及经贸洽谈，推进沈阳市与匈牙利贝凯什乔包市、塞尔维亚兹雷尼亚宁市、英国威尔士地区建立友好合作城市及地区关系，积极开展沈阳与当地侨团、商会交流合作，为加强沈阳与欧洲国家的友好交流和经贸合作建立有效渠道。

9 月 19－28 日，市侨联、市侨商会组团出席了在印尼举行的第十三届世界华商大会，参加东盟区域一体化合作论坛、海洋合作发展论坛和世界华商青年企业家圆桌论坛等活动，搭建与世界华商更加广泛的交流合作平台。市侨联、侨商会组织赴老挝、斯里兰卡开展商贸考察活动，拜会老挝中国总商会，参加斯里兰卡投资局项目说明会，沈阳市侨商会与斯里兰卡华侨华人联合会建立了友好关系。增进市侨商会与海外侨团、商会的联谊交流，为沈阳市侨商企业在海外投资发展提供务实的合作商机，与 20 个海外侨团、商会建立友好关系，对接经贸合作项目 10 个。

6 月 3 日，市侨联参加在广州召开的全国省会、副省级城市侨联工作交流会，在会上作工作经验交流。9 月 11－12 日，参加在山东日照召开的"第七届鲁辽吉黑桂省会暨口岸城市侨联工作协作会议"，探讨侨联组织参与"一带一路"建设的方式和途径。11 月 29 日—12 月 9 日，市侨联协助沈阳市政府深圳（广东）办事处赴广东省汕头、潮州、梅州、揭阳等侨乡考察，与各地侨联、侨商企业牵线搭桥，充分发挥侨乡资源优势，精准对接，开展招商推介。

2015 年，市侨联先后接待北京、玉林、防城港、钦州、长春、吉林、大连市等侨联、侨商会来沈交流工作、商务考察，接待了全日本华人华侨总工会考察团、美国现任旧金山市长夫人林进敏女士一行来沈参观考察，邀请澳大利亚墨尔本锡伯族联谊会来沈开展“寻根之旅”活动。市侨商会组织沈阳侨商参加“侨商日照行”、侨商泉城行等招商推介洽谈会，赴大连进行投资考察并与大连市侨商会缔结友好关系，促进与各市侨联、侨商会优势互补、信息共享，实现合作共赢。

（安美麟）

【维护侨益】 2015年，市侨联陪同中国侨联、省侨联、市委统战部领导走访慰问困难归侨侨眷，组织各区、县（市）侨联并将各高校侨联列入计划，全面推动了全市基层侨联组织走访慰问、扶贫帮困工作深入开展，共计走访归侨侨眷150多人次，发放、配套帮扶款近20万元。

市侨联按照“关注侨界民生、健全关爱老侨、扶贫帮困工作机制”的要求，发挥侨界市人大代表、政协委员的作用，认真组织调研并提交了实施“侨爱心工程”的提案，在市侨办、市财政局的大力支持下，已将实施“侨爱心工程”的专项经费列入2016年财政预算，为把关爱老侨、精准扶贫工作落到实处创造条件。

在沈阳市人大、政协“两会”上，侨界人大代表、政协委员充分发挥参政议政作用，共提出政协提案37个，人大议案102个，反映侨声民意，积极建言献策，提高了提议案水平。11月12日，市侨联组织60余名侨界人大代表、政协委员走进沈阳市中级人民法院，视察金雕查控网管室，参观院史馆，通报了市法院工作情况，同时在市法院召开了沈阳市侨联法律顾问委员会工作会议。

（安美麟）

【开展侨界文化活动】 2015年11月27日，中国侨联副主席康晓萍到沈阳调研文化宣传工作，考察沈阳市华侨书画摄影创作基地并为其揭牌。9月16日，市侨联在东方美术馆举办沈阳市侨联纪念抗战胜利70周年美术书法摄影展。9月29日，市侨文联在盛京大剧院举办“‘天涯共此时’庆祝沈阳市华侨文联成立五周年暨沈阳侨界2015中秋文艺晚会”。11月5日，市侨联、市华侨摄影家协会组织参加第二届世界华侨华人摄影展，市侨联荣获优秀组织奖。

（安美麟）

【开展“三严三实”专题教育】 市侨联领导班子带头促学、以上率下、发挥示范作用，通过组织深化学习、讲授党课、专题研讨、查摆整改等工作环节，参加市委统战系统“三严三实”专题教育学习参观活动，开好专题民主生活会，机关干部的综合素质和能力水平得到提升。机关党员干部在思想、党性、作风上又一次集中“补钙”和“加油”，进一步坚定理想信念、强化党性观念、增强实干精神。

（安美麟）

【自身建设】 健全市侨联党组，配齐配强党组成员，增设专职副主席1名，进一步增强领导班子建设。落实党风廉政建设的“一岗双责”责任制、党组谈心谈话制度、领导干部有关事项报告制度，强化主体责任和监督责任。市政协副主席、市委统战部部长汪涛对市侨联作为党风廉政建设联系点进行工作调研和指导，充分肯定了市侨联在贯彻落实“两个责任”、强化党风廉政建设、推动经济社会和谐发展的基本作法，并印发市委统战系统《专题简报》推广经验。市侨联增设文化交流部，机构设置更加规范，调入配备机关干部，干部队伍更加充实，完善工作责任，岗位分工更加明确。继续开展创建“学习型、创新型、服务型”三型处室和争创“学习型、服务型、廉洁型、自律型、勤奋型”五型个人活动，机关工作效率和工作水平显著提升。

（安美麟）

市黄埔军校同学会

【黄埔后代队伍建设】 一是加强党的方针政策和统一战线知识的学习。通过参加专题报告会，举办学习班，提供书籍鼓励自学，建立网络社区交流学习等多种方式，结合参与黄埔同学的学习活动，进行言传身教，逐步提高黄埔后代思想觉悟和政治素质。二是以重要历史事件、纪念日为载体，开展爱国主义教育。先后组织参加了重温抗联历史、传承黄埔精神主题活动，把爱国主义教育融入活动之中。三是以黄埔情为纽带，加强全市黄埔人之间的联系，密切他们和同学会组织的联系，加深了解，增进感情。

（颜　飞）

【纪念抗日战争胜利70周年系列活动】 一是举办“重温走抗联历史、传承黄埔精神”主题活动。省委统战部部长孙远良、中国和平统一促进会执行副秘书长、黄埔军校同学会秘书长杭元祥、沈阳市委副书记邢凯、沈阳市政协副主席、市委统战部部长汪涛出席了主题活动启动仪式。二是召开抗日战争胜利70周年纪念大会。全市黄埔抗战老兵和黄埔同学50余人出席纪念大会，并举行了抗日战争胜利70周年纪念章颁发仪式。三是与市妇联合作，共同开展“关爱黄埔抗战老兵”巾帼志愿者服务活动。巾帼志愿者和全市黄埔抗战老兵建立起结对帮扶关系，让黄埔老兵感受到更多的关爱，志愿者在服务过程中也受到了爱国主义教育。

（颜　飞）

【深化交流沟通】 一是在纪念抗战胜利70周年活动中，开展了宣传黄埔精神，宣传黄埔会和同学事迹的工作。先后在中央、省及沈阳电视台、沈阳日报、华商晨报道了沈阳同学会系列活动和部分同学的抗战经历、故事，扩大对黄埔同学会的宣传和社会影响。二是积极参与“黄埔中山两岸情”等两岸黄埔同学和黄埔后人之间的民间交流活动，支持黄埔后代赴台参访、接待来访，加强情感交流，拓宽市黄埔同学会和台湾黄埔同学和黄埔后代之间的沟通联络渠道，筑牢爱国根基，壮大反独促统力量。三是以多种形式开展两岸沟通交流活动。全年计发函、电、信、卡等360余件次，接待国内外黄埔同学及亲友50余人次，与台湾和海外黄埔同学和同学会保持了经常联系。市同学会有10余篇文章在省同学会和其他同学会期刊上发表。

（颜　飞）

【增强凝聚力】 做好各项服务工作，充分发掘社会资源，先后为生活困难的抗战黄埔老兵筹措了近2万元医疗救济和生活困难补助。举办了百岁黄埔星夏奇峰的祝寿活动。做到对黄埔同学在政治上尊重、学习上帮助、生活上照顾、精神上慰藉。注重听取和采纳意见建议，为他们不断学习、实现精神追求提供必要条件，帮助他们解决生活中遇到的实际困难。形成了节日送温暖、生日送祝福、患病送关怀、身故送慰问的工作常态。

（颜　飞）

地 方 军 事

沈阳警备区

【概况】 2015年,沈阳警备区党委深入贯彻党的十八大和军委扩大会议以及军区、省军区党委全委扩大会议精神,紧紧围绕新形势下的强军目标和军事战略方针,按照"整顿、备战、改革、规划"的总体思路,紧扣主题铸军魂,真训实练抓备战,坚定决心转作风,从严治党强班子,扎扎实实打基础,依法治军促正规,全面建设取得了新的进步。

思想政治建设扎实有效。十八届五中全会和中央军委改革工作会议后,警备区常委按分工到各团级单位开展宣讲答疑活动;深入开展主题教育,开展"点赞身边共产党员"、"我心目中的'四有'新一代革命军人肖像动漫展",组织"履职尽责、躬身践行"、"新一代革命军人样子"两个大讨论,铸牢了官兵军魂意识。

核心军事能力建设硕果累累。参加省军区轮训5批119人次,高炮营、连长集训获得单位总评第二名,3人被评为"优秀学员";在"砺箭-15"活动中,夺得6个第一,打破1项记录,摘取两面红旗;在省军区人武部素质比武中,获得单位和个人6个前三名。高标准完成了民兵组织整顿任务。圆满完成了兵员征集任务,在校大学生入伍人数历年最高,高学历兵员素质大幅提高,退兵比例减少40%。

作风建设取得突破性进展。以扎实"三严三实"专题教育整顿活动和专项清理整治为载体,实打实地查问题,硬碰硬地抓整改。党委5次召开专题会议分析形势,督促整改,狠抓落实。引导党员干部"管住车子、严抠票子、慎进场子、堵住门子",共查摆整改了违规开支、滥发福利、违规喝酒、迎来送往等22类、160个具体问题。

党委班子和干部队伍建设不断加强。严格贯彻落实民主集中制,通过组织专题学习和交流,加强对民主集中制内涵、原则和根本制度的学习理解。集中6天时间,开展"严规矩守纪律塑形象"干部教育整顿活动,3名干部和4个团级党委做检查剖析,对滞留部队的5名转业干部作出停发工资处理,强化了军官听招呼、守规矩、严管理意识。

正规化建设跨越发展。承办了省军区赋予的正规化建设现场观摩活动,高标准完成了视频交班、安全专抓检查、思想骨干活动、公务车辆派遣、人武部部务会、指纹考勤、私家车管理等7个方面的规范及演示,受到了省军区首长和与会同志的一致好评。警备区连续8年安全无事故,实现了"保住平安、过好日子、多出成果"的目标。

(*王昆鹏*)

【四届十四次全委扩大会议】 2015年1月15日,沈阳警备区在机关九楼会议室召开了中共沈阳警备区四届十四次全委扩大会议。会议由警备区党委书记赵俊才主持。辽宁省委副书记、沈阳市委书记、警备区党委第一书记曾维,沈阳市各区、县(市)党委书记,以及警备区全体党委委员共50多人参加会议。市委、警备区和人武部相关部门人员列席会议。会议分为两个阶段,第一,传达沈阳军区和辽宁省军区党委全委扩大会议精神、警备区党委书记赵俊才作党委工作报告、警备区纪委书记周政材作纪委工作报告、警备区党委副书记司令员赵恒志作讲话、与会委员分组审议通过党委和纪委工作报告。第二,各区、县(市)党委书记、人武部党委第一书记进行党管武装工作述职、观看警备区2014年工作成果汇报片、宣读表彰通报。最后,辽宁省委副书记、沈阳市委书记、沈阳警备区党委第一书记曾维发表了讲话。强调各级地方党委、政府要切实认清形势,不断强化党管武装意识,加强对武装工作的领导,积极研究探索军民融合的新途径、新路子,切实推进武装建设和军民融合的创新发展。

(*杨永峰*)

【征兵工作】 2015年,男性应征青年网上报名9717人,比上年增长22.1%。大学生网上报名4111人,比上年增长32.3%。主要特点:高端重视,末端落实,上下合力推进。军地各级党委将征兵作为"一把手"工程,强力推进落实,各区、县(市)主要领导挂帅,亲自组织部署征兵任务,为征兵工作提供了组织领导保障。市人大首次组织全市征兵视察调研,形成了政府依法履职、人大依法监督的良好氛围。警备区党委按分工现场调研推进,连续7周利用视频系统通报讲评,有力促进了工作展开。政策吸引,荣誉激励,竭诚为兵服务。沈阳市制定出台了多项新政策:一是安排300个事业编制岗位专门招录大学毕业生退役士兵。二是对各区、县(市)政府承担的大学生征兵任务指标与经济补助金,实行全市统一算账。三是参照上年度在岗职工社会平均工资水平,将农村义务兵经济补助金(含义务兵优待金)调整到5.7万元。四是国有、国有控股企业在招录职工时,留出5%的岗位招录符合政府安排工作的退役士兵。五是对当年入伍义务兵的直系亲属就业困难的,安排公益性岗位。六是为新兵家庭制发了

"光荣之家"牌匾，并要求各级政府在每年"八一"、春节期间，开展走访慰问军属活动。七是免费组织退役士兵职业教育、技能培训和就业创业帮扶。加强监督，严肃问责，确保廉洁征集。召开廉洁征兵工作会议，开展廉洁征兵教育。

（李冬生）

【国防动员委员会全体会议】 2015年9月29日，为贯彻落实辽宁省国防动员委员会第四次全体会议精神，沈阳警备区组织协调沈阳市国动委相关部门在市政府召开了沈阳市国防动员委员会全体会议。会议由沈阳市国动委常务副主任、警备区司令员赵恒志主持。会议主要议程：一是由市国动委副主任、警备区政委赵俊才就《沈阳市深化拓展国防动员，促进军民融合实施意见》作简要说明。二是由市国动委副主任、市委副书记邢凯作国防动员工作报告，部署当前和今后一个时期国防动员工作任务。三是由市国动委主任、市长潘利国作指示。潘利国明确要求，在贯彻落实省国动委修订出台的《辽宁省深化拓展国防动员，促进军民融合深度发展的实施意见》等6个配套法规文件过程中，要研究制定适合本地区的地方性配套法规，逐步形成以法律为主、规章为辅、上下衔接、配套互补的法规体系，使国防动员工作的每个环节、每项工作都做到有法可依、有章可循。特别强调市国动委和各有关单位、部门要认真贯彻《辽宁省委、省政府、省军区关于深化拓展国防动员，促进军民融合深度发展的实施意见》（辽委发〔2015〕4号）文件，加强研究探索，结合实际制定沈阳市的实施意见。

（高　楠）

【维护军人军属利益】 2015年，警备区党委认真研究分析形势，从军人和军属切身利益出发，努力开展工作。协调市公安、检察院、法院等13家单位联合拟制了《沈阳市关于加强维护国防利益和军人军属合法权益工作的实施办法》、《沈阳市2015年加强维护国防利益和军人军属合法权益工作实施方案》，并成立涉军维权领导小组。统一为各乡镇、街道制作"涉军维权"标牌（共204块），悬挂在主要办公场所。召开联席会议，协调有关部门研究处理了9起涉军维权案件，维护了军人军属应有的权益，受到部队和官兵好评。协调市政府解决了2008年31名高原条件兵特别补助问题，一次性发放补助金119万元。针对随军家属安置难问题，协调市委、市政府出台了《沈阳市军人随军家属就业安置办法》，全力推进101名公务员和事业编身份随军家属就业安置，组织450名随军家属定向招聘进社区，已有132人竞争上岗。

（李佃会）

【基础训练考核】 2015年10月12日至16日，沈河区、皇姑区、铁西区民兵高炮连赴海训场参加了省军区组织的"全省民兵预备役高炮分队实弹射击暨基础训练考核"活动。在此次活动的各项比武竞赛中共获得6个全省第一名，打破1项炮手记录，夺得两面红旗（皇姑区双25高炮连分别获得一、二炮手、炮班协同、连实战化演练4个全省第一名，连长孟德波获民兵高炮连长指挥技能全省第一名；铁西区高炮连1班4炮手刘奇在高炮连基础课目创破纪录比武中获得第一名，并打破全省4炮手纪录；沈河区人武部获得"纪律作风"红旗，铁西区人武部获得"阵地管理"红旗）。党委重视，指导训练有力。警备区党委把参加演练活动作为年度军事训练工作的年度"重头戏"，召开党委会专题研究部署演练准备工作，提出"起步抓正规、开训抓重点、项项抓尖子、事事抓安全"的总体思路，打牢训练基础。2月，将参加演练活动的具体任务明确给沈河区、皇姑区、铁西区人武部。3月18日上午，专门组织人武部主官召开了工作推进会，提出具体要求。8月，组织修理所6名技工对所有参演高炮装备的夜视器材进行了维修和补充，并对18门高炮的发射、运行部分进行了检修，确保无故障训练。各单位在编兵整组中，注重选拔有高炮专业特长的复员兵。在人员选拔上，反复推敲、严格把关，选派了能力强、业务好、守纪律的人员参加集训。机关表率，狠抓作风养成。注重从机关带队干部自身形象上抓起，要求基层做到的首先要做好，时时处处为人武部和民兵树立"看得见、学得着、做得到"的榜样，坚持靠良好的形象感召，叫响"向我看齐、按我的标准干、照我的素质练"。突出"细"节，追求质量标准。在教学组训上抓精细，从各级指挥员口令到炮手操作动作，从占领阵地方法到班协同动作，处处严格按大纲标准组织精训、细训；在提高成绩上抓重点，结合考核细则，研究操作精度和采分点的比重，最大限度利用规则，确保把扣分降到最低；在射击准备上抓精度，对班射击准备5项内容逐项过关，每个环节都坚持精益求精；加强预防，确保安全顺利。周密制定行军和训练计划，成立指挥协调组、安全专抓组，逐个环节抓防范。

（赵　为）

【参保信息军地联审】 2015年5月，利用40天时间，认真开展了随军未就业军人配偶参保信息军地联审工作。警备区党委非常重视，成立了由司令员赵恒志为组长，政治部主任李英彬和后勤部长付玉来为副组长，干部、纪检、财务等相关人员组成的联审工作小组，按照"个人说明情况、军队内部公示、军地联审核查"的方式，分三个阶段进行。审查中，做到条理清晰，分类对待。对联审内容分门别类，集中梳理，认真细致做好情况核实、数据统计、违规处理等工作。坚持党委强势推进与机关牵头协调相结合，常委督促，机关组织，切实形成合力、推力和压力，确保联审工作按时、合规、高效。通过联审，警备区共清查账户42个，停发随军未就业配偶补贴21人，依法追回个人违规享受随军配偶补贴8.79万元，做到了审查见底，整改彻底。在接受总后勤部检查时受到好评。

（孙志华）

【征兵宣传】 2015年，沈阳军区政工网、省军区政工网、东北新闻网等媒体发布征兵宣传的新闻稿件100余篇，为高标准完成征兵任务奠定了基础。一是加强组织领导，划分具体责任，聚焦宣传重点。5月底，成立了征兵宣传工作领导小组，下设市征兵宣传办公室，具体组织落实征兵宣传各项工作。市征兵宣传办公室设组织协调组、宣传传播组、检查督导组、大学生监督组。成员单位也是历年来最多，包括：沈阳警备区司令部、政治部，市委宣传部、教科工委，市教育局、人社局、文广局、行政执法局、城建局、交通局、工商局，团市委、市妇联。分别负责拟制征兵宣传工作方案计划、筹备召开"沈阳市征兵宣传工作部署会"、协调市有关部门和指导各区、县（市）抓好落实、跟踪宣传工作中的经验做法和典型事迹、组织编写征兵工作简报、审查把关宣传政策和口径、搞好宣传保障；检查督促征兵宣传工作、提出征兵宣传工作奖惩建议等。二是突出影像宣传，借助新闻媒体力量，宣传效果显著。制作并印发了"五片三册"（《征兵宣传公益广告片》、《人民军队钢铁长城》、《沈阳青年在军营》、《沈阳市征兵政策》、《征兵宣传记录片》；《征兵工作手册》、《预征青年读本》、《好男儿要当兵》）。征兵期间，《征兵宣传公益广告片》和《沈阳青年在军营》在电视台、电台、公交车黄金时间发布。

（李北双）

【物资采购专项清理】 2015年6月中旬至10月底，按照"三严三实"专题教育整顿总体安排，警备区及所属团级单位普遍开展了物资采购专项清理整治活动。整治重点为机关各业务部门、物资采购业务管理部门以及所属团级单位。主要内容是查改革深化拓展，整治发展不平衡的问题；查采购计划落实，整治把关不严格的问题；查采购合同管理，整治执行不严格的问题；查采购质量效益，整治绩效不明显的问题；查采购经费管理，整治开支不合理的问题。共分四个阶段进行：第一阶段部署工作。6月16日前，各单位成立物资采购清理整治工作领导小组，研究制定整治实施计划，明确责任分工，展开清理工作。第二阶段自查整改。7月15日前，对照清理整治内容，填写《省军区部队物资采购专项清理整治自查表》，逐条逐项对物资采购工作进行全面自查，找问题、挖根源、定措施。第三阶段检查验收。8月10日前，各单位对本级自查情况进行了检查验收，制定完善改进措施，上报清理整治情况。第四阶段常态运行。针对突出矛盾问题，完善采购配套制度，优化采购运行机制，规正工作办事程序，改进采购技术手段，建立有序规范的物资采购法治化、常态化监管体系。

（王　瑞）

【国防教育主题公园】 2015年，为强化全民国防意识，提升国防教育宣传水平，沈阳警备区牵头协调沈阳市投资2500万元，在和平区八一公园中，规划改建一座占地7万平方米的国防教育主题公园。公园以"和平"为主题，发挥沈阳市丰厚的历史资源优势，采取战争情景再现、英雄主题雕塑、装备实物展示和智能互动等多种形式，建成"义勇军进行曲"、"和平"两大广场，修建民族觉醒、抗日战争、抗美援朝、当代军人风采、国防主战装备和世纪之窗6大展区，以及八一南昌起义群雕、东北抗联群雕、抗战多媒体展示、抗美援朝武器展示、中国当代武器展示等19个主题节点，为观者展现中华民族百年抗争的不屈精神，展示当今中国强大的国防实力。改建工程由市国防教育办公室督办，沈阳警备区协调退役装备展示，年底改建完毕，2016年1月25日正式开放。

（陈峻峰　李北双）

【学法用法守法活动】 2015年，沈阳警备区持续开展了学法、用法、守法活动。采取集中辅导、对照整改、队列会操、安全文化研讨等形式进行，重点解决法制素质不够高、管理方法不科学、落实制度不坚决、安全机制不配套等方面存在的问题，进一步强化了官兵条令意识、法纪观念，机关养成了按条令条例进行指导、基层按条令条例进行运转、官兵按条令条例规范言行的素养，全面提高了部队法制化建设水平，夯实了依法治军从严治军基础，确保部队集中统一和高度稳定。主要做法：法规学习。组织官兵参加省军区"学法明纪、依法尽责"网上集训；团级单位主官"学法、用法、守法"体会交流；开展"条令学习月"活动，原原本本学习《共同条令》、《安全条例》，以及军区《法规制度汇编》等法规制度，全面理解掌握内容和精神实质，做到牢记在心，贯之以行。排查整治。集中组织安全管理工作排查整治，做到学用结合、管教结合，从工作中的一人一事、生活中的一点一滴、行为中的一举一动入手，着力培养官兵遵章守纪的良好习惯，切实提高官兵运用条令条例规范言行和按照条令条例依法办事的能力，营造人人想安全、时时讲安全、事事抓安全的良好氛围。

（凌　敏）

预备役部队

【思想政治建设】 2015年，预备役高炮一师党委中心组和机关每周四学习党的科学理论雷打不动，通过定期导读讨论加深学习理解，推动讲话精神进入官兵思想、融入工作实践。瞄准新一代革命军人目标开展主题教育，各团和基层政治教育始终坚持，在学习理论的同时了解解读儒家传统文化，师团党委成员还分别围绕如何修身、用权、律己、谋事、创业、做人六个方面轮流登台授课辅导。深入抓好古田政工会议精神学习贯彻，着力推进政治工作创新发展，推动战斗力标准在基层落地生根，自觉落实双重领导制度，尊重和服从地方党委政府的领导，以《一师月报》的形式，每月向主要预任领导汇报上级要求和部队工作动态，赢得了重视和支持。坚持靠作为求地位，赢得了良好发展环境，军政军民关系和谐顺畅。

（邵天骄）

【军事斗争准备】 2015年，省军区在师召开现场会，推广了经验做法；建立师、团、营、连四级战备物资储备体系，全师

17个营部、69个连部，全部达到库室齐全、物资完备、登统计详实、战备方案配套、微机化管理的标准；全师5支1200人的应急分队始终保持齐装满员，确保随时拉得出、用得上。坚持用打仗标准抓编兵整组，采取成建制编、成规模编、成系统编与散编、抽编、精编相结合，实现由数量规模型向质量效益型转变，全师预备役官兵复转率、专业对口率和党团员比例均达到上级规定要求，接受上级整组点验到点率连续5年达到100%。坚持从实从难抓训练，对全师230名现役干部分两批进行封闭集训，实现全覆盖；对全师87名非高炮专业干部分两期进行高炮专业训练，实现非转专；对1085名预任官兵分三期进行高炮分队成建制集训，训练成绩全部达标；对"三战"分队进行拉出去实战化对抗演练，实现嘴换腿；对10类431人专业兵进行挂钩带训、编组集训，实现小而全；对全师作战地域进行全面现地勘察，重新调整11处预设阵地，实现随时打；组织百车千人应急分队实装异地拉动点验，实现常备化；召开2015年度师军民深度融合座谈会，重点研究解决兵不好编、兵不好拉、兵不好练的问题，实现融得上；投入480万元改善师教导队训练生活设施，实现训得了；全师参加全省民兵预备役部队实弹射击取得单手课目7项第一，协同、射击等课目3项第一，"创破纪录"比武中4人破纪录、1人创纪录。

（赵　堂）

【基层建设】　2015年，圆满完成1011人编组调整任务，省军区验收到点率100%。规范营连部建设，完善软硬件设施，95%的建制营连部达到标准。深入开展"争创先进预备役营、连，争当优秀预备役军官、士兵"活动，选树表彰32个基层建设先进单位和55名先进个人，1团被省军区评为"基层建设先进团"。积极组织基层参建支建，发挥系列"预备役号"参建优势，广大官兵在企业振兴、城区改造、新农村建设、扶贫帮困工作中作用明显，树立了预备役部队良好形象，融洽了军政军民关系。牢固确立了"预备役部队建设要按打仗的标准建、按作战部队标准管"的指导思想，坚持依法治军从严治军。持续开展"学法规、用法规、守法规"教育整顿，坚持每季度对照省军区明确的重点问题分析查摆，制定整改措施。11月，召开了由各团政委、政治处主任和师机关科长以上干部参加的思想骨干队伍建设座谈会。省军区在师召开正规化建设现场会，分两个批次组织预备役部队、军分区和干休所系统共120人，到师机关和1团观摩了8项动态科目演示和2项静态秩序参观，推广经验，受到了与会人员的一致好评。

（王昆鹏）

【应急行动】　组织实兵实装拉动演练。2015年4月28日，在新民市兴隆堡地区，集中组织师机关带直属分队以应急行动为背景，1、2、3、4团机关带1个常备连（按57高炮连建制），以作战行动为背景的实兵实装快速动员演练。演练采取师导团演的方式，上午在驻地组织快速动员程序演练，下午采取战备拉动方式进行了点验。全师共出动官兵882人，（现役官兵217人，预备役官兵665人），出动各种车辆88台，动用57高炮24门、油机、火控仪各4部，班用机枪8挺、冲锋枪80支，携带装备器材659余件（套）。师部门以上领导、现役官兵参加。开展应急行动训练。6月23日至30日，牵头组织98人进行了全省抗洪抢险骨干集训；7月11日至20日，组20名预任士兵进行抗洪抢险排涝训练，培养了一批抗洪抢险和救灾专业骨干。

（赵　堂）

【作风建设】　严格按照"六个肃清"要求，认真剖析，认清危害，划清界限，全面彻底肃清郭伯雄、徐才厚案件影响，共清理处理了涉郭文件资料1093份、电子信息176条，把思想统一到中央精神上来，自觉树立起新一代革命军人好样子。扎实开展"三严三实"专题教育整顿，牢固树立问题导向，从领导自身严起，常委在专题民主生活会上查摆的59个具体问题，公开承诺、带头整改；围绕"7+6"专项清理整治任务，逐条逐项过筛子，真刀真枪抓纠治，每一项都交出了明白账。干部工作大检查，清查出225个具体问题，能整改的211个都已完成，1人降职，3人推迟任职时间，共清退出297名不适合服预备役的预任官兵；财务工作大清查，清查出不合格票据3765张，追回违规发放福利补助、私费公报等85.43万元；经济适用住房清理，8套超面积办公用房都已按照要求处理；军队社团管理工作清理，7人均已按要求退出；因私出国证件清理，排查出3人，2人上交，1人证件注销。

（张　亮）

武装警察

【综述】　2015年，武警沈阳支队紧紧围绕"三个绝对"铸魂育人。突出抓好党的十八大、十八届四中、五中全会精神和习主席重要讲话学习贯彻，深入开展主题教育，激发了官兵强军兴警的热情。充分利用驻地资源开辟"第二课堂"，定期组织祭扫抗美援朝烈士陵园、参观"九一八"历史博物馆、请老前辈讲战斗故事等，激励了官兵争做新一代"四有"革命军人。涌现出了以十八届"中国武警十大忠诚卫士"卢晓波为代表的一大批典型。紧紧围绕"能打胜仗"大抓军事训练。认真贯彻"八落实"标准，始终强化"当兵打仗、带兵打仗、练兵打仗"的思想，部队整体训练水平稳步提升。紧紧围绕"中心工作"打赢维稳战役。强力推进"五防一体化"建设和"两看"单位AB门建设。研究探索目标及营区"六防五控"、恶劣天候勤务组织"六性"、执勤哨兵"互动互控"等机制，注重加强"一岗多情、一情多策"勤务研训，有效确保了固定目标的绝对安全。全年成功处置重大执勤险勤21起，圆满完成"两会"安保、临时警卫、武装巡逻、武装押解等临时勤务，参与扑救山火1起。

紧紧围绕"依法从严"加强管控。坚持把安全稳定作为压倒一切的头等大事来抓,紧盯防范重点,依法从严狠抓治理,不断打牢部队安全发展基础。坚持依法从严治警,强力推进正规化管理达标,用活"五个过一遍"载体,突出"十个重点部位"治理,落实"十六防"、"倾向性问题治理十一项机制",巩固了安全发展基础,连续11年实现"三无"。紧紧围绕"三个服务"搞好保障。坚持向遂行中心任务聚焦,向提高官兵生活质量发力,向科学实施管理问效。及时修订完善"一组五队"保障方案和各类应急预案,不断提升后勤综合保障能力。投入200余万元为基层改建食堂、改造淋浴间、安装电磁灶、配发消毒柜、豆浆机和夜餐保温车,全力解决士兵就医难、洗澡难、打电话难等"五难"问题。常态组织服装巡调、装备巡修、医疗巡诊、心理巡访活动,大力改善基层官兵的工作生活环境,营造了良好拴心留人环境。沈阳支队被总队评为"基层建设先进支队"。

(李玉鹏)

【市长潘利国视察沈阳支队】 2015年6月10日下午,沈阳市长潘利国、副市长兼公安局局长许文有、公安局常务副局长刘晓竞一行3人莅临支队机关视察指导工作。潘利国高度赞扬武警沈阳支队对沈阳市经济社会发展所做出的突出贡献,特别是在遂行敏感期城市武装巡逻、重大活动安保、重要目标警卫、处突维稳和抢险救灾等急难险重任务时,冲锋陷阵、敢打头阵,是建设"平安沈阳"的中坚力量,并表示市政府要全力为沈阳支队建设提供保障。支队领导代表全体官兵向沈阳市委、市政府长期以来对支队建设的关心与支持表示了感谢,并表示一定将市委、市政府的关怀转化为抓好部队建设、忠实履行职能使命的强大动力,用实际行动为建设"平安沈阳"贡献力量,为维护沈阳社会稳定、促进社会和谐、推动经济发展、保障人民群众安居乐业做出新的更大的贡献。

(李玉鹏)

【"中国武警十大忠诚卫士"卢晓波载誉归来】 2015年8月3日下午,支队在沈阳北火车站、机关营区和三大队营区隆重举行欢迎仪式,迎接第十八届"中国武警十大忠诚卫士"卢晓波载誉归来。欢迎仪式上,辽宁省电视台、沈阳电视台、沈阳晚报、沈阳日报、沈阳网、地铁报等多家地方媒体进行了全程报道。下午15时许,卢晓波手捧鲜花步入营区时,顿时锣鼓喧天,支队官兵纷纷报以热烈的掌声欢迎英雄归来。支队领导代表支队党委对卢晓波同志表示了祝贺,并指出:卢晓波同志是支队涌现出来的具有鲜明时代特色的重大典型,是沈城的忠诚卫士,荣誉不仅属于卢晓波本人,也属于支队全体官兵,他能够荣膺第十八届"中国武警十大忠诚卫士",更是对支队全体官兵的巨大鼓舞和有力鞭策。

(李玉鹏)

【武装巡逻勤务】 为维护沈阳地区的社会稳定,保证人民安居乐业,有效打击违法犯罪和防范暴恐活动,根据上级统一指示安排,沈阳支队在"两会"、"3·14"、"抗日战争胜利日"、"国庆节"、"平安夜"等重要时机,配合公安机关对沈阳市重点地域实施城市武装巡逻防控。任务中,执勤分队严格落实上级指示,严密组织专勤专训,加强战法训法研究,落实各项保障。参勤官兵克服巡逻时间长、天气多变等困难,发扬了特别能吃苦、特别能忍耐、特别能战斗的精神,树立了沈阳武警威武之师、文明之师的良好形象,受到了上级和广大人民群众的高度赞誉。

(郭太涛)

【临时警卫勤务】 2015年9月27日,沈阳国际马拉松赛在沈阳隆重举行,根据沈阳市公安局统一部署,沈阳支队出动兵力、车辆,圆满完成了比赛期间的安全保卫任务。此次马拉松赛事是沈阳市第一次举办,社会关注程度极高。受领任务后,支队党委高度重视,提出"严密组织、科学部署、文明执勤、树立形象、垂直指挥、确保安全"的要求。任务中,参勤官兵克服执勤时间长、天气温差大等诸多不利因素影响,时刻保持高度警惕,坚持依法、文明执勤,充分展示了武警部队威武之师、文明之师的良好形象,有效震慑了各类违法犯罪活动,赢得了现场指挥部领导和社会群众的高度赞誉。

(李玉鹏)

【扑灭森林火灾】 4月30日,铁岭市平顶堡镇发生大面积森林火灾。根据总队命令,沈阳支队出动兵力,动用车辆,携带灭火装备,连续奋战12个小时,圆满完成山林扑火任务。任务中,支队领导始终一线指挥,科学调度,在天黑、路况不熟、道路崎岖等多种不利因素下,既充当指挥员又当战斗员,始终与官兵战斗在救火第一线;参战官兵无一人叫苦叫累,始终团结一心、冲锋在前,以顽强的战斗作风、过硬的军事素质,确保了任务圆满完成和自身绝对安全,受到了地方政府和人民群众的高度赞扬。

(李玉鹏)

人民防空

【人防工程建设与维护】 2015年,市人防办审查防空地下室扩初设计86项,审批结建人防工程项目54项,审批兼顾建设人防工程项目3项,出具人防工程建设面积复核手续和缴纳人防易地建设费意见241项,收取易地建设费189项。完成沈阳人防中心医院项目的方案设计、"1101工程"的竣工验收、沈阳站人防工程改造部分的项目建议书和可研报告、人防战备库工程的前期工作。全年核发《人防工程质量监督受理书》53份,监督人防工程139项,核发《人防工程质量监督报告书》48份,所验工程全部达到合格标准。开展好人防工程国有资产产权确认工作,发放人防工程使用证24个,收取使用费3889.15万元;北站地下商业城和停车场实现收入1070万元,实现了人防工程平战结合收入的稳步增长。安装人防工程标识100套、人防工程专属设备用房门牌1080个。全年维修人防工程5处,更换过滤吸收器46

个，检测评估早期人防工程10处，保证了人防工程处于良好战备状态。开展隐患排查治理四个清单、安全生产月、打非治违专项整治等活动，组织了7次安全专项检查，保持不间断的巡查监管。

（张　庆）

【人防指挥通信】 出色完成了“信息化条件下沈阳市人民防空综合演练”任务，国防部长常万全上将以及参加集训的各大军区、省级、省军区、省会城市等有关领导300余人共同观摩了演练，并观看了市人防机动指挥平台、人防战备库、人防教育馆等成果展示，达到了预期效果。完成了人防专网数字集群系统、沈阳北站人防工程人员疏散掩蔽指挥信息化配套系统、指挥联动平台升级等10个项目建设。加强警报设备的管理维护，在春秋两次防空警报试鸣工作中，鸣响率达到100%。与沈阳警备区、预备役高炮师开展民兵预备役人员和人防专业队联合整组，完成了年度编兵任务。组织市应急救援中心等5个单位40人进行了防化专业训练，训练成绩优良率达到89%。参加了国家人防办和军区人防办分别举办的人防训练与考核大纲集训活动、东北三省人防跨区域机动指挥通信演练。组织人防指挥通信队伍开展跨区域机动指挥通信拉练，组织各区、县（市）开展了省内跨区域人防指挥通信拉练暨警报业务培训。完成了人防战备动员潜力数据采集和录入工作。积极参与应急体系建设，协助市反恐办完成重点时期、重要时节的核化安检、应急演练等任务。

（张　庆）

【机关建设】 市人防办班子成员严格遵守党的政治纪律、政治规矩和组织纪律，坚持民主集中制，在大是大非面前旗帜鲜明、立场坚定。领导班子坚决摒弃抵制“七个有之”，以“五个必须”为行为准绳，自觉把思想和行动统一到习近平总书记重要讲话精神上来。紧紧围绕推进“四个全面”战略布局，对照“三严三实”总要求，聚焦对党忠诚、个人干净、敢于担当，召开了领导班子民主生活会。开展了以“学讲话、讲诚信，懂规矩、守纪律，鼓士气、促振兴”为主题的大学习大讨论活动。以开展“两转一优”、整治“庸懒散”和“不作为、不担当”问题为抓手，深入抓好机关作风建设。组织重温入党誓词和新党员入党宣誓活动，组织党员干部参观了中共满州省委旧址、陈云故居、“九一八”纪念馆、反腐倡廉教育馆等活动。落实好领导干部个人有关事项报告制度，严格执行市纪委“九条禁令”。大力精简办事程序，人防工程质量监督手续办理申报要件由11项缩减为6项，验收申报要件由12项缩减为8项。开展服务工作“零推托”、服务方式“零距离”、服务事项“零积压”、服务质量“零差错”、服务对象“零投诉”的“五零活动”。

（张　庆）

政　　法

综　述

【维护社会和谐稳定】 按照"保稳定、促振兴"工作要求,以解决事关群众切身利益的根本性问题为宗旨,召开了涉法涉诉信访案件化解工作部署会,全面启动了积案化解活动,由于维稳工作突出,受到省委、省政府嘉奖。2015年,全市共交办涉法涉诉信访案件650件,息访468件,息访率为72%。妥善处置了小额贷款群体预谋非法聚集活动,实现了非法聚集活动"零"发生。全市个体进京非正常访106人次,占全省比值为4.9%,比2014年下降62.98%;到省来市群体访79批次,比2014年下降72%,未发生群体性事件和个人极端滋事事件。以防范抵御"颜色革命"为首要任务,共收集整理上报各类涉稳情报信息369份。全市共侦破邪教类案件410起,打击处理邪教人员387人,打掉团伙22个,捣毁窝点5个,缴获反宣品10万余份,有力地打击和震慑了邪教违法犯罪活动。

(政法委)

【服务发展大局】 下发了《关于推进公共法律服务体系建设的实施意见》,制定了服务全市小微企业创业创新的10项措施,出台了服务"调结构、稳增长、惠民生、促振兴"6项举措。继续深化"双联"活动,共开展现场活动1081次,电话联系5857次,律师为乡镇街道、企事业单位担当法律顾问814家,代理诉讼104件,办理非诉讼业务163件,协助处理信访事件96件,受理法律援助案件177件,举办法律讲座378场,受教育群众达2.2万人次,解答咨询2.5万人次,协助司法所调处纠纷722件。裁判文书上网率名列全省第一、全国第四,检务公开测评名列全国第五。审结偷税骗税、非法吸收公众存款、集资诈骗等各类经济犯罪案件401件,审结涉外、知识产权案件152件。严厉打击金融诈骗、制假售假、非法传销、破坏环境资源等严重经济犯罪,开展重大工程项目专项预防33项,涉及资金达94亿元。制定出台了《沈阳市公安局2015年利民惠民百项承诺》,对全市1318家金融网点、4123处自助设备、108家金银珠宝营业场所开展安全防范大检查。全市共破获经济犯罪案件472起,逮捕261人,破获涉假案件988起,打击处理908人,打掉涉假集团54个。

(政法委)

【法学研究】 始终坚持"立足沈阳、研究沈阳、服务沈阳",积极开展法学研究。成立环境法学研究会,就《沈阳市党政领导干部生态环境损害责任追求办法》征询意见,提出10余条建议;"打造企业环境信用体系"被遴选为全国生态环境法治保障优秀创新实例。有效组织"法律六进"活动,在全市13个区、县(市)共完成15场次的基层普法教育。组织发放法律宣传资料近5万册,农民工维权卡3000余张,举办法治讲座近200次,法治文艺活动50余场,受到基层干部群众的欢迎,极大提高了社会群众学法、懂法、用法、守法的意识。

(政法委)

【平安沈阳建设】 始终坚持党委领导、政府主导、多方参与的领导工作格局,有力实现了"平安沈阳"的总体目标。重点织密了专业巡逻防控网、夜间机动巡逻网、义务看家护院网,实现了社区治安防控的全时空无缝衔接,市群防群治队伍达到33.3万人。扎实开展命案专项整治和"一排三打五整治"活动。建立了巡逻防控三级响应机制,设置650台流动警务车,打造了老百姓身边的派出所,社会面见警率、巡逻覆盖率和快速反应能力得到进一步提升。全市刑事案件共立案2.95万起,比2014年下降11.5%;破案1.3万起,破案率43.8%。共发生命案84起,死亡89人,比2014年分别下降12.5%和11.88%,命案破案率100%。坚持以创建平安区县(市)、街道(乡镇)、社区(村)为重点,深入开展"平安楼道"、"平安校园"、"平安铁路"等基层系列平安创建活动,以局部平安促进全市平安。制发了《关于推进"三个三平安社区(村)建设"的实施意见》,通过在社区(村)建立和完善"三支队伍"、"三个系统"、"三个工作室(站)",有效提高了基层平安建设水平和社区治安防控能力。积极推进了"八无"社区(村)创建工作。截至2015年底,全市有534个社区、754个村符合"八无"社区(村)标准,分别占全部的45%和60%。

(政法委)

【社会管理】 全市共建立社会调解组织3809个,专业化、行业化调解组织772个,共排查矛盾纠纷8975起,化解8941起。开展了实有人口和出租房屋清理整顿专项行动,完善了全市房屋租赁四级管理模式,全市共登记录入流动人口信息76万条、寄住人口23万条、出租房屋信息17万条。建立了重点地区滚动式清查机制,全市通过实有人口信息采集专项行动共抓获逃犯29人。完善落实刑满释放人员安置帮教衔接机制,全市共计接收社区服刑人员1.32万人,在矫4429人;接收刑满释放人员3578人,其中重点帮教对象116人,衔接率100%;为"三无"人员解决了临时性食宿、教育、培训和救助问题。先后组织5次肇事肇祸精神病人摸底排查工作,共排查出重性精神病人9073人,肇事肇祸227人。全市建立和完善基层社会服务管理分中心201个,社会服务管理站2441个,覆盖率达100%。开展了"网格化服务管理建设推进年"活动,全市共建立社会管理服务基础网格1.38万个。

（政法委）

【依法治市工作】 研究制定了《沈阳市2015年依法治市工作要点》，细化了依法治市188项重点工作。2月4日，在依法治市工作任务部署会上，市委常委、政法委书记常明对全面推进依法治市工作进行了安排部署。《〈中共沈阳市委关于深入贯彻党的十八届四中全会精神全面推进依法治市工作的实施意见〉任务分解表》制定印发全市。3月3日，市委政法委"依法治市综合协调处"成立，正式履行依法治市领导小组办公室日常工作职能。5月5日，以"弘扬法治精神，推进依法治市"为主题的"依法治市宣传月"活动在全市范围内正式启动。5月26日，副市长、市公安局长许文有代表沈阳市政府，在全省加快建设法治政府工作电视电话会议上做了沈阳建设法治政府的经验介绍。6月19日，大东区为巩固和深化"全国青少年普法教育示范区"成果，与沈阳大学政法学院、区教育局及所属54所中小学校，联合开展"大手拉小手法律伴成长"活动。12月4日，为迎接"国家宪法日"，全国中小学宪法晨读活动辽宁省分会场活动在皇姑区航空实验小学举行。12月15日，市绩效考核办确定将依法治市工作正式纳入全市绩效考核，市委依法治市办印发了《沈阳市2015年依法治市工作考核方案（试行）》并对各牵头单位、参与单位及各区、县（市）开展了为期1个月的考核评价工作。

（政法委）

【公正廉洁执法】 对应逮捕而未提请逮捕、应起诉而未移送起诉的，依法追加逮捕60人，追加起诉遗漏罪行34人。对不应追究刑事责任和证据不足的，依法决定不批准逮捕1314人、不起诉73人。开展"司法行为规范年"、"诚信建设年"等活动，深入推进执法规范化建设。上半年共受理案件19万件，审结13万件，同比分别上升19.8%和13.4%。组建了由保卫干部、保安、武警等多方力量为主体的2820支巡逻队、9529人，开展24小时不间断巡逻，提升了群众安全感。依法加大民生司法保障力度，审结各类民生案件2.27万件。加大执行工作力度，执结2.8万件。

（政法委）

【政法队伍建设】 认真贯彻落实中央和省市委的决策部署，打造了一支政治坚定、能力过硬、作风优良、奋发有为的高素质政法队伍。深入开展党的政治纪律、组织纪律教育和"五项教育"活动。严格落实领导干部个人重大事项报告制度，考核市直政法部门领导班子4个，市管领导干部155名。组织开展"百岗创优"、"专家型法官"评选活动，发掘出一批先进典型人物。全市政法系统共获得"全国法院信息工作先进集体"等国家级集体奖励7项；有14人分获"全国防范和处理邪教工作先进个人"、"第一届全国检察机关刑事执行检查业务竞赛能手"等国家级个人奖励。共获得"全省重点基础建设工作先进单位"等省级集体奖励17项，有136人分获"人民满意政法干警"等省级个人奖励。

（政法委）

【见义勇为先进个人】 2015年，全市共有四名个人被授予"沈阳市见义勇为模范"荣誉称号：石树增，男，65岁，中共党员，辽宁省电力有限公司机关工作部退休工程师；周君龙，男，33岁，中共党员，辽中县人民医院血库职工；韩长伟，男，34岁，辽中县联通公司职工；陈学军，男，58岁，辽宁省金帝建设集团新型环保建材有限公司职工。

（政法委）

法治政府建设

【政府立法】 一是加强政府立法工作。为进一步规范立法工作程序，提高立法质量，市法制办严格按照《沈阳市人民政府法制办公室立法工作规则》，进一步完善政府立法论证制度、立法会签制度、公众参与制度、立法成本效益分析等制度，加强政府法制机构在制度建设中的主导和协调作用，为全面提高全市依法行政水平提供法律基础。全年共完成《沈阳市城市公共汽车客运管理条例》、《沈阳市校车安全管理办法》、《沈阳市政务服务管理办法》等立法项目9件，完成《沈阳市人民政府关于加强东贸路地区环境整治的通告》等政府通告4件。二是认真开展政府规章清理工作。根据立、改、废并重的原则，对相关的政府规章进行及时清理。对不符合经济社会发展要求，与上位法相抵触、不一致，或者相互之间不协调的，及时修改或者废止，确保全市全面深化改革工作更加平稳有序运行。积极配合市政府办公厅对部分政府规章和规范性文件进行第二阶段清理，共清理两个批次的规章和规范性文件102件，确认废止98件，保留4件。

（林鹏宇）

【行政执法监督】 一是扎实开展行政裁量基准制度建设工作。制发了《关于印发沈阳市建立完善行政裁量基准制度工作方案的通知》，确定规范行政裁量权年度工作任务书、时间表、路线图。市直39个部门行政裁量规则和基准制度全面建立。二是积极组织规范涉企行政执法工作。紧紧抓住"规范涉企行政执法优化经济发展环境"这一主题，积极组织开展涉企行政执法监督检查工作。印发了《沈阳市人民政府办公厅转发省政府办公厅关于规范涉企行政执法进一步优化经济发展环境的通知》和《全市优化经济发展环境行政执法检查方案》，进一步明确了规范涉企执法工作的时间安排、方法步骤、检查内容和范围、检查方式和检查标准，保证规范行政执法工作有序进行。印发了《沈阳市规范涉企行政执法优化经济发展环境督查方案》，将行政执法检查计划管理、推行涉企行政执法便民利企措施等6个方面的任务列入督查内容，纳入市政府"两转一优"督查体系。三是严格行政执法主体和执法人员资格审核工作。进一步严格执法主体资格审查工作和执法证件办理工作，印发了《关于在市场监督管理体制改革中加强行政执法资格确认和证件办理工作的通知》和《行政执法主体与人员清理工作规程》，严格实行行政执法人员持证上岗和资格管理制度。全年确认公告执法主体2期，全市行政执法主体总数1216个，市本级201个。持有辽宁省行政执法证件1.21万件，市本级3043件，备案省以上机关发放行政执法证件2.65万件。四是严格重大行政处罚备案审查工作。依据《辽宁省重大行政处罚备案审查规定》和《关于进一步做好重大行政处罚备案审查工作的通知》，2015年共受理重大行政处罚备案案件153件，发出审查意见通知1份，涉及行政处罚案件4件。五是强化行政执法案例指导工作。印发了《关于报送行政执法指导案例的通知》，组织开展征集行政执法指导案例工作，全市推荐的2个案例入选省5大行政执法指导案例。

（林鹏宇）

【推进依法行政】 一是市法制办代市政府起草了《沈阳市人民政府依法行政工作报告》，经市政府常务会议讨论通过后，以市政府名义报送市人大。10月28日，市十五届人大常委会第二十三次会议对《沈阳市人民政府依法行政工作报告》进行了审议，首次表决通过报告，并提出了审议意见。二是法治政府建设成效明显。5月26日，省政府召开加快建设法治政府工作电视电话会议，许文有副市长代表市政府全面介绍了市法治政府建设的先进经验。12月16日，省政府召开全省优化经济发展法治环境工作会议，顾春明常务副市长代表市政府介绍了便企利民、优化经济发展法治环境方面所取得的重要阶段性成果。三是认真谋划法治政府建设工作。根据《中共沈阳市委关于贯彻党的十八届四中全会精神全面推进依法治市工作实施意见》和《沈阳市人民政府关于深入推进依法行政加快建设法治政府的意见》精神，印发了《沈阳市2015年法治政府建设工作要点》。四是扎实开展依法行政考评工作。按照市绩效办考评工作安排，12月14日至25日，由市政府法制办牵头组成4个检查组，对13个区、县（市）和66个中、省、市直部门进行了依法行政考核工作。

（林鹏宇）

【行政复议】 一是圆满完成了行政复议工作。2015年度审办行政复议案件140件，其中：新收102件，往年结转38件。结案118件，其中：受理案件中维持的39件，占44.3%，比2014年上升13.1个百分点；直接撤销、确认违法和责令履行职责的13件，占13.6%；申请人撤回申请后终止审理的24件，占27.3%；驳回13件，不予受理7件，合并不予受理率为17.1%；告知15件，占12.8%；放弃补正3件，占2.6%；其他4件，占3.4%。二是加强复议工作规范化建设。5月1日，新修订的《行政诉讼法》开始实施，行政复议工作全面纳入司法审查范围。为进一步提高行政复议工作质量，规范行政复议工作程序，市法制办起草了《沈阳市人民政府法制办行政复议工作规程》，从接待受理、调查、审理、听证，到作出行政复议决定、制发行政复议意见书、案卷归档等各方面全方位细化行政复议工作。三是落实行政复议分析工作。汇总、分析并形成了2014年度行政复议应诉统计分析报告报省政府法制办。四是实施阳光办案，探索维权新途径。继续坚持“五公开”阳光办案制度，增强行政复议透明度和公信力，积极探索简易程序，实行立案前调解，以最快的速度、最简易的程序化解争议。

（林鹏宇）

【行政应诉】 一是积极代市政府出庭应诉。全年共完成市政府为被告的行政应诉案件59件。二是加强法律顾问队伍建设。正式召开了法律顾问聘任会议，常务副市长顾春明为10名法律顾问颁发了聘书。

（林鹏宇）

【法律事务】 2015年，共承办《中兴商业集团拟转让中兴——沈阳商业大厦股份有限公司部分股份方案》、《关于市政府与中兴通讯股份有限公司签署战略合作框架协议》、《沈阳市政府上海均瑶集团战略合作框架协议》等各类法律事务248件。参与中兴商业集团改制工作论证会、浑南食药监局查处走私牛肉案协调会等各类法律事务协调会12次。

（林鹏宇）

【审查备案】 严格规范性文件备案审查工作。完成《沈阳市客运汽车租赁企业开业条件管理规定》等52件规范性文件审查备案工作。经审查，已办结、同意发布实施49件，3件未同意发布。

（林鹏宇）

【党建和党务】 一是完成了机关党委、纪委换届选举工作。9月1日，市法制办召开机关党员大会进行换届选举，选举产生了新一届7名机关党委委员和5名机关纪委委员。二是开展“三严三实”专题教育。按照市委统一部署安排，制定了《市法制办党组关于在副处级以上干部中开展“三严三实”专题教育的实施方案》，共组织集中学习14次，安排办领导讲授党课4次。组织全办党员干部到刘少奇工作过的中共满洲省委、陈云故居进行参观，开展“军营一日兵”等活动。三是加强党风廉政建设。按照市委印发的《沈阳市关于落实党风廉政建设党委主体责任和纪委监督责任追究的实施意见》的要求，分别制定了《市法制办关于落实党风廉政建设党组主体责任工作计划》和《市法制办落实党风廉政建设纪委监督责任工作计划》，明确了党风廉政建设党组主体责任和纪委监督责任的主要内容和工作机制，有效落实党风廉政建设和反腐败工作。

（林鹏宇）

公 安

【解决拖欠农民工薪酬问题】 全市公安机关深入开展集中排查治理拖欠农民工工资专项治理工作，全力推动拖欠工资问题解决，切实维护了农民工合法权益。向承包商、开发商及农民工分别发放《一封信》，开展法制宣传教育，建立工地警民联系卡制度，开通“讨薪110”，确保农民工欠薪问题得到依法及时解决。一方面，对以讨要农民工工资为名，聚众扰乱社会秩序的，严格依法处理；另一方面，对拒不支付劳动报酬的，依法果断采取强制措施追缴返款。共立案33起，刑事拘留16人、立逃7人。专项工作开展以来，全市共化解拖欠农民工工资问题1248件，涉及4.2万余名农民工，解决金额6.3亿元。切实做到了沈阳有农民工问题，但没有解决不了的农民工问题。

（张 磊）

【实施“零容忍”】 2015年，全市公安机关对命案"零容忍"。健全完善合成作战工作机制,综合运用各种侦查手段,攻坚能力和水平大幅提升。全市命案现案破案率达到100%,连续三年实现命案现案破案率100%。破获的命案中,涉案犯罪嫌疑人全部被判处刑罚,无一冤假错案,有力地保证了命案侦破工作的法律效果和社会效果。对民生小案"零容忍"。牢固树立"小案必管"工作理念,健全完善"小案"侦破机制,构建打击侵财犯罪新模式,全力攻坚民生小案。全市破获侵财案件数量大幅提升,侵财案件发案比2014年下降9.5%。对黑恶犯罪"零容忍"。本着"主动进攻、除恶务尽"的工作原则,对发现的涉黑涉恶线索,采取异地调警、集中办案,做到发现一起,打掉一起。全市共打掉黑社会性质犯罪组织1个,盗采砂石犯罪团伙12个。

(贾远航)

【深入开展追逃行动】 2015年,全市公安机关始终坚持"有逃必抓、抓逃务尽"的追逃工作理念,以立足沈阳抓全国逃犯、面向全国抓沈阳逃犯的工作思路,全面开展集中追逃行动。深入推进落实全警追逃岗位责任制,综合运用强化外来人员和出租房管理、设卡盘查和法律政策感召等手段,最大限度地消除社会治安隐患。同时,适时组织开展集中清查追逃行动,对全市建筑工地、出租房、旅店、网吧、洗浴等场所内人员进行全面清查,提升追逃工作成果。全市共抓获各类网上逃犯1247名,占全省抓获总数的17.31%;追逃工作连续两年提前完成全年工作任务。

(张　磊)

【治安防控体系建设】 2015年,全市刑事案件立案比2014年下降4.9%;命案立案下降15%;八类主要刑事犯罪立案下降12.9%;"两抢"案件立案下降20.6%;全市"零发案"小区达95.6%。将沈河分局打造成为了全省公安机关立体化社会治安防控体系建设试点,省委政法委和省公安厅将社会治安防控体系网格化与社区警务整合"沈河模式",在全省进行推广,得到了各级领导的充分肯定。2015年8月,省委书记李希专门到市公安局视察了立体化社会治安防控体系建设工作,给予了高度评价。一是应急处突效能得到进一步提升,健全完善了应急处置机制,在市局指挥调度大厅设立了多警种联合指挥席。在全市设立1分钟处置圈9个、3分钟处置圈38个、8分钟处置圈101个,确保紧急情况下第一时间调度和处置。二是情报导防效能得到进一步提升,建立了社会治安形势日研判制度,每天组织全局17个警种部门,对全市社会治安形势开展综合分析研判,有针对性地指导有关警种和属地分局开展打防工作。三是科技防范效能得到进一步提升,新建高清探头5000个,全市联入市级视频资源综合作战平台的前端摄像头达1.2万个。深入推进人车轨迹系统建设,完成了交警稽查布控系统卡口、视频侦查支队车轨系统卡口的138个视频点位等数据的接入。四是基础预防效能得到进一步提升,进一步织密了"五张防控网",实现了对全市人、地、物、事、组织等治安要素的全掌控。五是网络管控效能得到进一步提升,严格落实24小时网上巡查措施,成功预警和处置重大网络舆情事件18起;及时处置谣言虚假信息22件次,有力维护沈阳市和谐网络秩序。六是联动防控效能得到进一步提升,建立了由巡警、特警、交警、武警、维稳、派出所110及治安辅助力量等七种警力共同承担的社会面分区域、分岗位、分时段的全天候防控工作格局,建立了警务站、交警大队及属地派出所"三警联勤"堵控模式,组织发动社会群防群治力量16.1万人,并全面落实了沿街商铺门前"三包"责任。

(贾远航)

【社会治安热点问题整治】 2015年,全市公安机关大力深化"外症内治、辩证施治、标本兼治、综合整治""四治"措施,深入组织开展了"断链"行动、依法治理社会治安违法问题专项行动等集中整治工作,以"查网络、追线索,打团伙、破大案、严管控、建机制"为抓手,综合采取传统战法,灵活运用技术手段,对"黄赌娼"等违法犯罪活动实施了全方位、精确化打击,实现了社会环境深度治理、人民群众安全感满意度显著提升,打造了干净、文明、健康、绿色的文明城市新形象。成功侦破了部督"10.28"特大网络赌博案,抓获涉案人员86人,仅沈阳网络赌博集团涉赌金额已超过1.3亿元;一举破获了"6.26"部督网络私彩赌博案件,抓获违法犯罪嫌疑人85人,涉案金额1.2亿元,公安部发贺电表示祝贺。

(张　磊)

【"一部三边"地区问题整治】 沈阳市公安机关从2015年9月开始至2016年春节,在全市范围内开展了服务保障民生、助推经济建设发展,依法破解城乡结合部及医院、校园、宗教场所周边涉及民生治安管理问题专项工作。同时,在全市组建了28个流动派出所,下设47个流动警务室作为"一部三边"地区治安乱点问题整治工作的突击队、宣传队、业务队和一线战斗堡垒,并落实了十项举措,确保了专项工作落到实处。一是健全完善全员发动机制,进一步提升了社会各界、广大群众的知晓率和支持率,营造警民共治的良好氛围。二是健全完善理念创新机制,坚持从人民群众最关心、最急需的事情做起,从人民群众最不满意的地方改起,坚持在服务中实施管理、在管理中体现服务,打造了优质高效的服务环境。三是健全完善自管自治机制。依法主动督促和指导医院、校园和宗教场所责任主体单位,建立健全内部治理工作制度,有效强化了门前及周边治安问题"自管自治"责任落实。四是健全完善综合治理机制。坚持情、理、法相统一,采取了法律、行政、教育等多种手段,实施综合治理、依法治理。五是健全完善矛盾化解机制,坚持把维护社会稳定作为第一主业和第一要务,深入推进社会矛盾纠纷排查化解工作,确保了社会大局持续稳定。六是健全完善整体防控机制,不断加强和优化防控工作警力布局,最大限度地将立体化社会防控网向城乡结合部和医院、校园、宗教场所等重点地区部位周边延伸,不断提升了驾驭复杂治安局势的能力。七是健全完善依法打击机制,打造了平安有序的发展环境。紧盯违法犯罪人员集中藏匿的城乡结合部地区,及时发现疑点和线索,予以依法严厉打击。八是健全完善治安管控机制。紧紧围绕破大案、打团伙、端窝点、捣网络、除源头这一主攻方向,对城乡结合部地区"黄赌毒"、"私彩"、"六合彩"等治安热点问题,做到了"露头就打、除恶务尽"。九是健全完善常态治理机制,打造了畅通平安的安全环境。以城乡结合部和医院、校园、宗教场所周边为重点,依法严查交通违法行为,净化了道路通行环境。以"七小"、"三合一"等场所为重点,完善责任体系,全力清剿火患,切实筑牢了消防安全防火墙。十是健全完善管理服务机制。以法治的思想、民生的理念,让人民群众满意的,依法、理性、平和、文明执法的方式方法,破解社会治安问题。全市共依法纠正违法行车行为6.9万件;依法清理占道经营行为1.6万件;依法查处非法营运2921(件);依法查处"三黑"、制作、贩卖假药、伪劣食品及其他非法经营问题216件;依法整改消防隐患1.6万件;依法化解纠纷矛盾问题1.3万件;帮扶救助8322人次。确保了全市整体形象更和谐、更稳定、更平安、更文明、更畅通,人民群众知法、懂法、守法意识和安全感、满意度得到进一步提升。

(贾远航)

【开展"禁毒人民战争"】　2015年,沈阳市公安机关被公安部授予"突出贡献单位"荣誉称号,被省公安厅授予"杰出贡献单位"荣誉称号,被市政府授予"五一劳动奖状",工作业绩全国一流,取得了极其显著的工作新成效。一是重拳出击,主动作为,禁毒严打工作成效显著。全市抓获毒品犯罪嫌疑人比2014年提高9.76%,较前三年均值提高17.20%,缴获各类毒品161.9公斤。二是从严整治,坚持经常,禁毒管理工作成效显著。对场所内涉毒问题一律从严查处,实现了涉毒娱乐场所100%关停,涉毒案件线索100%处理反馈,打造了全市娱乐服务场所"绿色经营、无毒经营"的良好局面。对全市易制毒企业全部联网实施网上审批监管,实现零差错、零违规、零投诉。三是把握关键,有效组织,禁毒预防工作成效显著。共深入企业、单位、社区、娱乐场所、工厂、大中专院校及中小学校宣传200余家,总受教育群众60余万人。举办了一系列有影响力的禁毒宣传活动,有效提升人民群众支持、参与禁毒工作的主动意识。四是多措并举,落实责任,禁吸戒毒工作成效显著。全市查处吸毒人员数量比2014年提高25.17%,较前三年均值提高40.01%,有效促进了社会平安稳定。五是赢得支持,密切协作,禁毒综治工作成效显著。发挥禁毒委员会办公室的组织协调作用,出台了《市委、市政府关于进一步加强全市禁毒工作的意见》,将禁毒工作纳入了"平安沈阳"建设考评,组织禁毒委成员单位开展了联合执法行动,禁毒工作的综合治理水平得到进一步提升,实际工作成效越来越好。

(张　磊)

【道路交通安全整治】　2015年,全市公安机关以全力解决影响城市道路交通安全和畅通的"十类突出问题"为主攻方向,以2015年6月30日依法规范道路交通秩序攻坚战役启动仪式为重要标志,在全市范围内开展了声势浩大的道路交通安全宣传战、道路交通事故预防保卫战、行人和非机动车秩序攻坚战、机动车突出违法行为整治战、假牌、套牌违法行为歼灭战、重点地区秩序治理阵地战、静态交通秩序管理全民战、道路交通设施建设协作战和智能交通管理科技战"九大战役"。在全市各级政府建立了由主要领导任组长、相关部门负责人为成员的攻坚战役"三级领导体系";15个区、县(市)建立了1.1万名门前三包责任人、3万余名志愿者、825名街道、社区干部为主体的网格化责任体系,切实形成了群策群力、群防群治的工作态势。特别是8月5日至8月20日,先后组织召开了依法规范道路交通秩序攻坚战役铁西现场推进会和人大代表、政协委员专题座谈会,分析存在问题,研究解决对策,制定推进措施。累计查处各类交通违法行为224万件,其中:饮酒驾驶2679件,醉酒驾驶703件,无证驾驶2578件,广大交通参与者出行行为显著规范,全市主干道机动车、非机动车、行人守法率分别达到98.96%、91.98%、92.25%,机动车停车入位率达到98.6%;依托"交通安全十进"行动计划和媒体宣传两大阵地,组织各类社会化宣教活动340余场次,发放宣传品110余万份,通过主流媒体刊发新闻报道1627篇,利用双微、短信平台发布各类交通信息600余万条、交通诱导提示信息17万余次,全市中小学生交通安全教育率达到100%,市民交通安全覆盖率达到100%;在主干道机动车流量比2014年增加10.1%的情况下,全市道路交通通行效率提高20%以上,主干道堵塞率减少39.3%,机动车平均时速达到28.47公里/小时,超过国家"畅通工程"一类城市标准;全市道路交通事故件、死、伤、损四项指标比上年分别下降15.31%、23.56%、30.07%、13.28%,取得了全市道路交通安全形势持续好转,道路通行效率稳步提升,广大交通参与者文明意识明显增强的突出成果。

(贾远航)

【破解消防管理难题】　面对消防安全这一关系民生的重大问题,全市公安消防部门强化顶层设计,将依法治国的战略思想、对人民群众的深厚感情、对法律高度负责的态度和科学的治理手段,融入消防工作全过程,坚持"什么消防安全问题突出就解决什么问题"的原则,开展了高层地下建筑、物流仓储、商场市场、医疗机构、学校幼儿园、养老服务机构、劳动密集型企业、居民小区、"三合一"场所、民宅改仓库、"七小"场所等数十个全市消防安全突出问题专项整治,联合行业主管部门,一家一家地走,一个一个过筛子,逐一建立台账,积极研究解决措施。针对高层、地下建筑消防管理的全国性普遍难题,从顶层设计、政府和行业部门履行监管责任、社会单位落实主体责任等方面入手,经过反复调研、论证、试点,以政府名义印发了《沈阳市高层建筑消防安全管理规定》和《地下空间消防安全管理规定》,创新高层建筑和地下空间消防监管、工作组织、设施维保、消防培训、应急处置5个模式,破解了责任缺位、管理混乱、设施损坏、素质低下、灭火救援5大难题。召开了全市高层、地下及城市综合体消防安全管理工作现场会,对全市4333栋高层建筑和1325处地下空间创新实施"法治化、规范化、系统化、社会化"的消防安全管控模式,探索出了一条主体责任明晰、管理方法科学、防控效果显著的消防安全管理之路,依法依规破解了消防安全管理难题。

（张　磊）

【严打经济领域犯罪活动】 2015年，沈阳市公安机关共立经济犯罪案件977起，破获案件562起；抓获逃犯51人，抓获境外逃犯26名。公安部副部长孟庆峰专门做出重要批示："沈阳市局打击非法集资犯罪有力、稳妥，相关做法请二局予以简报推广"；"祝贺沈阳市局取得猎狐新成果"。

（贾远航）

【严厉打击食品药品犯罪】 2015年，全市公安机关积极践行"百项承诺"，严厉打击危害广大人民群众生命财产安全的食品、药品、农资领域制假售假犯罪行为，全警参战，重拳出击，主动作为，先后开展了"利剑行动"、食品安全"百日会战"和"打击利用互联网销售假冒伪劣食品药品犯罪专项行动"等一系列专项行动，针对病死猪肉、伪劣调味品、假酒和网上销售假药等突出问题，以及地下仓库、水发食品集散地等重点区域，组织实施专项打击。全市共破获制假售假案件1280起，打击处理1149人，有效规范了市场秩序，净化了人民群众的消费环境。

（张　磊）

【推出2015年"利民惠民百项承诺"】 2015年，全市公安机关连续第八年面向社会推出了《2015年利民惠民百项承诺》，共10个方面、110条承诺。简化和下放落户权限，缩短婴儿出生登记等16项行政审批时限，进一步方便了办事群众，提高了办事效率。全面实现各分、县（市）局出入境窗口开通本市户口居民跨区受理业务。从2015年6月23日起，全市户口居民出入境证件申请、发放权限下放至三县一市。为出入境证件申请人提供"双休日"和"午休延时"受理服务，全市"双休日"共受理4万多人次，"午休延时"受理2.11万人次。8月15日，建设完成全省首家"24小时自助服务区"，为申请人提供"365天无休息、24小时全天候"的港澳自由行再次签注服务，有7995人次享受到港澳再次签注当日办结服务，办事群众享受到了"出入境证件随来随取、港澳电子签注随来随办"的全天候自助便利服务，切实解决了"办证难、办证慢、排长队"的问题。通过110接处警短信评议系统收到市民评议短信24万余条。其中：对110接警处置结果评议满意24万余条，对110现场处警处置结果评议满意24万条，不满意评议经解释、沟通，回访满意率均实现100%。市局互联网《局长信箱》共受理市民各类来信1146件，按期回复率100%，进一步密切了警民关系。

（贾远航）

【推进公安"四项建设"】 2015年，全市公安机关紧紧围绕平安法治沈阳建设目标，秉承实事求是、求真务实的警务理念，强力推进"四项建设"，进一步夯实了公安工作科学长远发展的根基。一是执法规范化实现新突破。制定出台了《关于全面贯彻依法治国方略，深化执法规范化建设，加快法治公安建设的工作意见》、《沈阳市公安局关于加强执法办案规范化建设的指导意见》等文件，确保了各项执法活动始终在法治轨道内规范运行。严格落实"四个一律"的要求，强力推进了和平分局太原派出所全国执法场所办案区精细化设置示范点建设工作。市公安局在全省执法规范化建设考核评估中获得第一名，并在全省公安机关规范警务建设朝阳现场会作了经验发言。二是基础信息化取得新成效。全市14个分、县（市）局全部配齐、配全了指纹采集相关设备。开展流动人口管理"百日攻坚"专项行动，全市共登记录入流动人口88万余人，登记录入出租房屋20万余间。以市级"情报研判服务站"为依托，为实战单位提供了全时空、全领域的综合情报服务，协助抓获涉案嫌疑人51人、本市逃犯78名，侦破了"4.29"涉恐等一批重大案件。三是警务实战化迈出新步伐。大力推进"实战化训练推动年"工作，采取集中培训和复测相结合的形式，培训基层教官295名，并为每个基层培养了至少一名素质过硬的实战教官。制定出台了《沈阳市公安局教官管理办法》，先后选派8名骨干教官参加了全省警务实战教官论坛研讨活动，精选21名实战教官参加了全省警务实战教官培训班。四是队伍正规化再上新台阶。全力打造了具有沈阳公安特色的、集教育管理监督一体化的队伍管理新机制。落实"三严三实"要求，制定了《沈阳市公安局思想政治工作规范》，创新开展了"查思想、查工作、查作风；比忠诚、比实干、比廉洁；看思想认识是否提高、看工作能力是否提升、看问题整改是否取得实效"的"三查三比三看"专项活动。出台了《机构设置和编制管理暂行规定》，架设了43条责任查究"高压线"。创新开展了"正规化建设示范窗口"创建活动，制定了《全市公安机关窗口服务工作标准》，纠治整改各类问题2653件次，进一步提升了队伍的作风和外在形象。

（贾远航）

【推进"人民在我心中"实践深化】 2015年，全市公安机关广泛开展2015年"人民在我心中"主题演讲比赛，有2名选手和1篇故事素材入围省厅决赛，并分别取得特别奖和二、三等奖；深入开展"人民在我心中"示范单位创建活动，在全局选树15个集体作为市局示范单位，并有4个集体获得省厅命名；继续强化典型培养选树工作，全局有1人荣获"全国先进工作者"荣誉称号，20个集体和142名个人荣获省、市级荣誉称号，在省厅"最美警察、最佳警队"媒体百姓联合推选活动中，全局有1名个人和1个集体当选，在2015年沈阳市"身边好人"评选活动，有3人当选季度"身边好人"，另有1人当选沈阳市道德模范。紧盯"两节"等重点时间节点，组织全警对中央"八项规定"、公安部"五条禁令"和"三项纪律"进行再学习、再教育，有效杜绝了队伍出现"大恶丑"等问题的发生。

（张　磊）

【2015年十大刑事案件】 1.成功破获皇姑区"2015.1.2"抢劫杀人案件。2015年1月2日8时14分，皇姑区发生一起杀人案件，崇山西路风华时代小区16号楼下被害人王某（辽宁省体育运动学校拳击教练）被人砍死。案发后，专案组通过现场勘察，走访排查，发现一名男子形迹可疑，有重大作案嫌疑。市公安局通过对相关出租车司机及嫌疑人下车地点附近人员进行走访，确定了犯罪嫌疑人名为李某某。经审讯，李某某对其技术开锁入室盗窃被发现后，继而持刀抢

劫杀人的犯罪事实供认不讳。

2. 成功破获“12.01”杀人碎尸案件。2015年12月1日，在沈河区五爱市场鞋帽城消防通道的楼梯缓步台处，发现一男性生殖器尸块。经法医检验，该案极有可能是一起故意杀人案件。案件发生后，市公安局立即成立专案组开展侦破工作。通过DNA比对，确定被害人为前科劣迹人员田华军（男，40岁，本溪市人）。专案组围绕田华军的社会关系开展调查访问，发现一名叫赵辉（男，54岁，和平区人）的男子与田华军联系密切，经过进一步工作，赵辉有重大作案嫌疑，遂对赵辉进行布控抓捕。12月7日，专案组成功将犯罪嫌疑人赵辉抓获。赵辉交代了因与被害人田华军系同性恋关系，在同居过程中，产生经济纠纷，将田华军杀死并分尸、抛尸的犯罪事实。

3. 成功侦破大东区“2015.1.12”出租车司机被杀案件。2015年1月12日21时许，大东区发生一起出租车司机被伤害致死案件，被害人李峰因与乘客发生口角被该乘客用刀扎伤后经抢救无效死亡，该乘客逃离现场。对此案，市、区两级领导高度重视，时任市局党委书记、局长许文有做出“24小时内，务必侦破此案”的重要指示。专案组经过工作，锁定了嫌疑人的行动轨迹及相关图像信息，并于1月13日20时许，将藏匿于朋友家的犯罪嫌疑人刘玉涌抓捕归案。经突审，刘玉涌交代了酒后乘坐出租车时，无法告诉司机其住处的具体位置，司机李峰勒令其下车，双方产生矛盾并发生厮打，其用随身携带的刀将李峰扎伤后逃跑的犯罪事实。

4. 成功侦破于洪区“8.20”恶性故意杀人案件。2015年8月20日，于洪区东湖街16－1号163室内发生一起入室杀人案件。李宏丽及其女儿曲叶滨被杀死在家中。案发后，市公安局立即成立专案组开展侦破工作。经检验，死者二人均为颅脑损伤致其死亡。经专案组侦察，被害人李宏丽曾经与一名叫张文双男子姘居，并确定案发时张文双曾到过现场小区。综合分析，专案组认定该人有重大作案嫌疑。9月3日，经过周密部署，在虎石台镇永乐模具厂内一生产车间内将张文双抓获。经审讯，张文双交代曾与李宏丽交往一年多。8月初因感情问题，李宏丽要求与其分手。案发当天，张文双窜至李宏丽家中与其谈判要求复合。未果后用事先准备好的菜刀将被害人李宏丽和及其女儿曲叶滨砍死。

5. 成功侦破2015年“串联7号”苏家屯区系列入室抢劫、强奸案件。2014年11至2015年4月期间，苏家屯区连续发生6起持刀入户抢劫、强奸案件。经研判，市公安局将6起案件认定为2015年“串联7号”系列案件。2015年4月8日，嫌疑人再次作案，专案组在工作中发现了犯罪嫌疑人及其逃跑路线，确定了犯罪嫌疑人体貌特征、交通工具、取款ATM机及消失地点。4月10日，专案组在林盛生活区一车库发现一辆和犯罪嫌疑人驾驶的电动自行车极为相似，经秘密调查，获知车主为唐义屏，该人有多次强奸、抢劫、盗窃等前科，在2013年刑满释放。据此，专案组认定唐义屏有重大作案嫌疑。2015年4月15日，专案组经过蹲守，在苏家屯区林盛生活区19栋楼3－1－3内，将唐义屏抓获。经讯问，犯罪嫌疑人唐义屏对以上六起持刀入室抢劫、强奸的犯罪事实供认不讳。

6. 成功侦破于洪区“2015.12.18”恶性故意毁财案件。2015年12月18日，于洪区怒江北街红田翠园小区内发生一起扎毁汽车轮胎案件，造成147台小型汽车的341条轮胎报废。案件发生后，市公安局立即成立专案组开展侦破工作。根据案情，专案组认为此案系矛盾纠纷引发的可能性较大，遂对物业公司、房屋开发公司和与物业有矛盾的小区居民进行摸排走访。通过仔细摸排，专案组发现犯罪嫌疑人于12月18日4时52分在视频监控内出现，驾驶一辆浅色中华骏捷轿车在怒江北街水务集团下属单位管道公司墙外，并有更换衣服伪装的过程，据此认定该人有重大犯罪嫌疑。通过对该车的车辆轨迹进行分析，专案组追踪至于洪区怒江北街18－16号楼附近，经过进一步摸排，专案组发现居住人员张立军有重大嫌疑。12月21日19时许，专案组遂对其进行传唤。经审讯，张立军对因物业费纠纷问题实施故意毁坏财物的犯罪事实供认不讳。

7. 侦破“华玉公司”涉嫌非法集资案。2015年，市公安局抽调精干警力组成专案组，对沈阳华玉黄金贸易公司（以下简称“华玉公司”）涉嫌非法集资的犯罪行为进行了深入调查。经查，华玉公司于2009年成立后，以该公司在新加坡做黄金期货生意和在马来西亚经营铁矿生意为名，为投资人的资金进行理财，以90天为一个周期，以非委托方式投资（购买黄金实物）、利息为2%或以委托方式投资（不购买黄金实物）、利息为3.5%两种方式向社会不特定人员实施非法吸收公众存款犯罪行为，共涉及投资人1600余人，涉及投资金额约为10亿元左右。为切实维护群众利益和社会大局稳定，市公安局相继将该公司董事长李淑敏等2人逮捕，同时，刑拘1人，取保候审3人，现案件已经移送审查起诉。公安部将该案件列为部督案件。

8. 侦破“11.19”制造、运输、贩卖毒品案。2015年1月27日，市公安局在公安部禁毒局的统一指挥调度下，与石家庄禁毒部门联手作战，根据网民举报，成功破获“11.19”制造、运输、贩卖毒品案，一举打掉一个以游兰强（网名：低吟吕布）为首的网络制毒、贩运毒品团伙，抓获包括主犯游兰强在内的犯罪嫌疑人31人，其中：刑拘并逮捕10人，行政处罚21人。捣毁游兰强位于河北石家庄市制贩毒窝点一处，共缴获冰毒2100克，麻黄碱30公斤，黄麻草200余公斤，中间品1000余克，丙酮1500余克，烧瓶烧杯十余件，试剂五瓶，真空泵水溶机等大量制毒原材料及制毒设备，及时铲除了这一毒瘤，清除了社会治安隐患，有力地打击了毒品违法犯罪活动的嚣张气焰。

9. 侦破部“1.05”特大制造、贩卖毒品案。2015年1月，市公安局在公安部禁毒局的协调指挥下，在辽宁省公安厅、广东省公安厅的大力支持下，在广东省广州、惠州、珠海及辽宁省鞍山、丹东、辽阳、营口、铁岭市局禁毒支队的密切配合下，对部督“1.05”案件进行了全面收网。辽宁、广东两省禁毒部门联手作战、历时18个月，行程数万公里，成功破获“1.05”团伙贩卖毒品案，全案共抓获毒品违法犯罪嫌疑人90余人,其中,刑事拘留40人,缴获毒品冰毒17公斤,冰毒片3500余粒,打掉一个毒品加工厂。部督办"1.05"案件是沈阳市公安局禁毒部门经营的、历时时间最长、参战人员最多、涉及城市最广的一起案件。此案的成功告破,彻底打掉了一条从广东省向辽宁省各市贩运毒品的通道,有力地打击了毒品违法犯罪活动的嚣张气焰,清除了一个严重危害社会安全的巨大毒瘤。

10.成功破获特大非法贩卖"病死猪"案。2015年5月下旬,市公安局得到线索,沈阳市和平区、浑南区等地有人长期收购病死猪,并进行非法屠宰和销售。对此,市公安局高度重视,立即向有关领导进行了汇报,组织精干警力,积极采取针对性举措开展调查。在省公安厅的支持配合下,通过细致工作,初步查明了非法收购、检疫、屠宰、销售病死猪的"产销链条"。经过5个月的深挖细查,终于摸清了于某某等人长期在沈阳市生猪养殖户收购病死猪,并非法销售的犯罪事实。9月2日,专案组进行统一收网,将于某某、王某等44名涉案嫌疑人全部抓获。犯罪嫌疑人于某某、王某、柳某等14人被批准逮捕,犯罪嫌疑人何某、翟某某等13人被刑事拘留,犯罪嫌疑人鲍某某被取保候审。

(张　磊)

检　察

【刑事政策】 坚持以服务全市振兴发展和稳定大局为己任,依法从严惩治各类严重危害国家安全、社会治安的犯罪。2015年,共审查提请批准逮捕案件8802件1.10万人,审查移送起诉案件1万件1.21万人;依法批准逮捕犯罪嫌疑人7019人,提起公诉9844人。坚持对重特大犯罪案件的侦查工作适时介入,确保打击力度和办案质量。依法对崔泰植在美国枪杀三名大韩民国籍人案,被害人达1500余人、涉案金额9.7亿元的华玉黄金非法吸收公众存款案,朱国保等9人涉嫌贩卖、运输毒品33千克案等一批重大案件提起公诉。

对符合法定条件的轻微刑事案件和未成年人犯罪案件,依法适用轻缓刑事政策,促进犯罪矫正和社会关系修复。对涉嫌犯罪但无逮捕必要的,依法不批准逮捕1611人;对犯罪情节轻微、社会危害较小的,依法不起诉87人。建立健全未成年人刑事检察工作机制,以预防未成年人犯罪和对涉罪未成年人帮教观护为两翼的工作格局,探索开展未成年犯罪嫌疑人和被害人的心理咨询和治疗,推动相关部门对校园周边、娱乐场所等重点领域进行整顿。健全检察环节社会矛盾纠纷预防化解机制,依法审查、办理和答复人民群众的控告、申诉和举报1374件。

(廉　红)

【职务犯罪】 市检查院共立案侦查职务犯罪案件267件363人。其中:贪污贿赂犯罪案件194件251人,渎职侵权犯罪案件73件112人,大案要案209件292人。通过办案为国家挽回经济损失2亿余元。深入做好高检院挂牌督办的沈阳地铁专项预防工作,重点对省肿瘤医院门诊综合楼、沈阳城市道路改造、农村饮水工程等民生工程、重点工程开展专项预防38项,涉及资金达125亿元。开展"国企预防年"活动,重点对85家市属国有企业、中省直企业开展预防工作。制定《沈阳市人民检察院预防职务犯罪约谈工作办法》,约谈全市职务犯罪案件多发单位和部门的主管人员105人次。对国企、教育、国土、司法、金融五大领域开展预防职务犯罪调查,发出检察建议49件。继续开展"五进"预防警示教育宣讲,在涉农区县、国有企业、医院等重点行业部门开展预防巡讲273次。建立市检察院预防职务犯罪微信公众平台。

(廉　红)

【诉讼监督】 加大刑事立案监督和侦查活动监督力度,对应当立案而不立案的,依法监督立案39件;对不应当立案而立案的,依法监督撤案14件。深入开展对限制人身自由的强制措施和侦查手段的监督,提升侦查监督实效。对应当逮捕而未提请逮捕、应当起诉而未移送审查起诉的犯罪嫌疑人,依法追加逮捕75人,追加起诉21人。对不构成犯罪和法定不予追究以及证据不足的,依法不批准逮捕1993人,不起诉39人。书面纠正违法侦查行为66件次。

加大审判监督力度,与法院就涉外犯罪案件管辖等14项司法实践中容易发生分歧的问题统一执法尺度。对审判中法定情形认定错误或遗漏、减少犯罪事实或数额而影响量刑,以及错误适用或遗漏附加刑的,依法支持抗诉25件。受理民事、行政申请监督案件832件,审结536件,对认为确有错误的民事、行政判决、裁定,依法抗诉和提请省检察院抗诉40件,提出检察建议55件,其中,对民事执行活动提出检察建议35件。

加大刑罚执行监督力度,立案查办监管场所职务犯罪案件7件7人。严格对减刑、假释、暂予监外执行活动的监督,纠正监狱提请不当案件222件。贯彻《全国人民代表大会常务委员会关于特赦部分服刑罪犯的决定》,对监狱和社区矫正机构提请特赦的200余名服刑罪犯进行严格审查。开展防止社区矫正人员脱漏虚管专项行动,杜绝脱管、漏管及虚管问题。全面加强派驻监管场所检察监督工作。城郊地区人民检察院派驻检察一室被评为"全国检察机关派驻监管场所示范检察室"(全国仅有11个)。

加大对自身检察职权行使的监督,将2015年确定为沈阳市检察机关"规范司法行为年"。先后邀请各界人士840余人到检察机关座谈交流,发出函件3375份、调查问卷359份。对全市检察机关2013年以来办理的5.8万件案件进行自查和复查,共查摆出7类司法不规范行为和58个具体问题,涉及案件667件。对查摆出的问题,院党组组织全市两级检察院制定和修改工作制度53项,针对具体问题逐个逐案督促整改。

(廉　红)

【深化检察改革】 深入推进检务公开。制定实施《沈阳市人民检察院推进检务公开工作意见》,加大检务公开力度。在人民检察院案件信息公开网发布案件程序性信息1.76万件、法律文书5222篇、重要案件信息191件,居全省首位。加强市检察院网站建设,在中国社科院

2015年法治建设蓝皮书检务公开情况测评中,在全国较大市的检察院中排名第五。开展检察开放日活动,邀请各界人士进入检察院参与活动300余人次。积极开展案件管理机制改革,对进入检察环节的2.33万件刑事、民事行政申请监督,以及检察技术检验鉴定案件,开展严格的流程监控。开展办案质量评查1766件,有效增强了内部监督的力度。积极开展刑事案件速裁程序试点工作,落实"两高、两部"有关文件要求,将符合有关规定的危险驾驶、交通肇事等11类犯罪列入试点范围,严格办案流程,简化法律文书,集中审理,共适用速裁程序办理刑事案件1355件1376人,在提升司法效率方面进行了有益的探索。

建立健全保障律师执业权利的工作机制,制定实施《沈阳市人民检察院关于依法保障律师执业权利的规定》,切实解决律师阅卷难、会见难、调查取证难等问题,共接待律师阅卷2187人次,听取律师意见、审查律师调取证据申请等181件次,建立律师事务所联系点10个。

(廉 红)

【建设高素质检察队伍】 认真贯彻中央和上级检察院部署,开展"三严三实"专题教育,并与规范司法行为专项整治工作紧密结合,树立"理性、平和、文明、规范"的司法理念。加强专业化教育培训和岗位练兵,共组织全市检察机关大型培训和岗位练兵62次,培训人员4450人次。注重遴选招录和培养高层次专门人才,全市两极检察院有6人入选全国检察机关人才库,24人入选全省检察机关人才库。坚持从严治检,制定实施《关于落实党风廉政建设主体责任的实施意见》,建立党风廉政建设联席会议制度。开展政治纪律教育、"庸懒散"专项整治和"警示教育周"等活动,针对"四风"问题和特权思想、霸道作风组织专项检务督察100余次,依法对5名违纪人员作出严肃处理。

(廉 红)

【自觉接受监督】 严格执行重大事项报告制度,全年向市委和市委政法委报告重大事项和重大案件39次。自觉接受市人大的依法监督,向市人大常委会主任会议专题汇报开展未成年人刑事检察工作情况,及时办理并答复代表建议1件,人大督办案件2件。自觉接受市政协的民主监督,认真向市政协汇报工作。拓宽人大代表政协委员监督检察工作的渠道,制定《沈阳市人民检察院人大代表政协委员联络工作办法》,在全国检察机关中首家利用微信、移动新闻客户端建立与代表、委员的联络平台,面对面走访和邀请人大代表、政协委员监督、视察检察工作915人次。主动接受人民监督员监督,全年拟作撤案和不起诉处理的7件职务犯罪案件全部接受人民监督员评议监督。

(廉 红)

审 判

【概况】 2015年,全市法院系统紧紧围绕"努力让人民群众在每一个司法案件中感受到公平正义"的目标,抓重点、破难点、创亮点,忠实履行宪法和法律赋予的职责,较好地完成了各项工作任务。全市法院全年受理案件22.8万件,审结20.21万件,比上年增长20.7%和21%,其中市法院受理、审结案件分别为2.91万件、2.57万件,同比增长19.7%和15.4%;全市法官人均结案135件,约为全省法官人均结案数的1.6倍,均创历史新高。

(贾俊兴)

【商事审判】 依法保障经济秩序,助推发展动力转换。深刻把握全市全面创新改革总体要求和目标,制定《为沈阳全面创新改革提供司法保障的措施》。妥善处理创新改革中的矛盾纠纷,审结国企改制、企业破产、股权纠纷等案件319件,推动产业转型升级;审结专利、商标等知识产权案件366件,促进科技创新;审结涉外、涉港澳台案件272件,营造公平公正的投资环境;审结金融借款、民间借贷、融资租赁等案件1.45万件,维护金融市场秩序,支持企业拓展融资渠道;审结工程建设、商品买卖、消费服务纠纷等案件1.19万件,促进经济稳定增长。深入重大项目建设现场、大型企业、新型企业走访调研,帮助企业防范法律风险。

(贾俊兴)

【刑事审判】 依法惩治刑事犯罪,维护社会安全稳定。严格贯彻宽严相济刑事政策,审结各类刑事案件1.05万件。严厉打击暴力犯罪,审结杀人、抢劫、强奸、绑架、黑恶势力等犯罪案件465件;严厉惩治严重危害社会治安犯罪,审结涉毒、食品药品安全、危险驾驶等犯罪案件3632件;依法惩处破坏市场经济秩序、侵害财产犯罪,审结非法集资、诈骗、盗窃等犯罪案件2258件;依法惩治职务犯罪,审结贪污、贿赂、渎职等犯罪案件348件,公开审理了原凤城市委书记王国强等一批有较大社会影响的职务犯罪案件;公开宣判了首批污染环境犯罪案件。依法保障人权,为176名被告人指定辩护律师,对331名未成年人犯罪记录予以封存,对犯罪证据不足或情节显著轻微的6名被告人宣告无罪。对6681名认真接受改造、确有悔改表现的罪犯依法裁定减刑,还按照中央部署依法裁定特赦了一批罪犯。积极参与防范打击非法集资、电信网络违法犯罪等社会综合治理活动,推进平安沈阳建设。

(贾俊兴)

【民事审判】 依法化解民事纠纷,审结民事案件13.17万件。加强民生司法保障,审结房屋买卖、劳动争议、农民工工资、环境污染纠纷等案件2.52万件。市法院成立了环境资源审判庭,部分基层法院成立了劳动争议审判庭,提高民生保障的专业化水平。发挥诉讼调解在化解矛盾、平息纷争上的优势,对婚姻家庭、邻里关系、物业纠纷等案件加大调解力度,全年调解民事案件3万件,促进家庭和谐、邻里和睦。深入推进多元化纠纷解决机制建设,与社区村镇、工会妇联、行业协会、卫生劳动等部门联调联动,诉前化解纠纷4126件,确认人民调解协议3108件。皇姑区法院被最高法院确定为全国法院多元化纠纷解决机制改革示范法院;和平区法院、新民市法院被省法院确定为全省诉调工作示范法院。

(贾俊兴)

【行政审判】 依法开展行政审判,助力法治政府建设。深入贯彻新修订的行政诉讼法，加强行政案件受理工作，坚持合法性审查标准，审结行政案件3459件。支持行政机关依法行政，驳回原告起诉和诉讼请求1185件；依法保护行政相对人合法权益，支持原告诉讼请求428件；积极促进行政争议实质性化解，协调解决案件557件。延伸行政审判职能，建立行政审判通报制度，发送行政审判白皮书和司法建议387份，向各级政府机关专题通报行政执法问题，开展党政领导干部旁听行政案件庭审活动，提升法治思维和依法行政意识。

（贾俊兴）

【执行工作】 在全国法院率先实现执行实施权与执行监督权分离机制，畅通执行程序中当事人及利害关系人权利救济渠道，受理执行异议、复议案件2689件，办结2505件。推进被执行人财产网络查控一体化建设，建成"金雕查控网"，与驻辽（沈）31家银行、省知识产权局、省公安厅机场公安局、市信用中心实现联网。通过与银行联网，查询案件6.4万件次，发送查询通知209万次，执行金额5.9亿元。通过与机场公安局联动，送达限制消费令1257件次，迫使被执行人履行金额近1亿元。人民群众给予积极评价，最高法院对"金雕查控网"予以充分肯定。加大执行震慑力度，开展集中打击拒不执行判决裁定犯罪行为专项活动，追究刑事责任70人，司法拘留633人，限制出境134人。全年受理执行案件5.87万件，执结案件4.76万件，同比分别增长22.7%和34.2%，实际执行率61.5%。

（贾俊兴）

【司法公开】 深入推进审判流程公开、裁判文书公开、执行信息公开三大平台建设，依托信息化技术，增进社会对法院的了解和监督。在法院官方网站、微博、微信等媒体平台及室外大屏幕发布审判信息1.6万余条；在沈阳电视台播出"今日开庭"44期，互联网庭审直播110件；部分基层法院引入网络和手机应用软件，为当事人提供案件进展的实时查询服务。网上公开裁判文书8.89万份，其中，市法院2.04万份。2015年，市法院裁判文书上网量在全国397个中级法院中排位第六。通过最高法院失信被执行人名单库、市信用中心、法院微信等平台，曝光失信被执行人信息8631人次；利用网络第三方平台对324件案件、688宗涉案被执行财产进行司法拍卖，变现执行款项2.3亿元。召开新闻发布会、通报会15次，及时公开重要工作举措和典型案例。12月份，市法院网站点击量在全国中级法院排名第二，官方微信在"政法系统微信影响力排行榜"上位居全省法院榜首，全国法院第三位。

（贾俊兴）

【司法改革】 审判权运行机制改革全面推开。按照"让审理者裁判，由裁判者负责"的总体要求，全面落实合议庭和主审法官办案责任制。进一步限缩审判委员会讨论案件范围，两级法院审判委员会讨论决定案件比上年下降46.1%，占结案总数的0.7%，99.3%的案件由合议庭和主审法官依法裁决；实现院、庭长办案常态化，主审案件5.35万件，占结案总数的26.5%。加强审判流程监管，依托专业法官会议，探索构建集体行权、全程留痕的监管模式。建立符合司法规律的案件质量评估体系，重新制定了两级法院质效评估办法，考核指标由22项压缩到10项，发挥质效指标的导向和激励作用，初步形成了案件质量评查、责任认定和法官业绩评价相衔接的审判责任机制，确保审判权依法正确行使，二审和再审改发率分别下降了0.6和2.5个百分点，再审案件减少28.4%。针对案件急剧增长实际，提出并实施了推进案件繁简分流、合理配置审判资源等缓解案多人少矛盾八项举措，省法院在全省推广沈阳法院的做法，《人民法院报》头版头条予以报道。

立案登记制改革深得民意。全面落实立案登记制改革各项要求，制定《立案登记操作规程》，规范立案流程和标准，提高立案效率，切实做到有案必立、有诉必理。5月实施以来，两级法院立案登记11.55万件，当场立案率95.1%。和平区法院作为全国法院立案登记制改革试点单位的实践，被最高法院肯定并在全国会议上介绍经验。完善诉讼引导、立案审查、立案调解、诉调对接等诉讼服务功能，落实各项便民措施，加强窗口立案与网上立案、电话预约立案、巡回立案的有效衔接，方便群众诉讼，充分保障当事人诉权。加强司法救助，对经济确有困难的731名当事人缓、减、免交诉讼费437万元。

改革试点工作稳步推进。跟踪指导新民市法院全国审判权运行机制改革试点工作，深入探索适应基层法院的改革路径，得到省委、最高法院的肯定，新华社内参刊载了新民市法院的改革经验。与检察、公安和司法行政机关会签了《启动刑事案件速裁程序指导意见》，在基层法院全面推行刑事速裁程序试点，适用速裁程序审结案件1136件，当庭宣判率95%，平均审理周期7天。行政案件集中交叉管辖试点工作扎实开展，基层法院受理跨区县行政案件2524件，审结2114件，一审协调率、行政机关负责人出庭应诉率同比上升，上诉率、改判率同比下降，行政审判呈现"两升两降"的良好态势。

（贾俊兴）

【队伍建设】 2015年，市法院以司法能力提升和司法作风规范为出发点，全面加强司法队伍建设，努力打造一支忠诚、干净、担当的法院干警队伍。

1. 切实加强司法廉政建设。院党组带头以民主生活会、专题党课等多种形式加强政治理论学习，组织干警深入学习习近平总书记系列重要讲话精神，教育引导广大干警牢固树立社会主义法治理念，坚定法治信仰。扎实开展"三严三实"专题教育，强化干警责任意识、宗旨意识。落实中央八项规定精神，开展涉案款物、警车管理使用等专项检查活动，完成对基层法院的第一轮司法巡查，查出并限期整改各类问题34项，规范司法行为。制定司法机关内部人员过问案件记录和责任追究操作规程，切实解决关系案、人情案、金钱案等问题。坚决从严查处违法违纪行为，查处案件14件，给予党政纪处分13人，移交检察机关追究刑事责任1人。

2. 全面加强司法能力建设。强化干警司法技能培训，突出针对性和实效性，分类分岗培训6200人次，提高实务操作能力。建立导师制度，开展庭审示范观摩教学，组织司法警察岗位比武，提升青年干警专业素养。加强对下指导，制定审判指导性文件13份，选编指导案例和优秀案例94例，下派22名业务骨干挂职锻炼，带动基层法院审判水平提升。将司法理论研究成果纳入业绩评价，鼓励法官钻研业务理论，在省级以上刊物发表调研文章196篇。加强法官后备力量储备，招录、选调优秀法律人才74名，其中具有硕士学位41名。

3. 积极推进法院文化建设。开展“法院文化建设年”活动，建成市法院院史馆，确定“崇法明德，持正守廉”八字院训，设计具有沈阳法院文化特点的院徽，提升干警职业尊荣感。开展学习全国模范法官邹碧华活动，引领干警坚守职业理想。与团市委联合评选出“十大杰出青年法官”、“优秀青年法官”，激励青年法官立志成才。改善文体活动基础设施，丰富干警业余文化生活，增强队伍凝聚力。

（贯俊兴）

司法行政

【律师工作】 2015年，全市有律师所264家，律师3261人，共代理各类案件3.8万件。建立了律师人才库，组建了拥有100名优秀律师的政府法律服务律师人才库，成立了政府顾问法律委员会，共为385家政府、1928家企业、349家事业单位和122家社会团体担任法律顾问。加强了律师工作规范化管理，强化了诚信考评、年度考核、执业规范和律师入职的监督管理；推进了依法介入信访工作，律师进驻省、市、区三级政府信访大厅，仅市信访局统计，参与信访接待律师234人次，接待上访群众1472批次。加强了律师队伍和行业协会建设，做好律师党建工作，做好行业权益保障工作，配合市政法委召开了公检法司领导参加的全市第五次律师代表大会，组建了新一届市律协。建立了4个工作规程，成立了企业、涉外、劳动与社会保障、环境与资源、知识产权、公司与投资并购、金融保险等13个专业委员会，成立了10个专门委员会，加强了振兴沈阳老工业基地法律顾问团建设，充实优秀律师人才，优化人才专业结构。利用3月5日学雷锋日、315消费者维权日、妇女节、儿童节、宪法日等时间点举办公益活动1245次，义务咨询9232次，免费培训724次，各类捐款29万元，通过微信、网络等平台多途径宣传，展示律师队伍良好的精神面貌。将AAA诚信律师事务所诚信律师标兵的评定工作与全市律师开展依法治国教育活动相结合，举办了依法治国教育为内容的专题讲座。

（张瀚文）

【公证】 加强质量建设，建立了权力清单和责任清单，推进社会信用体系建设，提高了社会公信力。坚持质量第一，监管为重，组织开展公证质量专项检查，组成检查小组，先后对15家公证处进行了督导和调研，优秀率达93.75%。制发《沈阳市公证员协会理事会议事规则》，完善协会管理制度，进一步提升协会管理能力；全市共办理各类公证12.25万件，提供上门服务1246件，办理公益性法律服务案件5340件，减免公证费222万余元。市第一公证处获“全国优秀公证处”荣誉称号。

（张瀚文）

【监狱戒毒】 全市监狱戒毒场所严格落实安全稳定各项制度规定，优化细化安防措施，健全完善长效机制，全面推行“清单式管理”，强化狱所情况分析研判，突出对重点人员的管控，全力做好纪念反法西斯战争胜利70周年等重大时间节点的安保工作，实现了场所持续安全稳定。康家山、东陵监狱已分别连续20年、19年，沈新、张士强戒所分别连续13年、12年实现“四无”目标，市监所安全稳定工作继续位居全省前列。特别是康家山监狱连续20年实现“四无”，创造了全省监狱系统持续安全稳定的新纪录，受到了省厅的表彰；不断探索创新教育理念和模式，深入贯彻执行《监狱教育改造质量评估工作实施办法》，强化个别教育，教育改造和矫治质量明显提升；严格规范执法行为，健全完善执法体系，狠抓减、假、保等重点执法环节的管控，制发了《沈阳市监狱管理局刑罚执行工作规范程序（试行）》和《沈阳市司法局强制隔离戒毒工作执法规范》，有效保证了严格公正廉洁文明执法；坚持“以人为本、科学戒毒、综合矫治、关怀救助”的工作方针，深入学习贯彻《强制隔离戒毒诊断评估实施细则》和《戒毒人员行为表现量化考核办法》。

（张瀚文）

【基层法律服务】 按照全市依法行政工作的总体要求，对《基层法律服务所和基层法律服务工作者奖励办法》及《基层法律服务工作者执业准入制度》进行了研究修改，并上报市政府法制办备案。依法开展年检注册工作，2015年共为499名基层法律服务工作者办理了年度注册登记手续，对103个基层法律服务所进行年检。行业信用建设取得初步成效，根据《沈阳市2015年社会信用体系建设工作要点》的要求，制定下发了《2015年全市基层法律服务行业信用建设宣传教育工作计划》，采取完善信用制度建设、扎实开展信用教育、公开信用执业承诺、强化信用执业监督、设立电子信用平台、建立诚信执业档案等一系列措施，进一步推进了基层法律服务信用建设工作。

（张瀚文）

【基层人民调解】 市司法局制发了《沈阳市司法局关于开展人民调解“用法治思维和法治方式推进社会矛盾排查化解”专项活动实施方案》。截至2015年底，全市共调解各类矛盾纠纷1.38万件，调解成功1.37万件，成功率99%。通过开展专项活动，实现了人民调解工作新提高。全市共有人民调解委员会2738个，达到省级规范化标准调委会2307个，占总数的83.5%，超出了省厅提出的达标率要达到60%的标准。大东区司法局长安司法所、沈河区司法局风雨坛司法所、法库县司法局秀水河子司法所长张晓国分别被司法部授予“全国模范司法所”、“全国优秀司法所”、“全国模范司法所长”荣誉称号。和平区司法局浑河湾等13个司法所被评为“全省优秀司法所”。

（张瀚文）

【社区矫正】 认真贯彻落实《社区矫正实施办法》，数易其稿，以市两办名义出台了《全面推进社区矫正工作的意见》；扎实开展脱管漏管专项整治活动，提高了社区矫正监管质量；加强重要时段安全稳定专项排查，实现了两类特殊人员无脱管漏管、无上访闹访、无参与群体性事件、无重大刑事犯罪等现象发生的“四无”工作目标；依法依规做好报请特赦工作，全市共特赦社区服刑人员140人，未出现错报、漏报问题；开展了对暂予监外执行罪犯的病情鉴定活动。截至2015年末，全市累计接收社区服刑人员1.32万人，解矫8790人，在矫4429人，开展审前调查1.03万件。

（张瀚文）

【安置帮教】 强化信息核查，为监所狱侦、改造和刑满释放后的衔接、管控工作创造了良好条件；严格落实安置帮教必接必控制度，最大限度实现无缝对接；开展帮困扶助，会同14个部门联合转发了《关于加强刑满释放人员救助管理工作的意见》，有力解决了刑满释放人员的实际困难。2015年累计接收刑释人员4962人，安置4710人，安置率94.9%，重新犯罪率0.2%。

（张瀚文）

【普法教育】 扎实开展了“六五”普法总结验收工作。制发《沈阳市“六五”普法检查验收方案》，举办专题培训班，制作普法宣传片，对照标准严格自查。全市“六五”普法工作得到了省厅验收组的高度评价；以宣传宪法为核心，大力开展“12.4”国家宪法日暨全国法治宣传日和“依法治市宣传月”活动，提升了宪法宣传效果；开通“沈阳市司法局门户网站”、“沈阳普法”微信和微官网，法治宣传教育渠道进一步拓宽。市局门户网站质量效能得到了上级机关的高度评价；不断深化法治创建工作，有力提高了基层法治化管理水平，和平区被评为“全国法治创建工作先进单位”，大东区、辽中县各有一个社区（村）荣获“全国民主法治示范社区（村）”称号；创新普法理念和思路，努力打造法治文化精品工程，已有6家单位被省厅命名为法治文化教育基地。

（张瀚文）

【法律援助】 进一步降低门槛，扩大援助覆盖面。在全市开展了第二届沈阳市“十佳”法律援助律师评选活动。扩大服务网络，与在沈部队建立法律援助合作机制。参与沈阳市第二届“敬老文明号”创建活动，实现老年人法律援助“一站式”服务。进一步简化残疾人受理审批程序，落实扩大残疾人法律援助范围相关规定，加强案件质量监管、积极开展残疾人法律援助宣传。开通“沈阳法援”官方微信服务平台，以“便民实用”为宗旨，提高了信息化水平；健全衔接机制，探索实践了刑事诉讼法律援助工作。强化法援热线管理，有效发挥了“12348”热线功能，全年共办理法律援助案件6046件，接听咨询电话2.45万人次。

（张瀚文）

【司法行政体制改革】 进一步深化狱务公开，下发了《关于进一步做好狱务公开工作的补充通知》，严格落实减刑、假释、暂予监外执行各环节的条件和程序；强化戒毒工作职能，不断完善管理机制和制度，细化教育矫治措施，严格依法收治和办理解除，未发生任何监管事故和违法违纪问题；进一步推进法律援助制度改革，完善了法律援助与司法救助、社会救助衔接机制；深化律师制度改革，健全完善了律师执业保障机制、律师违法违规执业惩戒制度和执业监管跨部门协调机制，完善了律师执业评价体系。

（张瀚文）

工 业

综 述

【经济运行】 2015年,全市工业增加值较上年下降2.9%。全市规模以上工业完成工业总产值1.06万亿元,比上年下降15.4%;完成工业增加值2620.7亿元,占全省29.1%,较上年提高0.3个百分点。增加值下降2.9%,降幅小于全省平均降幅1.9个百分点。在全国15个副省级城市中,沈阳市工业增加值总量列第7位,较上年后移3位。增速列第14位,与上年位次相同。

主要效益指标降幅大于生产降幅。全市规模以上主营业务收入、利税总额、利润总额分别下降16.4%、23.7%和30.0%,降幅分别大于工业总产值降幅1.0个、8.3个和14.6个百分点。工业用电量小幅下降。全市工业用电量152.16亿千瓦时,下降0.34%,小于工业增加值降幅2.65个百分点。20个制造行业中,用电量增长的有9个。其中:造纸及纸制品增长58.5%,医药制造业增长12.9%,交通运输、电气、电子设备制造业增长4.0%。用电量下降的有11个行业。其中:橡胶和塑料制品业下降4.2%,化学原料及化学制品制造业下降13.8%,非金属矿物制品业下降17.1%。

货运量保持稳定增长。全市货运量2.48亿吨,增长5.8%。其中:铁路482万吨,下降11.6%;公路2.44亿吨,增长6.2%。

(李日松　闫学莹)

【地区运行情况】 各地区生产均有不同程度下降。其中工业总产值降幅大于全市平均降幅的地区有:和平区下降46.7%,法库县下降31.1%,皇姑区下降26.8%,铁西新区下降22.8%。

工业总产值降幅小于全市平均降幅的地区有:大东区下降3.2%,苏家屯区下降6.8%,沈河区下降7.9%,浑南区下降10.8%,辽中县下降10.8%,康平县下降11.5%,于洪区下降12.4%,沈北新区下降13.7%,新民市下降15.0%。

工业经济总量比重变化情况。工业总产值占全市比重较上年有所提高的地区有:大东区提高2.4个百分点,辽中县提高1.7个百分点,新民市提高0.9个百分点,浑南区提高0.9个百分点,康平县提高0.7个百分点,和平区提高0.2个百分点,沈河区提高0.1个百分点。

工业总产值占全市比重较上年有所下降的地区有:铁西新区下降2.5个百分点,沈北新区下降2.2个百分点,于洪区下降1.2个百分点,法库县下降0.9个百分点,皇姑区下降0.1个百分点。苏家屯区总产值占全市比重与上年持平。铁西新区、沈北新区、新民市和法库县是影响全市生产降幅的主要地区。4个地区合计减少产值1351.7亿元,占全市减少总量的69.9%,影响全市产值增速10.8个百分点。

(李日松　闫学莹)

【主要行业运行情况】 装备制造业情况。全市装备制造业完成工业总产值5814.6亿元,占全市54.7%,较上年提高2.9个百分点。产值下降12.0%,小于全市平均降幅3.4个百分点;完成工业增加值1376.7亿元,占全市52.5%,较上年提高3.0个百分点。增加值下降2.2%,小于全市平均降幅0.7个百分点。

1. 机械装备制造业完成工业总产值3406.2亿元,占全市32.1%,较上年下降0.3个百分点。产值下降15.2%,小于全市平均降幅0.2个百分点;完成工业增加值801.0亿元,占全市30.6%,较上年下降1.1个百分点。增加值下降2.8%,小于全市平均降幅0.1个百分点。

2. 汽车制造业完成工业总产值2048.6亿元,占全市19.3%,较上年提高3.5个百分点。产值下降4.8%,小于全市平均降幅10.6个百分点;完成工业增加值508.2亿元,占全市19.4%,较上年提高4.9个百分点。增加值下降0.5%,小于全市平均降幅2.4个百分点。

3. 其他行业情况。一是农副产品深加工业完成工业总产值1851.5亿元,占全市17.4%,较上年下降0.8个百分点。产值下降17.1%,大于全市平均降幅1.7个百分点;完成工业增加值487.6亿元,占全市18.6%,较上年下降0.7个百分点。增加值下降3.4%,大于全市平均降幅0.5个百分点。二是石油化工业完成工业总产值596.2亿元,占全市5.6%,较上年提高0.4个百分点。产值下降15.6%,大于全市平均降幅0.2个百分点;完成工业增加值156.3亿元,占全市6.0%,较上年提高0.7个百分点。增加值下降2.9%,与全市平均降幅持平。三是建材业完成工业总产值651.2亿元,占全市6.1%,较上年下降0.8个百分点。产值下降28.8%,大于全市平均降幅13.4个百分点;完成工业增加值164.0亿元,占全市6.3%,较上年下降0.9个百分点。增加值下降6.0%,大于全市平均降幅3.1个百分点。

(李日松　闫学莹)

【重点企业运行情况】 2015年初以来,140户重点监测企业始终在负增长区间运行,特别是前5个月生产降幅逐渐加大,下半年以来生产降幅有所收窄并趋于稳定。140户企业合计完成工业总产值3687.4亿元,下降9.9%,降幅小于全市平均降幅5.5个百分点。140户企业中,47户产值增长,93户下降。

重点监测企业合计利税总额、利润总额分别下降23.7%和34.6%。140户企业中,实现盈利的企业110户,利润增长的有51户。

(李日松　闫学莹)

【主要产品产量情况】 统计公布的52种主要产品产量保持增长的有9种,占17.3%。其中:气体压缩机增长5.3%,空调器用压缩机增长4.6%,汽车发动机增长2.7%,轮胎外胎增长15.5%,乳制品增长8.2%，啤酒增长2.0%，维生素C增长18.0%。产量下降的有43种，占82.7%。其中：变压器下降14.5%，金属切削机床下降12.0%，电力电缆下降16.4%，采矿专用设备下降12.3%，汽车下降2.4%，化学原料药下降7.1%。

（李日松　闫学堂）

【工业固定资产投资情况】　2015年，全市完成工业固定资产投资2111.6亿元，在十五个副省级城市中位居第四，同比下降15.8%，占全市固定资产投资比重为39.6%，比上年同期提高了1.6个百分点。其中装备制造业完成投资1051.7亿元，同比下降12%，占全市工业投资的49.8%。

至此，整个“十二五”期间，全市累计完成工业投资1万亿元，年均增长12.3%，占全市固定资产投资的35.6%。其中装备制造业投资全年完成投资4845.8亿元，年均增长12.2%，占全市工业投资的47.8%。

“十二五”开局以来，全市工业投资始终保持稳步增长，前四年分别为28.8%、22.1%、15.5%、16.7%，随着经济新常态的进一步凸显，全市工业固定资产投资增幅回落，在2015年出现首年下降，下降幅度为15.8%，与省内其他城市相比较为平缓。

（李日松　闫学堂）

【“双进双解”帮扶工业企业活动】　2015年，以“双进双解”活动为主线，按照市领导“深入、调整、创新”的总要求，组织动员各相关市直部门和区、县（市）政府深入工业企业，以企业提出的问题为导向，集中优势资源，为企业发展创造良好环境。

一、突出重点，创新帮扶体系和内容

2015年帮扶工作有以下几个特点：一是在帮扶内容上不但抓住稳增长这个重点，同时更加注重引导企业转型升级、支持企业创新发展。二是精心谋划帮扶责任体系，把各市直部门与各区、县（市）经信局结成帮扶对子，发挥各自帮扶优势，最大限度发挥帮扶效果。三是紧密贴合2015年全市工业经济重点工作，精挑企业。把帮扶企业活动贯穿到两化融合、技术创新、项目建设、经济运行、节能降耗等工作的全过程。通过主抓重点、带动一般的工作方式，集中有限资源支持重点企业，力求活动发力精准。

二、多措并举，推进帮扶活动深入开展

1. 广泛动员。活动之初，及时组织召开了帮扶工业企业活动培训会，印发了包括活动方案、领导讲话、几十项政策文件等内容的帮扶工业企业工作手册1000余册，所有帮扶责任人人手一册，并送达被帮扶企业有关人员。

2. 深入企业。通过联合走访，集中座谈的形式，研究解决企业存在的问题和困难。多次深入企业开展调研帮扶工作。由委领导带队，相关帮扶单位、委产业处室和区县帮扶责任人，深入企业开展调研、帮扶工作。通过现场与企业人员交流，了解企业生产经营中存在的问题和对“双进双解”活动的意见和建议。

3. 解读政策。积极组织企业与相关单位对接，深入解读产业创新与发展改革政策，加快推进科技成果的应用推广和产业化。

4. 结合“三个计划”。2015年初，市长潘利国提出了“优势龙头企业倍增计划”、“困难企业帮扶计划”和“过剩产能走出去计划”。为了更加有效地开展帮扶企业活动，制订了优势龙头企业倍增计划工作方案、困难企业帮扶计划工作方案。力争从不同角度、不同取向上加大帮扶企业的力度，以期达到帮扶企业活动效果扩大化。

5. 发挥省、市作用。有效利用省、市机关工委在全市开展的帮扶企业活动，面临经济发展下行压力的大环境下，省、市机关工委分别在全市开展了“帮企业、稳增长、促振兴活动”，将24户企业与省直部门、43户企业与市机关工委衔接，并作好协调工作，发挥省、市其他部门的力量，开展帮扶企业工作，取得了较好的效果。通过省、市机关帮扶，与企业达成了30余项帮扶意向。

6. 强化帮扶工作力度。通过帮扶停产半停产企业，将10位市政府领导纳入帮扶，根据省帮扶停产半停产企业工作的有关要求和市长潘利国的批示精神，将全市20户重点帮扶企业和10户停产半停产企业，合计30户企业的帮扶任务分解给全市10位市政府领导，强化帮扶工作力度。

截至年底，共计382名干部参与帮扶工作，深入企业1947人次，收集企业存在的问题和困难134个，解决134个。被帮扶工业企业产值平均降速低于全市5.6个百分点，纳税额略高于上年同期。

（经信委）

【两化深度融合】　2015年，为全面落实《中国制造2025》战略部署，按照市委、市政府关于“稳增长、促改革”的指示精神，构建支撑新型工业化的体制机制，建设“中国制造2025”试点城市，扎实推进全市两化深度融合工作，各项工作取得阶段性进展。

1. 积极组织两化融合重点项目申报工作。一是沈鼓集团、三一重型2家企业获批成为国家互联网与工业融合创新试点。二是全市有7家企业（两化融合项目）获辽宁省企业技术创新专项资金支持，共计500万元。三是沈阳有色冶金、博林特电梯、中国移动辽宁分公司和格微软件4个项目获得两化融合专项资金支持，安排补助资金共计949万元。

2. 积极推进两化融合管理体系贯标工作。一是沈阳机床、三一重装等13家企业及特变沈变、中航黎明等7家企业分别被认定2015年国家级、省级两化融合管理体系贯标试点。二是沈阳赛宝科技服务有限公司荣获2015年全国两化融合推进工作突出贡献单位。三是积极培养企业两化融合复合型人才。2015年，经全国首席信息官评选委员会评审，沈鼓集团马绍奎等2人荣获“全国百佳首席信息官”，沈阳机床刘鹤群等2人荣获“全国优秀首席信息官”。

3. 组织开展两化融合发展水平评估工作。一是编制起草《2015年沈阳市推进两化融合水平评估工作方案》。二是组织召开两化融合水平评估动员会。三是组织开展五大市级试验区主管领导及部门负责人业务培训。四是完成《2015年沈阳市两化融合发展水平评估调研报告》。

4. 充分发挥两化融合企业联盟桥梁纽带作用，营造良好融合气氛。一是扩大沈阳两化融合企业联盟成员至191家。二是成功组织召开“2015中国（沈阳）智能制造大会——智能制造解决方案经验交流论坛”。三是沈阳两化融合展示中心共接待参观团体122个，累计参观3238人次。重点接待了中国绿公司年会代表团一行、国家发改委、科技部、中央巡视组、辽宁省委书记李希等各级领导政府的参观调研工作。

5. 两化融合取得阶段性进展。全市数字化研发设计工具普及率达到62%左右，关键工序制造装备数控化率达到52%左右。一批企业在精益管理、风险管控、供应链协同等方面的竞争优势初步显现。机床集团实施数字化企业建设,在已突破的核心控制技术基础上进一步搭载数控机床远程故障诊断、车间生产管理等智能化功能。

（谢英慧）

【重点工业项目建设】 2015年,全市确定的投资5亿元以上重点工业项目105个,计划总投资1671亿元。其中:宝马发动机、中国有色冶金装备产业园等续建项目64个,计划总投资1267.1亿元;华晨宝马研发中心、利源轨道车辆制造等新开工项目41个,计划总投资403.9亿元。装备制造类项目仍然是支撑全市工业发展的重要力量,105个项目按照产业分类,大口径装备制造类项目54个,计划总投资809.6亿元,分别占全部项目的51.4%和48.5%。包括:机械装备类项目12个,总投资179.3亿元;汽车及零部件类项目27个,总投资435.6亿元;IC等电子装备类项目6个,总投资85.8亿元;软件类项目5个,总投资80.7亿元;航空类项目4个,总投资28.2亿元。医药类项目7个,总投资195亿元;化工类项目4个,总投资38.9亿元;冶金类项目4个,总投资32亿元;轻纺建材类项目19个,总投资271.4亿元;产业集群类项目10个,总投资247.7亿元;生产性服务业类项目5个,总投资59.6亿元;其它类项目2个,总投资16.8亿元。截至到2015年9月末,华晨宝马三期、沈化搬迁、沈阳新松浑南智慧产业园、沈阳环普国际产业园等105个项目已按照预定建设进度全部开复工建设,完成投资约421亿元。

（经信委）

【机械装备制造业发展】 沈阳机械装备制造业经过多年发展,基本形成了以重大技术装备为主的经济规模较大、产业基础较雄厚、产品门类较齐全的工业体系,在国家装备制造业中发挥着举足轻重的作用。

关键领域发展实现突破。大型数控机床领域,沈阳机床集团基本完成i5五轴数控系统的实验室测试,在数控车床、数控车削中心、立式加工中心、高速攻钻加工中心四大系列产品上率先搭载i5智能化数控系统并推向全国市场,实现搭载i5产品销售超过3000台套;重庆小康曲轴生产线、TURNKEY32ntn汽车轮毂轴承自动生产线等首台套装备已成功应用;利用在德国设立的海外产品研发设计中心—希斯TECH公司通过三大集群联手研发高端数控机床产品,加速推进产品升级换代。

通用石化装备领域,沈鼓集团围绕国家重点工程需求积极开展重大技术装备研制并取得突破。为神华宁夏煤业集团有限公司研制的10万空分压缩机,是国内最大空分机组,填补了国内空白;惠州120万吨/年乙烯项目,攻克大型乙烯“三机”核心关键技术,实现大型乙烯装置国产化的发展目标;AP1000、CAP1400等核主泵的研制取得了阶段性成果。

重型矿山装备领域,北方重工集团主导产品向高端化、智能化方向发展。研制出YLC2000－YLC3150全系列的高端压裂成套装备,标志着页岩气开采高端装备将全面推向市场;完成被誉为亚洲最大的“地下航母”土压平衡盾构机,刀盘直径14.1米、全长110米,填补了国内空白。

输变电装备领域,特变沈变公司建设国家级输变电装备研制基地,已成为世界最大变压器制造单体工厂,产量超过1亿KVA;特高压1000KV级及以下交流变压器、电抗器和±800kV直流换流变压器等研发设计能力和技术水平国际领先。完成±1100kV换流变压器样机方案设计工作,自主研发的世界首台1000kV升压变压器已在平圩电厂投运运行状况良好。

（经信委）

【海外市场开拓成效显现】 沈阳远大集团已在国外建立32个分公司,产品已行销世界140个国家和地区,出口额达1.91亿美元;北方重工集团进行全球化经营布局,在智利圣地亚哥设立合资公司,在越南、埃塞俄比亚等地设立分支机构。重大技术装备已经走向全球50多个国家和地区,出口额达1.74亿美元;特变沈变公司已在世界八大区域设立27个办事处,产品销往30余个国家和地区,出口额达7716万美元;沈鼓集团致力于成为国际先进的装备制造和服务供应商,立足中国、装备全球,通过“自主出口”和“借船出海”成功将压缩机和泵产品推向全球,出口额达8628万美元;机床集团在德国柏林、斯图加特设立了研发设计中心,推进世界级产品研发。

（经信委）

【制造业概况】 沈阳市制造业门类齐全,基础雄厚,为沈阳市工业的主导产业。截至2015年底,沈阳市规模以上制造业企业户数为3165户。按登记注册类型分,内资企业2806户,占制造业企业总数的88.7%。其中:国有企业22户,占制造业企业总数的0.7%;集体企业57户,占1.8%;有限责任公司493户,占15.6%;股份有限公司88户,占2.8%;私营企业2103户,占66.4%。港澳台及外商独资企业359户,占11.3%。按企业规模分,大型工业企业47户,占制造业企业总数的1.5%;中型企业321户,占10.1%;小微型企业2797户,占88.4%。

2015年,沈阳市制造业共实现主营业务收入8870.3亿元,比上年下降32.8%;拥有资产7385.8亿元,下降2.4%;年平均用工人数为68.6万人,下降18.8%。

从生产经营情况看,2015年沈阳市制造业全年共完成工业总产值8930.7亿元,比上年下降33.5%。其中:轻工业完成2199.8亿元,下降36.1%;重工业完成6731.0亿元,下降32.6%。全年实现销售产值8852.6亿元,下降33.0%,工业产品产销率为99.1%。分行业看,全市有18个行业全年产值超百亿元,覆盖面达到51.4%,其中:汽车制造业2008.0亿元、通用设备制造业985.5亿元、农副食品加工业799.8亿元、电气机械和器材制造业700.5亿元。从经济效益情况看,2015年,沈阳市制造业赢利能力有所下降。全年共实现主营业务收入8870.3亿元,比上年下降32.8%;利润总额436.6亿元,下降39.9%;实现利税726.7亿元,下降36.2%。从赢利能力来看,2015年制造业收入利润率为4.9%,较上年下降0.6个百分点。

装备制造业为沈阳市工业重点发展的支柱产业。2015年,沈阳市装备制造业完成工业总产值5205.2亿元,比上年下降29.2%,高于制造业平均增幅4.3个百分点,比重占到制造业总量的56.3%。装备制造业所涵盖的八个大类行业中,除仪器仪表制造业实现产值低于百亿元外,其他七个行业实现产值均达到百亿元以上。其中汽车制造业实现产值最多,达到2008.0亿元,居制造业行业榜首,比重占制造业的21.7%;其次是通用设备制造业,实现产值985.5亿元,占总量10.7%;电气机械及器材制造业实现产值700.4亿元,占总量7.6%;金属制品业实现产值432.5亿元,占总量4.7%;专用设备制造业实现产值468.1亿元,占总量5.1%;计算机、通信、和其他电子设备制造业实现产值223.9亿元,占总量

2.4%；铁路、船舶、航空航天和其他运输设备制造业实现产值333.4亿元，占总量3.6%。

从出口情况看，整体上沈阳市制造业产品出口较上年大幅继续。2015年，沈阳市制造业实现出口交货值239.3亿元，比上年下降4.2%，出口交货值占销售产值的比重为2.7%，提高0.8个百分点。分行业看，出口主要集中在8个行业中：计算机、通信和其他电子设备制造业出口53.8亿元、汽车制造业出口22.9亿元、通用设备制造业出口25.1亿元、铁路、船舶、航空航天和其他运输设备制造业出口23.7亿元、金属制品业出口23.6亿元、专用设备制造业出口19.1亿元、电气机械和器材制造业出口15.9亿元、橡胶和塑料制品业出口13.1亿元。以上8个行业全年共实现出口交货值197.2亿元，占制造业出口总量的82.4%。

2015年，沈阳市制造业主要工业产品产量：汽车比上年下降2.5%、汽车发动机增长2.7%、金属切削机床下降12.0%、变压器下降14.5%、输送机械下降2.6%、泵下降36.7%、风机下降11.5%、矿山专用设备下降12.3%、电力电缆下降16.4%；光缆下降21.9%、铅酸蓄电池下降22.0%、化学药品原药下降7.1%、食用植物油下降8.7%、乳制品下降8.2%、白酒下降3.7%、家具下降11.1%、纸制品下降61.8%、服装下降31.4%等。

（柳东升）

电子信息制造业

【概况】　开启智慧惠民模式。智慧医疗扎实推进，浑南区和大东区开展云医院和蓝卡模式试点，全市19家市属三级医院启动智慧医院建设；智慧交通水平提升，开通上线"行车易、停车易"和"乘车易"，全面整合公交、出租、长途客运、地铁等数据资源；智慧社区创新服务，"沈阳新社区"政务微信服务平台解决各类问题1.7万多件，建成开通2家线下"智慧屋"试点；组织社区事务一口式办理平台、市级社区网格管理服务平台在部分社区试运行，居家养老智能电视服务平台在沈河、和平等区推广应用；智慧教育快速推进，全市公办中小学全部达到数字校园一星级标准，制作并发布2000余节网络公益学堂课程；在沈阳经济区范围内发行了居游・智能服务卡，开发了居游手机客户端、微信公众平台。

（房　超）

【电子政务】　全市电子政务基础设施建设坚持集约化建设的总体思路，以整合、共享、协同、互联、重构为主线，形成了"一网、一云、三中心、四平台"的电子政务基础设施体系。一网即市电子政务网，完成了市级部门和13个区、县（市）政府的全覆盖和市级312个部门互联网统一出口；一云即市政务云，承载了全市10余项公共应用，以及20多个部门30余项政务应用，实现了各部门政务应用的节约建设、快速部署、高效运行和统一安全保障；三中心即市政务数据交换服务中心，已有44个部门实现政务信息交换，累计交换数据3.15亿条。市信息共享服务中心已对15个部门的1600余万条数据进行了统一的信息资源编目，实现了政务共享信息的识别、定位、检索和管理。市信息安全支撑中心实现了密钥管理、电子认证、授权管理和安全域划分，基本做到了"进不来、看不懂、改不了、拿不走、赖不掉"的信息安全防护体系；四平台即市协同办公平台已有79家单位，6000多用户实现了多级跨部门综合办公、联合会签和即时协作沟通。公共空间地理信息平台完成了全市域1.3万平方公里基础地形图和影像数据、280平方公里三维城市模型数据，通过政务版和公众版为全市政府部门和公众提供服务。政府网站平台已有13个部门实现统一建站，并与沈阳市政府门户网站建立了实时信息采集的关联模式，为政府门户网站提供站群化技术支持。资源管理平台已实现1200万条人口信息、92.5万条法人信息的统一管理，为全市信用系统、社会信息资源整合系统、居民收入核对系统提供数据支撑。

（经信委）

【实施智慧善政工程】　协同办公平台迅速推广，实现了79家单位、6000多用户多级跨部门综合办公、联合会签和即时协作沟通；对数字沈阳地理空间框架持续更新升级，制作了2015版电子地图数据；工商营业执照、组织机构代码证和税务登记证的"三证合一、一证一码"业务系统顺利上线。此外，智慧体育、智慧就业、并联审批平台、公共信用信息平台、智慧房产网上交易平台、智慧农业、智慧环保、智慧药监、应急指挥系统等信息系统建设也都在加紧推进。

（房　超）

【机器人产业发展】　2015年，沈阳市机器人产业已经形成了以浑南区为核心，以铁西、沈北、大东等为支撑的产业布局，拥有沈阳新松机器人自动化股份有限公司、沈阳通用机器人技术股份有限公司、沈阳众拓机器人设备有限公司、沈阳晨讯智造平台有限公司等一批机器人企业，2015年实现收入55亿元，同比增长37%，产品占国产工业机器人市场份额超过20%。

新松机器人自动化股份有限公司作为沈阳市机器人产业的龙头企业2015年获得快速发展，陆续与上汽通用五菱汽车股份有限公司、沈阳华晨金杯汽车有限公司、长安福特汽车有限公司和阳光电源股份有限公司等企业签署了一系列合作协议；高速并联分拣机器人、硅片传输平台系统、SCARA型装配机器人等一批新产品填补了国内空白；智能移动机器人（ACV）、自动售检票系统以及关键核心零部件产品出口至美国、俄罗斯、丹麦、澳大利亚、韩国等多个国家。新松公司2015年销售各类机器人及自动化成套装备3500余台套，实现销售收入47亿元。近几年，新松保持了年均30%以上的高速增长，国内市场销量和占有率在国产机器人企业中位列第一。中科院沈阳自动化研究所是沈阳市机器人产业的主要研发基地，引领着中国机器人技术的发展。其承担的"MQB自动换挡器装配生产专线"、"6000米水下无人无缆潜器（AUV）实用化改造"等项目2015年顺利通过验收，标志着我国机器人及智能装备的开发水平又上了一个新台阶。

在市经信委的支持下，沈阳机器人协同创新中心于2015年9月正式成立。市长潘利国与东北大学校长赵继在东北大学国际学术交流中心共同为沈阳机器人协同创新中心揭牌。东北大学、沈阳工业大学、中科院沈阳自动化所、沈阳新松机器人自动化股份有限公司、东软集团、沈阳机床股份有限公司、晨讯科技集团7家单位共同签约组建沈阳机器人协同创新中心。这是国内著名学府、顶尖科研机构和创新企业践行创新驱动发展的战略选择，也是产学研联合探索协同创新的重要举措，对于加快提高自主创新和协同创新能力，引领和支撑沈阳制造业高端化发展具有重要意义。

（房　超）

【2015 中国（沈阳）国际机器人大会】　为认真贯彻落实《国务院关于近期支持东北振兴若干重大政策举措的意见》和省、市领导关于“把沈阳建设成为具有国际竞争力的机器人产业基地”的指示精神，推动沈阳市机器人产业大发展、快发展，2015 年 8 月 31 日至 9 月 2 日在浑南总部基地召开了“2015 中国（沈阳）国际机器人大会”（简称“机器人大会”）。此次会议由沈阳市政府主办，市经信委、市贸促会、浑南区政府、科技部机器人产业技术创新战略联盟共同承办。市长潘利国在开幕式上致辞，表示沈阳市将举全市之力，整合一切要素资源，全力打造世界级机器人产业基地和“机器人 +”智能制造创新中心。开幕式前，潘利国会见了 2006 年诺贝尔物理学奖得主乔治·斯穆特博士、2007 年诺贝尔经济学奖得主埃里克·马斯金博士、2013 年诺贝尔医学奖得主托马斯·聚德霍夫博士等参会嘉宾。

机器人大会以“智能制造、智能未来”为主题，针对国际机器人领域的热点议题和高端技术，设置了四大板块：机器人前瞻论坛、机器人人工智能技术论坛、机器人系统和安全论坛、机器人的工业应用论坛，邀请了 100 余名来自德国、美国、日本、法国、荷兰、俄罗斯、意大利、瑞士、韩国、以色列等全球 20 多个国家的国际顶尖专家和 300 余名学术专家、行业领军人物交流行业发展最新动向、展示科技创新成果、对接实际应用项目。3 位诺贝尔奖得主和国家“十二五”、“863 计划”先进制造领域智能机器人主题专家组组长赵杰、沈阳新松机器人自动化股份有限公司总裁曲道奎等多位国内外知名专家、机器人制造企业高管发表了精彩主旨演讲。活动期间举办了全体会议、分组会议、海外高层次科技项目和人才对接会、高端专家对话会以及诺贝尔奖得主走进高校等一系列丰富多采的活动。

通过此次机器人大会的举办有力的促进了更多的智能智造项目落户沈阳，加快了全市建立机器人产业发展新格局的步伐，有利于构建全市传统装备与机器人产业融合的新体系，使之成为沈阳产业结构调整升级的突破口和新的经济增长点。

（房　超）

【IC 装备产业】　沈阳 IC 装备产业 2015 年整体实力显著提升，产业规模小幅增长，部分关键装备和材料被国内外生产线采用。拓荆公司与中芯国际、武汉新芯等正式签订了 12 英寸生产型 PECVD 设备订单，半导体薄膜设备产业化基地建设项目已经开工建设，获批组建“辽宁省薄膜装备工程研究中心”，其申报的“20－14nm 3D NAND PECVD 研发与产业化”项目列入国家“十三五”重大科技专项指南并获得立项，预计将获得 2 亿元资金支持；芯源公司 12 英寸匀胶显影设备批量进入台湾市场，销售量大幅度提高，其承担的国家 02 专项研究成果“前道堆叠式涂胶显影机”已在汉芯前道大线上线测试验证，这是国产同类设备首次实现上线联机验证测试；硅基科技 SOI 产品已经完成中试并开始市场销售；富创开始为汉能公司提供光机电一体化模块组装服务，其承担的国家 02 专项“基于焊接和表面涂覆技术的大型铝件制造技术开发”项目研发取得重大突破，制造时间缩短近 30%，原材料节省 50% 以上。2015 年 IC 装备产业板块共实现主营业务收入 17 亿元，同比增长 6.3%。

（经信委）

【手机产业】　沈阳市手机产业已初步形成了以智能机终端产品制造为核心的，集研发、生产、销售、服务为一体的手机产业集群。2015 年，沈阳手机产业由单一手机产业转向包含云计算与大数据、智能终端制造大产业链、工业大数据与智能制造等主导产业方向的智慧产业。手机企业积极开展产业转型，谋求向行业定制方向发展，力争在行业细分领域拓展市场空间。晨讯科技向智能制造转型，公司设计集成机器人智能自动化产线，完成了智能测试线三代线的安装并投入使用；云狐科技主抓高端市场，产品从三防手机拓展到运动相机、运动手表等可穿戴产品；沈阳帝信产业园区一期竣工，增加一条生产线，并实现订单生产；怡亚通正式搬入新办公区，新建生产线顺利投产，并与辽宁广播电视台签订了战略合作协议，开发定制的数字机顶盒。2015 年手机及移动终端产业板块共实现主营业务收入 57.7 亿元，同比下降 18.2%；手机整机产量 1614 万部，同比下降 44.2%。

（经信委）

【计算机、通信和其他电子设备制造业】

计算机、通信和其他电子设备制造业作为沈阳市支柱产业之一，主要由通信设备制造业、计算机制造业、电子器件制造业、电子元件制造业、视听设备制造业和其他电子设备制造业 6 个中类行业组成。

沈阳市拥有长白计算机集团（沈阳）、东软集团股份有限公司、沈阳中光电子有限公司等众多国内外知名的大企业集团公司。截至 2015 年末，该行业拥有规模以上工业企业 59 户，较上年减少 19 户。从企业规模看，大型企业共 3 户，中型企业 11 户，小型企业 38 户，微型企业 7 户；从登记注册类型来看，内资企业 36 户，港、澳、台商投资企业 5 户，外商投资企业 18 户。

2015 年，全行业拥有资产总额 242.5 亿元，同比下降 17.9%，其中固定资产 34.9 亿元，同比下降 55.3%，流动资产 145.8 亿元，同比下降 11.9%；负债 117.6 亿元，同比下降 10.8%；所有者权益 123.8 亿元，同比下降 24.2%；平均用工人数 2.04 万人，同比减少 7381 人。

在国际国内电子信息市场竞争日益激烈的形势下，沈阳市计算机、通信和其他电子设备制造业不断深化企业内部改革，转变经营观念，瞄准市场需求，提升产品科技含量。2015 年，该行业中完成工业总产值过亿元的企业达到 29 户，占全行业企业户数的 49.2%。全年全行业累计完成工业总产值 223.9 亿元，同比下降 53.6%；实现工业销售产值 221.1 亿元，下降 53.5%，实现出口交货值 53.9 亿元，下降 10.6%，实现产销率 98.7%；实现主营业务收入 205.8 亿元，下降 56.8%；实现利润总额 7.5 亿元，下降 74.9%。

（陈　曦）

【中国移动通信集团辽宁有限公司沈阳分公司】　2015 年，公司大力推动流量经营，并快速促进全业务发展，创造了 4G 发展新佳绩，保证了公司平稳发展的态势。全年实现运营收入近 50 亿元，通信客户总数达到 600 万户。

2015 年，公司继续加大 4G 网络的建设，实现城区道路 4G 覆盖率达到 99%，农村实现广覆盖。扩大 4G 发展成果，分层分级打造客户价值经营体系，目标存量客户保有率达到 93.1%、收入保有率达到 87.2%，均为近年来新高。拓展集客经营成效。集团客户千余家，签约大型信息化项目 40 个。积极尝试数字化服务转型,参与沈阳智慧城市建设,运用互联网产品运营模式,打造“车等我”、“手机支付”等产品,惠及全市近40万用户。实现家客经营突破。大力发展家庭宽带业务,形成了“从无到有、从点到面”的业务发展局面。完成铁通光改小区529个,完成铁通割接小区615个,实现城镇小区覆盖率60%,农村覆盖率40%。增强网络承载能力。新建管道120管程公里,新增杆路300余杆程公里,自有光缆万余皮长公里,传输网络的基础能力得到完善。与公安机关配合,成功破获了多起通信设备被盗及伪基站发送垃圾短信案件,打击了危害网络安全的不法行为。

2015年3月,公司与沈阳市环卫科联合开展“关爱环卫工人”活动。在39处营业厅内同时设立环卫工人爱心服务区。为交警、环卫工人等户外工作者了较好的休息场所,并提供免费饮用水、针线包、书刊报纸杂志借阅、自带食品加热、免费WLAN无线上网等特色服务。截止年底,这些爱心服务区服务交警及环卫工人近万人次,为辛勤奋战在城市第一线的人们送去了温暖和便利。

2015年5月,公司推出手机APP“车等我-沈阳公交通”助力沈阳“智慧交通”发展。“车等我”采用GSM、A-GPS结合位置数据实时分析与预测技术,获取实时公交位置信息并对公交车到站时间进行估算。该APP通过GPS对用户输入的目的地关键字进行实施检索,显示用户所在地至目的地的全部公交线路、出行用时等,为客户提供多种出行方案对比选择。在用户选定公交线路后,显示即将到达指定站点的最近几部车辆的位置情况,并据此对到达时间进行估算,同时以推送信息的模式提醒用户车辆即将进站。在路况较好情况下,误差时间在2秒以内。截至12月15日,“车等我”使用用户达36万人,用户日均增长千余人,日均启动16万余次,单次使用时长66秒。

2015年7月,公司携同沈阳盛京通有限公司,在沈阳市地铁、公交系统全面开放中国移动手机支付业务。用户只要准备一部具有NFC功能的手机,到沈阳移动营业厅更换一张NFC-SIM卡,并在手机中下载“和包”APP,就可以通过电子圈存,实现在“手机盛京通”的在线充值以及刷手机乘公交和地铁的功能。使用中国移动手机支付乘坐公共交通工具的用户,仍然可以享受公交9折、地铁95折的优惠。此外,公司与建行、农行、民生银行、浦发银行和交通银行全面开展合作关系,拓展手机支付在沈阳商圈等生活类场景的应用,在“闪付”POS机实现1000元以内可刷手机消费。

2015年11月,公司积极响应沈阳市政府的号召,发挥自身优势、全力以赴投身到智慧沈阳建设的各个领域。从3月起,分十余次向市政府、市经信委递送了沈阳移动智慧城市建设的相关方案,并拟定了智慧沈阳建设专项重点工作任务。在6月,公司与沈阳市大数据管理局签署了智慧沈阳战略合作协议,同时,公司总经理彭霞受聘为沈阳智慧城市建设专家委员会专家。11月12日,公司与浑南区委、区政府签署了智慧城市战略合作协议。

2015年12月,公司针对伪基站现象,创新建立“基于信令的伪基站GIS定位系统”和垃圾短信举报机制,配合市公安机关重拳打击通信犯罪行为取得显著成效。截至12月10日,沈阳分公司已配合公安机关出警65次,成功处置伪基站事件26起,收缴伪基站设备26套,抓捕不法分子27人。

（彭丽书婉）

无线电管理

【无线电管理行政审批】　全市无线电管理工作紧紧围绕管资源、管台站、管秩序,服务经济社会发展、服务国防建设、服务党政机关,突出做好重点无线电安全保障的核心任务,依法行使无线电管理职责,全面推进了行政审批制度改革,简化了审批程序,设置无线电台站行政许可审批时限由10个工作日压缩至7个工作日,核准指配频率备案由7个工作日压缩至当日办结,产生无线电辐射工程选址确认已由7个工作日压缩至5个工作日,申请要件由3个减至1个,提升了服务质量和水平。

全年共受理了6个单位的设台申请,批准固定台16部,移动台364部,双工频率16对,单工频率2个,行政审批办结率100%;新发电台执照283个,换发执照3.83万个,指配业余无线电台呼号64个,换发执照39个;设台单位达到225家,设台数量达到5.06万个。

（李　菲）

【打击非法设台专项行动】　2015年重点开展了打击“黑广播”专项行动,会同公安机关和广电部门建立了完善、高效的联动机制,制订了工作方案,无线电管理部门强化了组织实施、技能培训、实战演练和装备配备,充分发挥行业管理和技术优势,通过实时监测、监听和定位,克服夜间行动不便,雨雪天气等困难,排除各种风险,经过100多个夜以继日的连续奋战,成功侦获并取缔“黑广播”225个,有效地打击了犯罪份子的嚣张气焰。全年共查处各类干扰案件28起。

通过为广大设台单位排忧解难,保障了合法设台用户的利益,受到了广泛的好评。民航东北空中交通管理局特赠送锦旗对为其快速查处4起地对空通信干扰表示感谢;沈飞公司致信市政府感谢为其快速查处9起地对空通信干扰。

（李　菲）

【无线电安全保障】　1.高质量地完成了抗战胜利70周年纪念活动辽宁地区无线电安全保障任务。为了保证有效地开展工作,提前进入沈阳承担的绥中保障区域,对航空导航频段及广播电视频段进行跟踪监测。在纪念活动当天凌晨,在保障区域侦获了“黑广播”1个,并联合当地公安机关和广电部门予以取缔,消除了潜在隐患,圆满地完成了保障任务,充分展示了无线电人的良好形象。

2.高质量地完成了沈阳法库国际飞行大会无线电安全保障工作。在到达法库当天在县城内取缔了“黑广播”1个,消除了飞行隐患,确保了飞行大会指挥调度、航空飞行、电视转播、消防、安全保卫和移动公众通信安全,全面完成了无线电安全保障任务。

3.高质量地完成了沈阳马拉松赛无线电安全保障工作。赛前对42.195公里的赛道及相关区域进行电磁环境监测16次,并通过8次协调会,协调相关单位对基站发射功率进行了调整,并排除了2起影响指挥调度通信的无线电干扰,确保了现场直播无线摄像机、转播车、航拍的无线电通信安全。在市政府表彰沈阳马拉松赛组织工作中获得“突出贡献奖”。

4.全年共为国家、省、市组织的高考、中考、研究生、公务员及各类职称考试等提供了无线电安全保障27次,对监测、监听到的疑似作弊信号实施了技术压制,全年累计保障天数达35天,占用休息日31天,出动人员450余人次,出动保障车辆150余车次,行程8000余公里,有效打击和震慑了利用无线电设备在考试中进行作弊的违法行为,为考生创造了公平公正的考试环境。

(李　菲)

装备制造业

【概况】 沈阳市装备制造业包括金属制品业,通用设备制造业,专用设备制造业,汽车制造业,电气机械及器材制造业,计算机、通信和其他电子设备制造业,铁路、船舶、航空航天和其他运输设备制造业,仪器仪表制造业八个大类行业。

2015年,沈阳市装备制造业共有规模以上工业企业1401户,其中:大型企业有31户,中型企业有165户。按登记注册类型看,装备制造业有内资企业1207户,其中:国有企业10户,集体企业28户,股份合作企业14户,有限责任公司246户,股份有限公司43户,私营企业863户;港澳台商投资企业38户,外商投资企业156户。资产总额5092.0亿元,比上年增长5.2%,负债合计3202.0亿元,比上年增长7.9%,年平均用工人数为37.3万人。

2015年,装备制造业实现工业总产值5205.2亿元,比上年下降29.2%;实现销售产值5156.6亿元,下降28.6%。产销率为99.1%。实现主营业务收入5204.1亿元,比上年下降27.8%;利润总额275.4亿元,下降37.8%;利税总额482.9亿元,下降31.7%。在装备制造业企业中,1205户企业实现盈利。2015年,利润总额超10亿的企业为华晨宝马汽车有限公司、上海通用(沈阳)北盛汽车有限公司。主营业务收入超百亿的为华晨宝马汽车有限公司、上海通用(沈阳)北盛汽车有限公司、沈阳远大铝业集团有限公司、沈阳机床(集团)有限责任公司、北方重工集团有限公司、沈阳化工集团有限公司。这些骨干企业为沈阳装备制造业的快速发展提供有力的支撑,为其持续兴旺做出了重要的贡献。

(柳东升)

【专用设备制造业】 2015年,沈阳市专用设备制造业规模以上企业共有183家,比上年减少24家。从登记注册类型分组看,内资企业167家,比上年减少23家。其中:集体企业1家;股份合作企业1家;有限责任公司28家;股份有限公司4家;私营企业133家,比上年减少15家;港澳台商投资企业4家,比上年增加1家;外商投资企业12家,比上年减少2家。从行业分布来看,采矿、冶金、建筑专用设备制造66家,化工、木材、非金属加工专用设备30家,环保、社会公共服务及其他专用设备制造26家,医疗仪器设备及器械制造13家,印刷、制药、日化及日用品生产专用设备制造9家,食品、饮料、烟草及饲料生产专用设备制造7家,电子和电工机械专用设备制造13家,农、林、牧、渔专用机械制造13家,纺织、服装和皮革加工专用设备制造6家。从工业企业大中小微型分组看,大型企业4家,中型企业18家,小型企业144家,微型企业17家。

2015年,该行业全部资产总计年末达514.7亿元,流动资产年合计达306.6亿元,固定资产159.5亿元;从业人员年平均人数为39317人。

2015年,该行业的生产和经济效益呈现下降态势,共计完成工业总产值468.1亿元,比上年下降38.2%;工业销售产值460.8亿元,下降37.8%;实现产品销售收入460.1亿元,下降37.6%;实现利润为9.7亿元,下降67.6%。

2015年,该行业中采矿、冶金、建筑专用设备制造业保持良好发展态势,并占绝对优势,共实现工业总产值达250.5亿元,所占比重高达53.5%;销售产值为245.5亿元,占总量53.3%;资产总计达368.7亿元,占总量71.6%;产品销售收入达249.0亿元,占总量54.1%。

2015年,该行业中采矿、冶金、建筑专用设备制造业全年实现工业总产值250.5亿元,排在第一位;其次为环保、社会公共服务及其他专用设备制造,工业总产值50.1亿元;再次为化工、木材、非金属加工专用设备制造,工业总产值为37.1亿元。创造利税方面,第一位为医疗仪器设备及器械制造,实现利税达5.2亿元;第二位为环保、社会公共服务及其他专用设备制造,利税为2.7亿元;第三位为电子和电工机械专用设备制造,利税为1.7亿元。

2015年,沈阳市的专用设备制造业生产的主要产品:采矿专用设备35.4万吨,比上年下降12.3%;水泥专用设备3118吨,比上年下降67.0%;金属冶炼设备3.4万吨,比上年下降57.7%。

(张明浩)

【通用设备制造业】 通用设备制造业是沈阳市传统支柱行业,是装备制造业的重要组成部分。在全市39个行业大类中,通用设备制造业是企业户数最多,吸纳就业人数最多的行业。

沈阳市通用设备制造业具有良好的行业基础和较为完备的行业和产品体系,拥有该行业的全部9个行业中类;并拥有全部45个行业小类中的35个。行业的主要产品为金属切削机床、发动机、风机、泵和工业锅炉等。

2015年末,全市规模以上通用设备制造企业为416户,较上年减少45户,资产973.7亿元,同比下降3.7%;平均用工人数为9.38万人,同比减少2.02万人。全年实现工业总产值985.5亿元,同比下降32.4%;实现主营业务收入941.1亿元,同比下降32.0%;利润总额30.2亿元,同比下降54.5%。

2015年,通用设备制造业主要产品产量情况:金属切削机床5.0万台,同比下降10.7%,其中数控机床2.7万台,与上年基本持平;工业锅炉1.91万蒸发量吨,同比下降22.2%;泵16.3万台,同比下降51.2%;输送机械46.5万吨,同比下降2.7%;气体压缩机185.0万台,同比增长0.4%。

沈阳通用设备制造业知名企业云集,沈阳机床(集团)有限责任公司、沈阳鼓风机集团有限公司、沈阳三洋电梯有限公司和沈阳博林特电梯有限公司等企业享誉国内外。全行业年产值超亿元企业共有208户,其中有6户企业超过10亿元、2户企业超过100亿元。利润上千万企业113户,其中2户企业利润超过亿元。

(陈　曦)

【电气机械及器材制造业】 沈阳市电气机械及器材制造业主要由电机制造,输配电及控制设备制造,电线、电缆、光缆及电工器材制造,电池制造,家用电力器具制造,非电力家用器具制造,照明器具制造和其他电气机械及器材制造8个中类行业和22个小类行业。其主要产品有电线电缆、变压器、电动机、电池、空调器、照明灯具等工业生产用品及居民日常生活用品,是与人民工作生活密切相关的行业。

截至2015年底,全行业共有规模以上工业企业286户,比上年减少26户。其中:大中型企业39户,比上年减少21户;小微型企业247户,比上年减少5户。

从行业构成上看:电机制造23户,输配电及控制设备制造130户,电线、电缆、光缆及电工器材制造88户,电池制造5户,家用电力器具制造9户,非电力家用器具制造5户,照明器具制造23户,其他电气机械及器材制造3户。

从经济类型上看:内资企业262户,占全行业户数的91.6%;港、澳、台商投资企业5户,比上年减少1户;外商投资企业19户,比上年减少4户。

2015年,该行业有48户亏损企业,亏损企业的亏损额为7.1亿元。2015年该行业实现工业总产值700.5亿元,比上年下降40.9%;实现利润总额21.1亿元,比上年下降48.3%。

2015年,全行业资产总计585.1亿元,比上年下降7.2%;固定资产209.5亿元,比上年下降22.5%;固定资产原值432.1亿元,比上年下降20.2%;负债合计343.6亿元,比上年上升7.9%;全年平均用工人数为5.08万人,比上年减少1.68万人。

2015年,该行业实现主营业务收入758.8亿元,比上年下降37.9%。在其中类行业中,主营业务收入占据前三位的分别是:输配电及控制设备制造行业实现主营业务收入398.0亿元,占全行业52.5%;电线、电缆、光缆及电工器材制造行业实现主营业务收入182.3亿元,占全行业的24.0%;电机制造行业实现主营业务收入91.8亿元,占全行业的12.1%。

(陈　晨)

【北方重工集团有限公司】 2015年,面对国内经济持续下行带来的巨大压力,北方重工全体员工努力拼搏,共克时艰,保持了较为稳定的生产经营局面,企业改革取得重要进展,转型升级迈出坚实步伐,国际化道路越走越宽。全年完成工业总产值119.5亿元;实现销售收入113亿元;实现利润5023万元;上缴税金1.56亿元;完成工业增加值9.7亿元。企业体制改革取得重要进展,沈阳市人民政府、开发区管委会与中国建材于2015年12月14日在沈阳共同签署了《联合重组合作协议》等重要文件,确定了联合重组后北方重工的股权架构、提出了妥善解决历史遗留问题的处理方案。

产业转型迈出坚实步伐。进一步做强做优盾构机产业。全年实现在制21台、交付18台各类大型盾构机的历史最高水平,亚洲最大的香港莲塘直径14.1米土压平衡盾构机交付使用。采用新商业模式快速进入环保产业领域。以沈阳老虎冲、沈西和大辛垃圾焚烧发电项目为依托,联合知名环保公司,采用PPP－BOO等新商业模式,快速进入新型环保产业领域。成功签订合同总额6600万元的老虎冲项目4×750t/d炉排焚烧炉设备合同。

进一步拓展现代建筑产业领域。首条年产15万立方米PC构件生产线产成,将应用于大连三川建筑科技有限公司;河北曲寨年产10万立方米PC构件生产线项目成功中标,市场空间得到进一步拓展。高标准布局新能源装备领域。投资建设完成压裂装备专业化生产基地,形成年产200台压裂装备及相关石油装备的生产能力;完成2500型压裂车、360混砂车及仪表车的技术升级;完成高端2800型压裂车研发、试制与工业性试验,作业能力较行业同型产品提高约15%。

传统产业改造升级深入推进。新产品研发迅速实现市场化。6项新产品实现当年开发当年进入市场,其中MFQ3400风扇磨煤机、CSP型移动式散料处理系统、2100毫米宽幅铝合金高速剪切机组等新产品和成套装备填补了公司业绩空白。重大新产品获科技奖励。6项重大新产品获得国家和省、市科技奖项,超长距离大运量节能型越野带式输送机获中国机械工业科技二等奖和辽宁省科技进步二等奖;GHC型高效永磁筒式磁选机获得辽宁省科技进步三等奖;硬岩土压双模式掘进机、带式焙烧机获沈阳市科技进步一等奖;超长距离大运量散料输送系统获沈阳市科技振兴奖。

市场开发与工程执行工作取得积极进展。海外市场开发为支撑公司运行起到关键作用。积极对接国家"一带一路"政策,加大国际市场开拓力度,全年出口合同额占到新增订货总额的70%;2015年成功签订美国BV公司越南沿海三期电厂输煤系统、马来西亚焦化厂项目、巴基斯坦码头散料输送项目、土耳其管带机项目等一批重要的海外总包项目;成功召开北方重工首届海外代理商大会。新产品市场开发取得突破。自主研发的破碎粉磨系列新产品实现首台套业绩突破;MLL355螺旋立式磨机项目打破了国外公司在国内市场的垄断局面;GYG1410矿用高压辊磨机、HP500高能圆锥破碎机成功推向市场。

海外工程项目执行取得可喜成绩。土耳其Esan镁冶炼成套项目主要工艺环节安装工作结束,开始后期系统调试;印度SASAN电厂、矿山和ROSA项目收尾,顺利实现电厂发电;全年完成自营出口交货值1.8亿美元,连续四年位居沈阳市机电产品出口前列;全年获得出口退税9400万元。

大力开展品牌建设,宣传思想工作取得新进展。利用香港莲塘盾构机投产运行、国际代理商大会等契机,加强企业品牌宣传;《北方重工》报进行了改版升级;全年在市级以上新闻媒体播发新闻稿件200余篇,专题片《扬帆—香港莲塘盾构机项目党员工程纪实》,荣获沈阳市党员电教片一等奖;对5起长期信访积案,依法依规履行了息访和终结程序。发挥桥梁纽带作用,工会和共青团工作取得新成效。各级工会组织紧紧围绕"绿色重工、效益重工、数字重工"主题,深入开展职工技术创新工作,重点扶持了信息化类创新成果;积极开展"星级班组"评选活动;加大了对困难职工的帮扶力度,全年共走访慰问困难职工1516人次,发放慰问帮扶资金93.2万元。共青团组织成功举办了第六届青年科技节系列活动。

(胡　闯)

医药工业

【医药制造业】 医药制造业是沈阳市的优势产业之一,主要由化学药品原料药制造、化学药品制剂制造、中药饮片加工、中成药生产、兽用药品制造、生物药品制造和卫生材料及医药用品制造7个中类行业组成。

2015年,医药制造业全行业拥有规模以上工业企业54户,比上年减少5户。按登记注册类型分,内资企业42户,比上年减少了4户,其中:国有企业1户,有限责任公司9户,股份有限公司

6户,私营企业25户,其他类型企业1户;港、澳、台商投资企业7户,外商投资企业5户。按经济组织类型分:独资企业6户,合作、合伙企业2户,股份有限公司8户,有限责任公司38户。

2015年,沈阳市医药制造业生产较上年有所回落。全年共完成工业总产值215.7亿元,比上年下降了19.2%;实现销售产值209.0亿元,比上年下降了19.3%。工业产品产销率为96.9%,比上年下降了0.1个百分点。实现出口交货值6.4亿元,比上年下降了4.5%。

2015年,沈阳市医药制造业的资产总额275.3亿元,比上年增长了9.9%。其中:流动资产130.9129.1亿元,占全部资产的47.5%;固定资产78.3亿元,占全部资产的28.4%。负债合计为133.6亿元,比上年增长了4.9%。实现主营业务收入221.7亿元,比上年下降了20.4%。主营业务成本为156.4亿元,比上年下降了25.5%。盈亏相抵后全行业共实现盈利16.1亿元,比上年下降了21.8%。实现利税总额24.2亿元,比上年下降了21.4%。实现应交增值税6.6亿元,比上年下降了21.4%。全行业从业人员年平均人数为2.14万人,比上年下降了8.2%。

2015年,沈阳市医药制造业共有6户企业生产经营呈现亏损状态,亏损面为9.3%。亏损企业的亏损额为4.5亿元。

(孙佚飞)

【东北制药集团有限责任公司】 2015年,东北制药集团有限责任公司领导班子带领万名员工,紧紧围绕"抓产品,提质增效;抓创新,复兴东药"工作方针,勠力同心,奋力拼搏,深入探索改革实践,克服经济形势低迷、政策法规突变、搬迁投产调试等经营生产难题,圆满完成了体系结构调整最后一步。企业现代化组织框架、信息化管理模式基本形成,为接下来深化改革、创新实效奠定坚实基础。

全年实现营业收入45.4亿元,完成工业总产值28.1亿元,实现工业增加值5.4亿元。至2015年底,东药集团资产总额为114.9亿元,资产负债率为66.2%。科技研发总投入为1.05亿元,技术投入比为3.67%。

2013年至2015年,东药集团三年分三步的整体性、系统性改革不断深入,整体层面的市场化改革基本完成。股份公司全面接收集团股权、资产和高管人员,延续近20年的集团公司、股份公司两大层级在2015年实现了合二为一。按照"利益共享,风险共担"原则,2015年底,员工持股计划认购确认工作圆满结束,统计认购股数4200余万股,参股金额3.5亿元。

市场体系架构调整完成,营销牵动蓄势待发。成立公司营销决策管理委员会,有力推动营销战略把控向总部集中,进一步强化市场对生产、研发、管理的全面牵动。按产品领域成立8个制剂销售分公司和一个销售部,将原料药国内销售全面分解到各原料药生产分公司,缩短产品与客户的距离,强力提升市场快速反应能力和专业营销执行能力。

细河原料药一期工程完成总体投资25亿元,除锅炉项目外,全部工程完工并交付使用,厂区正式步入生产达标新阶段。全年11个原料药产品通过新版GMP认证。11条制剂生产线一次性通过哥伦比亚认证,打通产品远销南美之路。东瑞公司投资1.3亿元的精细化工产品搬迁改造项目基本完成。本溪生物基地多个产品陆续投产,成功走向市场。

以陈凯先院士为首席专家,聘请13位国内知名科研院所、医疗机构、重点高校顶级专家,成立东药专家委员会,加速创新发展。2015年,东北制药牵头的"辽宁生物医药产业技术创新战略联盟"成为省级联盟试点。公司新增授权专利17件,拥有授权专利总数达到77件。小檗碱片新适应症获得临床批件。丙型肝炎病毒核酸检测试剂盒等3个产品获批。整肠生、左卡等产品技术研究项目分获沈阳市科技进步一等奖和市科技振兴奖。

(张心岩)

轻　工　业

【概况】 截至2015年末,沈阳市共有规模以上轻工业企业932户,比上年减少118户,占全市规模以上工业企业总数的28.4%。按国民经济行业划分标准,沈阳市规模以上轻工业企业共涉足农副食品加工业、食品制造业、烟草制品业、纺织业、纺织服装服饰业、皮革毛皮羽毛及其制品和制鞋业、木材加工和木、竹、藤、棕、草制品业、家具制造业、造纸和纸制品业、印刷业和记录媒介的复制、文教、工美、体育和娱乐用品制造业和医药制造业等26个大类行业。但轻工业企业主要集中在农副食品加工业、食品制造业、医药制造业、酒、饮料和精制茶制造业、家具制造业、纺织服装服饰业、造纸和纸制品业七大行业中。以上七大行业共聚集了657户企业,占轻工业企业总数的70.5%。

从登记注册类型看:60%以上的轻工业企业为私营经营企业。截至2015年底,私营企业623户,占全行业的66.8%;有限责任公司137户,占14.7%;外商投资企业79户,占8.5%;港、澳、台商投资企业36户,占3.9%;股份有限公司29户,占3.1%;集体企业9户,占1.0%;国有企业10户,占1.1%;股份合作企业6户,占0.6%。从企业规模看:绝大多数企业为小型企业,共有811户,占全行业的87.0%;中型企业108户,占11.6%;大型企业13户,占1.4%;。

2015年末,沈阳市轻工业企业共拥有资产1589.4亿元,比上年下降9.0%,其中:流动资产660.3亿元,占全部资产的41.5%;固定资产732.6亿元,占46.1%。全部负债总额为707.7亿元,比上年下降2.7%,其中流动负债510.3亿元,占全部负债的72.1%,非流动负债158.1亿元,占22.3%。资产负债率为44.5%,比上年提高2.9个百分点。所有者权益为914.3亿元,比上年下降9.0%。年平均用工人数17.9万人,比上年减少4.5万人,下降20.1%。

从生产经营情况看,2015年沈阳市轻工业呈现下滑态势。全年共完成工业总产值2212.5亿元,比上年下降36.0%,占全部规模以上工业的比重为23.9%,比重较上年下降1.2个百分点。实现销售产值2196.5亿元,下降35.3%,工业产品产销率为99.3%。全年实现主营业务收入2163.2亿元,下降36.2%,实现利润总额110.8亿元,下降38.2%;实现利税总额172.6亿元,下降35.9%。

2015年,25个轻工大类行业中,有4个行业实现产值超百亿元:农副食品加工业实现产值799.8亿元,居轻工行业榜首,占全部轻工业的36.1%;食品制造业实现产值221.2亿元,占10.0%;医药制造业实现产值215.7亿元,占9.7%;酒、饮料和精制茶制造业实现产值161.9

亿元，占7.3%；以上4大行业实现产值占全部轻工业的63.2%。

2015年，轻工业主要产品产量：小麦粉（面粉）比上年下降4.3%、饲料下降2.4%、精制食用植物油下降8.7%、方便面下降11.2%、乳制品下降8.2%、饮料酒增长0.4%、软饮料下降16.7%、无纺布下降14.3%、服装下降31.4%、家具下降11.1%、合成洗涤剂下降39.4%、化学药品原药下降7.1%、中成药下降0.1%。

2015年，沈阳市轻工业共有66户企业生产经营呈亏损状况，亏损面为7.1%，较上年提高1.9个百分点；亏损企业的亏损额为13.8亿元，较上年增加2.1亿元，增长17.9%。

（柳东升）

【食品制造业】 2015年，沈阳市食品制造业规模以上企业共有80家。从登记注册类型分组看，内资企业63家，比上年减少2家，其中：国有企业1家；集体企业1家；有限责任公司10家；股份有限公司3家；私营企业48家；港澳台商投资企业8家；外商投资企业9家。从行业分组看，焙烤食品制造业18家；方便面食品制造业10家；糖果、巧克力及蜜饯制造业6家；乳制品制造业5家；罐头制造业5家；调味品、发酵制品制造业14家；其他食品制造业22家。从企业规模上看，大型企业4家，中型企业8家，小型企业59家，微型企业9家。

2015年，该行业年末资产总计达182.1亿元，其中：流动资产合计98.6亿元，固定资产66.7亿元；从业人员年平均人数达17695人。

2015年，该行业的生产和经济效益呈现下降态势，共计完成工业总产值221.2亿元，下降31.8%；工业销售产值223.0亿元，下降31.1%；实现产品销售收入达222.0亿元，下降31.2%；实现利润15.2亿元，下降29.0%。

2015年，内资企业在本行业占绝对优势，内资企业单位数占本行业的78.8%，完成工业总产值133.7亿元，所占比重高达60.4%，工业销售产值132.1亿元，占总量59.2%，实现产品销售收入达131.7亿元，占总量59.3%，实现利润9.7亿元，占总量63.8%，实现利税12.6亿元，占总量61.8%。

2015年，该行业中，乳制品制造业全年实现工业总产值55.2亿元，排在第一位；其次为焙烤食品制造业，工业总产值48.2亿元；再次为方便食品制造，工业总产值为31.6亿元。创造利税方面，第一位为焙烤食品制造业，实现利税达7.1亿元；第二位为方便食品制造，利税为3.2亿元。

2015年，食品制造业生产方便面15.6万吨，比上年下降11.2%；乳制品63.6万吨，增长8.2%；糖果6396.0吨，下降16.0%；酱油2.4万吨，下降12.9%；冷冻饮品8.4万吨，下降11.7%。

（张明浩）

【农副食品加工业】 农副食品加工业作为沈阳市支柱产业之一，包括谷物磨制、饲料加工、植物油加工、屠宰及肉类加工、水产品加工、蔬菜、水果和坚果加工、其他农副食品加工等5个行业中类和13个行业小类，主要产品为大米、食用植物油、小麦粉、饲料等。

2015年末，该行业共有规模以上工业企业287户，是全市规上企业户数第二多的行业，其中大型企业1户，中型企业25户，小型企业225户，微型企业36户。资产总额达到337.6亿元，同比下降20.1%；其中固定资产221.5亿元，同比下降15.3%；平均用工人数为4.63万人，同比减少1.17万人。

2015年，农副食品加工业共实现工业总产值799.8亿元，同比下降39.4%。产值在全市39个行业大类中排名第3位，仅低于汽车制造业和通用设备制造业。实现主营业务收入793.6亿元，同比下降38.4%；利润总额32.2亿元，同比下降41.8%。

2015年，在农副食品加工业中，从事饲料加工的企业有107户，共实现产值400.8亿元，同比下降24.6%，占全行业50.1%。实现主营业务收入398.0亿元，同比下降20.9%；利润总额18.9亿元，同比下降31.5%。

2015年，在农副食品加工业中，产值超亿元企业有199户，其中6户企业超过10亿元；利润总额超千万的企业有103户，其中1户企业利润总额超亿元。

（陈　曦）

化学工业

【化学原料及化学制品制造业】 2015年，沈阳市化学原料及化学制品制造业规模以上企业共有153家，比上年减少23家。从登记注册类型分组看，内资企业140家，比上年减少18家，其中：集体企业6家；股份合作企业2家；有限责任公司32家；股份有限公司4家；私营企业95家；其他类型企业1家；港澳台商投资企业4家；外商投资企业9家。从行业分布来看，基础化学原料制造27家，专用化学产品制造55家，涂料、油墨、颜料及类似产品制造30家，肥料制造23家，日用化学产品制造5家，农药制造5家，合成材料制造8家。从工业企业大中小微型分组看，大型企业1家，中型企业12家，小型企业116家，微型企业24家。

2015年，该行业全部资产总计年末达130.9亿元，流动资产年合计达51.1亿元，固定资产68.0亿元；从业人员年平均人数为1.96万人。

2015年，该行业的生产呈现较大下降，共计完成工业总产值238.8亿元，比上年下降39.0%；工业销售产值237.6亿元，下降38.3%；实现产品销售收入237.5亿元，下降40.7%；实现利润为11.9亿元，下降36.7%。

2015年，该行业中专用化学产品制造业保持良好发展态势，并占绝对优势。专用化学产品制造业实现工业总产值达71.1亿元，所占比重高达29.8%；销售产值为70.6亿元，占总量29.7%；资产总计达52.7亿元，占总量40.3%；产品销售收入达71.8亿元，占总量30.2%；实现利税达6.3亿元，占总量38.6%；实现利润达4.5亿元，占总量37.8%。

2015年，该行业中，专用化学产品制造业全年实现工业总产值71.1亿元，排在第一位；其次为涂料、油墨、颜料及类似产品制造业，工业总产值50.0亿元；再次为肥料制造，工业总产值为46.6亿元。创造利税方面，第一位为专用化学产品制造业，实现利税达6.3亿元；第二位为涂料、油墨、颜料及类似产品制造业，利税为3.7亿元；第三位为肥料制造，利税为3.0亿元。

2015年，沈阳市的化学原料及化学制品制造业生产的主要产品产量：合成洗涤剂4.5万吨，下降39.4%；烧碱10.3万吨，下降29.3%；涂料17.8万吨，下降12.2%；化学农药原药6457.3吨，增长1.1%；盐酸2.9万吨，下降45.0%；化学肥料1093.0吨，下降15.3%。

（张明浩）

【橡胶制品业】 2015年，沈阳市橡胶制品业规模以上企业共有53家，比上年减少3家。从登记注册类型分组看，内资企业46家，其中：股份合作企业2家，有限责任公司10家，股份有限公司2家，私营企业32家；港澳台商投资企业2家；外商投资企业5家。从行业分布来看，轮胎制造行业6家，橡胶板、管、带制造行业24家，橡胶零件制造行业10家，再生橡胶制造行业3家，日用及医用橡胶制品制造行业1家，其他橡胶制品制造行业9家。从企业规模看，大型企业3家，中型企业9家，小微型企业41家。

2015年，该行业全部资产总计年末达186.9亿元，比上年上升3.3%；流动资产合计达40.0亿元，比上年上升7.5%；固定资产合计达116.4亿元，比上年上升23.8%；该行业平均用工人数为1.45万人。完成工业总产值134.0亿元，比上年下降14.2%；实现工业销售产值132.1亿元，比上年下降13.7%。实现主营业务收入132.1亿元。其中：轮胎制造行业排在第一位，主营业务收入达51.9亿元，占全行业的39.3%；其次为橡胶板、管、带制造行业，实现主营业务收入40.8亿元，占总量30.9%；再次为其他橡胶制品制造行业，主营业务收入为21.9亿元，占总量16.6%。

2015年，橡胶制品业的大中型企业在本行业起到了举足轻重的作用。大中型橡胶制品企业实现工业总产值达66.7亿元，占全行业的49.8%；实现主营业务收入65.6亿元，占总量49.7%；资产总计达161.8亿元，占总量86.6%。

（陈　晨）

建材工业

【非金属矿物制品业】 沈阳市非金属矿物制品业主要包括水泥、石灰和石膏制造，石膏、水泥制品及类似制品制造，砖瓦、石材等建筑材料制造，玻璃制造，玻璃制品制造，玻璃纤维和玻璃纤维增强塑料制品制造，陶瓷制品制造，耐火材料制品制造，石墨及其他非金属矿物制品制造9个中类行业及29个小类行业。

2015年，沈阳市共有规模以上非金属矿物制品业工业企业287户，比上年减少27户，其中：中型企业16户，小微型企业271户。

2015年，该行业共有156户企业全年主营业务收入过亿元，占全行业户数的54.4%；实现主营业务收入合计达501.5亿元，占全行业的91.8%。

从登记注册类型看：内资企业263户，占91.6%；港澳台商投资企业13户；比上年减少2户；外商投资企业11户，与上年持平。

从行业构成上看：水泥、石灰和石膏制造14户，石膏、水泥制品及类似制品制造95户，砖瓦、石材等建筑材料制造109户，玻璃制造8户，玻璃制品制造15户，玻璃纤维和玻璃纤维增强塑料制品制造10户，陶瓷制品制造8户，耐火材料制品制造14户，石墨及其他非金属矿物制品制造14户。

2015年，该行业有32户亏损企业，比上年增加3户，亏损企业的亏损额为1.5亿元。2015年该行业实现利润总额23.8亿元，比上年下降55.5%；实现利税总额32.9亿元，比上年下降57.7%。

2015年，该行业拥有资产260.2亿元，比上年下降11.9%。其中：固定资产原价292.9亿元，下降26.3%；负债合计104.6亿元，下降4.7%；其中流动负债85亿元，上升2.4%；所有者权益合计151.9亿元，比上年下降17.6%。2015年，该行业平均用工人数为4.7万人，比上年减少1.57万人。

2015年，沈阳市的非金属矿物制品业全年实现主营业务收入546.4亿元。在其中类行业中，主营业务收入占据前三名的分别是：砖瓦、石材等建筑材料制造实现主营业务收入246.1亿元，占全行业的45.0%；石膏、水泥制品及类似制品制造行业实现主营业务收入127.7亿元，占全行业的23.4%；水泥、石灰和石膏制造行业实现主营业务收入44.1亿元，占全行业的8.1%。

（陈　晨）

汽车及零部件产业

【概况】 依托本地强大的产业基础和人力资源优势，沈阳市汽车产业取得了长足发展，实现了历史性突破和跨越式发展。为了不断扩大产业的集群发展优势，促进汽车产业再上新台阶，2015年通过加快推进华晨宝马、上通北盛、华晨汽车等重大项目的实施，实现了整车产能的快速扩张。同时，以整车生产企业为依托，通过强化产业链招商，实现了汽车零部件产业的快速发展，产业集聚效应进一步凸显，汽车产业对全市经济社会发展的拉动作用越来越明显。汽车产业已形成了以乘用车、轻型车、汽车发动机为发展重点，以大中型客车、新能源汽车、专用车及汽车零部件为补充，具有一定整车制造和零部件配套能力的生产体系，初步形成了合资品牌与自主品牌共同发展，高中低端产品较为齐全的产品体系。

（郭　禄）

【汽车整车产业发展】 2015年，在全国汽车增速不断回落的情况下，全市汽车产业虽然也出现了一定下降，但在华晨宝马和上汽通用等重点企业的带动下，总体情况仍然保持良好。2015年共生产汽车整车106.1万辆（全国排名第8位），同比仅下降2.4%，占全国汽车总产量的4.3%；汽车整车实现工业产值1497.4亿元，同比下降1.8%。其中华晨宝马（主导产品为宝马3系、宝马5系及X1 SUV）共生产整车28.8万辆，同比增长0.1%，实现工业产值952.9亿元，同比下降5.1%；上通北盛（主导产品为雪佛兰科鲁兹轿车、别克威朗轿车、GL8高级商务车、科帕奇SUV）共生产整车40.5亿元，同比增长5.1%，实现工业产值394.3亿元，同比增长4.5%；华晨中华（主导产品为中华系列轿车、V3及V5系列SUV）共生产整车16.02万辆，同比增长18.9%，实现工业产值72.1万辆，同比增长16.3%；华晨金杯（主导产品为海狮轻型客车、阁瑞斯商务车、华颂7商务车）共生产整车16.1万辆，同比下降3.2%，实现工业产值58.1亿元，同比增长2.2%；金杯车辆公司（主导产品为金杯系列轻型卡车）受国家环保标准提高影响下降较明显，全年共生产轻型卡车4.7万辆，同比下降58.3%，实现工业产值19.8亿元，同比下降20.4%。2015年汽车及零部件产业实现工业产值2048.6亿元，同比下降4.8%，实现工业增加值508.2亿元，同比下降0.5%。在2015年全市纳税百强企业中，汽车及零部件行业共有8户，纳税总额187.6亿元，占纳税百强企业总纳税额的44.6%，其中，华晨宝马和上通北盛分别纳税127.1和

46.5亿元，分列沈阳市纳税百强企业一、二位。

（郭　禄）

【汽车零部件产业发展】　随着汽车整车的快速发展，汽车零部件产业也实现快速发展趋势。沈阳市积极依托整车企业，开展依商招商活动，并取得明显成效。2015年，全市以发动机、车桥、冲压件、内外饰件等一级配套产品为主体，发动机零部件、制动材料、座椅材料等二、三级配套产品为补充的汽车零部件配套体系已初步形成，在区域上形成了东、西、南三大聚集区，聚集企业近220家，占全部汽车零部件企业的85.6%以上，产业集中度进一步提高。

（郭　禄）

【新能源汽车产业发展】　在国家推广应用政策的推动下，2015年全市新能源汽车产量达到1796辆，实现工业产值12.2亿元，除宝马、华晨及五洲龙等企业外，金杯车辆也开始尝试新能源汽车的生产。2015年促成了北京科凌新能源汽车有限公司与华龙客车的兼并重组，最终将华龙新能源客车项目落户浑南，并在短时间内帮助华龙恢复了宝贵的生产资质，2016年华龙新能源汽车公司将正式推出增程式动力新能源客车。全市有华晨宝马、华晨金杯、华晨中华、五洲龙及华龙等新能源汽车生产企业，在纯电动、插电式混合动力和增程式动力等新能源技术方面取得一定发展。

（郭　禄）

【汽车重点项目进展】　1.华晨宝马铁西工厂三期项目 。项目是在二期的基础上，再投资88亿元人民币，新增建设总装、涂装、车身车间及其配套附属车间，主要生产新三系及其衍生等新车型，最终形成年产40万辆整车生产能力。项目于2014年初开工建设，2015年，华晨宝马铁西工厂三期项目已全部建成并正式投产。

2.华晨宝马大东工厂扩建项目。项目总占地面积123.5万平方米，主要建设总装车间、物流车间及试车跑道、停车场等辅助设施，部分区域用于满足第七代新五系轿车的生产需要。建成后大东工厂总产能将增加到30－40万辆/年，项目于2015年4月正式开工建设，2015年底北扩部分已完成机电安装，东扩部分主体工程基础建设施工完成。

3.上通北盛新车型技术改造项目。上通北盛D2SB、D2JB多用途车及其变型车技术改造项目新车型威朗已于2015年6月27日正式上市，上市销售后市场反响很好，已成为企业的主打车型，另一款威朗两厢车型的技术改造工作也已完成，新车型于2015年12月末正式上市销售。

4.华晨中华M8X扩建项目。项目总投资26.6亿元，总占地面积3.5万平方米，新增模、器具，新建车身车间、对A级车工厂涂装和总装车间进行改造。2015年新车间厂房已实现暖封闭。

5.金杯车辆搬迁改造项目。项目总投资15亿元，建设七个基本生产车间及设备维修等辅助车间、空压机站等公用动力设施以及研发、行政管理中心等。

（郭　禄）

【上汽通用（沈阳）北盛汽车有限公司】2004年8月2日，上汽集团、通用汽车和上汽通用汽车各出资25%、25%、50%兼并重组沈阳金杯通用成立上汽通用北盛汽车。北盛汽车拥有南北两座工厂，总占地面积2.6平方公里（其中：南厂0.4平方公里，北厂2.2平方公里），总建筑面积60万平方米（其中：南厂22万平方米，北厂38万平方米），设计年产能为50万辆整车和45万台发动机。作为上汽集团和上汽通用的整车与动力总成制造基地，历经十一年卓越发展，北盛汽车已经成为辽沈地区主要汽车生产企业，并为拉动当地经济发展起到了重要作用。

北盛汽车生产别克、雪佛兰两大品牌的产品，包括别克GL8商务车、GL8豪华商务车、别克威朗/威朗GS、雪佛兰全新一代科鲁兹、科鲁兹经典版、科鲁兹掀背车、雪佛兰科帕奇共计八款车型，覆盖了从豪华商务车、城市SUV到经济型轿车各细分市场。

发动机制造方面，北盛汽车动力总成车间是通用汽车全球第一个SGE系列发动机生产基地，主要生产1.4T、1.5自然吸气、1.5T三款发动机，共计8款产品，应用于别克威朗、雪佛兰全新一代科鲁兹、别克昂科威等车型。

北盛汽车现有员工5200多名，平均年龄28岁，其中大专及以上学历占81%。十二年来，北盛汽车本着造车育人的理念，以五支队伍建设为平台，培养了一大批汽车制造领域的管理及技术人才。近年来，北盛汽车员工在各级技能比武大赛中屡获佳绩，先后取得了全国企业技能大赛二等奖、机械工业技术能手、沈阳市最年轻首席工人、蓝领之星等诸多技术称号。2012至2015年，共有9人荣获沈阳五一劳动奖章，4人荣获沈阳市劳动模范称号。

2015年，北盛汽车生产整车40.5万辆，创造产值394.3亿元，同比增长分别达到了5.1%和4.5%，创下了北盛汽车的历史新高。尤为值得一提的是与北盛三期同步建设、同步投产的北盛汽车供应商配套园区，该园区是上汽通用历史上第一个零距离集中式配套园区，园区的建立大大提高了供应商响应速度，降低了质量成本及运营成本，该创新模式已复制到上汽通用的其它生产基地。已有25家零部件供应商入驻该园区。

自成立以来，在实现自身发展的同时，北盛汽车在拉动当地产业配套、提供就业、依法纳税、提高制造业水平等方面也发挥着积极作用，为此荣获了多项荣誉：安全方面，先后获得“国家级安全文化示范企业”及“国家安全生产标准化一级企业资质”等称号；质量方面，北盛汽车是国内首家通过生产一致性认证企业，并于2014年通过通用汽车全球制造质量四级认证；环保方面，北盛汽车荣获“美国环境保护署”授予的“能源之星”荣誉称号，并荣获盛京环保奖－最佳企业污染防治奖；此外，北盛汽车还先后荣获“全国五一劳动奖状”及“沈阳市突出企业贡献奖”，并连续三年在辽宁省纳税排名前十，沈阳市纳税排名第二。

（杜　婵）

航空航天制造业

【概况】　沈阳是国家发改委批准建设的民用航空产业国家高技术产业基地。全市共有各类航空航天企事业单位36户。其中：规模以上工业企业23户，科研院所4所，民用航空运输企业4户；有7个机场以及国家航空行政审批、管理机构。沈阳登记在册的通用航空公司7家，航空俱乐部2家，适航在册的通用飞机43架，2015年飞行量7630小时，飞行9717架次。2015年，全市航空产业实现产值291亿元，同比增长7%；实现出口交货值24.7亿元，同比增长7.5%。

沈飞民机公司是沈阳航空产业的重点企业，是中国大飞机C919项目以及

ARJ21项目尾段、全机电缆、发动机调挂等重要部件的主要供应商，也是庞巴迪公司在国内惟一一家Q400飞机大部件供应商。黎明公司是沈阳航空发动机和燃气轮机重要的研制企业，为美国GE公司、英国罗罗公司和法国斯奈克玛公司等世界著名发动机公司转包生产机匣、短轴和结构件等产品，获得了2015年度罗罗公司供应商大会“最佳提升奖”，并相继研制了R0110、QD128、QD168等重、轻、微型系列燃机。其中，R0110重型燃机是中国首台具有完全自主知识产权的重型燃机，打破了国外对我国重型燃机技术的垄断，QD128燃气轮机实现了全国具有完全自主知识产权的燃机首次海外销售。

（李泽祖）

【航空产业布局】 沈阳航空产业已经形成了浑南航空产业园、沈北航空产业园和法库通航产业园三个南北呼应、各具特色的产业空间布局。浑南航空产业园，充分发挥桃仙国际机场航空口岸枢纽作用，依托综合保税区，重点发展航空制造、航空物流、航空维修、保税加工等临空产业，创新发展跨境电商等“互联网+”产业，多元化发展会展、金融等关联产业，实现浑南新城与空港经济区双核驱动，努力打造“发展大浑南、支撑大沈阳”的新增长极，成为沈阳经济区走向世界的重要窗口。已入住中航沈飞民用飞机有限责任公司、沈阳沈飞国际商用飞机有限公司、沈阳中一航空总部基地有限公司、沈阳维修基地、南航北方分公司等多家航空企业。沈北航空产业园，立足沈阳航空产业基础，通过航空项目引入和航空产业延伸拓展，构建飞机整机制造、发动机、零部件配套、航空关联制造、通航运营培训等一体化的航空全产业链集聚发展平台。园区内已有国泰飞机制造有限公司、西子航空有限公司、沈飞航宇产业园、沈飞航宇机械有限公司、中恒碳纤维等整机、航空零部件企业34家。法库通航产业园，主要发展通用飞机总装、试飞、调试，以及通航飞机维修、运营、培训和服务，建设通用飞机总装、运营、培训、飞行俱乐部及相关服务配套齐全的通用航空基地。法库通航机场是国家低空空域管理改革实验区之一、国家首批通用航空服务站试点、东北地区通用航空ADS-B安全运行试点，也是东北地区首个正式开放使用的通用航空机场，成功举办了四届“沈阳法库国际飞行大会”。辽宁通飞通用航空有限公司、亿家通用航空有限公司、辽宁锐翔通用航空有限公司等三家通航运营公司入驻园区，2015年总飞行量1165小时。

（李泽祖）

【民用航空产品】 通过深化与中航工业、中国商飞、波音公司、空客公司、庞巴迪公司等中外航空制造业巨头更深层次的合作，航空产品的自主研发能力不断提升，融入世界民用航空产业链的步伐逐步加快。民用航空产品以零部件转包生产为主，涵盖了国内外主要干、支线民用飞机的机身段、舱门、电缆、吊挂、机翼前缘等机体结构部段，以及发动机零部件转包和燃气轮机。主导产品的市场占有率方面，Q400机身段、B787垂尾前缘、ARJ和C919吊挂的转包市场占有率均为100%，产品的技术水平处于国内外先进水平。

主要产品有：转包波音公司的产品有B737飞机上舱面/下舱面/APU门/48段、B777复合材料壁板、B787-8垂尾前缘/翼尖、B787-9垂尾前缘等多个工作包，和波音公司在B777等机型多个工作包项目也达成初步合作意向；转包空客公司的产品有A320机翼前缘（月产量为4架份）、A320电源箱、A320应急舱门（月产量可达100个）等工作包；转包庞巴迪公司的产品有Q400前机身/中机身/后机身/尾段/中机身电缆/机身对接、C系列前机身/中机身/后机身/尾锥/舱门等工作包；国内转包的产品有ARJ21电源中心/吊挂/全机电缆/无线电架/尾段、C919后机身前段/后机身后段/APU门/吊挂组件/垂尾等工作包；燃气轮机主要有QD128、QD168、QD185、R0110等产品；通用飞机有辽宁通用航空研究院的RX-1E型电动飞机、中体轻型飞机公司的海燕650型飞机以及辽宁联航神燕飞机有限公司引进的TECNAM公司三款机型。

（李泽祖）

【民用航空生产技术】 参与了国内外多种民机型号研制任务，以合作伙伴角色与国外民用飞机主制造商庞巴迪公司合作，全面深入地参与了C系列飞机的研制工作，同时，也参与了大量国内重点型号飞机的研发，包括C919大飞机、ARJ支线飞机、新舟700飞机以及双通道宽体客机的设计任务。通过参加国内外民机型号设计积累了先进的、丰富的设计经验和管理经验，在设计组织资质方面，搭建了较完善的民机设计体系和设计保证系统，通过了AS9100 C版认证（包含设计和制造），波音公司在沈阳设立了中国第一个区域性研发制造中心——中航工业波音创新中心（沈阳）（MIC）。通过多年来多机型的研制生产，在舱门、吊挂、机身等机体结构部件上形成了自身专业化的制造能力；具备世界先进水平的钣金加工及特种工艺（热处理、表面处理、无损检测等）生产线先后通过了庞巴迪、以色列IAI、波音等公司的认证；掌握了全自动钻铆、大型结构件整体制造、数字化制造、钣金及特种工艺加工等民用飞机研制关键技术。积极推动沈飞民机民用飞机研发制造平台项目，项目建成后将在建设一体化研发制造平台方面有重大突破，可形成先进大型复合材料结构件研发制造能力、飞机大部件自动化柔性化装配能力。

（李泽祖）

【中航工业沈阳飞机工业（集团）有限公司】 2015年，中航工业沈飞营业收入完成年计划的102.4%，同比增长12.6%；工业总产值同比增长3.7%；利润同比增长11.5%。经济总量指标全面完成上级的考核目标。公司总体规模不断扩大，运营质量持续向好。军机科研生产交付创造了公司军机研制生产新纪录，圆满完成了年初制定的目标。军机服务保障坚持外场优先原则，成功完成了18次重大专项保障任务。在纪念中国人民抗日战争暨世界反法西斯战争胜利70周年阅兵中，沈飞公司生产的21架飞机飞过天安门广场，荣获“中航工业‘1509’活动突出贡献单位”荣誉称号。民机技术和管理能力有较大提升，各转包项目按客户需求完成了交付任务。C系列飞机迈入批产阶段，达到了月产2架份。非航产业营业收入完成年计划的131%，在宏观经济下行的情况下，实现了平稳发展。融合运用产权转让、吸收合并、清理注销等投资方式，完成了4家投资企业的清理工作。切实强化经营巡视、预警监控、业绩评价和审计管理，控股子公司净资产收益率达到8%。公司组织架构持续改善，整合、调整相关机构职能，统筹了技术、生产、项目管理等资源。能力保障建设有效推进。在技术变革的关键时期，沈飞公司统筹推进技术攻关、课题研究和推广应用,在钛合金加工成型、复合材料零件制造、增材制造、柔性装配等技术领域取得了新突破。全年申请专利305项,同比增长20%。信息化建设持续深入,强化了产品装配、零件供应等关键信息流的共享应用。自主开发了三维工艺设计、质量管理等信息系统。人才队伍建设采取校园招录、社会招聘、内部调配等方式,满足了人力资源需求。加强人才引进工作,做好人才储备。改善员工队伍结构,控制了用工总量。积极推进员工绩效管理,加大绩效结果应用力度,拉动管理水平提升。

员工共享企业发展成果,收入持续增长,生产生活条件不断改善,文化生活更加丰富多彩。为1万余名员工进行了健康检查。

(金 波)

【中航工业沈阳黎明发动机(集团)有限责任公司】 沈阳黎明航空发动机(集团)有限责任公司(简称中航工业黎明)隶属中国航空工业集团公司。公司总部位于沈阳市大东区,占地面积约100万平方米,注册资本33.9亿元。公司拥有员工1.32万余人,其中技术、技能专家1300余人,主要产品(产业)涵盖航空发动机、燃气轮机、国际业务与民机、现代服务业等多领域。自成立以来,公司始终承担着国家重点型号航空发动机研制生产任务,为我国国防建设和国民经济发展做出了重要贡献,在历史上创造了多个第一:我国第一台航空涡轮喷气发动机、我国第一台地对地导弹液体火箭发动机、我国第一台具有完全自主知识产权的航改燃机、我国第一台具有完全自主知识产权的航空发动机、我国第一台具有完全自主知识产权的重型燃机,被誉为"航空涡轮喷气发动机的摇篮"。

2015年,公司全面完成了全年繁重的科研批产任务,完善系列管理制度流程,推进依法治企建设并大力推进AOS体系建设,使各系统管理工作齐头并进,公司各项管理能力得到了显著提升。

1."总经理工程"全面实施。为促使批产发动机尽快成熟,打造出在行业内叫得响、信得过的产品,赢得客户的满意,公司开始实施"总经理工程",目的在于解决太行发动机原材料供应、制造及修理过程中的技术质量问题。同时,为了加快掌握三代机关键制造、修理技术,调动广大技术人员和技术专家的积极性和创造性,解决制约科研生产的瓶颈问题,公司首次设立总金额高达500万元的重点科研攻关项目专项奖,在公司范围内开展揭竞标活动。"总经理工程"各项目工作在有条不紊地向前推进,揭竞标工作也取得了阶段性成果。此次"总经理工程"的成功实施和揭竞标活动的开展必将在黎明发展史上书写下浓墨重彩的一笔。

2. 公司圆满完成体系完整的技术发展规划。2015年,一部以产品需求为牵引、以技术发展为目标、以技改条件为支撑的"十三五"技术发展规划正式形成。此规划包括产品规划、技术规划、技改规划、队伍规划四个部分,通过产品定位确定对技术的需求,进而明确技术研究发展方向,指导各专业科研立项,并指明技改方向。这一规划使公司拥有了定位准确、方向明晰、体系完整的技术发展"战略地图"将统领公司技术发展,成为重大专项落实的基础和保障,使公司制造技术水平从三代机向四代机稳步迈进。

3. 公司国际业务荣膺四项大奖。2015年,公司国际业务在四大项目上接连斩获重奖:罗罗全球供应商"最佳提升奖"——公司成为亚洲地区二十多家供应商中惟一获奖单位;GE航空"领导力奖"——GE航空高层亲赴黎明授奖;GE油气"最佳质量奖"——公司顺势开拓了意大利燃机市场;GE发电与水处理"最佳质量奖"——奠定双方互信合作的基础。精彩纷呈的荣誉代表了客户的高度认可,印证了体制机制的变化在国际业务领域取得的成效,也显示了公司国际业务正焕发出勃勃生机。

4. 公司胜利完成"9·3阅兵"保障任务。在"9·3阅兵"活动中,公司协同空、海军代表室和相关厂所,以高度的责任感和使命感,周密计划、精心组织,由总经理亲自担任总指挥,抽调精兵强将组成保障团队。在保障过程中,公司领导多次带队走访部队,主管副总经理和项目经理亲临现场指挥,空海军代表全力支持协同,航服分公司干部分驻部队把守,团队成员充分发扬黎明作风,全天候伴随部队训练,胜利完成了多个参阅型号的保障任务,为阅兵做出了突出贡献,得到了上级单位和部队机关的高度赞扬。公司因此荣获中航工业"突出贡献单位"、发动机公司"狼团队奖"和海装授予的"突出表现单位",并有17人次受到表彰。此次阅兵保障,全面展示了公司的产品实力与整体形象,极大鼓舞了全体干部员工的士气,为公司完成全年任务注入了强大动力。

5. 公司技能人才在竞技中"匠星"闪耀。2015年,公司技能人才"匠星"闪耀:黄海泳荣获全国"振兴杯"维修电工大赛亚军;宋建东勇夺中航工业技能大赛数控装调维修工冠军;栗生锐荣获"辽宁省有突出贡献高技能人才"称号;任加峰、曹文宝、柏镇、白世强荣获"辽宁省技术能手"称号。公司人才辈出的良好局面源于技能人才培养机制的持续创新。在2015年,公司与省劳动和社会保障厅共建的3个省级技能大师工作站成为技能人才技艺提升的熔炉;求新求变的职业技能竞赛方式方法成为激发技能人才释放潜能、磨砺技艺的追梦舞台。多年积淀的优秀培训资源、不断创新的人才培育机制,将持续为公司实现"国际一流"的愿景目标化育更多的蓝领精英。

(尚勤涛)

交 通 · 邮 政

铁路运输

【概况】 沈阳铁路统归沈阳铁路局管辖。沈阳铁路局是中国铁路总公司直属特大型运输企业，主要承担沈阳市及辽宁、吉林省、内蒙古自治区东部和黑龙江、河北省部分地区铁路客货运输工作。全局管辖铁路范围跨越辽宁、吉林两省和内蒙古自治区东部，以及黑龙江省南部、河北省东北部。共辐射4省1自治区，32个地级市、盟、自治州，194个县、县级市、旗、县级区。经济吸引区占地面积60多万平方公里，2015年地区总人口8000多万。2015年末全局职工总人数为23.55万人。局机关地处沈阳市和平区太原北街4号。

2015年，沈阳铁路局货物发送量完成2.85亿吨，完成总公司计划的79.5%，比上年降低18.3%，少运6353万吨；旅客发送量完成2.16亿人，完成总公司计划的95.4%，增长2.4%，多运515万人；货车周转时间完成2.01天，比总公司计划压缩0.17天，比上年压缩0.1天。货运机车日车公里完成642公里，比总公司计划增加18公里，比上年增加17公里；货运机车日产量完成220.4万吨公里，比总公司计划增加9万吨公里，比上年增加8.5万吨公里；货运列车平均牵引总重完成3788吨，比总公司计划增加100吨，比上年增加93吨。

2015年，沈阳市辖内共有铁路单位21个，其中：独立车站5个（沈阳站、苏家屯站、沈阳北站、沈阳西站、沈阳南站）、车务段1个（沈阳车务段）、货运中心1个（沈阳货运中心）、机务段2个（沈阳机务段、苏家屯机务段）、工务段3个（沈阳工务段、沈阳工务机械段、沈阳高铁工务段）、客运段3个（沈阳客运段、餐饮服务段、旅行服务段）、供电段1个（沈阳供电段）、电务段1个（沈阳电务段）、车辆段3个（沈阳车辆段、苏家屯车辆段、沈阳动车段）、通信段1个（沈阳通信段）。

（李　航）

【旅客运输】 2015年，全局办理客运业务的特等站4个、一等站7个、二等站63个、三等站87个、四等站216个、五等站4个，各类车站共计381个；全局共有乘降所296个，办理客运业务车站和乘降所合计677个。全局客运系统下设长春、沈阳、大连、吉林、锦州五个客运段和旅行服务段、餐饮服务段。

2015年底，沈阳局担当旅客列车301对，其中：直通112对，管内189对。全年完成客运收入178.4亿元，比上年增收21.3亿元；日均完成4888万元，同比日均多收585万元，增幅达到13.6%。人均票价收入率完成76.35元/人，较上年增加7.63元/人，增幅11.1%。全年完成旅客发送量2.16亿人，日均完成59万人；其中直通完成4394万人，日均完成12万人；全局行包发送364.48万件、6.10万吨。

2015年，沈阳市辖内承担客运任务的铁路车站发送旅客3015.9万人。沈阳客运段负责担当沈阳（北）、丹东、本溪至北京、广州东、深圳、上海、温州、青岛北、西安、太原、成都、武汉、宁波、哈尔滨东、齐齐哈尔、抚远、绥芬河、满洲里、漠河、西宁、承德、赤峰、大连、吉林、珲春等方向90对旅客列车乘务工作。其中：高铁和动车组列车57对、跨局直达列车3对、跨局特快列车2对、跨局快速列车7对、跨局普快列车6对、管内快速列车3.5对、管内普通快速列车5对，管内普通慢车6对、国际直达列车0.5对。全段旅客列车日走行14.10公里，出乘班组70个，日均出乘795人。全年输送旅客6962.98万人次。2015年5月15日，开行沈阳北至大连间K7382/1次列车、2015年5月17日开行沈阳北至西安间K2048/5、K2046/7次列车、2015年9月1日沈丹客专开通运营、2015年9月20日吉图珲客专开通运营。

（李　航）

【货物运输】 全局货运经营范围为办理整车、整零、集装箱货物运输，同时组织货运快运班列、循环车组等运输。2015年，全局有货运办理站487个，集装箱办理站88个，零担办理站226个，货运快车作业站539个，货检站21个（其中：路网性货检站7个，区域性货检站14个）。全局有专用线1430条，办理货物运输品类主要为煤炭、金属矿、非金属矿、钢铁、石油、矿建、粮食等。沈阳市辖内承担货物发送任务的车站2015年货物发送量2304万吨，实现运输收入20.12亿元，装车日均完成1100车，卸车日均完成1758车，完成两端收入9900万元，接取送达完成522万元。东北货运快车开行，共发运货物128.42万吨，运输收入1.13亿元。

（李　航）

【沈阳市辖内铁路】 沈阳市辖内各站段因工作性质不同，经营范围和管辖范围不同。沈阳站、沈阳北站、沈阳南站主要担当客运列车的接发及旅客的乘降工作；苏家屯站主要负责沈阳辖区内货物运输和旅客运输工作；沈阳西站主要承担沈阳枢纽货物列车的编组和解体任务；沈阳车务段主要负责沈阳市辖内的客货运输以及铁岭、抚顺市辖内部分铁路的货运和客运任务。沈阳货运中心主要负责沈阳辖区内货物运输的办理和装卸任务。沈阳、苏家屯机务段主要负责客货列车的牵引运输和机车的维修和管理任务；沈阳工务段、沈阳高铁工务段、沈阳工务机械段负责管内铁路线路的维修保养任务；沈阳客运段负责旅客列车的乘降服务任务；沈阳供电段负责铁路运输的供电和维护任务；沈阳电务段负责铁路信号、道岔等电气联锁的维修管理工作；沈阳车辆段负责全局大部分客车车辆的维修和管理任务；苏家屯车辆段承担货车车辆的维修和管理任务；沈阳动车段主要负责管理维护动车组工作;沈阳通信段主要担负铁路通信信息工作。

（李 航）

【沈丹客专开通】 2015年9月1日,沈丹客专开通,初期开行动车组列车43对,其中:本线32对,跨线开行至上海虹桥、北京南、哈尔滨西和大连北等11对,使用19组车体。为进一步提高客座率,10月12日,对沈丹客专运行图进行调整,停运3对动车,将5对动车改为周末线,并优化调整部分列车车次和停站。到年底,沈丹高铁开行动车列车40对,其中:本线29对,跨线11对。沈丹高铁开通不仅受到社会各界关注,也成为客运增收亮点,“十一”黄金周期间,沈丹客专各次动车客流居高不下,趟趟暴满,沈丹客专各站发人和客收分别创下了单日9.2万人和612万元的好成绩。沈丹客专的开通运营拉动了丹东周边旅游产业,打造了沈阳丹东一小时经济圈,收到了良好的社会和经济效益,截至2015年底,沈丹客专各站发人445万人,客运收入2.63亿元。沈阳南站为沈阳客专新建站,管辖范围:沈阳南站、沈阳南动车所、沙河堡线路所。2013年3月开始建设,新建车站总建筑面积22.0万平方米,共有22个站台(12个物理站台)、26条到发线(含4条正线),有81部电动扶梯和34部垂直电梯,贯通站房内外,站台与候车大厅、地下通道相接,为旅客出站更加畅通便捷创造了条件。高架候车大厅由东站房、西站房及中央站房组成。其中:东站房长213米、宽41.5米;西站房长150米、宽28.5米;中央站房高架候车层长286.5米、宽108米,同时能容纳1万人旅客候车,高架候车大厅南北两侧对称设计23个检票口。2014年10月15日,由沈大高速上下行便线转为正线,行车业务正式开办;2014年10月30日,沈阳南动车所开通使用;2015年9月1日,新建东站房、高架候车室、沙河堡线路所正式运营开通。

（李 航）

【铁路车站】 车站是承担客货运输的主要单位。2015年末,全局所辖车站768个,其中:特等站5个(长春、沈阳、苏家屯、沈阳西、山海关)、一等站9个、二等站89个、三等站150个、四等站469个、五等站26个、线路所20个。截至2015年底,全局车务系统共有29个站段,其中:直属站14个:长春站、长春北站、四平站、沈阳站、沈阳西站、苏家屯站、沈阳北站、大连站、金州站、丹东站、锦州站、山海关站、通辽站、沈阳南站;车务段15个:长春车务段、白城车务段、沈阳车务段、鞍山车务段、大连车务段、本溪车务段、锦州车务段、阜新车务段、霍林郭勒车务段、赤峰车务段、通辽车务段、吉林车务段、延吉车务段、梅河口车务段、通化车务段。

（李 航）

【铁路车辆】 铁路车辆分客车车辆和货车车辆,客车车辆为全路配属制,货车车辆为全路周转制(特种车除外)。车辆的管理和维修统一归车辆段负责。沈阳市辖内有沈阳车辆段、沈阳动车段和苏家屯车辆段。

沈阳车辆段是全路重要客车检修基地之一,全段共有职工4743人,配属客车3093辆,其中:硬座车1179辆,硬卧车1211辆,软座车26辆,软卧车272辆,发电车102辆,餐车142辆,行李车148辆,特种车13辆,代管邮政10辆。主要担负着全局客车段修、空调客车和发电车中修,承担着沈阳到北京、上海、广州、福州、深圳、温州、成都、西宁等地172组2437辆图定旅客列车的执乘、辅修、日常检修工作。

沈阳动车段是沈阳铁路局惟一的动车组运用检修段,主要承担时速250公里CRH5A型、CRH5G型动车组和时速300公里CRH380B型、CRH380BG型动车组的一、二、三级检修。负责秦沈、长吉、哈大、盘营、沈丹、长珲、丹大客专,沈阳至北京、青岛、武汉、上海、宁波间动车组列车的运用安全。累计完成动车组一级修2.67万组、二级修4963组、临修514辆。按照总公司送修计划,组织入长客股份高级修14组,其中:CRH5A动车组三级修1组、四级修8组、五级修2组,CRH380BG动车组三级修3组;组织入沈阳南检修基地三级修8组,其中CRH5A动车组6组,CRH380BG动车组2组。

（李 航）

道路运输

【道路客货运输生产】 2015年,沈阳市共完成客运量2.13亿人次、旅客周转量101.28亿人公里,比上年分别增长2.2%和2.5%;完成道路货运量2.44亿吨,道路货运周转量412亿吨公里,分别增长6.2%和6.0%。新增更新客运车辆588台,货运车辆1.01万台,新增租赁车辆2412台。道路运输继续在综合运输体系中发挥了基础作用,成为最能体现普遍服务、最具基础保障功能的运输方式。

制订了春运和小长假旅客运输工作方案,开展了多种形式的文明服务,组织沈阳八方客运公司开展“公益大巴春运免费送”便民活动,春运期间共投入运力17.8万台次,发送班次34.4万个,发送旅客948.1万人次,比上年同期增长1.87%,实现了旅客运输保障工作“安全、有序、便捷、优质”的预期目标。

（陈千城）

【推动道路运输行业与邮政、供销社的三网融合】 2015年,沈阳市依托交通、邮政、供销社三个方面的资源优势,形成以农村客运班线网络为主体,以邮政网络为辅助,以供销社网络为补充的三网融合服务体系,与省、市邮政部门进行了密切沟通协调,在全市12家客运站设置邮政服务站,其主要功能代缴燃气费、通信费、水电费,利用客运班车代运邮件,代售邮政报刊,为旅客提供了便捷舒适的出行服务。

（陈千城）

【加快城乡客运一体化步伐】 2015年,沈阳市开展了近郊线路班车集约化工作,鼓励现有的班车企业通过收购或股份制合作等方式将整条线路集约化。引导7条县郊客运班车完成了集约化经营,完成3条线路的公交化改造,制订下发了《沈阳市2015年城乡道路客运一体化发展水平评价实施方案》,确立了9个评价主体,实现了城市客运与城市公交、有轨电车等零距离换乘,为全市转变客运行业运营模式工作奠定了基础。

（陈千城）

【综合运输服务示范城市建设】 2015年,东北地区最大的交通枢纽站沈阳新南站正式启用,该枢纽站集长途客运车辆与轻轨、地铁、公交综合于一体,新民、辽中、康平、法库班线将进入新南站运营。完成了沈新路地铁口长途客运城市出口乘降站建设工作,实现了长途客运与公交、地铁实现无缝对接,进一步满足旅客的换乘需求。

（陈千城）

【营运黄标车清理整顿】 按照蓝天行动计划的总体安排，沈阳市交通局高度重视黄标车及老旧车辆淘汰工作，全年共淘汰2005年底前注册的营运黄标车4268台，淘汰2005年底之后注册的营运黄标车2001台。超额完成了年初制定的工作目标。积极鼓励企业采购天然气等新能源汽车从事道路运输营运，共新增更新道路货运天然气运输车辆67台，LNG客运车辆94台。推进全市2户客运企业共56台车进行了交通运输节能减排专项资金申报工作，同时列入了市政府2016年拟争取政策、项目和资金计划工作，提高了沈阳市道路运输企业的运输效率。

（陈千城）

【编制全市物流发展规划】 2015年，沈阳市交通局聘请清华大学研究所共同编制物流规划。在广泛讨论的基础上，分别对全市13个区、县（市）政府及相关部门就物流发展情况进行了全面调研。现场考察了10个拟纳入物流项目单位，并发放了大量的调查问卷，对全市物流业发展情况进行了摸底调查，并赴外地开展了物流业发展情况学习考察调研，汲取了各地物流业发展的先进经验，研究确定了规划编制的总体思路、目标和主体框架，形成了《规划》（征求意见稿），并分别致函各区县政府和市直相关部门共27个相关单位征求意见，修改完善数稿，在各部门共同努力下，《沈阳市物流业发展规划》已经编制完成。

（陈千城）

【重点物流企业培育】 2015年，沈阳市交通局做好深国际物流园项目的建设场站资金扶持和监管工作，项目一期工程已经封顶；重点培育5户物流企业已全部达到营业收入目标，重点企业的示范效应进一步显现。以城市配送为抓手，推进交通物流业发展，进一步落实鲜活农副产品"绿色通道"政策，会同公安、城建部门着手起草沈阳市城市配送车辆通行与停靠管理办法。

（陈千城）

【规范租赁市场运营秩序】 2015年，沈阳市交通局出台《沈阳市交通局关于加强客运车辆租赁市场管理的通知》和《沈阳市客车租赁企业开业资质条件管理规定》，制定了严禁使用打车软件开展租赁业务的工作措施。对新增租赁企业提高了开业门槛，对新增车辆的企业实施了企业资质及经营状况的现场勘验工作，全年共完成56家租赁企业的勘验工作，促进了客运租赁市场的健康有序发展。

（陈千城）

【严厉打击非法营运经营行为】 2015年，沈阳市交通局开展了治理货运车辆超限超载及擅自改装等执法行动。检查的重点为于洪区城乡结合部的建筑工地等大宗道路货物集散地。共出动执法车辆12台次，执法人员68人次，共检查车辆48台次，对其中涉嫌超限、擅自改装的19台车辆予以滞留和查扣。对重点区域、重点时段、群众反映突出的地区进行专项稽查，共开展执法检查59次，出动执法人员186人次，共检查车辆195台次，立案查处违章车辆66台次，市场经营秩序不断规范。

（陈千城）

【运输诚信体系建设】 2015年，沈阳市交通局继续着力推进以"履约诚信"为主要内容的诚信体系建设，通过强化手段、完善体系，圆满完成了信誉考核工作任务，取得了预期效果，全年共考核道路运输经营者1042户，考核评出AAA级企业50户，AA级企业522户，A级企业457户，不合格企业13户。有效激发了从业主体依法经营、诚信履约的积极性，社会投诉率大幅下降。

（陈千城）

【道路运输行业安全大检查、大排查专项整治行动】 为认真贯彻落实关于开展危险化学品道路运输专项检查的工作要求，沈阳市交通局组织全市运管部门深入开展道路运输安全生产大检查、大排查整治行动。为达到"全覆盖，零容忍，严管理，重实效"的工作目标，运管处对检查项目、评分标准进行认真研究、反复推敲、不漏环节，从企业、车辆、人员三方面入手，从细节工作、基础工作查找问题、排查隐患。并组成4个检查组对16个区县运管部门所辖76户道路危险品运输企业、113户道路旅客运输企业、11户客运站，共计200户道路运输企业进行了拉网式安全检查，并对以上企业所属576台道路运输车辆现场抽查，使全市道路运输市场的安全保障能力得到进一步提升。

（陈千城）

【开展"道路运输平安年"和"质量安全年"活动】 为深入贯彻落实"道路运输平安年"和"质量安全年"活动精神，切实加强沈阳市道路运输安全生产工作，市交通局制订了《沈阳市2015年"道路运输平安年"活动方案》，有效落实运输企业安全生产主体责任，增强道路运输重点领域安全生产保障能力，提升道路运输装备本质安全水平，沈阳市道路（水路）运输系统从强化安全生产基础、强化道路（水路）运输安全监管、强化运输市场秩序监管、加强安全生产文化建设和强化应急管理等五个方面，解决行业安全管理存在的突出问题，夯实道路运输安全基础。

（陈千城）

【推进道路运输行业安全标准化建设】 2015年，沈阳市交通局举办了参评企业安全管理人员培训班，本次培训累计参训人员共486人，并召开了专题安全会议对安全标准化工作情况进行了通报，对下一步工作进行督促安排，为全年的安全生产标准化达标考评工作奠定了坚实基础。

（陈千城）

【加强"两客一危"车辆动态联网联控监管】 2015年，沈阳市交通局制定出台全市重点营运车辆动态监管考核工作制度，在车辆年审、企业信誉考核等工作环节中着重考核企业车辆卫星定位监控情况。由市运管处对区县政府监控平台，区县运管部门对运输企业监控平台联网情况进行月、季度重点考核排名，要求车辆在线率和平台响应率均达到100%，进一步提高动态监管水平和能力。

（陈千城）

【提高为民服务的工作效率】 2015年，沈阳市交通局完成从业人员资格新办考试341场次近2.8万人，继续教育97场次共4.6万人次。共收取从业人员从业资格考试费152.6万元，共为县区上门服务18次。办理新增更新车辆核发证件业务479件次，客运车辆年审2487件次，客运车辆废业60件次，其他相关业务上千件次，未发生一起投诉案件，树立了良好的窗口服务形象。

（陈千城）

【普通货运车辆相关业务的权利下放】 2015年，沈阳市交通局为积极贯彻简政放权相关政策，积极与信息中心沟通协调，做好程序的修改和调试工作，召开专门会议布置下放业务及具体操作方法。截至年底，所有普通道路货物运输（包括普通货运、专项运输、大型物件运输车辆）转籍、过户、废业、转出等业务已全部交由所属辖区运管部门进行办理。

（陈千城）

【为业户提供一站式危货年审服务】 2015年，沈阳市交通局认真落实贯彻《道路危险货物运输管理规定》，以实现道路危险货物运输行业安全的精细化管理为目标。为道路危险品运输车辆提供"一站式"年审服务，监督676台常压罐式车安装了紧急切断装置，排查车辆安全隐患13起，整改不合格车辆29台次，清退已达使用年限车辆15台。坚决禁止不符合行业标准和检测不合格的车辆继续从事危险货物运输。

（陈千城）

【从业人员信誉考核实施指纹考核系统】 从2015年起，沈阳市交通局取消了从业人员继续教育考试，实行指纹考勤系统，将继续教育时限由两天缩短为一天，考核程序由四次简化为一次，实现了从业人员继续教育学时化考核，从而大大减轻了从业人员负担。

（陈千城）

【《道路运输经营许可证》换发及客运班线延续经营许可】 2015年，沈阳市交通局组织相关区县运管部门及客运企业召开专题会议，学习道路客运行业法规政策布置相关工作。已完成到期的20家班车经营者换发《道路运输经营许可证》所上报的相关材料初审工作，完成7家客运企业客运班线延续经营材料的初审工作。

（陈千城）

【沈阳新南站综合枢纽站正式启用】 2015年8月31日，东北地区最大的交通枢纽站沈阳新南站正式启用，该枢纽站集长途客运车辆与轻轨、地铁、公交综合于一体。客运接驳线路有新南站至机场、北站、沈北大学、苏家屯4条线路，按规划待客流提升将新民、辽中、康平、法库班线进入新南站运营。

（陈千城）

【加强客运站建设项目监管】 2015年，沈阳市交通局确定9个单位30个项目，累计金额880万元，并向相关区县下发了2015年场站建设项目计划文件。并做好了农村候车廊修缮后续工作。为沈阳市苏家屯客运站、新长客总站、长途客运西站、新民汽车客运站安全例检线争取省补助资金为200万元。沈阳南站客运交通枢纽准备开展部分结构调整以及智能化系统、站务设施建设工作；深国际沈阳现代综合物流园累计完成投资5.38亿元，完成投资比例75%，拨付交通运输部、省厅补助资金5000万元。

（陈千城）

【设立长途客运城市出口乘降站】 2015年，沈阳市完成沈新路、沈辽路地铁口客运城市出口乘降站建设工作，逐步实现长途客运与公交、地铁实现无缝对接，进一步满足旅客的换乘需求。

（陈千城）

公路与城际铁路建设

【概况】 2015年，沈阳市完成公路建设里程1815公里，建设沈阜开发大道、马宋公路、辽河生态文明示范区道路一期工程、沈铁二号公路新建工程及烟郝线维修改造工程等重点项目5项110.3公里；创建京沈线精品工程64.5公里，维修改造普通公路465公里，病险桥梁46座，在交通运输部"十二五"全国干线公路养护管理检查中取得了优异成绩；新建、改造、维修农村公路及村内道路1199公里，高速公路及铁路征拆工作顺利推进，沈康高速三期及沈丹客专竣工通车，沈阳铁路枢纽东北环线增二线工程主线通车运行，京沈客专、沈四高速改扩建工程全线进场施工，沈西工业走廊二期铁路征拆工作全面启动，沈康高速四期、通辽至京沈高铁新民北站项目开展前期工作。

（陈千城）

【城建重点项目】 辽宁省委、省政府关注的民生项目、辽河生态文明示范路一期工程已于2015年上半年竣工通车；市委、市政府重点关注的沈阜开发大道建设工程，于8月29日全线贯通；马宋公路在各方共同努力下，于8月末主体完工；启动了沈铁二号工程，强力推进项目建设，完成路面下面层施工；烟郝线维修改造工程5.40公里于10月初开工建设，11月中旬实现全部完工。

（陈千城）

【普通公路维修改造】 2015年，全市普通公路维修改造工程465公里，虽然在建设过程中遇到了建设工期短、资金压力较大等诸多困难，但在各级领导的高度重视下，通过采取加强调度、现场办公、筹措资金、亲临一线现场指挥、帮助解决具体困难等措施，确保了各项工程得以顺利实施，于9月末全部完成。

（陈千城）

【农村公路建设】 2015年，沈阳市交通局积极协调，争取省、市补贴资金的落实；认真调研，落实建设项目和配套资金的到位；加强督导，积极开展春季养护会战和标准化养护工程创建活动，加强质量控制和监管，确保工程质量等措施，顺利完成农村公路建设任务。一是维修改造工程524公里，二是自然村通油路工程171公里，三是"一事一议"财政奖补村内道路工程504公里。

（陈千城）

【公路养护管理】 沈阳市交通局以迎国检工作为中心，以春、秋两季养护会战为载体，以村屯路段整治为重点，以公路绿化美化为亮点，大力推行干线公路专业化养护，市公路养护管理水平得到全面提升。圆满完成交通部对干线公路养护管理工作的大检查工作。养护会战活动共完成路基整修1121公里，路面机械灌缝16.3万延长米，处治翻浆1.6万平方米、坑槽6.9万平方米；疏通边沟26.2万延长米，清理垃圾、堆占等6.7万立方米等工作，路容路貌显著改观，行车环境明显改善。加强公路绿化工作，完成绿化里程643公里，栽植乔木20万株，灌木24.3万株，绿篱35.1万株，植物防护62万株，花卉14万株。集管理现代、设备先进、功能完善、管理集中、服务社会为一体的丹霍线巨流河综合养护站建成并投入使用。

（陈千城）

【公路科技创新及节能减排】 2015年，沈阳市交通局共投入科研经费100多万元，完成了2项省级科研立项工作，3项市级科研项目研究工作。加强了新技术、新材料、新工艺的应用，建成沥青厂拌热再生路面15公里，所有大中修项目的上面层全部应用SBR或SBS改性沥青、中修工程沥青面层全部采用温拌沥青混凝土。以沈营线省级节能减排科技示范路为核心，全力打造节能减排绿色环保工程，大中修工程旧路铣刨料100%回收利用，较好地实现了材料循环利用,不仅减少了石料开采对环境的破坏,而且创造了较好的经济效益。新民公路处沥青拌合站燃煤(油)改燃气工程顺利完工并投入使用,极大地改善了职工生产环境,减少了对周边环境的污染,同时也为市政府实施的“蓝天工程”做出了突出的贡献。

(陈千城)

【农村公路改革试点】 浑南区、于洪区、辽中县和法库县4个农村公路改革试点结合自身实际情况,落实了管养责任,成立了相应的质量管理部门,现已完成或正积极协调成立路政管理部门,基本理顺了农村公路管理工作流程,保证了各项工作的有效衔接,为下年全面铺开奠定了坚实的基础。

(陈千城)

【沈四高速改扩建项目】 沈四高速公路改扩建工程项目沈阳段主线长度24.7公里,征迁工作量主要在沈北新区境内。2015年,该项目完成征拆投资1168万元,征地款已全部发放完成。该项目房屋动迁工作已完成90%;林木动迁工作基本完成;厂矿企业动迁工作完成70%;通讯线路迁改工作除1处沈空六旅线路外全部完成;地下管网迁改工作完成60%;电力线路迁改预算审核全部完成,并完成4处影响高速施工的线路。

(陈千城)

【沈康三期高速公路】 沈康三期高速公路全长23.73公里,全部位于康平县境内。2015年,该项目完成征拆投资300万元,该项目于2015年7月6日正式建成通车。该项目通车后,打通了沈阳向北辐射内蒙古东部和吉林黑龙江西部的重要通道,为沈阳市改善区域交通条件、建设东北中心城市创造的有利条件。

(陈千城)

【沈康高速四期】 该项目起点在沈阳绕城高速公路南侧与鸭绿江街连接,路线沿哈大高铁西侧由南向北布设,终点在现有沈康高速公路主线收费站以北500米处,设置枢纽立交与现有沈康高速公路连接,路线长度24.6公里。

(陈千城)

【京沈铁路客运专线】 京沈铁路客运专线项目沈阳境内全长88.14公里,途经新民市、于洪区、铁西区。2015年,该项目完成征拆投资1.55亿元。京沈铁路客运专线沈阳段新建82.68公里,除个别点位存在阻工现象外,施工单位已基本全线进场施工。京沈客专环保线内涉及共1331户居民,康平电厂中水部迁改、丁香村雨污水泵站还建工作以及新民段管网排迁工作正在积极推进。

(陈千城)

【沈西工业走廊二期铁路】 沈西工业走廊二期铁路项目沈阳段约50公里,其中铁西区约18公里,辽中县约32公里。2015年,沈阳市确定线路方案,并现场查勘。同时组织两区县开展组织机构、流程方案等上报工作。2015年12月,省补资金到位后,沈阳市与铁路等部门全面启动了该项目线路优化、组卷报卷等征拆工作。

(陈千城)

【沈丹铁路客运专线】 沈丹铁路客运专线沈阳市境内26公里。该项目主线及后续四电设施、警务区岗亭、主线二次征地拆迁工作已完成,全年累计完成征拆投资7092万元,该项目已于8月31日顺利开通运行。后续新增部分改路改渠等工作有序推进。

(陈千城)

【通辽连接京沈客专快速铁路】 通辽连接京沈客专快速铁路工程是国家重点、原部省协议项目,是国发〔2014〕28号文件中明确要求加快推进的建设项目。该项目线路全长197.11公里,沈阳市境内29公里,全部位于新民境内。配合铁路部门全面开展项目现场勘查、要件报批等各项先期工作,项目可研报告已由国家发改委批复,初步设计已上报至国家铁路总公司。

(陈千城)

城市公共交通

【概况】 2015年,沈阳市城市公共交通公交优先发展战略得到深入实施,各项扶持政策得到进一步落实,沈阳市政府首次为国有公交企业全额购置公交车辆,全年新增、更新新能源和清洁能源公交车658台,完成437台老旧公交车暖风系统改造,车辆环保性、舒适性、经济性和安全性大幅提升;新开、调整公交线路38条,增加运营里程179.7公里,填补空白90.5公里,公交年客运量10.5亿人次;新建、续建全运五路、沈阳南站等公交枢纽3处,国际软件园、高科路等公交停车场13处,新增场站面积8.7万平方米,车辆进场率提升至70%;新建、改造公交候车廊438个,新建公交港湾站7个,增设公交专用道52公里和电子抓拍系统15处,公交路权优先得到进一步保障。同时,完成了《沈阳城市公共交通发展规划》编制工作,初步建立起系统、科学、完善的城市公交规划体系。

(陈千城)

【公交线网布局】 2015年,沈阳市共完成新开调整公交线路38条。其中:新开普线公交线路5条,分别是130路、139路、108路、100路、128路;新开末端公交线路8条,分别是190路支线、241路支线、260路2号支线、193路支线(雅居乐)、182路1号支线、182路2号支线、290路支线(调整)、236路支线;同时,对原有里程过长的线路、密度过大的区域重新调整,完成调整线路25条,进一步完善了公交线网配套。新开调整线路共增加运营里程179.7公里,填补空白90.5公里。

(陈千城)

【加快公交车辆新增更新】 2015年,沈阳市新购气电混合动力公交车500台,总投资4.31亿元,扣除国家补贴1.25亿元后,其余3.06亿元全部由沈阳市市政府投资。新车提升了环保性、舒适性、经济性和安全性,配备了车厢细水雾灭火系统、自爆式逃生车窗、发动机舱自动灭火系统设施,运力水平大幅提升。另外,客运集团鑫畅巴士完成自主更新车辆158台(29台LNG,129台气电混合动力)。全行业共实现新增更新公交车辆658台,新能源和清洁能源公交车辆总量比例提升到43%。

(陈千城)

【实施公交车辆暖风系统改造】 为改善市民冬季公交出行环境,打造“温暖公交”,按照城建计划安排,沈阳市市政府投资200万元,对车辆暖风系统进行改造。经组织暖风系统厂家与公交企业共同进一步排查,结合车辆更新计划,完成了对客运集团、地铁公交两家国有公交企业437台老旧公交车辆暖风系统维修改造,提升了老旧公交车辆车厢温度,市民冬季乘车舒适性得到提升。

(陈千城)

【更新站牌标识】 2015年,沈阳市交通局对全市公交枢纽站和公交站牌进行了排查梳理,对沈阳北站、沈阳站、沈阳西站、奥体中心等枢纽站配套导向标志、路面指示标线、枢纽站示意图、分道线、高杆灯、抬杆门、车位线、限速标志、护栏等设施进行了重点整治。对多年来因道路改造及交警调流导致公交站位调整、站名不符及线路延时所造成的站牌信息不准确的125条公交线路的线路板进行更换,对破损的114个公交站牌进行更换。

（陈千城）

【升级改造站务设施】 2015年,沈阳市交通局推进公交候车廊与站牌进行一体化改造,新建设108个公交候车廊,实现公交候车廊与站牌的和谐统一、亮化美化。推进特色公交候车廊建设,在故宫、大帅府、北陵等地建设有当地文化特色的公交候车廊,北陵站点已经安装,社会反响良好。在三好街试点建设3个公交电子站牌工作,逐步实现电子站牌的导向、查询、服务等功能。全年完成候车廊改造438个,改造站牌262个,确保公交站务设施功能完好有效。

（陈千城）

【运营组织保障】 2015年,沈阳市交通局根据冬、夏两季出行特点,分别制订了夏季行车方案和冬季行车方案。在此基础上,为满足节日期间市民出行,制订并下发了《春运工作方案》、《清明节公交运营方案》、《中国企业家俱乐部(绿公司)年会公交保障工作方案》、《2015年平安夜公交运营方案》等节假日运营方案,并安排企业管理人员及执法人员靠前指挥、深入一线,保障了公交行业的运营秩序。同时,配合相关部门完成了2015春季房交会、2015年中、高考咨询会等公交运输保障工作,全年共出动车辆132余台次,发车306余台次,运送市民2.7万余人次。

（陈千城）

【强化运营秩序管理】 2015年,沈阳市交通局联合公安交警部门开展公共汽车行车秩序专项整治,重点针对不进站停车、边停不规范等严重违章违纪行为。累计出动检查人员800余人次,共检查线路240余条次,车辆4700余台次,整改及处罚违章行为497件。同时,结合中心投诉办理工作,对企业运营服务中存在的问题进行通报和处理。

（陈千城）

【科学组织线路调流】 2015年,沈阳市道路施工改造工程点多、面广,大量道路同时施工,道路通行严重受阻,为将道路施工对公交行业造成的影响降到最低,调度室克服困难,积极协调交警、建委等部门,科学制订公交调流方案。截至年底,共制订调流方案15个,对75条线路,2162台车辆走向进行了临时调整。

（陈千城）

【开展安全生产隐患排查】 沈阳市交通局组织开展公交行业安全生产隐患排查整治活动,保证全市5381台运营车辆每车一表,每月一检,老旧车辆单独建立专门的防火安全检查档案。公交企业安全生产标准化创建工作均已完成,各公交企业达到三级标准。组织开展安全演练,全行业累计完成演练13次。专项开展消防安全排查,印发了《公交驾驶员安全防范手册》,驾驶员人手一册,使其熟悉和掌握应急处置知识技能。

（陈千城）

【增加车辆安全防护设施】 为有效应对日益严峻的公共交通安保形势,不断提升公交车安全应急能力,通过争取城建计划投资,积极推动在公交车上安装细水雾灭火系统。不仅2015年新购的500台公交车全部安装,而且客运集团2012－2014年购置的公交车辆也将陆续安装该系统,确保在公交车厢遇到突发火情时能够有效保护乘客的生命财产安全。

为提升公交行业服务水平,按照《沈阳市公交行业精品示范公交线路管理办法》和《沈阳市公交行业星级驾驶员管理办法》的要求,2015年继续开展了“精品示范公交线路”和“星级驾驶员”评选工作。通过多层面的检查和考评,最终评定精品示范公交线路19条,三星至五星级公交驾驶员150名,公交行业先进集体和优秀个人数量进一步增加,对于推动整个行业服务质量提升发挥了积极的示范效应。

（陈千城）

【公交条例出台】 为加快推进沈阳市“公交都市”创建工作,市交通局积极筹划出台《沈阳市城市公共汽车客运条例》,并列入2015年市人大正式立法项目之一。在仔细剖析沈阳市公交行业管理实际问题的基础上,通过函调、实地调研等方式多方了解吸取其他城市的管理经验和立法经验,配合局法规处积极做好条例起草工作。10月30日获人大全票通过。该条例的出台是沈阳市公交行业发展的里程碑,其以立法的形式明确了全市实施公交优先发展战略,确立了公交行业财政投入的有关基本原则和制度,强化了公交行业基础设施建设和保护的有关规定,廓清了行业准入、退出、运营等基本发展准则,同时,将购物类场所免费公交、定制公交等行业发展新趋势纳入了调整范围,为行业创新发展提供法律依据,为实现沈阳市公交行业持续、健康、有序发展,让交通发展更多惠及人民群众提供了强有力的法制保障。

全年共办理人大建议、政协提案69件(主办56件,协办13件)。其中:主办人大建议29件(省人大建议3件,市人大建议26件),主办政协提案27件(省政协提案2件,市政协提案25件);协办件中,省人大建议1件,市人大建议3件,市政协9件。主办件见面率100%,办结率100%,满意率100%。

（陈千城）

出租汽车运营

【概况】 2015年,沈阳市完成出租汽车客运量5.18亿人次,更新环保、舒适型出租汽车2058台;加强从业人员培训教育,完成岗前培训、在岗轮训2.3万人次,比上年上升44%;积极探索行业经营新模式,推进车辆经营权与产权改革进程,1029台车辆实现“两权合一”;严格驾驶员服务质量信誉考核,积极培树先进群体,星级驾驶员达6869人,模范出租汽车达812台;完善投诉处罚流程,1421名驾驶员接受离岗培训,55名驾驶员被缴销从业资格。同时,高度关注出租汽车行业稳定动态,建立了市、区和企业三级维稳保障体系,全力确保出租汽车行业稳定。

（陈千城）

【行业信息化建设】 沈阳市交通局研究制订了《智慧出租汽车行业建设方案》,为充分利用互联网、大数据等技术实现对出租汽车智慧监控、调度、管理奠定了基础。积极参与智慧交通试点项目——“乘车易”平台建设,以用户思维为工作导向,不断完善平台系统出租汽车模块的功能,实现平台线上线下数据信息对接,为广大市民提供最好的出行服务。开发建设行业微信公众服务平台，为广大市民及行业经营者提供行业资讯、信息查询、网上办事、用工求职、失物招领等服务，开创了出租汽车行业“互联网+”管理和服务的崭新局面。四是完善行业管理信息系统建设，结合行业微信公众服务平台，实现了从业人员质量信誉考核、从业资格培训报名和预约考试、车辆年度审验等业务线上办理，进一步提高了工作效率和行业服务水平。

（陈千城）

【从业考试管理】 全市增加从业资格考试频次，通过启用新考场，解决了行业考试资源不足的问题，实现了从业资格培训结束即报即考、补考间隔时间不过月的目标，全年共完成考试2.33万人次，比上年上升了44.00%。按照交通运输部关于出租汽车从业人员管理的有关规定，重新编写了出租汽车从业资格培训教材，将全国公共科目考试纳入其中，并采取图文并茂的形式，提高了教材的趣味性。进一步转变工作作风，根据各区、县(市)出租汽车从业资格考试的实际需求，深入实地开展从业资格考试，极大的方便了当地群众的考试需求。细化全市出租汽车从业人员培训教育工作，组织企业开展新入职驾驶员岗前培训、违章人员重点培训和从业人员继续教育的三个侧重教育活动，提高了从业人员遵纪守法自觉性；同时，加强企业继续教育督导检查，确保从业人员培训教育工作不走过场，落实到位。此外，继续开展违章人员培训，全年共完成违章人员培训考试1375人次。

（陈千城）

【车容车貌检查管理】 认真执行车容车貌季度集中检查、每月企业自检自查、每周企业互检互查的“三检”制度，全年共完成车容车貌集中检查活动2次，企业互检互查活动56次。按照全省“蓝天工程”和全市“气化沈阳”工作的总体要求，开展环保型、舒适型出租汽车更新改造工作，全市共更新出租汽车2058台。研究设计出租汽车车身颜色形象标识，制订全市统一的出租汽车车身颜色方案，并计划于2016年起实施。研究制订鼓励新能源出租汽车推广应用实施方案，拟采取奖励出租汽车经营权的方式推进新能源汽车在出租汽车行业的应用。

（陈千城）

【企业监督管理】 一是对全市出租汽车企业开展2014年度质量信誉考核工作，采取月动态考核和年底静态考核相结合的方式，既实现对企业日常经营行为的过程化监督，提高管理服务水平，又促进企业改善硬件设施和经营环境水平，全市AAA级企业已经达到35家，占全市出租汽车企业管理主体的60%以上。二是开展出租汽车企业安全生产标准化推进工作，已经完成20家企业标准化材料申报工作，申报材料合格率达到100%，考评合格企业已达到15家，有效规范了企业安全生产工作。三是进一步推进出租汽车企业实现车辆经营权和车辆产权归公司所有的工作进程(即“两权合一”)，康福德高、深港鹏城、大众、荣强、一运、中华劳模等公司“两权合一”的车辆接近3000台，为行业探索了新的经营方式。

（陈千城）

【行业诚信体系建设】 一是开展出租汽车投诉案件复核工作，受理并审核出租汽车投诉无责认定申请，使投诉处理工作更规范、更严谨。同时，强化出租汽车投诉责任追究，对有责投诉达到规定次数的驾驶员，依法暂停从业资格，进行培训教育，直至取消其从业资格。二是完善行业诚信体系建设，将从业人员投诉情况记入驾驶员诚信档案并予以公示，使其成为出租汽车企业录用驾驶员的重要参考，形成以服务质量为基础的优胜劣汰的从业人员上岗竞争机制。

（陈千城）

【行业精神文明建设】 2015年，沈阳市交通局开展行业技能大赛，共评选出技术大王1名，技术标兵11名，技术能手18名，提升了驾驶员的标准化服务水平。开展“学雷锋”志愿者服务活动，全行业共组建“学雷锋”志愿者服务队43个，全年共开展活动168次，展现了良好的行业精神风尚，营造良好的社会舆论氛围。继续开展行业先进群体培树工作，星级驾驶员达到6869人，模范出租汽车已达到812台，行业好人好事不断涌现，好人好事累计1047件，受到各级媒体表扬的639件。开展多种形式的驾驶员关爱活动，开展“炎炎夏日送清凉”活动，向工作在一线的出租汽车驾驶员送去解暑品；组织全市1000余名星级出租汽车驾驶员体检，通过一系列活动，为驾驶员工作、生活提供了保障，积极营造了和谐行业氛围。不断拓展行业宣传方式，利用行业微信公众服务平台，实现通过微信、电子杂志等新方式实现对行业正能量的宣传和引导。

（陈千城）

【行业维稳保障】 2015年，沈阳市交通局建立出租办、各区交通分局、各出租汽车企业的三级维稳保障体系，对行业稳定动态情况每日进行了解、掌握和上报，以便及时采取应对措施。开展行业信息调研，重点对驾驶员收入、企业经营情况、经营权价格情况和行业稳定情况进行调研，为行管部门了解行业情况、出台行业政策提供第一手资料，已经完成行业动态专报21期。召开行业稳定和改革意见征求座谈会，研究符合全市实际的行业稳定和改革管理措施，为交通运输部出台出租汽车行业改革和规范网络预约出租汽车政策献计献策。会同物价部门，开展出租汽车运价调研，比较全国同类城市出租汽车运价情况，为制定沈阳市科学的运价机制夯实基础。会同出租汽车行业协会，建议对驾驶员进行临时性补贴，在上半年行业发展面临严峻挑战时期，有效保证了驾驶员的经营收入；同时，加强出租汽车燃油补贴核算及发放工作，共发放补贴款2.4亿余元，切实提高了一线驾驶员的收入，维护了行业稳定的总体形势。

（陈千城）

交通行业立法与执法

【概况】 沈阳市交通局积极推动行业立法进程，《沈阳市城市公共汽车客运管理条例》确定于2016年1月1日起正式实施；切实加强政务公开及信用体系建设，阳光政府部门建设取得实效；全面强化交通运输市场监管，累计查处各类“黑车”2471台，查处违章案件7898件，公开销毁“黑出租”108台，着力维护四环路路产路权，纠正和查处各类违规案件49件；依法依规加强财务预算管理，严格执行工程竣工验收与工程结算、决算审核制度，严控超预算支出和新增预算项目，同步做好预算资金申报和拨付工作，全年实现预算收入23.85亿元。

（陈千城）

【执法工作重点】 2015年，沈阳市交通局组织开展了冬运客运市场经营秩序、出租汽车市场整治及打击“黑车”专项整治、打非治违等整治活动。特别是不间断打击“专车”工作,为市交通局依法有效应对,回应社会高度关切提供了有力支撑。全局累计查处各类“黑车”1730 台,其中“专车”违法车辆 481 台,公开销毁“黑出租车”108 台,有效净化了客运市场环境。累计查处出租汽车违规案件 2261 件,其中拒载等严重违规案件 864 件;对 1945 名驾驶员给予了经营服务质量信誉考核记分,对 1248 名驾驶员吊扣了从业资格证件,对 468 名驾驶员给予了离岗接受违规培训,对 50 名驾驶员取消了出租汽车经营从业资格。

(陈千城)

【执法工作机制】　一是深化全市协调联动的执法调度机制,召开执法调度会、发布执法调度令 21 次,有力推进了联动执法工作,发挥了整体合力。二是继续实行了对打击“黑车”和查处出租汽车严重违规案件,两项重点工作的量化考核,推动全市执法工作保持了较快地推进节奏,提升了执法工作成效。

(陈千城)

【执法方式创新】　一是坚持与公安部门开展日常打击“黑车”的联合执法工作,在查处“专车”等方面显著提升了工作效果。二是在处理重大“克隆出租车”等案件中,加强了与局行管部门的联动执法,提高了执法力度。三是新增了全国道路货运车辆公共监管与服务平台、省运政管理信息系统及其移动客户端,推进了执法信息化建设。

(陈千城)

【四环路执法】　2015 年,沈阳市交通局深入到四环快速路沿线企业和施工单位,加强了法律法规宣传,提高公路安全保护意识。开展超限运输整治,及时纠正和查处破坏路产路权的违规行为,累计纠正和查处各类违规案件 49 件,强制拆除非公路标识 7 处,许可路政申请 3 件,办结投诉案件 4 件,协助安装井盖 1244 个,更换护栏 109 米,维修交通标识 6 套,确保了四环快速路安全畅通。

(陈千城)

【规范交通执法行为】　2015 年,沈阳市交通局加强法制建设工作,规范了查处“专车”完整严密的执法程序和工作流程,大力指导全市执法业务。组织全市法制培训活动 14 次,培训执法人员 200 余人次,开展全市法律咨询指导 1000 余次。制作了出租汽车经营服务教育宣传片、宣传板,发放了法制宣传册、办事指南等 2 万余张册。办理群众投诉举报案件 858 件,维护了群众利益。全年无行政撤销或行政败诉案件。执法支队被评为沈阳市创建全国文明城市贡献单位,荣获了沈阳市“五一”劳动奖状。

(陈千城)

【执法宣传】　2015 年,沈阳市交通局认真组织策划开展执法宣传,有计划、有节奏、持续性地进行了宣传报道,各类省、市新闻媒体报道 320 余次,广泛营造了良好的舆论氛围,扩大了交通行业的社会影响。

执法支队查处各类违规案件 621 件,其中非法营运“黑车”409 台。全局执法部门查处各类违规案件 5045 件,其中,查处非法营运“黑车”1730 台,查处出租汽车违规案件 2261 件,查处客运班车和客运包车及旅游运输违规案件 189 件;查处危险品运输和普通货物运输非法营运车辆 120 台,其他违规案件 601 件;机动车驾驶员培训等违规案件 144 件,有力规范了运输市场经营行为和运营秩序。

(陈千城)

【政风行风建设】　2015 年,沈阳市交通局受理省民心网、市民服务热线群众投诉、咨询和求助 15.5 万件,按期办结率 98.6%,群众满意率 98.7%;深入推进简政放权,减少审批项目 1 项,删减 42 个项目的 135 个要件,优化了 2 个项目流程,并推行网上审批,全年受理审批事项 5.5 万件,规定时限办结率 100%;编制完成市交通局权力清单,不断规范权力运行;开展“文明排队当头雁”、“感动沈阳先进人物”等评选活动,行业道德模范群体不断壮大,2 名同志被授予市长特别贡献奖,4 名同志被授予“五一”劳动奖章,同时,市交通局被授予沈阳市创建全国文明城市突出贡献单位;积极发挥舆论宣传的引导作用,在市级以上新闻媒体刊发稿件 4407 篇,并充分利用微博、微信、车载电视及 LED 显示屏等多种宣传媒介,营造了良好的舆论氛围。

(陈千城)

航空运输

【概况】　中国南方航空股份有限公司北方分公司(以下简称南航北方分公司)前身系原中国北方航空公司。2004 年底,经国家有关部门批准,北方航空公司正式将航空主业资产注入中国南方航空股份公司。作为中国南方航空股份公司在沈阳设立的分支机构,南航北方分公司从 2005 年 1 月 1 日起,正式按照分公司模式运营,该分公司位于沈阳东塔机场,以沈阳桃仙国际机场为基地机场,主要经营沈阳出港至国内外大中城市的航线。截至 2015 年底,北方分公司拥有 A320 系列运输飞机 28 架,经营沈阳始发航线 50 余条(不含包机),国际航线连通日本、韩国、新加坡等多个国家。

(李小伶)

【航空客货邮运输】　2015 年,北方分公司完成运输总周转量7.28亿吨公里,比上年增长2.0%;旅客运输量438.1万人次,下降2.9%;货邮运输量3.9万吨,下降9.0%。客座率82.0%,下降0.4个百分点;载运率73.6%,下降0.8个百分点。北方分公司利润贡献在南航股份公司中排名前列。

2015 年,北方分公司强化航班正常性管理,提高运行保障能力,加强航班不正常特别是大面积延误下的运行调控,启动快速保障 80 班,调整航班和机组 5182 班次。全年总体正常率 76.27%,出港航班正常率 78.25%,运行正常性完成比例 108.9%,综合运行效率排名南航股份公司第一。

(李小伶)

【航线网络建设】　2015 年,南航在沈阳平均每天出港 37 个航班。经营以沈阳为中心,辐射日本、韩国、东南亚以及国内 60 多个城市的 50 余条航线。在国际航线方面,分公司重点开发日韩航线市场,执行东京、大阪、首尔、釜山、新加坡等 14 条国际和地区航线。同时,北方分公司加强属地化产品和中转产品开发,2015 年,国际中转销售收入比上年增长 32%,其中:长航线销售增长 22.2%,其它国际航线销售增长 46.9%。在国内网络建设方面,以北京、上海、广州、深圳、成都为主形成穿梭快线,二线机场航班基本实现覆盖,已经形成了立足东北、辐射全国,畅通日韩的衔接紧密、趋于一体的航线网络。

(李小伶)

【优化飞机布局】　2015 年,北方分公司按照南航总体发展战略部署,依据“运力跟着市场走的原则”,结合沈阳航空运输市场变化情况及自身的飞行运营保障能力，对机队进行调整，以构建机型先进、结构精简、经济高效的机队。2015年，由于受到当地经济形势及沈阳桃仙机场限班等原因影响，北方分公司没有新增运力，保持上年A320系列飞机28架，其中：A321飞机7架，A320飞机15架，A319飞机6架，全年分公司平均静态座位为4237个。

（李小伶）

【市场营销体系】 2015年，北方分公司营销管理持续深化，具体措施有：一是坚持及早谋划市场、提前启动营销，取得良好成效。2015年春运期间分公司盈利比上年增长97%；旺季同比增盈1339万元；全年边际贡献率41.9%，比上年提高10.1个百分点。二是坚持市场应变要快、营销措施要细。在各个关键运输阶段提前做出安排，在年初有效应对韩国MERS疫情影响，遏制了航班收益下滑。

在货运经营方面，加强高端产品销售和服务保障，南航快运产品收入比上年增长43.5%；加强外围市场货源组织，弥补本地货源不足的短板；以货运直销为试点，积极推行岗位责任、工作业绩与绩效奖金挂钩的经营考核机制，全年货运直销收入比上年增长25.3%。

（李小伶）

【航空安全】 2015年，北方分公司在安全管理上采取的措施有：一是努力打牢安全管理基础，以宣传贯彻落实新版《安全生产法》、《安全差错标准》为主线，落实安全主体责任；坚持深入一线查找安全问题制度，针对典型事件加强数据分析，加强风险预警和提示，提高飞行品质和特情处置能力；举办空中、地面和消防安全综合应急演练6次，组织安全知识培训210期、7828人次。二是狠抓防松反违，重点加强对无后果违章的处罚，深入开展飞行运行安全整顿、货物收运专项安全整治等工作，查找各类安全风险源105条，提出安全风险提示84条，有效防控了安全风险。三是抓运行效率，确保航班正常。加强运行值班，自主研发应用无线LPC技术，提高运行保障能力；加强航班不正常时的运行调控，启动快速保障80班，调整航班和机组5182班次。全年圆满完成VVIP、残疾人代表团运输等重要航班保障任务，展现了南航的品牌形象。全年完成运输飞行9.72万小时，同比增加2.1%；飞行起降4.17万架次，同比减少1.4%；杜绝空防和地面一般差错（含）以上问题，连续265个月保证飞行安全和空防安全；发生4起人为责任原因飞行一般差错。

（李小伶）

【品牌服务】 2015年，北方分公司在服务管理方面采取的主要措施有：一是细化各类指导文件和业务流程，加强旅客服务满意度测评管理，注重细节，重点强化航班不正常情况下的服务与保障，针对超售、混舱等营销措施完善保障预案和服务流程。二是着力推进分公司各业务口投诉的统一受理、全程跟踪、及时反馈，实现服务工作由被动服务向主动关怀的转变。

2015年，分公司各服务单位坚持检查与培训并举、管理与考核并重，服务质量和管理水平有新提高。全年分公司旅客短信评分4.63分，在股份公司中排名第四；差评率1.71%，低于股份公司平均水平0.02个百分点。

（李小伶）

【新开通航线】 2015年，北方公司根据市场需求进一步优化航线网络，开辟了沈阳－桂林－曼谷等6条沈阳始发航线（详见附表）。

附表：

2015年新开航线（不含包机）

序号	航线名称	开航时间	班次
1	沈阳－桂林－曼谷	2015.1.25	11
2	沈阳－太原－昆明	2015.3.29	185
3	沈阳－西安－重庆	2015.3.29	209
4	沈阳－杭州－汕头	2015.3.31	76
5	沈阳－太原－长沙	2015.10.25	13
6	沈阳－南京－汕头	2015.10.25	28

（李小伶）

邮　政

【沈阳市快递协会成立】 2015年3月20日，沈阳市快递协会第一届会员大会暨成立大会在辽宁大厦隆重召开，辽宁省邮管局、沈阳市邮政局、市发改委、市公安局、市交通局、市服务业务委、市安监局、国安局、省快递协会、市中小企业协会、市电商协会、市交通协会等单位领导以及沈阳市快递协会63家会员单位及6家媒体记者到会祝贺。

会上，沈阳市快递协会筹备委员会向大会作了快递协会筹备工作情况报告，审议通过《沈阳市快递协会章程》（草案）、《沈阳市快递协会会费管理办法》（草案）、《沈阳市快递协会首届会员大会选举办法》（草案）、《沈阳市快递协会会员自律公约》（草案），选举了第一届理事会成员。

（徐　莹）

【保障抗战胜利70周年纪念活动寄递渠道安全】 为认真落实国家邮政局等三部门《关于加强抗战胜利70周年纪念活动等重大活动期间寄递物品安全管理工作的通告》（国邮发〔2015〕182号）要求和省管局、市政府相关工作部署，沈阳市邮政管理局精心组织，积极动员，多措并举，切实做好纪念活动期间寄递安全保障工作，确保寄递渠道安全畅通和邮政业平稳运行，为活动顺利举办创造良好的寄递安全环境。

一是向全市邮政企业及各快递企业下发《关于落实邮件、快件安检措施的通知》（沈邮管〔2015〕40号），对安检设备配备范围、设备标准及时限进度安排提出了要求。二是组织全市邮政企业、规模以上快递企业负责人召开《邮政业安全生产设备配置规范》宣贯会，集中学习《邮政业安全生产设备配置规范》的有关要求。三是联合国安、公安两部门共同召开抗战胜利70周年纪念活动寄递渠道安全保障工作部署会，全市邮政企业、快递企业负责人及安全管理人员，及快递协会代表共计150余人出席了会议。四是分别制订了《抗战胜利70周年纪念活动寄递渠道安全保障工作实施方案》和《抗战胜利70周年纪念活动寄递渠道安全保障工作应急预案》，规范企业处置流程，加强物资储备，完善保障措施。五是沈阳市邮管局会同市公安局、国家安全局通过开展联合检查和专项督查，重点检查寄递企业安保工作部署、建立安全责任制、落实三个"100%"措施要求、安全信息报告等情况。

（徐 莹）

【扎实推进村邮站建设】 2015年，沈阳市邮政管理局与邮政公司通力合作，稳步推进村邮站建设工作。截至年底，全市已完成1086个行政村的村邮站建设工作。

一是市局领导高度重视，将村邮站建设工作列为全年重点工作之一，参照各时间节点，市局一把手及分管局长多次与邮政企业相关负责人就村邮站建设工作进行沟通与协调，督促企业加快步伐，保障村邮站建设工作逐步推进。二是因地制宜积极推进村邮站建设。根据国家局发布的《村邮站服务规范》及辽宁省邮政管理局办公室转发国家邮政局关于《2015年上半年村邮站建设情况及做好下半年村邮站建设工作的通知》，指导企业按照要求开展建设工作。三是与邮政企业相关业务部门实现对接，实时共享村邮站建设和运营情况，通过实地调研的方式进一步了解、掌握目前服务开展情况、服务需求情况并将建设和运营中存在的问题及不足向邮政企业反馈，帮助企业调整工作方向。

（徐 莹）

【国家邮政局副局长邢小江来沈阳视察指导】 11月5日下午，国家邮政局副局长邢小江一行在省管局领导的陪同下来到沈阳市邮政局视察指导工作。

邢小江认真了解了沈阳市邮政管理局基本情况，仔细询问了干部的工作生活状况，对沈阳市邮政管理局"十三五"规划、县级监管机构建设、标准化建设、安全生产保障及机关党建等工作的开展情况给予了高度评价和充分肯定，并就下一步工作提出了具体要求和殷切希望。一是要抓住发展和创新两条主线，做好"十三五"规划的编制和落实。二是要组织做好国务院《关于促进快递业发展的若干意见》的贯彻落实，借助政策组合拳促进快递业转型升级，提质增效。

（徐 莹）

【推进3个100%的落实】 2015年11月25日下午，沈阳市邮政局联合市公安局召开全市重点快递企业"收寄验收+实名收寄+过机安检"3个100%落实情况推进会。市邮政管理局局长赵光、市公安局副局长孟炜及市邮政管理局、市公安局相关部门的负责人出席了会议，全市15家邮政及品牌快递企业负责人参加了会议。

会议首先由市公安局经保分局领导简要通报了近阶段对全市物流寄递业进行的摸底排查情况，市邮政管理局市场处负责人就市局督导落实"三个100%"的具体要求和措施及近段时间开展执法检查情况进行了通报。参会的邮政企业、快递企业负责人就本企业贯彻落实"三个100%"的举措。（具体包括建立实名收寄台帐、网点自查和公司测试、配齐安检机、加强员工培训等内容）的工作情况进行了汇报。

通过召开此次会议，进一步统一了思想、明确了目标、凝聚了合力。让"三个100%"在全市邮政业从业人员中入脑入心，为全市寄递行业物流渠道的安全畅通奠定了坚实的基础。

（徐 莹）

【康平邮政管理局揭牌成立】 12月18日，康平邮政管理局正式揭牌成立。康平县副县长张龙、姜波，沈阳市邮政管理局党组书记、局长赵光、副局长孔波，康平邮政管理局局长吴健雄出席揭牌仪式，康平县相关委办局领导、沈阳市邮政管理局党员干部、市邮政公司和骨干快递企业主要负责人和媒体记者等共计60余人出席了仪式。

（徐 莹）

城乡建设和管理

综　　述

【城建投资】 2015年,沈阳市城建计划投资规模300亿元。截至2015年底,共完成投资300.3亿元,全面完成年初计划任务。具体情况:地铁4号线、南北快速干道、五爱立交桥开工建设,地铁9号、10号和2号线北延长线工程进展顺利,二环快速路(二期)、迎宾路高架桥、东陵路高架桥建成通车,沈阳北站北广场、沈阳南站等一批城市重点交通工程、基础设施项目建成并投入使用。完成黄河大街等城市出口路景观提升、城区重点街路行道树补植、舍利塔盛京碑林公园、区属公园提升改造等绿化工程;完成非电燃煤锅炉除尘改造、燃煤锅炉清洁能源替换及"拆小并大"等蓝天工程;完成保障性住房1.4万套(户)、棚户区改造4.1万套(户)、农村危房改造659户、20.94万人农村安全饮水改造、830个旧住宅区环境提升、1071万平方米节能暖房改造、老旧社区用房改造、环卫工人休息室、公交站务室,以及文化路、万柳塘路、黄河南大街等市属道路整修,区属道路整修等民生工程。

(郭　振)

【宜居乡村建设工程】 2015年,沈阳市紧紧围绕宜居乡村建设和新型城镇化两大重点工作,开展农村基础设施和环境治理项目建设,积极推进工程建设进度,提高村镇建设管理水平,圆满完成了全年村镇建设工作任务。

一是实施宜居村镇建设。建设完成了5个示范乡镇(分别是新民市兴隆堡镇、辽中县满都户镇、法库县大孤家子镇、康平县郝官镇、北三家子镇)项目实施工作。完成81个宜居示范村主体工程建设和320个宜居达标村建设。二是村内道路建设三年行动。市建委编制了《沈阳市村内道路建设三年行动实施方案》。按照实施方案,2015年全市新建、改造村内道路1341公里。三是开展农村垃圾清洁月活动。2015年开展了农村积存垃圾清洁月活动。全市共清理垃圾13万余吨,解决了多年积存的生活垃圾问题,为常态化管理奠定了基础;按照农村地区每400人配备一名保洁员的标准,组织各相关区、县(市)相继成立了专门的保洁队伍。四是完成城建投资计划项目。2015年完成了市城建计划安排的工程建设。完成5个宜居示范样板村(浑南区闫家村、沈北新区中寺村、拉塔湖村、苏家屯区马耳山村和张士开发区朴坨子村)项目建设;农村垃圾及污水处理项目安排了市本级垃圾扫保人员经费、生活污水处理设施修缮和运行经费;按计划实施了20.74万农村人口的安全饮水工程建设;完成659户农村危房改造任务;完成农村公路500公里、自然村通油路170公里;完成2.4万户农村改厕任务。

(郭　振)

【新型城镇化建设】 一是召开沈阳市新型城镇化工作会议。2015年3月20日,市委、市政府召开了沈阳市新型城镇化工作会议,对沈阳新型城镇化工作进行了总体部署。二是编制新型城镇化实施方案和"十三五"新型城镇化规划。市建委牵头编制了《沈阳市推进新型城镇化实施方案(2015—2020年)》。2015年11月18日以市政府文件下发。按照《省委、省政府关于印发辽宁省新型城镇化规划(2015—2020年)的通知》要求,开展了《沈阳市"十三五"新型城镇化规划》编制工作,已完成初稿。三是推进"一市三县"县城建设。2015年沈阳推进新型城镇化工作以县城建设为重点。全年"一市三县"县城建设项目192项,完成总投资55亿元。四是申报国家新型城镇化试点。协助新民市进行国家新型城镇化综合试点申报工作。

(郭　振)

【行业管理】 2015年,沈阳市继续深入开展工程质量治理两年行动,建筑施工转包违法分包等违法行为专项整治,施工现场扬尘污染防治工作成效明显,建筑市场得到进一步规范,建筑安全形势持续稳定;在全省率先实现了施工、监理、勘察设计、材料设备采购电子化招标;编制完成了《现代建筑钢结构计价依据》,同时上升为全省计价标准。

(郭　振)

建　　筑

【建筑业发展】 据市统计局统计:2015年,全市建筑业签订合同额3548.86亿元,比上年减少10.7%。完成建筑业总产值1601.13亿元,比上年减少20.8%。

在全市注册的法人建筑施工企业在外省完成的建筑业产值382.25亿元,比上年减少6.3%。房屋建筑施工面积9928.77万平方米,比上年减少22.1%;其中,本年新开工面积2816.49万平方米,比上年减少45.2%。

2015年全市建筑业税收收入总计55.00亿元,比上年减少8.0%,占全市地方税收收入总额的12.7%。其中,税收收入合计53.12亿元,比上年减少8.0%;其他收入合计1.88亿元,比上年减少7.2%。全市现有建筑业企业2607家,其中:施工总承包企业451家,专业承包企业1874家,劳务分包企业282家。特级施工总承包企业3家,一级施工总承包企业44家,一级专业承包企业162家。

(郭　振)

【工程质量管理】 1.认真贯彻国家、省、市工程质量治理两年行动方案,加强工程质量监督执法检查。2015年沈阳市市建委以"建筑工程质量治理两年行动"为主线的全市工程质量巡查及飞行检查,是进一步落实质量责任、促进各方责任主体增强质量意识的有效措施。通过不定点、不定期、不提前告知,对涉及结构安全的关键环节、重点部位、原材料等多方面进行抽查、抽测。

2. 严格落实工程建设五方主体终身责任制，促进工程参建各方质量保证体系建设。2015 年市建委认真落实法定代表人授权书、工程质量终身责任承诺书、永久性标牌制度，取得良好成效。新开工工程 100% 签署了授权书和承诺书，已开工工程和在建跨年工程均按照规定全部限期补办了授权书和承诺书。

3. 提高工程质量监督制度创新意识，不断建立与新时期相适应的政策措施。2015 年，市建委以提高工程质量监管效能为目标，以落实建设工程各方责任为重点，围绕省、市政府"质量强省、质量强市"的战略方针，制定出台了一系列质量管理文件，如《沈阳市 2015 年建设工程质量监督工作要点》、《沈阳市房屋建筑工程竣工验收指导意见》、《2015 年工程质量常见问题治理重点及方案》、《沈阳市建筑工程质量保修抵押金管理实施细则》等。

（郭　振）

【安全生产管理】 2015 年，沈阳市建委制定并印发了《沈阳市 2015 年建筑施工和地铁建设安全生产工作要点》，明确了总体思路、控制指标和保障措施，对全市建筑安全生产工作进行了周密部署。组织建立了市、区及管片三级网格化监管体系，组织开展了春季开复工施工现场安全生产执法大检查、保障性住房和地铁专项检查、汛期深基坑隐患排查等专项整治以及落实专项施工方案等专项检查工作。要求企业落实主体责任，积极开展自查整改工作，及时排除安全隐患。

制订了《沈阳市集中开展建筑施工安全生产大检查深化"打非治违"和专项整治工作实施方案》，全面开展建筑安全生产大检查，深化"打非治违"和专项整治工作，严格落实企业主体责任，有效遏制建筑安全生产事故发生。制作了 2000 套"建筑施工安全生产挂图"，免费发放到各施工现场，督促施工企业落实主体责任，树立"培训不到位是重大安全隐患"的思想，组织施工人员开展安全生产教育培训工作。

组织开展了以"加强安全法治、保障安全生产"为主题"安全生产月"活动，下发了《沈阳市建筑施工 2015 年"安全生产月"活动方案》。印发了《沈阳市 2015 年建筑施工应急管理宣传周活动实施方案》，组织开展施工现场应急周活动，并要求各地区建设主管部门、各施工企业均要成立应急宣传周活动领导小组、深入开展应急宣传教育活动、组织开展应急救援演练工作等

（郭　振）

【现代建筑产业跨越发展】 2015 年，沈阳市现代建筑产业化工作由"试点城市建设"到"示范城市建设"跨越的基础上，进入到全面推进的新阶段。现代建筑产业被列入沈阳市全面创新改革试验区建设的重要内容，出台了《沈阳市关于全面推进建筑产业现代化发展的实施意见》及《沈阳市推进建筑产业现代化发展若干政策措施》。全年实现现代建筑产业产值 1280 亿元，构件生产规模化产能达到 500 万平方米。有 2 家钢结构企业成为国家钢结构总承包试点企业。

2015 年，由于经济下行压力加大，房地产市场低迷，沈阳市现代建筑产业化工作正处在一个关键的爬坡阶段，为此市建委研究出台了《沈阳市人民政府关于全面推进建筑产业现代化发展的实施意见》与《沈阳市推进建筑产业现代化发展若干政策措施》，从项目建设审批、产品销售、减免税费等方面制定了大量扶持政策。同时，就扩大工程建设规模、提高监管和服务水平、强化政府投资项目计划管理提出了明确要求。

在技术体系建设方面，针对编制完成的省级和市级地方技术标准进行了修编，已完成《装配式混凝土结构设计规程》、《装配式混凝土预制构件生产与施工技术规程》、《装配式建筑全装修技术规程》的修编。同时积极引进了装配式混凝土结构、钢结构等国际较为成熟的技术体系，这些技术已经在示范项目建设中得到应用。

在工程建设领域，通过以政府投资项目为引导，沈阳市装配式建筑开始向房地产市场发展，全市房地产项目应用产业化技术的范围已扩大至三环，有万科、荣盛、华润、金地等 43 个房地产项目按产业化要求建设，已开工或确定采用装配式建筑技术的项目累计超过 1000 万平方米，占新开工建筑面积的 20% 以上。此外，建筑产业化技术和产品在市政工程、轨道交通工程等领域也得到广泛应用。同时，大力推进装配式钢结构在民用建筑领域研发与示范项目建设，先后有铁西区勋望小学教学楼、东亚翰林世家、沈阳大学学生公寓为代表的一批钢结构工程启动建设。

为进一步提高现代建筑产业化人员的专业化水平，沈阳市建委加大培训力度，一是编制培训教材，编制完成《装配式混凝土拆分设计指南》、《装配式混凝土预制构件生产指南》、《装配式混凝土施工技术指南》。二是针对土地出让加入产业化项目，对建设单位、设计单位、施工单位、监理单位的相关人员进行专项培训。三是加强现代建筑产业化拆分设计培训，举办三期针对设计院的拆分设计培训。

为广泛宣传沈阳市建筑产业现代化取得的成果，促进企业间的交流合作，2015 年 5 月 15 日至 17 日，为期三天的第四届中国（沈阳）国际现代建筑产业博览会在沈阳国际展览中心隆重举办。

（郭　振）

房地产

【房地产市场】 2015 年，土地交易市场共出让土地 282 宗，出让土地总面积 1046.68 公顷，比上年下降 39.6%；成交总价 128.08 亿元，比上年下降 51.5%。房地产开发完成投资 1337.66 亿元，比上年下降 32.3%。其中，商品住宅完成投资 934.97 亿元，比上年下降 34%，商品住宅投资占全部房地产投资的 69.9%。商品房施工面积8341.31万平方米，比上年下降27.4%；其中，商品住宅施工面积5868.45万平方米，比上年下降28.5%。商品房竣工面积1036.99万平方米，比上年下降15.4%，其中，住宅竣工面积768.76万平方米，比上年下降 22.7%；商品房合同备案面积1640.48万平方米，备案销售金额1064.1亿元，分别比上年增长13.1%、8.99%，其中商品住宅合同备案面积1425.58万平方米，备案销售金额889.95亿元，分别比上年增长 17.76%、18.99%。

（郭　振）

【房屋交易】 2015 年，面对复杂严峻的市场形势，沈阳市先后出台"沈 11 条"、"沈 8 条"和"沈 9 条"，房地产市场发展总体平稳、房屋交易活跃。全市商品房合同备案面积 1640.5 万平方米，同比增

长13.1%,备案金额1064.1亿元,同比增长9%。合同备案面积在副省级城市中排在第四位,在全省排名第一位。二手房转让面积878.1万平方米,同比增长44.7%,转让金额411.2亿元,同比增长58.8%,创历史新高。房价运行平稳,商品住房备案均价6242.7元/平方米,同比上涨1.1%。商品房库存2566万平方米,去化周期由年初21个月下降到18个月,商品住房库存1345.6万平方米,去化周期由年初14个月下降到11个月。

(董玲玲)

【住房保障】 2015年,省政府下达沈阳市住房保障任务为"3个10000套",即新增1万套,基本建成1万套,入住1万套。截至年底,新增保障任务完成1.50万套(户),超额50%;基本建成任务完成1.73万套(户),超额73%;分配入住完成1.51万套(户),超额51%。出台《关于调整公共租赁住房准入条件的通知》、《沈阳市公共租赁住房装修标准》、《沈阳市城市低收入住房困难家庭住房保障办法》等规章制度,进一步规范了保障房入住管理。积极协调各相关部门,强化全过程监管,健全质量安全保证体系,确保工程按时完成。

(董玲玲)

【棚户区改造】 2015年,全市棚户区改造最初确定的任务为2.25万户,4月份,为了让更多的棚改居民受益,又增加1.15万户改造任务,总计达到3.41万户。截至年底,已开工4.10万套(户),开工率120%,超额完成省政府下达的任务目标。同时,创新棚户区改造货币化安置方式,货币化安置比例超过90%,高于全省、全国平均水平。征收办多次赴外省、市介绍经验。棚户区改造管理工作进一步规范,相继出台了《市政府办公厅关于做好棚户区改造的通知》、《沈阳市棚户区改造安置房屋购买管理办法》、《沈阳市棚户区改造资金管理办法》、《沈阳市城市棚户区改造项目管理办法》等多个文件。此外,659户农村危房改造任务也圆满完成。

(董玲玲)

【改善旧住宅区环境】 2015年,沈阳市房产局对全市830个旧住宅区实施改善居住环境建设工程,共分三期:首期改造200个、二期200个、追加三期430个。市财政投资3亿元,为历年之最。改造后,提高了园区的居住环境,提升了安全保障,畅通了百姓的出行,助推了和谐社区建设。

(董玲玲)

【调整房屋登记业务流程,优化服务环境】 2015年,沈阳市房产局对房屋登记流程各环节调研,进一步简化要件、简化程序。房屋所有权初始登记由30个工作日缩短为8个,补(换)发房屋权属证书由10个工作日缩短为3个,因行政区划调整而产生的房屋变更登记由8个工作日缩短为3个,三合一业务由5个工作日调整为3个。同时,设立铁西分中心,承担除在建工程抵押、早期商品房外的所有市级权限房屋登记,优化便民服务环境。

(董玲玲)

【《沈阳市物业专项维修资金管理办法》出台】 2015年11月17日,《沈阳市物业专项维修资金管理办法》(沈阳市人民政府令第53号)正式下发。《办法》共六章四十二条,主要包括总则、交存、使用、监督管理、法律责任、附则6方面内容。该《办法》实施后,将形成我国较先进的维修资金管理模式。将有效化解维修资金使用难的问题,提高维修资金使用效率。

(董玲玲)

【城市供热】 2015年,沈阳市(不含一市三县)供热面积2.8亿平方米,其中,住宅2.13亿平方米,占全市供热总面积的76%,非住宅6700万平方米,占全市供热总面积的24%。集中供热面积2.56亿平方米,集中供热率91.5%,热用户293万户。市区现有燃煤热源660座,全市供热管网长度9840公里。全市供热经营单位248家。

(董玲玲)

【节能暖房工程】 根据省住建厅及市城建计划安排,2015年沈阳市节能暖房工程改造任务分三期完成,分别为500万平方米、300万平方米、271万平方米,总计完成1071万平方米,总投资12.32亿元,改造小区107处,楼栋数1634栋,涉及居民16万余户,已全部完工。"节能暖房"工程得到市民的普遍认可,用户室内温度平均提高4至5度,同时减排效果明显,锅炉房能耗下降40%以上。节能暖房工程的实施实现了市民、企业、政府"三受益"。

(董玲玲)

【搭建智能化采暖收费平台工作】 2015年搭建了"沈阳市供热行业交费平台",确定了"政府引导,企业合作"的商业运作模式,开发了"热付费"手机缴费APP,开通了微信公共号"供热圈",覆盖面达到65%。智能化交纳采暖费,拓宽了百姓交纳采暖费的渠道,缓解了全市采暖费收费过程中出现的用热户交费渠道单一、交费时间集中、排队拥挤等问题。

(董玲玲)

规划和国土资源管理

【规划编制与管理】 2015年,沈阳市规划和国土资源局本着城乡统筹、节约用地的原则,提升规划编制水平,充分发挥城乡规划的引领作用。完成《沈阳市城市总体规划》编制工作;土地利用总体规划调整完善工作取得阶段性成果;城市开发边界划定初步方案得到了国土部和住建部的高度认可。

全面完成区域规划、专项规划编制任务,编制完成了村庄总体布局规划、新型城镇化及城镇体系规划、学前教育设施布局规划、体育设施专项规划、城市轨道交通线网规划、中心城区地下管廊规划等一批区域规划和专项规划。中心城区控制性详细规划进一步更新,10个单元控详规划方案获市政府批复;地铁9、10号线土地优化及重要站点控详规划,金廊沿线中山路－浑河段、宁山路－北二环段地下空间控制性详细规划方案通过市政府审议。

城市设计工作取得积极进展,起草城市设计编制实施管理规定、地块城市设计工作暂行规定、城市设计编制规定等技术规范。组织编制金廊、浑河银带、盛京皇城等地区城市设计。名城保护工作扎实推进,编制完成《沈阳市历史文化名城保护规划》并上报省住建厅;盛京皇城、中山路、铁西工人村升级为省级历史文化街区;全面完成第二批历史建筑挂牌工作。

城乡规划管理规范进一步完善,修订市规委会章程;编制完成镇规划编制技术导则、村庄规划编制技术导则,指导县区开展相关规划编制工作;印发《沈阳市建设工程规划核实办法》等规范性文件。

（刘乃婧）

【土地要素保障】 2015年，辽宁省政府下达沈阳市新增用地指标2936公顷（耕地1688公顷），占全省19.4%；获批建设用地2608公顷；顺利承接圈外批次用地和单独选址审批权，审批新增用地638公顷（耕地542公顷）。累计获省国土厅批复城镇低效用地641.92公顷；大东、皇姑、于洪等5个地区陆续完成项目实施方案编制等基础工作；编制完成《沈阳市城镇低效用地再开发专项规划》并获市政府批准。2015年中心城区规模边界调整取得重大突破，市级土地利用总体规划中心城区规模边界调整方案两次获国土部批复，调整规模合计702公顷（新增610公顷），有力促进了综合保税区、利源轨道车等55个重点项目的顺利实施。

（刘乃婧）

【耕地保护和土地综合整治】 2015年，沈阳市规划和国土资源局进一步加强耕地保护基础工作，签定市、县、乡、村四级耕地保护责任状；开展耕地质量等别更新评价和农用地分等定级工作；完成城市周边永久基本农田划定，划定成果已上报国土资源部。"三个平台"建设进展顺利，完成2012年和2013年农村土地综合整治项目的技术复核、验收及收尾工作，2014年建设项目完成规划设计并报财政部门进行财审；2007年和2008年遗留项目全部完成设计变更批复；归还增减挂钩周转指标361公顷；实现耕地占补平衡。

（刘乃婧）

【土地利用与监管】 2015年，沈阳市规划和国土资源局编制完成了《沈阳市2015年度国有建设用地使用权供应计划》，报经市政府批准后，向社会公布实施。加大批而未供土地供地力度，采取切实有效的措施，提高节约集约用地水平，全市2009－2013年供地率达到81%。大力推进闲置土地处置，专项督察共发现闲置土地106宗，闲置面积666.69公顷，通过采取收回闲置土地使用权等措施加大处置力度，已处置完毕520.34公顷，处置率达78%。完成全市征地区片综合地价调整工作并公布实施；完成全市宅基地和集体建设用地确权登记区级验收。

（刘乃婧）

【土地执法】 2015年，沈阳市规划和国土资源局顺利完成梳理汇总全市土地利用变化情况，全面完成2014年度变更调查与遥感监测工作，涉及遥感图斑3664个，面积4347.2公顷；及时更新土地调查数据库，保持土地调查数据的现势性。全面完成2014年度卫片执法检查工作，并顺利通过省国土厅验收。全面完成高尔夫球场清理整治工作，取缔江南、李相、千湖高尔夫球场，撤销沈水湾高尔夫球场、陨石山高尔夫球场，对沈阳盛京、沈阳世纪高尔夫球场整改情况进行了调查核实，均符合土地利用总体规划，未发现有占用耕地行为。

（刘乃婧）

【土地储备交易】 2015年，通过利用地债资金置换存量贷款、原有贷款延期以及用成本低、期限长贷款置换成本高、期限短贷款等方式，优化储备融资结构，偿还贷款本息。科学实施土地收储，重点开展了高官台、于洪河滩地等区域土地储备，市本级累计储备土地76宗，面积1050公顷，征收总成本342亿元。2015年新收储地块7宗，面积101公顷，总成本22亿元。合理控制供地节奏，全市土地市场共出让土地282宗，面积1046.68公顷，成交总价128.08亿元，土地出让收益55.96亿元。多措并举，全力追缴土地出让金欠款，努力实现应收尽收，全市共清缴土地出让金27.85亿元。

（刘乃婧）

【审批服务】 2015年，沈阳市规划和国土资源局本着"进一步撤并审批事项、整合审批环节、削减审批要件、优化审批流程"的原则，进一步精简审批事项和要件，行政审批事项由43项精简至19项；合并审批环节4项；审批要件由399个缩减为224个，删减175个。不动产机构整合工作基本完成，制定了《沈阳市不动产统一登记工作实施方案》，按要求成立不动产登记机构和不动产登记服务机构，明确机构规格和编制。新民、辽中、康平、法库也按要求成立不动产登记机构，成立不动产登记服务机构工作正在进一步推进。

（刘乃婧）

【信息化建设】 2015年，进一步完善沈阳市供地、地籍等审批应用系统建设。一张图三期建设全面完成，建立内网门户及协同办公交流平台，移动办公系统通过验收并开展试点运行。数字沈阳地理空间框架建设成果应用进一步推广。完成数据库数据更新，实现"数字沈阳"成果在多个领域推广应用，与市公安、食药监、气象等部门建立共享机制，提供地理信息服务。积极推进地理时空信息云平台项目建设。已完成项目申报书、可行性研究报告、实施方案编制工作，并通过专家二次评审，开展立项审批工作，同时积极推进该项目申请国家试点报批工作。

（刘乃婧）

市政管理

【概况】 2015年，全年累计完成道路设施维护75万平方米，调补边石14万延长米。桥梁设施维护桥梁1023座次、水洗桥梁179座次，桥梁粉饰57座次，地下通道照明设施68座次。排水设施维护清掏窨雨井27万座，清掏管线1100公里。

（李　铁）

【市政设施维修管理】 2015年，沈阳市城市建设管理局紧紧围绕"精细化"养护管理总体工作目标，加强对市、区两级市政设施管养单位检查指导，市政设施维护管理水平明显提高。一是开展专项活动，保证市政设施有效运行。为落实市政设施四季养护要求，达到市政设施维护精准、精细、精致的工作标准，保证市政基础设施有效运行。二是细化考评标准，提升市政设施维护水平。研究制定《市政设施维护管理指导手册》，建立完善市政设施维护管理考评机制，定期开展督导检查活动，将日常检查情况、市民投诉督办纳入年终考核，促进维修养护工作落实。分别于2015年3月3日、9月20日召开市政行业春季集中维护工作会议及市政行业秋季维护工作会议，安排部署维护工作。三是依托科技文化，规范市政设施日常管理。进一步完善升级市管市政设施管理系统，通过对数据的掌握，使市政设施病害得到科学处置，以适应新时期市政设施管理要求。充分运用道桥检测设备，逐步实现道桥维护由外观检查到结构数据检测的转变，通过数据分析、整理，形成了科学、真实、准确的检测报告，2015年，组织对170座桥梁进行检测，其中，结构检测16

座，常规检测154座。四是强化服务意识，积极解决民生热点问题。深入基层调研研究，积极解决市民关注的民生问题，按照局领导关于全力做好市政管网与区属管网及弃管小区排水设施实现两个“零公里”服务的指示精神，全面实施“排水顺通畅万家”工程；结合日常养护，突出无障碍设施维护整修，真正体现对残疾人、老年人等弱势群体的关爱，受到社会广泛好评，先后收到锦旗9面，表扬信4封。五是转变工作作风，较好完成市民投诉、人大政协提案工作。全年共受理市民行风热线，民生微博、民心网等各种投诉平台建议300余件，反馈率、处置率100%，满意率98%以上，答复人大政协提案26件，满意率100%。

（李　铁）

【城市防汛】 2015年，城市防汛工作在沈阳市城市建设管理局领导的具体指导下，各级防汛部门和单位高度重视，汛前准备充分，汛期组织得当，指挥到位，调度有力，圆满的完成了全年城市防汛工作任务。一是完善应急预案，落实各级责任。5月中旬，市政府组织召开了2015年城市防汛工作会议，对城市安全度汛工作进行了全面部署。按照市政府会议精神，汛前完善制订了《2015年沈阳市城市防汛工作方案》和《2015年城市灾害性天气防汛抢险工作预案》，明确了城市防汛工作目标、工作任务和责任分工。建立了统一指挥，分级负责，分兵把守，重点加强的城市防汛责任体系。二是组建抢险队伍，开展应急演练。从实际出发，组建6支抢险分队，储备了移动式发电机组17台、各种防汛应急抢险车辆18台、应急抢险水泵13台，对所有设施进行检修，确保能够随时投入使用，模拟实战积极开展防汛演练，全面提升了应急抢险能力。三是关注天气情况，及时发布预警。与市气象局加强联系，每次降雨前市气象局及时发布重要气象报告，按雨情信息紧急会商，果断决定启动城市防汛预案，分别按雨情量级下达了9次城市防汛预警令，按预警要求，及时指挥调度各成员单位全力做好应急部署和战胜强降雨的各项准备，全年汛期全市城区供水、供气、供电、地铁等运行正常，未发生重大险情灾情。

（李　铁）

【综合巡视监管】 2015年，沈阳市城市建设管理局按照“属地管理、区域负责”的原则，充分发挥网格化管理的功能，实施“定人员、定路段、定片区、定责任、定标准、定要求”的“六定”管理制度，在做好日常巡视的基础上，结合行业特点及季节特点，加大了沈阳市市政设施、园林绿化、市容景观、环境卫生等城市设施运行状况以及夏季城市防汛、冬季除运雪工作的综合巡视监管力度。对环境整治重点街路、桥梁等市政设施和市容环境卫生等重点部位作为巡视监管的重中之重，并实施全员参与巡视监管，加大安全隐患的排查、处置力度，做到早发现、早处理、早解决，全年综合巡视累计发现大小问题7818件，办结率100%。同时，由各区综合监管中心将每日巡视发现的重点、难点问题汇总后上报，每周形成《每周综合监管动态信息》报市、局领导，2015年《每周综合监管动态信息》共刊发50期，创刊以来共刊发150期。

（李　铁）

【应急抢险】 2015年，沈阳市城市建设管理局按照“预防为主，科学处置”的原则，完善了应急预案和各项应急管理规章制度，建立了汛期应急抢险预警工作机制，切实保障了城市道路、园林绿化、市容、环境卫生等设施正常运行；依据《沈阳市地下设施检查井井盖安全防范管理办法》，加强对地下设施检查井权属单位的日常监管，打造市民安全出行环境，使全市地下设施检查井安全管理工作步入规范化管理轨道。充分发挥数字化城管平台等科技手段在突发事件处置中的快速预警和协调作用，做好防汛和除运雪指挥工作，对夏季易积水点位加大巡查力度；增加冬季冰雪路面和“冰溜子”巡视频次，及时协调相关单位和部门进行处置，将事故隐患消灭在萌芽中，杜绝安全事故发生。全年累计处置万柳塘路沈空司令部门前电信顶管施工中造成自来水管爆裂等各类大小突发问题293件，上述问题没有造成人员伤亡，未引发衍生事件，将社会影响和经济损失降至最低。

（李　铁）

【规范道路挖掘管理】 2015年，沈阳市城市建设管理局围绕查找问题、督办解决问题为工作重心，制订了相关的规章制度，进一步规范道路挖掘管理。特别是在地铁施工沿线、南北二干线管线排迁等重点工程项目期间，组织相关单位专门例会并现场勘查，明确责任、落实措施，要求施工单位制定应急事件预案，加强施工现场文明施工和安全生产管理。为加强重点工程项目道路挖掘管控，打造精品工程，各监管中心抽调业务骨干，实施全程监管、跟踪督办，对每一标段，乃至每一点位都进行细致地现场查看，督办解决重点、难点问题，组织协调施工单位，按照施工计划，有序开展道路挖掘工程，保证质量、进度及道路畅通，并做好管沟回填和路面恢复等项工作，顺利完成了地铁施工沿线、南北二干线管线排迁道路挖掘工程。针对道路挖掘年终收尾工作，早安排、早部署，加强了道路挖掘现场文明施工和安全生产的监管，督促各建设单位加快施工进度，抓紧组织道路恢复，并进一步加大监管力度，于年底进行了两次专项检查，对不符合道路挖掘规范的现场进行了媒体曝光，情节严重的依法进行了处罚，切实做好了全市市政道路挖掘收官工作。

（李　铁）

【政务活动综合保障】 2015年，沈阳市城市建设管理局积极组织协调各区监管中心、市环卫处及相关单位，严格排查政务路线周边环境，高效、快捷地解决沿线问题和隐患，创建安全、文明、整洁的市容环境，确保万无一失。在重大政务活动前期，制定专项保障方案，组织召开调度会议，集中验线，采取全时段、全覆盖监管方式，将存在的问题登记造册、跟踪整改，逐个销号，全年累计完成国家、省、市级各项政务活动市容环境综合保障指挥、调度55次。

（李　铁）

【综合考评】 2015年，市城建局定期组织监管中心和各区城（建）管局对各区开展互检和暗检；组织监管中心对各区以街道办事处为单位开展日常考核，依据《沈阳市城市建设管理综合考评方案（试行）》，着重考评重点地区、难点问题和城市建设工作薄弱环节，采取随机抽检、突出重点，坚持明检与暗检相结合，以暗检为主，注重动态考核，对全市各街道办事处辖区内的环境卫生、市容市貌、园林绿化、市政设施等城市管理情况进行考核。同时，对考评中发现的薄弱环节和存在的问题，及时督促相关单位进行整改。全年共计开展了以市政设施、园林绿化、市容景观、环境卫生为重点的综合考核联合互检3次。

（李　铁）

【建立沟通协作机制】 2015年,沈阳市城市建设管理局充分发挥市、区在城市管理中的联动作用,建立各部门间的沟通协作机制,部分城区建立的协同中心,有效地提高了城市管理中存在各类问题的办事效率。积极发挥综合监管的行业优势,重点协助各相关行业和单位,加强了主要街路和点位的巡视力度,增加早、晚巡视频次,做到发现问题及时,处置问题快速。开展市政设施安全隐患、路面坑槽、井盖缺失等问题的巡视监管和市政设施维修养护核量等工作开展树木修剪、补植、春灌、施肥、枯死树木排查,以及公园绿地环境卫生巡查、互检工作开展住宅小区、建筑工地、重点街路等方面的环境卫生清理整治、垃圾积存点位排查等工作;做好牌匾整治和门前市容环境整治等各项环境综合整治行动。

(李 铁)

【市民服务热线】 沈阳市城市建设管理局高度重视市民服务热线工作,相关工作扎实有序推进。2015年,共受理各类"96123"市民服务热线699件,达到了投诉按期办结率100%、咨求按期办结率100%、群众满意率95%、星级质量评价率91.19%;受理民心网联网和互动平台投诉185件,办结率100%;共受理各类"96766"市民服务热线567件,其中市政类303件,环卫类110件,绿化76件、市容类37件,其他各类非职能范围的41件。属沈阳市城市建设管理局职能范围的526件按期办结率为100%,不属市城建职能范围内的41件已转交其他相关部门处理。共受理市长信箱99件,其中咨询类8件,建议类59件,投诉类27件,求助类5件,均在要求时限内予以答复。

(李 铁)

市政设施建设

【概况】 2015年,沈阳市城市建设管理局负责建设项目20余个,建设任务重,要求标准高,在工作中科学统筹安排,积极主动作为,确保了各项工程建设顺利实施。截至2015年底,已完成东陵路高架、市管街路整修、市本级积水点改造等7项工程建设,其它项目进展顺利。一是科学配备人员,组织领导有力。大项工程施工前成立项目指挥部,加强组织领导,明确责任分工,分别把关定向,对整个工程施工建设进行全方位指挥和协调,为全面开展管理工作打下坚实基础,提供组织保障。二是借鉴先进经验,制订特色方案。东陵路高架桥工程建设要求时间紧、任务重、标准高,为确保工程质量的前提下,经反复论证和学习外省市先进经验,决定在东陵路高架桥施工中尝试采用冬季施工方案,争取时间加快施工进程,确保主体工程按期完工。为了有效实施冬季施工计划,结合本地气温变化因素,制订出适合于沈阳市施工情况的实施方案,指挥部收集了过去五年来全市冬季气温变化情况制成图表,供施工单位在制定冬施计划时参考。施工中,通过搭建保温大棚,直观控制棚内温度,使桥梁墩柱在浇筑混凝土过程中得以顺利成形,达到养生质量标准。实践证明,这种方案在整个工程建设中起到了重要作用,极大地提高了建设速度和工程质量,为后期工程按期转序提供了保障。三是加强现场管理,严格文明施工。充分考虑到施工给周边环境和市民出行的影响,严格文明施工管理,施工现场设置围挡,采取全封闭施工;使用喷淋设备、洒水控制扬尘,全程"湿法"作业;施工现场配备专职保洁人员,始终保持施工现场环境整治;管理人员每天对现场进行检查督促,及时清理建筑垃圾杂物;在公交车站停靠点部位收缩围挡,为公交车设置停车港湾,市管街路整修工程全部利用夜间施工,最大限度的减少施工对市民出行的影响。四是创新科技工艺,提高施工水平。东陵路高架桥工程为市重点工程,按照局领导提出的打造市政建设项目"精品工程"的要求,积极创新科技工艺,施工中采用了清水混凝土和冬季混凝土施工技术,改进桥梁泄水管、防撞墙施工方法,解决泄水管、防撞墙渗水等问题。特别是架桥机架设钢箱梁施工技术在沈阳市城市桥梁建设中首次成功应用,对东陵路高架桥工程顺利实施。

(杨 萍)

【东陵路高架桥建设工程】 东陵路高架桥西起珠林路,东至三环东陵收费站,全长8公里,该工程是沈阳市重点桥梁工程,分三段新建6.7公里高架桥:一是沈海桥加宽段新建高架桥1.4公里,桥宽9米,2车道,新桥建成后与旧桥达到双向4车道;二是沈海立交桥至沈抚立交桥段新建高架桥3公里,桥宽23.5米,双向6车道;三是沈抚立交桥至三环东陵收费站段新建高架桥2.3公里,桥宽23.5米,双向6车道。高架桥建成后,对全线地面道路进行改造,重新设置完善标志标线、信号设施、隔音屏、防眩板等交通安全设施,道路两侧绿化设施实施景观提升。工程总投资12.06亿元,其中:工程费9.5亿元,征地拆迁及管线排迁费2.06亿元,其他费用5000万元。工程于2014年10月10日开工,冬季连续施工,整个工程于2015年10月完工。工程前期排迁工作中,面对交通流量大、排迁工程量大等不利因素影响,科学组织,周密安排,以最快的时间推进自来水、通讯、燃气、排水各类管线的排迁工作,为确保主体工程顺利实施奠定坚实基础。

主体建设工程分为三个主要阶段为控制时间节点,第一阶段为进场开工到2015年春节前,完成全部桩基础和部分承台及墩柱的施工,为下一阶段施工打下良好基础。第二阶段为春节后到7月末,完成整个箱梁砼浇筑及钢箱梁架设工作。第三阶段为8月初到9月末主要工作桥面系施工,重点是桥面防水和伸缩缝及沥青混凝土面层的施工。

主体工程施工中,沈阳市城市建设管理局克服冬季施工的不利因素,制订科学合理的施工方案,在保安全、保进度、保质量、保文明施工、保道路畅通的基础上,全力推进主体工程建设步伐,整体工程进展顺利。严格按照工程计划安排,在保证安全、质量的前提下,稳步推动工程建设,确保整个工程于2015年10月前完工。该工程的顺利完工为沈阳市城市桥梁建设积累了宝贵经验。

(杨 萍)

【怒江北街下穿三环及裕虎铁路工程】 怒江北街贯通工程位于沈阳市皇姑区,南起三环高速公路南侧,下穿三环高速公路、裕虎铁路,北止于青城山路,全长1066米,下穿三环高速公路、裕虎铁路段宽度为42.7米,其他段宽度为40米,双向8车道。主体工程包括四个部分:一是下穿铁路段新建1座框构桥和13节U型槽,长273米;二是新建2个流量桥区排水系统泵站1座;三是新建1266米桥区排水管线;四是新修1066米道路及辅助设施。工程总投资2.3亿元,其中:工程费1.65亿元,征地拆迁费6500万元。工程于2014年8月15日进场施工,整个工程于2015年9月完工。工程前期排迁工作中,面对排迁工程量大等不利因素的影响,科学组织、周密安排,以最快的时间推动铁路通讯、铁路信号、铁路电力、接触网排迁工作,为确保主体工程顺利实施奠定坚实基础。

五爱泵站及进出水管道工程总投资8500万元。由市本级投资。工程位于文体路以南,五爱南街以东,使用五爱闸门用地。泵站设计总流量为26立方米/秒(雨水设计流量为20立方米/秒,污水设计流量为6立方米/秒),采用地埋式泵站,除值班室和电气设备室设计成地上生态景观房外,其余工程均放在地下。地上占地面积约为1700立方米。工程新建直径2.6米污水进水管道800米,3根直径2.6米雨水出水管道各500米。2014年市本级到位工行贷款50万元,完成前期工作。2015年投资4000万元,实施泵站主体及进出水管道工程,全部工程2016年竣工。

(杨　萍)

【市管街路整修工程】 2015年,沈阳市城市建设管理局对4条市管街路进行了整修工程。文化路:文化路立交桥东桥头—万柳塘路,长度1745米,宽度42米,改造面积7.3万平方米,部分车行道翻建、补坑,其余部分进行盖被;人行道修补、盖被或更换部分方砖;机动车道边石调整为主,对缺损部分进行更换。

万柳塘路:文化路—长青街,长度1792米,宽度44米,改造面积7.9万平方米,部分车行道翻建、补坑,其余部分进行盖被;人行道修补、盖被或更换方砖;机动车道边石调整为主,对缺损部分进行更换。

黄河南大街:黄河大街地道桥—泰山路,长度2566米,宽度40米,改造面积11.8万平方米,部分车行道翻建、补坑等,对龟网裂等病害进行铣刨盖被;人行道方砖改沥青或更换方砖;机动车道边石调整为主,对缺损部分进行更换。

南京北街:黄河大街地道桥—中华路,长度3435米,宽度44米,大修面积15万平方米,部分车行道翻建、补坑,对龟网裂等病害进行铣刨盖被;人行道方砖改沥青或更换方砖;机动车道边石调整为主,对缺损部分进行更换。

(杨　萍)

【桥梁加固改造及功能完善工程】 2015年,沈阳市城市建设管理局对珠江高架桥等进行了加固改造及功能完善。道路桥梁设施珠江高架桥:计划投资651万元,由市本级投资。三部分构成:一是翻建挡土墙,新建挡土墙均为钢筋混凝土墙;二是翻建桥面;三是翻建防撞墙。按实际完成工程量85%测算,安排资金553万元。

白山立交桥:计划投资1800万元,由市本级投资。二部分构成:一是对白山立交桥局部桥体进行加固处理,投资300万元;二是对白山立交桥东西向跨线桥及匝道进行整修,投资1500万元。按实际完成工程量85%测算,安排资金1530万元。

工农桥:计划投资488万元,由市本级投资。包含三项内容:一是旧桥基础混凝土修补并设石笼维护;二是对T型梁、桥墩台破损混凝土修补;三是桥墩台裂缝封闭和灌浆。按实际完成工程量85%测算,安排资金415万元。

五爱隧道:计划投资225万元,由市本级投资。主要包括:照明疏散系统完善,风塔钢结构锈蚀加固处理,隧道道路排水等设施改造,弱电系统改造及喷画地面标志标线等工程。按实际完成工程量85%测算,安排资金191万元。

和平大街、天坛一街防洪闸门电源工程(10KV):计划投资60万元,包括工程费及其他费用。由市本级投资,对和平大街、天坛一街已经建成防洪闸门接入10KV电源。

防噪声屏建设工程:计划投资1500万元(单价3500元/米),由市本级投资。白山立交桥、西南高架桥、南二环、东西高架桥等22处点位补齐声屏障共计4306米(白山立交桥868米,东西高架桥390米,南二环971米,西南高架桥2077米)。按完成工程量85%测算,安排资金1275万元。

(杨　萍)

【排水项目】 2015年,沈阳市城市建设管理局顺利开展了针对揽军泵站等排水系统的新建、改造工程。揽军泵站工程:全部投资780万元,由市本级投资。工程位于卫工明渠与揽军路交叉口东北角,现铁西区排水处仓库的位置,新建一座排水泵站,一期建设规模为3m? /S,暂时通过溢流的方式,中途提升仙女河污水处理厂进水管道汛期的合流水入细河。2014年资金到位261万元(工行融资租赁贷款),完成前期工作,进场开展土建工程施工。2015年计划投资519万元,按实际完成工程量85%比例计算,2015年安排市本级资金402万元,工程竣工投入使用。

南运河东部截流系统改造工程:计划投资为8500万元,由市本级投资。北起南运河北岸大南街与东滨河路交叉口向东100米处(中辽国际小区对面),东滨河路沿南运河北侧绿化带处向西至大南街,沿大南街向南穿越文化路至南塔街至柏翠园路进入新建五爱泵站。采用盾构技术建设一条直径3.5m管道,全长约2000米。近期作为污雨水合流制管道,远期作为雨污分流的雨水管道。污水汇水区域:北至沈吉线铁路,东至辉山明渠,南至浑河大坝(二环路),西至五爱街、风雨坛街、广宜街,总汇水面积为29.66平方公里。雨水汇水区域:北至北顺城、善邻路,南至文化路、万柳塘路,西至广宜街、风雨坛街、五爱街,东至东塔街,总汇水面积为13.4平方公里。2015年投资4500万元,与五爱泵站工程同步实施,完成前期工作并启动主体工程施工。全部工程预计2016年完成。

老旧泵站改造工程:全部投资1502万元,由市本级投资。用于改造张士甲、滑翔、精勤、张士乙、崇山西、联合路、新北等25座城市排水泵站机泵、电气设备、格栅除臭、闸门闸阀等设备。按实际完成工程量85%测算,安排资金1276万元。工程于2015年竣工。

积水点、积水区域改造工程:全部投资3367万元,改造积水点51处,按市区7:3比例,其中:市投资2379万元,区投资988万元。市排水处积水点改造8处,市投资83万元;和平区积水点改造8处,投资956万元,其中,市投资669万元,区投资287万元;沈河区积水点改造13处,投资1290万元,其中,市投资902万元,区投资388万元;皇姑区积水点改造8处,投资620万元,其中,市投资434万元,区投资186万元;大东区积水点改造6处,投资117万元,其中,市投资82万元,区投资35万元;于洪区积水点改造8处,投资301万元,其中,市投资209万元,区投资92万元。2015年安排市本级城建资金2022万元、区县840万元。工程于2015年竣工。

(杨　萍)

【沈阳市二环快速路改造二期工程】 沈阳市二环快速路改造二期工程南起揽军路高架桥北桥头，经重工街、白山路，北至白山立交桥西桥头，全长13公里。工程于2014年4月开工建设，2015年10月竣工通车，采用新建高架桥并对地面道路进行改造的形式，结合目前西、北二环桥梁现状情况，新建揽军高架桥至建大立交桥段高架桥、建大立交桥至大成桥段高架桥、大成桥至西江街以东段高架桥、怒江街以西至白山立交桥段高架桥，4段高架桥总长度为9.87公里。同时，新建三处人行过街天桥，分别为勋业三路人行天桥、南七西路人行天桥、铁西体育场二环路人行天桥。重要成果：工程竣工后，不仅有效缓解了重工街、白山路沿线交通拥堵状况，而且使新建桥梁与东二环、南二环桥梁相接，实现了沈阳市二环快速路除五爱街节点外，全线无信号快速通行，为市民方便、快捷出行提供了有力的保障。

（李季伟）

园林绿化

【概况】 2015年，沈阳市园林绿化工作围绕"绿化提升三年计划"的总体要求，积极推进"六进六化"工作，把握"选对种、育好苗、栽活树、养对路、精管理"的原则，树立"提质增量、扩绿添彩、亲绿惠民、固绿强基"的理念，进一步增加绿量，推动全市城区绿化提档升级，让百姓身边见绿。截至年底，全市建成区绿化覆盖面积2.00万公顷，绿化覆盖率41.78%，建成区绿地面积1.88万公顷，绿地率38.19%，新增绿地面积1073公顷，人均公园绿地面积达到14.1平方米。

全市七城区绿化项目完成投资2.96亿元，共栽植乔木5.7万株，灌木30.4万株，绿篱12.5万平方米，栽摆花卉497万株。市区两级实施的主要绿化建设项目有：城市出口路景观提升、百里环城水系改造工程、公园绿地广场公共设施完善、科普公园儿童足球场建设、苗木基地建设和"六进六化"工作。绿化管理工作方面，继续全面提升"精细化"养护管理水平，开展病虫害捕杀、裸露地面消除等一系列保绿增绿工作。制定了《绿化提升三年行动计划》，进一步完善绿化相关的法规和规范性文件。2015年先后启动了唐山世界园艺博览会沈阳园、世界月季洲际大会沈阳园的建设工作。沈阳市首座以园林植物科普为内容的科普馆——沈阳园林植物科普展示馆建成并对市民免费开放。

（崔阳阳）

【出口路景观提升】 2015年5月，沈阳市城市建设管理局实施了黄河北大街出口路景观提升工程。该工程施工范围为黄河北大街（泰山路—三环）全线6.2公里。工程造价989万元。工程内容为：一是行道树补植和更换部分现有行道树，栽植彩叶树种和大规格乔木。二是提升改造现有环岛绿地，栽植整形灌木及地被。三是提升沿线17块景观绿地绿化工程。共完成栽植树木1285株，乔木有银中杨、白榆、油松、海棠（亚斯特）、海棠（粉色海洋）、沈阳桧等13个品种；灌木有珍珠绣线菊、密枝红叶李、红瑞木、东北红豆杉、水蜡等11个品种，共9140株；花卉有金银花、狼尾草、马蔺、八宝景天、锥花福禄考、千屈菜、紫花地丁等15个品种，共32.97万株，播种草坪5000平方米。

（崔阳阳）

【百里环城水系改造】 2015年5月，沈阳市城市建设管理局实施了百里环城水系改造工程，工程包括两部分：一是绿道通达和向工明渠改造提升工程；二是部分公园游园儿童娱乐设施安装工程。工程总造价为1157.3万元。

绿道通达工程完成百里环城水系秋锦园等十一个游园的园路铺装，其中，修补铺装北运河长江、新乐、怒江、新民四个园混凝土路面2000平方米，沥青混凝土路面3980米；修补铺装南运河秋锦、南中、怡静三个园，其中，秋锦园、南中园为彩色沥青混凝土路面2650平方米，怡静园花岗岩火烧板958平方米；修补铺装卫工河荷兰砖1785平方米。栽植乔木6155株，灌木85株。向工明渠改造工程共计完成栽植乔木700株、灌木2918株、灌木5864立方米、花卉4128立方米、草坪4500立方米等，整理土方4822立方米、园路铺装工程3092立方米、边石砌筑2575米、防腐木木地板（含栏杆）安装295立方米、铁艺栏杆1914米、花岗岩坐凳27个、树池32个、健身器材22组，景观灯安装119套、铺设电力电缆铺设4422米等。

完成6处公园游园儿童娱乐设施建设和安装工程。即宁山园、怡静园、南湖公园、新乐园、共青园、科普公园。

公园、绿地、广场公共设施完善。为进一步完善公园、绿地、广场的休闲设施，为百姓提供充足的休闲休憩场所，在充分的市场调研基础上，市政府投资100万元，采购挡墙式座椅、围树椅、石凳等各式休闲座椅1000余套，安装在运河沿线和市属北陵公园、东陵公园、南湖公园、科普公园内，这些座椅为沈阳市新型现代建筑产业结构企业生产的园林景观座椅，具有造型美观、安装简便、经久耐用等特点，完善了公园、绿地、广场的休闲游览功能，丰富城市园林景观效果。

（崔阳阳）

【科普公园儿童足球场】 为贯彻落实全民健身计划，促进全市青少年儿童足球运动的发展，沈阳市首座儿童足球公园于2015年9月23日建成并投入使用。儿童足球公园位于青年大街199号，沈阳市科普公园的西南方向，与市科学宫、沈阳市图书馆及儿童活动中心等共同形成了较完善的儿童文体活动场所。

建成的儿童足球公园占地2万余平方米，设置五个儿童足球活动及竞赛场地，包含四个五人制足球场和一个七人制足球场，五人制足球场尺寸：25米x16米，七人制足球场尺寸：39米x54米。儿童足球场地完全按照专业体育比赛场地标准建设，场地人造草坪为美国进口50毫米单丝人造草，注石英砂及环保橡胶颗粒，下铺设10毫米厚防震垫，40毫米厚中粒式透水沥青混凝土，150毫米厚水泥稳定砂砾和250毫米厚级配砂砾。儿童足球公园内还设置了足球主题雕塑群、坐凳、指示牌和垃圾箱等必要的服务设施。同时，按照海绵城市建设的标准，整座儿童足球公园设置了合理的地下排水管网、雨水收集池和地下泵站等设施，是一座兼具体育健身和城市生态保护相结合的儿童足球公园。

儿童足球公园建成后，市城建局联合沈阳市教育局、沈阳市体育局、新闻媒体定期开展青少年公益培训活动，充分利用儿童足球公园的场地资源，推动足球运动的普及，培养足球后备人才，让更多的青少年热爱足球、享受足球。

（崔阳阳）

【唐山园博会沈阳园】　2016中国·唐山世界园艺博览会由国家林业局、中国国际贸易促进委员会、中国花卉协会、河北省人民政府共同主办，唐山市人民政府承办，将于2016年4月29日—10月16日在唐山南湖公园举办。该届世园会以"都市与自然·凤凰涅槃"为主题，按照节俭、洁净、杰出的原则，营建时尚园艺、绿色环保、低碳生活、都市与自然和谐共生的景观展区。沈阳市城市建设管理局代表沈阳市参加该届盛会，该展园计划投资70万元，于2015年12月18日进场施工，截至年底，已完成室外展区的乔、灌栽植工作，地面铺装和电气部分全部完成，剩余雕塑及灯具部分将于2016年2月底全部完成，全面展示沈阳市近年来的城市园艺建设水平。

（崔阳阳）

【花卉栽摆】　根据2015年沈阳市城建计划安排，为营造"五一、十一"等节日气氛，为市民提供游玩赏花卉场所，实施了重点街路及公园美化工程即节日花展。花展主要分两期进行，第一期在"五一"节前，主要栽摆花卉有凤仙、海棠、四季春、牡丹、石竹、三色堇、鼠尾草等花卉品种；第二期在"十一"节前，主要栽摆花卉有各种观赏菊、矮牵牛、角堇、百日草等花卉品种。栽摆地点为北陵公园的正门广场和园内主路两侧，南湖公园园内，青年大街沿线南出口绿地、金廊八号地、五里河、一经街、市府广场等重点绿地点位。共栽摆各品种时令花卉260余万株

南湖公园的五一牡丹花展、十一的菊花展，北陵公园门前广场五一、十一花卉摆放及青年大街绿地花卉栽摆取得了良好的景观效果，深受市民喜爱。

（崔阳阳）

【行道树苗木培育】　2015年，沈阳市政府投入专项资金进行苗木培育，以加强行道树苗木贮备，实现行道树苗木的可持续发展，根本解决沈阳市行道树苗木短缺现状。培育采用容器育苗和微喷灌等先进的育苗技术，保证苗木出圃时不受季节、气候等因素的限制，可做到四季栽植。2015年储备以行道树为主的适地适树苗木，采用三种方式进行储备：一是沈阳周边现有圃地苗木；二是引进外埠圃地苗木；三是预购河滩地苗木。年底前，该工程的一、二标段已完成招标。按照《城市苗圃育苗技术规程》要求，采取修剪、施肥、灌水、病虫害防治等措施，确保行道树分枝点整齐，苗木生长健壮、树冠丰满，无病虫害，质量及规格符合规范要求，预计2018年达到出圃标准。市城建局负责对苗木储备苗圃养护管理情况进行监督、管理和考核。目前，已完成水曲柳、银中杨、蒙古栎、杞柳、糠椴等11个品种，共计15万株行道树采购及培育任务。

（崔阳阳）

【"六进六化"工作】　2015年，全市开展绿化"六进六化"工作。通过大力实施绿化"进社区、进校园、进企业、进机关、进军营、进村屯"行动，努力实现城市园林化、郊县森林化、道路林荫化、公园优美化、社区花园化、庭院盆景化的目标，把沈阳打造成生态宜居之都。

为确保"六进、六化"的顺利开展，沈阳市制定了7个区2015年"六进、六化"指标，市政府和各区签订了2015年绿化指标责任状。2015年实施绿化改造旧住宅小区347个，学校99个，企业175个，机关100个，军营40个，社区70个，并将指标分解到7个区，其中，和平区旧住宅小区100个、校园10个、企业20个、机关25个、军营5个、社区10个；沈河区旧住宅小区52个、校园13个、企业40个、机关25个、军营6个、社区10个；大东区旧住宅小区70个、校园18个、企业40个、机关5个、军营8个、社区10个；皇姑区旧住宅小区30个、校园16个、企业20个、机关25个、军营10个、社区10个；于洪区旧住宅小区48个、校园13个，企业30个、机关8个、军营4个、社区10个；铁西区旧住宅小区41个、校园11个、企业16个、机关7个、军营7个、社区10个；浑南区旧住宅小区6个、校园18个、企业9个、机关5个、社区10个。

2015年全市"六进、六化"工作共完成树木栽植12.4万株，其中，旧住宅小区绿化栽植树木8.76万株。校园绿化155所中小学，栽植树木6184株。企业绿化、机关绿化、军营绿化、社区绿化栽植树木3万株。

（崔阳阳）

【沈阳园林植物科普馆】　2015年，沈阳市城市建设管理局完成了沈阳园林植物科普展示馆建设项目，该展馆是沈阳市首座以植物科普为内容的科普馆，其总面积为3350平方米，其中，室内展区面积为1500平方米，室外展区为1850平方米。整个科普馆由15个室内展示区和3个室外展园组成，共划分为七大展区，分别为园林植物概述展区、沈阳园林植物展区、园林植物伴生区、园林植物衍生区、园林植物养护与管理、园林成果展示及室外展区。展馆内以实物、标本、展板、沙盘、多媒体等手段，呈现园林植物由古至今的演化、分类、分布及其与环境、动物、人类之间的关系等内容；将沈阳地区园林植物、市花市树、古树名木、水系古建、园林成果等内容进行展示；并引入蝴蝶、恐龙等与植物相关的动物元素，为科普馆增添趣味性。室外展区展示沈阳特色园林树木、花卉、地被植物，使人们对园林植物得到更直观的认知和了解。

（崔阳阳）

【世界月季大会沈阳园】　2016年世界月季洲际大会由世界月季联合会、中国花卉协会和北京市政府主办，中国花卉协会月季分会、北京市园林绿化局和大兴区政府承办。该届盛会在北京大兴魏善庄举行，以"美丽月季美好家园"为主题，将为世界各国月季相关企业和月季爱好者交流月季育种、栽培、造景、文化等方面的研究成果，展示新品种、新技术、新应用提供平台，该届大会将于2016年5月18日至24日在北京大兴举办。沈阳市花是玫瑰，与月季同科同属，受市政府委托沈阳市城市建设管理局代表沈阳参加该届大会。该项目于2015年9月7日进场施工，截至年底，已完成土建建设工作，完成平整场地，花岗岩、大理石铺装、花岗岩边石铺装、浮雕安装、显示盘安装、地面玫瑰绣板安装、甬路铺装、地下电气设备安装等项目，剩余绿化工作将于2016年3月全部完成。

（崔阳阳）

【精细化管护】　一是安排并督促各区和市直绿化部门加强绿化养护管理工作，按照乔、灌、花草的不同生理和生态习性，春季进行绿化修剪和绿篱白蜡蚧的清除工作，对树木的枯枝、病虫枝、衰弱枝、损伤枝、重叠枝、下垂枝等进行合理的截枝修剪。夏秋季进行枯死树伐除和浇灌。冬季进行撤土施肥、冬灌涂白、雪盐板设置和环境整治。市内7个中心城区和市直单位共修剪街路行道树和绿地型树21.8万余株，修剪草坪、绿篱196余万平方米，完成裸露地面覆盖

1.99万平方米。二是细化监督检查管理工作,2015 年 4 月起,每月组织各区监管中心、区绿办,对主要街道的绿地浇水、裸露地面覆盖、病虫害防治、树木修剪、枯死树伐除、树木浇灌、撤土施肥、冬灌涂白、雪盐板设置和绿地环境整治等工作进行全面检查,及时发现并解决园林绿化问题 150 余件,确保了城市行道树及绿地景观效果的完整。

(崔阳阳)

【绿化提升三年行动计划】 2015 年,沈阳市政府着眼于城市长远发展需要,按照适度超前的原则,统筹规划全市绿化工作,实施绿化提升三年行动计划,以打造生态宜居之都为目标,以精细化管护为重点,实现绿量增加、绿质提升,全面提升城乡绿化水平。

按照"三环、三带、四楔、南北绿廊"规划绿地布局,以搭建城市绿道工程为骨架,提高环城水系、三环高速绿化带、四环快速路绿化带绿量,提升浑河、蒲河及沈抚灌渠三条滨水生态景观带,完善从东北、西北、西南及东南方向由外延伸到城市内部的生态绿楔,在积极拓展城市绿量的基础上,进一步均衡绿地分布,加强城市中心区、老城区的园林绿化建设和改造提升;紧密结合城市居民日常游憩、出行等需求,加快公园绿地、居住区绿地、道路绿化和绿道建设,不断完善绿地系统综合功能,形成以精品绿地为点、以标准化街路为线,以重点绿化区域为面的绿化体系。加强园林绿化精细化管护,推动全市园林绿化水平的整体提高。力争到 2018 年末,建成区绿地率达到 39%,绿化覆盖率达到 43%,人均公园绿地面积稳定在 15 平方米,公园绿地服务半径达到 75%。

(崔阳阳)

【植物保护】 2015 年,沈阳市城市建设管理局完成了园林有害生物防控预警准备工作。购置并安装虫情测报灯 3 台,围绕重点害虫开展测报工作。同时,以信息素诱杀等手段围绕常发病虫害进行了重点监测调查。全年针对白蜡蚧、腐烂病、黄褐天幕毛虫、蔷薇科锈病、白蜡窄吉丁、桃瘤蚜、美国白蛾等病虫害共发布测报通知14 个。共编发《沈阳园林植保》10 期,内容涉及常规病虫害监控工作,指导全市园林植保工作。开展无公害防治技术的研究及示范推广工作。试验白蜡窄吉丁诱捕技术、材小蠹诱捕技术,继续推广美国白蛾、松树蛀干害虫、双条杉天牛诱捕技术,粘虫胶防治技术以及滴注局部用药防治白蜡蚧等研究。防控面积达 500 公顷以上。

召开了全市园林植保工作会,安排部署植保工作。采购和发放了美国白蛾补充药剂。全年对浑南、铁西、皇姑、沈北等区属绿化单位开展病虫害防治指导工作 10 余次。完成辽宁风景园林协会园林科技(植保)工作委员会的工作计划及安排;制作了《全省新型城镇化建设园林常见病虫害防治措施》的项目报告;开展东北风景园林研究中心的相关事务性工作。

(崔阳阳)

【抗霾保绿】 2015 年 6 月,根据《沈阳市蓝天行动实施方案(2015－2017 年)》工作安排,积极推进对二环内裸露地面的软、硬和绿化覆盖进行调查和治理,对裸露地面进行统计,通过排查摸底,确定城区裸露地块面积为 2.84 万平方米。针对城区裸露地面实际情况,建立了详细的档案,确立了地块权属。根据土地权属关系,落实治理主体,进一步加强了对城区公共绿地、花池、街头绿地及行道树树穴池的绿化工作,通过撒播多年生宿根花卉及草种进一步减少裸露地面面积。同时进一步加强了对绿地行道树的养护管理,尤其是对新植苗木的浇水、除草、杀虫等工作,有效保障了苗木的成活率。至年底,已对城区 70% 的裸露地块进行了综合治理。

在消除裸露地面的基础上,进一步加强对现有绿地的管护,严查各种毁绿行为,及时修剪整形,保持绿化景观。清理绿化带卫生,做好绿化保洁。建立了全天候保洁制度,对每个养护人员进行细化分工,实行人员包管,将责任具体到人。针对城区部分路段踩踏、破坏花池苗木较为严重的现象,加强巡查力度,对绿地破坏现象较为严重的路段采取加装护栏等方式进行保护,对破坏园林绿化现象进行有效地制止。

(崔阳阳)

【全民义务植树】 2015 年 4 月 9 日,是沈阳市全民义务植树活动日。省、市及驻沈部队领导,在浑南区棋盘山秀湖环湖路北侧六号沟绿地参加全民义务植树活动。据统计,市区参加义务植树活动的人数达到 2.18 万人,共植树 5.16 万株,并完成了挖坑和清理绿地等工作。省市领导王珉、夏德仁、曾维、潘利国等沈阳军区及驻沈部队首长王教成、褚益民、于文福等参加义务植树。为保证绿化植树工作严格按照植树技术规范操作,确保树木成活率,市城建局选派技术人员现场指导栽植树木。

全民义务植树活动日当天,和平、沈河、大东、皇姑、铁西、浑南、于洪、苏家屯等各区也积极组织本区的干部群众,在七星辽河湿地、白塔河北岸、蒲河廊道、浑河西峡谷公园等地参加了全民义务植树活动。义务植树日活动将 2015 年沈阳城市绿化建设全面推向高潮。参加义务植树活动增强了全市城乡居民热爱家乡、绿化沈城的环境意识,对改善人居环境、建设生态城市、造福广大群众起到重要的推动作用。

(崔阳阳)

市容管理

【概况】 2015 年,沈阳市市容行业管理全系统继续以实现精细城管为目标,市、区联动,团结协作,结合市政府加强城市进出口道路、城乡结合部、小街小巷、旧住宅区等薄弱区域环境综合整治工作要求,加强亮化管理,提升夜景观形象,继续打造"五横五纵"、"三河三湖"亮化景观,并组织各区开展了节日景观亮化建设,增添节日夜景观亮点,完善景观照明设施巡视精细化管理标准,保障整体亮灯率和设施的完整及运行安全;组织经规委会通过的规划点位公开拍卖,继续推进户外广告市场化运作,实施诚信考核,完成户外广告专项规划,加强整治监管;严格牌匾设置管理工作,开展集中业务指导、培训工作,督促各区严把审批关;督促各区继续做好招贴喷涂清理整治工作;开展了 2014－2015 年度"绿叶杯"竞赛活动检查;督促各区积极开展宜居乡村建设美化亮化工作。全年各项市容景观建设、管理工作,均得到圆满完成,城市形象得到进一步提升。

(李　兵)

【景观照明建设】 依据 2015 年年初编制完成的《沈阳市城市景观照明建设实施方案》、《2014 沈阳亮化图册》。目前初步形成了景观照明的"五横五纵"架构以及对特色街区、窗口单位、文物古建筑等重点区域的亮化提升建设效果初显，持续打造“五横五纵”、“三河三湖”亮化景观。组织、协调和相关各区开展节日景观照明建设。加强夜景灯饰巡视监管，进行夜间巡视81次，督办维修存在断条、整体未亮等问题的景观照明点位256处。

（李　兵）

【规范户外广告设置】　2015年，沈阳市城市建设管理局通过公开拍卖和协议出让方式，完成34处点位市场化运作。对全市合法点位进行诚信考核。聘请国内优秀设计团队完成户外广告设置专项规划。对合法点位实施12次安全专项检查，处理32起广告脱落、破损等安全隐患。累计将13批次违规设置户外广告设施明细函告市行政执法部门；组织协调50余处合法电子屏点位播放公益宣传，黄河大街等街路30%的路旗广告用于无偿发布公益性广告。在金廊沿线组织开展8次公益性旗标广告宣传。

（李　兵）

【牌匾审批管理】　2015年，沈阳市城市建设管理局深入各区牌匾管理部门开展行业调研，全面了解牌匾管理工作现状，督促各区按照《沈阳市牌匾标识设置管理规定》（沈城建发〔2012〕73号）相关规定进行审批、设置，着力进行行业指导，宣传讲解牌匾政策法规，加强对各区牌匾审批工作检查的管理力度。做好日常巡视，通过日常检查、整改督促、落实跟踪等具体工作，进一步规范牌匾及5平方米以下小型电子显示屏设置审批。各区对60余条主要街路整治牌匾1336块。

（李　兵）

【招贴喷涂清理整治】　2015年，沈阳市城市建设管理局继续组织各区强化街路两侧各类建（构）筑物、公共设施及道路路面上各类招贴喷涂的清理整治工作。为了保证清理及时到位，将全市主城区所有一二级街路2.2米以下立面清理工作纳入环卫立体保洁范围，工作中实行定人、定岗、定时、定责的原则，确保各类招贴广告随时发现随时清除。尤其是主要街路、窗口地区的市容市貌有了明显改观，较好遏制了招贴、喷涂的泛滥。截至2015年底，全市共清理各类招贴喷涂约189.5万处。

（李　兵）

【“绿叶杯”竞赛活动】　根据辽宁省住建厅下发的《2014－2015年度辽宁省城镇“绿叶杯”竞赛活动考核方案》责任分工，结合沈阳市实际情况，沈阳市城市建设管理局制订了《沈阳市2014－2015年度城镇“绿叶杯”竞赛活动考核方案》和《沈阳市所辖县（市）及示范乡镇“绿叶杯”竞赛活动现场考核工作安排》，根据《关于开展全省2015年度城镇“绿叶杯”竞赛活动集中检查的通知》（辽绿办发［2015］5号）要求，组织沈阳市“绿叶杯”竞赛活动各成员单位迎接了省“绿叶杯”竞赛活动专家组的全面检查。

（李　兵）

【门前市容环境责任区管理】　2015年，沈阳市城市建设管理局将全市的门前市容环境责任区管理工作进一步推进和落实，为明确责任区的净化、美化、绿化和序化责任，使沿街商户对开展门前市容环境责任区管理工作有了明确的认识，并积极参与，各区制订了相应的管理和考核方案，明确了责任和分工，建立了日常监管体制，保证了此项工作的深入开展。截至年底，各区门前市容环境责任区管理责任状签状率均达到了90%以上，在加大宣传的基础上，提高了市民的参与意识。

（李　兵）

【宜居乡村建设美化亮化】　2015年，按照沈阳市宜居乡村建设工作要求，沈阳市城市建设管理局先后制订了《沈阳市宜居乡村建设美化亮化实施方案》、《沈阳市宜居乡村建设美化亮化考核指标及考核办法》，明确了考核内容和指标，量化了考核细则。各区县都制订了《宜居乡村建设实施方案》。责任明确，分工细致，内容详实，数据准确。各区县利用各种宣传渠道进行广泛宣传。统一了思想，营造了氛围，美化亮化工作开展顺利。各相关区已积极开展美化亮化工作。

（李　兵）

环境卫生

【概况】　2015年，全市环境卫生管理工作紧紧围绕“精作业，统城乡，推项目，强队伍”的工作思路，加强城乡环境卫生管理工作，推进生活垃圾“三化”处理进程，全面推行城市绿色除雪，出色地完成了各项工作任务。

优化城市环境方面，加大了环境卫生管理工作的监督检查力度，完善了监督考核体系，以问题导向推动工作落实，全年共编报《沈阳市环境卫生考核通报》16期，共通报扣分问题765项。坚持从城市环境卫生薄弱环节突破，精心组织春季、两节一赛、夏季、入冬前等各类环境卫生专项整治活动5次。从4月18日凌晨起，全面启动机扫、冲洗、刷洗、洒水、人工清扫保洁相结合的“五位一体”湿式保洁作业模式。完善环卫设施建设方面，完成20座老旧环保公厕改建升级为水洗公厕工作任务。通过宣传和动员，采取发放卫生纸的方式鼓励沿街单位内厕开放达1541家。在主要路口安装统一规格的公厕导示牌1158个，完成网络电子地图公厕和114语音找厕信息的更新工作，提高我市现有公厕使用率。组织对全市789座水旱厕进行了维修粉饰，全市用厕环境得到进一步提升。完成新增50座环卫工人休息室的建设工作。推进环卫“爱心驿站”挂牌工作，全市环卫“爱心驿站”已达近200家，为环卫工人提供了更多的歇息场所。环卫执法方面，在全市举办了环卫进校园、社区，流动媒体播放环卫公益广告，“假如我市一名环卫工人”友善传递体验行动39次大型环卫执法宣传活动，从源头上遏制乱丢垃圾、随地吐痰、车窗抛物等影响环境卫生的不文明行为。开展了对乱扔烟头、乱扔垃圾和车窗抛物等不文明行为的执法整治，全年抓拍不文明行为1.23万件，媒体曝光769件。推进垃圾“三化”工作方面，完成市级党政机关、市属学校及幼儿园、市属医院以及50%非物业小区和79%物业小区分类垃圾桶配备。通过建立微信公众平台、印发28万份宣传用品、播放公益宣传片等系列宣传活动，稳步提升市民的生活垃圾分类意识。在全市设立268个分类示范小区和单位，规范了垃圾分类投放，设施摆放和宣传引导行为。开展了为期一个月的农村地区越冬积存垃圾清理整治工作，使村容村貌得到整体提升，顺利完成335个新增行政村生活垃圾常态化管理任务。全年共无害化处理城市生活垃圾263万吨，处理渗沥液72万吨，累计沼气发电2283万千瓦时；顺利完成两个垃圾场双地衡改造任务，极大提高了全市生活垃圾处理统计数据的准确性。

完成老虎冲垃圾场渗沥液处理项目建设和设备安装，进入调试运行阶段；大辛垃圾场渗沥液处理、老虎冲餐厨垃圾处理等项目前期工作稳步推进，全市生活垃圾“三化”处理工作取得新成效。抓品牌，着力开创绿色除雪全新模式。按照市委、市政府“绿色除雪”的要求，环卫部门全力打造沈城绿色除雪模式。以市政府办公厅名义印发《沈阳市2015年度绿色除雪方案》，完善绿色除雪体系建设，形成了上下协调、左右联动、协同作战的良好工作程序。加大资金投入，分批次采购到位大型高速滚刷车、吹雪车、抛雪机、除冰车、冰雪剥离剂等专用除雪设备近300台，补充了除雪设备在数量及功能上的不足。严控融雪剂使用与管理，实行“统一采购、定量配发、分散储备、指令抛撒”，融雪剂使用较往年减量70%，最大程度减小了对环境的影响，得到全体市民的普遍认可和市领导的充分肯定。

（蓝　飞）

地铁建设

【概况】 2015年，沈阳市地铁建设指挥部加大工作力度，加强工作协调，及时解决工程重点、难点问题，全力保证工期节点任务，地铁建设各项工作顺利推进。其中，九号线一期工程（怒江公园至建筑大学）吉力湖街站、北一路站、滑翔站、胜利南街站、长白南站、榆树台站、金阳大街站、浑河堡站、朗日街站等9座车站及汪曹区间主体结构完成，累计完成土建工程总量的42.5%；十号线工程（丁香公园至张沙布）向工街站、中医药大学站、柳条湖站、理工大学站、文化东路站、张沙布站和丁白区间、浑理区间等6座车站2个区间主体结构完成，累计完成土建工程总量的41%；二号线北延线二期工程（辽宁大学至蒲田路）人杰湖公园站、蒲河大道站、蒲田路站和人蒲区间、蒲蒲区间等3座车站2个区间主体结构完成，累计完成土建工程总量的89%；四号线一期工程开工建设，首开段城建学院站土建施工单位进场并完成围挡施工。第三轮《沈阳市城市轨道交通建设规划（2016－2023年）》完成主报告及相关要件的编制工作并上报省发改委，各条线路的预可研报告完成专家评审。

（赵志国）

【四号线一期工程开工建设】 2015年11月18日，四号线一期工程开工建设，线路北起望花街站，南至航天南路站，全长34公里。途经大东、沈河、和平、苏家屯、浑南共5个行政区域，贯穿了沈阳北站、沈阳南站等重要公共交通枢纽，连接了沈阳北站片区、太原街等金融商贸区。四号线一期工程是连接城市东北部城区、城市核心区和浑河南岸地区便捷的通道，加强了浑南、沈北新区和主城区之间的联系，对于促进沿线社会经济发展，改善沿线居民出行条件具有重要推动作用。

（赵志国）

【《沈阳市快速轨道交通线网规划》完成修编】 在市政府统筹安排下，沈阳市地铁建设指挥部配合市规划局等单位，依据《沈阳市城市总体规划（2011－2020年）》、《沈阳市城市综合交通规划（2010－2020年）》、《沈阳市城市土地利用总体规划（2006－2020年）》编制了第三轮《沈阳市快速轨道交通线网规划》，新规划由“四横、五纵、两L、两弦线”13条线组成，总长610公里，于2015年7月通过市规委会审议。

（赵志国）

【《沈阳市城市轨道交通建设规划（2016－2022年）》完成编制】 2015年，沈阳市地铁建设指挥部组织相关单位在第三轮《沈阳市快速轨道交通线网规划》基础上，挑选5条新建线路（3、6、7、8、11号线）及4条延伸线路（1号线东延线、2号线南延线、4号线北延线以及4号线支线），作为第三轮《沈阳市城市轨道交通建设规划（2016－2022年）》的建设依据。规划总规模208.1公里，规划建设项目总投资1360.91亿元。

（赵志国）

【地铁运营】 2015年，沈阳地铁运营全年安全开行列车20.59万列次，运营里程553.42万列公里，运送乘客2.78亿人次，日均客流76.09万人次，最大客流98.45万人次，列车正点率99.94%，运行图兑现率99.99%，运营工作总体安全、有序，平稳渡过节日、纪念日及敏感时期大客流冲击。

运营安全保障方面。一是强化安全措施。加大对重点部位的排查力度，积极开展应急准备工作，建立三级安全管控体系，安全管理延伸到生产一线。二是加强设备自主维修。全年设备故障自主处理率达90%以上，实施一号线轨道线路中修、车站公共区照明改造等10项设备深度维修，完成架修列车8辆。三是注重设备科研技改工作。成立科研技改工作小组，完成修旧利废设备110台套，完成技术改造30项，自主研发的PCM驱动板项目获得国家知识产权局颁发的专利证书，成为沈阳地铁首个国家级专利项目。

运营服务管理方面。一是加强客运组织。针对不同时段客流特点制定专项运营组织方案，采取换乘车站车辆错时进站、重点车站增派人员疏导客流等措施，有效缓解客流增长压力。二是推进车站服务标准化，运用奖惩机制杠杆，有效遏制怠岗、服务不规范等顽疾。三是地铁车隔进一步压缩。通过采取投入新增购列车、提高列车旅行速度、优化运营组织模式等措施，一、二号线行车最小间隔进一步压缩至4分30秒和6分10秒。

（赵志国）

【地下综合管廊（南运河段）工程】 2015年4月，沈阳市成功争取国家地下综合管廊试点城市，管廊项目实施PPP模式，工期三年中，，国家将给予沈阳市地下综合管廊（南运河段）工程7.59亿元专项资金支持。沈阳市地下综合管廊（南运河段）工程西起南京南街，东至善邻路，全长12.83公里。入廊管线包括：电力电缆、通信、给水、中水、供热、天然气。土建工程拟分六个标段实施，以双线单圆盾构施工为主，设置盾构井7座，计划使用12台盾构机同时掘进，预计2017年底建成并投入使用。项目建成后将进一步确保管线安全运行，并大幅提高城市综合承载能力，为提升城市基础设施的现代化水平起到良好的示范和推动作用。

为扎实推进地下综合管廊项目实施，根据市政府《关于落实国家地下综合管廊试点项目建设有关工作的会议纪要》（市政府业务会议纪要2015年第30号）精神，地铁指挥部作为项目实施主体单位，在分管市领导的多次协调指挥下，与市建委、市财政局等行业主管部门加强沟通，紧密配合，努力探索，积极推进项目建设各项前期工作，大力推动管廊PPP项目进程。截至2015年底，南运河综合管廊项目完成工程详勘、初步设计初稿、以及可研报告和PPP实施方案的评审。

（赵志国）

城管行政执法

【概况】 2015年，沈阳市行政执法局以服务经济社会发展为主线，以提高城市管理精细化水平为重点，认真履行各项职能，扎实开展各项工作，较好地完成年度的各项任务。全年全系统共立案2.60万件，结案2.59万件，结案率99.5%。

组织完成全市城乡市容环境卫生综合治理任务。根据市委、市政府工作部署，市行政执法局牵头开展全市城乡市容环境卫生综合治理工作，以市政府办公厅名义发布《沈阳市2015年城乡市容环境卫生管理工作方案》，协调相关部门和区政府稳步推进市容秩序整治、重点区域提升、楼道招贴清理等10项任务，宜居乡村建设村容村貌治理工作全面展开。在整治过程中，坚持问题导向，强化督查督办，组织开展全市性检查巡查20余次，发布检查通报15期，解决群众关注的热点、难点问题900余个，有力地推动整治工作的顺利开展。市数字化城市管理监督指挥中心调度全系统巡查监督人员按照责任网格全面查找各类问题，通过市区两级管理平台，从问题立案、任务派遣到落实整改进行全程跟踪考核，全年共立案26.7万件，结案率达到91.4%，数字城管系统作用进一步发挥。

（张　博）

【集中解决市容环境突出问题】 2015年，沈阳市行政执法局在全面整治基础上，根据市容环境的季节特点，有针对性地开展市容环境集中整治行动，着力解决占道经营、占道烧烤、临街占道装修、乱堆乱放、乱贴乱画等市容环境突出问题。实施市容环境突出问题销号制整治措施，对首批80处销号点位进行了强力整治和检查考核，有效带动了全市市容环境的持续改善。全年共清理占道经营18.6万处、店外摆卖9.2万处、占道烧烤2.1万处，规范临街占道装修1915处，拆除违规布幔条幅2.1万条，整治临街占道堆放4.5万处、临街乱贴乱挂3.4万处，市容环境秩序管理水平稳步提升。

（张　博）

【推进建设市场执法监管的标准化和规范化建设】 2015年，沈阳市行政执法局通过健全完善建设市场属地化管理、细化自由裁量权、项目负责人、工程造价评估等制度和措施，形成了以属地化管理为核心的执法运行体系，大大提高了建设市场执法监管的效能和水平。案件查处质量和数量同比大幅提升，全年共查处建设市场案件1874件，结案1874件，结案率100%。

在做好依法执法的同时，对全市建设项目实行执法服务责任人制度，主动提供法律咨询、提示应当注意的重点事项，积极帮助协调解决项目建设中的问题，坚决杜绝多头执法、执法扰企行为，促进项目依法顺利实施。在“双进双解”活动中，市行政执法局帮扶的重点项目全部实现开复工。此外，还完成49个落地项目、13.5万平方米项目用地的拆违任务，促进项目早日落地开工。

（张　博）

【开展“蓝天行动”执法工作】 2015年，沈阳市行政执法局组织开展建筑垃圾专项执法活动，全年共查处违规运输散流体案件1058件。对易扬尘物料露天堆场进行整治，共查处露天堆场扬尘案件120件，对74个露天堆场问题进行督办整改。开展露天焚烧执法检查，全年共教育制止露天焚烧行为300余人次，为全市空气质量改善做出了贡献。

（张　博）

【深化专项执法】 2015年，沈阳市行政执法局与燃气集团、水务集团建立执法业务联系单制度，及时解决企业经营中遇到的执法问题。燃气执法方面，共拆除压占燃气管线点位89处，查处私拆乱改燃气管线案件9件，帮助燃气集团挽回经济损失38万元。自来水执法方面，查处盗用自来水案件39件，帮助水务集团追缴水费115万元。

扎实开展住宅小区执法工作。与相关管理部门密切配合，采取对接共建、查找问题、联合整治、重点突破等多种形式，稳步推进住宅小区环境秩序执法工作。全年共拆除住宅小区内私搭乱建434处，清理违规占用公共空间169处，查处毁绿侵绿263处，住宅小区环境整治工作取得了新进展。

规范民政殡葬市场秩序。联合民政部门，通过宣传、检查、集中整治等方式，严查占道贩卖烧纸、非法殡仪车辆等违法违规行为，尤其在民俗祭祀期间加大查处力度，全年共查处民政殡葬案件248件，查扣非法殡仪车辆12台，维护民政殡葬市场的正常秩序。

（张　博）

【发布《沈阳市2015年城乡市容环境卫生管理工作方案》】 2015年4月3日，市政府办公厅印发《沈阳市2015年城乡市容环境卫生管理工作方案》。沈阳市执法局牵头市容秩序整治；改善重点区域整体环境；住宅小区环境整治；农村环境综合治理；施工现场管理；城市出口路及城乡结合部环境治理；环保排污治理等七大方面工作任务。

宜居乡村建设村容村貌治理工作全面展开。2015年8月20日，市政府下发《沈阳市人民政府关于印发沈阳市宜居乡村建设行动方案（2015－2017年）的通知》（沈政发［2015］37号），市执法局牵头村容村貌治理行动。开展全市情况普查，建立治理工作台账；开展全面治理工作，拆除各类违章建筑物、废弃构筑物，对乱堆乱放等现象进行彻底清理整治。

（张　博）

【做好群众诉求办理】 2015年，沈阳市执法系统共接待各类信访投诉1.65万余件，处理投诉1.24万件，接待来访900余人，办复率为100%，办结率为99.3%。其中，“12345”转办775件，城建“12319”转办1138件，群众电话投诉1.00万件，来信来访受理422件。与2014年相比，总接待量下降11.25%，总受理量下降12.09%，没有发生突发信访问题，维稳成效显著。

（张　博）

、

公用事业

【燃气供应】 2015年，沈阳燃气集团以推进企业改革发展为主线，以保供气、保安全、保民生、保国有资产为重点，以加强党风廉政建设和制度建设为依托，稳中求进、务实创新，企业发展的内生动力不断提高，公司实现了恢复国有控股之后的持续、稳定发展。截至2015年12

月末，拥有燃气管网6421公里；燃气用户208万户，同比增长6%；管道燃气供气总量为6.48亿立方米，同比增长1.44%；实现营业收入30亿元。

2015年，为确保全市燃气供应，燃气集团加强与上游供气企业的联系，特别是重点保证中石油主气源的稳定供应。同时，通过优化采购方式，努力降低采购成本，大力拓宽采购渠道，满足了全市供气特别是冬季高峰用气需求，全市最高日供气量达到311万立方米。

新建及改造燃气设施，不断增强供气能力。完成新建市街管网47公里，米其林、华晨宝马汽车、宝马发动机厂、西二环次高压管线等一批重点工程顺利完成；改造老旧燃气管线125公里，进一步提高燃气管线的安全等级；配合环保部门实施了“煤改气”工程，完成17项燃煤锅炉改造项目，取缔燃煤锅炉49台（360吨）。

狠抓安全管理，确保燃气设施稳定运行。组织开展专项安全检查217次；对燃气管线实现网格化监控，巡查的频次和范围进一步加大；在全市重点区域新安装163台远程无线报警终端，已累计安装445台；免费为一楼居民用户安装报警器4万台；完成入户安检160万户，安检比例达到76.78%，老旧小区安全复检入户11万户；在现存的515处违章占压中，已解决315处，其余200处正在配合各区政府积极解决；成立了燃气宣传办公室，组织开展各类燃气安全宣传活动350场次，创建“燃气安全社区”68个。

认真履行社会责任，着力解决民生问题。完成了阶梯气价改革方案的各项前期工作，为2016年的实施做好准备；全年共解决44个小区、3.7万户居民的拖期开栓问题；组织实施1406项燃气配套工程，新增居民用户12万户；“96177”客服专线全年受理咨询投诉61万件，处结率100%；对民心网等诉求平台反映的各类问题1542件全部办结，群众满意率达98%以上；全年承办的省市人大、政协民生建议、提案均按时办结。

不断推出和完善各项服务举措，提高服务质量。为企业办理燃气工程事项提供“一站式”服务，实现一个窗口完成受理、对内协调督办、办结出件等全部事项，办理效率进一步提高；降低工程收费标准，对普通商品住房配套工程实行最高限价，进一步降低了开发单位的成本负担；全市营业购气站点及15座加气站实现联网；安装和推广移动POS机交费系统，进一步方便用户；结合用户需要推出安检提醒、未进户的安检告知、短信通知交费等多项服务；免费为用户发放胶管，全年累计发放胶管39万米，胶管卡子67万个。

（陈玉柱）

【完成老旧燃气管线改造125公里】 2015年，沈阳燃气集团共完成老旧燃气管线改造125公里，其中包括：市街线隐患工程8.26公里，市街线随道改工程26公里，庭院线改造工程49.74公里，排迁拆改工程完成28公里，地铁工程完成13公里。完成了兴工街等重点隐患工程、文化路等随道路改造工程及南北二干线排迁改造工程等一批重点工程建设。

（陈玉柱）

【个性化服务量突破50万大关】 从2011年沈阳燃气集团实施个性化安装和开栓任务开始，每年都以10万次的服务数量阶梯式递增，截至2015年10月服务区域覆盖整个大沈阳经济区的近600处新建楼盘，累计提供个性化服务50万次。

（陈玉柱）

【企业管理咨询项目展开】 2015年3月2日，沈阳燃气集团企业管理咨询项目正式启动，北京正略咨询公司就企业战略、股权结构、管控模式、组织架构、制度流程等方面开展了全方位的管理咨询工作，项目历时8个多月，取得了5大类、20项成果性文件。

（陈玉柱）

【科技创新成果显著】 2015年，沈阳燃气集团以“科技促进本质安全，创新实现技防保障”为主题，组织开展岗位安全“五小”创新活动，共上报全国工会联委会“五小”创新94项，其中，小型手推车抽水装置、CNG加气站放散消音器装置、电动工具绕组状态检测仪等分获2015年全国燃气行业职工岗位安全“五小”创新优秀成果一、二、三等奖。

（陈玉柱）

【先进人物不断涌现】 2015年4月28日，沈阳燃气集团管网输配分公司经理王祖来荣获全国劳动模范并进京授奖，王祖来成为继姜丕珍、董文明之后，从沈阳燃气走出的第三位“全国劳动模范”，皇姑营业分公司表管员张静被评为“中国好人”，和平营业分公司地区经营管理员杨双瑞被评为“辽宁好人”，沈西燃气有限公司地区经营管理员董崇厦被评为2015年第一季度沈阳市“身边好人”。

（陈玉柱）

【加气站、购气站服务再上台阶】 2015年6月，沈阳燃气集团公司完成了对大青、北市、民富、保工加气站的加气机改造，15座加气站实现了全面联网，形成一站办卡、多站消费的经营模式。另外，集团公司在沈北蒲河、浑南营城子、大东草仓路分别增设了3家营业购气站点，有效地解决了营业站点分布不均、广大用户购气难、售后服务跑票半径过大的问题。截至2015年底，集团公司全市共有购气站点28家。

（陈玉柱）

【开启微信、网站、报纸全媒体时代】 2015年9月7日，“沈阳燃气”微信公众平台成功推送出了第一条信息。沈阳燃气微信公众平台共包括客户服务、燃气安全、产品服务三个版面，每周推送一次信息，并与沈阳燃气门户网、《沈阳燃气》报形成三位一体的全媒体平台。2015年10月，《沈阳燃气》凭借可读性、真实性和专业性，被国内企业内刊届最具权威、最高水平的第十届中国企业内部报刊（通讯）大会评为“中国优秀企业报刊奖”。

（陈玉柱）

【自来水供应与服务】 2015年，沈阳水务集团有限公司（简称“水务集团”），完成供水量6.28亿立方米，日均供水量172万立方米。主城区单位耗电量完成0.314千瓦时/立方米，同比降低1‰。完成售水量4.64亿立方米，同比增长7.5%。产销差率完成26.07%，同比下降5.52个百分点。完成水费收入10.4亿元，同比增长15%。完成污水处理量1800万立方米。全年完成项目投资4.77亿元，全面完成全年计划指标。供水管网总长度4029.6公里，供水面积711.6平方公里。在装水表283.6万块，完成水表改造4.5万块。供水人口629.6万人，用水户280.3万户。实际运行泵站1842处，泵站运行率达到99.58%，全市基本实现全天24小时供水。完成7眼市政水源井更新改造，缓解沈阳北部地区用水需求。完成供水设施技术改造

35项,投入资金740.30万元。实施住宅小区配套给水工程8项,铺设管网3800米。新建管网长度55公里,改造管网36.3公里,清洗供水管道62公里,完成管道试压136项,维修管网漏水3657件,受理下达漏水抢修指令266件,管网维修及时率达到97%。清洗泵站1454处,完成计划的101.96%,泵站设备完好率达到99%以上,社会自管泵站供水问题协调解决率100%。更换消火栓163座、维修消火栓307件、清理阀门、消火栓井室452处。全面实施水源环境整治、水源绿化工作。种植树木2.70万株,铺设草坪3900平方米,栽植花草4.67万余株,修剪草坪44.03万平方米,种植农作物2万余株,更换水源路边石1408延长米及铺设花砖,清理垃圾200车,平整土地6万平方米,清理白色垃圾80公斤,清洁玻璃1.41万平方米,使水源环境达到绿、静、美、安的标准。开展春秋两季设备设施检修工作,清扫线路308公里,清理树障1984处,更换检修电气设施2368件次,更换绝缘线300米,检修维护供水设施222台次,供水设备完好率99.92%。采用台湾进口设备整体更新水压监测系统,将无线数传电台模式传输数据更新为GPRS网络模式传输,利用现代计算机及网络技术,对全市管网和水源进行实时监测。全市共有市街管网监测点42处,14处大水源在采集水量、水位、出口压力参数外,增加了余氯、浊度、机组开停状态等更多参数,为实现科学调度提供更为可靠的依据。

(周 雁)

【深化改革搭框架】 2015年,随着国家新一轮深化改革的稳步推进,沈阳水务集团"三年三步走"第二年机制创新的改革框架已初步搭建。通过分步机构改革形成了"一六八四"战略组织架构:集团公司总部——六大专业集团公司——八个直属营业分公司——四个郊县水公司。集团总部率先完成机构改革,推出首办负责制,转作风、提效率,全力打造服务型总部机关,实现对各业务线的集中管控;全面开展"三定"工作,为保证三定工作平稳有序进行,首先完成营业系统的"三定"改革工作,开启各区分公司"营业所"的全新运行模式,通过设置自来水营业所,实施统一统计与考核,实现划小核算单位,贴近百姓生活,降低产销差的目标;顶层设计与一企一策的六大集团改革拉开帷幕;浑南水务上市工作积极推进。

(周 雁)

【水价调整】 沈阳市现行水价是从2009年7月1日起执行的,多年来各种客观因素导致供水成本远高于供水价格,企业亏损严重影响了城市供水的正常运转,同时沈阳水资源紧张,为提高居民节约用水意识,水价调整是必然结果。根据中共中央有关加快自然资源及其产品价格改革以及国家发改委、住建部发布的《关于加快建立完善城镇居民用水阶梯价格制度的指导意见》有关设市城市要全面实行居民阶梯水价制度的明确要求,及沈阳市2013年第22号市长办公会议纪要提出"年内适时启动水价调整工作"的要求,水务集团高度重视、周密部署,成立水价调整专项工作组,全力与物价部门配合做好调价工作。在2015年,11月27日召开的"沈阳市调整自来水价格及建立居民用水阶梯价格制度听证会"上,到会27名听证代表全部通过。2015年12月1日,沈阳市物价局公布居民用水阶梯价格制度的最终实施方案和计费方式,并规定相关的配套政策。至此,历时两年的调价工作获得圆满成功。

(周 雁)

【精细管理】 2015年,沈阳水务集团全面实施"大财务、大计划、大物资和大调度"的集中管控,向六大集团、八大公司派驻财务总监,工程管理实现第三方价审,实现单项工程成本核算、科学合理编制计划工作并进行全过程跟踪管理,在全集团范围内实现科学调度,经济运行,管网维修及时准确;建立计量体系垂直管理新举措,对水务集团的"秤杆子"—水表进行全周期的生命管理,夯实水源、分区计量工作;以降低产销差为最终目的"营业所"在各区分公司全面落实,以"所"为最小核算单位实现为民服务的最大效益化;继续推行"3×12+1"稽征工作新模式,稽查、检查两支队与市公安局、市行政执法局、新闻媒体等联合执法,实现内堵漏洞、外抓打窃,全方位稽征模式。通过一系列行之有效的管理新模式,水务集团精耕细作,促进各项管理工作再上新台阶。

(周 雁)

【安全管理】 2015年,沈阳水务集团全面落实安全责任,扎实开展安全管理工作,强化应急反恐实战演练,常态化进行安全大检查工作,全面完成安全生产工作目标,连续九年实现了安全生产"六个为零",被市政府评为"沈阳市安全生产先进单位"。全年组织各类安全培训33次,参训人员4077人次,培训11.27万课时。常备24支队伍,其中7支特勤队伍由67人、16台抢险车辆组成;2支市级应急处置力量由36人,27台抢险设备及抢险车辆组成。应急队伍根据集团下发的反恐办令实行动态管理,组织应急任务7次,下发《反恐办令》7个,备勤25天,参加备勤人员576人次、抢险车辆111台(次),圆满完成重要时段、重大活动的备勤任务。年内,荣立辽宁省企业事业单位安全保卫工作集体二等功,集团四名同志荣获省公安厅先进个人荣誉称号。

(周 雁)

【重点工程】 2015年,沈阳水务集团全面完成八水厂南塔水源输水管线改造工程,确保输水管道安全、可靠、持续供水。完成于洪区红旗台地区给水配套工程,解决于洪区红旗台、五金园、机床城等地区的水量不足及水质差等问题。完成于虎线铁路桥涵洞改造工程,有效解决北运河以北地区的排水出路瓶颈问题。完成白山路北部地区供水管网改造工程,解决此地区住宅小区供水不足问题,提高区域供水可靠性。完成大伙房源头压力配水箱检修工程,解决大伙房输水管线取水源头单一的弊端,实现与抚顺管段互通相连,确保大伙房供水"生命线"安全可靠运行。2015年,消防设施新建工程及其它城建计划工程均稳步推进,实现年初既定的工程产值及利润指标。连续几年开展大浑南、大于洪、大苏家等重点建设项目,推进城乡供水基础设施建设,拓展供水市场。同时围绕集团经济建设,开展以管网及附属设施改造、信息化建设、水表改造等为主的重点工程建设项目。

(周 雁)

【夯实服务工作】 在全市得到广泛赞誉的"先服务、后确责"的工作模式已在水务集团形成常态化工作模式。在此基础之上,2015年集团又以"政府购买服务"的新举措,利用自身专业优势与各区政府洽谈有偿服务,做好服务外延,实现"企业发展、政府放心、群众满意"的共赢局面;落实四个24小时服务制度,持续开展"领办式、一站式"服务模式,开展"献爱心、送温暖"帮残助困活动,强化服务监督考核力度,利用网络拓展工作渠道,提高服务水平和服务效率。2015年全年,集团"22702270"客户服务热线共接听电话18.42万个,反映各类问题3116件,投诉率0.12%,及时解决率100%。集团网络受理平台共接到各渠道转件3240件,非集团责任退件976件,办理转件2264件。集团共办理省市人大、政协建议提案合计20件,涉及8个方面问题,走访代表8人,11次,建议提案办理工作的办复率、满意率均达到100%,在全市名列前茅。

(周　雁)

【建立安全防范体系】 2015年,沈阳水务集团建立完善、规范的水质安全保障体系,加强水质管理,严格按GB5749－2006国家《生活饮用水卫生标准》规定进行水质检验,并实行三级检验制度。根据水质状况、供水范围、监测半径等因素,在水源出口到管网终端安装300台余氯仪、浊度仪等在线水质监测设备,在水源出口、供水管网、二次供水等重点供水干线和部位布设220多个水质在线监测点,以水质在线监测和人工监测相结合的方式使沈阳市实现从出厂到终端水质全流程在线监测,实时发现水质问题并及时解决。截至2015年底,水务集团在线监测系统居全国领先水平。沈阳水质综合合格率为99.66%,比国家标准规定的95%高出4.66个百分点。同时制定较为完善的突发水质事件应急处置预案,确保发生水质事件能够迅速有效处置,并把加强日常管理,强化预警和预防水质事件作为重点,通过加大水质检测提高水质安全性;定期对居民蓄水池进行清洗;定期对管网末端进行放水,防止水质二次污染事件的发生。

(周　雁)

【城市供水一百周年】 2015年是沈阳城市供水一百周年华诞,自1915年"千代田水源"修成通水,历经百年,沈阳自来水事业不断壮大,供水能力比建国前增长近60倍。特别是近10年,水务集团在市委、市政府的正确领导下,不断深化改革,通过体制、机制、管理、技术和观念创新,使沈阳供水事业实现由"求生存"到"谋发展"、由"喝上水"向"喝好水"的历史性转变,资产经营规模、供水能力、服务人口、企业经济效益和管理水平都达到历史最高水平。为宣传城市供水发展与变迁,让广大市民了解水务企业近十年来取得的丰硕成果,集团邀请省市各大主流纸媒,进行大版面报道:《辽宁日报:沈阳城市供水始于1915年》、《沈阳供水:从"喝上水"到"喝好水"》、《追忆沈阳供水百年大事记—"水世纪",老百姓家中最喜庆的变迁》。集团企业文化网专刊登载城市供水一百周年版块及发布《纪念沈城供水一百年照片征集活动通知》,收集关于城市供水百年历史的珍贵照片和文物。并与沈阳市文史研究馆及档案馆领导共同研讨《沈阳城市供水百年志》、《沈阳城市供水一百周年图志》的编辑、出版工作。共计搜集整理文字资料20余万字,搜集各类历史图片近3000张,各项工作正在紧锣密鼓稳步推进中。

(周　雁)

【农村饮水安全工程】 沈阳市农村饮水安全工程是沈阳市委、市政府高度关注的重点民生工程,2015年计划投资项目完成3.02亿元,解决20.74万农村人口饮水安全问题。工程涉及新民、辽中、康平、法库、浑南、铁西、苏家屯等七个区县(市)、46个乡镇、143个村、364个屯。水务集团作为工程的实施主体,牢固树立"发展为要、民生为大"理念,实施管理创新、技术创新、协作创新,坚持高标准规划、高水平设计施工,实现农村饮水安全工程从水井、水处理站、街路和进户管线一直到居民家水龙头,达到国家生活饮用水标准要求。切实改善农村居民饮水质量,实际践行群众路线,打造利民惠民"精品工程"。工程建设已高质高效全部完成,七区县施工现场累计完成管道铺设3927公里,新建水处理站149座和净水厂2座,完成进户5.8万户,受益人口达20.74万人。

(周　雁)

【八水厂南塔水源输水管线改造工程】 八水厂南塔水源输水管线改造工程做为沈阳市城建计划项目,由沈阳水务集团有限公司建设。工程项目总投资2100万元,位于沈河区沈抚立交桥至新立堡立交桥南端昆仑好客加油站。八水厂南塔水源DN2000输水管线始建于1991年,是沈阳市一条主要输水管道,担负着为沈阳市东南部输送生产及生活用水的重任,由于年久老化,近年来局部漏水严重,经多次抢修不能从根本上解决问题。为了保证该管线的正常输水,集团于2015年4月采用DN2000HDPE内衬非开挖技术对原管道进行彻底修复,6月竣工,工程总长2105米。DN2000HDPE内衬管线施工在管线直径与长度上属于国内首次应用,这项工程填补了HDPE管在大管径内衬修复工程上的空缺。工程的实施极大缓解供水管线存在的跑冒滴漏现象及水质浑浊情况的发生,极大地提升沈阳市供水安全系数,减少漏失,改善水质,确保全市人民的用水安全。

(周　雁)

【白山路北部地区供水管网改造工程】 白山路北部地区供水管网改造工程做为沈阳市城建计划项目,由沈阳水务集团有限公司建设。工程项目总投资830万元,位于于洪区闾山路怒江街—沈阳医学院南门。此地区住宅开发速度较快,入住人口不断增加,用水需求日益增大,已出现夏季三峰供水问题。水务集团在2015年6月10日至6月30日,利用20天时间,沿闾山路新建配套供水管线1200米,将石佛水源的水量引入该区域,增加区域内的供水量,并形成南部河北水源、北部石佛水源的双向供水,提高白山路北部地区的供水可靠性,彻底解决白山路北部地区住宅小区供水不足问题。

(周　雁)

【电力供应】 国网辽宁省电力有限公司沈阳供电公司承担着沈阳地区9区1市3县和2个国家级开发区1.3万平方公里范围内的供电任务。共有营业户数453万户,历史最大日供电量为9835万千瓦时,最大小时电力485.7万千瓦。2015年实现售电量完成269.72亿千瓦时,同比增长3.62%;售电平均单价708.58元/千千瓦时,同比降低2.98元/千千瓦时;上缴电费完成率100%;全社会用电量307.24亿千瓦时,同比增长3.68%;城市综合电压合格率99.99%;供电可靠率99.98%。

沈阳地区现有500千伏变电站5座,变压器容量1.03万兆伏安;拥有220千伏变电站26座,变压器容量9000兆伏安;拥有66千伏公用变电站187座,变压器容量1.10万兆伏安。新增输电线路189公里。

国网沈阳供电公司分别荣获全国文

明单位、国家电网公司档案工作先进集体、辽宁省用户满意企业、省公司先进单位、沈阳市管理创新示范基地等多项荣誉。新民分公司被评为国网公司优秀企业文化示范点。

（刘 静）

【电网建设】 2015 年编制完成"十三五"主网和配电网规划，强化站址、路径保护力度，深度参与城市综合管廊建设，2016－2020 年规划项目站址、路径纳入市政控详规划。汇聚政企攻坚合力，500 千伏徐沈 2 号线"8＋1"段受阻问题有效破解，沈南变 220 千伏联网工程成功投运，五爱变进线电缆隧道全线贯通，难点工程实现破冰。加强配电网建设与改造，治理低电压用户 1.96 万户，91 条 10 千伏线路实现"手拉手"供电。2015 及以前年度农网改造升级工程全部竣工。强化基建安全质量管控，66 千伏大志和碳纤维输变电工程荣获国网优质工程。推进全信息业务高速运转与延伸覆盖，106 个郊县营业所实现数据网接入，66 千伏及以上电力主通道光缆化率达 100%。

（刘 静）

【安全生产】 2015 年，沈阳供电公司大力深化安全管理提升和安全大检查活动，强化安全责任落实与监督考核，治理隐患 613 项，现场监察覆盖率达65.1%。66 千伏达连输变电工程和电气检测试验室被授予"全国现场管理星级评价四星级现场"。创新综合大检修理念与实践，成功打造"区域综合大检修"样板工程。完成东北首例综合不停电更换变压器作业。城网、县域设备实现一体化管理。加强调控业务整合与技术支撑，完成地区备调系统建设，智能电网调度技术支持系统正式投入使用。自主研发应急信息传递系统，开展各类演练 102 次，公司应急工作高分通过国网公司专家查评。圆满完成纪念抗日战争胜利 70 周年等 132 次保电任务。公司连续安全生产突破 4000 天。

（刘 静）

【电力营销】 2015 年，沈阳供电公司大力深化"一分双无"管理模式，无人工抄表应用率达 95%，新装客户全部实现分户送电。在省内率先完成"四表合一"采集试点。强化电费风险防控，预收电费 16.3 亿元，电费回收保持 100%。加大管理与技术降损工作力度，少损电量 1.5 亿千瓦时，收取违约使用电费 3124.94万元。积极推广电热储能等电能替代项目，替代电量 9 亿千瓦时。

（刘 静）

【优质服务】 2015 年，沈阳供电公司积极完善服务管理与考核机制，推行"一岗双责"和"点线面"管理。编制应用《营销服务管控标准》和《配网抢修规范化手册》，投诉数量持续下降。"心"服务工作室专业引领作用不断凸显。公司大力开展"十百千"客户走访、临时用电专项整治、重要客户危险点辨识分析及对外服务公示"进小区、进楼道"等活动，全方位诠释"用心"服务理念，实现服务客户"零距离"。建立重大项目跟踪督办机制，简化办电程序，开辟绿色通道，沈丹客运专线等供电工程如期送电。落实大用户直购政策，交易电量 11.5 亿千瓦时。推动新能源发展，办理光伏发电项目 36 项，并网容量 11.05 兆瓦。助力沈阳"智慧城市"建设，实施路灯控制系统改造升级，路灯管理实现智能化、数字化。

（刘 静）

【管理创新】 2015 年，沈阳供电公司深化"五位一体"协同机制建设，开展要素梳理匹配，提炼典型经验和优秀案例 30 篇。强化制度标准一体化平台应用，完成国网 92 项通用制度适用对接。规范班组、岗位及人员配置，实施城区营销、配电集体职工岗位调整。

（刘 静）

【科技进步】 2015 年，沈阳供电公司发挥"三上三出一创"管理创新团队引领作用，形成管理创新成果 74 项。"基于大数据挖掘的大型供电企业风险预警防控体系建设"和"基于遗传算法的配电网单相接地故障定位方法及定位装置"分别荣获国网公司管理创新二等奖和专利三等奖。公司科技和全面质量管理成果获奖数量和等级均创历史之最。

（刘 静）

【路灯建设】 2015 年，沈阳供电公司实现连续安全生产 3727 天，实现了安全年。平均亮灯率 98.85%，超计划指标 1.85%。路灯设备完好率 99.84%，超计划指标 4.84%。实施路灯新建工程 8 项、完善化改造工程 79 项。全年路灯电费上缴率 100%。

严格执行《安全生产法》和国家电网公司安全生产规定，深入开展"安全管理提升"活动，提升员工安全意识，实现"安全年"。深化"路灯四率"关键环节管控，着力解决设备管理薄弱问题，设备健康水平明显提升。大力追缴历年工程欠款，有效降低企业经营风险。全面加强经营管理，《有效实施数据管控"五分法"，实现以数据资产为支撑的城市道路照明运维管理新常态》荣获公司"三上三出一创"上台阶出精品奖。服务承诺兑现率 100%，全年实现服务"零投诉"。全面加强"三个建设"，选派专人参与编制的《全国统一市政工程预算定额》（路灯分册）正式发布。

主要工程完成情况：完成了路灯改造工程 157 项；完成了路灯新建工程 14 项；完成了路灯电源改造工程 23 项；开展了路灯检修工程 12 项；配合完成了地铁工程 6 项；配合完成了市政拆迁工程 15 项。

（刘 静）

环境保护

【概况】 2015 年，市环保局深入贯彻落实党的十八大、十八届三中、四中和五中全会精神以及全国环境保护工作会议精神，按照市委、市政府的总体部署，以深化改革为主线，科学认识并主动适应生态文明建设和环境保护工作的新常态，全面完成"十二五"环保规划目标，为促进区域经济社会和谐快速发展、建设美丽沈阳提供坚实的环境支撑。

环境质量方面。城区环境空气质量有所好转，2015 年，全市大气优、良天数为 207 天，比 2014 年增加 16 天；PM2.5、PM10 和 SO2 的年均浓度分别同比下降 2.7%、7.3% 和 19.5%；地表水环境质量达到《辽河流域污染治理"十二五"规划》要求，辽河红庙子、浑河于家房、细河 3 个断面达到重点流域控制目标，支流河水质进一步改善；全市区域环境噪声和交通干线噪声平均值分别控制在 56 分贝和 70 分贝以内，稳定达标。

污染控制方面。化学需氧量、氨氮、二氧化硫、氮氧化物分别削减 11.2%、13%、6.5%、9.5%，全面完成了"十二五"污染物减排目标；城市污水集中处理率稳定在 95% 以上，污水处理厂平均运行负荷达到 85% 以上，主要污染物排放达标率100%；机动车环保定期检测率达90%以上；重点工业企业主要污染物排放稳定达标，工业危险废物、医疗废物和放射性废物依法安全处置。

环境安全方面。有效保障了城乡居民饮用水安全；确保了全市辐射环境安全；妥善应对了各级各类突发环境事件，未发生重大、特大违反环保法律法规的案件和因环境污染问题引发群体性事件，妥善应对了环境舆情。

（刘 冰）

【深化污染减排】 1.全力推进全市重点污染减排项目实施。制定《2015年沈阳市污染减排工作计划》，提出了八大类1300余项减排工程，以推进“六厂一车”重点工程建设为突破口，全力提升全市减排设施基础能力，全年共对246个建设项目主要污染物排放总量指标审核，其中省级15个，市级36个，区（县）级195个，全面完成“十二五”污染减排工作任务。在与市级部门联动方面：配合市发改委编制了《沈阳市节能减排工作要点》，并建立重点减排工程核查机制，严格控制煤炭消费总量。与房产局共同研究全市供暖格局，推进锅炉拆除任务。与市统计局建立联席制度，每个季度进行会商确保数据真实、科学有效。与市畜牧局建立畜禽养殖工作合作机制；在大气污染减排方面：出台《关于加快推进我市燃煤锅炉烟气净化设施升级改造工作的通知》。制定《沈阳市“十二五”主要污染物减排监测体系建设与运行规划》。完成“十二五”淘汰“黄标车”整体任务。完成沈阳耀华玻璃平板玻璃关停减排工程；在水污染减排方面：对沈阳化工股份有限公司、东北制药集团股份有限公司（张士）等6家公司7家单位部署了废水国控企业申报排污许可证前期准备工作；在农村减排方面：督促各区县政府加大农业源治理资金投入。

2.开展了排污许可证和排污权交易的前期工作。起草了排污许可证改革工作调研报告和排污许可证工作方案，制定了排污许可量分配核定办法，设计完成我市排污许可证（正、副本）、申请表、申报要件、审核程序，按照省排污许可证发放要求，核发了5个涉水国控污染源的排污许可证，沈阳已经具备了核发排污许可证的基础条件。开展排污权有偿使用和交易工作调研工作，起草了推进排污权有偿使用和交易的调研报告和推进排污权有偿使用和交易工作方案，完成了2016年《沈阳市排污权有偿使用和交易管理办法》的规章立法申报工作。

（刘 冰）

【大气污染防治】 1.出台蓝天行动实施方案，落实环境保护主体责任。召开了沈阳市蓝天行动大会，市长潘利国与22个市直委、办、局及13个区县市政府、开发区管委会主要领导签订了2015年度蓝天行动目标责任状。印发了《中共沈阳市委沈阳市人民政府关于全面加强环境保护工作的意见》和《沈阳市蓝天行动实施方案（2015－2017年）》，通过实施燃煤总量控制、污染物排放减排、工业提标改造、清洁能源推广等九大工程，进一步强化大气污染防治工作并取得阶段性成果。各县（市）、区政府召开环保大会，落实蓝天行动具体工作，圆满完成蓝天行动年度工作任务。

2.大力调整供热结构，推进供热锅炉拆小并大。全年实施“拆小并大”工程150座，关停锅炉270台。完成134根废弃烟囱拆除任务；完成节能暖房工程1071万平方米，改造小区107处，楼栋数1634栋，涉及居民16万余户；完成棚户区改造任务共94个地块，34077户。

3.努力控制能源消耗总量，推广清洁能源。大力推进清洁能源改造工程，积极鼓励应用地源热泵、污水源热泵、电热蓄能、天然气及太阳能等清洁能源在三产和民用采暖领域的应用，完成沈阳城市建设学院、沈阳天江老龙口酿造有限公司等73台燃煤锅炉煤改清洁能源任务。

4.大力推进落后产能淘汰，推进重污染企业搬迁。协调市经信委，制定政策严控高耗能、高污染行业市场准入，加大火电、水泥、石化、平板玻璃等行业落后产能淘汰力度，综合采取经济、法律和必要的行政手段，按时完成相关企业关停和搬迁；按照蓝天工程要求，推进沈阳抗生素厂、沈阳耀华玻璃有限公司、沈阳化工股份有限公司、沈阳金碧兰化工有限公司的整体搬迁工作。

5.全面做好锅炉升级改造、机动车、扬尘管理工作。发布《关于加强大气污染防治管理的通告》，完成135台燃煤锅炉的高效除尘器升级改造。完成了112台锅炉的脱硫改造；大力推广使用清洁能源车辆，截至2015年底，燃气和新能源汽车总数达到2.8万辆。推动清洁能源车辆改造，2015年市财政以资本金注入方式全额投资采购了500台新能源汽车。全年共淘汰黄标及老旧车辆3万余台。全市共抽查油品362批次，合格率为90%以上；征收拆除现场105处，房屋建筑面积约515万平方米，各拆除现场按要求设置围挡，通过洒水喷淋覆盖等措施有效抑制扬尘。强化对全市1148个建筑工地、105个房屋征收工地、21个公路施工工地、253个露天堆场扬尘治理工作的监管，建立违规退出机制。

6.严禁秸秆焚烧，加大综合利用。印发了《沈阳市人民政府关于禁止露天焚烧农作物秸秆的通告》、《沈阳市人民政府关于加强农作物秸秆资源管理和综合利用工作的实施意见》，发布了《关于进一步加强秸秆禁燃工作的通知》。以市蓝天办名义共下发通报文件16份，对秸秆禁烧工作实施了有效地统一监督管理。公安部门加大对秸秆禁烧工作的监管力度，各派出所全员行动，因涉嫌纵火拘留了33人。

（刘 冰）

【水环境综合治理】 1.贯彻落实国务院水污染防治行动计划。按照国务院《水污染防治行动计划》，组织开展二级支流、小沟小汊、工业源、“十小”企业、十大行业等专项调查，摸清环境污染底数，初步制定全市水污染防治行动计划。

2.完成国务院辽河流域“十二五”污染防治规划目标和任务。落实水系治理工程项目，协调推动重点流域“十二五”规划项目实施。致函各区、县（市）政府、开发区管委会，进一步落实2015年流域治理计划，多次调度在建规划内项目进展及资金使用情况。重点协调推进相关区县政府实施法库经济区、道义二期污水处理厂等在建和拟建规划项目建设。截至2015年底，“十二五”规划项目完成率已达到80%以上，圆满完成国家辽河流域“十二五”规划考核目标。

3.巩固辽河流域治理成果。以水质达标困难的重点支流河为突破口，突出改善细河，巩固蒲河，全面推进小流域治理；协调推动相关区县政府开展细河、满堂河等支流河综合整治，采取污水截流、河道清淤、景观化建设、两岸环境综合整治等多种手段改善小流域水环境状况；组织开展南北运河排污口调查及北运河水环境整治工作。

4. 全面做好城市集中式饮用水水源地环境保护工作。完成2015年地级以上及地级以下城市集中式饮用水水源地环境状况评估工作;印发《关于进一步加强集中式饮用水水源保护区环境管理工作的通知》,对加强饮用水源环境保护,消除环境风险隐患提出进一步要求;继续开展保护区环境现状调查工作,初步建立现状清单,形成保护区界线划定技术报告,以市政府名义上报省政府批准;按照沈阳市生态文明体制改革工作总体部署,对集中式饮用水水源保护区实施生态红线管理。

5. 推进污水处理厂建设和监管工作。全面启动新建东部污水处理厂,以及仙女河、沈水湾、西部和北部四个污水处理厂提标升级改造项目。其中,新建东部污水处理厂项目技术方案已上报市政府,等待批复,同时,正在推进征地拆迁等相关费用的核算工作,等待市政府审核。北部污水处理厂提标升级改造项目可研已批复,仙女河、沈水湾、西部污水处理厂提标升级改造项目可研报告已经通过专家评审,进入可研报告上报阶段。

全力推进在建污水处理厂建设进度。按照蒲河生态廊道建设工作及省政府确定的大浑太治理计划,截至2015年底,尚有7座在建污水处理厂。其中:于洪永安新城污水处理厂等4座污水处理厂已通水调试;蒲河新城道义污水厂(二期)目前主体工程及深度处理工程已建设完成;辽中近海污水处理厂处于收尾阶段。西部二期主体工程已完成清水调试。

全面加强对已建成运行的29座污水处理厂运行工作的监督管理,城镇污水处理率达到95%以上。截至年底,全市已建成的日处理能力1万吨(含)以上的城镇污水处理厂共计29座(其中15万吨以上的大型污水厂5座),设计日处理污水能力达到了235.5万吨,平均日实际处理污水200余万吨。在全市具备运行条件的29座污水厂中,26座基本实现了稳定运行,于洪沙岭和造化2座污水处理厂处于试运行状态。

6. 加强重金属污染防治工作。推进辽中电镀园区建设,按照市政府办公厅《沈阳市电镀行业专项整治工作实施方案的通知》要求,开展电镀企业淘汰、关停或搬迁(入园)一批、重点优化提高一批综合整治工作;对43家电镀企业及11家涉铅企业实施季度监察和监督监测,完成了"十二五"重金属污染防治规划中重点减排项目目标。

(刘 冰)

【规范固废管理】 1. 加强固废规范化管理机制建设。完成了"十二五"危险废物规范化管理收口工作,对114家重点危废产废单位进行查缺补漏;编制了通信、银行、公交及汽修4大铅电池危废行业及各区省级以上危废源企业年度监管计划;出台了《进一步加强危险废物转移管理的通知》,重点强化危险废物转移环节管理工作;以"零申报"为突破,实现固体废物管理信息系统与环保移动执法系统的对接,全市申报企业家数同比增加了35%;全年共办理危险废物转移联单1600余份,其中市内转移联单1300份,省内其他城市转移至沈阳市内的转移联单300份;全年未发生危险废物污染环境事件;会同市卫生计生委联合下发了《关于开展全市医疗废物管理专项监督检查的通知》,对中国医科大学第一附属医院等17家医疗机构及医疗废物处置单位进行了督导抽查。

2. 以"东药、沈化"搬迁污染土地修复为抓手,推动污染场地再利用防治工作。与省厅、铁西区政府及企业等相关方面协调,2015年9月份全面启动沈阳市污染场地示范工程。

3. 推进垃圾污泥处置项目建设,提升我市垃圾污泥安全处置水平。推进2015年老虎冲垃圾填埋场除臭工程、西部污泥厂500吨污泥技改工程、新城子30万吨铬渣处理项目拆除工程等市城建计划工程项目。祝家污泥处置运营项目PPP方案已经通过市财政论证;参照危废管理对污泥实施了核定处理量监管,严格落实每月核定处置量制度,监督污泥厂稳定运行;截至年底,污泥物联网管理系统已建设完成,验收后将正式投入运行。

(刘 冰)

【加强自然生态保护】 1. 加快推进生态保护红线划定工作。沈阳环保局在全省和东北地区第一个开展了红线划定工作,环保部和省环保厅认为沈阳的红线划定工作具有重要的引领和示范作用。央视新闻联播点名播报了市环保局生态保护红线划定工作。国家环境保护部已将沈阳列为国家生态保护红线管控试点,在生态保护红线的绩效考核方面先行先试,沈阳市是全国唯一成为试点的副省级城市。《沈阳市生态红线划定方案》及三个配套细则—《沈阳市生态红线管理考核暂行办法》、《沈阳市生态保护红线负面清单》、《沈阳市生态保护红线联席会议制度》已报市政府办公会和市政府常务会议审议,审议后报市委全面深化改革领导小组第十一次会议审议。

2. 加快推进生态文明建设试点工作。组织有关区县推进生态文明建设示范区试点工作,辽中县完成生态文明建设规划的编制,通过了省环保厅组织的专家论证,印发了实施方案。其它列为国家生态文明建设试点的地区以建设宜居乡村为重点,进一步深化和推进生态示范创建工作。大东区、法库县在编制完成生态文明建设规划的基础上,继续推进生态文明建设工作,印发了生态文明建设实施方案。

3. 推进卧龙湖湖泊生态保护工作。落实2015年度国家湖泊环境保护专项资金2000万元,组织康平县政府编制了《2015年度卧龙湖生态区生态环境保护实施方案》,确定实施生态绩效调查、湖滨生态湿地缓冲带(末期)、数字化管理平台(二期)三个项目。《方案》通过了省环保厅、省财政厅的批准。组织康平县政府继续推进国家试点项目建设,2012-2015年度中央资金专项项目已完成11个,2014年度项目城南污水处理厂完成了项目征地和招投标工作,已按计划开工建设。同时,配合省湖泊治理专项绩效评估专家组,完成了卧龙湖年度绩效评估工作。

4. 推进农村环境保护工作。会同财政、建委制定了奖补政策,92个动力型村镇污水设施基本实现有效运行,201个沟塘类设施纳入了日常管护,完成了政府实事;在全省率先开展畜禽养殖禁养区划定和污染防治规划编制;积极推进畜禽规模养殖场标准化生态建设;80%以上规模化畜禽企业建立了废物收处设施,实现了资源化利用;全年创建3个省级生态乡镇和35个省级生态村;完成《沈阳市宜居乡村污水治理专项实施方案和建设规划》编制。

5. 推进生态工业示范园区建设。沈阳大东汽车城创建省级生态工业示范园区通过省环保厅组织的规划论证,并按要求上报了工作方案。争取资金方面，中央资金2868万元，省级资金2979万元，已到位中央资金2000万元，省级资金2279万元。

（刘 冰）

【防范环境风险】 1.切实加强环境应急管理机制建设。编制了《沈阳市环境保护局突发环境事件应急预案（部门级）》，健全了环境应急预案管理体系；印发了《沈阳市企业事业单位突发环境事件应急预案备案管理暂行办法》；指导协助区县（市）政府妥善应对施工工地异味事件、违法倾倒高浓度废液等事件4起，有效地保障环境安全；在全省率先独立组织应急管理培训，宣传贯彻国家环保部关于应急管理等6项新规，提升了全市环境应急队伍业务能力；建立健全无脚本演练模式，扎实推进环境应急演练规范化、科学化，实现了练为看到练为战的转变。

2.强化辐射工作单位监督管理。印发了《沈阳市环境保护局核安全文化宣贯活动实施方案》，开展核安全文化宣贯活动；印发了《关于开展放射性同位素安全大检查的通知》和《关于进一步加强医疗机构等产生放射性废物辐射单位安全监管工作的通知》，要求各区、县（市）环保（分）局立即开展辖区内放射性同位素行业安全检查工作；印发了《关于开展辐射工作单位年度评估工作完成情况专项检查行动的通知》，年度上报省厅评估单位81家。

3.加大噪声污染防治力度，解决热点环境问题。印发《2015年沈阳市建筑施工噪声专项整治行动实施方案》，全面提高建筑施工噪声监管效率，有效遏制建筑施工噪声扰民；开展200家社会生活噪声源和10个封闭小区商业网点噪声源综合整治，有效的改善区域噪声环境质量；与公安部门联合发布《关于限制中高考期间建筑施工和装修作业的通告》等多种措施，确保安静的备考和考试环境，首次实现全市中高考噪声零投诉。

4。加大环境扰民问题调处力度，促进社会和谐稳定。印发了《沈阳市“12369”环保微信举报工作管理办法》、《沈阳市“12369”微信平台服务手册》等规章制度；建设沈阳市微信举报平台工作，获环保部督察组表扬；印发了《2015年沈阳市环境信访工作目标管理考核实施方案》等文件，民心网群众诉求办理质量明显提升；制定了《沈阳市环境保护局突发信访事项及群体性事件应急预案》，敏感时期进京访、非正常进京访及个人滋事及群体性事件“全部为零”。

（刘 冰）

【强化环境监督管理】 1.创新执法模式，全面提升环境执法效能。印发了《沈阳市环保局关于印发环境保护大检查工作方案的通知》，组织全市开展环境保护大检查；组织开展燃煤锅炉企业专项执法等一系专项行动，打击环境违法行为，全市立案905起，处罚近2000万元；创新环境处罚执法电子平台并在全市应用；落实监管责任，完成了全市环境监察系统的网格化执法体系建设；出台了《关于公安环保联动协作机制实施意见》，与公安机关联合办案19起，采取强制措施26人、行政拘留案件8起，拘留12人；查封扣押15件，按日计罚108万元，有效地打击了环境污染犯罪行为；进一步规范排污收费工作，强化依法征收排污费工作。组织全市各单位将排污企业的排污费核定情况在沈阳主要新闻媒体《沈阳日报》上刊登，公开公示实现100%，供社会各界参与和监督。全市实现征收排污费1.37亿元；创新差别化征收工作，对符合条件的污染源企业使用在线数据和监督性数据核定排污费，促进企业污染治理及环保设施的正常运行。

2.创新管理方式，推进法治政府建设。完善依法行政的制度体系，大力开展案卷评查，提高环境执法质量，细化行政自由裁量权；推进信息化，实现行政处罚网上办案，做好行政复议和行政应诉工作；推进环评、批复及验收文件全文公开、环境行政处罚信息及排污收费信息、环境质量以及企业排污信息公开，发布沈阳市环境质量公报，做好依申请公开工作；修订《沈阳市企业环境信用等级评价管理办法》，完善评价标准，深入推进环境信用建设工作；完成第五批99家重点监管企业的环境信用等级评价工作，实现重点污染源全覆盖，全面建立重点污染源企业环境信用档案；逐步修订和完善按日计罚、挂牌督办、查封扣押等有关制度；组织开展法制培训工作，组织两批上岗证考试；建立了环保黑名单制度。环保部门将违法建设、违法施工、违法排污等单位列入黑名单，向社会公开发布；建立环保、公安、执法、法院联系会议制度。

3.加强环境技术评估工作。采取优化评估质量、缩短审查时限、及时告知、尽快整改等举措保证建设项目尽快落地，完成了建设项目评估119项。结合项目实际构成和区域环境特征，制定《沈阳市建设项目环境评估目录》（沈环保〔2015〕34号）及技术评估工作要点。利用专家资源建立环境技术咨询平台，开展污染场地等评审工作。开展《沈阳市多功能助燃芯板磁化洁净循环燃烧关键技术研究》。

4.优化环境审批服务意识，助力经济发展大局。继续简化房地产项目环评审批，对建筑面积100万平方米以下的房地产开发项目实施“缩时限”、“不评估”、“免监测”的政策，全市有105个房地产开发项目受益；继续对电力、道路交通等七大类51项项目试行环境影响评价豁免管理政策，全市有230个项目享受豁免政策，极大减轻企业负担；按照“应放尽放”、“谁审批、谁负责”的原则，进一步下放环保审批权限，除省厅要求保留的煤炭类等报告书类项目外，其余环评审批权限全部下放区县，并对沈阳市铁西新区（含经开区）、浑南区（含沈抚新城）等开发区享有市级审批权限；优化重点项目环保审批服务，采取主动上门服务、专人负责、全程跟踪、特事特办的工作新模式，定期调度、跟踪督办，协同推进项目环评审批进展；对通用北盛、宝马、地铁四号线等30余个重大项目，提供“保姆”式的服务，有效地推进环评审批验收工作，保证了重大项目如期开工建设和投入生产。

5.全面推进公众参与，营造环境保护新氛围。组织协调新闻媒体开展宣传报道，全年共计在各大媒体组织首发环保新闻信息600余条；组织协调落实新闻发布会、专题采访、直录播访谈、媒体通气会、媒体座谈会等百余次，利用沈阳日报重要版面刊发“环保专刊”162期（整版）；推进官方微信平台的开发与运行，使市环保局全面建成包括微博、微信、网站在内的全媒体宣传平台；“沈阳环保”微博粉丝已突破18万人，并在人民日报2015政务指数微博影响力报告中被评为“全国十大环保系统微博”及“辽宁十大最具影响力政务微博”；推进公众参与环境保护工作，完成“2015盛京环保奖"评选及表彰工作,并与沈阳广播电视台联手完成"同在蓝天下2015'盛京环保奖'颁奖晚会"策划、录制及播出;协调并促成沈阳市环境保护志愿者协会完成官方注册并参与指导协会相关工作的开展;以沈阳日报"环保专刊"、局官方网站等为载体,全面推进环境质量信息公开、企业环境信息公开、依申请政务公开等工作;全面开展以宣传生态文明、低碳环保、节能减排为主题的环境宣传教育活动。

(刘 冰)

【加强技术支撑能力建设】 1. 强化环境监测、监控支撑保障作用。改进信息发布机制,开发沈阳环境在线APP手机客户端,并应用于环境质量信息发布;开通环境监测官方微博;建立了环境空气质量首席预报员和专家回应制度;制定出台《沈阳市国控重点源企业自行监测及信息公开考核制度》,沈阳市整体公布率为91.96%,国家重点监控企业污染源监督监测信息公布率为99.5%;做好空气质量预报预警工作,在2015年11月6日-11月14日辽宁省发生大范围持续重污染天气过程中,沈阳市在全省除葫芦岛市外的13个空气重污染城市中率先准确发布重污染天气红色预警;制定《环境空气质量监测及预报预警工作方案》,每小时向市重污染天气应急指挥部报告空气质量信息和预报情况;圆满完成各类监测任务。全年累计获得监测数据114万余个;稳步推进重点污染源监督性监测和国控源自动监控工作,获得监测数据2.5万余个。

重点围绕大气、水、土壤三大战役,调整优化环境监测网络。建成沈辽西路、裕农路等4个环境空气自动监测点位,使全市环境空气自动监测点位达到了25个,实施了10个市控大气点位的第三方运维工作;建成蒲河水质自动监测站并投入试运行;完成购置16套远程控制水质自动采样器,应用于全市24家污水处理厂水质监测;完成全市土壤环境质量国控点位布设工作,筛选出了基础点位、特定点位和背景点位共计60个。加大实验室基础建设投入力度,建成4700平方米的新实验室,包括实验室基础设施、生物洁净室、声学实验室、超纯水系统等,形成了规模适度、技术先进、运行高效的科研实验平台,并顺利通过8大类848项参数实验室资质认定。

新建污染源在线监控设备建设项目226套废气监控设施、129套废水监控设施、145套扬尘监控设施、175套耗能单位能耗采集设施,总投资为2.96亿元,项目实施期限为6年。可研报告已批复,完成项目PPP模式评价初步方案的编制工作,并报市财政局待评。此外,为加强污染源自动监控设施监督管理,出台了《沈阳市污染源自动监控管理办法》(试行),并于2016年1月1日起施行。

2. 成立环保产业集团,以市场运作促进环境治理。制定了沈阳市环保产业发展规划,成立沈阳市环保产业集团,整合全市环保产业资源,环保产业基础更加坚实;充分借助第三方治理、PPP融资等方式,与上海复星集团、盛京银行签订了环保战略合作框架协议,全面推行合同能源管理,开展企业污染防治设施社会化运营,发起成立环境基金会,支持环保公益活动,企业、政府、社会"三方投资、三方受益"的环境保护市场化新模式基本形成。

编制完成《"十三五"规划——加强生态文明建设打造宜居之都调研报告创新驱动战略专题》;参与编制完成《沈阳市战略新兴产业"十三五"发展规划》,积极推进环保第三方治理工作,重点开展大气污染防治第三方治理试点工作;组织开展沈阳市北部污水处理厂国家级环境科普基地的申报,继续推进清洁生产工作,共有41家企业通过了审核评估,组织实施各类清洁生产方案922项。

4. 继续加强国际交流与合作。全年积极组织申报国家外专局2016年审核类出国(境)培训项目计划2项,组织赴日境外培训团组3个,涉及人员12人次;赴日本参加"第十一届亚太地区生态产业论坛"并进行环保项目合作洽谈;赴日本参加"世界冬季城市市长会2015年事务级会议";赴德国、捷克、匈牙利进行"中德环保产业园项目"洽谈对接;派员赴日本参加札幌沈阳环保商务洽谈会;派员赴朝鲜参加"2015年中朝平壤科技交流会";联合荷兰欧沃艾索省、荷兰贸易促进委员会,共同举办"荷兰环保创新技术说明会";主办沈阳-札幌结好35周年系列活动之"沈阳-札幌环保经济交流会"。

5. 加强环境信息化建设。完成局计算机房、网络设备、应用系统和档案室整体搬迁。建成国内领先的万兆双核心到桌面千兆的环保大厦网络系统,完成环保大厦5000个网络及语音信息点综合布线,迁入程控电话305部;建成国内先进水平的沈阳环保绿色数据中心机房,已经通过中国泰尔实验室检测认证;通过实施建筑智能化项目,辅助沈阳环保大厦通过绿色建筑二星级认证;完成57套环保业务应用系统服务器虚拟化部署,实现高效安全和节能低耗;通过环保云计算中心、信息安全中心、应急指挥中心、数字环保档案等项目建设,为协同办公、污染源在线监控、"12369"投诉热线、官方网站等所有业务系统提供高质量技术支撑,局信息化工作达到新水平。完成沈阳市环境信息"十三五"规划(《沈阳市智慧生态环保工程规划》草稿)的编制。

6. 加强环境科研工作。协调组织推进"水专项"等国家重大科技项目;积极组织系统各单位申报2015年省、市级科技进步奖;组织系统各单位完成2016年省、市级科技计划项目的申报工作;积极推进环评体制改革,落实环评事业部与沈阳绿环集团合署办公;环科院被推举为全国环评产业协会(国家一级协会)8家发起人单位和副会长单位;全年完成报告书表600余项,完成老虎冲垃圾焚烧发电、宝马大东工厂扩建和新3系等34个重点建设项目服务工作;完成沈阳市十三五环境保护规划和城市总体规划环评篇章;完成棋盘山生态修复规划和辽中县生态文明建设规划,启动了大东区东湖水生态修复工程设计;基本完成沈阳市生态文明体制改革总体规划工作;与中科院生态中心、环保部规划院、哈尔滨工业大学城市水资源与水环境国家重点实验室等科研单位深入推进城市生态和环境规划领域的交流合作;启动沈阳市环保产业规划前期研究,开展于洪区环保产业规划编制工作;成立排污许可证技术研究中心,配合市局开展第一批重点企业发证;积极推进沈阳市水污染行动计划编制工等重点工作。

7. 加强环保设计工作。制定了设计院体制改革,完成资质换证工作,加强设计业务拓展,圆满完成技术支撑工作。

8. 加强环保产业协会和环境学会工作。组织召开全市煤改清洁能源新技术交流等研讨会32次,推荐环保治理相关建议、方案等20余项。积极推进社会资本和先进环保企业投资沈阳发展。组织召开辽中县政府与投资企业高层洽谈会10余次，引进深圳市世纪天源环保技术有限公司、湖南松本投资控股有限公司投资沈阳近海开发区（辽中县）再生资源产业园建设。组织推动沈阳市环境污染强制责任保险试点工作。对全市150余家环境高风险企业完成风险评估，签订环境污染责任保险合同46份，保险金额8800万元。促成了沈阳光大环保科技有限公司与荷兰宝曼公司的油水分离技术合作项目协会分别与日本近畿经济产业局、地球环境中心、荷兰创新机械产业协会签订了战略合作协议。

（刘　冰）

【夯实环保基础工作】 1. 建立健全绩效考核工作。出台《沈阳市蓝天行动督查考核规定》及考核实施细则，客观评价承担任务的各单位、各地区工作开展和完成情况；依据《沈阳市市管领导班子和市管干部环境保护工作考核办法》和《沈阳市党政领导干部生态环境损害责任追究办法》，加强完善绩效考评体系；探索政府部门政绩考核第三方考核制度，以竞标方式确定考核支撑单位，借助社会第三方力量，对各地区、各部门实施考核评价。

2. 实施环保机构改革，适应生态环保工作新常态。完成沈阳市环保局机构重组，进一步优化内部职能，打破原有机构设置，按服务、效率的原则组建新的职能部门，成立了改革办公室、排污交易处、综合保障处、环保产业处、党务人事处、绩效考核办、信息公开处、执法稽查处、县区联络处、市民维权中心等部门，以适应环境保护工作的新形势。

3. 加强党风廉政建设。促进领导干部履职常态化，层层签订《领导干部廉政承诺书》；落实监督责任，制定《沈阳市环保局落实党风廉政建设监督责任的实施意见》；继续深化“三转”，印发了《领导班子成员2015年反腐倡廉建设职责》，签订了《2015年党风廉政建设责任状》；突出整治重点，扎实开展自查自纠共排查出不作为不担当各类问题34起，按性质分为12类，制定整改措施24条。

4. 加强政风行风建设。全面做好“两转一优”专项整治工作，出台年度整治工作方案，分三阶段开展整治，积极总结作风问题，年度考核成绩优秀。做好“96123”市民热线和民心网回复工作，积极解决群众反映的环保热点、难点问题；强化责任意识，严格执行首问负责制、限时办结制、责任追究制等规定；对重点部门、重要岗位和“窗口”单位，开展明察暗访活动，及时纠正存在的问题，转变工作作风，提高环保行政效能。

5. 加强机关党建工作。制定《2015年环保局党组中心组理论学习安排意见》，全年共组织4期共6名处级以上领导干部参加市委党校理论培训班、3期先导讲坛报告会；开展三严三实活动，在全系统处以上领导干部中开展了“三严三实”专题教育，深入查摆存在的问题，深刻剖析原因教训，列出问题清单，制定整改措施；切实加强机关作风建设，制定《沈阳市环保局落实党风廉政建设监督责任的实施意见》；严格落实“三会一课”制度，积极开展“学习型、服务型、创新型”党支部创建活动要求。其中，2个党组织、4名同志分别被市直机关工委授予“基层优秀党组织”、“沈阳市直机关优秀共产党员”和“沈阳市直机关优秀党务工作者”荣誉称号。

6. 局系统安全生产工作事故发生率为零，老干部服务工作满意率保持100%。全系统未发生安全事故。全面落实老干部生活待遇，进一步提升老干部服务工作质量。

7. 加强环保综合保障工作。完成部门预算编报及系统决算工作，保障系统自身人员及日常工作运行资金2个亿；积极推进环境治理项目工作，争取国家、省、市专项治理资金8.9亿元，完成总投资22亿元，实现历史性突破，为蓝天工程等各项治理工作提供有力资金保障；多方组织相关力量，完成了《沈阳市环境保护与生态建设“十三五”规划》初稿；配合审计署、审计局、物价局等各项审计工作，无违纪问题；规范财务制度，严格控制三公经费支出，加强资金、资产管理，保证资金安全，财务工作运行平稳。

8. 做好政务信息收集、报送和管理以及人大建议、政协提案组织办理工作。加强文件审核把关，提高了公文的质量，使全局各单位的公文得到明显的提升；紧急围绕全市环保中心工作，政务信息具有较强的可读性、指导性和时效性；通过建立“一把手亲自抓、分管领导直接抓、办公室督促抓、部门领导具体抓”的工作机制，实现了见面率、办复率、应满意率“三个100%”的目标，荣获市政府建议提案办理工作先进单位；按照“八项规定”要求，完善了机关内部管理制度，使得市环保局政务接待、办公用品领用、用印、车辆使用、办会等后勤保障工作高效有序运转。

（刘　冰）

【生态文明体制改革和环保系统改革】 1. 全面推进全市生态文明体制改革工作。充分履行生态文明体制改革专项小组办公室职能，不断建立完善改革工作机制，统筹推进改革工作，组织完成年度82项改革任务，全市出台相应的配套改革政策文件30余个；制定并印发了《沈阳市2015年度生态文明体制改革工作方案及任务分解表》，建立完善统筹、协调、督促、考核等改革工作机制，统筹推进专项小组成员单位和局系统内部相应改革任务；组织召开3次专项小组工作会议，起草汇报材料、工作总结、领导讲话等10余篇，上报改革动态信息25篇；沈阳“6+1”生态文明体制改革模式，作为重要改革案例，被中央深改组《改革情况交流》（第143期）专题刊发至全国各省、自治区、直辖市；省委改革办以《改革动态》的形式印发全省；在中共中央政策研究室主办的《学习与研究》（2015年第10期）中刊发。《人民日报》、《中国环境报》、《新环境》等国家级媒体报道沈阳市生态文明体制改革相应工作4篇。

2. 全面推进环保系统内部改革工作。加强政策研究和顶层设计，大胆探索创新，推动环保工作体制改革的逐步深化。制定并印发了《沈阳市环保局2015年改革工作要点及任务分解表》，协调推进各部门完成53项年度改革任务，出台12个环境监管改革文件，制定或形成38个其他各类改革相关制度、办法和机制等。

（刘　冰）

商　　务

国内贸易

·综　　述·

【总部经济】 为发挥总部企业在稳增长中的引领作用,市服务业委依据《沈阳市人民政府关于促进总部经济发展的实施意见》,经申报、复核、评估等环节,认定了42家企业为首批"在沈总部企业"。对经认定的总部企业,由市政府给予一定奖励。

积极引进国内外知名总部企业落户沈阳。引进了中兴(沈阳)金融科技有限公司、沈阳京东世纪贸易有限公司、普华永道商务咨询(上海)有限公司、沈阳四季丰谷农业投资有限公司等一批区域总部或分支机构落户沈阳。

加快推进总部楼宇建设。重点推进东北总部基地、国家大学科技城、沈阳CBD宝能国际金融中心、沈阳华强商业金融中心、恒隆市府广场、世茂五里河广场、华府天地二期等一批总部楼宇项目建设。和平区成立了互联网金融总部基地;浑南区建成1万平方米以上商务楼宇19栋,其中总部基地建筑面积35.3万平方米,已有唯品会品骏物流、中新房(大连)物流公司等13家企业签约入驻;铁西金谷—国家级生产性服务业总部基地一期项目招商进展顺利,吸纳生产性服务业企业121家。

(*盛　杰*)

【服务业四年行动计划协同推进】 2015年,沈阳市实施服务业发展四年行动计划,有力促进了全市服务业发展提速、比重提高、水平提升。

1.开展服务业大调研。2015年,市委、市政府把加快服务业发展列为重点调研课题,围绕建设国家中心城市和推动沈阳老工业基地新一轮全面振兴的战略部署,深入调研分析沈阳市服务业发展现状、存在问题,以"强化思想共识,突破关键环节,优化发展环境"为调研的着力点,充分借鉴先进城市成功经验,立足当前,着眼长远,提出具有前瞻性、规律性、操作性的建议和对策。市服务业委作为"服务业大调研"牵头部门,制订了《全市服务业大调研工作方案》,协调组织召开了6次座谈会,走访了48家典型企业,每周收集情况,跟踪进展,优质高效地完成了调研任务。

2.积极推进市政府与央企、沪企、知名民企战略合作。市服务业委协调搭建了14个市政府部门与上海复星集团对接联络机制,建立了推进工作周报告、旬调度等工作制度,积极推动协议的签署和落实。5月27日,市政府与上海复星高科技(集团)有限公司在上海正式签署了战略合作意向书。沈河区政府、和平区政府、沈阳绿色环保产业有限公司已与上海复星集团签署了框架合作协议。

3.首次制定并下发《沈阳市现代服务业产业指导目录》。明确界定了信息传输、计算机服务和软件业、现代物流业、金融业、科技服务业、商务服务业、商贸服务业、文化创意产业、体育产业、旅游业、健康和养老服务业和其他服务业等11个重点服务业领域的69项产业条目,为各级政府和部门制定有关服务业政策提供重要参考依据。

4.建立服务业经济运行月调度、季分析制度和服务业经济运行协调联动机制。市服务业委充分发挥服务业发展领导小组办公室在服务业运行分析工作中的组织、联络、沟通、协调作用,准确把握服务业发展趋势和运行走势,会同市统计局组成联合工作组,深入13个区、县(市)对服务业经济运行情况进行调研指导,深度掌握全市服务业主要经济指标状况。2015年,全市服务业增加值实现3440.1亿元,同比增长6.3%,高于地区生产总值增速(3.5%)2.8个百分点,服务业占GDP比重47.3%,高于上年同期1.8个百分点。社会消费品零售总额实现3883.2亿元,同比增长8.2%,其中:限额以上社会消费品零售总额实现2101.47亿元,同比增长6.7%;网上商品零售额实现101.4亿元,同比增长53.1%。

(*盛　杰*)

【分类指导服务业集聚区】 贯彻落实服务业集聚区建设规范标准。为贯彻落实《沈阳市服务业集聚区建设管理与业态要求》,市服务业委围绕主导产业,加强关联产业的培育和引进,进一步拉长产业链、延伸价值链,做大做强产业集群,有力推动了全市服务业集聚区建设管理的规范化和标准化。组织召开商贸流通、现代物流、金融服务、电子商务等服务业集聚区专题现场交流会,进一步引导集聚区结合自身产业基础和条件,优选、确立主导产业,培育大企业,建设大项目,不断提高主导产业集聚度。

制发服务业集聚区"三大战役"工作方案。市服务业发展领导小组办公室制发了《关于打好"三大战役"加快我市生产性服务业集聚区建设的工作方案》。方案紧紧围绕加快建设国家中心城市的总目标,牢牢把握世界经济发展大势和国家政策支持导向,以"稳增长、优结构、谋转型、促升级"为抓手,坚持总体规划、系统设计、综合施策,举全市之力打赢"浑南高新"、"铁西金谷"、"沈河金融"等"三大战役",促进生产性服务业集聚、融合、创新和优化发展,提升现代服务业发展的产业层次和水平,推动全市经济结构调整和产业结构优化升级。

组织重点服务业集聚区参加国家级和省级集聚区认定工作。经区、县(市)申报,市服务业委推荐,省、国家有关部门认定,沈河区皇城商贸文博旅游功能区获评首批"中国商旅文产业发展示范区",三好街科技服务业集聚区获评2015年省级现代服务业集聚区,北站金融集聚区投融资平台、铁西专业市场与物流集聚区（金谷）政务服务平台、浑南国际软件园科技企业孵化平台被确定为首批省级服务业集聚区优秀公共服务平台，沈阳市省级服务业集聚区和省级示范集聚区数量位居全省第一。

跟进省级服务业集聚区重大项目建设。金廊现代服务业核心区内恒隆市府广场塔楼、友谊时代广场塔楼、佳兆业写字楼、新华国际C座、新世界会展中心H1酒店主体封顶。沈阳国际物流港引进传化公路港、意大利维宜电商产业园、新加坡丰树现代物流园等项目。太原都市商贸中心、闲置多年的五洲商业广场重新启动，建设“盛京文化商城”项目。大中街商贸文化集聚区中街九龙港和中街豫珑城项目开业运营；皇城里项目正在进行整体改造加固，内部招商已接近尾声。

（盛　杰）

【“12312”商务举报投诉服务热线开通】 按照商务部和省服务业委的统一安排部署，为进一步完善沈阳市流通领域市场监管公共服务体系，整合优化执法资源，健全协作机制，提高监管效能，畅通市民举报投诉服务渠道，市服务业委完成了“12312”商务举报投诉服务系统的安装调试工作，开通了“12312”商务举报投诉服务热线并投入试运行。同时，新民、辽中、康平、法库、苏家屯也建立了相应的“12312”商务举报投诉服务工作站，初步建成了市区两级商务举报投诉服务体系。

“12312”商务举报投诉服务系统是商务部委托北京国富通网络科技有限公司开发设计的一款集举报投诉、语音留言、业务监管和数据统计等功能于一体软件系统。系统正式开通运行后，可以接受社会各界关于商务主管部门负责的18个类别，29部法律、法规和规章的举报、投诉和咨询，进一步完善商务举报投诉渠道，加强商务领域的执法监管力度，营造良好的商业环境。

（李勇军）

【服务业重点项目固定资产投资】 2015年，沈阳市重点服务业项目151个，占全市重点项目55.9%；总投资4133.2亿元，占全市总投资额的66.1%；计划完成投资964.3亿元，占全市的62.3%；当年完成固定资产投资1050.4亿元，完成全年计划的108.9%，占全市的63.9%。

国内一线电商企业如京东亚洲一号、苏宁电子商务产业园、唯品会东北电子商务产业园相继投入使用或开发建设；投资150亿元的沈阳新世界中心、投资150亿元的沈阳农副产品全球采购中心、投资150亿元的盛京金融广场项目、投资150亿元的华强金廊城市广场、投资140亿元的乐天世界等单体投资额领跑全市的大体量项目积极开发建设。

（张　展）

【农产品现代流通体系建设】 按照《辽宁省人民政府关于印发辽宁省农产品现代流通体系建设方案的通知》要求，沈阳市下发《沈阳市人民政府关于印发沈阳市农产品现代流通体系建设方案的通知》，于6月26日召开沈阳市农产品流通工作会议，全面推进沈阳市农产品现代流通体系建设工作。8月28日，省农产品现代流通体系建设工作座谈会确定沈阳为省农产品现代流通体系建设试点城市。按照省服务业委要求，推荐上报沈阳副食集团有限公司等50家拟纳入省农产品现代流通体系建设试点企业。2015年末，市服务业委组织各区、县（市）服务业主管部门和市直相关部门再次进行复核确认，并报省服务业委认定3个大型现代化农产品专业批发市场、1个农产品冷链物流企业、6个农产品连锁零售（含团体配送）企业和10个农产品生产基地等20个省农产品现代流通体系建设试点企业项目。

（陈宝生）

【电子商务集聚发展】 沈阳市2014年获批创建国家电子商务示范城市以来，积极推进专业电子商务产业园区建设，形成以浑南新兴、于洪永安两个国家电子商务示范基地为核心，皇姑寰宇、大东龙之梦为新生动力的四大电商产业园，在园区规模、服务水平、区域布局、产业特色等方面优化了吸纳、培育优质电子商务企业的良好环境，带动沈阳市电子商务集聚化快速发展。

截至2015年末，沈阳市4个主要电子商务产业园区集聚企业400余户，实现电子商务交易额过600亿元。沈阳浑南新兴电子商务产业园，2012年获批国家电子商务示范基地。截至2015年末，入驻京东商城、苏宁易购、菜鸟网络科技等知名电子商务相关企业近300户。2015年实现电子商务交易额600亿元。于洪区永安电子商务产业园，2015年获批国家电子商务示范基地。截至2015年末，国美在线、意大利维宜等20户知名电商企业签约入驻，投资额约300亿元。皇姑区寰宇电子商务产业园，办公面积2万平方米，已有辽宁秒赚网络科技有限公司、沈阳天动网络科技有限公司等45户企业签约入驻。大东区龙之梦电商大厦，建筑面积10万平方米，已入驻电商类企业有71户，主要有奇搜360、中国软件、鹏博士宽带、新浪辽宁、捷安泊科技、冠群投资、智联招聘等知名企业。

2015年，沈阳市新增了1个国家级电子商务示范基地、1个国家级电子商务示范企业、3个省级电子商务示范企业、10个市级电子商务示范企业，示范创建活动对于引领全市电子商务快速发展发挥了重要作用。全市有国家级电子商务示范基地2个：沈阳浑南电子商务产业园、于洪区永安电子商务产业园；国家级电子商务示范企业1个：沈阳东软熙康医疗系统有限公司；省级电子商务集聚区1个：沈阳浑南新型产业园电子商务集聚示范区；省级电子商务示范企业5个：辽宁兴隆电子商务有限公司、沈阳东世纪贸易有限公司、辽宁银生科技有限公司、沈阳东软熙康医疗系统有限公司、沈阳豪玛网络科技有限公司。

（孙志永）

【首届沈阳经济区农超对接洽谈会】 由辽宁省服务业委特别支持，沈阳市服务业委、沈阳市农委主办，鞍山、抚顺、本溪、营口、阜新、辽阳、铁岭市服务业委协办的“首届沈阳经济区农超对接洽谈会”，于2015年9月17日至20日在沈阳国际会展中心成功举办。洽谈会旨在促进沈阳经济区农超对接工作开展，探索创新农超对接发展模式，增加商品采购“农超对接”所占的比重，实现拓宽农产品流通渠道，减少农产品流通环节，降低农产品流通成本的目的。此次洽谈会，沈阳经济区共有40余家采购商和70多家供应商参加，达成合作协议和意向协议35个，金额8562万元，产品涉及肉类、水产品、果蔬、蛋类、杂粮等30余个品种。

（范孝宽）

·物　流　业·

【概况】 2015年，沈阳市进一步完善产业集群物流、城乡配送、电商快递等为重点的现代物流产业体系，重点推进城市共同配送、物流标准化和信息化、电商物流、冷链物流、专业物流和商贸物流园区等示范工程，商贸物流业在经济发展"新常态"下呈现平稳较快的发展态势。

物流业主要指标稳步增长。2015年，全市物流业（交通运输、仓储和邮政业）实现增加值354.25亿元，同比增长7.4%。实现固定资产投资额227.2亿元，同比下降29.4%。全市实现货运总量2.49亿吨，同比增长5.8%；实现货物周转量545.03亿吨公里，同比下降4.7%。重点培育8个物流园区，实现营业收入215.76亿元；重点培育20个物流配送中心，实现营业收入14.84亿元；重点培育20个冷链物流企业，实现营业收入12.31亿元；重点培育25个物流企业，实现营业收入49.8亿元。重点监测的3个商贸物流园区共入驻物流企业80家，实现营业收入57.64亿元，同比增长14.97%，重点监测的8家物流企业实现营业收入19.79亿元，同比增长10.82%。

（刘哲铭）

【商贸物流园区建设】 重点培育和扶持沈北综合物流园等8个商贸物流园区建设，建立健全管理体制，完善配套服务功能。2015年，沈北综合物流园和沈阳国际物流港荣获"2015年全国优秀物流园区"，沈阳国际物流港被国家发改委评定为"全国示范物流园区"，提升了商贸物流园区的带动作用和影响力。

（刘哲铭）

【城市共同配送体系建设】 一是全面开展城市共同配送体系建设的基础调研工作，重点从快消品、医药、家电等品类，在连锁商业配送中心、连锁医药企业、社区连锁果蔬店、城市快运、电商物流等不同物流门类中选择了大润发、沈阳国药、东北大药房、京东商城、百家乐、苏宁、顺丰速运等多家企业及其物流中心进行了实地走访和调研，并在此基础上研究制订了沈阳市城市共同配送试点工作方案。二是积极推进城市共同配送、连锁商业统一配送的试点工作，取得阶段性成果。大润发超市、华润万家、百家乐超市等快消品连锁超市的统一配送率达60%以上，国美、苏宁等家电连锁企业的统一配送率达80%以上，沈阳国药、成大方圆、东北大药房等医药连锁企业均实现了100%的统一配送率；京东商城、苏宁云商、顺丰速运电商物流以及安华快运、辽宁诚通等第三方物流均在沈设立节点分拨中心开展区域共同配送；百家乐物流中心在为51家自营店统一配送基础上，探索为近20家社会中小超市（便利店）开展社区商业共同配送试点。

（刘哲铭）

【物流标准化信息化建设】 认真贯彻落实国家和辽宁省组织开展的商贸物流标准化专项行动。达美国际物流、中储发展（沈阳）物流公司被评为省级服务业标准化试点企业，京东商城、大润发仓储、国药控股、华润万家、储运集团、辽宁九州通、达美国际物流7家企业被确定为第一批省级商贸物流托盘标准化试点企业，奇辉物流的"门到门中国产业链信息服务平台"被确定为第一批省级商贸物流信息服务标准化试点平台，大润发仓储被确定为国家商贸物流标准化专项行动第二批重点推进企业。

（刘哲铭）

【重点商贸物流项目建设】 2015年，意大利维龙沈阳物流园等一批重点物流项目开工建设，对全市商贸物流业扩规模、调结构、提档次、稳增长起到了有力的促进和推动作用。全市新建续建市级重点物流业项目33个，占全市270个重点项目的12.22%，占全市151个服务业重点项目的21.85%；总投资额达663.36亿元，分别占全市重点项目和服务业重点项目投资额的10.61%和16.05%。

2015年，沈阳市共承接省专项资金和市本级资金商贸物流项目80个，其中：省专项资金项目25个、市本级资金项目55个。经过3个批次的初审，共呈报符合支持方向的物流项目46个。截至2015年末，得到市本级扶持资金的商贸物流项目14个，占全市总扶持67个项目的20.9%，共获扶持资金5641万元，占全市扶持资金的37.73%。

（刘哲铭）

·供销社商业·

【基层社重组改造】 2015年，市供销社继续推进基层社重建。制定了相应的要求，因地制宜、一社一策、分类推进，累计改造和新建基层社58家，其中恢复重建基层社6个，建设全国总社基层社标杆社1个，全省基层组织体系建设试点单位1个；建设庄稼医院39个，实现测土施肥近2万公顷。进行信息化改造，着力打造多功能的网上便民综合服务中心。

（李一鸣）

【农民专业合作社建设】 截至2015年底，全系统领办专业合作社617个，其中农民合作社联合社6个，入社成员3.5万户，连接生产基地1.6万公顷；累计建设和改造农村综合服务中心15个，发展五星级农村综合服务社3个。新民市福德蔬菜种植专业合作社、新民市立兴蔬菜生产专业合作社被认定为国家农民合作社示范社。

（李一鸣）

【农业科技服务创新】 2015年3月14日，由沈阳市供销合作社联合社、辽宁广播电视台经济频道、辽中县人民政府、沈阳市农民合作经济组织联合会、辽宁省农委信息中心（12316热线）联合主办的"3·15"农资科技大集在辽中县牛心坨镇辽西杂粮交易市场举行，活动的主题是"送放心农资下乡，送科技服务下乡"，目的在于发挥供销社农资主渠道作用，为农民送去更多实惠，切实维护农民合法权益，普及农业科技知识，提高农民种植水平，服务春耕备耕生产。组织农资、农药、农产品大篷车，发送放心肥、放心药等宣传资料2000余份，现场赠送农业科技书籍2000余册。玉米高产状元现场介绍了玉米增产经验，省农委信息中心和庄稼院栏目分别介绍了"12316"金农热线和《庄稼院》微信公众平台。

（李一鸣）

【农产品对接服务】 2015年9月11日，由辽宁省供销社、辽宁省农村合作经济组织联合会主办的第六届辽宁省农村合作经济组织名优产品展销会暨农超对接洽谈会在辽宁工业展览馆举行。沈阳市供销社、沈阳市农民合作经济组织联合会共组织43家农民合作社、供销社企业、农产品行业协会的200余种产品在展会上集中亮相。展会3天时间，市供销社展区现场交易额实现近3万元。

成功举办了第六届沈阳特色农副产品展销。展销周活动围绕"促进农产品安全消费，搭建产销对接平台"这一主题，组织了多家专业合作社、生产加工企业共计500余种农副产品，在中街玫瑰大酒店一楼展厅、沈阳地利农副产品贸易中心(八家子水果市场内)设主会场、在市内五区设7家农产品直销店、7家社区店、2家职工店作为分会场,共计18个会场,通过八家子水果网、中兴云购、玫瑰贸易发展微网等渠道线上同时展销。

(李一鸣)

【搭建电商运营中心平台】 截至2015年底,市供销社与社会资本合作建立了市供销社电商运营中心,积极发展全市性的农村电商综合服务平台和城乡终端交易系统,"智慧供销"工程全面启动。"八家子水果网"已经试运行;全国性农产品平台——"农丰网"注册用户达21万,商家开店5.6万,APP软件装机用户11万,网上交易额6.6亿元。"二手易购网"发展情况良好,积极开展网上废旧商品展示推介、回收寄卖。

(李一鸣)

·粮食市场·

【粮食购销】 2015年,沈阳市具有收购资格的粮食经营企业558家。粮食总购进640万吨,其中从生产者购进384万吨;粮食总销售430万吨;年末粮食总库存72万吨。

(关荣金)

【政策性粮食收购】 为保护种粮农民利益,稳定粮食生产,国家对2015年生产的新粮出台了政策性粮食收储政策。沈阳市于11月17日启动临储玉米收购工作,截至12月31日,全市共有52家收购企业收购临储玉米101万吨。

(关荣金)

【市级粮食储备】 全市自有仓房容量不小于500吨或油罐罐容不小于50吨的企业完好仓容524万吨,其中:平房仓421万吨,浅圆仓4万吨,立筒仓71万吨,其他仓型28万吨。总罐容4.2万吨,油罐49个。罩棚31万平方米,其中储粮罩棚29万平方米。库区面积1145万平方米,地坪面积323万平方米。全市自有仓房容量不小于500吨或油罐罐容不小于50吨的企业应用环流熏蒸技术仓容46万吨,应用粮情测控系统仓容493万吨,应用机械通风仓容696万吨。

(荆美玲)

【粮油保管】 积极开展粮油仓储企业规范化管理活动,经综合考评,沈阳市直属粮食储备库被国家粮食局授予"全国粮油仓储规范化管理先进企业"称号,市粮食局被评为"全省粮油仓储规范化管理先进单位",沈阳市第一粮库等6家企业被评为"全省粮油仓储规范化管理先进企业",沈阳市神禾谷业有限公司等13家企业被评为"沈阳市粮油仓储规范化管理先进企业"。

(荆美玲)

【粮油检测】 2015年,对市级储备粮共抽查6次,扦取样品165份,代表数量14.5万吨,为市储粮质量安全提供技术保证。对军供粮实行原粮、成品批批检验制度,全年共抽检样品78批次,将不合格产品堵截在生产环节,保证了军供粮质量100%合格。在国家"临时储备粮"的质量验收工作上,集中全市技术骨干,组成两个验收小组深入全市69个储粮库点进行扦样、检测,完成了1578个样品291万吨临储粮的质量验收工作。

(刘筱妹)

【执法监督检查】 2015年,共组织4次全市性专项检查,制定了《沈阳市2015年粮食流通监督检查行政执法工作要点》。一是开展粮食收购市场专项检查(含国家政策性粮食收购)。重点检查委托收储库点资格条件、执行粮食质价政策、支付农民售粮款、"转圈粮"等方面情况。全市共开展粮食收购检查567次,检查企业723个次。二是开展粮食库存专项检查。会同市发改委、财政局和农发行制订了《2015年沈阳市粮食库存检查工作实施方案》,成立市粮食库存检查领导小组,于5月11日至15日开展了全市粮食库存检查工作。三是政策性粮食出库专项检查。重点检查收储库点执行出库收费标准、履行出库义务等情况,严肃查处拖延阻挠出库等违规行为。四是7–8月开展全市粮食经营者履行相关义务情况检查,共检查企业546户,对有问题的企业分别进行了说服教育、口头警告、下达《责令改正通知书》、罚款处理。

(尹秀梅)

·烟草专卖·

【卷烟经营】 2015年,沈阳市烟草专卖局(公司)销售卷烟38.1万箱,同比下降1.28%;实现销售收入103.69亿元,同比增长3.63%;实现税利26.01亿元,同比增长15.66%。销售收入、税利都超额完成了"十二五"确定的100亿元和25亿元任务目标。"十二五"期间,累计销售卷烟186.03万箱,年均增加7385箱,年均增长2.08%;累计销售收入456.2亿元,年均增加8.99亿元,年均增长12.33%;累计卷烟税利102.14亿元,年均增加2.76亿元,年均增长16.71%;重点品牌卷烟累计销售153.75万箱,年均增加2.39万箱,年均增长7.4%;单箱销售收入2.45万元,年均增加2023元,年均增长10.02%;三项费用率为3.62%,呈逐年下降趋势,年均降幅0.47%;人均劳动效率年均增加4.15箱/人,年均增长1.61%。荣获沈阳市政府2015年度绩效考评优秀单位、沈阳市三八红旗集体、市直机关先进基层党组织等荣誉称号,在沈阳市2015年度纳税百强单位排名第5位。

(付程忠)

【营销管理】 2015年,沈阳市烟草专卖局(公司)采取"稳销量、提结构、育品牌、增效益"的经营方针,以推进卷烟营销市场化取向改革试点工作为抓手,积极调整营销策略,持续完善营销规则,不断提升货源组织、品牌培育和客户服务水平,获得省烟草专卖局(公司)2015年度卷烟营销特别贡献。一是货源组织更加精准。按照地域、商圈等多个维度,每月"自上而下"开展市场调研,"自下而上"开展需求预测;应用集中订货平台,围绕"提税顺价"、节日营销、四季度攻坚期等重要节点,积极与工业协调,全年动态调整协议218笔,协调有效货源5.35万箱,保障了市场需求。二是品牌培育更加有力。完善品牌培育工作机制,采取"3+X"培育策略,通过精准营销、微信平台、工商协同等措施,提升品牌培育质量。全年销售重点品牌32.2万箱,占总销量84.54%。实现单箱销售收入2.71万元,同比增长5.13%。加大地产卷烟培育力度,"人民大会堂"品牌实销超万箱。细支卷烟增长强劲,销量达3.16万箱,同比增长140.84%,在全国36个重点城市销量排名第一。全年清退滞销规格106个,在销规格压缩到228个,品牌布局不断优化。三是客户服务更加到位。成立市场化取向改革领导小组，派人专程到北京、青岛学习借鉴先进经验，制订专题方案，应用新订货系统，发挥营销小组团队作用，探索客户经理职能转型。持续开展终端建设，把开发郊区、农村市场资源，服务中小户和新增户作为重点，根据零售户不同经营状况，提供个性化、特色化营销服务，使服务更接"地气"。加强银企合作，为零售户提供便捷、高效的信用卡授信服务，解决订货资金周转压力，提高了客户满意度。

（付程忠）

【专卖管理】 2015年，市烟草专卖局（公司）深入开展打假打私、专卖内管和法治烟草"三大体系"建设，强化专销协同，严守规范红线，为良好市场状态保驾护航，被评为"2015年全省卷烟打假打私工作特殊贡献单位"。一是突出核心职能，全力净化市场。深化与公安、交通等部门协作，围绕重要时间节点和重点区域开展专项整治行动。全年打掉国网案件7起，其中苏家屯区局"4·29"和直属分局"8·26"网络案件被公安部、国家局列为部督案件。全年破获各类违法案件1436起，端掉窝点49个，批捕9人，判刑14人；查获各类违法卷烟4927件，其中真烟1952件。二是创新监管模式，密切专销协同。开展县级局达标创优活动，试点应用"APCD"工作法，探索了专卖战线信息化、户籍化监管新模式。从"信息互通、服务互动、监管联动、考核同步"出发，完善专卖中队和营销小组职能，做到专销协同发力。三是坚持严格规范，强化专卖内管。树立全员规范意识，完善内控制度，严格纪律保障。应用行业新内管信息系统，加大对预警信息的分析排查，重点抓好事前和事中监管，及时发现苗头性问题，及时处置异常信息，保障了卷烟规范经营。全年共核实异常线索7.38条，发现异常3507条，立案调查241条，走访零售户4408户，下发《问题交办单》86份、《异常情况反馈单》13份、《质询函》169份、《建议函》2份、《整改通知书》1份。四是加强许可管理。落实省局部署，召开《卷烟零售点合理布局管理办法（草案）》听证会，制定负面清单，放宽办证条件，降低市场准入"门槛"，进一步规范烟草制品市场经营秩序，合理配置零售市场资源，提高市场管理效率，切实维护卷烟零售客户和消费者合法权益。全年新办零售许可证7494户，净增5533户，全市零售户已达3.3万户。

（付程忠）

【法律法规宣传】 全面推进法治烟草建设，以一线专卖管理人员法律素质提升活动为普法重点，以依法行政示范单位评优为考核亮点，以两项工作监管为法律风险防控保障，以法律事务咨询为服务手段，扎实推进法规工作开展。一是完成"六五"普法工作，开展一线专卖人员法律素质提升活动，举办各类法律法规培训156期，参训人员4930人次。二是积极创建依法行政示范单位，完善法律风险防控体系，企业依法决策、依法行政、依法管理、依法经营水平进一步提升。三是开展社会法制宣传活动，利用"3·15"、"6·29"和"12·4"等法律宣传日，通过摆放宣传展台、展板，悬挂标幅，发放《致广大市民的一封信》等形式，积极组织开展卷烟真伪鉴别和《烟草专卖法》等宣传，全年共免费赠发普法宣传资料2000余份，讲解卷烟真伪鉴别知识和解答群众咨询400余人次，提高了消费者法治意识、维权意识，取得良好的社会宣传效果。

（付程忠）

·会　展　业·

【概况】 2015年，全市会展业创新工作机制，完善工作体系，取得长足发展。印发《沈阳市促进会展业发展的实施方案》，明确部门分工，落实工作责任，实行全市联动。同时，扩大宣传，电台、电视台等各类媒体全面及时跟踪报道沈阳市会展业发展情况。出台《沈阳市会展业发展专项资金使用管理办法（试行）》，共补贴会展项目56个，发放补助资金总额2565.8万元，有效发挥了会展专项资金的引导作用。截至2015年底，已初步确定13个国家级会展活动2016年在沈阳市举办。2015年共举办各类会展活动330项，同比增长10%；实现展览面积320万平方米，同比增长10.34%；会展交易额增长11.1%。

（赵昊　赵燕南）

【推进会展业发展座谈会】 7月3日，市政府召开推进沈阳会展业发展座谈会。市长潘利国参加会议。会上，国际展览业协会永久名誉总裁、沈阳新世界博览馆管理有限公司董事长王礼仕等6位会展业内人士先后发言，围绕国务院下发的关于进一步促进展览业改革发展的相关文件以及沈阳发展会展业的产业基础、竞争优势、面临的挑战、存在的问题和发展的方向等内容，发表了自己的意见和建议。潘利国表示，大家指出了沈阳市会展业发展的差距和不足，提出的意见建议很有针对性和可操作性，沈阳市将认真梳理总结专家的意见建议，不断改进、完善、提升政府决策和服务水平，全力推动沈阳会展业实现跨越式发展。潘利国指出，沈阳拥有良好的区位优势和广阔的市场空间，沈阳要通过大力发展会展业，将世界一流的产品和技术引进沈阳，带动产业发展。

（赵昊　赵燕南）

【第七届中国（沈阳）动漫电玩博览会】 第七届中国（沈阳）动漫电玩博览会暨首届中国（沈阳）创意创业博览会以"创意成就梦想"为主题，以推动文化创新、促进产业融合为宗旨，并围绕文化创新和青年创意创业组织了丰富多彩的活动。博览会设置了沈北华强方特欢乐世界（8月2日–11日）和辽宁工业展览馆（8月7日–11日）两个会场，展示内容涵盖了动漫、电子竞技、原创作品、创新创业、3D打印、智能机器人和青少幼教等诸多领域，展览面积突破3万平方米，参展企业达350家，相关主题活动增加至26项，邀请了22名国内知名COSER和8名国内著名漫画家在两会场与观众签售和互动。博览会接待观众和国内外各界宾朋超过15万人次，交易额超过2.3亿元，其中：展览现场交易额实现5000万元，动漫厂商、游戏厂家及动漫品牌授权商达成合作意向金额为1.8亿元。

博览会充分展示了沈北新区"青春号"等七大众创空间以及创意企业、创意旅游、创意花卉和优质房产等项目，吸引了美国漫威、火凤凰手办、黑根蜡像馆、樱桃小丸子、哆啦A梦、天闻角川、广州艾曼、麒麟动画、台湾布袋戏等一大批国内外知名企业参展，参展质量和数量均创历史新高。

（赵昊　赵燕南）

【2015中国沈阳国际汽车展览会】 10月21—26日，2015中国沈阳国际汽车展览会在沈阳国际展览中心举办。本次车展由中国汽车流通协会、辽宁省贸促

会主办，沈阳汽车流通协会和百瑞国际会展集团承办。车展以“悦未来·驾无限”为主题，启用了沈阳国际展览中心全部8个室内展馆以及室外展区，总展出规模超过16万平方米，共有130家汽车厂商、121个品牌参展，展出车辆达1100余辆，其中概念车、新能源车及混合动力车型30余辆。为进一步传承汽车文化，把握汽车产业发展脉络，车展期间还举办了“2015汽车制造与流通发展论坛”、“汽车精英会客厅”、“2015中国沈阳国际汽车模特选拔赛”等系列配套活动。随着沈阳车展影响力的逐步增强，加之本届车展适逢年底，各参展厂商、经销商加大促销力度，推出多项优惠措施，特别是在国家出台1.6升及以下排量车型购置税减半的利好政策作用下，沈阳市及周边城市消费者踊跃观展，拉动消费效果明显。本届车展共销售车辆2.14万辆，交易额42.88亿元，参展观众累计达51.3万人次。

（赵昊　赵燕南）

【2015第十四届中国沈阳国际汽车工业博览会】　6月26日—7月1日，2015中国沈阳国际汽车展览会在沈阳国际展览中心举办。本次汽博会由中国机械工业集团有限公司、中国汽车工业国际合作有限公司主办。本届汽博会以“跨越发展，畅想未来”为主题，启用沈阳国际展览中心8个馆和室外展区，总规模超过18万平方米，来自17个国家和地区的210家中外展商参展，参展车辆1521台，各项数据均创历届之最。为期6天的汽博会参观总人数50.3万人次，累计成交及预订车辆8706台。在媒体日及专业观众日当天，共举行新车展示发布会60余场。为顺应二手车市场消费需求，进一步引领消费者理性购车，汽博会期间举办了“2015中国沈阳二手车展示交易会”，共有近20家品牌二手车经销商参展，展出二手车辆近500台，面积共计1.2万平方米，为广大市民搭建起专业、便捷、诚信的二手车交流交易平台。现场二手车交易火爆程度超出预期，累计成交及预订车辆483台。

（赵昊　赵燕南）

·市场监管·

【成品油市场】　由于沈阳市汽车保有量的稳步增加，2015年汽油销量增长强劲，但由于2015年经济增速放缓，全市柴油销量下降较多，形成成品油总体销量微涨的平衡局面。2015年，全市成品油销量269.5万吨，同比增长0.6%；汽油销量146.9万吨，同比增长17.1%；柴油销量122.6万吨，同比下降14%。

（周　硕）

【报废车回收拆解】　受废钢价格持续走低、报废车辆残值价格大幅下降等影响，2015年，沈阳市共回收报废机动车4982辆，回收量同比下降27.7%。2015年，全市共办理老旧汽车报废补贴车辆381辆，补贴金额共计670.8万元。

（郭晓卓）

【二手车流通】　由于沈阳市汽车保有量的快速增长，汽车存量市场规模的不断扩张，以及消费者理性消费观念的增强，使二手车交易量持续增长。2015年，沈阳市二手车交易辆为16.1万辆，同比增长5.8%；交易额80.3亿元，同比增长2.8%。

（郭晓卓）

【餐饮住宿业】　沈阳市餐饮住宿业经历了起步阶段、数量型发展阶段、规模化发展阶段和品牌建设阶段，初步形成了投资主体多元化、经营业态多样化、经营方式连锁化、品牌建设特色化、市场需求大众化的发展新格局。2015年，全市餐饮业实现营业额450亿元，同比增长15%；住宿业实现营业额27.5亿元，同比增长5.3%。高端餐饮企业通过调整经营定位、转变营销策略，实现转型多样化发展。以满足大众消费需求为主营业务的餐馆、美食广场及各类快餐店生意兴隆。餐饮业触网步伐加快，线上线下结合消费模式广泛应用，餐饮市场迎来电子商务快速发展期。全市高端住宿市场受多重因素影响，销售业绩在低收益率徘徊；连锁快捷宾馆成百姓消费的主流，入住率达到80%左右。

（马志宇）

【家庭服务业】　2015年，沈阳市家庭服务业持续保持25%的高增长率，营业额达2.5亿元，从业人员达11万人。全市专门从事家政服务的企业达到842家，家政服务网点发展到3071个。在国家人社部、商务部等八部委“发展家庭服务业促进就业部际联席会议”评选出“全国千户百强家庭服务业企业”中，沈阳市共有11家企业入选。其中：辽宁省新风采家政连锁中心有限公司、沈阳百强家政有限公司、沈阳金牌家政连锁有限公司等3家沈阳企业入选全国百强名录，沈阳娘子军家政服务有限公司等8家企业入选全国千户名录。辽宁省服务业委员会和省家庭服务业协会首次评选出全省四、五星级家庭服务业企业，管婆儿等6家企业获评“五星级”，星星等4家企业获评“四星级”。

（张　焱）

【老字号发展】　一是落实扶持老字号企业的政策。贯彻《关于印发沈阳市服务业发展专项资金管理暂行办法的通知》，对企业进行深入调研和精心的指导。萃华、东祥、鹿鸣春、八王寺、沈阳红药、老边饺子等6家老字号企业获得扶持资金。二是组织老字号企业参加中华老字号精品博览会，学习借鉴兄弟城市的先进经验，了解掌握最新的行业动态，促进沈阳市老字号企业的提升和创新。三是举办了商务部第六期中华老字号掌门人研修班。沈阳市老字号协会与浙江省老字号协会合作，承办《第六期中华老字号掌门人研讨班（萃华班）》，加强了与其他地区老字号企业间的交流与合作，扩大了沈阳市老字号企业的影响力，提升了沈阳市老字号企业形象。

（任大方）

【融资租赁行业】　沈阳市融资租赁业从无到有，经过几年的改革创新和积累培育，已呈现良好的发展势头。到2015年末，在沈阳注册的融资租赁企业共19家，其中：内资融资租赁试点企业8家，外资融资租赁企业11家。全市融资租赁企业注册资金约27亿元人民币，其中：内资试点企业注册资本为14.64亿元，外资企业注册资本为12.49亿元。融资租赁合同余额总量近30亿元。融资租赁业务已涉及工业、农业、医疗、科技、办公设备和工程机械等众多领域。2015年1月，沈阳机床股份有限公司和沈阳集团（香港）有限公司在上海自贸区共同出资成立优尼斯融资租赁（上海）有限公司，是沈阳市为探索厂商金融战略布局而诞生的第一家专业厂商租赁公司。2015年6月，沈阳市租赁联盟正式成立，沈阳租赁联盟为东北地区首家融资租赁行业组织，包含了融资租赁、投资、银行、担保、小贷等企业，以及法律、评估、会计师事务所等70余家机构。联盟的成立标志着沈阳市融资租赁业进入新的发展时期,在国内同行业中产生较大反响。

（刘　毅）

【典当业】　截至2015年底,全市典当企业为134家,其中2014年新增典当企业6家,从业人员465人。全市企业注册资金为14.1亿元,全市典当企业平均经营规模为1052.2万元。

全市典当企业区域分布情况:沈河54家、和平39家、大东11家、皇姑11家、铁西9家、于洪5家、浑南2家、沈北2家、苏家屯1家。

2015年,全市实现典当总额为22.2亿元,同比增长27.5%,平均每月典当额为1.85亿元;典当业务5359笔,同比增长1%,创历史最高水平。典当企业营业收入为7873万元,同比下降16.3%;全年典当利息与综合服务费收入7317万元,同比下降17.2%;所有者权益总额为14.7亿元,同比增长15.7%;上缴税金1017万元,同比下降32.8%。全市典当企业实现净利润1227万元,同比下降39%。

（刘　毅）

【拍卖业】　截至2015年底,沈阳市拍卖行业企业达89家,注册资本8.1亿元。从业人员548人,同比下降45.3%,其中拍卖师145人,同比下降5.2%。

拍卖企业区域分布情况:沈河37家、和平26家、皇姑7家、铁西7家、大东6家、于洪4家、浑南1家、苏家屯1家。

2015年,拍卖成交额达103.1亿元,同比下降40%。交易场次520场,同比下降27%。其中:房地产拍卖成交额19.3亿元,土地使用权拍卖成交额70.6亿元,机动车拍卖成交额5027.6万元,股权债权拍卖成交额1.65亿元,文物艺术品拍卖成交额7247万元,无形资产拍卖成交额6.4亿元,其他拍卖成交额3.9亿元。

（刘　毅）

对外贸易

·综　　述·

【利用外资】　2015年,沈阳市新批外商投资企业137家,同比下降5.5%;合同外资额19.4亿美元(其中:新批合同外资额9.5亿美元,增资额14.9亿美元,减资额5.1亿美元),同比下降25.4%;实际利用外商直接投资10.6亿美元,同比下降53.3%。主要特点:一是香港地区利用外资具有举足轻重的地位。2015年,香港地区在沈阳市实际投资5.2亿美元,占全市总额的48.9%,位居引资国别和地区之首。二是房地产仍是利用外资的重点领域。2015年,沈阳市房地产业实际利用外商直接投资4.7亿美元,占全市总额的44%。三是大项目支撑作用明显。2015年,全市外商直接投资超千万美元的大项目20个,合计金额9.4亿美元,占全市总额的88.6%。四是增资项目贡献外资较大。全市10.6亿美元的到资额中,增资企业外资达7.5亿美元,占总额的70.8%。五是新兴金融业为利用外资注入新活力。2015年设立金融业外资企业9家,注册金额1.8亿美元。

（于　洁）

【招商引资】　2015年,市外经贸局组织和参与招商活动19次,共推进重点项目131个。其中:外商投资类项目103个,“走出去”项目28个。103个投资类项目中,已注册项目20个,占总项目数的19.4%(落地成功率),其中:已开工或开业项目9个,占总数的8.7%;在谈项目75个,占72.9%;暂时搁置有望重新启用项目8个,占7.7%。此外,“走出去”28个项目中,有6个项目已经签约。

（于　洁）

【外贸进出口】　2015年,沈阳市实现进出口总值140.9亿美元,同比下降10.8%。其中:出口67.9亿美元,同比下降5%;进口73亿美元,同比下降15.5%。全市外贸进出口主要有以下特点:一是机电和高新技术产品为沈阳市进出口主要商品。2015年,机电产品出口42.6亿美元,同比下降3.9%,占全市出口比重为62.7%;高新技术产品出口13.2亿美元,同比下降9.9%,占比为19.4%。机电产品进口59.1亿美元,占全市进口比重为80.9%;高新技术产品进口11.6亿美元,占比为15.9%。二是外贸主体结构更趋合理。2015年,私营企业出口32亿美元,占全市出口额比重为47.2%;外商投资企业出口20.6亿美元,占比为30.3%;国有企业出口15.3亿美元,占比22.5%。出口前三名为同方多媒体3亿美元,东电一公司2.2亿美元,远大铝业2亿美元。2015年,全市外商投资企业进口61.6亿美元,国有企业进口7.4亿美元,私营企业进口4亿美元。进口前三名为:华晨宝马进口40.2亿美元,通用北盛进口3.6亿美元,采埃孚伦福德汽车进口2.2亿美元。三是亚洲、北美洲、欧洲是沈阳市主要贸易市场。2015年,与沈阳市有贸易往来的国家和地区共183个,其中:出口180个,进口82个。2015年对3个洲出口总额为60亿美元,占全市出口比重为88.3%。其中:出口亚洲33.7亿美元,出口北美洲14.9亿美元,出口欧洲11.3亿美元。从欧洲进口50.9亿美元,从亚洲进口15亿美元,从北美洲进口4.6亿美元。

（于　洁）

【对外经济技术合作】　2015年,沈阳市新设境外投资企业54家,协议投资额5.7亿美元,同比增长55.2%。全市共完成对外承包工程及劳务合作营业收入11.2亿美元,同比增长3%。全市新签对外承包工程项目与劳务合作项目共188个,合同额16.7亿美元,同比增长46.3%。

2015年,市外经贸局着力加强指导,落实政策,强化服务,鼓励有实力的企业赴境外开展跨国经营参与境外园区建设,并取得了良好效果。一是参与“一带一路”建设成效显著。牵头起草了《沈阳市关于贯彻落实“一带一路”战略推动企业“走出去”的实施方案》,并于2015年8月25日由市政府办公厅印发。此外,还撰写并上报了《沈阳市实施“走出去”战略行动计划(2015－2017年)》初稿,起草了《沈阳市关于推进国际产能和装备制造合作的实施方案》等综合性文件,进一步对沈阳市“走出去”发展情况进行了梳理。二是搭建信息服务平台。通过电话、微信公众平台、QQ群、官网专栏等方式发布对外合作信息,大力助推企业“走出去”。通过举办专题培训班的形式,邀请商务部领导、专家、国外投资促进机构、知名会计师和律师事务所,就“走出去”扶持政策、风险评估、营商环境、法律、税收和劳动力管理等方面进行培训。不定期组织召开各种展会、对接会、投资洽谈会等会议,搭建“走出去”平台。三是继续发挥“走出去联盟”的作用，吸纳更多企业，筹办“走出去联盟”第二次大会，鼓励企业抱团出海。“走出去联盟”第二次会议，通过并新纳入11家成员，联盟企业数目已由19家增至30家，涉及到多种行业和多个领域。四是以中白工业园和乌干达辽沈工业园为重点，大力推动企业抱团出海，参与境外园区建设。中白工业园是中国与外国合作层次最高、开发面积最大、政策条件最为优惠的海外工业园区。通过在政府网站发布信息、设立中白工业园专栏以及走出去联盟微信平台等多个渠道推介中白工业园优惠投资政策和项目信息，对中白工业园相关优惠政策和项目采取了大力宣传。此外，大力推进乌干达辽沈工业园等其他境外工业园区项目建设。前期与乌干达辽沈工业园负责人密切合作，帮助园方从产业定位、招商行业、投资进度、税收政策等各方面为园区进行全面梳理和汇总。

（于　洁）

【改善外商投资环境】 一是开展外企大调研。按照市委大调研工作部署，市外经局组成8个工作组走访70家企业，发放1702份调查问卷，认真梳理了企业反映的151个问题，找准制约外企发展的主要矛盾，向市委、市政府提出了进一步促进开放型经济发展的对策建议。二是做好外商投诉协调。坚持以县区协调为主，按照属地化管理和谁批谁管谁负责的原则来处理外商投诉工作，对于已经走上司法程序的诉求，坚持行政不干预司法的原则，全年受理外商诉求13件，全部办结，较好地化解了外资企业困难和问题。三是组建外商服务站。市外经贸局和市公安局出入境管理局共同在全市外经贸系统组建“外商服务站”，已组建运营的2个服务站为外商提供了更加便利的服务，受到普遍欢迎和好评。积水好施新型建材（沈阳）有限公司向外商服务站赠送了“热情高效服务、过硬业务能力、外商企业之家、便捷服务楷模”锦旗。四是引领信用体系建设。采取网站信用专栏和LED显示屏标语等多种方式宣传社会诚信建设，定期向市信用办上报信息进行交流，共同上报行政权力数据，制定下发《加强外资企业诚信体系建设指导意见》，组织企业积极参加上级部门组织的社会诚信示范企业评审和宣传。

（于　洁）

·口　　岸·

【开通“沈阳—马公—台中”新航线】 近年来，辽沈市民赴台湾旅游的热潮越来越高，台湾远东航空公司看准两地旅游市场和日益紧密的往来联系，与沈阳桃仙机场合作，7月19日首次开通了马公—沈阳—马公航线，每周一班，机型为MD82/83，载客数165人。另外，远东航空公司于7月26日开通沈阳—台中航线，包机航班号为FE9257/9258。

台湾远东航空公司成立于1957年，总部设在台北，航线网点覆盖大陆地区的合肥、太原、呼和浩特、南京、青岛等城市。

马公市位于台湾海峡中流的澎湖群岛，主要的经济支撑就是旅游业和渔业。有澎湖天后宫、观音亭、中央街、四眼井以及澎湖主要的政府机构等，观光业比较发达，是台湾旅游胜地之一。

“沈阳—马公—台中”航线是连通东北地区与台湾地区特别是澎湖列岛地区的又一条国际地区航线，对促进东北地区与台湾地区之间经贸、文化、旅游等领域的交流，扩大辽沈地区对外开放，加速沈阳航空枢纽建设具有重要意义。

（口岸办）

【沈阳口岸实行台胞免签注通关】 7月1日，沈阳口岸开始实行台胞免签注通关，沈阳公安机关出入境管理部门也同时开始承办卡片式电子台胞证。

沈阳市和台北、高雄、马公、台中有航班往来，实施台胞免签注通关，将促进台沈两地的经贸文化往来。

（口岸办）

【沈阳空港口岸防控中东呼吸综合征】 自5月29日国家卫计委公布了首例传入性中东呼吸综合征病例之后，沈阳口岸反应迅速，立即加强了对疫情的防控工作。市口岸办会同相关单位迅速成立了以由市口岸办和沈阳出入境检验检疫局牵头的沈阳口岸中东呼吸综合征疫情防控领导小组，制定了《沈阳口岸防控中东呼吸综合征疫情应急预案》，对疫情发生后的上报、处理、保障等工作提出了明确要求。

6月11日，沈阳市召开沈阳空港口岸防控中东呼吸综合征疫情工作联席会议。市卫计委、市口岸办、市应急办、市旅游局、沈阳海关、沈阳出入境检验检疫局、沈阳边防检查站、机场公安局、沈阳机场股份公司、南航北方分公司，以及相关国际航空公司和31家国际旅行社出席会议。沈阳出入境检验检疫局介绍了沈阳口岸疫情防控的总体情况，市卫计委通报了疫情发展形势，并就下一步中东呼吸综合征疫情防控工作做了部署。会议要求与会各单位本着“极端重视，高度负责，严格把关，控制疫情”的防控工作方针，切实做好口岸各项联防联控工作，坚决防止疫情传入和扩散，保障人民群众健康和生命安全。

（口岸办）

【南航开通内罗毕航线】 南航北方分公司于8月5日开通广州—内罗毕（肯尼亚）国际航线。旅客从沈阳出发，经由广州中转到达内罗毕以后，可以通过南航合作公司航班前往达累斯萨拉姆、恩德培、约翰内斯堡等多个非洲主要城市，为前往非洲境内的旅客提供更多出行选择。

广州—内罗毕航线由空客A330－200执飞，共有218个座位，去程航班号CZ633，每周一、三、五北京时间0时45分从广州起飞，于当地时间7时到达内罗毕；回程航班号CZ634，每周一、三、五当地时间13时35分从内罗毕出发，北京时间第二天5时50分到达广州。

（口岸办）

【俄罗斯艾菲航空开通沈阳—莫斯科航线】 4月22日，俄罗斯艾菲航空公司开通沈阳—莫斯科国际正班航线，该航线每周一班，执飞机型为空客A330－300，可搭载387名乘客。

沈阳—莫斯科航线是继沈阳—法兰克福航线之后第二条直抵欧洲核心国家的航线，将为沈阳融入“一带一路”战略、参与中蒙俄经济走廊建设搭建便捷的空中通道，对促进中国东北地区与欧洲国家之间经贸文化交流具有重要意义。

（口岸办）

·出入境检验检疫·

【概况】 2015年，沈阳出入境检验检疫局共受理出入境货物报检2.16万批次、货值17.1亿美元,同比分别减少6.78%、32.91%;签发产地证8218份,货值6亿美元,同比分别减少14.78%、56.64%;检验检疫进境集装箱4.06万箱,同比减少17.98%;查验进出境邮包4595万批次,同比增加344.93%;检验样品8256批次、6.96万项次,同比分别增加86%、148%;检疫出入境飞机9983架次,同比增长3.54%,查验人员155.9万人次,同比增长2.80%;出入境人员健康体检1.44万人次,同比增长66.60%;预防接种1.19万人次,同比减少2.40%。

(张灵童)

【精准服务】 沈阳出入境检验检疫局积极配合"沈满欧"班列开通的各项筹备事宜,按照市委、市政府的要求认真部署落实。结合跨境班列运行实际,在保证安全的基础上,量身定制检验检疫监管模式。与满洲里局、苏州局签署"沈满欧"国际班列合作备忘录,促进扩量增效,力争实现"进口直通,出口直放"。在促成"沈满欧"班列成功运营的基础上,为打造沈阳国际多式联运物流监管中心,构建以沈阳为核心的陆海空物流枢纽,推动宝马汽车、中德产业园等长期建设和发展提供了保障。

与华晨宝马公司签署合作备忘录,并在华晨宝马公司建立现场办公区。此次合作备忘录的签署先后得到辽宁省委副书记、沈阳市委书记曾维和沈阳市委副书记、市长潘利国的重要批示。借助"东北四省区检验检疫一体化"平台,按国务院"放管治"工作要求,落实现有扶持企业各项检验检疫政策和工业质量安全示范区的优惠措施,实现"随到随报,随验随放"。

先后派出9个考察组到郑州、成都、上海等地调研并形成报告,为政府决策提供信息和政策支持,并主动出台服务外贸发展八项措施。为沈阳市"十三五"规划提建议4条,2条被采纳。按照国务院进一步扶持小微企业发展推动大众创业、万众创新的要求,推出一系列帮扶小微企业的举措,被《辽宁日报》头版报道,沈阳市人大副主任王开军来局调研时对此给予高度评价。帮助遭遇韩国食药厅的误检误判的龙头企业辽宁孚兴食品有限公司与韩国食药厅交涉,恢复了对韩禽肉出口资格,挽回巨大经济损失。积极推动同方多媒体公司申报东北首家"海外维修再制造企业"和沈阳"示范企业",推进东北地区海外维修再制造行业的发展。

(张灵童)

【简政放权】 建成全国首个空港关检"三互"合作示范区,使检验检疫和海关"信息互换、结果互认、执法互助"在沈阳地区率先落地。自"合作示范区"全面启动以来,桃仙机场入境旅客通关效率提升30%,货物通关速度提升40%,有害生物截获率大幅提升。关检"三互"合作为出入境旅客提供了更加便利、快捷、高效、安全的通关服务体验,为"中韩自贸协定"的签署以及电子商务的发展打下坚实基础。

积极落实"无纸化"通关,全年共签发各类检验检疫证单2.45万份,同比减少15.27%。其中:签发出境检验检疫证单1.71万份,同比减少13.26%,签发入境检验检疫证单7455份,同比减少19.54%。为华晨宝马公司派驻现场工作小组,简化手续,减免各项费用1031万元。采取有利措施帮助企业享受关税优惠政策,全年签发各类原产地证1.02万份,为企业减免各类关税折合人民币超过2.6亿元。落实简化3C免办工作四项改革措施,使3C免办产品通关效率提高50%以上,降低了企业成本。

沈阳口岸通过国家质检总局进境食用水生动物指定口岸的考核验收,大幅提高沈阳地区进口食用水生动物"鲜活"率,大幅降低企业运行成本。顺利完成沈阳地区首次大规模进口1.5万只丹麦水貂、188匹新西兰良种比赛用马以及东北地区首次大批量进口的400只澳大利亚羊驼等入境检疫任务,并实现百吨智利水果沈阳空运包机零的突破。

3月20日,按照国家有关规定对韩国政府第二次归还朝鲜战争期间68位中国人民志愿军烈士遗骸实施了现场检疫便捷通关。7月5日,在保证卫生检疫工作安全规范的基础上,圆满完成在吉林集安交通事故遇难的10名韩国人遗体从沈阳空港口岸出境的卫生检疫工作,并为遇难者家属顺利通关提供便利。

(张灵童)

【确保口岸安全】 在沈阳机场口岸重点开展了以防控中东呼吸综合征(MERS)和埃博拉疫情为核心内容的口岸疫情防控工作。沈阳出境检验检疫局共查验出入境人员155万人次,发现病例1750人次,排查发热及有症状人员31人次,转运地方卫生疾控部门3人次,没有一例感染病例入境,保障了国门安全,得到了国家质检总局、卫计委、公安部等五部委联合督查组的高度评价。王禹作为辽宁检验检疫系统惟一代表,被国家卫计委等七部委联合授予"埃博拉出血热疫情防控先进个人"荣誉称号。

提高检出率,加强对高风险产品的检测力度,防止有毒有害产品流入流出。检验检疫进出口不合格货物256批次,同比减少4.48%;检验检疫不合格货物货值2419万美元,同比减少23.21%。保健中心发现病例数1750人次,同比增长87.97%。通过传染病监测体检发现艾滋病8例,梅毒74例,肺结核病37例,病毒性肝炎170例,澳抗阳性414例,结核杆菌阳性1例,检出沈阳口岸首例甲型流感病毒阳性1例。截获禁止入境旅客携带物2271批次,检出有害生物20种106种次,检出有害生物种次同比增长6%。新菠萝灰粉蚧为沈阳空港口岸首次截获该种检疫性有害生物,考氏白盾蚧和小绿叶蝉为沈阳机场口岸首次在旅客携带物中截获。全年共查验进境邮寄物45.95万件,截获禁止邮寄物品35件共计254.39千克,其中多肉植物种子、兰花、菩提子、昆虫标本等为沈阳邮政口岸首次截获。

(张灵童)

【科技兴检】 沈阳出入境检验检疫局综合技术中心和机电产品检测中心分别被授牌成为沈阳大型科学仪器设备共享平台中的"动植物及食品检验检疫专业服务中心"和"机电认证检测专业服务中心"。同时,综合技术中心顺利通过国家认监委2015年度实验室资质认定"飞行检查",实现中心质量管理体系和技术能力双达标。以系统内科技管理体系为依托,密切检地科研合作,全年完成科研制标项目25项,《出口蔬菜重要病虫害的鉴定防控及专利技术研究与应用》等3项科技成果荣获2015年度沈阳市科技进步奖二等奖,《三聚氰胺的生殖和细胞毒性及单克隆抗体技术研究》等3项科技成果荣获2015年度沈阳市科技进步奖三等奖,《出口人参标准化生产及质量检测技术研究与推广》荣获2015年度沈阳市农村科技推广奖三等奖,参与完成的3个项目获国家局科技兴检三等奖。

(张灵童)

·海　　关·

【确保“沈满欧”国际货运班列便捷通关】 10月30日,“沈满欧”国际货运班列在沈阳首发。该班列途经俄罗斯、白俄罗斯和波兰,最终到达德国汉堡,每周开行一班。该班列的开行对于提升沈阳城市国际化功能和沈阳对外开放水平等方面,都具有十分重要的意义。对于外贸企业来说,除了能够助推产品进军欧洲市场,还能明显降低运输成本和运输周期。10月29日晚10时,沈阳海关的工作人员,提前为首趟“沈满欧”国际货运班列上运载的汽车零部件和机械设备等货物办结了全部验放手续,以确保列车顺利开行。

为确保“沈满欧”货运班列经由满洲里口岸顺利进出境,沈阳海关及时与满洲里海关签订了《满洲里海关——沈阳海关关于“沈满欧”国际货运班列监管联系配合办法》、《沈阳海关关于“沈满欧”货运班列的监管方案》,并对货运班列运载货物采取“自主报关、集中验放、逐票转关”的监管作业模式。与此同时,专门制作印发了《“沈满欧”货运班列海关通关指南》,设立专用申报窗口,进一步方便进出口企业了解“沈满欧”班列海关监管流程。

确保“沈满欧”国际货运班列便捷通关,是沈阳海关加强跨关区、跨部门合作,全面推进大通关建设,支持促进辽沈地区外贸出口的具体体现。为保证“沈满欧”国际货运班列的常态化运行,沈阳海关将在确保有效监管的前提下,快速验放通关货物,为“沈满欧”班列运行营造高效、便捷的通关环境。

(海　关)

【沈阳海关启动汇总征税模式】 7月27日起,全国海关正式推广汇总征税改革。作为海关总署汇总征税模式的首批试点,沈阳海关的所有业务现场也随之启动汇总征税模式通关。

汇总征税模式是海关总署深化税收征管改革、便利企业通关的创新之举。在该模式下,信誉良好的进出口企业凭借商业银行出具的保函或提交保证金即可在注册地海关办理汇总征税备案,获批企业在全国任何一个进口口岸办理货物通关时,海关暂不打印税单征税,仅需扣除与应缴税款相应金额的信用额度后,即办理货物放行手续,所有税款于次月前五个工作日集中缴税即可。

在试点期间,沈阳海关已有3家企业获得汇总征税资格,共通过汇总征税模式缴纳税单1.2万份,税款43.1亿元。

(海　关)

【沈阳空港口岸关检“三互”合作】 4月29日,沈阳空港口岸关检“三互”合作示范区在沈阳桃仙国际机场正式启动,这是沈阳海关与沈阳出入境检验检疫局促进沈阳通关便利化水平,提升口岸监管能力,强化关检口岸执法水平所作出的一项突破性尝试。

“三互”是指信息互换、监管互认、执法互助。在合作示范区内,沈阳关检在十个方面开展了“三互”合作。具体包括,建立“合作示范区”联席会议制度;建立关检联合协调机制;成立“关检联合办事大厅”;全面推进“一次申报、一次查验、一次放行”的“三个一”通关模式;在航空器查验方面采取“联合登临、共同查验”的“一站式”作业机制;在出入境旅客通道实施进出境行李物品的“前台共同查验、后台分别处置”的执法互助模式;在空港物流海关监管中心设置“关检联合查验场地”;在国际快件监管现场实现X光机“一机两屏”查验模式;深化关检协同防控;建立监管设备及应用经验的共享机制。

(海　关)

【沈阳海关完成东北地区海关区域通关一体化改革系统切换】 4月26日,沈阳海关顺利完成区域通关一体化改革系统切换,由大连、沈阳、长春、哈尔滨、呼和浩特、满洲里等6家海关共同参与的东北地区海关区域通关一体化改革正式启动。

区域通关一体化改革以后,作为代理报关企业能自主选择在区域内任一通关现场开展申报业务,真正实现了一地注册、多地报关,不仅提高了通关效率,又节省了企业的运输成本。

(海　关)

旅　　游

综　　述

【全市旅游产业大会】 沈阳市委、市政府于2015年4月1日召开了全市旅游产业发展工作会议。省委常委、市委书记曾维出席会议并讲话,会议由副省长、市长潘利国主持,市委常委、副市长闵学冲做旅游工作报告,部分市直部门和区县代表做了表态发言。出席会议的还有沈阳市人大、市政府、市政协主管领导;各区、县(市)党政主要领导;市旅游产业发展领导小组成员单位主要领导;以及涉旅企业负责人、新闻媒体代表共300多人。会议总结回顾了近年来沈阳市旅游业发展情况,客观分析了旅游产业的发展形势,进一步明确了今后五年全市旅游产业发展的总体思路,全面部署了主要工作任务。

"十二五"以来,全市旅游业紧紧围绕建设国家中心城市目标和经济社会发展大局,加快资源开发和项目建设,深化体制机制改革,转变发展方式,提升行业管理水平,旅游产业发展取得明显成效。全市旅游总收入以年均17.1%的速度增长,2014年达到1065.6亿元,相当于全市GDP的14%。2014年接待国内外旅游者8305.6万人次,是2010年的1.5倍,旅游产业的带动能力进一步增强。

会议印发了《中共沈阳市委 沈阳市人民政府 关于促进旅游产业改革发展的实施意见》和《沈阳市旅游总体规划纲要(2015—2020年)》,明确了全市旅游产业的发展方向、规划布局,以及在统筹管理、体制机制改革、旅游扶持政策等方面的具体举措。市政府调整成立旅游产业发展领导小组,市长任组长,分管副市长任副组长,负责研究决定旅游产业发展的重大问题,协调落实旅游产业发展的重大事项,召集联席会议研究旅游产业的重点工作。设立旅游发展专项资金1亿元,重点用于旅游设施建设、旅游产品开发、旅游宣传营销、旅游公共服务、旅游规划编制、旅游人才培养、旅游客源招徕等方面。

(杨　芳)

【与五单位签订战略合作协议】 为贯彻落实全市旅游产业发展工作会议精神,推进旅游业与相关产业融合发展,进一步加强部门间合作,促进旅游产业做大做强,建设旅游强市和东北亚国际旅游城市,市旅游局与市教育局、市总工会、团市委、市妇联和市文联分别签订了促进旅游产业发展战略合作协议。各单位充分利用各自职能,开展旅游合作,共同挖掘相关产业旅游资源,支持社会各界参与旅游产业发展,加强旅游人才培养,促进旅游文化传播,深入开展文明旅游教育,营造和谐文明旅游环境,共同提升"传奇盛京 福运沈阳"城市旅游形象的知名度和影响力。

(张世达)

【旅游体制机制改革调研】 为贯彻落实2015年全省旅游工作会议精神和《沈阳市加快旅游产业改革发展的意见》,加快推进全市旅游景区体制机制改革工作,市旅游局先后多次深入浑南区、沈河区、铁西区等区县进行调研,了解相关旅游景区的管理体制、运营机制及经营情况。2015年6月10日至12日,由市政府办公厅、市旅游委、市政府研究室、浑南区旅游委和市旅游咨询专家一行7人组成的联合调研组赴西安市开展了旅游资源管理体制和运行机制改革专题调研,学习了西安市在旅游资源管理体制和运行机制改革方面的做法和经验,对全市旅游资源管理体制和运行机制改革工作进行了思考。

(李　锐)

【沈阳市成为东北惟一实施离境退税政策的城市】 经国家财政部、海关总署、税务总局审核同意,辽宁省从2015年1月1日起,正式开始实施境外旅客购物离境退税政策,沈阳市成为东北地区惟一具备条件并率先实施此政策的城市。离境退税是指在我国境内连续居住不超过183天的外国人和港澳台同胞,在离境时对其在同一日、同一退税商店购买的退税物品金额达到500元人民币的退还增值税的政策。2014年7月1日,北京、上海实施这一政策后,沈阳市作为副省级城市率先提出实施境外旅客购物离境退税政策的申请,市旅游局与市国税局、市服务业委、市公安局、市口岸办、沈阳海关、沈阳桃仙国际机场、盛京银行等部门密切协调,积极推进,确定了由沈阳桃仙国际机场和盛京银行分别作为沈阳市离境退税口岸和离境退税代理机构,并选定了中兴－沈阳商业大厦(集团)股份有限公司、兴隆大奥莱、欧亚集团沈阳联营有限公司等首批13家离境退税定点商店,为政策的顺利实施奠定了坚实基础。

该政策的实施,对加快促进沈阳市旅游消费结构调整,逐步扩大入境旅游消费,进一步提升沈阳国际化水平和国际知名度,加快建设国际旅游目的地城市,全面构建大东北旅游格局具有重要意义。

(李　锐)

【全市旅游业发展调研】 2015年1月20日,为全面推动沈阳市经济发展,破解制约发展的关键问题,沈阳市委召开了开展全市经济发展大调研活动的动员部署会。按照会议统一部署,结合全市旅游业发展实际情况,市旅游局迅速制订了详细的调研工作方案,明确了责任,规定了时限。在全委、全行业及相关市直部门的大力支持下,有序组织开展了集中调研活动,通过采取收集分析数据、组织召开座谈会、开展实地调查等方法掌握了丰富的第一手资料。特别是通过借鉴广州、成都、西安等城市旅游业发展经验和全行业旅游业调研成果,较为全面地总结了全市旅游产业的发展现状,明确了制约发展的关键问题,提出了今后旅游业发展的思路和建议,为市委、市政府经济决策提供了重要参考依据,形成了《沈阳市旅游发展情况调研报告》，受到市领导的好评。

（李 锐）

【旅游“双进双解”】 根据《沈阳市2015年“双进双解”活动工作方案》要求，市旅游局采取多种措施，推进旅游项目“双进双解”工作，积极应对当前错综复杂的经济形势，投入约2000万元用于帮扶项目的规划建设，努力创造旅游项目建设和旅游企业经营良好环境，积极推动全市旅游产业经济稳定增长。

1. 重点扶持北市场特色文化旅游街区项目。一是实施规划扶持。在《沈阳市旅游发展总体规划（2015—2020年）》中，明确重点打造10个旅游产业集群，和平老北市民俗旅游产业集群位列榜首，并组织规划单位编制具体的项目策划实施方案。二是实施资金扶持。安排市旅游发展专项资金1500万元。三是实施基础建设扶持。按照国家旅游局“厕所革命”要求，推动北市场街区4座旅游厕所改造工作，完善基础服务设施。四是实施旅游商品开发扶持。组织“盛京好贺儿系列旅游商品”近百种产品参加“十一”黄金周皇寺庙会等活动，并率先在北市场地区开设了“盛京好贺儿展销一条街”。五是实施形象推广扶持。通过与市旅游局合作的报纸、电视、广播和网络媒体，以及市旅游局官方微信平台、网站等渠道，广泛宣传北市场旅游资源和旅游产品。

2. 助力仟睿达水上世界项目建设发展。一是推荐该项目作为2015年全国、省级优选旅游项目，积极协助争取优惠贷款，该项目二期工程2015年8月开工，计划总投资5亿元人民币。二是纳入市旅游局与沈阳经济区各市旅游局联合举办的“福蕴山水、慧美家园”千万市民公益游、补贴游活动，扩大景区对外影响和旅游接待，最高峰一天接待游客近2万人次，使景区收到明显效益。三是实施旅游品牌创建扶持。2015年景区被评定为国家级3A级旅游景区。四是实施基础建设扶持。落实国家旅游局“厕所革命”工作要求，推进仟睿达12个旅游厕所改造，促进景区基础建设提质达标。

3. 扶持温泉旅游项目基础建设。安排市旅游发展专项资金138万元，用于新民兴隆温泉城的游客服务中心等基础设施改扩建项目，完善公共服务。

4. 落实责任，确保帮扶工作全面到位。一是建立“一对一”实名工作责任制，明确工作任务。由市旅游局工作小组成员、有关区、县（市）旅游局领导及其他干部共同建立实名帮扶工作责任制。二是各有关区、县（市）旅游局与市旅游局共同深入项目建设现场，了解具体情况，负责分级协调解决帮扶企业的问题。三是通过不定期的工作调度会议，沟通情况，研究解决问题。年初以来，市旅游局分管领导分别带队，市旅游局和各区、县（市）旅游局的帮扶小组对浑河西峡谷、中国工业博物馆、豫珑城、北源米业有限公司、城建北汤温泉等17个被帮扶企业进行走访，了解企业、项目单位在建设和经营中存在的问题。共发现问题14个，已全部协调解决。

（佟胜富）

【沈阳市旅游局更名为沈阳市旅游委员会】 根据省编委《沈阳市旅游局更名的批复》，2015年11月20日，沈阳市机构编制委员会下发《市编委关于沈阳市旅游局更名为沈阳市旅游委员会的通知》，沈阳市旅游局更名为沈阳市旅游委员会。市旅游委机关行政编制40名。其中：主任职数1名，副主任职数3名；正处级领导职数10名（含机关党委专职副书记职数1名），副处级领导职数4名。

（陈启明）

【制定《沈阳市旅游人才三年发展计划》】 根据全市旅游产业发展对人才的需求，市旅游委会同沈阳市人才工作办公室和沈阳市人力资源和社会保障局共同印发了《沈阳市旅游人才三年发展计划》，并组织实施；聘请中国旅游研究院学术委员会主任、世界旅游城市联合会专家委员会主任、原国家旅游局司长、著名旅游专家魏小安教授和中青旅控股股份有限公司党委委员、市场总监、社会责任总监葛磊为沈阳市政府旅游产业发展顾问。

（朱明海）

规划发展

【旅游发展总体规划编制】 《沈阳市旅游发展总体规划（2015—2020年）》自2014年8月招标完成开始编制，到2015年8月专家评审和10月市政府规委会评审通过，整个编制过程分为五个阶段：2014年5－8月为筹备工作阶段，2014年9－12月为形成纲要阶段，2015年1－3月为纲要审批阶段，2015年4－8月为完善评审阶段，2015年8－10月为市政府审定阶段。

在评审会上，专家组一致同意规划通过评审。专家们认为，该规划立足宏观、区域及城市发展背景，围绕“旅游强市和东北亚国际旅游城市”的总体定位，将沈阳经济区作为一盘棋来考虑，提出在以沈阳都市旅游为核心的“三圈三轴”的沈阳经济区发展格局的基础上，全市按照“一核三区三道五廊”架构发展，实现沈阳经济区旅游的整体联动。规划针对沈阳旅游产品仍处在初级开发阶段的现状，提出四大龙头项目为引领，构建具有国际竞争力的休闲城市旅游、福运文化旅游、工业传奇旅游、生态四季旅游和专项体验旅游五大旅游产品体系。此外，该规划在品牌形象上具有重要突破，本次主打“传奇盛京 福运沈阳”的城市形象，既诠释了沈阳历史的传奇性，又体现了其“青山入城、水系串城”的福脉、“一朝发祥地、两代帝王城”的福地、沈阳人民豪爽乐观的福运文化。该形象定位获得市领导的高度评价和认可，已在全市和国内外客源市场开始宣传推广。2015年10月26日，沈阳市政府第五次规委会审定通过《沈阳市旅游发展总体规划（2015—2020年），并以市政府（沈政发［2015］56号）文件形式印发全市。

新总规是沈阳市未来五年旅游发展的战略指针和重要保障，它的编制与实施决定着沈阳市未来五年的旅游经济发展方向和渠道，决定着旅游产业水平是否连上新台阶、成为城市发展的新支柱，意义十分重大。新总规分为简本、全本两种。简本是文字缩略版，包括最主要的规划内容，共11章46条，4万余字。规划全本约10万字，包括对规划内容的详细阐述、可资参考的发展案例和各类图件等。

（田 毅）

【完善全市旅游规划体系】 沈阳市旅游局通过政策引导、资金补助，推动各区、县（市）启动或完成了地区总规的编制。市旅游局根据区、县（市）的不同情况，在全市总规借鉴、相关资料交流、招标文件编制、工作合同签订等方面对区县给予指导。康平县、沈北新区、于洪区率先完成了区域旅游发展总体规划编制和评审发布，辽中县、和平区、大东区、苏家屯区、沈河区、新民市等先后完成了规划招标，启动编制；浑南区先期完成了十三五旅游发展规划，区域旅游发展总规尚在筹备招标；铁西区完成了服务业发展规划（含部分旅游发展内容），旅游发展总规正在筹备招标；皇姑区向区政府申请规划资金。

为实现旅游发展规划与其它行业规划的融合协调发展，市旅游局一方面在全市旅游总规编制中征求各部门意见，并将规划纲要印发各部门和各区、县（市）；另一方面，依据旅游总规的内容，先后对全市十三五发展规划、中医药十三五规划、都市现代农业规划、村庄布局规划、蒲河经济产业带规划、健康服务业发展三年行动计划、十三五国民经济和社会事业发展规划、中医药健康服务规划、全市农业及农村经济发展规划等提出意见建议。

指导东北建筑设计院、辽宁锦岫规划公司等4家公司创建旅游规划乙级资质，指导龙邦慧智公司创建旅游规划丙级资质，进一步发展壮大本地规划公司队伍。

（田　毅）

【旅游品牌创建】 2015年，沈阳市围绕建设旅游强市和东北亚国际旅游城市的发展目标，坚持规划引领发展、规划指导建设，围绕"一核、三区、三道、五廊"的全市旅游产业空间结构，加强旅游与农业、环保、文化等相关产业融合发展。携手各区、县政府大力推进旅游品牌创建工作，取得显著成果，荣获百余项国家、省级品牌荣誉。

沈阳市沈北新区获评中国全域旅游示范区，列入全省重点培育旅游集聚区。康平县卧龙湖生态风景区获评省级生态旅游示范区。棋盘山风景名胜区获评省级旅游度假区。浑南区、沈北新区获评辽宁省旅游产业发展示范县。新大地农业园区获批2015年全国休闲农业与乡村旅游示范点。沈北新区曙光村被评选为2015中国最美休闲乡村特色民居村。

在全国乡村旅游"千千万万"品牌推介行动中，沈阳市多家乡村旅游企业或企业负责人荣膺国字号荣誉，其中：苏家屯区姚千街道马耳山村、浑南区空港经济区王士兰村、沈北新区马刚街道中寺社区、铁西区彰驿站街道朴坨子村4家乡村荣获中国乡村旅游模范村称号；于洪区小韩村农业专业合作社、沈北新区怡丰度假庄园、法库祥云度假村、康平为雅生态农业科技开发有限公司、苏家屯区山水紫晨农家院、于洪区久隆庄园、法库县爱新觉罗祖家坊酒业7家单位荣获中国乡村旅游模范户称号；苏家屯区乐农庄园、辽中县广为生态农庄、沈北新区梨花湖骑士山庄、浑南区李相生态园、铁西区边家大院、法库县星云开心农场、康平县卧龙谷等55家农家乐被评选为中国乡村旅游金牌农家乐；浑南区王士兰村支部书记于宏海、苏家屯区马耳山村支部书记刘柏勋、沈北新区稻梦空间董事长张爱忠、铁西区朴坨子村支部书记白书义、于洪区小韩村农业专业合作社理事长王心智、新民市三农博览园总经理郭晓彤、康平县贾家村支部书记韩玉军、法库县祥云度假村董事长张慧生等40人被评选为中国乡村旅游致富带头人。

（佟胜富）

【旅游厕所革命】 2015年，沈阳市认真贯彻落实国家旅游局"厕所革命"的总体工作要求，通过多部门联动的方式积极推进旅游厕所建设，取得明显进展。全市共有137座旅游厕所投入建设和改造，约占辽宁省建改总数的15%，总投入资金2025万元。以水冲厕所为主，无水生态环保厕所为辅，总面积达到1.1万余平方米、安建厕位1700个，在等级评定上已分别达到1A—3A级厕所的标准。沈阳市被国家旅游局评选为2015年全国"厕所革命"先进市，旅游厕所建设工作在全国排名第7位，位于全省首位；工作做法被中国旅游报旅游厕所革命专题刊发；争取到国家旅游厕所建设项目专项资金230万元。

全国旅游厕所工作会议之后，沈阳市立即将旅游厕所改造思路与城建厕所改造计划有机融合，推动将环卫设施（公厕）规划、建设、管理纳入《沈阳市市容和环境卫生管理条例》中，规定今后凡新建、扩建、改建项目，在办理规划手续时，规划审批部门要把公厕纳入项目规划审批前置，并首次明确了公厕在城市改造过程中的土地预留制定。

在旅游厕所革命的推动下，沈阳市加大了城市公厕的建设步伐。2015年，沈阳安排城建专项资金近400万元，在主要广场、绿地、街路等城市人流密集区域建设20座水洗公厕，全部采用新型建筑材料装配式结构，有效缓解了这些地区市民如厕难问题。同时，采取结合高架桥快速道路和地铁建设配套建设方式，选择在市区一、二环高架路桥、城市快速干道桥、立交桥下等空地，道路交叉口处选址建设47座公厕。在结合城区改造方面，从2015年起沈阳将每年提升和改造老旧公厕30座，逐步消除城区旱厕，使沈阳市公厕数量和环境质量实现显著提升。在基础设施建设方面，沈阳已制作带有方向指引、标注距离的公厕导视牌1158个，安装在主要路口，引导市民逐步形成"寻厕到路口"的生活习惯。同步做好城市网络电子地图中公厕位置等更新工作，用互联网技术为市民和国内外旅游者做好公共服务。

（佟胜富）

【编制旅游发展专项资金实施细则】 2015年4月，沈阳市将市本级旅游发展专项资金额度由1000万元提升至1亿元。为依法依规管好用好专项资金，沈阳市旅游局、沈阳市财政局经过调研讨论，编制了《沈阳市本级旅游发展专项资金管理实施细则（暂行）》。该细则全文近6500字，分为7章28条。与2014年出台的原有管理办法的核心区别是：增加了第三章补助重点和标准共13个条款。

1. 旅游资源整合开发。国家、省、市确定的旅游龙头项目建设、旅游集聚区建设、旅游集群建设等重点项目，按照总投资、当年投资（不含地方政府项目建设投资）给予投资额30%的补助，用于旅游公共服务设施建设，补助总额最高不超过3000万元。

2. 旅游景区提质升级工程。围绕A级景区、省级以上旅游度假区、旅游示范区等的游客服务中心、停车场、厕所、应急救援等配套设施项目，按照总投资、当年投资给予投资额30%的补助。

3. 旅游公共服务平台建设。旅游公共服务体系建设项目，按照总投资、当年投资给予投资额30%的补助，补助总额最高不超过1000万元。

4. 旅游产业体制机制改革。组建旅游集团项目及旅游企业引进项目，在沈阳市注册成立、经认定为总部企业的，按照项目实收资本的比例，给予一次性资金补助。

5. 特色旅游街区建设。旅游休闲商业区（商圈）、特色旅游街区、工农业旅游示范园区（示范点）等项目中的旅游公共服务设施建设，总投资达到一定额度的给予投资额30%的一次性补助，补助总额最高不超过150万元。

6. 开展智慧旅游建设。配合全市智慧城市建设，实施智慧旅游景区、智慧旅行社、智慧酒店、智慧餐饮、智慧购物、智慧客运等建设项目，按照总投资、当年投资给予投资额30%的补助，补助总额最高不超过100万元。

7. 惠民补贴。为推动惠民旅游工程，拉动市民旅游消费，促进社会经济增长，给予沈阳户籍市民一次性旅游消费限额补贴。

8. 招徕补贴。为鼓励沈阳市旅行社积极开拓境内外旅游市场，吸引更多游客入沈观光旅游，增加国内外旅游者在沈阳市的旅游消费，对承担地接任务的旅行社"引客入沈"给予一定比例的限额补贴。补贴方式与流程遵照《沈阳市旅行社引客入沈招徕补贴办法》。

9. 旅游产品（商品）创新开发。旅游产品（商品）研发、设计等项目，按照总投资、当年投资给予投资额30%的补助，补助总额最高不超过100万元。

10. 旅游品牌奖励。对获得国家级、省级、市级旅游品牌或荣誉称号，积极参与全市旅游重点工作，有效推动旅游产业发展的企业，给予一次性奖励。

11. 落实配套资金。对获得上级部门专项资金支持且明确规定需各级相关部门配套的项目，按照相关规定标准安排配套资金。

12. 市本级旅游宣传促销、客源市场开发、旅游综合治理、旅游人才培养、旅游基础研究等旅游产业发展工作所需经费，根据实际需求情况，使用专项资金。

13. 对促进区域旅游合作、树立旅游形象、提升旅游消费有显著拉动作用的其它重点项目，采取一事一议的方式，统筹安排使用专项资金。

（佟胜富）

【创建国家级工业旅游示范基地】 2015年8月31日，国家旅游局局长李今早来沈阳参加全国红色旅游万里行活动启动仪式。在与市长潘利国会见座谈时，提出沈阳可以考虑创建全国工业旅游示范基地。

沈阳市旅游局积极开展筹备工作，按照沈阳的工业旅游实际情况和创建思路，起草申报创建材料。通过向市科技局、市经信委收集相关工业基础与发展情况的资料，结合自身掌握的工业旅游发展情况，市旅游局组织沈阳旅游学校姚建中老师、沈阳大学侯爽老师、沈阳师范大学范晓君和刘丽华老师、辽宁省中国青年旅行社邱暾和刘帆等专家学者、旅游行业人士，起草了一份创建材料，征求辽宁金融职业技术学院安刚老师、辽宁大学张丹宁老师、沈阳建筑大学哈静老师等专家学者的意见后，决定由沈阳建筑大学哈静老师执笔统撰，经市旅游局领导审定并报市政府审定后，形成了创建材料终稿，连同市政府致国家旅游局的函、省旅游局出具的推荐报告等，于2015年12月初报送国家旅游局。

（田　毅）

【旅游统计与抽样调查】 2015年，市旅游局积极探索旅游统计新模式。参加全市统计改革工作会议并与市统计局沟通改革旅游统计设想；跟踪了解黑龙江省旅游局与相关单位联合发文、扩展统计合作工作方案的实施情况；与中国旅游研究院定期联系，了解国家数据中心建设与统计制度改革的实施进度，在沈阳市旅游行业实施统计与智慧化体系融合对接。

在全年统计工作中，按时完成城市旅游统计年报、景区统计季报、饭店统计月报和旅行社统计等定期统计任务，春节、"十一"黄金周假日坚持日统计，新年、"五一"、端午等小长假对旅游动态作及时监测，确保及时反应沈阳市旅游行业发展情况。定期撰写旅游统计分析，提报上级旅游局、市发改委、市统计局等，当年共计完成统计分析19篇，其中"五一"黄金周的材料得到市长潘立国、副市长闵学冲的批示。

2015年元旦、春节、"五一"、端午、"十一"等假期拉动旅游经济发展作用明显。元旦期间，全市各区、县（市）及重点景区举办的冰雪、温泉、灯会、庙会等活动，吸引了以省内周边一日游、本地游为主的广大市民和游客，形成年内旅游第一个小高峰，全市主要景区接待游客10.08万人次，比上年增长50.2%；实现旅游收入420.36万元，增长35.3%。春节黄金周旅游更是迎来"开门红"，旅游节庆活动丰富多彩，旅游市场安全有序，旅游服务质量明显提高，旅游接待人数和旅游总收入持续增长，全市共接待游客166.37万人次，比上年增长11.7%，其中：过夜旅游者55.39万人次，一日游游客110.98万人次，分别增长13.9%、10.6%；旅游总收入13.47亿元，增长13.8%。"五一"假期，旅游市场整体繁荣、产品丰富、安全有序，休闲游、周边游、自驾游构成市场主流，全市共接待123万人次，旅游收入9.7亿元，其中以沈阳故宫、张氏帅府、北陵公园等为代表的文化旅游景区持续火爆，以方特欢乐世界、沈阳植物园、棋盘山、动物园、森林公园、怪坡风景区等为代表的休闲旅游依然保持强劲增长势头，而体验性、参与性更强的乡村旅游点则成为热点，节日期间共接待游客12.1万人次，实现旅游收入950.95万元。端午节假期恰逢父亲节、高考结束毕业季，市旅游局大力推广"四季游"旅游产品，积极开展沈阳经济区千万市民公益游活动，不少景区采取门票免费或优惠让利于民的方式，引发全市旅游市场更加活跃，休闲游、家庭游、近郊游等人气高涨，多主题叠加引爆小长假旅游市场。全市纳入统计范围的主要景区，接待总人数为91.8万人次，增长37.3%；收入4032.4万元，增加4.6%。"十一"黄金周期间，正值秋季游活动期间，推出"采摘、庙会、赏花、农家乐、摄影、自驾"等47项特色各异的旅游活动，为市民及国内外游客提供了丰富的活动内容。全市共接待旅游者575.43万人次，同比增长17.55%；旅游总收入43.73亿元人民币，增长14.70%。景区接待游客数量更是创新高，棋盘山旅游景区接待近13万人次，增长410%；北陵公园接待了近26万人次，增长了72%；森林动物园接待7万余人次，增长了48%。

组织完成入境、国内游客抽样调查工作。其中：国内游客抽样调查工作首次采取与沈阳大学合作的方式，委托学校开展调查，并形成分析报告，尝试解决以往抽样调查问卷上交上级旅游局、沈阳市缺乏旅游调查数据综合利用与分析的问题，为沈阳市旅游发展提供基础分析参考数据。

（刘　阳）

【假日旅游】 沈阳市旅游局全面部署沈阳市2015年春节、国庆假日旅游工作，与全市各旅游经营单位的通力合作，确保旅游市场繁荣安全。全市2015年春节、国庆假日旅游节庆活动丰富多彩，旅游接待工作有条不紊，旅游市场安全有序，旅游服务质量明显提高，旅游接待人数和旅游收入均有大幅度增长，达到了“安全、质量、秩序、效益”四统一的假日旅游工作目标。春节期间，全市共接待游客166.37万人次，同比增长11.7%；其中：过夜旅游者55.39万人次，一日游游客110.98万人次，同比分别增长13.9%、10.6%；旅游总收入13.47亿元，同比增长13.8%。国庆期间，全市共接待旅游者575.43万人次，同比增长17.55%；全市旅游总收入43.73亿元人民币，同比增长14.70%。

（那延博）

【旅游景区管理与服务】 2015年是沈阳市加大景区管理力度与提升景区服务的一年。

组织全市各个景区填报2015年旅游发展专项资金项目申报文本，整理和梳理符合项目补助要求的建设项目100余个，经过审核有十余个景区的在建项目得到了专项资金补助，合计近5000万元。其中：拨付沈阳植物园2000万元，支持植物园进行5A级景区的整改。植物园对照全国景评委提出的6大方面17个问题，逐条逐项进行全面整改，最终通过国家5A级景区的复检；拨付1500万支持北市场文化商贸特色街区北区建设项目，对北市场旅游基础设计进行建设和完善，通过合理布局，实现文化与旅游、文化与科技、文化与金融的多元共生，将该地区打造成一幅繁华巨制“盛京上河图”。

对全市65家A级景区进行了景区基本情况调查统计，了解景区现有基础设施状况、停车场和景区旅游厕所情况、景区接待能力、景区智慧化功能等情况，为今后指导景区建设发展打下基础。

组织全市A级景区填报国家旅游局景区管理系统，定期掌握全市各景区每个季度及全年度的经营状况，游客接待量、建设投资和吸纳就业等各方面相关信息。

组织全市A级景区响应国家旅游局的号召，开展创建“旅游价格信得过景区”活动，并自愿填报中国旅游景区协会发起的“不带头涨价”倡议书，全市5A级景区及半数以上3A级景区都填写了该倡议书。

组织全市4A级以上景区测算并填报景区最大承载量信息，为做好景区安全管理、提升游客舒适度和满意度等工作奠定基础。

（高　军）

宣传促销

【东北亚（沈阳）国际旅行商大会】 2015年9月4日，由沈阳市人民政府主办、沈阳市旅游局承办的东北亚（沈阳）国际旅行商大会在君悦酒店举行。大会以“交流 合作 共赢”为主题，来自日本、韩国、俄罗斯、朝鲜、马来西亚、美国、港、澳、台等24个国家和地区的旅游专家、旅行商、旅游机构及沈阳经济区城市、沈阳各区县（市）、沈阳旅行社、景区、酒店代表以及海内外新闻媒体近200余人出席了会议。大会由主旨发言、主题演讲、旅游推介、洽谈交流、资源考察等五部分组成。本届旅行商大会，充分展示了沈阳旅游产业和经济社会发展成果，架起了一座沈阳与世界交流的桥梁，受到了东北亚国家和地区国际友人及市领导的赞誉和中外旅行商的高度评价。

（孙学林）

【《“浪花爱上雪”双城记》新媒体大型主题营销活动】 为创新开展旅游营销工作，市旅游局与新浪网创意策划大型主题营销活动《“浪花爱上雪”双城记—沈阳 & 厦门》，引入“城市旅游互换”概念，通过线上话题营销、线下创意体验等形式，引爆海内外网民对沈阳的关注，开创“旅游＋互联网”新媒体营销新模式。

通过开展南北方城市间气候、人文的对比和“穿越”等创意性体验式游览，将沈阳地域的民俗风情、美景美食、历史文化、冰雪资源，借助网络大V的影响力在微博等渠道广泛扩散传播，引起千万粉丝的关注。新浪网对“浪花爱上雪”活动进行全程跟踪报道，从活动预热期、热推期、持续期近3个月的时间，利用专版、专题、微博、微信、微视频、H5等在网上传播宣传，吸引了大批网友和旅游者。活动期间，“浪花爱上雪”话题连续9天占据新浪全国旅游热推榜前十名，高峰时达到第一名、第二名，微博阅读量达1512.7万，北京、上海、广州、厦门、加拿大、台湾、香港等37个海内外城市的政务和旅游微博转发活动消息，本次活动在线上总曝光量突破亿级PV流量，产生巨大的宣传效应，引爆网民对沈阳冬季游的关注，成为国内新媒体营销一大亮点，中国旅游报对活动进行了专题报道。本次营销活动成功举办，开启了沈阳市旅游营销新模式，扩大了沈阳在海内外的知名度和影响。

（孙学林）

【东北亚（沈阳）国际旅游名品博览会】 由沈阳市人民政府主办、沈阳市旅游局承办的“东北亚（沈阳）国际旅游名品博览会”于2015年9月3—7日在辽宁工业展览馆成功举办。

博览会共有24个国家（地区）的30家官方旅游机构以及47家旅游企业参展，展位数量占总展位数近40%，是历届比例最高的一次；汇集了国内外5000余种旅游商品和1000余旅游线路产品，种类和数量是历届最多的一次；现场活动内容丰富，各区、县（市）和旅游企业的专题推介和演出超过20场，特别是来自韩国的亚洲顶级舞蹈团体“爱舞动”的精彩演出，深受现场观众喜爱，博览会期间参观人数超过40万人次；百姓购买热情高涨，参展商家受益，百姓满载而归，现场销售额超过200万元。

本届博览会加大了市场运作力度，引入专业会展公司参与运营，扩大合作范围和内容，提升了举办展会的运作能力，符合市场发展规律，逐步实现政府主导、市场运作、企业参与的目标，同时积累了市场化运作的经验，为通过市场化运作、发挥旅游会展业的带动作用、拉动旅游会展经济奠定了基础。

本届博览会优化了旅游展会的传统模式，参展企业通过宣传和现场售卖相结合的方式，积极推出各具特色的旅游产品。现场打折销售，旅行社现场签订旅游合同，为持续和多层旅游消费提供渠道和信息。通过参展形式的优化，企业拓宽了销售渠道，提高了经济效益，调动了参展积极性。在博览会上，特别划定单独区域进行了特装，将自主品牌商品进行了集中展示，并进行现场制作、销售。本次博览会加强了与民间艺人、非遗项目的合作，挖掘了一批民间艺人的特色技艺商品；通过现场制作和演示，充分体现了沈阳文化旅游特色商品的独特魅力。

（那延博）

【"盛京好贺儿"旅游商品荣获国家级设计奖】 在2015第七届中国国际旅游商品博览会上,由沈阳市旅游局报送的"盛京好贺儿"旅游纪念品之"皇家羽毛画"、"锡伯族萨满陶埙乐笛"喜获旅游商品大赛铜奖,成为辽宁省选送的参赛商品中惟一获奖的两个作品系列。

由国家旅游局、浙江省人民政府主办的第七届中国国际旅游商品博览会暨中国旅游商品大赛活动,于5月24日至27日在浙江义乌国际博览中心举办,吸引了全国31个省、自治区、直辖市和境外18个国家和地区展团参加。中国旅游商品大赛是目前全国旅游商品设计开发的最高赛事,沈阳"盛京好贺儿旅游纪念品"首次参赛,得到了评委专家及业内人士的肯定,并获得参展商和参观者高度评价。沈阳皇家羽毛画是闻名海外的中国传统独创工艺美术品,它借助传统的国画构图法表现手段,材质经过严格挑选,剪切,雕刻,粘贴,防虫等工序一气呵成,集欣赏、实用和收藏价值于一身,具有很高的艺术和欣赏价值。锡伯文化属沈阳地方独一无二的文化体系,此次参赛的"锡伯族萨满陶埙乐笛组合系列"提取锡伯族的传统萨满宗教符号,用陶埙来表现萨满图腾的神话传说,体现锡伯族的独特传统精神和宗教观念。材料选用北方地区特有的陶土,经过中温烧制,手工独品定制,能达到陶埙的音韵技术指标,是锡伯族音乐表达的理想乐器,体现了地域文化的地道特色。此次获奖是辽宁省、沈阳市的荣誉,更是社会各界对沈阳市近年来致力于深度挖掘地方特色旅游商品、保护传承中国传统文化、树立沈阳"传奇盛京 福运沈阳"城市品牌的肯定和鼓励。沈阳市将继续推广"传奇盛京 福运沈阳"城市品牌,打造"盛京好贺儿"城市特色旅游商品,并推出统一的"盛京好贺儿"标识,把沈阳乃至沈阳经济区优秀的旅游商品打包统一对外进行推广,并通过"互联网"的方式对"盛京好贺儿"旅游商品进行营销,提升沈阳旅游商品知名度。

(刘亚欣)

【打造"盛京好贺儿"旅游商品品牌】 2015年以来,针对旅游商品市场体系不健全,地方特色旅游商品馈乏的实际情况,沈阳市旅游局全面实施沈阳地方旅游商品品牌建设工程。以打造"盛京好贺儿"地方品牌为突破口,率先在国家商标总局注册城市必购旅游商品品牌——"盛京好贺儿"商标。"好贺儿"源于东北地方方言,意为好吃的好玩的礼物,极具沈阳地域特色。通过市场调研、专家研讨、创意征集等多种形式,深入挖掘城市历史文化底蕴、地域文化特征和地方优势资源,精心打造推出四大类十个系列超百种以"盛京好贺儿"为品牌旅游商品,务实地推进了沈阳地方特色旅游商品品牌建设。沈阳这座古老而现代的旅游城市再添靓丽新名片,终于拥有了自己拿得出、叫得响的地方特色旅游商品。

深度挖掘推出的"盛京好贺儿系列旅游商品"共有四大类十个系列超百种商品。其中包括:以盛京味道大礼包系列商品为代表的风味美食类,其涵盖了沈阳风味美食系列、土特产品系列、老字号商品系列、酒文化系列及民族食品系列;以盛京玩意儿系列商品为代表的民俗文化类,其中包括极具沈阳文化特色的皇家工艺品系列、民俗文化用品系列;以盛京绝活儿系列商品为代表的民间手工艺类,其中包括非遗手工艺品系列、民间工艺礼品系列;以盛京记忆系列商品为代表的都市工业用品类,其中包括创意日用品系列、工业纪念品系列等。这些创意新颖、时尚鲜明的旅游商品,无论是在设计风格、材质工艺、产品内容和包装方面,无一不展现出"传奇盛京 福运沈阳"深厚的城市历史文化底蕴和地域文化特征。其包装精美、方便携带、易于保存的特性使得产品首度亮相,立刻引起轰动,市场反映热烈,既得到了市民及业内人士的高度评价,又受到了市场经营者的青睐。

(刘亚欣)

【创新地方特色旅游商品运营模式】 在认真做好市场调研的基础上,市旅游局统筹规划,依托旅游景区(点)、机场、铁路、商业街区、星级宾馆等旅游人流集散地,充分考虑游客流量特点及不同层次购物需求,分层设置规模各异不同层次的旅游商品购物店,完整构建符合游客和市场需求的沈阳地方特色旅游商品营销网络。其中在方特欢乐世界、沈阳故宫、辽宁大厦、北陵公园、沈阳宾馆、沈阳站等重点游客接待单位建设的具有统一LOGO和门面设计的"盛京好贺儿旅游精品店"陆续实现运营。在此基础上,沈阳市旅游局拓宽合作领域,与辽宁省机场管理集团合作,率先在全国建设首个以地方旅游商品品牌为主题的特色购物商业街空港服务综合体项目。该项目示范性和带动力强,具有创新、引领、示范、集聚效应。

(刘亚欣)

【完善旅游商品系列化规模化发展体系】 沈阳市旅游局注重发挥在市场资源配置中的主体作用,畅通旅游商品研发、生产、销售、信息沟通渠道。通过连续举办两届"沈阳旅游名品惠民展示会",将创意、研发、生产、销售、推广有机结合,为采购方和研发生产企业搭建"研产销全产业链无缝对接平台",真正实现需求与供给无缝对接。这一举措调动了企业、个人参与沈阳地方特色旅游商品研发和销售的积极性,逐步带动了沈阳地方名优、老字号等产品向旅游商品转化,推动了一批景区景点、科技创新领域的优质旅游商品脱颖而出,丰富了"盛京好贺儿"产品体系。

(刘亚欣)

【编撰出版《传奇盛京》文旅丛书】 2015年,市旅游局创新"城市旅游文化宣传新载体",出版了一套综合性旅游文化典籍——《传奇盛京》。该书通过对沈阳城市历史和近现代文化进行系统挖掘和整理,全面反映沈阳历史变迁与文化发展、城市环境与人文资源,填补沈阳旅游文化宣传工作空白。《传奇盛京》旅游文化从书全书共分五卷,50余万字,数百幅影像图绘,以传奇故事的记述手法重新梳理沈阳历史,真实记录沈阳历史变迁与文化发展中每一个闪耀瞬间,全面展现沈阳这座城市的独特韵味,具有统一性、系统性、权威性和可读性。作为独具特色的城市名片,编撰《传奇盛京》旅游文化丛书有助于提升沈阳城市形象,体现沈阳城市特色,宣传沈阳城市旅游文化,提高沈阳的城市知名度和影响力,进一步树立大盛京、大沈阳形象,为沈阳城市的文化软实力建设打下夯实的基础。

(刘亚欣)

【沈阳经济区千万市民公益游活动】 为推动惠民旅游工程和沈阳经济区旅游一体化发展,有效拉动市民旅游消费,沈阳市旅游局遵循"政府补贴、企业让利、全民参与"原则,联合鞍山、抚顺、本溪、营口、阜新、辽阳、铁岭七城市旅游局(委)共同开展了"福蕴山水,慧美家园"

沈阳经济区千万市民公益游活动。5月31日,启动仪式在沈阳龙之梦红星美凯隆广场隆重举行。沈阳市旅游局依据沈阳经济区旅游资源分布和市民游客需求情况,择优选定辽宁康辉国际旅行社、辽宁万豪平安客运集团、沈阳青年国际旅行社、沈阳海外国际旅行社、沈阳市名流旅行社、沈阳乐途旅游联盟等旅游企业和沈阳小韩村温泉、仟睿达水上娱乐世界、稻梦空间、克拉古斯、天沐温泉,铁岭莲花湿地、抚顺冠翔滑雪等热点旅游景区,陆续开展了免费公益游、特价补贴游、美食购物游、冰雪娱乐游及社区党员游、农民工关爱游、老年夕阳红等多项丰富多彩的公益游主题系列活动。活动累计惠及市民游客40余万人,初步实现了活跃旅游市场氛围、塑造旅游城市形象、拉动旅游产业发展、促进城市间旅游产业融合的工作目标。

(郭建委)

【组建沈阳经济区涉旅企业联盟】 为快速推动区域旅游产业融合,市旅游局按照“优势互补、互助融合、共同发展”的工作目标,协同七城市旅游局(委)共同组建了沈阳经济区旅游企业联盟。2015年7月9日,八城市旅游局(委)召开了第一次联盟会员代表大会,300家涉旅企业成为首批联盟会员。在吸收旅行社、旅游饭店、旅游景区等传统旅游企业加入外,还重点吸收了银行、保险、通信、交通、旅游商品等其他涉旅企业加入联盟,按照“整合优势旅游资源,强化企业间互联互动”原则,还组建了旅行社分会、旅游饭店分会、旅游景区分会和涉旅企业分会等多个分支机构,进一步提升了联盟工作效能,充分体现了联盟会员的多样性和互补性。为加大联盟凝聚力,吸引更多的掌握优质资源的涉旅企业自愿加入联盟,沈阳市旅游局还通过引入社会资本,无偿向联盟会员单位提供多项独家优惠政策,吸引优质企业积极加盟。另外,为扩大联盟在域外的发展速度,沈阳市旅游局又以大庆、朝阳、丹东、盘锦为突破口,尝试吸纳了东三省及内蒙古地区的涉旅企业加入联盟,为最终打造大东北区域旅游一体化新格局、组建大东北旅游企业联盟奠定了基础。

(郭建委)

【创办沈阳经济区实名制国民旅游卡】 为深入推动惠民旅游工程,实现旅游智慧化应用载体创新,沈阳市旅游局联合华夏银行股份有限公司沈阳分行、沈阳慧鼎商务服务有限公司共同创办发行了沈阳经济区居游·智能服务卡(以下简称:居游卡)。2015年3月,沈阳市旅游局与华夏银行沈阳分行、沈阳慧鼎商务服务有限公司签订了“居游”卡项目合作协议。4月16日,八城市旅游局(委)在沈阳黎明国际酒店联合举办了居游卡发行仪式。居游卡具有数据采集、定额补贴、闪付通行、垫付医疗、保险赔付、担保消费、高速打折和综合服务等8大类22项服务功能,它对于促进区域资源整合和旅游一体化发展具有重大推动作用,赢得了社会各界和八城市市民的广泛关注。

(郭建委)

【打造沈阳经济区旅游智慧化服务平台】 为打造功能完善、便捷实用、运行规范的沈阳经济区智慧旅游公共服务平台,着力构建行业管理、企业运营、电子商务三大信息体系,沈阳市旅游局在开展智慧旅行社、智慧景区试点建设的基础上,全面启动了智慧旅游公共服务平台建设。2015年4月,在与沈阳慧鼎商务服务有限公司联合制定并出台经济区旅游智慧化网络建设规划的基础上,开展了“居游”网建设工作,到年底,已完成企业资源管理系统ERP系统、信息发布CMS系统、电子分销SOP系统和客户资源CRM系统的前期开发与设计。其中游团跟踪系统属在国内同类网站中率先开发的个性化服务系统。2016年初,沈阳经济区智慧旅游公共服务平台将正式开通。开通后的智慧旅游公共服务平台是辽宁省乃至东北地区首款功能最全、信息量最大、覆盖面最广、应用最便捷的免费手机APP,它将以居游手机APP、居游电子商务网、居游微信公众平台为核心,将“食住行游购娱”等多个领域有机整合,实现“三端通用、三网合一”的目标。

(郭建委)

行业管理

【创建国家级旅游景区】 沈阳市是全国著名的历史文化名城和首批中国优秀旅游城市,拥有世界文化遗产3个,成为中国拥有世界文化遗产仅次于北京的城市;国家A级旅游景区74个,全国工农业旅游示范点11个;全国红色旅游经典景区沈阳抗美援朝烈士陵园、沈阳“九一八”历史博物馆;省级旅游度假区棋盘山旅游区,省级生态旅游示范区康平卧龙湖旅游区,省级温泉旅游度假区新民兴隆堡温泉城等。

2015年,依据《旅游景区质量等级的划分与评定》国家标准及相关细则,全市有12家景区成功创建或晋升国家景区等级,包括AAA级景区7家,AA级景区1家,A级景区4家。具体情况如下:

1. 杨城寨生态旅游区,国家AAA级景区。位于沈阳市苏家屯区大沟街道杨城寨村,是沈阳紫晨集团投资兴建的大型综合性农业生态旅游项目。整体规划面积2112公顷,计划总投资1.2亿元,以“让都市人回归自然”为宗旨,打造成以生态农业、娱乐休闲、郊野度假、户外运动等多个主题为一体的综合性生态旅游景区。已开发项目有九龙山自然风景区、沈南第一党支部纪念馆、山水紫晨山庄、温室观光农业馆、采摘体验园、三块石地藏寺、绿色农场等。

2. 仟睿达水上世界,国家AAA级旅游景区 。位于沈阳市沈北新区蒲河生态廊道冬雪湖主题公园内,是沈阳仟睿达水上娱乐有限公司投资兴建的水上娱乐项目。占地面积约92公顷,计划总投资7亿元,一期投资2亿元,于2013年10月初开始建设,2014年7月对外营业,包括生态放养、室外游乐、冰雪娱乐、滑草场、沙滩浴场、各种游船及陆地小型游乐设施等游乐休闲项目。景区内有国内顶级的水上游乐设备,包括获得国际旅游行业“金票奖”的“大喇叭”滑道、海浪池,还有水上乐园行业最新设计的合家欢滑道、大滑板滑梯,惊险刺激的动漫迷城水寨,以及为儿童特别设计的儿童戏水池,以及可容纳1.7万人的沙滩浴场等,景区休闲娱乐环境良好、配套服务设施比较完善。

3. 丁香湖风景区,国家AAA级旅游景区。位于沈阳市于洪区造化乡,占地面积4.1平方公里,水面面积达3.1平方公里,蓄水量约930万立方米,绿化面积1平方公里,修有9公里长景观路,是沈阳城区内最大的人工建造水体景观公园,景区内旅游资源内涵丰富,种类繁多。公园的功能定位是:以水体景观为主,集自然景观、人文景观、水资源综合利用、生态环境平衡、休闲旅游等功能为一体的大型生态公园。该景区旅游资源总量大,内容丰富,特色突出,发展潜力巨大。景区投入了大量的物力和人力对景区资源进行了保护性开发,设立景区治安办公室、丁香湖执法大队、丁香湖公园管理处,使项目开发建设与旅游经营工作紧密联系。

4. 沈阳珍珠湖景区,国家 AAA 级旅游景区。位于辽中县刘二堡镇,2012 年被评为国家 AA 级旅游景区。珍珠湖湖面开阔,面积 1666.7 公顷,湖中有绿岛 7 处,状若七星。珍珠湖生态良好,旅游资源丰富,景色优美怡人。景区建有赏荷亭、水榭长廊、观鸟台、栈桥泊渡、蒲丛林樾、曲径香荷、望渚思夫、鸟栖汀州、跑马场等景观点。景区集生态、自然、秀美于一身,是西部天然氧吧和自然生态防护带,景区正在规划打造沈阳未来的"西溪湿地",具有极大的发展空间和潜力。

5. 来福山庄,国家 AAA 级旅游景区。位于沈阳市康平县康平镇文华村,是沈阳翔坤生态休闲农业开发有限公司投资兴建的休闲农业项目。景区占地 23.3 公顷,投资 5240 万元,拥有 6000 余平方米配套停车场,设有中餐及特色蒙族风情美食的餐饮场所,满足不同游客购物需求的礼品店、纪念品商店等。游览休闲活动丰富,包括果蔬采摘、生态饲养、花卉观赏、鱼塘垂钓、蒙古风情、特色餐饮等项目,其农业休闲旅游功能突出,基本旅游服务及配套设施完备。

6. 大辽圣市商业街,国家 AAA 级旅游景区。位于沈阳市康平县顺山三路南侧,西与卧龙湖自然风景区相接,又名辽代风情一条街,距康平县中心区域仅 1 公里。总占地面积 6.3 公顷,总投资约 1.5 亿元。依托卧龙湖自然资源,采用仿古特色建筑群落,再现辽金文化,打造集观光旅游、文化休闲、娱乐互动、康体养生、户外体验于一体的旅游产品品牌。

7. 沈阳星云开心农场,国家 AAA 级景区。位于沈阳市法库县马贝堡镇务名屯村,是沈阳星云生态农业发展有限公司投资兴建的生态休闲项目。总投资 1.26 亿元,以生态农业观光、生态农业开发、生态农产品销售为主题,景区内设有田园风情别墅、景云酒店、休闲娱乐中心、休闲农业、河畔风情酒吧街、水上娱乐和垂钓区、四合院及特色商业街等。

8. 为雅都市庄园,国家 AA 级景区。位于沈阳市康平县二牛所口镇,是沈阳为雅生态农业科技开发有限公司投资兴建的休闲农业项目。利用县域生态资源、旅游景观、人文特质,开发休闲旅游产品,提供住宿、餐饮、垂钓、休闲娱乐、蔬菜果园采摘等设施服务,形成"可览、可游、可居"的环境景观和集"自然、生产、休闲、康乐、教育"于一体的景观综合体,是一项集果蔬种植、生态养殖、垂钓、餐饮娱乐、休闲采摘、农耕体验以及地方风情展示等综合立体式的生态观光园区。

9. 万亩松生态旅游度假区,国家 A 级景区 。位于沈阳市康平县海州乡育林村,北与内蒙古科左旗科尔沁大沙地接壤,总面积 666.7 公顷。为了阻止科尔沁沙地南侵,防风固沙,改善生态环境,从 1964 年开始,栽植松树,有樟子松、油松。昔日的沙丘变成沙海绿洲,作为三北防护林的一部分,成功堵住康平北部最大的风口。景区以生态开发为宗旨,利用本地生态资源、农产品资源,发展体验农业与观光景色相结合的特色旅游,提供住宿、餐饮、垂钓、休闲娱乐、蔬菜果园采摘等旅游设施及服务项目。

10. 北湖渔村生态园,国家 A 级景区。位于沈阳市大东区前进街道榆林村,是沈阳市大东区北湖渔村生态餐饮服务中心投资兴建的生态休闲项目。占地面积 27 公顷,总投资 2000 万元,始建于 2003 年,将 13.3 公顷水面进行清淤、砌堤坝并分割两处,一处饲养观赏鱼和经济鱼种,另一处建成主体为人与自然和谐相处的绿色生态餐饮、垂钓区,并在东山坡建成面积为 3.3 公顷的绿色蔬果种植基地,供游人采摘,形成集餐饮、垂钓、采摘、休闲养生为一体的休闲度假村。

11. 展望农业生态园,国家 A 级景区。位于康平县二牛镇敖汉村,是沈阳市康平县展望农业科技有限公司投资兴建的休闲农业项目。占地面积 27 公顷,按照绿色环保生态农业项目要求和现代农业综合体的模式,主推现代化无土栽培技术、日光温室果蔬采摘、休闲垂钓、农家乐餐饮观光等一体化生态农业休闲旅游功能。

12. 康平县巴尔虎山风景区,国家 A 级旅游景区。巴尔虎山景区位于康法交界处,山北坡属于康平县西关屯乡,为医巫闾山余脉,海拔 442.9 米,是沈阳境内海拔第一高山,区域面积 8000 公顷。巴尔虎山南坡平缓,北坡较陡峭,拥有僧格林沁王爷陵及土门子、独木关、神龟子、锁龙井、三清宫等许多天然景观。

(田　毅)

【旅游企业标准化】 2015 年,沈阳市启动了旅游企业标准化工程第二阶段工作,共有 47 家旅游企业参与试点。一年来,沈阳市旅游局与市质监局、标准化院共同指导旅游企业按标准体系,结合企业实际,编制具有企业特色的标准。同时,对企业执行标准化情况进行跟踪调度,对于规范企业管理,提高服务质量,起到了积极地推动作用。

1. 加强督导。与市质监局、标准化院先后召开 10 次旅游企业标准化工作经验交流及工作进展情况调度会。组织示范企业作经验交流,介绍开展标准化工作的方式方法以及推广应用标准化取得的显著效果等。

2. 创新形式。针对第二阶段试点企业较多、进展普遍较慢的实际情况,采取创新形式,扎实推进。一是增加了中期考评,对进展较好企业加强指导,尽快完善标准编制工作。二是分两次进行终期评审验收。三是同时对多家企业考评、验收,增加企业间相互学习、相互借鉴的机会。四是对进度缓慢的企业进行重点跟踪,约谈企业负责人,提出工作要求,讲清工作思路,使后进企业提高认识及时跟上工作进度。

3. 严格验收。由市旅游局、市质监局、市标准化院组成验收组,按照标准进行验收。第一次终期评审验收结束后,召集未达标的 14 家企业负责人和具体工作人员,召开调度会,指出存在的问题,明确改正时间,提出解决办法,就验收中存在的共性问题有针对性进行培训,提出解决办法;组织进展较好企业做典型经验介绍,对第二次终期评审验收工作进行部署。经过两次评审验收,有 35 家企业符合标准,有 12 家企业未能达标。

4. 加强应用。先后对 14 家示范企业标准化运用情况进行督导,现场填写《沈阳市旅游标准化示范企业现场督导工作表》。示范企业普遍高度重视标准化的应用工作。沈阳海外国际旅行社将标准化落实到每个岗位，北陵公园通过运用标准化实现游客零投诉，张氏帅府把各项工作的服务标准进行量化，黎明国际酒店通过运用标准化提高了酒店的服务质量。

5. 企业积极参与。一是通过积极工作，多数企业能够高度重视标准化工作，主要领导亲自挂帅、全员发动、推进标准化工作。二是企业设立标准化专项资金，用于开展标准化宣传培训、编制标准、组织实施等工作。三是企业定期召开专题会议，研究、部署标准化工作，请专家培训员工普及标准化知识，对企业标准化工作提出合理化建议的员工给予奖励，编辑出版企业标准化简报，提高企业员工标准化意识。

（周建亚）

【包揽东三省全国入境二十强及辽宁省内全国百强旅行社】 在国家旅游局颁布的“2014年度全国旅行社统计调查百强名单”中，沈阳旅游业实现历史性突破，包揽东三省全国入境二十强及辽宁省内全国百强旅行社。此成绩标志着沈阳市旅行社的经营管理和服务水平已达到东三省领先水平。

入选全国百强和入境二十强是旅行社综合实力的体现。2014年东三省共有8家旅行社入选全国百强。其中沈阳市入选6家，占东北地区总入选数量的75%。其中，沈阳市海外国际旅行社有限公司、辽宁康辉国际旅行社有限公司和沈阳青年国际旅行社有限公司跻身全国入境二十强，占全国入选总数的15%，这是自2010年以来，沈阳市旅行社首次进入全国入境二十强。

沈阳市入选2014年度
全国百强旅行社名单

单位名称	排名
沈阳市海外国际旅行社有限公司	第35位
辽宁康辉国际旅行社有限公司	第45位
沈阳青年国际旅行社有限公司	第51位
辽宁大运通国际旅行社有限公司	第57位
辽宁世纪国际旅行社有限公司	第78位
辽宁省中国青年旅行社有限公司	第93位

沈阳市入选2014年度
全国入境二十强旅行社名单

单位名称	排名
沈阳市海外国际旅行社有限公司	第7位
辽宁康辉国际旅行社有限公司	第9位
沈阳青年国际旅行社有限公司	第20位

（周建亚）

【辽宁普峰旅行社成功上市】 2015年11月16日，辽宁普峰国际旅行社股份有限公司成功在新三板上市（股票代码：834481），成为沈阳地区首家上市旅游企业，也是东北地区第一家上市的旅行社，实现了沈阳旅游企业迈入资本市场的第一步。

近年来，在市委、市政府高度重视下，沈阳市旅游局紧紧围绕“旅游强市”目标，加大对旅游企业扶持力度，出台多个扶持旅游企业发展的政策，引导旅行社向集团化、品牌化、资本化的方向迈进，旅游企业得到迅速壮大。辽宁普峰国际旅行社股份有限公司的上市给企业创造了规范管理、要素流动、价值发现的绝佳平台，更给企业提供了近距离试水资本市场的好机会，开启了旅游企业创新融资的闸门，这对于促进旅游产业与金融产业融合发展具有重要意义。

（周建亚）

【组建百人旅游行风社会监督队伍】 为进一步健全旅游行风和旅游服务质量监督机制，发挥社会各界的监督作用，及时发现解决沈阳旅游市场存在的突出问题，提升沈阳旅游行业整体服务水平，市旅游局在全市建立旅游行风社会监管员制度。经过区、县（市）旅游局及相关单位推荐，在150名被推荐人选中聘任了100名社会监督员。其中；人大代表、政协委员20人，社区工作人员40人，企业职工17人（旅游企业职工8人），退休人员4人，新闻媒体记者9人，医生教师11人（含专家学者4人），机关事业单位职工15人、农民2人，年龄最大的73岁，年龄最小的25岁。

100名旅游行风社会监督员基本上相当于沈阳市、区两级旅游管理部门的人员总和，相当于把全市旅游市场监督的力量扩充了一倍。他们将通过自身的旅游体验和切身感受以及向游客征求意见，把旅游经营行为和旅游服务质量、游客文明旅游方面存在的问题、意见和建议提供给旅游管理部门。

市、区旅游管理部门及工作人员依法履行职责情况也在社会监督员监督之列。

（周建亚）

【实施旅游景区提质达标工程】 为深入贯彻落实2015年全市旅游产业发展工作会议精神，树立“传奇盛京，福运沈阳”城市形象，加快实现沈阳市建设旅游强市和东北亚国际旅游城市目标，推进旅游景区全面达到《旅游景区质量等级划分与评定》国家标准，沈阳市自2015年8月至2016年下半年，在全市各旅游景区实施提质达标工程，目的是通过查找全市旅游景区在基础设施建设和服务质量方面存在的问题，加快旅游景区对照国家标准进行整改，完善基础设施，切实提高服务质量，强化旅游景区智慧化建设，构建全市旅游景区服务质量和基础设施建设监督管理体系。

为圆满完成提质达标工程的实施工作，市旅游产业领导小组提出11个检查重点，包括景区的服务质量、基础设施、交通、环境、智能建设、标识系统、门票管理、旅游安全、投诉受理、形象宣传及规划编制。并在落实责任、强化督查、检查指导、加强协调、严肃纪律、认真整改、资金扶持、加强宣传8个方面提出了具体要求。

提质达标工程的实施分为景区自检、全市检查、整改与提质达标和检查验收4个阶段。市旅游产业领导小组办公室在全市组建了10个检查工作组，对全市旅游景区进行检查，对检查不合格的旅游景区下达整改通知书限期整改，并跟踪整改落实情况，对整改不合格的景区提出处分意见，提请沈阳市旅游产业领导小组审议和公布。

（于　晶）

【旅游景区复核】 2015年下半年，沈阳市景区质量等级评定委员会对全市50家3A级以下景区开展了景区等级评定复核检查工作。通过检查，查找全市旅游景区在基础设施建设和服务质量方面存在的问题，加快旅游景区对照国家标准进行整改，完善基础设施，切实提高服务质量。

本次景区复核检查工作是全市首次开展大规模、全覆盖的景区复核检查，对国家级旅游景区基础设施及配套设施的建设完善、旅游服务质量及管理水平的提升意义重大。开展景区复核检查后，由沈阳市旅游景区质量等级评定委员会对检查不合格的旅游景区下达整改通知书，并跟踪整改落实情况，对整改不合格的景区提出处分意见。

（于　晶）

【星级饭店评定性复核】 按照《旅游饭店星级的划分与评定》要求，2015年，全市有47家旅游星级饭店参加了评定性复核工作。圆满完成并通过了由国家星评委、辽宁省星评委组织开展的对皇朝万豪酒店等2家五星级、辽宁天都饭店等2家四星级旅游饭店的评定性复核工作。由市星评委派遣市级星评员86人次,对43家三星级以下旅游饭店进行评定性复核,受检旅游星级饭店全部通过复核。

为保障旅游星级饭店评定性复核工作的顺利开展,提高全市旅游饭店综合素质,完善旅游饭店星级评定工作体系,2015年4月,举办了全市旅游饭店星评员、内审员培训,并从中选聘旅游饭店星级评定员50名。沈阳市星评员队伍专业性强、经营管理经验丰富,构成人员为三星级以上饭店总经理等高级管理人员和全市大专院校旅游饭店管理专业专家学者,其中:国家级星评员1人,省级星评员4人。受聘星评员在沈阳市星评委指导和授权的基础上,依照《旅游饭店星级的划分与评定》国家标准开展工作。

通过开展2015年度旅游饭店评定性复核检查工作,有针对性地对各旅游星级饭店提出存在问题的整改建议,为旅游星级饭店进一步提升服务、管理水平提供了依据。

(于　晶)

【创新导游员管理机制】　为进一步发挥旅游协会在产业协调、市场服务和行业自律中的作用,2015年,沈阳市旅游局创新导游员管理办法,强化服务功能,完善导游注册等制度。通过大量的调研工作,制订了《关于全市2015年度申办导游证及相关服务管理的工作方案》,进一步明确了申办导游证的流程及要求,特别是对社会导游员导游证的管理方式进行创新,改变以前由导服中心统一保管的方式,导游证由社会导游员自行保管。同时,部分社会导游员可以由旅行社提出申请,申领社会导游员导游证,由该旅行社统一保管,社会导游员也参照该旅行社专职导游员,由该旅行社统一管理,并对导游员的业务技能、综合素质、职业道德等进行考核,报市旅游局备案。这种创新服务,受到旅行社和导游员的普遍好评和欢迎。

(韩　锋)

【建立旅游质监体系】　加强对区、县(市)旅游局的业务指导,开展旅游质监工作。建立区、县(市)旅游质监体系,指导开展旅游市场检查、旅游投诉调处等工作,调动了各区、县市的积极性,提高行业管理水平。指导旅游企业设立专门的旅游投诉负责人,加强企业监管和行业自律,提高服务质量和产品质量,规范经营行为。

(郭艳凤)

【建立旅游市场联合机制】　沈阳市旅游局联合沈阳市发展与改革委员会、沈阳市公安局、沈阳市交通局、沈阳市工商行政管理局和沈阳边防检查站,共同制订了《沈阳市旅游市场联合执法检查工作方案》,成立了沈阳市旅游市场联合执法检查工作组,建立了旅游联合执法监管工作长效机制。同时,还建立了约谈机制。约谈旅行社负责人,对投诉和检查中发现的问题进行探讨,实现了前置服务。共约谈旅行社负责人85人次。不断加强市场检查力度。截至12月末,共实施检查63次,检查经营单位165家,导游110人。联合相关部门开展检查3次。沈阳市旅游局对4家旅行社实施行政处罚,罚款2.1万元,收缴假导游证3个。联合执法处罚2次。

(郭艳凤)

【创建和谐旅游环境】　认真公平、公正接待和受理旅游投诉。全年接待旅游咨询投诉1700余次,其中有效受理旅游投诉案件89件。投诉案件办结率100%,基本上达到游客满意。认真开展旅游维权进社区宣传活动,全年共走进100个社区,发放宣传画3万余份。强化舆论监督,引导旅游者明白消费、理性维权。每个季度定期发布旅游投诉和市场检查通报,广播播出81期,网络、电台和电视台、报纸等媒体共宣传15次,国家旅游网、中国旅游第一网、沈阳旅游网等近10家媒体进行转载。

(郭艳凤)

教育培训

【导游员岗前培训】　沈阳市旅游局于2015年3月24日在沈阳市旅游学校举办了全市导游员岗前教育培训班,培训内容主要包括《中华人民共和国旅游法》、《职业道德》、《旅行社业务知识》、《导游员业务知识》、《规范礼仪服务》等。培训聘请了旅游院校专家学者、旅行社资深优秀导游员,理论结合实践统一授课、统一考核、考试。371名学员参加了培训。

(赵承华)

【导游员资格考试】　2015年,沈阳市报考初级导游员考生共计2549人,比上年增加264人,增长10%。经过面试考试,共有2049名考生通过并参加上机考试,最终有695人取得初级导游员资格证书。2015年,报考中级导游证考试人员共77人,报考高级导游证考试人员共6人,其中:34人取得中级导游员证书,5人取得高级导游员证书。

(朱明海)

农 村 经 济

综 述

【农业农村经济发展】 2015年，全市8个涉农区、县（市）实现地区生产总值3025亿元，比上年增长1.6%；全市一产业增加值实现341.4亿元，增长3.5%；农村居民人均可支配收入实现1.35万元，增长7.8%。粮食产量358万吨，实现“十二连丰”。

（江　雪）

【农业结构逐步调优】 积极推进“三高”（高效特色、高端精品、高产生态）农业稳步发展，促进结构提档升级。全市设施农业总面积13.07万公顷，蔬菜、水果、“三莓”等高效特色农业面积21.07万公顷。当年申建省级现代设施农业小区15个，全部通过验收，设施农业形象好、标准高、体系新等特点日益突出。新建畜禽标准化规模养殖场33个、畜禽良种示范场7个，全市畜禽规模化养殖率超过66%。创建国家级水产健康养殖示范场9家，辽中县被评为省渔业标准化示范县。无公害、绿色、有机食品生产面积50.93万公顷，市级以上名牌农产品达到58个，省级以上著名商标37个，国家地理标识产品达19个。建设粮油作物高产创建示范区118个，其中国家级93个，总面积1.1万公顷以上。农业综合机械化水平达到87.61%。

（江　雪）

【农业产业化经营提速】 深入贯彻落实沈阳市农产品加工业五年发展规划和相关扶持政策，坚持加工企业扶大助强，不断延伸产业链条。新增市级以上产业化重点龙头企业17家，市级以上龙头企业达到216家，其中：国家级7家，省级55家，市级154家，增强了发展后劲和辐射带动作用；加强项目资金扶持，助推辉山乳业打造世界级乳品企业。开工建设规模以上农事项目70个，列入省补贴范围的投资10亿元以上大项目15个，累计完成投资158亿元，全市10亿元大项目在数量、规模和建设速度等方面均居全省首位。

（江　雪）

【“三带、一湖”建设再上新台阶】 沈康现代农业示范带科技引领示范作用不断增强，总投资5.4亿元，沿线6.7万余公顷玉米、水稻全部实现绿色防控，建设32个农业科技园和10个休闲农业园区，发展特色种植千亩以上规模村32个。蒲河生态经济带进一步完善了管护体系，围绕城镇化、产业化目标，当年建设市级重点项目93个。环城都市农业产业带开工建设都市农业项目34个，累计完成投资10.2亿元。形成4条精品旅游线路和一批观光农业景点，年接待游客达到298.2万人次。浑南区新大地休闲农业园区被评为全国休闲农业示范点，沈北新区曙光村被农业部评为“2015中国最美休闲乡村”之“特色民居村”。卧龙湖生态保护区建设深入推进。当年实施卧龙湖生态区景观提升、卧龙湖可持续渔业养殖等生态保护工程20个，卧龙湖生态保护与利用成为沈阳生态文明建设的新亮点。

（江　雪）

【农畜产品保障安全供给】 重点抓好农畜产品监管、风险监测、畜产品检疫防疫、粮食储备安全，推进标准化生产，保障了农畜产品市场安全、有效供给。农产品“三品一标”生产面积占耕地果园面积比重72%；完成定量检测样品数量1460个，超额完成省任务46%，定量检测合格率为97.8%；完成农药经营条件审核数量791个，超额完成32.7%；建成乡级监管站61个，覆盖123个乡镇，覆盖面超计划30.8%。完成畜产品监测19845批次，“瘦肉精”检测合格率99.95%；兽药残留检测合格率100%；生鲜乳合格率99.88%。地产水产品抽检合格率99.5%。强化粮食供应应急管理，保证应急供应“调得出、用得上”；加强军粮供应管理，确保沈阳驻军、武警官兵吃上放心粮。

（江　雪）

【农村重点改革不断深化】 土地确权登记工作深入开展，落实省级农村土地确权登记颁证县级试点1个（苏家屯区）、乡镇试点14个，确权登记实测面积10万公顷。土地流转进程加快，推进“7+1”土地承包经营模式试点。新增流转面积3.67万公顷，流转总面积17.79万公顷。农业新型经营主体规范壮大。新增“5A”级市级示范社49家，市级以上合作社和家庭农场分别达到390家和85家。农民专业合作社总数5885家，家庭农场551家，百亩规模以上种粮大户2139家。沈阳农村综合产权交易中心挂牌运营，成为东北首家企业化运行的综合性农村产权交易平台。确定农村“三资”清理核实试点村9个，试点扩面工作扎实推进。

（江　雪）

【民生工作有效落实】 实施精准扶贫，因人因地施策。建立专项扶贫、产业扶贫和社会扶贫三位一体的扶贫开发格局，共投入扶贫开发资金7199.1万元，其中市本级专项资金较上年增长8.1%。当年实现脱贫人口2.2万人。秸秆综合利用工作稳步推进。通过“五化”全年利用秸秆达420万吨，综合利用率达到80.7%。

（江　雪）

【县域经济发展】 2015年，8个涉农区、县（市）实现地区生产总值3025亿元，比上年增长1.6%；规模以上工业增加值、固定资产投资、公共财政预算收入和社会消费品零售总额分别实现1746.2亿元、2527.5亿元、184.5亿元和847.7亿元；农村居民人均可支配收入1.35万元，增长7.8%。

重点项目建设进展顺利。县域168个市级重点项目完成投资814.8亿元，基本完成年度投资计划。其中一市三县47个项目，完成投资211.1亿元，完成年度计划105.2%。辽中县投资70亿元的沈阳石油产品交易中心、投资10亿元的忠旺特种车等项目顺利签约，沈阳威云果品有限公司水果储藏保鲜建设项目加工区主体竣工。

县域产业集群稳步推进。县域20个产业集群中，销售收入超百亿的有12个，其中：一市三县5个，四郊区7个。县域产业集群实现销售收入3744.4亿元，新上项目155个，完成基础建设投入44.7亿元，入驻企业2174个，上缴税金40亿元，带动就业32万人。其中一市三县产业集群10个，实现销售收1333.6亿元，新上项目115个，完成基础建设投入1.5亿元，入驻企业720个，上缴税金15.9亿元，带动就业13.4万人。

（王剑锋）

【沈康现代农业示范带】 沈康现代农业示范带重点打造沈康高速公路出入口等重要节点位置，项目规划范围包括21个乡镇（街），总耕地面积10.67万公顷，划定沈北新区、法库县和康平县三大项目区。以实施新型实用技术、巩固提升农业园区、创新农业生产经营体系为重点，实施农业科技园区创建、特色作物展示园建设、绿色防控技术等15类项目，完成投资5.4亿元，其中省市政府补贴资金9600万元。

科技引领作用显现。沈康现代农业示范带两侧的6.7万公顷玉米水稻全部实现绿色防控。建设32个农业科技园，如康平县千亩智能滴灌精准科技园，通过引进以色列智能滴灌精准控制系统技术和设备，实现按作物生长发育需要自动精准给水给肥。发展特色种植千亩以上规模的村32个，总面积5320公顷，主要品种有花生、树莓、万寿菊、胡萝卜、中草药等作物。

休闲农业起步发展。沈康现代农业示范带投入资金1.67亿元，建设10个休闲农业园区。其中：沈北新区以锡伯族文化特色为重点，打造中国沈阳锡伯族现代农业示范基地；法库县依托农业产业基地，重点打造沈阳祥云休闲农业示范园区；康平县建设具有沙滩娱乐探险的金沙滩生态旅游度假村。

（吴 锋）

【环城都市农业产业带】 环城都市农业产业带以都市农业示范园区、高标准连栋温室、休闲农业采摘园、休闲农业专业村等四类项目建设为重点，在一小时经济圈范围内，打造4条各具特色的都市农业精品线路，逐步建成一批以东部生态观光、南部休闲采摘、西部科普展示、北部创意体验为主导的都市农业景观田、生态带和休闲园。

环城都市农业产业带开工建设项目34个，投资总额6.2亿元，实施面积2800公顷，其中：都市农业示范园区14个，休闲农业专业村5个，休闲农业采摘园项目15个，营业收入5.3亿元，利润总额1.6亿元，接待市民298.2万人次；解决就业1.5万人，其中农民1.0万人，带动农民1.1万户。

围绕“生产、生活、生态”的功能定位，结合气候及区位特点，环城都市农业产业带项目逐步形成四种发展类型：以美加欧休闲农业观赏园、野生软枣猕猴桃产业化基地为代表的精品型园区；以沈阳锡伯族现代农业示范基地、禾乐休闲采摘园为代表的高科技设施型园区；以锡伯龙地创意产业园、鹭岛湖休闲生态庄园为代表的生态景观型园区；以皇家驿站民俗园、沈阳富成采摘示范园区为代表的体验参与型园区。

（卢学义）

【土地流转及确权登记】 土地确权登记实测面积10万公顷。推进“7+1”土地承包经营模式试点。新增流转面积3.67万公顷，流转总面积17.79万公顷，土地流转进程加快。在确权登记工作中，强调过程控制，把握关键环节，实行工作内容“四统一”。即统一招标、统一技术方法、统一资金拨付、统一工作协调。全市统一测绘单位资质招标，共有21家测绘公司中标；全市统一采取逐个地块实测法进行外业测量；资金统一由市农委和各区县（市）调剂结算；工作底图、档案管理等统一与相关部门协商解决。

全市共印制确权登记汇编手册、发放宣传单50万余份，利用新闻媒体播放确权登记工作宣传片，并多次召集各区县（市）农业主管部门负责人及工作人员、试点乡镇主要负责人及工作人员等参加的培训会、协调推进会，培训业务工作，解读实施方案，讨论解决具体问题以及谋划下步工作，参加人员达4000余人次。

（刘芳利）

【沼气工程】 编制了《全市农村能源建设计划》，申报了2015年中央预算内投资计划、省级和市本级项目计划。2015年，完成的主要项目是：大型沼气工程1处（中央预算内投资农村能源项目）；农村能源综合示范村1处、生物质成型燃料炊事采暖示范1800户（省级项目）；沼气全程服务试点3处、节能型炊事采暖多用炉3550处、新型节能炕3350处、太阳能亮化示范村10处、生物质成型燃料加工4.5万吨、农村沼气物管员和节能员职业技能培训（市级项目）等。

（张留义）

【秸秆利用】 增加秸秆利用项目补贴资金2000余万元，用于秸秆综合利用的机械设备购置补贴、秸秆青黄贮饲料窖池建设补贴、秸秆燃料加工厂建设及产品补贴。实施保护性耕作（秸秆还田）面积2.73万公顷，秸秆还田20.5万吨。秸秆腐熟还田技术示范推广项目资金525万元，用于秸秆腐熟剂等补贴，分别在辽中县、新民市、沈北新区和苏家屯区实施秸秆腐熟还田技术示范推广，实施面积总计1.33万公顷。实施生物炭水稻基质育苗技术和炭基肥料技术的示范推广面积达46.7公顷。

（张留义）

【卧龙湖生态保护】 2015年，卧龙湖生态保护利用工作，完成了湖滨生态湿地缓冲带建设、入湖河道综合整治、湖心岛湿地生物多样性建设、卧龙湖保护区数字化管理平台建设、卧龙湖生态区景观提升工程等43个建设项目，投入资金8.09亿元。

卧龙湖的总蓄水量达到了1亿立方米，湖面面积达到75平方公里，生态区新增湿地2.3平方公里，修复滩涂11.2平方公里，总面积扩大到127.5平方公里；卧龙湖生态区内野生动植物丰富到817种，其中：国家一级重点保护野生动物6种，国家二级重点保护野生动物18种，其它鸟类140多种，鱼类36种，全世界的15种鹤中就有6种在生态区迁徙；卧龙湖生态区基础设施建设基本完成，城市段滨湖岸线空间和景观序列全部由规划变为现实。入湖口景观广场、滨湖文化广场、湿地公园、绿丘公园、环湖路景观工程、卧龙湖生态区景观提升工程、卧龙湖码头等工程全部完工，滨湖生态景观带和园林绿地建设基本完成，绿化率达到32.8%。成功创建国家3A级旅游景区，成为康平对外展示美好形象的亮丽名片，成为沈阳市全域生态旅游的新亮点。

卧龙湖生态区保护与利用工作已经开始释放出拉动经济社会发展的巨大潜力。在推进卧龙湖生态区建设的同时，康平县始终坚持生态保"湖"、多元育"湖"，全面优化全域生态环境，实施了北三家子王平房"新万亩松"建设、辽河流域整治等工程，形成了以卧龙湖生态区为核心，以东部辽河生态带、南部沈康高速生态农业产业带、北部辽蒙边界阻沙带为支撑的"一区三带"生态建设格局。按照市委、市政府提出的卧龙湖生态区保护与利用"融入文化"这一原则，围绕"塞北江南"和"辽金文化故里"两大主题，大力挖掘辽金、满蒙文化，"以游兴文、以文促游"，以卧龙湖为核心的生态人文旅游产业开始起步发展，已累计接待游客超过18万人次。卧龙湖畔的大辽圣市商业街建设完成，观鸟节、羊汤节已经成为卧龙湖生态人文旅游的特色符号，成功举办了第三届卧龙湖大辽文化冬捕节，卧龙湖"锶鱼"品牌已在国家工商总局注册，"锶鱼"成为康平乃至沈阳独有的标志美食。

（张敏慧）

扶贫开发

【概况】 全市以27个重点贫困乡镇，302个村为主战场，全年投入扶贫开发资金7199.1万元，其中：专项资金4399.1万元（中央财政167.8万元，省财政1711.9万元，市本级2519.4万元），定点扶贫单位直接投入和协调帮扶资金2800余万元。

（郑　岩）

【专项扶贫项目】 一是落实省级到户扶贫项目，完成配套资金550.4万元。二是完成省产业示范项目2个，用于带动200建档立卡贫困户增收。三是完成市级5000户到户扶贫项目，补助资金1000万元。四是完成产业扶贫项目107个，补助资金313万元；市产业扶贫示范项目6个，补助资金300万元，用于带动1200贫困户增收。五是完成省贫困劳动力培训4100人，其中：康平县1250人，法库、新民、辽中各950人，配套资金6.25万元。六是完成互助式扶贫试点村4个，补助资金100万元，每村25万元。七是完成农户小额贷款贴息资金89.7万元。八是完成新增A级农民专业合作社40个补助资金160万元，用于带动贫困户自主脱贫。

（郑　岩）

【专项扶贫措施】 认真开展建档立卡"回头看"工作，精准识别扶贫对象，解决建档立卡中存在的问题，确定建档立卡贫困人口1.17万人。开展定点（驻村）扶贫。组织省、市党政机关单位继续开展定点（驻村）扶贫贫困村活动，实施各类扶贫开发项目110个，修建公路80余公里、文化广场7000余平方米，打井150余眼，安装路灯200余盏，栽植树木2万余株，有效地改善了贫困地区的生产生活条件。

（郑　岩）

农业产业化

【概况】 全市规模以上农业产业化龙头企业达1039家，其中超亿元的企业80家。规模以上农产品加工企业661家，实现工业总产值1852亿元。新建农产品加工园区4个，分别是康平农副产品加工园区、康平朝阳食品加工园区、法库孟家绿色食品加工园区和浑南北方健康食品产业园，完成投资8100万元，农产品加工园区累计达到8个。全年拨付各类补贴资金1.61亿元。

（徐利利　王晓宇）

【推动农产品加工业发展】 全市基本形成了粮油、饲料、肉类、乳品四大优势主导产业。全市开工建设规模以上农事项目70个，其中农产品加工项目35个，计划新增投资40亿元，已完成投资23亿元。2015年获得固投补贴项目9个，贴息项目4个，发放补贴资金2110万元。10亿元大项目建设成效显著，位居全省第一。15个10亿元农产品加工大项目累计完成投资158.06亿元，其中当年新增投资20.31亿元，有9个项目投产，其中竣工8个，2015年实现产值60亿元，拉动就业8000余人。

（徐利利　王晓宇）

【加快推进园区建设】 开工建设园区4个，分别是康平农副产品加工园区、康平朝阳食品加工园区、法库孟家绿色食品加工园区和浑南北方健康食品产业园，完成投资8100万元。

（徐利利　王晓宇）

【龙头企业培育】 新增市级龙头企业13家、省级龙头企业4家；监测合格市级龙头企业29家、省级龙头企业25家。全市市级以上农业产业化重点龙头企业达到216家，其中：国家级7家，省级55家，市级154家，"十二五"期间省级以上龙头企业增加27家。

（徐利利　王晓宇）

农产品质量安全

【监管体系建设】 2015年，农产品质量安全工作取得全面发展，绩效考评工作圆满完成，获得全省第一名，连续六年拔得头筹。

全市61个乡级监管站（区域站）按照省农委标准全部通过验收，并开展工作，其中具备数据上传的站58个。全市已经形成了以市农业监测总站为主，区县农产品质量安全检测中心为辅，以乡级监管站为补充的农产品质量安全三级监测检测体系。

（王　嵩）

【质量安全水平高位运行】 开展市级农产品生产基地风险监测10次，监测农产品样品689个，合格率达到97.1%；开展三品一标监督检查2次，抽取样品75个，合格率98.7%；开展草莓专项监测1次，监测草莓数量达到38个样品，合格率达到100%。积极与食药监局开展合作，在流通领域开展风险监测1次，监测蔬菜样品20个，合格率75%。

（王　嵩）

【检测体系能力提升】 积极推进县级农产品质量安全检测机构双认证工作，先后有康平县、浑南区两个县级农产品质量安全检测机构通过了省计量和机构考核。全市已经有5家检测机构通过双认证的考核，检测机构双认证数量居全省第一位。

（王　嵩）

农业新技术推广普及

【农业科研成果不断涌现】 通过审定（鉴定、备案）农作物新品种9个，其中玉米沈试801通过国家品种审定，樱桃番茄红太郎通过国家品种鉴定。沈阳市农业科学院具有自主知识产权的5项科技成果获奖。“玉米新品种沈玉34号选育及应用”获辽宁省农业科技贡献三等奖;“沈玉玉米新品种(沈3336系列)选育及应用”获沈阳市科技振兴奖,“玉米新品种沈玉34号选育及应用”和“大葱新品种‘盛京1号’选育与应用研究”分别获沈阳市科技进步一等奖和三等奖,“蔬菜新品种选育及产业化开发”和“月季砧木对根癌病的抗性鉴定及利用”分别获沈阳市农村科技推广一等奖和二等奖。

(周兆彤)

【粮油作物高产示范区建设】 全市以高产创建为重点,继续与省农科院、农业大学开展科技共建项目,加快优质高产新品种的推广,推进测土配方施肥和土壤有机质提升,提高水稻大棚盘育苗和机插秧比例,推广玉米密植精播和抗旱保全苗技术,新品种、新技术得到了普遍应用,粮食生产水平得到进一步提高。

全市建设粮油高产创建示范区118个,其中:国家粮油作物高产创建示范区93个(水稻万亩方55个,玉米万亩方36个,花生万亩方2个),省级玉米示范区5个,市级粮油高产创建综合示范区20个(玉米11个,水稻6个,花生2个,甘薯1个)。粮食高产创建示范区共涉及69个乡镇(街道)、325个村,总面积超过11万公顷,占全市粮食生产面积的22%。

经省级专家测产验收组测产验收,全市国家级粮油高产示范区单产全部达标。玉米示范区平均单产810.9公斤/亩,达到标准;水稻示范区平均单产714.2公斤/亩,花生示范区平均单产310.1公斤/亩,均超过目标值。市级水稻高产创建综合示范区平均亩产765.9公斤/亩,玉米高产创建综合示范区平均亩产809.4公斤/亩,花生高产创建综合示范区平均亩产302.5公斤/亩,甘薯高产创建综合示范区平均亩产2182.8公斤/亩,单产水平均超过预期目标值,示范区建设顺利完成。

(梁 竑)

【先进适用技术推广扎实有效】 市级推广部门全年引进优新品种123个,其中:设施果蔬品种30个,粮油作物品种77个,建立品种对比示范基地11个。重点推广了炭基缓释肥应用技术、日光温室主要果菜节能高效栽培技术、设施果树蔬菜安全生产技术、优质高效蔬菜育苗技术等先进适用技术,全年落实示范区7.32万公顷。

(周兆彤)

【植保统防统治水平稳步提升】 实施玉米螟绿色防控项目,全年累计完成玉米绿色防控36.67万公顷,防控面积同比增长5.8%。采取“1+3”模式开展玉米螟绿色防控,在玉米种植区设置诱捕器8.04万套,发放赤眼蜂卡2200万张。挽回玉米损失约16.8万吨,挽回经济损失2.69亿元,投入产出比为1:10.7,减少了化学农药使用550余吨(商品量)。为提高水稻产区病虫害统防统治水平,采用直升机进行飞防,全年开展飞防服务242架次,实际防控面积1.93万公顷。

(周兆彤)

种 植 业

【粮食生产】 2015年,农业生产有利条件居多,惠农政策落实,科学种田水平提高,防灾抗灾能力增强,温光雨匹配,保证了全市农业生产的正常进行。全市粮食播种面积达50.19万公顷,粮食产量358万吨,取得了“十二连丰”。

(朱雪冬)

【落实惠农政策】 出台《沈阳市人民政府办公厅关于沈阳市2015年粮食生产发展的意见》,指导全市农业生产工作;市农委、林业局、财政局等三部门联合下发的《2015年沈阳市贯彻落实中央一号文件促进现代农业发展的若干政策》(沈农经发[2015]27号)中明确,“支持粮油高产创建综合示范区建设,对20个引进、试验、示范和推广农作物新品种、新技术、新模式的万亩粮油高产创建综合示范区,每个补助20万元”、“支持取得优质稻米注册商标的家庭农场、农民专业合作社、农业企业等单位建设稻米生产基地,全市择优选择5个规模达到67公顷以上的高品质稻米生产基地,每个补助30万元,用于配套设施建设”。这些政策的出台极大地调动了农民的生产积极性。

(朱雪冬)

【气候利于农业生产】 春季气温偏低,略旱,玉米出苗不是很齐,但随着气温的回升,降雨的增加,生育进程加快,没有对后期扬花授粉、成熟造成影响。5-6月雨量充沛,沈阳地区各地土壤墒情适宜,大部分地区春播进展顺利,玉米拔节期、水稻分蘖期生长较好;5月下旬气温上升快,积温条件较好,水稻插秧早,缓苗快,苗齐苗壮,为水稻增产打下了基础。虽然进入7月份持续高温无雨,但与常年相比,较少遭受风灾、雹灾、涝灾等自然灾害影响,粮食产量没有造成大幅度下降。

(朱雪冬)

【蔬菜生产】 全市蔬菜播种面积、产量分别达到18.1万公顷、582.3万吨,分别高于省政府绩考指标6400公顷、36.8万吨。全年示范推广蔬菜新品种29个,重点推广了熊蜂授粉技术、蔬菜工厂化育苗、生态型设施蔬菜生产集成、高效特色设施果蔬集成、炭基缓释肥应用等蔬菜生产新技术。

(朱雪冬)

【提升高效设施栽培技术水平】 依靠科技手段,大力发展节水、节地、节能、节材型设施大棚,推广双层棚、三层棚、联栋棚、防虫网、遮阳网等设施配套技术,提高了单位面积产量和土地产出率,增加了经济效益。

(朱雪冬)

【加强规模化蔬菜基地建设】 利用土地流转平台,依托现有设施蔬菜生产基地,发挥项目带动作用,逐步完善配套设施,着力加强内部基础设施配套,做到旱能灌、涝能排,实现规模化种植、机械化生产。2015年,全市发展农业部蔬菜标准化创建基地1家,新建高标准日光温室20栋,旧棚改造60栋,园区总产量、产值分别较创建前增长了50吨、125万元,经济效益增长率达到15.5%。

(朱雪冬)

【加快蔬菜集约化育苗发展】 通过改善设施条件和规范操作技术,推动蔬菜育苗向专业化、商品化、产业化方向发展,以提升蔬菜育苗安全性和标准化水平。2015年,全市有4家农事企业获得市级工厂化育苗项目政策扶持,蔬菜年育种量3383万株、食用菌年505万瓶。

(朱雪冬)

【粮食作物】 粮食综合生产保持稳定。近年来,全市粮食作物播种面积年均50.33万公顷,粮食产量实现“十二连丰”。其中玉米、水稻作为主导作物，玉米播种面积37万公顷，水稻10.89万公顷，占播种面积90%以上。玉米产量249万吨、水稻产量100.4万吨。

（吴　锋）

【经济作物】 一是基地发展向高效转变。随着新型经营主体的发展，基地生产投入逐步加大、管理水平不断提升，种植品种逐步多元化，传统老品种种植逐步减少。部分生产基地向高端化、精品化、高效化、特色化、高产化、生态化发展，效益更加明显。二是特色更加突出。全市设施农业面积稳定在12.67万公顷以上，并开展提质增效工程，为特色种植业的发展奠定了良好基础。随着61个“一乡一业”项目的实施，区域特色更加突出，品牌效益逐步显现。三是区域规模效应显现。全市蔬菜、花生、两瓜、薯类、寒富苹果、树莓、蓝莓、饲料作物等高效特色作物稳定在20万公顷以上，各区县（市）分别形成了主导产业明显、农民收入显著提高的专业乡和专业村。千亩经济作物村已达128个，总面积为2.33万公顷。花生、西甜瓜、三樱椒、树莓等成为当地优势特色产业，较好地提升了农民收入。四是高端精品产业异军突起。花卉、食用菌、三莓、葡萄、温室水果等高端经济作物达到3.33万公顷以上。在设施环境不断改善基础上，新品种新技术引进速度加快，如新民公用集团通过模拟生长环境，把番石榴、人参果、莲雾等热带亚热带水果引入全市，于洪引进了水生浮板菜种植、多层次立体方式栽培等，一批科技含量高、产品附加值高、农民收益高的新兴产业正蓬勃兴起。

（吴　锋）

【饲料作物】 饲料作物正突破起步阶段，呈现蓬勃发展趋势。2013、2014年饲料作物种植面积增长速度均超过150%，2015年全市种植青储玉米、燕麦、苜蓿等饲料作物2.67万公顷以上。

（吴　锋）

【花卉生产】 积极调整花卉种植结构，以玫瑰、百合、菊花鲜切花生产为重点，提升技术水平，满足消费需求，稳定经济效益，有效增加农民收入。

全市花卉播种面积为2400公顷，其中鲜切花类（百合、玫瑰、非洲菊、菊花等）1400公顷，占58.3%；盆栽植物类（君子兰、大花蕙兰、蝴蝶兰、杜鹃等）600公顷，占24.1%；万寿菊133公顷，占4.2%；其它类333公顷（观赏苗木、草坪、种球等），占13.3%。花卉总产值6.8亿元，鲜切花生产量4.17亿枝，盆栽植物4524.1万盆。

花卉生产的特点：一是生产面积有所下降。2015年全市花卉种植面积为2401公顷，其中：鲜切花类1400.6公顷，盆栽植物类581.7公顷，观赏苗木类69.2公顷，工业用万寿菊102公顷，草坪37.7公顷，其它209.8公顷。二是生产条件持续改善。花卉保护地生产达到1065.4万平方米，普遍采用钢筋骨架、砖混结构、苯板芯墙、机械卷帘、膜下滴灌等工厂化生产技术，集中连片、规模化标准生产的面积继续增加，零散生产、土木结构的状况明显减少。三是新品种生产持续增加。全市加快新品种更新换代，在总面积呈下降情况下，优新品种生产面积653公顷，继续保持增长。重点扶持了沈北新区前进农场和沈北街道建立鲜切花技术核心区23公顷，引进推广优新品种5个，推广先进适用技术5项。

（吴　锋）

林　业

【造林绿化】 一是圆满完成造林工作任务。2015年，全市农村共完成造林1.74万公顷，封山育林1000公顷。其中完成生态林1.27万公顷。并完成了省要求的造林信息录入工作。二是制定完成了“三大规划”。根据市委、市政府着眼于未来城市发展需要，在全市范围内实施“绿化提升三年行动”的要求。制定完成了《沈阳市绿化提升三年行动计划（2016—2018年）》、《沈阳北部地区提升森林化水平建设规划（2016—2020年）》、《沈阳市生态屏障保护规划2016—2020》（以下简称三个规划）。“三大规划”的制定完成为打造“生态宜居美丽沈城”打下了坚实的基础。三是宜居乡村建设进展顺利。制定了《沈阳市宜居乡村绿化建设行动方案（2015—2017年）》。实施村屯绿化建设153个村，有95个村被省林业厅授予“省级示范村”。积极与市村镇办协调将村屯绿化纳入全市城建规划，开展了2016年绿化示范村、绿化达标村的调查和申报工作，制订了2016年宜居乡村绿化实施方案。四是完成了沈阳市退化防护林资源本底调查的工作。2015年1月，按照省林业厅的要求，在省规划设计院的指导下和各区、县（市）的配合下，历时三个月，对全市退化的农田防护林、护岸林、水土保持林、防风固沙林、护路护岸林数量、质量、结构、原因和退化程度进行了调查摸底，完成《辽宁省退化防护林改造规划（2016—2025年）》沈阳市有关内容的编制工作，为全市今后10年内退化防护林的改造工作奠定了基础。五是完成了造林业务信息报道、宣传工作。结合造林绿化处工作内容，在林业局门户网站、省林业厅网站，发表信息报道40余篇；结合“三个规划”的制定、“3.12”植树节、“3.21”世界森林日活动，在《沈阳晚报》和《沈阳日报》新闻载体刊载文章，营造全民参与生态建设的良好氛围。六是防沙治沙任务圆满完成。圆满完成了《沈阳市防沙治沙规划（2011—2015）》的任务，封山（沙）育林育草7600公顷，樟子松固沙林衰退治理1400公顷，低产林改造4733公顷；沙区全部实施封沙禁牧，实行舍饲圈养；风沙源得到有效根治，农田基本实现林网化，生态环境得到明显改善。开展了首届“防沙治沙执法年”执法宣传活动。根据国家和省林业厅的统一部署，制定印发了《关于开展“防沙治沙执法年”活动及做好“世界防治荒漠化与干旱日”宣传工作的通知》，要求各地区紧紧围绕首届“防沙治沙执法年活动”，紧贴“绿化荒漠，守护家园”这一主题，加大防沙治沙执法检查力度，着力解决沙区“五滥”（滥牧、滥垦、滥樵、滥排污、滥用水资源）等沙区环境事件，并对沙区建设环境影响评价、单位治沙责任制、合理利用沙区资源等情况开展了自查。同时结合6月17日“世界防治荒漠化与干旱日”宣传活动的契机，加大防沙治沙宣传力度，着力宣传防沙治沙工作中的典型事例和防沙治沙取得的成效，进一步确立了《防沙治沙法》、《辽宁省防沙治沙条例》在基层防沙治沙工作的主导地位和法治依据，收到了较好的效果。七是森林抚育工作顺利开展。康平县、辽中县和新民市领导高度重视，带领技术骨干，对该地区的林班进行了全面调查。对符合条件的林班进行精准测量、开展抚育，确定作业对照区。顺利完成了全市1533公顷的抚育任务。其中：辽中县完成333公顷,新民市完成867公顷,康平县完成333公顷,为提高林分质量、更好的发挥林木生态效益打下了基础。八是义务植树活动扎实推进。重点开展了四次义务植树活动:与市城建局共同组织了省、市四大班子领导、驻沈部队首长共300余人参加的义务植树活动。共栽植各类树种2000余株。同时,全市各区、县(市)也积极组织本区县的党委、人大、政府、政协四大班子及驻区单位,参加了义务植树活动。当天市、区(县)参加义务植树人数达到2.18万人,共完成植树5.16万株。由市委组织部、团市委、市林业局、市城建局联合开展的"保护母亲河·美丽中国梦"全市党团员义务植树。统一行动日活动在沈阳市沈北新区辽河七星湿地举行。全市党团员、青年志愿者代表共计500余人参加了现场植树,共栽植银中杨2000余棵。当日全市有2万余名党团员参加了植树活动,共栽植各种树木50万余株。市妇联组织开展了"与幸福有约,万家绿美新辽宁"全市妇女植树日活动。省、市妇联机关干部及沈北新区领导、妇联干部、100个巾帼志愿家庭约320人参加了植树活动,共栽植海棠树1000余株。制定了《关于定点扶贫单位开展帮扶贫困村屯绿化美化活动的通知》。发动市直机关单位到定点扶贫村开展绿化活动,与当地村民共建"扶贫共建林"。九是古树名木保护制度日臻完善。为加强全市古树名木的保护管理,切实做好"沈阳市政协第十四届二次会议第0028号提案答复报告"的办理和落实工作,2015年制定了《沈阳市农村古树名木保护规划(2016—2018)》。积极协调市财政局将古树名木保护纳入财政预算,为2016年全市古树名木保护工作做好准备。

(*王应清*)

【护林防火】 一是加强领导,狠抓落实。各级党委、政府和林业主管部门都把森林防火工作当作头等大事来抓。3月18日,市林业局召开林业局局长工作会议,安排部署全市森林防火工作和全市护林员管理体制改革工作。市长潘利国、市领导沙波涛先后多次视察森林防火工作,并召开专题会议研究部署森林防火工作。市、县、乡、村层层签订森林防火责任状,将森林防火责任落到实处,真正做到"山有人守,林有人管,火有人防,责有人负"。二是强化管理,严控火源。各区、县(市)森林防火部门对森林防火工作实行网格化管理,在每块责任区均落实了护林员、责任领导及包干责任人。在森林防火紧要期,各区、县(市)森林防火部门加大了野外火源管控力度,对风景区、高火险区进行全面细致的隐患排查,护林员全部上岗到位,增加巡护时间和密度,在重要进山路口增设临时检查站,加强了对进入林区的车辆、行人检查,严禁一切危险火源进山,特别是将对野外烧荒、烧秸秆行为及"清明"、"五一"、"十一"期间进山上坟烧纸、郊游踏青人员进行严格管理。春防前,重点林区将林缘300米内的农作物秸秆进行有效清除,消除火灾隐患。9月29日,沈阳市人民政府发布了《关于禁止露天焚烧农用作物秸秆的通告》。10月19日,市森林防火指挥部下发了《关于在全市开展清理林缘秸秆工作的紧急通知》,要求全市重点林区将林缘300米内的农作物秸秆全部清除,严禁焚烧。此外,"春耕"、"清明""秋收"期间,森林公安和地方公安加大检查执法力度,对上焚烧纸、烧荒、烧秸秆、野炊等违法用火行为进行严厉打击,做到"见火就罚、够罪就抓"。三是加大宣传,拓宽范围。市防火办与市委宣传部联合制订森林防火宣传方案,有组织、有计划、有步骤的通过广播、电视、报纸等媒体全方位、多角度、宽范围的宣传森林防火。森林防火紧要期,在沈阳广播电视台天气预报栏目中播发森林火险等级和防火口号。沈阳电视台早间、晚间新闻时段滚动播出森林防火口号,3月28日《辽宁新闻联播》、4月5日辽宁经济频道《庄稼院》栏目都播放了森林防火主题节目。3月12日沈阳晚报B15版整版报道林业建设工作,其中森林防火占有很大版面;3月25日沈阳日报刊登《关于严禁野外用火、上坟烧纸、烧荒、烧秸秆的紧急通告》,当期"行进中国精彩故事"栏目还刊登了以护林员为主题的文章;由沈阳市农委主办的《沈阳农村经济》5月刊上设置了森林防火专题版面。沈阳市森林防火指挥部办公室还利用网络大力宣传森林防火知识,利用移动通讯群发气象信息、森林火险等级等,在微信上制作《森林防火倡议书》,浏览人次已突破5000次。大连大黑山森林火灾发生后,沈阳市森林防火指挥部办公室与市教育局联合对中小学生进行森林防火安全知识培训。此外,市防火办还印发了《关于严禁野外用火、上坟烧纸、烧荒、烧秸秆的紧急通告》,制作了森林防火宣传旗、森林防火宣传横幅,同时各区、县(市)也加大了森林防火的宣传力度,增加了森林防火宣传车辆、发放宣传单、悬挂宣传标语、彩旗、横幅等,森林防火氛围浓厚,增强了百姓的防火意识。四是加大投入,保障有力。2015年,全市森林防火共投入2000余万元,包括东部山区森林防火监控系统建设、防火道路维修、防火宣传、三清、物资采购等。各区县森林防火资金投入力度也是空前的,其中:浑南区投入2000余万元,沈北新区投入1000余万元。此外,队伍建设不断加强,沈北新区新组建了1支专业森林消防队,苏家屯区新组建了1支专业森林消防队,加上浑南区原有2支专业森林消防队,全市东部山区共有专业森林消防队4支,均达到了专业森林消防队的标准,为扑救森林火灾提供了人力和物资保障。五是严阵以待,快速反应。市林业局实行全年24小时干部值班和领导带班制度,保障"12119"森林火灾报警电话随时有人接听,确保了通讯联络畅通和信息报送及时。森林防火紧要期,全市各专业、半专业森林消防队集中食宿,武警沈阳市支队、辽宁陆军预备役高炮一师、沈阳警备区进入临战状态,一旦发生火情,能够做到立即出发,快速处置。此外,沈阳市专业森林消防队充分发挥了"一方有难,八方支援"的优良作风,浑南区、沈北新区两支专业森林消防队在保证全市森林防火万无一失的前提下,在省森林防火指挥部的统一调度下,紧急支援鞍山市、辽阳市、铁岭市扑救森林火灾,获得了省森林防火指挥部的高度赞扬并给予了表彰嘉奖。六是强化培训,应急演练。10月14日,市森林防火指挥部组织了由各区、县(市)主管领导、重点乡镇长、林业局局长、森林公安局局长、防火办主任参加的森林扑火指挥员培训班,培训由我国著名的森林防火指挥专家、中国武警森林灭火教研室主任、高级工程师白夜博士主讲《森林灭火组织与安全》,通过此次培训,进一步提高了森林火灾扑救指挥决策及安全避险能力,取得了良好的效果。10月27日,市森林防火指挥部在沈阳国家森林公园组织了由武警沈阳市支队、辽宁陆军预备役高炮一师扑火队、市公安消防支队、浑南、沈北、苏家屯三个区专业森林消防队以及市气象局、市人防办等部分市森林防火指挥部成员单位共同参与的扑救森林火灾联合演练，检验了沈阳市扑救森林火灾的应急反应能力和指挥决策水平，达到了预期的效果，市领导沙波涛出席此次演练并作重要讲话。七是推进改革，提高效率。为认真贯彻落实《辽宁省林业厅关于印发辽宁省护林员管理体制改革指导意见的通知》精神，市林业局召开会议专题研究全市护林员管理体制改革工作，此次改革工作本着以"增加待遇、减员增效、提高素质"的基本原则，从积极准备、深入调研到制定方案、试点运行，再到全市推广、稳步推进，每个阶段都在探索创新，确保了全市护林员管理体制改革工作顺利开展。全市护林员人数由920名调整至866名，人员工资待遇因地制宜，进行了不同程度的调整，更好地发挥了护林员的管林、护林作用，实现了封育、禁牧、管护"三位一体"。

（王应清）

【资源保护及林政管理】 一是林业有害生物防治工作有序推进。全年发生面积3.21万公顷，完成防治作业面积4.5万公顷，防治率达到100%，无公害防治率98.6%，生物防治率37.1%，成灾率控制在2‰以下，全面完成各项防治任务指标。完成飞机防治两代美国白蛾4.67万公顷。加强生物防治，在多个路段放赤眼蜂防治美国白蛾，挂置大茧3.5万个，放蜂1.4亿头，生物防治面积1333公顷，线路总计20余公里。对全市113家苗圃开展产地检疫检查，应检育苗面积1600公顷，实检苗木面积1600公顷，检疫率达到100%。二是退耕还林工作力度加大。针对沈阳市退耕还林补贴标准低、农民毁林复耕问题突出的实际，市林业局会同市财政局赴大连考察，提出了提高退耕还林补贴标准的意见，市政府已经批准将退耕还林补贴标准由每亩90元提高到160元。开展新一轮退耕地块普查，对退耕还林小班补植补造、政策兑现、地块调整、林权发证、工程档案等情况进行调查，全面掌握了全市退耕还林资源情况。三是野生动植物保护和自然保护区管理力度加大。认真组织"世界湿地日"、"世界野生动植物日"、"爱鸟周"等生态宣传活动，开展打击非法出售野生鸟类17次，打击非法猎捕野生鸟类7次，查处非法驯养野生动物行为3次，检查野生动物经营利用管理专用标识7次。解救野生鸟类3453只，销毁捕鸟网87片、打笼18个，警告教育违法嫌疑人13人次，给予行政处罚1人，移交司法机关1人。开展自然保护区监督检查专项行动，共发现57处侵占保护区现象，侵占面积约33.2公顷，已处理24起，正在处理33起。9月14日至17日，沈阳市林业局策划实施了"蜂猴回家"放归自然活动，受到央视和新华社记者全程跟踪报道。沈阳市野生动植物保护管理站获评2015年国家林业局野生动植物保护宣传工作典型单位。四是森林资源管理不断深化。开展清查青山工程过程中非法侵占林地行动，清理排查非法侵占林地案件26个，面积64.3公顷，清理住房和别墅1536个。扎实推进林地清荒工作，建立健全了新常态下森林资源保护和管理的巡视、预警和查处"三项制度"。大力开展案件侦办工作，依法查处非法占用和破坏林地行为，立案10起、刑拘10人、批捕7人、移送起诉7人、立逃5人。强化林业改革创新，完成森林政策性保险面积12.6万公顷；稳步推进全市林果专业合作社示范社建设，康平县香润鑫寒富苹果专业合作社被评为省级林果专业合作社示范社。

（王应清）

【数字林业建设】 一是林业网站改版升级达到国检标准。到2015年底，林业局网站共发布信息2073条，其中：林业信息734条，央网信息498条，省市政府信息507条，林果科技922条，林业百科2422条；处理市长信箱6件，处理局长信箱12件，处理网上咨询23件。二是增强与百姓互动，使工作接地气。为增强与关心林业的市民互动交流，网站增设了局长信箱、网上咨询、民意调查、政策解读、在线访谈等栏目，其中：处理局长信箱12件，网上咨询23件，公布民意调查5个。三是裁减整合，突出工作重点。为了更好的突出本年度的重点创新工作，适应全国普查工作，林业局信息中心调整了部分版块，删减了原来更新不及时的版块，整合了功能相似的栏目，突出重点工作，注重与民众的多沟通，多交流，接地气。四是围绕智慧城市建设，编制智慧林业建设实施方案。根据《智慧沈阳建设实施方案（2015—2017年）》要求，围绕建设智慧沈阳，抓住"互联网+"的重大机遇，编制了《沈阳市智慧林业建设实施方案》，《方案》以加快林业经济发展和提高为民服务能力为核心，以促进林业信息化应用和资源共享为重点，着力构建水平先进的智慧林业基础设施体系、便捷高效的林业管理与民生服务体系、创新活跃的林业产业发展体系，推动现代林业发展，全面建设智慧林业。五是完成2015年软件正版化工作备检任务。根据《国务院办公厅关于印发政府机关使用正版软件管理办法的通知》（国办发〔2013〕88号）及省、市使用正版软件工作领导小组的文件精神，结合林业局实际情况，由林业局信息中心起草制订了《沈阳市林业局2014年正版软件化工作方案》，购买了多套正版软件并成功安装，建立固定资产账户。六是建立沈阳林业微信订阅号。从2015年5月份创刊起，沈阳林业微信共发微信100多条，宣传了沈阳林业，提高了林业局在市民中的认可度，受到林业工作者及市民的关注。特别是在寒富苹果节前的一个月，市林业局信息中心连续发布寒富苹果信息40多条，为其造势，提供服务，方便市民了解家乡的特有农产品品牌，使其深入人心，也为寒富苹果的销售做了大量宣传。七是确保了门户网站及网络和信息安全。在做好网络信息安全日常维护工作的同时，市林业局还在国际马拉松等大会期间建立了排班值班制度，建立了七楼机房巡查制度，全面掌握林业局网络日常运行情况，确保了局网络及信息系统在本市范围内大型活动期间安全的稳定运行。同时完成了网络标识挂牌工作及ICP备案工作，建立了网络信息安全应急预案。八是探索林业大数据的发展，编制"十三五"创新规划。根据《国务院关于印发促进大数据发展行动纲要的通知》（国发〔2015〕50号）（以下简称《纲要》）及省、市相关的文件精神，结合林业工作实际，制定2015年大数据发展工作方案的讨论稿。以提高认识、开拓创新、准确全面高效、互联开放共享为原则，使林业大数据的收集、分析和应用更好地为沈阳市的生态林业、民生林业服务。《讨论稿》还制定了具体措施成立局大数据发展工作领导小组，明确了责任，规划了程序，提出了工作要求、工作步骤和保障措施。现正编制智慧林业"十三五"子规划。九是开展调研工作，推进寒富苹果市场营销。按照局党组《关于开展“与林农果农对话”专题调研活动的通知》要求，经过几个月的时间，采取网上搜集、实地调查、企业走访等多种形式，对沈阳地区林农、果农、林果企业及各类 IT 公司等多人多家单位做了调查，在全市林业信息化建设中转变观念，加强服务意识，打造沈阳市林业信息的网络服务体系。

（王应清）

【林业科技】 一是加强行业管理调控。认真贯彻落实国家、省、市有关政策。编发《林业产业相关政策摘编》，将国家、省市有关贷款贴息、龙头企业、名牌产品奖励政策进行梳理编发，在召开会议和调研时分发给企业、合作社、协会和大户。与市农委等三部门联合出台了《2015 年沈阳市贯彻落实中央一号文件促进现代农业发展若干政策》，加大了惠农政策力度，促进林农增收。加强了木制品产品质量的管控。4 月份配合国家林业局、省林业厅对全市木制板及地板行业质量抽检工作，11 月份，委托市质监局对全市木制板及地板行业质量抽检工作。做优做强旅游经济。坚持生态保护与旅游开发并举、山区旅游与城市观光对接的原则，加大全市旅游资源和旅游产品整合力度，参与市旅游局《沈阳市旅游发展总体规划纲要（2015—2020 年）》的修订工作，把沈阳市生态旅游、山区旅游、林业旅游纳入到全市的总体规划中。二是着力拓宽林业产业发展领域。2015 年，省政府下达的 5667 公顷“千万亩经济林工程”建设任务和 533 公顷的重点示范基地建设任务全部落实并顺利完成。同时培育了 7 家经济林示范园参加省林业厅举办的高标准示范园的申报。全市现有经济林 4.25 万公顷，林地经济 2.89 万公顷，采取政策引导、资金扶持、典型引路以及科技服务等有效措施，充分挖掘林地经济发展潜力，使林地经济成为全市县域经济发展、农民增收新的增长点。积极培育了林地经济示范小区建设工程，培育林地种植小区、养殖小区各 10 个。按照《沈阳市 2015 年林地经济示范小区验收方案》验收合格 16 个。三是强化龙头带动。申报了沈阳好百年木业有限公司为国家级龙头企业。对第三批省级龙头企业重新申报认定，并申报沈阳威云果品有限公司为省级林业产业龙头企业。培育并申报了康平县张强镇为“辽宁特产寒富苹果之乡”。评定法库县四家子乡为“特色经济林榛子之乡”。四是林业科技稳步推进。完成了沈阳市 2014 年林业科普调查统计上报工作。3 月 10 日，召开全市林业科技工作会议，明确科技工作重点，部署全市林业科技工作。抓了新技术新品种新模式示范推广。主要从省一院五所 18 个项目的技术推广、西安海升集团寒地苹果示范园的建设、林木基因库的建设、科技示范园建设等几个方面加以示范推广。加强林业科技队伍建设。每个县有一到二个联络员，乡镇确定了科技示范园、科技示范户，并针对科技队伍进行专业培训。五是严谨细致完成上级交办的其他工作。完成了重要文件评估。市林业局重要文件评估涉及一项，即《沈阳市经济林产业带工程建设实施方案（2014—2017 年）》（沈政办发〔2014〕15 号）（以下简称《实施方案》）。从 4 月中旬开始，会同涉及经济林工程的区县进行了实地调研，通过查阅资料、现地勘验等形式进行。对照《实施方案》的进度、要求，逐项进行评估，全市在实施省千万亩经济林工程任务中能够按照《实施方案》的进度、要求进行，措施得力、有效，总体上执行正常。回复办理了市政协委员提案一件。三是完成了省林业厅产业调度资料汇总，2014 年度林业产值及沈阳市林业产业年鉴上报工作。

（王应清）

水利

【概况】 2015 年，在市委、市政府的坚强领导下，市水利局深入贯彻党的十八大、十届三中、四中、五中全会和习近平总书记重要讲话精神，认真落实市委、市政府决策部署，积极推动治水思路战略性转变，按照“节水优先、空间均衡、系统治理、两手发力”的总要求和“发展为要、民生为大”的理念，不断加强行业和自身建设，扎实推动水利改革，加快现代水利发展，着力在东北振兴、人大重点议案办理、保障改善民生、生态文明等方面，推进事关全局和长远发展的重大水利工程建设，为沈阳市经济社会发展提供了有力的水利支撑。

（项广飞）

【水利基础设施建设】 多措并举强力推进，确保资金项目落实。“三争取”工作阶段性成效明显，争取落实项目 31 个、落实省以上水利投资 3.5 亿元；严格计划执行和资金监管，下达市资金计划 5.8 亿元，采取有效措施防止了资金占用；坚持实行重点工程项目推进制度，完成 66 项市政府投资项目前期工作，竣工 62%，完成投资近 5.5 亿元。

夯实水利基础设施，助推现代农业发展。人大重点议案办理工作进展顺利，实施改造排水站 79 座、桥涵等配套建筑物 114 座，治理沟道 165 条，完成投资 2.5 亿元，市人大常委会及部分人大代表两次视察均给予较高评价；发展节水增粮行动工程 3540 公顷、节水滴灌工程 1107 公顷；推广辉山乳业大型指针式喷灌技术 3333 公顷、远大集团智能滴灌技术 100 公顷；实施灌区节水改造和大型泵站群建设，改善水田灌溉面积 4667 公顷。

（项广飞）

【实施碧水工程】 巩固提升碧水工程，保护改善生态环境。对蒲河全线 28 座拦蓄水建筑物实施维修养护，向蒲河生态补水 2680 万立方米，制定了蒲河生态廊道管理养护办法及考核办法，会同有关部门对相关区、县（市）政府进行每季度不少于 1 次的日常考核和年终考核，确保蒲河生态廊道建设成果得到有效巩固；实施河流整治工程 4 项、堤防维修养护工程 11 项、度汛工程 18 项；实行最严格水资源管理，完成省政府考核指标；完成《沈阳市压采地下水和供水安全保障关键技术研究》，通过市政府主持的专家论证。

（项广飞）

【发展民生水利】 做好德政民生工程，保障改善居民生活，解决了 20.9 万农民饮水不安全问题；对涉及 9 个区、县（市）38 个村镇的 56 条、总长 63 公里的河道实施标准化建设，村屯河道垃圾堆积多、河道淤积严重、水质恶化加剧、违占开荒等现象得到根本扭转。做好抗旱减灾工作，下拨应急抗旱资金 450 万元，派出 9 个工作组深入一线指导开展工作，应急浇灌作物 2.29 万公顷，保证了全市粮食丰产丰收，全市未发生人畜因旱饮水困难。

（项广飞）

【深化水利改革】 深化水利改革发展，

行业管理稳中有升。抓好安全生产和质量监管,全市水利系统未发生安全生产责任事故,实行了工程质量监督分级管理和水利工程质量终身责任制;加快职能转变加强依法行政,取消、合并、下放行政职权151项,对4项水行政征收实行减免缓,制定了市水利局行政裁量权指导标准;科学编制了水利发展“十三五”规划。

(项广飞)

农业机械化

【概况】 2015年末,全市农机总动力达到374.6万千瓦,比上年增加19.5万千瓦,增长5.5%。拖拉机保有量达到7.5万台,其中大中型4.3万台,配套机具12万(套)。新增水稻插秧机213台,联合收获机达到6080台,其中:水稻收获机1076台,玉米收获机5004台。农机总值达到38.2亿,比上年增加5.8亿元,增长17.9%。全市农业机械化综合水平达到86.7%,机耕水平达到95.8%,机播水平达到92.7%。

(李宏宇)

【农机购置补贴】 沈阳市共完成中央财政农机购置补贴资金2.7亿元。补贴购置农机具8382余台套,其中:拖拉机3817台,插秧机525台,玉米收获机2322台。在农机购置补贴政策的引导下,新增农机具以大中型、高性能的田间作业和配套农具为主,农机装备水平得到不断提高,结构进一步优化。受益农户(农机专业合作社)6109户,拉动农民资金投入4.8亿元。2015年,市本级预算安排农机购置补贴资金7890万元。

(李宏宇)

【农机生产】 2015年,全市完成机耕面积56.93万公顷,机耕水平达到95.8%;完成机播面积50.47万公顷,机播水平达到89%;完成机收面积37.13万公顷,机收水平达到64.2%。水稻生产机耕面积11.2万公顷,机耕水平达到98%;机插面积9.47万公顷,机插水平达到83.5%;机收面积9.67万公顷,机收水平达到84.9%。玉米生产机耕面积37.27万公顷,机耕水平达到96.2%;机播面积36.79万公顷,机播水平达到95.0%;机收面积24.87万公顷,机收水平达到64.2%。

(佟雨滋)

【农机安全监理】 全市共新办农业机械驾驶证2160本,其中联合收获机驾驶证941本;农业机械驾驶证换审1082本。办理农业机具新车注册登记4045台,其中联合收获机1527台。办理拖拉机年检1.91万台,抽检1.59万台。截至12月末,全市农业机械累计登记注册数4.75万台,其中联合收割机3584台。农业机械驾驶(操作)员累计在册数2.0万人,其中联合收割机操作员累计在册数1266人。

(张永刚)

【农机服务体系建设】 沈阳市有农机化研究所1个,农机化教育培训学校7所,农机推广机构8个;农机监理机构9个;农机维修网点1036个,乡镇以上农机管理机构237个;有服务功能乡镇农机管理站37个,村以下各类农机组织359个。沈阳市农机从业人员已达8.49万人。

(张永刚)

畜 牧 业

【概况】 2015年,畜牧业经济总量持续增长,畜牧业规模化、标准化、产业化水平不断提高。全年生猪出栏585.4万头,生猪存栏360.1万头,家禽出栏1.82亿只,家禽存栏9664.1万只,肉牛出栏106.8万头,奶牛存栏14.5万头,羊出栏84.1万只,羊存栏81.5万只。肉类总产量达到98.6万吨,禽蛋产量73.4万吨,奶产量50.5万吨。

(钟 波)

【畜牧项目建设】 加大了市本级强农惠农政策扶持力度,继续执行畜禽标准化规模场建、良种示范场、外引良种、有机肥生产项目建设补助政策,并新增了青黄贮窖建设项目和国家、省级核心育种场补贴项目。全年争取扶持资金6442万元,建成畜禽标准化规模养殖场33个,建设畜禽良种示范场项目7个,建设核心育种场3个,建设青黄贮窖37.8万立方米。

(钟 波)

【产业结构调整】 全市积极发展先进的饲养方式,以农民增收、企业增效、产业增值为目标,以科技创新、品牌创新为动力,转变传统的生产方式,继续提升规模化、标准化、现代化生产比重。继续做强做大法库县牛“一县一业”示范区,促进辽中肉牛养殖和康平、沈北奶牛产业发展;积极支持龙头企业做大做强。一是认真落实畜禽标准化养殖项目。积极组织申报省畜禽标准化养殖项目,有16家养殖企业通过省级专家验收,争取扶持资金800万元。二是积极组织申报畜牧业省级示范社。全市现运行良好的畜牧业农民专业合作社119家,有6家合作社被评为省级示范社,其中新民市宏祥养殖专业合作社被评为省级重点合作社,共争取扶持资金150万元。三是新建和改建阳光猪舍面积8750平方米,共争取扶持资金120万元。

(钟 波)

【重大动物疫病防控】 扎实做好全市重大动物疫病防控工作,精心组织实施春季重大动物疫病集中免疫、秋季重大动物疫病集中免疫、防控牲畜炭疽病和高致病性猪蓝耳病百日会战等工作,深入开展重大动物疫病强制免疫、免疫抗体监测和流行病学调查工作,确保应免家畜家禽的免疫密度达到100%、免疫抗体合格率达到国家规定的70%标准以上,实现了全年重大动物疫情零发生的工作目标。全市累计免疫家畜家禽6513万头(只),狂犬病免疫犬2.6万只,完成血清学及病原学监测10万份。布氏杆菌病人畜共患病共检测牛10.8万头,结核病人畜共患病共检测牛10.0万头。开展流行病学调查,全市共排查规模养殖场752个,散养户7555户,排查畜禽716万头(只)。加强县级兽医实验室建设,认真做好兽医实验室建设指导工作,对经市级初审不合格的区县下达了整改通知,经过整改于洪区、苏家屯区和法库县疫控中心实验室全部通过省级验收。

(张 波)

【畜产品安全监管】 全年完成畜产品监测任务1.98万批次,其中:“瘦肉精”检测1.51万批次,合格率99.9%;兽药残留检测2878批次,合格率100%;生鲜乳1872批次,合格率99.9%,超额完成全年监测任务。

深入开展“瘦肉精”、“生鲜乳”、“注水注胶”等专项整治活动,确保全市无重大畜产品安全事件发生。严格落实属地监管责任，强化督导。强化制度机制建设，构建畜产品质量安全监管长效机制。

（焦　阳）

【严格无公害畜产品认证工作】　加强无公害畜产品认证工作，严格执行无公害畜产品生产基地管理规章制度。同时，加大对已通过无公害畜产品认证企业的监管力度，做好到期产地和产品复查换证工作。加大无公害畜产品标识推广工作力度，加强标识使用管理，发现伪造、冒用标识和证书等违法违规行为及时处理，维护无公害畜产品认证权威性和品牌公信力，保障消费安全。

（焦　阳）

【兽药饲料监管】　全市共有各类饲料生产企业174家，饲料产量达390万吨，总产值近160亿元，生产规模、产量、产值仍均居全省首位。兽药生产企业20家，年产值约2亿元，兽药经营企业810家。

集中开展针对被农业部通报的非法企业所有产品和不合格产品假劣兽药专项查处和清缴行动。检查兽药经营企业800余家，查处各类兽药饲料违法违规案件59起，罚款近7万元。其中市本级立案查处案件11起，罚款近3万元。制定并下发了2015年兽药饲料监测计划，全年共监测兽药产品485批次，合格率89.3%；饲料产品498批次，合格率为99.2%。

（焦　阳）

【动物卫生监督执法】　加强饲养、屠宰等环节监管，全市累计检查各类监管场所1.1万次、出动执法人员1.4万人次、出动执法车辆4652台次，共查处违法案件192件，罚款51.1万元，无一起行政复议和行政诉讼案件发生。向公安机关移送经营、加工、贩卖病死动物及动物产品等违法案件16件。开展业务培训32次，培训人员1639人次。加强省界间动物卫生监督，防止外埠动物疫病传入，检查动物904.7万头（只），动物产品1153.6吨，查处各类违法案件23件，罚款19万元。加强动物卫生监督基础设施建设，完善市县动物卫生监督平台指挥和培训功能建设，完成1个市级指挥中心、11个县级指挥中心建设。切实加强检疫监管，严格检疫条件，规范出证程序。全市产地检疫1.9亿头（只）、屠宰检疫7963万头（只）。全市共建成58个病死畜禽无害化处理设施项目。

（张　波）

渔业生产

【概况】　2015年，全市渔业渔政工作以渔业增效、渔民增收为目标，大力发展现代渔业，以健康养殖为抓手，积极调整和优化养殖品种结构，不断提高产业化发展水平。全年水产养殖面积1.83万公顷，其中池塘面积1.24万公顷。水产品产量22.6万吨，同比增长16.6%。

（毛世骏）

【养殖结构调整】　一是扩大名优新品种养殖面积。全市名优新品种养殖面积1067公顷。二是注重苗种繁育，提升管理质量。全市繁育苗种数量27.4亿尾，同比增长8.8%。德国镜鲤和乌克兰鳞鲤的繁育量分别达到4.5亿尾和3.3亿尾。新民华泰渔业首次成功孵化200万尾泥鳅夏花鱼苗，并开展了柳根鱼苗孵化试验，繁殖出水花1万尾。繁育黄河鲤与建鲤杂交水花1000万尾。辽中县投资600万元建设省内领先的泥鳅养殖设施。

（毛世骏）

【渔业产业化发展】　创建农业部水产健康养殖示范场9家，省现代渔业园区1个（新民市综合型渔业园区被评为第二批辽宁省现代渔业园区）。组织开展了黄河鲤和建鲤两个省水产优势品种引进更新与改良项目。出台了全市渔业贷款贴息和苗种引进补贴政策，发放渔业贷款贴息1007.6万元，受益面积3467公顷，占总面积的27.5%；受惠养殖户806户，占总养殖户的29.8%。渔业经济总产值完成116.9亿元，增长29.9%。

（毛世骏）

【渔政执法】　选调渔政执法工作精干人员、配备执法设备，采用水面和沿岸巡查等形式，不断加大浑河城区段和蒲河禁捕活动打击力度。建立举报电话值班制度，公布举报电话，呼吁市民举报，对市民通过96123或“民心网”等渠道进行的举报诉求给予答复。同时建立每日执法记录制度和每月执法计划安排制度。全年出动执法人员约600人次，车辆120车次，共制止违捕行为300余人次，罚没销毁皮筏子60个、地笼网89片、挂网190片、电捕工具1套，释放渔获物约3000斤，有力地震慑了违法捕鱼行为。

（毛世骏）

【水产品质量安全】　开展水产苗种场专项检查和省级良种场复查。对苗种生产基地、无公害水产品健康养殖示范场的养殖用药情况进行了专项执法检查。配合省苗种局对全市苗种场现有苗种进行抽检，共抽检样品40个。开展产地水产品质量安全抽查抽检，全年完成水产品抽检340批次。其中：配合农业部、省对产地水产品抽检175批次，抽检合格率99.4%；对流通领域水产品例行监测80批次，合格率97.5%；沈阳市自行抽检45批次，抽检合格率100%。

（毛世骏）

【科技培训】　2016年，组织大型水产养殖新技术培训班两次，培训县区专业人员和养殖户300余人次；组织池塘越冬技术培训班四次，培训养殖业户100余人次，同时发放电磁式空气泵110台，碘量法溶氧测试仪器50套，底质改良式增氧机5台，钻冰机10台，测氧仪10台，提高了渔民的养殖技术和检测水平，帮助渔民攻克鱼类越冬难题，引导效益不佳的渔民进行新品种养殖实验。市渔业工作总站开通了水生动物疫病远程会诊系统和水生动物病害手机信息发布平台，发送信息数十次，为鱼病检测和发送水生动物病害测报预报、健康养殖新技术、渔业灾害等工作，提供了更便捷的条件。

（毛世骏）

经　济　管　理

综　述

【老工业基地振兴】　2015年是沈阳老工业基地振兴发展进入滚石上山、爬坡过坎的关键时期，也是国务院28号文件全面落实的重要一年。在全面贯彻落实国务院28号文件的同时，重点围绕28号文件中具体涉及沈阳的中德装备园建设等重点工作，点面结合，把沈阳老工业基地振兴发展推向新阶段。

完成沈阳市推进振兴工作2015年工作要点。成立振兴老工业基地领导小组，以组织贯彻落实上级关于老工业基地振兴的各项方针政策；研究审定推进沈阳振兴发展的重大政策和重点工作；督促检查重大政策措施落实情况，办公室设在发改委。根据国务院28号文件中的127项任务，结合沈阳市具体实际，编制了2015年工作要点并印发全市，定期开展调度。“两会”期间，组织有关部门及区县梳理了需要省、国家支持的重大项目和重大事项(政策)，上报省政府。市领导多次赴国家相关部委、省政府沟通汇报工作，提出需要省、国家支持的重大政策、资金和项目，并取得丰硕成果。

推动中德(沈阳)高端装备制造产业园建设方案报批工作。经积极推动争取，省长办公会确定成立省政府中德装备园建设工作领导小组。接待国家发改委、外交部、工信部、商务部等部委组成联合调研组来沈调研、指导园区建设和《方案》编制工作。接待中国驻德国大使史明德一行，史大使表示将推动沈阳与德国的交流与合作，积极宣传中德装备园，增强在德影响力。编制完成中德(沈阳)高端装备制造产业园建设方案，多次征求国家、省和知名专家意见，并经市政府审定后上报，国家发改委组织专家对《方案》作了重大修改完善，并征求了国务院11个相关部门意见，市领导多次调度情况并赴国家发改委等相关部委协调推进。11月中旬，《方案》经国家发改委正式上报国务院。12月17日，国务院正式印发《关于中德(沈阳)高端装备制造产业园建设方案的批复》(国函【2015】218号)，正式批复中德装备园建设方案。

编制完成《重工街老工业区搬迁改造实施方案》，经积极争取，铁西重工街老工业区纳入国家搬迁改造专项资金支持范围。两个项目获得中央预算内资金支持。按照国家发改委关于城区老工业区搬迁改造债券的要求，组织上报沈阳市城区老工业区搬迁改造债券项目，2015年共有11个项目纳入国家发改委建议名单。

(任　超)

【沈阳经济区发展概况】　2015年沈阳经济区实现地区生产总值1.58万亿元；完成全社会固定资产投资1.0万亿元；公共财政预算收入1122亿元；完成社会消费品零售总额7378亿元。新城、新市镇建设，一体化和同城化取得新的进展。

新城新市镇建设。19个新城新市镇装备制造、现代建筑、电子信息、农产品深加工主导产业不断壮大，生物制药、通用航空、金属材料等新兴产业快速发展。新城新市镇140个项目列入全市重点项目，为经济发展稳中求进奠定了坚实的基础。19个新城新市镇全年完成的地区生产总值、公共财政预算收入、固定资产投资三项主要经济指标，分别占到了全市的51%、32%和53%。

一体化进展。沈阳至抚顺、本溪、铁岭、辽阳(鞍山营口)、阜新五条城际连接带实现了至少一条高速、一条一级公路的连接，经济区一小时交通圈已经形成；沈阳与本溪、铁岭、辽阳、阜新、营口开展高层会商，实现了推进机制、战略规划、重点领域一体化建设等方面的全面对接；盛京银行与八城市达成协议，组建了沈阳经济区城市商业银行联盟，在原有合作的基础上，进一步整合区域优势资源，强化城商行间的互联互动，不断探索和形成市场共有、信息共通、利益共赢的发展新格局，为沈阳经济区发展提供金融支持；沈阳经济区旅游企业联盟成立，联盟将通过整合区域优势资源，强化企业间互联互动，不断探索和形成市场共有、品牌共建、信息共通、利益共赢的旅游产业发展新格局；经济区八城市共同签署了《沈阳经济区文化产业一体化合作协议》，沈阳经济区文化产业一体化开始启动；沈阳、抚顺、铁岭、本溪四市共享了“024”电话区号资源，成为国内同类区域并网城市最多的地区。此外，八城市在医疗、社保、生态环境等方面的一体化合作也在不断加深。

沈抚同城化。2015年辽宁省政府成立沈抚同城化联合工作委员会和沈抚新城联合协调工作组，省级层面推动和顶层设计进一步加强；省政府启动了《沈抚新城总体规划》和《沈抚新城基础设施专项规划》编制工作，《沈抚新城总体规划》已正式发布，《沈抚新城基础设施专项规划》正在进一步修改完善中。沈阳市沈抚新城建设快速推进，新城已新建道路25条，总里程达168公里，与抚顺市规划互通的23条道路，已有浑南东路、玄菟路等8条主干道路建成通车。2015年，沈抚新城完成地区生产总值191亿元，固定资产投资70.87亿元，公共财政预算收入19亿元，引进内资27.9亿元，高端制造、文化旅游、生物科技、健康养老“四大产业”开始确立。沈抚两市还在交通同城、基础设施共建、环境同治、金融、旅游、就业、教育等重点领域开展了同城化发展实践。

(孟庆文　刘贵福)

【战略性新兴产业发展】　“十二五”期间，沈阳市新兴产业规模迅速壮大，面对新常态和经济下行压力，全市战略性新兴产业实现平稳增长。2015年规上企业实现高新技术产品增加值865亿元。

1.产业规模迅速壮大。2015年，沈阳市高端装备制造、信息、航空、生物医药等新兴产业集聚发展，已成为沈阳市经济发展的新生力量。新松机器人、东软数字医疗、芯源电子、诺康生物等企业产值实现两位数增长。

2. 产业结构不断优化。沈阳市拥有高新技术产品790余种，主要分布在高端装备制造、信息、航空、生物医药、新材料、新能源、节能环保等7个战略性新兴产业领域，7个领域高新技术产品增加值占全市规上工业增加值32.7%。

3. 产业集聚效应初步显现。铁西、浑南、沈北3大战略性新兴产业聚集区初具规模。西部初步形成了以矿山、冶金、石化装备、大型施工成套装置、核电装备、输变电装备等为主导的高端装备制造产业集群；南部形成了以物联网、云计算、大数据、高端软件、集成电路等为主导的信息产业集群，智能制造装备、半导体（IC）装备等高端装备制造产业集群，大型飞机和支线飞机大部件及零部件制造和转包生产等民用航空产业集群；北部形成了高端通信信息、生物医药、民用航空等产业集群。

4. 重点产业园区初具规模。30个新兴产业重点园区形成了较为完善的基础设施配套功能，引进入园重点骨干企业和科技创新型企业800余家，2015年实现产值超1000亿元，在引领地区产业转型升级、带动创新创业、孵化和培育新兴产业发展中发挥了重要作用。

5. 科技创新能力不断增强。截至2015年末，全市共有省级以上工程（重点）实验室315个、工程（技术）研究中心257个、企业技术中心137家，高新技术企业372家；国家、省、市级科技孵化器67个，孵化器面积60万平方米；专利申请量1.50万件、专利授权量6661件、技术合同成交额139.3亿元。

6. 形成了一批新兴产业骨干企业。培育了新松机器人、东软集团、东网科技、沈飞民机、成大生物等一批骨干企业。新松机器人公司作为我国机器人产业的龙头，已成为全球最先进的高端智能加工中心。东软集团已经成为中国软件领域最具规模的领导品牌公司。沈飞民机成为中国民用飞机机体结构部件的骨干生产企业。成大生物、三生制药和诺康生物已成为国内行业同类产品第一品牌。

7. 突破了一批重点领域核心关键技术。C919大型客机垂直尾翼研制成功并交付用户，国内首款锐翔电动飞机定型生产，沈鼓集团研发出国内首台十万空分装置压缩机组，东软数字医疗研发出国内首台128层螺旋CT，新松机器人IC生产线自动物料搬运系统、中科仪干泵与系列真空阀门项目通过国家重大科技专项验收，沈阳芯源自主研发成功的6－12英寸半导体涂胶显影和刻蚀设备达到国际先进水平。

（王立君　韩蕊繁）

【社会信用体系建设】 2015年8月，在省、市领导的大力支持下，经过积极争取，沈阳市被列为全国首批创建“国家社会信用体系建设示范城市”试点市，标志着“信用沈阳”建设驶入快车道。

围绕社会信用体系建设工作要点及创建国家社会信用体系建设的工作要求，沈阳市开展了以下几方面工作：

一、推进国家社会信用体系建设示范城市建设

1. 沈阳市创建国家社会信用体系建设示范城市实施方案获国家发展改革委批复。

2. 编制《沈阳市创建国家社会信用体系建设示范城市工作实施方案》。

4. 落实并推进统一社会信用代码制度，编制印发《沈阳市人民政府关于批转市发展改革委等部门法人和其他组织统一社会信用代码制度建设工作方案的通知》（沈政发〔2015〕51号）。

5. 编制印发《沈阳市开展行政许可和行政处罚信息公开公示工作的实施意见》（沈信办发〔2015〕1号），并组织各区、县（市）及各相关部门开展行政许可和行政处罚信息“七天双公示”工作。

二、社会信用体系建设制度建设

1. 编制印发《沈阳市2015年社会信用体系建设工作要点》。推进各市直部门及各地区社会体系建设工作。

2. 印发《市发展改革委关于在政府投资类项目管理中使用信用记录和信用报告的实施办法》。

3. 完成沈阳市社会信用体系建设“十三五”规划及相关课题论证工作。

三、推进信用联合惩戒

1. 加强行业分类监管指导和联合惩戒工作。继续推进行业信用分类监管工作，先后联合物价局、旅游局、质监局等部门开展了“沈阳市汽车4S店价格诚信单位”评定、“沈阳市星级旅行社”评定工作。

2. 积极开展省诚信示范企业评选工作。依托省、市信用数据平台对被推荐的诚信示范企业进行了核查，最终，沈阳市有27家企业被省政府评选为省诚信示范企业。

3. 联合市文明办等17个部门转发省发改委等24个部门《关于落实〈关于对重大税收违法案件当事人实施联合惩戒措施的合作备忘录〉的通知》。

四、加强诚信文化建设

1. 开展以诚信为主题的宣传活动。参与市诚信体系建设暨“3·15”国际消费者权益日系列活动新闻发布会相关工作。

2. 开展千家省内企业信用承诺活动。协调组织各地区300余家企业参加信用承诺活动，在“信用中国”网上宣传沈阳市诚信企业。

（龙飞锦）

【推进大众创业万众创新】 强化顶层设计，出台系列政策措施促进创新创业。市政府制定出台了《沈阳市大力推进大众创业万众创新的实施意见》、《沈阳市开展小微企业创业创新基地城市示范工作若干政策措施》、《关于进一步做好新形势下就业创业工作的实施意见》、《沈阳市优先培育新兴业态的指导意见》等一系列政策措施，初步建立了推进大众创业万众创新的制度体系框架。

搭建创新创业平台，拓展“双创”发展空间。组建沈阳市众创空间联盟，首批24家众创空间联盟单位正式成为联盟会员。举办大众创业、万众创新专题报告会；全面布局，建设网络覆盖的青创空间体系，构建包括创业服务指导站、创业孵化园区、创业社区三级沈阳市青创空间，打造公益性、实体化的创业平台；完善公共科技平台功能，为“双创”提供科技服务，鼓励科技公共服务平台向小微企业开放，为小微企业提供检验检测、工艺验证、产品研制、试验研究等方面科技服务；由部分优秀企业、科研院所、高等院校共同筹建并成立创新沈阳俱乐部，通过举办专家讲座、高端论坛、组建产业和创新联盟等活动，促进企业学习提升和共同发展，为沈阳经济发展献计献策。

发展创业投资，加大“双创”扶持力度。充分发挥沈阳市新兴产业创业投资引导基金导向作用，面向社会公开征集申请新兴产业引导基金参股，设立创业投资基金；市政府拨款5000万元设立不以营利为目的的政策性基金——沈阳市大学生及青年创业就业发展基金，专门用于扶持大学生及青年创业。

成功举办首届沈阳“双创”活动周。2015年10月，国家首次主办了全国推

进大众创业万众创新活动周，主会场设在北京，并选择全面创新改革试验城市作为分会场同步开展。沈阳市政府组织市直有关部门制订了双创周活动总体方案，推出了“1+9+13”的活动模式，即1个主会场启动仪式、9个特色主题活动、13个区县分会场活动，省市领导出席活动，全面掀起创新创业活动高潮，各界广泛参与，项目硕果累累。2015年全市新注册企业2.77万家，新增国家、省市区级各类创新创业平台、基地、孵化器100余个项目，对接、创业论坛、展览展示等各类活动115项，参观展览展示总人数达31.5万人次，其中开展投资对接活动21项，发布项目1230个，签订合作协议65个项目，协议金额4.2亿元。引进各类创业带头人、高学历人才、海外归国创业人才、专业技术人才等290人。在银企对接会上，18家银行与150多名企业代表面对面交流、洽谈，共签署意向协议13项，意向融资额1.95亿元，向青年创业发展基金注入2000万元，直接扶持创业创新项目20余个。

（发改委）

【重点项目建设】　2015年，全市各地区、各部门积极适应和引领新常态，以服务重点项目为主线，以实现抓项目促投资全面完成重点项目计划任务为目标，创新工作方式，优化服务质量，提高服务效率，为全市重点项目计划任务的全面完成付出了艰辛努力，确保了全市重点项目实现百分之百开复工，超额完成全年投资计划目标，为全市经济稳增长提供了重要支撑。

2015年全市下达了270个重点项目计划（其中，续建项目111个，新建项目159个），总投资6251.3亿元，当年计划投资1530.8亿元。经全市上下共同努力，9月底前270个项目已全部开复工建设，全年完成投资1643.3亿元，完成年投资计划的107.3%，占当年全市固定资产投资的30.9%，其中，新建项目完成投资485.6亿元，完成全年投资计划的105.4%；续建项目完成投资1157.6亿元，完成全年投资计划的108.2%。工业项目完成528.3亿元，完成年度计划107.7%；服务业项目完成1050.5亿元，完成年度计划108.9%。沈河、浑南、铁西、于洪等11个地区为全市超额完成年投资计划贡献了力量。华晨宝马汽车有限公司发动机工厂一期、华晨宝马汽车有限公司桥架车间建设项目、沈阳新松机器人自动化股份有限公司浑南智慧产业园项目、辽宁尚品投资有限公司沈阳尚品商业广场项目、沈阳豫园商城置业有限公司豫珑城项目、广州沙溪国际酒店用品城有限公司沙溪国际酒店用品商城项目等一批重大项目的竣工投产和投入运营为全市经济实现“稳增长，促振兴”提供强有力的支撑。

2015年，重点项目工作主要采取的措施：一是深入基层，真抓务实。先后20余次深入到市环境科学研究院、规划设计院、勘察测绘研究院等5个项目服务部门、13个区级行政审批中心和四十多个重点项目现场办公，解决实际问题，推进重点项目开复工建设。二是明确任务，强化推进。完成了270个重点项目计划下达工作，明确了市、区和行业主管部门领导责任；召开了全市重点项目工作和审批集中服务对接会议，明确了审批和竣工验收责任分工；在沈阳日报头版分18期对沈阳市重点项目建设情况开展了集中宣传报道，营造了建设氛围；开展了重点项目建设进展情况的联合督查工作，制定了联合督查方案，对全市90余个重点项目进行了实地督查；制定了沈阳市重大项目评价方案，对全市投资3000万元以上、亿元以上和市重点建设项目建设进展开展了综合评价。三是集中力量，优质服务。落实了“双进双解”帮扶项目活动实施方案，明确了项目帮扶的工作方向、责任、制度、目标和要求；落实了双实名责任帮扶工作，全市576名干部参与270个市重点项目的“双进双解”帮扶工作，形成了帮扶领导、帮扶责任人、联络员三级责任制；全面帮助项目解决了遇到的关键问题，建立了“双进双解”问题反馈平台和“双进双解微信群”，截至12月底，共收集问题225个，发放协调函90份，问题解决率达到100%；完成了项目竣工验收的组织和责任落实工作，下发了市重点项目竣工验收责任分工的通知，厘清了全年拟竣工市重点项目需要办理的几大竣工验收事项，分清了市级和区级服务部门的责任，明确了工作人员联系表，方便企业系统性咨询竣工验收相关政策。四是狠抓储备，谋求发展。制定并印发了《关于做好全市重大项目开发策划和储备工作的意见》和《关于加强全市重点项目建设管理工作的意见》，明确了重大项目储备的重点、原则、成果转化，指导全市开展了重大项目储备工作；借助外脑，与中咨公司签订了战略合作协议。同时，与东北大学、中科院自动化所、沈阳工业大学等高校和科研院所签定了项目储备协议，完成重点项目开发策划72个。组织全市各地区加强重点项目开发策划和储备，全年共完成项目储备311个。

（张浩石）

【“十三五”规划编制】　2015年，按照国家和省关于“十三五”规划编制工作的总体部署，沈阳市启动并编制完成《沈阳市国民经济和社会发展第十三个五年规划纲要》，其主要开展了以下工作：

1. 深入调查研究，夯实工作基础。市政府于2015年初，成立了“十三五”规划编制工作领导小组，确定了由1个总体规划、53个专项规划和14个地区规划组成的规划体系，组织开展了48项重大课题研究，在充分借鉴市委“大调研”成果，形成了一批高水平、高质量的研究报告，为科学合理确定“十三五”时期发展目标和重点任务奠定了坚实基础。

2. 充分发扬民主，广泛征求意见。通过网络媒体等多种方式面向社会开展了市民建议征集活动，共收到建议3000余条，并组织国家、省、市有关专家学者对《规划纲要》进行咨询论证，并广为吸纳，充分体现到《规划纲要》和各专项规划之中。提报了希望纳入国家和省“十三五”规划的30项重大政策建议和68个重大项目；多轮征求各地区、各部门的意见与建议，实现了各级各类规划之间的有机衔接。

3. 坚持科学决策，保证规划质量。市委、市人大、市政府、市政协四大班子高度重视“十三五”规划编制工作，认真研究，严格把关，科学决策，有效地保证了规划的高质量和高水平。《规划纲要》的编制过程，是一个深入调查研究、理清发展思路的过程，是发扬民主、集思广益、科学决策的过程，也是统一思想、形成共识的过程，集中体现了市委、市政府的战略意图，凝聚了全市人民的智慧和心血。

在规划编制过程中，按照习近平总书记提出的“四个着力”要求，深入贯彻党的十八届五中全会精神，紧扣沈阳经济社会发展实际，力求使《规划纲要》与时俱进、特色鲜明。

第一，以十八届五中全会精神为统

领,在指导思想、基本原则、重点任务中充分体现五大发展新理念和“四个着力”,力求贯穿《规划纲要》始终,并作为重要内容加以体现。

第二,坚持目标导向和问题导向相统一,顺应了全面建成小康社会新要求。

第三,注重突出时代特征和沈阳特色,明确了未来五年全面振兴发展的新路径。

第四,切实增强操作性和实效性,提出了保障规划顺利实施的务实举措。规划编制中坚持战略性和操作性相结合,使之能检查、易评估、可考核。

《规划纲要》已经市第十五届人民代表大会第四次会议上审议通过。

(李沈虹)

【沈抚新城确立“四大产业”】 2015年,沈抚新城已有46个重大项目落地,计划投资总额达520亿元。高端制造方面,依托锦联新经济梦工厂和东北工贸中心两个产业园区集中引进高端化、规模化产业项目;文化旅游方面,充分借助新城域内现有的旅游资源,进一步做强、做大休闲观光、旅游度假、文化创意等产业;生物科技方面,依托泗水科技新城科技企业孵化中心和科创中心,以何氏、兴齐、欧意隆、爱益声等项目为核心,重点发展眼产业、生物医药和医疗器械等产业;健康养老方面,依托棋盘山区域生态资源优势,以合众优年生活、泉辉老年康复中心等项目为重点,积极推动新型养老社区建设,发展现代养老产业。

(孟庆文 刘贵福)

【沈本达成一体化工作会商备忘录】 为进一步加强双边合作,巩固和扩大业已取得的成果,沈本两市在先期深入调研的基础上,提出了一批对沈本一体化发展有重大影响,当前亟待解决的问题,启动了高层会商,达成了《沈阳市人民政府与本溪市人民政府关于推进沈本一体化工作会商备忘录》。两市明确共同推进一体化协调推进机制、战略规划对接、重点领域一体化建设三大方面19项具体工作,并将相关任务分解落实责任部门。

(孟庆文 刘贵福)

【沈营两市合作建设“沈阳港”】 为充分发挥沈阳核心城市作用和营口作为沈阳经济区与辽宁沿海经济带两大国家战略的交汇点的区位优势,沈营两市签署战略合作协议,沈阳市政府与营口港务集团将组建沈阳港(集团)有限公司,合作建设“沈阳港”。“沈阳港”的建设,将彻底改变沈阳市“大城市小口岸”的现状,拉近沈阳陆港与辽宁“五点一线”港口群的“业务距离”和“空间距离”,实现营口港为沈阳经济区服务功能的前移。

(孟庆文 刘贵福)

【沈铁两市形成《推进沈铁一体化有关工作会商备忘录》】 沈铁两市经过会商,在建立一体化协调推进机制、加强两市战略规划对接、加强两市交通网络建设、共同开发治理万泉河、推进两市重点领域一体化建设等方面达成了新的共识。其中,在产业发展上,沈阳汽车城产业发展战略规划将向北部扩展,将铁岭专用车生产基地及铁岭县汽车零部件产业集群纳入沈阳汽车城规划范围内,发挥汽车城产业的拉动效应。推进辉山农产品加工龙头企业在铁岭建设规模化、标准化、专业化种植和养殖基地,形成产业发展的梯次化和走廊化布局,使沈铁融合发展成为沈阳经济区一体化的新亮点。

(孟庆文 刘贵福)

【沈辽两市共筑一体化发展“桥头堡”】

沈辽一体化是沈阳经济区协同发展战略的重要组成部分,又是链接沈阳经济区两个重要城市鞍山、营口的“桥头堡”,对于实现整条连接带的协同共赢发展,具有特殊的意义。通过两市高层领导会商,沈辽两市将重点在智慧城市建设、沈辽鞍营产业带建设、加强城际间基础设施共建、协同推进互通互联等方面加强合作,并细化为8项具体工作任务。2015年,辽阳市协商加入沈阳《东北大数据产业联盟》、协同推进沈辽鞍营产业带建设、共建产业园区、支持跨域投资、城际轨道交通建设等具体合作项目已开始启动。

(孟庆文 刘贵福)

国有资产管理

【国有企业改革重组】 2015年,沈阳市国资委着重抓好顶层设计,大力实施国有资本证券化战略,积极推进市属国企与央企重组,与非公资本相互融合,稳妥做好历史遗留问题处理。结合国企改革发展状况大调研成果,突出全面创新改革试验要求,完成《关于进一步深化国资国企改革的实施意见》起草工作,已经市政府常务会议审议通过。北方重工与中建材集团战略重组取得积极进展,已签署正式协议。机床集团引进光大金控(央企)、神州数码合资组建了创慧投资公司,同步实施了员工持股。沈鼓集团上市已通过国家证监会初审,正在等待发审会审议。东药集团整体上市有序推进,已全部解除为上市公司提供的贷款担保责任,完成东方资产公司股权置换工作,集团班子整体下沉到上市公司任职。同时,启动了盛京银行A股上市,沈机股份、惠天热电非公开发行股票工作。副食集团合资组建了3家混合所有制的酒店餐饮公司,恒信托管公司组建了人信典当有限公司。沈鼓集团、产业投资参与投资瀚华金控在沈阳市发起设立的金融租赁公司。完成全市国企历史遗留问题调查,摸清了底数,测算了费用。会同市财政局、市人社局,研究制订了《沈阳市厂办大集体改革工作实施方案》。启动了沈阳玻璃计器厂破产清算,沈阳能源管理有限公司、沈阳达创投资管理公司解散清算工作。

(李 萍)

【国有资本运营】 截至2015年末,沈阳市国有企业资产总额1.08万亿元、净资产总额1721.6亿元。其中:市属企业资产总额9784.9亿元、净资产总额1465.4亿元。盛京银行经营规模大幅增长,存款余额达4000亿元,同比增长27%。沈鼓集团成功自主研发我国首套10万空分装置压缩机组,成为世界上第三家能够制造大型空分压缩机核心装备的企业。北方重工新增海外市场订单50亿元,占比达到61%,同时全断面掘进机国家重点实验室通过国家科技部验收。机床集团推进产品升级换代,产值数控化率达到85%。中兴新一城全新试营业,实现了95%的开铺率。沈交所基本形成综合性、区域性的要素市场集团架构。2015年,国有及国有控股企业实现利润总额76.6亿元,同比增长2%。

(李 萍)

【国有资产监督管理】 2015年,沈阳市国资委按照以管资本为主的要求,着力推进国资委职能转变。简政放权,结合国资委职能和工作实际,对国资监管审批事项进行梳理,研究制订了权力清单和责任清单,审批事项减少到16项。推进经营性国有资产统一监管,制订了委办局所属企业脱钩工作方案,提出了第一批脱钩企业名单，并按时完成脱钩接收工作。强化监督，建立了73人组成的外部董事人才库，为推进外部董事制度建设奠定了基础。强化监事会与国资监管基础工作有机融合，突出“三重一大”集体决策制度的监督，开展重大投资项目专项检查。统计评价、清产核资、产权登记、资产评估、产权转让等基础管理工作不断加强，修改完善了企业负责人业绩考核办法。超额完成国资收益收缴目标。

（李　萍）

【国有企业党建】 一是按照市委统一部署，突出问题导向，贯彻从严要求，坚持将“三严三实”专题教育活动与中心工作相结合，领导有力，组织有序，党组织的向心力和凝聚力得到进一步增强；二是开展了全市国有企业基层组织建设调研工作。实施了党组织书记抓基层党建项目化管理，共设计活动载体12个；三是调整充实市属企业董事、监事53人，调整5户委属企业主要领导和2户企业副职14人，班子结构进一步优化；四是市国资委党委中心组学习经验做法在全市进行了典型经验交流。在沈阳日报等新闻媒体集中宣传报道了东药集团、北方重工、副食集团等国企改革成效，为国企改革营造良好氛围。加强精神文明建设，为沈阳市创建全国文明城市做出重要贡献；五是基层工会组织自身建设不断强化，职工合法权益得到保障，劳模等典型引领作用凸显，职工岗位技能竞赛成果突出，困难职工帮扶工作体系进一步完善；六是全面落实党委主体责任和纪委监督责任，与委属单位签订党风廉政建设责任状。开展廉政谈话，委领导共约谈企业领导干部35人次。开展纪律审查工作，对相关责任人进行了处理。

（李　萍）

统　计

【普查】 2015年，沈阳市统计局圆满完成了1%人口抽样调查工作。在精心准备的基础上，创新工作思路，首次采用联网直报和手持电子终端进行入户调查登记，按时完成数据汇总上报任务。认真做好第三次全国农业普查前的准备工作。拟定《沈阳市人民政府关于做好第三次全国农业普查工作的通知》及相关材料，领导小组办公室的组建及试点前的准备工作正在进行；发布了第三次全国经济普查数据公报、编印《沈阳市第三次经济普查数据提要》、《第三次经济普查文档资料汇编》，利用三经普数据更新了名录库、完成三经普系列分析13篇。开展了三经普先进表彰，树立了典型、弘扬了正气。

（赵　红）

【调查】 2015年，沈阳市统计局完成了2014年度区县（市）市管党政领导班子满意度民意调查工作、规模以上服务业企业数据质量检查核实工作、现代建筑产业发展状况调研和工业企业订货情况调查、旅游及相关产业消费结构一次性调查、小微企业用工情况问卷调查、规下工业企业创新能力调查、2014－2015年度境外来中国大陆专家调查、地税纳税人满意度调查等29项统计调查工作。为沈阳市经济社会发展提供了详实的数据参考。

（赵　红）

【重点领域统计改革】 GDP统一核算改革。根据2015年《辽宁省县（市、区）季度GDP核算方案（试行）》，制定并下发了《沈阳市县（市、区）季度GDP核算方案（试行）》和《国民经济核算工作考核办法》，加强对县区核算工作的考核，开展核算业务知识培训，有效提升了区、县（市）的核算工作水平。

投资统计方法制度改革。成立改革领导小组及办公室，以市政府名义召开了专题会议。完成了投资库与“一套表”法人单位名录的比对及其他法人单位名录库的建制工作，建立了试点报表体系，组织相关单位在国家网报平台试填试报。开展了5000万以上在建项目法人单位审核确认工作，为全面实行新的投资统计制度奠定了良好基础。

月度劳动力调查改革。起草下发了《关于进一步加强月度劳动力调查工作的通知》，创新入户登记、调查陪访、回访、例会、考核等七项工作制度，确保月度劳动力调查工作的顺利开展。市统计局撰写的《关于2015年5月劳动力调查结果情况的汇报》、《关于城镇登记失业率和调查失业率有关情况的汇报》等报告，获市领导的多次肯定性批示。

能源统计改革方面。按照国家及省统计局能源统计改革要求，及时完成了全市能源消费总量调整工作，使市、区县（市）两级能源数据相衔接。创新区县（市）能耗增速与GDP增速相比计算降低率的核算方法，破解了多年来全市与各区县（市）能源占GDP数据比重下降率的问题，加强了对各区县（市）能源统计工作的监测、指导和服务。

（赵　红）

【统计服务】 2015年，沈阳市统计局努力创新统计工作新机制。一是创新模式。建立了对过去进行统计、对现在进行分析、对未来进行预测的统计工作新模式。二是创新制度。实行主要经济指标由过去的一月一报转变为一月三报制度。三是创新体系。积极探索、深入研究，率先建立沈阳市会展业统计体系、沈阳市旅游业统计体系，进一步提升了统计服务地方经济发展的精细化和科学化水平。

不断提高统计分析水平。市局全年撰写分析报告166篇，50篇获市领导批示；积极参加全市经济发展大调研活动，并为七个调研组撰写了12篇分析报告，特别是按照市委书记曾维的指示，设计了《沈阳市现代建筑产业发展状况调研问卷》，撰写了《关于现代建筑产业发展状况调研问卷分析报告》，并得到曾维书记肯定性批示。2015年，市局统计服务工作不断深化和提升，在全省统计系统进行了经验介绍。

（赵　红）

【统计法制建设】 加大统计执法检查力度。下发了《沈阳市统计局自由裁量权适用规则及指导标准》、《2015年沈阳市统计法制工作要点》，全市共完成行政处罚案件96件。以“依法统计、打造诚信政府”为主题，对全市843名区县、乡镇（街道）的统计人员进行了统计法律法规知识教育，增强了基层统计队伍守法意识、诚信意识。皇姑区统计局普法工作资料齐全，分类清楚，内容详实，法制工作资料装订成册，其中，书画作品填补了法制宣传的空白，获得省统计局领导的充分肯定及高度评价。

（赵　红）

【统计文化建设】 统计文化建设丰富多彩。以深化“四项工程”、打造“三型机关”、营造统计文化为载体，全面加强机关统计文化建设。先后组织开展了百名党员进社区参与全国1%人口调查、庆“七一”纪念建党94周年系列活动等一系列文体活动。在全省统计系统“追梦统计凝聚力量”DV短片大赛中获全省一等奖。市统计局党组倡导的“忠诚、敬业、学习、创新、担当、协作”的核心理念在全局得到诠释，人人参与、人人尽力、人人共享的良好氛围开始显现。

（赵 红）

【“双基三化四解决”工程】 2015年，沈阳市统计局圆满完成了“双基三化四解决”工程试点工作。市政府办公厅转发了在全市开展“双基三化四解决”工程的方案。大东区、浑南区领导高度重视，全面启动了试点工作，成效显著。大东区统计局普查中心升格为副处级单位，下设3个科室，各街道成立统计办公室；浑南区在试点的功能区加挂统计办公室牌子，建立了乡级统计工作制度，并在试点地区上墙公示，开发了适用于县、乡两级使用的综合性电子台帐和历史台帐，在试点地区试填。三菱航空集团公司的统计基础建设典型事迹在中国信息报、省统计局网站上刊登。于洪区统计局顺利推进城乡一体化调查统计工作，逐个街道、逐个社区、逐个记账户进行梳理，制订奖励制度，定期组织培训，保证了基础工作质量。

（赵 红）

审 计

【概况】 2015年，沈阳市两级审计机关共对466个单位进行了审计和调查，提交各类专题审计报告、审计要情、审计信息721篇，被上级机关和新闻部门采用204篇（次），被市领导批示108篇（次）。沈阳市审计局和相关地区审计局实施的“大连市土地出让收支和耕地保护情况审计项目”被审计署评为“全国优秀审计项目”。沈阳市审计局财政审计处、辽中县审计局荣获全省审计机关先进集体。苏家屯区审计局荣获沈阳市“五一”劳动奖状。

规范审计执法行为。认真落实依法治市工作要求，进一步规范审计程序。沈阳市审计局先后起草和完善了《沈阳市审计局行政处罚自由裁量权实施办法》、《沈阳市审计局法律顾问工作制度》，《沈阳市审计局审计组廉政责任规定》等内控制度。和平区审计局加大审计结果运用力度，推进审计问题整改，促进盘活财政存量资金1.84亿元，该区政府根据审计建议制定了《和平区公有公用房产管理办法》。康平县审计局加大执法力度，提出审计建议160条。该县人大常务委员会根据审计建议出台了《康平县人民代表大会常务委员会关于对县人民政府审计工作及审计查出问题整改情况的监督办法》，促进了审计整改机制建立。

推进信息化建设。初步建立了全市审计数据中心、完成了外网升级改造和内网系统维护，实现了全市审计机关四级互通互联。会商系统的成功运行，使全市审计数据资源实现共享。

强化审计机关党建和党风廉政建设。把审计机关党建与审计工作同谋划、同部署、同实施、同考核，从内部监督和外部监督两方面入手，进一步加大了监督责任的落实。通过实行审计纪律执行情况报告制度、审计执法检查、考核和审计回访等工作，对审计过程实行有效监督。

（于 宏）

【预算执行审计】 沈阳市审计局组织实施了2014年度市本级财政预算执行和其他财政收支情况的审计，揭示了市本级预算管理、23个市直部门预算执行情况和部分重点项目及专项资金等存在的3方面问题。在审计中，创新审计思路和方式方法，采取集中分析、重点核查的方式，提升了审计效能，共清理各单位财政结余结转资金近6000万元。

受市政府委托沈阳市审计局局长韩力于2015年6月23日向市十五届人大常委会第二十一次会议作了《关于2014年沈阳市本级预算执行和其他财政收支的审计工作报告》，受到市人大常委会的充分肯定：“审计报告揭示的问题比往年更加深入、具体、准确、透彻，对存在问题的部门及违规违纪行为不回避、不掩饰，注重从体制、机制层面揭示问题和分析原因，提出的审计意见积极可行。审计工作在保障沈阳市经济和各项社会事业健康发展，为市人大及其常委会依法监督预决算等方面工作提供了有力支持。”市政府也对预算执行审计工作予以高度重视，专程召开各单位“一把手”参加的审计整改工作会议，常务副市长顾春明要求各部门切实整改到位。2015年12月4日市十五届人大常委会第二十一次会议在《关于〈2014年度沈阳市本级预算执行和其他财政收支的审计工作报告〉提出问题整改情况的报告》的审议意见中指出，市政府及相关部门对2015年的审计整改工作高度重视，切实强化了对审计整改工作的组织领导，狠抓审计整改责任落实，对照“问题清单”和常委会审议意见，严肃认真进行了整改，绝大多数问题都得到了及时纠正，整改到位率比较高，审计整改质量进一步提升。

各区、县（市）审计局也积极探索预算执行审计工作的新方法、新思路。大东区、法库县、于洪区、新民市等审计局根据本区实际，扩大审计覆盖面，深化财政审计内容，提升审计成果，审计整改工作取得突出实效，受到了区县人大的高度肯定。

（于 宏）

【经济责任审计】 2015年，沈阳市审计局继续落实“两办”规定，推进经济责任审计工作深入开展。为进一步规范经济责任审计管理，召开了市管领导干部经济责任审计联席会议，明确了工作重点，并将市编办增加为联席会议成员。组织全市两级审计机关开展了经济责任审计培训，明确了不同类型单位领导干部经济责任审计的主要内容。同时，市审计局与市委组织部联合开展了审计对象调查工作，初步搭建了市管领导干部经济责任审计数据库，为经济责任审计工作的顺利开展奠定了基础。

沈阳市两级审计机关全年共审计193个单位，213名领导干部。审计结果报告被同级党政领导批示98篇（次），向被审计单位提出纠正和改进建议242条。为维护财政经济秩序，加强干部管理和监督，促进领导干部守法、守纪、守规、尽责，加强党风廉政建设等方面发挥了积极作用。

此外，各区县局还结合自身实际，积极探索经济责任审计的方式方法。沈北新区审计局开展了国有企业领导人离任审计。苏家屯区审计局积极筹备建立区管领导干部审计信息库。

（于 宏）

【生态环境审计】 为了贯彻市委、市政府《关于全面加强环境保护工作的意见》，根据市长潘利国关于进一步做好环境治理工作的要求，围绕资源开发利用管理和生态环境保护治理，全市审计机关加强了对生态环境的审计。对全市2013年至2014年市本级污水处理费征收管理使用情况、垃圾处理厂建设情况、既有居住建筑供热计量节能改造（暖房工程）、拆除小锅炉联网工程等全市蓝天行动中的部分重点项目开展了审计和审计调查，揭示了项目进展中存在的突出问题，提出了有针对性的审计建议，为实现全市碧水蓝天生态目标发挥了重要作用。市本级污水处理费征收管理使用情况专项审计调查揭示出部分地区污水处理费征收、使用不一致等问题，深入分析了问题的成因，提出了建设性意见和建议。审计结果受到市长潘利国、常务副市长顾春明批示，要求相关部门和地区落实整改，研究提出理顺污水处理费收支体制意见。在青山工程专项资金管理使用情况审计调查、都市农业建设资金管理使用情况审计调查项目中，把项目申报是否真实、有无弄虚作假、验收是否符合标准等情况作为审计重点，揭示了退坡地还林面积不实、资金发放不及时、部分围栏工程偷工减料等问题，涉及问题金额5501万元。审计结果被副市级领导干部沙波涛批示，要求相关部门认真总结经验，加大对项目可行性的论证，完善政策实施细则，对故意挪用资金的区、县(市)依法追究责任。

(于　宏)

【民生资金审计】　沈阳市两级审计机关坚持把人民群众最关心、最直接、最现实的问题作为审计重点，加大对民生资金的审计力度。为促进惠农政策落实到位，沈阳市审计局对全市水利专项资金管理使用情况等项目进行了审计和审计调查，揭示并纠正了部分区县滞留项目补助资金等问题。为规范社保资金管理，沈阳市审计局重点关注了残疾人就业保障金管理使用情况、公益性岗位及就业培训和职业技能鉴定专项资金管理使用情况等。为提高教育资金使用效益，沈阳市审计局还对职业教育资金管理使用情况等项目进行了审计，使资金管理、使用以及校企合作等方面存在的问题得到有效改进。为保护群众的切身利益，沈阳市审计局审计了保障性安居工程、商品房维修资金等项目，严肃查处了违规使用资金、降低建设标准等侵害群众利益的行为。市政府根据市审计局在全市商品住宅专项维修资金审计中，提出的意见和建议，出台了《沈阳市物业专项维修资金管理办法》。浑南区审计局对棚户区改造工程、全区教育系统31所教育局所属公办学校、餐饮中心等实施了审计。

(于　宏)

【交办事项审计】　沈阳市审计局重点开展了全市稳增长等政策措施落实情况跟踪审计，省直院校所属企业经营情况等项目的审计。

完成各级党委、政府交办的任务。沈阳市审计局开展了客运集团公司资产负债确认等20余项交办事项，审计结果得到了上级领导的充分肯定。

配合纪检监察机关查办案件。市局积极配合市纪委查办案件和开展专项检查12起。市纪委根据审计线索查明违纪金额530.3万元，收缴资金311万元，给予党政纪处分6人，移送司法机关处理3人，为促进反腐败斗争的深入开展和维护社会稳定发挥了重要作用。

各区、县(市)审计局也完成了多项交办任务。铁西区审计局完成政府委托工程项目审计499项，审减金额1.35亿元，审减率32.05%。皇姑区审计局完成区领导交办政府投资项目结算审计137项，审减资金4763万元，审计减率17.85%。为领导宏观决策和当地经济社会发展提供了服务保障。

(于　宏)

质量技术监督

【简政放权】　2015年，沈阳市质量技术监督局在充分考虑区县实际情况的基础上，取消、下放行政职权11项，将特种设备使用登记所有审批事项和环节下放区、县(市)质监部门办理，全年涉及办件量2.3万台/件，约1万家特种设备使用单位可就近在区、县(市)质监部门办理。对现行的审批事项重新梳理，拟取消审批项目2项、合并审批项目13项，精简率37.5%；精简要件133个，精简率50.6%；压缩时限648个工作日，精简率71.2%。

(傅兆晨)

【质量管理】　2015年，沈阳市质量技术监督局对《沈阳市贯彻实施质量发展纲要2014年行动计划工作方案》的实施情况及效果进行评估。公开发布2014年度和2015年一季度、上半年、三季度沈阳市产品质量状况分析报告。国家质检总局网站对2014年度的分析报告作了转载。开展2015年“质量月”活动。积极参与沈阳市失信黑名单企业惩戒联动机制，对被列入失信黑名单企业不予推荐质量奖和各级名牌产品评价。已有沈化、沈鼓、新松机器人等企业向社会主动发布质量信用报告。建立质量违法失信名单公布制度、产品质量监督抽查合格和不合格企业名单公示制度，向社会公开42家质量违法失信企业和57家不合格产品生产企业名单。推动设立市长质量奖。全市59家企业69种产品参加了2014年辽宁名牌产品申报工作，其中49家企业53种产品上榜，28家企业获资金奖励。全市51家企业56种产品参与了沈阳名牌产品评价，有45种产品入围。沈阳新松机器人自动化股份有限公司和特变电工沈阳变压器集团有限公司进入第二届中国质量奖提名奖候选名单。沈阳远大集团获省长质量奖。

(傅兆晨)

【承压类特种设备安全】　2015年，沈阳市质量技术监督局持续开展液化气钢瓶整治。对全市在用的25万只液化气钢瓶登记确认。全市瓶装液化气市场基本杜绝无标气瓶的流通周转，附有“地域、单位、检验、瓶码”四个标识的气瓶在市场上不断增多，为液化气钢瓶定责、追责打下了坚实基础。对液化气站充装超期瓶、报废瓶及在液化气中混充二甲醚等违法行为开展专项整治。积极稳步推进车用瓶整治，一是开展充装站许可工作。积极开展充装人员培训，全年共培训充装作业人员679人。截至年底，全市持充装作业证人员1239人。为满足区、县(市)市场监管局成立后对特种设备安全监管工作的新需求，全面开展新增人员获证培训。开展对特种设备监管新增人员获证培训考试考核工作。完成8个区、县(市)市场监管局1435人的培训考试考核，有843人获得特种设备安全监察人员B类证，502人考试合格待发证。

(傅兆晨)

【机电类特种设备安全】　2015年，沈阳市质量技术监督局组织开展电梯安全监督抽查。重点抽查在用电梯、自动扶梯与自动人行道共2280台，占全市电梯总数的5%，合格率达97.9%，确保全市在用电梯总体安全稳定。全年共对全市在用3.20万台电梯开展安全隐患自查和监督检查，排查出隐患电梯1151台，对正在整改的电梯采取监护措施。组织开展对红旗台石材市场、闽南石材市场起重机和场内机动车专项治理，整改合格率达100%。对全市142家维护保养单位进行考核，将依据考核评价结果，对电梯维保企业进行星级评定。组织开展老旧电梯安全评估。组织对全市75家使用单位的413台老旧电梯开展安全评估。经评估合格332台，合格率为81.39%。制订《沈阳市电梯安全工程方案》，从根本上破解无维保、无住房基金、无使用单位的“三无”弃管小区电梯的安全隐患问题。加速推进电梯应急处置中心建设。电梯中心软硬件基本搭建完毕，“96333”专线所需设备调试完成，并投入运行。完成内部人员岗位设置，组织开展20余次电梯基础知识及相关法律法规培训，确保业务能力满足岗位需求。

（傅兆晨）

【标准化工作】 2015年，沈阳市质监局推动建立标准化工作联席会议制度、出台《沈阳市标准化专家管理办法》。协助完成“国家机器人标准化总体组”申报筹建工作，实现沈阳市战略新兴产业标准化工作的重大突破。以沈鼓集团为试点，开展装备制造业标准提升工程。加强旅游、服务业和战略新兴产业标准体系建设，制定发布17项地方标准规范，完成321项地方标准规范清理工作。苏家屯区、康平县农业标准化示范区及金宝台二手车交易服务标准化试点项目顺利通过国家、省质监局中期抽查考核。开展标准化执法，构建行政指导和行政处罚有机结合的标准化执法新机制。全年协调指导企业和科研院所参与起草制定国际标准4项，国家标准69项，受理企业备案标准1050项。其中，承接省质监局下发的标准备案350项，占30%。争取国家和省质监局标准化奖励67万元。

（傅兆晨）

【认证工作】 2015年，沈阳市质量技术监督局认证监管工作切实提高工作有效性。开展机动车检测机构定期巡查，对16家检车线的37条检车线进行了定期巡查，抽查近300份检验报告，及时发现和解决了巡查中存在的突出问题。严格认证执法监管，市、区两级对192家企业的近300个产品进行了日常监管，进一步规范认证活动。全年受理108家检验检测机构资质认定申请材料，完成资质认定初、复评审67家，扩项12家，标准变更29家。对6家机动车安全技术检验机构的9个站进行了资格许可工作。建立退出机制，撤销3家存在严重问题检验检测认证机构的计量认证证书，保证检验检测机构市场规范运行。地理标志保护产品再次实现新突破。辽中县获批成立东北地区首家国家地理标志产品保护示范区。截至2015年底，全市共获批13项地标产品。组织开展沈阳市地理标志产品专项监督检查，有效规范地理标志产品名称和专用标志的使用，保证地理标志产品的质量和特色。地理标志产品保护对打造特色品牌、推动地方经济发展等方面的促进作用已经开始显现，取得良好经济和社会效益。开展“双进双解”活动。对沈阳市质量技术监督局负责的40家企业，通过电话联系、现场走访、网络服务等方式帮扶企业共计542人次，帮助企业解决发展中遇到的实际问题，受到企业广泛好评。

（傅兆晨）

【质量监管】 2015年，沈阳市质量监督局完成日用消费品、食品相关产品等5大类69种产品质量监督抽查，监督抽查1109家生产企业1534批次产品，平均批次合格率94.5%，实现对所有高风险产品有效覆盖。创新产品质量监督机制，以与百姓生活密切相关的产品为重点，扩大购买样品抽查品种，探索监督抽查检验市场化，提升产品质量监督抽查的有效性。开展“市民免费检测配装眼镜质量活动”。加大食品相关产品培训力度，继续开展产品质量安全风险监测，定期通过沈阳日报、网站等渠道向社会发布监督抽查和风险监控通报，督查有关分局依法对不合格生产企业进行后处理，质量约谈率、复查率达到100%。

（傅兆晨）

【计量工作】 2015年沈阳市质量技术监督局拓展计量工作服务领域。开展“强计量、惠民生”行动，加强对食品安全、医疗卫生等与民生密切相关的领域计量监管。全市8家检定机构检定民用“四表”45万台，合格率99.9%。公正权威地调节计量争议15起。重点推进全市85家医院、86家商场超市、82家眼镜连锁企业开展诚信计量自我承诺工作，推动企业落实诚信计量主体责任。对全市119个集贸市场1万余台在用计量器具实行免费检定，合格率为98%，集贸市场投诉情况明显减少。全年开展计量监督抽查3758批次，各检定机构检定各类计量器具80万台件，取得良好社会效益。四是强化能源计量。联合区县局对全市60家重点用能单位和65家公共机构进行了能源计量监督检查，推动用能单位贯彻落实能源计量标准，确保能效数据准确可靠。

（傅兆晨）

【行政执法】 2015年沈阳市质量技术监督局执法工作有力有效。工作重心集中到百姓关注度高、社会危害大、蓄意造假、扰乱社会秩序的案件上。组织开展食品相关产品、农资、儿童用品等12项专项整治，全年立案70件，移送案件1件，收缴罚没款331万元。妥善处置群众诉求，通过“12365”热线、“96123”、民心网等渠道，全年共受理各类举报、咨询4178件，质量申诉和业务咨询办结率达到100%。

（傅兆晨）

【政务公开】 2015年沈阳市质量技术监督局切实保障行政权力公开透明运行。以政务公开为常态、不公开为例外为原则，通过参加“5·15”政务公开日全市统一宣传、《沈阳日报》民生连线、政务公开走进政府等活动，进一步宣传质监职能，帮助群众和企业了解相关的质监工作要求。按照全市要求，公开市局三公经费和预、决算等财务信息。此外，召开6次新闻发布会，组织开展“3·15”、“质量月”等集中宣传活动。全年通过省、市新闻媒体宣传报道582篇次，及时回应社会关切的热点问题。

（傅兆晨）

食品药品监督管理

【落实监管责任】 2015年，沈阳市食药监局制定实施《2015年沈阳市食品安全重点工作安排》（沈政办发〔2015〕46号）及考核评价方案，并与各区、县（市）政府和市政府食安委各成员单位逐一签订了“食品安全责任书”。针对各地区实际特点，实施食品药品监管定制式考核。完善行政审批、日常监管、行政处罚、监督抽验、风险防控、舆情监测、重大活动安全保障等方面的工作制度，进一步明确监管责任，切实落实监管职责。

（万华丽）

【突出风险防控】 2015年，沈阳市食药监局按照风险等级，实施分级、分类管理，重点加大对食品药品生产企业、中央厨房、学校食堂、农贸市场以及婴幼儿配方乳粉、肉及肉制品、坑腌酸菜等高风险企业、部位、品种的监管力度。同时，综合运用日常监管、案件查处、监督抽检、风险监测、不良反应监测等手段,不断提高风险防控能力。2015年,全市累计开展国家、省、市食品药品安全监督抽检和风险监测共4965批次,并对已出具的不合格报告产品进行了依法查处。

(万华丽)

【强化重点监管】 2015年,沈阳市食药监局扎实推进辽宁省政府重点民生工作,督促实施食品生产经营小作坊规范化、制度化监管,全方位开展基本情况摸底调查,建立监管档案和小作坊情况动态更新机制,100%完成了全市小作坊规范化、制度化管理年度工作指标;大力推行重点食品药品全过程全链条监管,以沈阳蒙牛乳业电子追溯系统为示范,重点推动乳制品质量安全追溯体系建设,并向肉制品及其他重点品种探索推进;积极开展餐饮服务单位"明厨亮灶"工程,625家学校食堂(含托幼机构)完成工程改造;严格新版GMP、GSP规范实施和认证换证工作,强化对证书到期、停产改造、停止经营等企业的分类指导和监督检查,及时消除药品安全风险隐患。

(万华丽)

【加大治理力度】 2015年,沈阳市食药监局定期开展学校食堂及校园周边餐饮服务食品安全综合检查,着力抓好农村食品市场"四打击四规范"专项治理,重点规范食品小作坊、小摊贩、小餐饮(小饭桌、托管班)生产经营行为,持续保持打击保健食品"四非"的高压态势,深入推进医疗器械"五整治"专项行动,进一步加大举报投诉受理及案件查办力度,持续加强行政执法与刑事司法在案件查办、技术支持、法律保障等方面的衔接配合。2015年,全市共查处食品药品各类违法违规案件1184件,移送司法机关25件,依法严厉打击了食品药品安全违法违规行为。

(万华丽)

【提升监管能力】 2015年,沈阳市食药监局健全完善现有药械电子化监管系统,搭建地理信息系统(GIS)基本框架,完善审批系统及"四品一械"基础信息资源,加快推进食品药品"智慧监管",促进信息技术与食品药品安全监管深度融合;利用专题讲座、网络教学、现场指导等手段,分层次、分类别、全方位开展全系统业务培训,特别是强化对《食品安全法》、《医疗器械监督管理条例》等法律法规制修订后的宣传、贯彻、培训力度;健全行政审批、日常监管、行政处罚、监督抽验、风险防控、舆情监测、重大活动安全保障等方面的工作制度,特别是健全完善食品药品安全应急管理体系,完善多部门共同参与的突发事件应对协调联动机制,积极应对并妥善处置了"辽宁辉山乳业集团公司高钙牛奶检测出硫氰酸钠"、辽中县立人中学突发细菌性食物中毒事件、沈阳广全学校(小学部)突发食源性疾病等食品安全突发事件。

(万华丽)

【推进社会共治】 2015年,沈阳市食药监局探索利用社区科普资源搭建社会监督和社会宣传工作平台,广泛深入开展食品药品安全社会监督工作和社区科普大课堂活动。全市已建立食品药品安全社区科普站63个,全面举办讲座158次。同时,注重辽宁省民心网、"96123"市民服务热线、"12331"投诉举报电话等政民互动工作。深化与各类新闻媒体的沟通联系和联合协作,通过新闻发布会、参加沈阳日报《民生连线》、沈阳网《微访谈》栏目、开展"食品安全宣传月"、"安全用药月"等多项食品药品安全宣传活动,解答百姓咨询,积极引导舆论,自觉接受监督。2015年,共办理各类群众咨询、举报投诉3751件,发放宣传材料12.53万份,开展新闻报道94次。

(万华丽)

【圆满完成国际马拉松赛餐饮安全保障工作】 2015年,沈阳市食药监局制订了《2015沈阳马拉松赛食品安全保障工作方案》,确定三级保障方式。赛事期间,全市共巡回检查210次,出动执法人员478人次,检查餐饮单位1062户次,保障赛事运动员、裁判员、媒体记者和志愿者等就餐5092人次,圆满实现了2015沈阳马拉松赛及社会面食品安全工作"零中毒"、"零事故"的工作目标,被市政府授予"2015沈阳马拉松赛"保障工作"突出贡献奖"。

(万华丽)

安全生产监督管理

【概况】 2015年,沈阳市安全生产工作,坚持安全发展观念,以安全生产制度化、网格化、标准化、信息化建设为载体,完善安全生产责任体系、健全安全生产规章制度、深化安全生产专项整治、强化安全监管队伍建设,全面推进依法治安工作并顺利完成了安全生产"十二五"规划的各项任务,形成了安全生产工作新常态,全市安全生产形势总体稳定。一是全市事故总起数和死亡总人数同比下降。全市非煤工矿商贸、生产经营性道路交通和农业机械三个行业领域共发生事故330起、死亡215人,同比分别下降26.3%、0.9%,死亡人数占辽宁省政府下达控制指标的93.5%。二是主要行业领域死亡人数均低于省定控制指标。非煤工矿商贸领域事故死亡41人,是省政府下达控制指标51人的80.4%;生产经营性道路交通事故死亡173人,是省政府下达控制指标174人的99.4%;农业机械领域发生事故死亡1人,是省政府下达控制指标5人的20.0%。三是较大事故得到有效遏制。共发生2起道路交通较大事故、死亡6人。较大事故起数同比减少6起、下降75.0%;死亡人数同比减少22人、下降78.6%,较大事故起数占省政府下达控制指标的22.2%。四是没有发生重大以上和有影响的安全生产事故。五是各项相对控制考核指标均控制在省下达控制指标内。市安监局被国务院安委会办公室授予全国安全生产月活动先进单位称号,沈阳市顺利通过国家级安全城区的现场评定,有望被国家安全监管总局授予全国首个,且是唯一一个安全城区称号。

(孙茂丽)

【安全生产专项整治】 2015年,沈阳市安监局坚持问题导向、联动联查,依托安全生产百日专项整治、隐患排查治理月、安全生产执法月、夏季安全生产专项整治和"六打六治"等五大主题行动,持续推进危化、非煤矿山、建筑施工、消防、道路交通、特种设备等重点行业领域事故隐患的大排查大治理,严厉查处安全生产领域非法违法案件。特别是天津"8·12"事故发生后,密集部署全市安全生产隐患排查整治工作,组织开展地区和行业部门互检互查、巡视督查、物流园区专项检查等系列活动,督促安全大检查向纵深发展。会同公安部门成功打掉了沈阳市华盛化工厂、沈阳鑫鼎塑料制品有限公司等7个非法经营、储存危险化学品窝点,查获非法储存危险化学品580余吨;指导各地区、各有关部门累计排查整改安全生产隐患3.62万处，打击非法违法行为2.30万次，整治违规违章行为1889次，停产整顿276家，关闭非法违法企业31家。

（孙茂丽）

【企业安全生产主体责任落实】 2015年，沈阳市安监局坚持文化引领、服务推动，通过组织开展专家会诊、企业安措经费提取审计、企业安全风险确认、警示教育专题行、应急救援演练、企业负责人安全生产履职考核和推行安全总监制等系列的主题活动，督促企业落实安全生产责任，推进企业安全责任到位、安全投入到位、安全培训到位、安全管理到位、应急救援到位。累计聘请专家228人次，服务企业511家次，协助排查各类安全生产隐患1121项。全市已有1.24万家企业张贴“五落实”规定挂图，覆盖率41%。其中，规模上企业2318家，覆盖率100%，配备注册安全工程师229人。

（孙茂丽）

【“党政同责、一岗双责”责任体系】 2015年，沈阳市安监局坚持关口前移、重心下移，以“五级五覆盖”建设为载体，强化各级党委政府及部门安全监管责任的落实，持续推进“党政同责、一岗双责、齐抓共管”安全责任体系向乡镇（街道）、村（社区）两级延伸。全市13个区、县（市）政府安委会主任已全部调整为政府主要领导担任，各地区党委、政府均出台了政府及部门安全生产工作职责规定、安全生产党政同责实施办法；按照“三个必须”要求，市安委会向30个行业管理部门下发了安全生产责任书；全市215个乡镇（街道）、2515个村（社区）全部实现安全生产责任“五覆盖”。全市各级党政主要领导全面负责，班子成员一岗双责，行业管理和属地管理条块结合的安全管理体系基本形成。

（孙茂丽）

【安全生产网格管理】 2015年，沈阳市安监局坚持优化建设、完善功能，制定出台了《关于进一步加快推进全市安全生产网格化建设的通知》、《关于印发安全生产网格化管理考核办法的通知》等系列指导性文件，从监管全覆盖、事权划分、机制落实、巡视检查、示色管理、队伍建设、考核通报等方面提出了具体要求。以备案登记表和明白卡的形式明确了全市2515个网格责任人、管理人员、工作职责和监管对象，推动生产经营单位分类分级管理和隐患排查清单管理工作，初步实现了生产经营单位动态差异化和全覆盖管理。指导大东、浑南等地区通过购买服务引入第三方力量，充实和加强各级网格队伍，健全网格管理配套制度，实现了日常安全监管有机制、有队伍，事有人管、责有人担。截至年底全市安监系统实有监管人员1543人，其中乡镇（街）965人，配备1专1兼至少2人。

（孙茂丽）

【安全城区建设】 2015年，沈阳市安监局坚持典型引路，创新管理，高起点、高标准谋划和推进全国安全社区建设工作，将企业安全生产标准化、安全发展示范城市建设和安全社区建设工作有效融合，通过整合社会资源、跨界合作，普及家庭、社会和企业安全教育，弘扬安全文化，开展安全促进活动，服务群众、惠及民生，全市安全生产基层基础工作得到加强，安全监管合力不断强化，实现了经济效益和社会效益的双丰收。截至年底，全市已有56个街道获得全国安全社区命名，命名街道数量约占全国命名街道总量的10%。10月中旬，沈阳市城区整体顺利通过现场评定；评定组认为沈阳市探索出了一条整合社会资源、解决社会矛盾、协调各方利益关系、保持社会安全稳定的管理模式，为全国大中型城市建设安全城市做出了示范。

（孙茂丽）

【智慧安监大数据管理系统建设】 2015年，沈阳市安监局坚持分级建设、分步实施，围绕智慧沈阳建设，依托电子政务外网、互联网和现有软硬件资源，以安全生产监管需求为导向，按照纵向畅通、横向关联的总体思路，先后整合了安全生产应急指挥平台，重大危险源监控网、安全生产公共信息网、安监系统自动化办公网，企业基础信息库、安全生产隐患动态信息库、重大危险源数据库、安全生产专家库（总称为“一台三网四库”），并网建立了智慧安监大数据管理平台，安全生产信息化建设初具规模。系统用户涵盖了全市各区县、重点行业管理部门、街道（乡镇）、社区（村）和工贸行业重点企业。收录8万余家企业信息，各地区安全检查巡视和69家工贸行业重点企业隐患排查治理信息实现了实时传输，隐患排查治理管理系统率先在辽宁省实现与省安监局的互联互通。逐渐通过大数据汇集、整理和探索沈阳市安全生产特点和规律。

（孙茂丽）

【市安监局被国务院安委会评为全国安全生产月活动先进单位】 2015年，沈阳市安监局坚持固本强基、安全发展，紧紧抓住企业本质安全提升这一主线，强化安全生产标准化、隐患排查治理体系建设、危险工艺自动化装置改造、安全文化建设等基础工作，组织开展了新《安全生产法》宣传贯彻、安全生产月、安全文化行、企业安全风险确认、“六打六治”专题行等一系列的主题活动，调动安全技术服务机构力量参与企业本质安全能力提升。组织各有关部门深入推进安全生产标准化建设和提档升级，对部分期满复评企业开展标准化“回头看”活动，对相关企业标准化工作进行了再培训，督促企业开展岗位达标、班组达标和专业达标。全年，沈阳市新增标准化企业42家，期满复评企业768家，30家企业危险工艺自动化装置改造工作全部完成。指导和评审市级安全文化建设示范企业12家，推荐省级示范企业2家。因工作突出，沈阳市安监局被国务院安委会评为全国安全生产月活动先进单位。

（孙茂丽）

工商行政管理

【各类市场主体登记】 2015年，沈阳市工商局充分发挥职能作用，不断优化营商环境，促进了市场主体稳步增长。全市新登记企业2.98万户、个体工商户5.93万户、农民专业合作社938户，同比分别增长7.05%、28.3%和16.49%。全市市场主体总量达到50.26万户，其中企业17.76万户、个体工商户31.88万户、农民专业合作社6195户。新登记公司主要集中在第三产业，为2.21万户，占新登记公司的86.73%；注册资本总额1075.45亿元，占新登记公司注册资本总额的73.79%，其中内资有限公司1.95万户，占新登记公司的76.35%，注册资本总额1051.95亿元，占新登记公司注册资本总额的72.17%。第一产业136户，占新登记公司的0.53%；注册资本总额17.47亿元，占新登记公司注册资本总额的1.20%。第二产业3253户，占新登记公司的12.74%；注册资本总额364.59亿元，占新登记公司注册资本总额的25.01%。新登记有限公司注册资本最多为33亿元,最少为100元;注册资本少于3万元的公司337户,占新登记有限公司的1.48%。

(姜晓林)

【职能服务】 沈阳市工商系统立足职能,全力支持"大众创业、万众创新",助推小微企业持续健康发展。2015年,沈阳市工商局制定出台了《扶持小微企业创业创新的十八条意见》,跟踪服务小微企业1392户,帮助解决问题283个,通过《沈阳日报》等媒体宣传先进典型的创业故事25个,建立"创业大街"和"创业园区"35条(个)。创建了电商虚拟产业园,通过集群注册、地址托管等方式,为创业者一站式解决创业之忧。将市著名商标认定工作向中小微企业倾斜,2015年新认定的20件沈阳市著名商标中,有50%是中小微企业商标,提升了企业及产品的知名度和竞争力。积极帮助小微企业融资,全年组织了6场银企对接会,为269户企业和个体工商户颁发"道德信贷金卡",办理动产抵押登记420件,帮助1389户个私企业融资23.2亿元。支持小微企业解决招工难和引进人才难问题,先后举办2场校园招聘会、7场社区招聘会,新建安置基地2个、安置点10个、培训基地2个、大学生实习见习基地2个,"实名制"安置下岗失业人员7.1万人次。扎实推进个体转型升级工作,认真落实个转企优惠政策,全年个转企1937户,引导办企业4735户,超额完成辽宁省政府下达的1500户指标。

(姜晓林)

【市场监管】 2015年,沈阳市工商系统以加强竞争执法和重要领域市场监管执法工作为重点,及时查处违法行为,保障了全市市场秩序平稳有序。共查办侵权假冒案件210件,案值592万元;查办商标违法案件145件,案值505万元,获评全省"双打"工作先进单位。监测广告8.3万条(次),下发责令整改通知书158份,公开曝光了28个典型虚假广告,查办违法广告39件,违法广告条数、条次和时长大幅下降。纠正违法违规格式条款54条,约谈违规企业73户,查办合同违法案件8件。办理拍卖活动备案389件,拍卖成交221件,金额3.7亿元。共清理无证照经营6625户,其中引导办照5972户,取缔653户。抽查直销企业及专营店18户,查处传销案件6件。开展了节日市场监管、红盾护农、农资打假、品牌汽车监管等10项专项整治工作,抽查检测化肥、农药、农机具、成品油等829个批次。

(姜晓林)

【消费维权】 2015年,沈阳市工商局以贯彻新《消法》为契机,把改善消费环境作为释放消费潜力的重要保障,积极开展了消费维权工作。深入开展新《消法》宣传和消费教育引导活动,共发布各类消费警示50余条,走进直播间访谈6期,开展消费教育讲座146次,编发宣传资料3万余份,广泛开展百点千人"3·15"消费维权现场宣传咨询活动,营造了依法维权的良好氛围。大力推进流通领域消费维权,对流通领域16类重点商品加大抽检力度,抽检重点商品563批次,查办案件14件,约谈企业99家,责令整改36家。开展了流通领域儿童用品质量、珠宝市场和农村流通领域重点商品等专项整治活动,检查市场主体2100家,发现纠正问题83个。加大消费纠纷解决力度,建立社会消费维权站144个,创建"放心消费示范店"98家,建立维权示范社区、村50个。确保"12315"热线畅通,全年受理诉求2.6万件,处理消费投诉和举报3528件,为消费者挽回经济损失500多万元。

(姜晓林)

【商事制度改革】 2015年,沈阳市工商局以简政放权、优化营商环境为抓手,充分发挥职能作用,开展了"三证合一"、"先照后证"、简易注销等改革和试点工作,最大限度降低市场主体的入口和出口门槛,简化优化注册登记流程,让创业创新更加方便快捷,充分激发了市场主体活力,为促进全市经济发展贡献了力量。2015年3月1日全面实施企业"三证合一"登记,将由工商、质检、税务三个部门分别核发不同证照,改为由工商部门受理核发加载组织机构代码、税务登记号的营业执照,即"一照三号"。2015年10月1日,全面推行了企业"三证合一、一照一码"登记制度,将"一照三号"统一为"法人和其他组织统一社会信用代码",即核发"一照一码"的营业执照。沈阳市共办理企业"三证合一"营业执照5.01万张,企业准入时限压缩到了3天以内。按照国务院、国家工商总局推进"先照后证"改革的部署,梳理前置审批目录形成《工商登记前置事项目录》、《企业变更登记、注销登记前置审批事项指导目录》、《工商登记前置审批改为后置审批事项指导目录》三个目录,制作了《"先照后证"改革提示单》,保障了"先照后证"改革顺利实施,全市共有4022户企业办理了"先照后证"审批,共涉及15个审批部门、26项审批内容。经国家工商总局批准,沈阳市成为全国第二批7个(全国共有11个)改革试点地区之一,率先在东北地区开展企业简易注销登记试点改革。在沈阳市行政区域内登记的未开业企业、无债权债务企业,申请简易注销登记企业只需提交注销登记申请书、《指定代表或者共同委托代理人授权委托书》、解散清算及注销的决议或者决定、企业未开业或无债权债务说明材料、营业执照等材料即可办理,不需进行清算组备案。申请资料齐全的,在向社会公示企业拟注销信息期满后,当日即可办结企业注销登记,为企业退出市场提供便捷服务,对提高登记效率,夯实经济发展基础数据起到了有力的推动作用。

(姜晓林)

【加强事中事后监管】 为了全面落实《企业信息公示暂行条例》,沈阳市工商局采取媒体宣传、报纸登载通告,网站发布政策详解,大厅窗口发放提示单,张贴公告、悬挂条幅、LED电子屏滚动播出、发放告知单、邮寄提醒信函,群发短信等方式,加强宣传引导。全市工商系统共邮寄年报提醒信函6000余份、群发手机提醒短信26.8万条,拨打企业联系电话20.1万个(次),接听和解答公众咨询电话6万余次。全市应参加年报企业总数13.83万户,已参加年报企业11.65万户,年报率84.2%。按照国家工商总局、省工商局的工作部署,共开展3次定向、不定向抽查工作。一是开展企业公示信息不定向抽查。共抽查企业3073户,依法列入经营异常名录298户,其中,隐瞒真实情况137户、失联160户、经责改未按规定公示即时信息1户。二是开展投资担保类公司定向抽查。共检查企业718户,列入异常经营名录中的企业为188户,需立案调查或进一步取证的企业为33户,正在注销、变更中的企业13户,移交其他行业主管部门的企业3户,公安部门介入调查的企业18户,列入企业信用平台331户。三是开展企业公示出资信息定向抽查。共抽查企业1828户,发现未按规定公示应当公示的出资信息23户,公示信息隐瞒真实情况、弄虚作假2户,通过登记住所无法联系195户,不配合核查情节严重4户;抽查企业出资情况中出资时间已到期未出资5户;责令企业公示出资信息112户,经责令后已公示出资信息的企业89户。

(姜晓林)

【队伍建设】 按照市委的部署,沈阳市工商局在市局处以上干部中深入开展了“三严三实”专题教育活动。制订了实施方案,召开了动员大会,精心组织专题学习,深刻查摆“不严不实”问题,认真进行问题整改,有力提高了党员干部践行“三严三实”的思想自觉和行动自觉。加强了党风廉政建设,制定落实“两个责任”实施办法,做到了任务明确、职责清晰、追责具体。开展了“庸懒散”、“两转一优”、“不作为、不担当”和窗口单位“四风”问题专项整治活动,进一步转变了工作作风。为适应体制机制改革带来的新变化,深入开展了“三证合一”、年报公示、网络维权等多项培训活动,市局培训中心被评为全国工商系统网络培训工作优秀组织单位。在辽宁省工商局举办的全省工商系统公务员法律知识与应用技能竞赛中,夺得竞赛冠军,沈河区局王菲、和平区局刘文龙和新民市局张海艳三名同志荣获“业务能手”称号。

(姜晓林)

物价管理

【实施居民用气阶梯价格制度】 2015年,按照国家发展改革委《关于建立健全居民生活用气阶梯价格制度的指导意见》(发改价格[2014]467号)和辽宁省物价局《关于加快推进居民用水、用气阶梯价格工作通知》(辽价发[2015]20号)的要求,在保障居民基本生活用气需求的前提下,通过阶梯价格制度的实施,引导节约用气,缓解供气压力,促进天然气市场可持续健康发展的目的,制定了沈阳市居民用气阶梯价格。于2016年1月1日执行。

一、阶梯气价实施范围

1. 此次阶梯气价的实施范围为除一市三县以外的全市居民用户。

2. 居民用气执行阶梯价格仅适用于依表计量用户,一个房产证对应住宅为一户。

3. 居民定量户、总表计量的居民用气户以及因气表故障而无法正常计量考核的居民用户,暂不执行阶梯气价政策。

二、阶梯气价

阶梯	月用气量(立方米)	年用气量(立方米)	价格(元/立方米)	覆盖率
第一阶梯	≤23.3(按户) ≤5.8(按人)	≤280(按户) ≤69.6(按人)	3.30	96.17%
第二阶梯	23.3-30(按户) 5.8-7.5(按人)	280-360(按户) 69.6-90(按人)	3.96	98.5%
第三阶梯	>30(按户) >7.5(按人)	>360(按户) >90(按人)	4.95	100%

(柴云菲 李一果)

【实施居民用水阶梯价格制度】 2015年,为促进节约用水,根据国家发改委、住建部《关于加快建立完善城镇居民用水阶梯价格制度的指导意见》(发改价格〔2013〕2676号)要求,坚持从沈阳市经济社会发展的实际出发,因地制宜,改革创新,大力促进水资源的节约与保护,提高用水效率,不断优化服务,进而促进经济社会可持续发展,增进民生福祉的原则,结合沈阳市实际情况,制订了沈阳市居民用水阶梯价格方案。于2016年1月1日执行。

一、阶梯水价实施范围

1. 此次阶梯水价的实施范围为除一市三县以外的全市居民用户。

2. 居民用水执行阶梯价格仅适用于依表计量用户,一个房产证对应住宅为一户,包括一户一表用户和一户多表用户。

3. 居民定量户、总表计量的居民用水户以及因水表故障而无法正常计量考核的居民用户,暂不执行阶梯水价考核。

二、阶梯水量及阶梯价格

阶梯	月用水量(吨)	年用水量(吨)	拟调水价(元/吨)	覆盖率
第一阶梯	≤14(按户) ≤3.5(按人)	≤168(按户) ≤42(按人)	2.35	91.23%
第二阶梯	14—20(按户) 3.5—5(按人)	168—240(按户) 42-60(按人)	3.53	96.83%
第三阶梯	>20(按户) >5(按人)	>240(按户) >60(按人)	7.05	100%

(柴云菲 李一果)

【稳定物价水平】 2015年，沈阳市CPI运行温和，价格总水平始终保持升势，全年居民消费价格总水平涨幅实现1.2%。从各月看，CPI运行轨迹总体呈年初低年尾高的阳线，中间各月略有起伏。价格涨幅最高的是2月，最低的是1月，落差为1.7个百分点。1月份承接上年惯性冲底走势及春节错月，CPI涨幅仅为0.3%；2月份借春节之势涨幅升高至2%；3－6月消费回归平淡，涨幅由1.5%逐月回落至0.8%、0.5%、0.5%；进入三季度市场活力有所恢复，CPI有回升迹象，7－9月回升至1.1%、1.3%和1.6%；四季度趋稳走势愈加明显，10月为1.1%，11月为1.9%，12月为1.4%。

全市价格主管部门始终把保持物价总水平基本稳定放在首要位置，不断加强市场价格调控工作。

1. 进一步落实控价目标责任制度。把省政府确定的3%左右的价格调控目标分解落实到19个市场价格调控联席会议成员单位。坚持问题导向，逐月分析价格形势，逐季研判价格走势，及时向政府提出调控建议，为政府实施宏观调控监管市场提供重要参考。

2. 强化市场价格监测工作。完善价格监测预警预报制度，强化重要商品和服务价格的预警预报。认真做好国家应急监测、省常规和专项监测工作，共完成国家安排的11个报告制度、省安排的6个报告制度的各类日报、周报、旬报、月报和季报等1183期，未发生过迟报、漏报等问题。认真做好价格监测市长专报工作，及时发布价格信息、报送专项价格分析，为领导价格决策提供参考。同时利用《沈阳市价格信息网》等各种网络平台，向社会发布价格信息。

3. 认真落实各项稳价政策。配合相关部门抓好“米袋子”、“菜篮子”建设，保障有效供给，努力实现以量稳价；完善农产品价格形成机制，严格执行稻谷最低收购价格政策，积极推进大豆目标价格改革试点，认真落实国家运输鲜活农产品“绿色通道”优惠政策。

在市场机制和各项调控措施综合作用下，2015年沈阳市居民消费价格指数累计上涨1.2%，低于全国、全省(1.4%)0.2个百分点，圆满完成省政府年初确定的预期调控目标，为促发展、推改革、惠民生创造了有利条件。

（柴云菲　李一果）

【价格认证】 2015年，市价格认证中心秉承“服务政府、服务司法、服务社会、服务系统”工作理念，在承担涉案财物价格认定、调处价格纠纷矛盾、从事价格公共服务方面，全市共办理各类案件3218件，认定金额5.78亿元。其中刑事案件2932件，认定金额9161.52万元；涉纪案件9件，认定金额1370.14万元；认证案件37件，认证金额4.07亿元；行政案件145件，认定金额5242.9万元；民事案件33件，认定金额332.8万元；海关涉税案件62件，认定金额1032.88万元。与上年相比，案件数量下降22.18%，认定金额上升28.1%。沈阳市价格认证中心以打造法治化、规范化、制度化认证中心为目标，为维护司法公正、社会和谐稳定发挥积极作用。一是牢固树立服务意识，高质量完成涉纪检监察等案件价格认定，重点办理了市纪委、市检察院委托的职务犯罪案件价格认定。二是完成国家部署的海关涉税财物价格认定课题，撰写课题研究报告并制定操作规则，指导、规范各地认证机构开展工作。三是建立健全依法行政的监督管理工作机制，下发《市发展改革委涉案财物价格认定大要案集体审议工作规则(试行)》，推进价格认定法治化建设。

（唐　婷）

【价格监管与反垄断】 2015年，沈阳市物价局监督检查分局紧紧围绕宏观调控和改善民生，大力开展市场价格监管，规范价格收费秩序，维护群众合法权益，在促进全市经济持续健康发展和社会和谐稳定中做出了积极贡献。全年共处理各类价格违法案件259件。其中，简易程序处理197件，一般程序处理62件。退还消费者365.33万元，经济制裁总额321.05万元。其中没收金额272.29万元，罚款48.76万元。

1. 强化市场监管。为维护消费者合法权益，确保节日期间市场价格秩序稳定，先后开展了元旦、春节、“五一”、中秋国庆市场价格检查。

2. 开展专项检查。为进一步保障和改善民生，围绕群众关心、社会关注的价格热点问题，先后开展了殡葬服务市场价格行为、教育收费、涉企收费、价费优惠政策落实情况、涉农收费、药品市场价格、医疗机构收费等专项检查。

3. 畅通诉求渠道。按照热情受理、快速办理、妥善处理的原则，充分利用“12358”价格举报系统、辽宁省“民心网”、“96123”市民服务热线、市长热线等价格诉求平台，全力做好诉求办理工作。严格按照《信访条例》、《价格违法行为举报处理规定》的要求，认真耐心地解答群众价格政策咨询，及时受理和查处价格举报案件，有力维护了群众合法价格权益。全年共受理各类价格举报咨询、投诉8250件。其中价格咨询7484件，价格举报766件。

（黄彦伟）

【主要农副产品价格走势】 成品粮价格上涨。2015年，我国粮食生产实现十二连增，受增产影响，加上政策支持，沈阳市粮食价格逐月看涨。监测数据显示：12月份大米价格为5.39元/公斤，同比上涨3.23%；全年平均价格为5.29元/公斤，同比上涨2.4%。12月份精粉价格为4.99元/公斤，同比上涨2.43%；全年平均价格为4.88元/公斤，同比上涨0.17%。

食用油价格总体回落。2015年我国油脂供给仍然宽松，而消费放缓，需求不振，食用油价格下降成为新常态。监测数据显示：12月份散装豆油价格为8.18元/公斤，同比下降5.45%；全年平均价格为8.38元/公斤，同比下降6.95%。12月份桶装豆油价格为50.55元/桶(5升)，同比下降6.66%；全年平均价格为51.47元/桶(5升)，同比下降7.39%。12月份桶装花生油价格为135.42元/桶(5升)，同比下降1.79%；全年平均价格为135.98元/桶(5升)，同比下降1.29%。

肉类价格波动较大。受市场供求变化等因素影响，2015年，沈阳市的猪肉价格呈“И”型运行。监测数据显示：12月份猪肉价格为29.73元/公斤，同比上涨15.93%；全年平均价格为25.8元/公斤，同比上涨10.51%。牛肉价格变化不大，羊肉价格持续下跌：12月份，牛肉价格为60.20元/公斤，同比下降1.38%；全年平均价格为60.60元/公斤，同比下降0.49%。12月份羊肉价格为48.29元/公斤，同比下降21.78%；全年羊肉平均价格为54.1元/公斤，同比下降14.89%。

鸡蛋价格降幅明显。2015年，沈阳市鸡蛋市场受季节性供求变化等因素影响，价格呈先降后升再降的运行走势，但总体比上年同期明显下降。监测数据显示：12月份，鸡蛋价格为8.24元/公斤，同比下降19.31%；全年平均价格为

8.25元/公斤,同比下降16.19%。

蔬菜价格涨幅较大,"大年"特征明显。受节日及天气因素影响,沈阳市蔬菜价格呈冲高回落逐步爬升的运行态势,但总体比上年同期明显上涨,呈明显的"大年"价格运行特点。监测数据显示:12 月份,20 种蔬菜平均价格为 6.19 元/公斤,同比上涨 18.64%;全年 20 种蔬菜平均价格为 5 元/公斤,同比上涨 14.13%。

(宋妍婷)

【价格法制建设】 开展业务培训。为进一步提高价格执法人员的执法能力和水平,沈阳市物价局采取多种方式强化价格执法人员的业务培训。为正确解读国家药品价格改革新政策,适应价格监管新常态,6 月份,专门邀请省价格监督检查和反垄断分局朗婧同志进行了药品价格专项检查业务培训。为有效贯彻落实国家发展改革委关于《禁止价格欺诈行为的规定》有关条款解释,组织市物价局监督检查分局全体人员进行了集中培训和研讨交流。同时,通过联合检查、下查一级、移交案件等方式,加强了对区、县(市)价格监督检查人员的业务指导。

组织案卷评查。为加强价格法治建设,规范价格执法行为,促进依法行政,提高案卷制作水平,2015 年 6 月 29 日至 7 月 3 日,对 2015 年上半年处理并已结案的部分案卷进行了集中评查。评查小组严格按照国家发展改革委《价格行政处罚案卷评查规定》和《价格行政处罚案卷评查评分标准》,按照百分制进行了量化评分。评查结束后,检查分局下发了通报,并就下一步加强文书制作和案卷管理工作提出了具体要求。

规范执法行为。为进一步促进公正执法、廉洁执法、文明执法,分局领导与科长签订了《依法行政、廉洁行政责任书》,与每一名执法人员签订了《依法行政、廉洁行政承诺书》。为进一步规范价格举报投诉办理程序和流程,修订和完善了《价格信访举报投诉受理流程图》、《价格监督检查工作流程图》及《行政职权目录》。

(黄彦伟)

【开展涉企收费专项清理】 一是与市财政、经信、编办、民政等部门联合印发了《关于开展涉企收费专项清理规范工作的通知》,明确了工作分工和具体要求。

二是对全市实行政府定价和政府指导价的涉企经营服务性收费项目和收费标准进行清理,提出了取消部分收费项目的意见,依据《辽宁省定价目录(2015 版)》、实行政府定价的中央和省政府定价涉企经营服务性收费目录,汇总形成了《沈阳市涉企经营服务性收费目录清单》,经市政府批准后正式行文公布。

三是完成了对市财政局清理的涉企行政事业性收费项目和收费标准的审核确认工作,并与市财政局联合行文公布了《2015 年沈阳市本级部门和单位非税收入项目目录》、《2015 年沈阳市本级涉企行政事业性收费和政府性基金目录》。

四是对市政务办汇总的行政审批中介服务项目一览表和相关行政事业性收费一览表中收费项目、收费标准和收费文件依据进行了初步审核确认,提出了合并收费项目、修正收费标准、补充文件依据等修改意见。其中中介服务事项表涉及 18 个部门 87 项收费,行政事业性收费事项表涉及 12 个部门 45 个项目 127 个事项。

(张 强)

【开展涉农收费、殡葬收费专项清理】 一是对与农民生产生活密切相关的收费(价格)项目开展了专项清理。通过制订工作方案、深入农村调查、梳理文件依据,归集汇总了涉及公安、教育、国土、房产、民政等 9 个部门 16 个收费项目,形成了《沈阳市与农民生产生活密切相关的收费(价格)项目及收费标准》目录清单,通过网站进行了公布,使农民交费更加清晰透明。二是召开了全市 30 余家殡葬(仪)服务单位参加的殡葬服务收费清理工作部署会,对殡葬服务收费专项清理工作做了安排,于年底前完成了收费项目及收费标准情况汇总及编制并公布目录清单的准备工作。

(张 强)

【开展与群众日常生活密切相关的收费汇集整理】 为增强收费透明度,让群众明白交费,对与群众日常生活密切相关的收费项目和收费标准进行了汇集整理,形成了《沈阳市与群众日常生活密切相关的收费项目(价格)及收费标准》,并通过沈阳价格信息网向社会进行了公布,树立了价格主管部门执政为民的良好形象。

(张 强)

【发挥市场配置资源作用】 及时向审批办上报了与省同步取消住宅小区停车服务费定价、楼门牌费定价、城建档案技术咨询服务费定价等 10 项省委托市管定价项目;自行取消中省直所属物业企业服务收费定价,保障住房、房改房、老旧住宅小区和住房前期的物业管理服务收费定价,道路运输从业人员上岗培训费定价等 4 项定价职权的意见,并按照《辽宁省定价目录》(2015 版),及时发文废止了一批不符合国家、省政策规定的文件。

(张 强)

【发挥职能作用】 会同市教育局完成了全市中小学 2014—2015 下学期、2015—2016 年上学期收费项目及收费标准的制定工作;为保障全市公共租赁住房配租工作顺利进行,会同市房产局拟定了"凤凰新城"、"惠民新城"、"惠民家园"、"丽水新城二期""望花丽景"等 5 个住宅小区共计 9381 套公租房的租金标准;积极开展"双进双解"企业帮扶工作,按要求完成了与企业对接,详细了解了项目进展情况,对企业在项目建设中遇到的难题密切关注,并积极协调,得到了企业的好评;对沈阳市实施促进健康服务、养老服务以及农村土地流转、加强职业技能鉴定收费管理等宏观政策提出收费政策建议;联合市财政、环保等部门联合转发了国家和省制定和调整污水处理费标准有关问题、放开部门服务价格、取消环境监测服务部分项目和降低收费标准、进一步放开建设项目专业服务价格以及国家和省各类减费降负取消收费项目等文件,较好地发挥了收费管理职能作用。

(张 强)

财 政 · 税 收

财　　政

【财政收支情况】 2015年,在复杂的经济形势下,沈阳市一般公共预算收入完成606.2亿元,完成年度预算的75.3%,下降22.8%;沈阳市一般公共预算支出808.6亿元,下降11.6%。财政支出结构得到进一步优化,实现了财政收支当年平衡。

1.一般公共预算收入情况。2015年,全市一般公共预算收入完成606.2亿元,完成年度预算的75.3%,下降22.8%。

(1)增值税79.4亿元,比上年下降6.8%。

(2)营业税146.5亿元,比上年下降11.1%。

(3)企业所得税77.2亿元,比上年下降7.6%。

(4)个人所得税23.3亿元,比上年增长8.8%。

(5)城市维护建设税33.4亿元,比上年下降7.5%。

(6)房产税28.3亿元,比上年增长0.4%。

(7)城镇土地使用税28.9亿元,比上年下降27.8%。

(8)契税29.5亿元,比上年下降23.7%。

(9)印花税8.2亿元,比上年下降7.8%。

(10)国有资本经营收入、国有资源有偿使用收入42.6亿元,比上年下降59.6%。

(11)行政性收费、罚没等收入38.3亿元,比上年下降16.2%。

(12)排污费、水资源费、教育费附加等专项收入32.2亿元,比上年增长40%。

另外,2015年,全市基金收入完成154亿元,比上年下降64.8%。

2.一般公共预算支出情况。2015年,全市一般公共预算支出808.6亿元,比上年下降11.6%。

(1)一般公共服务支出76.1亿元,比上年下降19.5%。

(2)国防支出0.7亿元,比上年下降63.8%。

(3)公共安全支出48.4亿元,比上年增长5.1%。

(4)教育支出106亿元,比上年下降9.8%。

(5)科技支出23.4亿元,比上年下降11.8%。

(6)文化体育与传媒支出17.8亿元,比上年增长15.1%。

(7)社会保障和就业支出171.2亿元,比上年增长9%。

(8)医疗卫生支出49亿元,比上年增长9.8%。

(9)节能环保支出28.8亿元,比上年增长46.1%。

(10)城乡社区事务支出127.1亿元,比上年下降30.9%。

(11)农林水事务支出48.1亿元,比上年下降2.2%。

(12)交通运输支出37.1亿元,比上年下降1.2%。

(13)资源勘探电力信息等事务支出32.8亿元,比上年下降19.2%。

(14)商业服务业等事务支出12.1亿元,比上年下降36.1%。

(15)金融监管等事务支出0.5亿元,比上年下降45.3%。

(16)国土资源气象等事务支出4.1亿元,比上年下降9.9%。

(17)住房保障支出18.2亿元,比上年下降62.5%。

另外,2015年,全市基金支出完成207.1亿元,比上年下降55.9%。

(赵秋艳)

【助推全市经济发展】 转变财政投入方式。累计设立沈阳振兴发展基金等17支基金,总规模187.2亿元,引导社会资本140.1亿元。支持拓展融资担保和融资租赁业务,新增担保规模197.1亿元,在保余额211亿元;新增租赁规模2.5亿元,在租规模7.3亿元,缓解企业融资瓶颈。建立健全PPP管理体制机制,全年向社会公布PPP项目89个,总投资1653亿元,68个重点项目实现对接,城市地下综合管廊等5个项目成为国家示范项目。

支持重点产业发展。落实国家支持东北振兴和稳增长政策,支持全面创新改革试验。投入85.7亿元,支持重点产业项目建设,促进企业发展。制定落实75条政策助力小微企业创业创新。推动生产性服务业企业主辅分立,加大对会展、旅游、外贸、体育、人才方面的支持,促进现代服务业发展。落实各项强农惠农补贴,促进现代农业发展,建设一事一议村内道路和美丽乡村示范村,推动村级公益事业发展。推进营改增改革,大力减税降费,全年为企业减免各项税费达17亿元。

加大对区县支持力度。调减各地区上解市财力规模,减轻各地区收支压力。将301.9亿元置换债券额度向区县倾斜,帮助优化政府性债务结构。加大财政资金转移支付力度,全年下达资金208.5亿元,确保各地区教育、农业、社保等重点民生支出,支持工资改革落实,保障正常运转。

(赵秋艳)

【保障民生和事业运转】 全力做好民生保障。全市民生投入687.5亿元,占一般公共预算支出85%,提高1.6个百分点,凡是国家、省、市确定的民生政策全部落实到位,实现应保尽保。全面落实养老、医疗、低保等各项民生提标政策,足额保障教育、文化、体育等社会事业,公交、棚户区改造等工作顺利推进。

提升城市管理水平。加大城市建设投入,优化城市环境。投入资金190.1亿元,推动地铁、南北二干线等重点项目和公共租赁住房建设、改善旧住宅区居住环境、节能暖房等民生工程及绿色除雪等重点工程建设。全市投入资金28.8亿元，支持蓝天工程和绿化提升行动，城市环境和治理水平得到有效提升。

保障机构平稳运行。严控一般性支出，优先保证人员工资和公用经费基本支出。将部门公用经费定额标准平均提高2000元，并升级消防、公安等部门设备装备，满足发展需要。筹集资金9.8亿元，确保市本级机关事业单位工资调整及养老保险制度改革落实到位。安排资金3870万元，落实市直机关事业单位人员医疗保障待遇。将村级党建经费水平提高到每年每村2.5万元，超过省规定标准25%。

（赵秋艳）

【深化财税体制改革】 严格落实新预算法要求。健全政府预算体系，将财政性资金全部纳入部门预算管理。在四部预算和市本级部门预算基础上，同步编制6项辅助预算。启动编制财政三年滚动规划。把市对下专项转移支付项目由174项清理整合至51项，并提前告知。稳步推进预决算公开，公开内容和范围均达到国家要求。

加强资金统筹使用。国库集中支付改革实现市、县（区、市）、乡全覆盖。加大项目资金调剂及以前年度结余结转资金统筹使用力度，压缩非预算占压财政国库资金。继续清理财政专户。整合各类资金支持重点项目建设，调度资金174亿元支持土地储备。

加强政府性债务管理。实施政府债务收支预算，积极通过PPP、地债置换等方式优化政府性债务结构。提前偿还高利息债务，已将市本级项目贷款利率降至基准利率以下，各区、县也普遍下降，切实防范债务风险。

继续强化财政监管。提高政府采购效率，推进政府购买服务。加强行政事业资产管理，稳步推进市本级公物仓建设。强化工程预结算审核管理，审减资金19.8亿元，其中，结算审减4.1亿元。完善财政检审反馈应用机制和财政监督检查备案机制，强化财政绩效评价。全年共迎接市以上各类审计检查13次。

（赵秋艳）

【第七届会计活动日活动】 强化培训，开展“管理会计”专题培训活动。4月24日，全市200余人参加“管理会计”专题培训活动，充分认识管理会计的重要性，培养管理会计思维，增强实施管理会计的主动性。

发挥“财会之家”网站宣传服务功能，积极宣传学习吴波同志先进事迹。在“会计活动日”期间，结合会计博物馆收藏整理的吴波工作笔记24本，宣传吴波同志事迹、弘扬廉洁奉公精神。同时，在“财会之窗”网站上介绍吴波同志事迹，提供有关文字与视频资料的学习与下载，号召广大财会干部向吴波同志学习。

开展第四届会计人才就业招聘会。4月19日，围绕“会计·新常态经济与创新服务”主题，成功举办沈阳市第四届会计人才就业招聘会。共有120家企业进场，参会企业涵盖了建筑装饰、装备制造、生物化工、金融商贸等多个行业，提供适合各层次会计人员的工作岗位近500个，入场求职者达6000余人次。

（赵秋艳）

国　税

【概况】 2015年，市国税系统面对巨大的组织收入工作压力，坚持组织收入原则不放松，坚持向管理要收入、向政策要收入的方法不改变；在具体安排上，系统上下不等不靠，主动作为，合力攻坚。全年全口径和地方级收入分别实现535亿元和141.6亿元，圆满完成税收任务，收入质量明显提高。市国税局被评为“全国文明单位”、“全省国税系统先进单位”、“沈阳市创建全国文明城市贡献单位”。2个基层单位分别被评为“全国文明单位”和“全国青年文明号”，15个基层单位被评为“省文明单位标兵”或“省文明单位”，3个基层单位被评为“省青年文明号”。21名个人获得市级以上荣誉称号。

（徐希竹）

【税收法治建设】 深刻领会党中央全面推进依法治国的重要意义，树立税务部门与纳税人法律地位平等的理念，积极践行法治精神。大力加强税收制度建设，全面落实第一批税务行政处罚权力清单，做好税收规范性文件的管理，废止政策措施14项、税收规范性文件10个，对51份涉税文件进行合法性和合理性审核，制定市国税局《重大税务案件审理工作实施办法》，从制度层面促进依法决策、规范执法行为。以市政府“六五”普法检查验收和市法制办行政执法专项检查为契机，开展全系统行政执法工作专项检查，发现并纠正一批基层行政执法中的突出问题，进一步规范了税收执法秩序，提高了税收执法水平。按照无罪推定原则，主动改正背离法治精神的处理决定，进一步优化了税收执法环境。整合监督资源，统筹运用执法督察、执法监察、巡视、政务公开等手段，规范执法行为，防范执法风险。

（徐希竹）

【完善大企业税收管理】 针对大企业组织机构庞大、涉税事项复杂、税收风险较大的实际情况，进一步完善大企业税收管理，在基层局征管主体责任不变的前提下，对249户被省局列为重点税源的大企业实行相对集中的管理方式，研究建立了大企业日常税源管理标准和9个行业的风险管理标准。并探索实行了大企业由单户管理拓展至行业管理，以行业管理标准深化单户管理的“循环递进式”的管理模式，有效提升了全市大企业税收管理水平，并在总局相关项目评比中获得优秀奖。

（徐希竹）

【税收风险管理】 运用风险管理理念，着力提升税收管理的针对性。成立市局风险监控分析中心，利用相关部门提供的数据，建立数学模型，对企业的税法遵从度进行分析、排序，使守法者环境宽松，让违法者及时暴露、得到惩处、受到教育。建立8个风险分析模型，从工商、财政、地税、房产、医保、药监等部门获取信息180余万条，针对63个中类行业开展税收风险分析，取得成果5.54亿元。

（徐希竹）

【提高纳税服务水平】 建立常态化督导机制，大力巩固首问首办成果，并以落实全国纳税服务规范2.0版为契机，进一步优化涉税事项办理，使纳税人需办理的325项涉税事项中，即时办结率达到78%，在上年基础上提高3个百分点。开发“纳税人涉税资料影像系统”，纳税人办税资料重复报送、重复传递问题得到有效解决。与此同时，按照国家税务总局“互联网+税务”行动计划要求，以及市委、市政府“智慧沈阳”建设工作部署，树立互联网思维，运用“开放、平等、协作、分享”的互联网精神，对纳税服务工作进行重新审视，着力从换位思考的角度、从客户体验的角度，探索继续优化纳税服务的路径和方法，启动“@沈阳国税”项目建设。从服务经济发展的角度、从维护地方利益的角度，理解立法精神，克服困难，创造性地开展工作，满足了沈阳京东世纪贸易有限公司开具电子发票的需求，促使全省第一张电子发票在沈阳京东商城成功开出，成为互联网与业务工作深度融合的良好开端。

（徐希竹）

【加强系统党的建设】 成立系统党建工作领导小组，提出六方面指导意见，细化20项工作内容，确保党建工作有序推进。全系统共制定完善党建工作制度百余项，2个机关党委、5个党总支、191个党支部完成换届工作，333名党务干部参加专业培训，“三会一课”、民主生活会等各项制度进一步落实。扎实开展“三严三实”专题教育，市区两级党组成员分别走上讲台讲党课78人次，全系统组织集中学习108次，走访纳税人350余户，征求意见和建议320条。组织开展从严从实加强干部队伍管理专项检查，共检查25个基层单位、266个科所，与干部谈话391人次，对检查发现的52个问题及时进行了整改。市国税局党建工作先后4次得到省局表扬，被省委宣传部思想政治工作研究会授予“辽宁省思想政治工作研究先进集体”荣誉称号。市直机关工委在铁西区局召开了全市“不作为、不担当”专项整治工作现场会，市国税局作了经验交流。

（徐希竹）

地　税

【概况】 2015年，沈阳市地税系统坚持“为国聚财、为民收税”的宗旨，面对产业结构调整和经济增长方式转变给组织税收收入带来的巨大的压力，主动适应经济发展新常态，以组织收入为中心，以建设“六大体系”为目标，坚持征管改革、依法治税、优化服务、提升效能四轮驱动，认真落实全年95项重点工作任务，全力推进沈阳地税事业提档升级，较好地完成了各项工作任务。沈阳市地税局荣获了“全国文明单位”荣誉称号，在全省地税系统绩效考评中名列第一，在市政府绩效考评中名列B4类第一名。

（刘　丹）

【税费收入】 2015年，全市地税系统共组织税费收入726.5亿元。组织全口径各项税收收入433.1亿元，下降19.7%。其中市级公共财政预算收入351亿元，同比减收106.2亿元，下降23.2%。地税收入规模占全市财政收入的60.4%。全市地税系统组织的公共财政预算收入全省下滑幅度最小，收入规模和增幅位列全省第一。另外，征收社会保险费280.1亿元，增长9.1%；征收工会经费（筹备金）10亿元；征收残疾人保障金3.2亿元。在政策性减收的情况下，全年征缴社会保险费做到了全省总量最大、增速最高。

（刘　丹）

【税收大排查】 继续在全市范围内开展税收大排查工作，将大排查作为挖潜增收的重要手段。各基层局将全市重点纳税人全部纳入排查范围，采取集体约谈、自查整改、入户排查等方法，协助纳税人查找风险、纠正问题、补缴税款。制定了《税收(费)征管检查工作规程》，推进了排查工作制度化。全系统组成720个工作组，共排查纳税人1.45万户，排查入库税款6.7亿元，有效堵塞了征管漏洞。

（刘　丹）

【税收风险管理】 市地税局创新税源管理方式，开发了全国领先的税收风险管理平台，通过设定风险指示，对税收数据进行扫描，查找税收风险点，再将风险任务推送到基层局应对，将大排查与风险评估管理相结合实施税收管理。全年共评估出税收风险点11万个，涉及6264户企业，评估入库税款1.7亿元，全面提升了税源管理的精度、广度和深度。市地税局开发的风险评估系统得到了总局和省局的充分肯定，在全省地税系统进行了推广。

（刘　丹）

【重点税种管理】 切实加强建筑业营业税监管，对全市所有建设项目建立管理台账，对270个重点项目指派专人进行全程监控、一管到底，确保建设项目实现的税款及时入库。土地增值税清算成果丰硕，从市建委取得全市房地产开发项目名单，利用自行开发的土地增值税清算软件，全年共对94个项目进行了清算审核，入库税款2.3亿元。充分应用存量房计税价格评估系统，加强对房产交易的税收管理。全年共受理评估6.25万件，增加税收1.62亿元，有效遏制了二手房交易中的“阴阳合同”、偷税漏税问题。加强股权转让个人所得税控管，从工商部门取得2.35万条股东变更信息，核查入库税款1.8亿元，努力挖掘新的税收增长点。

（刘　丹）

【清缴欠税】 全系统依法采取限期缴税、欠税公告、停售发票、查封账户、扣押拍卖等措施，加大清缴欠税力度。全年共对1.8万户纳税人采取清缴措施，清理陈欠税款2.75亿元、新欠税款8.5亿元，努力做到了应收尽收。

（刘　丹）

【“大干70天”专项行动】 针对年末严峻的税收形势，从10月下旬开始，市地税局采取超常举措，对组织收入工作进行再动员、再部署，进一步加大征管力度。在全省率先组织开展“大干70天”专项行动，组织开展了社会力量办学、婚庆、装修装饰“三行业”专项整治，查补入库税款1350万元，有效堵塞了税收的跑、冒、滴、漏。

（刘　丹）

【工业企业分立生产性服务业工作】 面对沈阳市企业分立任务数量全省第一，完成时间紧等困难，市地税局充分发挥牵头部门的作用，制订工作方案，认真执行领导包户制度，与各区、县（市）政府和相关部门协同配合，组成工作推进组，咬定目标，细化措施，奋力攻坚。全年共推动149户企业实现主辅分立，完成全年计划的136.7%，分立出生产性服务业企业151户，提前超额完成全年主辅分立任务。省政府考核验收工作组对沈阳市2015年主辅分立工作取得的成绩给予充分肯定和表扬。

（刘　丹）

【简政放权】 认真贯彻落实中央和省市部署，大力推进简政放权，全年共清理出失效废止文件87件，发布了第一批税务行政处罚权力清单和税务行政处罚权力运行流程图，对8项处罚权力事项予以公告，主动接受社会监督。认真承接总局和省局下放的28项行政审批项目，加强对取消和下放的行政审批事项后续管理工作，做到了放管结合、优化服务。

（刘　丹）

【纳税服务】 深入推进"便民办税春风行动",认真落实《纳税服务规范》,促进了纳税服务规范化。扎实做好"三证合一"、"一证一码"登记制度改革,实现了与工商、质监登记信息的实时交换,全年共交换登记信息2万多件。推广"一窗式"纳税服务改革,基本实现了涉税事项"一窗式"办理,有效解决了纳税人"多头跑、多次找"的问题。制定了首问责任制办法,在4个基层局试点的基础上,在全系统进行了推广,提高了纳税人诉求的办理效率。加强服务平台建设,12366纳税服务热线全年接听电话16万个,地税网站发布税收政策信息1500多条,微信平台发布图文信息217期,举办纳税人学堂50多次,拓展了纳税服务的深度和广度。

(刘　丹)

【队伍建设】 加强领导班子建设,认真贯彻落实《党组工作条例》,组织领导干部学习《廉政准则》和《处分条例》,严格落实领导干部个人有关事项报告制度,严守党的政治纪律和政治规矩。深化干部人事改革,完成了市局和基层局领导班子副职后备干部的调整补充,组织31名干部上挂下派,圆满完成了全系统干部档案专项审核工作。继续组织开展"十佳"评选活动,大力弘扬干事创业的正能量。认真开展业务培训和岗位大练兵,全年共组织各类培训38项,成功举办了稽查岗位业务竞赛,提升了干部队伍的专业化水平。精神文明建设丰富多彩,开展了道德讲堂和"身边最美地税人"微故事征集等活动,组织代表队参加了全省地税系统太极拳展示并夺得金奖。

在全市地税系统深入开展叫响"我是领导,我给群众打个样"、"我是共产党员,我给群众做表率"、"我是地税人,我为地税树形象""三个叫响"实践活动。通过组织学习、亮出承诺、查摆整改、组织考核,进一步做实思想政治工作,切实转变工作作风,提升正能量,建设一支高素质的地税干部队伍。

开展"三严三实"专题教育。全系统共征求意见249条,提出整改措施152项,已整改完成128项,完成率达93.5%。整个专题教育活动做到了"严"字当头、"实"处着力,引导广大党员干部切实把"三严三实"贯穿到修身做人、为官用权、干事创业的全过程,逐步建立起加强作风建设和纠正"四风"的长效机制,确保专题教育活动取得了扎扎实实的成效。

严格贯彻落实中央"八项规定",全面开展办公用房、公务用车等方面自查,重点围绕总局提出的7个方面问题开展专项整改,坚决防止"四风"问题反弹。加大明察暗访力度,深入开展"三难""吃拿卡要"专项整治,及时查处税收执法过程中的不作为、乱作为以及执法不严、以权谋私等问题,干部队伍的纪律作风明显改善,政风行风建设取得新成效。

(刘　丹)

金　　融

综　述

【金融业发展】 2015年，沈阳市金融办紧抓国家振兴东北和沈阳获批全面创新改革试验的政策机遇，在整体经济形势下行压力下，金融业保持快速发展的良好势头，为实体经济提供了有力的资金保障，成为全市经济工作的亮点。2015年12月末，全市银行业金融机构本外币存款余额1.40万亿元，同比增长10.42%，比年初增加1396.3亿元。银行业金融机构本外币贷款余额为1.16万亿元，同比增长12.8%，比年初增加1309.9亿元。贷款增量全省第一。新增非信贷多渠道融资1501.34亿元，同比增长31%。截至12月末，全市金融业地税收入实现69.9亿元，比上年增长4.1%，占全市地税收入16.2%，占服务业地税收入23.1%，分别比上年提高3.7个百分点和5.3个百分点。

2015年12月末，全市金融和金融服务机构总量达到757家，当年新增25家。金融总部和区域总部迅速增加，包括2家金融总部、2家外资银行、2家保险、4家证券、1家金融资产管理公司。沈阳市分行、分公司以上金融机构140家（地方法人金融机构16家），其中：银行业金融机构55家，保险公司64家，证券、期货公司19家。小额贷款公司达到81家，融资性担保机构达到52家。

（崔　增）

【多层次资本市场建设】 企业上市、“新三板”和区域股权市场挂牌积极踊跃。一是通过调度区县、实地调研，后备企业资源大量涌现。二是通过宣传辅导、对接推介，企业上市挂牌积极性大大提高。三是通过协调帮扶、政策补助，企业上市挂牌负担极大减轻。兴齐眼药、沈鼓集团上市申请已报中国证监会待审，远大压缩机、麟龙科技、三橡股份已在辽宁证监局备案。

企业融资渠道不断拓宽。一是针对上市排队企业多、发审速度慢、注册制推迟的情况，主动帮助企业想办法，通过积极开展“送金融下企业”活动，企业与证券机构、辽宁证监局及沪深证券交易所的沟通加深了，利用债券和资产证券化融资发展更加顺畅了。二是积极与相关部门联合组织企业投融资常态化路演，并利用网络搭建企业与投资机构项目融资信息对接平台，企业融资需求与投资机构投资需求得到有效对接。

2015年，三生制药、桃李面包分别在香港联交所和主板上市，融资总量近50亿元。16家企业实现在“新三板”挂牌。辽宁股权交易中心增加注册资本金5000万元，全年为中小微企业提供股权融资5500万元，沈阳已有524户企业在辽宁股权交易中心挂牌展示。东北首家农村综合产权交易中心在沈阳市挂牌运营。诚浩证券增资至5亿元，更名网信证券，成为全省首个试水“互联网＋证券”企业。辽宁正邦实业投资集团在沈阳市设立上海期货交易所有色金属交割仓库工作正在积极推动。

12月末，全市各类基金、股权投资、创业投资企业达101家，当年新增12家。

（崔　增）

【金融体制改革】 锦银金融租赁公司、盛银消费金融公司获得中国银监会批筹，这2家金融机构的成立将填补辽宁省此类金融机构的空白；市财政与瀚华金控分别出资2亿元对瀚华担保增资，增资后的注册资本达到7亿元，成为辽宁省首家混合所有制融资担保机构。亨汇商业保理公司作为东北首家外资商业保理公司在沈阳市注册。中兴通讯沈阳金融研究院有限公司、中兴金融科技有限公司设立。恒信担保增资至10亿元，向省政府申请增加再担保业务。以市政府办公厅名义出台了《沈阳市民间借贷登记服务中心试点实施方案》，在金融商贸开发区试点工作即将展开。拟定了《沈阳市深化农村信用社改革工作实施方案》，农信社改制工作进入攻坚阶段。完成沈阳全面创新改革试验13项金融领域重点政策的起草、论证和对上争取工作。

（崔　增）

【普惠金融】 在支持小微企业和服务“三农”的过程中，沈阳市小贷公司和融资担保机构明确自身定位，通过开展差异化经营，积极为小微企业及“三农”提供贷款及担保服务。沈阳市小贷公司已累计为小微企业提供贷款超过260亿元，累计为农户提供贷款超过20亿元。仅2015年度，全市82家小贷公司累计为小微企业发放贷款53.89亿元，占总累计放款额的89.39%，有4万余户小微企业及个体工商户从中受益，累计为3万余农户发放贷款6.39亿元，占总累计放款额的10.61%。2015年末，沈阳市共设立50家融资性担保机构，注册资本金71.23亿元。其中政策性担保机构20家，政府注资33.14亿元，占比47%。全市融资担保机构本年累计担保额为209.14亿元，在保责任余额为213.36亿元，全市平均放大倍数为2.76倍。

（崔　增）

【优化金融发展环境】 金融生态环境不断优化。一是进一步落实金融机构和企业上市的政策措施，2015年，沈阳市共支出3582万元支持企业发展。二是进一步扩大沈阳金融业在国内外的影响力。通过组织召开中国（沈阳）国际金融高层峰会，东北（沈阳）金融交易博览会、中国金融论坛东北分论坛、“金融大联合，东北再振兴”金融论坛等大型金融展会，进一步巩固了沈阳市东北金融中心地位。三是扎实开展“走进项目、走进企业，解决问题、解决困难”活动，及时解决银行和企业在信贷投放中出现的问题和困难。对20户纳税百强金融企业“双实名帮扶制度”已落实到位。四是非法集资处置和国投清算工作取得积极成效。“辽宁博惠”、“辽宁皓安”、

“颐和轩”、“天罡牧业”案件处置和善后工作有序展开,“颐和轩”非法集资案件的涉案资产正在进行追缴。防范和打击非法集资宣传教育工作力度不断加大,从源头上控制了非法集资案件的发生。

(崔　增)

银　行

·人民银行·

【居民储蓄】 2015年末,沈阳市居民储蓄存款余额(含外币)5854.9亿元,比年初增加476.4亿元,同比增长8.86%。其中人民币储蓄存款余额5769.3亿元,比年初增加455.1亿元,同比增长8.56%。纵览全年,沈阳市居民储蓄存款呈现显著波动,增速同比上升;从月度数据看,储蓄增加的月份远多于减少的月份且增幅相对更大,全年有三个月涨幅突破百亿元关口,而四月份居民储蓄则出现较大幅度的负增长。宏观经济政策调整对居民储蓄意愿影响较为直接,居民财富管理理念进一步成熟。

1. 政府政策适时调整,居民储蓄反应敏锐。2015年政府经济政策调整灵活,1月末央行重启逆回购,缓解节前资金紧张,2月初又迎来全年首次降准,全社会整体流动性充裕,前三个月居民储蓄均呈上涨趋势,但与往年同期相比,沈阳市居民储蓄倾向递减;5、6月两次降息一次降准,存款利率浮动区间上调至基准利率的1.5倍,大额存单面向个人正式推出,《商业银行法》修正删除贷存比要求,股市极速回调伴随入市资金回流,多因素综合带来6月居民储蓄存款显著增加;12月证监会发布指数熔断制相关规定,外加注册制改革呼声不断,股民为避风险选择持币观望,岁末《计划生育法》修正案二胎限制放开,受其影响,12月份以教育和生活保障为目的的储蓄规模扩大。

2. 居民投资理念成熟,稳健投资成为首选。2015年,沈阳市居民投资意愿较上年底有显著提高,在二季度达到近5年来的一个峰值,全年均呈现出“定期存款总量大于活期,金融资产总额超过储蓄”的特征。在各类投资品种中,以理财产品持有为首位,其余依次是基金、国债和股票。本年度互联网理财产品收益率下降明显,而银行类金融机构理财产品收益率较为平稳,同时相对于基金、股票的较高风险和国债的较低收益,风险与收益均衡的理财产品不免受到青睐。从数据看,居民家庭收入结构与投资需求结构基本匹配。

3. 中等收入家庭稳定,置产消费渐回主流。按月收入在5000—1万的三口之家为中等收入家庭计数,全年,沈阳市中等及以上收入家庭的比例较上年有所上升。全市居民整体物价感受较上年更加满意,由于全年CPI增幅有所回落,居民消费支出减少,居民生活成本下降。2015年上半年“辽9条”政策出台,有条件地降低首付比例,适度提高贷款额度上线,另受个人转让住房营业税免征年限“五改二”等优惠政策刺激,沈阳市居民住房购买热情回升,居民汽车消费意愿因购置税下降创近五年新高,而旅游消费热度依旧未退。

(宋光宇)

【信贷运行】 一、人民币各项存款增势平稳

2015年12月末,全市金融机构本外币各项存款余额1.40万亿元,比年初增加1396.3亿元,多增309.5亿元;人民币各项存款余额1.39万亿元,比年初增加1377.4亿元,同比多增293.6亿元;外币存款余额25.79亿美元,比年初增加1.51亿美元。分机构看,盛京银行人民币存款余额比年初增加最多,人民币存款余额比年初增加542.1亿元,个人存款、单位存款和非存款类金融机构存款全面快速增加。

1. 住户存款少增。全市金融机构人民币住户存款余额5769.3亿元,比年初增加466.2亿元,同比多增92.9亿元。其中,活期存款余额1733.5亿元,比年初增加199.2亿元,同比多增188.3亿元;定期及其他存款余额4035.8亿元,比年初增加267亿元,同比少增95.5亿元。2015年,证券市场呈现先涨后跌态势,网络金融继续快速发展,银行间货币市场利率逐步走低,存款利率连续下调。各类金融产品对住户存款的分流作用此消彼长,住户存款总体上呈现稳定增长态势。

2. 非金融企业存款多增。全市金融机构人民币非金融企业存款余额4182.9亿元,比年初增加569.9亿元,同比多增406.1亿元。其中:活期存款余额1735.4亿元,比年初增加225.9亿元,同比多增251.4亿元;定期及其他存款余额2447.5亿元,比年初增加343.9亿元,同比多增154.8亿元。2015年前三季度,受经济增速逐步下滑和企业经营活动减少影响,企业资金周转速度下降,企业存款增加较少,但是扭转了上年同期企业存款下降的局面;2015年四季度,信贷增长速度加快,同时重点项目建设资金加速拨付,企业存款呈现快速增长状态。

二、各项贷款增势良好

2015年12月末,全市金融机构本外币各项贷款余额1.16万亿元,比年初增加1309.9亿元,同比多增220.5亿元;人民币各项贷款余额1.13万亿元,比年初增加1313亿元,同比多增202.1亿元;外币各项贷款余额36.5亿美元,比年初减少2.74亿美元。贷款余额增势良好,发挥了金融支撑经济发展的作用。

1. 住户贷款多增较少。全市金融机构人民币住户贷款余额2144.8亿元,比年初增加247.9亿元,同比多增20.1亿元。其中:短期消费贷款余额155.1亿元,比年初增加31.2亿元,同比多增4.4亿元;短期经营贷款余额281.4亿元,比年初增加19.5亿元,同比少增14.7亿元;中长期消费贷款余额1511.5亿元,比年初增加190亿元,同比多增37.3亿元;中长期经营贷款余额196.8亿元,比年初增加7.2亿元,同比少增6.9亿元。2015年,住户消费贷款增长逐步加快,二季度以后房地产市场销量逐渐增加拉动了个人按揭贷款需求回升。各银行认真贯彻落实差别化住房信贷政策,继续积极支持居民合理的住房消费;住户经营贷款继续保持平稳增长,支持个体经营户和小微企业的经营发展。

2. 非金融企业及机关团体贷款多增。全市金融机构人民币非金融企业及机关团体贷款余额9193.9亿元,比年初增加1066.3亿元,同比多增185.3亿元。其中:短期贷款余额2710.3亿元,比年初增加254.7亿元,同比多增23.3亿元;中长期贷款余额5813.4亿元,比年初增加516.9亿元,同比多增14.7亿元;票据融资余额635.9亿元,比年初增加293.9亿元,同比多增159.6亿元;融资租赁余额7000万元,各项垫款余额33.6亿元。

2015年,新一轮东北振兴政策措施不断落实,涉及沈阳地区的保障房(国开行保障房专项贷款)、高速铁路(京沈高铁工程)、高速公路(京沈高速改扩建工程)、地铁(沈阳地铁九号线、十号线工程)、城市快速路(二环高架桥、东西快速干道高架桥)等重点领域和重点建设项目的贷款需求逐步增加。各银行贷款投放积极性较高,积极投放中长期贷款支持重点领域和重大项目建设,支持企业转型升级和创新发展,为沈阳市的城市建设和经济发展提供了充足的资金支持。2015年,银行间市场利率不断走低,3个月SHIBOR由年初的5.15%下降到年末的3.05%,票据融资方式较短期贷款方式的低成本优势逐渐体现,票据融资需求增加;同时,2015年金融机构面临稳健偏松的信贷总量调控和实体经济需求减弱的状况,票据融资发挥了信贷总量蓄水池的作用;以上两因素促使票据融资余额快速增长。

3.人民银行再贴现、再贷款资金支持沈阳经济发展。2015年12月末,人民银行再贴现余额9.8亿元,支农再贷款余额2亿元,对商业银行支持中小企业和涉农单位的贴现票据办理再贴现,引导金融机构加强对中小微企业的信贷支持。

(王　赞)

【社会信用体系建设】 2015年,中国人民银行沈阳分行营业管理部切实履行征信管理职责,强化征信服务功能,促进了全市社会信用体系建设和信用水平的提升。

持续推动查询渠道创新,全面提升征信服务水平。积极拓展信用报告查询渠道,基本建成了高效、合理的个人信用报告查询网络,全市个人信用报告查询网点数量达到21家,网点覆盖全市11个县(市)、区。大力推进自助查询网点,沈阳市已达到14家。进一步提高了查询服务效率和质量。

完善制度建设,有序推进征信业和征信市场健康发展。一是根据《征信业管理条例》和《征信投诉办理规程》有关要求,建立了征信异议处理业务报告制度,进一步完善异议处理和征信投诉等业务管理制度,强化对信息主体权益保护工作。二是适时对商业银行代理查询网点的收费管理情况进行专项检查,促进了收费业务的有序合规进行。积极推动信贷市场信用评级管理方式的改革,稳步推进小额贷款公司和融资性担保公司评级试点工作。三是继续推动机构信用代码应用工作。在保持和扩大机构信用代码的覆盖面前提下,推进机构信用代码在金融领域和其他领域的应用;不断提升机构信用代码工作规范化水平。截至年底,共发放机构信用代码证3.17万个。四是不断完善个人信用报告查询服务。全年个人查询信用报告总量33.1万份,司法查询个人信用报告98份,股指期货个人信用报告查询63份,个人异议处理228件。

深入推进中小企业和农村信用体系建设。成立主管行长为组长的沈阳市家庭农场信息采集和信用评价工作领导小组,组织辖内金融机构开展家庭农场信息采集和信用评价工作。以县(市)为单位,成立家庭农场信息采集和信用评价小组,对推动沈阳市农村信用体系建设和金融支持农村新型经营主体起到一定的促进作用。继续开展征信宣传活动,"'12·9'促进中小(微)企业和农村信用体系建设 普及个人征信知识"为主题的征信知识宣传和有奖竞答活动,取得良好效果。

扩大应收账款质押登记公示系统和融资租赁登记公示系统的影响力。进一步加大对金融机构的宣传工作力度,推进商业银行在应收账款质押融资、融资租赁中运用登记系统。登记系统累计注册登记用户和查询用户50余户,为应收账款业务渗入更多领域,提高融资效率,解决沈阳市中小企业融资难的问题开创了新局面。

(杨天明)

·中国银行·

【概况】 2015年,中国银行沈阳分行紧紧围绕总行"担当社会责任,做最好的银行"的战略目标以及省行"守正融合担当振兴"的文化理念,坚持业务发展与风险管理并重原则,着力转变发展模式,提升经营水平,增强竞争实力,各项经营管理工作取得了较好成效。2015年末,本外币各项存款余额785亿元,本外币各项贷款余额511亿元。

(柏　雷)

【业务发展】 针对低利率、低收益、低需求的市场形势,坚持以节约资本为前提,将贷款资源投向综合收益高、资本占用低、符合国家政策导向的重点领域、重大项目和重点客户,通过扩大贷款规模确保收入稳步增长。2015年12月末,人民币各项贷款余额同比增长5.8%。

重点围绕部队、学校、医院和其他行政事业单位等特定客户群体,开展"直客式"营销,做大个人贷款规模。抢抓军队住房公积金改革契机,叙做全省首批军人住房公积金贷款业务。

积极拓展多渠道融资业务和"走出去"业务,以福费廷二级市场业务为重点,开展地毯式营销,成功叙做全省首笔福费廷二级市场业务。

深入挖掘部队、财政、公积金、社保、卫生、教育等重点客户资源,持续强化新客户营销工作,积极拓展县区财政存款。经过持续营销,成功获得沈阳市国库集中支付代理资格和公务卡支付结算资格。县区财政存款方面取得新突破,成功营销3个区县存款账户。

依托重点项目和专属产品,全力营销重点客户群,夯实个人客户发展基础。明确涉农、社区、健康卡和代发客户群四类基础客户群,医生、外汇、教师、商贸四类中高端客户群,采取批量拓展方式开展重点客户群体营销工作。2015年,本外币个人存款日均余额增幅9.57%。

顺应存款同业化的发展趋势,紧跟监管政策变化,强化高层营销,坚持"走出去"营销,积极抢抓金融机构存款,大力拓宽低成本存款。

(柏　雷)

【内控管理】 大力倡导合规文化建设,进一步加强员工合规培训和操守教育,持续打造以"诚实守信、依法合规、程序第一、失职问责"为主要内容的合规文化氛围。

强化内控管理。加强基层机构日常内控管理,将总行运营内控50条检查内容表格化,制作检查APP模板,提高检查效率。加强对运营内控副职的管理,建立常态化、制度化的考核和后评价体系,提高履职能力。

加强监督检查和问责。认真落实"两个遏制"、"两个加强"的要求,做好专项检查和整改工作,排除案件风险隐患。发挥G-MAP监控系统应用,查找风险隐患。实施二道防线检查,制定和落实年度常规检查计划。扎实开展风险排查工作，有效提升案防水平。严格责任追究，对违规行为坚决“零容忍”，加大违规问责力度。

（柏 雷）

【基础建设】 加强干部考核评价，陆续完善了提职考察、聘期考核和履职评价相结合的综合干部考核评价体系，以提升内生动力为目标，加大对中层管理人员、网点负责人队伍激励约束力度。建立双向交流机制。选派业务能力较强的各层级员工到省分行、先进兄弟行及监管部门轮岗学习。动态调整后备人才库，启动新一轮后备人选推荐选拔，调整充实后备人才库，实施分层管理、动态调整。优化网点人员结构。适应基层一线发展，建立完善人员配置和人员结构调整机制。加强专业队伍建设，配合网点业务转型，加大各条线客户经理选拔、培养力度。加大培训工作力度，坚持分级分类培训，按照经营管理、专业技术、技能操作三个层级岗位要求的不同，分别实施了各有侧重的培训。

（柏 雷）

【党风廉政建设】 按照中央及总、省行工作要求，全面落实“两个主体”责任，制定具体工作措施。强化第一责任人“一岗双责”意识，分行与各单位一把手层层签订了党风廉政建设责任书。认真贯彻落实“三重一大”决策制度，对干部任免、集中采购招投标和大额资金管理使用情况开展效能监察。落实《廉政案防“四个谈话”指导意见》，组织各层面开展谈话活动。以警示教育、座谈会、典型案例宣讲等形式，组织开展“合规操作、杜绝案件”主题教育活动。

（柏 雷）

·工商银行·

【存款业务】 2015年，工商银行辽宁省分行全方位提升服务质量，积极满足各类客户资金保值、增值需求，通过提升窗口服务质量、优化渠道布局、增加自助设备等方式，年末，人民币全部存款余额达到1353.3亿元，比年初增加64.9亿元，增长5.04%。将个人新增客户和新增资金作为重点目标，顺应市场发展规律，提高创收能力。持续提升代发工资业务、社保工资代发、三方存款业务服务水平，开展社保卡启用有礼、转存赠礼等活动。加强与券商营业部沟通和联系，派驻客户经理进驻券商网点为三方存管客户提供“一站式”开户服务，联合券商共同举办理财沙龙讲座等活动。积极为客户提供增值服务，开展投资健诊活动。积极参与沈阳市机关事业单位养老金保险改革的招投标并获得独家承办行资格。全力为沈阳市工商企业客户特别是各类经济区、产业园区、高新园区等新发展园区的客户提供转账结算、现金管理等综合性、个性化的一揽子金融服务。开展了高端对公客户走访，与客户开展了多种形式的宣传活动，根据客户需求，提供形式多样、个性化营销综合服务方案。出台了高端客户分层营销维护方案，按不同层级分别成立了维护团队，提高了维护服务质量。全面深化同业间往来业务合作，以拓展同业银行客户为目标，以同业银行隔夜资金业务为载体，全面开展与盛京银行总行、沈阳农商银行总行等地方商业银行合作，以带动票据、融资、理财等其他业务开展。同时积极开辟与证券公司、信托公司、财务公司、基金公司、租赁公司、小贷公司等客户合作新领域。

（刘琳娜）

【贷款业务】 2015年，工商银行辽宁省分行聚焦实体经济，统筹运用信贷增量与存量、信贷与非信贷融资及多元化金融服务，积极支持东北二次振兴、国家“四大板块”等重大工程项目建设和战略性新兴产业、新型消费等领域，依托沈阳蓄势待发的经济能量和巨大发展潜力，在巩固发展传统金融服务的同时，持续开展服务创新，特别是不断加大对沈阳先进装备制造业、基础产业等领域的金融服务力度。年末，实体贷款余额777.6亿元，比上年末增加17.9亿元，增长2.35%。积极为大中型客户提供信贷支持。敏锐把握经济发展态势，及时引导营销转向，从行业和区域两个维度顶层设计公司金融业务营销方向，对优质客户和重点项目实行名单制服务。积极为小微企业提供信贷支持，主动顺应“大众创业、万众创新”的外部环境变化，不断提升小企业业务的综合服务能力，充分开展小企业客户需求调研，积极为小企业客户提供标桩厂房按揭、房地产及固定资产融资项目项下供应链贷款及市场等集群类客户的个人经营贷款服务，为区域小企业发展提供全方位的优质服务，实现共赢发展。积极丰富个人贷款业务品种。为了不断满足个人客户住房金融消费需求，加大了对优质大型房地产项目个人按揭贷款的推广，坚持创新服务方式，开展了“坐商”变“行商”，走市场、广宣传的营销活动。同时，为了满足个人客户消费升级的需求，开展全产品的综合化金融服务，联合按揭资源渠道争揽客户，根据目标客户的融资需求，进行住房贷款、家居消费贷款、自用车贷款的产品渗透，不断丰富个贷产品的多元化。

（刘琳娜）

【金融服务】 2015年，工商银行辽宁省分行立足互联网时代变革浪潮及国内经济金融深入改革的大环境，牢牢把握金融服务的价值创造和风险防控本质，主动变革、积极创新，加快传统业务转型，提升新兴业务发展动能。2015年推出e－ICBC发展战略，以融e购平台聚合客户与商户，以融e联创新信息沟通与客户服务，以融e行打造开放共享的互联网金融新生态，通过网络融资中心为客户提供全新融资体验。进驻万达影院开展“1元购爆米花”工银e支付产品体验等活动，现场引导开通并应用工银e支付。积极参与“泡泡跑”全民健身娱乐活动，现场辅导客户开通工银e支付，扫描商户二维码，推介“融e购”平台和“工银e支付”产品。积极推进民生金融，积极推动居民健康卡、校园一卡通、物流通批量放款、新生活联盟卡等项目，与沈阳市旅游监管部门合作，为沈阳市涉外旅行社提供代收团费、POS收单、个人出境保证金业务及对公结算账户等服务。不断丰富银行卡业务品种，将分期产品定位在贴近生活的家装、车位、出国、3C产品等方面，设计发行了“分期购”信用卡，先后两次参与沈阳大型汽车展览会，与多家大型零售商联合开展分期付款贴息活动。引入第三方专业化服务，为商户提供收单业务“24＊365”全方位服务，在全市新投放POS机具1248台。同时，以“服务建设年”为主题，精细管理客户体验，全面改善服务品质，提升客户服务满意度。以压降客户投诉为重点，开展全方位的服务大检查、大整治活动，开展夜间外部环境大检查。以压降客户等候时间为目标，组织召开了全行超时网点全面整治工作会议，从科学合理设置办公机具、弹性窗口设置，强化大堂经理管理，科学设置叫号机排队策略等进行了研究，提出了具体的整改措施。开展争创中银协星级网点活动，大东支行营业室、奥体中心支行被授予中国银行业协会“千佳示范单位”荣誉称号。积极推动渠道转型。全力推进网点智能化发展，投产全省工行系统第1家智能银行。

（刘琳娜）

【经营管理】 2015年，工商银行辽宁省分行面对复杂严峻的经济和金融形势，突出风险导向和问题导向，在大力支持前台部门开拓优质信贷市场，促进信贷结构调整的同时，狠抓信贷风险的防范与控制，突出加大对中小企业、房地产贷款、固融贷款和个人贷款的风险监测、分析、预警和检查工作力度，着力化解与压降信贷风险，确保全行信贷业务持续、稳健发展。坚持以人为本，全面强化内部控制，为员工提供全方面发展平台，注重年轻干部的培养和选拔，搭建员工跨支行流动平台，全年共举办各类培训班354期，培训1.85万人次，全员培训覆盖率86.2%。建立了特困员工“爱心救助”基金，开展了“选先树模”活动。大东支行营业室被评为全国金融先锋号，大东支行行长郝喜龙被评为工总行第二届职工之友，皇姑支行陈美玲被评为“沈阳五一劳动奖章”，和平支行孟翼被评为工总行“五一劳动奖章”。

（刘琳娜）

·农业银行·

【概况】 中国农业银行股份有限公司辽宁省分行营业部（以下简称省农行营业部）全辖共设一级支行17个，营业中心1个；共有营业网点164个，其中支行营业部18个（含营业中心），二级支行100个，分理处46个；本级机关现有内设机构25个，在册人员4131人。

2015年，省农行营业部新一届党委在上级行的正确领导下，认真贯彻落实省行“123456”工作部署，深入践行“三严三实”要求，大力弘扬“立五气、争主流”企业精神，坚持改革创新、从严治行，各项工作稳步发展。2015年末，省农行营业部全行各项存款余额突破千亿，信贷投放创历史最好水平。同时，省农行营业部进行了多项改革创新，提升网点服务资源效能工程释放了人力、提高了机具效率、优化了空间、提升了单产，试点网点的综合营销和价值创造能力明显跃升。县域三农金融事业部改革提升了县支行的客户经营能力、服务“三农”能力和市场竞争力。组织开展了专项治理、风险排查等活动；强化了贷后管理，有效防控了信用风险；加强了员工行为管理，实现了零案件的案防目标。此外，党委团结带领全行员工，认真落实全年工作部署，不等不靠，主动作为，工作有思路、有行动、有起色，无论是在业务经营、市场营销、内控管理方面，还是在企业文化建设和党的建设方面都有可喜的成绩。

（尹　晗）

【存款业务】 2015年，省农行营业部坚定“同业争先、系统争优”的信心和勇气，把存款组织作为工作的重中之重，切实加强主动负债管理，稳增量、提份额、优结构，全力推动负债业务再上新台阶。锁定高端法人客户和个人贵宾客户，开展多种营销活动，通过落实“保、抢、挖”营销策略，提高市场竞争力。对重点区域、重点行、重点产品的针对性督导，努力实现对公存款、储蓄存款和同业存款的稳定、协调、可持续增长。前、中、后台各部门密切配合，抓紧解决制约存款工作的“瓶颈”问题，强化高层营销、系统联动，抢抓客户群体，提高市场份额。此外，大力拓展负债类产品。重点抓好结算类、理财、第三方存管等源头性产品营销存款在全年计划安排的基础上，下达阶段目标，并匹配相应的财务资源加大考核激励。制订了存款专项营销方案，认真落实上级行指令计划，有效调动全行营销积极性。加快了网点转型发展。在全辖实行了网点穿透式管理，统一对网点进行监测考评，加强了网点负责人的履职监督，有效提升了网点的综合经营能力，顺利完成了网点服务资源效能提升试点工作，进一步提升了服务质量。

（尹　晗）

【贷款业务】 2015年，省农行营业部以振兴东北、“四重”为核心，以“四制”、“四策”为抓手，坚持“抓两头、带中间”，在经济下行的不利形势下，实现了法人资产业务与个贷业务的齐头并进。认真分析研判国家宏观调控政策和产、行业政策，继续突出抓好重点领域、重点行业、重点区域，进一步加大对实体经济的支持力度，不断提高信贷资源投放效率，着力提升贷款综合回报。积极推进“四重”策略。抢抓沈阳作为国家全面创新改革试验区的有力契机，锁定浑南新区、铁西新区、沈北新区三个重点区域，大力开展综合营销。大力推动东北振兴项目落地。已营销对接了多个重点项目。加快个贷业务发展。对支行个贷人员组织开展了集中系统培训和现场指导，扫清政策、产品盲点，提高了从业人员的营销能力和办贷效率。

（尹　晗）

【中间业务】 2015年，省农行营业部对全行中间业务产品进行全面梳理，明确了发展重点，科学分解计划，形成统计与监测的常态化，定期分析，提示督导，始终将提高中间业务收入作为重点工作贯彻落实。

1. 强化理财产品营销。加大理财产品的营销力度，通过多种渠道大力宣传推介，借此拉动理财产品的整体销售。通过竞赛促进业务发展。以大幅提高理财产品日均余额增量为目标，在全辖开展对私理财产品专项营销竞赛活动，并配套相应的奖惩制度。通过计价有效提升营销积极性。提高对理财产品销售奖励力度，实现销售结构有效改善的政策引导。

2. 加快电子银行创新发展。大力推进“E商管家”、“E购天街”等产品的营销，发挥样板商户示范作用，通过完善消费体验、引进优质特色商户、加大渠道宣传等措施，确保取得良好效果，以“六走进”现场营销活动为贯穿，推进掌上银行、K码支付业务营销，加快数据网贷等新业务拓展。

3. 加快信用卡业务有效发展。一是持续扩大发卡规模。以ETC信用卡等卡种为重点，落实“大堂营销、个贷双单作业、六走进活动、对公客户联动发卡”四个主渠道开展丰富活动，有效带动发卡量增长。二是创新发展专项分期业务。抓住专项分期业务这个信用卡中收新增长点，推进汽车、家装、车位等分期业务发展。三是巩固收单业务优势。以BMP商户为重点，加强公私联动，主动抢占优质商户资源。

4. 强化个金重点产品营销。结合"产品秒杀"、"节日返利"等主题营销活动，扩大白银、黄金等贵金属产品销量，做强"传世之宝"品牌；大力推进账户金销售，提升业务认知度和签约客户活跃度。把握市场节奏，做好基金首发、"优选基金"和重点基金池的持续营销。

5. 强化公司类产品营销。一是积极发展现金管理业务。以核心客户、有贷客户、大额存款客户、机构类客户为目标，全力推进现金管理业务营销；持续加大对存量客户的后续营销服务力度，挖掘客户各类业务需求，向存量客户要效益。二是积极营销单位结算卡和票据池产品。针对集团性大客户和中小企业客户的不同特点，积极推介结算卡业务优势，逐户深入营销。三是强化投行产品营销。加强与传统信贷业务的联动营销、互动发展，积极发展债务融资工具等高端投行业务，提升投行业务贡献度。

（尹　晗）

【国际业务】 2015 年，省农行营业部拓宽思路，坚持努力，创新发展国际业务。以增加国际业务中间业务收入为主线，以贸易融资产品为核心，强力推进同业合作，促进国际业务在外贸经济低迷期保持健康快速发展。实现国际结算量、贸易融资量和国际业务中收等核心指标同比喜人增长，为全行综合经营做出积极贡献。全年办理国际结算 35.9 亿美元，同比增长 6.9 亿美元；国际贸易融资量 16.5 亿美元，同比增长 11.1 亿美元。

1. 坚持实施扩户工程。大力拓展自营客户。抓好存量重点客户的维护和挖潜工作，与存量客户加深合作，提高市场份额。进一步加大新客户营销力度。积极与政府部门沟通，从源头抢抓新注册客户。坚定竞争信心，广泛发动，坚持营销潜在客户，逐步将客户总量扩大，在业务发展中，不断调整结构。持续拓展同业客户，进一步提高贡献度。在持续稳健发展自营业务同时，不断拓展与金融同业的合作。

2. 实施产品带动战略。重点推广十大产品，以高价值产品为抓手，营销客户，绑定客户。创新、用新产品。跟随市场和客户，创新办理了 12 种产品。同时，关注用新过程和结果，逐步推广普及到更多客户。重点推广外汇交易产品，提高客户认知度，不断增加总量。

3. 持续加强队伍建设。一是督导各支行配足国际业务人员，工资等级不得低于同级客户经理，避免专业人才流失。要求专职国际业务人员要既能服务好客户，更需走出去营销，不能坐门等客。二是监督国际业务人员的流出流入。实行国际业务人员流出报备制，国际业务人员上岗培训制。确保国际业务离岗人员业务交接清晰，上岗人员经过培训上岗，熟悉业务、熟悉客户，防范操作风险。三是建立健全国际专家组工作机制，确保专家组高效运转，切实发挥作用，提升全辖国际业务从业人员素质。组织专家组业务培训，学习新政策、熟练掌握系统操作、推出新产品，加强对支行业务指导及专项检查，充分发挥专业人才在政策咨询、客户拓展、产品普及、合规管理、系统培训等方面的积极、参谋作用，提升省农行营业部国际业务专业服务、产品创新和风险管理能力。

（尹　晗）

【风险控制】 2015 年，面对风险因素不断增多的复杂形势，省农行营业部始终坚持"稳"字当头，强化"大风险"理念，多管齐下，分类施策，风控能力有效提升，实现了"三无"目标。在信贷上，更加重视信用风险防范，组织开展了个贷和信用卡不良清收攻坚战；密切关注民营企业贷款的风险状况，对关注类贷款逐户制订了风险化解预案。在安全生产上，强化了大保卫理念，重点加大了对消防、科技、自助设备等生产经营安全的检查督导力度，对员工参与民间借贷、非法集资、经商办企业、与企业不正常资金往来和违规违纪办理业务等问题进行了排查和治理。

（尹　晗）

【党建工作】 省农行营业部党委始终以党建统领全局工作，积极推进党建工作与业务经营的双促进、双提升。一是扎实推进"三严三实"专教活动，各级行班子表率作用明显增强。二是持续加强系统党建工作。集中开展了党性党风党纪等专题学习教育活动；将四个一级支行党总支升格为一级支行党委，143 个基层网点建成独立党支部；完成了网点纪检委员或兼职党风廉政建设监督员的聘任。三是强化了干部队伍建设。坚持鲜明的用人导向，选优配强两级行领导班子；把从严管干部与保护调动干部积极性紧密结合，强化干部考评和日常管理，逐步建立干部"能者上、平者让、庸者下"的用人机制。

（尹　晗）

·盛京银行·

【概况】 2015 年是盛京银行成功迈入资本市场的开局之年，也是创新经营取得突破性进展的关键一年。面对纷繁复杂的宏观形势、持续推进的利率市场化改革以及残酷激烈的同业竞争，盛京银行加速推进改革与创新，全面部署综合化经营战略，大力推进专营机构建设，持续深化全面、全方位、全流程的风控体系建设，经营发展呈现出传统业务基础稳固、创新转型稳步推进的良好局面，经营规模快速扩张，盈利水平大幅提升，资产质量持续优良，资本补充能力进一步增强。2015 年末，盛京银行总资产7016.29 亿元，各项存款余额4023.79亿元，各项贷款余额1954.60亿元；沈阳地区缴纳各项税收26.53亿元，位居全市第三名、金融服务业首位。

（李　阳）

【资产质量】 2015 年，盛京银行积极推进资产业务结构性调整，贷款质量进一步优化。2015 年末，盛京银行不良贷款率0.42%，远低于全国商业银行同期1.67%的平均不良贷款率水平。一是主动对接国家重大战略和重点项目，积极调整客户和业务结构，创新产品与服务，信贷投向和结构持续优化。二是积极布局新能源、新材料、高端装备制造、信息技术、节能环保等战略性新兴产业，行业投放质量进一步提升。2015 年，盛京银行累计向沈阳地区投放信贷资金 645 亿元，各项贷款余额占全市金融机构贷款总量的 9.5%，信贷投放总量和净投放增加额连续多年在沈阳市金融机构排名中位于领先地位，持续发展能力不断增强。三是有序推进信贷资产证券化业务，有效盘活存量资产、释放信贷规模，信贷资产的流动性和盈利能力稳步提高。四是严守创新业务风险底线。超前论证创新业务风险，有效识别业务风险实质，细化标准化风控措施，增强风险管控的针对性和有效性。五是不断加强重大资产业务风险管控，充分发挥专家评审优势，为风险决策提供可靠依据；深入剖析行内外同业典型风险案例，全面总结风险管理的成功经验，提炼可复制和可操作的防范措施，风险管控水平进一步提升。

（李 阳）

【金融创新】 2015年，盛京银行不断加快创新改革与综合化经营步伐，进一步激发全行创新发展活力。一是与沈阳市政府联合组织“加强金融大联合、促进东北再振兴”高层峰会，牵头成立东三省城商行联盟和沈阳经济区城商行联盟，以金融联合的力量助推地方经济发展。二是加快推进盛京银行资金运营中心、小企业金融服务中心、信用卡中心筹建工作并相继实现开业运营，发起设立盛银消费金融有限公司，共同构筑创新发展的业务平台，综合化、专业化发展取得突破性进展。三是作为被辽宁省政府确定的主办银行以及重要战略合作单位，盛京银行积极发挥总部机构比较优势和聚集扩散作用，以自身经营管理方面的先进经验助力辽宁北方金融资产交易中心建立起专业高效的运作团队，并支持其在市场组织、产品设计、机制建设等多方面进行制度创新和技术创新。四是成功取得基金代销、大额存单、国际保理、信贷资产证券化等十余项业务资格，业务功能不断完善。五是不断加快电子银行建设步伐，成功实现微信银行上线运行，初步建成超级网银系统，鞍山、沈阳两地电视银行业务相继落地，跨平台网银系统开发有序推进，电子银行服务功能进一步完善。六是积极有序地推进机构网点战略布局，成功实现了辽阳、铁岭分行开业运营，已实现省内城市机构网点全覆盖，截至2015年末，已在北京、上海、天津、长春及省内沈阳、大连等地设立了18家分行，机构网点总数达171家。七是进一步加快社区金融建设，截至2015年末，在全国各地区建立了1264家社区金融便民服务场所，累计布放搭载1195台具有查询、转账、交警罚款、购票等20余项居民生活服务功能的智能终端设备，区域影响力和市场竞争力日益增强。

（李 阳）

【内控建设】 2015年，盛京银行不断加大内部控制与风险管理力度，切实保障各项经营工作稳健运行。一是强化内审职能发挥，提升总行垂直审计职能，推动分行独立开展项目审计和日常操作风险监督，实现总行直审职能的延伸和拓展。二是扩大审计领域、提高审计频率，坚持开展常规审计和专项审计，加大对授信授权、业务创新及柜面操作等重点业务和环节的专项审计力度，发挥非现场稽核的远程监控作用，实现重要领域和关键环节的审计全覆盖。三是持续加强内控制度建设，根据法律法规及监管政策调整，及时梳理内控制度，强化对新建机构及新业务内控制度的合规审核，实现制度覆盖业务、覆盖风险点，内控制度的健全性和有效性不断提高。四是持续加强全面、全员和全流程的风险管理，进一步推进与发展战略、经营规模、业务品种和风险特点相适应的风险管理进程，强化对信用风险、市场风险、流动性风险和操作风险等各项风险的识别、监控与考核评价，各项业务风险管理的主动性和前瞻性进一步提升。五是加强风控战略分析与策略选择，坚持防范最终资产损失刚性原则，动态调整差异化风控策略，切实提高风险管控能力。六是加大审计纠偏和内控执行力度，细化内控管理考核，强化责任追究及纠正结果评价，加重违规处罚。七是建立健全合规管理机制，强化合规管理职能建设，完善合规管理组织架构，健全合规保障机制，严格梳理、审查、清理各类规章制度，组织开展专项风险排查，有效支持各项业务合规开展。八是不断提升合规管理精细化管理水平，积极推进合规资讯平台建设，加强合规资讯交流和共用，进一步健全合规资讯监测管理体系，强化合规风险审查、识别和评估各项业务的合规风险，推动创新业务合规开展，为全行经营转型、体制改革、创新经营提供合规支持。

（李 阳）

·交通银行·

【概况】 2015年，交通银行辽宁省分行在总行的正确领导下，针对沈阳市经济发展状况，积极推进政府金融城市成功路线图计划，着力支持沈阳市经济振兴发展。并以“三大”、“四新”、“五增”为指引，认真落实总行“深化改革、转型发展”工作要求，积极应对，全年取得了“五双、两有力”的好成绩，较好地实现了“五增”目标，即：“增工资、增费用、增得分、增排名、增客户”，并荣获了总行“2015年度经营管理优胜奖”和“‘531’工程建设推广先进奖”。同时，以深化改革为动力，持续推动体制机制改革的深入发展。坚持重培养，讲作风，着力加强党建、队伍和服务建设。

（杨 龙）

【业务经营】 交通银行辽宁省分行经营排名大幅提升，在交通银行绩效和综合竞争力排名“双进前十”。绩效考核排名总行第9，比上年前进了25个名次。综合竞争力排名总行第10，比上年前进了23个名次。消保服务排名总行第13名，前进了15个名次，南塔支行被评为了中银协“百佳”网点，这是交通银行辽宁省分行首次获此殊荣。经营利润实现15.61亿元，比上年增加3.37亿元，增长27.55%，完成全年计划的102.33%，完成率排名总行第10名。经济利润实现6.79亿元，完成全年计划的138.45%，完成率排名总行第二。成本收入比为39.33%，比上年下降了2.77个百分点。

（杨 龙）

【资产管理】 交通银行辽宁省分行经营规模不断扩大，存、贷款同业市场占比“双双提升”。考核口径广义人民币存款日均余额为995亿元，增量实现84亿元，完成全年计划的97%；其中对公存款日均余额为450亿元，增量实现56亿元，完成全年计划的112%，对公低成本负债日均增量为26亿元；储蓄存款日均余额为545亿元，增量实现28亿元，完成全年计划的77%。同业存款日均余额为46亿元，增量实现8亿元，完成全年计划的117%。2015年末，人民币贷款余额为716亿元，较年初增加129亿元，增幅22%，增量排名总行第四名。其中：对公贷款为531亿元，增量实现108亿元，增幅25.6%；零售贷款为185亿元，增量实现20亿元，增幅12.4%。根据人行统计口径，人民币存款净增

115亿元,市场占比为5.81%,较年初提升了0.33个百分点。人民币贷款净增128亿元,市场占比达到6.3%,较年初提升了0.56个百分点。从增速上来看,人民币存款、贷款增速均排名五大行第一。

非利息净收入快速增长,对公、零售非利息净收入"双过三亿"。非利息净收入实现6.71亿元,比上年增加2.48亿元,增长58.82%,完成全年计划的124.54%。其中:对公板块实现3.43亿元,增加1.71亿元,增长99.54%,完成全年计划的137.67%,完成率排名总行第一;零售板块实现3.28亿元,增加7700万元,增长30.88%,完成全年计划的113.24%,完成率排名总行第18名。

资产质量得到管控较好,不良额、不良率实现"双双下降"。本外币不良贷款余额为7.47亿元,较年初减少2.17亿元,完成全年计划的100%;不良贷款率降至1.02%,较年初下降0.5个百分点。同时,顺利完成了总行下达的减退加固任务。

(杨 龙)

【内控管理】 交通银行辽宁省分行党委强化"从严治党",不断提高对党廉及反腐败斗争的工作要求,开展了一系列丰富多彩、效果良好的活动,如行领导带头"讲党课"、辖行支行行长"讲合规"活动、召开即知即改暨落实"两个责任"全辖(视频)会议、落实责任状考核等,并针对党廉要求、腐败易发多发环节、内控案防薄弱环节等,对全辖党员干部员工提出了"勒马、收手、回头"警示要求,强调把纪律和规矩挺在前面,抓早抓小、立行立改、从严治理。2015年全辖共追究违规违纪人员24人次。

(杨 龙)

·招商银行·

【概况】 招商银行沈阳分行成立于1994年6月28日。建行以来,沈阳分行秉承"因您而变"的经营服务理念,致力于为客户提供方便、快捷、高效、专业的金融服务,在沈阳地区树立了一流的品牌形象。

招商银行沈阳分行在沈阳市内拥有21家综合型支行,10家零售专业支行,5家小微支行和7家社区支行,省内下辖丹东分行、鞍山分行、盘锦分行和抚顺分行四家异地机构。自2009年全行实施由"外延粗放型"向"内涵集约型"经营方式转变的"二次转型"战略以来,沈阳分行立足实际,加快转型步伐,实现了"质量、规模、效益"协调发展。2015年末,沈阳分行资产总额为749.72亿元。全折人民币自营存款时点余额669.84亿元,自营存款日均余额674.89亿元。全折人民币一般性贷款日均余额424.84亿元。已发展成为地区规模最大、实力最雄厚的股份制商业银行之一。

2015年,招商银行沈阳分行荣获中国企业责任杰出贡献奖、支持地方经济发展金融贡献奖以及沈阳金融创新杰出企业,并位居2015年沈阳百强纳税企业第15名。被评为辽宁省最具品牌价值银行、最佳公众形象银行、最佳智慧银行、最佳手机银行、最佳服务银行、最具影响力银行等多项殊荣。

(姜海泉)

【业务发展】 2015年,招商银行沈阳分行将信贷投放和地方经济发展政策相结合,紧紧抓住东北老工业基地振兴和沈阳经济区国家新型工业化综合配套改革试验两大国家战略契机,对交通运输、仓储和邮政业、制造业等重点行业及重点企业加大信贷投放,对电力、燃气等公共事业单位提供融资服务,助力企业发展,服务地方经济。2015年,沈阳分行不断创新金融产品,为地区经济发展提供创新行金融支持:成功发行沈阳地区首笔超短期融资券;上线四家大型医院"智慧医疗"项目,实现供应链上游企业开户20余户;通过整合券商、信托等机构操作进行新兴融资,成功发行沈阳分行首笔股权质押业务;交易银行业务在"互联网+"浪潮中闯出新路,以小企业E家平台为载体的互联网金融业务量实现几何倍数增长,"C+"智慧票据池、票据见证业务、CBS投融通、移动支票等创新性业务得到快速推广和普及。

(姜海泉)

【打造"一体两翼"的经营模式】 2015年,招商银行沈阳分行将打造"一体两翼"的经营模式作为工作重点,截至2015年末,分行零售金融考核利润占比76.5%,同比增长10.2%;非息收入占比79.1%,同比增长17.7%;公司金融对公有效户达到1.02万户,当年新增3976户,增长率55.5%,计划完成率234%;批发活跃客户占比60.9%,总行排名第二;同业金融理财销售1187亿元,非息收入占比批发业务的44.3%;票据再贴现量排名沈阳地区同业第一,占据区域半壁江山;"一体"强健,"两翼"有力,"两翼"助推"一体","一体"反哺"两翼",形成合力。在风险控制环节,沈阳分行坚持以质论优、风险收益综合平衡的客户选择原则,强化授信管理,建立贷前、贷中和贷后管理风险预警机制,提高风险控制水平,全年不良资产余额6.39亿元,不良率1.42%,均控制在总行预算范围内;累计压缩、退出信贷业务36.52亿元;处置不良资产3.49亿元,现金清收1.15亿元。

(姜海泉)

【内控管理】 在员工管理工作中,沈阳分行成为全行首批岗位价值评估试点分行,开展45个主管岗位、168个岗位初评;深化专业序列改革,设置24条专业序列、982名员工参与;上线专业岗位序列人才库,首批12个专业、796人进入人才库;向高价值岗位输送人才,公司、零售、同业三大条线23个岗位,累计招聘197人;创建和谐家园、职工之家,各俱乐部人数超过分行总人数的1/3;注重员工精神福利,开展员工心理辅导计划(EAP项目),提供私密性的个体心理咨询服务,月均咨询10余人次。有效的提高了员工活力,切实落实人力资源最后一公里。

日常管理过程中,招商银行沈阳分行牢固树立"合规优先、合规人人有责"等合规经营理念,强化干部员工日常行为管理,构建内部控制长效机制,连续十五年未发生案件和重大责任事故。

在实现自身快速健康发展的同时,沈阳分行勇于承担社会责任,连续16年定点帮扶云南武定、永仁两县。2015年全行"扶贫基金捐款"17.19万元,"1+1"结对子捐款4.55万元,全行捐款合计21.74万元,捐物235件。其中,"1+1"结对子"新结对7人,续结对54人,履行了企业公民应尽的社会职责和义务。

(姜海泉)

·中信银行·

【概况】 中信银行沈阳分行成立于1995年,下辖抚顺、葫芦岛2家异地分行、1家营业部和25家同城支行。2015年,中信银行沈阳分行认真贯彻中国银行业监督管理委员会、辽宁监管局、中国人民银行沈阳分行的各项监管要求和政策,执行落实中信集团、总行的各项决策部署,以战略规划落地为出发点,积极调整思路,加快创新转型,在有效控制风险的前提下,调整优化业务结构,加大营销力度,攻坚克难,奋发进取,顶住了区域经济持续下行带来的压力与挑战,实现了经营发展上的突破。2015年,全行一般性存款日均余额442.01亿元;一般性贷款320.72亿元,比年初增加12.06亿元。全行总体运行平稳,无重大差错和案件发生。

(陶毅男)

【业务发展】 战略执行扎实推进。2015年,中信银行提出建立"最佳综合融资服务银行"的发展愿景。为落实总行整体战略要求,中信银行沈阳分行专门成立分行战略规划编制领导小组,研究分行子规划,着重认识、分析经济新常态下辽沈地区经济社会变化发展的事实与趋势,深入研究东北振兴"再出发"和金融市场深化改革的机遇和挑战,结合总行的目标和愿景,提出了分行未来三年经营战略、市场定位、运行方略以及保障战略实施的主要措施。分行以总行新战略规划为指导,坚持建立"辽沈地区最佳综合融资服务银行"的战略愿景,把"抓客户、增效益、上规模"作为执行战略的重要抓手,勇于创新,开拓进取,为落实总行新规划、实现分行子规划打开了局面。分行全面提升认知层次,切实做好战略宣导工作,深入开展到网点层面,确保战略传达到每一位员工,"最佳综合融资服务银行"的愿景深入人心。提高落实能力,制定战略重点项目推进表,严格推进项目管理,确保项目实现落地,形成一大批综合融资服务典型案例,构建综合化服务平台,全方位满足客户综合金融服务需求。

业务发展实现突破。中信银行沈阳分行努力克服辽沈地区经济下滑的不利因素,以效益优先为导向,以客户营销为手段,以优化结构为目标,积极推动转型发展,业务基础得到夯实,结构持续向好。对公业务坚持大中型客户为主的客户定位,加强新产品推广运用,不断创新营销模式,提升大客户经营能力和重点客户拓展能力。负债业务持续优化结构,稳定负债基础。资产业务方面,在地区经济下行、优质资产稀缺的情况下,分行重点攻坚大项目和优质大型客户,将大客户营销定位为分行资产业务投放的新常态,确保重大资产项目成为分行对公贷款增长的重要基础。国际业务以轻资本为导向,发挥资金产品组合优势,成功办理跨境外汇资金池业务,标志着分行也是辽宁省股份制商业银行的首单外汇资金池业务成功落地。机构业务加强系统和业务联动,发挥协同作用,与中信国际咨询完成沈阳市申报地下综合管廊试点城市项目实施方案,获国家住建部评比一等奖;与中信联合环境开展辽阳、新民污水处理厂PPP项目授信申报,并协助其实现与辽阳市政府战略合作签约;依托网络银行业务,与沈阳市公积金中心成功签订"公积金网络贷款合作协议";借助中信银行总行PPP业务先发优势,成功开发盘锦建设投资有限责任公司政府平台客户。投行业务以融资性理财、结构化融资、债券承销为产品依托,围绕房地产、政府、区域核心客户和资本市场的资金需求,强化融资方案提供和资金渠道安排两个作用,有效对接客户需求。同业业务强化渠道建设工作,丰富产品体系,实现多个创新产品突破,成功落地分行首笔存单质押信托收益权业务。零售业务全面推进零售战略二次转型,加大客户分层分群经营力度,加快重点产品的营销和推广,快速提升中间业务收入,提升零售业务价值贡献,取得了较好的经营成效。精细化推进网点转型,提升服务品质,积极推进各项服务标准化、常态化、精细化,确保中信银行总行零售转型理念有效落地,各网点服务水平明显提升。充分发挥出国金融业务优势,成功办理辽宁省首笔个人移民财产转移业务和分行首笔个人跨境人民币汇入汇款业务,进一步丰富了分行个人外汇业务品种,提升了"要出国,找中信"的品牌影响力。

(陶毅男)

【内部管理】 风险控制卓有成效。为推进风险管理体制改革方案的落地实施要求,中信银行沈阳分行设立了信用风险预警委员会、全面风险管理工作团队,出台了相关制度,并对涉及三道风险防线的职责进行了梳理和明确,设立风险管理岗,增强了风险预警决策和处置的科学性和流程化。修订相关制度,加强日常风险监控和现场检查,持续加强对异地分行的风险管理。进一步强化授信审批、信贷管理和法律保全的全面协同,发挥信贷专职人员的作用,逐步完善客户分类、业务分层、经营机构差异化管理,全员参与风险管控,逐步形成纵向贯穿全程、横向涵盖全面的交叉式管理模式。进一步强化刚性的惩处机制,加大对各环节责任人的经济处罚和责任追究,推动风险管理体系各项制度的执行。出台了涵盖公司、零售以及表表外等业务的逾期管理办法,加重处罚,强化贷款逾期管控。通过开展"双遏制"专项检查、票据业务检查、员工行为排查等多次专项排查及整改工作,推动了分行各项业务的合规性管理。通过建立常态化问责管理机制,加大问责力度,提升了员工职业规范约束。通过组织开展员工行为专项排查活动及持续开展案件防控教育,持续推进合规内控管理,促进了分行的平稳发展。

管理基础持续夯实。积极贯彻总行逐步加大效益考核指标权重的要求,在资源配置、绩效考核、收入分配、产品定价等方面贯彻效益优先导向,以制度建设、刚性管理为抓手,对经营单位绩效考评、资源配置和规模、价格管理等诸多制度进行修订和完善,不断提高精细化管理能力,推动分行由"规模发展"向"效益发展"模式转变。高效组织,有效沟通,在各个环节严格要求,坚持稳定性和高质量,全面配合总行完成新核心系统上线。稳步推进,逐项落实,顺利完成会计远程授权集中工作。强化会计业务培训及测试,努力提升会计队伍业务水平,全年柜台成功堵截案件11起,涉及金额144.2万元,有效保护了客户资金安全,受到了辽宁省银监局的通报表彰。在人民银行沈阳分行与辽宁省总工会联合举办的支付业务系统比赛中,中信银行沈阳分行作为沈阳惟一一家银行参赛,获得优胜奖;在辽宁省银行业协会举办的业务技能竞赛中,获得优秀组织奖。

(陶毅男)

【企业文化】 中信银行沈阳分行切实加强党建工作和思想政治工作,强化党支部的战斗堡垒作用和党员的先锋模范作用,以贯彻党要管党、从严治党为原则,严格落实党建的各项工作,创新纪检监察工作,构筑“三道防线”,开展反腐廉政学习教育活动,切实抓好廉政建设。以加强思想建设和风险防范为主题,全员开展“共产党员工程”竞赛活动,关爱干部员工,强化团队建设,主动防范风险,凝聚企业文化。结合“三严三实”专题教育活动,组织中层干部和重要岗位员工参观辽宁监狱城警示教育基地,现场听取职务犯罪人员亲身忏悔发言,警示自身。邀请中国人民大学教授开展“中国传统文化与领导干部素质”专题培训,不断增强干部员工党性意识和政治素养。组织先进工作者到法库县贫困学校开展扶贫助学,增强干部员工的社会责任感。

开展中信银行总行企业文化的学习和宣导工作,推动企业文化氛围的营造和落地工作。为庆祝分行“二十周年”行庆,举办职工运动会、文艺汇演、征文评选等活动,深入联系了员工与分行之间的感情。开展“移动互联网与生活”、“开伙饺子齐动手”、“二十载 中信情”等主题沙龙,丰富员工文化生活,搭建全行员工相互交流、团结聚力的平台。积极组织开展羽毛球赛、篮球赛等文体活动,促进群众性文体活动的开展,提升了干部员工的精神面貌和集体荣誉感,增强了团队凝聚力。

(陶毅男)

保　险

·人保财险·

【概况】 中国人民保险集团股份有限公司是大型国有保险金融集团,作为新中国保险事业的缔造者和开拓者,始终秉承“人民保险、服务人民”的使命,积极履行企业社会责任,为服务经济社会发展和保障国计民生,提供了全方位、高质量的保险保障和服务,2015 年位列《财富》世界500强第174位。

中国人民财产保险股份有限公司(简称:中国人保财险)是中国人民保险集团旗下的标志性主业子公司。凭借领先技术和综合实力,中国人保财险相继成为2008 年北京奥运会、2010 年上海世博会、2010 年广州亚运会保险合作伙伴,圆满为三大盛会保驾护航。在亚洲保险竞争力排名中,连续 6 次排名财险公司第一;在穆迪评级中,连续 7 年获穆迪 A1 评级,为国内非政策金融机构最高评级。

中国人保财险沈阳市分公司于1980 年恢复经营,下辖 24 个支公司,拥有 1000 余名员工,保险服务网络覆盖所有县区和大部分乡镇,是沈阳市成立最早、规模最大、网点最多的财险公司。2015 年公司保费收入 23.69 亿,为各类企事业单位和个人提供风险保障金额近1 万亿元。2015 年公司被沈阳市政府授予“五一劳动奖状”称号,被沈阳市消费者协会授予“消费者满意单位”称号,被省、市两级政府授予“助残先进集体”称号。

(段君毅)

【主要险种】 公司经营机动车辆保险、财产保险、工程保险、船舶保险、货运保险、责任保险、信用保险、意外伤害保险、健康保险、农业保险等业务。

凭借强劲的综合实力,公司积极服务地方经济建设,2015 年为全市 40 万辆机动车提供车险服务,为 120 万工会会员提供组合保险服务,为 20 万公顷农田提供农险服务,为 600 余万城镇职工提供补充医疗保险服务。凭借险种优势,公司积极助推本土文化产业发展,2015 年,世界旅游小姐大赛中国区总决赛在沈阳举行,公司是大赛惟一指定保险服务供应商;2015 年,由 80 后导演郭峰执导,沈阳本地著名主持人大兵以及白波、吴琼、黄科源等新秀主演,金鸡、百花双料影帝吕晓禾参演的首部东北风公路喜剧《回乡逗儿》筹备拍摄,公司成为此电影惟一指定保险服务赞助商。

此外,公司在养老机构责任保险、诉讼财产保全责任保险、首台套保险等新兴保险领域和政策性农房、能繁母猪、育肥猪、奶牛、玉米、小麦等三农保险领域不断探索,创新服务,参与社会管理和服务民生能力持续提升。

(段君毅)

【防灾理赔】 公司积极履行国有企业社会责任,在各类灾害事故中,勇担责任,全力救灾。2015 年,公司共接到车险报案 26.42 万件,累计赔款金额 11.08 亿元,非车险报案 2.87 万件,共计赔款金额 3.47 亿元。“十二五”期间公司累计支付各类赔款 61 亿元。

2015 年,沈阳地区发生重大旱灾,公司第一时间予以应对,理赔中心派出18 个农险理赔查勘小组,外聘农险专家23 人,放弃中秋节、国庆节及周六周日的休息时间,全力开展农险理赔查勘定损工作,克服了各种困难,有效破解了工作中所遇到的各种难题。在 2015 年 12月末,公司全面完成了农险旱灾理赔款工作,共核损通过 2029 笔农险旱灾赔案,结案率 100%,支付赔款 1.2 亿元,涉及农户 16.14 万户,公司高效的农险理赔服务得到广大农户赞誉。

(段君毅)

【经营管理】 中国人保财险沈阳市分公司始终以“做人民满意的保险公司”为企业愿景,着力提升发展品质、服务品质、管理品质,经过几代沈阳人保人的薪火传承、创新发展,公司整体保费规模、车险保费规模先后迈上 20 亿新台阶,并在人才、产品、技术和服务等领域构筑优势。以线上、线下服务团队为支撑,客户服务平台为载体的创新销售服务模式不断完善,产品研发、偿付能力保持行业领先。

发展端,公司完善运营管理体系,积极打造“人保车生活”生态圈,与阿里巴巴、瓜子网等网络平台开展合作,引入场景营销,满足客户日趋多元化的保险需求;加强信息技术手段在承保端和理赔端的应用,完善手机 APP 承保、微信承保、线上理赔等创新工具,为发展插上科技的翅膀。管理端,公司完善闭环管理模式,促进经营战略有效落地;优化流程,强化前、中、后台协同;强化考核督导,数据说话,奖优罚劣。服务端,夯实基础服务,开展创新服务,确保服务质量、服务水平、服务平台运营水平持续提升。文化端,坚持以“荣誉、责任、梦想”企业文化为引领,大力营造和谐、学习、创新、感恩、乐道的企业氛围,以党建促发展,以群团促企划,创建幸福企业。

(段君毅)

·人保寿险·

【概况】 2015 年,沈阳市分公司实现保费收入 19.64 亿元,比上年下降 7.61%。

其中:新单保费(含短险)10.18 亿元,增长3.16%;短期险保费 1.52 亿元,增长3.1%。沈阳国寿总保费在寿险市场份额排名第四,为全省寿险业务作出突出贡献。

2015 年,沈阳市分公司面对严峻的市场形势,全体员工紧盯目标、全力拼搏,以加快业务发展为核心,以队伍建设为基础、以改革创新为手段、以风险管控为前提,将期交业务做为发展的重点,着力推进转型升级,业务发展取得了良好的效果。个险渠道一方面创新搭建销售平台,为业务发展提供了强有力的支持;另一方面搭平台定期做集中增员运作,迅速吸引一批新人,并集中育成,2015 年新增4721 人,比上年增长77.48%,新增人力再创历史新高。团险渠道短期险保费实现 1.14 亿元。

2015 年,按照"三严三实"专题教育活动和省公司"作风建设年"的整体安排,召开了全市系统"作风建设年"启动会,制订下发《中国人寿保险股份有限公司沈阳市分公司开展"三严三实"专题教育实施方案》。党委班子成员在各自分管的渠道,以"三严三实"为主题,为党员干部上党课。通过专题党课的学习,广大党员干部对"三严三实"的意义与内涵、"不严不实"的危害、践行"三严三实"的具体要求有了更为清晰、明确的认识。

沈阳市分公司作为最早在全国分业经营的寿险公司,拥有 13 家分支机构,50 多个营销服务网点,分散在市内五区和郊县,不断为沈城人民提供人寿、意外和健康等多类别保险产品,涵盖生存、养老、疾病、医疗、身故、残疾、投资理财、企业年金等多种保障范围及保障体系,全面满足客户在人身保险领域的保险保障和投资理财需求,并对社会养老、医疗、工伤等社会保险进行商业险补充,形成了多层次、差异化的保险保障体系。

建立了覆盖职工的大额补充医疗保险保障体系,已使 42 万人职工日常生产、生活中分享无忧的补充医疗保障,分散并最大限度地降低了因罹患大病而导致的家庭经济风险。

科学、准确、及时的做好农村居民大病保险理赔工作。新农合大病保险业务是政府工程,是民生工程,服务群体达214 万人。2015 年,沈阳市分公司已实现了与 9 家农合系统的全部对接与升级。新农合大病保险累计赔付 1.08 万人次,切实解决了农民医疗的后顾之忧。

积极与地方主要媒体开展合作,企业文化建设取得新成果。2015 年 9 月,在中国企业文化建设峰会上,沈阳市分公司被评选为"2015 年度企业文化建设先进单位",2015 年在《沈阳晚报》和辽宁省理财规划师协会组织的金融企业评选中,沈阳市分公司荣获 2015 年度"最具影响力的保险公司"称号;2015 年 12 月22 日,沈阳市企业家协会与沈阳市企业联合会授予沈阳市分公司 2014—2015 年度"沈阳市诚信与和谐企业"荣誉称号。

(*韩雪霜*)

·太平洋财险·

【概况】 中国太平洋财产保险股份有限公司沈阳中心支公司成立于 2007 年12 月,前身为辽宁分公司营业部,成立于 1994 年。自成立以来,市场份额始终稳居行业前三名。承保范围涉及到金融、商贸、电力、交通、化工、电子、通讯等多个行业,积累了丰富的行业承保经验。

沈阳中心支公司位于沈阳市沈河区小西路 87 号,处于沈阳市核心商业区。下辖七个分支机构,分别是沈河支公司、铁西支公司、和平支公司、新民支公司、浑南支公司、法库支公司、辽中支公司(筹建),现有干部员工 183 人。公司秉承"诚信天下,稳健一生,追求卓越"的企业核心价值观,以市场为导向,以客户为基础,坚持稳健经营,积极开展管理创新、服务创新、产品创新,打造太平洋保险服务知名品牌,不断提升公司的核心竞争力。近年来业务发展突飞猛进,承保了大批具有较大社会影响力的大型商业保险项目,其中包括中国石油、沈阳铁路局、辽宁电力、烟大铁路轮渡等一批百万、千万保费规模的大型项目,也承保了包括宝马、顶新、统一、百胜、LG 电子等众多要求苛刻的外资项目,基本涵盖了辽沈地区工商业、交通运输以及服务行业的所有领域。

业务范围涵盖人民币和外币的各种财产保险,包括财产损失保险、工程保险、责任保险、信用保险、短期人身意外伤害保险等保险业务;办理各种法定财产保险业务;与国内外保险机构建立代理关系和业务往来关系,代理外国保险机构办理对损失的鉴定和理赔业务及其委托的有关事宜;《保险法》所规定的资金运用业务;经批准参加国际保险活动;经中国保险监督管理委员会批准的其他业务。

作为商业性的保险公司,公司高度重视风险管控,拥有先进完善的风险管理机制。总公司在业务管理中心下设承保部,营运支持中心下设理赔部,集中管理,建立健全核保核赔体系;总公司对资金实施统一管理、使用和调度,一旦出现巨额赔款,可以迅速调集资金进行赔付,保证及时划付,切实保障客户的利益;总公司成立风险控制中心,对风险实施统一管理,不断完善风险管理组织体系,积极有效地控制和防范风险。

沈阳中心支公司总经理室始终强调责任意识,全局观念,号召全体干部员工脚踏实地将工作落实到实处,强化维护公司品牌意识,服务意识,树立"公司发展,人人受益"的共同目标,增强团队凝聚力,同心同德、形成合力共同开拓市场,为公司经营、管理和销售工作贡献力量。面对激烈的市场竞争,沈阳中心支公司全体员工将一如既往地遵循"一流的服务质量,一流的工作效率,一流的公司信誉"的服务宗旨,坚持"客户至上,服务取胜"的经营理念,发扬"诚信、敬业、创新、奋进"的企业精神,积极为社会和谐稳定和经济发展提供风险保障。

(*郑　阳*)

·太平洋寿险·

【概况】 中国太平洋人寿保险股份有限公司沈阳中心支公司是中国太平洋保险(集团)股份有限公司下属中国太平洋人寿保险股份有限公司的市级分公司。太平洋保险集团是在沪港两地上市的大型金融保险集团。沪市代码SH601601、港股代码 HK02601。注册资本人民币 180 亿元,自 2010 年起连续四次入选《财富》世界 500 强,2014 年位列第 384 位。

中国太平洋人寿保险股份有限公司沈阳中心支公司成立于 2012 年 1 月,在全市共设有 6 家分支机构,市场排名第六位。2015 年,实现保费收入 1.17 亿元,赔款支出 260 万元。缴纳税金 34 万元。获得保险行业协会颁发的优秀服务窗口称号奖。

沈阳中心支公司与时俱进，提出了“一个目标”、“两个路径”、“三个引领”、“四全要求”、“五个效益”的发展方向。即以综合成本率可控前提下加快发展为目标；努力做到渠道建设全域化，资源配置精细化；通过创新、管理、服务的不断完善引领公司的发展；发展过程中要求全要素保障，全员参与，全渠道发展与全成本管控；以效益为中心，发展业务，训练思维，增值服务，惠顾员工，创建文化。

（刘 聪）

·平安财险·

【概况】 中国平安财产保险股份有限公司辽宁分公司（以下简称“辽宁平安产险”）是中国平安保险（集团）股份有限公司旗下的省级金融机构（大连市辖区除外）。辽宁平安产险成立于1994年，业务范围包括车险、财产险、短期意外险和健康险等，拥有13家地市级机构，44家县区级机构。经过22年的跨越发展，年保费规模超过45.2亿元，在职员工过千人，在辽宁保险市场上保费规模排名第二，在客户满意度名列市场前茅，多次被评为最受消费者信赖的金融单位。辽宁平安产险在辽宁市场拥有重要地位，为辽沈地区广大人民和企事业单位提供了全面的风险保障和专业理财服务。

（那 莹）

【业务发展】 2015年，辽宁平安产险保费规模超过45.2亿元，保费增速超出行业平均增速近6个百分点，综合成本优于行9个百分点，且连续2年全辖13个市（地）级机构和沈阳市区7大销售渠道无一亏损。2015年实现利润3亿元，综合经营指标已跻身平安产险系统综合考核排名的前三甲，是辽宁地区第二大财产保险公司。

（那 莹）

【销售变革】 以观念创新拉动体制创新，用平安集团“科技引领金融，金融服务生活”的发展理念，推出了更符合地域特色的《行销管理基本法》，创新员工管理体制、变革管理授权机制和销售组织形式，大大激发了干部员工的积极性。逐步建立中台、渠道、销售队伍共同应对市场的“三位一体”销售组织。同时，通过深化、前置、优化等手段，全面提高了销售渠道应对市场变化的核心竞争力。通过变革，公司业务增长超20%，利润增长3倍，在变革中赢得发展主动权。

（那 莹）

【文化建设】 2015年，辽宁平安产财定位是“科技引领——文化年”，提出要以前所未有重视程度推进思想文化体系建设，为持续超越发展聚集起坚强软实力的有力支撑。公司制订了《关于加强和完善思想文化体系建设的规划》，组织贯穿全年的全员参加的思想文化建设主题教育征文、创新建议大奖赛、“心致远·情飞扬·爱我家·平安梦”征文和B类干部“党的群众路线教育再实践”体验4项活动，以及乒乓球、台球、羽毛球、篮球比赛4项比赛，每个季度安排两项，一文一武，深受员工欢迎。

（那 莹）

【提升服务】 优化服务，凸显“以客为尊”理念。分公司以门店建设、基础服务、增值服务三大工程为重点，全面提升售前、售中、售后的客户服务满意度和品牌美誉度。创新互联网优化服务，成为行业排头兵。2015年，公司不断对客户服务及理赔工作提出新要求，在“互联网+”时代，分公司通过各种移动终端提升客户感受度。在服务举措上，创新开展线上门店预约，节约客户时间，提升服务感受；线上收单：在线补传承保、理赔所需的必要手续照片，使客户足不出户，轻松办理各项业务；未来，分公司在线上终端上还会成立商圈，在线每日签到或参与精彩活动赚取积分，便可兑换免费服务券体验商家5A级服务；到店享受会员级礼遇，大大增强客户粘性；在理赔方面，分公司规划了小额案件自主理赔的创新模式。小额案件可不经查勘，由客户通过平安网站自行索赔以及创新E理赔手持终端，即万元案件，仅应用手机即可实现事故现场的即时定损、即时结案。车险方面，通过电话直赔、远程定损、远程收单，实现从报案到结案支付的线上“一站式”服务，让客服享受“足不出户、赔款到家”的快捷体验。

（那 莹）

【综合金融全面发展】 平安产险辽宁分公司成立二十年来，始终将社会责任摆在首位，以务实的态度、专业的举措，支持辽宁地方经济建设、构建和谐辽宁。近些年，为进一步推动地方政府与保险机构的密切合作，促进地方经济与保险金融服务业的协调可持续发展，分公司领导主动协同与省、市领导及金融监管部门就共同建设金融服务平台，促进平安保险、银行、证券、信托、租赁等一系列金融服务与驻地间建立长期战略合作机制及推动平安金融服务、金融创新，参与辽宁的经济社会建设等实现良性互动，实现双方战略合作的良好开局。

从2013年至2015年上半年，平安保险集团已为辽宁各地区的市政建设、医院、学校、机械加工业提供融资贷款达33亿元，有利的帮助和支持了当地的经济发展和社会进步。

（那 莹）

科 学 技 术

科学研究与发展

【综述】 2015年,全市科技创新工作深入贯彻国家、省、市的决策和部署,注重改革引领、创新驱动、转型升级,着力完善体制机制,着力推进结构调整,着力鼓励创新创业,着力保障改善民生,着力通过创新培育新的增长点,形成创新驱动新常态。沈大国家自主创新示范区创建方案已上报国务院并获得总理李克强批示,被列为加快培育自主创新示范区之一;沈阳高新区获批国家首批科技服务业区域试点。沈阳市科技局被科技部评为全国科技活动周优秀组织单位;大学生创业梦工厂暨科技周启动仪式,获批全国科技周优秀活动。

2015年,全市专利申请达到1.81万件,比上年增长20.4%。其中发明专利申请9946件,增长11%,占专利申请量的比重达到54.9%;有效发明专利9104件;每万人发明专利拥有量10件。9个项目获第十七届中国专利奖优秀奖,占全省的43%。新增玉米生物育种、高端装备轻合金铸造技术2个国家级重点实验室。新增省级重点实验室15个,占全省的60%,工程技术研究中心11个,产业专业技术创新平台13个,产业共性技术创新平台3个,产业技术创新战略联盟1个,4个联盟成为省级联盟试点,科普基地5个。新增市级联盟3个,重点实验室3个,科普基地4个,首批认定21个大型科学仪器设备共享平台专业服务中心。获各级科技奖励349项。其中:国家级10项,省级132项,市级207项。实现技术合同成交额152.42亿元,比上年增长9.4%。争取上级科技经费9.5亿元,增长10%,持续保持两位数增长。

(陈丹默)

【创新驱动顶层设计】 一是深化科技体制改革。深入落实省、市深化科技体制改革的总体部署,制订了《沈阳市科技局2015年深化科技体制改革方案》,提出了深化科技管理体制改革、提高科技创新专项资金使用效率,推进以企业为主体的创新体系建设、健全产学研协同创新机制,加快推进科技服务业发展、探索多方共建科技公共服务平台新机制三条改革主线和21项重点改革举措,确保改革任务落实。二是开展全面创新改革试验。通过认真研究相关地区先行先试政策、组织有针对性的前期调研,制定了建设国家先进装备制造创新引领基地的支撑指标体系,提出开展全面创新改革试验的主要任务,高质量形成科技创新部分相关方案。认真贯彻市委常委扩大会议精神,细致梳理问题、政策和建议清单,对改革任务和政策措施的可行性深入专题研讨,扎实推进全面创新改革工作。三是高效编制"十三五"科技发展规划。组建规划专家团队,确定规划研究内容,顶层设计未来5年实施创新驱动发展战略的总体思路、主要目标和重点任务,科学定位创新目标、前瞻部署创新重点、合理设定创新任务,使规划重点突出,针对性、战略性和可操作性强,更加符合沈阳市创新驱动发展战略和全面深化改革的要求。

(陈丹默)

【高新技术产业发展】 一是强化计划支撑引领。优化创新资源配置,高效完成2015年科技计划编制工作,部署了139个重大科技攻关及产业化项目。其中集中支持机器人及智能制造等重大项目,共安排资金1.53亿元,占全部项目总数的40.7%,占资金总数的69.9%。启动了2016年科技计划编制工作。"三争取"工作取得积极成效,组织行业领军企业申报国家"十三五"重点研发计划建议项目29个、省各类科技创新项目160个,获省一批立项支持61个。启动科技创新管理平台建设工程,推动科技创新资源有效集成和统筹优化。二是加快重点产业发展。国家集成电路产业基金联合中微公司、苏州东方聚源公司与拓荆科技签署增资协议,投资额度共计2.7亿元,首次到位投资1.85亿元。拓荆科技12英寸PECVD设备产品在中芯国际、苏州晶方等生产线投入量产;新松机器人IC生产线自动物料搬运系统、中科仪干泵与系列真空阀门项目通过国家重大科技专项验收。三是加快创新型企业培育。推荐157家企业参加高企申报和复审。制定高企考核指标和考核办法,并将其纳入到区、县(市)绩效考评体系。扎实推进双进双解,为企业解决问题83个,百户被帮扶企业主营业务收入比上年增长10.5%。做好国家科技型中小企业技术创新基金项目跟踪管理,并对17个项目给予340万元后补助支持。四是开展产业发展大调研。组成26个调研小组、400余人次,对3000多家规模以上企业及部分规模以下企业、54家典型剖析企业和部分随机企业进行调研,先后访谈各类科研人员500余人次。在原先掌握的694家从事高新技术产品生产企业基础上,新增了161家,比调研前增加了23.2%,高新技术产值增加了15.6%。高质量形成全市高新技术产业发展调研报告,达到了大调研的预期目的和效果。

(陈丹默)

【科技创新体系】 一是推进产学研深度融合。围绕现代建筑、透平压缩机和现代畜牧新组建3个市级产业技术创新战略联盟。推荐工业设计等4家联盟成为省级联盟试点。坚持产学研工作常态化,完善常态化对接服务机制,积极搭建合作交流平台,提升产学研合作水平和科技资源利用效率。二是推动新型研发实体建设。积极筹建沈阳工业技术创新研究院,起草制订筹建方案,大力推动省市共建,筹备构建研究院产业技术平台。加快推进机器人与智能制造创新研究院建设,中科院、省、市三方签署"机器人与智能制造创新研究院共建协议",积极争取和推动各级配套资金落实到位。国家质检总局作出同意建设国家机器人质量监督检验中心(辽宁)的批复。三是推进创新平台建设。加强科技公共服务平台顶层设计,对沈北手机等平台深入调研,指导平台创新运行机制。召开全市科技公共服务平台建设工作现场交流会,提高平台服务能力。推进大型仪器设备及科研基础设施开放共享,组建沈阳大型科学仪器设备共享平台专业服务中心,提高科技资源使用效率。四是推动科技金融结合。加大风险资金投入,新增股权投资1025万元,支持中科博微、芯源电子创新发展;新松机器人股票减持工作积极、稳妥、择机、分阶段推进。积极搭建融资平台,与8家银行签订了银担合作协议,新增授信额度8亿元,实现了担保放大。

(陈丹默)

【科技创新环境】 一是完善科技政策体系。会同国税局和地税局联合出台《关于开展2014年企业研究开发费用税前加计扣除事项的通知》,制定了《市科技局关于出具2014年企业研究开发费用加计扣除项目鉴定意见书的通知》,为158家企业的669个研发项目出具鉴定意见书,帮助企业用好用足相关政策。重新修订并印发《沈阳市工程技术研究中心管理办法》和《沈阳市重点实验室管理办法》。二是推动大众创业创新。积极参与争取和开展小微企业创业创新基地城市示范,形成创建方案,争取科技部支持。举办了大众创业万众创新主题展、高校创客大赛等活动,"沈阳创业梦工厂实施行动"获科技部优秀科技项目资金资助;组织40多家企业和团队参加中国第四届创新创业大赛辽宁赛区比赛,沈阳市进入正赛企业和团队占全省1/3;精心组织"双创周"众创空间联盟成立仪式等三项主题活动。三是推动科技强农惠民。"青年农民上大学"320名学员取得农民经纪人等相关证书,41名优秀学员成为科技示范户,辐射带动了周边1800余农户致富;组织农村讲师团开展科技培训23场,培训农民2580人。大力推动科技服务业发展,起草了沈阳市加快科技服务业发展的实施意见和推进工作方案。支持重点药物创新品种的研发和产业化,提高常见病、多发病等临床医疗服务能力和水平;推进国家科技支撑计划构建生态环境修复等多元技术体系。

(陈丹默)

【科技管理】 2015年,沈阳市科技计划以市场需求为导向,充分发挥市场对各类创新要素配置的主导作用,共安排项目206项,资金2.83亿元。其中高新技术产业发展与科技攻关计划共安排项目139项,资金2.14亿元。支持新松公司的"面向电子行业的装配机器人关键技术攻关与产业化"、沈阳远大科技园公司的"节水智能滴灌控制系统研制"、东软熙康公司的"医养结合的养老云服务平台建设"等项目。科技创新条件与环境建设计划共安排项目58项,资金5231万元,为沈阳市相关产业发展提供科技成果和技术储备。科技专项安排软科学研究等9个项目,安排资金1709万元。

2015年,沈阳市科技计划呈现四大特点:一是聚焦重大创新需求,聚焦振兴目标,突出创新需求,集中支持了机器人及智能制造、集成电路装备、高端装备、燃气轮机、汽车制造、金属新材料、生物医药等领域的重大项目。二是加强科技项目顶层设计,安排了"沈阳市全民健身数字化公共服务平台建设"等8个顶层设计项目,共安排资金4428万元。三是突出企业创新主体。继续突出企业承担科技计划项目主体地位,提高企业自主创新能力。重点支持高端装备、智能制造、民用航空、电子信息等行业龙头和核心企业。四是多元使用科技资金。在计划编制安排中,继续实行科技资金多元化使用方式。扩大有偿资金和后补助资金在计划安排中的比例,对获得国家技术标准、省企业技术中心、国家中小企业创新基金项目和科技保险试点企业等给予后补助支持。

(陈丹默)

【重大事件】 2015年8月,沈阳铸造研究所的"高端装备轻合金铸造技术国家重点实验室"和辽宁东亚种业有限公司的"玉米生物育种国家重点实验室"被科技部批准建设企业国家重点实验室。2015年底,沈阳市有各级重点实验室311家,其中:国家级16家,省级272家,市级23家,覆盖了电子信息、先进制造、新材料、生物医药、新能源、节能环保和人口与健康等多个领域,承担重大科技专项和国家、省、市各类计划项目百余项。

开展了全市高新技术产业大调研,对3000多家规模以上企业及部分规模以下企业、54家典型剖析企业和40多家随机调研企业等进行调查调研,新增了161家从事高新技术产品生产企业,比调研前增加了23.2%,高新技术产值增加了15.6%。

启用沈阳市科技创新管理平台,有力提高了科技创新管理平台的稳定性、科学性和便捷性,为2016年科技计划编制工作的顺利开展提供了保障。

(陈丹默)

科技交流

【概况】 2015年,沈阳市围绕贯彻落实新一轮东北振兴战略和全市科技创新重点任务,积极对接国家"一带一路"战略,支持全市相关单位开展多种形式的国际科技合作,提升自主创新能力,鼓励高新技术企业"走出去",开拓国际市场,组织高水平国际交流活动,搭建科技合作平台,进一步提升了沈阳市国际科技合作规模和层次。

1. 积极组织开展国际交流和项目对接活动,搭建国际科技合作平台。2015年,沈阳市科技局支持和主办了"中英机器人及智能装备技术交流会"、"中日机器人循环赛及产业技术交流会"、等8个国际科技交流和项目对接活动,邀请了来自俄、英、芬、日、韩等国35家企业、科研院所和高校的60多位专家、学者和企业代表来沈,与全市百余家单位开展了技术交流与项目合作洽谈,取得了良好的效果,为沈阳市搭建了国际科技交流与合作的平台。

2. 落实"一带一路"战略,加大"走出去"支持力度,协助企业开拓国际市场。为进一步落实国家"一带一路"战略,加大"走出去"工作的力度,2015年,沈阳市组织新松医疗、成大生物、德宝农牧、波音饲料、源康生物技术、禾丰牧业、中科新型肥料、远大集团、海默数控、蔚蓝科技等20余家高新技术企业分别赴欧洲、非洲、澳洲、东南亚、东北亚等地区访问,围绕装备制造、节能环保、医疗器械、生物技术、现代农业、海外工程等领域一批国际合作项目的实施,开展了广泛的技术合作与产品出口洽谈,促进了沈阳市与一带一路沿线国家的科技交流与合作,有力推动了全市高新技术企业走出国门,扩大国际市场份额。

3. 积极开展调研,全面做好"十三五"国际合作发展规划编制工作。2015年,围绕"十三五"国际合作发展规划编制工作,积极投入全市经济发展大调研,并对全市重点企业、科研院所和高校与"一带一路"沿线国家开展的科技合作情况进行了调研。在此基础上,对"十二五"以来沈阳市的国际科技合作情况进行了系统分析和梳理,完成了

"十三五"国际科技合作规划的编制工作,为沈阳市"十三五"科技发展规划的编制提供了基础。

(陈丹默)

【重大举措、重大事件和重要成果】 为加强沈阳市节能环保企业与葡语系国家间的科技合作和技术出口,2015 年 3 月,市科技局、市外办、市发改委等部门联合组织全市节能环保领域高新技术企业赴澳门参加"澳门国际环保合作发展论坛暨展览",展会期间,沈阳市企业以特装的形式展示了自己的技术和产品,参加9场专业绿色配对活动,与来自10多个国家及地区的超过近百名海内外专业客商进行了对接洽谈。

2015 年 1 月,在市科技局的支持下,中科院生态所与北欧金兰公司联合举办了中芬科技合作及产学研平台共建会议,邀请了来自芬兰沙士达马拉市、坦佩雷应用科技大学及14个高新技术企业的代表共20人参会,围绕绿色能源、生态城镇建设、科研合作等议题与全市30家单位开展了技术交流。

2015 年 7 月,市科技局与英国大使馆、英国知识产权局共同举办了中英知识产权座谈会。邀请了英国知识产权局专利司副司长安迪·巴特莱特先生等7名官员和知识产权专家与沈阳市15家企业、大学、科研院所以及知识产权中介机构代表围绕软件产品在欧盟国家如何申请专利、欧洲和英国专利申请流程区别等具体案例和专业问题进行了深入的交流与探讨。

2015 年 9 月,市科技局与日本川崎市产业振兴财团成功举办了中日机器人产业技术交流会和中日机器人循环赛,邀请了来自日本机器人领域的8家高新技术企业十余名专家参会,全市组织了22所大学、科研院所和企业与日方围绕机器人技术需求、机器人技术储备、产业发展、企业合作等内容进行了深入交流与洽谈。机器人循环赛从2011年开始已连续举办四届,已成为沈阳市对日交流与合作的一个亮点。

2015 年 11 月,市科技局与英国大使馆联合举办了中英机器人及智能装备技术交流会,邀请了英国投资贸易总署机器人行业特别顾问杰夫·佩格曼、英国爱丁堡赫瑞瓦特大学教授大卫·莱恩、英国帝国理工学院教授杨广中、英国皇家工程院高级研究员机器人学教授赛修·维扎雅库玛等英国机器人及智能装备技术领域知名专家来沈,与自动化所、新松、东北大学、工业大学、高精数控、中科博微、蓝英自动化等15家相关领域高校、院所和企业的40多名专家和高管进行了技术研讨。

(陈丹默)

知识产权

【概况】 2015 年,全市专利申请量1.81万件,比上年增长20%,其中发明专利申请量9946件,增长11%;专利授权9034件,比上年增长36%,其中发明专利授权2680件,增长62%;有效发明专利拥有量9104件,每万人发明专利拥有量达10件。

探索专利研发投入补助新模式。为鼓励企业加大科研投入、促进专利运用,设立了沈阳市专利技术补助专项资金,并出台了相关管理办法。针对企业通过自主研发或技术引进等方式获得的具有良好产业化前景的发明专利,尤其是围绕核心发明专利由多个发明专利、实用新型专利、外观设计专利构建的专利簇(或专利池),按照专利价值的一定比例以"后补助"形式对获得专利的成本进行补助支持。

专利评奖。中国科学院沈阳自动化研究所的"一种用于激光拼焊的间隙补偿方法及实施该方法的装置"等9个项目获中国专利优秀奖。沈阳市专利奖评出沈阳东方钛业股份有限公司的"水处理蒸发器"、特变电工沈阳变压器集团的"一种变压器的磁屏蔽结构及磁屏蔽方法"2个项目获一等奖,另有二等奖8项、三等奖20项。

(陈丹默)

【专利管理与服务】 2015 年,沈阳市科技局坚持专利行政执法常态化,对东北大药房、苏宁电器、大润发超市等全市重点流通领域开展专利专项执法行动,检查商品3000余件。深入推进专利保险试点工作,专利执行保险和专利侵权责任保险在全市范围内有序推广,逐步建立专利保险服务支撑体系。引导和支持企业实施知识产权管理规范,组织贯标咨询辅导团队为全市企业服务,7家企业通过省知识产权局贯标验收。

(陈丹默)

【知识产权宣传培训】 2015 年,沈阳市科技局充分利用"知识产权宣传周"等有效平台,开展工业设计大赛、青少年发明创造大赛等形式创新、内容丰富的主题活动,普及知识产权知识,提升全社会知识产权意识。建立知识产权培训的长效机制,针对不同需求制订培训计划,邀请专家授课。充分发挥沈阳市知识产权讲师团作用,组织技术、中介、法律等各方专家,重点面向全市企事业单位开展服务,并进行现场知识产权咨询服务。

(陈丹默)

【沈阳市知识产权宣传周】 4月20日至26日,以"建设知识产权强国、支撑创新驱动发展"为主题的2015年沈阳市知识产权宣传周活动顺利举办。本次宣传周开展了启动仪式、沈阳工业设计大赛、青少年发明创造大赛、公布2014年度沈阳市十大知识产权司法保护典型案例、销毁盗版图书及音像制品、知识产权培训咨询、专利行政执法宣传等各项活动,推进以"尊重知识、崇尚创新、诚信守法"为核心的知识产权文化建设,在全市营造浓厚的"崇尚创新精神,尊重知识产权"的社会环境,促进沈阳市知识产权工作发展,为建设创新型城市贡献力量。

(陈丹默)

【探索专利研发投入补助新模式】 为鼓励企业加大科研投入、促进专利运用,沈阳市设立了专利技术补助专项资金,针对企业通过自主研发或技术引进等方式获得的沈阳市具有良好产业化前景的发明专利及专利簇(或专利池),按照专利价值的一定比例以"后补助"形式对专利成本进行补助支持。2015年,74个项目获得立项,资金总额度4500万元,三一重装、拓荆和沈鼓三家企业分获专利池、单体专利项目封顶500万元、200万元资金支持。专利技术补助专项资金的设立,不仅为深化财政科研经费使用方式改革做了有益探索,也提升了企业吸纳专利技术意识,加快了企业专利技术转化步伐。

(陈丹默)

科学普及

【概况】 2015 年,全市科普工作着力提升全市公众科学素养,实施科普惠民工程。全市科技周顺利实施。辽宁装备职业技术学院、沈阳皇冠蓝莓产业有限公司、沈阳锡伯龙地农业创意产业园、辽宁省农业科学院花卉研究所和沈阳农业大学5家单位被批准为市科普基地。市科技局与市教育局继续推进科技进校园工作,联合批复了沈阳铁路第五小学和第一二O中学组建沈阳市青少年科技创新实验室,实现优质社会资源与青少年科技教育的紧密结合以及高质量科技教育的常态化。

（陈丹默）

【科技活动周】 5月15日,在沈阳浑南电子商务企业孵化器举行了简单而隆重的科技周启动仪式。市政府、市科技局、市委宣传部和市科协等领导以及来自全市大学生创客代表、沈阳多家天使、风险投资机构代表共300余人参加了启动仪式。科技活动周紧紧抓住"创新创业,科技惠民"这两条主线,助推沈阳创客空间发展,实现科技发展成果惠及民生,全市开展大学生创业梦工厂主题活动,万余名大学生创客参加;联合辽宁能源集团开展的太阳能科技惠民系列活动,为希望小学捐助整套太阳能发电设备,收到了良好的社会效果。上述两项活动都获评科技部全国科技周优秀活动,沈阳市科技局被评为全国优秀组织单位。科技周期间,全市共开展各类科技活动30余项,累计有10万余人次受益,全市60家科普基地全部对外开放,累计2万余名市民走进科普基地。

（陈丹默）

【发展社区科普大学】 2015年,沈阳市科普大学发展到413所,覆盖52%以上的社区。新招学员784人,全市学员增至2.1万人。积极抓好教学管理,举办教学观摩活动10次,培训教师350人次,开设课程30多门,组织课堂教学1.4万课时。坚持特色化办学,举办了首届沈阳科普大学烹饪大赛,创办了《沈阳科普大学报》,组织第二课堂活动9000余次,推出了阳光100社区、新世界社区、嘉华社区等一大批新的先进办学典型,科普大学在社区居民中的影响力和吸引力持续增强。

2015年,社区科普大学办学工作取得了"四个第一"的好成绩,首先是全国科普示范社区推荐评选,沈阳市5个社区获得国家资助,全省排名第一;二是社区科普大学分校首次突破400所达到413所,办学数量在全国科协系统排名第一;三是在全国副省级城市科协系统首创科普大学报,开辟了热点新闻、师道新语等四个栏目,受到科协同行的关注;四是第一次与东北新闻网合作,开辟了社区教育窗口,全面报道社区科普大学活动。

2015年,科普大学工作体现了三个特点:一是办学工作扎实推进。年初以来全市新建分校47所,涵盖了残疾人和下岗职工等群体。浑南、于洪、沈北、辽中、新民、法库、康平新建分校陆续举办开学典礼。科普大学覆盖率市级达到54%,和平区达到90%,皇姑区为50%,沈北实现30个社区全覆盖。二是教学管理更加规范。通过举办市级教师培训和观摩课,新增教师4人,新开设书法和舞蹈两个专业;通过督察撤销了1所分校的办学资格。总结多年办学经验,各区县(市)科协纷纷制定了本区域内的管理办法,和平区推出了教学管理的"五加强"模式;皇姑区制定了打造"十型"科普大学新招法;苏家屯区出台了强化办学管理的"八项规定",各具特色的管理方法,确保了科普大学的健康发展。三是科普示范典型更加突出,全市25个获得国家和省级资助的科普示范社区典型有14个完成社区科普向信息化的过渡。建设速度上,和平区的五个社区全部完成建设工作;皇姑区除2015年获资助的一个社区正在规划设计外,泰山、牡丹也相继完成设备采购和调试工作;建设内容上,以科普之家、数字科普网、智慧社区、青少年体验馆为主题的示范典型纷纷展现在观众面前。2015年上半年,和平、皇姑、沈河等科普示范社区先后接待了湖南、湖北、广州等9个省市科协团体来沈阳市调研学习。

（宋　丹）

【特色科普项目申报评选】 市科协同市财政局联合启动了2015年度沈阳市基层科普行动计划,对3个农村科普组织、2名农村科普带头人、2个科普示范社区进行了专项扶持。积极推荐优秀农技协、农村科普示范基地、农村科普带头人、科普示范社区申报国家和辽宁省基层科普行动计划项目,3个农村基层科普组织和个人、5个社区入选国家基层科普行动计划,1家农技协入选辽宁省基层科普行动计划。国家、省、市对上述组织和个人的专项奖补资金达184万元。选树农村科普工作典型,推荐辽中县大光绿色农业技术协会为国家和辽宁省龙头农技协;新民市现代生态农业技术协会会长陈常印、浑南区林果协会会长赵维明为优秀乡土人才;大光科技百村行活动为农技服务典型经验做法;康平县方家屯镇寒富苹果协会的寒富苹果栽培管理技术和法库县葡萄协会的葡萄高产栽培技术为先进实用技术。巩固和加强科普惠农服务站建设,新建站10个,全市科普惠农服务站达到70个。支持服务站开展科普信息化建设,评选10家优秀科普惠农服务站,3个服务站获得省科协农村科普信息化专项支持,获项目资金25万元。

（宋　丹）

【"全国科普日"活动】 着眼于构建社会化大科普格局,沈阳市科协发动各区县(市)、《科学素质纲要》成员单位、全市基层科普组织开展科普专家进校园、科普惠农进乡村、科普益民进社区、科普基地一日游等活动。市科协围绕"万众创新智慧生活"这一主题,在全市11个区、县(市)举办17场科普报告,《我的机器人梦想》、《走近机器人科技世界》、《人人都有创造力》、《气象的奥秘》、《摩擦与润滑》、《3D打印技术》等专家报告在青少年和市民引起广泛影响;市妇联向农村妇女积极开展草莓种植、花卉种植、生猪养殖等实用技术培训;市气象局实施"气候知识服务气候行动",通过电台、电视台和报刊媒体宣传,发放宣传资料,开放参观气象科普馆和气象观测场,大力普及气象防灾减灾意识;团市委组织百余名青少年参观沈阳师范大学古生物博物馆。各区、县(市)科协与涉科部门协作,通过科普展示、科普讲座、科普大集、科普文化广场、专家咨询、科普竞赛、科普参观等形式积极为市民提供服务。科普日期间,全市共组织科普活动120场次,参与市民2.2万人。

（宋　丹）

【第二十七届科普之冬活动】 2014年11月至2015年3月,沈阳市科协组织开展沈阳市第二十七届科普之冬活动,发动涉农区县科协,组织沈阳农业大学、中科院沈阳生态所等单位专家教授和区县农业科技人员,组成科普惠农服务团队,围绕提高农民科学生产技能,促进现代农业发展,深入乡镇村屯、田间地头,开展科技培训、技术指导、科普大集、项目论证、科普宣传、科普展览等活动。基层农技协、科普惠农服务站、农村科普示范基地等农村基层组织纷纷投入到科普之冬活动中,浑南区林果协会、新民市现代生态农业种植协会、辽中县大光绿色农业技术协会、康平县方家屯镇寒富苹果协会等龙头协会活动丰富、成效显著。

科普之冬期间，全市共开展科技下乡活动338次，涉及全市101个乡镇街道、376个村，服务农民近9万人次，发放科普图书8万册、科普挂图2700多套、科普宣传资料9.5万份；举办实用技术培训420余场，直接培训农民3.6万人次，推广实用技术、新优品种265项。

（宋　丹）

【农业科技巡回指导培训活动】　为使农业科技服务进一步走进农村、走近农民、贯穿农业生产全流程，沈阳市科协组织了沈阳市科普惠农兴村农业科技巡回指导培训活动，指导培训内容包括农业产业发展、农村基层科普组织建设、农民科学生活、农民创新创业就业等方面。活动以“巡回”为主要特点，既包括同一产业不同地点的巡回，也包括对同一产业不同生产阶段的时间巡回，补强了夏季农村科普活动较少的短板，使科普之冬、春耕备耕基层行、农业科技巡回指导培训、全国科普日等活动构成了一条线，基本上达到了农村科普活动覆盖全年效果。3个月时间内，共围绕玉米、水稻、寒富苹果、蔬菜、西甜瓜、肉蛋鸡、绒山羊等产业开展巡回指导培训活动148次，受益农民1万余人次。

（宋　丹）

【青少年科技创新活动】　2015年，沈阳市科协以培养青少年科学兴趣，增强青少年创新意识和实践能力为重点，大力实施校园科普全覆盖工程。广泛组织青少年科技创新大赛、高校科学营、青少年科学调查体验等校内外科技活动。成功举办第三十届沈阳市青少年科技创新大赛。全市共接收创新作品558项，评选优秀创新作品356项，有43项作品在省级大赛获奖，37项作品在全国青少年科技创新大赛中获奖，沈阳市科协被评为“优秀组织单位奖”。举办第八届沈阳市青少年机器人竞赛，全市共有100余所学校、274支代表队近650名参赛选手参加比赛。推选58支参赛队参加第12届辽宁省青少年机器人竞赛，在大赛18个项目中独揽11个项目冠军，其中综合技能、机器人足球项目包揽了小学、初中、高中三个组别的第一名。通过大赛拉动，全市近百余所学校将机器人活动作为校本课程进行开发，千余名学生参加此项活动。组织开展全国高校科学营科普活动。协调组织全市13所高中学校，70名学生赴清华大学、天津大学、哈尔滨工业大学、大连理工大学、大连海事大学，与高校知名院士、教授进行对话，在国家或省部级重点实验室及创新实践基地亲自动手探索科学奥秘，与大学生和学生社团进行科技文化交流。加强科技教师专业培训，组织骨干教师参加了中国科协举办的青少年机器人竞赛培训、全国骨干科技辅导员STEM课程培训、辽宁省青少年科学DV影响业务培训，市科协也举办了青少年科技创新骨干教师培训会、科学DV培训会。全年培训科技教师近百人，3人被评为辽宁省十佳科技教师，2人被评为全国科技国辅导员协会优秀会员。

（宋　丹）

【科普设施和资源建设】　为深入贯彻落实《全民科学素质行动计划纲要》，不断满足人民群众日益增长的科普需求，加快推进科普信息化建设，充分发挥“互联网+”功能作用，让科学知识在网上流行，为沈阳市实现全面建成小康社会和国家中心城市目标做出贡献和力量，2015年12月18日，沈阳市科协开发的科普手机客户端——《科学会》正式上线运行，这是全国城市科协首款多功能手机科普客户端。

《科学会》手机客户端开辟了科普生活、科普视频、科技服务、科普场馆、科普课堂、科普图书、科普竞答等20余个栏目。用户下载安装了《科学会》手机客户端，可以时时阅览科普文章，观看科普视频，发布科技难题，推介科技成果，掌握实用技术，招聘科技人才，还可以网购科技场馆的优惠门票。

完成了市科协网站改版升级工作。与东北新闻网合作开设了社区科普教育窗口，发稿32篇，举办科普大讲堂6期；市科协《沈阳科普》微信平台共发送科普信息285期共计855条；深入推进“科普之家”试点工作，25个获得国家和省级资助的示范社区中，14个社区完成了社区科普信息化过渡；通过社会招标，新建科普画廊42处，设计印发社区和公园科普挂图10期计6068套，编印科普惠农系列实用技术丛书7000套共3.5万册。

（宋　丹）

【创新型专业技术人才继续教育】　为贯彻落实中央实施的“中国制造2025”战略，促进沈阳市智能制造产业转型升级，推动新一轮老工业基地振兴发展，市科协与中国科协和中国机械工程学会沟通，在《中国制造2025》公布的第3天，5月22日上午在沈阳鼓风集团礼堂，邀请“中国制造2025”规划制定课题组成员、中国机械工业联合会专家委员会委员、中国机械工程学会常务理事、中国机械工程学会科技咨询委员会副主任、机械科学研究总院原副院长屈贤明举办“中国制造2025及智能制造”专题报告会。屈教授就《中国制造2025》做了权威的解读，深入阐述了规划的出台背景、中国装备制造业的发展趋势、国家的重大决策部署，并结合沈阳实际从战略和操作层面提出了宝贵的意见建议，全市国有及民营企业负责人、科研人员代表、市科协常委、市直相关委办局领导共计500多人参加了报告会，市科协党组书记、副主席倪左主持报告会。

在企业开展了“科学、文明、健康生活”企业科普讲堂，邀请沈阳医学院附属第二医院主任医师、教授刘丽敏为沈阳机床150多名科技人员做了一场《高血压诊断与治疗》的专题报告。应省科协咨询中心邀请，市科协组织企业科技人员参加了辽宁省创新方法研究会第一次代表大会暨成立大会，并经市科协推荐，沈阳仪器仪表研究院成为辽宁省创新方法研究会的理事长单位，组织东药、沈飞等企业5人参加省创新方法研究会在阜新举办的培训。

（宋　丹）

科技奖励

【概况】　2015年，根据《沈阳市科学技术奖励办法》规定，经市科学技术奖励评审委员会评审，市政府决定，授予沈阳透平机械股份有限公司的“大型丙烷脱氢制丙烯装置用离心压缩机组”等10个项目“2015年度沈阳市科技振兴奖”；北方重工集团有限公司的“大型球团带式焙烧机成套装备”等134个项目“2015年度沈阳市科技进步奖”；沈阳市农业科学院的“蔬菜系列新品种选育与推广应用”等33个项目“2015年度沈阳市农村科技推广奖”；沈阳东方钛业股份有限公司的“水处理蒸发器”等30个项目“2015年度沈阳市专利奖”。

此外，沈阳市10个项目获得国家级奖励；142个项目获得省级奖励，获奖项目数量占全省的52.6%。

（陈丹默）

2015年度沈阳市科技进步奖获奖项目

一等奖

项目名称	完成单位
大型球团带式焙烧机成套装备	北方重工集团有限公司
QJSYT－094硬岩土压双模式掘进机	北方重工集团有限公司
特高压DFP－400000/1000单相发电机升压变压器关键技术及应用	特变电工沈阳变压器集团有限公司
1000MW核电机组核二级低压安注泵	沈阳鼓风机集团股份有限公司
铣头可自动交换高速龙门五轴加工中心	中捷机床有限公司
大型薄壁多封闭腔复杂机匣铸件研制	沈阳铸造研究所
船用燃气轮机关键铸件制造技术	沈阳铸造研究所
风力发电动态模拟关键技术及应用	沈阳工业大学
基于国产软硬件平台的系列化数控系统	中国科学院沈阳计算技术研究所有限公司
基于视觉、力控的智能新型搬运装配机器人	沈阳新松机器人自动化股份有限公司
地下工程安全监测与预警关键技术研究	沈阳建筑大学
多环芳烃污染土壤修复技术及示范	中国科学院沈阳应用生态研究所
稳定性尿素研发与产业化	中国科学院沈阳应用生态研究所
日光温室节能育苗设施及关键技术研究与应用	沈阳农业大学
玉米新品种沈玉34号选育及应用	沈阳市农业科学院
高质量除草剂硝磺草酮	沈阳科创化学品有限公司
年产3亿粒整肠生(地衣芽孢杆菌)关键技术研究及产业化	东北制药集团沈阳第一制药有限公司
偏头痛炎性发病机制的基础研究与防治策略	辽宁省人民医院
心理干预对HIV感染者和艾滋病患者CD4＋T淋巴细胞影响的研究	沈阳市第六人民医院
环境内分泌干扰物的健康危害、规律及机制研究	沈阳医学院
妊娠期甲状腺疾病的流行病学和实验研究	中国医科大学附属第一医院
糖尿病肾病早期诊断、治疗及预防的基础和临床研究	中国医科大学附属第一医院
内镜超声辅助胰胆系统疾病的微创治疗	中国医科大学附属盛京医院
单孔腔镜技术在普通外科中的创新与应用	中国医科大学附属盛京医院

二等奖

项目名称	完成单位
GLS系列桁架自动化加工单元	沈阳机床股份有限公司
重庆小康曲轴生产线	沈阳机床成套设备有限责任公司
三相特大容量1000MVA解体运输变压器	特变电工沈阳变压器集团有限公司
ZRB400智能乳化液保障系统成套设备	三一重型装备有限公司
电站空冷机组全自动清洗系统	沈阳仪表科学研究院有限公司
400四拐曲轴扭振分析及4M125－100新氢压缩机研究	沈阳理工大学
企业互联网应用支撑平台及应用	东软集团股份有限公司
半导体3D封装硅穿孔(TSV)绝缘介质薄膜沉积关键技术及设备	沈阳拓荆科技有限公司
LE500飞行/机务训练器(通用飞机训练器)	沈阳航空航天大学
IC光刻曝光用精密紫外光学薄膜器件	沈阳仪表科学研究院有限公司
节能环保型道路材料在城市建设中的应用研究	沈阳建筑大学
跨线钢箱梁桥顶推施工关键技术研究与工程应用	沈阳工业大学
市政混凝土桥梁适宜性加固关键技术研究与应用	沈阳市政集团有限公司
新型高效节能混合电袋PM2.5除尘系统	沈阳远大环境工程有限公司
气相色谱三重四极杆串联质谱技术在汽油烧残物特征分析中的应用	公安部沈阳消防研究所
沈阳卧龙湖生态恢复技术与示范工程	康平县环境保护局
沈阳市典型含汞废物安全处置及污染防治技术对策研究	沈阳环境科学研究院
植物废弃物和等离子体氧化组合技术净化畜禽粪便恶臭的研究及应用	沈阳出入境检验检疫局

高效液相色谱-串联四极杆-线性加速离子阱复合质谱法对动物源性食品中多种兽药残留筛查确证技术的研究及应用	沈阳出入境检验检疫局
出口蔬菜重要病虫害的鉴定防控及专利技术研究与标准制定	沈阳出入境检验检疫局
高产优质粳稻新品种沈农9903选育及应用	沈阳农业大学
复合微生态菌剂“生物解霉剂”的研制与应用	沈阳金科丰牧业科技有限公司
超高分子量增强聚乙烯管	金德铝塑复合管有限公司
阿奇霉素分散片新工艺的研发	东北制药集团沈阳第一制药有限公司
辽宁省农村心脑血管疾病综合干预研究	辽宁省疾病预防控制中心
“从肾论治”骨质疏松症及退行性骨关节疾病疗效及机制研究	辽宁中医药大学
过敏性紫癜的临床与实验研究	辽宁中医药大学附属医院
年龄相关性黄斑变性临床治疗研究	沈阳市第四人民医院
降低低出生体重儿及小于胎龄儿脑性瘫痪发病率的临床研究	沈阳市儿童医院
沈阳市学龄前儿童幽门螺杆菌感染率的调查及防治	沈阳市妇女儿童保健中心
腹腔镜骶骨固定术结合阴道旁Cooper韧带悬吊治疗盆腔器官脱垂的临床研究与应用	沈阳市妇婴医院
蜱媒传染病分子流行病学研究及新型布尼亚病毒快速检测方法的建立	沈阳市疾病预防控制中心
固体高氧化还原电位消毒剂的研制与应用	沈阳医学院
局部温热对人乳头瘤病毒感染皮肤朗格汉斯细胞免疫功能的影响	沈阳医学院附属中心医院
坏死血管平滑肌细胞释放IL-1β及其对IL-6、MMP2/MMP9表达和细胞增殖影响的研究	沈阳医学院附属中心医院
甲状腺乳头状癌发生发展的分子机制及病理诊断标志物的研究	沈阳医学院附属中心医院
正畸治疗技术在口腔内科、外科、修复科等多学科中的应用	中国医科大学
Inlay技术在膝关节多发韧带损伤中重建技术及应用	中国医科大学附属第一医院
子宫内膜癌雌激素依赖性相关机制的研究	中国医科大学附属盛京医院
制约辽宁创新驱动转型的基层瓶颈问题及对策研究	东北大学
辽宁省小额贷款公司可持续发展与制度创新研究	沈阳大学
沈阳市科技创新对经济发展影响研究	沈阳大学
现代装配式建筑综合效益与价格机制研究	沈阳建筑大学
“活力沈阳”建设中沈阳企业创新活力水平测度及政府的推进策略研究	沈阳师范大学
面向智慧城市的沈阳市规划和国土资源管理信息化研究、开发与应用	沈阳市规划和国土资源局信息中心
创新发展环境提升沈阳产业竞争力研究	沈阳市科学技术情报研究所
沈阳市政府绩效管理方式方法研究	沈阳市人力资源和社会保障局
医改教改并行背景下辽宁居民健康数据研发与应用	沈阳医学院
发挥综合保税区整体功能构建沈阳经济区发展新引擎研究	沈阳综合保税区管理委员会
EBS630掘采机	三一重型装备有限公司
EBZ160D悬臂式纵轴大坡度掘进机	沈阳北方重矿机械有限公司
铁路内燃机车涡轮增压器激光再制造技术及示范	沈阳大陆激光技术有限公司
数字化物流拣选配送系统	沈阳飞机工业（集团）有限公司
带散热片的热挤压新型冷却管式汽车中冷器	沈阳华铁异型材有限公司
25万吨/年高密度聚乙烯装置用循环气压缩机组	沈阳透平机械股份有限公司
45/80大化肥项目用离心压缩机研制	沈阳透平机械股份有限公司
旋转补偿器评价技术及检测装备研究	沈阳仪表科学研究院有限公司
燃气轮机热端涡轮叶片	沈阳中科三耐新材料股份有限公司
吉林康奈尔27万吨/年重点国产化“硝酸四合一”项目机组压缩机核心铸件的研制	沈阳铸锻工业有限公司
用于钛合金航空结构件加工的五轴联动加工中心	中捷机床有限公司
P-160卧式铣镗加工中心	中捷机床有限公司
一体化无线网络覆盖通信系统	奥维通信股份有限公司
数字化标准微电阻模拟技术及装置	沈阳计量测试院
高清汽车牌照自动识别物联网传感器	沈阳聚德视频技术有限公司

医学用小型 Er:YAG 激光器系统研究	沈阳理工大学
超薄液晶电视模组一体化结构技术研发及产业化应用	沈阳毅昌科技有限公司
钢管钢骨混凝土组合柱关键技术的研究与应用	沈阳大学
不同地区适宜性节能建筑开发与关键技术研究	沈阳建筑大学
废弃玻璃集料混凝土实际应用的关键技术研究	沈阳建筑大学
城市雨水利用系统技术研究	沈阳建筑大学建筑设计研究院
复杂条件下大型地下人防工程安全监测与信息化快速施工技术研究	中铁九局集团第四工程有限公司
生活饮用水中全氟污染物全氟辛烷磺酸(PFOS)和全氟辛酸(PFOA)残留量的研究	沈阳产品质量监督检验院
基于模块化设计的家具及其材料中 VOC 挥特性检测研究	沈阳产品质量监督检验院
进出境环保微生物菌剂溯源及分子标物的研究与应用	沈阳出入境检验检疫局
环保型融雪剂的研制	沈阳工业大学
辽宁法库经济开发区陶瓷产业园低碳经济关键支撑技术研究与工程示范	沈阳环境科学研究院
危险废物(含医疗废物)污染控制最佳可行技术体系研究	沈阳环境科学研究院
沈阳市河流富营养化机理与污染控制途径的研究	沈阳环境科学研究院
切花菊新品种选育及栽培技术集成与推广	辽宁省农业科学院花卉研究所
三聚氰胺的生殖和细胞毒性及单克隆抗体技术研究	沈阳出入境检验检疫局
犬、狐、貂等多种经济动物和伴侣动物重要传染病快速诊断技术及出入境监管措施研究	沈阳出入境检验检疫局
辽宁省农村配电网小电流接地选线方法的研究与应用	沈阳农业大学
大葱新品种“盛京 1 号”选育与应用研究	沈阳市农业科学院
防治仔猪白痢药物的研究与开发	沈阳伟嘉牧业技术有限公司
抗病毒药物金刚烷系列产品工艺改进研究与生产应用	东北制药集团股份有限公司
注射用乳糖酸阿奇霉素新工艺的研发	东北制药集团沈阳第一制药有限公司
聚氯乙烯糊树脂新型减粘剂应用开发	沈阳化工股份有限公司
抗肿瘤新药 ZH0906 的研发	沈阳中海药业有限公司
平脉定悸方药对情志应激损伤诱发心房颤动的调控机制研究	辽宁中医药大学附属医院
非梗阻性无精子症睾丸显微取精术的临床研究	沈阳东方医疗集团菁华医院
乳腺癌合并糖尿病患者血清瘦素水平与乳腺癌 ER、PR、HER－2 的相关性研究	沈阳市第四人民医院
糖尿病黄斑囊样水肿的致病基因筛查及临床治疗研究	沈阳市第四人民医院
穴位埋线对脑瘫患儿步行能力影响的研究	沈阳市儿童医院
沈阳市新生儿健康状况调查及干预措施研究	沈阳市妇女儿童保健中心
宫颈癌根治性微创治疗与生理功能保留的研究与应用	沈阳市妇婴医院
P4502D6 基因多态性与利培酮血药浓度及泌乳素水平相关性研究	沈阳市精神卫生中心
肿瘤定向识别 RGD－TAT－KDRsiRNA 载体抗肿瘤作用研究	沈阳医学院
重组脑利钠肽对急性心梗患者介入术中和术后的影响	沈阳医学院附属第二医院
骨桥蛋白与急性心肌梗死的关系以及 ACEI 与醛固酮受体拮抗剂联合应用对其的干预研究	沈阳医学院附属第二医院
温热技术治疗人乳头瘤病毒感染性皮肤病的应用研究	中国医科大学附属第一医院
基于临床分期及分子标志的胃肠癌综合诊治系列研究	中国医科大学附属第一医院
HDGF 促进肺癌侵袭转移机制及对靶向治疗、分子分期、预后判定的意义	中国医科大学附属第一医院
Rho 相关基因与蛋白在卵巢癌发生发展、侵袭转移及治疗过程中的作用及分子机制	中国医科大学附属第一医院
人巨细胞病毒 UL/b’区基因多态性及相关基因转录本结构研究	中国医科大学附属盛京医院
糖皮质激素、环磷酰胺对狼疮患者 T、B 淋巴细胞、NKT 细胞的影响	中国医科大学附属盛京医院
提升企业自主创新能力研究——企业家创新能力与企业绩效关系研究	沈阳大学
关于沈阳市文化创意产业格局构建研究	沈阳大学
沈阳市科技型中小企业转型升级的路径选择及科技引导体系研究	沈阳工业大学
沈阳市战略性新兴产业主攻方向及实现路径研究	沈阳化工大学

沈阳推进社会管理创新，建设全国文明城市发展战略研究	沈阳市科学技术情报研究所

2015 年度沈阳市农村科技推广奖推荐获奖项目

一等奖

项目名称	申报单位
蔬菜系列新品种选育与推广应用	沈阳市农业科学院
耐密型优新玉米品种辽单 502、辽单 702 示范与推广	辽宁省农业科学院
玉米螟绿色防控技术集成与推广	沈阳市植物保护站

二等奖

项目名称	申报单位
“辽菊系列”地被菊新品种选育及推广	辽宁省农业科学院
环渤海湾北部苹果园土壤肥力提升关键技术集成与应用	沈阳农业大学
月季砧木对根癌病的抗性鉴定及利用	沈阳市农业科学院
早熟、高产、优质新品种红箭 88 选育与推广	辽宁东亚种业有限公司
“京红 1 号”蛋鸡健康养殖关键技术集成与示范	沈阳市种猪种鸡繁育中心
设施葡萄新品种—“光辉”选育及推广	沈阳市林业果树科学研究所
沈阳市地下水资源数据库管理系统的研发与建立	沈阳市水利科学研究所
肉牛高效育肥颗粒饲料的应用推广	辽宁禾丰牧业股份有限公司
高产、优质、多抗玉米新品种东单 112 选育与推广	辽宁富友种业有限公司
土壤有机质提升技术示范与推广	辽中县农业技术推广中心

三等奖

项目名称	申报单位
新城疫免疫技术研究与推广	沈阳市动物疫控中心
特色中药畜禽抗应激冲剂的推广与应用	沈阳伟嘉牧业技术有限公司
雏鸡亚利桑那菌病诊疗技术研究与应用	沈阳市畜牧兽医科学研究所
出口人参标准化生产及质量检测技术研究与集成推广	沈阳出入境检验检疫局
灵芝多糖－乳酸菌合生元研发	辽宁爱普罗斯饲料有限公司
日光温室番茄高产优质栽培技术示范推广	沈阳农业大学
新中兽药“大、小畜安”口服液的研发与推广	沈阳中亚兽药业有限公司
高效控量施肥技术应用研究与推广	辽中县土肥站
近红外分析仪在饲料检测中的应用	辽宁辉山乳业集团有限责任公司
花生生产机械化关键技术攻关及应用示范	沈阳市农业机械化研究所
设施蔬菜无土栽培新技术集成与示范	沈阳久恒田园农业有限公司
杜泊羊高效繁育技术集成推广示范	沈阳市浑南区动物卫生监督所
新型后备母猪催情配合饲料的研究与产业化	辽宁德宝农牧集团有限公司
树莓新品种组培快繁及其高产优质栽培技术示范推广	沈阳农业科技开发院
便携式水质监测仪在水功能区水质监测中的研究应用	沈阳市水利科学研究所
康平县农业气象服务体系建设	康平县气象局
生态水稻生产全程机械化和产业化的推广	沈阳市贡乡米业专业合作社
肉羊高效舍饲集成技术的推广	法库县兽药饲料监察所
夏洛莱牛与本地肉牛杂交后代体重体尺相关性的研究与应用	法库县畜牧技术推广中心
东陵区苹果现代栽培模式引进及成龄园提质增效技术示范与推广	沈阳兴盈果木专业合作社

2015 年度沈阳市专利奖获奖名单

一等奖

专利名称	专利权人
水处理蒸发器	沈阳东方钛业股份有限公司
一种变压器的磁屏蔽结构及磁屏蔽方法	特变电工沈阳变压器集团有限公司

二等奖

专利名称	专利权人
循环气压缩机模型级及其设计方法	沈阳鼓风机集团股份有限公司
乳化液配比装置	三一重型装备有限公司
一种黄颡鱼鱼苗人工繁殖方法	沈阳华泰渔业有限公司
一种超低碳不锈钢铸件防渗碳涂料	沈阳铸造研究所
太阳能小功率供电驱动大型角行程阀门电液系统	沈阳东北电力调节技术有限公司
抗敏消炎水	中国医科大学附属第一医院
可环形组网自愈的数字光纤直放站系统及其数据通信方法	奥维通信股份有限公司
含有小牛血去蛋白提取物眼用制剂组合物	沈阳兴齐眼药股份有限公司

三等奖

专利名称	专利权人
矿山隔爆电控箱快开门的外机械自动闭锁装置	沈阳北方重矿机械有限公司
籽晶传动装置	中国科学院沈阳科学仪器股份有限公司
非缠绕式高层救援升降机	辽宁安民科技产业有限公司
一种隔膜泵动力端箱体	中国有色（沈阳）泵业有限公司
一种夹持炭块的起重机	中国有色（沈阳）冶金机械有限公司
V型丝工业滤网及其激光加工工艺	辽宁裕通石化机械仪表有限公司
防飓风单元幕墙	沈阳远大铝业工程有限公司
基于物联网的锅炉供暖智能控制系统	沈阳顺义科技有限公司
共用真空系统的双腔真空装载腔	沈阳拓荆科技有限公司
一种五防联锁机构	沈阳昊诚电气股份有限公司
一种五轴加工奇异区域的轨迹优化方法	中国科学院沈阳计算技术研究所有限公司、沈阳高精数控技术有限公司
一种改性糠醛渣重金属吸附剂的制备方法	沈阳光大环保科技有限公司
高精复合盘结构及其应用	沈阳芯源微电子设备有限公司
一种纳米介孔二氧化钛/纳米硅溶胶涂料及其制备方法	沈阳顺风新城建筑材料有限公司
使滤芯快速再生的过滤器	辽宁蓝海川流流体控制设备有限公司
一种面向多通道无线分布式网络的通道访问控制方法	沈阳中科奥维科技股份有限公司
一种高压组合电器	沈阳华德海泰电器有限公司
一种金针菇工厂化栽培菌种及其栽培方法	沈阳恒生农业发展有限公司沈阳恒生生物科技发展有限公司
冷却塔专用带配水器超低比转速高效率混流式水轮机	辽宁赢普节能服务有限公司
甩冠齐产蛋多的蛋鸡营养套餐应用方法及其饲料	辽宁禾丰牧业股份有限公司

2015年度沈阳市科技振兴奖获奖项目

项目名称	项目单位
大型丙烷脱氢制丙烯装置用离心压缩机组	沈阳透平机械股份有限公司
智能物流成套装备	沈阳新松机器人自动化股份有限公司
高性能螺旋CT整机研制及关键技术研发	沈阳东软医疗系统有限公司
新型高效节能HCL干燥间接加热器	沈阳东方钛业股份有限公司
用于清晰手术视野防治微小血管出渗血的蛇毒蛋白酶制剂	辽宁诺康生物制药有限责任公司
超长距离大运量散料输送系统	北方重工集团有限公司
左卡尼汀合成新工艺技术研发及制剂产业化	东北制药集团股份有限公司
核电站及特高压输变电工程用金属波纹管产业化研究	沈阳仪表科学研究院有限公司
沈玉玉米新品种（沈3336系列）选育及应用	沈阳市农业科学院
OT、OC和M系列医用氧气机	沈阳新松医疗科技股份有限公司

气　　象

【概况】 2015年,全市气象信息员1458人。全市84个乡镇通过气象灾害防御应急准备认证。大喇叭年均在线率达到90%。全年发布“决策气象信息”401期。更新2900余人的气象灾害预警短信接收手机号码库,全年发布气象灾害预警手机短信35万余条。通过广播、电视、网络、微博、微信、沈阳气象官网以及全市已建立的166块乡镇电子显示屏、1245个气象预警大喇叭,实时发布气象灾害预警信息。市政府办公厅印发《沈阳市突发事件预警信息发布管理办法(试行)》,开展了市县两级突发事件预警信息发布中心建设。开展了2015年沈阳市防御暴雨灾害应急演练。与市环保局合作,共享环境监测实时数据,联合开展重污染天气预报会商。与民政局合作,开展防灾减灾示范社区建设。与市教育局合作,新建5个校园科普气象站,建立重大气象灾害防御应急联动机制。与广播电台合作,开办“老夏聊天气”和“专家说气象”气象专家连线直播节目。完成15个部门突发事件预警发布测试。开展土壤墒情监测及作物发育关键期预报。开展火情遥感监测、作物植被长势监测。2015年共制作发布气象为农服务产品131期。针对不同农事季节服务重点,向2953个重点服务对象开展“直通式”气象服务。组织了3轮大规模联合人工增雨作业,全年累计增加降水3.01亿立方米。签署《沈阳市蓝天行动责任状(2015—2017)》,制订了沈阳市气象局落实《沈阳市蓝天行动实施方案(2015—2017年)》工作方案、沈阳市气象局“十三五”节能减排工作要点。完善《沈阳市气象局重污染天气应急预案》。开展环境气象预报业务。市政府印发《沈阳市人民政府关于加快推进气象现代化的实施意见》、《中共沈阳市委办公厅 沈阳市人民政府办公厅关于印发〈智慧沈阳建设实施方案2015—2017年〉》,将智慧气象列为“智慧政务”建设任务。《2015年全市农村工作会议报告》中提出:加强气象预警监测,提升气象为农服务水平。《沈阳市2015年农村改革工作方案》中提出:建设农村气象灾害防御公共服务体系,完成三农气象服务专项实施县建设任务。完善了沈阳短时临近预警集成业务平台、精细化气象要素预报订正制作平台,开展了沈阳市17个站点三小时精细化预报业务;完善了森林防火期大风、温度、湿度等敏感气象要素监测预警业务,建立交通、旅游气象服务业务,开展了城市运行管理气象保障系统建设。将分散在各个业务部门的孤岛式数据源进行了整合,开发了集约化的基于B/S架构的基础数据平台。与沈阳市城市管理行政执法局联合印发《沈阳市施放气球管理办法》。印发《沈阳市气象行政执法过错责任追究办法》、《沈阳地区气象行政审批制度》、《沈阳市气象局行政处罚先例制度》等一系列规章制度。制定“执行标准清单”,针对现行标准提出改进建议和意见。2015年办理行政许可776件,办结率为100%。《沈阳市智慧城市总体规划(2016—2020年)》提出:市气象局参与“我的沈阳”门户建设、智慧交通、智慧旅游、生态环境监管等项目建设。市气象局为“我的沈阳”手机APP开发了数据传输接口,定时上传天气实况、天气预报及气象生活指数等气象信息。

(王莹莹)

【农作物生长季气候评价】 一、作物生长季农业气象条件综述

2015年沈阳作物生长季总的天气气候特点:气温偏高,热量条件好;降水量时空分布不均,夏、秋两季降水偏少,作物生长关键期降水不足;日照时数略多,满足作物生长需要。

1.气温。作物生长季(4~9月)温度变化趋势:气温总体偏高,高温日数较历年偏多。

4~9月,沈阳市平均气温为19.9℃,较历年同期偏高0.8℃,比上年同期高0.7℃。除6月份气温略低于历史同期外,其它各月温度高于历年同期0.5~1.6℃(详见附表1),6月上中旬出现阶段性低温。

稳定通过10℃日期为4月14日,较历年平均日期早7天;稳定通过20℃的日期为6月14日,与历年平均日期相同。

4~9月,10℃以上活动积温为3540.4℃,比历年同期多205.4℃;20℃以上活动积温为2012.1℃,比历年同期多14.8℃。

日最高气温≥30℃首日出现在4月26日,日最高气温≥30℃的日数多达52天,比历年平均多22天;日最高气温≥33℃的高温日数为4天,极端最高温度35.0℃,出现在7月9日。

2.降水。作物生长季(4~9月)降水总趋势:总体偏少,春季前少后多,夏、秋季持续偏少。

4~9月,全市七县区平均总降水量为380.7毫米,比历年同期少163.1毫米,仅有历年同期的7成。其中沈北降水量最少306.2毫米,仅为历年同期的5成;康平降水量最多429.6毫米,为历年同期的9成;其它地区降水量为历年同期的6~8成。

降水时空分布不均,5月、6月降水偏多,降水量分别为历年同期的2倍和1.2倍;其他各月降水量较历年同期偏少,其中4月降水略少,接近历年同期,7~9月降水严重偏少,各月降水量仅为历年同期的3成、5成、3成。

7月3日至22日,全市7个国家气象观测站中有3个站连续无有效降水日数达19天,有4个站连续无有效降水日数达16天以上。

4~9月,日最大降水量为76.3毫米,5月12日出现在康平地区;6~8月各地区均未出现≥50毫米降水,没有≥50毫米区域性暴雨过程。

3.日照。2015年4~9月,日照时数

合计为1384.5小时,比历年同期多12.9小时。其中:4月、5月、7月、9月日照时数分别比历年同期多4.6、2.9、23.4和7.5小时,6月、8月分别比历年同期少27.8、7.6小时。

二、气候条件对粮食作物生产的影响

1.有利气候条件及影响。春季解冻早,土壤化通日期提前,有利于春播春种工作的开展,春季适播期长,各类作物播种期普遍提早。春季气温持续偏高,对玉米蹲苗、水稻移栽均有利,5月下旬回暖快,水稻插秧早,缓苗快,苗齐苗壮。作物生长季日照、积温条件较好,能够满足作物生长需要。各地暴雨、雷电、冰雹等各类农业气象灾害发生较少,利于丰产。

2.不利气候条件及农业气象灾害影响。第一场透雨偏早,出现在4月2日,此时大田未有农作物生长,土壤水分未能充分得到利用。6月上、中旬气温偏低,加之阴雨寡照日数较多,光照偏少,影响水稻分蘖和玉米的拔节,作物的生长发育放缓。随着6月下旬气温的攀升,阶段性低温的不利影响基本得到补偿,总体影响不大。7月沈阳地区降水极少,仅为历年同期的3成,进入8月降水依然不足,为历年同期的5成。总体来看在玉米生长关键时期水分供应不足,导致玉米出现黄叶、干枯、秃尖、籽粒瘪小等现象,对部分地区产量造成一定的影响。

综上所述,2015年农作物生长季天气气候特点:气温偏高;降水量时空分布不均,夏、秋季降水偏少;日照时数略多。总体来看,作物生长季热量条件好,各类农业气象灾害发生较少,但作物生长关键期降水不足,温、光、水匹配不理想,部分地区大田作物生长受到阶段性伏旱影响。

(张 菁)

【天气监测预报】 2015年,沈阳市气象台晴雨预报准确率89.7%;最高温度预报TS评分为87.2%;最低温度预报TS评分为80.9%。在辽宁省排名中,晴雨排名第一,温度排名第三。

重大过程预报准确无误。2015年沈阳市共出现中雨(雪)以上天气过程17次,均做出准确预报;提前24小时准确预报2015年5月11日大到暴雨天气过程。精细化预报业务取得实质进展。继续完善发展大城市精细化预报业务,实现沈阳市短时临近预警业务集成平台的本地化应用和升级。每天六次发布沈阳市11个站点逐6小时精细化要素预报,并通过电台、手机短信等对外发布。积极开展沈阳市智慧气象平台建设,逐步实现集实况监测、预警信号、天气预报、环境气象预报、精细化格点预报制作一键式发布一体化的智慧气象平台功能。

短时临近天气监测预警准确及时。2015年,气象台共发布预警信号359个,灾害性天气预警无漏报漏发,强对流预警发布时间平均提前20分钟以上,预警准确率100%。开展专业专项预报预警,发布霾预警信号32个,预警准确率100%。

(李 崇)

【重大社会活动气象服务保障】 2015年,沈阳市气象台决策气象服务中心共发布《沈阳气象信息》401期,其中包括春运、中高考、森林防火等提供专项气象服务180余期,其它转折、灾害性天气及雨(雪)情报告等220余期。专项服务包括重污染天气期间发布的《天气气象条件分析预报》11期、《2015年春运气象服务专报》41期、《两会气象服务》11期、《2015沈阳法库国际飞行大会专题气象服务》11期、《2015年沈阳中考专题气象服务》5期、《森林防火气象服务专报》63期、《2015中国沈阳国际农业博览会气象服务》10期、《2015年沈阳马拉松比赛专题气象服务》27期、《2015年沈阳高考专题气象服务》5期,另外还有临时专项服务10余期。为市政府提供《市政府气象服务专报》730余期,通过飞信向相关部门及人员共发布预警信息、天气预报、天气通报、雨情、雨情报告35万余条次。继续与环保局、国土局以及地质监测总站合作,每日提供天气分析资料和预报,为市防、城防、农业、水利、环保、国土、消防、交通、建委等部门提供即时气象服务等。

2015年,气象台继续开展重大天气过程和专项预报服务满意度调查制度。每项专项服务结束后,以调查问卷的形式通过邮件或传真及时向服务对象相关部门开展决策服务满意度调查,及时了解服务对象的愿望和需求。针对各类服务专报共发出《沈阳市气象台气象服务意见征求表》10余份,均得到相关部门的反馈,并提出了有针对性的意见和建议。

(李 崇)

2015年沈阳市主要气象资料表

月份	平均气温(度)	降水量(毫米)	有效降水日数(天)	日照时数(小时)
1	-9.2	7.1	8	142.0
2	-5.1	17.1	6	162.2
3	2.7	11.8	6	215.7
4	11.8	32.0	5	236.2
5	18.0	93.8	10	254.8
6	21.9	102.1	11	218.7
7	24.8	55.6	10	224.8
8	24.1	80.8	12	211.7
9	18.9	16.4	5	238.4
10	9.9	38.7	8	201.9
11	-1.9	12.1	6	87.4
12	-3.8	12.2	6	119.2

(张 菁)

地 震

【地震监测预报】 2015年,全市地震系统牢固树立"震情第一"的观念,认真履行职责任务,一切从震情需要出发,紧紧围绕地震重点危险区开展各项工作,准确把握了全市震情发展态势。制订了

《2015 年度沈阳地区强震强化监视跟踪工作方案》、《沈阳市地震局震情会商制度改革实施方案》等制度,提升了震情跟踪工作的规范化、科学化水平。根据强化监视跟踪方案,市局组织开展了对全市 6 个区县地震台的专项检查,着力解决观测设备的运行维护、震情分析、观测环境保护、宏观观测网络管理等方面存在的问题和隐患,确保了方案的有效落实。严格执行震情会商各项制度,创新会商方式,通过每次季会商会邀请省地震局专家进行技术培训指导以及充分调动发挥学科组牵头作用等措施,推动了全市震情分析研究水平的提高,对 2015 全市震情趋势提出了准确的会商意见,年度震情会商报告在全省评比中获得三等奖。

(冯 雪)

【建设工程抗震设防要求管理】 2015 年,沈阳地震局不断强化抗震设防要求管理,严把重大建设工程和可能发生严重次生灾害建设工程地震审批关,进一步规范一般工程抗震设防要求备案管理。指导各区县对全市 270 个重点项目抗震设防要求管理主动跟进做好服务保障,确保地震安全。通过与市发改委技术合作,市县两级实现了网上审批。全年完成了 8 项重大工程抗震设防要求审批,依法提高了 34 所学校和医院建设项目的设防标准,完成了 290 余项一般工程备案。国务院和中国地震局关于调整地震审批方式和内容的相关文件下发后,组织开展了行业抗震设计规范的学习,为下一步依法审批以及新区划图的实施做好准备。完成了以抗震设防要求为主要考核指标的 A 类绩效考核,通过绩效考核,防震减灾工作受到了区县政府的关注和重视,有效推动了区县防震减灾工作的开展。

(冯 雪)

【地震应急基础工作】 全市地震系统立足防大震、救大灾,切实做好地震应急应对工作。连续 4 年组织了全市 650 余所 66 万中小学生的应急疏散演练,市及区(县)两级地震部门还组织开展多层次、多形式的地震应急演练,市地震局组织了 1 次桌面推演和 2 次专题演练,提高了预案操作性和熟练性,锻炼了信息报送、应急服务产品、新闻媒体应对等综合能力。加强全市应急志愿者队伍建设和管理,完成全市近万名志愿者基本信息数字汇总,对全市灾情速报网实行动态管理,确保地震发生后能够快速开展自救互救并报送地震灾情信息。市地震局制订了《应对强烈地震工作方案》及《应对流程》,安装完成"地震应急救援辅助决策系统"。

(冯 雪)

【地震监测台网建设】 2015 年,沈阳市地震局不断加强台网建设和管理,地震监测工作基础得到夯实。完成了 F6 断层活动性监测,在辽中、康平、法库、新民等地震台新增形变、流体、气象三要素等观测项目 7 台(套),完成了沈北、辽中、康平等三个地震台避雷接地改造,对新民、苏家屯等地震台观测条件进行优化改造。启动了沈北深井观测项目,填补了沈阳市深井观测空白。对现有观测项目按相关技术要求进行认真梳理,17 个观测项目已申请接入省级地震信息网。加强地震监测台网运行维护管理,严密监控地震观测设备的运行状态,全年台网连续率达到 99% 以上,7 个观测项目参加国家和辽宁省的质量评比全部获得优秀。

(冯 雪)

【防震减灾科普宣教】 2015 年,沈阳市地震局不断强化防震减灾宣传教育,积极努力构建大宣传格局。与市委宣传部共同组织驻沈新闻媒体记者进台站活动。与交通局合作,在全省长途客运站开展专题宣传并在全市出租车车顶显示屏滚动播放公益广告。组织第二届防震减灾知识网上问答,吸引多省市网民参与。充分发挥新媒体作用,开通微信公众号和微博。全市地震系统开展各类宣传活动 650 余场次,"六进"宣传 14 次,科普讲座 25 场,科普长廊宣传 100 余次,开展知识竞赛 5 场,发放宣传材料十万余张(册)。《防灾博览》杂志刊发介绍沈阳市防震减灾工作专稿。沈阳市荣获"平安中国"公益活动优秀组织奖。市地震局获得全省地震系统信息工作优秀单位。

(冯 雪)

【省检查组地震应急专项检查】 按照《关于对地震重点地区和省级地震救援队应急准备工作开展专项检查的函》(市政府收文编号 1482)文件要求及市领导佟晶石批示,市地震局会同应急办等部门,制订迎检工作方案,落实应急专项检查各项安排和部署。3 月 30 日,市政府副秘书长陈涛主持召开协调会议,研究迎接省政府地震应急专项检查准备有关工作。4 月 21 日,省地震应急专项检查组对沈阳市地震应急准备工作开展检查,地震应急准备专项工作汇报会召开。市地震局局长程文海代表市政府进行工作汇报,市政府副秘书长陈涛出席会议并讲话,孟补在组长代表检查组对沈阳市应急应对工作给予好评并对今后应急工作提出宝贵的建议;市地震局、应急办等 19 家单位主管领导参加汇报。省检查组还实地检查了沈阳市防震减灾科普馆和救灾救济物资管理服务中心。

(冯 雪)

【特殊地震事件】 2015 年全市发生了 2 次特殊地震事件。一是 4 月 1 日康平张强地区发生的 M3.3 级矿震,震后市地震局和康平县地震局快速启动应急预案,及时了解灾情并分析震后趋势,快速向当地政府通报情况,安抚村民情绪,震中区生活秩序没有受到大的影响。之后市地震局又联合省地震局和康平县地震局对该矿震进行了专门研究和现场考察,对大强煤矿集团提出加强安全生产的意见,对当地政府提出了对矿震影响区居民进行搬迁的建议。二是 8 月 4 日发生的"辽南某市要发生 5.8 级地震影响沈阳市"的谣传事件,在应急处置过程中,市地震局主动发挥全市新闻发布公共平台和新媒体的作用,快速有效进行辟谣和科普宣传,应急处置有序、稳妥、高效,未造成不良的社会影响。

(冯 雪)

2015 年沈阳市地震活动

序号	日　　期	发震时刻	纬　　度	经　　度	深度(KM)	震级(ML)
1	3 月 30 日	06 : ;46 : 31.4	42.72	123.03	0	2.7
2	3 月 30 日	07 : 59 : 44.5	41.63	123.18	7	2.3
3	4 月 1 日	11 : 12 : 22.5	42.74	123.02	0	3.7
4	5 月 29 日	08 : 14 : 12.7	42.31	123.50	7	2.6
5	6 月 25 日	05 : 22 : 14.5	41.85	123.50	4	2.1
6	8 月 9 日	19 : 29 : 37.9	42.72	123.04	0	3.6
7	9 月 14 日	19 : 37 : 47.1	41.56	123.50	7	2.7
8	11 月 30 日	23 : 04 : 34.0	41.62	123.58	6	1.6

(冯　雪)

教　育

综　述

【概况】　2015年，沈阳市有各级各类学校（机构）1986所，在校生150万人，在职专任教师9.3万人。其中：高等教育机构83所，幼儿园1236所，义务教育阶段学校499所，普通高中86所，中等职业学校82所。学前三年毛入园率为96.8%，义务教育巩固率为98.7%，高中阶段毛入学率为116.5%。2015年，全市教育系统围绕实现教育现代化目标，以督导、教育视导和教育信息化建设为抓手，着力深化教育改革、提升教育质量、促进教育公平，教育事业继续保持健康快速发展良好势头。

（文　鑫）

【教育综合改革】　推进教育管理方式改革。积极推动落实年度教育改革任务，完成《沈阳市贯彻落实国家和省教育规划纲要中期总结报告》和《沈阳市教育综合改革实施方案》。制定市区两级教育行政部门权力清单和责任清单，召开工作对接会并印发权限下放方案。以创新督导管理方式为主线，深化教育督导改革，印发《关于进一步落实中小学校（幼儿园）责任督学挂牌督导制度的指导意见》及《沈阳市中小学责任督学挂牌督导工作督导评估细则》。深入开展学习型学校创建活动，制发《沈阳市教育局关于印发沈阳市学习型学校创建工作实施方案》，召开沈阳市学习型学校创建工作会议。完善教育行风建设长效机制，建立约谈制度，强化首问负责制、限期办结制和责任追究制，制发《关于进一步治理中小学教育“乱收费、乱办班、乱补课”的通知》。

推进办学方式改革。深入推进现代学校制度建设，13个区、县（市）全部完成公办中小学章程核准工作，全市中小学校以章程为引领开始各项制度梳理工作；出台《沈阳市中小学校务委员会建设与管理办法》、《沈阳市中小学生校内申诉办法》。深化产教融合和校企合作，下发《沈阳市教育局关于扎实开展现代学徒制试点工作的指导意见》、《沈阳市教育局关于加快职业教育创新型实训基地建设的指导意见》。完成现代学徒制试点申报工作，沈阳市化工学校被教育部评为试点学校。继续推动和探索中小学校合作办学、集团化办学等方式，扩大优质教育资源。

推进课程和教学方式改革。开展义务教育课程改革示范学校创建和民办学校课改典型示范活动，筛选18所中小学参加省示范校评审。全市4所中小学校在省义务教育学校课程教学改革工作会议上作经验交流。推动普通高中课程改革，14所学校制定行政班和教学班管理制度，20所学校实行小班化教学并制定相应教学制度。继续推进区、县（市）逐步建立以财政投入为主的高中教育经费投入保障机制。开展数字化课程环境建设和学习方式变革试验，推进信息技术与教育教学的深度融合。举行2015年沈阳市中小学生“学校放假社区开学”社区实践活动。

推进人事制度改革。全面推进直属事业单位岗位设置实施暨聘用工作，召开岗位聘用工作推进会，12家单位完成档案审查，4家单位签订聘用合同。依据国家和省出台的义务教育学校干部教师交流意见，联合市财政局、市人社局制定《沈阳市深化教师交流轮岗工作指导意见》。结合教育发展改革大调研，积极探索建立中小学校长任职资格制度。

（文　鑫）

【教育现代化建设】　教育强区县创建工作扎实有序开展，全域完成创建任务。皇姑区、沈北新区、辽中县、新民市、康平和法库县通过省义务教育发展基本均衡县验收，并顺利通过国家评估验收，在全省率先全域通过国家义务教育发展基本均衡县验收，提前三年完成教育部与省政府签署的《义务教育均衡发展备忘录》工作任务。沈阳市成为继成都后与南京和杭州同年通过验收的省会城市，标志着沈阳市义务教育迈上优质均衡发展新阶段。

制发《教育现代化建设资格申报工作方案》、《关于加快推进教育现代化建设资格申报的通知》和《沈阳市教育信息化建设督导评估方案》。积极推进教育现代化建设申报立项工作。沈河区、和平区、大东区、铁西区、皇姑区、于洪区、苏家屯区通过申报资格审核，市政府以奖代拨方式奖励每区1000万元。

制定《2015年数字校园建设规划》、《沈阳市中小学数字校园建设工作方案》，完成300所数字校园建设。制订智慧教育实施方案，与多家信息公司签订合作协议，优化信息化支撑环境，提高教育城域网服务、数据服务及技术支持服务与管理水平。完成2000节公益课程资源开发，组织开展“一师一优课、一课一名师”活动。

（文　鑫）

【德育工作】　积极培育社会主义核心价值观。开展“弘扬校训精神践行核心价值观”主题教育活动。开展践行“社会主义核心价值观”学生作品征集和展示活动，共征集学生优秀作品1000余件。开展家庭教育校园行系列活动、第二届沈阳合唱音乐季童声展演、“中小学生走进博物馆”、“清洁沈阳百万志愿者在行动”等社会实践活动。通过“沈阳市少年儿童经典诵读大赛”、“第十届沈阳市中小学生经典诵读大赛”等教育形式，积极弘扬中华优秀传统文化。启动“沈阳市骨干班主任培训”项目，开展德育管理者培训。

（文　鑫）

【增强学生体质健康水平】　从检查学校体育艺术课开课情况、阳光体育活动与大课间开展情况、《国家学生体质健康标准》抽测等常规工作入手，提升体育艺术课教学质量和管理水平。通过组织参加足球培训，开展校园足球联赛等方式,积极推进校园足球普及,有40所特色学校被确定为全国校园足球特色学校,法库县被确定为全国校园足球试点县。举办2015年度沈阳市中小学“十百千万”强身健体活动市级总决赛、阳光体育冬季长跑等活动。完成规范学生健康电子档案工作和预防近视眼工作专项检查工作。组织开展市级传染病防控培训。制发《沈阳市教育局关于开展中小学卫生保健所标准化建设工作的通知》。完成全市中小学学生艺术素质的首轮测评工作,沈阳市被教育部确定为“全国中小学生艺术素质测评实验区”。

(艾 鑫)

【教师队伍建设】 2015年,全市选树10余名先进典型教师,通过沈阳教育微信平台、沈阳教育网及相关媒体广泛宣传教师先进事迹。全市安排市级培训项目52个,召开师干训工作会议。完成市教育专家、首席教师以训代评工作,评选39名沈阳市首席教师、11名沈阳市教育专家、69名沈阳市优秀校长。进一步研究完善教师招聘政策,分别到西安和重庆开展教师招聘工作调研,建立健全市骨干教师动态管理机制,研究制定《沈阳市教育领军团队动态管理办法》。

(艾 鑫)

【教育督导】 积极探索推进督导体制改革,对沈阳市教育督导机构及督导队伍建设现状进行专题调研,召开座谈会13个,形成《关于沈阳市区、县(市)教育督导机构及督导队伍建设现状的调研与思考》调研报告。为做好全市迎接国家义务教育发展基本均衡县验收准备工作,采取实地检查、召开调度会和约谈等措施,充分发挥教育督导的“督政”职能,强力推进义务教育均衡发展工作。加强督学队伍建设,选拔一批热爱督导工作,熟悉督导业务,具有协调能力的人员作为挂牌督学。组织参加全国第五期区县级督学培训班。对中小学校开学工作及依法办学情况进行专项督导检查。

(艾 鑫)

【依法治教】 制定《沈阳市教育局行政自由裁量权适用规则及基准》、《沈阳市教育局行政处罚自由裁量权适用规则及基准》,完成行政执法案卷归档工作,强化教育行政行为责任追究。以国家宪法日等重要时间节点为抓手,深入开展法制教育,成立中小学法治宣讲团,开设法治大讲堂,举办全市中小学生法律知识竞赛,吸引14万名中小学生参加。

(艾 鑫)

【学生资助】 累计投入各项资助资金2.6亿元,受益学生55.5万人次。提高学前教育资助标准,沈河区、铁西区、大东区将资助标准提高至每月500元,和平区提高至800元。加大义务教育“两免一补”资助投入,义务教育“两免一补”投入资金1.26亿元,受益学生46.1万人。完善普通高中学生资助工作程序和市属高校国家助学金和励志奖学金市级审核、指标分配办法。普通高中助学金标准由每年每生1500元提高至2000元。当年考入大学的低保、五保家庭学生、孤儿、残疾学生、烈士子女一次性补助3000元,低保边缘家庭学生补助1800元。为新考入大学和大学在校的家庭经济困难学生办理贷款,将贷款最长期限由毕业后10年延长至13年,还款宽限期由2年延长至3年。

(艾 鑫)

【依法行政】 成立沈阳市全面推进依法行政和依法治教工作领导小组,下设办公室,设在市教育局政策法规处。开展行政执法主体与人员清理工作。市招生考试委员会办公室、市青少年教育保护办公室、市民办教育管理办公室、市教师培训交流中心和市学生资助管理中心成为受委托执法单位,共有66人持有效行政执法证件。印发《沈阳市教育局关于印发2015年行政检查计划的通知》,进一步规范行政检查行为。2015年,依法受理并审结教师申诉案件1起。

(王建艳 梁春秋 王阿俏)

【农村改薄】 义务教育薄弱学校改造工作包括校舍建设类、设备采购类项目。2015年,省累计下达沈阳市省级以上改薄资金共计8069万元,其中:2014年1920万元,2015年前两批共1730万元,2015年第三批和2016年第一批改薄资金共4419万元。截至2015年底,市级投入改薄资金1794万元,县级资金投入404万元。校舍建设类项目共44个,已安排项目37个,完成21个;设备采购类项目共101个,已安排42个,完成13个。

(郭晓峰)

【招生计划】 2015年,全市公办普通高中不再招收择校生,原择校生计划全部纳入统招计划。省示范性普通高中统招公费生指标定向分配到初中(含民办初中)的比例按计划总数的70%安排;统招生比例按30%安排。全市毕业生总数为5.51万人,比上年减少562人;中考报名人数为5.20万人,比上年增加6116人。普通高中计划总数为3.36万人,占比约为61%;中等职业学校计划总数为2.15万人,占比约为39%。沈阳经济区7城市8所学校在沈招生42人,沈阳市累计在外市招生380人,其中:省实验中学80人,东北育才学校100人,市第二中学120人,市外国语学校40人,东北育才悲鸿美术学校40人。

(郭晓峰)

【校园周边环境综合整治】 分别在3月、9月召开校园周边综合整治工作联席会议,开展联合整治行动。共发现校园周边“交通秩序乱点、交通违法行为高发点、交通拥堵多发点”24处,公安部门实施集中整治行动102次,查处交通违法行为253件,校园门前大型货车违法行为47件,劝离危险品运输车37台。会同公安、文化、工商、行政执法等部门,加强校园周边经营服务场所、流动小商小贩管理,依法取缔非法经营小卖部、饮食摊点67处;对传播、宣传暴力、色情和迷信摊点以及兜售“三无”食品人员开展集中整治;排查校园周边宾馆、酒(饭、旅)店、歌舞厅、洗浴、电子游艺厅、摊点、网吧、出租房屋等部位3万余处(次)。

(苗道国)

【参加全国中小学生艺术展演】 8月,在辽宁省第五届中小学生艺术展演节目及作品评选中,沈阳市18个节目获奖,获奖率达85.7%,其中:一等奖17个,二等奖1个。在报送省教育厅21件中小学生美术、书法、摄影作品中,11件获一等奖,7件获二等奖,3件获三等奖,5件作品被选定参加第五届全国中小学生艺术作品评选,占全省报送国家参选艺术作品总数的25%。在报送省教育厅15篇中小学生征文中,7篇获一等奖,2篇获二等奖,1篇获三等奖,7篇征文被省选定参加第五届全国中小学生征文评选,占全省报送国家参选学生征文总数的25%;在报送省教育厅15篇艺术教育科研论文中,7篇获一等奖,5篇获二等奖,3篇获三等奖,2篇论文被选定参加第五届全国中小学艺术教育科研论文评选,占全省报送国家参选论文总数的33.4%。市教育局与沈河区教育局、铁西区教育局、皇姑区教育局被评选为辽宁省第五届中小学生艺术展演优秀组织单位。

（乔恒君）

【国防教育】 组织中小学校围绕纪念抗日战争胜利暨世界反法西斯战争胜利70周年，以“沈阳不会忘记”为主题，利用升旗仪式、校园广播、主题参观、红歌传唱、主题读书、网上纪念、班队会、宣传栏、报告会、观看抗战影片、撰写观后感、开展主题书法、绘画创作和主题文艺演出等多种形式开展了“开学第一课活动”。沈阳市第一二〇中学参加了在上海举办的全国第二届军事训练营活动，和平区青年大街小学参加了在北京举办的“第一届中国下一代国防教育成果展”，沈阳市第一一一中学和大东区上园小学参加了“九一八”撞钟鸣警仪式。

（乔恒君）

【国际交流与合作】 2015年，沈阳市进一步扩大教育对外交流，深化对外合作，在增强开放意识、拓展交流空间、加强内涵建设、落实涉外培训等方面取得新进展。

完成沈阳教育代表团赴巴西、阿根廷访问和赴加拿大、美国访问计划2项。推进沈阳市与阿根廷拉普拉塔市、巴西坎皮纳斯市教育合作。在巩固沈阳市第二中学中加合作办学项目办学基础上，与美国俄亥俄州立大学建立合作关系。接待美国内布拉斯加科尼州立大学、美国罗伯茨大学、美国思博国际、新加坡万和国际教育集团、日本别府沟部学园短期大学、日本左贺县龙谷高中、澳大利亚西澳教育代表团、韩国大邱教科文协会代表团、新西兰友好学校凯莉中学、中国台湾铭传大学代表团、历史文化研习营代表团、新北市教育会辽宁参访团等，共计14个国外(境外)团组124人次。

组织完成境外培训项目5个，中等职业学校校长提高管理能力培训(新加坡)、中小学英语骨干教师赴美国、英国和新西兰新课改技能提升培训、中小学英语教师加拿大全英语环境下提高授课技巧和提升教研能力培训，共计111人接受培训。为适应2016年沈阳市中考英语考试改革，寒假和暑假期间，与美国教育培训机构合作，组织举办两期初中英语教师口语教学技能培训，培训英语教师916名。

（夏　光）

【语言文字】 开展第六批省级语言文字规范化示范校创建活动。按照“重在过程、重在建设、重在实效”的原则，全市共推荐10所学校申报省级语言文字规范化示范校。经省评估组专家抽查考核，10所参评学校顺利通过验收。开展第三批省规范汉字书写特色学校创建工作，全市5所学校通过省级评估。

4月18—19日，沈阳市首届汉字听写大会举办，东北育才学校和沈阳市第七中学荣获大赛特等奖和一等奖。4月24—26日，“2015中国汉字听写大会全国巡回赛辽宁赛区冠军赛”在沈阳举行，沈阳市第七中学代表队夺得冠军，并代表辽宁省参加全国汉字听写大会，林楚乔同学进入全国12强。

（杨　瑶）

学前教育

【概况】 2015年，沈阳市有各级各类幼儿园1236所，在园儿童约16.7万人，其中公办幼儿园在园儿童占36.3%；教职工约2.3万人；学前教育三年毛入园率为96.8%。2015年，全市继续坚持公益性和普惠性发展学前教育，加快改革进程，科学谋划发展策略，稳步实施项目举措，不断促进学前教育健康发展。

（董素靖　段志慧）

【完善政策保障体系】 在广泛调研论证基础上，研究制定新一轮学前教育三年行动计划，与市编委办、市发改委、市财政局联合印发《沈阳市学前教育三年行动计划(2015－2017年)》，对普惠性学位扩增、普惠性幼儿园基本运行保障、幼儿教师队伍建设、规范学前教育管理、提升保育教育质量等方面都做出制度性安排，明确目标任务和具体措施，为今后学前教育发展方向提供政策性引导。

（董素靖　段志慧）

【提高学前教育普及水平】 继续把新建、改扩建幼儿园列入政府为群众办实事项目，改善幼儿园办园条件。通过新建、改扩建幼儿园，接收小区配套幼儿园、审批民办幼儿园等途径，增加规范学前教育学位1万多个。学前教育三年毛入园率达到96.8%，比2014年提高2.7个百分点。

（董素靖　段志慧）

【学前教育奖补政策】 2015年，全市648所幼儿园符合奖补条件，市、区共投入奖补资金近2亿元。各区、县(市)进一步加强专项资金管理，更好地发挥资金使用效益，通过奖补政策，逐步提高幼儿园保教人员配备比例，逐步提高依法缴纳保险专任教师比例和幼儿教师持证上岗率。通过专题调度、加强指导与监督、先进经验推广等举措，在促进学前教育奖补覆盖面的“量”与奖补促发展的“质”上下功夫，以奖补推动全市学前教育健康发展。2015年，全市学前教育普惠率达到59%。

（董素靖　段志慧）

【规范管理】 继续实施办园水平提升项目，对全市42所幼儿园从设备配备、环境创设、师资队伍等方面进一步提升改善，有效地扩大优质学前教育资源。召开沈阳市农村乡镇中心幼儿园规范管理现场会，印发《沈阳市教育局关于加强全市农村乡镇中心幼儿园建设的意见》，进一步规范农村幼儿园办园行为，提升农村乡镇中心幼儿园办园水平。继续开展评估定级工作，强化动态管理，全市三星级以上幼儿园占星级幼儿园总数达到60%。3月11日，辽宁省教育厅公示首批被评定为五星级的292所幼儿园名单，其中沈阳市有78所。

（董素靖　段志慧）

【提升教师队伍整体素质】 不断创新培训模式，通过“点面结合”方式，开展骨干幼儿园园长和教师以及教科研人员培训，切实提高骨干人员专业素质；开展幼儿教师教学基本功大赛，以赛带学，以训促提，参训率达100%。11月底，全市共104名幼儿教师参加市级决赛，评选出全能奖、单项奖和优秀组织奖，全面提升幼儿教师整体业务水平。继续开展园长工作站项目，遴选了17位园长工作站主持人，通过“互助成长”、“点对点培训”的方式，对全市85所相对薄弱幼儿园的园长和教师进行全方位培训，带动学前教育师资队伍素质整体提升。

（董素靖　段志慧）

【营造发展氛围】 采取全市性和区域性活动相结合的方式，为学前儿童及家长送知识、送爱心。与《辽沈晚报(亲子周刊)》合作，编辑出版2期科学保教专刊，主要介绍学前教育发展情况、幼儿园办园特色、科学育儿常识、儿童绘画作品等。向全市所有在园儿童发放节日爱心卡,策划制作题为《一天·一生——一名幼儿教师的工作日记》微电影,讴歌幼儿教师的风采,引导社会各界关注、关心、关爱学前教育,保障学前儿童快乐生活、健康成长。

（董素靖　段志慧）

义务教育

【概况】 2015年,全市共有义务教育阶段学校499所,其中:普通初中209所,普通小学274所,工读学校1所,特殊教育学校15所。在校学生53万人(普通初中16万人,普通小学37万人)。教职工4.4万人(普通初中1.9万人,普通小学2.5万人),其中专任教师3.7万人(普通初中1.5万人,普通小学2.2万人)。小学学龄人口毛入学率112.9%,初中毕业生升学率113.1%,义务教育巩固率98.7%。

（葛　超）

【启动义务教育视导工作】 3月12日,召开全市义务教育学校校长电视电话会议,印发《沈阳市义务教育视导办法》。通过实施义务教育视导,引领和推动区、县(市)教育行政部门加强学校常规管理,推进义务教育优质均衡发展,每年视导学校数量不少于总数30%。2015年,建立由教育行政、教研人员、学校干部组成的义务教育视导员队伍,共19个视导组、114名视导员。全市共确立161所学校作为2015年视导对象。并在10月13日—11月18日开展视导工作。

（葛　超）

【数字校园建设】 制定2015年数字校园建设规划,明确年度工作目标、任务、责任分工和建设步骤。确定300所学校为年度建设计划。数字校园建设资金由市、县(区、市)两级政府负责。市教育局对开展建设并验收合格的学校以"以奖代投"方式给予补助,一星级标准补助30万元,二星级标准补助70万元(四县为84万元)。2014—2015年累计拨付市级补助资金2.72亿元,其中:2014年拨付市级补助资金9420万元(含直属学校240万元),2015年拨付市级补助资金1.78亿元(含直属学校1440万元)。2014年完成306所数字校园建设,2015年完成302所数字校园建设,共608所。

（葛　超）

【"一法一例"执法检查】 6月18日,沈阳市人大常委会对沈阳市贯彻实施《中华人民共和国义务教育法》、《沈阳市义务教育条例》情况进行执法检查。执法检查组分成6个小组,分别深入13个区、县(市)进行检查。检查内容包括:合理配置教育资源实现教育公平情况、义务教育阶段学校规划布局、标准化建设以及新建住宅小区配套基础教育场所"三同步"(同步规划、同步建设、同步交付)情况、义务教育资源供给情况、进城务工人员随迁子女入学政策落实情况、义务教育经费保障及管理使用情况、深化课程改革,推进特色办学情况、规范办学行为情况以及教育督导部门对义务教育的督导情况等。执法检查组深入基层学校听取各区、县(市)有关部门汇报,以座谈会的形式分别听取教育行政部门代表、校长代表、教师代表意见,同时向校长、教师、家长和学生发放调查问卷。

（葛　超）

【标准化学校建设】 按照国家要求,沈阳市从生均教学及辅助用房面积、生均体育运动场馆面积、生均教学仪器设备值、每百名学生拥有计算机台数、生均图书册数、职生比、生均高于规定学历教师数、生均中级及以上专业技术职务教师数等八个方面,加强义务教育学校标准化建设。2015年,全市251所学校申报并通过省级标准化学校验收。全市累计有476所学校通过省标准化学校验收。

（葛　超）

【农民工随迁子女入学】 2015年,全市小学和初中共计接收进城务工人员子女6.29万人,其中:小学4.80万人,占全市小学生总数13.3%;初中1.49万人,占全市初中生总数12.7%。沈阳市进城务工农民工子女入学的人数呈逐年上升态势。市教育局坚持"以公办学校接收为主,就近免试入学"原则,要求各地区确保农民工子女入学。各学校每年在学生集中入学前认真普查,保证服务半径内所有适龄儿童、少年能够及时入学。各区、县(市)教育局为农民工子女注册学籍,并与城里孩子混合编班同等对待。

（葛　超）

普通高中教育

【概况】 2015年,沈阳市有普通高中78所,按办学性质分:公办普通高中55所,民办普通高中23所;按办学层次分:省级重点(示范)高中30所,市级重点高中30所,一般高中18所。在校生10.55万人,教职工9989人,其中专任教师8543人。

（安　凯）

【市级公办普通高中标准化评估验收】 市教育局组织专家组分别于4月13—17日和11月30日—12月11日两次对申报学校进行标准化评估验收。结合专家组汇总结果和学校办学实际,先后认定23所市级标准化普通高中。截至2015年底,沈阳市53所公办普通高中全部通过验收,圆满完成市委市政府的任务。其中6所民办普通高中达标,为全市民办学校标准化创建工作提供示范和可借鉴经验,为实现公办民办同步发展奠定了良好基础。

（安　凯）

【创建辽宁省特色普通高中实验学校】 3月23—25日,省专家组先后到东北育才悲鸿美术学校、沈阳市第四中学和沈阳市朝鲜族第一中学开展省特色普通高中实验学校评估验收工作。沈阳市第四中学被省教育厅认定为省特色普通高中实验学校。截至2015年底,沈阳市省特色普通高中实验学校共9所,数量位居全省第一。

（安　凯）

【沈阳经济区跨市招生】 2015年,沈阳经济区内共有13所学校实行跨市招生,全省招生计划总数为513人,全部为公费生。沈阳市东北育才、市第二中学、市外国语学校和东北育才悲鸿美术学校面向经济区内其他七城市招收300名初中应届毕业生,其他七城市8所学校面向沈阳市招收42名初中应届毕业生。

（安　凯）

【普通高中校长大会】 12月7日,2015

年度沈阳市普通高中校长大会在东北育才学校浑南校区召开。会议公布2015年公办普通高中学生学业成就增值评估数据，印发《沈阳市教育局关于公办普通高中2014—2015学年度综合评估获奖结果的通报》，授予沈阳市第二十中学等8所学校年度综合评估奖，沈阳铁路实验中学等17所学校年度综合评估规范办学单项奖，沈阳市第二十六中学等17所学校年度综合评估《国家学生体质健康标准》实施工作单项奖，东北育才学校等17所学校年度综合评估毕业生学业成就增值评估单项奖，沈阳市第一中学等17所学校年度综合评估学生学业水平考试全科合格率单项奖。

（安　凯）

【高中生读书节和科技节】　4月28日—5月27日，市教育局在沈阳市第二中学举办第二届沈阳市普通高中学生读书节，期间开展了读书报告、跳蚤书市、网上征文、好书推介和主题分享会等活动。5月25—27日，在沈阳市第一二〇中学举办第二届沈阳市普通高中学生科技节，开展了设计制作显示微小形变装置比赛、大象牙膏实验比赛、图形计算器技术应用比赛、纸飞机比赛、魔方比赛、FLL机器人比赛、网上评选活动和科技与未来ted演讲等赛事活动。2015年，沈阳市第一中学教育集团空军青少年航空学校完成实验班招生工作，面向全省招收50名初中应届毕业生。

（安　凯）

民办教育

【概况】　2015年，沈阳市有民办义务教育阶段学校28所（含13所高中的初中部），在校学生4.7万人；民办普通高中22所，其中省级示范性普通高中3所，市重点高中6所，在校生2.4万余人。全市有民办中等职业学校31所，在校生1.04万人，教职工总数1861人，其中专任教师1086人。全市共有民办非学历教育培训机构1284所，在校生30万人，教职工1.1万人。

（王立华　徐刚　安凯）

【民办普通高中标准化建设】　制定《推进民办学校开展普通高中标准化建设工作实施方案》，组织东北育才双语学校、沈阳师范大学附属学校、沈阳市洪庆中学、沈阳市翔宇中学、沈阳市广全中学、沈阳市新北方高中6所民办高中申报并参加全市统一进行的普通高中标准化建设评估验收，并全部通过。

（王立华　徐刚　安凯）

【简政放权】　2015年，市教育局共下放3项权限，分别是“民办非学历高等教育机构的设立，分立，合并，变更名称、层次、类别、举办终止”、“由地市人民政府管理的自学考试助学、文化补习、学前教育机构的中外合作办学机构和项目审批”、“民办非学历教育机构招生简章和广告备案”。并将市属841所、省属7所民办非学历教育机构名单及档案一并移交给各区县教育局。会同民政局制定《关于下放民办非学历教育机构审批变更及管理有关事项的通知》、《关于下放省属民办非学历高等教育机构及省属民办非学历教育培训机构审批管理职权有关事项的通知》，针对下放衔接过程中在审批和管理上容易出现的问题，作出明确规定。

（王立华　徐刚　安凯）

特殊教育

【概况】　2015年，沈阳市共有15所特殊教育学校，分布在10个区县，其中：培智类学校5所，聋学3所，盲校1所，综合类特教学校5所，儿童福利院1所；教职工总数517人，其中：专任教师414人。在校生1271人，其中：智障478人，自闭症314人，听障231人，视障165，其他83人。有随班就读学校245所，随班就读学生649人，送教上门学生28人。铁西区成为国家特殊教育改革试验区。

（葛　超）

【出台《沈阳市特殊教育提升计划实施方案》】　6月10日，经沈阳市政府同意，沈阳市政府办公厅转发了教育局、编委办、发展改革委、民政局、财政局、人力资源社会保障局、卫计委、残联8部门联合制定的《沈阳市特殊教育提升计划实施方案（2015—2016年）》（沈政办发〔2015〕36号）。以“全面推进全纳教育，使每一个残疾孩子都能接受合适的教育”为宗旨，到2015年秋季，全市实现残疾学生（幼儿）从学前到高中阶段15年免费教育；到2016年，视障、听障、智障残疾儿童少年义务教育阶段入学率达99%，非义务教育阶段残疾人接受教育的比例明显提高，全市初步建立布局合理、学段衔接、普职融通、医教结合的特殊教育体系，实现财政为主、社会支持、全面覆盖、通畅便利的特殊教育服务保障机制，基本形成政府主导、部门协同、各方参与的特殊教育工作格局。

（葛　超）

【落实特殊教育经费】　2015年，特殊教育学校生均公用经费达到8000元。学校规模不足100人的特殊教育学校按100人核定公用经费标准。随班就读学生（幼儿）、特教班和送教上门学生（幼儿）生均公用经费按照上述标准执行。残疾儿童在特教学校或指定的公办普通幼儿园接受学前教育的，免收保育费，相关经费按隶属关系由同级财政予以保障。2015年，实现残疾学生（幼儿）从学前到高中阶段15年免费教育。

（葛　超）

【特殊教育资源教室（中心）建设】　2015年，全市共确定52所随班就读中心校。为提升区、县（市）特殊教育学校的服务功能和水平，将特教学校建设成为区域特殊教育的“教学中心、研究中心、培训中心、资源中心”，加大对各地普通学校随班就读工作、资源教室（中心）建设和应用指导。在区、县（市）承担随班就读残疾学生（幼儿）较多的普通学校设立特殊教育资源教室，全市共确定52个资源教室。2015年，完成15所学校资源教室建设任务。

（葛　超）

【随班就读规模逐步扩大】　2015年，市教育局组织全市开展残疾儿童入学普查工作，对适龄残疾儿童家庭进行入学宣传，使残疾儿童都能到普通学校随班就读或是到特殊教育学校就读。建立随班就读学生档案，沈阳市随班就读学校数量增加到245所，约占沈阳市义务教育学校的50%，实现残障适龄儿童接受义务教育零拒绝。

（葛　超）

【教师培训】 为提高特教干部教师专业素质，全市开展特教教师和随班就读资源教师系列培训活动。6月，与华东师范大学学前教育与特殊教育学院合作，开展随班就读学校资源教师培训，各区、县（市）随班就读试点学校校长、资源教师70人参加培训。9月，与郑州师范学院合作举办培智教育专业培训，特教专干、特殊教育学校（侧重培智类学校）校长、骨干教师共50人参加培训。

（葛　超）

民族教育

【概况】 2015年，沈阳市有民族中小学23所，按民族分：朝鲜族学校11所，回族学校3所，满族学校3所，蒙古族学校1所，蒙满两族4所，锡伯族学校1所；按办学阶段分：小学8所，初中4所，九年一贯制8所，高中2所，完全中学1所。在校生1.38万人，教职工1929人，其中双语教师797人。

（陈维忠）

【新疆班和西藏班】 2015年，东北育才学校有新疆在校学生243人，内派教师2人，任课教师27人。沈阳市第十一中学有在校西藏生183人。沈阳市中等职业学校设有新疆班和西藏班，有在校生556名，其中：沈阳现代制造服务学校280人，沈阳市汽车工程学校185人，沈阳市艺术幼儿师范学校91人。2015年，各校高度重视新疆班和西藏班教育工作，本着民族平等、优先扶助、全面培养的原则，牢固树立"民族教育无小事"和"民族教育一盘棋思想"，围绕"安全、医疗、生活、德育、教学"五件大事，全心全意为新疆生和西藏生服务。在2015年沈阳市职业院校技能大赛中，沈阳市汽车工程学校机加系民族班2014级马小龙和马雪鹏获空调项目比赛一等奖。

（陈维忠）

【创建辽宁省民族团结示范校】 积极推进民族团结教育工作，沈阳市朝鲜族第六中学、沈阳市满族中学、沈阳市蒲河满族学校、沈阳市兴隆台锡伯族九年一贯制学校和沈阳市回族小学等5所学校被命名为辽宁省民族团结示范校。

（陈维忠）

职业教育

【概况】 2015年，沈阳市有中等职业学校82所，其中：普通中专学校33所，成人中等专业学校1所，职业高中学校48所。毕业生2.51万人，招生2.65万人，在校生7.95万人；在职教职工8108人，其中专任教师5478人。

（汤　镇）

【筹建沈阳联合职业技术学院】 2015年，继续推进沈阳联合职业技术学院筹建工作。沈阳联合职业技术学院是在现有7所国家级中职示范校部分骨干专业基础上，借助沈阳市装备制造骨干企业（集团）技术、人才、设备等资源优势，联合举办针对高端制造业、优势专业和特色专业的专科层次教育，以建立中高职衔接直通车，实现中高职一体化办学。其管理实行集团化办学和理事会制度，人员编制和在岗教职工实行双重身份，是实现沈阳市职业教育转型升级和创新发展、提高人才培养层次、建立现代职业教育体系的重要举措。

（汤　镇）

【标准化中等职业学校建设】 2015年，由市教育局、人社局和财政局联合发文，遴选市级重点支持建设29所标志性、示范性和规范性学校，同时确定市级重点支持建设专业48个、专业示范点75个，安排专项资金1.7亿元，拟用3年时间完成项目建设。通过标准化学校建设实现沈阳中等职业教育优质均衡发展。制发《沈阳市中等职业学校专业设置管理办法（试行）》，规范学校专业设置，形成动态调整机制。2015年，备案3D打印、机器人和物联网等新专业23个。

（汤　镇）

【职业院校技能大赛】 2015年，市教育局与市人社局共同举办2015年度沈阳职业院校技能大赛，全市100所职业院校师生及沈阳经济区中职学校近3000名师生参加了68个赛项，首次实现"师生同台、中高职同步、经济区同赛"。共有1154名选手获奖，成绩优异者授予"沈阳市名师"、"沈阳市骨干教师"、沈阳市优秀学生"荣誉称号，市人社局颁发高级工证书。组织参加2015年全国职业院校技能大赛和教学信息化大赛，共获一等奖7个、二等奖18个、三等奖26个。参加省技能大赛共164人次获奖。

（汤　镇）

高等教育

【概况】 2015年，沈阳市有普通高校47所，在校学生40.4万人，教职工4.19万人，其中专任教师2.75万人。有"两院"院士12人，长江学者30人，新世纪人才131人，国家"百千万"工程人才百人层次43人，博士生导师1462人，硕士生导师5878人；有国家一级重点学科3个，国家二级重点学科29个，省部级一级重点学科49个，省部级二级重点学科161个；有博士点209个，硕士点713个，国家重点实验室、国家工程研究（技术）中心6个，省部级重点实验室、工程研究中心407个，博士后流动站49个。

沈阳市属高校4所（沈阳大学、沈阳医学院、沈阳职业技术学院、沈阳广播电视大学）。学校总体占地面积139.56万平方米，建筑面积103.21万平方米；在职教职工总数4229人，其中专任教师2619人，长江学者1人，享受国务院政府特殊津贴15人，省百千人才42人，博士后36人；在校生总计9.48万人，其中博士研究生7人，硕士研究生687人，本科生2.22万人，成人教育4.95万人。

（张蔚里　齐震）

【学科专业建设】 2015年，沈阳高校积极贯彻落实国家《统筹推进世界一流大学和一流学科建设总体方案》等文件要求，全面实施学科、专业、课程、师资等各项教育教学基本建设。2015年，沈阳高校建成一批适应沈阳区域经济社会发展需要的重点学科专业，投入42.9亿元直接用于学科专业建设。在全省高校77个一流特色学科中，沈阳高校共有辽宁大学应用经济学、中国医科大学临床医学、沈阳师范大学教育学等43个省级学科，占全省55.8%。

（张蔚里　齐震）

【科学配置人力资源】 2015年，沈阳高校将教职工队伍建设作为人力资源开发和管理工作重要内容，不断优化教职工队伍比例结构。专任教师中有正高级职称3800人，副高级职称7755人，博士学位6851人，硕士学位1.01万人，研究生导师 7340 人,博士生导师 1462 人。2015 年,沈阳农业大学李天来教授因其在日光温室蔬菜栽培领域取得的成就,当选中国工程院院士,是辽宁高校惟一代表。沈阳航空航天大学马克思主义学院赵冰梅教授荣膺"全国高校思想政治理论课教师 2014 年度影响力人物"殊荣。

(张蔚里　齐震)

【科技创新】 2015 年,沈阳高校共 5047 篇论文在国外学术刊物上发表,7542 篇论文发表在中文核心期刊上,7813 篇论文被收录到三大检索(SCI、EI、ISTP)系统中,出版著作(含译著、编著)597 篇。沈阳高校共获发明专利 627 个,获实用新型 548 个,其他知识产权 662 个。获国家、省部、市级科研奖励 309 项,国家科技进步二等奖 11 项,省部级一等奖 60 项,省部级二等奖 107 项,沈阳市科技奖励 131 项。高校科研成果转化数量 730 个,科研成果转化收入 1.31 亿元。2015 年,沈阳高校科研经费总数为 25.91亿元。国家级项目经费为4.07亿元,其中:省部级项目经费为3.36亿元,市级项目经费为7251.97万元。横向经费为14.76亿元。全年,沈阳高校共承担科研项目3140 项,其中:"973"计划课题 4 项,国家科技攻关计划课题 38 项,"863"计划课题 15 项,国家自然科学基金重点项目 42 项,军工项目 14 项,其他项目 563 项,省部级项目 1863 个,市级项目 596 个。在基础研究和应用基础研究领域累计获得 524 项国家自然科学基金、社科基金项目资助,总经费超过3.1亿元。沈阳师范大学获 9 项国家社科基金课题(教育学),全国排名第四位。

(张蔚里　齐震)

【国际交流与合作】 2015 年,沈阳高校有留学生 7989 人,外籍教师 424 人;参加国际学术交流 1234 人次,承接国际会议 37 个。沈阳高校与世界 230 多个国家和地区 530 余所大学建立友好合作关系。辽宁大学、沈阳师范大学、沈阳理工大学等在海外举办孔子学院,对促进中华文化传播、实施文化输出产业战略发挥积极作用。辽宁中医药大学成功申办辽宁省第一所中医特色孔子课堂。

(张蔚里　齐震)

【服务沈阳重大发展】 东北大学全力打造数字、创新和共享平台,全方位助推沈阳两化深度融合,云计算产业园支撑沈阳智慧城市建设,高新技术企业集群实现收入近 120 亿元。沈阳农业大学"国家超级稻育种"在东北稻区累计种植面积超过 1000 万公顷。沈阳航空航天大学、沈阳化工大学开展技术合作 400 余项,大学科技园入园企业产值超过 50 亿元。沈阳建筑大学引进开发国外先进资源和技术,助推沈阳绿色建筑发展,搭建中德节能示范中心平台,提高节能率达 80% ,10 余个城市区域低碳规划项目推广应用。

(张蔚里　齐震)

【科技创新】 2015 年,沈阳高校科技创新能力不断加强,创新活力进一步激发与释放。沈阳高校共承担科研项目 3140 项,科研经费总额 25.91 亿元。在基础研究和应用基础研究领域共获 524 项国家自然科学基金、社科基金项目资助,总经费超过 3.1 亿元。东北大学成功研制全球首条 600 千安铝电解槽,破解世界性难题。沈阳师范大学"东北亚古生物演化重点实验室"成为辽宁首个国土资源部重点实验室。

(张蔚里　齐震)

【人才培养】 2015 年,沈阳高校累计组织 2130 名专家学者参与社会服务 6700 余人次。通过院士工作站、博士后流动站、教授访学、校企合作办学等多种途径和方式,吸引 100 余位院士和 2200 余人次专家学者来沈进行短期学术交流。各高校发挥人才和专业优势,开展面向工业企业、现代农业、教育、文化等产业从业人员的培训项目 217 个,相关行业参与培训人数 16.9 万人,累计投入专项经费 1649 万元。沈阳师范大学组织开展全省、全市中小学教师、学前教育教师、校长园长在岗提升培训工程 5 期,2000 余人参加;沈阳大学、沈阳职业技术学院举办企业冠名班,实施工学交替人才培养模式;沈阳农业大学等 3 所高校与辉山乳业联办"辉山学院",开展专业技术人才培养;沈阳大学、沈阳职业技术学院全方位对接装备制造、信息技术、现代服务业等产业集群开设专业,为沈阳机床集团、沈阳金杯、沈阳地铁等企业提供数千名急需人才。

(张蔚里　齐震)

【民生服务】 2015 年,沈阳鲁迅美术学院、沈阳师范大学、沈阳音乐学院等高校继续坚持"以艺术惠民为使命",充分发挥文化引领作用,继续开展"艺术惠民工程",全年累计开设艺术惠民培训班 700 余个。举办专场文艺演出、展览 400 余场次,高水平艺术讲座 120 场,累计培训课时 4.9 万学时,培训市民 175 万人次,成为沈阳标志性特色文化民生工程。20 余所高校开放 54 个文博体艺场馆,全年接待市民超过 50 万人次。沈阳体育学院连续三年选派近百名师生开展农村义务支教,组建沈体团队全面参与沈阳马拉松赛等体育赛事。

(张蔚里　齐震)

【服务社会决策】 2015 年,沈阳高校全力打造专业化新型高端智库,助力沈阳改革试验区建设。沈阳农业大学、辽宁大学、沈阳师范大学、沈阳理工大学、沈阳大学等高校专家智囊团建言献策 3600 余。撰写咨询建议类调研报告 1200 余篇,千余名专家学者活跃在沈阳城市建设各领域。10 月,东北大学与中国改革发展研究院联合成立"东北振兴研究院",力图破解沈阳等东北老工业基地振兴之困。7 月,沈阳市委教科工委与沈阳师范大学开展深度研究合作,"以双服务为引领,深化沈阳高校改革与发展智库建设研究",为建立沈阳高等教育决策智库奠定基础。

(张蔚里　齐震)

【高校内涵发展】 沈阳大学确定 2015—2016年为教育质量提升年,启动实施"3351"教学质量工程,重点抓好 30 个优势特色专业、30 门精品课程、50 个重点教改项目和 100 个大创项目。完成 17 个本科专业综合评价工作,经济学、旅游管理、音乐学 3 个专业进入全省同专业排名前三分之一。获批新增 2 个本科新专业,撤销 5 个专业,会计学专业先后入选辽宁省优势特色专业和本科课程体系国际化试点专业。获批省级虚拟仿真实验教学中心 1 个、省级校外大学生实践教育基地 1 个。获批省级教改项目 23 个。发表核心期刊和检索论文 332 篇,出版著作 75 部,获国家基金等国家和省市级以上项目 151 个、省社会科学和自然科学成果奖 18 项、沈阳市科技进步奖 5 项、专利授权 156 项。

沈阳医学院实施本科医学教育标准,完善出科考试和客观结构化临床考试,将技能考试设定为"五站式"考试,分别为 CCS、标准化病人考试、技能操作、辅助检查结果判读,加强形成性评价的理解和应用;学校获第六届全国临床技能大赛三等奖,辽宁省普通高校本科学生护理技能大赛二等奖等 8 项。年内共招收硕士研究生 44 人,其中:科学学位硕士26人，专业硕士18人。

沈阳职业技术学院借助德国工业4.0和中国制造2025对接及振兴东北老工业基地契机，探索政府、行业、企业、学校共同办学的具有中国特色的“双元制”职业教育模式；牵头组建辽宁装备制造职业教育集团；在全国职业院校技能大赛决赛（国赛）中，获二等奖2个、三等奖4个；在辽宁省各类职业技能大赛中，获11个一等奖、19个二等奖、27个三等奖、21个优秀奖。

沈阳广播电视大学全面启动“沈阳终身学习网”一期工程，先后完成“沈阳社区大学书画大赛”网上评审、56门课程资源上传工作；全年有3.34万人在线浏览，注册人数498人；学校增挂“沈阳市社区教育服务指导中心”牌子；组织18位教师进入15家社区、2所学校、1家社区学院讲授9门课程，共计756学时，听课居民、学生人数达2.17万人次；学校再次荣获2014年度沈阳市“百万市民艺术培训工程”突出贡献单位称号。

（张蔚里　齐震）

终身教育

【概况】　2015年，沈阳市终身教育工作取得新进展。和平区、沈河区、大东区、铁西区社区学院实现独立办学，沈河区在区内15个街道成立社区分院，苏家屯区、沈北新区完成社区学院独立办学的选址工作，全市市级社区教育实验点增至70个，教育系统送课进社区完成送课1.13万学时，惠及市民26.21万人次。

（王　煜）

【社区教育工作会议】　1月14日，沈阳市社区教育工作会议在和平区湖畔社区召开，市政府副市长姜军出席会议并讲话。会议进一步明确各区、县（市）政府是社区教育工作的责任主体。截至2015年底，全市各区、县（市）已全部落实社区教育专项经费，为开展社区教育提供保障。

（王　煜）

【市人大调研全市终身教育工作】　8月上旬开始，市人大教科文卫委员会对全市终身教育工作进行调研。调研组先后深入大东区、和平区、苏家屯区和法库县等社区进行实地调研，并在市电大召开由市文明办、市文广局、市民政局等9家市直单位参加的终身教育工作座谈会。9月24日，市人大召开第三十四次主任会议，听取市政府关于沈阳市终身教育工作情况报告，对近年来沈阳市终身教育工作给予充分肯定和高度评价。

（王　煜）

【学习型学校创建】　9月25日，沈阳市教育局召开学习型学校创建工作会议，全市学习型学校创建工作正式启动。会议印发《沈阳市学习型学校创建工作方案》、《沈阳市学习型学校创建工作评估标准》，并确定了55所实验学校。

（王　煜）

【全民终身学习活动周】　10月29日，沈阳市全民终身学习活动周启动仪式暨社区社团文艺展演在和平区举行。市人大副主任徐璐，市政府副市长姜军等出席会议。和平区社区学院、大东区莱茵河畔社区、苏家屯区葵花社区组织社区居民进行文艺演出，汇报和展示终身学习成果。

（王　煜）

【成人教育和社区教育队伍培训】　6月30—7月2日，在沈阳农业大学举办全市农村成人教育专职教师第二期培训班，全市8个涉农区、县（市）64名农村成人教育中心校专职教师和职业农民参加系列培训。活动期间，组织人员参观沈阳农业大学教学科研基地，农业专家现场为学员进行教学。11月，举办3次市级社区教育实验点社区教育管理人员培训，共130人参加。培训采取教学观摩、经验交流、讲座与考察相结合的方式进行，葵花社区、太原街道、新北站社区在培训会上分别作经验交流。组织相关人员赴全国社区教育示范区——鞍山市铁东区学习考察，邀请社区教育专家潘士君作题为“当前全省及全国社区教育新形势与新任务”讲座。

（王　煜）

【开展“学校放假社区开学”实践活动】　7月22日，沈阳市中小学生“学校放假社区开学”社区实践活动启动仪式在百川教育大厦举行。活动期间，全市13个区、县（市）的1146个社区共举办各类主题教育活动1123场、学生教育报告832场、社区课堂培训1040场，开放自习室4300余次，1.4万名社区志愿者、10万余名中小学生参与活动，社区志愿者服务总小时数超过2.4万小时。

（王　煜）

文 化

综 述

【公共文化提升工程】 2015年底，补助区、县(市)公共文化设施提升工程项目资金7.25亿元全部下拨到位。项目责任单位及各地区不断加大工作力度，加快了项目进度，项目建设总体进展顺利。其中:沈河区文化馆改造、皇姑区皇姑屯历史博物馆、浑南区12个社区文化中心改造、于洪区城东湖街道文化中心等项目已经完成并投入使用;沈河区文化体育中心、和平区文化中心、于洪区北部文化艺术中心、沈北新区中国锡伯族博物馆等9个项目正常推进;铁西区文化活动中心(含图书馆)等4个项目正在办理前期手续。

(曲 兵)

【国家公共文化服务体系创建工作东北片区经验交流会】 2015年10月20日，国家公共文化服务体系示范区(项目)创建城市区域文化联动东北片区经验交流活动在沈河区举办。沈河区作为创建国家公共文化服务体系示范区进行了经验交流。为推广沈河区创建国家公共文化服务体系示范区的成功经验，促进沈阳市公共文化服务体系建设，对沈河区五里河街道、五爱社区开展文化活动情况进行现场观摩，到民营的沈河区宣和艺术馆参观。国家公共文化服务体系建设专家委员会有关专家及文化部领导对沈河区创建工作给予高度评价。

(曲 兵)

【省“七个一百”基层文化创建项目】 根据《关于组织开展2014年度辽宁省“七个一百”基层群众文化项目评审命名工作的通知》精神，省委宣传部、省文化厅、省文联在全省组织开展了2014年度基层群众文化创建项目评选工作，沈阳市在创建活动中取得丰硕成果。和平区灯谜基地、沈河区合唱活动基地、新民市摄影创作基地荣获县区特色群众文化基地;于洪区蒲河文化广场、浑南区奥林匹克公园广场、辽中县海之帆文化广场荣获基层文化活动示范广场;皇姑合唱团、苏家屯区文化大篷车下基层文艺演出志愿者服务队、沈北新区文化馆峰雪舞蹈团荣获文艺下基层骨干队伍;和平区和平一校小作家班培训基地、沈北新区文化馆文化辅导基地荣获群众文化辅导基地;铁西区兴工街道黄大妈艺术团、和平区五环京剧团、法库县白鹤民悦合唱团荣获群众自办文化典型;歌曲《东北风》、《喜利妈妈》、《卧龙湖等你来》荣获群众原创优秀文艺作品;市朝鲜族文化艺术馆金正一、铁西区文化馆张英杰、大东区文化馆“万泉之声”民乐团李振东荣获“群文之星”。

(牟毅兵)

群众文化

【第二届中国沈阳合唱音乐季】 第二届中国沈阳合唱音乐季从2015年8月启动，历时三个月，共举办了五大类共12项主体活动。活动期间，沈阳市有数百支合唱团队参加了抗战歌曲传唱活动、“快闪”合唱展演、童声合唱展演周、“我的合唱我的团”合唱比赛及东北三省合唱比赛，有数十万人次接受了各级合唱培训、观看了各类合唱演出。合唱季期间，还成立了沈阳少儿合唱联盟。

(蔡怀平)

【第三届沈阳社区文化节】 第三届沈阳市社区文化艺术节从2015年5月开始到11月结束。先后举办了家庭才艺梦想秀、京剧、评剧、曲艺、舞蹈、美术、书法、摄影大赛，百场演出进社区、文艺辅导培训进社区、电影展映进社区等10余项市级主体文化活动。同时，还举办了各区县(市)、街道、社区文化活动100余项、4300余场次，城乡群众有近300万人次从中受益。

(蔡怀平)

【盛京大剧院太阳文化广场启动】 盛京大剧院太阳广场作为市民休闲、娱乐、欣赏高品位文艺演出活动基地，从5月15日开始启用。全年演出分为四大板块:“青春魅力”、“祖国花朵”、“激情年华”、“协会风采”，共组织演出近30场。太阳广场的系列演出突出了文化广场演出与全市大型文化活动相结合的特点，将群众文化与专业文化相结合，全面提升了文化广场演出的品位与档次，特别是省内外优秀文艺团体的引进，增加了沈阳与其他城市的文化交流和互动。

(蔡怀平)

【沈阳市“快闪”合唱活动展演】 10月16日14时，沈阳市“快闪”合唱展演在全市的繁华商业街、商场、文化广场等14个地点同时唱响。参加“快闪”演出的有市、区、县(市)文化(艺术)馆的馆办文艺团队、文化志愿者800余人。“快闪”演出的形式有二重唱、四重唱、小合唱、大合唱等，演唱了《我的祖国》、《共筑中国梦》、《普法之歌》、《沈阳啊沈阳，我的故乡》、《走向复兴》等40余首中外歌曲。

(蔡怀平)

【中国合唱基地落户沈阳】 2015年8月26日，中国合唱协会正式复函，同意沈阳市建立“中国合唱基地”。为加快贯彻落实中共沈阳市委第十二届十次全会上提出的把沈阳打造成“艺术惠民之城，北方合唱之都”的发展目标，进一步推进全市群众合唱事业发展，市文广局与中国合唱协会就建立“中国合唱基地”等合作事宜进行了深入磋商。鉴于沈阳市合唱事业深厚的群众基础、迅猛的发展态势，中国合唱协会经认真研究，决定在沈阳市建立“中国合唱基地”。同时，还在组织承办国内国际重大合唱赛事、合唱人才队伍建设等关键领域与沈阳市开展深入合作。

（张　胜）

【全国少年儿童经典诵读大赛】　为传承和弘扬中华优秀传统文化，进一步推广少年儿童经典阅读，2015 年 3 月，沈阳市少年儿童图书馆策划发起了全国少年儿童经典讲读、诵读大赛。这一活动由中国图书馆学会、国家图书馆、沈阳市文广局联合主办，沈阳市少年儿童图书馆承办，活动 4 月启动至 10 月末结束，历时半年，涉及全国 28 个省市、44 家图书馆，3000 余所中小学校参与活动。全国各地组织活动 200 余场次，参与经典诵读现场选拔赛的人数达 6.78 万人次，全国各地图书馆相继举办的经典阅读专题辅导讲座、专题展览、图书推荐等相关活动吸引了 30 余万中小学生参与其中。中国文化报、图书馆报等主流媒体相继报道活动情况，在全国范围内扩大了沈阳市少年儿童图书馆的知名度和影响力。

（刘　晔）

【沈阳市数字图书馆竣工】　经过紧张的设计、筹备、施工等环节，2015 年底，沈阳市数字图书馆机房改造工程已基本完工，硬件安装基本到位并进行了调试；软件安装部署基本完成，并在试运行中进行优化调整；RFID 射频系统工程全面竣工。数字图书馆在服务手段、服务方式、服务质量、服务效能等各个方面都实现了质的飞越。

（刘　晔）

【市少儿图书馆获全国多个奖项】　在“2015 全国少年儿童阅读年系列活动”中，市少儿图书馆荣获经典讲读诵读大赛、经典阅读绘画大赛，“寻找最美读书故事”征文比赛及“中国传统节日”图书馆未成年人服务案例征集活动四项国家级优秀组织奖。贝贝故事乐园——亲子绘本阅读推广活动案例荣获“全国亲子绘本阅读推广月”活动二等奖。市少儿图书馆被共青团辽宁省委员会、辽宁省文化厅授予“青少年维权岗”称号。在“憧憬辽宁”辽宁省首届少儿故事大赛中，市少儿图书馆报送的作品荣获少儿组二等奖。市少儿图书馆还被沈阳市精神文明建设指导委员会授予“优质文明诚信服务窗口”称号。《中国文化报》、《图书馆报》、《沈阳日报》等媒体报道市少儿图书馆各项读书活动 40 余次，特别是辽宁广播电视台公共频道，以专题的形式分别报道了市少儿图书馆贝贝故事乐园和少图讲坛的活动。

（刘　晔）

【沈阳市城区公共图书馆实现通借通还】　“一卡通”工程是沈阳市公共图书馆读者服务工作的重要举措。以沈阳市图书馆为中心图书馆，各区、县（市）级图书馆为分中心图书馆，街道、乡镇级图书馆为终端，采取“以城市辐射农村”的方式，读者在任意一个联网馆办理沈阳市公共图书馆联合读者卡“一卡通”，可以在任意一家联网馆借阅图书资料、在线浏览数字资源，为读者更广泛、更便捷的利用图书馆资源提供便利条件。市图书馆已经与九城区图书馆联通运行，沈河区图书馆已经与本区域分馆全部联通，在明确馆舍建设标准、功能配置标准、图书资源标准、数字化服务标准基础上，区公共图书总馆和各街道社区图书分馆建立和使用统一的自动化管理系统，实现统一检索、书目资源和数字资源的共建共享，建立标准配置的公共电子阅览室，每周为群众提供免费上网服务的时间不少于 42 小时，区域图书资源进一步整合利用。

（刘　晔）

【李君荣获“中国文化馆榜样人物”称号】　在重庆召开的 2015 年中国文化馆年会暨“2015 中国文化馆榜样人物”颁奖典礼上，法库县文化馆馆长李君荣获“2015 中国文化馆榜样人物”。

在任法库县文化馆馆长期间，李君用十余年的时间积淀的音乐艺术造诣运用于群文工作实践，热心服务于城乡广大群众，精心培养 2000 多名文化志愿骨干，组织近 6000 名文化志愿者队伍，组成艺术惠民演出团，深入全县城乡举办学雷锋文化走基层、艺术惠民送戏下乡、慰问敬老院等惠民辅导和演出活动 1000 多场次。创新发展公益性文化活动方面，李君精心策划、统筹、组织各类文艺演出 1000 余场次，其中包括《2002 中国·沈阳音乐创作研讨会》和《2006 中国·沈阳“陶瓷文化”音乐创作研讨会》。

（张　胜）

文艺创作与表演

【艺术惠民演出】　2015 年，各专业剧院团认真落实艺术惠民“双百万”工程任务，开展各项艺术演出活动，成果显著。全年共开展艺术惠民活动 661 场，其中：沈阳文化宫演出 99 场，盛京红磨坊演出 365 场，张氏帅府博物馆广场、沈阳故宫、沈阳杂技团、沈阳交响乐团排练厅常态演出、进社区、广场、企业、学校、郊区农村演出 185 场，盛京大剧院惠民讲座 12 场。

2015 年，市文广局承办了两项重大艺术惠民活动。一是举办“纪念抗战胜利 70 周年”样板戏原人原声大型交响音乐会，6 月 30 日和 7 月 1 日在盛京大剧院演出。二是“艺术惠民 群星璀璨”市民才艺大赛——盛京红磨坊杯“歌王舞王”争霸赛，对参赛选手报名不设专业门槛，不收报名费，大赛历时 6 个月，参加报名的选手有 1300 余人。

（谭　兰）

【艺术大厦投入使用】　沈阳艺术大厦于 2015 年正式落成使用，整合了沈阳京剧院、评剧院、话剧团、艺术团和部分文化事业单位的现有资源，改善了市属专业院团的排练环境，同时为沈城市民文化生活提供了活动场所。

（谭　兰）

【盛京大剧院成为沈阳文化名片】

2015年，市文广局对盛京大剧院在演出的剧目质量上、服务安全管理上、公益惠民活动上均给予积极指导与支持。全年共演出302场，接待观众24万人次，平均上座率达75%以上。大剧院不仅有能力承接如舞剧《大河之舞》、克德莱曼钢琴音乐会等世界顶级经典剧目，而且承担了市民艺术讲座、普及艺术知识的任务。不断推出的惠民观赏演出和社会公益活动，树立了良好的文化形象。经过一年的运营管理，盛京大剧院已经成为沈阳市民感受中外文化艺术的高雅殿堂，已经成为沈阳重要的文化场所。

（谭　兰）

【儿童剧《熊猫——寻梦之旅》获国家艺术基金资助】　2015年3月，沈阳杂技团杂技剧《熊猫——寻梦之旅》申报国家艺术基金资助，经过半年的初审、复审、答辩和专家组评审，于10月被确定为“国家艺术基金2015年度舞台艺术创作资助项目（大型舞台剧和作品）”。这台大型原创剧目《熊猫——寻梦之旅》不仅主打国际、国内演艺市场，还扎根沈城，惠及百姓，在沈阳杂技团剧场进行常态化艺术惠民演出，让高雅艺术走入寻常百姓中。

（谭　兰）

【对外文化艺术交流】　2015年，沈阳市对外艺术交流日益加深，影响力不断扩大。盛京红磨坊剧组赴新加坡参加“春城洋溢华夏情”迎新晚会，连续演出30余场。艺校和京剧院赴俄罗斯托木斯克、新西伯利亚孔子学院进行演出和国粹京剧讲座。赴韩国光阳市做“互信、互利、合作、共赢——沈阳市文化艺术发展情况介绍”主题演讲，进一步推动了沈阳市文化艺术“走出去”战略。同时，沈阳市艺术演出与旅游业融合度也进一步加深，通过故宫、帅府、二战盟军战俘营的实景演出，向中外游客宣传沈阳文化艺术。

（谭　兰）

文物保护

【文物保护单位保护标志制作安装】

2015年，沈阳市文物局对第四批市级文物保护单位以及前三批部分市级文物保护单位统一安放文物保护标识。保护标识碑和四至界桩采用青石材质，保护标识牌采用黑色理石制作，合计制作安放标识碑105块、界桩1200余块、标识牌107块。

（罗　澜）

【文物保护单位建筑测绘】　2015年，沈阳文物古迹保护研究中心对沈阳市第四批市级文物保护单位中的古建筑、近现代重要史迹及代表性建筑等32处建筑（135个单体建筑）进行勘察测绘，形成了该批文物建筑的勘察测绘文字资料、测绘图和图像资料。文字资料包括建筑的年代界定、历史沿革、建筑艺术特色、特点和保存现状、病害情况等方面。测绘图包括：总平面图、每个建筑平面图及相关大样、立面图、建筑剖面图及相关大样、内部基本结构图、梁架和门窗等建筑构件图。图像资料记录了测绘对象的空间、造型、结构、色彩及附属文物信息等。

（罗　澜）

【清真南寺文物维修工程】　清真南寺始建于清崇德年间，2002年被列为省级文物保护单位。寺庙坐落在市中心回族集聚区，是中外穆斯林群众进行功修、节日庆典的重要场所。由于年代久远，寺庙大殿的立柱、横梁等部位出现不同程度的腐烂破损，危及文物安全。2015年，市政府调拨资金近百万元，启动清真南寺的维修工程。维修工程2015年6月开工至10月竣工，清真南寺大殿更换了立柱、椽子、檩子等建筑构件，重新铺设了地板，更新了照明设备。维修后的清真南寺大殿为穆斯林群众举办活动提供了极大的安全保障。

（罗　澜）

【北大营遗址保护工程筹建启动】

2014年10月，北大营营房旧址被公布为第九批省级文物保护单位。为了做好北大营营房旧址的保护和利用工作，2015年，市文物局启动筹建北大营遗址广场，经过多次论证，初步确定《沈阳市北大营旧址广场保护与利用规划方案》、《沈阳市北大营旧址文物修缮方案》和《北大营旧址陈列大纲》。

（罗　澜）

【“百万市民走进博物馆”活动】　为了充分发挥博物馆社会教育服务功能，沈阳市创造性开展了“百万市民走进博物馆”活动（2015－2019）。在率先开展的“中小学生走进博物馆”活动中，首批遴选和推荐了沈阳“九一八”历史博物馆等22家博物馆，囊括历史、艺术等诸多门类，全部向中小学生免费开放。全年累计接待中小学生65万人次和普通市民79万人次。“百万市民走进博物馆”活动被列为沈阳市艺术惠民“双百万”工程主体活动，成为沈阳文化惠民项目品牌。

（窦英男）

【“5·18国际博物馆日“系列活动】

2015年“5·18国际博物馆日”的主题是“博物馆致力于社会的可持续发展”。市文广局组织开展了东北陆军讲武堂旧址陈列馆开馆仪式、“首届沈阳博物馆文化创意产品展示会”、“省市流动博物馆联合走进校园”活动、《博物馆条例》和博物馆策展专题讲座、“中小学生走进博物馆”专题研讨会等系列活动。同时，新乐遗址博物馆《“一步跨千年”——四川凉山彝族奴隶社会形态展》和沈阳故宫博物院《“庄严宝相”——旅顺博物馆藏佛教艺术珍品展》等一批高质量临展也受到观众好评。

（窦英男）

【东北陆军讲武堂旧址陈列馆正式开馆】　东北陆军讲武堂位于大东区珠林路25号，是张作霖、张学良执政东北期间创办的综合军事学校，是东北地区历史最久、培养军事人才最多的军事教育机构。至1931年“九一八”事变止，该校共培养了11期8900余名学员。张学良、吕正操、万毅、马本斋、赵镇藩、萧军等著名人物均出自该校。2015年5月18日,东北陆军讲武堂旧址陈列馆正式向社会免费开放。

（窦英男）

【非物质文化遗产代表性项目评审】 为进一步完善市级非遗代表性项目名录体系建设,2015年5—6月,沈阳市组织开展了第六批市级非遗代表性项目申报、评审等工作。市政府于6月11日正式批准公布了《沈阳市第六批市级非物质文化遗产代表性项目名录》,共七大类44项。第六批市级非物质文化遗产代表性项目名录在项目数量上是最多的一次。

（罗　澜）

【非物质文化遗产博览会】 为纪念国家第十个文化遗产日,6月12—14日,市文广局与铁西区政府共同举办了“2015沈阳非物质文化遗产博览会”。此次博览会在参展项目、活动形式等方面都有所突破和创新。包括北京等地在内的140多个非遗项目参展;所有十大类别的非遗项目根据不同特点,通过舞台、广场表演、室内广播、现场展示、互动游戏等形式得到全面展示;展出环境得到较大提升,展出面积达4000平方米,展位达260个。

（陈延军）

【公布首批非物质文化遗产传习基地】 为进一步做好非遗传承和保护工作,2015年初,市文广局组织开展了市级非物质文化遗产传习基地创建活动。各区、县(市)和局属单位依托项目保护单位积极参与,申报建立非遗传习基地40多个。经组织有关专家对申报的非遗传习基地进行认真审核和实地考察,5月21日,命名并公布了“和平区奉天落子小剧场”等19个基础设施完备、传承工作开展较好的单位为“沈阳市首批非物质文化遗产传习基地”。

（陈延军）

【4项非遗项目晋升省级非遗代表性项目】 2015年7月22日,辽宁省人民政府公布了《第五批省级非物质文化遗产代表性项目名录》。沈阳市申报的“刻瓷”、“古书画装裱修复技艺”、“沈阳满族堆绫技艺”、“华山正骨诊疗技法”等4个项目入选《第五批省级非物质文化遗产代表性项目名录》。

（陈延军）

【新晋11名省级非物质文化遗产项目代表性传承人】 12月11日,辽宁省文化厅公布了第三批省级非物质文化遗产项目代表性传承人名单,沈阳市王树铮等非物质文化遗产项目传承人位列其中。在辽宁省第三批省级非物质文化遗产项目代表性传承人名单中,沈阳市共有民间文学、传统戏剧、传统美术、传统技艺、传统医药和民俗等六大类非物质文化遗产项目的11名代表性传承人入选。

（陈延军）

【开展非遗进社区、校园活动】 2015年,按照全省统一部署,市文广局积极组织开展面向基层及校园非遗传习活动。指导、督促市及有关区、县(市)非遗保护部门,依托已公布的首批非遗传习基地,根据非遗项目的不同特点,有针对性地组织开展形式多样的非遗传习活动。全年全市共开展面向基层及校园非遗传习活动40场次,超额完成全年工作任务。

（陈延军）

文化市场管理

【简政放权】 2015年,按市政府简政放权领导小组办公室要求,市文广局简政放权工作继续深化。此次简政放权后,市文广局现有审批项目缩减至23项(其中行政审批项目17项,其他权利6项),同时将11项审批项目改为工商登记前置审批事项,并尽最大限度减少了审批要件,压缩了审批时限。

为进一步巩固简政放权工作成果,市文广局进一步制定并完善了加强对取消和下放行政职权事中事后监管的具体措施,逐项检查了事中事后监管措施实施情况,确保及时跟上、有力有效。

（宋婉雯）

【“扫黄打非”】 沈阳市“扫黄打非”办公室按照国家和省“扫黄打非”工作小组的统一部署,组织开展了2015年“扫黄打非”“净网”·“清源”·“秋风”·“固边”·“护苗”五大专项整治行动,对制售政治性非法出版物、各类非法报刊、网络淫秽色情信息等实施有效打击,净化了社会文化环境。全市两级文化执法机构坚持以查办大案要案为抓手,全年共查办大要案30余起,有力推动了“扫黄打非”工作深入开展。组织开展了辽宁省暨沈阳市侵权盗版出版物集中销毁行动、世界知识产权日宣传咨询活动等宣教活动,在全社会营造了保护知识产权的良好氛围。

（市场办）

【出版物市场监管】 2015年,沈阳市文化市场行政执法总队进一步加强对全市出版物市场78个重点地区的监管,特别是强化对繁华街区、早夜市、机场车站等出版物集中经营场所和印刷复制企业的执法力度,出版物市场经营秩序明显好转。全年共取缔无证店档摊点及游商走贩300余个(次),收缴各类非法出版物10.8万余件。

部署开展了校园周边中小学教辅材料专项检查行动,对校园周边书店、出版物零售摊点等进行了集中整治和清理,重点查缴非法色情“口袋书”、盗版教材、非法教辅读物、盗版音像制品和电子出版物等非法出版物,严厉查处宣扬淫秽、色情、暴力等有害青少年身心健康内容的出版物经销活动,为广大青少年创造了一个绿色、文明、健康、洁净的学习和成长环境。

（市场办）

【网吧场所和网络文化市场监管】 沈阳市文化市场行政执法总队不断加强对网吧场所的日常监管,切实维护互联网上网服务营业场所良好经营秩序。结合元旦、春节、国庆、寒暑假等时间节点,开展集中整治行动,从严查处了一批存在接纳未成年人进入等违规经营行为的网吧场所，全年共查处网吧场所违规案件116起。同时，积极开展网络文化执法工作，相继查处了沈阳某科技有限公司擅自从事互联网文化活动案等多起网络文化案件，使网络文化市场得到有效规范。

（市场办）

【娱乐和演出市场监管】 沈阳市文化市场行政执法总队不断加强对全市电子游戏厅、歌厅、舞厅等娱乐场所的日常监管，全面排查歌舞娱乐场所违法违规经营行为，依法严厉查处接纳未成年人等违法违规经营行为；加强对演出市场的日常监管力度，全面排查演出市场的各类问题，严厉查处未经批准擅自演出、非法组台演出等违法违规行为。特别是加大了对音乐串吧的监管力度，促进了新兴文化业态的健康发展，有力地维护了娱乐演出市场正常经营秩序。2015年，市总队共查处娱乐演出市场违规案件37起。

（市场办）

【广电市场监管】 2015年，全市两级文化执法机构重点对设立非法电台的违法行为进行持续打击。全市共打掉非法电台221个，先后将两起设置“黑电台”案件的4名犯罪嫌疑人移交法庭。文化执法部门还参与侦办了非法销售卫星电视接收设施和境外电视网络接收设备的“10·20”案件。

（市场办）

【文物美术品市场监管】 2015年，沈阳市文化市场行政执法总队对全市196项257处市级以上文物保护单位进行定期执法巡查，印制了文物保护法律法规宣传单，进行普法宣传和防火防盗宣传，确保了文物安全。依法查处了铁西区某单位未经批准擅自修缮文物保护建筑案。同时，加强对美术品市场执法检查，查办了四起美术品市场违规案件，有力维护了文物美术品市场经营秩序。

（市场办）

【体育市场监管】 沈阳市文化市场行政执法总队对全市滑雪场、游泳场馆等高危险性体育项目经营场所进行了全面巡查走访，对涉嫌不合格场所下达了责令整改通知书，并依据《经营高危险性体育项目许可管理办法》，首次在体育市场作出罚款处罚案例，确保了高危险性体育项目经营场所的安全与稳定，实现了文化市场综合执法各领域的全覆盖。

（市场办）

【创新文化执法工作思路】 沈阳市“扫黄打非”办公室和沈阳市文化市场行政执法总队发起建立了东北和内蒙古地区“扫黄打非”暨文化执法协作城市联动工作机制。承办了首届三省一区“扫黄打非”暨文化执法协作城市联席会议，签署了《三省一区“扫黄打非”暨文化执法协作城市联动工作机制实施意见》，为东北和内蒙古地区“扫黄打非”和文化执法工作区域合作奠定了坚实的基础。

（市场办）

新闻出版

【概况】 截至2015年底，沈阳市属公开出版报纸18种，总印数为2.15亿份，定价总金额为1.38亿元，广告收入为1.51亿元，发行收入为4557万元；期刊出版38种，全年总印数为444万册，定价总金额为4125万元。此外，沈阳市属3家出版社共出版图书2049种，其中：新版图书1471种，再版图书578种，再版率为28%。内部报刊共72种，其中：报型18种，刊型54种，全年总印数为497万份（册）。全市共有各类印刷企业1357家，其中：印刷厂810家，打字复印单位547家，印刷企业总产值42.2亿元。全市共有出版物批发单位107家，零售单位809家，年销售码洋9.11亿元，年销售各类出版物7300多万册（盘）。截至2015年底，沈阳市共建成城市社区书屋856个，市财政共投入社区书屋建设资金832.3万元，购买图书64.08万册；每个社区书屋的可使用面积均在20平方米以上，具备了摆放书架（柜）、桌椅等设施和陈列、存放、阅读书籍的基本条件，社区书屋已全部向社区群众开放使用，发挥其传播先进文化、丰富群众文化生活的作用。

2015年，全市有13种期刊被省新闻出版广电局评为一级期刊，有26种期刊被国家新闻出版广电总局认定为A类学术期刊，《金属学报》被国家新闻出版广电总局评为2015年“全国百强期刊”。全年发行量超百万份（册）的报刊达7种，年产值5000万元以上印刷企业14家。沈阳市出版物发行行业已基本形成了多种经济成分、多种购销形式、多条流通渠道并存的出版物市场体系，成为东北地区图书、报刊、音像以及电子出版物批销中心。

版权执法监管力度不断加大。版权部门在加强日常监管的基础上，协调文化执法总队开展打击网络侵权盗版专项治理行动，继续深化巩固软件正版化工作成果和启动国有企业软件正版化工作，版权公共服务和社会参与体系基本建立。2015年收缴各类非法出版物10万余册（盘），查破出版物市场和网络案件68起，有效震慑了侵权盗版分子；推进软件正版化工作成效显著，在完成政府机关软件正版化工作的基础上，不断完善软件正版化长效机制，推动软件资产管理、经费预算、审计监督、年度检查报告、考核和责任追究等制度落到实处，确保软件正版化工作常态化、规范化；沈阳市权利人作品版权登记量达到6311件，设立了3家版权保护工作站，不仅有利于保障著作权人的合法权益，也将更好地服务于创新、创意、创业，更加有利于促进版权产业的发展。

（姚秀庆　侯锐　齐德江）

【新闻出版行业法律法规业务知识培训】 为全面贯彻落实十八届五中全会和习近平总书记系列重要讲话精神，深入学习马克思主义新闻出版观，市文广局于11月组织了全市新闻出版行业马克思主义新闻出版观暨法律法规业务知识培训，市属出版单位共120余名采编人员参加了学习培训。本次学习培训邀请了省内专家、学者，围绕马克思主义新闻出版观、新闻出版法规、新闻出版业务知识等进行授课辅导，教育和引导全市新闻采编人员自觉坚持党性原则、坚持正确政治方向，恪守职业道德，传播先进文化，不断提高业务能力和办报办刊水平。

（姚秀庆）

【编校质量审读】 为进一步提升报刊出版质量，除坚持日常例行性审读外，还组织了以专题评析、差错评审为主的专题审读，全年无一例导向错误、重大失实报道事件发生，保证了出版安全。7月，分别对全市12家高校报和新闻时政类、综合文化类等11种报刊的出版质量情况进行了抽检。在被抽检的12家高校报中，有10家报纸合格，2家未达标，合格率为83%；与2014年相比，有7家报纸质量有所提升，5家报纸质量有所下降。抽检的11家新闻时政类、综合文化类报刊全部合格，合格率为100%；与2014年相比，有6家报刊质量有所提升，3家有所下降，2家持平。

（姚秀庆）

【审读面对面活动】 市文广局组建了一支高素质、专家型审读员队伍，全年先后到《晚晴报》、《乐活老年》、《沈阳日报》等重点公开报刊单位及部分内部资料出版单位进行分类审读。审读员从“标题用词与规范”、“报头设置与统一”、“网络语言与运用”等方面做了分析点评和交流探讨，并就报刊的长远建设与发展提出了改进意见。事后及时将审读意见编印成《审读通讯》下发报刊单位学习指导，有效促进了全市报刊质量的不断提升。

（姚秀庆）

【优秀报刊评选】 为充分发挥优秀报刊的示范引导作用、促进全市报刊整体质量的快速提升，2015年，市文广局组织开展了“沈阳市第八届优秀报刊单项评选”活动，参选作品240余件。共设7个奖项，评出一等奖66个、二等奖66个。从上报的参赛作品来看，基本符合“紧贴时代、主题鲜明、特色突出、贴近民生、设计精巧、文图并茂”的要求。

（姚秀庆）

【城市社区书屋全覆盖】 2015年，沈阳市建成385个社区书屋，城市社区书屋建设任务已圆满完成。2013—2015年，沈阳市共建成城市社区书屋856个，实现了城市社区书屋全覆盖。市财政共投入建设资金832.3万元，采购图书64万册，其中：政经类15%，科技类10%，生活类25%，文化类25%，少儿类20%，其他类5%。

（张　兵）

【社区居民读书征文活动】 为纪念抗日战争暨世界反法西斯战争胜利70周年，进一步激发广大人民群众的爱国热情，沈阳市文广局充分发挥社区书屋的阵地作用，从4月开始，在全市社区中开展了“中国梦·我的梦”——纪念抗日战争暨世界反法西斯战争胜利70周年读书征文活动。各区、县（市）根据本地区的特点，开展了丰富多彩的读书、征文活动和演讲比赛。在此基础上，由沈阳市文化广电新闻出版局主办、沈河区文体局承办的“中国梦·我的梦”沈阳市第二届社区书屋读书活动优秀征文演讲比赛于12月22日在沈河区泉园街道御龙社区举行。

（张　兵）

【农家书屋读书征文活动】 2015年7月，市文广局与市教育局联合开展了2015年暑期“我的书屋，我的梦”农村少年儿童阅读活动。充分发挥农家书屋的阵地作用，开展农家书屋阅读实践活动，丰富农村中小学生校外文化活动，培养责任意识；引导全社会关心、关爱农村少年儿童的成长，营造快乐阅读，快乐成长的良好氛围，让农家书屋真正成为农村少年儿童的乐园。本次活动共征集征文100余篇，上报省新闻出版广电局15篇。

（张　兵）

【辽中县新华书店获得“全国文明店堂”称号】 中国书刊发行业协会从2014年5月起，在全国出版物发行行业中开展2013—2014年度“文明店堂”推选工作。2015年，辽中县新华书店获得“全国文明质量”称号，是沈阳市出版物发行行业在本届获此殊荣的惟一一家单位。

（张　兵）

档　案

【市城市建设档案馆新馆揭牌】 2015年9月29日，沈阳市市长潘利国出席市城市建设档案馆新馆建成揭牌仪式，并为新馆揭牌，随后参观了“沈阳城建摄影展”，视察了市城市建设档案馆查档接待大厅、档案库房等。潘利国指出：“城建档案对城市规划、建设和管理具有重要意义，市城市建设档案馆一定要继续发挥城建档案的独特价值和功用，为城市建设发展服好务。”市城市建设档案馆新馆位于浑南区沈本大街130号。项目占地1.22万平方米，建筑面积3.54万平方米，其中库房总面积约1.5万余平方米，为地上九层、地下一层钢结构建筑。项目于2013年10月23日开工建设，2015年6月完成全部施工。

（杨胜荣）

【家庭档案工作被列为全市培育和践行社会主义核心价值观重点工作内容】 沈阳市家庭档案工作被纳入市文明委《沈阳市以家庭为重点落细落小落实社会主义核心价值观工作方案》。市档案局联合市文明办、市妇联在全市开展“建档记家史 家和万事兴”家庭档案建设主题活动，开展“践行社会主义核心价值观社区行”活动，共举办6场宣传活动，28个社区、1个学校共1500余人直接参与；与市老干部局联合举办“沈阳市老干部著作展览”；与沈阳晚报联合举办“同叙全家福 共筑中国梦”——沈阳市全家福照片征集活动，共征集全家福照片297张。《家庭档案与培育和践行社会主义核心价值观问题研究》入选2015年度沈阳市哲学社会科学项目。

"创建家庭档案 凝聚社会正能量"案例入选中共中央宣传部组织编辑的全国《宣传工作创新百例》。

（马　鹰）

【"听沈阳老歌、看沈阳老纪录片、观沈阳历史展览"系列宣传活动】 5月20日，市档案馆在市政府新闻发布厅召开"听沈阳老歌 看沈阳老片 观沈阳历史展览"系列活动新闻发布会。5月25日至6月12日活动期间，4200余名市民走进市档案馆聆听《我们走在大路上》等4首沈阳老歌，观看《奉天城影》等11部沈阳老纪录片，参观"清末（1884－1911）奉天影像展览"等五大展览，参加《盛京城》等8场沈阳历史专题讲座。市档案馆首次面向社会公开招募24名志愿者，这也是市档案馆历史上第一批志愿者，在提供解说服务方面发挥了重要作用。市档案馆举办的"档案与你相伴"大型主题宣传活动被市直机关工委评为2015年市直机关第三季度最佳实事。

（张　琪）

【市档案馆公布审判日本战犯历史档案】 2015年，是中国人民抗日战争暨世界反法西斯战争胜利70周年，市档案馆深入挖掘馆藏抗战档案，先后分三批公布馆藏国民政府主席东北行辕审判战犯军事法庭判决书正本、日本战犯来沈参观档案、国民政府通缉日本战犯名单、"九一八"事变前日本侵华档案等50余卷300余页。在市政府新闻发布厅召开"铭记历史 珍爱和平——纪念抗战胜利七十周年馆藏历史档案文献公布"新闻发布会，公布新中国成立后日本战犯参观沈阳的档案及澳大利亚战俘档案文献等20卷（件）204页。中央电视台新闻频道"新闻直播间"栏目、辽宁电视台、辽宁日报、人民网、新华网等媒体都给予了宣传报道，引起社会各界广泛关注。

（王梓熠）

【智慧档案馆建设】 2015年，市档案馆制订《沈阳市智慧档案馆建设方案（2015－2017）》，智慧档案馆建设被纳入"智慧沈阳"建设总体规划，市财政投入502.5万元，支持市档案馆档案数字化和档案业务服务平台建设，批准2016－2019四年档案数字化专项资金上千万元。2015年，市档案馆档案业务服务平台一期项目已经完成，获市电子政务建设项目资金222.5万元。同时，市档案馆本着"利用优先、分步实施"的原则，有序推进智慧档案馆传统载体档案数字化进程。2015年，市档案馆完成馆藏档案全文数字化813万页（A4幅面）。市档案馆各类专题目录数据库已达1000余万条，全文数字化已近1000余万页，馆藏照片全部实现数字化管理，共计4万余幅，馆藏录音、录像档案转换制作完成3000余盘。

（张　琪）

【沈阳市六项档案科技项目获得省档案局科技立项】 2015年，辽宁省档案局印发《2015年辽宁省档案科技项目计划》，在全省获得科技立项的22个项目中，沈阳有6项，数量居全省各市之首。在获得立项的项目中，市档案局2项，中国建筑东北设计研究院有限公司2项，沈阳医学院、沈阳建筑大学各1项。

（王庆伟）

【档案征集】 市档案馆继续推进有关沈阳历史的老照片、老纪录片征集工作，通过多种方式征集老影视片20部，有关日俄战争、满洲事变等资料9部，其中征购到1928年张作霖皇姑屯被炸现场及张作霖葬礼影像资料进馆，该片是至今发现惟一张作霖被炸现场录像；征集著名作曲家铁源、词作家邬大为、著名军旅作家胡世宗等名人档案资料2000余件、全国劳动模范赵国有口述视频档案进馆；与市外办联合组成代表团到英国爱丁堡大学、法国国家图书馆等，征集到沈阳历史档案资料1162页（幅、件），填补了部分馆藏空白，从不同侧面反映了19世界末至20世纪前叶沈阳地区社会状况。

（袁德华　宋彬彬）

【印发档案工作重要文件】 中共沈阳市委办公厅、市政府办公厅联合印发《关于加强和改进新形势下档案工作的实施意见》（沈委办发〔2015〕32号）（以下简称《实施意见》）。《实施意见》包括健全完善档案工作体制机制、大力夯实档案工作业务基础、健全为民便民的档案服务体系、加大对档案工作的支持保障力度等四部分13条。《实施意见》的出台对于推动沈阳市档案事业全面发展具有重要意义。

（张　琪）

【《1884－1939沈阳影像》编辑出版】 《1884—1939沈阳影像》画册由市档案馆馆长荆绍福主编、沈阳出版社2015年4月出版，是关于沈阳城1949年前照片最系统、数量最大的大型精美画册。该画册包括城图城垣、宫殿陵寝、区街广场、河流水系等十个部分，选用照片326张，其中距今时间最久远的照片已有130年，超过100年的多达176张，一些照片更是首次面世。该画册是沈阳城市历史形象的一次集中展示，是了解沈阳历史、学习沈阳历史、研究沈阳历史的优秀书籍，极具史料价值和收藏价值。

（张　琪）

【"穿越历史 梦回盛京"系列档案宣传活动】 6月12—17日，市档案馆与沈河区档案馆联合在中街兴隆大家庭举办"穿越历史 梦回盛京"系列档案宣传活动，这也是市档案馆首次在馆外举办大型宣传活动。活动内容包括：搭建60平方米的影像屋，播放《中街谈往》光盘片；利用共享大厅巨型显示屏播放《东北大学校歌》、《奉天影像》等老歌、老片；举办"20世纪上半叶中街影像"展览；解读沈阳历史老照片，发放档案宣传品，制作发送手机微信宣传海报。此次宣传活动内容丰富，形式新颖，贴近市民，深受百姓欢迎。

（马　鹰）

广播·影视

【安全播出监管】 加大对系统安全播出管理力度，在元旦、春节、全国"两会"

等重要保障期或敏感期，安排值班，并根据上级部署提出具体要求和工作措施。按照属地管辖的原则对所属的播出或传输机构进行监管，确保了重要保障期全市系统安全播出，无重大责任事故。

（孙茂双）

【村村通基础设施建设】 一是全力推进新民、辽中、康平三县（市）有线电视网络升级改造建设。积极参与并推动与电信等网络部门的技术合作，及时组织解决遇到的实际问题，对建设情况进行跟踪指导和督查，保证网络升级改造工作取得显著进展，三县（市）部分乡镇完成数字化双向改造的任务。二是对尚未通达的村户继续实施“补缺工程”。2015年完成了两县、区20户以上未通电盲村和20户以下已通电盲村5372户建设任务，购进的材料已经发放到区县进行安装。

（孙茂双）

【沈阳市广播电视监测中心改造工程】 2015年，沈阳市广播电视监测中心改造工程完成了监测设备数字化改造项目，实现了对适合区县市播出的模拟节目信号和数字信号的全监测，实现本地区广播电视播出节目内容的长时间储存，完善安全播出的技术监控，对广播电视的停劣播实现及时报警，实现部分节目播出质量、内容实时监测。

（孙茂双）

【英语听力测试保障和马拉松赛事保障】 2015年，市文广局成立听力保障协调机构，与各区县积极沟通，顺利完成了中、高考期间听力测试工作。国际马拉松赛事期间，协助中央电视台确保马拉松赛事直播顺利进行。及时、逐项地协调和解决部分频道占用和信号干扰等技术问题，保证了央视马拉松赛事高清画面直播。市文广局获马拉松赛组织工作突出贡献单位称号。

（孙茂双）

【农村数字电影流动放映技术培训】 2015年4月和10月，沈阳市文广局举办了2次“沈阳市公益电影放映暨农村数字电影流动放映技术培训班”，来自全市12个区、县（市）和放映单位的电影放映负责人、放映员共140余人次参加了培训。培训班邀请了清华同方和北方联合传媒集团专家进行授课，系统培训了影片订购流程、监控平台有效场次核定、指定影片播放规则、技术故障排除和设备维修保养等专业知识。浑南区文体局、康平县电影公司、新民文体局及辽中县文体局代表还就本单位公益电影放映工作做了经验介绍。

（孙茂双）

【抗战电影研讨座谈会】 2015年9月15日，“纪念中国人民抗日战争暨世界反法西斯战争胜利70周年——抗战电影研讨座谈会”在沈河区文化馆举办，会议由沈阳市委宣传部、沈阳市文广局主办，由沈河区文体局、辽宁九瀛数字电影院线有限公司承办。会议主题是勿忘国耻·铭记历史·振兴中华。会议精选历年来有代表性的“地道战”、“浴血太行”、“南京南京”等抗战影片，从影片思想性、艺术性和观赏性等方面进行研讨，总结出历年抗战电影创作及观众欣赏水平的变化，为更好地发挥抗战影片的教育意义提供参考。

（赵百龙）

【非法销售卫星电视接收设施专项整治行动】 2015年11月，为了配合全国开展非法境外电视网络接收设备专项整治行动，沈阳市共查缴1700余箱地面卫星接收设施，共计2万余套。行政拘留31人，批捕2人。全市擅自安装使用卫星电视地面接收设施的现象得到了有效遏制。

（王 亮）

【“百万市民看电影“活动】 2015年，沈阳市首次将农村公益电影放映纳入对各区、县（市）绩效考核项目之中。为提高农村公益电影放映质量和服务水平，全年共举办了两期“农村数字电影流动放映技术培训班”，全市12个区、县（市）和放映单位的电影放映负责人、放映员约150人参加了培训。筹划、组织了“元旦春节欢欢喜喜过大年”、“庆祝抗日战争胜利七十周年”等8项主题放映活动，抗战影片放映6000余场。“百万市民看电影”活动城乡累计放映2.35万场，观众达400万人次。

市文广局与沈阳市邮政公司进行战略合作，把全市10个区、县（市）34个乡村邮政网点定为冬季公益电影放映的室内场所，进一步创新服务方式，拓展服务内容，最大限度地丰富百姓冬季精神文化生活。

（王 亮）

·沈阳广播电视台·

【概述】 2015年，沈阳广播电视台树立以受众为中心的工作导向，坚持正面宣传，做好民生服务，提升节目质量，加快与新媒体融合步伐，扩大沈阳广播电视台主流媒体的公信力和影响力。新闻宣传圆满完成纪念抗战胜利70周年报道，激发全市上下的爱国热情；策划“大众创业，万众创新”主题报道，全景展示沈城“创客”艰辛创业、大胆创新的奋斗历程。民生报道由监督民生向服务民生转变，在子女失散、大病救助、失物招领、供暖供水等方面，为有需要的群众积极报道呼吁。通过走访、调研、座谈等多种形式，与社区居民“零距离”。成功举办多项大型活动，首届沈阳微电影大赛，扩大了全台影响力；“发现新主播”主持人选拔赛吸引了来自全国各地的2000多名选手参加；“盛世牡丹——京津沈鼓曲交流演唱会”成为建国以来集最多鼓曲品种于一台的演出。收听、收视率成绩显著，交通广播全年收听指数综合指标在辽沈广播媒体中排名第一位，新闻广播《星光夜话》节目始终位居辽沈地区同时段收听第一位，新闻频道全年平均收视在辽沈地区落地频道中排名第二位，经济频道保持晚间黄金时段地面收视排名第二位。交通广播、都市广播被中国广播电视协会授予“全国广播民生影响力十强品牌媒体”荣誉称号；“大众创业，万众创新”系列微剧获得全国广播微剧大赛最佳团队奖；广播连续剧

《新铁道卫士》被辽宁省委宣传部列为本年度全省文艺精品工程，获得国家级奖项“中国广播影视大奖”。

（陈　萍）

【新闻报道求新求变】　围绕全市中心工作，沈阳广播电视节目做到了“主题宣传声势大、新闻报道创新多”。制作12集电视专题报道《沈阳再调查》聚焦沈阳发展大局，用纪实性手法展示典型案例，直观展示问题所在，用虚拟、图文呈现抽象数据，权威解析发展症结。联合哈尔滨、长春、大连共同推出百集广播系列报道《振兴十年》，以“大东北”的视角，展示了东北各地十年来特别是近五年的发展成就。对全国、省、市“两会”报道实现零差错、无纰漏、有创新。6集电视报道《“两会”报告解读》全新创意，主持人分演播区生动解析、虚拟技术辅助呈现，是《沈阳新闻》栏目在“两会”报道中的首次尝试，受到市人大常委会、市政协、市委宣传部的好评。

（陈　萍）

【开展纪念抗战胜利70周年系列主题宣传】　2015年是中国人民抗日战争和世界反法西斯战争胜利70周年，沈阳广播电视台全力打造舆论氛围。参与制作了60集电视纪录片《血铸河山》，组织东北地区部分城市台策划制作了28集电视纪录片《英雄》，策划推出了20集电视专题报道《不能忘却的记忆》，用电视手段呈现了史诗般的抗战历史，展现了中华民族不屈不挠的民族精神。联合哈尔滨、长春、大连于9月18日当晚在沈阳进行《纪念抗日战争胜利70周年东北四市大型互动直播》。历时两个小时的直播以纪念活动现场直播、珍贵史料呈现、专家讲述、记者连线报道等多种形式，全面展现1931年—1945年东北人民的苦难史、抗争史，宣传东北人民在中国共产党的领导下取得抗战胜利的伟大壮举。四台还推出了广播系列报道《纪念抗日战争胜利70周年东北四城市百集系列报道——东北抗战》，以东北各地抗战典型人物、典型事件为素材，报道东北人民在中国共产党领导下，与日本侵略者展开坚决斗争并最终取得胜利的历程。制作“抗战老兵的勋章故事”系列广播节目，由抗战老兵从习近平主席手中得到的勋章切入，展开一段段鲜为人知的故事，告慰先辈，警示后人。

（陈　萍）

【民生节目扎根社区】　沈阳广播电视台走进社区，搜集新闻线索，寻求发展良策。新闻频道开展“回家”——社区大调研活动，2015年走访社区213个，征集社情民意和建议意见2万多条。设立了460家社区记者站，月供稿量超过500条，以新闻报道或游动字幕形式采用的超过100条，丰富了新闻频道的信息来源与节目样式。《看今天》栏目的《社区帮忙团》和《社区维权》两个版块，共帮助市民解决难题1400多个。《沈阳新闻》栏目的《社区故事》专栏和《看今天》栏目的《社区大明星》专栏共展示了200多个先进人物典型或团队典型。新闻广播2010年打造的品牌活动“走进社区幸福生活”主题活动自开办以来，深入全市476个社区推广、宣传新闻频率，开展社区演出215场、社区书画摄影作品展108场。

（陈　萍）

【《沈阳新政》专栏】　沈阳广播电视台《沈阳新闻》节目以“时政新闻民生化”为指导，首次推出常设性专栏——《沈阳新政》，通过虚拟、图文、访谈等方式，第一时间发布各类政策信息、解答百姓的政策疑问，在政府发布的议题和市民关注的议题之间找到关联点，成为百姓政策咨询的新窗口。2015年制作播出100多期电视节目，并实时传送到沈阳广播电视台官网和沈阳市政务公开服务网。

（陈　萍）

【《回家过年》春节特别节目】　羊年春节来临之际，沈阳广播电视台创新节目形式，倾力打造了低成本、高质量的春节特别节目——《回家过年》，以“温暖人心”为主调，以“回家过年”为情感脉络，特别构思了曾经活跃在荧屏却已淡出人们视线的沈阳籍明星和平凡岗位的沈阳人两条线索交织结构。节目将父母期盼、游子思乡，“我要回家”和“等你回家”的互动情感层层展开。节目播出当天，取得了3.44%的收视率，最高收视点达到了5.38%，在沈阳落地的所有电视媒体中同时段排名第三。

（陈　萍）

【广播剧《新铁道卫士》获中国广播影视大奖】　沈阳广播电视台坚持广播剧精品创作，重点生产的6集广播连续剧《新铁道卫士》，被辽宁省委宣传部列为2015年度全省文艺精品工程，获得国家级奖项“中国广播影视大奖”。该剧讲述抗美援朝期间辽沈地区隐秘战线保卫铁道线的反特故事。为了写好这部戏，都市广播原创团队三次赶赴沈阳至丹东铁道线上的长岭隧道一带实地探查，采访当年抗美援朝往事见证人，把当代流行叙事元素融入剧情，并实地采录老式列车等个性音效，使人物和情节更加丰满，直接形象化宣传爱国主义，弘扬了民族精神。

（陈　萍）

【举办“爱在后备箱”大型公益活动】　“爱在后备箱”是东北地区首次由媒体发起的一项公益活动。FM98.6面向沈阳，向全市发出倡导，号召社会爱心人士义买义卖，所得款项全部交由沈阳市教育基金会专户存储，用于购买收音机捐献给新疆塔城地区牧场的儿童。6月14日活动当天，现场共有120多台私家车、30多家爱心企业参与义卖，6000人次参与义买，400多名志愿者参与志愿服务，筹集善款超过15万元。10月，“爱在后备箱”活动募集善款所换购的2300多台收音机和50多台多媒体播放设备送达塔城地区各个牧场和教育局。

（陈　萍）

【京津沈鼓曲交流演唱会】　为促进曲艺艺术的传承与发展，推动和活跃沈城百姓文化生活，沈阳广播电视台携手沈阳市曲艺家协会成功举办“盛世牡丹——京津沈鼓曲交流演唱会”，特邀刘兰芳、王双福等艺术名家，现场表演东北大鼓、太平歌词、评书等精彩节目。这些演员不仅都是全国一流的鼓曲演员，而且几乎每个人都是一项鼓曲文化遗产的传承人，精彩的演出受到了鼓曲爱好者的热烈欢迎。

（陈　萍）

【《与文明同行》——沈阳城市文明微电影大赛】　《与文明同行》——沈阳城市文明微电影大赛由市委宣传部主办、沈阳广播电视台全程策划组织，收集参赛作品超过300部，参与人群涵盖了沈阳各大媒体单位、各大专院校和社会的众多影视制作机构。同时，还举办了《沈阳首届微电影与主流文化》高峰论坛，不仅从北京请来电影方面的专家冷冶夫，还邀请到市委宣传部、市文联、市文化局的领导以及移动、联通、地铁、公安、大辽网、新浪辽宁以及辽沈地区众多影视方面的专家、单位和各大学的影视专业负责人，共议微电影发展和城市文明建设的主题。

（陈　萍）

【"发现新主播"主持人选拔赛】　沈阳广播电视台举办的"发现新主播"主持人选拔赛，从9月初开始，历时三个多月，共有来自全国16个地区的2000多位选手参赛。经过海选、复赛、晋级赛、面试、总决赛等多轮比拼，最终有29位选手脱颖而出。大赛为沈阳广播电视台播音主持岗位补充了新鲜血液，为广播电视事业的长远发展注入了活力。比赛过程中，现职主持人与参赛选手相互切磋播音主持技艺，沟通工作心得，使台内业务研讨氛围空前高涨。此次大赛具有原创性，许多形式和内容都是首次采用，也是招人选人机制的有益尝试。

（陈　萍）

【搭建新媒体业务支撑平台】　沈阳广播电视台新官网全新上线，并面向移动互联网开发运营。新官网的上线，结束了广播和电视网原来只限于的物理链接，使台官网成为独立的、统一的、完整的广播电视台官网，也回归了媒体属性，并实现了微博、微信与网站的互联互通。台官网整合了全台各频道频率的微博、微信集中发布，下步可随意多渠道互动，形成聚合效应，并已通过"盛京在线"切入移动终端用户手机应用中。各频率频道也充分利用微信平台吸引受众，微信粉丝量激增，实现节目在广播电视上和微信上的同步直播，吸引受众通过新媒体积极参与到节目中来。

（陈　萍）

【加大广告经营业务开拓力度】　沈阳广电传媒集团通过定制营销、整合传播、服务升级等一系列创新的销售手段，实现内容与营销的融合，满足客户多样化的传播需求。《沈视TV购》品牌价值再升级，其衍生出的喜乐购、大牌秒杀会、TV粉丝会、欢乐嘉年华等一系列子品牌，均以其定位精准、市场细分而收效显著。对康师傅品牌年度销售策略，推出《为梦想坚持——康师傅农民工子弟圆梦校园平板支撑大赛》，持续两个月的比赛横跨全市10所高校，吸引参赛选手2000余人，现场互动人数近万人。中盛华艺公司全年举办12场万人相亲大会，每场参与人数都在1万人以上，成为沈城广大的单身人士和广大市民最受欢迎的大型活动。多媒体工作室与市总工会联合推出了大型职工职业竞技类节目《超级技工》，为公司化试水迎来了良好开局，仅用6个月的时间，完成了节目的策划、录制、剪辑和播出，实现了经济效益和社会效益双丰收。

（陈　萍）

卫 生 · 体 育

卫 生

·综 述·

【医药卫生体制改革】 2015年,沈阳市医改工作持续深入推进,省、市确定的绩效考核任务全部落实到位,医改重点任务取得明显成效。

1.加快健全基本医疗保障体系。2015年,全市城镇职工、城镇居民医保参保率达到96%以上,新农合参合率保持在99%以上;各级财政对居民医保和新农合补助标准提高到每人每年380元;继续开展城乡居民大病保险工作,新农合筹资标准达到25元,城市居民筹资标准达到30元;完善城乡医疗救助制度,取消救助起付线,提高救助封顶线,出台了《沈阳市疾病应急救助办法》,与救助政策衔接,提高农村特困居民大病报销水平。

2.积极推进公立医院改革。2012年,沈阳市率先在全省启动新民市中心医院综合改革试点,2014年,在全省率先实现县级公立医院改革全域覆盖。2015年,县级中医院全部启动改革,药品(不含中药饮片)实行零差率销售,同时推进管理体制、补偿制度、人事、收入分配等综合改革,至此,全市"十二五"医改确定的县级公立医院改革任务全部完成。制订了《2015年沈阳市医疗机构对口支援工作实施方案》和《沈阳市卫生计生委关于印发全面提升县级医院综合能力实施方案的通知》,深入推进对口支援工作,开展2015年城乡医院对口支援督导检查暨城市医生申报高级(副高)专业技术资格前到农村服务考核鉴定工作。全面贯彻落实住院医师规范化培训制度,2015年共培训各类医技人员793名。启动医联体建设试点。出台了《2015—2017年沈阳区域医疗联合体系建设实施方案》,2015年共建设医联体9个。出台了《沈阳市医师多点执业实施方案》,保障全市医师多点执业工作顺利开展,促进优质医疗资源平稳有序流动,2015年有408名医师申请多点执业。

3.巩固完善基本药物制度和基层医疗卫生机构运行新机制。基本药物制度平稳实施,全市共采购基本药物1.17亿元,涉及药品870个。各地区将基层医疗卫生机构专项补助及经常性收支差额补助纳入财政预算,并及时足额拨付;同时,省3711万元、市2000万元对基层机构实施基本药物制度的奖补资金共5711万元也全部到位,有力保障新机制的运行。基层医疗卫生机构进一步转变服务模式,各地区采取多种方式,主动服务区域内百姓,家庭医生签约工作成效明显,共签约14万户、23.10万人。加强基层卫生人才培养,在三县一市选派了40名骨干医生、护士到三甲医院培训。乡村医生培训进一步加强,2015年共培训乡村医生2354人次。

4.相关领域改革扎实推进。积极推进完成省市政府绩效考核下达的年度农村改厕任务,落实了市改厕专项资金3640万元,全面完成2.6万座农村卫生厕所任务通过省优秀验收。制定了《沈阳市创建"国家卫生城市"暨"国家健康城市"工作规划》,积极筹备沈阳市"双城双创"动员大会。落实人均公共卫生服务经费提标工作,从2014年的35元,提高到2015年的40元。

(卫计委)

【卫生应急管理】 按照市政府的部署,市卫计委积极征求市经信委、市财政局等25家相关部门意见,对全市的《沈阳市突发公共卫生事件应急预案》进行了修订,并于2015年6月25日由市政府发布。

2015年9月,在不事前通知的前提下,市卫计委以"中东呼吸综合征等传染病疫情防范"为题目随机拉动各区县防疫应急队伍,在最短时间内赶到演习现场开展实战演练。各区县卫计局共派出13支疾控应急机动队伍,市疾控中心派出10名传染病防控技术专家对演练过程进行了全程考核,共计150余人参加了演习。通过此次全市应急机动队随机拉动演习,有效提升了沈阳市突发公共卫生事件快速应急响应、疫情控制、流调报告书写等能力,疾控人员进一步熟练掌握中东呼吸综合征等常见呼吸道传染病防治方案与防控工作流程,增强了对传染病突发公共卫生事件的防控能力,做好应对秋冬季呼吸道传染病防控工作的充足准备,全力保障全市公共卫生安全和人民的健康。

(卫计委)

【妇幼卫生】 2015年,全市的妇幼健康服务工作以《两个规划纲要》指标要求为核心,不断完善妇幼卫生工作,深入开展重大公共卫生服务项目等多项工作,全面完成了省、市政府绩效考核及目标责任状的各项工作指标。

1.国家重大妇幼公共卫生项目顺利推进。全年农村孕产妇住院分娩补助9603人,补助受益率为96.78%;农村孕妇免费补服叶酸新增人数为1.66万人;(苏家屯区)开展免费宫颈癌检查1.0万人,开展免费乳腺癌检查3011人,全面完成项目方案要求。

2.孕产妇和婴儿死亡率得到有效控制。一是组织全市产科和节育人员培训和考核。共有70余家产科单位及15家妇幼保健机构的2400余人参加。二是注重发挥市妇婴医院和市儿童医院作为孕产妇和儿童急救"绿色通道"的作用。全年市妇婴医院共抢救危重孕产妇45人,抢救成功率100%;市儿童医院共抢救重危儿童366人,抢救成功率99%以上。三是预防艾滋病梅毒乙肝母婴传播工作进展顺利。四是邀请省内知名妇产科专家和儿科专家组成沈阳市孕产妇和儿童死亡评审组,召开市级评审会,通过对死亡病例进行讲评和分组讨论,找出了致死因素,及时总结经验和教训,促进妇幼卫生服务技术水平不断提高。2015年,妇幼健康服务各项指标全面达标,全市孕产妇死亡率为9.01/10万,婴儿死亡率为3.91‰,高危孕产妇管理率为100%,高危住院分娩率为100%。孕产妇系统管理率为92.57%,产后访视率为93.45%,儿童系统管理率为94.02%。

3.实施妇幼健康优质服务示范工程和降低出生缺陷干预工程,有效预防和控制了出生缺陷。通过加大宣传力度,积极营造社会舆论氛围;通过规范开展孕前保健工作,保障服务质量;在全市范围内实行免费婚前医学检查,推行婚育综合服务平台建设;充分利用市妇女儿童保健中心的技术优势,积极引导群众进行科学孕检,不断拓展服务功能,减少出生缺陷的发生。通过创建妇幼健康优质服务示范工程,全市妇幼健康服务水平得到较大提高,和平区被省卫计委推荐参加国家级评审。

(卫计委)

【规划发展】 编制发展规划。依据《中共中央关于全面深化改革若干重大问题的决定》、《中共中央国务院关于深化医药卫生体制改革的意见》、《国务院关于促进健康服务业发展的若干意见》、《卫生部关于做好区域卫生规划和医疗机构设置规划促进非公立医疗机构发展的通知》、《辽宁省卫生资源配置标准(2012—2015年)》、《沈阳市国民经济和社会发展第十三个五年规划纲要》等文件精神,在充分借鉴先进省、市的规划编制经验基础上,结合沈阳工作实际,编制完成了《沈阳市基本公共服务体系发展规划(2013—2017)》实施情况评估及《2015—2020年沈阳区域卫生规划》,初步形成了《沈阳市卫生计生事业发展"十三五"规划》征求意见稿。

推进项目建设。扎实推进市公共卫生服务中心、市一院二期、市儿童医院二期,市胸科医院二期、市精神卫生中心二期、市第九人民医院职业中毒救治中心、市红十字会医院(老年病医院)综合病房楼、市骨科医院改扩建停车场工程、市第六人民医院病原污染物品洗消服务中心、市中医院改造城建档案馆和市口腔医院牙病防治改造等11个市级医疗卫生重点项目建设。全面推进基层医疗卫生机构项目建设。2015年建设项目5个。其中:浑南区、于洪区、大东区妇幼保健计划生育服务中心3个项目完成采购;未开工项目2个,于洪区人民医院基建项目正在办理初步设计等前期建设手续,皇姑区(购置孕前优生健康检查设备)正在办理采购手续。

(卫计委)

【信息化建设】 市区域人口健康信息平台项目工作:新的可研报告通过审批,进行PPP方案编制和报审工作,已完成平台建设内容初步工期排布。区、县级平台也在建设中,13个县、区已经建成5个平台。新农合居民健康卡进展情况:全市13个区、县有11个区县有发卡任务。8个区县已签订合同,3个区县未签订。基层医疗卫生机构管理信息系统工作:除浑南区、于洪区和新民市3个区县未完成招标采购外,其他区县全部完成招标采购,设备安装调试到位。网络建设13个区县全部实现了互联互通,可以实现基层系统应用和数据上传。截至2015年底,和平区和辽中县已应用基层系统公共卫生模块录入健康档案,和平区录入3.13万份,辽中县录入3.69万份,其他区县正在推进。经与东软公司沟通,同意免费对沈河区开放基层系统接口,沈河区真正做接口对接,2016年1月末实现上传数据。同时,各区县正在按照省卫计委要求进行省平台与各区县新农合系统对接,浑南、康平、法库、沈北、苏家屯能够实现异地转诊。

(卫计委)

·卫生监督·

【加大监督执法力度】 全面贯彻落实国家卫计委《关于切实加强综合监督执法工作的指导意见》精神,以构建"职责明确、网络健全、执法有力、群众满意"的监督执法体系为目标,按照"资源共享、优势互补、上下联动、整体推进"的工作原则,加强综合监督执法能力,在机构改革中促进监督队伍整合,通过市区联动、网格化监管、监督协管等平台资源,着力构建横向到边、纵向到底、覆盖城乡的综合监督网络体系。2015年,开展打击非法行医专项行动、蓝盾行动、医疗织物清洗等各类专项整治150余次,累计立案处罚违法单位700户次,罚款60余万元,取缔黑点64个。

(卫计委)

【提高监督人员综合素质】 联合市总工会成功举办了"沈阳市卫生监督技能大赛",市级竞赛的4个单项一等奖申报了市级"五一劳动奖章",沈阳市在全省大赛中荣获团体第一名以及4个单项中的3个单项第一名的优异成绩,沈阳市3名卫生监督人员(全省共计4名)代表辽宁省参加全国大赛,1名人员荣获公共卫生监督专业竞赛全国第一名,被授予"全国卫生计生综合监督技能标兵"称号,并获得"全国五一劳动奖章",另外2名人员分别获得个人竞赛三等奖以及优秀奖。加强与新闻媒体沟通配合,发挥媒体舆论导向作用,通过各类新闻媒体累计宣传316次,国家、省信息平台40余次登载沈阳市工作动态、信息。加大综合监督队伍培训力度,编纂更新《综合监督执法工作指南》、《医疗法律法规全书》等业务用书,通过网络学习、现场指导、集中授课、分组讨论、实地演练、轮岗培训、专家点评等形式开展全市监督人员培训,切实提高监督人员综合素质和工作水平。开展廉政勤政教育,落实《加强医疗卫生行风建设"九不准"》要求,发布《沈阳市卫生计生综合监督执法十大禁令》,规范执法行为,做好重大案件的督查督办,累计开展各类培训100余次,培训各类人员3000余人次。

(卫计委)

【实施手持执法终端现场执法】 针对2014年省级审批监管权限下放后平台系统档案进行清理和更新,严格执行省级考核规定。2015年,完成监督执法1.55万户,全市综合监督覆盖率达到100%。多方面培育综合监督技术支持体系,2015年7月1日前,全市一线监督员配备手持执法终端223台,并全部使用执法终端进行现场执法,全面推动综合监督工作数字化、网络化、智能化发展。全面开展综合监督协管服务,覆盖全市乡镇(街道)以及村屯(社区)。

(卫计委)

【法律法规检查】 按照国家卫生计生委《卫生计生重要法律法规监督检查工

作规划(2014—2017年)》要求,2015年对《献血法》、《精神卫生法》和《护士条例》、《人体器官移植条例》、《公共场所卫生管理条例》2部法律、3部法规落实情况开展监督检查,全面了解相关法律法规在沈阳市贯彻落实情况,客观评价工作成效,分析存在的问题和薄弱环节,早准备、早部署,发挥各相关部门的作用,共同做好此项工作,2015年6月15日,国家综合监督局赵延配专员一行对沈阳市法律法规落实情况监督检查工作进行督查,全市工作受到国家督查组的充分肯定和认可。

(卫计委)

【医疗卫生行业监管】 开展医疗卫生专项监督检查,以开展妇产科、泌尿外科、不孕症诊疗科目的综合医院、专科医院(含民营医院)为重点,结合医疗广告、互联网信息和举报线索,加大对人类辅助生殖技术服务监督执法力度,完成了对147家妇幼卫生相关机构监管全覆盖,责令改正17户次,立案查处2户次。巩固进一步整顿医疗秩序打击非法行医专项行动工作成果,继续开展打击非法行医、非法采供血及"两非"行为,取缔各类黑点64个。做好医疗机构发布医疗广告和互联网医疗保健信息服务监管工作,做好医疗广告审查工作,及时发现并处理违法违规行为,全年监测报刊媒体1.06万余版,查处违法发布医疗广告案件39件。加大1家采供血机构(沈阳市中心血站)以及全市76家临床用血医疗机构专项检查力度。开展精神卫生机构专项监督检查,针对4家违法违规机构进行了处罚。加强民营医疗机构监管,促进健康发展,共完成2265户次民营医疗机构的日常监督检查,警告17户次、责令整改45户次,罚款37户次。

(卫计委)

【传染病防治监督】 开展覆盖2986家医疗机构的传染病专项监督检查,检查所有二级以上综合医院、结核病防治专科医院和开展血液净化、口腔诊疗的医疗机构以及30%基层医疗机构,消毒制度落实情况,医务人员培训情况,医疗用品、器械消毒、灭菌情况,消毒产品进货情况,传染病病人、疑似传染病病人消毒隔离措施落实情况,基层医疗机构安全注射情况,针对38家违法违规机构进行了处罚。按照2015年传染病防治重点监督检查计划要求,开展全市传染病防治监督检查。继续开展国家传染病防治监督综合评价试点工作,建立科学合理的监督评价体系。完成了对市属22家血液透析诊疗单位及省属8家血透诊疗单位血液透析处理水和透析液的抽检。对723家机构开展口腔诊疗器械消毒效果检测专项监督检查,覆盖率100%。全市范围内开展了医疗机构织物清洗消毒卫生监督专项检查,建立了《医疗机构织物清洗卫生监督管理档案》。

(卫计委)

【学校综合监督】 开展学校重点监督检查,落实好"高校卫生,蓝盾护航"行动,完成全年学校重点工作计划,重点监督检查学校教学环境、传染病防控、生活饮用水以及学校内公共场所、医疗机构等,抽检教室采光照明和水质,开展学校卫生综合监督评价,着力解决中小学校生活饮用水卫生安全隐患。开展沈阳市高等院校监督量化分级动态管理,对全市38所高等院校进行量化分级管理,2015年3月至6月,开展评定并反馈结果,7月召开市级评定结果通报会议,8月将评定结果上报省卫生计生委,由省卫生计生委、省教育厅公示评定结果,提高学校卫生管理水平。

(卫计委)

【生活饮用水监管】 完成国家生活饮用水卫生重点监督检查工作,重点检查市政供水、自建供水和二次供水等单位的卫生管理制度落实、贮水设施清洗消毒、水质消毒、水质检验等情况,对全部市政水源井的卫生防护情况进行检查,现场检测出厂水消毒剂余量等6项指标,全市共检查供水单位2146户。组织开展农村日设计千吨以上供水单位专项检查,共检查水厂17户,水源井48眼,摸清本底,掌握资料,树立供水单位责任意识。加强对市政备用水源卫生监管,对卫生管理、供水设施、清洗消毒、水质检验等进行检查。继续组织开展生活饮用水抽检工作,共抽检饮用水347份,排查供水隐患,保障市民用水安全。完成国家设计日供水千吨以上城乡集中式供水卫生监督档案信息自查工作。

(卫计委)

【公共场所监督检查】 重点监督检查游泳场所、住宿、沐浴、美容美发等公共场所以及集中空调通风系统的卫生管理制度落实情况,抽检室内空气、顾客用品用具、水质以及集中空调通风系统卫生质量。继续推行游泳场所、住宿、沐浴、美容美发四类公共场所量化分级管理工作。加强生活美容机构综合监管,杜绝非法开展医疗美容行为。提高餐饮等公共场所以及商场内置项目卫生许可办证率、持证率。实行重点公共场所相关信息公示制度。加强公共场所经营者、管理者培训,提高守法经营意识,规范合法经营行为。开展"场所卫生,蓝盾护航"行动。

(卫计委)

【职业放射卫生监管、健康体检机构管理】 加强对职业健康检查、职业病诊断与鉴定工作的监督管理,开展全市职业健康检查报告评查工作,提高报告质量。规范职业病诊断鉴定程序,提升职业病诊断鉴定水平。认真履行职业病报告义务,提供优质服务。开展放射卫生技术服务机构专项整治,对机构资质、技术服务工作情况进行监督检查。强化放射诊疗建设项目职业病危害评价情况监督,初步探索放射实践正当化和防护最优化监管方法。开展"放射诊疗,蓝盾护航"行动。加强从业人员健康体检机构建设,统一工作软件,及时上报体检数据,加强人员培训,提高服务水平。

(卫计委)

【健康相关产品监督管理】 开展消毒产品生产企业专项整治,完善生产企业监督档案,检查生产企业卫生许可资质、厂区环境与布局等情况。开展消毒产品规范性检查,摸清企业产品底数,重点检查第一类、第二类消毒产品情况。做好涉水产品重点监督检查,检查输配水设备、防护材料、水处理材料、化学处理剂和水质处理器的生产经营单位、在华责任单位或水厂。监督检查现制现售饮用水自动售水机的应用现场,抽检产品卫生质量。全面深化对健康相关产品生产企业的日常监管,强化经营单位的监管,排查隐患,保障消毒产品、涉水产品卫生安全。

(卫计委)

·医政管理·

【医院管理及医疗服务】 起草完成《2015—2017年沈阳市医疗机构综合管理评价评测实施方案》。拟于2015年到2017年,以全面推进全市医院运行管理和绩效评价为目标，通过政府主导、第三方实施的方式，在全市范围内实施医疗机构综合管理评价评测，促进医院管理科学化、规范化、精细化。

开展大型医院巡查工作。制订了《沈阳市大型医院巡查工作实施方案（2015—2017年度）》，内容包括反腐倡廉建设，贯彻落实医疗卫生行业行风建设“九不准”；引导医院以公益性为核心，健全管理制度，提高医疗服务水平，保证医疗安全、提高服务效率、改善就医体验。要求医院严格执行国家财经法律法规和制度规定，严格财务管理，加强成本核算与控制，并对运营绩效进行评价。以加强卫生计生行业行风建设、落实党风廉政建设主体责任。于2015年12月，由市卫计委党组成员带队组成七个大型医院巡查工作组，对全市登记管理26家公立医院按照巡查方案要求内容的落实情况进行第一轮巡查。

实施沈阳市医师多点执业工作。制发《沈阳市医师多点执业实施方案》，召开全市医师多点执业启动大会，全面放宽医师执业注册地点的限制，简化医师执业注册申请和多点执业备案管理方式，促进医师依法执业、诚信执业，持续提升技术水平，推动建立规范、有序的医疗市场秩序。

医师资格考试严格准入管理。顺利完成2015年全国医师资格考试组织和考务管理工作。完成全市3108名考生和省内外市961人考试任务，得到了国家、省巡视组的一致好评和肯定。

推进改善医疗服务行动计划，制订《进一步改善医疗服务行动计划实施方案》。自2015—2017年，利用3年时间，在全市各级各类医疗机构全面实施进一步改善医疗服务行动计划，努力做到让人民群众便捷就医、安全就医、有效就医、明白就医、医疗服务水平明显提升，人民群众看病就医感受明显改善，社会满意度明显提高，医患关系更加和谐。推进同级医疗机构检查、检验结果互认。印发《2015年医疗机构间医学检验、医学影像检查结果互认名单》，全市43家医疗机构实现影像结果互认，152家医疗机构实现检验结果互认。

在全市范围内开展沈阳义诊周和健康大讲堂活动。全市21家医疗机构共开展52场义诊活动和163场健康大讲堂活动。共有554名医师、211名护士参与活动。义诊人次1.02万人，参加大讲堂人次2273人，发放宣传材料数2.11万份，义诊患者收住院人数148人，住院患者指导查房234人次，住院患者义诊手术1台次，减免患者费用30.18万元，减免药品费用6.79万元。

（卫计委）

【医疗质量控制】 制定2015年度沈阳市医疗质量控制评价考核细则。开展上、下半年质控检查工作，涵盖医疗管理、医疗服务与患者安全、病案管理、护理管理、院感管理、药事管理和临床用血管理领域，累计派出专家1000余人次，使市管各医疗机构的医疗质量均有了不同幅度提升。

加强院内感染控制。落实《预防与控制医院感染行动计划（2012—2015年）》。加强基层医院感染制培训。规范医疗废物管理，强化了医院消毒与医院感染危险因素监测。

持续开展优质护理服务。巩固优质护理服务工作成效，进一步落实责任制整体护理。开展优质护理服务满意度评价活动。建立新毕业护士规范化培训制度，加强护理专科质量管理，对急诊、手术室、血液透析室、新生儿室、供应室护理质量开展专项质控督查。建立和完善护理质控共享平台，启动沈阳市护理不良事件报告系统。截至11月末，为中断护士办理实习证明58人次，办理护士延续注册约617人，计划办理护士首次注册约400人。

严格麻醉和第一类精神药品管理工作，对全市持有印鉴卡的医疗机构，分期分批完成了2015年申购计划的审批工作。与沈阳市各级各类医疗机构签订抗菌药物临床合理使用责任状。组织对全市各级各类医疗机构抗菌药物临床合理使用情况进行督导检查，并召开全市医疗机构抗菌药物临床应用管理工作会议，对抗菌药物不合理使用问题较严重的单位和个人予以通报批评，并进行约谈。

（卫计委）

【医疗安全管理】 积极推进医疗责任保险工作。召开2015年基层医疗机构医责险工作会议和2015年全市医责险工作推进会议。截至2015年底，全市共计77家医疗机构参加了医责险，其中二级以上公立医疗机构基本达到了参保比例，完成即定计划。

推进医疗纠纷人民调解工作。出台《沈阳市医疗纠纷预防与处置办法》。2015年6月16日，市政府公布《沈阳市人民政府办公厅关于印发〈沈阳市医疗纠纷预防与处置办法〉的通知》（沈政办发〔2015〕39号）。截至2015年12月底，市医调委调解成功医疗纠纷34件，转其他途径解决9件，正在调解17件，电话、来访接待人次200次。

完成35件争议较大的医疗纠纷或疑难信访案件的调查处理工作。完成尸检委托15起及医疗事故技术鉴定委托11例。严格处理医疗事故责任人。对10起医疗事故进行处理，共处理责任人23人。配合法规处圆满完成行政复议和诉讼工作。

（卫计委）

【政风行风建设】 制发《2015年沈阳市卫生计生系统行业作风建设实施方案》，明确了2015年行业作风建设工作任务，并与区、县（市）卫生局（卫计局）、市直属医疗机构、厂企医疗机构签订行业作风建设责任状。成立了沈阳市行业作风建设领导小组。做到指标到岗、责任到人，上下联动，部门协调，全方位监管，形成一级抓一级、层层抓落实的工作格局。积极开展群众满意度第三方评测工作。完成了《群众满意度第三方测评项目工作方案》并遴选了第三方测评机构，对市直属19家医疗机构的就医流程、就医环境，医院整体服务、医德医风等进行第三方测评，并将测评结果作为对市直属医院综合管理评价评测的依据。与辽沈晚报联合举办沈阳市管民营医疗机构34家“风清气正民营医疗机构”行风建设评选活动。

（卫计委）

【社会医疗】 组织举办庆祝第十二个“世界献血日”大型宣传纪念活动。邀请省、市有关领导、市直机关代表、各高校代表等人参加，对沈阳市无偿献血优秀组织予以通报表彰。积极推进各区、县（市）无偿献血应急队伍及采血点的建设工作。举办专业技术讲座31次，不断加强临床用血单位科学合理用血的培训。保证了临床用血的充足、合理、有效。各种血液100%满足临床需求，临床用血100%来自于自愿无偿献血；全年无偿献血总人次10万人，同比下降1.43%。采血总量达33.72吨，同比下降0.44%；供血34.34吨，同比增长1.92%，红细胞分离率99.6%以上;无偿捐献机采血小板1.15万人次,1.64万单位,同比增长5.63%;预约送血1451车次,行程29万多公里,送血量27.16吨;急诊送血3573车次,送血量2.44吨;送血总量占用血量的86.19%,预约送血率100%。

按照市政府《沈阳市疾病应急救助管理办法》,完成了2015年度沈阳市疾病应急救助基金的申请、审核工作,共支付救助基金357万元,涉及救助人数722人,涉及27家医疗机构。

完成全市各类突发公共事件现场救援、重要活动现场医疗保障、各项备勤、演练等任务133项198次,调派急救车795台次,急救人员2579人次,救治患者554人;救治流浪乞讨、身源不明、无亲属患者1.7万人次;圆满顺利完成了2015沈阳马拉松赛事医疗保障工作,组建了马拉松赛事应急保障队,建立22个固定医疗点、28个移动急救岗,派出14家医疗机构、26个急救单元、医护人员214人、全能型救护车21辆,现场紧急处置各类伤病员782人,因为准备工作充分,现场医疗处置得当,全部伤病员均没有生命危险,并得到及时有效救治。

(卫计委)

·疾病预防控制·

【疾病预防控制体系建设】 “医防合作”取得阶段进展。全市100%的二级以上医疗机构新组建了疾病预防控制科。2015年,全市组织开展了二级以上医疗机构疾病预防控制工作督导考评,合格率达到100%,优秀率达到70%,并顺利通过了省级复核。农村地区对口支援顺利实施。根据《沈阳市疾病预防控制机构对口支援工作实施方案》,继续开展对新民、辽中、康平、法库四县(市)以人才培养和重点学科建设为核心的对口支援,市疾控中心和市精神卫生中心累计派驻专业技术人员500余人次,开展培训100余次,有效提升了县(市)级疾病预防控制工作的能力和水平。公共卫生保障力度不断加大。以中央转移支付项目和市财政重点项目为牵引,加大了基层扶持力度,落实艾滋病、结核病、精神病、免疫规划等项目资金近2000万元。市卫计委组织开展各类专业师资培训16次,培训各级各类疾控人员近6000人次,进一步强化了基层网底建设和能力建设。

(卫计委)

【重大传染病防控】 传染病疫情持续保持平稳。加强传染病防治分级分类管理,各项防控措施有效落实,全市363家传染病疫情网络直报单位正常运行率达到100%,2015年乙类传染病报告发病率控制同比下降了10%,发病率低于全省平均水平,疫情持续保持平稳。一是为有效防范H7N9禽流感、埃博拉出血热、中东呼吸综合症等疫情输入,分别与畜牧兽医、教科工委、公安、外办、检验检疫等相关部门,建立了联防联控工作机制,超前部署防控工作,组建疾控专家组,举办专项培训会,启动了55家哨点医院重点人群监测工作,及时排除留观病例,有效保障了全市公共卫生安全。二是全面完成结核病、艾滋病“十二五”规划终期评估,各项指标达到要求。制发了《2015年沈阳市活动性肺结核患者救治工作方案》,截至11月末,全市为6105例活动性肺结核患者免费提供了相关检查,为5663例动性肺结核患者免费提供了一线抗结核药品,已提前完成全年4736例的工作目标。全面落实“四免一关怀”政策,落实常见机会性感染医疗补助450万元,符合治疗标准的艾滋病病人100%提供免费抗病毒治疗。三是准确把握麻疹疫情流行趋势,有效消除免疫空白人群,疫情同比下降了96%。

(卫计委)

【扩大免疫规划】 以维持无脊灰状态和预防疫苗针对传染病发生为重点,继续强化常规免疫接种工作,2015年开展了0-6岁儿童接种率调查,完成适龄儿童常规免疫接种140余万针次,单苗接种率达到95%以上,全市信息系统覆盖率达到100%,实现了适龄儿童接种信息的个案管理。2015年,全市已连续20余年无野病毒株脊髓灰质炎、白喉病例,严重危害儿童健康的百日咳、破伤风等疫苗针对传染病发病率降至历史最低水平。

(卫计委)

【预防接种】 加强全市预防接种单位的管理和规范化建设,涉农地区共有103个乡镇实现了集中接种,占全部乡镇的80%,特别是铁西区、沈北新区、新民市、康平县100%实现乡镇集中接种。按照“全面规划、示范带动、分步推进”的原则,2015年新建数字化预防接种门诊14家,全市累计建成74家,数量位居全省首位。2015年9月,在和平区试点推行“互联网+免疫规划”的手机客户端软件,在全省率先实现了预防接种手机预约服务,有效提升了预防接种信息化服务水平。

(卫计委)

【精神病防治】 持续加大严重精神障碍患者管理治疗力度,重性精神障碍患者检出率达到4.08‰,在册患者管理率和在管居家患者病情稳定率分别达到93.68%和98.75%,信息上报率达到100%。继续实施贫困重性精神疾病患者免费投药和农村困难家庭重性精神病人救治工作,累计投入专项资金达到3180万元,惠及患者1.8万人。全市精神卫生防治“六结合”工作经验在年初全省精神卫生防治现场会上进行推广,被省卫计委指定为全省惟一的国家精神卫生综合管理试点城市,市政府办公厅印发了《沈阳市精神卫生综合管理试点工作实施方案》,2015年11月27日,召开了沈阳市精神卫生综合管理试点工作启动会议,市政府副秘书长陈双伟出席并部署工作。

(卫计委)

【慢性病、地方病、职业病防治】 一是提升慢性病综合防治能力。深入开展慢病防控示范区创建,全市已建有国家级慢病防控示范区2个(和平区、沈河区)和省级慢病防控示范区3个(皇姑区、铁西区、大东区),是全省慢性病综合防控示范区数量最多的城市。扎实做好基本公共卫生服务高血压、Ⅱ型糖尿病患者规范化管理,建立了规范、有效的管理模式。截至2015年底,全市规范化管理高血压患者43万余人,Ⅱ型糖尿病患者18万余人,规范管理率分别达到66.82%和65.74%。二是巩固地方病工作成果。开展饮水型地方性氟中毒监测和病区降氟改水本底调查,如期实现地方病“十二五”终期目标。三是深入贯彻《职业病防治法》。建立并完善职业病报告制度,实现了全市职业病防治信息互联互通、平台共用、数据共享和规范管理。会同市委宣传部、人社、安监、工会等相关部门开展《职业病防治法》

宣传周活动,发放宣传折页、宣传挂图等2万余份。

(卫计委)

·基层卫生·

【完善社区卫生服务体系】 沈阳市卫计委全面督促各地区加快社区卫生服务机构建设进度,加强网络建设。截至2015年底,全市共建成社区卫生服务中心85个、社区卫生服务站159个。以国家基本公共卫生服务项目为抓手,做好居民健康档案及老年人健康管理。通过每季度统计项目进展情况及半年、全年督导考核为手段,督促各地区不断提高项目数量和质量。按照省、市关于国家基本公共卫生服务项目的工作要求,2015年11月下旬,全市组织各业务部门共同开展了基本公共卫生服务项目绩效考核与督导,考核结果显示,各项指标全面完成。在完成全国和省示范社区卫生服务中心试点任务的基础上,全市稳步推进签约服务试点工作。逐步扩大以全科医生为核心的团队签约服务试点覆盖面,稳步提高签约率,签约试点机构数达到51个社区卫生服务中心。

(卫计委)

【创新督导考核方式】 一是纳入考核指标。将基本公共卫生服务项目经费和项目完成情况纳入市县政府及卫生计生责任书,多次对各地区基本公共卫生服务专项经费落实情况进行督促,推动各地区资金落实到位。二是强化培训督导。组织13个县区负责基本公共卫生服务工作的人员参加省基本公共卫生服务项目培训。2015年5月下旬,采取地区间互检的方式,开展全市基本公共卫生服务项目阶段性督导考核,实地抽检13个区县的12个社区卫生服务中心、14个乡镇卫生院及其下属社区卫生服务站和村卫生室,并下发督导通报,促进各地区的工作交流学习。11月19日起,组织全市基层医疗卫生机构开展了四季度基本公共卫生服务考核,全年共对各地区开展2次考核及4次督导。三是提升社区卫生服务内涵建设。依托省卫生计生委关于"示范社区卫生服务中心回头看活动考核"工作,组织全市10个全国示范社区卫生服务中心、21个省级社区卫生服务示范中心开展自查与"回头看",回顾示范社区卫生服务中心整体指标体系,进行梳理与提高,各示范中心通过了省级专家组的复核。国家卫生计生委基层卫生司、宣传司共同支持中国社区卫生协会开展了第四届"我身边的社区卫生服务"主题宣传活动,2015年活动主题是"提升社区卫生服务品质,弘扬改革发展成果"。在本次活动中,铁西区翟家社区卫生服务中心微视频——"您的笑脸、我的责任"获优秀奖。

(卫计委)

【新农合制度进一步完善和发展】 采取措施不断巩固和完善新农合制度。通过分析每年新农合运行情况,及时了解掌握农民就医需求的变化,使新农合工作平稳推进,并取得了良好效果。一是参合农民逐年增加。参合农民已经达到224.6万人,参合率达到常住人口99.3%,基本实现了应保尽保。二是筹资标准逐年提高。2015年参合农民筹资标准达到500元,其中政府补助标准达到380元,农民个人缴费标准达到120元。三是参合农民受益面增加。2015年全年农民受益人次达到255.6万人次,较2014年增长16.54%。四是人均补偿水平逐年提高。农民住院次均补偿费用达到3850元,较2014年提高4.45%。五是全面实施"一站式"服务。出台《转发省卫计委关于全面实施新农合和大病保险"一站式"报销服务的通知》(沈卫办〔2015〕103号),要求各区、县(市)认真落实"一站式"报销服务各项措施,进一步简化报销流程,方便农民报销。六是开展新农合支付方式改革。出台了《关于印发新型农村合作医疗支付方式改革工作方案(试行)的通知》(沈卫办〔2015〕250号),在基层定点医疗机构推广按病种付费、按床日付费,在乡、村定点医疗机构开展门诊总额预付。通过支付改革的手段,引导医疗机构规范服务行为,控制不合理费用,节约医疗成本。

(卫计委)

【农村居民大病保险】 按照国家、省、市相关部门文件要求,沈阳市不断推进农村居民大病保险工作,一是筹资标准提高,筹资总量增加。2013年,全面实施农村居民大病保险,筹资标准为人均20元。大病保险对参合农民单次或一年内累计住院自负合规费用超过1万元以上部分给予50%报销,且不设封顶线。2015年,将大病保险筹资标准由20元提高到25元,增幅到达20%。2013—2015年末,大病保险累计筹资达到1.40亿元。二是大病保险发挥了积极作用。截至2015年底,大病保险累计补偿2.51万人次,其中:2013年补偿9916人次,2014年补偿1.09万人次,2015年补偿4240人次。大病保险单次补偿最高达到43万元,累计补偿达到1.36亿元,占筹资总额的97.68%。其中:2013年补偿4921.55万元,2014年补偿6388.1万元,2015年补偿2325.3万元。通过大病保险补偿,2013年住院补偿比提高了3.7个百分点,2014年住院补偿比提高了4.6个百分点。

(卫计委)

【完善农村基本医疗卫生服务体系】 按照国家及省关于加强基层医疗机构管理工作的要求,市卫计委不断加强乡镇卫生院及村卫生室建设。一是积极推行乡镇卫生院回收工作。按照省委、省政府办公厅《关于推进乡镇卫生院建设工作的通知》要求,全市积极推进乡镇卫生院回收工作。2013年底已经完成对承包卫生院的回收工作,2015年底前完成了民营卫生院回收工作,使全市实际了一乡一所政府办卫生院的目标。二是推进建设群众满意的乡镇卫生院活动。按照国家及省建设群众满意卫生院工作方案,2015年初,经过省及国家考核组复核,全市有15家卫生院通过了省级考核,3家卫生院通过了国家考核。三是创建省级示范卫生院工作。2015年推荐苏家屯区陈相卫生院争创省级示范卫生院。并通过争创示范,以点带面,全面提升乡镇卫生院服务能力。四是加强农村乡村卫生组织一体化管理,全面推进乡村医生签约服务工作。要求各地区继续推进乡村医生签约服务工作,出台实施方案并组织落实,全市累计签约24.35万户、69.44万人。

(卫计委)

·药械管理·

【贯彻落实国家基本药物制度】 实施

国家基本药物制度。按照省、市卫生工作要求,年初完成了《2015年实施国家基本药物制度工作要点》,作为对各区、县(市)落实国家基本药物制度工作考评依据。《要点》对2015年贯彻落实国家基本药物制度工作的各项指标进行了细化、明确了责任分工。

深入开展全市各级医疗卫生机构医务人员《国家基本药物临床应用指南(2012版)》和《国家基本药物处方集(2012版)》培训工作。市卫生计生委制定并下发了《关于印发2015年度沈阳市国家基本药物临床应用指南及处方集培训工作方案的通知》(沈卫办〔2015〕371号),邀请专家于2015年9月25日,对各区、县(市)卫计局主管领导、实施国家基本药物制度的负责人及培训师资各1人,对县级以上医疗机构主管领导及药剂科主任进行培训,发放图书52套、光盘3000张。

为全面了解掌握全市基层医疗卫生机构实施国家基本药物制度情况,按照省卫生计生委统一部署,完成了对全市实施国家基本药物制度年度监测评价工作。从监测情况看,全年基层医疗卫生机构网上采购基本药物1.13亿元,基层医疗卫生机构用药行为逐步规范。

(卫计委)

【药品、高值耗材集中采购】　按照《关于执行首次以省为单位药品集中采购中标结果的通知》(辽药采领字〔2010〕2号)文件要求,县级及县级以上人民政府、国有企业(含国有控股企业)举办的非营利性医疗机构采购药品,必须全部参加以省为单位的网上药品集中采购。对全市公立医疗机构重新核实,全市有57家县级以上公立医疗机构参加以省为单位药品集中采购。

全市县级以上公立医疗机构药品备案采购行为逐步规范,每月按照《沈阳市医疗机构药品备案采购审批流程》对备案药品组织召开专家论证。全年向省卫生计生委申请备案药品163品规,满足了临床用药需求。认真落实反商业贿赂,组织各单位签订反商业贿赂合同。

(卫计委)

【医疗机构医用设备采购管理】　为规范沈阳市属医疗卫生机构医用设备采购管理工作,依据《沈阳市市属医疗卫生机构医学装备管理实施办法》及《沈阳市市属医疗机构医疗设备购置论证审批程序》的要求,对市属医疗机构自筹资金购置医用设备需求严格按预算进行批复。同时按照沈阳市公共资源交易中心要求,市属医疗卫生机构医用设备采购项目全部进入公共资源交易中心进行招标并实行进厅监管。

(卫计委)

【履行监管职责】　为确保完成全年药械工作目标,履行好监管职责,按照《2015年沈阳市卫生计生委药械工作要点》工作安排,2015年5月下旬至7月中旬,对全市各地基本药物制度落实情况、县级以上医疗机构药品、高值医用耗材集中采购情况和医用设备采购管理工作进行了专项督导检查,检查结果形成《沈阳市卫生计生委关于2015年上半年实施国家基本药物制度、药品耗材集中采购情况的通报》(沈卫〔2015〕126号),已向各地及所有县级以上公立医疗机构进行了通报并纳入年终考核成绩。

根据以省为单位药品集中采购网上监测统计,2015年沈阳市基层医疗卫生机构网上采购基本药物总金额为1.13亿元,县级以上公立医院网上药品采购总金额34.36亿元。高值耗材采购总金额2326万元。

(卫计委)

·中医工作·

【开展调研】　根据市人大常委会2015年工作安排,市人大教科文卫委员会成立了以李铁主任任组长的调研组,赴沈河、苏家屯、康平等地开展中医药工作情况调研,实地走访了城乡中医机构,学习考察了广州、佛山、重庆三市中医药工作经验和做法,召开由中医医疗机构负责人、名老中医及有关专家、政府主管部门负责同志和部分市人大代表参加的座谈会,形成了《关于赴广州、佛山、重庆学习考察中医药服务体系建设情况的报告》、《关于我市中医药事业发展情况的调研报告》和市政府《关于沈阳市中医药服务体系建设情况的报告》。2015年7月,市人大主任赵长义对沈阳中医工作进行调研,听取了由姜军副市长代表市政府做的《关于沈阳市中医药事业发展情况的汇报》,并提出了意见和建议。

(卫计委)

【中医院建设】　市中医院是沈阳市中医行业的龙头机构,代表和引领沈阳市中医事业的发展方向。针对市中医院规模空间不足问题,市政府决定投资规模6亿元使床位规模至少达到1000张,服务能力达到国内一流水平,缩小市中医院与其它城市中医院的差距。

抓好二级中医院建设。目标是区、县级中医院全部达到二级甲等标准。重点抓好"1+4"项目,即沈河区和"三县一市"中医院建设项目。截至2015年底,沈河区政府已在市妇婴医院附近选址建设沈河区中医院,建设面积1.5万平方米,2016年初开始动工。康平县和法库县中医院国债建设项目已经进入尾声,两个医院的病房楼框架已经完成,2016年交付使用。辽中县、新民市中医院建设项目已经纳入了国债建设项目,2016年开始启动两县中医院的项目建设。

(卫计委)

【基层医疗机构达标建设】　重点抓好199家(85家社区卫生服务中心和114家乡镇卫生院)基层卫生服务机构的国医堂建设,按照国家和省国医堂建设标准全部达标。截至2015年底,国家和省局支持建设了85个国医堂建设项目,余下的项目力争在3—5年内全部达标。国医堂建设已经成为全市基层中医药工作的亮点。重点抓好村卫生室和社区卫生服务站的建设,已经配置了中医服务箱和TDP神灯2000套,满足了2000家村卫生室和社区卫生服务站设备配置,余下的1034个2016年底前全部完成,使基层卫生机构全部能够提供中医药服务。

(卫计委)

【"先进市"创建】　2015年,于洪区获得了"全国基层中医药工作先进单位"称号,使全市80%的区、县获得"全国基层中医药工作先进单位"称号,达到了"地市级全国基层中医药工作先进单位"的申报标准。2015年11月初迎接了国家综合评估验收,国家中医药管理局领导及专家对市卫计委创建工作给予充分肯定。铁西区和大东区也顺利通过了国家中医药管理局"全国基层中医药工作先进单位”的复评工作。

(卫计委)

【“双争双创”】 根据市政府“争取和创建政策、项目、资金”的要求，2015 年明确了中医局争取5个辽宁省中医药示范社区卫生服务中心(乡镇卫生院)国医堂简称示范中心建设项目及资金，创建2个省级示范中心项目及政策的工作目标。截至2015年底，已经争取到1010万元国家和省级项目资金，其中省政府75万元国医堂建设资金，国家2015年基层卫生机构国医堂建设资金405万元，2016年基层卫生机构(社区)国医堂建设资金530万元。沈河区大南社区卫生服务中心等6所机构通过“省中医药工作示范社区卫生服务中心”的评审，和平区南站社区卫生服务中心等5所机构通过了辽宁省国医堂的专家组评审。

(卫计委)

【中医药文化宣传】 先后在皇姑区碧塘公园、铁西区滑翔公园主办了2次全市性中医药文化“进乡村·进社区·进家庭”大型义诊活动。累计组织市内33家中医医疗机构，出动约600名医护人员，深入药大社区、平顺社区、乐群社区、城建社区等20多个社区为群众提供中医药义诊咨询服务，义诊2.6万人次，发放宣传资料4万份。完成了25篇省级以上纸质媒体中医药宣传任务，超额完成了省市绩效考核16篇的要求。

(卫计委)

·卫生科教·

【科技创新】 全年共获得国家自然基金1项，国家级协作课题9项，省级课题22项，市级课题17项，获得科研经费1607万元。获省科技进步三等奖1项，市科技进步一等奖1项、二等奖8项、三等奖7项。新增省级重点实验室1家，省级重点实验室已达到4家。新增市级重点实验室1家，总数达到12家，获得市科技局重点实验室资金支持597万元。

(卫计委)

【基层卫生人员培训】 全年完成系统性培训、县医院能力提升培训、社区和乡镇医疗机构能力提升培训、乡村卫生人员培训和专项培训等五个层次的培训任务，共计开展14个培训项目，累计培训4210人次；开展“肺癌早诊早治”和“脑卒中防治”适宜技术培训，累计培训504人次；开展用药差错分析及防范和护士心肺复苏两个项目的全员培训，累计培训5.74万人次。鼓励符合条件的县医院、乡镇卫生院参加2015年的农村免费高等学历教育考试，成功申报本科人数189人，其中护理本科145人，临床本科44人。全科医生转岗培训150人，合格率为99.34%，社区B超培训、康复治疗和乡镇卫生院儿科培训合格率均达到100%。接受省卫计委对全市2010年以来基层卫生人员培训项目的全面评估及176名全科转岗医生的实践技能考核，两项工作成绩位全省前列并在全省专项工作总结会上进行了经验交流。

(卫计委)

【住院医师培训】 按照省卫计委的要求，全年组织两轮共计790名符合条件人员参加住院医师规范化培训招录考试，其中335人成功进入基地接受规范化培训，考取数量为历年之最。2015年，接受了国家卫计委科教司的规培工作评估和国家规培基地重点项目建设资金使用情况的督导检查。全市共有9家单位的53个基地接受了省卫计委专家组的复评。为进一步加强对住院医师规范化培训工作的过程管理，市卫计委每季度进行网上出科审核和不定期现场抽查，2015年学员结业考试合格率较上年提高10%。

(卫计委)

【医学继续教育】 举办2015年国家级继教项目18项、省级继教项目70项、市级项目1351项，累计参加继教人数7.33万人次。对全市22家委属医疗卫生机构、11家市管厂企医疗卫生机构、37家市管民营医疗卫生机构及13个区、县(市)的继续教育合格证进行严格审查，上报继教合格证1175个，经省继教委员会审验，合格率达100%。接受国家及省卫计部门对“十二五”期间继续医学教育的评估工作，组织各级继教管理人员参加国家卫计委继续医学教育工作调研座谈会。进一步加强对全市继续医学教育网络平台管理工作，定期抽查学分登记情况，确保继教医学项目举办的效果。申报2016年国家级继续医学教育项目29项、省级继续医学教育项目82项。

(卫计委)

【生物安全监管】 根据沈阳市近年来医疗机构改扩建数量较多的情况，2015年出台《沈阳市卫生和计划生育委员会关于进一步做好一二级病原微生物实验室备案工作的通知》(沈卫办〔2015〕224号)文件。市卫计委对备案满5年无变动的实验室进行抽检，对备案周期内有名称、地点、实验活动内容变化的实验室，市卫计委组织专家现场查验合格后予以再次备案。2015年共进行二级病原微生物实验室备案89件。按照权力清单做好沈阳市行政区域内高致病性病原微生物菌(毒)种株及样本转运审批工作。根据医疗工作特点和医疗机构需要，采取集中办件模式，强化现场取证环节，保证审批质量。全年共办理转运证审批件234件。

(卫计委)

·爱国卫生·

【农村改厕】 积极协调市政府和市财政、市建委等相关部门推进农村改厕工作，多次组织召开全市改厕工作会议。各涉农区、县(市)政府作为农村改厕工作责任主体，组织各地区开展改厕实施工作。加大对全市改厕技术培训力度，加强指导，邀请省改厕专家研究制订并下发了《沈阳市农村改厕技术方案》，作为各地区改厕主要依据。严格制度，通过会议、通报、约谈、督办等方式加强对各地区督导力度。保证了农村改厕工作按省要求时限完成任务，顺利通过省级验收，获得省级专家和领导的好评，在省考核验收中，综合排名全省第一。

(卫计委)

【卫生创建】 按照省、市卫生计生工作目标责任书要求，以国家卫生城市和国家健康城市创建为核心，组织全市开展了各级各类卫生创建工作。一是启动双城双创工作，制定了《沈阳市创建国家卫生城市(暨国家健康城市)工作规划》，以政府名义在全市下发。同时做了大量的双城双创启动前期准备工作。

二是组织全市开展国家卫生乡镇创建工作,共申报创建8个国家卫生乡镇。三是组织全市开展省、市级各类卫生先进创建(复审)工作。2015年,全市新创卫生街道、卫生社区、卫生村、卫生小区、卫生单位等省级各类卫生先进53个,市级各类卫生先进113个。四是建立完善沈阳市卫生创建评审专家库,进一步推动全市卫生创建工作规范化、制度化。

(卫计委)

【城乡环境卫生整洁行动】 一是积极开展爱国卫生月活动。组织协调全市13个区(县、市)、39家成员单位,从3月26日至5月15日,在全市城乡开展了以"全民参与爱国卫生,共建共享健康中国"为主题的第27个爱国卫生月活动。顺利通过了省爱卫委组织的爱国卫生月考核验收。二是组织全市开展新一轮(2015年—2020年)城乡环境卫生整洁行动,完善城乡环境卫生基础设施,统筹治理城乡环境卫生问题,实现环境卫生基础设施水平全面提升。代表辽宁省顺利通过了全国爱卫会组织的城乡环境卫生整洁行动督导检查。

(卫计委)

【病媒生物防制】 以物理防治为主、化学防治为辅,结合城乡环境卫生整洁行动,组织全市开展病媒生物孳生地清理工作和秋季灭鼠、熏杀越冬蚊和夏季灭蚊、灭蝇的统一消杀活动。健全病媒生物防制技术支撑系统和监测网络,做好"四害"密度监测工作,形成科学的病媒生物防制体系。

(卫计委)

【健康教育】 为了帮助群众养成良好的卫生习惯,积极组织协调相关部门开展形式多样、贴近群众的宣传和健康教育活动。结合季节、重要事件、卫生宣传日等开展群众性环境卫生宣传活动,通过电视台、电台、报纸、网络等新闻媒体和电子屏幕、宣传栏、传播材料、健康教育课堂等各种大众传播形式,开展以控烟和科学防病为重点的健康宣传。继续巩固和扩大"四类场所"无烟环境创建成果,在市直机关开展了"无烟机关"创建评选活动,授予10家机关单位"无烟机关"称号,推动全市公共场所和工作场所禁烟工作开展。

(卫计委)

【爱国卫生执法】 制定下发了《2015年爱国卫生执法工作安排》,按照属地化管理,区域负责的原则,组织各区爱卫办以迎接灭鼠灭蟑灭蚊蝇先进市复查考核等为重点,每月针对不同的执法对象开展病媒生物防制和控烟执法检查。规范执法程序。组织各区按照《沈阳市爱国卫生运动委员会办公室行政处罚自由裁量实施标准》和《爱国卫生执法程序》标准,开展执法检查活动。加强队伍建设。组织市、区两级爱卫执法人员按照法制办要求,参加《中华人民共和国行政处罚法》、《中华人民共和国行政诉讼法》等相关法律培训。

(卫计委)

·财务保障·

【规范财务管理制度】 1. 进一步建立财务规章制度。为提高行政事业单位内部管理水平,印发了财政部关于《行政事业单位内部控制规范(试行)》;为强化公立医院预算控制,提高财务决算质量,规范公立医院预决算报告制度,印发了国家卫计委办公厅《公立医院预决算报告制度暂行规定》等,这些文件在2015年市卫计委财务工作会议上装订成册首次下发,指导基层开展管理工作。还针对13个区、县(市)卫计局公共卫生、计划生育专项资金督查中反映出来的问题,下发了《市卫计委关于规范基层医疗机构实行财务集中核算的通知》等,使财务管理规章可循、规则可依,普遍认为对于指导做好财务管理工作很适用。

2. 实行多层次提质培训。在省卫计委、省财政厅的大力支持下,先后三次对委属医疗机构和部分区卫计局财务科共200余人次的高级会计人才培训;对全市卫生系统会计人员840余人进行了会计基础培训等,提升了会计队伍综合素质和能力。

3. 开展以会代训工作。为确保全年财务各项保障任务的完成,2015年5月上旬,首次召开了沈阳市2015年卫生计生财务工作会议。5月中下旬,分别组织了市直医院财务科长、审计科长和13个区、县(市)卫计局财务科长座谈;10月,组织了直属医疗卫生单位主管财务负责人和主管信息管理人员的业务数据采集培训;11月,组织各区、县(市)卫计局主管领导、财务科长,委属医疗机构主管领导、财务科长、审计科长、主管会计和委属全额单位的会计等共130余人,邀请《中国医院院长》等杂志的编委和专家顾问于润吉老师,对公立医院预决报告制度等进行了专题讲座;12月,组织召开了由各区、县(市)卫计局主管财务的领导、财务科长参加的财务工作业务会议,通报了沈阳市卫计委关于2013—2015年公共卫生计划生育项目资金督查情况,并就沈阳市卫计委关于规范基层医疗卫生机构实行财务集中核算工作进行了部署等。

4. 实行经济运营分析通报制度。2015年7月,为使市直医疗机构掌握了解经济运营的特点、存在的主要问题和下步工作具体要求,印制了《2015年上半年沈阳市卫计委直属医院经济运行情况通报》手册;8月,印制了《2014年沈阳市卫生总费用研究报告》手册,正在编制《2015年全市卫计系统经经济运行情况分析报告》,全市医疗机构年医疗业务收入63亿元,同比增长7%。

5. 实施内部审计制度。2015年10月,聘请第三方会计事务所,对原市卫生监督所、原六院两位离任领导进行了离任经济责任制审计工作;全年组织了市直医疗机构审计人员开展了2013—2014年财务票据管理、2013—2014年管理费支出和2012—2014年毒麻(精神类)药品管理、使用情况以及外聘任会计师事务所基建和修缮审计等专项审计工作;共审计170次,审计总金额89.25亿元,提出审计处理意见建议74条,单位落实审计意见、建议66条,根据审计意见建议制定和完善规章制度37条;开展基建和修缮自审项目16个、委托项目73个,送审资金2.98亿元,共核减资金3076.49万元,查出违规纪行为资金2万元、提出审计处理意见3条、单位落实审计意见建议3条等,较好地充分了发挥审计监督职能。

6. 建立了物价部门联席制度。不定期邀请市物价局收费审批处专管员到委市直医疗机构医疗服务项目进行评审定价,保证了全年医疗服务收费工作的平稳顺利。

7. 完成了2014年医疗机构决算。全市医疗单位决算收入107.82亿元，比上年增加9.17亿元，增长9.3%，资产总额119.07亿元，比上年增加9.03亿元，增长8.21%。

（卫计委）

【预算管理】 一是预算执行严格。全年市直安排卫生经费10.4亿元。其中：人员经费1.2亿元，公用经费1598万元，专项费9.1亿元，部门预算专项资金预算执行率达98%。二是积极争取财政支持。全年共接受中央、省财政转移支付地方卫生计生，市政府专项补助拨款经费共计6.3亿元，确保了2015年农村部分计划生育家庭奖励扶助、计划生育特别扶助、市安宁医院精神病患者住院费、市儿童医院提高标婴（儿）救治费用补助标准、紧急采购中东呼吸综合征疫情防控物资、完善沈阳急救中心财政保障体制等资金的需求。三是清理压缩节余（节结）资金。按照上级统一部署，严格对2014年前中央、省、市财政专项结转（结余）资金进行了认真清理和消化，同时对2015年度预算资金执行情况进行跟踪督导，共消化2014年前结余资金近1亿元，2015年预算资金基本支出结余为零，没有特殊原因的专项一律不结转。确保实现当年预算当年支出。四是接受了中央、省对2011—2015年度中央财政转移支付地方卫生计生资金督导。2015年10月，先后接受省和国家卫计委司督导组对全市三个项目资金执行情况督查，受到各级督查组的好评。五是组织委机关及所属单位2016年部门预算编制工作。12月17日，市人大财经委员会专题听取市卫计委2016年部门预算草案编制情况的报告，委员会们对市卫计委部门预算编制内容详实、科学合理给予一致表扬。六是全年按时完成2015年项目单位64个政府采购项目的立项工作，做到应采尽采等。

（卫计委）

【医药服务价格管理】 一是接受了省医疗卫生、计划生育违规收费、变相收费行为等医疗服务价格督查。二是为确保价格管理工作平稳有序开展，结合沈阳市实际，一道开展了医疗服务价格收费大检查。同时，与市物价等部门建立了联席会议制度。12月，与市发展改革委开展了医疗服务价格报备工作和药品价格监管工作，将《沈阳市医疗服务价格报备表》报价格主管部门审核备案，自觉接受监督。三是为市四院、五院、七院的新项目向省物价局、省卫计委申请了新增医疗服务价格，并得到了批复。四是完成了辽中、新民、康平、法库四县中医院2014年的医疗服务价格调整测算工作，并将测算情况上报省卫计委，为县级公立医院综合改革医药价格提供依据。五是针对大医院因收费问题被投诉的案例增多的问题，对非公立医疗机构价格行为下发了通知，对不合理收费协调医院坚决退费，全年共办理省民心网“96123”和“12320”卫生热线等投诉54件，患者满意率100%，维护了群众的合法利益。六是组织委属非税执收7个单位开展清理税收等优惠政策的自查自纠工作，推动医院开展科室成本核算工作，市属11个医院和区属14个医院，全部使用统一的成本核算软件系统等。

（卫计委）

【固定资产管理】 一是对各区、县（市）闲置医学装备进行调查并按要求完成装备调拨处置；依托资产管理信息系统对委属单位资产进行了清查并实行条码管理；完善了资产处置审批手续、出租出借审批备案和产权占有登记等审核工作。二是按时按标准完成2014年委属单位固定资产年报工作，并根据新旧数据，合理控制资产增减变化。三是对全市范围内的救护车辆进行了摸底调查，加强了车辆的准入及日常使用管理工作等。

（卫计委）

人口与计划生育

【人口指标】 2015年，全市共出生人口5.10人，人口出生率6.69‰，人口自然增长率0.02‰，计划生育率98.59%。

（卫计委）

【实施“单独两孩”政策】 积极推进简化生育手续改革，下放审批权限，将一孩生育登记下放到社区（村），将二孩审批下放到乡（镇）街，再生育审批下放到区（县）市，全面实行个人承诺制，并将“虚假声明”和“虚假婚育证明”办理生育证件等失信行为纳入沈阳市社会信用体系，广泛开展一站式服务和代理服务。2015年，全市共审批“单独两孩”4501例，全市“单独两孩”生育政策依法、扎实、平稳、有序推进。

（卫计委）

【流动人口服务均等化】 2015年，市卫计委与市财政局、民政局、市综治办、农民工办联合印发了《沈阳市流动人口基本公共卫生计生服务实施方案》，组织召开了全市流动人口均等化工作现场会。会上沈河区、铁西区、大东区东站街道办事处、沈河区五爱市场流动人口工作站和滨河社区卫生服务中心5个单位做工作经验交流，从不同角度、不同层面积极探索了“政府主导、部门联动、信息共享、协同管理、综合决策”的流动人口服务管理工作机制，诠释了流动人口基本公共卫生计生服务均等化，总结出了各具特色的工作经验，对全市流动人口基本公共卫生计生服务均等化工作的全面开展起到了非常好的示范引领作用。

（卫计委）

【流动人口维权服务月集中宣传日活动】 2015年4月17日，市卫计委与和平区卫计局在鲁园劳动力市场联合举办了“服务均等化，幸福一家人”第十一次流动人口卫生和计划生育维权服务月集中宣传日活动，活动现场设置8个宣传区，分别是流动人口服务信息采集区，艾滋病防治区，传染病防治区，计划生育政务服务区，结核病防治区，生殖保健孕优区，无偿献血区，疾病咨询、义诊区。活动月期间，全市发放各类宣传品和药具近2万份，信息变更3038人，查验办理婚育证明5411份，义诊1894人次，政策咨询3544人次，举办健康讲座1755场，走访慰问21户等，向流动人口宣传了国家基本公共卫生服务项目和计划生育免费服务项目政策法规，营造了良好的良好社会氛围，扩大了社会影响力。

（卫计委）

【承办2016年全国流动人口关怀关爱活动启动仪式】 2015年12月17日，由国家卫生计生委、国务院农民工办公室、中国计生协主办，辽宁省卫生计生委、沈阳市卫生计生委、沈河区人民政府承办的“人口流动 健康同行”2016年全国流动人口关怀关爱活动启动仪式在沈阳市五爱市场国际小商品城一楼共享大厅隆重举行。国家卫计委副主任王培安,流动人口司司长王谦、流动人口服务中心副主任徐水源、中国计生协会副秘书长洪苹,省卫计委主任王大南、沈阳市政府副市长姜军、卫计委主任陶庆才、副主任毛印百、沈河区政府区长曾波、副区长董雪峰参加启动仪式。仪式由省卫计委主任王大南主持。沈阳市政府副市长姜军致辞,国家卫计委副主任王培安做重要讲话。启动仪式现场,还向20名流动人口计生困难家庭代表发放了慰问品和慰问金。场下设置的儿童预防接种、孕产妇保健、传染病防控、计划生育服务、政策咨询及中西医义诊等8个宣传服务咨询区,为现场群众提供的各项服务活动也受到了热烈的欢迎。

启动仪式后,国家卫生计生委流动人口司司长王谦一行到五爱市场流动口工作站、沈河区滨河社区卫生服务中心和沈河区妇幼保健所进行实地参观考察。

(卫计委)

体　育

【足球产业孵化基地启动】 2015年6月27日,斯迈夫沈阳足球产业孵化基地在沈阳同方大厦挂牌,沈阳市市长潘利国、市委副书记邢凯、副市长姜军以及教育部体卫艺司副司长殷俊海等百余名嘉宾参加了启动仪式。市委副书记邢凯主持活动。斯迈夫沈阳足球产业孵化基地的启动得到了产业内的极大关注,沈阳基地以沈阳市打造“足球之都”为契机,结合斯迈夫之前北京、山西基地的优势,吸取了互联网行业孵化器的优点,并结合体育的产业特点,重新定义了体育产业孵化器,构建出一个全新的体育产业生态链。市委副书记、市长潘利国向出席活动的运动员代表授旗。本次活动作为沈阳打造“足球之都”系列活动的重要组成部分,标志着沈阳作为中国足球冲击世界杯的“福地”,在国家启动体育产业5万亿的政策下,将通过打造“足球之都”,推动沈阳体育产业的大发展。活动现场同步举行了签约仪式。辽宁省省体育局局长孙永言、沈阳市体育局局长杨树、深创投投资委员会副秘书长李夏、凯兴投资创始人潘石坚、北京斯迈夫体育产业有限公司董事长袁方及入孵企业代表等众多嘉宾参与了相应环节。

(叶　新)

【男足世界杯预选赛在沈举办】 中国国家队在2015年9月迎来两场世界杯预选赛(40强)比赛,分别是9月3日在深圳主场迎战中国香港,然后在9月8日对阵马尔代夫队。与马尔代夫的比赛原本是客场作战,但由于马尔代夫主场草皮受损无法承办比赛,本场比赛最终确定更改为在中国进行,最终选定的城市是沈阳。9月8日,沈阳奥体中心五里河体育场,共有2.80万名球迷到场观看比赛。

(叶　新)

【“光荣与梦想”沈阳城市足球峰会开幕】 2015年9月8日,沈阳市政府主办的“光荣与梦想”2015沈阳城市足球峰会在沈阳足球大厦开幕。国家体育总局副局长、中国足球改革领导小组办公室主任、中国足协主席蔡振华,沈阳市市长潘利国分别在峰会上讲话,并共同为世界青少年足球联合会总部揭牌。峰会由市委副书记邢凯主持。“哥德杯”世界青少年足球锦标赛于2016年8月在沈举办,市领导姜军代表市政府从世界青少年足球联合会代表尼古拉斯手中接过象征承办权的“哥德杯”,并宣布2016“哥德杯”中国沈阳国际赛区组委会正式成立。会上,中国沈阳足球改革发展智库、中国沈阳校园足球联盟基地揭牌。沈阳市还分别与澳大利亚戈斯福德市签署足球友好城市战略合作协议、与人民网签署战略合作协议、与智美体育集团签署“动乐魔方”建设协议。教育部体卫艺司副司长殷俊海,澳大利亚戈斯福德市市长马齐纳·劳瑞参加峰会。

(叶　新)

【国际市民体育联盟市民运动会】 经沈阳市体育改革发展领导小组批准,由国际市民体育联盟、沈阳市体育局主办,沈阳日报报业集团、沈阳广播电视台协办的国际市民体育联盟沈阳市民运动会于2015年4月－10月举行。

沈阳市体育局将举办此次运动会作为展示城市形象,推动全民健身国家战略,促进全市大众健身活动向国际化迈进的大事来抓,在市委市政府的高度重视和支持下,通过积极申办,最终将此次运动会引入了沈阳,作为2015年国际市民体育联盟在中国区开展的重要赛事活动之一全面展开。市委、市政府、市人大、市政协的主要领导,国际市民体育联盟专家,国际市民体育联盟中国区代表专门出席了启动仪式,市委副书记、市长潘利国亲自宣布国际市民体育联盟沈阳市民运动会开幕。

本届运动会以多元办赛、多方参赛、分项决赛的方式,举办了24个正式项目、10个申报项目和2个项目群,共50余个单项比赛。运动会历时9个月。项目设置上充分考虑大众性、普及性,广泛选取了羽毛球、乒乓球、足球、排球、象棋、自行车、毽球、跳绳、登山、徒步走等大众普及性强,市民参与度高的项目,同时,还纳入了摔跤、网球、皮划艇、帆板、航空模型、航海模型、滑翔伞等竞技性较高的项目。为使增加活动覆盖面,基于老年群体的需求,专门开设了柔力球、门球、太极拳、健身气功、体育舞蹈、秧歌、钓鱼等广受老年人喜爱的运动,为青少年开设了3对3篮球、轮滑等青少年喜爱的项目,为少数民族设置了嘎拉哈项目,邀请残疾人免费参加了马拉松项目,项目点多,覆盖广泛,受到了市民的赞誉。

(叶　新)

【2015中国足协业余联赛东北区决赛】 2015年中国足球协会业余联赛是2002年以来举办的第14届全国足球业余联赛,亦为2016年中国足协杯赛资格赛之一。本届赛事大区赛依然划分为四个赛区,即北区(北京、天津、辽宁、沈阳、大连、吉林、长春、延边、黑龙江、河北、山东)、东区(上海、江苏、青岛、浙江、南京、广东、广州、深圳、厦门、海南、福建)、南区(西藏、四川、重庆、成都、昆明、广西、安徽、湖南、贵州、江西、云南)和西区(陕西、西安、新疆、内蒙古、山西、青海、宁夏、甘肃、河南、湖北、武汉)。

2015中国足球业余联赛东北赛区决赛于2015年10月5日在沈阳市城市建设学院落幕。本次全国足球业余联赛东北区决赛共有来自辽宁、黑龙江、吉林、天津、山东、河北的八支球队参赛，比赛的前三名将获得全国业余足球总决赛的资格。最终，大连龙卷风、沈阳城市建设学院、长春申华三支球队分获前三名。沈阳城市建设学院足球队2016年将征战全国乙级足球联赛，冲击中甲联赛资格。

（叶　新）

【沈阳代表团获得首届青运会体育道德风尚奖】　2015年，全国首届青年运动会于10月27日在福州落幕。沈阳市体育从全国青运会着手，提高了对赛风赛纪和反兴奋剂管理工作重要性和必要性的认识，杜绝了各类违纪事件发生，赢得了“全国首届青运会体育道德风尚奖”殊荣。本届青运会是全国城运会更名之后的首届青运会。在之前的预赛阶段，310名沈阳代表团运动员参加了16个项目的预赛争夺，共有220人在15个项目中进入决赛。

（叶　新）

【“哥德杯”足球赛首个国际赛区落户沈阳】　“哥德杯中国”组委会2015年10月25日在沈阳宣布，决定开辟国际赛区，2016年8月，将在沈阳举办“哥德杯中国”足球赛。为迎接2016年的比赛，沈阳在已有设施的基础上，完善修建了拥有40块连片足球场的国际化足球主题公园。该足球公园总占地面积约84公顷，将建有40个国际化足球场（其中：11人制足球场33个，7人制足球场7个），有34个人工草坪、6个天然草坪。配备现代化的移动式临时卫生间、临时看台、停车场等公共设施，栽植各季优质树木，建设足球主题景观小品等等。现该足球公园已开工建设，总投资超4亿元。该足球公园具有布局合理、亲水性强、地理位置优越以及设施配置标准较高等优势，建成后，不仅是“哥德杯中国”的集中赛场，也是足球青训、国际足球夏令营的场地，将成为沈阳市功能完备的国际化足球主题公园。

（叶　新）

【沈阳青少年足球队参加哥德杯比赛】　2015年7月13日凌晨，世界上规模最大的青少年足球锦标赛——哥德杯在瑞典哥德堡乌利维体育场揭开战幕。来自世界各地的4万名小球员欢聚一堂。

沈阳市体校足球队代表中国沈阳参加了此次比赛。这16名代表沈阳出征本届哥德杯的足球少年，是通过2015年上半年沈阳市青少年足球比赛选拔出来的，参加U16的角逐。在1755支参赛的青少年队伍中，来自中国的队伍只有四支，除沈阳外，还有来自海南、北京和广东的三家俱乐部球队。

沈阳的孩子们在本届哥德杯赛场，与巴西、挪威、瑞典、德国等国家的选手进行了较量。比赛结果四胜三负，最终成绩B组第四名。

（叶　新）

【沈阳市直机关和企业职工田径运动会】　2015年，由市体育局、市直机关工委、市总工会联合主办的国际市民体育联盟沈阳市民运动会沈阳市直属机关和企业职工2015年田径运动会开幕仪式于2015年9月16日在奥体中心五里河体育场举行。市委常委、市总工会主席王翔坤，副市长姜军，市政府副秘书长陈双伟出席开幕仪式。仪式由市体育局党组书记、局长杨树主持。来自83个单位的1600名运动员参与了市直机关和企业两个组别的角逐。市直机关组设有田径、趣味两个大项26个小项；企业组设田径一个大项23个小项。

来自市公安局的朱佳奇以56秒89获得机关男子甲组400米比赛的冠军，来自市中级法院的张鑫桐以3.92米的成绩获得机关女子甲组跳远比赛的冠军；来自606所的邢增亮以11秒22获得企业男子组100米比赛的金牌，黎明公司获得企业女子组4×100米接力的金牌。

（叶　新）

【2015沈阳马拉松赛】　经市政府批准，由中国田径协会、沈阳市政府共同主办，市体育局、浑南区政府、智美控股集团承办，市田径协会协办的首届沈阳马拉松赛，于2015年9月27日8点03分鸣枪发令，中央电视台体育频道进行了150分钟的现场直播。比赛设全程、半程和“迷你马拉松”三个项目，共有来自15个国家和地区的1.5万名运动员参加比赛。原国家体育总局副局长段世杰、崔大林，国家田管中心主任杜兆才，市长潘利国，市人大副主任聂洪生，市政府副市长姜军，市政协副主席鞠秀礼和赞助商代表出席了出发仪式并为比赛鸣枪发令。

肯尼亚选手拉扎鲁斯以2小时12分04秒的成绩夺得男子组全程冠军，肯尼亚选手杰米丽以2小时32分33秒的成绩获得女子组全程冠军。

（叶　新）

社　会　民　生

百姓关注

【沈阳率先全域通过国家义务教育基本均衡县评估验收】 2015年10月,经过为期四天的评估检查,沈阳市皇姑区、沈北新区、辽中县、新民市、康平县和法库县顺利通过国家义务教育发展基本均衡县(市区)评估验收。继2013年和平、铁西区通过评估,2014年沈河、大东、浑南、苏家屯、于洪区通过评估之后,沈阳市在全省率先全域通过国家验收,提前三年完成了国家《义务教育均衡发展备忘录》工作任务,是继成都、南京和杭州之后,第四个通过验收的省会城市。这标志着沈阳市义务教育基本均衡发展全面完成,迈上了优质均衡发展的新阶段。

义务教育发展基本均衡县评估认定工作,是教育部2012年启动,旨在通过教育督导评估,推进义务教育持续健康发展的战略举措,全国县区均要通过评估。沈阳市以保证学生全面发展为目标,以减轻学生学业负担、深化素质教育为切入点,从软硬件两方面推进义务教育均衡发展,群众满意度不断提高。

(鉴　闻)

【怒江北街打通工程主干道通车】 2015年,怒江北街打通工程主干道通车。从皇姑去于洪和沈北,多了一条双向8车道的南北大通道。随着城市的不断发展,怒江北街这一"断头路"显露了出来。沈阳市通往沈北道义地区的主干道只有黄河大街一条大通道,从皇姑去沈北道义地区,或者从沈北大学城到沈阳市区,除了坐地铁外,只能走黄河北大街一条通道。因而,黄河大街的通行压力越来越大,每到早晚高峰期,堵车现象越来越严重。为了让沈阳北部地区市民出行更加方便,怒江北街往北继续延伸直通沈北地区的打通工程,从2014年8月开始施工。

该工程全长1067米,南接怒江南街、北接怒江北街,穿越北三环及北侧裕虎铁路、京沈高速铁路,向北直接与青城山路相连接。这条包括人行道及非机动车道总计40多米宽、双向8车道的大通道的建立,能有效缓解沈阳南北走向道路的交通压力,并大大缩短沈北大学城进入沈阳市内的时间。

(鉴　闻)

【为贫困村建文化广场】 按照市委组织部、市扶贫办的部署和要求,市残联扶贫工作小组走进康平县东小房身村,帮助村民寻找脱贫致富之路,为贫困残疾人送去生活必需品,帮村委办公室改造取暖设施。当发现村部文化广场破损严重后,市残联会同中国狮子联会沈阳会员管理委员会、市体育局共同筹集了22万元资金,重建了文化广场,同时购置了健身器材、乒乓球台以及足球、篮球、跳绳、乒乓球拍等体育用品,以此丰富村民的文化生活。康平县方家屯镇东小房身村的村民们拥有了属于自己的文化广场。广场面积近2000平方米。

(鉴　闻)

【"平安沈阳"建设】 2015年,沈阳市公安局加大"平安沈阳"建设力度。

交警:严查"飙车"和"酒驾"。交警部门对行人闯红灯、非机动车走快车道及电动自行车超标上路行驶、机动车"三超"、"黑三轮"违规上路行驶等予以整治。针对"飙车"违法行为,一律依法上限严查。增设监控设备,对"飙车"违法行为进行取证抓拍,上门查处。继续坚持夜间整治、异地调警、交叉调警等方式查"酒驾",每周组织开展一次全市集中整治活动,每天各区开展区域轮动整治行动,保持天天严管高压态势。对停车场违法违规行为开展专项整治行动,清理整顿"擅自设立停车场、停车场乱收费"等违法行为。对个别单位、商铺占用门前公共停车泊位,将采取教育与处罚相结合的方式,对逾期未整改的,依法予以处罚。

刑警:打击抢劫、抢夺和砸车玻璃盗窃。年终岁尾,抢劫、抢夺、砸车玻璃、扒窃和入户盗窃等多发性侵财案件进入多发期。公安刑警以"零容忍"的态度,整合侦查资源,对发生的抢劫、抢夺案件,第一时间启动多警种合作机制,快速出警、快速取证、快速侦破,实施立体化打击。对发生的抢劫、抢夺、砸车玻璃盗窃案件,逐案成立由相关警种组成的专案组,实名制侦破。对抢劫、抢夺、砸车玻璃盗窃等网上在逃人员,逐人落实包追责任,成立包追小组,开展定向抓捕工作。

巡警:落实24小时防控措施。加大警力投入,全面落实社会面24小时防控措施。加强18条主要街路、7个繁华商业街区、5个火车站广场等人员密集场所的车巡及夜间警灯驻巡。全市224个"110"巡逻组采取有警接警、无警巡逻的模式,24小时在辖区重点部位巡逻待警。围绕"两抢"案件高发地区和时段,加大对无视频覆盖地区、监控死角及背街小巷等重点部位布警。在重点时段以及治安复杂场所、开放式小区等重点部位部署便衣巡逻警力。启动全市15处环沈警务站,加强城市出入口、高速公路收费站进出沈阳的可疑人员、车辆、涉危涉爆物品、枪支弹药、管制刀具及其他可疑物品进行检查,发动全市750余个社区近5100余名志愿者,共同参与社区街巷的义务巡逻和治安防范工作。

出入境管理:"紧急事由"当日办结。推广24小时自助服务,实现出入境证件随来随取、电子再次签注随来随办。遇有亲属在境外发生意外、人身伤亡等紧急情况,经辽宁省公安厅确认后可提供"紧急事由"办证服务,不受法定节假日限制,当日受理并办结出入境证件。本市户籍居民办理出入境证件取消提供户口簿复印件要求,并可就近跨区提出申请。

社区警务：警务室向社区延伸。加强疑难户口办理，落实疑难户口必须受理和三级会商制度，明确反馈时限和办理时限。进一步推动社区警务室向社区延伸，使社区（驻村）民警有时间深入社区，为群众零距离办事。继续做好实有人口实名制管理工作。着力解决外来人口难管理、无人管理的局面。制定相关的工作制度和工作纪律，切实强化流动人口管理工作。

治安部门：强化涉危涉爆管理。进一步强化危险物品依法、严格、规范管理，确保“不丢、不响、不炸、不流失”。进一步强化缉枪治爆工作力度，全面消除枪爆安全隐患。打造干净、文明、绿色、健康的娱乐服务环境，对涉丑违法活动做到打早、打小、打苗头、除恶务尽。

食药侦支队：推进餐桌保卫战。依法打击食品药品等重点民生领域的涉假犯罪，深入推进“餐桌保卫战”等一系列专项行动。为食品药品领域的行政执法工作提供24小时警力支持，与全市重点食品药品产销企业开展“防假拒假、联合打假”共建活动。

消防：八大商圈设固定执勤点。在全市开展冬春火灾防控工作和火灾隐患大排查活动，存在火灾隐患的高层建筑，确保年底前隐患全部消除。针对涉及老年人、少年儿童、残疾人等场所及孤寡老人家庭，推广安装独立式火灾报警设备。在全市新建20个小型消防站基础上，在全市8大商圈长期设立固定执勤点，在重大节庆时段设置流动执勤车辆，避免小火酿大灾。

（鉴　闻）

【高龄老人补贴再次提高】　从2015年1月1日起，沈阳市全面提高高龄老人补贴标准。将百岁及以上老人高龄补贴由每人每月300元提高到500元；90－99岁老人高龄补贴由每人每月100元提高到200元；80－89周岁的城乡低收入老年人高龄补贴由每人每月50元提高到100元，此项政策惠及全市近3万名高龄老人。2015年7月，沈阳市老龄办与市财政局联合印发了《关于提高和统一全市百岁及以上高龄老年人补贴标准的通知》，从7月1日起再次提高百岁及以上老人高龄补贴标准，发放标准由原来的每人每月500元，提高到每人每月800元，并且统一全市发放标准。按照财政分级负担的原则，百岁及以上高龄老人补贴提高部分由区、县（市）财政负担，即市财政负担500元，区、县（市）财政负担300元。

（鉴　闻）

【“行车易停车易”智慧交通系统正式运行】　由沈阳市公安局和中国联通沈阳市分公司合作研发的“行车易、停车易”智慧交通系统正式运行。

打开软件就知道道路是否畅通。当打开“沈阳易行”APP的“路况地图”功能时，全市路网的交通通行状况将以“红、黄、绿”的形式直观呈现在眼前。“沈阳易行”的导航功能全面融入了全市道路交通信息采集分析和发布系统的交通流数据，市民使用导航的同时，可以实时了解行驶路线的交通状况，提前避开交通拥堵路段，选择最佳出行路线，确保顺畅出行。

动动手指就知道哪有停车位。“沈阳易行”为市民提供了停车场、停车位信息查询和停车引导服务，市民打开“停车易”功能，全市停车场准确地点信息和空余车位等信息可直接呈现在眼前。

足不出户就能获取最新出行资讯、办理交管业务。“沈阳易行”为市民提供了最新、最权威的道路交通出行资讯，和便捷的交管业务服务功能，可通过“违法查询”、“快速理赔”、“便民查询”、“办事指南”等功能，实现足不出户即可获取最新出行资讯、办理交管业务。

（鉴　闻）

【中小学体育场对外开放】　2015年，由市政府投资实施校园足球场地亮化工程，在不影响学校正常秩序的前提下，有序落实校园足球场等体育场地开放工作。沈阳市共有347所学校体育场符合亮化工程要求。其中：小学146所，初中78所，九年一贯制学校85所，完全中学2所，高中36所。在实施亮化工程的347所学校中，除了38所学校因高中学生晚上有学习任务外，309所义务教育阶段学校体育场全部面向社会开放。

（鉴　闻）

【打造市民“15分钟体育生活圈”】　2015年，沈阳市各区、县（市）政府将按照就近、便民的原则，建设足球、篮球、羽毛球、乒乓球等小型多样的全民健身活动场所，在市、区、社区布局构建三级公共体育设施网络，打造市民“15分钟体育生活圈”。

随着经济社会发展和生活水平不断提高，沈阳市民在体育运动、休闲娱乐等方面的需求集中爆发。按照沈阳市体育产业发展的相关规划，全市体育设施人均用地面积将达到2平方米，有48%的人口经常参加体育锻炼。体育设施规划布局充分考虑人口密度分布，在老城区挖掘存量资源，在新城区结合小区建设，实现城市居民在离家15分钟的距离内便可到达健身场所。利用棋盘山、马耳山、白清寨、怪坡等山地资源以及浑河、蒲河、丁香湖、财湖、卧龙湖、珍珠湖、西峡谷等亲水资源，发展滑雪、雪地徒步、滑冰、皮划艇、帆板等冰雪项目、水上项目、运动休闲和生态体育旅游产业。同时，深化与沈阳经济区各市的体育产业协作，开展足球、篮球、排球、摩托艇、环湖自行车、帆板、龙舟等一批体育赛事合作项目。

（鉴　闻）

【“互联网＋家”平台启动】　2015年7月31日，全国首个居家无忧“互联网＋家”实体店与线上APP平台在和平区太原街街道沈铁和谐家园小区正式启动。这是政府通过市场化运作，搭建“互联网＋家”线上线下服务平台，积极探索为和谐社区提供“3（社区＋物业＋居家无忧）＋X”全方位服务模式的新尝试。居家无忧通过为居民提供低成本甚至免费的服务，填补社区、物业无法企及的服务空白。

太原街地区将通过“3＋X”模式，为居民提供全方位立体的便民低成本服务。“X”是“居家无忧”免费为居民提供无限延展的项目。诸如送电影、送图书下社区，法律援助进社区，国学大讲堂进社区等。

（鉴　闻）

【北陵地下通道竣工启用】　2015年7月，北陵地下通道竣工启用。通道分别在北陵大街与泰山路交通岗西南角绿地、东南角公安出入境管理局和北侧的北陵正门广场上设置3个出入口。由于地下通道位于北陵公园，周边古建筑、下马碑等文物较多，所以出入口不设置雨棚,防止遮挡破坏北陵景观效果。在滚梯旁边还有人行楼梯,在楼梯一侧还装有残疾人升降平台。

(鉴　闻)

【沈阳成全国首批“地下管廊”试点城市】 经过财政部和住房城乡建设部组织的竞争性评审,沈阳市以总分第一的成绩顺利进入全国首批10个地下综合管廊试点城市行列。全国34个候选城市通过第一轮专家评审后,确定15个城市进入竞争性评审,沈阳市凭借良好的工作基础、丰富的建设经验、系统发展理念等优势,在竞争性评审中得到94.64的高分,排在15个参与竞争性评审城市的第一位,顺利入围。

在地下综合管廊建设方面,沈阳市形成了系统的发展理念。一是确定了“老城区集约节约、新城区一步到位”的基本思路,通过管廊建设解决老城区发展问题,并使新城区建设与城市规划相匹配;二是确定了“综合管廊、支线管廊、普通管线”三级规划建设体系,使地下管廊与地下管线建设形成科学有机的整体;三是确定了“统一规划、分期建设、逐步归集”的工作步骤,力争该入廊的管线都入廊,并为未来的管线做预留;四是确定了引入社会力量共同参与的建设方式。

(鉴　闻)

【实施全民健身“十百千万”工程】 2015年,沈阳市着力实施全民健身“十百千万”工程,即创办10场高品质的赛事活动,举办100场高质量的科学健身讲座,开展1000场各级各类全民健身活动,培训1万名各级社会体育指导员,安装、维护2万件户外大众健身器材,印制100万份各种形式的全民健身宣传品,全市城乡参加各级各类全民健身活动的人次达到1000万。

着力建好百姓身边的体育设施,启动沈北段、于洪段、辽中段、新民段等蒲河健身廊道建设,打造10个标准化社区健身俱乐部,建成100个笼式足球场,安装1万件新国标户外健身器材,积极推动各级各类公共体育设施免费或低收费开放。着力创新大型群体活动运作机制,强化与相关国际知名体育运营公司的战略合作,联合创办、举办国际市民体育联盟沈阳市民运动会、中国沈阳马拉松赛等具有国际影响力的群众体育赛事和活动,鼓励企事业单位和其他社会组织参与创办、承办具有较大规模和影响力的大型大众健身赛事和活动。

(鉴　闻)

【沈阳站西广场落客平台启用】 新建成的沈阳站西出口的送客引桥及落客平台开始投入使用,北侧引桥连接振工街,南侧引桥连接兴工街,出租车或私家车可从兴工街方向驶入南侧引桥,到达二层落客平台后,车上乘客可在二层售票大厅完成购票并进站。同时,车辆则需由北侧引桥驶入振工街离开。落客平台有四个车道。与沈阳北站南广场落客平台功能相同,西出口落客平台上也立有一块写着“即停即走”的提示牌。此外,两侧的送客引桥则为单向二车道。二层落客平台启用后,更加方便驾车或打车乘客乘车出行。

(鉴　闻)

【沈城三家医院上榜2014中国最佳医院】 2014年度中国最佳医院排行榜出炉,中国医科大学附属第一医院、中国医科大学附属盛京医院、沈阳军区总医院三家医院上榜综合排名“百佳”。《中国最佳医院排行榜》是复旦大学医院管理研究所作为独立的第三方开展的公益性项目,是中国首个针对医院专科和医院本身所做的排行榜。

在2013年度中国最佳医院综合排名中,中国医科大学附属第一医院排名第14位,2014年,该院上升至第12位。在最佳专科排行榜中,该院获得提名以上学科18个。其中:检验科位列全国第一,皮肤科位列全国第四,核医学科位列第五,放射科、呼吸科、内分泌科均位列全国第七。此外,中国医科大学附属盛京医院位列综合排名第29位、沈阳军区总医院位列综合排名第92位。

在东北区域综合实力排行榜(20强)中,沈城共有7家上榜,分别为中国医科大学附属第一医院,位列第一名;中国医科大学附属盛京医院,位列第四名;沈阳军区总医院,位列第七名;中国医科大学附属第四医院,位列第十三名;辽宁省肿瘤医院,位列第十四名;中国医科大学附属口腔医院,位列第十五名;辽宁省人民医院,位列第十八名。

(鉴　闻)

【沈阳市调整居民供热价格】 2015年10月22日,沈阳市调整居民供热价格听证会在沈阳军区金星宾馆举行。经公开报名、社区推荐、市人大、市政协及相关政府部门推荐及物价部门聘请,参加沈阳市供暖价格调整听证会的消费者、人大代表和政协委员、经营者共有24名人员,其中消费者参加人占比超过2/5。根据供热企业生产经营成本变化情况,此次价格调整的初步方案是:居民供热价格由28元/平方米调整为26元/平方米(建筑面积),其中没有单位报销采暖费的居民用户按23.30元/平方米交费,差额2.7元/平方米由政府给予补贴。在沈阳市调整居民供热价格听证会上,沈阳市房产局表示,面对供热价格调整,供热企业收入减少,环保、人工成本增加的形势,市供热主管部门将按照“统一政策、区域管理、部门联动、行政首长负责”的原则,实施供热区域管理三级包保责任制,完善以区域管理为主的责任体系,确保供热价格下调,服务质量不会下降。

(鉴　闻)

【居民用水价格调整】 2015年11月27日,沈阳市调整自来水价格及建立居民用水阶梯价格制度听证会举行。经公开报名、随机抽取,社区、市人大、市政协、政府相关部门推荐,物价部门聘请,共有27名人参加听证会,其中消费者参加人12人,占比超过2/5。沈阳居民用水价格拟由1.80元/吨调整到2.35元/吨;4人以下(含4人)的居民户,年用水量168吨以内(含168吨)执行基础水价,第一级水量的覆盖率达到91.23%;工业和服务业用水价格由2.85元/吨调整到3.85元/吨,提高1.00元/吨;行政事业用水价格由2.60元/吨调整到3.85元/吨,提高1.25元/吨;特业用水价格由10.20元/吨调整到17元/吨,提高6.80元/吨。

对居民家庭人口的核定由供水企业通过居民出示户口簿或暂住证和社区证实的方法操作。计费方式:实施阶梯水价后,按月抄表并结算水费方式不变,按一年为周期计算阶梯水价。对因故未在考核日期抄表的,按实际抄表日的实际总水量推算一年(365天)的考核水量,计算方法如下:年考核水量=实际抄表水量÷实际用水天数×365天。考虑到供水企业实际可操作性，水价调整后，对低保户和低保边缘户增加的支出，建议在调整低保线时予以解决。按照国家、省、市政府的规定，学校教学和生活用水、托幼园所用水、养老机构用水、居民社区办公用水按居民水价的第一级阶梯和第二级阶梯平均价格确定。这次调价，特业用水中的大众浴池用水价格不变。

（鉴 闻）

人力资源管理

【人才工作】 2015年，沈阳市组织开展了“2015年沈阳市招才引智系列活动”，举办博士沈阳行活动和大型专场人才双选会54场，共征集全市海外高层次人才岗位需求124个，海外高层次人才需求457个，急需紧缺人才岗位436个，急需人才1680人；为12家用人单位成功引进12名“985”重点高校博士，另有24名博士与用人单位达成了签约意向；组织特变电工、沈变集团、沈阳远大科技园等8家单位赴京参加外籍人才招聘会；通过国家项目共引进国外技术、管理人才191人次。实施“2015年沈阳市高级专家服务基层行动计划”；“2015年博士沈阳行”及“千人计划”专家沈阳行活动，为社会提供形式多样、针对性强的专家服务；大力引进海外研发团队，2015年完成辽宁省引进海外研发团队项目入库备案25项，结项22项。选拔推荐享受国务院政府特殊津贴专家13人，推荐国家百千万人才工程候选人6人，推荐入选省百千万人才工程73人。开展专业技术人才知识更新工程，组织全市相关企事业单位开展高级研修项目培训工作，共开展20期高级研修班，培训中、高级人才1100名。稳步推进各项技能鉴定工作，全年完成职业技能鉴定5.2万人。大力开展“百万职工岗位技能提升工程”和职工职业技能竞赛活动，提升职工职业技能。组织落实“中国留学人员回国创业启动支持计划”和“留学人员科技活动项目择优资助经费”，准确核发享受国务院政府特殊津贴专家经费。

（何 灵）

【公务员管理】 2015年，沈阳市认真做好公务员考核备案、职务管理、公务员登记和奖励等工作；更新沈阳市公务员在线学习网课程；举办了3期公务员初任培训班；圆满完成2015年沈阳市各级机关和参照公务员法管理单位招录725人的招考工作；深入开展创建“人民满意公务员集体示范单位”和“人民满意公务员示范岗”活动；公务员平时考核试点工作初见成效，2015年，沈阳市被列为此项工作的试点城市，并在市规划局、和平区等单位进行试点。

（何 灵）

【事业单位人员管理】 全年完成20家事业单位岗位设置和735家事业单位的岗位聘用工作；事业单位人员合同管理平稳开展，全年共鉴证聘用合同5300余人次，办理解除、终止合同600余人次；完成90个主管部门工作人员的年度考核备案工作；“吃空饷”问题得到有效治理，全市共查出“吃空饷”3人，追缴违规资金2.38万元；加强职称管理，开展专业技术三级岗位评聘及教育系列高级评审工作；各类考试圆满完成，全年共完成31项考试项目，涉及14.49万人次。

（何 灵）

【军转安置】 2015年，沈阳市建立“一把手”负总责的军转安置工作领导机制，军转干部安置和服务得到有效提升，全年共安置军转干部706名，为3500余名军转干部和8000余名自主择业企业军转干部进行管理和服务；召开2015年随军家属就业安置双向选择推介会，对随军家属开展就业培训。

（何 灵）

【职称评定】 全年支持47家事业单位完成了岗位首聘工作，聘用正高86人、副高843人、中级769人、初级381人。指导26家事业单位进行岗位设置或岗位设置调整，61家事业单位进行常态化岗位聘用专业技术人员2568人。组建沈阳市专业技术三级岗评审委员会，对符合三级岗申报条件的120名专业技术三级岗位进行评审，核准聘用专业技术三级岗位人员98人；制定科学合理的评审量化赋分标准和科学考评办法，6个高级评委会评审通过2284人，帮助部分专业技术人员解决资格证书、《专业技术资格考试合格人员登记表》丢失或职称档案不全等问题和困难，完成职称确认230人。

（何 灵）

【政府绩效考评】 2015年，沈阳市深入推进考评工作开展，科学制定考评指标体系，根据全市重点工作布局，细化考评细则，将日常考评结果计入年度总成绩，推动考评工作由注重结果向过程与结果并重转变。组织申报2015年度政府改革创新项目和特色指标，从各地区和部门申报的项目中筛选出3个创新项目上报；制定《省考任务分解表》，明确承接单位，落实工作责任，将省考评体系中涉及沈阳市指标全部纳入市政府绩效考评体系；承接省绩效考评任务共计649个节点，对2014年度省绩效考评结果进行分析反馈，与承接单位共同研究整改措施，并形成分析报告。

（何 灵）

【工资制度改革】 2015年，沈阳市人社局认真做好事业单位工作人员工资调整，截至7月底，全市机关事业单位32.7万在职和离退休人员的调资工作全部按期完成。有序推进职务与职级并行工作。对县以下机关实施职务与职级并行制度的基础数据进行统计、分析和测算，各区县已完成晋升初审，陆续进入审批备案环节。做好乡镇公务员补贴准备工作。在前期工作的基础上，开展补贴数据的采集和调研论证等相关准备工作；做好公务用车制度改革准备工作。先后组织开展机关事业单位司勤人员基础信息数据实名制统计、分析及机关和参公单位各职级人员调查统计工作，结合沈阳市实际，研究起草机关司勤人员安置办法。

（何 灵）

【维护和谐劳动关系】 2015年，沈阳市人社局积极稳步推进劳务派遣管理，全年累计发放行政许可55户；落实《沈阳市集体合同条例》。全年累计备案集体合同1.29万份，覆盖企业5.67万户，涉及职工107.9万人；规范集体协商程序。积极开展集体协商要约行动，进行集体协商工作指导；加大劳动保障监察力度。集中力量开展农民工工资支付专项检查和清理整顿人力资源市场秩序专项行动,全市劳动监察队伍共主动监察用人单位1.31万户,书面审查2.57万户,立案查处违法用人单位4131户,受理举报投诉并立案查处757件,各项劳动保障法律法规得到有效的贯彻落实。做好劳动仲裁案件办理。劳动仲裁调解力度和案件办理质量大幅提升,仲裁案件结案率达到100%,信访群体保持稳定。大幅提高信访工作办理质量,信访积案得到有效解决,信访群体保持稳定。

(何　灵)

社会保障

【概况】 2015年,全市城镇企业职工基本养老保险参保357.9万人,比上年增长4.4%(其中,在职职工参保242.5万人,增长3.6%);城乡居民养老保险参保115.2万人,领取待遇45.4万人;城镇企业职工基本养老保险统筹基金征缴收入150.8亿元,比上年增长7.9%。全市城镇基本医疗保险参保494.9万人(其中居民参保143.5万人),生育险参保290.9万人。全市工伤保险参保188.8万人,比上年增长1.1%,失业保险参保139.5万人,增长0.9%。

(何　灵)

【养老保险】 全年为112.4万退休人员调整基本养老金,人均月增资209.7元,完成了五七家属工及盲残人员等特殊群体的待遇调整工作;将"新农保"和"城居保"两项制度合并实施,基础养老金从130元调整至145元;全力做好全市机关事业单位养老保险制度改革的前期准备,完成改革前的数据采集和职业年金收支测算工作;作为"全面参保登记计划"的试点城市,数据比对和入户登记的前期准备工作全面完成;开展企业基本养老保险数据整理专项行动,对重复享受待遇人员信息、死亡冒领人员信息进行了彻底清查和清理;建立并完善了社保经办管理岗位和业务经办环节的内控风险检查评估机制。

(何　灵)

【医疗保障】 2015年,沈阳市提高了居民医保财政补助标准,将居民医保参保人员缴费的政府补助标准由每人每年320元提高到380元;允许符合计划生育条例规定生育第二个子女的职工享受生育保险待遇;健全城乡困难群众基本医疗和重特大疾病救助制度,对个人自付及超过基本医保最高支付限额的费用,实行分段递增补偿,取消最高支付限额;全面启动居民医保补充保险,对符合大病保险支付范围的个人自付部分按65%给予补偿;进一步推进社会保障卡发放工作,全年累计发放社保卡284.65万张。

(何　灵)

【失业保险】 2015年,沈阳市失业保险参保人数为139.5万人,实际缴费人数为131万人,失业保险基金收入11.7亿元,领取失业保险金人员为2.38万人,失业保险费率下调至用人单位1.5%(企业1%)和个人0.5%;对20个行业、11个经济类型的2550户企业进行了11期失业预警监测;探索研究使用失业保险基金开展预防失业、促进就业工作。

(何　灵)

【工伤保险】 全市完成工伤认定3062件,工伤保险参保登记15万户,参保人数达到188.8万人,基金收入5.98亿元,累计结余5.33亿元,享受工伤保险待遇2.32万人。与市财政局、卫生局、安全生产监督局等单位共同开展工伤预防试点工作,减少工伤事故发生,从根本上保障职工生命安全和身体健康;下发了《沈阳市人力资源和社会保险局关于确认沈阳市工伤保险定点医疗机构资格的通知》;推进工伤康复试点工作,探索建立沈阳市"康复早期介入"和"先康复、后评残"的工作机制;制定下发了《沈阳市人力资源和社会保障局等六家单位关于进一步做好建筑业工伤保险工作的通知》;拟制定调整沈阳市工伤保险费率政策的通知,核定新的行业基准费率,确定工伤保险基金储备金筹措方式方法,印发了《关于调整工伤保险费率政策的通知》。

(何　灵)

【就业创业】 2015年,全市实名制就业22.84万人;城镇登记失业率3.18%,控制在省指标4.2%以内;农村劳动力转移输出5.47万人;全年零就业家庭保持动态为零;困难家庭高校毕业生155人,100%实现就业;高校毕业生就业见习1933人;城镇普惠制培训人数1.6万人,城乡劳动力转移技能培训7459人,进城务工农民培训人数1.50万人;完成扶持创业带头人3575人,带动就业2.14万人,小额担保贷款发放2.26亿元,创业培训2316人。

(何　灵)

【创业创新】 2015年,沈阳市出台了《创业孵化基地管理暂行办法》、《"万人创业工程"实施方案》等系列创新创业文件,在项目、资金、场地等方面给予政策支持;在全省率先启动"万人创业工程";成功举办国家双创周"沈阳分会场"系列活动;组织了"新常态下就业创业工作的创新"盛京论坛;入选国家小微企业创业创新基地示范城市;构建政府、高校、企业共赢互通的创业孵化基地建设体系,全市已建成较具规模的创业孵化基地32家;引入PPP模式对全市孵化基地进行转型升级;建成沈阳"创业梦工厂",实现创业项目合作、能力提升等成果转化;创建移动互联网"众创空间"和沈阳创业项目数据库,实现小额担保贷款网上审批、"面对面"创业指导等服务。

(何　灵)

【就业工作】 2015年,沈阳市认真做好高校毕业生及困难群体就业工作,实施困难家庭高校毕业生"一对一"就业帮扶;承办国家人社部"第三届跨区域(秋季)高校毕业生巡回招聘活动";为就业困难人员提供就业信息,开展了"就业援助月"、"春风行动"、"民营企业服务周"、"就业困难人员援助专场招聘会"等系列活动;开发公益性岗位,安置就业困难人员;对从事灵活就业的大龄人员和高校毕业生给予养老保险和医疗保险补贴。

(何　灵)

【就业服务】 2015年,沈阳市广泛开展就业形势监测,为调整就业政策提供依据;举办"进校园、进企业、进社区"三进活动和"送岗位、送项目、送技能、送政策、送信息"五送活动推动高校毕业生就业;开展"人社系统干部进校园"活动,征求广大师生对沈阳市就业创业工作的意见、建议并讨论对策措施;开通"就业通"项目,建成"互联网+沈阳就业"的网络服务新模式,充分发挥云计算、移动互联网和大数据等一批互联网技术在公共服务领域的优化和集成作用。

（何 灵）

民 政

【城乡居民最低生活保障】 2015年，沈阳市民政局与市财政局联合下发《关于提高城乡居民最低生活保障和农村五保供养标准的通知》（沈民〔2015〕40号），从2015年7月1日起，城乡低保标准上调40元，城市低保标准提高到每人每月580元（九城区）和505元（四县市），农村低保标准提高到每人每月355元（九城区）和295元（四县市）。

截至2015年12月底，城市低保共保障5.23万户8.31万人，保障面为1.79%，人均救助额397.91元，累计救助资金支出3.87亿元；农村低保共保障3.37万户6.12万人，保障面为2.34%，月人均救助额117.54元，累计救助资金支出1.17亿元。

（蔡文学）

【城乡医疗救助】 提高医疗救助标准。从2015年1月1日起，城乡低保人员在居民医保和新农合统筹报销以及大病医疗保险的基础上，对其个人自付部分的70%给予救助，边缘户按照42%给予救助。开展农村困难家庭重性精神病患者定点救治和定额救治工作，实行床位补贴。住院救治的农村低保家庭重性精神疾患者个人不再承担费用。2015年，沈阳城乡医疗救助共计6.05万人次，救助资金支出共计6308.75万元。其中：城市医疗救助共计2.74万人次，包括门诊救助6974人次，特慢病救助2608人次，住院救助1.78万人次；救助资金支出共计2065.38万元，包括门诊救助13.48万元，特慢病救助58.82万元，住院救助1993.08万元；农村医疗救助共计3.32万人次，包括门诊救助1926人次，特慢病救助3304人次，住院救助2.79万人次；救助资金支出共计4243.37万元，包括门诊救助76.95万元，特慢病救助445.2万元，住院救助3721.22万元。

（车 莹）

【农村五保供养】 截至2015年底，全市共有农村五保供养对象1.36万户、1.42万人，其中：分散供养对象1.08万人，集中供养对象3385人；年供养保障金7582.57万元。中心敬老院37所，床位数达到8270张。

（于友成 杨春光）

【提高农村五保对象标准】 2015年，沈阳市农村分散五保供养对象标准为：九城区从每人每月385元调整为每人每月420元；四县（市）从每人每月330元调整为每人每月360元。农村集中五保供养对象标准为：九城区从每人每月620元调整为每人每月695元；四县（市）从每人每月565元调整为每人每月635元。调整标准所需资金由市、区两级财政按渠道、配比方式解决。解决农村五保户看病医疗救助资金996万元。

（于友成 杨春光）

【加强农村五保供养工作规范化管理】 按照《沈阳市农村五保供养工作实施细则》规定，2015年，沈阳市规范了农村五保供养工作原则、申请程序、五保供养资金来源、发放渠道、中心敬老院的建设和管理等相关规定，确定了政府投资建设和管理的中心敬老院性质为事业单位，工作人员实行聘任制，服务人员实行劳动合同制和优惠政策，为全市农村五保供养工作提供了政策和法律依据。

（于友成 杨春光）

【农村五保供养政策专项监察和核实】 2015年，沈阳市配合国家审计署和民政部、辽宁省民政厅审计部门全面审计沈阳市农村五保供养政策落实工作，通过整理基础资料，完善五保档案，整改五保供养资金发放形式，实地入户查看分散五保户供养金发放情况，使五保供养资金能及时足额发放到五保对象手中。同时，为全面掌握全市农村五保对象自然情况，摸清底数，做到精确管理。经过核实，全市退出670人，新进503人，分散供养对象进集中供养对象193人。通过全市农村五保核实工作，进一步强化了农村五保工作的内在管理。

（于友成 杨春光）

【建立和完善了农村五保档案管理体制】 2015年，沈阳市按照民政部、国家档案局《农村五保供养档案管理办法》文件精神，在全市建立和完善了农村五保档案规范化管理体制。五保档案，实现档案管理规范化。11月26日，在沈阳召开的辽宁省农村五保供养档案管理培训班现场会，推广了沈阳市农村五保档案管理的做法。苏家屯区、于洪区中心敬老院五保档案资料在现场进行了展示，于洪区中心敬老院介绍了《坚持以服务为中心，以推行档案建设为手段，不断创新，全面提升农村敬老院管理水平》的经验做法。

（于友成 杨春光）

【农村中心敬老院改造建设】 2015年，沈阳市民政局、市慈善总会开展的“关爱夕阳—援助农村中心敬老院监控设施和锅炉改造项目”活动取得了显著成果。市慈善总会投资270万元，为全市部分农村中心敬老院配备了监控设备和实施了锅炉维修改造，敬老院的生活环境得到了明显改善。

（于友成 杨春光）

【对灾民实施冬春救助】 2015年，沈阳市民政局为保障灾民的基本生活，下拨了1000万元中央自然灾害生活救助资金，对2014年遭受自然灾害的灾民实施救助，解决受灾群众的住房、口粮、衣被等方面的生活困难。通过下拨救助资金实施生活救助，保障了受灾地区群众的基本生活，维护了社会稳定。

（陆 军）

【起草《沈阳市防灾减灾办法》】 根据沈阳市人民政府《关于印发2015年度政府规章立法计划的通知》（沈政发〔2015〕1号）要求，为了提高综合防灾减灾能力，保障受灾人员基本生活，沈阳市起草了《沈阳市防灾减灾办法》，经市政府第28次常务会议通过，自2016年1月1日起施行。

（陆 军）

【防灾减灾】 2015年，沈阳市在实施防灾减灾知识“进社区、进学校、进单位”的基础上，以“5·12全国防灾减灾日”和“国际减灾日”大型宣传活动为契机，广泛开展灾害应急知识的宣传普及工作，不断提高全市社会的防灾减灾意识和自救互救能力。在沈阳副食集团冷冻物流中心举办了“科学减灾，依法应对”的应急演练活动，在沈阳广播电视大学举行防灾减灾专家宣讲团启动仪式，通过演练和专家宣讲的方式把宣传教育作为防灾减灾工作的重要抓手，不断丰富内容，创新活动形式。

深入开展"减灾示范社区"创建活动，全年有5个社区获得"国家级减灾示范社区"和"辽宁省减灾示范社区"荣誉。建立了政策性保险与省、市（区）、县财政补助相结合的灾害风险转移机制，拓展了农业灾害救助途径，维护了农村和谐稳定，使受灾农民最大限度地降低受灾农房的损失。

（蔡林宇）

【救灾救济物资管理】 储备物资管理。2015年，沈阳市民政局严格落实各项规章制度，按照工作程序，依据上级指令，圆满完成救灾救济储备物资管理、接收、发放服务工作，确保各类物资的清洁、卫生、完好，做到储备底数清，帐物相符，存放位置明确。通过积极努力，争取到辽宁省民政局划拨价值7万余元的场地应急照明车2台，添置储物货架4组。

应急救援准备。组织干部、职工进行应急救援演练，认真做好应急救援准备，制定和完善了地震等各项应急救援预案。4月份，辽宁省政府应急办等部门联合检查团进行地震救援应急准备工作现场专项检查时，省检查团和局领导对应急救援准备工作表示满意，并给予了充分肯定。

基础设施建设。提前筹划准备，按照政府采购政策规定，利用辽宁省专项资金30万元对仓库和中心办公楼自动化消防设施进行了整体改造，取得消防验收合格证。

（闫桂良）

【居民家庭经济状况核对体系建设】 一是深化沟通协作，完善核对平台建设。不断与市公安局、人社局、房产局、工商局、公积金中心加强联系，密切沟通。积极推进对户籍、车辆、出入境、养老保险、医疗保险、死亡、房产、工商、公积金等信息的共享查询方式，从手工查询逐步向批量查询和自动查询转变。二是突破瓶颈，正式开展银行查询业务。2015年，将开展银行查询业务列为本年度重点工作，通过信函、约见等形式，积极与金融部门反复沟通协调，在争取辽宁省银监局政策支持的的基础上，排除技术难题，就信息互联、提取、比对达成一致意见，陆续开展银行查询业务。已与16家银行开展查询业务，实现了银行系统查询业务的新突破。三是深入研究，推进核对机制建设。根据沈阳市工作实际，为提高核对工作效率，中心对核对申报要件、核对工作流程进行深入研究，多次与各区、县（市）负责人、各委办局沟通协商，对低保申请人申报材料要件进行简化，并进一步规范工作流程，及时对数据上报时间进行调整。四是不断探索，推进核对信息平台建设。在核对系统的运行过程中，根据实际操作需求，积极联系易迅科技公司，改善核对系统功能，在增加新开展核对业务信息共享单位相关的功能模块基础上，对核对系统中各功能模块统一加强规范管理，进一步推进核对系统建设。五是指导和培训各区、县（市）核对中心核对工作。根据核对工作实际，派人到各区、县（市）核对中心对核对人员进行了培训，通过业务培训，保障全市核对工作平稳有序的开展。五是深入调研，适时开展保障性住房核对业务。深入调研南京市、上海市、大连市保障性住房核对工作情况，借鉴成功的核对经验和操作流程，结合沈阳市保障性住房的实际情况，制定沈阳市保障性住房申请家庭经济状况核对相关政策和流程，为适时开展保障性住房核对业务奠定了基础。六是深入调研，简化办理低保前置审批流程。为了更好地贯彻落实国务院办公厅《关于简化优化公共服务流程方便基层群众办事创业的通知》（国办发〔2015〕86号）精神，市核对中心分别赴沈河区、皇姑区、沈北新区、辽中县等工作较典型的区、县（市）核对中心进行调研，按照服务便民利民、办事依法依规、信息公开透明、数据开放共享的要求，细致研究，深入探讨，简化低保、低收入家庭的前置审批流程。

（白　东）

【低保核对】 2015年，对全市新申请低保及已享有低保待遇家庭8.30万户16.18万人进行了核对，共出具核对报告8.30万份。一是全面开展新增低保核对工作。共核对9227户家庭1.96万人，出具核对报告9227份。二是全面推进复核低保核对工作。从2015年1月起，指导各区、县（市）核对中心制订了详细的工作方案，对全市已享有低保家庭经济状况进行复核，截至12月底，共复核7.37万户家庭14.21万人，出具核对报告7.37万份。三是开展低保边缘户核对试点工作。共核对低保边缘户31户家庭71人，其中：城市低保边缘户26户家庭48人，农村低保边缘户5户家庭23人，出具核对报告31份。四是归档全市核对档案。

（白　东）

【其他核对】 一是按辽宁省民政厅要求，配合民政部低收入认定指导中心开展农村危房现状调查－农户经济条件类型复核工作，共核对37人。二是配合辽宁省民政厅完成民政部关于开展"城市低收入人口瞄准机制研究"子课题研究工作，共发放调查问卷224份，且全部收回，并发至民政部。

（白　东）

【居民信息中心筹建】 按照沈阳市市长潘利国2015年12月4日视察市居民家庭经济状况核对中心的指示精神和《市长办公会议纪要》（第104号）的工作部署及沈阳市市政府秘书长连茂君主持召开关于推进《沈阳市综合信息核对中心建设工作》的业务会议要求，将以"沈阳市居民家庭经济状况核对中心"为基础，建立沈阳市居民信息中心，整合全市各部门相关信息资源，建立覆盖到社会公共服务窗口的综合性居民信息平台，搭建社会救助及居民相关信息核对、验证查询的工作体系。通过居民信息平台建设，实现政府内部信息互联互通，简化办事环节和各种手续，进一步优化公共服务流程，助推社会信用体系建设，全面提高社会诚信水平。根据会议要求，市核对中心积极配合沈阳市民政局完成沈阳市居民信息平台建设工作方案，为沈阳市居民信息平台建设奠定了基础。

（白　东）

【基层政权和社区建设】 强化和谐社区建设顶层设计。出台了《沈阳市和谐社区建设工程实施方案》（沈委办发〔2015〕23号），明确提出将人性化、标准化、便捷化、智能化、专业化的"五化"原则贯穿于和谐社区建设的全过程。

圆满完成第九届社区居委会换届选举工作。全市942个社区参加第九届社区居委会换届选举，直选率达到61%，比第八届提高26%，超出计划目标11%。共选举产生居委会成员3617人

（其中主任942人），换届选举工作完成率为100%。

加大社区基础设施改造力度。市区两级财政投入资金2.88亿元，对138个城镇老旧社区未达标公共用房和144个农村社区公共用房进行改造，筹建2个区域性社区服务中心，为99个社区安装外挂电梯等无障碍设施，为468个已改造村级公共服务中心配套供暖设施。

提升社区服务功能。加大《沈阳市社区工作准入制度实施方案》落实力度。确定在40个社区进行“一口式受理、全科式服务、开放式办公”服务模式创新试点。共梳理出涉及组织部、民政、人社等7个部门的38项审批项目和154项公共服务项目，提高为社区居民的服务效率。积极引导“居家无忧”、“跑腿仔”、“蓝卡”、“慧家”和“东软熙康”等企业进入社区服务领域，利用“互联网+”实现线上线下“O2O”模式，为社区居民提供家政、购票、缴费和健康医疗等服务。

提高社区工作者职业化、专业化水平。坚持社区工作者“逢进必考”的原则，全年新招录社区工作者749人，其中定向招录军人家属132人。完成了社区工作者全员实名制录入。印发了《沈阳市社区工作者全员培训实施方案》，通过远程教学和面授培训等不同形式开展为期3年的全员培训，举办了全科社工培训班。组织256名优秀社区工作者赴民政部社区建设培训基地培训。继续提高城市社区工作者生活补贴标准，月平均提高713元。积极探索补贴待遇与绩效联动的收入激励机制。

（尹　琦）

【养老服务社会化】　2015年底，全市户籍老年人口为157万人，占户籍总人口21.47%；全市有各类养老机构169个，建成区域性居家养老服务中心10个，社区老年人日间照料站705个，农村互助幸福院216个，农村困难家庭常年病人托管中心6个，各类养老床位3.8万张，每千名老年人拥有床位24.2张。完善政策体系，市政府出台《沈阳市人民政府关于加快发展养老服务业的实施意见》（沈政发〔2015〕10号），明确将从土地规划、投融资、财政补贴等方面支持养老服务业发展。启动智慧养老服务平台建设，投入134万元建立市、区（县）两级养老服务管理平台，为全市老年人提供“一站式”居家养老服务。培育优质养老服务项目，引进上海复星、北京高和、泰康人寿等国内知名企业在沈阳市投资建设综合型养老服务设施，引进乐居、泉辉、合众优年、祥颐园等品牌老年服务机构进入沈阳市养老服务市场。加快推进医养结合，市社会福利院与市红十字会医院合作，在市社会福利院设立建筑面积2000平方米的市红十字会医院棋盘山院区。

（吴旭丹）

【婚姻登记管理】　2015年，全市13个婚姻登记处共办理国内结婚登记6.81万对；离婚登记3.0万对；补领结婚登记3.03万份；补领离婚登记3349份；出具无婚姻登记记录证明19.72万份。在2015年2月14日、5月20日、“七夕节”等特殊日子，市民政局组织各区、县（市）婚姻登记机关制订应急方案，启用预约登记，延时工作等措施应对婚姻登记高峰。积极参与全国婚姻登记机关等级评定工作，按照民政部《婚姻登记机关等级评定标准》，指导各区、县（市）婚姻登记处参与创建工作，浑南区、于洪区民政局婚姻登记处被国家民政部授予“全国3A级婚姻登记机关”称号。根据《民政部关于进一步规范（无）婚姻登记记录证明相关工作的通知》（民函〔2015〕266号）要求，自10月1日起，沈阳市民政局婚姻登记处除对涉台公证事项和涉哈萨克斯坦、芬兰、奥地利、荷兰、德国、阿根廷、乌拉圭、墨西哥、波兰等9个国家的公证事项仍可继续出具证明外，不再向任何部门和个人出具（无）婚姻登记记录证明。推动了全市“互联网+”婚姻登记档案信息化建设。12月17日，在和平区婚姻登记处召开全市“互联网+”婚姻登记档案信息化建设现场会，以和平区为试点单位，通过与档案局的沟通实现全部历史婚姻档案信息化管理。

（杨春光）

【儿童福利事业】　2015年底，沈阳市有户籍孤儿1058人，其中：省孤儿学校205人，市福利机构集中养育404人，城乡散居孤儿449人。由于沈阳市孤儿基本生活养育标准从2013年一直未调整，为进一步保障全市孤儿的基本生活，切实维护其基本权益，沈阳市决定于2016年1月1日起，提高孤儿基本生活养育标准，其中：市福利机构（沈阳市儿童福利院）集中养育（含家庭寄养）的孤儿基本生活养育标准从1400元/人、月提高到1600元/人、月；城乡散居孤儿基本生活养育标准从1000元/人、月提高到1200元/人、月。

（杨春光）

【流浪乞讨人员救助管理】　全市共有救助管理站七个，分别是沈阳市救助管理站、苏家屯救助管理站、于洪救助管理站、新民市救助管理站、辽中救助管理站、康平救助管理站、法库救助管理站，根据受助人员的不同需求，给予受助对象以食宿、医疗、返乡资金和接送等方面的全面救助及服务。2015年，全市共救助各类受助人员5262人次，其中：未成年人109人次，青壮年人4637人次，老年人516人次；救治危重病人和精神病人947人次；从受助人员的来源上分，省内人2024人次，外省人3238人次；从受助人员离站方式上分，由救助管理机构护送老年人、未成年人、精神病人和救治康复人员返乡1322人次；受助人亲属接回、亲人汇款返乡1389人次；上访人员受助后自愿离开531人次；为无能力返乡的受助人员提供乘车凭证2002人次，安置无家可归人员18人。保证了救助对象的基本生活，维护了他们的合法权益，树立了人民政府“立党为公，执政为民”的良好形象，收到了较好的社会效果。

（杨春光）

【社会组织登记管理】　2015年末，全市共有社会组织9474个，其中：注册登记的社会组织4283个（社会团体1316个，民办非企业单位2966个，基金会1个），实行备案制管理的城乡基层社会组织5191个。稳妥推进直接登记改革试点，制订了《市民政局关于试行行业协会商会等四类社会组织直接登记的方案》以及各类社会组织直接登记指南，经市政府同意后于2015年12月1日起执行。推进社会组织信息公开和披露制度，市民政局会同市社会信用体系建设领导小组办公室印发了《沈阳市社会组织信用信息管理暂行办法》。提高社会组织承接政府转移职能与购买服务能力，首次发布《沈阳市具备承接政府职能转移和购买服务资质社会组织目录（第一批）》，公布了2010－2014年评估等级为3A以上的79个社会组织名单。开展2015年社会组织规范化建设评估，对31个社会组织进行了等级评估，23个社会组织获得评估等级。5A级社会组织7个：沈阳市保险行业协会，沈阳家具产业协会，沈阳医药商业协会，沈阳服装（服饰）行业协会，沈阳医学会，沈阳民族艺术学校，沈阳市西城中医医院。4A级社会组织6个：沈阳市农产品物流协会，沈阳市测绘学会，沈阳市医师协会，沈阳市建筑装饰协会，沈阳工艺美术协会，沈阳新东方烹饪学校。3A级社会组织9个：沈阳市婚姻家庭咨询师协会，沈阳市老龄产业协会，沈阳市铸造协会，沈阳市典当行业协会，沈阳市节能建筑工程协会，沈阳市宣和艺术馆，沈阳中兴通讯技术培训学校，沈阳建安职业培训学校，沈阳市沈北新区青杨社会工作服务中心。2A级社会组织1个：沈阳表面工程协会。

（锡　杨）

【社会组织执法监察】　2015年，沈阳市积极加强社会组织规范化建设，加大执法监察力度，完善综合监管体系。为了进一步加强全市社会组织监管工作，沈阳市民政局于2015年10月组建了沈阳市民政局社会组织执法监察处。

对市级社会组织实施2014年度检查，共年检540家社会组织，其中：社团275家，民非265家。合格464家，基本合格76家，不合格0家。合格率为85.9%。

加强规范化建设，提高社会组织参与社会治理和公共服务能力。印发了《沈阳市民办非企业单位内部管理制度指引》，引导民办非企业单位完善法人治理结构和内部管理机制。

完成清理规范工作。145个行业协会商会与行政机关实现了五个方面的脱钩；321名在职或退（离）休处级以上领导干部退出社会团体领导岗位；清理清退社会团体与业务主管单位合署办公场所59处、社会团体新建独立账号22个、清退社会团体占有的国有资产647.44万元。为了进一步落实整改意见，市民政局制发了《市民政局关于办理相关社会团体注销登记的函》（沈民函［2015］38号）。办结注销手续49家，其余的正在履行法定程序办理注销过程中。

规范行业协会涉企收费。市民政局起草并下发了《市民政局关于开展行业协会商会涉企收费整顿规范工作的通知》。在保留的184个行业协会商会中，有14个行业协会商会存在涉及企业相关的19项收费行为，都具备物价及相关部门的收费许可证或文件，部分行业协会商会依据各自章程依法依规收取会员会费。此次清理规范均未发现乱收费、强制涉企收费现象。

结合沈阳市经济领域社会组织工作实际，制订了《市民政局全面推进依法治市工作实施方案》，在市司法局、市总工会、团市委、妇联等部门积极参加下，扎实开展了相关工作。完成了市民政局所承担的工作任务。

（刘翠俐）

【双拥工作】　沈阳市以创建双拥模范城"八连冠"为载体，扎实开展为部队办实事、解难题、推进军民融合深度发展的双拥创建活动。7月21日，全国双拥工作领导小组对沈阳市创建全国双拥模范城工作进行检查验收时给与了高度评价和充分肯定。

全力支持部队各项建设。市委、市政府将驻沈部队生活基础设施、军事训练设施、文化设施和农副业基地设施列入市政建设规划，通过政府划地、单列指标、减免配套费、部队自主建设，为部队提供建设用地、减免城市基础配套费。中央和地方各级财政支持驻沈部队战备训练、信息化建设、后勤社会化保障以及优抚对象抚恤优待、补助等累计投入资金22.97亿元。有计划、分步骤地推进重点领域专业人才培养和技术攻关，为推进部队信息化建设提供人才保障。为基层部队援建流动图书室、文化阅览室赠送图书1万余册。全市共完成军供保障任务45批次9300人，苏家屯军供站被民政部、总后勤部评选为"全国军供正规化建设先进单位"，皇姑区军供站被沈阳军区评选为"军供工作先进单位"。

拥军办实事力度不断加大。为解决随军家属就业难题，市委、市政府多次召开专题协调会，研究推进随军家属工作安置具体措施。属于公务员和事业编身份的随军家属，通过采取公务员遴选、事业单位控编留位等多种渠道安置就业；属于无工作的随军家属，市双拥办专门定向在驻沈部队随军家属中，通过考试招聘了132名社区工作者；对于没有解决就业的1967名随军家属由市、区政府统一发放生活补助金。在解决军人子女入学方面，本着"统筹考虑，应入尽入、适当照顾"的原则，尽最大努力解决军人子女接受优质教育。为帮助部队解决大龄军官婚恋问题，市双拥办会同市妇联等相关部门，举办了5场"军地青年联谊会"，为部队近1000名官兵解决婚恋问题搭建平台、创造条件。市双拥办发起"慈善进军营·情暖子弟兵"救助活动，帮助驻沈部队解决部分官兵解决家庭困难，共募集救助款18余万元，对115名家庭特别困难的官兵实施了一次性救助。沈阳各旅游景点为军人及优抚对象提供免费参观10万人次，沈阳地铁、公交为部队义务兵和伤残军人提供免费乘车8万人次。

接收安置任务高标准推进。各级各部门始终把军转安置工作作为支持部队建设的一项重要任务。圆满安置了706名军转干部，接收退役士兵5823人，军休干部375人。成功举办了2015年度春季、冬季退役士兵大型培训就业专场招聘洽谈会，参会退役士兵4600人，现场达成就业意向2230人，共推荐退役士兵就业1819人。

驻沈部队有效发挥自身优势积极支持地方经济建设。继续深化"百团帮百村"对口扶贫和13个区、县人武部党委与地方村（社区）党组织结对共建活动，持续开展送项目、送科技、送文化、送医疗、送信息等帮扶活动，挂钩帮带1000户困难群众、1000名特困学生，支援农业设施建设、扶贫帮困、捐资助学等10余个建设项目；驻沈部队还投入1万余人次积极参加地方绿化、美化、亮化等环境整治工程建设；武警部队配合地方公安部门严守重点部位、重要场所参加维稳防恐，积极配合地方政府加强社会管控维稳工作，军地建立重大情况会商通报制度和重大险情应急预警启动机制，做到军地联防、联治、联建，确保沈阳社会高度稳定。

（石　钧）

【优抚工作】 2015年，沈阳市抚恤、补助、优待工作整体保障水平逐步提高，取得明显成效。

抚恤补助。根据国家民政部和辽宁省民政厅文件精神，结合沈阳市情况，从2015年10月1日起，全市再一次大幅度提高优抚对象抚恤补助标准。

义务兵家庭优待。2015年，沈阳市加大各级财政投入，义务兵家庭优待金大幅度提高，全年共为6729名义务兵家庭发放优待金5878万元。

优抚对象医疗保障。出台《关于进一步做好优抚对象医疗保障工作的通知》（沈民［2015］97号），确定了城镇部分优抚对象在参加城镇居民医保的基础上，住院补助比例达到75%，不设上限。全年支出优抚对象医疗补助经费3500万元。

全年负责申报各类评残人员449人，接收部队伤残退役人员164人。按照辽宁省民政厅统一安排为438名伤残警察更换新版《伤残人民警察证》。开展了"情系老优抚，爱心献功臣"医疗巡诊活动，为60位在乡复员军人上门体检，免费送药品价值近8万元。组织70位优抚对象进行了健康疗养。为5241户优抚对象发放两节救助315万元。为1.3万多名优抚对象发放了优抚对象服务卡。

3月20日上午，第二批68具在韩志愿军烈士遗骸回国迎接仪式在沈阳桃仙机场举行。21日，第二批在韩志愿军烈士遗骸安葬仪式在沈阳抗美援朝烈士陵园举行。

9月30日上午，辽宁省在沈阳市抗美援朝烈士陵园举行向烈士敬献花篮仪式。省委书记、省人大常委会主任李希，省长陈求发，省政协主席夏德仁等领导来到沈阳抗美援朝烈士陵园，与各界代表一起，向烈士敬献花篮。

（李陶颖）

【退役士兵安置】 2015年，沈阳市深入实施新型安置制度改革，加强和完善退役士兵就业、创业服务体系建设，落实符合政府安排工作条件退役士兵就业岗位，大力开展退役士兵职业教育和技能培训，有效促进了退役士兵就业、创业。圆满完成了年度退役士兵接收安置工作任务。

1. 对全市200余家单位进行了退役士兵接收安置需求调研和安置能力综合评估。4月21日，以市政府名义下发了《沈阳市人民政府关于做好2015年度退役士兵接收安置工作的通知》，出台了年度退役士兵安置就业促进政策，就做好年度退役士兵安置工作提出了具体要求。对全市147家单位指令性下达了退役士兵接收安置任务。共落实退役士兵安置就业岗位1500个。

2. 促进就业创业，自主就业退役士兵职业技能培训取得突出成效。1月8日和4月8日，分别在沈阳技师学院、沈阳市交通驾驶人培训有限公司、沈阳市装备制造工程学校开办了两期订单式技能培训，549名退役士兵参加了直达就业的订单式技能培训，投入订单式就业培训经费370余万元。共为退役士兵预定培训就业岗位3700余个。

各区、县（市）结合区域发展和退役士兵需求，因地制宜开展了汽车维修保养、电子商务、农村养殖、种植、农机修理等扶持就业和创业类培训。3600余名退役士兵免费参加了各类免费职业教育和技能培训。

市、区县（市）两级联动开展就业促进服务。建立了自主就业的退役士兵实名制培训、就业信息登记库。以微信、短信、就业服务网等多种形式发布培训及就业类信息近8000人次，提供就业岗位4000余个。

3. 加大资金保障力度，退役士兵各类经济补助政策得到了全面落实。全市共有463名符合安排工作条件的退役士兵享受了待安置生活补助，共发放待安置生活补助金117.61万元；共有164名退役士兵选择了自谋职业，共发放一次性经济补助金941.78万元；共有797名在校大学生退役后选择了复学，共发放经济补助金5002.08万元；共有2685名退役士兵选择了自主就业，共发放经济补助金1.01亿元。

（蒋志刚）

【军休干部管理与服务】 2015年，全市接收安置部队休干（士官）377人。邀请省、市有关专家学者举办专题讲座，开展国情、省情、市情教育实践活动，使军休干部及时了解党的各项方针政策和国家大事。及时调整军休干部定期增长工资、生活补贴、护理费以及特殊津贴。共发放军休人员工资和各种补贴经费12.36亿元；核拨报销休干、家属遗属医疗费、体检费及投保资金1.16亿元；完成塔湾中心、北陵中心、联合路中心附属机构用房的接收和经费请领等工作。发挥老年大学作用，开设电脑、诗词、书法、舞蹈、唱歌、太极拳、老年保健等课程；举办"沈阳市军休系统纪念世界反法西斯战争暨抗战胜利70周年文艺演出"，承办"辽宁省军休大舞台文艺汇演"活动，展示了沈阳军休人风采，丰富了军休干部的文化生活。组织113名先进军休干部赴天津市参加健康康复活动。

（王妹群）

【慈善事业】 市民政局确立了"沈阳慈善日"主题，全市各慈善公益组织开展以"慈善助医"为主题的系列公益活动，形成慈善捐赠高潮。全市共开展198项慈善活动，募集资金6151.18万元，受益人数10.03万人。

市直各慈善公益组织按照职能开展各项活动。市慈善总会"蓓蕾慈善助医"、市红十字会"博爱送万家"、市教育基金会"助力园丁"等105项系列项目，共接受捐赠5505.36万元，受益人数为6.51亿人。

苏家屯区慈善会开展"同享健康—爱心献功臣大病救助项目"、于洪区慈善会开展"助医助困项目"等93项系列济困项目，共接受捐赠645.82万元，受益人数为3.53万人。

（王　革）

【老龄事业】 2015年，市老龄办充分发挥综合协调作用，加强督促指导工作，推动新修订的《老年人权益保障法》和国务院《关于加快发展养老服务业的若干意见》的实施，全面落实老年人优待政策，推动老龄事业持续健康发展。老龄政策法规体系建设成果显著，《沈阳市老年人权益保障办法》2015年被正式列为立法项目，沈阳市老龄工作迈上法制轨道。《沈阳市老龄事业发展"十三五"规划》编制工作正式启动。老年人优待维权工作成效显著，高龄津贴标准显著提高。开展"关爱老年人健康工程"，免费为城乡特困老年人办理了意外伤害保险。敬老爱老助老活动广泛开展，10 月市老龄办组织开展以“培育敬老家风，建设和睦家庭”为主题的“敬老月”活动。老龄产业发展健康，举办第六届“人保健康杯”中国（沈阳）老年人、残疾人用品展览会。2015 年末，全市老年人161.43 万人，占户籍总人口的22.13%。60－69 岁老年人口96.53万人，70－79 岁老年人口41.45万人，80－89 岁老年人口20.67 万人，90－99 岁老年人口2.76万人，百岁及以上老年人口 325 人。

（任 杉）

【老龄事业发展“十三五”规划编制】 市老龄办在做好老龄事业发展“十二五”规划总结评估工作的基础上，广泛征集各涉老部门的意见和建议，结合沈阳市老龄事业发展现状，按照全国老龄办对老龄事业发展“十三五”规划编制工作要求，从“十二五”规划执行情况，“十三五”时期面临的形势与挑战，指导思想、基本原则和总体目标、主要任务及保障措施五个部分，围绕养老保障体系、医疗保障体系、老年人权益保障体系、养老服务体系、老年人社会管理、老年精神文化生活、老龄产业发展等七方面内容，完成了规划初稿的起草工作。

（任 杉）

【制定老年人权益保障办法】 《沈阳市老年人权益保障办法（草案）》（以下简称《办法》），是 2015 年市政府规章立法计划项目。在起草过程中，书面征求了市发改委、财政局、编委办、公安局、国土资源局、教育局等 30 个部门的意见，经过多次修改，最终形成了《办法》。制定《办法》的主要依据是：《中华人民共和国老年人权益保障法》、《辽宁省老年人权益保障条例》，参照《中共中央关于制定国民经济和社会发展第十三个五年规划的建议》、《沈阳市人民政府关于加快发展养老服务业的实施意见》（沈政发〔2015〕10 号），并借鉴了山东、陕西等地的立法经验。《办法》共九章五十一条，主要规定了家庭赡养与扶养、社会保障、社会服务、社会优待、宜居环境、参与社会发展、法律责任等内容。

（任 杉）

【提高和统一百岁及以上高龄老年人补贴标准】 7 月16 日，经市政府批准，市老龄办、财政局联合印发了《关于提高和统一全市百岁及以上高龄老年人补贴标准的通知》（沈老委办发〔2015〕12 号）。确定从 2015 年 7 月 1 日起，将户籍在本市行政区域内的百岁及以上高龄老年人补贴由每人每月 500 元提高到 800 元，并且实行全市统一标准。《通知》对高龄补贴发放的提高标准、资金来源、审批及发放程序、执行时间和有关要求做了明确规定，保证了此项工作的顺利开展。

（任 杉）

【开展“关爱老年人健康工程”】 2015 年，辽宁省委、省政府启动了“关爱老年人健康工程”，将免费为城乡分散供养的特困老人（分散供养特困老人：指城市没有入住养老机构的“三无”老年人及农村没有入住养老机构的“五保”老年人）提供意外伤害保险列为全省重点民生实事，并列入政府督办重点工作内容。为落实这项惠及老年人的民生实事，根据省老龄办、省民政厅、省财政厅《关于为全省城乡分散供养的特困老年人办理意外伤害保险的通知》（辽老龄办发〔2015〕15 号）文件精神，经市政府同意，4 月 27 日，市老龄办、民政局、财政局联合印发了《关于为全市城乡分散供养的特困老年人办理意外伤害保险的通知》（沈老委办发〔2015〕6 号）。按照文件要求，从 2015 年 4 月 15 日至 5 月 15 日，为沈阳市户籍 60 周岁以上城乡分散供养的特困老年人，每人办理一份一年期的意外伤害组合保险（保险费 20 元）。截至 2015 年底，全市共为 8446 名特困老年人了办理了意外伤害保险。

（任 杉）

【开展第二届“敬老文明号”创建活动】 为认真贯彻落实《全国老龄工作委员会办公室关于开展第二届全国“敬老文明号”创建活动的通知》（全国老龄办发〔2014〕20 号）和辽宁省老龄办《关于印发辽宁省第二届“敬老文明号”创建活动实施方案的通知》（辽老龄委发〔2014〕5 号）精神，广泛动员社会各界深入开展为老服务，推动落实老年优待政策，沈阳市积极开展第二届“敬老文明号”创建活动，市老龄办、市文明办联合印发了《关于印发沈阳市第二届“敬老文明号”创建活动实施方案的通知》（沈老委办发［2015］3 号）。按照通知要求，第二届“敬老文明号”创建活动范围为全市各级涉老部门、为老服务组织、公共服务窗口单位。创建活动时间为 2015 年 3 月 12 日至 2016 年 10 月 31 日。

（任 杉）

【第六届老年人、残疾人用品展览会】 7 月18—20 日，在辽宁工业展览馆成功举办了以“敬老爱老、孝行天下、扶残助残、爱满沈城”为主题的第六届中国（沈阳）“人保健康杯”老年人残疾人用品展览会。本次展会共有 115 家参展商参会，展会面积达 7600 平方米，展位 332 个。展会汇聚国内外养老服务业的最新理念、产品、技术与服务，设立了国内外精品展区，助残、康复、护理用具展区，以及养老服务、养老地产、健康养生和金融、保险等展区。

（任 杉）

【举办“最美夕阳红电视文艺演出”】 10 月10 日，沈阳市老龄办、沈阳市文明办、盛京银行在盛京大剧院共同举办“最美夕阳红——2015 沈阳市‘银龄风采共度重阳’电视文艺演出”。来自辽宁省老干部活动中心、沈阳军休艺术团、沈阳先锋合唱团等老年艺术团队为观众奉献出一台精彩的演出。演出中，播放了东北大学陆钟武院士、全国五星级志愿者亢秉铨等“老有所为”先进事迹。82 岁的全国劳动模范尉凤英来到演出现场，开展劳模精神传承活动。

（任 杉）

【举办“孝道讲堂”报告会】 10 月9 日，市直机关工委、市老龄办在中共沈阳市委党校举办了主题为“慈孝家风正，礼义家运长”的孝道讲堂报告会，邀请辽宁大学哲学与公共管理学院教授、博士生导师王雅同志从国学方面阐释了孝道文化，使敬老文化在党政机关、在社区广泛传播。全市 700 余名市直机关工作人员参加了报告会。

（任 杉）

【法律金融服务走进社区】 10 月，由沈阳市老龄办和辽宁申扬律师事务所、盛京银行沈阳分行共同举办的 2015 法律金融服务走进社区大型公益活动，本次活动持续两周，分别走进和平区市府社区和红塔社区、沈河区雨坛社区和铁西区九委社区，活动旨在为老年人提供法律服务的长效机制，宣传新二十四孝和为老年人普及金融知识，发放《老年人权益保障法》手册5000本和《心系老年系列宣传册》500本。

（任　杉）

【举办老龄化国际高峰论坛】 7月22日至23日，沈阳市政府与全球老龄联盟、中国医科大学在沈阳丽都索菲特酒店共同主办了“老年友好城市、健康皮肤与创新2015沈阳积极老龄化国际高峰论坛”。来自中国、美国、法国、印度以及香港、台湾等多个国家和地区40余位老年学和医学专家，企业家及从业医生的代表出席。共同关注“老年友好城市规划与积极老龄化”、“健康与积极老龄化，创新与机遇”、“皮肤老化”等问题。

（任　杉）

【殡葬管理和服务】 2015年，全市殡仪馆火化遗体5.69万具，死亡人口火化率96.70%。全市30家殡仪单位全年平安、有序接待办理丧事和祭祀群众，无安全责任事故发生。

殡葬改革。2月，市委办公厅、市政府办公厅印发了《关于发挥党员干部带头作用全面推进殡葬改革的实施意见》（沈委办发〔2015〕8号），有力地推动了全市殡葬事业的健康发展。清明期间，全市各殡仪单位、963家社区网站，大力宣传殡葬改革，广泛开展文明祭祀活动，使文明、节俭、生态祭祀成为清明节群众祭祀的主流。

清明期间，市委宣传部，市文明办、公安局、执法局等10部门联合制发《关于做好2015年清明节期间殡葬管理与服务工作的通知》。市委、市政府召开“文明祭祀”工作会议，对清明节安全保障、交通疏导、媒体宣传等提出要求。全市接待祭祀群众约410万人次，实现了“安全、文明、有序”的工作目标。

（李　敏）

【开展文明祭祀活动】 以清明节为契机，市文明办、民政局联合部分新闻媒体开展了以“文明祭祀、生态安葬”为主题的系列宣传和文明祭祀征文活动。各地区引导创新文明祭祀方式，和平区太原街街道八一社区利用微信平台进行文明祭祀讨论；沈河区风雨坛街道永环社区组织居民网上祭祀活动；铁西区凌空街道九社区组织低碳环保过清明活动；大东区和睦社区开放“社区文明公祭台”，积极为群众创造文明祭扫的便利条件。同时，民政部门先后举办了祭祀英灵、孝道大爱行公祭等内容的文化活动；举行了抗日战争70年纪念公祭和东北抗日义勇军公祭等活动。清明节期间采用鲜花祭祀的群众达到85%以上。沈阳殡葬网累计点击量达到440万次，比上年增加11万次，建立免费公祭堂4932个，祭祀留言5.2万条。

（李　敏）

【殡葬惠民服务政策】 市民政局、财政局联合制发了《关于做好惠民殡葬服务政策扩面增项工作的通知》（沈民〔2015〕65号），对增加的免费项目、费用标准、办理程序及补贴流程等进行了明确。认真落实基本丧葬费用减免政策，全年减免人员2775人，减免费用约333.8万元。坚持落实骨灰撒海免费政策，与市财政局沟通，经市政府同意，自2016年起为海葬家属每户增加400元的食宿补贴，鼓励更多群众选择生态安葬模式。全年组织38期骨灰撒海活动，2020盒骨灰撒入大海，比上年增加9.7%，约6000余名群众参加。中央电视台国际新闻频道对沈阳海葬工作进行了宣传报道。

（李　敏）

【殡葬设施建设改造】 为推进蓝天工程，对全市10家殡仪馆、19家经营性公墓焚烧设施除尘设备的安装情况进行调研。全市现有的66台高档火化机，均已达到环保火化机设计要求，其中市回龙岗革命公墓15台已全部安装了高效除尘设备。沈阳市骨灰入土植树纪念林停用全部焚烧炉，林区内严禁一切明外用火。有序推进骨灰祭祀堂、新建交通事故尸体检验中心等项目。市回龙岗革命公墓油改气及环境提升工程项目完成了建议书编制、审批工作等。市殡仪馆存尸间改造完成并投入使用。相关区、县也加大设施建设力度。5月，辽宁省民政厅在于洪区召开了全省殡仪馆祭祀焚烧设施环保达标改造现场会，该馆作为全省首个祭祀焚烧设施环保达标单位进行了经验介绍。康平县新建殡仪综合服务楼投入使用，使殡仪服务环境得到提升。

（李　敏）

【公墓管理】《辽宁省公墓管理办法》颁布后，市民政局组织各区、县（市）民政局主管领导及各殡仪单位负责人开展培训工作，邀请专家对《办法》内容及实施过程中可能遇到的各类情况进行了详细解读。按照省、市城乡公益性公墓建设的相关要求，对全市建成并投入使用的城乡公益性公墓开展了专项整治。

（李　敏）

【殡葬市场监管】 联合市执法局对全市市场检查30余次，对销售封建迷信用品的行为进行了有力打击。加大非法殡仪车整治力度，共查处非法殡仪车辆10台次，进一步规范了遗体接运行为，净化了殡葬市场环境。5月，印制了《沈阳市殡仪车辆准运证》，对全市百余辆殡仪车辆进行规范管理。同时，为完善殡仪服务体系，对市殡仪车辆管理调度中心（“96144”殡仪车）在部分医院设立殡仪服务站进行调研。

（李　敏）

【殡葬管理与服务专项整治】 按照民政部、辽宁省民政厅规范殡葬管理服务的相关要求，自6月起，殡葬系统围绕强化殡葬管理、规范服务行为、建立风险隐患防控体系等方面重点任务，分为四个阶段，在全市范围内开展了殡葬管理服务专项整治活动。9月，对全市殡仪单位专项整治开展情况进行检查。通过专项整治，全市殡葬管理服务水平得到了明显提升。

（李　敏）

【福利彩票发行管理】 2015年，沈阳福彩总销量达23.82亿元，销量比上年增长1.73亿元，增幅为7.8%，稳居东北主要城市首位，全国省会城市排名第七，占全省总销量的21.8%，对全省福彩销售增长贡献位列第一；筹集福彩公益金6.58亿元，市本级留成公益金1.84亿元，发行费4500万元，代扣代缴个人所得税908万元，为加快沈阳市福利事业和公益事业的发展做出积极的贡献。

2015年，沈阳市福彩在经济下行、市场疲软、省内过半地市彩票销售负增长的大环境下，通过科学合理布局、营销，沈阳快开玩法销量比上年增长12%，占电脑票销量56%；中福在线增长20.7%，占全省销量的31.2%。销售厅布局增至15个，未来仍有发展空间。

凭借多年来精心培育的福利彩票品牌、市场、社会基础，在激烈的市场竞争中，始终保持优势地位，市场份额63%。

通过开展投注站百分考核活动，建设了一批福彩旗舰店、形象店，站点软硬件建设水平不断提升；破解遗留难题，投注站新代销合同签订工作取得突破性进展，签订率达75%以上，向终端规范化管理迈出了可喜的一步。

（邓妍妍）

【福利企业管理】 2015年，沈阳民政局完成全市2014年福利企业资格年检认定工作。2014年，全市福利企业资格认定参检福利企业349户，合格企业324户，不合格企业25户。2015年，全市共有福利企业309户，集中安置残疾人职工5361人，其中：新办福利企业2户，新增集中安置就业残疾人职工21人；2015年，全市福利企业实现销售收入30.86亿元，退减免税金8402万元。

完成假肢和矫形器（辅助器具）生产装配企业资格认定行政职权下放承接工作。依据《辽宁省人民政府关于取消和下放一批行政审批项目的决定》（辽政发〔2014〕30号），完成省民政厅下放的“假肢和矫形器（辅助器具）生产装配企业资格认定”行政职权承接工作。2015年，全市共有假肢和矫形器（辅助器具）生产装配企业10户。

依据《辽宁省人民政府关于取消调整一批行政职权事项的决定》（辽政发〔2015〕21号），完成省民政厅下放的福利企业资格认定行政职权承接工作。

（刘元春）

【地名管理】 2015年，沈阳市民政局印发了《关于进一步加强楼门牌编制与管理工作的通知》（沈民办发〔2015〕7号），协助房产部门妥善处理1161户地址确认调整。

加强地名审核论证工作。组织专家对于洪、皇姑区等拟命名的82条道路、苏家屯区棕榈西路等15条道路命名情况进行评审论证。

开展第二次全国地名普查工作。1月15日，召开了沈阳市第二次全国地名普查工作会议，贯彻落实国务院、省政府的通知精神，动员部署沈阳市第二次全国地名普查工作。9月16日，国务院第二次全国地名普查领导小组办公室召开了第二次全国地名普查工作交流促进视频会议。国务院地名普查办副主任、区划地名司司长柳拯通报了第二次全国地名普查进展情况。山东、湖北、重庆三省（市）民政厅（局）在分会场交流了工作经验。国务院第二次全国地名普查领导小组副组长兼办公室主任、民政部副部长宫蒲光出席会议并作了重要讲话。市民政局组织各区、县（市）第二次全国地名普查领导小组办公室、市第二次全国地名普查领导小组各成员单位在沈阳分会场进行收看。

11月3日至12日，沈阳市第二次全国地名普查领导小组办公室分别在浑南区、沈北新区、沈河区、辽中县举办四期全市第二次全国地名普查推进会暨地名普查专题业务培训班，全面部署地名普查各项工作。聘请专家就地名普查工作基本流程、职责范围分工、普查登记表填写规范、普查云服务平台操作、采集终端设备操作规程进行了讲解、演示，各区、县（市）地名办负责人，所属乡、镇、街道负责地名普查工作人员316人参加了培训。

（郭　猛）

【界线管理】 一是组织召开2015年沈阳与鞍山、抚顺、本溪第三轮市级行政区域界线联检暨平安边界建设工作会议，并分别签订了《行政区域界线第三轮联合检查工作实施方案》。二是按照《内蒙古自治区与辽宁省行政区域界线第三轮联合检查实施方案》的要求，完成了蒙辽线在康平县—科尔沁左翼后旗段省级界线联检工作。三是完成沈阳、鞍山、辽阳3市三交点原地界桩补设工作，及沈阳、铁岭、通辽3市省级界线14A界桩补设工作。

（胡志英）

2015年新建道路一览表

所在区	道路名称	起点	止点	长度（米）	宽度（米）	批文编号
苏家屯	棕榈西路	东起丁香街	西止瑞香街	1395	30	沈民［2015］63号
苏家屯	棕榈东路	东起清州街	西止桂花街	1060	30	沈民［2015］63号
苏家屯	蒲葵路	东起清州街	西止桂花街	1127	18	沈民［2015］63号
苏家屯	榕树路	东起清州街	西止瑞香街	3166	30	沈民［2015］63号
苏家屯	铁树路	东起清州街	西止瑞香街	3210	30	沈民［2015］63号
苏家屯	椰树路	东起清州街	西止瑞香街	3183	22	沈民［2015］63号
苏家屯	橡树路	东起清州街	西止瑞香街	3215	30	沈民［2015］63号
苏家屯	兰花街	北起机场路（四环）	南止橡树路	2745	22	沈民［2015］63号
苏家屯	木香街	北起棕榈西路	南止橡树路	2384	30	沈民［2015］63号
苏家屯	瑞香街	北起棕榈西路	南止橡树路	2210	22	沈民［2015］63号
苏家屯	加林东路	西起桂花街	东止清州街	1090	30	沈民［2015］63号

【社会工作】 2015年，沈阳市共有612人通过了社会工作者职业水平考试，其中：252人获得助理社工师资格，360人获得中级社工师资格。截至年底，全市共有2.02万人参加了社会工作者职业水平考试，有2885人通过考试取得了社会工作职业水平资格证书，其中：中级社工师928名，助理社工师1957名。积极开展对社会工作者、志愿者的教育培训，

组织社会工作者、志愿者参加各级部门召开的学习培训。11 月下旬迎接了民政部开展的社会工作专业人才队伍建设情况专项督查，得到了上级领导的好评。

（杨春光）

民　　族

【命名首批“沈阳市民族团结进步创建示范单位】　据国家民委《关于推动民族团结进步“六进”的实施意见》，沈阳市民委于 2014 年开始创建示范单位评选活动，根据各区、县（市）申报，在全市确定 28 家不同类型、不同层面的单位开展争创沈阳市民族团结进步示范单位试点工作。2015 年 6 月至 9 月，市民委依据国家民委明确的测评指标，对各试点单位进行了全面检查验收。12 月，经市民委主任办公会研究决定，命名和平区北市场街道办事处等 10 个单位为首批“沈阳市民族团结进步创建活动示范单位”，涵盖机关、企业、社区、学校、乡镇、宗教活动场所等六个层面。

（周旭生）

【设立 24 个民族关系监测点】　为及时掌握全市范围内民族关系状况，妥善化解民族领域不稳定因素，维护全市民族团结大局，2015 年 12 月，市民委根据各区、县（市）民委的筛选和申报，在基层设立 24 个民族关系监测点，并制定了联络员管理办法，建立了会议、培训、考核等制度，加强联络员队伍建设。

这些监测点主要选择在少数民族聚居或少数民族流动人口相对集中的街道（乡镇）、社区（村）以及少数民族员工较多的企业等相关单位，每个监测点各聘请 1 名联络员，负责监测并及时上报本地区贯彻落实民族工作的重大决策、部署和民族政策、民族法规的贯彻落实情况，加强民族团结、促进民族和谐的亮点工作，影响少数民族及民族乡村发展和稳定中的突出问题，容易引发矛盾和纠纷的苗头性、倾向性问题，涉及民族关系的突发性事件。

（周旭生）

【加强少数民族流动人口服务管理】　沈阳市民委多举并措，积极推进少数民族流动人口服务管理工作。2015 年，沈阳市民委结合贯彻落实中央及辽宁省民族工作会议精神，针对少数民族流动人口不断增加的实际，采取积极措施推进服务管理工作。通过对 200 余名少数民族流动人口走访调查，普遍对在沈生活感到满意。

1. 加强与重点流出地的沟通合作。以西北地区为重点，与新疆喀什地区民委签订合作共管协议，建立日常沟通、重要信息通报、重大问题合作、协调联动、维护权益、经验交流等六项机制。并与青海省海东市、甘肃省临夏州达成合作意向。

2. 切实维护少数民族流动人口合法权益和特殊需求。采取提供法律咨询、法律援助服务等方式，先后妥善处理 5 起涉及少数民族流动人口的民事纠纷和刑事案件。积极争取市、区两级教育部门支持，采取调整就读学校的方式，帮助 20 余名具有清真饮食习惯的少数民族流动人口子女解决午餐难的问题。

3. 推动少数民族流动人口自我管理、自我服务。在推动来自西北地区的拉面经营户自发成立拉面协会的基础上，指导协会不断完善章程和组织架构，加强自我服务和管理，先后协调解决各类矛盾纠纷 50 余起。采取政府主办、协会承办的方式，举办首届沈阳市“和平杯”拉面大赛，32 名来自西北地区的从业人员参赛，在社会各界引发良好反响。

4. 促进少数民族流动人口与市民之间的交往交流交融。投入专项资金举办开展“少数民族流动人口游沈阳”活动，组织参观“九一八”纪念馆、浑河西峡谷、沈阳工业博物馆等地，让少数民族流动人口认识沈阳、了解沈阳、融入沈阳。举办“走进少数民族聚居区促和谐”活动，组织 100 余名回族流动人口参观回民社区、回族小学、回族幼儿园等地，并与社区居民开展座谈交流。支持拉面协会开展免费请敬老院孤寡老人、环卫工人吃面等活动，参与社会公益事业。

（周旭生）

【开展纪念抗战胜利 70 周年庆祝活动】　为纪念中国人民抗日战争暨世界反法西斯战争胜利 70 周年，重温历史，缅怀革命先烈，宣传爱国主义精神，传承弘扬少数民族和宗教优秀传统文化，沈阳市少数民族各界和宗教界广泛开展形式多样的纪念抗战胜利 70 周年庆祝活动，引导少数民族群众和宗教界及广大信教群众积极投身沈阳市经济社会建设，为实现中华民族的伟大复兴中国梦再立新功。

8 月 31 日晚，沈阳市民委与市文广局在盛京大剧院联合举办了沈阳市少数民族交响乐团纪念抗战胜利暨世界反法西斯胜利 70 周年交响音乐会，这是沈阳市少数民族交响乐团 5 月 5 日成立以来的首场演出。乐团专门创作了抗战电影歌曲连奏，从南斯拉夫的电影《桥》到我国的《地道战》《铁道游击队》，采用一系列的手法，用音乐将抗战的画面一一呈现在观从面前。

9 月 2 日上午，沈阳市佛教协会在实胜寺举办了以“勿忘国耻圆梦中华”为主题的纪念抗日战争暨世界反法西斯战争胜利 70 周年图片展，展出的照片全部是当时僧众以各种方式积极参与全民族抗战的真实情景，再现了当时僧众的爱国热情。图片展引导广大佛教信徒“勿忘历史、珍爱和平、开创未来”，用实际行动继承和弘扬佛教界爱国爱教的光荣传统，为全面建设小康社会和实现中华民族的伟大复兴再献力量。佛教僧众为抗日战争牺牲将士、罹难僧侣、罹难同胞举行诵经祈祷活动。

铁西区举办了基督教界纪念抗日战争胜利 70 周年文艺汇演。20 个基督教场所精心准备，表演了大合唱、舞蹈、快板、器乐联奏、京剧、书法等精彩节目，90 岁高龄的书法家王景行老先生现场书写了“勿忘国耻、爱我中华”，反映了广大信教群众铭记历史，珍爱和平，为沈阳振兴贡献力量的决心。

新民市组织宗教界人士参观了“纪念中国人民抗日战争暨世界反法西斯战争胜利七十周年图片展”。展览共展出近百幅图片及书法作品，纪录了抗战时期沈阳地区涌现出的革命先烈、民族英雄、重大事件和战役等，大力弘扬了伟大的抗战精神，展示了“有灵魂、有本事、有血性、有品德”的新一代革命军人形象。

沈阳市锡伯族联谊会在兴隆台锡伯族学校举办纪念以“铭记抗战历史弘扬民族精神”为主题的纪念抗战胜利 70 周

年活动。

（周旭生）

【少数民族传统体育项目培训基地签订协议并授牌】 9月14日，沈阳市民委与沈阳师范大学体育学院（以下简称沈师体院）在沈师体院图书馆举行了“沈阳市少数民族传统体育项目培训基地签订协议暨授牌仪式”。在沈师体院设立“沈阳市少数民族传统体育项目培训基地”，主要是传承和发展武术、珍珠球、摔跤、押加、蹴球、毽球和狩猎等7个体育项目，通过政府院校合作模式，推动沈阳市少数民族传统体育传承发展工作步入快车道。

（周旭生）

【举办蒙古族第六届“那达慕”盛会】 9月29日，市蒙古族联谊会在法库四家子蒙古族中心小学成功举办“沈阳市蒙古族第六届那达慕暨法库县四家子蒙古族中心小学校园艺术节”。

本次“那达慕”共计800余人参加，活动以歌颂祖国、歌颂党、弘扬民族文化为主题，表演了丰富精彩的文艺节目，学校师生的蒙古族安代舞、弓箭操、器乐、舞蹈、歌曲、马头琴独奏等演出内容丰富、精彩纷呈。除此之外，“那达慕”还安排了具有民族特色的运动比赛和校园趣味运动等比赛。“那达慕”取得了圆满成功，受到了各族同胞的热烈欢迎。

（周旭生）

【满族联谊会举办颁金节380周年庆祝活动】 2015年11月24日是满族颁金节380周年纪念日。沈阳市满族联谊会在沈阳师范大学举行了庆祝活动。300余名满族同胞参加此次活动，省内外各界满族社团组织和兄弟民族联谊会也纷纷致信祝贺。

“颁金”是满语音译的汉写，为“诞生”之意。天聪九年（1635年）十月十三日，清太宗皇太极宣布废止女真旧称，定族称为“满洲”。辛亥革命后简称为满族，新中国建立后定为民族名。满族人为纪念这个日子，将每年的农历十月十三日定为本民族的盛大节日，称为颁金节。

（周旭生）

【编印《少数民族流动人口服务手册》】为推进少数民族流动人口服务管理体系建设试点工作，市民委组织编印了《沈阳市少数民族流动人口服务手册》，首批5000册已下发至少数民族流动人口相对集中的街道和社区。

手册着眼于帮助少数民族流动人口尽快适应沈阳城市生活，突出实用性和引导性，以通俗易懂的口语化语言，详细介绍了办理《居住证》、租赁房屋、宗教信仰、生育登记、子女入学、社会保障、法律援助等相关事项的具体规定和办事流程，对就业创业中职业中介、开店选址、证照办理、劳动纠纷仲裁、依法纳税、守法经营等方面需要注意的问题提出了具体建议。同时，倡导少数民族流动人口热爱祖国、遵纪守法、彼此尊重，积极参与民族团结进步创建活动，共同维护民族团结大局。

（周旭生）

宗　　教

【和谐寺观教堂创建活动】 为强化宗教界教风建设，巩固和拓展和谐寺观教堂创建活动成果，继续保持创建活动的生机与活力，2015年，沈阳市继续开展和谐寺观教堂创建活动。

一是抓好整改落实工作。在前两年创建活动基础上，认真开展一次“回头看”，系统梳理教风方面存在的突出问题，建立整改落实台账表，实行“清单式”管理。鼓励信教群众对整改落实进行监督，经常听取信教群众的意见建议，及时向信教群众公布整改落实情况，多方推动教风建设。二是抓好制度管理工作。按照宗教政策法规和宗教团体制定的规章制度，进一步完善宗教活动场所的内部管理制度，依照制度和教规教义规范行为，真正做到用制度管人、按制度办事，提高自我约束、自我管理、自我规范的能力。落实宗教活动场所民主管理制度，重大事项实行集体讨论和民主决策，真正实行民主办教，发挥宗教教职人员和信教群众参与管理和实行监督的作用。按照宗教教职人员和宗教活动场所主要教职的有关管理规定。加强财务管理，完善会计、审计、年报、内部控制和资产管理等财务管理制度，定期公开财务信息，确保财务管理公开、透明、规范、有序。加强宗教活动管理，严格落实大型宗教活动审批制度，在法律法规允许范围内开展活动，坚决杜绝追求超大规模、奢华浪费等行为。三是建立长效机制。建立考评机制，进一步推进宗教活动场所年度述职、民主评议等各项制度，提高教风建设情况在各项考评中的分值比重，将之作为创建和谐寺观教堂活动达标考评的重要依据。建立引导机制，对教风端正的宗教活动场所、宗教界人士加大宣传力度，树立正确导向。建立督查机制。坚持自查与抽查相结合，对教风建设情况进行督查指导。

（周旭生）

【弘扬社会主义核心价值观专项活动】2015年4－9月，沈阳市在宗教界开展“发扬宗教文化积极作用弘扬社会主义核心价值观”专项活动。

工作方案以贯彻习近平总书记关于社会主义核心价值观系列重要讲话精神，引导宗教界进一步适应社会主义社会，推进全市宗教工作为指导思想，确定了发扬整理各宗教文化中包含的有利于促进践行社会主义核心价值观的积极因素，在全市宗教界营造大力弘扬和积极践行社会主义核心价值观的良好氛围的工作目标。

专项活动由市宗教局统一组织领导、制方案，全市爱国宗教团体按照教别、区县（市）宗教局按地域，分别组织开展活动。活动方式主要有研讨、交流、撰写论文、宣传弘扬等。

6月1日，在辽宁友谊宾馆举办“依法管理宗教事务”培训班。培训由国家宗教局副局长陈宗荣主讲，市委常委、副市长闵学冲主持，辽宁省宗教局局长甄杰、副局长赵佐贤参加了培训。参加培训的还有省宗教局宗教工作干部、沈阳市宗教工作领导小组27个成员单位主管领导，沈阳市各区、县（市）政府主管宗教工作领导，全市宗教工作干部，共约150人。

6月2日，市宗教局举办了“佛教文化在践行社会主义核心价值观中的积极作用”高端讲座，邀请北京大学教授、博士生导师楼宇烈主讲。省宗教局局长甄杰、副局长赵佐贤，市宗教工作领导小组成员单位主管领导，各区、县（市）政府主管宗教工作领导及宗教工作部门负责同志、市宗教局机关同志等约100余人聆听了讲座。

（周旭生）

【“宗教政策法规学习月”活动】 为进一步增强宗教干部、宗教界人士和信教群众的宪法意识、法律意识，6－7月在全市宗教界开展了以“国法与教规的关系”为主题的宗教政策法规学习月活动。在学习月活动中，沈阳市紧紧围绕“国法与教规的关系”的主题，深化法治宣传教育，组织指导了形式多样、内容丰富的特色工作和重点活动，提升了宗教界人士和信教群众的法律意识、公民意识和大局意识，增强了自觉运用法律维护宗教界合法权益的意识，强化了依法管理宗教事务的能力。

1. 领导重视，组织严密。各区、县（市）宗教局、市宗教团体第一时间组织召开动员会议，围绕主题，明确重点，并落实专人对学习月活动开展情况进行全面指导和督查，做到了计划详细、部署及时、措施有效、指导有力、督促到位，确保了“学习月”活动的全面实施。

2. 重点突出，抓好结合。活动以党的十八届四中全会精神和习近平总书记系列重要讲话精神为指导，以《宗教事务条例》、《辽宁省宗教事务条例》、党的宗教工作基本方针和党的宗教政策作为“学习月”活动的主要内容，广泛深入地开展宗教政策法规宣传，进一步规范了宗教活动场所制度化建设，切实增强宗教界人士和广大信教群众宪法意识、法律意识。

3. 强化培训，注重创新。在充分利用组织培训、宣传横幅、宣传栏、展报等传统宣传媒介的同时，创新采用开展知识讲座、知识竞赛等方式进行法治宣传教育工作。全市举办了“依法管理宗教事务”培训班，市佛教协会举办了全市佛教寺院及念佛堂执事培训班，市道教协会举办了“庄子”讲座培训班，市基督教“两会”组织了“两会章程知识竞赛”活动，市天主教“两会”就如何弘扬和践行社会主义核心价值观举办了专题讲座，市伊斯兰教协会举办了“伊斯兰教界践行社会主义核心价值观”专题讲座，铁西区组织开展了铁西基督教界“诚信杯”宗教政策法规学习知识竞赛活动，法库县联合县委党校在法库电视台开办了宗教政策法规知识讲座活动。通过这些活动的开展，进一步提升了宗教政策法规的宣传效果，激发了广大信教群众参与“学习月”活动的热情。

4. 检验成效，参与答题。为广泛激发广大信教群众参与“学习月”活动热情，深入学习国家宗教政策法律法规，更好的检验“学习月”活动效果，市宗教局在民族宗教网站开设专栏，专题报道各区、县（市）活动开展情况，并开设答题活动，指导全市信教群众参与宗教政策法规的网上答题。各区、县（市）广大信众热情参与，此次答题活动共有信教群众6000余人参加，成绩优秀人员达100%。

（周旭生）

【穆斯林欢度古尔邦节】 9月24日，是全世界穆斯林同胞的传统节日——古尔邦节。沈阳市各界穆斯林群众以及在沈工作、学习的国内外穆斯林同胞6000多人，欢聚在沈阳清真南寺举行节日会礼。

古尔邦节又称“宰牲节”，是我国回族、维吾尔族、哈萨克族、东乡族、柯尔克孜族、撒拉族、塔吉克族、乌孜别克族、保安族、塔塔尔族十个信仰伊斯兰教群众的盛大节日之一。按照传统习俗，穆斯林要在这天清晨沐浴更衣，到清真寺虔诚礼拜，还要宰牛宰羊款待亲友，并向周边有困难的群众施舍。

（周旭生）

【举办“宗教慈善周”活动】 2015年9月，市宗教局开展了以“慈爱人间·五教同行”为主题的“宗教慈善周”活动，全市宗教界广泛参与，活动取得了较好的效果。

活动期间，沈阳市宗教局与各区、县（市）宗教工作部门以及各宗教团体按照“属地管理、分教负责、同步推进”的原则，多管齐下，广泛动员，精心部署，跟踪督查，做到了宗教工作部门指导有力，各宗教团体组织有序，各场所活动内容丰富，广大信教群众积极响应的良好局面，极大地弘扬了公益慈善精神，树立了宗教界的良好形象，有力地打造了宗教慈善事业品牌。

本次“宗教慈善周”活动，既有爱国宗教团体、宗教场所集体组织的公益慈善活动，也有教职人员和信教群众自发开展的捐资、助学、义务劳动、义诊、献血等活动。活动期间，开展各类公益慈善活动500余次，参与的宗教活动场所180多处，筹集资金约94万元，捐助物资折合人民币约40万元，资助贫困家庭410余户。

（周旭生）

区、县(市)及开发区

和 平 区

【概况】 2015年,和平区地区生产总值完成818.7亿元,增长4.4%。服务业增加值完成698.7亿元,增长3.5%。一般公共预算收入完成81.4亿元,下降17.2%;其中税收收入完成78.9亿元,下降8.1%。固定资产投资完成564.8亿元,下降20%。出口创汇完成6.4亿美元,增长0.1%。社会消费品零售总额完成794.5亿元,增长7.1%。城市居民人均可支配收入完成4.11万元,增长7.1%。

(和平区)

【项目建设】 商业、金融、文化、科技四大产业在强力驱动经济发展的同时,项目建设、招商引资、土地征收、税源建设等工作也为经济发展提供了强有力的支撑。全区全年投资3000万元以上在建项目达到176个,其中新建项目85个。香港特区政府驻辽宁联络处、中东贸易平台等国际平台集中搭建,对外开放大格局持续拓展。具有整合东北地区石油化工、电力、新能源等大宗商品交易、年交易额可达5000亿元的东北能源交易中心项目进展顺利。26家异地商会集体进驻,东舜百货、诚添大厦等闲置楼宇成功盘活。长白岛经济区累计征收土地、住宅楼6.1万平方米;老城区水上运动学校、昆明北街1号等地块实现净地,极大地积蓄了空间发展潜力。

2015年,3000万元以上新开工项目85个,总投资1394.4亿元。其中:亿元以上项目共42个,总投资1360亿元;竣工项目71个,开发策划项目30个,签约落地项目60个。2015年,和平区共有21个项目列入市重点建设项目。

(和平区)

【市政建设】 2015年,和平区整修吉林路等27条道路,整修道路面积27.4万平方米。对太原街地区进行30年来规模最大的一次改造,改造民族街、同泽街等10条街路的老旧排水管线。长白岛经济区共启动各项基础设施建设工程36项,共计完成产值1.09亿元;其中路网工程12项,已开工项目完成产值6730万元。

实施开展了三好街—南二环互通工程项目、砂山街—大堤路互通工程前期工作及大堤路—胜利大街节点改造项目配套工程。整修七纬路等8条积水严重的街路,改造排水管线总长度5.1公里。三环下河湾出口接线路工程完成机动车道7.13万平方米,三环下河湾收费站投入使用。云龙湖跨浑河桥接线路工程动工建设,完成云龙湖500米机动车道,实现了与云龙湖桥南北交通的临时连接,已具备临时通车条件。长白污水干线工程已完成长白岛顶管1400余米、满融迎春街路段近700米明挖段施工。长白五街项目完成了污水、雨水管道工程施工。长白14号街项目完成污水、雨水管道工程、道路第一层沥青砼面层施工,具备通车条件。长白东一街项目完成机动车道一层沥青混凝土面层施工,具备临时通车条件。

实施绿地提升工程,共栽植乔木2922株,灌木2047株,绿篱794平方米。在建成区街路补植行道树2444株。长白地区补植乔木1670株,栽植水蜡24万株。完成文艺路、胜利大街、砂阳路、沈水路4条特色花街建设。重大活动和节日期间栽摆鲜花170万盆,在各大公园栽植特色花卉,举办第二届中国沈阳大型菊花展。承建并将八一公园改造成全省首个国防教育主题公园。

在全区62条街路实行机械化清扫作业,使机扫率达到65%,景观路及一、二级街路机械化湿式清扫达到100%。开展环卫延时保洁作业,全区所有街路延时保洁到8点以后,重点街路延时到9点,繁华地段达到晚10点。维修改造20个环卫工人休息室。

"两节两会"期间,对重要街路节点实施节日亮化建设,经验向全市推广。对西塔、工业展览馆等重点地区进行亮化,保障"韩国周"、"中德啤酒节"等重大活动顺利召开。

(和平区)

【民生工程】 坚持以百姓需求为导向,持续加大民生投入,全力为人民群众做好事、办实事、解难事,重点民生支出占一般公共预算支出比重达到82.1%。

百姓居住条件不断改善。累计投入资金13.4亿元,改造15个地块6.35万平方米的棚户区,受益居民2629户。完成75万平方米"暖房子"工程,实施193个旧住宅区环境提升工程,100个旧住宅区达到二级以上物业服务标准。设立300万元电梯应急维修基金,有力地保障了居民人身安全。

就业保障体系更加完善。开发就业岗位2.2万个,实名制就业2.7万人,城镇登记失业率2.88%,实现户籍高校毕业生就业率不低于95%、困难家庭大学生100%就业的目标。进一步完善覆盖全区的社会保障体系,为全区70岁以上低保户、低保边缘户发放养老生活补贴72万元。投资1445万元,在全国区县首创的残疾人综合服务中心全面建成,受益残疾人将达到1.3万人。成功引进"医养结合"的"蓝卡家庭医生"服务模式,长白岛老年服务中心合作项目正式签约,将成为东北地区最具示范性的养老项目。

教育发展更加均衡。义务教育改革经验在全国交流,成功晋升为全国数字化教育先行区。新建、扩建5所公办幼儿园,完成睿智学校、河北一校、19中学民生改造工程和南京一校长白岛二分校、望湖路小学长白岛分校主体工程建设。创立“零起点”教学模式，课改经验入选全国义务教育均衡发展优秀案例。舞蹈《童年·1937》荣获中国青少年艺术节金奖，参赛队伍代表中国青少年赴联合国进行文化交流，被联合国教科文组织授予“和平小使者”荣誉称号，南京一校获评“全国艺术教育示范基地”。

卫生计生事业深入推进。与中国医科大学附属第一医院、盛京医院、辽宁中医药大学附属第二医院建立区域医疗服务联合体，优质医疗资源覆盖范围进一步拓展。在全省率先完成基层医疗卫生管理信息系统在线应用，率先建成区域会诊、远程心电监测和影像诊断中心，健全区域“医联体”机制，创建国家妇幼健康优质服务示范工程。区中心医院新址建设完成设计立项，总体进程加速推进。

文体事业蓬勃发展。全面实施足球发展战略，成功举办首届和平杯国际友谊青少年足球邀请赛，来自荷兰等14个国际友好城市的34支球队开展友好交流。沈阳足球公园建设进展顺利，40片标准足球场建设全面启动。八一公园改造工程基本竣工，成为东北首家国防主题公园。升级改造陈云故居纪念广场，成为青少年爱国主义教育基地和红色文化传承基地。投资131.2万元，建设社区书屋41个，实现社区书屋全覆盖。投入500余万元，更新公共健身器材3000余件，满足了百姓的健身需求。成功举办区第七届职工运动会。

（和平区）

【法治建设】 2015年，和平区政府紧紧围绕全区中心工作，积极关注民生诉求，切实履行政府职能，在法治政府建设上奠定了坚实的基础。一是推进区级政府法制机构建设。整合区法制办和司法局职责，成立区政府法制局，为进一步加强全区依法行政和政府法制工作提供了重要保障。二是法制化、规范化建设加快。制定了《和平区人民政府关于健全完善科学民主决策制度的规定》，进一步健全政府科学民主决策制度，对重大决策中切实履行专家论证、公开听证、合法性论证和听取公众意见等程序，确保政府决策符合法定权限和法定程序。全年共举办20余场（次）听证会，群众反响较好。三是加大执法监督检查力度。严格规范性文件审核，全年共审核区政府规范性文件75件，备案率为100%。对全区行政职权进行清理，依法确认区内53家行政执法主体资格，完成全区执法主体年审公告工作。四是加强行政复议和应诉工作。不断完善行政复议程序和诉讼工作制度，全年共受理行政复议案件12件，全部办结。出台《和平区行政机关法定负责人出庭应诉制度》，全区行政机关负责人出庭应诉率全省排名前列。五是发挥政府法制参谋、助手和顾问作用。认真办理各项涉法事务，为领导和部门决策提供法律服务，认真接待群众来信来访，全力解决群众切身利益问题。六是加强行政执法队伍建设。全年共组织700余名执法人员参加执法证件申领、换领考试，邀请法律专业人员对全区行政机关和执法工作人员进行法律知识培训，不断提高依法行政能力。

（和平区）

沈 河 区

【概况】 2015年，沈河区实现地区生产总值936亿元，同比增长6.2%。服务业增加值完成816亿元，增长6%。公共财政预算收入完成75.4亿元，下降26.2%；其中地方税收收入完成73.6亿元，下降13.7%。固定资产投资完成710亿元，下降1.1%。城市居民人均可支配收入达4.10万元，增长7.3%。社会消费品零售总额完成1042亿元，增长8.2%。

（齐建军）

【经济发展】 面对持续加大的经济下行压力，全区上下主动适应经济发展新常态，转方式、调结构、提质量、增效益，全区经济继续保持了稳中求进、稳中向好的发展态势。围绕做强优势产业，做优传统产业，培育新兴产业，完善招商考评机制，调整招商工作格局和主攻方向，引进港澳资讯等现代服务业企业237家，其中：金融类企业58家，文化企业65家。辽宁蓝猫公司文化创意作品《蓝猫水墨诗词》作为全省惟一代表，再次荣获文化部弘扬社会主义核心价值观动漫专项扶持奖励。

（齐建军）

【金融中心建设】 金融中心建设全面提速。加快推进优化金融生态改革试验，举全区之力建设东北区域金融中心。开发区晋升国家级工作通过省政府常务会议审定，同意上报国家。作为产业金融试验主要任务承载片区，多项试点政策纳入沈阳全面创新改革试验总体方案。参与沈阳争创辽宁省自由贸易试验区。与中兴通讯集团共建金融云谷和金融信息安全云服务系统。成立中兴通讯（沈阳）金融研究院，世界级品牌银行渣打银行开业运营，东北首家保理公司亨汇商业保理（辽宁）有限公司、全省首家金融租赁公司锦银金融租赁公司落户沈河区，全省首家法人民营银行振兴银行正在筹建中，沈阳首家政府引导基金中和文化创意产业基金开业运营等，开发区在11个方面填补了省市金融项目空白。引入沈阳渤商公司，筹备设立辽宁商品交易所。承办2015中国（沈阳）国际金融高层峰会和中国金融论坛2015东北分论坛，金融中心影响力和知名度不断提升。

（齐建军）

【现代服务业发展】 始终坚持现代服务业立区方针，加快转变经济发展方式，不断调整优化产业结构，现代服务业继续保持良好发展势头，沈阳金融商贸开发区、大中街商贸文化集聚区、南塔商贸物流集聚区、五里河国际商务集聚区、沈河东部新城集聚区的主营业务收入实现了快速增长。2015年，各集聚区实现主营业务收入2140亿元，比上年增长20%。其中：省级集聚区北站金融商贸集聚区实现主营业务收入940亿元，增长20%；大中街商贸文化集聚区实现主营业务收入1032亿元，增长23%。沈阳北站金融集聚区投融资平台获评“2015年度辽宁省集聚区优秀公共服务平台”。

（齐建军）

【区划调整】 区域划分更为清晰。依据沈河发展的空间规划和资源分布，将全区划分为东北区域金融中心、沈河东部新城、五爱商贸物流、皇城商贸文博旅游和南塔商贸物流五大功能区，五大功能区所承接的辖区经济发展、城市规划和特色产业培育等职责顺畅有序，区域发展协调能力进一步增强。各功能区产业规划制定、土地征收整理、招商引资等工作均在快速推进。

(齐建军)

【项目建设】 项目建设进展顺利。突出项目核心地位,强化项目拉动作用,依托"双进双解"、"两包四联系"载体和项目运行管理平台,完善调度机制,加强跟踪服务,帮助重点项目和企业解决问题23个。总建筑面积676万平方米、总投资633亿元的华强等15个市级重点项目投资额度大、建设速度快、形象进度好。中街豫珑城等3个项目开业运营,新增营业面积16.5万平方米。星汇广场等70个共56万平方米存量资源成功盘活。推进"三争取"工作,累计争取国家和省市服务业等各类扶持资金6.6亿元。

(齐建军)

【重点商贸区发展】 重点功能区域加快建设。东部功能区,按照"沈阳新都心、东北创智谷"功能定位,推进基础配套设施改造。加快高官台东等12个棚改地块征收(含旧城区),总占地面积604万平方米、全市最大,涉及住宅6074户,住宅签约率达80%,棚改取得阶段性成果。皇城功能区,挖掘历史文化内涵,完成中街广场改造,构建中街智慧商圈,增设智能停车诱导系统和旅游导识系统,地区形象品质持续提升。皇城功能区被评为中国首批商旅文产业发展示范街区。全国文化金融合作试验区申报工作取得实质性进展。五爱和南塔功能区,与松原蓝湾都汇商贸集团合作,实施品牌输出战略。与阿根廷华人超市公会签署合作意向,尝试开展对外跨境贸易。打造五爱智汇等电商服务平台。阿里巴巴南塔产业带网上批发电商平台入驻企业达300家,线上销售额突破亿元。引进辽宁筋斗云科技有限公司,建设国内首个航空物流电商平台。

(齐建军)

【城市建设管理】 城区环境品质稳步提升。坚持以打造宜居城区为目标,按照"精心、精细、精致、精品"原则,市区累计投入4.4亿元,推进绿化、美化、亮化、净化工作,城区环境面貌持续改观。智慧沈河建设成果显著,沈河区新政务服务中心正式运行,改扩建15个街道政务服务中心,所有面向企业的审批服务事项向政务服务中心集中,所有服务群众的审批服务事项向街道(社区)集中。完善区市民公共服务中心功能,解决各类民生诉求10.9万件,满意率96.5%。加强区公共卫生服务中心内涵建设,实现公共卫生资源互联互通,为群众提供"一站式"服务。基础设施建设持续完善,完成水晶城小区南等7条规划路建设,对十二纬路等28条街路进行整修。对明渠二街等22条街路行道树进行补植。完成奥林匹克健身路、满堂河两侧和6块绿地及7条街路两侧环岛景观提升。城区环境品质逐步提高,对市府大路等14条重点街路实行全时保洁和全域管理,一二级街路机械化扫保率达100%。开展"楼道清洁革命",对全区5124栋居民楼、2.03万个单元楼道进行整治。拆除民用废弃锅炉房30处,完成燃煤锅炉拆小并大工程30处。实施"蓝天工程",完成沈阳新北热电公司等7家供热企业脱硫改造,对沈阳房兴供暖公司等9家企业开展燃煤锅炉高效除尘器改造,超额完成节能减排任务。

(齐建军)

【民生工程】 百姓民生福祉持续改善。坚持以幸福沈河为统领,市区累计投入23.1亿元,全力打造民生服务品牌。幸福社区建设成效明显,改造提升11处社区用房,打造富民等15个精品社区、新立堡等15个特色体育社区和以双路"先锋文化"为代表的3个特色文化社区。在416个老旧小区改造基础上,对144个老旧住宅区实施环境提升工程,对265栋133万平方米住宅楼实施"节能暖房"工程。建立区、街、社区三级社会组织孵化基地,实施71个公益为民服务项目。构建了"同轴联动、协同治理"模式,《中国特色社区建设——沈阳市沈河区经验》在全国出版。沈河区再次获评全国和谐社区建设示范区,全国社区治理与服务创新示范区和省"双拥八连冠"分别通过验收。公共服务能力不断提高,打造凯旋等5处较具规模的文化活动阵地,初步实现图书资源共享和通借通还。率先在全市通过"全面教育现代化建设评估验收"资格审定,与中国教科院合作共建"教育综合改革实验区"。德育"小微成长工程"被授予全国社会主义核心价值观教育优秀案例。开展全国健康促进区试点。打造多福等5个"健康小屋",挂牌成立马官桥、万莲社区卫生服务中心,社区卫生服务网络更加完善。社会保障体系更加完善,搭建"沈河区创业求职365就业服务平台",打造升级版"15分钟就业创业服务圈"。建成省内首批、全市首家由政府搭台、专业化管理、市场化运作的沈河区创业孵化基地,引进创业企业16家。实名制就业2.51万人,扶持创业带头人498人,获评全省首批省级创业型县区。建成南塔等2所区域性居家养老服务中心,打造16家示范型日间照料站,全区85个日间照料站中50%以上实现社会化运营。成立全市首家盲人按摩培训基地,创建雨坛等3个社区康复示范站,对183户低保残疾人家庭实施无障碍改造。征缴养老保险统筹基金2.13亿元。发放小额担保贷款3658万元。为4758户低保户发放救助资金2049万元。在全市率先建立救助"四色"应急响应机制,"救急难"试点工作在民政部介绍经验。

(齐建军)

【平安城区建设】 平安沈河建设深入推进。深化"全社会调解"模式内涵,强化源头预防和风险评估,畅通群众利益诉求表达渠道,受理初访案件392件2223人次,初访案件办结率达100%。实施信访积案"销号工程",化解疑难案件179件。完成重要时期信访维稳任务。巩固国家级平安区建设成果,逐步构建立体化社会治安防控体系,加强人防、物防、技防建设,成功破获三起涉疆反恐案件,社会局面更加稳定。投入2000万元,新建泉园和南塔2个派出所。对全区视频监控进行整合联网和升级改造,更换1050个高清监控探头,实现重点地区视频监控全覆盖。开展平安社区创建活动,强化派出所勤务指挥室建设,"零发案"小区达96.8%。完善安全生产责任体系,开展安全生产应急演练和隐患排查整治,检查生产经营单位4.67万家次,整改安全隐患8223处,全区无重特大安全事故发生。四次代表沈阳市迎接国家和省级安全生产督查调研,受到高度评价。

(齐建军)

【政府自身建设】 政府自身建设不断

加强。深入开展“三严三实”专题教育和“大学习、大讨论”活动，查找解决“不严不实”突出问题，全面践行“讲诚信、懂规矩、守纪律”要求，严格执行中央“八项规定”。开展窗口单位“四风”问题及不作为、不担当问题专项整治。落实党风廉政建设主体责任和监督责任，不断完善惩治和预防腐败体系。自觉接受区人大依法监督和区政协民主监督，承办省市区人大代表建议和政协提案238件，办复率100%，满意及基本满意率99.4%，解决率83.7%。向人大专题报告工作11次，接受代表委员视察检查12次。加强政务公开建设，网上公开重要信息1.35万条。沈河区被评为省优秀法治文化示范基地，风雨坛司法所被评为全国先进司法所。认真贯彻落实国家和省市各项改革部署，制定《沈河区2015年经济体制改革工作要点》。加快实施简政放权，完成4轮共778项行政取或承接工作。制定并公布政府权责清单，确定行政职权1276项。开展医药卫生体制改革，落实基本药物制度，探索卫生系统人事分配制度改革。优化行政资源，合并组建卫计局、市场监管局。深化国企改革，尝试推进资产证券化，筹建资产运营公司，吸引辽宁股权交易中心等3个项目参与金融中心建设。

（齐建军）

铁　西　区

【概况】　2015年，铁西区实现地区生产总值963.7亿元，比上年下降2.6%，绝对值居全市第一；服务业增加值323.4亿元，下降0.5%；一般公共预算收入92.6亿元，下降26%，绝对值居全省第一；固定资产投资503.3亿元，下降23.4%；社会消费品零售总额583亿元，增长7%；出口总额19.09亿美元，下降7.1%，绝对值列全市首位；城市居民人均可支配收入3.72万元，增长7%。

（朱禹明）

【重点区域建设】　中德装备园、中法生态城、铁西金谷“一园一城一谷”产城融合、东西互动的发展格局全面形成。中德装备园10平方公里起步区建设全面启动，中德园成为国务院批复的首个以中德高端装备制造产业合作为主题的战略平台、“中国制造2025”与“德国工业4.0”战略对接合作的重要载体。中法生态城规划建设、征地拆迁和招商工作全面展开。铁西金谷成为全市生产性服务业“三大战役”的主战场。新民屯、四方台、长滩三镇合署办公，西部新城建设全面启动。现代建筑产业实现产值294亿元，占全市建筑业总产值三成以上。全年收储土地1042公顷，出让土地149.6公顷。全区整合整理土地72宗。区委、区政府、区政协等机关西迁的拉动效应开始凸显，新华印刷、红梅味精等地块接连热拍，华润、龙湖等地产商成功摘牌，铁西迈入“新地产时代”。

（朱禹明）

【重大项目建设】　全区3000万元以上新开工项目101个、竣工项目92个。40个市重点项目全部开复工，完成投资241.4亿元。宝马发动机、沈阳冶金机械、东方银座铂尔曼酒店、嘉泰工业装备博览城一期等项目竣工或试生产，华润万象汇正式营业，辽宁奇辉电子、金谷科技园公共服务平台等项目上线运营，新加坡智能物流、澳大利亚工业地产、纽卡特行星减速机等项目加快推进，宝马研发中心、库卡机器人工程示范中心、积水潭医院、兴华地下商业城项目开工建设，中德工业4.0战略合作暨中德企业创新中心、美国江森启停电池、富士康汽车零部件等项目签约落地。同时，积极争取国家省市政策、项目和资金支持，全年争取上级支持资金16.4亿元，其中老工业基地搬迁改造项目获批国家资金5897万元。

（朱禹明）

【改革创新】　整合行政机构，将发改局与科技局合并、昆明湖与西三环合署。落实大部门监管体制，成立市场监督管理局。组建两区行政审批局，启动企业投资项目管理体制改革试点工作，审批时限由120天减至30.5天，缩减74.6%。积极开展简政放权工作，承接省市下放的303项行政职权。建立权责清单制度，减少行政审批事项1258项，“三证合一”工作经验在全省推广，“一照一码”登记模式全面实施。成立城区、工业、服务业、外商投资4个企业服务中心。国企改革稳步推进，北方重工与中建材签署联合重组合作协议，沈鼓集团上市通过证监会初审，机床集团与社会资本组建混合所有制企业，华岳外贸等8户企业转制评估审计工作进入尾声。国资运营成效明显，国资收益实现13.3亿元。三生制药在香港上市，金昌蓝宇、递家物流、万合胶业等企业在新三板上市。企业自主创新能力不断提升，沈鼓集团10万空分装置、特变沈变换流变压器、北方重工镁合金成套设备等新产品打破国际垄断。沈阳铸造研究所获评国家重点实验室。税改工作成效明显，42户企业完成“营改增”。

（朱禹明）

【基础设施建设】　投入28亿元，实施各类城建项目442项。新建改造道路41.4公里。迎宾路高架桥、开发大路跨化工园铁路桥、中德大街一标段、开发22号路宝马铁路专用线下穿桥等重点工程竣工通车，浑河四街、中德大街二标段、地铁九号线铁西段、中法大道等建设工程加快推进。北一路、保工街等“三横两纵”快速路网建设全面启动，北一路快速路管网排迁工程完工。铁西金谷二号路、三号街竣工通车。嘉泰工业博览城电力配套等工程按期完工，铁西新城地下综合管廊、220千伏高花变电站等重点配套工程按期推进。建大公交港湾投入使用。

（朱禹明）

【城乡环境】　全面推行城市网格化管理，集中整治占道经营、露天烧烤等城管顽疾，铁西区道路交通秩序整治经验在全市推广。对铁西金谷、沈新路实施绿化景观提升工程。全年植树42万株。大力实施“蓝天碧水”工程，完成50台大型燃煤锅炉达标改造工程，拆除联网或取缔燃煤锅炉62台。沈化、东药搬迁及土地污染治理工作有序推进。

（朱禹明）

【新农村建设】　加强农业基础设施建设，完成设施农业建设30公顷。5个街镇26个村的农民土地承包经营权确权改革工作进展顺利。稳步推进7个宜居示范村和42个达标村建设，朴坨子村荣获全市最佳村镇环境改善奖。投资2780万元，实施农村饮水安全工程，农业水利设施建设全部按期竣工。全区新增造林面积107公顷。

(朱禹明)

【招商引资】 成功举办"沈阳—慕尼黑装备制造产业推介会"、"辽宁省—巴登符腾堡州装备制造产业合作推介会",并在法兰克福设立中德装备园代表处。举办了德国企业沈阳行、中德并购论坛等招商活动。德国莱玛特高精度光电子设备、法国电力集团基础设施建设、日本IHI株式会社农机生产基地等50余个项目加快推进。西门子互联交通研发中心、德国劳仕领汽车注塑件等项目签约落地。北方重工盾构机代表我国同类产品首次打入南美市场。华利能源并购加拿大风电母线、沈阳和平子午线轮胎收购英国KRT公司等3个海外并购项目顺利完成。外贸出口势头良好,沈鼓集团、三一重工出口分别增长3.2倍和3.1倍。

(朱禹明)

【社会事业】 勋望北校新教学楼投入使用,春晖学校综合楼等11个新建项目按期推进,五十三中学北教学楼等36个维修改造工程如期完成。公办普通高中标准化建设全部完成。农村中小学校车实现安全监管全覆盖。铁西区被列入国家特殊教育改革实验区。基层医疗服务体系不断完善,卫生信息化平台一期建设基本完成,长滩、新民屯卫生院主体完工。打造了森林体育公园,新建文体广场22处,改造街道(社区)文化站(室)11个,社区书屋实现全覆盖。

(朱禹明)

【民生福祉】 社会保险扩面工作进展明显,4.24万名被征地农民纳入市级养老保险统筹。采取国资划拨、租赁、资源整合等方式,全面完成15个未达标社区办公用房改造任务。新建社区老年人日间照料站7个、区域性居家养老服务中心1个、助残阳光工场1个,完成残疾人家庭无障碍设施改造165户,为2283名一级重度残疾人办理意外保险。城镇实名制就业达到4.2万人,城镇登记失业率控制在4%以内,零就业家庭继续保持动态为零。实名制扶持创业带头人647人,带动就业7882人。扎实推进安居工程,安置居民3400户。年初确定的42项为民办实事工作全面完成。

(朱禹明)

大 东 区

【概况】 大东区是沈阳市内主城区之一,位于大东边门外,故而得名。东与棋盘山风景区为邻,南与沈河区、西与皇姑区相连,北与沈北新区接壤;大东区行政区域面积约101平方公里,现有14个街道办事处、117个社区,总人口约80余万人。区内人文景观特色鲜明,至今保留着建立于明代永乐年间的"大法寺"和清代初年兴建的"东塔"等文化古迹。大东区地处沈阳东北部门户要冲,是沈铁连接带与沈抚连接带交汇处,发展纵深广阔,由铁路、交通干道、高速公路构成的对外交通优势明显。沈阳市新的区划调整后,大东区面积由原来的62平方公里扩展到101平方公里,进一步拓展了发展空间,为大东区产业发展和结构优化升级提供了重要的保障。按照沈阳市"东汽、西重、南高、北农、中金融"重点空间功能定位和全区"十二五"规划总体要求,将大东区规划为老区、新城、开发区三大板块和"北汽南商"两大区域。在二环以北,按照2011年市政府批准的汽车城总体规划和控制性详细规划要求,大东区举全区之力推进了沈阳汽车城开发建设,一方面全力做大做强汽车产业,加快整车扩建项目建设,另一方面,加快推进大东新城基础设施建设、商务服务配套和生态环境提升,努力建设一座融行政、文化、商业、居住、产业、生态于一体的现代化新城。在二环以南的老城区,积极构建以东中街商业区为核心,吉祥特色商业区、黎明、新东、东站区域商业组团共进发展的"一核心多组团"格局,打造传统、现代、新兴等各类服务业竞相发展的沈阳东部现代服务业新高地。大东区已形成了汽车产业、新城建设和老城区改造的"2+1"式发展格局。另外,区内拥有12公里长的环城水系和辉山水库等城市重要水资源,加上新划入的东北绿楔地区的丘陵林地,使大东区成为拥有山水两项资源的中心区。以沈海公园、万泉公园、大东公园等为核心实施绿化工程,绿化覆盖率37.5%,人均公共绿地达到26平方米。蒲河支流(南小河)、南运河、新开河等水体的生态保护日趋完善,大东区晋升为省级生态城区。

(马 欣)

【城区经济】 2015年,大东区完成地区生产总值596.8亿元,比上年增长2%;规模以上工业总产值1323亿元,下降5.5%;一般公共预算收入69.1亿元,下降12.3%,其中:税收收入63.8亿元,下降15%;固定资产投资423亿元,下降19.8%;社会消费品零售总额275.3亿元,增长8.3%;城市居民人均可支配收入3.62万元,增长7%。"十二五"期间,地区生产总值年均增长6.3%,一般预算收入年均增长14.3%,城市居民人均可支配收入年均增长10.7%。汽车产业在全省率先进入千亿产业集群。社会事业、民生保障和城市建设管理取得长足发展。"十二五"后期,由于经济下行压力,全区经济发展速度趋缓,但各项主要经济指标仍然保持全市平均以上。汽车产业加快升级,工业结构持续调整。推进整车扩建项目建设。华晨宝马新5系项目装焊、冲压、物流车间正在设备安装,总装车间完成建筑暖封闭。上通北盛多用途车及其变型车技术改造项目正式投产。华晨汽车M8X项目主体施工。整车产品不断升级,宝马5系混合动力轿车、别克威朗、华颂高端商务车、中华V3等一批新车型上市。零部件配套不断完善。完成零部件投资12.1亿元,零部件产值104亿元。平和法雷奥、美嘉、库博等10个项目投产,德科斯米尔等12个项目开工,乐天工程等7个项目供地,德国博泽等22个项目签约。零部件配套体系向模具、新材料、汽车电子等领域拓展。拓展工业发展空间。整车供地34.2万平方米,零部件供地31万平方米。推进东盛、致远等厂房盘活,入驻、签约企业9户,利用面积8.83万平方米。完成轩盛路北38万平方米工业用地整理。和昌华宝土地遗留问题基本解决。强化基础设施建设。华晨宝马扩建项目土地整理工作全部完成,给水、供热、供气、电力等配套工程全面竣工,北侧规划道路主体施工,南边坡工程主体完工。北大营街通用段、蒙牛段及轩通路203段通车。东望街改造及绿化全面完成。完成欧盟园区给排水设施改造。加快工业结构调整。新增规模以上工业企业20户,产值增长28%,成为稳定工业增长的新动力。黎明航空、江森座椅等企业实施9个智能化制造项目。辽沈工业集团积极推进挪威输油管线项目。新增中小企业2360余户。设立产业发展资金,扶持企业28户、2.45亿元。

（马 欣）

【城市建设与管理】 城市建设管理水平不断提升,城区环境进一步改善.完善城市基础设施。轩兴四路西段等5条道路通车,轩兴二路等6条道路施工。完成新生三街瓶颈路、大观苑三期等6个小区配套道路改造。汽车城公交线路近期开通。完成温控器厂等3处公共停车场建设。增加监控、护栏等设施,强化小北、东贸路等重点区域静态交通管理。重划道路标识标线60余公里,完成道路黑化5条。加大棚户区改造力度。实施了17个征收项目,住宅9620户、非住宅275家,建筑面积54万平方米。全面完成工农路203号等6个征收项目和2015年棚户区改造项目。推进城市美化绿化。完成万泉公园提升改造。新建二台子、金飞马西等7块绿地广场。大望街等8条街路绿化全面提升,津桥路等4条街路硬覆盖改绿篱。建设7座立体花坛,栽摆60万株鲜花。扎实推进“蓝天行动”。拆除20吨以下锅炉房15座,淘汰20吨以下燃煤锅炉23台。实施沈东热源、东源热电等7户企业燃煤锅炉脱硫、除尘改造。推进华晨汽车、天江老龙口等企业煤改清洁能源。实施山梨河河道整治。完成朱尔屯污水处理厂在线设备建设。抓好市容环境管理。完成小河沿等7处内涝积水点改造,东北大马路等街路沿线53栋楼体粉饰。完成公园、水系、街路、绿地景观亮化。加大机械化投入,主要街路达到机械化清扫、水洗、洒水降尘和延时保洁一体化标准。冬季除雪实现环保绿色作业。完成山嘴子路、东山村路面维修和重点部位环境整治。全面开展治脏、治乱、治违建专项整治。完成村屯环境综合整治,实现保洁常态化。拆除卫片图斑违法建设9万平方米。启动东湖水库改造和环境治理规划设计。深化老旧小区整治,惠及群众5万余人。完成77个老旧小区、539栋住宅配套设施改造。实施219栋住宅暖房工程。推进6个小区、51栋住宅燃气开栓。完成望花怡园小区自备井改造。实施北海街7号等弃管小区物业管理试点。

（马 欣）

【社会民生】 全力推进回迁安置。大观苑三期1700户居民、国瑞城479户居民完成回迁。榆林安置房2300余户居民正在回迁。城建和谐城配套施工。七二四安置房主体施工。凌云安置房完成供地并启动建设。购买商品房安置居民202户。加强就业和社会保障。城镇实名制就业2.79万人。零就业家庭动态为零。困难家庭高校毕业生和残疾毕业生就业率100%。以创业带动就业,发放创业担保贷款1185万元,扶持创业带头人565人,带动就业3368人。征缴养老保险统筹基金2.8亿元,争取、调度、补充资金21.5亿元。扩大了医疗、失业、工伤等保险覆盖群体。提高城乡低保标准。发放低保、红十字、慈善、残疾人等救助或补贴6826.2万元。新建2处居家养老服务中心。促进教育均衡发展。素质教育学校建设完工,一〇九中学主体封顶。完成3所学校操场改造、13所学校操场亮化、50余所学校维修改造。加大地产开发配建力度,富力等4所幼儿园完成移交。教育现代化建设通过资格准入阶段验收。一中进入全国首批空军青少年航空学校,首批航空实验班开班。与沈阳大学合作,成立附属实验学校。中高考取得优异成绩。提升人口卫生服务水平。完成新东等3个社区卫生服务中心改造。辽宁省肿瘤医院中西医结合大东医院改造主体完工。启动沈阳市第十医院托管万泉社区服务中心,分级诊疗模式初步建立。长安、辽沈社区卫生服务中心试点蓝卡模式。计划生育奖励政策全面落实。积极发展文化事业。利用拆违治乱及闲置空间,投入资金680万元,完成“一足一篮一乒乓”建设,14个足球场、105个篮球场、245个乒乓球活动区投入使用。完成105个社区书屋建设,文化馆改造全面启动。开展抗战胜利七十周年惠民演出,举办地区性文化活动80场、公益性艺术培训班53个。深入推进社区建设。完成36个社区公共用房改造,全区105个城市社区公共用房全部达标。完成1%人口普查。完成第九届社区居民委员会换届选举。全面实现“光纤进小区”。发挥街道和社区的主体作用,设立社区惠民资金。社区与房产、水务等部门建立应急维修联动机制,着力解决群众生活难点问题。莱茵河畔社区成为全市惟一“全国民主法治示范社区”。维护安全稳定的社会环境。推进社会治理,强化信访联席会议调度和区级领导大接访工作机制,加大彻底解决问题的投入力度,办结263件信访积案,积案办结率96%,集体访案件减少30%。完成善邻家园等1500户居民房证办理工作。巧克力城、榆林苑等历史遗留问题基本化解。“三园”工作稳步推进。推进安全生产信息化,健全监管机制,实施每周区级领导带队检查制度,用更严格的措施和办法,促进了金飞马油漆等1700余处隐患整改。推进13户企业1015名职工分期安置。加强动态治安防范体系建设,5类侵财嫌疑人起诉数量比前三年平均提高7%。妥善处理梧桐园阳台坍塌、香槟蓝湾燃气爆炸等事故。长安、东塔、津桥、洮昌等街道通过“国家级安全社区”验收。

（马 欣）

【推进传统服务业升级】 编制完成《东中街总体发展和产业提升规划》、《东中街电子商务产业集聚区规划》。智能交通二期改造完成。龙之梦、大悦城全面提升业态结构,新增特色体验、娱乐、餐饮、旅游企业200余家,龙之梦旅游集散中心接待游客5000万人次。开发龙之梦5A级电子商务大厦,入驻电商企业80余家,银生科技获批省级电子商务示范企业。中国沈阳书刊批发市场正式入驻。扶植金麒麟公司新三板上市。促进服务业结构优化。编制完成《沈阳汽车城生产性服务业集聚区发展战略规划》。引进入厂物流、整车仓储与发运基地、汽车研发与检测等业态。全区新增限上贸易业企业139户。服务业增加值完成209.6亿元,比上年增长7.5%。服务业增加值占地区生产总值比重由“十二五”之初的31%提升到35.3%。完成出口5亿美元。保持房地产平稳发展。完成黎明新城一期等地块供地,万科城市之光开工建设。金地檀悦、恒大翡翠华庭三期施工,富力、金地、万科二期启动土地整理。开发利用地下空间

2.1万平方米。推进“大众创业、万众创新”。整合华利能源2.7万平方米资源，“双创”基地一期投入使用，信息技术、无人机、3D打印等42户企业入驻。推进沈阳航新科技产业园招商，引进磁力通科技、通航设计等28个项目。利用砂布厂资源，都市文化创意产业园正式签约。与龙之梦联手开发10万平方米创新创业平台。实施原辽美印刷厂及中街北苑网点改造，扩大了招商载体。

（马　欣）

【政府建设】 深化行政体制改革，政府服务水平不断提高，推进重点领域改革，组建区卫生和计划生育局、市场监督管理局、国有资产监督管理局和市民公共服务中心。承接行政职权270项，精简行政职权113项。实施“三证合一”登记制度。为76家企业实行“并联审批”。完成国有资产管理公司及东盛、思诚、荣安公司资产整理和财务集中管理。努力建设法治政府。严格遵守“八项规定”，深入开展“三严三实”活动。主动向人大、政协报告和通报工作，认真接受人大依法监督和政协民主监督。办理市、区人大代表建议216件、政协委员提案122件，代表、委员满意率99%。完善了预算执行动态监控体系。开展11次专项审计，并强化审计结果整改落实。建立政府部门权责清单。规范招投标管理。圆满完成“六五”普法工作。规范处置国有资产。收回被占用国有土地1.06万平方米，房屋149处、2.34万平方米。加大国有资产调配力度，为教育、文化、卫生、民政等公共事业提供用房1.07万平方米。推进原东方家园、大观苑三期网点等国有资产转让，核减村集体经济组织债务2.1亿元。全面做好融资工作。发行企业债券7亿元，履约到位资金20亿元，争取各类专项资金13.6亿元，为土地征收、回迁房建设、重大项目建设提供保障。积极解决债务问题，完成存量债务置换10.2亿元。

（马　欣）

皇姑区

【经济发展】 2015年，皇姑区实现地区生产总值440.4亿元，比上年增长0.4%；服务业增加值363.9亿元，增长1.6%；一般公共预算收入35.47亿元；固定资产投资596.7亿元；社会消费品零售总额306.4亿元，增长7.3%；出口总额1.75亿美元，增长6.2%；城市居民人均可支配收入3.68万元，增长7.1%。

整合资源，首府新区扩至31平方公里，新区概念规划、控详规划及城市设计已获批，完成“省府金融谷”、“金牌教育社区”等重点项目规划方案。编制沈阳“中环·红钻”商圈、沈阳“中关村”科技文化园区、北运河悬挂式空轨项目等概念规划。成功出让土地6宗，成交面积12万平方米。全区亿元以上在建项目82个；新开工3000万元以上重点项目84个，竣工64个。丹东银行、盛银金融、华金证券等金融企业区域总部成功落地，全省首家专业互联网金融服务公司上线运营，辽宁农产品交易中心等要素市场成功获批。全区金融机构及服务机构达到278家，金融业对经济增长贡献率达到18.1%，税收贡献率提高到12%。沈阳电商产业园实现满园运营，已有众联、普峰等40多户企业入驻。中国装备制造工业设计中心正式运营，德稻等知名工业设计企业入驻，先后引入康力优蓝、普天北斗等高科技企业。依托“4191”文化名片，打造“四季皇姑”旅游品牌，全年接待游客超过80万人次。提高东北篮街、星吧街、户外运动休闲街等特色街区知名度和影响力，规划建设彩虹街·夜经济概念街和鲤鱼门特色街。“皇姑创业创新街区”开街运行。“024便利店”发展到31家。首府新区加速崛起，荣盛、华润、金地、东亚新华、碧桂园、调峰热源等重点项目进展顺利，推进占地面积347万平方米的土地整理工作，启动占地面积49万平方米的征收工作；英雄公园完成主体园区建设，全面启动七二四明渠绿化改造和二环北部防护林绿化提升工程，怒江北街北延长线贯通工程完成基础施工，陵园北街贯通工程有序推进，新开通首府东街、中央路等市政道路，改造提升文储路。

（王　茁）

【城区环境】 完成光纤入小区工程，全区光纤网络覆盖率达到99.3%。开通“96185”民生服务热线，集公共服务与社会管理于一体的民生服务平台上线运营。投入1.3亿元，完成舍利塔盛京碑林公园建设。启动改造北塔公园、克俭公园，实施北陵大街等4条重要街路景观提升和崇山东路等6块精品绿地建设工程。完成主要街路节点和城市出入口的雕塑景观亮化工程。天山路等14条街路改造工程全部完工，实施蔷薇河街北段等3条小区配套道路建设工程。开展中小学校园周边环境和交通整治，“治堵”取得阶段性成果。对17台大型燃煤锅炉实施高效除尘脱硫改造，对19台燃煤锅炉实施清洁能源改造，对58台20吨以下燃煤锅炉拆除并网，削减二氧化硫排放量1900吨，氮氧化物排放量450吨，万元地区生产总值能耗下降2.5%。实行街路长负责制，全力打造18条示范街路、30条严管街路。拆除各类违章建筑12万平方米，治理违规牌匾2.7万平方米。深入开展“创城”工作，被评为市“创城”工作突出贡献单位。扩大机扫作业面，全区二级以上街路全部实现机械化清扫作业，北陵大街成为全市扫保标杆街路。

（王　茁）

【民生工程】 全面完成17件民生实事。争取资金5.3亿元，对老旧小区实施“暖房工程”，改造楼房1060栋、462万平方米，惠及居民15万户。完成怒江北等20个住宅小区改造提升工作。推进棚户区改造，加快回迁安置工程建设，已落实2500户回迁居民的安置工作。大力实施“大众创业、万众创新”活动，新增就业3万人，城镇人口登记失业率2.68%，零就业家庭动态为“零”。扶持创业带头人550人，新增创业1300人，发放小额担保贷款2450万元。城镇职工养老保险统筹征缴2.7亿元，失业参保扩面13.6万人。加强社区建设，完成社区居民委员会换届选举工作，直选率达到61%。牡丹社区养老服务中心投入使用，22个社区公共用房改造全部完成，社区公共用房总面积达到7.5万平方米。全面加强安全生产、消防安全管理，加强重点部位、重点时段的隐患排查力度，全年未发生重特大安全事故。扎实推进社会治安综合治理，严厉打击各类违法犯罪活动。加大维稳工作力度，一批涉及群众切身利益问题得到妥善解法。落实“六五”普法规划，履行人民调解职能，调处各类纠纷939件。

（王　茁）

【社会事业】　推进义务教育集团化发展，成为国家级义务教育发展均衡区。46所中小学建成二星级数字校园，完成6所幼儿园和5所中小学的基础设施建设。32所中小学操场在全市率先免费向市民开放。荣获省体育艺术工作示范区、省未成年人思想道德建设工作先进城区称号。实施科普益民，泰北社区等3个社区成为国家科普示范社区。皇姑屯事件博物馆正式开馆。12个民间艺术展示馆全年免费开放。新建标准化社区书屋55个，开展各类群众文化活动3[illegible]5场次。策划包装并启动太极谷、北陵足球公园、足球气膜馆等体育项目建设。成立校园足球俱乐部，开展中小学青少年足球联赛。完成沈阳首届马拉松赛事起点及皇姑区赛段的组织保障工作。优化就医服务模式，12家区属医疗机构与4家三甲医院纳入区域“医疗服务联合体”管理。中心医院等3所基层医院改扩建工程已经完成。实施明厨亮灶工作，全年无突发公共卫生事件。

（王　茁）

【政府自身建设】　自觉接受区人大及其常委会的依法监督、区政协的民主监督和社会各方面监督。坚持并完善向区人大及其常委会报告工作、向区政协通报工作制度。全面落实区人大常委会审议意见和区人大、区政协视察意见，及时反馈落实情况，报告率和通报率均为100%。高度重视人大代表建议、政协委员提案办理工作，办理人大代表建议130件、政协委员提案193件，办复率100%。遵循“简政放权、放管结合、优化服务”原则，推进政府职能转变。强化依法行政，将区法制办公室纳入政府组成部门序列，皇姑区成为全市惟一一家省政府立法基层联系点；理顺管理职能，组建市场监督管理局。结合“三严三实”专题教育，加强行政效能建设，严格绩效考核，强化对全区192个窗口单位采用多种形式监督检查。制定政府部门权责清单，明确1422项权责，取消和下放598项行政权限。创新审批工作流程，累计完成审批事项1.8万项，新办企业599户。抓好重要领域、重点项目、重大资金的规范管理和审计监督。加强国有资产管理，强化区属企业监管，完成国有资产运营收入3.6亿元。依法完成建设工程、政府采购等招标项目226个。全面落实“八项规定”，严控“三公”经费，支出减少18%。

（王　茁）

浑　南　区

【区域经济】　2015年，浑南区实现地区生产总值409.0亿元，比上年下降3.5%。

农业总产值实现13.5亿元，同比减少3.4%；实现粮食总产量17.05万吨，比上年增长31.2%。

2015年，全区规模以上工业企业242户，产值亿元以上企业105家，形成了以电子信息、先进制造、生物与医药、新能源产业为重点的工业体系。全区规模以上工业企业实现总产值860.5亿元，比上年下降10.8%，实现销售产值848.8亿元，下降9.9%；工业品产销率达到97.8%。全区规模以上工业企业全年收入588.23亿元，下降9.3%，利润总额52.82亿元，下降15.3%，利税总额67.22亿元，下降13.4%。

全年完成固定资产投资361.5亿元，比上年下降26.4%。全年完成亿元以上项目投资113.7亿元（不含房地产开发投资），亿元以上项目投资比重达84.2%。

沈阳新南站项目累计完成73.7亿元，中国医科大学国际医院项目累计完成9.3亿元，沈阳数字识别技术产业生产基地二期工程累计完成5.4亿元，浑南现代电子商务园项目累计完成1.2亿元；沈阳国际软件园项目、沈阳长白信息产业园项目、东北大学浑南新校区项目、沈飞民机研究院项目、沈阳东北工贸中心项目、棋盘山智慧谷一期项目、浑南新城市政基础设施道路二期等项目均已竣工。

全年实现社会消费品零售额172.2亿元，比上年增长12.9%。

（全希贇）

【招商引资】　2015年，随着沈阳行政中心南迁、全面创新改革试验区和国家自主创新示范区的建设，要素资源集聚效应显现，投资3000万元以上新开工项目110个，签约落地项目65个，竣工使用或投产项目100个，亿元以上新开工项目65个，开发策划项目33个。

2015年，航天三菱发动机、锦联新经济园、泛华城市广场等403个项目列入实名制项目计划，沈飞民机、新松机器人、国际软件园、生物医药产业园、万达奥体广场等78个项目列入市级重点项目，通过资源配置、资金保障、优化环境、双进双解活动等服务措施，有效推动了重点项目建设。2015年，三菱4K发动机、福融天地等145个重点项目开复工建设，开复工率90%以上，累计完成投资200亿元；26个市重点项目100%开复工建设，累计完成投资80亿元。

成功培育和引进新松智慧产业园、东软数字医疗、东网科技、成大生物产业园、东星医药、蓝英自动化、通用能源、富创精密、拓荆科技、金杯江森、航天三菱等90余个高技术和战略性性产业项目，引进大连万达奥体广场、亿丰时代广场、兴隆大奥莱、红星美凯龙、麦德龙、上亿广场、泛华城市广场、绿城喜来登等20余个商贸流通业项目；引进万科明天广场、月星国际城、绿城全运村、中一国汇广场、招商钻石山等40余个综合性地产项目；引进京东商城、普洛斯物流、大连毅都物流、日本工业园等10余个现代物流产业项目；引进锦联新经济园、东北工贸中心、国际软件园等30余个工业地产项目，引进大唐热电、现代建筑产业园、东北大学、鲁美学院、沈阳新南站、四馆三厦以及都市农业、旅游产业等具有影响力的企业投资项目，累计达到390个。

2015年安排近10亿元资金支持80多个企业项目加快建设和战略扩张。通过政策扶植和争取上级资金支持，主导优势产业基本确立，特色产业发展初具规模，已经形成了以机器人与智能制造、大数据与云计算、眼产业与生物医药、民用航空为主导的高技术和战略性新兴产业，以现代商贸、电子商务、现代物流、科技与信息服务、金融、社区服务、健康养老、休闲旅游为代表的现代服务业，以生态农业、都市农业为特色的现代农业，以及独具特色的现代建筑产业，多层次多结构的产业发展布局基本形成。

2015年,实施全员招商,全区全年"走出去"50余个团组、"请进来"60多个客商,拜访京东、华润、阿里巴巴、深圳宝能等100余家企业,重点推进招商局活力水城、庞巴迪Q400、菜鸟网络、中检认证中心等30多个项目。全年签约落地产业项目65个,其中拟购地项目33个,达到50%;大唐热电、宇通客车、普洛斯三期、拓荆产业园等9个项目已购地或开工建设。全年引进楼宇税源项目300个,占全年计划的105.2%。全年引进到位内资65亿元,引进到位外资1亿美元。

(金希赞)

【社会事业】 全年城镇实名制就业2万余人,城镇登记失业率始终控制在2.73%以内,零就业家庭实现动态管理为零;实名制农村劳动力转移输出3.1万人;小额担保贷款审批并发放金额1533万元;培养扶持创业带头人342人,带动就业2052人。普惠制就业培训共培训9731人。

全区企业职工基本养老保险参保9.8万人,城镇职工医疗保险新增参保2.5万人,城镇居民基本医疗保险参保7.4万人,失业保险参保11.3万人,工伤保险参保14.8万人,新农保城保参保4.1万人,被征地农民社会保障参保总人数7.5万人。共发放各类保障金2360万元。为优抚对象发放各类优待金、抚恤金和补助金等共计1453万元。通过推进课程和教学方式改革,开展联合视导及初中区域教学合作,扩展高中教育资源等举措,提升了区域教育质量,促进了教育高位均衡发展。2015年中考平均分同比2014年增长6.2%。51中学沈抚校区招生216名新生,迈出了51中学规模化建设的第一步。拓展"一校一品、一品一特、一特一优"特色办学思路,整体推进全区教育特色建设工作,被命名为全国体育联盟(教育改革)实验区,率先在体育教学改革及学生身体素质提升方面走在全国前列,达到东北领先水平。

着力抓好文化提升工程,全年共举办了"喜气洋洋迎羊年"、"迎六一"少儿才艺展示和"我的社区我的家"社区文化节启动仪式等大型文化活动36场次,1.5万余人参与活动;成功举办了艺术惠民公益摄影、诗词、书法、绘画等公益性培训讲座73次,惠及5000余人次;由公益电影放映志愿者为全区所属社区免费放映电影4000余场,吸引了10余万人次参与活动。投入资金1711.4万元,对12个文化活动中心、41个高标准社区电子阅览室和21个高标准社区书屋进行基础设施升级改造,形成了辐射服务人口近17万的文化服务网络;争取体育资金534万元,为91个社区安装了680件室外路径健身器材、570件室内健身器材和4个笼式足球场,进一步完善了区10分钟文体活动圈的服务功能,区文化馆被评为国家一级馆。

成功主办、承办"沈阳国际马拉松"、"世界行走日"、爱行走—沈阳站"等一系列大型群众体育活动10余场,被国家体育总局授予"全国武术之乡"称号。

基本药物制度和基层医疗卫生机构运行机制进一步得到巩固和完善。全区共录入低价药品587个品规,采购药品318种,采购基本药物总价506万。积极开展"医联体"改革试点,助力分级诊疗工作开展,累计派驻医师210余人,门急诊诊疗2.1万余人次,会诊1136余人次,举办讲座培训3440余人次。进一步提升熙康益体机的服务功能,在基层医疗机构和村卫生室中举办浑南区"熙康益体机"操作技能比赛,进一步提高了各医疗机构基本公共卫生服务的实用能力。新农合筹资标准达570元,参合率达99.91%。

(金希赞)

【依法治区】 密切关注推进城市化建设过程中出现的新情况、新问题,进一步完善矛盾纠纷"大调解"机制建设,加强社会矛盾纠纷排查、调处和预警工作,从源头上预防群体性事件的发生。扎实推进立体化社会治安防控体系建设,认真抓好城乡结合部等治安复杂地区排查整改,严厉打击暴力恐怖以及侵财等各类违法犯罪行为,全区治安防范能力全面提升。

严格落实社区矫正工作机制,明确责任追究范围、处理种类和方法,对因工作不落实、措施不到位,发生社区矫正对象重新犯罪的,实行责任倒查。规范应急处置,制定《浑南区司法局社区矫正工作突发事件应急处置预案》,进一步完善应急机制,建立并认真落实了社区矫正安全稳定重大事项报告制度。

开展以《公证法》、《法律援助条例》、《人民调解法》、《婚姻法》、《劳动法》等多部法律法规为主要内容的法治宣传活动20场次。开展"法律书籍进机关进学校活动",为全区部分机关单位领导、工作人员免费发放《机关事业单位人员知识手册》500余本,各中小学免费发放《青少年法律知识读本》2000余册。积极开展《妇女权益保障法》、《婚姻法》、《继承法》、《物权法》、《禁毒法》、《未成年人保护法》等多部法律法规宣传讲座共计12次,顺利通过"六五"普法终期验收工作。

加强人民调解基层组织阵地建设,严格按照"五有四落实"的要求,全区开展了7次人民调解员培训会议,共有1592名人民调解员、234个调解委员会参加。在全区建成了标准化社区人民调解室12个,实现了统一牌匾、统一印章、统一卷宗、统一流程的"四统一"原则。

(金希赞)

于洪区

【概况】 2015年,于洪区围绕全域城市化发展目标,积极应对持续偏紧的宏观经济形势,坚持稳中求进工作总基调,主动适应经济发展新常态,以转方式、调结构为主线,突出抓好"深化改革、稳定增长、提升环境、改善民生"四项重点工作,经济社会保持平稳健康发展。实现地区生产总值481.5亿元,完成公共财政预算收入38.98亿元,实现规模以上工业总产值880.7亿元,完成固定资产投资385.3亿元,实现出口总额5.01亿美元,实现社会消费品零售总额101.7亿元,城镇居民、农村居民人均可支配收入分别达到3.84万元和1.68万元。相继荣获中国人居环境范例奖、国家中小城市综合改革试点区、国家电子商务示范基地等多项殊荣。

(田洪伟)

【产业结构】 现代农业加快发展,新建新建现代农业项目9个，建成农产品深加工基地3个，升级改造都市农业示范园10个，策划包装观鹿乐摘温泉游等农业休闲旅游线路3条。农业服务体系进一步完善，新增农民专业合作社25家，农超对接销售额超过1500万元，蒲河涝片排干治理工程、陆家等5座排水站改造工程全部竣工。

工业转型升级步伐加快，中德环保产业园开工建设，君盾沈阳物联网产业园、航空航天产业园主体竣工，蒲河科技产业园投入运行。创新驱动力增强，新建创业孵化基地12个，新增国家级高新技术企业8家、企业技术中心6家，培育科技创新企业20家，企业技术中心及高新技术企业占规模以上企业比重达12.8%，北阳电缆纳米模具等5个产品被评为辽宁省“专精特新”产品。

现代服务业发展势头强劲，引进唯品会东北运营中心、国美在线总部基地等一批重点电商项目，开工建设以电商结算为核心的现代物流项目11个，深国际物流园（一期）等项目主体竣工，中集车辆园（一期）等项目建成。商贸服务业繁荣发展，五洲工业博览城、朝鲜民族风情街（一期）、迪卡侬于洪新城运动超市相继建成，碧桂园商业中心等项目投入运营，新增浦发银行等支行网点3个、标准化菜市场3个，新建社区商业网点面积5.8万平方米。房地产业平稳发展，开展第二季丁香湖微旅行、首季蒲河欢乐行等系列主题活动，助推地产销售，召开两届房交会，投入943万元用于购房补贴，带动地产销售11.1亿元。

（田洪伟）

【项目建设】 招商引资成果丰硕，开展招商引资活动100余次，签约引进总投资20亿元的软通动力跨境电商产业园、总投资5000万美元的德国敦豪汽配产业园等重大项目39个，协议投资额近340亿元。项目建设加快推进，开复工重点项目116个，施工面积1066万平方米，完成投资289.4亿元，红星美凯龙、迪卡侬运动超市等40个项目主体竣工，碧桂园商业中心、中集车辆园一期等9个项目建成运营。

（田洪伟）

【城乡环境】 基础设施更加完善，永安大道、物流港一号路等永安新城主干路网体系初步形成，于洪新城浑河北堤南移工程开工建设，整修改造西江街、怒江北街等市政道路9条，完成农村公路整修改造14公里，新建大榆路公交场站，开通延长公交线路6条，东民变电站实现扩容改造，汪河变电站开工建设，机床城、温泉小镇配水厂投入使用，铺设供水、燃气等市政管线50余公里。生态环境显著改善，提升小浑河整治效果，建成33万平方米如愿湖公园。完成蒲河下游段综合治理、全线22个节点改造和丁香水巷绿化提升工程，形成30万平方米花海景观，建成高标准的景观导视系统，丁香湖公园获批国家3A级旅游景区。开展“制度减霾”、“工程减霾”、“管理减霾”三大战役，完成25台大吨位燃煤锅炉除尘脱硫改造，拆除小型燃煤锅炉43台。推进“宜居乡村”建设，栽植树木5100余株，改造农村道路41.2公里，新改扩建文化广场和便民活动站8个，光辉街道双树村等5个村成为宜居示范村。

（田洪伟）

【社会事业】 全面启动教育现代化建设，投资1.1亿元，完成国奥小学等6所学校改扩建工程和74项教育设施维修改造工程，于洪小学幼儿园等9所公办幼儿园投入使用。签约引进辽宁省实验学校新校区。深化“大学区”管理体制，4所学校实现并校整合。李晓勇篮球培训基地、意大利AC米兰俱乐部足球培训基地签约进驻。文化体育旅游事业蓬勃发展，于洪北部文化艺术中心主体竣工，完成迎宾路、城东湖街道文化中心及丁香湖、蒲河廊道等5处笼式足球场建设工程，新建社区书屋40个、社区电子阅览室71个，成功举办“奔跑中国”沈阳站大型活动及“丁香湖微旅行”、“蒲河欢乐行”等文体活动。“钟氏刻瓷”列入省级非物质文化遗产保护名录，丁香湖公园成功获批国家3A级旅游景区。医疗卫生服务水平不断提高，实施区医院门诊及病房楼扩建工程，完成于洪社区卫生服务中心搬迁改造，新增社区卫生服务机构5个，建成特色中医院2家，获评全国基层中医药先进单位。

（田洪伟）

【社会保障】 坚持以创业带动就业，新建创业孵化基地12个，举办招聘洽谈会13场，普惠制培训1559人，新增城镇实名制就业1.02万人，农村劳动力转移输出4725人。投入1.1亿元，完成57个老旧小区提升改造和44万平方米暖房工程。实施造化、后丁香等4个棚户区改造项目，惠及居民2200余户。“于洪新居”建设扎实推进，蒲河温泉汇景轩等3个项目全面竣工，近4000套回迁房交付使用。引进“居家无忧”专业社区O2O电商平台，“于洪民声”APP正式上线。推进养老事业发展，新建居家养老服务中心3个、社区日间照料站5个，新增床位861张。城乡低保标准同步提高，发放各类救助资金3800余万元。

（田洪伟）

苏家屯区

【农村经济】 2015年，苏家屯区粮食作物总播种面积为2.84万公顷，比上年增加3公顷；总产量为21.9万吨，下降0.5%。全区粮食总产稳定在24万吨左右，主要种植水稻和玉米两大高产作物。水稻常年平均亩产达到650公斤，玉米常年平均亩产达到600公斤。全区已有7333公顷水田被建设成为各级高产示范区。

设施农业面积达4000多公顷。种植品种以无核白鸡心葡萄、草莓、棚桃、紫苏叶、西红柿、黄瓜、各类小菜等水果和蔬菜为主。已有9个产品获得绿色食品认证，21个产品获得无公害农产品认证，2个产品获得有机食品认证。永乐街道被国家葡萄产业技术体系命名为“全国设施葡萄第一乡”。

2015年，苏家屯区建设了乐农庄园、宏山泉、山水紫晨、金钟山等一批都市休闲农业园区项目，打造了马耳山、杨城寨、邓家沟等休闲农业专业村，形成了马耳山、杨城寨、台沟、来胜等一批果蔬采摘基地。东部5个重点街道已形成了集休闲、度假、观光、旅游、采摘、体验为一体的休闲观光农业。

（金　珊）

【工业】 2015年，苏家屯区规模以上工业完成产值707.6亿元，比上年下降6.8%；实现销售产值705.9亿元，产销率为99.7%;规模以上工业利润总额17.7亿元,下降4.3%。

华菱集团与世界500强钢宝利、安赛乐米塔尔共同投资,华安钢宝利(GONVAMA)北方汽车板材加工中心项目签约落地。中建铝材产业化基地等金属新材料项目、盈控激光设备、日本三樱汽车部件等智能装备项目成功引进。20个市重点项目全部开复工。金属新材料产业园,中意科技、东大汽车差厚板等项目投产运营,东昌钛业、天昊电力等项目加快建设。

8家全市纳税百强企业利税持续增长,桃李面包、天众合金、佳德联益等3家本地企业成功上市。以红塔烟厂、雪花啤酒、桃李面包等项目为龙头,烟酒食品产业扩产增效。以金山热电、华润热电等项目为龙头,能源热电产业壮大升级。以中意科技、鲁博橱业等项目为龙头,智能家居产业强势崛起。以奥钢联、中铝沈加等项目为龙头,高端汽车部件和金属新材料产业加速集聚。以津通智慧产业港、华夏智能装备产业港等项目为龙头,现代都市工业异军突起。

(金　珊)

【第三产业】 2015年,苏家屯区以"服务业强区"为引领,实施"一园三城"发展战略,服务业对经济社会发展的支撑和拉动作用日益突出。服务业总量显著增加,服务业经济结构逐步优化,服务业经济保持良好的发展势头,现代服务业及新兴产业取得较大发展,三次产业结构比达9.6∶59.7∶30.7,会展商贸、电子商务、智能物流、休闲旅游等产业优势初步显现。

2015年,服务业增加值完成101.7亿元,增速1.3%;社会消费品零售总额完成151.6亿元,增速8.7%。

项目建设取得新进展,国际会展商贸城,五洲城酒店用品展贸中心正式运营、华翔五金城一期、五洲城智慧物流港等项目加快建设。沈水生态科技创新城,奥钢联等项目正式投产,华夏智能装备产业港、沈阳国际工业设计中心招商运营。国际空港商务城,浦泽都市工业地产、华润循环经济产业园、绿地一南航国际航空商务城一期等项目扎实推进。智胜商务咨询、格力电器等区域总部项目成功引进,五洲国际商业旅游综合体等项目加快推进。2015年,苏家屯区在建服务业类项目60个,其中:新建项目18个,续建项目26个,竣工项目16个;2015年完成投资127.24亿元。

2015年,沈阳国际展览中心国展中心承接44项展会,总展览面积100万平方米,观众人数82万人次。

(金　珊)

【对外贸易】 2015年,苏家屯区实施"走出去、请进来"战略,积极构建招商引资、城市营销、政策争取等全方位开放格局。

整合重组招商局,组建投资促进局,切实保障招商队伍运行机制规范化、细致化,全区共设16个招商局、3个综合服务局。深耕欧美、珠三角、长三角等先进地区,引进一批世界500强、国内百强企业项目,其中总投资超百亿元项目4个,总投资超10亿元项目19个。组织参加2015年绿公司年会、上海企业辽宁行活动、千人专家辽宁经贸活动等,并与中国建筑第八工程局、上海盐商集团签订战略合作协议。

招商落地项目提质,项目运营建设提速。组织国内外招商活动共18次,其中国内团组9个60人次,出国境团组9个27人次,分别赴上海、南京、北京、深圳、杭州等地,以及德国、法国、瑞典、奥地利、俄罗斯、新加坡、香港等地,重点推进绿地南航航空城、GONVAMAATS汽车板材加工中心、苏宁云商广场、五洲商业综合体、杭萧钢构现代装备建筑产业园、易马汽车检测服务中心等38个重大项目。

开展现代城市营销,打造"3+1"招商服务文化,创办《招商》、《战略与规划》等刊物,举办会展商贸、医康养等产业高峰论坛。先后获批沈阳经济区新型城镇化示范区、省新型工业化产业示范基地,国际会展商贸城纳入"国家现代服务业综合试点项目"。

(金　珊)

【城乡建设】 2015年,苏家屯区深化国家产城融合示范区总体规划、执行规划,完善提升产业、市政、生态等专项规划,实现"多规合一"。完善老城区改造城市设计,完成全区旅游产业和工业设计中心运营规划。强化规划的法治化、制度化,确保一张蓝图绘到底、干到底。

推进"一园三城"重点基础设施建设。加快推进和实施迎春北街、会展东街、雪松西路、加林路西段、临空一号路、中央大街南段、四环沿线"五横一纵"等道路及管网建设。加快启动会展中心二期、雪松路跨沈大高速桥、中央大街跨浑河桥等重大工程建设。协调启动地铁4号、6号、10号线和会展中心交通枢纽规划建设。全力协调省市相关部门开通机场西出口,实现机场直通。加快推进66千伏苏桃变电站、220千伏文西变电站等电力配套工程建设。全力推进沈水生态科技创新城路网、供水、供电、供热、供气等市政设施建设,加快文化艺术中心等12项公共设施建设。

全年主要完成20余条街路行道树新植、补植及劳动公园、金宝公园、河畔公园、迎春公园等城区四处公园设施提升,城区街路行道树补植工作全面展开。栽植梓树、白蜡、银杏、京桃、杨树、柳树等品种的树木1700株,铺设草坪1万余平方米。加强标准景观路管理,做好全区主要街路延时保洁,加强住宅小区环境卫生保洁。巩固环境卫生成果,对乱贴乱画、乱堆乱放、街路散流体开展专项整治工作;加强对各建筑工地施工现场管理;整治"窗口"地区环境,确保市政设施状态的完好。实施了中兴地区蕙兰五街道路排水翻建改造,对城区59余条道路破损进行零星维护,修补坑槽2500余平方米,对全区交通标线、信号灯、护栏及停车泊位全年进行常态化维护,并在汛期前完成城区雨水井、窨井清掏工作,为市民出行创造良好的交通环境。

整合优化资源,成立大数据管理中心。制定出台《关于进一步完善智慧城市建设领导体制和工作机制的实施意见》,编制完成智慧城市总体规划和专项规划。推进"城市管理、信息服务、网络运营"三大数据公共平台建设。推进涉农街道有线网络数字化改造、市民公共服务中心智能化提升等智慧便民工程。全力培育和引进智慧产业龙头项目,加快"三港一中心"智慧园区建设。以沈水生态科技创新城为试点,打造智慧城市样板。

(金　珊)

【社会事业】 2015年,苏家屯区全面推进教育现代化创建工程,启动数字化校目建设，成功引进沈阳七中联合办学，完成176中学、特教学校主体工程。推进医疗卫生创新工程，完善三级服务体系，实行“先住院、后结算”诊疗服务模式，创建全省首家民营残疾人康复中心，完成大沟卫生院主体工程，启动医康养护中心规划设计。推进社会保障提升工程，投入4900万元扶贫救困，城市、农村低保标准分别提高7.4%和12.7%，新农合政府补助标准由人均320元提高到380元。社区微信服务平台在全市率先实现全覆盖。创办市级五洲城大学生创业孵化基地。

投入5800万元，完成2万户居民燃气管线、3.6万平方米“暖房子”、92栋弃管楼供水内网、58个老旧小区环境提升等改造工程。投入800万元，完成市民广场、休闲公园品质提升、蕙兰二街等20条城区街路整修工程。投入800万元，完成51个社区书屋、48个社区电子阅览室及公共健身设施建设工程。投入4830万元，实施宜居乡村环境综合整治工程。投入5400万元，完成惠及3.4万人的饮水安全工程。佟沟1650户居民顺利回迁。新增112处交通安全设施。新客运枢纽站正式运营。全面开展“蓝天行动”，完成节能减排任务，环保网格化监管全覆盖。

顺利完成社区换届选举。全面完成“六五”普法任务。加大人、财、物投入，完善“大安全”体系，建立综合治理常态化机制，开展重点领域“打非治违”等专项整治行动，安全生产、道路交通、森林火灾等事故发生率大幅下降，重大事故得到根本遏制。集中整治占道经营、黑车运营等城市管理顽疾。妥善解决顶盛国际花园、晟海阳光小区居民供暖、供电等重大民生信访问题。

（金　珊）

沈北新区

【概况】 沈北新区位于沈阳市北部，2006年3月1日，沈阳市委、市政府将新城子区与辉山农高区合署办公，组建沈北新区；同年10月8日，新区经国家民政部正式批准成立。新区区域面积819平方公里，辖区共有11个街道办事处、141个涉农社区、40个城市社区，人口55万人。全区居住的民族除汉族外，还有满、锡伯、朝鲜、回族等39个少数民族。区政府位于沈阳市辉山农业高新区明珠路1号。沈北新区有着丰富的自然资源。拥有4.7万公顷良田，是名副其实的“鱼米之乡”。境内蕴藏着丰富的煤炭和优质矿泉水资源，东部山区有大量的石灰石、大理石、滑石和硅石等矿产。东部的石人山自然生态区，森林茂密，动植物资源丰富，是省内罕见的野生动植物宝库。区内有辽河、蒲河等7条河流蜿蜒流过。有辽河石佛寺水库等大、中、小型水库4座，灌溉和防洪条件优越。新区还有丰富的地热资源，已探明地热田364平方公里，储水量高达30亿吨以上。同时，新区具有浓厚的历史文化底蕴和现代人文基础，汇集多家高等院校、科研院所和研究中心。

（贺　亮）

【产业发展】 战略性新兴产业取得新进展。食品药品产业再上新台阶，同联可利霉素生产基地、华润怡宝等项目签约落地，辉山乳业、飞龙药业竣工投产，产业向高端化、集群化迈进。智慧产业顺势而上，引进了软通动力等项目，成功举办首届中国（沈阳）智慧产业博览会，推动智能终端制造产业向智慧产业转型升级。轨道交通产业高起点起步，利源轨道车辆制造项目当年签约、当年开工，建筑面积达107万平方米，填补了沈阳产业空白。汽车产业发展迅速，卡斯马、平安汽车等15个项目进展顺利，汽车产业加速集聚。航空产业发展良好，沈北通用机场即将开工建设，辽宁翼船、联航研究院等项目落户新区，正向全产业链迈进。

现代服务业实现新突破。商贸服务氛围日趋浓厚，沙溪国际酒店用品城投入运营，雨润农副产品全球采购中心、沈北花卉市场成熟运行，专业化市场年交易额达到150亿元。金融产业加速集聚，哈尔滨银行、金隅民生保险等一批项目入区发展，沈阳市农村综合产权交易所在沈北成立，东北金融后援基地建设步伐加快。旅游产业蓬勃发展，七星海世界主题乐园落户新区，辽河国家湿地公园纳入全市旅游规划，“百万市民看沈北”实现品牌升级，全年吸引游客370余万人次，比上年增长33%，实现旅游总收入21亿元，增长40%。

农业现代化水平逐步提升。大力实施精品农业工程，沈康现代农业示范带建设全面完成，180公里现代休闲农业观光带初具规模。不断提升农业科技水平，与沈阳农业大学等科研院所深度合作，全面推广39项农业新技术试验项目。有效激活农村发展要素，启动农村土地确权登记，率先实行农村承包土地经营权和农民住房财产权抵押贷款。加快推进农业产业化、规模化，新增流转土地面积4133公顷，流转率达到74%，新引进野生猕猴桃种植基地等11个优质农事项目，新区现代农业发展走在全省前列。

（贺　亮）

【项目建设】 招商引资逆势而上。主动调整招商策略，抢先抓早，紧盯目标，全年引进项目157个，计划总投资450亿元。特别是投资75亿元的利源轨道车辆制造等项目，对产业发展起到重大支撑作用。积极探索政府和社会资本合作，市政道路工程、鸿基供热等6个PPP项目成功签约。项目引进实现数量、质量双提升。

项目开工进展顺利。强化责任落实，狠抓要素保障，全年实现项目开（复）工152个，在建面积740万平方米，其中新增面积489万平方米。全市270个重点项目中，新区45个重点项目全部开工，开工数量、开工率在全市名列前茅。

企业活力显著增强。大力实施企业倍增计划，推行“一企一策”精准帮扶，格林制药成功在新三板挂牌。企业创新能力不断提升，海尔智能工厂模式全市推广，怡亚通等13家企业晋升国家高新技术企业，东亚种业、沈阳航空航天大学等一批项目获批国家重点实验室，首届创意创业博览会获国家品牌展会称号，格微“青春号”双创平台跻身世界互联网大会。

（贺　亮）

【城乡建设】 城市综合承载能力进一步增强。大力实施交通路网建设，地铁二号线北延线建设进展顺利，47条市政道路首次采取PPP模式建设，67公里城市道路和93公里农村公路维修改造工程全面完工。电力保障能力全面提升,66千伏天乾变电所建设及辉新、辉王等重点线路改造工程启动实施。热力、燃气、供水、排水等基础保障日趋完善。

宜居乡村建设成效明显。按照"六化"标准和民族特色,投入2.5亿元完成了47个村的宜居乡村建设任务,尹家街道曙光村喜获"2015年中国最美休闲乡村"荣誉称号,沈北农村人居环境大幅提升。

生态环境持续改善。深入实施"蓝天行动",大力推进节能减排,15家企业实施煤改气。强化水环境综合治理,蒲河北、道义和新城子污水处理厂扩建改造工程启动建设,重点企业固废管理全面加强,辽河、蒲河等河道流域企业排污监管效果明显。加大环境执法力度,耀华玻璃、化工园等污染企业完成关停并转。稳步实施绿化提升工程,植树造林733公顷,城市绿化新增36万平方米。

城乡管理水平显著提高。积极构建区、功能区、街道、社区四级联动的精细化管理体系,基本实现管理网格全覆盖。不断加强市政设施管理养护工作,全面实施农村生活垃圾常态化管理,城乡环境整洁有序。加快推进智慧城市建设,智慧管网管理系统搭建完成,475辆公交车安装了智能终端,光纤进小区、热点区域WIFI覆盖等工程进展顺利。

(贺　亮)

【社会事业】 就业保障水平全面提高。以培训带动就业,推动实名制就业1.14万人,零就业家庭动态为零,困难家庭高校毕业生全部高质量就业。进一步扩大社会保障范围,投入1.3亿元,将2400名失地农民全部纳入养老保障范围,城乡居民养老待遇基本实现均等化。对全区贫困家庭和残疾人进行精准帮扶,全年发放救助资金3050万元,帮扶率100%。

人居环境全面改善。筹集资金39亿元,大力实施了近6000户居民的棚户区(城中村)改造工程,所有居民将实行货币化就地就近安置。完成了22个老旧小区的改造工程、26万平方米的暖房子工程,解决了5460户居民燃气拖期开栓问题。

教育现代化建设扎实推进。总投资1.6亿元的矿务局高中投入使用,辉山地区小学及幼儿园新建工程进展顺利,全区校园塑胶操场实现全覆盖、全亮化,校车标准化运营、学生营养配餐试点有序推进。集团化办学成果明显,教育资源配置进一步优化,各类教育协调发展,新区顺利通过国家义务教育发展基本均衡区验收。

医疗服务能力进一步提高。三级医疗卫生体系不断完善,区中心医院与沈阳四院建立医联体结构,1.5T磁共振、四维彩超等一批大型先进医疗设备投入使用;街道卫生服务中心医疗水平不断提高;26家社区卫生服务站全部投入使用,实行国家基本药物制度,全部零差率让利销售。新农合参合率达到100%,城乡医疗保障实现全覆盖,百姓看病难、看病贵问题有效缓解。

文体事业稳步发展。进一步弘扬民族文化,中国锡伯族博物馆完成主体工程,喜利妈妈传承馆已经竣工,新建蒲河廊道体育公园和辉山芳草路公园,对新城子公园进行了改造提升,成功承办全省射箭比赛,全年组织各类文化体育活动1000余场,群众生活更加丰富多彩。

(贺　亮)

【社会管理】 全力抓实安全生产,健全市场监管和安全生产工作机制,建立"党政同责"、"一岗双责"责任体系,强化网格监管和重点领域专项整治,实现全年重特大安全生产事故为零;加强森林防火体系建设,配齐配全专业救援队伍和设施装备,防火救灾能力显著提升。切实抓好信访稳定,积极推行全社会调解工作模式,深入开展信访积案"百日攻坚"行动,有效化解一批信访疑难案件;建立农民工维权新机制,畅通"绿色通道",农民工权益得到保障;拓宽民生诉求渠道,累计受理各类案件1.5万件,办结率96%。大力推进"平安沈北"建设,高标准实施视频监控"天网"工程,交通事故同比下降30%,"大巡逻、大防控"实现全覆盖,新区治安防范体系更加完善。

(贺　亮)

【政府自身建设】 扎实开展"三严三实"专题教育,全面落实市政府倡导的"七种精神",深入实施"两转一优"专项行动,干部作风进一步转变;成立全国首个区级行政审批服务局,实行集中审批,政府效能大幅提高。自觉接受人大法律监督和政协民主监督,100件人大代表建议、129件政协提案全部办复;大力推进"六五"普法宣传,全面实施行政权力清单制度,法治政府建设取得实效。全面落实党建工作责任制和党风廉政建设"两个责任",惩治和预防腐败体系进一步健全,廉洁政府建设走向制度化。加强政务公开服务网和政府信息平台建设,规范公共资源交易,阳光政府建设全面推进。

(贺　亮)

【成立行政审批服务局】 沈北新区转变政府职能、优化服务、先行先试,2015年2月11日,率先在辽宁省成立第一个行政审批服务局,也是全国第一个区县级行政审批服务局。按照"人随事走、编随人走"的原则,将全区23个部门、40余个科室的90项审批事项全部划转到审批局的6个业务科室开展集中审批,积极推进"一局一章管审批",改变"多头跑路"历史,实现审批服务"一个大厅办全程"。4月1日,行政审批服务局正式对外办公。截至2015年底,共办结2.55万件,比上年全年增长40%。行政审批效能和服务水平显著提升,企业和市民满意度大幅提高。

(贺　亮)

【民生工程】 以全面建成小康社会为统领,按照民生工作"达标年"要求,多渠道筹措资金55亿元,统筹实施了棚户区(城中村)改造、农民增收、精准扶贫等53项重点民生工程,全区干部民生意识显著增强,群众满意度明显提升。

(贺　亮)

新　民　市

【概况】 2015年,新民市实现地区生产总值456.38亿元,比上年增长4%。公共财政预算收入实现10亿元,下降67.1%;其中税收收入实现8.03亿元,下降65.6%。社会消费品零售总额132.39亿元,增长8.4%。固定资产投资实现396.11亿元,下降13.8%。出口总额1.41亿美元,增长5.4%。农村居民人均可支配收入达到1.35万元。

（张 强）

【农业经济】 2015年，新民市实现农业总产值170.32亿元，比上年增长3.39%。粮食产量达到104.93万吨。林业2015年度完成造林面积5400公顷。全民义务植树300万株。完成村屯绿化50个。全市规模以上涉农龙头企业65家，带动农户24.86万户。农产品出口创汇额达到3600万美元。2015年共落实国家级粮油高产创建示范区30个、沈阳市高标准示范区4个，顺利通过国家验收，全部达标，受益农户894户；耕地环评无公害认证面积14.93万公顷，达到总生产面积的85.2%；绿色食品认证面积3.25万公顷，占无公害面积的21.77%；全市主要农作物秸秆产量约为130万吨，秸秆利用率77.7%。农产品品牌战略初见成效，已注册农产品商标79个，盼盼、福来等国、省级名牌享誉省内外。无公害农产品认证72个，绿色食品认证12个，有机食品认证11个，“三品”认证面积13.13万公顷。大民屯白菜、梁山西瓜获得国家地理标识认证。农产品出口基地注册面积1.33万公顷，成功获批国家级农产品出口产品质量安全示范基地。

（张 强）

【工业经济】 2015年，新民市规模以上工业总产值1034.09亿元，比上年下降15%；销售产值1022.15亿元，下降15%；产销率为98.85%，下降0.03个百分点。

从技术改造、扩大再生产、新上项目、产品升级换代、股权重组等方面加大技改力度，加快了企业转型升级步伐。首星实业新上LED生产线、新华恒新上彩色连印机生产线、成达肉鸡新上自动化生产线；福来实业拟新上豆制品二期、天同食品、腐乳生产线等；东新药业、三九药业、福源食品等企业都增加了新品和三东顺饲料顺利完成股权重组；更有恒丰源肉业、华鹏玻璃、华星机械等一批骨干企业扩产项目。胡台新城和新民开发区继续加大园区基础设施投入，拓展招商途径，加快推进项目建设，成达肉鸡、双鹤大输液等项目相继投产。根据节能的重点领域、重点企业、重点产品组织实施技术改造项目，大力推进燃煤（燃气）工业锅炉（窑炉）改造工程，鼓励企业实施高压电机变频调速、风机水泵变频、节水、焦炉烟道气余热回收等节能降耗技术改造。大力发展循环经济，加快高新技术产业和低能耗产业的发展，重点发展电子信息、生物工程、新材料等三大高新技术产业，逐步提高能源消耗少、环境污染小的产业占工业总产值中的比重。建立高耗能、高污染行业新上项目准入制度，严格控制新建高耗能项目，控制低水平高耗能高污染行业过快增长。强化节能管理，确保节能降耗。设立了2亿元重点产业发展专项资金，用于支持全市重点产业的发展，并向中小微企业倾斜。

（张 强）

【第三产业】 加强基础设施建设，提升道路运输保障水平，完善质量服务管理体系。全年投资5.8亿元，维修改造公路397公里，全年完成公路客运量453万人次，货运量305万吨公里。全力打造“一园”、“一城”、“四带”、“八区”、“多点”的旅游格局，吸引游客到新民赏260余公顷荷花、观马术表演、揽辽滨古塔、逛文化奇园、品梁山西瓜、尝新民血肠、泡兴隆温泉、看蒲河美景、游魅力新民。全年旅游接待人数100万人次，旅游营业收入突破1.5亿元。供销社延伸服务触角，扩展服务功能，织密服务网络，县级配送中心的配送能力显著增强。积极探索大田托管服务，总计托管面积3300多公顷，其中全托管300多公顷，可为农民每亩增收100元左右。供销社参与领办农民合作社160家，培训农民经纪人1000人次。着力培育消费新增长点，通过“房·车惠民联展”以及荷花节、油菜花节、采摘节、“双十一”购物节等系列活动，有效激发了消费潜力，拉动了经济增长。

（张 强）

【城市建设】 城区51条主次街路550万平方米作业面积的清扫保洁，有效地改善了城区环境面貌。主要街路的老式垃圾箱更换为桶式垃圾箱200组；新购置20台电瓶快保车，加强辽河大街等主要街路的保扫工作，对辽河大街、站前大街、南环西路、南郊路等4条主要街路采用“流动垃圾车”不定时巡回上门收取垃圾。修复路灯3500盏，安装各类彩灯4000盏；站前大街、辽河大街等主要街路的边石补修5200米、人行道板3.4万平方米；辽河大街、南郊路26个公交候车亭铺设防滑石板900平方米；城区道路护栏化达12.2公里。将城区原直径300厘米供水管线改成直径为600厘米供水管线，新建居民小区新铺设供水管道6000米，改善了供水量不足问题。实施暖房工程40万平方米，改造119栋老旧楼房，涉及451个单元、5702户。在城区主次街路和新开河两侧新植乔木872棵，新植灌木6.13万株，补植乔木941棵，一高中新铺设草坪2700平方米，重点高中新铺设草坪600平方米。完成火车站广场绿化工程、客运站广场绿化工程，湖滨公园铺设人行道300平方米，新植草本花2.5万株，新建塑胶跑道1144平方米，外围安装U型档车栏杆550米。

（张 强）

【社会民生】 创建教育强市，依次通过了沈阳市义务教育高水平均衡发展评估验收、辽宁省县域义务教育均衡发展评估验收、国家义务教育基本均衡县市评估验收。义务教育学校标准化达标率100%。适龄儿童学前三年毛入园率达到90%，公办幼儿园入园率达到60%，全市9000多名在园儿童享受国家奖补资金超过1000万元。启动集团化办学模式，完成了三中和实验中学整合工作。义务教育学校标准化达标率实现100%。全市所有义务教育学校和高中均达到二星级数字化标准，全市数字化校园实现100%全覆盖。

通过开展“三好一满意”和“优质护理病房建设”活动，提高医院服务能力。全面推进县级公立中医院综合改革。组织启动村卫生室实施药品零差率销售，推进乡村卫生服务一体化管理。全市新农合参合人口50.82万人，参合率99.5%以上。

相继完成了辽河蒲河的调研、浮雕设计、艺术培训以及部分文化设施项目建设；推进“新民市文化艺术中心”建设，完成拆迁工作。“世医堂中医诊治”被列为沈阳市第六批非物质文化遗产保护项目；对新民市10处沈阳市以上级文物保护单位安装了保护界桩和标志牌；举办了“新民市首届社区文化节”，促进了社区文化活动开展。放映农村公益电影5814场,社区书屋实现了全覆盖。组织相关人群进行国民体质监测4056人,圆满完成了沈阳市下达的监测任务指标;参加沈阳市少年儿童系列项目比赛,其中:田径、拳击、摔跤、击剑、女子手球、柔道项目荣获团体冠军,射击、乒乓球荣获团体第二名的好成绩。

6个科技计划项目列入沈阳市级科技计划。开展科技下乡和科技培训工作,办班220期,授训人数1.84万人次。组织开展科技特派员技术骨干带科技示范户活动,带动科技示范户150户,下乡进行技术咨询指导服务530余次。建立5个科技特派员示范基地,开展无土栽培、生物肥应用、西瓜吊蔓等技术示范活动,示范面积200公顷,新增效益600万元。选送95名农民上大学,为新民市培养农村实用技术人才。

2015年,全市城镇实名制就业4884人,农村劳动力转移输出8479人,城镇登记失业人数2055人。完成再就业培训413人,农村劳动力转移培训819人。共扶持创业带头人83人,带动就业502人。改建创业孵化基地一个,进驻企业5户,带动就业112人。征集创业带头人的创业事迹和创业项目,选送创业企业参展,新增创业人员307人,带动就业917人。受理各类劳动争议案件271件,结案246件。

重点开展了农村复员军人参加养老保险工作,审批参保5000余人。全市养老保险缴费完成3.2亿元。城镇职工医疗保险参保完成6.21万人,城镇居民医疗保险完成2.70万人,工伤保险完成3.21万人。失业保险参保人数为3.05万人。安全生产形势总体稳定,事故总起数和死亡人数继续下降,没有发生较大以上和有影响的生产安全事故。始终保持对各类违法犯罪的严打高压态势,全市刑事案件发案同比下降7%。强化流动人口出租房屋管理,登记出租房屋753户、流动人口6161人。

(张 强)

【招商引资】 加强与各商会、协会以及驻外办事处联系,打造"新民招商"微信公众平台,建立新民市招商企业名录;面向闽商、粤商开展两次大型招商推介活动,接待来自20余家企业的客商来访。"工业强市"战略深入实施,经济开发区和胡台新城管委会完成整合,罗家房装备制造配套等产业园建设扎实推进,承载空间持续优化。卓达蒲河绿色建筑产业园、梓耕彩印包装等项目签约落户,修正保健品等项目开工建设,福来豆制品二期豆芽生产线、辽宁德宝食品产业园等项目竣工运行,包印造纸、医药化工、农产品深加工、装备制造配套、灯具灯饰、家俱等产业实力显著增强。农业现代化成效明显,沈西现代农业示范区纳入沈阳经济区沈阜现代农业产业带发展规划。现代农业示范区建设扎实推进,对"互联网+农业"模式作了初步探索,农民专业合作社联合社起步良好,开启了农业产业化经营新模式。小梁山西瓜国家地理标志通过审核,乡级农产品监管站加快建设,立体化动物防疫体系全面构建,家庭农场等各类新型农业经营主体加快发展,农产品出口创汇居全省前列,恒丰源、成达等农事龙头企业增资扩产,泛华集团大民屯产城一体化项目、庆丰包子东北食材原料基地项目签约落户,农业产业化步伐进一步加快。现代服务业提档升级,东北汽车配件总部基地、万景物流、豪康第四方物流项目竣工营业,农机商贸城汽车4S店主体完工,世界温泉乐园项目加快建设,辽蒲河生态景观带初具规模。

(张 强)

辽 中 县

【概况】 2015年,辽中县地区生产总值实现400亿元,比上年增长5%;服务业增加值实现97.1亿元,增长6.5%;社会消费品零售总额实现102亿元,增长6.3%;出口总额实现8500万美元,增长31.6%;农民人均可支配收入1.39万元,增长7.9%。

(陈启良)

【农业】 农业基础不断夯实。粮食总产量实现59万吨。高产创建示范区面积达到2.73万公顷。农业改革深入推进。成功争取到国家现代农业示范区农业改革与建设试点项目。农业部组织的辽中社甲村现代生态农业创新示范基地建设交流研讨会成功召开。农业外向度不断提升。辽中县正式获批国家地理标志产品保护示范县,"辽中玫瑰"走出国门,成功入围"中欧地标互认"。"2015年首届辽中县与俄罗斯伊尔库茨克市农产品展销会"成功举办,实现交易额3500万元。大平台建设全面展开。精细农产品深加工产业园全面建设,东大农业秸秆绿色综合利用生产基地等一批项目相继签约。辽中院士工作站正式启动。

(陈启良)

【工业】 新兴产业发展壮大。卡车及特种车产业集聚了金杯汽车、忠旺特种车等18家汽车整车及零部件生产企业;先进装备配套、新材料产业集群新增中科煜宸3D激光打印创新中心等12家前沿科技企业。传统产业提质增效。辽冶重工参与土耳其重点工程建设,盛纳机械、辽宁远程摩擦成功收购德国先进技术。辽宁省惟一的再生资源产业园和表面精饰产业园落户辽中县,世润重工、海泰泵业、恒屹阀门三大公共检验检测服务平台相继投入使用,为辽中县工业发展增添了新动力。

(陈启良)

【现代服务业】 消费性服务业发展壮大。大型商业综合体豪林购物中心正式开业,综保区保税商品展示中心、京东商城辽中县服务中心、苏宁易购投入运营。商业会展迸发活力,春秋两季房交会成交总金额4.42亿元,3次汽车展销会销售额突破千万元。旅游业方兴未艾。蒲河国家湿地公园试点顺利通过国家级验收。成功举办第五届"中国·沈阳湿地旅游文化节"暨第八届近海文化节和首届荷花节。

(陈启良)

【社会事业】 民生保障扎实有力。群众高度关注的30万平方米暖房工程、161户危房改造、50个弃管小区综合治理等工程顺利完成。投资2.5亿元的牛心坨宜居乡村回迁工程全部竣工。足额保障城乡居民养老保险、扶贫帮困等民生资金。困难家庭高校毕业生就业率达到100%。失业、医疗工伤保险覆盖率达到93%以上,农村常住居民新农合参合率达到99.9%。中心敬老院整合工作全部完成。社会事业协调发展。辽中县正式通过国家基础教育强县暨县域义务教育均衡发展认定，学校操场塑胶化和足球场地亮化工程顺利完成。辽中县人民医院、中医院等医疗改革取得明显成效。传染病院、疾控中心等重点工程全面完工。智慧城市基础设施建设稳步推进，光纤入户率达100%。和谐社区建设扎实推进，蒲西街道福利社区在县率先实现了居家养老服务新模式。成功举办了辽宁省第二届青年书法展暨第三届篆隶楷书法展。

（陈启良）

【农业标准化生产示范区建设】 自创建首批国家现代农业示范区以来，辽中县以提高农业综合生产水平、实现产业化经营为目标，转变经营理念，强化工作措施，调整农业结构，完善基础设施，转变增长方式，大力发展会展经济、高效农业、休闲农业等新型业态，促进农业增效、农民增收，加快标准化示范区升级建设。2015年，农业总产值实现159.5亿元，比上年增长6.7%，是“十一五”期末的1.6倍；农民人均可支配纯收入实现1.3万元，增长8.3%。获批寒富苹果、鲫鱼、大米、葡萄、玫瑰等5大国家地理标志保护产品以及国家出口食品农产品质量安全示范区、国家休闲农业与乡村旅游示范县等国家级荣誉。

农畜产品产销能力显著提高。完成粮食播种任务7.12万公顷，建设高产创建示范片35个，完成飞防作业2.33万公顷、玉米螟防治3.33万公顷，实施建设100项农田基本建设精品工程，农机总动力达45万千瓦。新建和改造各类畜禽规模养殖场10个，实施了省级综合型现代渔业园区、省基层水产技术推广体系建设等项目。全县肉、蛋、奶和鱼产量分别达到20.1万吨、5.7万吨、19.6万吨和10.65万吨。

农业结构调整步伐加快。全面落实各项惠农政策，实施了生态林工程1333公顷、寒富苹果工程800公顷。新建和改造设施农业小区27个，大力扶持发展农家乐等休闲旅游产业，扶持绿香谷寒富苹果采摘园等3个市级采摘园，建设社甲村等3个市级休闲农业专业村，发展农家乐项目21个。辽中蒲河湿地公园正式通过国家验收，成为沈阳市首个国家级湿地公园。深入开展农业企业“双进双解”活动，帮助沈阳威云果品有限公司果品数控冷藏加工建设项目申请2015年市级农产品加工固投补助资金200余万元，争取农产品加工产业园基础设施建设资金1000万元，积极推进东大辽中县10万吨/年农业秸秆绿色综合利用生产基地等农业项目入驻。

农业品牌创建全面展开。切实加强农畜产品质量安全监管，从源头监管农产品质量安全。开展了农资专项大检查及“瘦肉精”、养殖环节抗菌药等专项整治行动，推进绿色、无公害基地认证，创建全国绿色食品原料标准化生产基地1.33万公顷，完成无公害认证面积6.6万公顷，绿色食品认证面积1.19万公顷。“辽中玫瑰”走出国门，作为沈阳市惟一地理标志产品代表，成功入围“中欧地标互认”。组织企业走出去，先后参加了沈阳市、福州市、成都市国际农业博览会。在辽宁工业展览馆成功举办“2015年首届中俄（辽中县）农产品展销会”，组织了玫瑰节、苹果采摘节等节庆活动，实现交易额3500万元，极大地提升了辽中县农产品知名度和美誉度。

（陈启良）

【基础设施建设】 以创建全国县级文明城市为引领，基础设施不断完善，城乡面貌焕然一新。投资4.3亿元，高标准完成了城区主要街路与公园景点亮化、绿化和整修工程，新城区、近海工业新城给排水工程全面完工。实施了老城区污水处理厂扩容改造工程。完成沈环绕城线等各类公路建设334.8公里。城市精细化管理水平全面提升。深入推进相对集中行政处罚权实施，集中开展了打击非法营运车辆等专项活动，对占道经营、违章搭建等行为进行了全面治理，有效提升了城市形象。宜居乡村建设深入开展。完成了12个美丽乡村和1个宜居示范镇创建工作，80个行政村的环境整治全部验收达标。辽中县饮水安全工程行政村覆盖率达98.4%，40个镇村级污水处理设施运行状态良好，在沈阳市率先完成农村改厕工作，辽中县代表辽宁省顺利通过国家爱卫会城乡环境卫生整洁行动督导检查。

（陈启良）

【辽中县成为国家地理标志产品保护示范区】 2011年以来，辽中县先后获批“辽中寒富苹果”、“辽中鲫鱼”、“辽中玫瑰”、“辽中大米”、“辽中葡萄”5个国家地理标志保护产品。为充分发掘地标品牌资源，辽中县按照国家地理标志产品保护工作要求，不断探研地理标志品牌与农村经济发展的有机结合点，加快地标产品标准化、特色化、品牌化、市场化、国际化发展步伐。“辽中玫瑰”走出国门，作为沈阳市惟一国家地理标志产品代表，成功入围“中欧地标互认”，2015年2月，辽中县正式获批国家地理标志产品保护示范区。

健全体系，加强监管。健全组织领导、制度建设、规范标准、质量检测等9大体系，加大农业投入品监管力度，成立了9个基层区域农技推广站，引进了沈阳农业大学院士工作站项目，强化了农技推广体系服务职能，切实加强地理标志产品的保护，从而为地理标志资源管理提供了有力的体系支撑。

广泛宣传，提高效益。借助媒体加大地理标志产品保护的宣传推介力度，并立足区位优势、农业资源和产业基础，发展会展经济，放大辽中县地理标志品牌效应。2015年10月，在辽宁工业展览馆成功举办“2015年首届中俄（辽中县）农产品展销会”，实现交易额3500万元，促进了地理标志产品出口。2015年，寒富苹果出口额达到600万美元，辽中鲫鱼出口额达150万美元，辽中玫瑰出口俄罗斯及北欧等国6000余万枝，年出口创汇6000余万元。

（陈启良）

法　库　县

【概况】 2015年，法库县实现地区生产总值316.8亿元，一般公共预算收入8.55亿元，固定资产投资223亿元，规模以上工业增加值217亿元，出口总额2250万美元，社会消费品零售总额66.6亿元，农村居民人均可支配收入1.16万元。

全年共争取到国家、省、市政策4项、重大项目5个、专项资金7.1亿元。法库通航基地、沈阳—法库—金宝屯国铁被列入省、市规划，为法库发展赢得了难得的历史机遇。

2015年,法库县出台了新的招商引资政策,开展系列招商活动20余次,接待客商200余批次。推进项目储备,抓好有效投资,开复工投资3000万元以上实体项目57个,竣工投产5个,一批打基础、利长远、惠民生、稳增长的重大项目建设加快推进。

(县志办)

【农业经济】 国家农业公园建设扎实推进。编制了《法库县国家农业公园建设总体规划》,统筹"一园、两带、八区"发展,落实项目43个,储备包装126个。沈康、秀水河流域两个示范带建设成效显著,落实辣椒、树莓、花生、万寿菊、绿色瓜菜等高效特色农业4.2万公顷,建成标准化示范园23个。

牛产业链条更加完善。全县肉牛饲养量54.6万头、奶牛存栏量6.4万头。辉山乳业建成了集奶牛繁育、液态奶加工、奶粉加工、沼气发电、有机肥加工于一体的全产业链生产模式,一期20个牧场运行良好,高端乳制品打入国际市场;二期新建的6个牧场投入运营,光伏发电站正在调试。母牛扩繁项目规模户达到543户,可繁母牛突破7000头。辽育白牛综合开发项目成效显著,鑫金、涌鑫等重点企业不断壮大。

孟家园区建设稳步推进。完成固定资产投资32亿元,规模以上工业总产值87亿元,出口额228万美元,安排就业3810人,累计引进企业49家。核心区基础设施逐步完善,承载能力显著提升。珍食有机蔬菜、鑫谷粮食加工等一批项目落地开工,民生有机食品等企业运行良好,九欣牧业获批为省畜禽标准化养殖项目。

"三农"服务体系不断优化。加强科技指导,与沈阳农大、省农科院合作,培训2.1万人次。培育新型农业经营主体,成立家庭农场220家,规模化经营水平稳步提升。推进农田水利建设,新增节水滴灌2400公顷,新建抗旱方塘5个,维修水源井301眼。农机装备水平大幅提高,机械整地突破11.3万公顷。

(县志办)

【工业经济】 陶瓷园区升级成效显著。完成固定资产投资51.5亿元,规模以上工业总产值210亿元,出口额1000万美元,安排就业7万人,累计引进企业242家。对内两个改造不断强化,园区所有企业完成了环保升级改造,晟和景观、利盟高科等产业升级项目投产。对外两个拓展不断深入,举办了春秋两届陶博会,中国陶瓷谷大市场年交易额突破200亿元,荣获"中国优秀示范市场"、"中国优秀成长型市场"称号;与乌干达、坦桑尼亚、越南商协会和中东金龙集团达成了出口合作协议,"中国瓷谷走进俄罗斯"陶瓷展达成意向销售1000万美元。横向两个创新扎实推进,累计申请发明专利78项,亿友陶瓷获评"中国屋面瓦产业生产示范基地";筹建了法库陶瓷出口集团,与中东贸易平台、阿里巴巴签订合作协议。

通航基地加快发展。完成固定资产投资10亿元,规模以上工业总产值3亿元,安排就业近400人,累计引进企业20家。建设沈阳北部低空飞行示范区纳入全市创新改革重点任务,争取专项资金1.8亿元。联航神燕成功收购意大利泰克南3款机型,获亿元订单。辽宁通飞、亿家通航获得民航培训旅游运营资质,天鹅通航获水陆飞机民航甲类运营资质。沈阳法库通航机场被国家体育总局批准为首批航空飞行营地。

辽河经济区规模进一步壮大。完成固定资产投资50亿元,规模以上工业总产值110亿元,出口额90万美元,安排就业4200人,累计引进企业115家。鑫海舶重型机械等一批企业运行良好,兴佳粮食加工等一批重点项目签约落地。

拉马河经济区发展势头良好。完成固定资产投资11亿元,规模以上工业总产值37.2亿元,出口额100万美元,安排就业1300人,累计引进企业12家。完善了总体规划,土地调规有效展开。项目建设深入实施,酒文化产业园等项目相继开工。

绿色能源产业稳步发展。完成固定资产投资2.9亿元,规模以上工业总产值4.8亿元,累计引进企业6家。建成风电场13个,年发电12亿千瓦时,在全国新能源百强县评比中位列第3位。五龙山风电场项目竣工,双台子、磨盘山2个风电场项目进展顺利。

(县志办)

【第三产业】 区域中心市场建设迈上新台阶。全县各类市场达33个,物流企业突破600家,年交易额突破200亿元。东湖现代服务业集聚区不断壮大,京东、海特曼等电商企业运营良好,中贸国际商城荣获"中国优秀成长型市场"称号。特色市场建设取得实效,叶茂台牲畜交易市场荣获"中国优秀示范市场"称号。

旅游产业蓬勃发展。全年接待游客58万人次,实现全口径收入6960万元。成立了县旅游协会,编制了总体规划和财湖、五龙山、巴尔虎山、獾子洞湿地4个子规划。祥云度假村被评为3A级景区。结合宜居乡村建设,包装旅游项目6个,设计推介特色旅游线路10余条。

会展业加速发展。举办各类展会活动30余个,吸引参与人数130万人次,意向交易额达86.6亿元。编制了会展业总体发展规划,出台了《促进会展业发展工作方案》,设立500万元产业发展专项引导基金。国际陶博会、国际飞行大会、白鹤节、登山节等展会活动进一步提升了法库县的知名度和影响力。

金融产业不断壮大。全县银行分支机构达10个、保险分支机构达12个,实现各项存款余额98亿元、贷款余额67亿元、金融保险税收4053万元。全县小贷公司、担保公司达5家,实现业务量4998万元。沈阳城域网络等3家企业新三板上市工作着手推进。

(县志办)

【创新改革】 融资创新实现新突破。申报专项债券项目13个,国家发改委核准批复2个。公示PPP项目11个,与天津航道局公司签订了合作协议。发放沈阳经济区城镇保障性住房建设集合债4亿元。认真清理整合国有资产,赴重庆等地学习先进经验,为下步国资资本化管理运营打下了坚实基础。

可持续发展实验区建设步伐加快。与市教科工委签订了合作协议,同沈阳农大、沈航大学等高校、科研院所深度合作。与陈温福院士合作,隆泰生物炭基缓释肥项目开始生产。与杨凤田院士合作,国内首款锐翔电动轻型运动飞机定型销售。与沈航大学合作,通航基地服务平台项目顺利实施。沈阳师大外国留学生学习实践基地正式成立。

"品牌法库"建设得到强化。加强品牌生产,制定农业标准化栽培技术规建工项。推进品牌注册,成立地产品销售集团,特色农产品注册“三品一标”商标达41个,实现农产品出口300万美元。陶瓷品牌建设成效显著,创建国家驰名商标1个、省市著名商标和名牌18个,东吉尔卫浴荣获“中国市场推荐品牌”称号。

重点领域改革稳步推进。深化机构改革,完成了部门重组、撤并、三定工作。实行简政放权,266项市级下放行政审批事权全部承接到位,10个部门78项业务入驻乡镇政务服务中心。农村土地确权登记工作全部完成,流转土地2.8万公顷。

（县志办）

【城乡建设】　宜居乡村建设取得新成绩。编制了《法库县宜居乡村建设三年行动总体方案》,引导宜居乡村建设与乡村旅游等产业发展有机融合。与沈河区签订了“城乡互联结对共建”宜居乡村建设协议。投资2500万元,完成了1个宜居示范镇、10个示范村、12个提高村建设。新建惠民广场3个、村内道路4[illegible]米、文化墙1342米、垃圾排放场3座、垃圾池78座、路灯196盏,植树10万余株,清理三堆5000余个,村屯环境更加优美,形象显著提升。

智慧法库建设深入实施。编制了《智慧法库建设方案》。开通了文化旅游资源联盟等多个平台,智慧政务得到强化。陶瓷产业与阿里巴巴、中东贸易、俄罗斯中国家居建材联盟等签订了合作协议,智慧产业加快发展。以东湖中学为示范,完成了25所数字化校园建设,智慧校园实现全覆盖。建立了质量安全监管综合信息服务平台,实现了农产品生产全程监管,智慧农业成效显著。

城市建设管理得到加强。利用国家开发银行政策资金近10亿元,完成了戴家三寨8个区域棚改工作,2826户棚改户喜迁新居。城区全日保洁路达到86.4公里,安装路灯、景观灯800余盏。开展执法专项行动,有效遏制了私搭乱建、占道经营等现象。开展道路交通整治攻坚战,城区道路更加畅通。

城乡基础设施更加完善。交通工程修建农村公路196.1公里,京沈线、昌法线大中修工程竣工通车。电力工程更新供电所6个,改造农网102公里。给水工程铺设城南输配水管网30公里,省重点水利工程进展顺利。

生态建设水平持续提升。开展了绿化提升行动,植树造林3200公顷,恢复闭矿坑植被18.5公顷,被评为“全省造林示范县”、“全国造林绿化先进县”。实施了碧水工程,综合治理金沙河、拉马河等河流12.4公里,辽河综合治理初见成效,獾子洞湿地保护进一步加强。实施了蓝天工程,取缔供暖锅炉39台,新增集中供热50万平方米。法库县连续三年被评为全市“节能减排先进地区”。

（县志办）

【社会事业】　就业和社会保障工作成效显著。社会保险扩面力度加大,城乡低保、农村五保供养标准人均提高10%,新农合参合率达99.4%。就业形势总体稳定,新增城乡就业转移6720人。“大众创业、万众创新”迈出新步伐,成立了中国瓷谷新材料科技企业孵化器,入孵企业8家。

教育事业不断进步。基础设施建设力度加大,完成了东湖中学文体馆等30余项工程,全县所有公办学校、中心幼儿园实现塑胶运动场全覆盖。包揽沈阳市2015年中小学生足球锦标赛小学男女队冠军。职高学生荣获职业院校技能大赛辽宁省金奖、全国铜奖。法库县进入全国义务教育均衡县行列。

医疗服务水平稳步提升。县乡村医疗卫生服务网络日益完善,标准化村卫生室全覆盖,县乡医院分别与医大一院、二院等建立了对口帮扶,基本实现“小病不出乡、大病不出县”。中医医院启动了公立医院综合改革。计划生育奖励制度实现“一卡通”发放。

文体事业繁荣发展。辽文化产业基地建设扎实推进,白鹤楼正式对外开放,萧太后塑像等特色景观落成,举办了第三届辽文化年会,美术报、中国音乐学院在法库县成立了创作基地。“足球之乡”建设成绩斐然,新增12块标准化笼式足球场,成功举办了辽宁省“华育杯”足球锦标赛等赛事活动,与辽宁宏运足球俱乐部开展战略合作,法库县被评为全国首批“校园足球试点县”。

社会治理持续强化。坚持打防结合,社会治安综合治理取得新成效,县公安局荣获“百城禁毒会战模范集体”称号。坚持疏控结合,信访积案、疑难案件得到有效化解。坚持统筹推进,加强重点领域日常监管,全县安全事故发生次数、伤亡人数、直接经济损失稳步下降。

（县志办）

康平县

【工业经济】　2015年,康平县规模以上工业总产值完成569亿元,比上年下降10.7%。能源产业稳步发展。2015年,康平电厂发电48.39亿千瓦时,实现产值15.3亿元。华源风电柳树屯5万千瓦风场项目开工,完成进场路和输电铁塔施工。风电并网发电容量达到60万千瓦。龙源、优能、华源、金山等风电企业发电9.9亿千瓦时,实现产值5.5亿元。三一新能源北四家子风场等3个风电项目签约,储备风电容量50万千瓦。依托滩涂、水库等资源,积极引进光伏发电项目。中电投二牛4万千瓦光伏发电项目开工建设,特变电工四道号水库10万千瓦、中航工业花古水库15万千瓦光伏发电项目签约。集群工业保持增长。耕晨果业果品储藏加工、沈阳美世人造板制造项目竣工,珠穆朗玛食品加工项目即将试生产,圣兴生物科技项目投产。时代塑编、弘曲纺织、恒生生物、凌勃防腐等集群企业运行良好。塑业研发检测平台成为全省县域首家拥有省级资质的研发检测平台。工业发展空间不断优化。实施了疏港路绿化、辉山配套给排水及清淤、康辽公路开发区段5.15公里道路拓宽改造配套等14项工业园区基础设施建设工程。招商引资力度加大。完善了《康平县招商引资管理办法》,县领导牵头推进。成立了项目工作推进组,两个“清单”57个重点项目扎实推进。县领导带队到北京、珠海、温州等地,围绕通航、家电、光伏等产业开展专项招商活动。通航机场、风光电旅游观光一体化项目正式签约。28个县级重点招商类项目加快推进。

（白宇明　史洪蕊）

【优化农业结构】　2015年,全县粮食总产量达到53万吨。农作物总播种面积10.2万公顷。特色主导产业种植面积不断扩大。花生面积2万公顷,薯类面积4000公顷,寒富苹果面积4667公顷。农田水利基本建设工程进展顺利。高标准基本农田、涝区治理等农业基础设施建设工程加快推进。龙头企业带动力增强。市级以上农业产业化龙头企业发展到31家。与远大集团共建玉米智能滴灌精准控制系统示范区取得成功。现代农业合作模式不断推进。市级以上家庭农场、示范专业合作社分别达到72个、90个。县农产品安全检测中心通过市质监局的计量认证和省农产品质量安全监管局的机构考核的"双认证"。惠农政策补贴及时发放到位。2015年核定粮食补贴面积8.15万公顷,补贴总额8845万元。农机购置补贴农机具377台,补贴资金1392万元。农村综合改革有序进行。全县宅基地发证率达50%以上,落实土地承包经营权确权面积2.63万公顷。造林工程顺利结束。实施了辽蒙边界阻沙带、农田防护林网、重要生态节点等重点工程。完成造林6333公顷,其中:生态林造林4507公顷,经济林造林1827公顷。

(白宇明　史洪蕊)

【商贸旅游】 2015年,康平县社会消费品零售额实现50.9亿元,比上年增长8.6%。旅游产业蓬勃发展。召开了全县旅游产业发展大会,设立了旅游发展基金,与内蒙古科左后旗签订了旅游战略合作协议。举办了第三届卧龙湖大辽文化冬捕节、第二届寒富苹果采摘节等节庆活动,推出卧龙湖大辽"四时捺钵"文化旅游品牌,康平旅游的品牌知名度和影响力得到提升。大辽圣市商业街、来福山庄获批国家AAA级旅游景区。卧龙湖国家生态旅游示范区进入省级审批程序,辽河国家级湿地公园进入国家评审阶段,金沙滩国家级沙漠公园成功获批。巴尔虎山、刘屯村旅游路等工程完工,金沙滩、沙金观枫旅游路等工程开工。商贸市场持续活跃。康平大市场投入运营,是辽北地区最大的农产品批发、零售中心。兴顺夜市商业街项目正式开业,建材家居商贸城建设完成。大辽圣市商业街即将开街。现代服务业蓬勃发展。京东商城东北地区第一家县级服务中心、中国农资"农惠网"落户康平,京东大学东北分院校企合作实训基地正式挂牌成立。卧龙谷旅游集散中心旅游服务、惠康豆制品"农惠万家"生鲜食品等电商平台建设完成。全民创业热情充分释放。行政体制改革深入推进,承接省市取消和下放事项716项,取消下放县级行政职权76项,优化调整县级行政职权192项。通过改革创新,经济发展活力进一步增强。房地产业稳步发展。御康府、铭辉新天地等项目开工建设,龙湖御景、毓秀依山郡等项目竣工,新增房地产开发面积15万平方米。

(白宇明　史洪蕊)

【社会事业】 2015年,康平县农村居民人均可支配收入实现1.23万元,比上年增长7.6%。教育、文化、卫生等社会事业加快发展。提前三年通过国家义务教育均衡发展县验收,顺利通过市教育强县验收。公立医院改革深入推进,县域医疗卫生服务水平不断提高。滨湖小学、县医院门诊病房综合楼开工建设,县中医院门诊病房楼、海洲乡卫生院等附属设施建设主体完工。那尔苏陵园修缮工程主体完工,公共体育场、笼式足球场建设完成,举办了2015康平首届中国辽金契丹女真史学术研讨会,全省县域最大的博物馆——康平博物馆试开馆。社会保障水平不断提高。农村新型合作医疗保险参保率达到99.8%,新农保参保率达到98%。新建、改造城镇社区10个,14个城镇社区全部达标。自来水公司移交市水务集团,管网改造和水质提升工程全面启动。农村饮水安全工程基本实现全覆盖。扎实推进精准扶贫工作,7674名贫困人口实现脱贫。维修翻建农村危房295座,修建无害化厕所1500余座,极大改善了农村群众居住生活条件。就业再就业工作取得新进展。开发就业岗位4000个,新增城镇实名制就业5156人,农村劳动力转移输出7846人。食品药品安全保障长效机制建立健全,安全生产、森林防火形势平稳。社会管理工作扎实推进。信访积案化解率、息访率在全市名列前茅,交通事故死亡率降幅全市第一。安全生产、社区管理等工作全面加强,森林防火成效显著。社会治安综合治理稳步推进,连续11年获得"辽宁省平安县"荣誉。

(白宇明　史洪蕊)

【基础设施投融资体制改革】 2015年,康平县成功获批全省三家全市惟一的国家深化县城基础设施投融资体制改革试点县,获得中央和省专项资金支持2300万元。政府和社会资本合作(PPP)工作全面推进,孔家污水处理厂、城区集中供热热力网2个PPP项目进入实质性操作阶段。开发区被国家发改委列为新型城镇化试点,马莲河畔满蒙风情小镇等2个项目获得国家第四批专项建设基金支持。

2015年,康平县重点推进了集中供热热力网项目、城北热源厂及供暖供气管网项目、县东关(孔家)污水处理厂项目等3个PPP项目。集中供热热力网项目和东关(孔家)污水处理厂项目已经完成PPP项目实施方案编制、项目物有所值评价和财政承受能力评价、发布了竞争性磋商公告,即将进入实质性最终谈判阶段。康平县集中供热热力网项目和康平县城北热源厂及供暖供气管网项目获得中央和省级专项资金支持2300万元。

(白宇明　史洪蕊)

【生态建设】 2015年,卧龙湖获得国家良好湖泊生态保护专项资金2000万元,地方投入6400万元,实施了卧龙湖生态环境保护试点绩效调查、卧龙湖保护区数字化管理平台(二期)、卧龙湖湖滨生态湿地缓冲带(末期)建设工程和卧龙湖周边入湖河道综合整治、湖区综合治理等8个项目,对卧龙湖水环境保护起到了重要作用。

为让卧龙湖水生态环境持续得到改善,编制了《卧龙湖水环境持续改善方案》。根据卧龙湖水环境面临的主要问题,确定综合运用"治、育、管、调"四大措施,保障卧龙湖水环境的持续改善。通过建设城南污水处理厂、城北污水处理厂改造与提升工程等污染治理、生态恢复和结构调整类项目,有计划、有目的实现卧龙湖水生态环境的持续改善。

(王　力)

沈阳经济技术开发区

【概况】 2015年,沈阳经济技术开发区规模以上工业总产值2030.9亿元,比上年下降22.8%；规模以上工业增加值4[illegible].3亿元，下降4.2%；固定资产投资4[illegible].4亿元，下降26%；公共财政预算收入46.4亿元，下降20.2%；实际利用外资3亿美元，增长27.5%。

（黄 颖）

【重点区域建设】 中德装备园10平方公里起步区建设全面启动，中德园成为国务院批复的首个以中德高端装备制造产业合作为主题的战略平台，成为"中国制造2025"与"德国工业4.0"战略对接合作的重要载体。中法生态城规划建设、征地拆迁和招商工作全面展开。新民屯、四方台、长滩三镇合署办公，西部新城建设全面启动。现代建筑产业实现产值294亿元，占全市建筑业总产值三之以上。

（黄 颖）

【项目建设】 全区3000万元以上新开工项目101个、竣工项目92个。40个市重点项目全部开复工，完成投资241.4亿元。宝马发动机、沈阳冶金机械、东方生座铂尔曼酒店、嘉泰工业装备博览城一期等项目竣工或试生产，新加坡智能物流、澳大利亚工业地产、纽卡特行星减速机等项目加快推进，宝马研发中心、库卡机器人工程示范中心、积水潭医院等项目开工建设，中德工业4.0战略合作暨中德企业创新中心、美国江森启停电池、富士康汽车零部件等项目签约落地。同时 积极争取国家省市政策、项目和资金支持，全年争取支持资金16.4亿元，其中老工业基地搬迁改造项目获批国家资金5897万元。

（黄 颖）

【产业规模】 装备制造业占工业比重达到77.2%，支撑作用进一步增强。现代建筑产业园入驻企业210余家，工业增加值达到635亿元。服务业层次和水平实现跃升，现代服务业占服务业比重达到34.1%。农业现代化加快推进，设施农业和高效特色农业比重达到8%。

（黄 颖）

【新农村建设】 完成设施农业建设30公顷。5个街镇26个村的农民土地承包经营权确权改革工作进展顺利。稳步推进7个宜居示范村和42个达标村建设。[illegible]坨子村荣获全市最佳村镇环境改善奖。投资2780万元，实施农村饮水安全工程，农业水利设施建设全部按期竣工。全区新增造林面积107公顷。

（黄 颖）

【改革创新】 整合行政机构，将发改局与科技局合并、昆明湖与西三环合署。落实大部门监管体制，成立市场监督管理局。组建行政审批局，启动企业投资项目管理体制改革试点工作，审批时限由120天减至30.5天，缩减74.6%。积极开展简政放权工作，承接省市下放的303项行政职权。建立权责清单制度，减少行政审批事项1258项，"三证合一"工作经验在全省推广，"一照一码"登记模式全面实施。成立工业、服务业、外商投资等企业服务中心。国企改革稳步推进，北方重工与中建材签署联合重组合作协议，沈鼓集团上市通过证监会初审，机床集团与社会资本组建混合所有制企业，华岳外贸等8户企业转制评估审计工作进入尾声。国资运营成效明显，国资收益实现13.3亿元。三生制药在香港上市，金昌蓝宇、递家物流、万合胶业等企业在新三板上市。企业自主创新能力不断提升，沈鼓集团10万空分装置、特变沈变换流变压器、北方重工镁合金成套设备等新产品打破国际垄断。沈阳铸造研究所获评国家重点实验室。税改工作成效明显，42户企业完成"营改增"。

（黄 颖）

【区域环境】 开发大路跨化工园铁路桥、中德大街一标段、开发22号路宝马铁路专用线下穿桥等重点工程竣工通车，浑河四街、中德大街二标段、中法大道等建设工程加快推进。嘉泰工业博览城电力配套等工程按期完工，铁西新城地下综合管廊、220千伏高花变电站等重点配套工程按期推进。全面推行城市网格化管理，集中整治占道经营、露天烧烤等城管顽疾，道路交通秩序整治经验在全市推广。全年植树42万株。大力实施"蓝天碧水"工程，完成50台大型燃煤锅炉达标改造工程，拆除联网或取缔燃煤锅炉62台。沈化、东药搬迁及土地污染治理工作有序推进。

（黄 颖）

【对外开放】 成功举办"沈阳—慕尼黑装备制造产业推介会"、"辽宁省—巴登符腾堡州装备制造产业合作推介会"，并在法兰克福设立中德装备园代表处。举办了德国企业沈阳行、中德并购论坛等招商活动。德国莱玛特高精度光电子设备、法国电力集团基础设施建设、日本IHI株式会社农机生产基地等50余个项目得到推进。西门子互联交通研发中心、德国劳仕领汽车注塑件等项目签约落地。北方重工盾构机代表我国同类产品首次打入南美市场。华利能源并购加拿大风电母线、沈阳和平子午线轮胎收购英国KRT公司等3个海外并购项目顺利完成。外贸出口势头良好，沈鼓集团、三一重工出口分别增长3.2倍和3.1倍。

（黄 颖）

【实施创新驱动发展战略】 全区71项产品具有国际竞争力。非公经济、外向型经济蓬勃发展，全区直接投资的世界500强企业达到56家，实际利用外资、外贸进出口额连年名列全市第一。5年累计实际利用外资44.7亿美元、外贸进出口总额158.4亿美元，分别是"十一五"时期的2.2倍和1.6倍。

（黄 颖）

【中德装备园建设上升为国家战略】 2014年8月8日，国务院出台《关于近期支持东北振兴若干重大政策举措的意见》，提出"推动中德两国在沈阳共建高端装备制造业园区"。2015年4月2日，沈阳经济技术开发区正式成立中德装备园管委会。2015年12月17日，国务院正式印发《关于中德(沈阳)高端装备制造产业园建设方案的批复》，中德装备园成为首个以国务院名义批复的全国高端装备制造业园区和中德合作园区。园区将打造成为国际化、智能化、绿色化的高端装备制造业园区，并成为"中国制造2025"与"德国工业4.0"战略对接合作的重要载体，也是沈阳乃至东北振兴发展的新的经济增长点。

园区建设范围48平方公里，核心区20平方公里。园区产业主要分为汽车及零部件、智能制造、先进机械装备(德国隐形冠军)、战略新兴产业及工业服务等五大板块。2015年，核心区内，除了汽车制造和大潘生活配套区之外，由智能制造、高端装备、工业服务等组成的10平方公里起步区全面启动。中德大街一期、开发22号路宝马铁路专用线下穿桥等重点工程竣工通车,中德大街两侧出让工业用地13.6万平方米,周边路网建设、市政配套建设、产业项目建设渐次铺开,核心区全面开发建设的格局开始形成。

2015年,宝马公司在欧洲以外的第一家发动机工厂正式投产,西门子智能交通研发中心即将投入运营,库卡机器人工程示范中心加紧建设,纽卡特行星减速机建设方案已经确定,通用机器人项目正在办理注册。

(黄　颖)

沈阳金融商贸开发区

【概况】 沈阳金融商贸开发区成立于1991年,占地面积5.9平方公里,东南西北各与一个友邻城区接壤,地处城市中央,坐拥沈阳"中央都市走廊"核心地段,是沈阳的中央商务区、东北区域金融中心核心功能区、辽沈地区现代商贸业聚集区、东北最具有都市形象总部聚集区、国家优化金融生态改革试验示范区。多年以来,沈阳金融商贸开发区凭借着得天独厚的区位优势,以东北区域金融中心建设为目标,以商务楼宇建设为载体,以金融机构引进为主攻方向,初步形成了以金融商贸为主导,以总部经济和流量经济为重点,以房地产、信息服务、咨询中介等配套设施产业为支撑的产业发展格局。2002年,沈阳金融商贸开发区被辽宁省政府批准为省级开发区,肩负着国家、辽宁省委、省政府和沈阳市委、市政府赋予的建设东北区域金融中心的光荣使命。2010年4月6日和2011年9月16日,国务院先后批复了《沈阳经济区新型工业化综合配套改革框架方案》和《沈阳经济区新型工业化综合配套改革试验总体方案》,明确提出:"以沈阳金融商贸开发区为主体,开展国家优化金融生态改革试验,加快建设区域性金融中心"。建设东北区域金融中心成为国家对沈阳经济区的"三大定位"之一,沈阳金融商贸开发区建设国家优化金融生态改革试验区和东北区域金融中心正式上升为国家战略。2013年12月23日,国务院同意,国家发改委、人民银行、银监会、证监会、保监会五部委联合批复《沈阳经济区优化金融生态改革试验专项方案》,站在国家战略高度批准沈阳经济区开展优化金融生态改革试验,明确了沈阳金融商贸开发区作为东北区域金融中心核心功能区和国家优化金融生态改革示范区定位,提出"以沈阳金融商贸开发区为核心功能区,在金融市场、机构、产品、监管等方面开展优化金融生态改革试验,为沈阳经济区推动新型工业化综合配套改革试验和东北等老工业基地全面振兴发挥核心支撑作用。"沈阳金融商贸开发区成为继上海浦东新区、天津滨海新区之后中国第三个金融创新先行先试区,迈入新的发展历程。2015年,沈阳被纳入国家全面创新改革试验,沈阳市政府安排了4个行政区和1个开发区作为全面创新改革试验承载区,其中开发区成为惟一一个入选的开发区,作为沈阳市全面创新改革试验中金融改革试验的承载区。

(曹兴国)

【经济发展】 2015年,沈阳金融商贸开发区以建设东北区域金融中心核心区和开展优化金融生态改革试验为统领,以发展现代服务业和楼宇经济为重点,开拓创新,金融产业和重大项目加速聚集,综合经济实力明显增强,发展空间不断拓展,金融中心核心区形象大幅提升,各项经济发展指标持续上升:地区生产总值完成392亿元,比上年增长6.2%;固定资产投资完成271亿元,增长8.2%;服务业增加值达到336亿元,占地区生产总值的85.7%;公共财政预算收入完成25.33亿元,沈阳金融商贸开发区单位面积GDP贡献率、金融业税收贡献率和投资强度居东北地区首位。

(曹兴国)

【招商引资】 2015年,为更好完成国家和省市赋予的东北区域金融中心核心区建设和开展国家优化金融生态改革试验历史使命,沈阳金融商贸开发区积极调整招商引资工作方法,从体制、理念、方式等方面入手,不断改革创新,通过建立科学完善的招商机制和灵活有效的激励机制,将原来8个专业招商局调整为6个投资促进局,并通过定期调度,加强各投资促进局与各功能区招商处、建设、规划、工商等职能部门间的沟通和联系,形成"小融合、大协调"的良性互动模式。截至2015年底,沈阳金融商贸开发区新引进外资企业21家,现代服务业企业289个(银行类项目12个,证券项目2个,保险类项目10个,金融类项目40个,文产类项目125个,其余为现服类项目);全年实际利用外资完成1.08亿美元,出口创汇完成5亿美元,引进内资完成78.2亿美元。一批重大项目纷纷落地,渣打银行沈阳分行正式落地并顺利试营业,沈阳中和文化创意产业创业投资基金成功获批,建信人寿、交银康联人寿保险有限公司辽宁省分公司等项目落地,锦州银行金融租赁公司成功引进,全市第一家外资商业保理机构——台湾天逸商业保理落地,中兴(沈阳)金融科技有限公司暨中兴(沈阳)金融研究院正式设立。

(曹兴国)

【规划建设】 2015年,为满足建设东北区域金融中心核心区、开展国家优化金融生态改革试验和开展沈阳全面创新中金融改革创新对区域环境建设的现实需要,沈阳金融商贸开发区不断加大区域基础设施建设力度。一是积极推进规划建设工作。沈阳金融商贸开发区在2014年完成三期扩区基础上,按照"一期完善、二期提升、三期深度开发改造"的战略布局,进一步加大对新增880万平方米规划面积的建设力度,

使沈阳金融商贸开发区作为东北区域金融中心核心区和国家优化金融生态改革试验示范区的品质得到大幅提升。二是加速推进立体停车场建设,完成迎宾街立体停车场建设用地性质的变更、区域交通评价、立体泊车楼设计、被征收房屋及土地补偿、绿地拆除手续、房产产籍注销及宗地信息等前期准备工作,并经区政府决策,转PPP模式进行运作。立体停车场的建设将全面提升金融商贸开发区的硬件服务质量以及整体的区域形象。

(曹兴国)

【投资环境】 2015年,为营造一个适宜金融产业发展的良好环境,沈阳金融商贸开发区多层面、多角度不断加大投资环境建设力度。一是紧扣开展优化金融生态改革试验的相关要求,不断完善区域政策支持体系建设,抢抓省政府出台

《促进省级以上经济开发区转型升级创新发展的实施意见》的契机，沈阳金融商贸开发区积极参与沈阳市全面创新改革试验方案的制定工作，并争取在扶持金融业发展的创新政策上寻求突破。二是不断加大平台建设推进力度。沈阳金融商贸开发区与深圳中兴通讯集团签署战略合作协议布局金融科技前沿领域，共同建立金融云谷和国家自主可控的金融信息安全云服务系统。其中中兴（沈阳）金融科技有限公司暨中兴通讯（沈阳）金融研究院在开发区注册成立，填补金融研究空白；沈阳金融商贸开发区积极与渤海商品交易所共同筹备设立辽宁商品交易所，努力推进设立新兴领域要素市场建设。三是不断加强国有资本投资平台建设。为增强国有资本在金融中心建设中的引导和带动示范作用，强化国有资本在金融中心建设中的话语权，沈阳金融商贸开发区依托沈河区现有唯一的国有资本运作平台——沈阳金融中心控股有限责任公司，出资参与设立辽宁蓝猫新媒体有限公司、辽宁供销村村通物流有限公司和辽宁股权交易中心三个项目。四是改造区域社会环境。2015 年，沈阳金融商贸开发区相继完成了友好街、惠工街行道树的补植提高，台商会馆绿地等 5 块绿地的品位提升，北京街地道桥桥栏挂花，省快客绿地等 8 块绿地栽花，北站路“财富之门”广场、北站东西公交广场等 7 块绿地的景观提升工作，对省高法、盛京银行等楼体实施夜景亮化工程，使区域环境得到极大改善。五是全面做好为企业服务工作。沈阳金融商贸开发区通过积极开展“两包四联系”和“双进双解”等活动，深入企业了解发展中遇到的各种困难和问题，积极协调有关部门加以解决，切实把延伸服务当做推动经济工作的重中之重抓好抓实。

（曹兴国）

【社会活动】 2015 年 5 月 7 日，沈阳金融商贸开发区成功承办“2015 中国（沈阳）国际金融高层峰会”。会议期间，荷兰银行、瑞士盈丰银行、俄罗斯兴盛银行等国内外知名企业代表到沈阳金融商贸开发区进行了实地考察。

2015 年 10 月 20 日，沈阳金融商贸开发区独家赞助（大陆方面）中华经济研究院和台北金融研究发展基金会、台湾金融服务业联合总会共同主办“第二十届两岸金融学术研讨会”，会议期间沈阳金融商贸开发区进行专题招商推介。

2015 年 10 月 29 日，应中国金融博物馆理事长、中国并购公会会长王巍邀请，沈阳金融商贸开发区参加“首届全球金融博物馆博览会”，该博览会由中国金融博物馆和天津金融博物馆联合主办，美国、英国、加拿大、意大利、奥地利、墨西哥、日本等十几个国家近 40 家金融相关博物馆参展并经验交流。沈阳金融商贸开发区荣获“中国金融启蒙杰出贡献奖”。

2015 年 10 月 31 日，沈阳金融商贸开发区在东北大厦成功承办“中国金融论坛 2015 东北分论坛”，论坛主题为“新金融、新动力、新发展——产业与金融的对话”，会议邀请国务院参事室、中国人民银行金融研究所、国家行政学院、工业和信息化部、科技部等 18 位专家和学者进行了主旨演讲。期间沈阳金融商贸开发区与京天圆胜祥投资控股有限公司、新湖财富投资管理有限公司、渣打银行、瀚华金控股份有限公司等 8 家单位进行项目签约。会议吸引了东北三省及内蒙古自治区金融监管机构、金融机构、工业企业和科技企业和园区代表，辽宁省 14 个城市地方金融办代表，以及国家和省市相关媒体代表，共计 500 余人参加。

（曹兴国）

人　物

新任副市级以上领导

【潘利国】　1976年8月至1977年11月辽宁省铁岭县王千采石场知青;1977年11月至1979年9月辽宁省铁法矿务局大明一矿工人;1979年9月至1992年1月辽宁省铁法矿务局晓南矿技术员、综采队长、生产科长、副矿长(1979年8月至1983年1月在抚顺矿务局工学院地下采煤专业学习);1992年1月至1993年4月辽宁省铁法矿务局办公室副主任、主任;1993年4月至1994年11月辽宁省铁法矿务局小康矿、晓南矿矿长(1991年9月至1993年6月在阜新矿业学院采矿工程系采矿工程专业在职大学学习);1994年11月至1997年7月辽宁省铁法矿务局副局长、党委常委(其间:1995年9月至1997年7月在中国社会科学院企业管理专业在职研究生学习);1997年7月至1999年1月辽宁省抚顺矿务局局长、党委常委;1999年1月至2000年3月辽宁省煤炭工业管理局副局长(正厅级);2000年3月至2001年3月美国伊利诺州立大学工商管理专业硕士研究生;2001年3月至2001年8月辽宁煤矿安全监察局正局级干部;2001年8月至2002年1月铁法煤业(集团)有限责任公司总经理;2002年1月至2002年12月辽宁省铁岭市委常委,铁法煤业(集团)有限责任公司总经理;2002年12月至2004年2月辽宁省委办公厅副主任(正厅级);2004年2月至2006年1月辽宁省委副秘书长(正厅级);2006年1月至2007年1月辽宁省阜新市委副书记、副市长、代市长;2007年1月至2010年12月辽宁省阜新市委副书记、市长(其间:2008年3月至2008月年7月在中央党校中青年干部培训班学习);2010年12月至2012年1月辽宁省阜新市委书记;2012年1月至2013年1月辽宁省铁岭市委书记;2013年1月至2013年2月辽宁省政府副省长,铁岭市委书记;2013年2月至2015年1月辽宁省政府副省长、党组成员;2015年1月至2015年2月辽宁省政府副省长,沈阳市委副书记,沈阳市政府党组书记,提名为沈阳市政府市长候选人;2015年2月至2015年3月辽宁省政府副省长,沈阳市委副书记,沈阳市政府市长、党组书记;2015年3月至今沈阳市委副书记,沈阳市政府市长、党组书记。

【赵忠滨】　1989年9月至1993年7月辽宁大学国际金融专业学习;1993年7月至1999年1月中国人民银行辽宁省分行外汇综合处干部;1999年1月至2000年12月中国人民银行沈阳分行国际收支处干部(1997年9月至2000年7月东北财经大学金融学专业在职学习,获经济学硕士学位);2000年12月至2001年9月中国人民银行沈阳分行国际收支处监管员(副处级);2001年9月至2004年2月中国人民银行沈阳分行经常项目管理处副处长;2004年2月至2004年9月中国人民银行沈阳分行经常项目管理处副处长(主持工作);2004年9月至2007年6月中国人民银行沈阳分行办公室、党委办公室主任;2007年6月至2008月年12月中国人民银行鞍山市中心支行党委书记、行长兼国家外汇管理局鞍山市中心支局局长;2008年12月至2010年8月中国人民银行沈阳分行人事处处长、党委组织部部长;2010年8月至2015年11月中国人民银行沈阳分行党委委员、副行长;2015年11月至今沈阳市政府副市长(挂职,时间2年),中国人民银行沈阳分行党委委员、副行长。

(组织部)

感动沈阳人物

【万春春】　皇姑区御花社区居民。28年前,父亲万基听说当年在自家当保姆的79岁老人赵湘南孤苦无依,便将其接回家里赡养。父母离世后,小女儿万春春接力照顾赵湘南。她视老人为亲人,一日三餐为她做可口饭菜,每天帮老人擦身子、梳头,陪老人聊天、散步,并先后两次将老人从死神手里夺了回来。如今,赵湘南已经107岁,万家第三代子女对其依然不离不弃,心甘情愿地尽守孝道。

【梅桂兰　骆常山】　浑南区环卫一所工人。他们是浑南区的一对夫妻环卫工,数年如一日,风雨无阻地穿行在城市的大街小巷,坚守着那份敬业奉献的信念,每天都是第一个到岗,最后一个离开。尤其在沈阳市举办全运会和创城期间,为确保承担区域干净整洁,二人每天加班加点,用辛勤的汗水实现着"不求名利,但求奉献"的承诺。2014年6月,梅桂兰在浑南区举办的快速保洁捡拾比赛中取得了第一名。

【沈阳市第十一中学教师团队】　这支被誉为"格桑花的守护者"的团队,12年来一直活跃在沈阳市第十一中学。他们精心策划每一项活动,细心呵护每一名藏族学生。他们每天与孩子们零距离接触、守候式服务,一年365天,一天24小时和西藏生在一起,被誉为"36524部队",成为185名在沈西藏孩子心中的"阿爸"、"阿妈"。

【亢秉铨】　沈河区红巾社区居民。常年为社区居民磨刀、剪,累得胳膊都抬不起来,可他说:"累是累点,但帮了这么多居民,我心里高兴啊!"78岁的亢秉铨是一名社区志愿者,巡逻、走访、调解、扶贫,到处都有他的身影。2012年他成立亢秉铨劳模大集,把批发来的蔬菜和生活用品无差价直销给居民。设置爱心捐款箱,居民每磨一次刀便捐一元钱,以此帮扶社区里的困难群众。

【王胜国】　沈抚新城东靠山村居民。2014年9月12日17时许,68岁的抚顺老人雷云普骑摩托车经过抚顺发电厂附近摔倒,头部受伤昏倒在地。大约1小时后,王胜国途经此地,立即搬来石头将老人围住,以防来往车辆轧到老人,同时拨打了110、120。急救车赶到后,他又随后将老人送到抚顺中医院,用身上仅有的2000元钱帮老人交了住院费。直到警方联系到老人家属,他才悄然离开医院。

【李建夫】 新乐派出所民警。从警28年,李建夫始终扎根在北陵社区,是全市公安系统在同一个社区工作时间最长的社区民警。他恪尽职守,清正廉洁,坚守共产党员的精神高地。他情系百姓,甘于奉献,对北陵社区4410户居民、1.8万多名常住人口、2000多名流动人口情况进行收集。28年累计行程5万多公里,采集各类信息100余万条,深受社区群众的拥戴,被百姓称为社区的"大管家"。

【梁思源】 自由职业者。梁思源自幼残疾,走路只能靠一只小板凳往前挪。他的母亲已83岁,又患有脑血栓和老年痴呆症。尽管拖着羸弱的身躯,但老母亲日常穿衣吃饭、如厕洗漱、梳头按摩,这些正常人做起来都嫌繁琐的事情,他一干就十几年。他不向命运屈服,每天忙活完老母亲的起居便开始读英语,已经达到大学四级水平。同时他还自学书法,只为让母亲看到一个乐观的儿子。

【徐海洋 徐云亮 张晓宇】 市第一七六中学学生。2014年3月29日,徐海洋、徐云亮、张晓宇一起到葫芦岛参加渤海船舶职业学院的单独招生报名,之后便到龙湾海滨看大海。中午时分,他们发现[illegible]00多米远有一名男青年一直往大海深处走。面对轻生男子,他们选择了报警、借船、出海……最终在众人的帮助下从大海中"抢"回了一条年轻的生命。三名少年以其义举照亮了人心,温暖了社会,传递了人间真情。

【吴绍新】 已故志愿者。从2008年起,吴绍新连续4年到养老院做义工,帮老人洗脚,陪老人聊天,给老人包饺子。每年除夕夜,他都在养老院里度过。为了让老人们开心,他管老人们叫"爸"、"妈",他因此成了老人们的"干儿子"。201[illegible]年初,他被确诊为癌症晚期。弥留之际,他在妻子、女儿的支持下,毅然在"遗赠公证书"上签名,去世后在家人的帮助下将遗体捐赠给医学事业。

【李志强班】 黎明公司发动机装配厂总装工段装配班。这是一支有"装配铁军"美誉的团队,52名员工,平均年龄35岁。他们不畏挑战,相继攻克了国家重点型号航空发动机装配关键技术,首创航空发动机装配"倒班操作法",创造了99天完成全年装配发动机任务的行业最高纪录,曾荣获中央企业"红旗班组"等荣誉称号,2013年8月受到习近平总书记的接见。

(*杨建学*)

市级领导及市管领导干部名单

市 委

书 记:曾 维(省委副书记)
副书记:潘利国(市政府市长)(2015年1月任)
邢 凯
常 委:顾春明(常务副市长)
王翔坤(市总工会主席)
常 明(市政法委书记)
马占春(市委秘书长)
王凤波(市委宣传部部长)(2015年10月不再担任)
王德波(市纪委书记)
闵学冲(副市长)(挂职)
赵俊才(沈阳警备区政委)
刘桂香(市委组织部部长)
李松林(铁西区区委书记)(2015年12月任)
冯守权(和平区区委书记)(2015年12月任)
秘书长:马占春
副秘书长:王 镇 赵日刚 赵 颖 张小虎

市纪委、市监察局

书 记:王德波
副书记:邓福林 孟凡伟 张 森
常 委:幺汝兴 赵 岩 刘正凡 刘恩举 李 丹 张中人
监察局局长:张 森(兼)
副局长:于克力
副局级室主任:毕成伟 赵久平 于 凯 张嘉学 范红刚 孔宪才 闫 东 胡 光 侯 军 何增春 骆 峰 程 洁 杨 军 关卫民 王 锋

市委办公厅

主 任:王 镇
副主任:刘 波 李志民 李伟梁 徐 成

市委机要局(沈阳市密码管理局)

局 长:贾 群

市保密局

副局长:马万云

市委督查室

主 任:程谟刚
督查专员:徐 策 车东育

信息综合室

主 任:王 宏

市机关事务管理办

主 任:马志军
副主任:陈书怀 邹常辉

市委组织部

部 长:刘桂香
常务副部长:安俊辉
副部长:赵 阳 吴奇汉 韩春声 徐凤翔(兼) 凌正康(兼)

市人才办

主 任:安俊辉(兼)
常务副主任:刘阳春

市电教中心

主 任:王 宏

市委非公有制经济组织和社会组织工作委员会

书 记:吴奇汉(兼)
副书记:李书鲤(兼)

市委宣传部

副部长:马 丽 陈 波 王久成 刘晓虹

市外宣办

主 任:刘壮野

市文明办

主 任:刘庚杰

市思想政治工作研究会

会 长:王久成(兼)
专职副会长:廉 辉

市委讲师团

团 长:张龙海

市互联网信息办公室

专职副主任:赵 晖

市国防动员委员会政治动员(国防教育)办公室

主 任:姜羞卉

市委教科工委

副书记:蔡效军 赵月英 齐 舒

市委统战部

部 长:汪 涛

副部长：任桂芳　李书鲤
杨志宏　张昕光（兼）

市委政法委
书　记：常　明
副书记：袁　昭　徐　明
许文有
纪检组组长：张　虹

市综治办
副主任：孙超武　李雪冰

市防邪办
副主任：李俊杰

市法学会
副会长：蔡　彤

市委政研室
主　任：于久元
副主任：袁国华　刘文生
李向来
决策咨询委员会秘书长：谢丽萍

市委深化改革领导小组办公室
主　任：邢　凯（兼）
常务副主任：戴贺臣
副主任：张向阳

市台办
主　任：王羽轻
副主任：蒋　新　朱　军

市直机关工委
书　记：马占春（兼）
常务副书记：姜　萍
副书记：战　捷　姜　明
副书记、纪工委书记：孟宪杰
委　员：陈景红　彭铁岩
王桂梅

市委中省直企业工委
书　记：王亚忠
副书记、纪工委书记：杨德东
副书记：童汝军

市编委办
主　任：雷雨润
副主任：王文波　王风达
王　延

市委老干部局
局　长：凌正康
副局长：李　炜　张　续

沈阳市委党校（沈阳行政学院、沈阳市社会主义学院）
校（院）长：邢　凯（兼）
常务副校（院）长：徐兴家
副校（院）长：李振林　王传民
陈　静　孙德平
校委会委员：阎质杰

沈阳市委党史研究室
主　任：赵　阳（兼）
副主任：鲁　颖　金国范

市人大常委会
主　任：赵长义
副主任：李继安（2015年2月任）
卞富学　徐　璐
黄　凯（2015年2月任）
聂洪升　于　波
王开军
秘书长：张　宁
副秘书长：孟昭贵　朱　杰
侯吉庆
驻会委员：宫文义　李亚光
李英民　张　利
隋　莉　郭翼青
赵恒波　郭君达
郭向文　董文志
王　谦　张伟明
王毅明　赵正心
刘阁臣　李　铁
唐　励　陈玉海
崔敬禹　郑继俊
陈维忠　王　桅
张良荣　李　萍
王建国　王柏岩
梁志新

市人大内司委
主任委员：宫文义
副主任委员：李亚光　李英民
专职副主任委员：王凯功

市人大财经委
主任委员：张　利
提名主任委员人选：隋　莉
副主任委员：郭翼青　赵恒波
专职副主任委员：郎文杰

市人大农业与农村委
主任委员：郭君达
提名主任委员人选：郭向文
副主任委员：董文志　王　谦
专职副主任委员：张慧娟

市人大环资委
主任委员：张伟明
副主任委员：王毅明　赵正心
刘阁臣
专职副主任委员：黄　颖

市人大教科文卫委
主任委员：李　铁
副主任委员：唐　励　陈玉海
专职副主任委员：范　丽

市人大民侨外委
主任委员：崔敬禹
副主任委员：郑继俊　范泉水
专职副主任委员：金光爱

市人大法制委
主任委员：陈维忠
副主任委员：王　桅　张良荣
李　萍
专职副主任委员：刘　野

市人大人事选举委
提名主任委员人选：梁志新

市人大常委会办公厅
主　任：孟昭贵
副主任：范景伟

市人大常委会法工委
主　任：陈维忠
副主任：郭铁钧

市人大常委会代表工委
主　任：袁立斌
副主任：王　义　李　玉

市人大常委会研究室
副主任：郭玉春　王智茂

市人大常委会申诉控告工委
主　任：姜　欣
副主任：顾元明

市人大常委会预算工委
副主任：杨博览

市政府
市　长：潘利国（2015年2月任）
常务副市长：顾春明
副市长：姜　军　许文有
关志鸥（2015年8月不再担任）
闵学冲
赵忠滨（挂职）（2015年11月任）
张景辉（2015年12月任）
庞洪波（2015年12月任）
秘书长：连茂君
副秘书长：肖　枫（兼）　张国祥
曲向军　陈双伟
闫卫东　高　杨
王晓林　曹　鹏

市政府办公厅
主　任：肖　枫
纪检组组长：韩庆升
副主任：孙振山（兼）　李世勇
孙鸿庆　葛　明

市政府参事室
主　任：张　荣

市政府应急办
专职副主任：闫占峰

市政府督查室
主　任：孙振山
督查专员：彭岩峰　王　利

市政府驻北京办

主　任：李国栋
副主任：田爱祥
市政府驻上海办
主　任：刘　帅
市政府驻浙江办
主　任：高　岩
市政府驻闽南办（福建办）
主　任：刘振宁
市政府驻深圳办（广东办、香港经贸代表处）
主　任：叶天勇
市民委（市宗教局）
主　任：张昕光
副主任：金　翔　关艳萍
市公安局
局　长：许文有
副局长：刘晓竞　王晓刚
王晓东　王佩军
邓万宏　于　江
孟　炜（挂职锻炼一年）
纪委书记：田　维
政治部主任：赵金府
工会主席：崔明秀
指挥中心主任：牟国明
警务保障部主任：吴东风
市维稳办副主任：许树文　高玉斌
警卫处处长：王景林（副师职）
消防支队政治委员：牛晋丛（副师职）
交警支队支队长：赵　跃
巡警支队支队长：孙　波
政委：刘秀娟
刑警支队支队长：朴　强
政委：秦　牧
特警支队支队长：郑　义
政委：张明杰
治安支队支队长：董　斌
政委：刘晓光
技侦支队队长：鄂继怀
国保支队支队长：蹇　威
政委：贾连成
监管支队支队长：刘　学
政委：温志成
反恐支队支队长：刘志海
政委：陈景哲
辽河保护区分局（支队）
局长（支队长）：曲戈平
政委：陶　枫
公交（地铁）分局局长：王　斌
政委：关立光
禁毒支队支队长：战　涛
经侦支队支队长：裴学臣
政委：程　山
和平分局局长：赵秀海
政委：邹　飞
铁西分局局长：曹力钧
政委：窦鸿良
沈河分局局长：郭忠涛
政委：徐　洪
皇姑分局局长：王世辉
政委：张野驰
大东分局局长：李学民
政委：李钢城
浑南分局局长：宁　勇
政委：王效伟
于洪分局局长：王大海
政委：穆　雷
苏家屯分局局长：曲廷会
政委：周小龙
沈北新区分局局长：关　强
政委：陈亚明
北站地区分局局长：杜宏达
政委：刘牧野
经济技术开发区分局局长：栾广京
政委：吴东林
市维稳办
主　任：许文有（兼）
常务副主任：许树文
副主任：高玉斌
市民政局
局　长：刘　祥
副局长：刘　文　陈连宽
徐　阳　刘　宁
纪检组组长：王　宏
市老龄工作办主任：关赞梅
市司法局
局长、党组书记（兼市监狱局局长、政委）：董开德
副局长：刘　晶　侯绍立
刘　京　朱少飞
政治部主任：庞　挺
纪检组组长：陶克辉
市人力资源社会保障局（市公务员局、市外专局）
局长、党组书记：徐凤翔
副局长、党组副书记：王　军
杨顺昌
纪检组组长：张　强
副局长：冯　志　王　群
杨　怀
就业和人才服务局局长：张剑光
外专局副局长：王义东
社会医疗保险管理局局长：韩春丽
社会养老和工伤保险管理局
局　长：蒋晶磊
党委书记：乔佐文
军转办主任：崔剑平
劳动监察局局长：岳茂新
劳动人事争议仲裁院院长：金　凡
市外办
主任、党组书记：王晶莹
副主任：罗　丽　孙　利
马立新　周宝峰
纪检组组长：边国江
对外友协副秘书长：王子江
市信访局
副局长：张雅书　何　畏
杨　良
纪检组组长：梁　威
市法制办
主任、党组书记：王武范
副主任：裴胡锁　宋坤赤
党组成员：孙国远
沈阳仲裁办
主　任：王武范（兼）
副主任：孙国远
市政府研究室
主任、党组书记：赵　斌
副主任：孙玉娟　穆淑娟
市发展改革委
主　任：张景辉
副主任、党组副书记：李忠信
副主任：张坚强　赵继凯
梁洪杰（兼）　程　育
王政宇
总经济师：刘伟奇
纪检组组长：闫　伟
沈阳经济区工作办主任：梁洪杰
重点项目管理办公室主任：杨廷威
重点项目稽查办公室主任：李　涓
市开发性金融合作协调办公室
副主任：张洪涛
市绿色工程领导小组办公室
主　任：孙洪科
市信用中心主任：倪庆东
沈阳铁西改造经济技术开发总公司
副总经理：李　雷
市经济和信息化委
主任、党组书记：隋　莉
副主任（兼）、党组副书记、市智慧沈阳建设工作领导小组办公室主任、市大数据管理局局长：陈大为
副主任：马　达　葛　苏
孟　然　刘永熙
关　怀　曹晓玲
栗文安　李　芃
纪检组组长：常　征

老干部局局长:李越力
沈阳机电设备招标公司
副总经理:宋 军 曹慧卿
鞠秀智 胥 薇
市技术改造基金领导小组办公室
主任:马 征
市大数据管理局副局长:李 莹
徐 莉
市教育局
局长、党组书记:苏文捷
副局长、党组副书记:韩燕子
副局长:赵仁君 孙 勇
张晓军
纪检组组长:李春宇
市政府教育督导室主任:徐爱秋
市招生考试委员会办公室
主 任:卢 娜
副主任:郑 卫
市科技局(市知识产权局)
局长、党组书记:宋锡坤
副局长、沈阳科技总院院长:吴希平
纪检组组长:张引平
副局长:王义清 郭玉福
沈阳科学技术总院副院长:于 胜
市财政局
局长、党组书记:陈 勇
副局长:张恒玺 吴景峰
刘莹光 邱立全
总会计师:陈 青
纪检组组长:杨国凯
市投融资管理中心副主任:刘锦荣
牛 良
市财政监督检查局局长:孙 丽
市农村综合改革办公室
主 任:赵 霞
市规划国土局(市地理信息局)
局长、党组书记:李 强
副局长:严文复 曾庆元
沈 跃 曲长令
赵 辉
总规划师:于丽新
纪检组组长:刘 岩
市土地交易中心主任:李逸群
市土地储备中心主任:刘镇川
市环保局
局长、党组书记:李 超
副局长:李 刚 王 莉
王 阳 李国宏
纪检组组长:张 浩
总工程师:索丽珍
市建委
主任、党组书记:于振明
党组副书记、纪检组组长:张立文
副主任:鲁 博 张志刚
隋明悦 崔雪东
孙百如
工会主席:张海伏
总工程师:朱昌伟
市村镇建设办公室主任:张雪松
市城市地下空间开发建设管理办公室专职副主任:张振宁
市现代建筑产业化管理办公室
主任:居理宏
市快速干道建设指挥部
副总指挥:张伯辽
市城管局
局长、党组书记:孙晓光
副局长:娇 琚 刘 伟
李荣波 李晓东
纪检组组长:商雅林
总工程师:关正君
工会主席:陆庆轩
市执法局
局长、党组书记:孙 明
副局长:张长胜 徐 强
薛春毅 丁奇志
市房产局
局长、党组书记:纪 凯
副局长、党组副书记:何 军
副局长:范 民 王 镭
侯 冰
总工程师:刘 戈
纪检组组长:张 雷
市交通局
局长、党组书记:李宏德
副局长:高 虹 石 坚
王晓民 赵 光(兼)
工会主席:汤 泓
纪检组组长:杨久兴
市城际轨道交通建设办公室
副主任:左志清
市农经委
主任、党组书记:郭向文
副主任、党组副书记:李四文
副主任:朱文波 杨松林
刘 奇 崔 颖
张俊华 李 晔
邸瑞峰 张丽君
纪检组组长:王长国
市新农村建设办公室副主任:李春禄
市水利局
局长、党组书记:衣 甫
副局长:石 军 赵晓明
防汛抗旱指挥部办公室主任:杨绍华
市林业局
局长、党组书记:房东辉
副局长:张国强(兼) 叶 舒
市服务业委
主任、党组书记:李 军
副主任:马 闯 石宝晔
张 利 李 斌
卜立山
纪检组组长:张国荣
市外经贸局
局长、党组书记:高 航(兼)
党组副书记、沈阳综合保税区开发建设领导小组办公室
常务副主任:李 屹
副局长:崔建英 郭志祥
岳贵君 陈立元
王晨曦
纪检组组长:凌伯山
沈阳综合保税区开发建设领导小组办公室副主任:赖立明
市政府驻韩国经贸代表处
副主任:孙锦花 朴京善
市政府驻东南亚经贸代表处
主任:李力铭
市政府驻日本经贸代表处
副主任:马 宁
市政府驻欧洲经贸代表处主任:杨耀志
市政府驻美国经贸代表处主任:李旭臣
市政府驻欧洲招商代表处主任:李雪梅
市口岸办专职副主任:李 榕
市文广局
局长、党组书记:冯 彦
党组副书记、纪检组
组长(兼):杜春华
副局长:杨 弘 宋振虹
王建华 张宪宏
马 今
市文化市场行政执法总队
总队长:轩维平
市体育局
局长、党组书记:杨 树
副局长:张心江 张晓权
马 强
市旅游局
局 长:于 龙
党组书记:黄 立
副局长:刘智勇 闫守祝
市卫计委
主任、党组书记:陶庆才
副主任、党组副书记:都英杰
副主任:裴庆双 苏立明
毛印百 许 明(兼)

从雪枫
纪检组组长:富宏鹏
正局级(原局长):闫　石
市医改领导小组综合办公室
主　任:裴庆双(兼)
副主任:张　明
市疾病预防控制中心
主　任:董丽君
党委书记:张春青
市审计局
局长、党组书记:韩　力
副局长:陈玉涛　高洪光
刘宝石　周成铀
纪检组组长:张秋艳
总审计师:康　健
市经济责任审计联席会议办公室
主任:石静华
市工商局
局长、党组书记:方铁林
副局长:杨利群　王伟民
于振伟　杨述静
王延学
市质监局
局长、党组书记:陈　弘
副局长、党组副书记:于　力
副局长、纪检组组长:侯树纲
副局长:刘　波　黄志勇
市食品药品监管局
局长、党组书记:王黎宁
副局长:袁　革　苏立明(兼)
许　明　王长钟
纪检组组长兼副局长:王世林
食品药品安全总监:高丽莎
市统计局
局长、党组书记:李长斌
副局长:陈伟昌　李争时
董　玥
市安监局
局长、党组书记:陈　杰
副局长、党组副书记:陈树奎
副局长:孙有铁　庆会利
纪检组组长:刘　强
总工程师:谢　辉
市金融办
主任、党组书记:马智天
副主任:宁　纯　那　娜
赵永强
市人防办
主任、党组书记:徐学东
副主任:武利华　牛　勇
总工程师:冯　勇
纪检组组长:成　勃

市国资委
主任、党委书记:刘彦学
副主任、党委副书记:张殿军
党委副书记、纪委书记:孙久红
工会主席:牟　莉
副主任:吴向国　刘延辉
梁炳欣
沈阳联合产权交易所主任:王琳琳
市国有企业监事会工作办公室
专职监事会主席:孟　宏
李　军
史仕成
石晓峰
张国宾
张明强
沈阳市政务服务管理办公室(沈阳市公共资源交易管理办公室)
主任、党组书记:邹　昊
副主任:崔　放　龙　加
纪检组组长:张超波
沈阳市档案局(馆)
局(馆)长、党组书记:荆绍福
副局(馆)长:赵建伟　马凤云
甄　晖
沈阳市地震局
局长、党组书记:程文海
副局长:石盛昌
沈阳市地方志办公室
主　任:吴　歌
副主任:王春湖
沈阳市接待办公室
主任、党组书记:刘　军
副主任:王　静　刘　朋
佟永明
沈阳市文史研究馆
馆　长:许光明
副馆长:王　鑫
沈阳市供销合作社联合社
理事会主任、党组书记:刘澜波
党组副书记、监事会主任:王兴国
理事会副主任:孔德树　侯景林
刘　成　王玉晗
林福国
纪检组组长:邓　颂
沈阳公共资源交易中心
主任、党组书记:许　健
副主任:张学伟　赵丹宁
沈阳住房公积金管理中心
主任、党组书记:唐玉辉
副主任:王　彦　赵　雷
纪检组组长:富晓露
沈阳市辽河保护区管理局

局长、党组书记:陈　勇
副局长:姜　涛　孙　博
曲戈平(兼)
沈阳市地铁建设指挥部
总指挥、党组书记:卢春风
常务副总指挥、党组副书记:王　刚
纪检组组长:赵　旸
副总指挥:张　锐　邱　耘
王子良
总会计师:岳红旗
总工程师:高云胜
总经济师:巴　放
沈阳日报报业集团
总裁、党委书记、总编辑:姜　军
副总裁、党委副书记、
副总编辑:张春风
副总裁、党委副书记、
纪委书记:佟伟仁
副总裁、副总编辑:兰宝刚　吴秀娥
罗宪杰　李　兵
沈阳广播电视台
台长、党委书记:张东毅
总编辑、党委副书记:袁　柳
副台长:廉　杨　关　金
陈　真　莫　克
纪委书记:张复忠
沈阳大学
党委书记:李继安
校　长:李　峰
党委副书记、纪委书记:王明友
党委副书记、副校长:李　鹏
副校长:李露萍　刘克斌
王晓初　原忠虎
王淑梅
沈阳医学院
党委书记:张广印
院长、党委副书记:肖纯凌
党委副书记、纪委书记:王凯军
副院长:朱启文　刘成果
任　冰　韩　松
毕　建
沈阳广播电视大学
党委书记:阴训法
校长、党委副书记:王　滨
党委副书记、纪委书记:曾丽艳
副校长:周东辉　游　洪
樊　杰　吕玉明
沈阳职业技术学院
党委书记:高秀兰
院长、党委副书记:张黎明
党委副书记、纪委书记:杨　明
副院长:李晓峰　夏宗光

李　静　管俊杰

沈阳中兴商业集团有限公司

董事长：刘芝旭

党委书记：李晓航

副总经理、工会主席：迟海林

党委副书记、纪委书记：曹　青

沈阳副食集团公司

董事长、党委书记：李　军

总经理、党委副书记：刘玉东

党委副书记、纪委书记、工会主席：李　澍

沈阳物资集团有限责任公司

董事长、党委书记：王军锋

总经理、党委副书记：孙忠霖

党委副书记、纪委书记、工会主席：杨艳华

沈阳水务集团有限公司

董事长、党委书记：陈　阳

总经理、党委副书记：陈显利

副总经理：张英健　闫　明　张亚峰　刘　石　王　毅　刘继扬　刘淑杰

工会主席：邹　军

党委副书记、纪委书记：汪　丽

中国沈阳国际经济技术合作有限公司

总经理：唐乐珍

常务副总经理：徐　磊

副总经理：范希臣　任月强　王宝东　王兆生　高彦松

党委副书记、纪委书记、工会主席：宋　刚

盛京银行股份有限公司

董事长、党委书记：张玉坤

行　长：王春生

总稽核、纪委书记：胡　光

党委副书记、工会主席：张　涛

沈阳机床（集团）有限责任公司

董事长、党委书记：关锡友

总经理、副董事长、党委副书记：刘鹤群

党委副书记、纪委书记：李文华

工会主席：车欣嘉

东北制药集团股份有限公司

董事长、党委书记：魏海军

副董事长、总经理、党委副书记：汲　涌

工会主席：王　燕

党委副书记、纪委书记：吴　涛

北方重工集团有限公司

董事长、党委书记：耿洪臣

总经理、副董事长、党委副书记：王学民

党委副书记、纪委书记、工会主席：刘　林

沈阳鼓风机集团股份有限公司

董事长：苏永强

党委书记：董　峰

总经理、党委副书记：孔跃龙

党委常务副书记、纪委书记、工会主席：邓长辉

沈阳基础产业建设发展集团有限公司

董事长、总经理：董　强

副总经理：李　侠　李治民　李文彦

沈阳产业投资发展集团有限公司

董事长、党委书记、总经理：苏庆祥

副总经理：韩　波　李建伟

沈阳出版发行集团

董事长、党委书记、总经理：王　京

党委副书记、常务副总经理：田雪峰

副总经理：郑索军　盛利民

党委副书记、纪委书记、监事会主席：高鹏举

工会主席：詹　军

沈阳沈西燃气有限公司

董事长、党委书记：卢　俊

总经理：刘旭辉

副总经理：徐　强　赵永圣

党委副书记：冯　民

沈阳市装备制造工程学校

校　长：张春雨

党委书记：杨　克

沈阳市化工学校

校　长：胡显伟

党委书记：贲志宇

沈阳现代制造服务学校

校　长：杨维满

党委书记：李富全

沈阳市教育研究院

院　长：符泰民

党委书记：穆道欣

市政协

主　席：姜　宏

副主席：鞠秀礼　赵晓川　卢　柯　李　丰　李　峰　孙　红　李卓然　许文有（2015 年 2 月任）　韩晓言　汪　涛　刘慧鸣

秘书长：徐大地

副秘书长：李宏吉　常胜权

原副秘书长：李　力

市政协提案委

主　任：苏效众

市政协经济委

主　任：于喆光

副主任：薛　野

市政协人口资源环境和城乡建设委

主　任：王晓非

市政协教科文卫体委

主　任：刘　斌

副主任：李　彤

市政协社会和法制委

主　任：王文忠

市政协民族和宗教委员会

主　任：刘仁刚

市政协学习宣传文史委

主　任：石　敏

市政协港澳台侨联络与外事委

主　任：赵　丹

市政协委员工作委

主　任：马建萍

副主任：陈　辉

市政协办公厅

主　任：徐大地（兼）

副主任：宗景海　孙立河

市政协研究室

主　任：周　斌

副主任：隋吉行

市政协农业和农村工委

主　任：王　杰

民革沈阳市委

专职副主委：高孝杰

民盟沈阳市委

专职副主委：王　东

民建沈阳市委

专职副主委：赵丽娟

民进沈阳市委

专职副主委：刘　斌

农工党沈阳市委

专职副主委：王　莉

致工党沈阳市委

专职副主委：李展超

九三学社沈阳市委

专职副主委：张　颖

台盟沈阳市委

专职副主委：吴　涛

沈阳市工商业联合会

主　席：李卓然

党组书记：李书鲤（兼）

副主席：王　罡　刘延民

市法院

院长、党组书记：周维远

副院长、党组副书记:孙建军
副院长:孙淑华 孔 岩
曲阿翔 张延丹
政治部主任:聂雪松
纪检组组长:杨 丽
监察专员:田爱群
市法院执行局
局 长:白云良
政 委:吴红专
市法院审判委员会
专职委员:朱晓光 王世光
任 燕
沈阳经济技术开发区人民法院
院 长:王文艳
沈阳高新技术产业开发区人民法院
院长、党组书记:宋丽君
市检察院
检察长、党组书记:赵东岩
副检察长、党组副书记:吴 冬
副检察长:王 勇 贾海洋
吴 威
政治部主任:李冠山
纪检组组长:李 然
反贪局局长:方世义
监察专员:李景会
市检察院反渎职侵权局
局长:魏武宁
市检察院检察委员会
专职委员:李雅君 黄 骏
市城郊检察院
检察长:肖 爽
沈阳经济技术开发区人民检察院
检察长:韩 壮
沈阳高新技术产业开发区人民检察院
检察长:郑 郁
市总工会
主席、党组书记:王翔坤
副主席、党组副书记:周荣生
副主席:张 梅 段 阳
曹 洪 王 勤
杨顺昌(兼) 韩玉芹(兼)
纪检组组长:王 静
农民工维权中心主任:傅宏宁
经费审查委员会主任:陈国青
团市委
书记、党组书记:张 明
副书记:张 德 马 宁
市妇联
主席、党组书记:初立华
副主席:韩玉芹 张怡文
段 阳(兼) 韩春丽(兼)
提名副主席人选:冯 慧
沈阳市科学技术协会
党组书记、副主席:倪 左
副主席:张丽茹 李宏印
吕 波
沈阳市社会科学界联合会
主 席:王 民
副主席:唐丽娟
沈阳市文学艺术界联合会
主席、党组书记:关蓉晖
副主席:王哲年 王英辉
沈阳市归国华侨联合会
主席、党组书记:王庆伟
驻会副主席:傅晨松
沈阳市台湾同胞联谊会
党组书记:杨志宏(兼)
驻会副会长:廖艳芳
沈阳市残疾人联合会
理事长、党组书记:沙 钢
副理事长、党组副书记:孙淑君
副理事长:马爱民 才 利
纪检组组长:王伟华
中国国际贸易促进委员会沈阳市分会(中国国际商会沈阳商会)
会 长:赵 凯
党组书记:闫凤霞
副会长:王丽杰 方 捷
沈阳市红十字会
专职副会长、党组书记:宿 鲁
副会长:刘桂荣

铁 西 区

区委
书 记:李松林
副书记:程晓龙 刘 斌
常 委:刘树敏 韩 博
李宝军 孙常福
赵 安 宁兴华
杨松涛 刘亚杰
区人大
主 任:杨振清
副主任:李奇星 张 林
陈卓桃 陈政卫
刘文博
区政府
区 长:程晓龙
副区长:韩 博 曹力钧
吴 波 佟 颖
安亩沙 李景祥
区政协
主 席:黄士硕
副主席:李海波 金 文
姜晓娟 袁庆伟
王志军
区法院
院 长:张东波
区检察院
检察长:邵 杰
沈阳经济技术开发区
主 任:程晓龙
常务副主任:刘树敏
副主任:王玉辰 张洪利
沈阳化学工业园
主 任:李纪宁
副主任:王铁利 王林祥
中德沈阳高端装备产业园管委会
主 任:程晓龙(兼)
常务副主任:刘树敏
副主任:李宝军 赵 韬(兼)
张砚瓒
沈阳冶金工业园
副主任:高 潮 任宝箭
区纪委
副书记、监察局局长:何元柱
副书记:李东时 杜长青

和 平 区

区委
书 记:冯守权
副书记:田 家 王 菁
常 委:宋 丽 厉 馨
解润泽 董德高
安建晔 王海岩
区人大
主 任:张维伦
副主任:李艳萍 张 伟
权晓艳 金 川
于 洋
区政府
区 长:田 家
副区长:董德高 朱 翎
吴开华 王泓伟
赵秀海 张万勇
区政协
主 席:孙源志
副主席:周以胜 康景波
初良广 李红实
朴哲虎
区法院
院 长:李清杰
区检察院
检察长:史启林

沈阳长白岛经济区
主 任:田 家(兼)
副主任:吴智丰 高 斌
杨 波 孙 辉
沈阳满融经济区
主 任:田 家(兼)
区纪委
书 记:厉 馨
副书记:刘庆霞 臧 健

沈 河 区

区委
书 记:王 健
副书记:曾 波 杨文凯
常 委:张顺成 王志刚
王 林 孙伟山
骆 颖 赵立伏
区人大
主 任:吴晓冰
副主任:王敬党 高 璇
张怡中 巩俊海
桑玺元
区政府
区 长:曾 波
副区长:孙伟山 董雪峰
田晓晶 徐 强
袁长跃 郭忠涛
区政协
主 席:赵玉文
副主席:任永辉 王卓刚
戴丽梅 李 哲
刘 颖
区法院
院 长:李万涛
区检察院
检察长:黄 伟
沈阳金融商贸开发区
主 任:李晓东
副主任:曹连全 杜宏达
王 旭 吴 军
区纪委
书 记:张顺成
副书记:王海廷 吴宝军

大 东 区

区委
书 记:王 健
副书记:李 军 刘志寰
常 委:王庆海 冷雪峰
张鸿雁 王永刚
叶 胜 刘凤岐
邱立民 马 旭
区人大
主 任:白 实
副主任:王 东 哈 林
刘希刚 张国志
赵宪波
区政府
区 长:李 军
副区长:王庆海 张艳红
李学民 孟广川
栾 峰 牟丽博
区政协
主 席:陈玉光
副主席:王芝庭 邢 军
郭 玲 康长安
田 亮
区法院
院 长:马 巍
区检察院
检察长:田桂娟
沈阳—欧盟经济开发区
主 任:李英华
副主任:赵 韬 杜献忠
盛 力
区纪委
书 记:刘凤岐
副书记:高 明 刘钊惠

皇 姑 区

区委
书 记:李鹏宇
副书记:王新北 李 凯
常 委:于明海 张红军
吴 迪 林学家
刘占福 谷军营
潘晓宏 蔡云波
区人大
主 任:柏 野
副主任:石宝焕 赵晓明
张传东 邓 华
区政府
区 长:王新北
副区长:谷军营 贺 燕
戴纪锋 唐 纲
王世辉
区政协
主 席:张黎光
副主席:徐国瑾 李 跃
蓝东芝 刘庆瑞
区法院
院 长:张立斌
区检察院
检察长:徐宏捷
沈阳首府新区
主 任:王新北(兼)
副主任:刘守宇 高政威
区纪委
书 记:于明海
副书记:宋宝岩 王文涛

浑 南 区

区委
书 记:阎秉哲
副书记:吕 凡
常 委:金光熙 郭士全
高华山 孙晓慧
王信权 纪德宇
李广杰 林宇航
周再强
区人大
主 任:白风华
副主任:孙 敏 朱 杰
唐绍远 刘汉君
赵恒君
区政府
区 长:吕 凡
副区长:金光熙 林宇航
顾 瑛 宁 勇
孙含欣 陆长春
汪德军
区政协
主 席:李桂盛
副主席:隆 楠 宋崴嵬
郭福有 苏丽岩
郑向东
区法院
院 长:程起华
区检察院
检察长:吴 波
沈阳高新区
党工委书记:阎秉哲
主 任:吕 凡
副主任:银 鹰 裴希岩
周 武 刘绍东
纪工委书记:高华山
工会主席:王颖坤
沈阳国家大学科技城
主 任:赵 戈
副主任:任立辉 张书炜
张奎夫

沈阳沈抚新城
副主任:徐 莉 卫大同
范光跃 焦志勇
沈阳浑南国际新兴产业园区
主 任:裴希岩
副主任:杨 琦
沈阳浑南现代商贸区
主 任:刘绍东
副主任:郝 毅 乔 伟
沈阳浑南现代农业示范区
主 任:周 武
沈阳浑南生态观光区
主 任:刘建立
棋盘山风景名胜区管理局
局 长:吕 凡(兼)
副局长:洪 波 钱乃生
吴 琼
沈阳泗水科技新城
副主任:刘凤楠
沈阳综合保税区浑南管委会
主 任:吕 凡(兼)
副主任:高 峰 孙树旗
沈阳空港经济区(沈阳民用航空产业国家高技术产业基地)
主 任:高 峰
区纪委
书 记:高华山
副书记:罗金凯 季春辉
丁洪彪

于 洪 区

区委
书 记:王一兵
副书记:王忠昆 黄宝晖
常 委:赵胜龄 赵伟祺
郭忠孝 张海涛
戴英杰 石广鹏
李英明 李新和
区人大
主 任:孙铁夫
副主任:刘俊英 曲万成
宋 威 马占信
韩维臣
区政府
区 长:王忠昆
副区长:赵胜龄 郭忠孝
罗丽萍 王大海
张 泰 白 纯
区政协
主 席:姜 雷
副主席:付彦明 韩立克
何 伟 刘志强
李永贺
区法院
院 长:李 阳
区检察院
检察长:徐 适
沈阳市光辉现代农业示范区(市农垦联合企业总公司)
主 任:王忠昆(兼)
副主任:夏君铁 卢文经
曹承佳
纪工委书记:黄 强
沈阳北陵国家星火技术密集区
副主任:戚 宇
主 任:胡 良
沈阳大工业区
主 任:王忠昆(兼)
副主任:李福天 焦 冡
沈阳丁香湖新城
主 任:王忠昆(兼)
区纪委
书 记:张海涛
副书记:刘文权 关 伟

苏家屯区

区委
书 记:赵世宏
副书记:蹇 骞
常 委:程 心 王志刚
徐晓勇 王海波
刘显锋 李志强
张信宇 陈 材
区人大
主 任:侯晓东
副主任:赵德林 孟令山
吴旭日 沈凤娟
何有祥
区政府
区 长:蹇 骞
副区长:徐晓勇 刘金英
佟文刚 曲廷会
王知非 王晓伟
区政协
主 席:王德利
副主席:田志远 羿冰华
关 英 崔浩然
邹学英
区法院
院 长:高铁军
区检察院
检察长:张丰才
沈阳雪松经济开发区(沈阳金属新材料产业园、沈阳浑河新城)
主 任:蹇 骞(兼)
副主任:赵志坚 高 岩
武仲刚
区纪委
书 记:王海波
副书记:郑立军 于文武

沈北新区

区委
书 记:庞洪波
副书记:金志生
常 委:陈国聆 金玉龙
刘克武 杨宇光
蒋 勇 衣丽娜
李 盛 刘 欣
陈 亮 董新伟
区人大
主 任:刘东耀
副主任:王 艳 曹永刚
韩奎全 付献春
李春鹏
区政府
区 长:金志生
副区长:金玉龙 刘克武
侯 巍 关 强
张文国 方万斌
张 玲
区政协
主 席:于宜贤
副主席:孙兴武 周海杰
王凤久 吴凤立
梁彦龙
区法院
院 长:侯献生
区检察院
检察长:孟秋野
沈阳蒲河新城
主 任:金志生
副主任:周鹏举 卜世杰
副书记:宋永贵
沈阳辉山食品医药产业园区
主任:王金钟
沈阳道义高新技术产业园区
主任:王宏新
沈阳虎石台先进制造业产业园区
主任:吕殿友
沈阳辉山经济技术开发区(沈阳蒲河新城)
副主任:金 刚

区纪委
书 记:杨宇光
副书记:王冬梅

辽 中 县

县委
书 记:陈世海
副书记:张江徽 翟 克
常 委:葛海军 马立伟
陶志伟 高 东
孙宪锋 王洪超
张 堃 张铁军
县人大
主 任:姜 涛
副主任:闵加奇 年桂菊
李徽章 王玉杰
县政府
县 长:张江徽
副县长:马立伟 葛海军
孙海燕 张新波
刘艳玲 李 丹
县政协
主 席:丁 宇
副主席:郭 兵 张荣国
何 岩 万秀英
县法院
院 长:张海军
县检察院
检察长:颜国军
沈阳近海经济区(沈阳近海新城)
主 任:张江徽(兼)
副主任:安 冲
沈阳综合保税区辽中管委会
主 任:张江徽(兼)
副主任:姜永斌
县纪委
书 记:张 堃
副书记:郑延蛟 秦玮键

新 民 市

市委
书 记:顾少清
副书记:邢 鹏 赵志一
常 委:孟繁凯 李淑文
范庆军 邵 锐
宋一甲 张广辉
柴静祥 刘 刚
市人大
主 任:杨树德
副主任:王宏伟 钱静菊
李泽民 刘俊儒
市政府
市 长:邢 鹏
副市长:宋一甲 孟繁凯
吴绍斌 郭浩然
李晓萌 曾 彦
市政协
主 席:吕建伟
副主席:徐占海 赵 潇
赵红霞 安 秋
市法院
院 长:樊志军
市检察院
检察长:张遂志
辽宁新民经济开发区(沈阳胡台新城)
副主任:张春彦 高广友
沈阳胡台新城
主 任:邢 鹏(兼)
副主任:佟宏伟
市纪委
书 记:刘 刚
副书记:曹庆伟 王德来

法 库 县

县委
书 记:陈佳标
副书记:王欢苗 周长旭
常 委:赵 丹 林 涛
王冠木 乔治国
周 左 郝志文
付玉来
县人大
主 任:段秀华
副主任:段绍英 何云波
霍福来 安会民
县政府
县 长:王欢苗
副县长:林 涛 王冠木
盖燕凤 杜 波
年 军
县政协
主 席:苗初印
副主席:田久荣 林长义
兴颖杰
县法院
院 长:王文革
县检察院
检察长:靳 伟
辽宁法库经济开发区管委会、沈阳法库通用航空产业基地管委会
主 任:王欢苗(兼)
副主任:刘连恒
沈阳法库通用航空产业基地
副主任:王大为
辽宁法库经济开发区
主 任:姜春杰
县纪委
书 记:郝志文
副书记:万 方 田 华

康 平 县

县委
书 记:朱文蔚
副书记:王志刚 王一平
常 委:代国斌 吕明臣
刘景山 高 原
金维中 王守刚
县人大
主 任:李鸿志
副主任:安景才 李奎兴
田立爽 刘 财
县政府
县 长:王志刚
副县长:吕明臣 孔德军
包艳艳 张 龙
王天明
县政协
主 席:尹 凛
副主席:张首先 葛 峰
窦海龙 杨 泉
县法院
院 长:张 宁
县检察院
检察长:赵永林
辽宁康平经济开发区
副主任:张继明
主 任:魏继彦
县纪委
书 记:代国斌
副书记:黄立国 黄 明

[注]此名单依据 2015 年 12 月 31 日在职干部名册列出,由市委组织部提供。

光　荣　榜

沈阳市首届功勋企业家名单

刘积仁　东软集团股份有限公司董事长兼首席执行官
苏永强　沈阳鼓风机集团股份有限公司董事长
关锡友　沈阳机床(集团)有限责任公司董事长、党委书记
曲道奎　沈阳新松机器人自动化股份有限公司总裁
张玉坤　盛京银行股份有限公司董事长、党委书记
康宝华　沈阳远大企业集团董事长
杨　凯　中国辉山乳业控股有限公司董事局主席兼首席执行官
叶　军　特变电工沈阳变压器集团有限公司董事长
耿洪臣　北方重工集团有限公司董事长、党委书记
刘芝旭　中兴－沈阳商业大厦(集团)股份有限公司董事长、总经理

沈阳市特等劳动模范

栗生锐　沈阳黎明航空发动机(集团)有限责任公司机匣加工厂对开机匣工段数控铣一班操作工
郑秋菊(女)　中航工业沈阳飞机工业(集团)有限公司线束厂电缆工段工段长
陈晓旭　上汽通用(沈阳)北盛汽车有限公司总经理、党委书记
李　鹏　沈阳鼓风机集团股份有限公司客服中心安检事业部室主任
郭明东　中国人民财产保险股份有限公司沈阳市分公司党委书记、总经理
单忠艳(女)　中国医科大学附属第一医院内分泌科主任
王　振　沈阳地铁公共交通有限公司296路车队驾驶员
胡　波　沈阳市公安局特警支队副大队长
夏国峰　沈阳市浑南区城市管理和行政执法局车辆维修中心维修工
王　铭(女)　新民市胡台镇车古营子村农民

沈阳市劳动模范

李刚毅　中车沈阳机车车辆有限公司货修分厂打砂一班班长
赵　珍(女)　沈阳兴华航空电器有限责任公司市场营销部部长
曹成壮　辽沈工业集团有限公司研发中心设计二所室主任
孙云强　中航工业沈阳飞机工业(集团)有限公司三十七厂三工段四班装配工
姜　华　中国移动通信集团辽宁有限公司沈阳分公司网络经理
王碧玲(女)　中航工业沈阳飞机工业(集团)有限公司工程技术中心工艺研究部技术助理
王建明　沈阳航天新乐有限责任公司17厂厂长
杜占军　沈阳辽海装备有限责任公司设计所线路二室主任
徐　蕤(女)　中国航空工业集团公司沈阳飞机设计研究所机电系统部燃油系统室设计员
周　超　辽沈工业集团有限公司101车间机电组组长
赵天杨　沈阳黎明航空发动机(集团)有限责任公司技术中心工艺所机匣工段机匣二班操作工
李树阳　中航工业沈阳飞机工业(集团)有限公司二十二厂数控工段数控班钣金工
王　辉(女)　沈阳黎明航空发动机(集团)有限责任公司热表处理厂技术科技术专家
张殊慧(女)　沈阳造币有限公司模具设计制作中心高级工程师
李竹羽　中国联合网络通信有限公司沈阳市分公司第三设备综合维护单元技术主管
刘　森　沈阳黎明航空零部件制造有限公司环形件工段数控铣二班数控铣工
谭宝君　际华三五二三特种装备有限公司总装事业部总装工段总装一班班长
陈　丽(女)　中车集团沈阳汽车车桥制造有限公司物资管理部主任
贾　欣(女)　中智沈阳经济技术合作有限公司财务部部长
郭大东　中国移动通信集团辽宁有限公司沈阳分公司无线动力中心经理助理
修　凯　中国邮政集团公司沈阳市分公司沈阳市建设大路支局局长
王铁林　中航沈飞民用飞机有限责任公司35厂5班铆装钳工
黄立丽(女)　中国联合网络通信有限公司沈阳市分公司配套设备维护中心技术支持
王玉杰(女)　中国电信集团公司辽宁省沈阳市分公司市场部主任
谢春财　沈阳华润热电有限公司技术支持部部长
仇文伟　中国航空工业集团公司沈阳飞机设计研究所总师办副总设计师
李红林　中国航空工业集团公司沈阳飞机设计研究所工会副主席
李家瑞　中国航空工业集团公司沈阳发动机设计研究所航空发动机总体设计一部设计员
李　凡(女)　中航工业沈阳飞机工业(集团)有限公司十二厂二工段钳工
孙继忠　中航工业沈阳飞机工业(集团)有限公司副总经理
许柏林　沈阳黎明航空发动机(集团)有限责任公司副总经理、总经济师
李孝堂　中国航空工业集团公司沈阳发动机设计研究所副所长
程木军　国电康平发电有限公司副总经理

李振中　沈阳航天三菱汽车发动机制造有限公司常务副总经理
刘德宏　中国航空工业集团公司沈阳发动机设计研究所副总师
宋瑞新(女)沈阳黎明航空发动机(集团)有限责任公司工会常务副主席
张士成　沈阳航天新星机电有限责任公司副总经理
马剑锋　沈阳航天新光集团有限公司董事长、党委书记
赵海军　辽宁大唐国际法库风电有限责任公司总经理
杨国军　沈阳航天誉兴机械制造有限公司总经理、党委书记
蔡　明　中国能源建设集团东北电力第一工程有限公司执行董事、总经理 、党委书记
岳　君　中国能源建设集团沈阳电力机械总厂有限公司执行董事、总经理
徐恩学　北方重工集团有限公司输送设备分公司装配车间滚筒班班长
王玉军　东北制药集团股份有限公司研究院卡前列腺素系列项目负责人
刘跃臣　沈阳鼓风机集团股份有限公司结构车间铆焊三组工人
刘　健　沈阳铸锻工业有限公司铸造分公司铸钢车间三班班长
鲍旭东　沈阳石蜡化工有限公司资产维修中心主任
孙维安　沈阳金杯车辆制造有限公司装焊车间整形维修工段段长
张海新　沈阳同联集团有限公司沈阳抗生素厂维修中心车间主任
王晓丹　沈阳华晨金杯汽车有限公司总装 II 车间工艺主管
谢　磊　沈阳金杯江森自控汽车内饰件有限公司宝马内饰工厂车间主任
尹东北　华晨汽车集团整车事业部销售公司大客户部部长
王　辉　上汽通用(沈阳)北盛汽车有限公司模具维修技术主管
谢庆军　北方重工集团有限公司工程设计研究院散料成套研究所所长
郭　涛　东北制药集团股份有限公司 201 分公司三工段长
徐凤亮　沈阳机床股份有限公司中捷立加分公司 M4 产品线经理
齐红彦　中国有色(沈阳)冶金机械有限公司自动化控制工程研究所副所长
曹　阳(女)华晨宝马汽车有限公司人力资源业务伙伴部部门总监
邹　威　华晨宝马汽车有限公司总装车间新车型项目经理
戴宏泰　华润雪花啤酒(辽宁)有限公司生产部生产计划员
许峰臣　华晨宝马汽车有限公司建筑及设施管理部建筑规划审核部经理
肖玉峰　沈阳机床股份有限公司沈一车床厂经济型数控车床产品线 40 装配车间主任
张　涛(女)华晨宝马汽车有限公司总装车间主任
李小沛　沈阳机床股份有限公司优尼斯公司宁波区域营销中心经理
齐宝平　沈阳化工股份有限公司氯碱分厂蒸发工段工段长
佟永刚　沈阳化工股份有限公司 PVC 分厂副厂长
李树波　华晨中华汽车公司供应商管理处原辅料组采购主管
林宽文　中捷机床有限公司重大型产品线龙门装配车间钳工
陈卫华　华晨宝马汽车有限公司涂装车间主任
金　山　北方重工集团有限公司销售分公司销售四部部长
卢金丽(女)沈阳第一机床厂立车产品线技术团队负责人
杨　涛　北方重工集团有限公司盾构机分公司经理
李志波　北方重工集团有限公司国家级技术中心主任
戴　峻　华晨汽车工程研究院平台总监
左云宝　沈阳兴远东汽车零部件有限公司产品开发处处长
蔡永刚　东北制药集团股份有限公司工程项目部部长
陈　广　红塔辽宁烟草有限责任公司沈阳卷烟厂工人
刘宏凯　沈阳华晨专用车有限公司副总经理
周　凯　东北制药集团股份有限公司副总裁
葛丽玲(女)沈阳鼓风机集团股份有限公司工程经理
苏　辉　沈阳市机械轻化工会主席
刘　宏　金杯汽车股份有限公司党委书记、总裁
苑春林　沈阳华晨东兴汽车零部件有限公司总经理、党委书记
李　军　红塔辽宁烟草有限责任公司沈阳卷烟厂厂长
陈俊宇　中国石油天然气股份有限公司辽宁沈阳销售分公司怀远门加油站经理
柳文波　中国人民银行沈阳分行营业管理部科技处主任科员
孙红雨　沈阳商业城股份有限公司综合管理部主管
何　静(女)沈阳兴隆大家庭购物中心有限公司超市营业员
陆　刚　沈阳物资集团老企业管理中心主任
王文利　沈阳铁西百货大楼有限公司家电商场配送中心主任
邢　菲　中国建设银行股份有限公司辽宁省分行沈阳融汇支行高级客户经理
孙志刚　中兴—沈阳商业大厦(集团)股份有限公司保卫部部长
陈显峰　沈阳张士农副产品股份有限公司门卫收费班班长
王　志　沈阳长生产业集团股份有限公司安保大队治安交通主任
黄玲玲(女)沈阳金秋实农资有限公司销售员
陈　峰　香格里拉大酒店(沈阳)有限公司员工餐厅经理
李继东　中国农业银行股份有限公司新民市支行客服经理
周翔宇　交通银行股份有限公司辽宁省分行信息技术部技术员
姜　波(女)中国银行沈阳大东支行理财经理
董　蕾(女)沈阳兴隆大家庭购物中心有限公司黄金屋营业员
金　丽(女)沈阳商业城股份有限公司商场部女装区主任
刘盛宇　盛京银行股份有限公司资金运营中心经理

石金彪　中国人民财产保险股份有限公司沈阳市分公司理赔中心主任
谷玿钢　哈尔滨银行股份有限公司沈阳铁西支行行长
刘　莉(女)沈阳家乐福商业有限公司金牛店店长
刘　欣(女)沈阳王氏天兴蜂蜜有限公司销售主管
李　楠(女)沈阳东副超市有限公司收银员
迟海林　中兴—沈阳商业大厦(集团)股份有限公司工会主席
陈国东　沈阳市金融护卫中心党委书记
王淑燕(女)沈阳市社会养老和工伤保险管理局计算中心主任
宋　刚　中国邮政储蓄银行股份有限公司沈阳市分行党委书记、行长
王　宁　招商银行股份有限公司沈阳分行行长
杨其田　沈阳中街冰点城食品有限公司董事长
王广志　华夏银行沈阳分行行长
迟道才　沈阳农业大学水利学院教师
周宝森　中国医科大学流行病学教研室主任
刘彩霞(女)中国医科大学附属盛京医院妇产科主任
孙长伏　中国医科大学附属口腔医院口腔颌面－头颅外科主任
巴　鹏　沈阳理工大学机械工程学院教师
周润智　沈阳师范大学教育研究生院副院长
秦玉海　中国刑警学院网络犯罪侦查系教师
王新坤　沈阳体育学院体育教育系教师
柳文杰　沈阳音乐学院附属中等舞蹈学校教师
韦星呈　沈阳医学院免疫学教研室主任
吴桂平(女)沈阳医学院附属二院心血管二科主任
李天舟　沈阳市教育研究院义务教育教学研究中心副主任
于　莹(女)沈阳铁路第五小学校长
任　艳(女)沈阳市第四中学校长
佟宁芳(女)沈阳市皇姑区珠江五校校长
姜红珊(女)苏家屯区沙柳路小学校长
郭　军　沈阳市第五十六中学校长
仲　涛(女)沈阳市旅游学校校长
张继平　中煤科工集团沈阳设计研究院有限公司海外业务部主任
杨凌岭　中冶沈勘工程技术有限公司第二工程部主任
崔学勇　沈阳仪表科学研究院有限公司汇博热能公司波纹管事业部工人
李　柯　中交煤气热力研究设计院有限公司区域运营部主任
张绍银　沈阳市规划设计研究院总建筑师
滕建民　沈阳出版发行集团沈阳出版社质量管理中心主任
夏立新　辽宁大学教务处处长
栾好利　沈阳工程学院教务处处长
孙钢强　沈阳橡胶研究设计院有限公司总工程师
许　明　沈阳市第四医院介入科主任
王　伟　沈阳市口腔医院医生
王耀光　沈阳市急救中心副主任
徐宁旗　沈阳市疾病控制中心医生
张　勇　沈阳市第二中学体艺中心主任
李欣欣(女)铁西区启工二校校长
孙　萍(女)东北大学文法学院院长
苏振敏(女)东北育才学校工会主席
赵冰梅(女)沈阳航空航天大学马克思主义学院院长
胡　静(女)沈阳市青少年教育保护办公室书记
孙丽娜(女)沈阳大学环境学院院长
付丽君(女)辽中县教育局工会主席
王　楠(女)东软集团股份有限公司高级副总裁
张　丹　沈阳市汽车工程学校校长
董艳红(女)沈阳市中心血站站长
张志刚　沈阳市外事服务学校党委副书记、纪委书记
胡显伟　沈阳市化工学校校长
黄彦红(女)沈阳市妇女儿童保健中心主任
郯　波　沈阳市骨科医院院长
陈　耀　沈阳市精神卫生中心院长
吕晓东(女)辽宁中医药大学副校长
樊　杰　沈阳广播电视大学副校长
刘万芳　辽宁医药职业学院党委书记
邵春岩　沈阳环境科学研究院院长
张黎明　沈阳职业技术学院院长
阎　波(女)沈阳市第九人民医院院长
刘左威(女)沈阳市房地产交易资金管理有限公司结算部部长
姜会洪　沈阳市城市管理沈河综合监管中心监察一科科长
王丽秀(女)沈阳天益巴士有限公司158车队队长
董　辉(女)沈阳燃气有限公司大东营业分公司经营管理员
姚志刚　沈阳市中华劳模出租汽车有限公司驾驶员
刘　爽　沈阳地铁集团有限公司工程二处处长
高安培　中建二局建筑工程(辽宁)有限公司沈阳裕景项目部工程师
慈　君　沈阳安运公共交通有限公司111线路驾驶员
石永军　沈阳市北陵公园管理中心门票服务部陵寝收票班班长
杨　凯　沈阳燃气有限公司沈河营业分公司经营管理员
王雪松　沈阳市交通驾驶人培训有限公司教练员
李小冬　中建三局东北公司沈阳恒隆市府广场项目部经理
杨丽丽(女)沈阳客运集团公司黄河公共汽车分公司210车队驾驶员
唐元鹏　中建二局建筑工程(辽宁)有限公司沈阳盛京项目部生产经理
周　岩　沈阳炼焦煤气有限公司化工车间助理
吕太兵　沈阳燃气有限公司铁西营业分公司售后服务员
魏阿姝(女)国电东北环保产业集团有限公司沈水湾污水处理厂厂长
陈铁人　国网辽宁省电力有限公司沈阳供电公司工会主席
赵一哲　沈阳市城市建设项目办公室主任
陈　勉　沈阳热电厂副厂长
万木林　国电沈阳热电有限公司纪委书记、工会主席
丁玉松　沈阳市建设工程质量监督站站长
韩　伟　沈阳市交通局大东分局局长
杨　丹(女)沈阳市市政工程养护管理处党委书记、主任
宋金城　沈阳市排水管理处党委书记

胡中兴 中冶东北建设发展有限公司董事长、党委书记
许进新 沈阳市房产局宣传教育处处长
陈 阳 沈阳水务集团有限公司董事长、党委书记
石国琦 沈阳市城乡建设委员会城市建设处处长
刘 萍(女) 沈阳市道路运输管理处处长
吴红军 沈阳市和平区房屋维修服务中心工人
李管日 沈阳市城市管理行政执法局和平分局浑河站西勤务区副调研员
张秀兰(女) 沈阳市和平区新华街道丰泽社区党委书记
陈 莹(女) 沈阳市和平区太原街社区卫生服务中心主任
司 弋 沈阳市和平区城市管理局园林绿化监管所工程师
贾金金 沈阳市和平区发展和改革局主任科员
王 颖(女) 沈阳铁路实验中学校长
赵伟新(女) 沈阳市和平区市场监督管理局机关党委副书记
项容新 沈阳市和平区太原街街道办事处城市管理科科长
王晓磊 沈阳市和平区委宣传部国防教育动员办公室主任
王洪波 沈阳市和平区土地房屋征收管理办公室法规信访科科长
梁桂民 沈阳市和平区人民检察院反贪污贿赂局副局长
王树仁 沈阳市和平区国家税务局副局长
吴健芝(女) 新世界(沈阳)房地产开发有限公司常务副总经理
周继东 华润辽宁医药有限公司副总经理
李 蔷(女) 沈阳市公安局和平分局指挥中心主任
哈 毅 沈阳市和平区地方税务局副局长
杨志刚 沈阳市沈河区环境卫生汽车队副队长
王占峰 沈阳夏云龙房屋修缮有限公司电工
刘英君(女) 沈阳市地税局金融商贸开发区分局综合一科科长
彭 凯 沈阳萃华金银珠宝股份有限公司沈河萃华金店设计部主管
郑 秀(女) 沈阳市沈河区风雨坛街道永环社区委员会党委书记
刘春丽(女) 沈阳市回族小学校长
王 娟(女) 沈阳市沈河区五里河街道文翠社区委员会党委书记
陈建国 沈阳市沈河区大南街道红巾社区委员会党委书记
侯 珺(女) 沈阳市沈河区地方税务局人事教育科科长
刘晓东 沈阳市沈河区国家税务局机关党委办公室主任
缪志刚 沈阳市公安局沈河分局警务保障室副主任
周丽艳(女) 沈阳市实验学校党总支书记
王 浩 沈阳市第七中学副校长
赵 新 沈阳市沈河区建筑市场管理办公室主任
臧 勇 沈阳市沈河区中医院院长
孔艳杰(女) 沈阳仁济医院院长
于 淼 沈阳市沈河区人民法院副院长
朱国平 中国平安财产保险股份有限公司辽宁分公司总经理
王有志 沈阳市沈河区民政局局长
杨澍熙 沈阳澍熙航空服务有限公司董事长
林 菁(女) 辽宁建设安装集团有限公司荣帮分公司办公室行政专员
刘 越 沈阳安运出租汽车有限公司驾驶员
郭向斌 沈阳市政集团有限公司沈铁改扩建工程项目指挥部施工班班长
李爱军(女) 沈阳市铁西区贵和街道广场社区党委书记
李 莉(女) 沈阳市铁西区物业管理行业工会联合会工会主席
周 辛 沈阳市公安局铁西分局消防科警员
门长杰(女) 沈阳市铁西区信访局办公室副主任
张吉新 沈阳市铁西区兴顺小学校长
蔺 军(女) 沈阳市铁西区民政局民间组织管理办公室主任
金珂华(女) 沈阳市铁西区市场监督管理局人事编制科科长
高 飞 沈阳市铁西区外经贸局外企科科员
王中武 沈阳市铁西区地方税务局管理科专管员
姜晓明 沈阳市铁西区机关工委工会主席
郭连锋 沈阳市城市管理行政执法局铁西分局综合办公室主任
葛晓莉(女) 沈阳市铁西区中心医院院长
常宝全 沈阳市铁西区城市管理局党委书记、局长
董伯杰 沈阳市铁西区笃工街道办事处党委书记
石东生 沈阳低压开关有限公司董事长
刘 刚 沈阳市第120中学校长
吴振馥(女) 沈阳市皇姑区华山街道办事处汇宝社区委员会主任
陈素琴(女) 沈阳市皇姑区驻京招商代表处主任
阎俊兰(女) 沈阳市皇姑区人民法院民三庭审判长
唐艳秋 沈阳市防锈包装有限公司技术中心副主任
李燕沈 辽宁冠佳律师事务所律师
宋 丹(女) 沈阳美德因妇儿医院有限公司妇产科主任
宋 旗 乐天百货(沈阳)有限公司行政部总监
尚洪洋(女) 沈阳锋尚物业管理有限公司客服部经理
李 健 沈阳市公安局皇姑分局交通管理科科长
赵云鹏 沈阳市皇姑区信访工作联席会议办公室办公室主任
石浩然 沈阳市皇姑区金融和国资办公室国资科科长
那 薇(女) 沈阳市皇姑区牙病防治所所长
穆 睿 航空航天工业部第六O一研究所机械厂厂长
杨凤翔 沈阳市城市管理行政执法局皇姑分局局长
金 哲 中共沈阳市皇姑区委老干部局局长
贾洪扬(女) 沈阳市大东区尚品学前教育集团幼儿园园长
车 军 沈阳市大东区工业经济资产经营有限公司工作人员
邵新力(女) 沈阳市大东区青少年教育办公室主任
岳春峰 沈阳市第一中学校长
张 旭(女) 沈阳市大东区二〇二小学校长
侯方伟 沈阳市大东区城管局大东公园工人
杨维毅 沈阳帕卡濑精有限公司技术部钢铁项目组副课长
赵志闯 沈阳天江老龙口酿造有限公司酒文化博物馆副馆长
田立生 沈阳一欧盟经济开发区管委会财政局资金核算科科员
高士庆(女) 沈阳市大东区洮昌街道办事处工会副主席
刘柏宏(女) 沈阳市大东区津桥街道办事处工会副主席

林　伟(女) 沈阳市大东区人力资源和社会保障局企业职工管理服务中心主任
武佳红(女) 沈阳市大东区辽沈街第二小学校长
王　飚 沈阳市大东区人民检察院反贪污和贿赂局局长
李宏伟 沈阳市公安局大东分局副局长
白克一 沈阳市大东区大北街道办事处党工委书记
李　坚 沈阳市大东区卫生和计划生育局局长
丁树贤 沈阳市地方税务局直属分局局长
袁　斌 沈阳市浑南区嘉华学校校长
胡　涛 沈阳市浑南区五三街道嘉华社区居民委员会党总支书记
张　爽(女) 沈阳沈抚新城管理委员会党群办公室主任科员
李　岩 沈阳亨通光通信有限公司办公室主任
陈春龙 沈阳浑南热力有限责任公司电气车间主任
王秋艳(女) 沈阳市浑南新区小非公企业联合工会委员会工会副主席(职业化工会干部)
张怀东 沈阳芯源微电子设备有限公司产品设计部部长
王春芳(女) 东北育才幼儿园园长助理
陈　东 沈阳浑南国际新兴产业园区管理委员会城管一处二科科长
赵　伟 沈阳市地方税务局高新技术产业开发区分局计划财务科科长
李忠彦 沈阳国家大学科技城管理委员会征收服务中心遗留工作组组长
王学中 沈阳市公安局浑南分局副局长
王军海 沈阳卡多儿童娱乐有限公司副总经理
陈国福 沈阳市浑南区农民工维权中心主任
范黎霞(女) 沈阳高压成套开关股份有限公司数控车间主任
何乃愚 沈阳深国际综合物流港置业有限公司物流港项目经理
曹福军 沈阳市于洪区精神文明建设办公室指导科副主任科员
刘　浩 沈阳市于洪区主城行政商务经济区管委会招商中心主任(政府雇员)
黄　杰(女) 沈阳市于洪区中心敬老院服务部工作人员
郭雪颖(女) 沈阳市于洪区迎宾路街道沈新路社区居民委员会党委书记、主任
何连海 沈阳市于洪区马三家街道办事处第二征收组组长
李　刚 沈阳市于洪区大兴朝鲜族乡卫生院医生
尚德一(女) 沈阳市于洪区沙岭九年一贯制学校校长
刘　海 沈阳娃哈哈饮料有限公司总工程师
詹力彦(女) 沈阳市于洪区人民法院小额速裁庭副庭长
杨成虎 沈阳市于洪区迎宾路街道办事处党工委书记
肖　洋 沈阳市苏家屯区地方税务局征收科副科长
李江涛 沈阳市第三十中学校长
谭井刚 沈阳市苏家屯区交通局公路管理处工程公司经理
赫国娟(女) 沈阳市苏家屯区市场监督管理局财务管理科科长
张锡伶 沈阳市苏家屯区塔山公墓护林员
韦翠玲(女) 辽宁雪松医药连锁有限公司雪松站前大药房药师
邓丽萍(女) 沈阳礼拜天食品有限责任公司企管部部长
吴小平(女) 沈阳耘垦牧业有限公司屠宰食品加工车间品控员
邓　楷 沈阳绿生源农副产品有限公司企划部部长
李秀梅(女) 沈阳市苏家屯区总工会权益维护部部长
佟宏恩 沈阳市公安局苏家屯分局副局长
徐铁兵 沈阳市苏家屯区妇婴医院院长
倪旭太 国网沈阳苏家屯区供电公司经理
蔡建东 沈阳市沈北新区公安分局维稳办副主任
李庆珍 沈阳市沈北新区虎石台环卫所所长
吴振时 沈阳市沈北新区辉山街道森林里社区主任
董亚光 沈阳燕京啤酒有限公司生产质量科科长
韩雪森 辽宁苏泊尔卫浴有限公司总装车间机抛段班班长
李学兵 沈阳晨讯希姆通科技有限公司生产车间主任
李乾成 国网辽宁省电力有限公司沈北新区供电分公司高新开发区供电所所长
战　捷(女) 沈阳市蒲河新城国家税务局人事教育科科长
朱晓光 沈阳市沈北新区人民法院虎石台法庭庭长
王绍龙 沈阳市沈北新区中心医院院长
原国锋 沈阳沈北新城管理委员会副主任
李顺达 沈阳市沈北新区市场监督管理局局长
成树江 新民市人民医院副院长
赵治业 沈阳天维电气设备制造有限公司铆焊车间主任
林　枫 新民市第一初级中学教师
李井明 新民市信访局接访科科长
林　宇 新民市公安局巡特警大队大队长
徐　波 双鹤药业(沈阳)有限责任公司动力组组长
王淑红(女) 沈阳东新药业有限公司财会科科长
金荣贵 新民市住房和城乡建设管理局局长
李振华 新民市公路管理处主任
周成双 新民市环境卫生管理处副主任
郭晓彤(女) 沈阳三农博览园有限公司副经理
霍光煜 沈阳辽冶重工机械制造有限公司二车间主任
田海艳(女) 沈阳四兄弟肥业有限公司工会主席(职业化工会干部)
赵福忠 辽宁远通物流有限公司维修车间主任
陈　波(女) 辽中县人民医院心内科主任
张海丰 辽中县农民工维权中心工作人员
李洪杰(女) 辽中县审计局审计一科科长
蔡锡龙 辽中县刘二堡镇人民政府文化站站长
闵春景 辽中县教育局人事科科长
张英利 辽中县公安局巡特警大队教导员
吴宝祥 辽中县民政局局长
王鸿钧 辽中县交通局公路管理处副处长
李晓峰 沈阳市辽中电器安装有限责任公司经理
迟少光 沈阳天阔新城房地产开发有限公司天阔湖畔新城项目总工程师
李　岩 辽宁安佑生物科技有限公司销售员
肖红军 沈阳王者陶瓷有限公司办公室工作人员
孙栢玲(女) 法库县中心医院检验科医生
邵丽萍(女) 法库县太阳升小学校长
侯红军 法库县公安局团结派出所民警
钱廷立 法库县地方税务局副主任科员
杨　风 法库中贸置业有限公司董事长

周仁芳　　沈阳时代塑编包装有限公司缝纫车间主任
王战峰　　辽宁凌勃防腐工程科技有限公司生产车间主任
梁振宝　　康平县郝官屯九年一贯制学校校长
孟庆平　　康平县农业技术推广中心推广站副站长
范淑艳(女)康平县总工会财务部部长
马翠芳(女)康平县妇幼保健计划生育服务中心副主任
马　明　　康平县人力资源和社会保障局局长、党委书记
李雪波　　康平县地方税务局工会主席
刘志琼(女)康平县人民医院党委副书记、纪委书记、工会主席
刘乃明　　沈阳中光电子有限公司第一事业部生产二部23生产Team长
梁贵钰　　沈阳远大铝业工程有限公司东北分公司生产部工人
辛德铮　　可口可乐辽宁(北)饮料有限公司行政部行政专员
路　伟　　安斯泰来制药(中国)有限公司工务部设备专员
刘少华(女)沈阳经济技术开发区城管服务中心环卫所扫保队队长
王　英(女)沈阳经济技术开发区人民法院行政庭审判员
贺小天　　中法沈阳生态城投资促进局副局长
赵万久　　沈阳经济技术开发区行政审批局建设管理审批办主任
雷　震　　沈阳经济技术开发区行政执法局执法大队大队长
韩　旭　　沈阳市检察院反贪局侦查一处主任科员
刘小钊(女)沈阳市人力资源和社会保障局就业促进处主任科员
王金一　　沈阳市机关事务管理办公室主任科员
佟　玥　　共青团沈阳市委员会宣传部主任科员
丁为国　　沈阳广播电视台播音指导
郭志英(女)沈阳广播电视台总监
李　燕(女)沈阳地铁集团有限公司工会干事、沈阳市乒乓球协会秘书长
孟凡彪　　沈阳市中级人民法院法警支队副支队长
李振勇　　沈阳日报社编委
孙　菲(女)沈阳市地方税务局社会保险费处副处长
金丽华(女)沈阳市人民政府办公厅流通处调研员
陈宝峰　　中共沈阳市委政法委员会综治四处副处长
曲国平　　沈阳市农经委农村经营管理总站站长
李晓华　　沈阳市安全生产监督管理局安全生产监察支队支队长
文　勇　　沈阳市发改委办公室主任
李　群　　沈阳市国家安全局一处处长
冯　新(女)沈阳市工商局机关党委专职副书记
陈景江　　中共沈阳市委政法委员会办公室主任
陈宝生　　沈阳市服务业委员会市场建设处处长
刘　辉(女)沈阳市对外贸易经济合作局外企处处长
魏冬梅(女)中共沈阳市委政研室经济处处长
朱松涛　　沈阳市编制委员会办公室秘书处处长
张月杰(女)沈阳市总工会经审办公室主任
刘莹光　　沈阳市财政局副局长
马　征　　沈阳市经济和信息化委员会技术改造基金办公室主任、沈阳市利用世界银行贷款工业项目办公室副主任
宋坤赤　　沈阳市人民政府法制办公室副主任
赵　晖(女)沈阳市互联网信息办公室专职副主任
卜　海　　沈阳市地方税务局副局长
王　茹(女)沈阳市地方税务局税源管理处处长
范振全　　沈阳市食品药品监督管理局法制处处长
苗立义　　沈阳市委统战部办公室主任
刘庚杰　　沈阳市精神文明建设办公室主任
吴铁汉　　沈阳市政务服务管理办公室政务公开处处长
刘碧颖(女)沈阳市社会科学界联合会办公室主任
吕　辉(女)沈阳市经济和信息化委员会机关党委专职副书记、机关纪委书记、机关工会主席
梁　威　　沈阳市信访局纪检组长
李树斌　　沈阳市信访局综合处处长
何　申　　沈阳市总工会劳动保护部部长
孟宪杰　　中共沈阳市直属机关工作委员会副书记、纪工委书记
王纪海　　沈阳储运集团有限公司第一分公司职员
李艳萍(女)沈阳惠天热电股份有限公司党委副书记
常　威　　沈阳华海房屋开发有限公司董事长
王　迪　　沈阳市回龙岗革命公墓殡仪火化工
胡有升　　沈阳市民政局双拥工作领导小组办公室主任
吴　震　　沈阳市公安局沈河分局万莲派出所所长
岳　鹏　　沈阳市公安局刑事侦查局有组织犯罪侦查大队一队队长
李　明　　沈阳市第一看守所管教大队大队长
潘桂忠　　沈阳市公安局指挥中心指挥室指挥二科科长
刘力佳(女)沈阳市公安局交通警察支队女子特勤大队二中队副中队长
唐丹凤(女)沈阳市公安局社区警务支队四大队大队长
赵振金　　沈阳市公安局沈北新区分局巡警大队副大队长
程云志　　沈阳市公安局于洪分局北李官警务工作站站长
卢东巍　　沈阳市公安局警务督察支队一大队大队长
关　健　　沈阳市公安局和平分局西塔派出所所长
朱振峰　　沈阳市公安局指挥中心调研三科科长
马立新　　沈阳市公安局国内安全保卫支队副支队长
张汉志　　沈阳市康家山监狱监狱长
付　智　　沈阳市司法局戒毒工作管理处处长
李燕姬(女)沈阳市城市管理行政执法局政策法规处主任科员
刘　英(女)沈阳电影有限公司董事长、党委书记、总经理
傅宏宁　　沈阳市农民工维权中心主任
王　硕　　沈阳世润重工有限公司数控车间数控工
李月英(女)沈阳金飞马制漆有限公司生产副总经理
梁东升　　沈阳市啊美丽餐饮公司凌空分店店长
孟庆君　　辽宁辉山乳业集团运营中心项目部工程师
顾慧良　　中国联合网络通信有限公司沈阳市分公司工会副主席
马　超　　北方重工集团有限公司金属结构分公司组焊四班班长

车欣嘉　沈阳机床(集团)有限责任公司工会主席
赵　伟　沈阳市和平区酷发美发美容工作室南五马路店店长
于东云(女)沈阳三新实业有限公司副总经理
张凤滨　沈阳市总工会保障工作部部长
徐　成　沈阳盛纳机械制造有限公司总经理
李永强　沈阳延锋江森座椅有限责任公司总经理
马孝慈　沈阳孝慈餐饮管理有限公司总经理
隋巍巍(女)沈阳市浑南区高坎镇老隋饭店店长
王阳硕　新民市柳河沟镇滕甲河村农民
巩元忠　新民市公主屯镇安乐村农民
赵红梅(女)新民市于家窝堡乡彰武台门村农民
贺宝崑　新民市张家屯镇柴家窝堡村党支部书记
张德义　新民市兴隆堡镇晏海营子村党支部书记
赵福华　新民市周坨子镇大坨子村党支部书记
白兴武　新民市法哈牛镇桲林子村农民
于东霞(女)辽中县茨榆坨镇三委农民
李金辉　辽中县牛心坨镇姜家村农民
刘　勇　辽中县刘二堡镇高登堡村农民
陈长发　辽中县六间房镇六间房村党支部书记
李清春　辽中县潘家堡镇长岗子村党支部书记
边　防　辽中县大黑岗子村东于村党支部书记
何永刚　法库县秀水河子镇喇嘛营村党支部书记
孔令侠(女)法库县和平乡曹四家子村党支部书记
李　岩　法库县依牛堡子镇依牛堡子村农民
陈　权　法库县卧牛石乡苇子沟村农民
刘树武　沈阳市法库县秀水河子镇高三家子村农民
赵井富　康平县二牛镇李家村农民
冯喜春　康平县海州乡袁家村农民
赵　龙　康平县东升乡东升村党支部书记
杨友加　康平县小城子镇富裕村党支部书记
刘宝财　沈阳市浑南区佟家峪社区党支部书记
孙永江　沈阳市浑南区汪家街道小深井子社区党支部书记兼主任
陈秀丽(女)沈阳市浑南区祝家街道常王寨村农民
张桂华(女)沈阳市浑南区祝家街道段家沟村农民
沈启尚　沈阳市苏家屯区林盛街道吉祥屯村党支部书记
刘东仁　沈阳市苏家屯区十里河街道三洪村党支部书记
宋庆良　沈阳市苏家屯区八一街道来胜堡村党支部书记
王　震　沈阳市苏家屯区沙河街道三道岗子村党支部书记
刘玉石　沈阳市沈北新区石佛寺街道办事处孟家台村党支部书记
费志洋　沈阳市沈北新区黄家街道办事处腰长河村主任
潘莲香(女)沈阳市沈北新区尹家街道办事处尹家社区农民
鲍晓坤　沈阳市于洪区光辉街道集体村党支部书记
郭桂敏(女)沈阳市于洪区北陵沙河子村农民
马　勇　沈阳市铁西区新民屯镇前村农民
张　健　沈阳市铁西区大潘镇大潘村农民
王喜奎　沈阳市和平区长白街道沙岗子社区农民
冯德刚　沈阳市大东区文官街道办事处朱尔村党支部书记

沈阳市先进单位

沈阳金杯江森自控汽车内饰件有限公司
辽宁成大生物股份有限公司
易讯科技股份有限公司
辽宁大唐国际法库风电有限公司
盛京银行股份有限公司
中国沈阳国际经济技术合作有限公司
中国医大附属盛京医院
沈阳广播电视大学
沈阳铸造研究所
沈阳体育学院
中国电子科技集团公司第四十七研究所
沈阳市房地产交易资金管理有限公司
沈阳浑南水务集团有限公司
沈阳市中华劳模出租汽车有限公司
沈阳市和平区政务审批服务局
沈阳市和平区科学技术局
沈阳市沈河区大西街道办事处
沈阳市沈河区房产局供暖公司
沈阳市铁西区启工街道办事处
沈阳市铁西区土地房屋征收管理办公室
沈阳市铁西区西三环街道办事处
沈阳经济技术开发区建设局
沈阳市皇姑区市场监督管理局
沈阳市皇姑区文体广电新闻出版局
沈阳市大东区小东街道办事处
沈阳市大东区审计局
沈阳浑南国际新兴产业园区管委会电子商务产业促进办公室
沈阳市公安局浑南分局五三派出所
沈阳市于洪区北陵街道办事处
沈阳市于洪区教育局
沈阳市苏家屯区政务服务管理办公室
沈阳市苏家屯区审计局
沈阳市沈北新区经济贸易合作局
新民市民政局
新民市新农村乡人民政府
辽中县满都户镇人民政府
沈阳通用航空产业基地管理委员会
法库县住房和城乡建设管理局
康平县公安局
沈阳市体育局
沈阳市国家税务局
沈阳市总工会兴城温泉疗养院
沈阳市残疾人联合会
沈阳市保安服务公司
沈阳市公安局交通警察局
沈阳故宫博物院
新民市新农村乡靠山屯村
辽中县城郊镇卡北村村民委员会

法库县孟家镇凤岐堡村
康平县郝管屯镇刘家屯村

沈阳市先进集体

中航工业沈阳飞机工业(集团)有限公司十四厂三单元方文墨班
沈阳黎明航空发动机(集团)有限责任公司发动机装配厂
中车沈阳机车车辆有限公司落成分厂检修制动组装工段检修制动组装班
中国航空工业集团公司沈阳发动机设计研究所预先研究总体设计部
中国联合网络通信有限公司沈阳市分公司网络优化中心
中国移动通信集团辽宁有限公司沈阳分公司工程建设部
沈阳航天三菱汽车发动机制造有限公司维修工段
中航沈飞民用飞机有限责任公司零件制造中心复材班组
国电康平发电有限公司设备管理部机控班
中国邮政集团公司沈阳市分公司建设大路邮政支局
沈阳造币有限公司模具设计制作中心
中国能源建设集团东北电力第一工程有限公司国际工程分公司
北方重工集团有限公司盾构机分公司
华晨中华汽车公司总装车间调试班
特变电工沈阳变压器集团有限公司技术中心设计一部
沈阳化工股份有限公司聚氯乙烯分厂聚合工段
沈阳同联集团有限公司沈阳抗生素厂供热公司检修一班
红塔辽宁烟草有限责任公司沈阳卷烟厂制丝车间
沈阳第一机床厂数控车床加工线生产单元涂装工段喷漆班组
华润雪花啤酒(辽宁)有限公司酿造车间
中国有色(沈阳)冶金机械有限公司起重设备制造部金属结构车间
沈阳鼓风机集团股份有限公司结构车间
华晨宝马汽车有限公司铁西车身车间
上汽通用(沈阳)北盛汽车有限公司南厂总装车间返修工段
东北制药集团股份有限公司工程项目部
中国银行股份有限公司沈阳分行营业部
交通银行辽宁省分行沈阳北陵支行
盛京银行股份有限公司沈阳市东陵支行
中兴—沈阳商业大厦(集团)股份有限公司客户接待中心
沈阳商业城股份有限公司防损部
沈阳市金融护卫中心六大队驻华夏银行沈阳分行中队
沈阳兴隆大天地购物中心有限公司手机部
沈阳大东兴隆百货有限公司黄金屋
沈阳东副超市有限公司收银班
沈阳麦当劳(餐厅食品)有限公司沈阳麦麦义工团
东北大学理学院
沈阳农业大学畜牧兽医学院
中国医科大学附属第一医院检验科
沈阳工业大学机械工程学院
辽宁中医药大学重大科研平台
沈阳师范大学图书馆
沈阳航空航天大学辽宁通用航空研究院
沈阳医学院附属第二医院超声电诊科
沈阳铝镁设计研究院有限公司科技管理部(研发中心)
沈阳市新华书店马路湾书店
沈阳化工研究院有限公司测试评价中心
沈阳市卫生局卫生监督所
沈阳市东陵公园管理中心消防大队
沈阳市建设工程安全监督站
沈阳道路运输主枢纽信息调取指挥中心交通服务热线管理中心
沈阳世创工程集团有限公司康法项目部
中国中铁航空港建设集团有限公司沈阳地铁项目部
沈阳炼焦煤气有限公司化工车间鼓冷工段
中建一局(集团)有限公司东北区域公司技术部
中建二局建筑工程(辽宁)有限公司沈阳盛京金融广场项目部
中建七局第一建筑有限公司沈阳国瑞城C地块住宅一期项目部
中冶东北建设(沈阳)工程技术有限公司沈阳南站项目部
沈阳市和平区教师进修学校中学教研室
沈阳市和平区中医院中医儿科
沈阳市和平区沈水湾街道滨河湾社区
沈阳梧桐谷创业投资管理有限公司运营部
瑞华会计师事务所(特殊普通合伙)辽宁分所审计部
沈阳市和平区南市场街道鲁园社区
沈阳德氏冷饮食品有限公司沈河分公司冷饮车间
中共沈阳市沈河区委沈阳市沈河区人民政府信访局全社会调解科
沈阳市沈河区市民公共服务中心受理派遣科
沈阳市沈河区丰乐街道办事处溪林社区委员会
沈阳市沈河区山东庙街道办事处三八南社区委员会
沈阳市沈河区环境卫生汽车队清运组
沈阳金谷商业经营管理有限公司物业服务班组
东北金城建设股份有限公司第三分公司钢筋班组
辽宁鑫迪汽车销售服务有限公司钣金组
沈阳市铁西区精神文明建设办公室
沈阳市铁西区国家税务局办税服务厅
沈阳市铁西区人民法院刑事审判庭
沈阳市铁西区文体局文化馆
沈阳市公安局皇姑分局便衣警察大队
沈阳市皇姑区中心医院内科病房
沈阳市城市管理行政执法局皇姑分局建筑市场大队
大商集团沈阳千盛百货购物中心有限公司保养科
沈阳生鲜物流配送中心市场有限公司市场管理部
沈阳纳维科技有限公司研发部
沈阳市大东区财政局预算科
中共沈阳市大东区防范和处理邪教问题领导小组办公室
沈阳市公安局大东分局大北派出所
沈阳北方建设股份有限公司鼎裕环保建材装配车间
沈阳黎明国际酒店管理有限公司黎明国际酒店宴会厅服务班组

沈阳帕卡濑精有限公司技术部
沈阳森林动物园管理有限公司饲料配给中心
沈阳国家大学科技城管理委员会综治信访维稳中心
沈阳全密封变压器股份有限公司生产部
沈阳航天新光汽车零部件有限公司铸造工段浇注班组
奥维通信股份有限公司后勤服务部
沈阳京东世纪贸易有限公司财务部
沈阳市于洪区市政设施管理处排水队
沈阳市于洪区政务服务管理办公室政务服务中心
沈阳旺旺食品有限公司米果班组
大商集团沈阳于洪新玛特购物休闲广场有限公司物业部
沈阳市苏家屯区国税局政策法规科
沈阳市苏家屯区湖西街道金山社区
新生活集团(中国)有限公司支援部
沈阳金山能源股份有限公司金山热电分公司发电部运行五值
辽宁辉山乳业集团(沈阳)有限公司设备部
上海德尔福汽车空调系统有限公司沈阳分公司 D2XX 项目团队
沈阳市地方税务局蒲河新城分局管理科
沈北新区项目管理服务办公室项目办
新民市公安局城区东南公安派出所
沈阳三九药业有限公司精制一班组
新民兴隆百货有限公司黄金屋班组
新民市新柳街道铁北社区
沈阳世润重工有限公司七号车间
沈阳市艾克电缆有限公司技术中心
辽中县农业技术推广中心土肥站
辽中县市政工程管理处管井清掏队
法库县环境保护监测站
法库县广播电视局制作部
法库县市场监督管理局注册科
法库县人民法院立案一庭
康平县人民医院检验科
康平县地方税务局计划征收科
康平县林业局造林科
沈阳众诚建设集团有限公司工程管理部
中法(沈阳)生态城余粮征收组
中德(沈阳)高端装备制造产业园大潘南区土地征收组
泰豪沈阳电机有限公司机加分厂铆焊班组
普利司通(沈阳)轮胎有限公司制造五课成型胶囊工序组
中共沈阳市委组织部组织一处
中共沈阳市委党校法学教研部
沈阳广播电视台新闻频道
沈阳市人民政府办公厅文电处
沈阳市统计局工业统计处
沈阳市文学艺术界联合会《芒种》杂志社
中共沈阳市委督查室
沈阳市煤气总公司“宋娜热线”班组
沈阳惠涌供热有限责任公司经营收费公司
沈阳演艺集团儿童剧剧组
沈阳市群众艺术馆文艺部
沈阳市儿童福利院教务科
沈阳市军队离退休干部陵西服务管理中心组织宣传科
沈阳市公安局沈河分局万莲派出所
沈阳市公安局刑事侦查局有组织犯罪侦查大队
沈阳市公安局监管支队第一看守所管教大队
沈阳市司法局人事编制处(警务处)
沈阳市东陵监狱一监区
沈阳市城市管理行政执法局直属四支队
沈阳市城市管理行政执法局直属二支队一大队
沈阳市东陵区春勇轩农机专业合作社
沈阳市苏家屯区贵和果树种植专业合作社
沈阳市沈北新区冬林农机专业合作社
沈阳市富成蔬菜种植专业合作社

中国青年“五四”奖章

洪家光	沈阳黎明航空发动机(集团)有限责任公司首席技能专家

辽宁青年“五四”奖章

王　欢	沈阳市铁西区兴工四校副校长
江　菲	沈阳市皇姑区利州社会工作服务中心主任

辽宁“五四”荣誉奖章

魏　彬	沈阳市发展和改革委员会社会发展处处长

沈阳市“五四”奖章

沈阳十佳青年道德模范

万传琦	无
车　敏	沈阳医学院附属中心医院手外一科主治医师
杨　琳	沈阳市和平区南站社区卫生服务中心业务院长
苏文淇	沈阳市汽车工程学校教师
努尔麦麦提·吐尔孙	沈阳建筑大学材料科学与工程学院学生
张杭州	中国医科大学附属第一医院医生
张雪松	沈阳市外事服务学校高级讲师
柴　宇	沈阳农业大学工程学院党委副书记、副院长
阎敏娜	辽宁省乒乓球羽毛球运动管理中心教练员
雷　方	沈阳市儿童福利院医务科副科长

沈阳十佳青年企业家

王惠东 沈阳联汇不锈钢商行总经理
刘 飞 启点创客基地(沈阳道源科技有限公司)副总经理
任大勇 沈阳李尔汽车系统有限公司总经理
朱晓冬 沈阳新华购书中心有限责任公司董事长、总经理
李长清 沈阳玫瑰大酒店有限公司董事长、总经理
宋宏宇 沈阳市浩鸣包装印刷有限公司董事长
段 杰 沈阳威云果品有限公司总经理
赵海涛 辽宁源味生态牧业有限公司董事长(法人)、沈阳耘垦牧业有限公司总经理
崔 萌 沈阳安邦海得食品配送有限公司总经理
寇有良 金柏生态环境股份有限公司董事长

沈阳十佳青年卫士

马旭峰 中航工业沈阳发动机设计研究所信访办干事
何 壮 沈阳市大东区国家税务局政策法规科科长
张 伟 沈阳市和平区人民法院审判员、机关团委书记
宋 建 沈阳市财政局行政政法处副处长
张昆伦 沈阳市人民检察院监所检察处检察员
张忠星 沈阳市中级人民法院少年及家事案件审判庭审判员
张德四 沈阳市地方税务局人事处主任科员
季 斌 中共沈阳市委政法委综治办综治一处主任科员
胡 波 沈阳市公安局特警支队一大队副大队长
赵振宇 沈阳市文化市场行政执法总队指挥中心副主任

沈阳十佳青年岗位能手

王伊卓 沈阳市图书馆外借部主任
孙 明 沈阳飞机工业(集团)有限公司十七厂数控车工
孙长远 中建二局东北分公司第十七项目部党支部书记
朱米娜 沈阳住房公积金管理中心大东管理部副主任
宋 阳 沈阳市工商局市场规范管理处主任科员
杨 颖 沈阳—欧盟经济开发区管委会招商一局局长
张一帆 沈阳广播电视台交通广播主持人
姚 品 中国医科大学附属盛京医院门诊部主任、超声科主治医师
董 明 沈阳机床股份有限公司沈一车床厂工艺员
董 鑫 沈阳鼓风机集团股份有限公司设计院项目开发设计室主任

沈阳市十佳农村青年致富带头人

丁 杰 沈阳市辽中县益农蔬菜专业合作社理事长
马 勇 沈阳市铁西区前村勇闯农机专业合作社、家庭农场理事长
孙 亮 沈阳水务集团康平自来水公司党总支书记、常务副经理
刘 敏 辽宁圣迹山畜牧有限公司董事长
牟仁春 沈阳市浑南区众志成农民专业合作联社理事长
陈 卓 新民市福德蔬菜种植专业合作社副理事长
张丽丽 沈阳市辽蔬种植专业合作联社党支部书记
苏芳莉 沈阳农业大学教授、国家林业局生态站副站长
季秀丽 沈阳市康平县兴果花生专业合作社理事长
潘福超 沈阳市苏家屯区陈相街道胡老花卉基地花之缘种植园经理

沈阳十佳青年创业标兵

马大伟 沈阳示剑网络科技有限公司总经理
马孝慈 沈阳孝慈餐饮管理有限公司总经理
王胜君 沈阳熹诺农业科技有限公司总经理
田春雨 沈阳市康平县海洲乡小雨家庭种植农场法人
刘洪伟 沈阳东深科技有限公司 CEO
张 波 沈阳西利奥布科技有限公司总经理
李洪博 沈阳成阳科技研发有限公司总经理
尚洪洋 沈阳锋尚房产代理有限公司总经理
祝 刚 沈阳小黄牛网络科技有限公司董事长
赵 敏 沈阳禾农农业科技开发有限公司总经理

沈阳十佳青少年思想道德建设工作者

付 佳 沈阳市辽中县满都户九年一贯制学校大队辅导员
白晓微 沈阳音乐学院艺术学院团委书记
闫 研 东北大学团委书记
刘 鑫 沈阳工程学院电力学院辅导员
杨 军 沈阳市实验学校小学部副校长
张 雨 沈阳师范大学团委宣传统战部、综合事务部部长
周 健 辽宁中医药大学团委书记
段晋娜 沈阳儿童活动中心办公室主任
郭艳玲 沈阳市于洪区杨士中心小学副校长
寇福生 沈阳建筑大学团委书记

沈阳十佳社会公益青年

王博宇 辽宁大学学生
刘佳颖 沈阳建筑大学学生
陈 剡 东北大学学生
陈岩磊 沈阳京东世纪贸易有限公司区域总经理
李胜京 上海通用沈阳北盛汽车有限公司检验员
赵 博 沈阳市辽中县人民检察院检察官

徐　跃　辽宁中医药大学班长、学生会主席
黄施泽　沈阳市浑南区城市管理和行政执法局科员
蔡　冰　沈阳市青年书法家协会副秘书长、沈阳博盛建筑装饰工程有限公司总经理
霍　东　沈阳市沈北新区机关事务管理中心综合科科长、区机关团工委书记

沈阳市“五四”荣誉奖章

许宏印　中国联合网络通信有限公司沈阳市分公司总经理
刘锦荣　沈阳市建设资金管理办公室、沈阳市投融资管理中心副主任
何　畏　沈阳市信访局副局长
吴文生　沈阳发动机设计研究所党委书记、副所长
张明庆　沈阳市地方税务局教育处处长
岳喜庆　沈阳农业大学食品学院院长
赵　雷　沈阳市住房公积金管理中心机关党委书记、副主任
赵玉虹　中国医科大学附属盛京医院党委书记、副院长
黄宝晖　中共沈阳市于洪区委副书记、党校校长
韩　伟　沈阳工程学院副校长、辽宁省团校校长

沈阳市“五四”奖状

沈阳机床(集团)有限责任公司i5智能机床产品团队青年集体
沈阳黎明航空发动机(集团)有限责任公司航空维修服务分公司青年集体
沈阳广播电视台新闻频道新媒体事业部青年集体
沈阳盛京红磨坊剧组青年集体
沈阳市档案局(馆)档案文件查阅大厅青年集体
辽宁通用航空研究院青年集体
公安沈河分局万莲派出所青年集体
沈阳市第四批援疆工作队青年集体
沈阳网青年集体
沈阳新华购书中心青年集体

辽宁省“三八”红旗手标兵

周　慧　沈阳鼓风机集团有限公司出口产品开发室主任

辽宁省“三八”红旗手

蒋　敏　东北大学材料与冶金学院副院长
董素靖　沈阳市教育局学前教育处处长
那　微　皇姑区牙病防治所所长
孔令侠　法库县和平乡曹四家子村党支部书记
潘连香　沈北新区绿馨花卉园艺基地总经理
周　慧　沈阳鼓风机集团有限公司出口产品开发室主任
白　杰　沈阳市公安局妇委会主任
赵　欣　沈阳市爱婴教育咨询有限公司总经理
宋晓英　皇姑区妇联主席

辽宁省“三八”红旗集体

市公安局出入境管理局中国公民出境审批科
沈阳市住房公积金管理中心客户服务处
解放军第四六三医院援利抗埃护理团队
沈阳燃气集团客服中心专线96177
浑南区第二小学

统　计　资　料

1—1 行　政　区　划
Administrative Divisions

单位:个 (unit)

地　区	Region	街道办事处 Subdisrtict Offices	社区居委会 Resident's Committees	乡人民政府 Township Government	镇人民政府 Town Government	村民委员会 Village Committees
全　市	**Total**	**141**	**889**	**18**	**55**	**1499**
市　区	**Districts under City Administration**	**131**	**815**			**552**
5个中心区	**Five Central Districts**	**74**	**574**			**71**
和平区	Heping	13	95			10
沈河区	Shenhe	15	110			
大东区	Dadong	14	119			
皇姑区	Huanggu	12	122			3
铁西区	Tiexi	20	128			58
其它4个区	**Other Four Districts**	**57**	**241**			**481**
苏家屯区	Shujiatun	17	55			122
浑南区	Hunnan	15	44			137
沈北新区	Shenbei New	13	47			141
于洪区	Yuhong	12	95			81
市辖县(市)	**Counties under City Administration**	**10**	**74**	**18**	**55**	**947**
辽中县	Liaozhong	2	21		18	216
康平县	Kangping	3	12	7	5	163
法库县	Faku		8	5	14	233
新民市	Xinmin	5	33	6	18	335

1—2 分地区土地面积、户数和人口数
Land Area, Households and Population By Region

地区	Region	土地面积（平方公里） Land Area (sq. km)	户数（万户） House Hold (10000 units)	人口数（万人） Population (10000 persons)	人口密度（人/平方公里） Population Density (person/sq. km)
全市	**Total**	**12860**	**265.2**	**730.4**	**568**
市区		**3471**	**195.5**	**529.9**	**1527**
和平区	Heping	59	23.7	65.2	10952
沈河区	Shenhe	60	26.4	71.2	11961
大东区	Dadong	100	25.7	68.2	6807
皇姑区	Huanggu	66	29.5	81.8	12360
铁西区	Tiexi	286	34.1	90.9	3177
苏家屯区	Shujiatun	782	16	42.7	546
浑南区	Hunnan	734	12.1	33.4	455
沈北新区	Shenbei New	884	11.4	32	362
于洪区	Yuhong	499	16.6	44.6	893
市辖县(市)		**9389**	**69.7**	**200.5**	**214**
辽中县	Liaozhong	1645	19	52.6	320
康平县	Kangping	2167	12	34.9	161
法库县	Faku	2281	13.8	44.8	196
新民市	Xinmin	3297	24.9	68.3	207

1—3 人民物质文化生活
People's Material and Cultural Life

指标	Item	2000	2005	2010	2015
城镇非私营单位从业人员平均工资(元)	Average Wage of Employeers in Non－private Sector in Cities and Towns(yuan)	9394	19580	40565	59515
城市居民人均可支配收入(元)	Per Capita Annual Disposable Income of Residents (yuan)	5850	10098	20541	36643
农村居民人均可支配收入(元)	Per Capita Annual Net Income of Rural Residents (yuan)	3135	5050	10022	13486
人均社会消费品零售总额(元)	Per Capita Retail Sales of Consumer Goods(yuan)	8310	13144	25675	46836
人均储蓄额(元)	Per Capita Balance of Saving Deposit(yuan)	14152	25028	46390	80159
城市人均住宅建筑面积(平方米)	Per Capita Living Floor Space of Building Construction in Urban Areas(sq. m)	17.4	23.4	32.8	31.9
农民人均住房面积(平方米)	Per Capita Housing Floor Space of Rural(sq. m)	21.8	25.1	26.51	33.6
燃气普及率(%)	Percentage of Households With Access to Tap Gas %	97.3	92.5	100.0	100.0
人均日生活用水(升)	Per Capita Water Consumption For Living (litre)	192.2	143.4	152.46	188.1
人均日生活用电(千瓦/小时)	Per Capita Electricity Consumption for Living(kwh)	0.9	1.2	1.7	1.8
每百户城市居民家庭拥有	Number of Sets Per 100 Households in City				
家用汽车(辆)	Home Cars (set)	1.0	2.4	14.8	25.1
家用电脑(台)	Home Computer(set)	9.6	45.8	88.2	93.6
移动电话(部)	Mobile Telephone(set)	18.8	104.0	206	219.3
每千人口拥有医院床位(张)	Number of Beds in Hospital Per 1000 Persons (unit)	5.30	4.89	5.96	8.07
建成区绿化覆盖率(%)	Green Land Coverage Rate in Eslablished Zone(rate)	23.9	40.7	42.01	
城区人均公园绿地面积(平方米)*	Per Capita Park Green Land Area in Urban Areas(sq. m)	4.3	12.0	12.72	

注:城区人均公园绿地面积2005年及以前为建成区人均公共绿地面积。城镇非私营单位从业人员平均工资指标2010年及以前为职工平均工资口径。从2015年起,人均储蓄存款为人均住户存款。

Note: It was per capita public green land area in established zone before 2005. The index of the employeers of non－private sector in cities and towns before 2010 was the index of average wage of employeers. －－－－－－

1—4 平均每天主要社会经济活动
Average Daily Main Social and Economic Indicators

指 标	Item	2000	2005	2010	2015
每天创造的财富	**Daily Production**				
地区生产总值(万元)	Gross Domestic Product(10000 yuan)	29233	57100	137467	199241
农林牧渔业总产值(万元)	Cross Output Value of Agriculture, Forestry, Animal Husbandry and Fishery(10000 yuan)	3659	6522	12189	18867
一般公共预算收入(万元)	General Public Budget Revenue(10000 yuan)	1624	3785	12749	16609
每天服务量	**Daily Service Supply**				
用电量(万千瓦/时)	Output of Electricity(10000 kwh)	3107	4226	6523	8418
供水量(万吨)	Output of Water(10000 tons)	162.4	153.4	143.7	148
货运量(万吨)	Freight Traffic(10000 tons)	41.7	42.7	47.5	58.5
铁路、公路、民航客运量(万人)	Passenger Traffic of Railways, Highways and CivilAviation (10000 persons)	18.1	23.6	84.0	56.6
市内公交客运量(万人次)	Passenger Traffic of Buses in City(10000 persons)	221.1	229.5	328.8	287.6
邮电业务量(万元)	Telecommunication Services(10000 yuan)	1261.4	3152.1	7671.6	5383.9
每天人口变动	**Population**				
出生人口(人)	Birth(person)	156	135	149	134
死亡人口(人)	Death(person)	126	118	161	166
迁入人口(人)	Move In(person)	196	246	191	131
迁出人口(人)	Move Out(person)	121	134	100	101

1—5 国民经济和社会发展结构
Structure on National Economic and Social Development

指 标	Item	2000	2005	2010	2015
人口结构	Struture of Population				
男 性	Male	50.6	50.2	49.8	49.5
女 性	Female	49.4	49.8	50.2	50.5
地区生产总值结构	Structure of Gross Domestic Product by Region				
#工业	#Industrial	34.5	37.7	45.8	42.5
第一产业	Primary Industry	7.0	6.1	4.6	4.7
第二产业	Secondary Industry	39.0	43.5	50.4	47.8
第三产业	Tertiary Industry	54.0	50.4	44.9	47.5
固定资产投资结构	Structure of Tolal Investment in Fixed				
#房地产开发	#Real Estate Development Assets	24.4	30.3	35.0	25.1
第一产业	Primary Industry	2.9	1.8	2.0	1.2
第二产业	Secondary Industry	28.9	38.2	35.7	39.7
第三产业	Tertiary Industry	68.2	60.0	62.3	59.1
规模以上工业总产值结构	Structure of Gross Industrial Output Value above Designated Size				
轻工业	Light Industry	23.8	26.2	26.1	24.8
重工业	Heavy Industry	76.2	73.8	73.9	75.2
农林牧渔业总产值结构	Structure of Gross Output Value of Farming, Foresty, Animal Husbandry and Fishery				
农 业	Farming	54.5	38.4	39.2	38.5
林 业	Forestry	1.0	2.2	1.7	1.9
牧 业	Husbandry	37.5	48.7	50.6	52.1
渔 业	Fishery	7.0	6.7	4.5	3.9
农林牧渔服务业	Farming, Forestry, Animal Husbandry, Fishery and Service		4.0	4.0	3.6

注:从2000年起调整为新行业分类口径。

Note: It was adjusted to a new principle of industrial classification from 2000.

1—6 国民经济主要指标
Main Indicators of National Economy

指标	Item	2000	2005	2010	2015
年末总人口(户籍人口)(万人)	Year—end Total Population(10000 persons)	685.1	698.6	719.6	730.4
#市区人口	Urban	485.0	495.9	515.4	529.9
城镇非私营单位从业人员年末人数(万人)	Employees in Non－private Sector in Cities and Towns(10000 persons)	127.8	100.2	110.4	146.7
地区生产总值(亿元)	Gross Domestic Product(100 million yuan)	1067.0	2084.1	5017.5	7272.3
#工业	#Industry	367.7	786.3	2283.5	3088.8
第一产业	Primary Industry	74.3	126.3	232.7	341.4
第二产业	Secondary Industry	416.4	906.3	2529.9	3474.2
第三产业	Tertiary Industry	576.4	1051.5	2254.9	3456.7
人均地区生产总值(元)	Per Capita Gross Domestic Product(yuan)	14911	28089	62357	87734
规模以上工业总产值(亿元)	Gross Industrial Output Value(100 million yuan)	714.3	2195.2	9612.5	9239.3
规模以上工业高新技术产品产值(亿元)	High－new Technology Industrial Output Value above Designated Size(100 million yuan)		977.8	3890.0	3362.5
规模以上工业增加值(亿元)	Value－added of Industry above Designated Size Industrial Enterprises(100 million yuan)	190.0	652.1	2361.4	2620.7
规模以上工业主营业务收入(亿元)	Revenue from Principal Business above Designate Size Industrial Enterprises(100 million yuan)	705.3	2045.5	9399.6	9181.3
规模以上工业实现利润(亿元)	Profit on Industry above Designated Size Industrial Enterprises(100 million yuan)	29.1	46.2	673.3	446.6
规模以上工业实现利税(亿元)	Pre—tax Profit on Industry above Designated Size Industrial Enterprises(100 million yuan)	64.2	118.5	996.8	751.0
规模以上工业能源最终消耗总量(万吨标煤)	Total Energy Consumption above Designate Size Industrial Enterprises(10000 tons of SCE)		805.5	1334.1	1063.4
#工业生产用(万吨标煤)	#Industry(10000 tons of SCE)		782.2	1244.5	1051.1
农林牧渔业总产值(亿元)	Total Output Value of Farming, Forestry, Animal Husbandry and Fishery(100 million yuan)	133.5	238.0	444.9	688.6
固定资产投资(亿元)	Total Investment in Fixed Assets(100 million yuan)	262.2	1363.2	4139.1	5326.0
#第一产业	#State－owned Investment in Fixed Assets	7.6	24.7	84.0	66.4
第二产业	Investment of Collective Units in Fixed Assets	75.9	520.3	1476.3	2112.3
第三产业	Investment of Individuals on Buildings	68.7	818.2	2578.9	3147.4
社会消费品零售总额(亿元)	Total Retail Sales Value of Consumer Goods(100 million yuan)	566.0	915.1	2105.6	3883.2
进出口总额(亿美元)	Total Exports and Imports (USD 100 million)	26.8	45.9	78.6	140.8
出口总额(亿美元)	Total Exports(USD 100 million)	13.0	23.7	40.8	67.9
进口总额(亿美元)	Total Imports(USD 100 million)	13.9	22.2	37.8	72.9
外商直接投资(亿美元)	Total Foreign Capital Actually Used(USD100 million)	7.1	21.2	50.5	10.6
全社会用电量(亿千瓦时)	Total Electricity Consumption(100 million kwh)	110.4	154.3	238.1	307.2
货运总量(万吨)	Total Freight Traffic(10000 tons)	15221	15571	17348	21362
客运总量(万人)	Total Passenger traffic(10000 persons)	6620	8629	30658	20643
一般公共预算收入(亿元)	Budgetary Revenue of Public Finance(100 million yuan)	59.3	138.1	465.3	606.2
一般公共预算支出(亿元)	Budgetary Expenditure of Public Finance(100 million yuan)	89.4	217.0	516.6	808.6
金融机构本外币存款余额(亿元)	Deposits of Banking System including Ren Ming Bi and Foreign Currency(100 million yuan)		3696.6	8254.2	14035.4
金融机构本外币贷款余额(亿元)	Loans of Banking System including Ren Ming Bi and Foreign Currency(100 million yuan)		2355.7	6068.4	11581
城乡居民储蓄本外币年末余额(亿元)	Year—end Deposit of Residents including Ren Ming Bi and Foreign Currency(100 million yuan)		1847.1	3394.9	5854.9
在校学生总数(万人)	Total Students Enrollment(10000 persons)	189.3	125.5	119.4	120.3
#高等教育院校	#Institutions of Higher Education	20.6	35.3	42.8	47.5
普通中专	Secondary Schools	3.7	5.8	7.5	5.7
普通中学	Regular Secondary Schools	36.5	37.2	30.2	26.7
小学	Primary Schools	52.5	39.7	33.8	36.5
各种卫生机构床位数(万张)	Number of Beds in Health Institutions(10000 units)	36116	34033	42822	58959
医生数(万人)	Number of Doctors(10000 persons)	20656	19255	20859	24797
居民消费价格指数(%)	General Consumer Price Indices(%)	100.1	100.7	102.9	101.2
商品零售价格总指数(%)	General Retail Price Indices of Commodities(%)	98.0	99.3	102.6	100.0
城市居民人均可支配收入(元)	Per Capita Annual Disposable Income of UrbanResidents(yuan)	5850	10098	20541	36643
农村居民人均可支配收入(元)	Per capita Annual Net Income of Rural Residents(yuan)	3135	5050	10022	13486
城镇非私营单位从业人员工资总额(亿元)	Total Salary of Staff in Non－private Sector in Cities and Towns(100 million yuan)	121.7	196.7	446.2	886.8
城镇非私营单位从业人员年平均工资(元)	Per Capita Salary of Staff in Non－private Sector in Cities and Towns(yuan)	9394	19580	40565	59515

注:①在校学生总数包括普通教育和成人教育;②公共财政预算收入指标口径历年有调整;③固定资产投资指标2010年及以前为全社会口径;④2013－2014年地区生产总值按第三次全国经济普查数据修订,以前年份数据待国家历史数据修订方案出台后再作调整,三次产业分类采用《三次产业划分规定》(2012年),故总量、速度及结构与三经普前年度不可比。下同。⑤高新技术产品产值从2015年起执行《辽宁省高新技术产品目录》(2014年修订)。 Note: ①The total number of students at school includes general education and adult education. ②The caliber of the budgetary revenue of has been adjusted over the years. ③The caliber of total investment in fixed assets has been adjusted since 2011. Before 2010, it was the range of total society. ④The GDP in 2013－2014 has been revised according to the data of 3rd China Economic Census(3rd CEC). The data of the past few years should be adjusted after the publishment of National historical data revision program. The classification of three industries should be according to the Three Industrial Division(2012). Therefore, the amount, speed and proportion cannot be compared with those before 3rd CEC. The same below. ⑤Production value of high and new technology products had implemented catalogue of high and new technology products from 2015.

1—7 国民经济主要指标发展速度
Major Indicators of Development Speed of National Economy

上年为 100% (Preceding Year = 100)

指 标	Item	2000	2005	2010	2015
年末总人口(户籍人口)	Year—end Total Population	101.2	100.7	100.4	99.9
市区人口	Urban	100.7	100.7	100.6	100.3
城镇非私营单位从业人员年末人数	Year - end staff in Non - private Sector in Cities and Towns	94.0	100.4	104.9	95.5
地区生产总值	Gross Domestic Product	110.3	116.0	114.1	103.4
工业	Industry	109.9	122.2	115.1	99.5
第一产业	Primary Industry	101.9	109.4	106.0	103.5
第二产业	Secondary Industry	109.8	122.3	115.2	100.2
第三产业	Tertiary Industry	112.4	111.7	113.7	106.8
人均地区生产总值	Per Capita Gross Domestic Product	108.8	115.4	112.5	103.1
规模以上工业总产值	Gross Industrial Output Value	122.6	139.0	125.9	67.2
规模以上工业高新技术产品产值	High - new Technology Industrial Output Value above Designated Size		129.5	121.0	93.5
规模以上工业增加值	Value - added of Industry above Designated Size Industrial Enterprises(100 million yuan)	114.0	140.5	119.1	97.1
规模以上工业主营业务收入	Revenue from Principal Business above Designated Size Industrial Enterprises	128.2	139.0	126.3	67.5
规模以上工业固定资产净值	Size Industrial Enterprises	122.3	107.2	112.9	90.0
规模以上工业实现利润	Profit on Industrial above Designated Size Industrial Enterprises	177.4	83.8	175.8	59.8
规模以上工业实现利税	Pre—tax Profit on Industry above Designated Size Industrial Enterprises	141.4	105.7	143.7	64.0
农林牧渔业总产值	Total Output Value of Farming, Forestry, Animal Husbandry and Fishery	103.2	110.4	106.5	103.8
固定资产投资	Total Investment in Fixed Assets	109.2	140.3	122.5	81.1
第一产业	Primary Industry	119.1	167.8	122	64.9
第二产业	Secondary Industry	124.4	171.5	118.5	83.4
第三产业	Tertiary Industry	103.5	125.3	124.9	80.1
社会消费品零售总额	Total Retail Sales Value of Consumer Goods	109.7	113.1	118.4	108.2
进出口总额	Total Value of Imports and Exports	147.7	87.4	119.5	89.2
出口总额	Total Exports	162.5	98.8	115.7	95.0
进口总额	Total Imports	136.3	77.8	124.0	84.3
实际利用外资	Total Foreign Capigal Actually Used	142.9	87.6	93.4	
外商直接投资	Foreign Direct Investment				46.7
全社会用电量	Total Electricity Consumption	109.7	108.5	114.6	103.7
货运总量	Total Freight Traffic	98.9	105.5	114.4	105.7
客运量	Total Passenger traffic	86.4	108.4	110.8	103.2
一般公共预算收入	General Public Budget Revenue	110.0	126.1	117.6	77.2
一般公共预算支出	General Public Budget Expenditure	117.3	126.4	108.6	88.4
金融机构本外币存款余额	Deposits of Banking System including Ren Ming Bi and Foreign Currency		115.3	121.2	110.4
金融机构本外币贷款余额	Loans of Banking System including Ren Ming Bi and Foreign Currency		99.3	117.4	112.8
城乡居民本外币储蓄年末余额	Year—end Deposit of Residents including Ren Ming Bi and Foreign Currency		110.5	112.7	112.4
在校学生总数	Total Students Enrollment	100.3	98.7	97.6	99.7
高等教育院校	Institutions of Higher Education	120.2	109.8	98.4	98.3
普通中专	Secondary Schools	92.5	90.8	105.6	111.8
普通中学	Regular Secondary Schools	109.3	97.7	95.6	97.1
小学	Primary Schools	93.9	95.2	98.5	104.0
各种卫生机构床位数	Number of Beds in Health Institutions	96.6	101.3	113.2	105.7
医生数	Number of Doctors	100.8	106.3	105.0	104.1
城市居民人均可支配收入	Per Capita Annual Disposable Income of Urban Residents	109.1	113.2	111.2	107.0
农村居民人均可支配收入	Per capita Annual Net Income of Rural Residents	101.1	116.2	114.5	107.7
城镇非私营单位从业人员工资总额	Total Salary of Staff in Non - private Sector in Cities and Towns	102.5	114.6	114.2	103.5
城镇非私营单位从业人员年平均工资	Per Capita Salary of Staff in Non - private Sector in Cities and Towns	111.1	115.7	108.6	108.7

注:2005 年起,规模以上工业增加值发展速度为可比价之比;2014 年高新技术产品产值发展速度按可比口径计算。

Note: From 2005, the development speed of above - scale industrial added value has been the ratio of comparable price. In 2014, the development speed of the output value of the high and new technology products was calculated according to the comparable caliber.

1—8 地区生产总值及指数
Cross Domestic Product and Indices

年份 year	地区生产总值（万元） GDP(10000 yuan)	第一产业 Primary Industry	第二产业 Secondary Industry	第三产业 Tertiary Industry	地区生产总值指数（%） (以上年为100) Indices(Indices Preceding Year = 100)	第一产业 Primary Industry	第二产业 Secondary Industry	第三产业 Tertiary Industry
1986	1255307	115992	720955	418360	110.0	97.0	111.7	110.0
1987	1541602	145997	852985	542620	114.2	112.7	111.4	119.8
1988	1937656	201048	993239	743369	110.6	117.9	105.9	117.3
1989	2175936	164028	1104194	907714	101.2	73.9	100.1	108.3
1990	2348819	238243	1071207	1039369	105.5	144.2	97.4	112.1
1991	2547241	254456	1133609	1159176	104.4	106.4	103.8	104.5
1992	3266072	292526	1506390	1467156	117.8	113.2	123.1	113.3
1993	4245977	349600	1955557	1940820	114.1	109.1	118.7	110.0
1994	5520457	447409	2464203	2608845	112.5	90.4	117.4	111.6
1995	6728642	513541	2848009	3367091	109.9	103.0	109.5	111.7
1996	7476656	549340	3021457	3905859	110.0	105.8	111.4	108.9
1997	8258248	590113	3364808	4303326	110.0	101.8	112.8	107.5
1998	9070368	653720	3620331	4796317	110.9	114.8	111.2	109.8
1999	9716730	703659	3815358	5197713	110.0	107.7	111.1	108.7
2000	10669908	742519	4163501	5763887	110.3	101.9	109.8	112.4
2001	11740239	801228	4463658	6475353	110.1	106.4	110.2	110.5
2002	13260183	874178	4956707	7429298	113.1	108.0	114.6	112.5
2003	15018961	893233	5974341	8151387	114.2	106.8	121.6	108.1
2004	17729334	1140852	7262813	9325668	115.5	114.2	119.8	111.1
2005	20841339	1263299	9062862	10515178	116.0	109.4	122.3	111.7
2006	25196339	1351958	11391228	12453153	116.7	104.1	122.2	113.6
2007	31596939	1661506	15004185	14931247	120.5	106.1	127.0	116.1
2008	37808727	1836782	18648432	17323513	116.3	108.0	118.3	115.0
2009	42685137	2070681	21274319	19340137	114.1	107.3	116.4	112.3
2010	50175427	2327484	25299343	22548600	114.1	106.0	115.2	113.7
2011	59157142	2790615	30268802	26097725	112.3	106.5	114.0	111.0
2012	66025865	3152016	33831544	29042305	110.0	105.1	111.3	108.9
2013	67681194	3216129	34148230	30316835	108.8	104.6	110.1	107.6
2014	70987051	3252872	35411488	32322691	106.0	103.2	105.3	106.9
2015	72723051	3414262	34741847	34566942	103.4	103.5	100.2	106.8

2—1 人口及构成
Population and It’s Composition

单位:人 （年底数）(year—end) （person）

年份 Year	总人口 Total Population	按性别分 By Sex 男 Male	女 Female	按农业非农业分 By Agriculture 农业人口 Agriculture Population	非农业人口 Non—agriculture Population
1949	2942443	1548628	1393815	1796406	1146037
1952	3295179	1753754	1541425	1763036	1532143
1957	4251709	2221391	2030318	1755161	2496548
1962	4376555	2251101	2125454	1818709	2557846
1965	4845081	2492378	2352703	2042320	2802761
1970	4897417	2504140	2393277	2543171	2354246
1975	5187372	2640878	2546494	2700459	2486913
1978	5404700	2751185	2653515	2756720	2647980
1980	5667669	2881247	2786422	2631852	3035817
1985	6063377	3084886	2978491	2549105	3514272
1990	6460649	3282141	3178508	2572537	3888112
1995	6667917	3384270	3283647	2517142	4150775
1996	6710376	3401134	3309242	2512109	4198267
1997	6737910	3412197	3325713	2511640	4226270
1998	6748628	3416423	3332205	2506427	4242201
1999	6770792	3423899	3346893	2505546	4265246
2000	6850969	3464878	3386091	2517760	4333209
2001	6893397	3480301	3413096	2536439	4356958
2002	6889182	3473915	3415267	2506510	4382672
2003	6890947	3468893	3422054	2485201	4405746
2004	6938708	3484920	3453788	2475337	4463371
2005	6985663	3503856	3481807	2477089	4503735
2006	7035617	3524664	3510953	2486188	4546156
2007	7097715	3551216	3546499	2537032	4557554
2008	7135053	3563878	3571175	2524076	4604896
2009	7165490	3573438	3592052	2521086	4640956
2010	7196048	3584164	3611884	2498483	4692388
2011	7226910	3595345	3631565	–	–
2012	7247929	3602013	3645916	–	–
2013	7271126	3608601	3662525	–	–
2014	7308396	3622010	3686386	–	–
2015	7304051	3614191	3689860	–	–

注:从 2005 年起,因有“未落常住户口人员”,故“农业人口”+“非农业人口”小于合计。

Note: Because having not signed number of households, total population from 2005 was less than Agriculture population added non – agriculture population.

2—2 人口自然变动情况
Natural Change of Population

年　份 Year	出生人口(人) Birth (person)	出生率(‰) Birth Rate (‰)	死亡人口(人) Death (person)	死亡率(‰) Death Rate (‰)	自然增长率(‰) Natural Growth Rate(‰)
全市数 Total					
1980	86089	15.4	30846	5.5	9.9
1985	81526	13.5	34028	5.6	7.9
1990	79799	12.4	37894	5.9	6.5
1995	53100	7.99	40957	6.16	1.83
1996	52466	7.84	43268	6.47	1.37
1997	49443	7.35	43118	6.41	0.94
1998	43627	6.47	42760	6.34	0.13
1999	44189	6.54	44829	6.63	-0.09
2000	57008	8.37	46094	6.77	1.60
2001	43950	6.40	38166	5.55	0.85
2002	45609	6.62	39785	5.77	0.85
2003	36731	5.33	42323	6.14	-0.81
2004	47795	6.91	47605	6.88	0.03
2005	49381	7.09	43150	6.20	0.89
2006	48554	6.93	40725	5.81	1.12
2007	58089	8.22	41442	5.86	2.36
2008	54821	7.70	60720	8.53	-0.83
2009	52206	7.30	51014	7.13	0.17
2010	54378	7.57	58637	8.17	-0.59
2011	55736	7.73	56625	7.85	-0.12
2012	62597	8.65	63231	8.74	-0.09
2013	58056	8.00	57205	7.88	0.12
2014	71926	9.87	57811	7.93	1.94
2015	48949	6.70	60500	8.28	-1.58
市区数 Districts under					
1980	52863	14.02	20057	5.32	8.70
1985	55851	13.40	22461	5.39	8.01
1990	49412	10.93	26600	5.88	5.05
1995	32324	6.86	29318	6.23	0.63
1996	31615	6.66	31120	6.56	0.10
1997	29980	6.27	30999	6.49	-0.22
1998	25690	5.36	31079	6.48	-1.12
1999	26756	5.57	31770	6.61	-1.04
2000	32874	6.80	34330	7.10	-0.30
2001	26194	5.39	30438	6.26	-0.87
2002	28888	5.92	32518	6.66	-0.74
2003	21105	4.32	33825	6.92	-2.60
2004	27359	5.58	35253	7.19	-1.61
2005	29425	5.95	36624	7.41	-1.46
2006	29849	6.00	34979	7.03	-1.03
2007	38397	7.64	35345	7.04	0.60
2008	35833	7.07	36824	7.26	-0.19
2009	35928	7.04	37078	7.26	-0.23
2010	36908	7.18	39728	7.73	-0.55
2011	39823	7.70	39082	7.56	0.14
2012	47284	9.08	41837	8.04	1.05
2013	43869	8.38	41964	8.02	0.36
2014	55740	10.59	43074	8.18	2.41
2015	36820	6.96	44126	8.34	-1.38

2—3 总户数及总人口
Total Households and Population

单位:户、人 (household, person)

指标	Item	2000	2005	2010	2015
总户数	**Total Households**	**2181144**	**2319795**	**2512831**	**2651628**
市　区	**District under**	**1554476**	**1675849**	**1823458**	**1954454**
和平区	Heping	203271	213799	226335	236677
沈河区	Shenhe	196165	207049	262859	263712
大东区	Dadong	211195	231315	252474	257018
皇姑区	Huanggu	224230	247580	279700	295299
铁西区	Tiexi	245918	276746	310208	341310
苏家屯区	Sujiatun	135484	145668	156293	159778
浑南区	Hunnan	129544	138179	91896	121181
沈北新区	Shenbei New	90606	93282	109811	113924
于洪区	Yuhong	118063	122231	133882	165555
市辖县(市)	**Counties under**	**410653**	**425971**	**689373**	**697174**
辽中县	Liaozhong	176763	182591	191494	190387
康平县	Kangping	102403	108083	118007	120218
法库县	Faku	131487	135297	138195	138233
新民市	Xinmin City	216015	217975	241677	248336
总人口数	**Total Households**	**6850969**	**6985663**	**7196048**	**7304051**
市　区	**District under**	**4850371**	**4958861**	**5154241**	**5298637**
和平区	Heping	633932	640541	656271	651557
沈河区	Shenhe	599707	613365	735333	711914
大东区	Dadong	641664	645848	702987	681607
皇姑区	Huanggu	714447	752289	808460	818015
铁西区	Tiexi	760325	803188	857827	908652
苏家屯区	Sujiatun	413498	422014	428730	427158
浑南区	Hunnan	413690	421854	257855	333563
沈北新区	Shenbei New	296069	291707	318809	320337
于洪区	Yuhong	377039	368055	387969	445834
市辖县(市)	**Counties under**	**1312365**	**1330893**	**2041807**	**2005414**
辽中县	Liaozhong	522248	534156	541714	525635
康平县	Kangping	344456	349559	353605	349138
法库县	Faku	445661	447178	448107	447894
新民市	Xinmin City	688233	695909	698381	682747

2—4 从业人员

Number of Employees in Non - private Sector in Cities and Towns

单位:万人 （年末数）(year - end) (10000 persons)

年份 Year	从业人员年末人数 Staff	国有单位 State - owned Units	集体单位 Collective owned Units
1980	186.4	121.2	65.2
1985	218.7	133.7	79.0
1990	230.5	146.9	75.3
1995	225.5	139.6	66.8
1996	218.7	137.0	61.7
1997	210.2	133.9	55.5
1998	193.5	123.0	44.1
1999	181.2	115.8	39.0
2000	175.8	110.8	36.1
2001	162.5	96.5	34.2
2002	142.2	82.6	25.6
2003	126.0	71.4	20.5
2004	119.3	65.6	18.4
2005	100.17	57.95	7.81
2006	100.19	59.34	6.99
2007	100.26	59.41	6.74
2008	104.42	60.75	6.67
2009	105.22	60.75	6.12
2010	110.42	62.21	5.73
2011	120.80	66.39	5.74
2012	121.95	66.75	5.53
2013	152.78	63.20	5.60
2014	153.66	65.92	4.39
2015	146.7	64.1	3.9

注:统计口径为城镇非私营单位,含铁路。2004 年及以前为职工人数。

Note:The statistical standards has been urban non - private unit,included railway. Before 2004 it was the number of employees.

2—5 从业人员工资总额和平均工资

Total and Average Wages of Employees in Non－private Sector in Cities and Towns

年 份 Year	工资总额（亿元）Total Wages (100 million yuan)	国 有 State－owned Units	集 体 Collective－owned Units	为上年(%) Compare With last year	平均工资（元）Average Wages (yuan)	国 有 State－owned Units	集 体 Collective－owned Units	为上年(%) Compare With last year
1980	14.07	10.19	3.88		755	841	595	
1985	25.29	16.24	8.29	125.3	1156	1215	1049	123.0
1990	52.56	37.12	13.60	110.2	2309	2527	1806	109.2
1995	110.45	77.81	21.22	109.4	4900	5593	3164	111.3
1996	113.79	81.51	20.31	103.0	5198	5939	3283	106.1
1997	122.86	88.36	20.02	108.0	5801	6547	3564	111.6
1998	119.59	86.33	15.42	97.3	6090	6910	3491	105.0
1999	120.36	87.36	13.72	100.6	6517	7371	3472	107.0
2000	123.46	89.57	12.12	102.6	6995	8052	3296	107.3
2001	139.20	96.98	11.36	112.7	8249	9608	3264	117.9
2002	149.87	100.30	9.91	107.7	9811	11174	3662	118.9
2003	157.98	102.93	8.87	105.4	11630	13256	4001	118.5
2004	170.10	109.04	8.23	107.7	13815	15781	4341	118.8
2005	196.73	125.03	8.14	114.6	19580	21173	10053	115.7
2006	228.78	152.05	8.49	116.3	22832	25651	11627	116.6
2007	271.97	185.36	9.46	118.9	26696	30740	13319	116.9
2008	340.32	229.00	10.85	125.1	32469	37534	15927	121.6
2009	390.73	261.05	12.57	114.8	37361	43625	19781	115.1
2010	446.16	287.95	14.12	114.2	40565	46895	24434	108.6
2011	530.13	325.20	14.95	118.8	44585	49999	26545	109.9
2012	602.79	365.06	19.08	113.7	48719	53823	34700	109.3
2013	805.95	358.26	20.97	133.7	51042	57712	37600	104.8
2014	856.82	383.24	18.42	106.3	54762	59671	41405	107.3
2015	886.76	415.58	19.11	103.5	59515	66104	47410	108.7

注：统计口径为城镇非私营单位，含铁路。2004年及以前为职工工资。
Note：Statistical standards has been urban non－ptivate unit，included railway. Before 2004 they were wages of workers.

3—1 农 林 牧 渔
Gross Output Value of Farming, Forestry, Animal

单位:万元

项 目	Item	沈阳市 Total	苏家屯 Sujiatun
农林牧渔业合计	**Total**	**6886378**	**655428**
农业产值	**Farming**	**2651751**	**234682**
谷物及其他作物	Cereal and other Farm Crops	977687	97535
谷 物	Cereal	792351	57035
小 麦	Wheat	1427	
稻 谷	Rice	287075	21273
玉 米	Corn	496057	31105
薯 类	Tubers	14495	106
油 料	Oil – bearing Crops	59867	460
花 生	Peanuts	58779	460
豆 类	Beans	9471	532
大 豆	Soy Bean	8473	134
棉 花	Cotton		
糖 类	Sugar Crops		
其他农作物	Other Crops	101503	39402
饲料作物	Drinke crops	43290	
蔬菜、食用菌及花卉盆景园艺产品	Vegetables、Mushrooms、Flowers and Rockery	1279944	67428
蔬 菜(含菜用瓜)	Vegetables(include Melon)	1194407	67428
食用菌	Mushrooms	46957	
花卉	Flowers	38580	
盆景园艺	Rockery		
水果、坚果、饮料和香料作物	Fruits	393104	69719
水果(含瓜果类)	Fruit and Nut	392617	69599
苹 果	Apples	82927	5591
梨	Pears	15050	12017
中药材	Traditional Chinese Medicine	1016	
林业产值	**Forestry**	**132469**	**13193**
林木的培育和种植	Woods	107254	12959
育种育苗	Breading and Growing seedlings	12985	1364
造 林	Afforestation	49610	3483
抚育和管理	Fostering and Management	21781	7923
竹木的采运	Timber Cutting	23621	234
村及村以下	Timber Cutting by village	6	
林产品	Woods Products	1594	
牧业产值	**Animal Husbandary**	**3585781**	**379260**
牲畜饲养	Raising livestock	1182478	51781
牛的饲养	Cow	917722	36140
羊的饲养	Sheep and Goats	77875	4713
其他牲畜饲养	Others	8065	139
奶产品	Milk	167127	10705
牛 奶	Cow Milk	167053	10705
毛绒产品	Cashmere Products	5601	84
羊 毛	Sheep Wool	5370	7
羊 绒	Cashmere	229	77
其他牲畜副产品	Others	6088	
猪的饲养	Raising Pork	1036114	79955
家禽饲养	Raising Poultry	1174276	247455
肉 禽	Meat	617998	178806
禽 蛋	Eggs	556278	68649
狩猎和捕捉动物		1000	
其他畜牧业	Others	191913	69
蚕 茧	Silkworn	59	59
兔	Rabbit	10	10
渔业产值	**Fishery**	**265834**	**14951**
农林牧渔服务业	**Farming, Forestry, Animal Husbandry, Fishery and Service**	**250543**	**13342**

业 总 产 值 （现价）
Husbandry and Fishery (at current price)

(10000 yuan)

浑南区 Hun nan	沈北新区 Shen bei new	于洪区 Yu hong	辽中县 Liao zhong	康平县 Kang ping	法库县 Fa ku	新民市 Xin min
135127	**648545**	**236811**	**1594814**	**726580**	**1004586**	**1703212**
84649	**227917**	**158892**	**506922**	**247914**	**352616**	**736836**
33039	45833	36147	155286	152715	223466	208887
31667	40861	35777	150971	99242	162578	190098
		22	498	61	230	616
1509	25421	16401	105781	6377	11756	81674
30158	15440	19354	44692	91378	148947	107744
		291	414	816	1432	11390
784	233		2988	39201	10359	5466
784	233		2495	39201	10359	4871
588	171	79	913	3198	1822	1933
588	171	79	913	2801	1656	1925
	4568			10258	47275	
	4568			2281	36441	
35471	175219	118868	313645	69098	86996	353770
30771	161321	76504	306008	68937	85421	338975
800	430	36400	707	80		8483
3900	13468	5964	6930	81	1575	6312
16139	5865	3877	37991	26101	42138	174179
16139	5865	3877	37991	25785	42087	174179
6389	1274	1602	31249	19971	4391	11000
450	715		131	265	567	77
	1000				16	
6541	**1942**	**7430**	**11360**	**38410**	**38000**	**15073**
6541	1936	7430	9562	26528	34676	7167
755	112	1393	302	2378	6064	267
1310	518		5386	8013	24000	6900
4476	48		1493	7468	368	
	6		1798	10293	3324	7906
	6					
				1589		
36302	**367104**	**42164**	**877532**	**414296**	**582002**	**831507**
9467	113767	8848	347197	147685	335213	164817
4824	58332	4793	334240	116130	265862	95383
1766	4948	1178	3744	20656	18234	22146
25			1310	1606	2783	2202
2801	49757	2808	7693	1779	48000	42400
2801	49757	2808	7693	1727	47980	42398
51	730	69	210	1426	334	2686
35	730	69	196	1426	332	2564
14			14		2	122
				6088		
14954	54241	22626	265691	138816	151505	271964
11881	199096	10690	161803	126795	95284	305723
3859	95121	3963	96039	93304	43127	97629
8022	103975	6727	65764	33491	52157	208094
				1000		
			102841			89003
95	**15245**	**11665**	**120500**	**4110**	**3296**	**77500**
7540	**36337**	**16660**	**78500**	**21850**	**28672**	**42296**

3—2 农 林 牧 渔
Gross Output Value of Farming, Forestry, Animal

单位:万元

项 目	Item	沈阳市 Total	苏家屯 Sujiatun
农林牧渔业合计	**Total**	**6800661**	**657172**
农业产值	**Farming**	**2572181**	**231263**
谷物及其他作物	Cereal and other Farm Crops	984440	97420
谷 物	Cereal	800354	57611
小 麦	Wheat	1442	
稻 谷	Rice	278416	20631
玉 米	Corn	497749	31211
薯 类	Tubers	13964	102
油 料	Oil – bearing Crops	60847	468
花 生	Peanuts	59741	468
豆 类	Beans	9576	538
大 豆	Soy Bean	8567	136
棉 花	Cotton		
糖 料	Sugar Crops		
其他农作物	Other Crops	99699	38702
饲料作物	Drinke crops	42520	
蔬菜、食用菌及花卉盆景园艺产品	Vegetables、Mushrooms、Flowers and Rockery	1184125	62428
蔬 菜(含菜用瓜)	Vegetables(include Melon)	1105838	62428
食用菌	Mushrooms	40501	
花 卉	Flowers	37786	
盆景园艺	Rockery		
水果、坚果、饮料和香料作物	Fruits	402695	71415
水果(含瓜果类)	Fruit and Nut	402272	71311
苹 果	Apples	83060	5600
梨	Pears	13208	10546
中药材	Traditional Chinese Medicine	921	
林业产值	**Forestry**	**132267**	**13173**
林木的培育和种植	Woods	107091	12939
育种育苗	Breading and Growing seedlings	12965	1362
造 林	Afforestation	49534	3478
抚育和管理	Fostering and Management	21748	7911
林木的培训和种植	Timber Cutting	23585	234
村及村以下	Tibe Cutting by village	6	
林产品	Woods Products	1592	
牧业产值	**Animal Husbandary**	**3582471**	**384583**
牲畜饲养	Raising livestock	1166571	50662
牛的饲养	Cow	922426	36325
羊的饲养	Sheep and Goats	74665	4519
其他牲畜饲养	Others	7853	135
奶产品	Milk	149890	9601
牛 奶	Cow Milk	146281	9374
毛绒产品	Cashmere Products	5422	81
羊 毛	Sheep Wool	5193	7
羊 绒	Cashmere	221	74
其他牲畜副产品	Others	6315	
猪的饲养	Raising Pork	1016054	78407
家禽饲养	Raising Poultry	1195929	255441
肉 禽	Meat	650024	188072
禽 蛋	Eggs	545906	67369
狩猎和捕捉动物		941	
其他畜牧业	Others	202975	73
蚕 茧	Silkworn	48	48
兔	Rabbit	9	9
渔业产值	**Fishery**	**266094**	**14966**
农林牧渔服务业产值	**Farming, Forestry, Animal Husbandry, Fishery and Service**	**247648**	**13188**

业总产值（可比价）
Husbandry and Fishery (at comparable price)

(10000 yuan)

浑南区 Hun nan	沈北新区 Shen bei new	于洪区 Yu hong	辽中县 Liao zhong	康平县 Kang ping	法库县 Fa ku	新民市 Xin min
132716	**633107**	**225591**	**1578838**	**724372**	**993705**	**1678344**
82913	**216006**	**148539**	**486494**	**244849**	**348215**	**716301**
33378	46170	36499	156855	154182	224405	210501
31987	41274	36138	152496	100244	164220	192018
		22	503	62	232	623
1464	24654	15906	102590	6185	11401	79211
30261	15493	19420	44845	91690	149455	108112
		280	399	786	1380	10973
797	237		3037	39843	10529	5555
797	237		2536	39843	10529	4951
595	173	80	923	3234	1842	1955
595	173	80	923	2832	1674	1946
	4487			10076	46435	
	4487			2240	35793	
32999	162920	108068	290714	63973	80629	327338
28489	149359	70831	283317	63825	79087	313839
690	371	31396	610	69		7317
3820	13191	5841	6787	79	1543	6182
16536	6009	3972	38925	26694	43166	178462
16536	6009	3972	38925	26419	43122	178462
6399	1276	1605	31299	20003	4398	11018
395	628		115	233	498	68
	907				15	
6531	**1939**	**7419**	**11343**	**38351**	**37942**	**15050**
6531	1933	7419	9547	26488	34623	7156
754	112	1391	302	2374	6055	267
1308	517		5378	8001	23963	6890
4469	48		1491	7457	367	
	6		1795	10277	3319	7894
	6					
				1587		
35724	**363984**	**41490**	**882791**	**415460**	**575908**	**827610**
9128	108707	8532	347921	147385	330790	159876
4849	58631	4818	335953	116725	267225	95872
1693	4744	1129	3590	19805	17482	21233
24			1276	1564	2710	2144
2512	44625	2518	6900	1596	43049	38027
2453	43570	2459	6736	1512	42014	37126
49	707	67	203	1380	323	2600
34	706	67	190	1379	321	2480
14			14		2	118
				6315		
14665	53191	22188	260547	136128	148572	266699
11931	202087	10770	165554	131006	96546	306902
4059	100050	4168	101016	98139	45362	102688
7872	102036	6602	64538	32867	51185	204214
				941		
			108769			94133
95	**15260**	**11676**	**120618**	**4114**	**3299**	**77576**
7453	**35917**	**16468**	**77593**	**21598**	**28341**	**41807**

3—3 农 林 牧 渔
Value - added of Farming, Forestry, Animal

单位:万元

指 标	Item	沈阳市 Total	苏家屯 sujiatun
农林牧渔业	**Farming, Forestry, Animal Husbandry and Fishery**		
总产值	Gross Output Value	6886378	655428
中间消耗	Middle Consume	3323812	328355
增加值	Value - added	3562566	327073
农 业	**Farming**		
总产值	Gross Output Value	2651751	234682
中间消耗	Middle Consume	1142069	96985
增加值	Value - added	1509682	137697
林 业	**Forestry**		
总产值	Gross Output Value	132469	13193
中间消耗	Middle Consume	57468	5439
增加值	Value - added	75001	7754
牧 业	**Amimal Husbandry**		
总产值	Gross Output Value	3585781	379260
中间消耗	Middle Consume	1882445	211319
增加值	Value - added	1703336	167941
渔 业	**Fishery**		
总产值	Gross Output Value	265834	14951
中间消耗	Middle Consume	139591	9767
增加值	Value - added	126243	5184
服务业	**Service**		
总产值	Gross Output Value	250543	13342
中间消耗	Middle Consume	102239	4845
增加值	Value - added	148304	8497

业　　增　　加　　值
Husbandry and Fishery

(10000 yuan)

浑南区 Hun nan	沈北新区 Shen bei new	于洪区 Yu hong	辽中县 Liao zhong	康平县 Kang ping	法库县 Fa ku	新民市 Xin min
135127	648545	236811	1594814	726580	1004586	1703212
63942	306384	108482	757981	344613	506876	815972
71185	342161	128329	836833	381967	497710	887240
84649	227917	158892	506922	247914	352616	736836
37930	97467	70300	215786	100817	165037	312109
46719	130450	88592	291136	147097	187579	424727
6541	1942	7430	11360	38410	38000	15073
2617	926	3097	4645	18546	16121	5895
3924	1016	4333	6715	19864	21879	9178
36302	367104	42164	877532	414296	582002	831507
19577	184985	21808	446257	214270	313149	440559
16725	182119	20356	431275	200026	268853	390948
95	15245	11665	120500	4110	3296	77500
48	7076	6223	60040	2110	1479	40655
47	8169	5442	60460	2000	1817	36845
7540	36337	16660	78500	21850	28672	42296
3770	15930	7054	31253	8870	11090	16754
3770	20407	9606	47247	12980	17582	25542

3—4 农村基层组织、从业人员及基础设施情况
Rural Basic level organization, Practitioners and Facilities

单位：个、户、人 (unit, person)

指 标	Item	2000	2005	2010	2015
乡镇场个数	Number of Farms, Township and Towns	208	166	98	81
村 数	Number of Villages	1938	1537	1252	1499
乡镇场户数	Number of Households of Farms, Township and Towns	772472	804681	911432	884122
乡镇场人口数	Population of Farms, Township and Towns	2680574	2708885	2844962	2754515
农村劳动力资源	Rural Labor Force	1199985	1482438	1674832	1628775
劳动力年龄内人口	Number of Laborers within Labor Ages	1178311	1272312	1456802	1435580
实有从业人员	Real Employment	1065350	1233875	1432356	1412574
第一产业从业人员	Employment of Primary Industry	700193	778440	770874	723990
第二产业从业人员	Employment of Secondary Industry	136879	188834	277966	303139
工 业	Industry	89270	118367	179146	200575
建筑业	Construction	47609	70467	98820	102564
第三产业从业人员	Employment of Tertiary Industry	137033	266601	496195	385445
交通、运输、邮电、仓储	Transportation, Storage, Post and Telecommunication	42378	45663	55495	60890
贸易、餐饮	Trade and Catering Services	51589	84797	136358	146655
其 它	Others	18032	136141	191663	163916

3—5 农作物播种面积
Total Sown Areas of Farm Grops

单位:公顷 (hectare)

指 标	Item	2000	2005	2010	2015
农作物总播种面积	**Total Sown Areas**	**599212**	**587940**	**654813**	**658750**
粮豆作物	**Grain Crops**	**449028**	**511446**	**506848**	**501958**
谷 物	Cereal	382819	470994	477680	482279
水 稻	Rice	113829	115876	126849	108944
春小麦	Spring Wheat	26577	5686	2381	1383
玉 米	Corn	227919	336970	344800	370022
高 粱	Sorghum	11636	6718	2007	1250
谷 子	Millet	2785	2650	772	580
薯 类	Tubers	19120	7039	12045	10548
土 豆	Potatoes	11623	5667	9407	9460
豆类合计	Total Beans	41540	33413	17123	9131
大 豆	Soybeans	36653	29158	16255	8355
杂 豆	Mixed Beans	4887	4255	868	474
棉 花	Cotton	552	275	25	
油料作物	Oil – bearing Crops	33171	13772	43763	35096
花 生	Peanuts	26378	12635	40094	33958
芝 麻	Seasame	872	148	17	
向日葵	Sunflower	1348	802	3652	804
甜 菜	Beetroots	4459	18		
药 材	Medicial Material	700	30	1112	691
蔬菜、瓜类	**Vegetables and Melon**	**83782**	**45200**	**85193**	**100230**
蔬菜(含菜用瓜)	Vegetables	75360	45200	67385	81359
西甜瓜	Muskmelon and Watermelon	8422	6365	16665	15861
西瓜	Watermelon	5933	4126	12546	13474

3—6 分地区农作物播种面积
Sown Areas by District and County

单位:公顷 (hectare)

项目	Item	沈阳市 shenyang	苏家屯 sujiatun	浑南区 Hunnan	沈北新区 Shen bei new	于洪区 Yuhong	辽中县 Liaozhong	康平县 Kangping	法库县 Faku	新民市 Xinmin
农作物总播种面积	**Total Sown Area**	658750	35113	22981	40383	23595	93686	95245	126309	204141
粮食作物合计	**Total Grain Crops**	501958	28370	21200	27070	19677	74700	68000	96730	152570
其中:夏收粮食	Grain in summer	10843	100			203	730	3200	1320	5290
谷物	Cereal	482279	27810	20800	26930	19406	73510	61470	93500	145500
稻谷	Rice	108944	7560	600	10810	6183	33520	2390	4090	37760
小麦	Wheat	1383				13	410	110	290	560
春小麦	Wheat in spring	1383				13	410	110	290	560
玉米	Corn	370022	20250	20200	16120	13210	39580	58080	88130	107130
谷子	Millet	580						200	380	
高粱	Sorghum	1250						650	570	30
其他谷物	Others	100						40	40	20
荞麦	Buckwheat	10						10		
豆类合计	Total Beans	9131	460	400	140	81	860	3130	1970	1810
大豆	Soybeans	8355	158	400	140	81	860	2810	1840	1800
绿豆	Green Gram	246						140	100	
红小豆	Red bean	228						180	30	10
薯类(折粮)	Tubers	10548	100			190	330	3400	1260	5260
马铃薯	Potatoes	9460	100			190	320	3090	1030	4730
油料作物	**Oil bearing Crops**	**35096**	**275**	**649**	**100**		**2684**	**19194**	**7816**	**4299**
花生	Peanuts	33958	275	649	100		2350	19194	7816	3495
芝麻	Seasame									
向日葵籽	Sunflower	804								804
棉花	**Cotton**									
糖料	**Sugar**									
甜菜	Beet									
药材类合计	**Medicial Material**	**691**		**15**	**507**		**5**		**13**	**151**
蔬菜(含菜用瓜)及食用菌	**Vegetables**	**81359**	**5761**	**861**	**7629**	**3770**	**14817**	**5181**	**9151**	**31303**
瓜果类	**Melon**	**18871**	**707**	**91**	**362**	**115**	**666**	**643**	**1066**	**14553**
西瓜	Watermelon	13474	20		80	4	161	414	85	12660
甜瓜	Muskmelon	2387	305	78	232	2	209	222	977	325
草莓	Strawberry	1453	382	12	50	26	1	7	4	549
其他农作物	**Others**	20775		165	4715	33	814	2227	11533	1265
青饲料	Succulence	**15889**			**4237**			**2227**	**9375**	**50**

3—7 农作物总产量
Total Output of Farm Crops

单位:吨 (ton)

指标	Item	2000	2005	2010	2015
粮豆作物	**Grain Crops**	**2338012**	**3427232**	**3251122**	**3580408**
谷物	Cereal	2172834	3297557	3138162	3509143
水稻	Rice	937905	898757	1000833	1003641
春小麦	Spring Wheat	55116	18845	8732	5552
玉米	Corn	1122542	2318518	2107704	2489690
高粱	Sorghum	52423	42035	14680	8383
谷子	Millet	4390	9570	3098	1675
薯类	Tubers	81076	41811	63364	51624
土豆	Potatoes	44894	28164	41144	46983
豆类合计	Total Beans	77483	87864	49596	19641
大豆	Soybeans	73140	78391	47830	17985
杂豆	Mixed Beans	4343	9473	1766	725
经济作物	**Economic Crops**				
棉花	Cotton	1584	155	21	
油料作物	Oil - bearing Crops	58914	32691	128346	90546
花生	Peanuts	51697	30445	116784	88220
芝麻	Seasame	671	198	16	
向日葵	Sunflower	1405	1757	3605	959
麻类	Fiber Crops	20	2		
甜菜	Beetroots	131141	438		
烟叶	Leaf Tobacco	24			
其他作物	**Other crops**				
蔬菜(含菜用瓜)	Vegetables	2842299	2390541	4218129	5376699
西甜瓜	Muskmelon and Watermelon	271798	206062	754443	900907
西瓜	Watermelon	203818	151685	599030	797324

3—8 主要农产品产量
Yield of Major Farming Products

单位:万吨 (10000 tons)

年 份 Year	粮食及大豆 Grain Crops	蔬 菜 Vegetable	猪牛羊肉 Pork, Beef and Mutton	禽 蛋 Poultry Eggs	牛 奶 Cow Milk	水产品 Aquatic Products	水 果 Fruits
1980	210.6	94.6	5.2	0.9	1.7	0.2	0.5
1985	205.0	107.8	7.1	4.4	3.1	0.5	1.2
1990	307.7	158.5	13.0	11.2	5.6	1.8	2.5
1991	308.9	175.9	15.3	14.2	6.8	2.4	3.6
1992	333.4	209.2	17.5	16.3	7.4	3.1	4.4
1993	318.3	246.0	17.5	16.6	6.0	4.3	6.0
1994	201.7	198.8	23.5	19.8	6.2	5.6	7.0
1995	215.1	196.1	15.3	18.2	6.1	6.5	7.4
1996	329.8	260.0	28.8	20.3	6.1	7.0	7.3
1997	252.5	216.7	17.3	21.6	5.1	8.4	6.9
1998	325.9	256.1	17.3	21.4	5.3	9.0	7.9
1999	343.3	277.2	18.5	22.5	5.0	9.5	8.6
2000	233.8	284.2	19.7	24.5	5.7	10.0	9.1
2001	251.7	272.2	20.9	27.5	6.6	11.4	8.3
2002	278.2	284.1	23.3	29.2	8.1	11.5	8.5
2003	283.2	255.9	27.8	30.0	12.5	13.5	9.1
2004	365.4	206.6	34.9	37.9	18.8	14.1	10.7
2005	342.7	239.1	41.7	42.5	21.2	15.0	11.1
2006	321.4	271.5	40.7	37.7	28.8	16.2	11.8
2007	390.9	315.1	41.8	39.4	31.2	16.8	13.5
2008	358.7	356.7	46.9	53.7	32.3	18.7	17.5
2009	344.6	422.1	53.8	57.5	37.1	20.6	17.4
2010	325.1	421.8	57.0	60.6	39.2	16.7	17.6
2011	406.1	463.0	60.2	69.2	44.7	17.7	21.2
2012	400.7	501.8	64.8	74.9	48.1	18.7	24.4
2013	383.5	576.1	69.3	79.3	50.8	19.0	27.8
2014	359.9	548.4	66.6	79.7	51.7	19.3	30.2
2015	358.0	537.7	63.7	73.4	50.5	22.6	30.0

3—9 畜牧业生产情况
Production of Animals Husbandry

指 标	Item	2000	2005	2010	2015
年末大牲畜头数(头)	Large Animal at Year - end (head)	417310	643755	932803	1054275
马(头)	Horses (head)	79925	52712	37251	21365
骡(头)	Mules (head)	61070	31636	18014	8318
驴(头)	Donkeys (head)	117014	73007	49365	30519
牛(头)	Cattle and Buffaloes (head)	159301	486400	828173	994073
奶牛(头)	Cows (head)	13698	63986	106628	144789
改良肉用牛(头)	Meat Cattle (head)	145603	422414	713837	848241
从事农事劳役的大牲畜(头)	Large Draft Animal (head)	200085	134689	63783	26499
年末生猪存栏(头)	Hogs at Year - end (head)	1582263	2264380	3180598	3601179
能繁殖母猪(头)	Female Pigs for Breeding (head)	119835	198119	455391	482006
年末羊存栏(只)	Sheep and Goats at Year - end (head)	229111	605442	706166	814689
能繁(只)	For Breeding(head)	159826	315642	313651	362125
山 羊(只)	Goats(head)	60478	190106	262837	292129
能繁(只)	For Breeding (head)	33661	87292	112706	117309
绵 羊(只)	Sheep (head)	168633	415336	443329	522560
能繁(只)	For Breeding(head)	126165	228350	200945	244816
年末家禽存栏 (万只)	Poultry at Year - end (10000 heads)	3749	5107	8903	9664
蛋禽(万只)	Egg Poultry (10000 heads)	1937.2	3216	4380.1	4961
年末兔存栏(只)	Rabbits at Year - end (head)	35685	317147	16733	3899
年末生猪出栏(只)	Slaughtered Hogs (head)	2047009	3622753	5112792	3601179
年内牛出栏(头)	Slaughtered Cattles (head)	88581	417457	957008	994073
年内羊出栏(只)	Slaughtered Sheep and Goats (head)	152623	653519	861293	814689
年内家禽出栏(万只)	Slaughtered Poultry (10000 heads)	6059.5	12067	16326	9664
年内兔出栏(只)	Slaughtered Rabbits (head)	34202	124886	91442	4215
肉类总产量(吨)	Total Output of Meat (ton)	333202	703703	865705	987425
猪肉产量(吨)	Pork (ton)	179694	320041	401175	463065
牛肉产量(吨)	Beef (ton)	15822	87693	156737	161360
羊肉产量(吨)	Mutton (ton)	1944	9405	12309	12358
禽肉产量(吨)	Meat of Poultry (ton)	131284	281473	286572	347652
奶类总产量(吨)	Total Output of Milk (ton)	56863	215163	396286	505345
牛奶产量(吨)	Output of Milk (ton)	56601	212045	392220	505134
绵羊毛产量(公斤)	Output of Sheep's Wool (kg)	817081	1187683	1048351	1385498
蜂蜜产量(公斤)	Output of Honey (kg)	3410	3500	8900	15560
禽蛋产量(吨)	Output of Poultry Eggs (ton)	245421	425281	605919	734050

4—1 主要工业产品产量
Main Industrial Products

年份 Year	彩色电视机（万台）Color TV Sets (10000 units)	灯泡（万只）Lamps (10000 units)	机制纸及纸板（吨）Machine - made Paper and Paperboards (ton)	卷烟（万箱）Cigarettes (10000 cases)	白酒（千升）Liquor (kiloliter)
1980		3299	98210	25.5	17351
1985	3.97	4975	135064	21.98	28643
1990	10.77	6819	124469	24.2	64242
1995	1.3	30700	122916	20.1	69566
1996	12.38	37423	134108	18.5	92544
1997	26.15	8922	102612	18.71	124741
1998	56.1	7918	84000	20	120400
1999	59.76	7389	59922	11	108111
2000	175	4583	55245	8	162533
2001	139.62	11885	37053	15	13333
2002	179.35	4248	45453	16	4173
2003	241.55	13101	46857	17.8	2032
2004	248.42	10079	47355	20.4	50577
2005	472.04	12813	44573	20	74784
2006	271.80	51066	33775	21	100716
2007	344.09	90343	160909	22.57	207136
2008	398.47	80890	4546	23	284921
2009	340.38	33636	36382	23	271949
2010	329.87	36874	17314	24	352588
2011	362.31	40038	44982	22.83	381700
2012	426.43	47430	12085	23	505044
2013	385.2	39615	19750	23	460303
2014	338.0	45357	48653	25	326474
2015	287.90	35515	58564	25	318863

4—1 续表 1 Continued

年份 Year	啤酒（千升）Beer (kiloliter)	味精（吨）Gourmet Powder (ton)	瓷砖（万平方米）Ceramid Tile (10000 sq. m)	合成洗衣粉（吨）Synthetic Detergents (ton)
1980	60259	3460		9352
1985	111834	5326		22870
1990	185726	9508		28766
1995	345145	16991		26130
1996	331934	19309		19106
1997	343490	21100		12378
1998	345600	25237		6681
1999	419617	28347		3578
2000	429682	34142		4253
2001	420156	33001		28532
2002	411680	37026		31440
2003	437475	43318		22180
2004	484340	42513		12825
2005	540721	46016	6770	17100
2006	613793	51560	8493	17411
2007	801908	45990	13078	14541
2008	801450	37947	21538	28185
2009	869598	40318	29776	24246
2010	897814	35250	41413	42600
2011	1046896	–	56758.7	57577
2012	1106614	–	73464.4	59980
2013	1154852	–	74493.0	66531
2014	1142219	–	66198.6	66353
2015	914686	–	40494.8	21510

4—1 续表 2 Continued

年份 Year	发动机（万千瓦）Motor Engine（10000 kw）	气体压缩机（台）Gas Compressed Motor（unit）	风 机（台）Pneumatic Machine（unit）	金属切削机床（台）Metal - cutting Machines（unit）	房间空气调节器（台）Air Conditioner（unit）	交流电动机（万千瓦）AC Motors（10000 kw）
1980		2245	14510	9817		129.4
1985		5782	19549	11356		148
1990		2731	23600	10013		170
1995		15730	15456	9294	72512	206.74
1996		7029	8262	6986	79651	542.41
1997		5414	14081	6658	72685	312.04
1998		3719	8123	6174	38733	124
1999		1656	4747	5661	95150	160.08
2000		2444	6346	8426	230692	133.97
2001	361	1003	4900	10513	362297	129.4
2002	850	771	3559	16586	300172	156.85
2003	1615	1077	5841	32241	271345	205.48
2004	1410	1431	4737	53261	344462	314.69
2005	1476	1525	5559	68209	609916	404.39
2006	2870	20372	4061	80681	498287	302.5
2007	3674	4332	14101	90224	480158	294.66
2008	2491	4756	4262	93121	555223	210.07
2009	3011	14718	4613	73355	434312	124.93
2010	4382	13080	5944	95244	338397	106.2
2011	4727	11816	5167	76471	244679	143.91
2012	5574	12591	4954	67327	62929	120.82
2013	5882	3013112	4063	57505		92.19
2014	6582	1841631	4689	56372		99.91
2015	6647	1849741	3357	50357		96.59

4—1 续表 3 Continued

年份 Year	变压器（万千伏安）Transformer（10000 kVA）	电力电缆（公里）Electric Cables（km）	汽 车（辆）Motor Vehicls（unit）	原 煤（万吨）Coal（10000 tons）	发电量（万千瓦时）Electricity（10000 kwh）
1980	1140	15191	4032	586	29489
1985	1330	15534	25306	564.1	51587
1990	1336	18752	22572	608.8	96561
1995	2265	54156	21541	383.2	475859
1996	2121	20453	25430	360.9	355811
1997	2321	59420	37155	404.2	351646
1998	2119	8572	41321	477.8	336316
1999	1938	1263	54214	489.6	320007
2000	2283	33012	79211	477.4	351420
2001	1844	24005	75461	486.2	344856
2002	1645	37226	86809	760.9	365347
2003	1264	114816	125598	689.4	597813
2004	3457	122879	124394	1006.4	491293
2005	3586	108916	138496	992.2	443340
2006	4613	98730	267710	1453.3	453090
2007	5518	183289	352439	960.8	554708
2008	8157	179110	299061	898.9	613092
2009	9488	234305	482001	822.1	806217
2010	9728	279638	665791	881	1114482
2011	9919	333088	715121	939	1691038
2012	9841	349382	832591	916	1660180
2013	11444	291955	1031756	929.3	1937633
2014	11325	334678	1087221	851.5	1919593
2015	9630	346595	1061255	1057.4	1954905

4—1 续表 4 Continued

年份 Year	煤气生产量（万立方米）Coal Gas (10000 cu. m)	钢（万吨）Steel (10000 tons)	成品钢材（万吨）Steel Products (10000 tons)	铜（吨）Copper (ton)	铅（吨）Lead (ton)	铜材（吨）Copper Products (ton)	铝材（吨）Aluminum Products (ton)
1980	21978	22.86	51.41	56618	52294	21618	4700
1985	26220	32.2	46.86	56562	54643	31281	7638
1990	17008	38.6	49.2	54897	62970	26472	17519
1995	26683	24.25	38.17	51700	56701	25578	24674
1996	33044	23.04	42.63	51412	58589	23465	36469
1997	25112	15.73	31.33	57377	67721	25549	29082
1998	21200	6.27	34.43	67589	67518	12487	12070
1999	7719	1.56	41.28	35309	54477	24035	13026
2000	8026	12.57	35.82	17815	5945	50094	27995
2001	18970	18.44	17.13	11890	22213	51673	18704
2002	19927	8.81	34.99	7586	4975	359980	16132
2003	21831	10.53	23.87	8212	1280	73464	18954
2004	23992	14.35	40.09	4823	2485	80362	18299
2005	29866	20.57	151.15	3140	5222	116555	25864
2006	30926	20.17	241.28	13115	7356	77853	45854
2007	34867	40.94	230.84	11480	8771	102443	51310
2008	27215	39.6	153.11	8034	8843	125681	89998
2009	19320	21.73	52.64	9457	2139	144691	40596
2010	18910	21.51	57.19	4594	2963	118808	34626
2011	27747	6.87	48.95	15000	3922	69057	35030
2012	32935	4.19	43.58	35660	4791	78216	37268
2013	42040	4.96	94.57	32710	4843	74269	99158
2014	57488		63.54	13647	1306	85344	68697
2015	50359		30.28			41791	41104

4—1 续表 5 Continued

年份 Year	焦炭（万吨）Coke (10000 tons)	轮胎外胎（万条）Tires (10000 units)	水泥（万吨）Cement (10000 tons)	平板玻璃（万重量箱）Plate Glass (10000 weight cases)	砖（亿块）Brick (100 million units)
1980	26.52	21.2	20.46	156.9	10.35
1985	31.41	37.4	29.3	151.4	21.61
1990	29.69	67.3	35.51	212.9	24.81
1995	28.01	39.91	73.48	270.4	20.83
1996	24.99	23.77	51.84	459.4	29.03
1997	24.96	45.43	55.49	491.2	29.83
1998	24.96	104.61	40.7	487	8.42
1999	25.09	128.41	47.04	486.8	7.72
2000	26.13	165.16	40.75	495.8	7.81
2001	28.28	189.6	62.73	522.5	0.34
2002	31.73	208.5	55.8	607.4	0.43
2003	34.54	272	147.33	531.5	0.42
2004	40.87	291.8	172.78	765.9	1.71
2005	67.04	314.99	179.24	744.33	5.84
2006	76.35	362.6	231	519.7	53.82
2007	90.96	358.58	285.43	552.2	22.59
2008	83.37	371.11	275.9	429.18	21.99
2009	90.84	343.76	397.53	325.5	28.2
2010	82.9	402.41	363.72	373.26	28.53
2011	121.25	400.69	186.25	471	38.05
2012	102.41	503.43	462.33	576	38.23
2013	166.5	561.5	259.68	579	28.56
2014	166.37	581.65	268.75	409	31.45
2015	138.35	666.93	119.66		23.11

4—2 全社会能源物资消费总量
Total Consumption of Energy and Material

年 份 Year	能源消费总量（万吨标煤）Total Consumption of Energy (10000 tons of SCE)	工业用 Industry Use	煤炭消费总量（万吨）Total Consumption of Coal (10000 tons)	汽 油（万吨）Gasoline (10000 tons)
1980	733.7	466.1	592.1	7.7
1985	839.7	507.8	829.6	9.7
1990	925.4	558.8	773	11.4
1995	1187.0	886	1158.9	14
1996	1 058.8	809.2	902.5	8.6
1997	1 013.7	780.3	856.9	8.7
1998	952.9	747.2	938	11.3
1999	905.3	732.5	897.6	10.3
2000	960.3	752.9	951.4	14.1
2001	640.0	599.2	838.4	2.3
2002	662.0	626.0	899.4	2.5
2003	718.3	687.0	1068.2	2.7
2004	764.7	733.1	1351.8	4.6
2005	805.5	782.2	1731.2	3.9
2006	968.4	942.8	2057.5	8.2
2007	1043.4	1023.9	2023.4	17.9
2008	1202.9	1165.6	2316.4	28.3
2009	1251.0	1104.9	2522.7	62.5
2010	1334.1	1244.5	2877.4	40.4
2011	1422.9	1403.5	2951.2	39.3
2012	1400.6	1379.3	2802.5	44.7
2013	1375.7	1356.2	2992.9	42.8
2014	1285.5	1266.5	2998.5	39.9
2015	1063.4	1048.7	2804.9	32.4

注:2001 年开始为规模以上工业口径。

Note:They have been above designated size industrial enterprises after 2001.

4—3 全市民用车辆拥有量
Nnmber of Civil Motor Vehicles Owned

单位:辆 (unit)

指 标	Item	2000	2005	2010	2015
民用汽车	Total Number of Civil Motor Vehicles Owned	210893	420609	831759	1645135
载客汽车	Passenger Vehicles	115195	257501	653360	1465939
大 型	Large	5854	9813	13063	15667
载货汽车	Ordinary Trucks	73857	98145	139829	168415
大型(重型)	Large	25457	22944	25344	33294
其他汽车	Other Trucks	21841	64963	38570	10781
拖 拉 机	Tyre Tractors	32544	42437	64358	74644
摩 托 车	Motors	115791	135401	81301	95505
其他机动车	Number of Other Motor Vehicles	1459	4571	1439	1989

注:其他汽车 2004 年以前为其他专用汽车。

Note:Other motor vehicles before 2004 were other special trucks.

4—4　运　　输　　量
Transportation

年份　Year	客运量(万人次) Passenger Traffic (10000 persons times)	铁路 Railways	公路 Highways	民航 Civil Aviation	货运量(万吨) Freight Traffic (10000 tons)	铁路 Railways	公路 Highways	民航 Civil Aviation
1980	4788	3669	1084	5	1679	563	1108	0.24
1985	6462	4508	1941	13	9279	702	8577	0.34
1990	7386	3760	3595	31	11777	549	11227	0.59
1995	11227	3388	7747	92	13052	584	12467	1.06
1996	9661	2966	6589	106	13858	582	13275	1.18
1997	8273	2789	5375	110	14536	607	13926	3.02
1998	7598	2750	4753	95	14809	449	14358	2.3
1999	7663	2784	4778	100	15396	496	14898	2.31
2000	6620	3084	3385	151	15221	566	14652	3.2
2001	6790	3035	3587	168	15157	472	14682	3.1
2002	7053	2951	3913	189	14451	537	13910	3.5
2003	6691	2649	3819	223	14656	501	14150	4.7
2004	7964	2895	4783	285.8	14757	542	14210	4.95
2005	8629	2886	5432	310.7	15571	545	15020	5.72
2006	9598	3096	6152	350	17264	558	16700	6.3
2007	10062	3035	6641	386	19092	586	18500	6.3
2008	26101	3581	22143	377	13979	466	13507	5.7
2009	27668	3982	23316	370	15164	431	14728	5.4
2010	30658	3979	26285	394	17348	538	16804	5.5
2011	31625	3542	27734	349	19406	504	18897	4.3
2012	32869	3348	29121	400	21720	456	21259	4.5
2013	24484	3816	20254	414	21491	530	20957	4.4
2014	25397	4145	20801	451	23489	544	22940	4.3
2015	20643	4427	15554	662	21362	483	20873	6.5

注:1. 铁路运输数据,2002 年以前来自沈阳铁路分局,以后来自沈阳铁路局;
2. 2009 年公路运输口径调整。2013 年公路数据按交通部门专项调查结果调整。

Note:1. The Data of railway transportation came from Shenyang Railway Branch before 2002. After 2002 it came from Shenyang Railway Bureau.
2. In 2009, the highway transportation coverage was adjusted. The highway data in 2013 was adjusted according to the special investigation of the department of transportation.

4—5 邮电业务量
Post and Telecommunication Services

年份 Year	邮电业务总量（万元） Business Value of Post and Teleco－mmunication（10000 yuan）	函件（含机要）（万件） Number of Letters（include confidential document（10000 pcs）	报刊（万份） Newspapers and Magazines（10000 copies）	网络用户（万户） Number of Subscribers of Internet Services（10000 subscribers）	移动电话（万户） Number of Mobile Telephone Subscribers（10000 subscribers）	市话年末到达户数（万户） Number of Subscribers Of Urban Telephone（10000 subscribers）	农话年末到达户数（万户） Number of Subscribers Of Rural Telephone（10000 subscribers）
1980	4282	3427	25306			2.77	0.72
1985	7680	5782	38099			4.33	0.71
1990	21338	7452	13508			9.37	1.01
1995	119095	8897	12315		6.47	60.91	4.62
1996	152734	8366	13653		11.46	79.35	7.98
1997	171756	7398	12854		20.6	91.24	14.35
1998	197460	7991	13138		40.97	104.53	18.17
1999	442059	7637	12988		73.42	120.09	22.22
2000	460398	6581	11752	21.04	125.17	137.72	27.96
2001	581223	5553	9027	52.85	170.01	161.69	34.89
2002	647436	3691	8698	96.53	216.03	180.4	41.86
2003	792470	3887	8239	93.18	274.81	224.7	48.9
2004	950202	3963	7990	72.02	304.71	261.76	55.06
2005	1150519	4241	8107	75.68	348	298	64
2006	1439394	3269	8706	83.4	412	305	69
2007	1862260	2498	8693	103	434	316	68
2008	1997828	2578	9808	108	513	281	67
2009	2369386	2313	9517	128	747	271	66
2010	2800119	2419	10368	136	855	260	63
2011	1123520	2469	10840	153	882	242	61
2012	1218100	2495	11880	176	996	–	–
2013	1313334	2508	13626	153	1016	–	–
2014	1637972	2379	13578	163	1044	–	–
2015	1965133	1841	12808	179	1349	–	–

注：邮电业务总量 2011 年开始采用 2010 年不变价。历年口径有调整。
Note：The total business value of post and telecommunication began to use the constant prices of 2010 from 2011. The caliber has been adjusted over the years.

5—1 固定资产投资和房屋建筑面积
Investment in Fixed Assets and Floor Space of Buildings

单位:万元 (10000 yuan)

指 标	Item	2000	2005	2010	2015
投资总额	**Total Investment(10000 Yuan)**	**2622376**	**13632196**	**41391498**	**53260443**
按经济类型分	**Grouped by Ownership**				
国有经济	State - owned Economic Units	1162197	3362737	6689922	5780249
集体经济	Collective - owned Economic Units	141911	519442	1163203	583757
私营经济	Private Economic Units	100306	2564698	11059531	22883550
个体经济	Individual Economic Units	95272	263043	371778	219653
联营经济	Joint Ownership Economic Units	1150	6787	7486	208810
股份制经济	Share Holding Economic Units	556574	4474851	12888690	2167522
外商投资经济	Foreign Funds Economic Units	232579	1431421	4015920	2657427
港澳台投资经济	Economic Units with Funds from Hong Kong, Macao and Taiwan	311676	783999	4229736	2862931
其他经济	Others	20711	225218	965252	2047884
本年资金来源小计 *	**Total Captal Grouped by Sources**	**2430557**	**13922412**	**46421286**	**55494674**
国家预算内资金	State Budgetary Appropritation	171614	506864	1069311	2480660
国内贷款	Domestic Loans	552477	1428722	5966940	6325942
利用外资	Foreign Investment	202513	395983	1352801	207578
自筹投资	Fundraising	1060442	9711051	33020709	41836367
其他投资	Others Investment	443511	1879792	5011525	4644127
按构成分	**Grouped by Form**				
建筑安装工程	Construction and Installation	1632392	8121659	27940074	40470130
设备工器具购置	Purchasing of Equipment, Tool and Appliance	613019	2820645	8210713	9729312
其他费用	Others	376965	2689892	5240711	3061001
按三次产业分	**Grouped by Type of Industry**				
第一产业	Primary Industry	75996	246696	839524	663892
第二产业	Secondary Industry	759410	5203346	14763194	21122762
工 业	Industry	687304	5102628	14424706	
第三产业	Tertiary Industry	1786970	8182154	25788780	31473789
房地产开发	Real Estate Development	640395	4135710	14500794	
房屋建筑面积(万平方米)	**Floor Space of Buildings(10000 sq. m)**				
施工面积	Floor Space under Construction	1643.7	5488.6	14448.2	13812.8
住 宅	Residential Building	936.2	2674.5	6720.1	5885.9
竣工面积	Floor Space Completed	808.2	2175.3	3839.8	2910.4
住 宅	Residential Building	540.9	1111.7	1193.6	770.8

注:①2011 年开始统计口径调整,2010 年及以前为全社会口径,下同;②本表中的国有经济包括国有、国有联营和国有独资有限责任公司;③2010 年及以前为城镇口径。

Note:Since 2011 the statistic standards has been adjusted . Before 2010 it was the whole society . The same below. ②In this sheet, the state owned economy includes state - owned, state owned joint venture and stato owned limited liability company. ③It shows the cities and towns caliber.

5—2 房地产开发投资主要指标

Major Indicators of Investment on Real Estate Development

单位:万元、万平方米 (10000 yuan,10000 sq. m)

指 标	Item	2000	2005	2010	2015
本年完成投资	Investments Completed in This Year	640395	4135710	14500794	13376632
本年新增固定资产	Newly Increased in Fixed Assets	502732	1929399	3727811	5092451
本年施工房屋面积	Floor Space of Buildings under Construction	828.4	3102	8851.4	8341.3
住 宅	Residential Buildings	635.3	2438.3	6634.2	5868.5
本年竣工房屋面积	Floor Space of Buildings completed	349.5	1057.7	1393.2	1037.0
住 宅	Residential Buildings	289.8	927.7	1107.7	768.8
商品房销售面积*	Sold Floor Space of Commercial Houses	210.5	761.3	1746.5	1065.1
住 宅	Residential Buildings	184	713.9	1516.1	949.9
商品房销售额	Total Sales of Commercial Houses	565412	2367695	9450487	7306985

注:*2006 年起包括预售。

Note:Data after 2006 has covered selling in advance.

5—3 建筑安装企业主要经济指标

Major Indicators of Construction and Installation Enterprises

指 标	Item	2000	2005	2010	2015
全 市	**Total**				
建筑业总产值(亿元)	Gross Constructive Output Value (100 million yuan)	162.6	328.6	1055.2	1601.1
施工房屋面积(万平方米)	Floor Space of Buildings under Construction(10000 sq. m)	1929	2669.4	5733	9928.8
竣工房屋面积(万平方米)	Floor Space of Buildings Completed (10000 sq. m)	915.4	1262	1839.5	2342.8
竣工率(%)	Completed Rate (%)	47.6	47	32.1	23.6
职工平均人数(万人)	Average Staff and Workers (10000 persons)	25.1	26.8	67.7	48.4
年末固定资产原值(亿元)	Origial Value of Fixed Assets at Year - end (100 million yuan)	49	78.6	155.9	203.6
年末固定资产净值(亿元)	Net Value of Fixed Assets at Year - end (100 million yuan)	33.3	57.9	102.1	36.7
利润总额(万元)	Total Profits (10000 yuan)	18237	59971	350891	464897
国有企业	**State - owned Enterprises**				
施工产值(亿元)	Output of Construction (100 million yuan)	57.3	196	149	73.7
施工房屋面积(万平方米)	Floor Space of Buildings under Construction(10000 sq. m)	430.4	1794.6	835	306.6
竣工房屋面积(万平方米)	Floor Space of Buildings Completed (10000 sq. m)	181.1	712.1	242.1	110.7
竣工率(%)	Completed Rate (%)	42.1	39	29	36.1
职工平均人数(万人)	Average Staff and Workers (10000 persons)	7.6	14.3	10.5	2.9
年末固定资产原值(亿元)	Origial Value of Fixed Assets at Year - end (100 million yuan)	24.6	43.1	22	21.4
年末固定资产净值(亿元)	Net Value of Fixed Assets at Year - end (100 million yuan)	15.5	30	13.5	3.3
利润总额(万元)	Total Profits (10000 yuan)	231	13772	23899	2.8

6 国内贸易主要综合指标
Main Indicators of Domestic Trade

单位:万元 (10000 yuan)

指 标	Item	2000	2005	2010	2015
社会消费品零售总额 *	Total Retail Sales of Consumer Goods	5660080	9150855	21056471	38832398
私营批发零售贸易业	Private Wholesale and Retail Trade				
户数(个)	Number of Economic Active Unit (unit)	8598	15860	27073	56570
人数(人)	Number of Persons (person)	98300	146020	174964	280809
个体批发零售贸易业	Indivial Wholesale and Retail Sale Trade				
户数(个)	Number of Economic Active Unit(unit)	116156	107227	136957	198228
人数(人)	Number of Persons(person)	251283	273743	332817	387783
限额以上批发零售贸易业主要财务指标	Above Designated Size in Wholesale and Retail Trade				
资产总计	Total Assets	3556223	5198536	12812620	19308505
负债总计	Total Liabilities	3006513	4365904	9673985	15286085
商品销售收入净额	Net Revenue of Sales	8107213	21755862	47371585	65386652
商品销售成本	Total Sales Cost	7694821	19766987	45169503	62860124
经营费用	Total Operating Cost	274810	554449	1180551	1205760
管理费用	Total Management Cost	138332	224695	553619	929772
营业利润	Total Operating Profits	-26819	32235	320385	-29754
利润总额	Total Profits	6956	123740	283120	-51971

注:2003 年开始,社会消费品零售总额不含制造业和农对非零售额。2011 年开始,社会消费品零售总额中不含其他行业零售额。
Note:Total retail sales of consumer goods from 2003 didnt include retail sales of manufacture and farmer sold nonfarmer. The total retail sales of consumer goods have not included other industry since 2011.

7—1　进出口总额
Total Imports and Exports

单位:万美元　　　　(USD 10000)

年　份 Year	进出口总额 Total Imports and Exports	进口总额 Total Imports	出口总额 Total Exports
1990	44199	11130	33069
1995	161834	70177	91657
1996	172664	85943	86721
1997	160173	74875	85298
1998	158746	81199	77547
1999	181662	101740	79922
2000	268348	138646	129702
2001	279178	154085	125093
2002	285596	145531	140065
2003	426037	225599	200438
2004	525161	285026	240135
2005	458998	221876	237122
2006	528931	263100	265831
2007	606943	275007	331936
2008	712863	300527	412336
2009	657028	304679	352349
2010	785604	377887	407717
2011	1062025	579513	482512
2012	1274827	678313	596514
2013	1432870	733289	699581
2014	1580029	865725	714304
2015	1408080	729467	678613

注:1990 年以后为地区口径,1995 年以后为海关统计数字。

Note:Data in this table refer to local calculation methods since 1990,and refer to Custom's statistics since 1995.

7—2　国际旅游事业发展情况
Development of International Tourism

年　份 Year	接待国家及地区数(个) Number of Foreign Countries and Regions (unit)	接待的境外旅游人数(人) Number of Foreign Tourists (person)	外国人 Foreigners	港澳台胞 Hongkong,Macao and Taiwan Compatriot
1990	100	41899	26269	15045
1995	119	103696	86665	16913
1996	123	107946	91806	16051
1997	134	118740	100987	17656
1998	137	120700	96001	24642
1999	133	137576	109833	27726
2000	138	161245	132688	28497
2001	151	176961	144086	32623
2002	152	237627	194984	42643
2003	148	184255	150769	33486
2004	148	272838	222758	50080
2005	148	326513	264221	62292
2006	148	400037	332027	68010
2007	148	456013	378773	77240
2008	148	476357	399555	76802
2009	148	495517	415356	80161
2010	148	550313	460885	89428
2012	–	750011	587028	162983
2013	–	813652	633832	179820
2014	–	591314	453044	138270
2015	–	650011	515048	134963

注:旅游收入 1994 年以前计量单位为万元外汇券。入境游客 2014 年按照国家新口径改为过夜人数,不含过境一日游人数。

Note:Measured unit of tourism revenue before 1994 refer to 10000 FEC. In 2014, the definition of the entry tourists has been revised to the population of passing the night, excluding the people who transit by the day.

7—3 利 用 外 资
Used Foreign Capial

单位:万美元 (USD 10000)

年份 Year	新签项目数(个) New Signed Projects (unit)	新签合同外资额 New Signed Contracts of Foreign Capital	实际利用外资 Direct Foreign Investment
1985	29	5661	24
1986	33	4349	150
1987	25	4737	597
1988	89	11008	1411
1989	75	8166	2806
1990	104	15899	2747
1991	186	39615	3348
1992	708	93801	8009
1993	1129	118035	33254
1994	835	181928	40662
1995	666	116977	46052
1996	512	109669	39551
1997	492	93864	53760
1998	475	103278	56636
1999	598	110734	49836
2000	646	176835	71230
2001	569	154633	85217
2002	661	205188	140880
2003	743	225074	224237
2004	771	259650	242277
2005	901	616732	212312
2006	863	852098	303444
2007	772	1284685	504451
2008	518	1026288	600138
2009	710	1205220	541039
2010	473	812110	505369
2011	221	542149	550247
2012	158	299188	580435
2013	155	273400	581093
2014	145	259408	446227
2015	137	193592	106116

注:2015 年起实际利用外资改为实际利用外商直接投资口径。

Note: In 2015, the actual use of foreign capital changed the actual use of foreign direct investment.

8—1 一般公共预算收入
General Public Budget Revenue

单位:万元 (10000 yuan)

年 份 Year	合 计 Total	增值税 Value – added Tax	营业税 Business Tax	个人所得税 Individual Income Tax
1980	145226			
1985	209685			
1990	310726	85402	89474	
1995	355684	85863	118226	21213
2000	611225	102329	181231	48684
2001	808178	116022	207681	66601
2002	1018511	138751	267568	71808
2003	1039268	99954	239212	40968
2004	1395086	91920	319011	51943
2005	1815157	126103	364924	59377
2006	2457841	143852	450114	62807
2007	2308085	167666	553293	77831
2008	2910381	189969	645841	84298
2009	3202070	206245	725216	86929
2010	4653540	399458	1295086	173245
2011	6201243	464531	1629897	201518
2012	7150377	520788	1803516	175968
2013	8009997	653681	1956634	197698
2014	7855020	852445	1648311	213655
2015	6062411	794252	1464885	232562

注:2010 年财政指标口径调整。
Note:The caliber of financial index was adjusted in 2010.

8—2 一般公共预算支出
General Public Budget Expenditure

单位:万元 (10000 yuan)

年 份 Year	合 计 Total	科技三项费 Three kinds Funds of Science and Technology Promotion	城市维护费 City Maintenance Expenditure	行政管理费 Expenditure for Government Administration
1980	50245	745	5557	4751
1985	105264	1181	8902	8574
1990	230580	3672	31234	13370
1995	458861	7972	42952	30448
2000	924893	16565	102892	50559
2001	1034810	19327	139292	61458
2002	1281673	22304	146385	65118
2003	1608515	27240	172724	71667
2004	2033157	33157	234083	92593
2005	2534094	41829	314929	122771
2006	3393019	62953	395492	140937
2007	3396754			
2008	4067372			
2009	4758822			
2010	5166242			
2011	6392904			
2012	7660854			
2013	8812817			
2014	9143712			
2015	8085751			

8—3 金融机构人民币存款
Saving Deposits of Financial Institution

单位:万元 (10000 yuan)

年份 Year	合计 Total	企业 Enterprises Deposits	财政 Treasury Deposits
1980	241023	110224	5231
1985	592234	246727	1049
1990	1817149	547384	-812
1995	7638677	2259015	96777
2000	17004871	6014533	58446
2001	19070186	6514187	92245
2002	22741574	7045754	234561
2003	26917421	8103598	173388
2004	30504700	9778109	147342
2005	35630020	10435257	141276
2006	39712846	13330155	189634
2007	45497117	17101533	1534609
2008	52759189	18345237	1281317
2009	66574455	25025439	2192293
2010	80919886	25975315	2424321
2011	88956679	46176511	2200122
2012	102753529	53087198	2852221
2013	114372103	57718673	3680585
2014	123095522	61840137	4044906
2015	138678978	52880940	3188350

8—4 金融机构人民币贷款
Loans of Financial Institutions

单位:万元 (年末余额)(Year - end) (10000 yuan)

年份 Year	合计 Total	工业企业 Loans of Industrial Enterprises	商业 Commercial Loans	农业 Agriculture
1980	476909	123914	163466	8448
1985	830225	220910	243665	23350
1990	2481718	954692	669374	37953
1995	7158771	2349455	1714425	145387
2000	13921674	3131357	2659249	275434
2001	15472805	3445679	3051279	300743
2002	18485879	3575166	3258976	359696
2003	21721849	3585917	3272161	328460
2004	22947475	3428991	2860594	389076
2005	22885209	1985803	2365452	923562
2006	25518637	2544607	2501493	955818
2007	26997552	2715724	2472866	1005785
2008	32500508	2746408	2138102	1125437
2009	50848567	3690848	2144433	1409902
2010	59701639			
2011	68889672			
2012	78527063			
2013	88670501			
2014	100269468			
2015	113438488			

注:2009 年起贷款余额包括国家开发银行贷款。

Note:Balance of Loans included Development Bank of China from 2009.

护旅游者合法权益。完善旅游行政执法体系和旅游质量监督网络,提高旅游投诉处理效率。加强旅游行业诚信体系建设,规范旅游企业经营行为,对旅游企业违法违规行为进行查处,提升旅游市场秩序综合水平指数。提高涉旅企业和旅游从业人员服务水平,营造优质服务环境。开展全市旅游标准化示范单位创建活动,在星级饭店、国家级景区、旅行社、旅游客运企业中,培育一批旅游标准化示范单位。加强对非星级住宿场所的规范化管理。推进国家标准和相关行业标准在旅游住宿、餐饮、旅行社、景区、特色街区等领域的应用。

(十二)创新旅游宣传营销。以建设东北亚旅游目的地和旅游集散地为目标,统筹城市营销策略,全力推进旅游目的地营销系统建设。完善旅游营销机制,搭建多渠道的营销平台,加强对国内外重点客源市场的营销,邀请国内外旅游媒体和旅行商来沈考察,鼓励旅行社等企业和机构宣传营销沈阳旅游产品,推广旅游精品线路,拓展旅游客源市场。创新营销手段,高质量制作城市旅游形象宣传片和针对不同客源市场的旅游宣传资料,充分利用传统媒体和新媒体,讲好沈阳故事,增加旅游宣传品公益投放,提高"传奇盛京福运沈阳"城市旅游形象知名度。

(十三)建设智慧旅游城市。加快构建沈阳智慧旅游中央管理平台和公共服务平台,将旅游信息化纳入全市信息化建设总体规划,建立完善旅游呼叫中心、咨询服务中心、旅游网站一体化的沈阳旅游公共信息服务网络。通过移动终端、多媒体信息屏、网站等载体,为游客提供智能、便捷的旅游公共信息服务。加强沈阳旅游网与世界各主要旅游网站的合作和链接,推进旅游行业全面实现智慧服务、管理与营销。积极培育沈阳旅游电商平台,重点推进景区、旅行社、酒店的智慧化建设。加快扩大无线网络服务范围,积极推进全市重点景区、星级饭店、商业街区、交通枢纽实现无线宽带覆盖。

(十四)全面实施依法治旅。深入贯彻落实《旅游法》,探索完善旅游执法体制,加强全市旅游法治体系建设。全面落实旅游执法责任制,进一步规范旅游执法行为,提高旅游主管部门依法行政水平和执法能力。强化政府各部门贯彻落实《旅游法》的自觉性,加强旅游、工商、公安、质监、食药监、物价等部门的联合执法,形成依法治旅的强大合力。提高旅游企业和从业人员的守法经营意识,规范经营行为,打击违法经营,建立规范有序、公平竞争的旅游市场秩序。指导旅游者依法维权,倡导低碳旅游方式,引导游客在旅游过程中保护环境、节约资源,实现绿色、健康、文明出游。

(十五)强化旅游安全保障。全面落实各级政府和企业的旅游安全责任制。完善市和区、县(市)两级旅游安全监管体系和旅游安全监控网络。全市各相关部门根据职能加强旅游日常安全监督管理。建立旅游目的地安全风险提示制度。完善旅游安全应急救援工作机制,加强公安、交通、消防、卫生、旅游等部门的联合协作,建立游客紧急救援体系,开展旅游安全教育和应急演练,增强应急处置能力。加强旅游设施的维护保养和监测,强化重大旅游活动、重要旅游节日、重要旅游接待时期、重要旅游接待场所的安全防范措施。建立景区门票预约制度,对景区游客进行最大承载量控制。旅游主管部门要与交通、公安等部门共同建立旅游用车联合检查制度,对旅游客运汽车运行实行联网联控。各级政府和旅游企业要引导旅游者认识和规避旅游风险,做到游前有提示,游中有警示,意外有救援,全程有保险。旅行社要完善游客信息登记制度,制作游客安全信息卡。

(十六)加快行业协会改革。落实新形势下有关旅游行业协会改革的要求,坚持协会改革与政府职能转变相协调,培育发展与规范管理相并重,改革与建设相一致,加快转变政府职能,加快推进政府部门与行业协会脱钩,强化功能定位,把旅游行业协会作为加强和改善行业管理、促进旅游业发展的重要力量,切实将应当由协会承担的职能转移到协会,把一些适宜于协会开展的工作委托给协会,由行业协会自律管理,支持和保障旅游行业协会独立开展活动。加强旅游行业协会自身建设,建立健全购买服务等制度。强化协会"沟通、协调、服务、维权、自律"的基本功能,充分发挥桥梁纽带作用,发挥好联系政府、服务会员、促进行业自律的优势和功能,反映企业诉求和行业情况,维护会员和行业利益,协助政府加强和改善行业管理。逐步建立体制合理、功能完备、结构优化、行为规范的协会体系,将旅游协会建设成为维护市场秩序、推动行业自律的行业组织。

三、保障措施

(十七)理顺旅游管理体制。调整市旅游产业发展领导小组,负责研究决定旅游产业发展的重大问题,协调落实旅游产业发展的重大事项,召集联席会议研究旅游产业的重点工作,督查督办领导小组部署工作的落实。由市长任组长,分管副市长任副组长。成员单位由市发改委、经信委、民委、公安局、财政局、规划国土局、环保局、建委、城管局、交通局、农经委、水利局、林业局、服务业委、文广局、体育局、旅游局、质监局、统计局、工商局等单位组成。办公室设在市旅游局,负责领导小组日常工作,由市旅游局局长担任办公室主任。各领导小组成员单位指定一名处级领导担任联络员。

加强市旅游局对全市旅游产业发展的综合协调。强化市旅游局对旅游规划编制和与相关专项规划衔接的统筹协调。市旅游局依据全市旅游总体规划对旅游建设项目提出论证意见。统一城市旅游形象定位和形象标识,统筹相关部门开展城市形象宣传。建立健全旅游项目调度、旅游绩效考核、旅游统计分析等运行机制。根据旅游资源配置和发展需要,配齐配强区、县(市)旅游管理机构的人员力量。

(十八)创新企业经营机制。坚持在统一规划的基础上合理有序开发利用旅游资源,对温泉、水域等稀缺资源采取特许经营的办法统一规划、统一开发。探索旅游景区经营管理模式,在对旅游景区资源有效保护的前提下,允许通过合资、独资、股份制、拍卖、租赁、承包、托管等多种方式出让旅游景区经营权,促进景区所有权、管理权、经营权"三权分离"。各类经济主体可以通过直接投资、拍卖、租赁、承包等多种形式投资开发旅游资源。鼓励大型企业、集团参与旅游景区经营管理。推进国有旅游企业改制。打造跨行业、跨区域的混合所有制旅游产业集团。鼓励组建旅游产业联盟。推进沈阳市文化旅游产业集团建设。创新旅游公共服务设施建设和经营管理机制,积极采用经营权招标等多种市场化方式,推进旅游公共服务设施的投资建设和经营管理。

(十九)加大财政支持力度。市政府设立旅游发展专项资金1亿元,重点用于旅游设施建设、旅游产品开发、旅游宣传营销、旅游公共服务、旅游规划编制、旅游人才培养、旅游客源招徕等方面。对争创国家5A、4A级景区和国家及省级生态旅游示范区、实施"引客入沈"、市级重点旅游景区公共设施建设、旅游产业发展先进区、县(市)给予奖励或以奖代补。各级政府和部门要加大对旅游产业的资金投入,进一步整合资源,集中财力推进旅游业发展。发展改革、服务业、经济和信息化、交通、农业、林业、水利、城建、文化、环保、体育等部门的相关专项资金,在符合项目支持范围的前提下,要向相关旅游产业发展倾斜。积极争取国家、省重点项目建设扶持资金。

鼓励旅游企业和旅游项目的多渠道融资,鼓励各类担保机构加大对旅游企业和旅游项目的担保力度。加大对乡村旅游的信贷支持。支持银行业及消费金融公司提供旅游消费信贷服务。纳税人从事旅游业务的,以其取得的全部价款和价外费用扣除替旅游者支付给其他单位或者个人的住宿费、餐费、交通费、旅游景点门票和支付给其他接团企业的旅游费后的余额为营业额,征收营业税。

(二十)强化旅游用地保障。在符合土地利用总体规划的前提下,将旅游用地纳入年度计划,做好旅游规划和土地规划的衔接,完善旅游产业用地差别化管理机制。在科学统筹的前提下,增加旅游用地指标,对市级旅游项目优先保证供给。对具有带动示范效应的新建重大旅游项目由市政府统筹安排,给予土地储备、项目审批、基础设施配套等支持。旅游配套的公益性基础设施用地,符合《划拨用地目录》的采取划拨方式供应。改造利用老厂区老厂房发展符合规划的旅游项目,涉及原划拨土地使用权转让或改变用途的,按照相关规定履行土地处置手续。对在搬迁企业原址发现地下文物或工业遗产被认定为文物的老工业区,所在市辖区因保护文物需要新增建设用地的,市政府优先安排用地计划指标。利用集体农用地开发乡村农家乐或生态休闲旅游项目的,在不改变用地权属和土地用途的条件下,集体经济组织可以租赁或入股、联营等方式与投资者合作经营旅游企业。

(二十一)加强旅游人才培养。编制旅游人才中长期发展规划。加快旅游人才队伍建设,将旅游管理人员培训纳入全市人才培训计划。加强对旅游规划管理、旅游产品策划与开发等紧缺型高级人才和各类实用人才的培养。积极引进旅游专业人才和团队。加快旅游职业教育改革,整合沈阳市旅游教育资源,逐步形成以高等院校、职业中专、培训中心为主体的培训体系,建立多形式、多层次、多渠道的旅游人才培训机制。调整和完善导游队伍结构,规范和落实导游薪酬和社会保险制度,探索旅游从业人员纳入专业技术职称体系,建立和完善工资形成机制和正常增长机制,重视复合型、小语种专职导游和有专长的社会导游的培养。加强旅游从业人员职业道德、服务技能、作风纪律教育培训。加快建立职业经理人制度。鼓励专家学者和大学生等积极参加旅游志愿者活动。加快旅游智库建设。

全市各相关部门和各区、县(市)政府要高度重视促进旅游业改革发展工作,加强组织领导,确保各项任务落实。要深入贯彻实施《旅游法》,制定相关配套政策,充分发挥职能优势,加强配合协调,动员全社会力量,推进全市旅游业健康发展。

中共沈阳市委沈阳市人民政府贯彻落实《中共中央国务院关于加大改革创新力度加快农业现代化建设的若干意见》的实施意见

(2015年5月5日)

为深入贯彻落实《中共中央国务院关于加大改革创新力度加快农业现代化建设的若干意见》(中发〔2015〕1号)、《中共辽宁省委辽宁省人民政府贯彻落实<中共中央国务院关于加大改革创新力度加快农业现代化建设的若干意见>的实施意见》(辽委发〔2015〕1号)精神,加快推进沈阳市农业现代化步伐,结合沈阳市实际,制订如下实施意见。

一、加快发展现代农业,确保农畜产品有效供给

1. 稳步发展粮食生产。严守耕地保护红线,实现耕地从数量保护向质量提升转变。稳定粮食生产面积,确保粮食产量超过325万吨,保障粮食安全。加快实施粮食高产创建示范区建设,积极争取国家、省粮油高产创建示范区项目,发展市级粮食高产创建综合示范区,提高粮食单产水平。进一步提高粮食生产机械化水平,完善农机购置补贴政策,向种粮大户和农民专业合作组织倾斜,主要粮食作物生产机具补贴实行普惠制。推广、普及粮食生产新品种、新技术,玉米生产实现全域绿色防控,水稻生产示范和推广绿色增产模式,保证粮食作物品质安全。继续扩大沈阳市大田作物和畜禽保险覆盖面。加大国有粮食企业仓储设施改造力度,力争实现增加仓容10万吨。加大粮食收纳库、中心库和物流节点仓储库房及设施的投入。推进"放心粮油工程",扶持沈粮集团等具备一定实力的企业开展主食产业化生产、销售。做好秋粮收购和玉米临储及水稻保护价收购工作,鼓励多元主体入市,确保不出现"卖粮难"问题。

2. 加快农业结构调整。大力发展高效特色、高端精品、高产生态"三高"农业,加快推进"三带"建设。围绕建设环城都市农业产业带,制定出台实施方案,狠抓精品项目,推进都市农业示范园、高标准连栋温室、休闲农业采摘园和休闲农业专业村、现代高效果园项目建设。围绕建设沈康现代农业示范带,全面规划建设10个粮油和特色产业园。提升沈康现代农业示范带上的科技含量,使沈康现代农业示范带成为一条科技带、产业带、示范带。围绕建设蒲河生态经济带,着重引进具有牵动力的项目,促进产业升级。积极鼓励设施农业改造和发展,继续扶持5000亩以上设施农业老区基础设施升级,推进10个设施农业科技园区建设。大力发展规模特色农产品生产,优化农业产业结构。大力扶持蔬菜、瓜果等特色种植和畜禽、水产品特色养殖业发展,大力扶持寒富苹果、葡萄等沈阳特色果业,提高农业经济效益,高效特色农业面积稳定在300万亩以上。进一步推进沈阳市畜牧业标准化、规模化,强化对畜禽标准化规模养殖场的扶持力度。

3. 提升农畜产品质量安全。提高农产品质量安全监管能力。完善农畜产品质量安全监管信息化服务平台建设,严格监管生产、收购、贮藏、运输环节质量安全,新增加试点企业70个,推进新民、法库两地与农产品质量安全监管服务平

台对接。继续深入推进以二维码为主体的农产品质量追溯、农业投入品监管工作。进一步强化农业标准化生产工作，加强产地环境质量评价，扩大农产品质量认证数量和质量，强化生产与销售过程全程规范管控。推动农产品品牌建设，促进品牌农业快速发展。推进康平县、浑南区、沈北新区县级检测机构双认证工作。做好重大动物疫病防控工作，推进动物无害化处理体系建设。继续加大出口食品农产品质量安全示范区的建设力度，完善已经建成的4个国家级示范区和5个省级示范区，推动出口食品农产品质量安全示范区建设。

二、完善创新发展机制，确保农业增效农民增收

4. 切实加大农村投入。加快建立农业投入稳定增长机制，持续增加财政农业农村支出，市财政投资继续向农业农村倾斜。优化财政支农支出结构，重点支持设施农业、高效特色农业、都市农业、畜禽良种工程、农业龙头企业、农民合作社、农村基础设施、农村民生改善。继续落实好粮食综合直补、农作物良种补贴、农机具购置补贴、退耕还林补贴等各项补贴政策，确保补贴资金及时足额发放到位。创新涉农资金运行机制，充分发挥财政资金的引导和杠杆作用。继续下放审批权限，有效整合财政农业农村投入。切实加强涉农资金监管，杜绝任何形式的挤占挪用，确保资金合理使用。

5. 强化农村社会化服务。构建主体多元、竞争充分的社会化服务体系，推行合作式、订单式、托管式服务。建设农村气象灾害防御公共服务体系，力争60%以上乡镇通过气象灾害防御应急准备认证；建成1个标准化现代农业气象服务县或标准化气象灾害防御乡镇。完善邮政系统服务"三农"平台，争取所有具备条件的农村网点全部发起成立专业合作社。加快科技创新，打造"育繁推一体化"的现代农作物种业体系；统筹发挥高校、院所等科研主体和企业、农民专业合作社等农业经营主体作用，推进沈阳市农村科技服务体系建设取得新突破。

6. 推进农村一、二、三产业融合发展。立足现有资源优势和地域特色，以市场需求为导向，大力发展特色种养殖业、农产品加工业、农村服务业。支持发展一乡一品、一县一业，在继续做大做强"新民小梁山西瓜"、"法库牛业"基础上，加速推进"辽中淡水鱼"、"康平寒富苹果"一县一业称号获批。加快发展农产品加工业，继续做大做强乳品加工、畜禽加工、粮油加工和饲料加工四大优势产业，补齐蔬果加工短板。继续支持引进、培育农产品加工龙头企业，支持辉山乳业集团建设世界级企业。优化产业布局，大力支持农产品加工园区建设。鼓励农产品加工企业设立研发和技术中心。加强农产品出口基地建设，支持农产品出口企业发展，提高农产品出口创汇能力。大力发展都市农业，深入实施《沈阳市现代都市农业发展规划纲要》，加快形成东西南北各具特色的环城都市农业发展格局。鼓励发展投资规模大、辐射带动能力强的都市农业项目，全年重点推进10个现代休闲农业示范园区、10个休闲农业专业村和20个市级休闲采摘园区建设，打造现代农业新亮点。

7. 加大农村扶贫开发力度。坚持分类指导、分类实施精准扶贫。继续创新扶贫开发模式，提高扶贫对象自我发展能力，重点支持5000个建档立卡贫困户到户扶贫项目，每户按不低于2000元标准进行项目扶持，产业扶贫项目落到乡镇、落到地块。强化贫困劳动力职业技能培训，力争培训不少于2000人。稳步推进互助式扶贫，建立扶贫互助金制度，扩大受益农户规模，实现扶贫资金高效合理使用。继续加强社会扶贫和行业扶贫，形成扶贫工作合力。全年减少3200元以下低收入贫困人口1万人，贫困地区农民人均纯收入增幅高于全市平均水平。

三、继续深化农村改革，确保农业发展动力充沛

8. 继续深化农村土地制度改革。推进确权登记颁证工作，年底前基本完成宅基地使用权、集体建设用地使用权确权数据入库工作。稳妥推进农村土地承包经营权确权登记颁证，依托"三带"，选择具备条件的地区开展此项工作；完善县乡村三级土地承包经营权流转服务体系；在于洪区等地开展工商企业流转农用地风险保障金制度试点，探索研究管理办法，严禁农用地流转非农化；总结推广土地承包经营权改革试点成功经验，在相关区县（市）分别培育1－2个典型模式。积极争取国家宅基地管理制度改革试点，探索进城落户农民在本集体经济组织内部转让宅基地制度。积极争取国家农村集体经营性建设用地入市工作试点，探索在符合规划和用途管制前提下，农村集体经营性建设用地出让、租赁、入股的实现方式。

9. 构建新型农业经营主体。积极培育专业大户和家庭农场，支持和引导农村各类人才发展成为专业大户，继续实施种粮大户补贴资金奖励政策。完善家庭农场名录制度，完善支持专业大户、家庭农场发展的政策措施，重点扶持30户种粮大户和40个家庭农场。做大做强农民专业合作社，支持农民专业合作社在建项目，对具有仓储、加工、物流和营销功能的农民专业合作社，当年新建生产设施、基础设施、设备购置达到一定规模的，给予以奖代补。对农民专业合作社贷款给予贴息补助。继续开展市级示范社和重点社评审活动，探索推进高级示范社（4A）和联合社（5A）建设。鼓励农业产业化龙头企业、供销合作社等主体领办合作社。探索开展农民专业合作社信用体系建设。重点扶持25个农民专业合作社，力争年底实现新型农业经营主体经营面积占承包耕地的30%。

10. 推进农村集体经济改革。坚持依法依规、民主决策、一村一策、分类指导的原则，选择村班子坚强有力、产业基础好、稳定收入来源较多、农民发展愿望强烈的村，扎实稳妥推进农村股份制改革扩面工作，力争成熟一个推进一个。推进农村"三资"管理，在全市主要涉农地区各选取一个村，继续开展清理核实试点，摸清村集体所有的"三资"存量、结构、分布和使用效益等情况，做到底数清、账目明、账实相符。开发建设沈阳市农村集体"三资"清查管理网络信息系统，将"三资"清查过程及结果纳入各级网络监管范围。建立健全规章制度，规范运作、严格管理、严防流失，基本形成产权明晰、运行公开、监管到位、处置规范的农村集体"三资"管理新机制。

11. 加大农村金融等改革。鼓励大型银行"下乡"，引导和支持城市商业银行、股份制银行和邮政储蓄银行向城乡结合部、县域延伸服务，加大对"三农"行业的贷款比例。继续深化农村信用社改革，着力推进产权改革和股权改革。研究设计适应涉农企业的担保产品，探索多种形式的担保机制和风险分担机制。引导支持小贷公司到县域及乡镇设立代办点，研发支持"三农"的信贷产品。支持农业企业境内外上市、在"新三板"和辽宁股权交易中心挂牌融资。

全面深化供销合作社综合改革，着力推进基层社改造重组，推进“新网工程”建设，加快农资网络和农产品流通体系建设。加快涉农电子商务建设步伐，加强农产品仓储物流配套设施建设，加大电子交易结算比重，推进公益性农产品市场建设试点。继续推进水利、林权等各项改革，为农业发展注入新的动力。

四、加快统筹城乡发展，确保农民福祉不断提升

12. 加强基础设施建设。集中力量加快实施辽西北供水二期配套工程，以及和平区老背河河道治理工程、浑南区满堂河综合整治工程、法库县东沟河水系治理工程、铁西区细河防洪工程等4项江河湖泊治理骨干工程。加大涝区治理投入，提高防洪排涝保障能力。实施浑北、祝家堡、大闸等3个中型灌区节水改造工程，发展节水滴灌3193.33公顷，积极探索推广智能滴灌等高效节水灌溉技术。提高河流防洪标准。扎实做好农村饮水安全工作，完成20.74万人饮水安全任务。继续推进村屯河道标准化建设，治理小河道56条，治理长度67.2公里。开展宜居乡村建设，进一步加大资金投入，加快村级保洁队伍建设。提高农村公路通达水平，改善农村百姓通行条件，维修改造农村公路500公里。与当地农村集市相结合，建设一批方便群众、有利管理的客运场站点。加快农村电网建设改造，实施农网改造升级工程，提升供电质量，农网综合电压合格率达到99.985%。

13. 加快发展县域经济。加强重大项目招商和储备，强化资金、土地要素保障，推进项目落地开工、竣工达产。培育壮大县域领军企业，鼓励扶持中小微企业发展，规划引导市区企业有序向县域转移。加大县域工业园区基础设施投入，提高公共平台综合服务水平，积极延伸产业链条，全力推进产业集群发展，不断完善县域和新城新市镇公共基础设施，发展壮大服务业集聚区规模，进一步完善农村市场流通体系。积极推进户籍制度改革，合理引导非农产业和农村人口科学地向城镇转移，分类、有序推进农业转移人口市民化。

14. 推进生态环境建设。加大河流上游水土资源保护力度，实施拉马沟河小流域综合治理，积极推进生态清洁型小流域水土保持工程建设，确保水土流失得到有效治理。加强辽河沈阳段3个干流断面和12条支流河断面的监测力度与入河排污口监督管理，提升湿地水质净化能力与湿地生态环境质量。继续开展植树造林，推进棋盘山景观提升、重点林区林缘退耕还经济林、经济林工程建设等工作。推进落实县级林地保护利用规划、青山保护规划，建立健全森林资源保护巡护制度、查处制度。实施新一轮退耕还林政策。继续推进生物质（秸秆）成型燃料、农村沼气等新能源项目建设，促进秸秆、畜禽粪便等废弃物资源化利用，促进农村能源结构、生产生活条件及生态环境改善。实施农村环境整治、设施完善提升、宜居示范创建三大系统工程，促进生态环境质量进一步提升，着力改善农村人居环境。

15. 推进农村社会事业稳步发展。通过新建、改扩建、校区配建等多种方式，增加公办幼儿园学位。继续实施学前教育奖补方案，提升农村幼儿园整体办园水平。大力支持农村中小学数字化校园建设，全面改善贫困地区学校办学条件。实施农村有线电视数字化、双向化升级改造工程。进一步提高城乡医疗救助水平，城乡低保、五保人员在居民医保和新农合统筹报销及大病医疗保险的基础上，对其个人自付部分的70%给予救助，边缘户按照42%给予救助。继续提高城乡保障标准，按照最低保障与物价上涨挂钩联动机制，重点加大农村低保、五保标准调整力度，农村低保、五保标准提高10%以上，逐步缩小城乡保障差距。继续推进城乡平等就业制度的建设，加强基层平台建设，优化就业创业政策，推进农村劳动力更好地实现转移就业。加强妇女技能培训，建立5个农村妇女职业技能培训基地。建设蒲河健身走廊、标准化村屯健身俱乐部、笼式足球场等设施，以满足农民的健身需求。继续推进农村艺术惠民阵地建设，组织文艺志愿者深入农村，开展艺术培训、惠民演出。

五、强化党建与法治建设，确保农村社会稳定和谐

16. 加强农村基层党建工作。不断巩固扩大党的群众路线教育实践活动成果，开展好“三严三实”专题教育，继续抓好软弱涣散基层党组织的整顿工作，切实加大对软弱涣散村的帮扶力度，因地制宜、多措并举，努力消除阻碍农村发展的突出问题。推动农村基层服务型党组织建设，把突出政治功能与强化服务功能结合起来，创新和完善农村基层党组织设置，做好对乡村两级党组织带头人队伍的选拔任用、教育管理和民主监督工作，严肃农村基层党内政治生活，改进农村基层干部的工作作风。严格落实党建工作责任制，督促各级党委加大抓党建工作的力度，建立完善区县（市）及乡镇党委书记抓基层党建工作专项述职及评议考核制度，全面开展村党组织书记“双述双评”工作，确保基层党建工作全面进步、全面过硬。

17. 提升农村基层法治水平。加强农村基层依法治理，充分发挥各级村务监督组织作用，健全基层选举、议事、公开、问责等工作机制，完善以“四议一审两公开”为主要形式的民主管理、民主政策、民主监督制度，深入开展“民主法治区县（市）”和“民主法治示范村（社区）”创建活动，推动农村基层民主建设和依法治理的制度化、规范化、程序化。完善各项村级事务管理制度，并及时依法解决农村热点、难点问题。加强农村法治宣传教育，深入推进“法律进乡村”和法治信息、法律服务进农家等活动，组织普法志愿者深入基层宣传国家法律。充分发挥“12348”免费法律咨询热线和基层调解组织的作用，解决农村日常生活中的涉法纠纷。

18. 维护农村社会稳定。坚持运用法治思维和法治方式深入推进以创建平安乡镇、平安村屯为重点的系列平安建设。大力开展矛盾纠纷排查化解，有效解决影响农村经济社会发展的源头性、根本性、基础性问题。加强农村群防群治队伍建设，进一步建立健全立体化社会治安防控体系，积极开展社会治安重点地区和突出问题排查整治。

中共沈阳市委沈阳市人民政府关于全面加强环境保护工作的意见

（2015年5月22日）

为深入贯彻落实《中共中央国务院关于加快推进生态文明建设的意见》（中发〔2015〕12号），把制度建设作为重中之重，切实将生态文明建设融入经济、政治、文化、社会建设全过程，协同推进新型工业化、城镇化、信息化、农业现代

化和绿色化，全面加强环境保护，现提出如下意见。

一、总体要求

（一）指导思想。坚持以党的十八大和十八届三中、四中全会精神为指引，牢固树立尊重自然、顺应自然、保护自然的理念，坚持绿水青山就是金山银山，以百姓需求为导向，以人民满意为标准，大力实施环境治理，把绿色发展转化为新的综合实力和竞争优势，使青山常在、清水长流、空气常新，让人民群众在良好生态环境中生产生活。

（二）基本原则。坚持把节约优先、保护优先、自然恢复为主作为基本方针；坚持把绿色发展、循环发展、低碳发展作为基本途径；坚持把深化改革和创新驱动作为基本动力；坚持把培育生态文化作为重要支撑；坚持把重点突破、整体推进作为工作方式。

（三）总体目标。到2017年，全市环境治理明显见效，百姓明显感受到环境质量改善，环境空气质量优良天数达到240天，比2014年增加49天，细颗粒物（PM2.5）浓度下降15%，在全国排名到中游水平。

二、建立强有力的领导体系和责任体系

（四）构建“政府全面负责、环保部门统一监督、各部门依法履职、全社会广泛参与”的环境保护工作新格局。各级党委要把环境保护工作纳入重要议事日程。各级政府、各开发区管委会要对本区域环境保护工作全面负责，主要领导是第一责任人，分管领导是直接责任人。

各级发展改革、经济和信息化、公安、规划国土、环保、建设、交通、农业、水利、林业等相关部门，必须严格履行法定职责，切实承担起各自领域环境保护的主体责任。

（五）严格实行目标责任制。市政府每年确定本年度环境保护的刚性目标与任务，与各区、县（市）政府、开发区管委会、各相关部门签订责任状。各区、县（市）政府、开发区管委会、各相关部门须将目标任务层层分解，落实到人。

三、建立严格的考核与责任追究体系

（六）实行环境保护政绩考核。各级党委要将环境保护工作情况纳入党政领导班子和领导干部考核，因工作不力导致目标责任状未完成、因决策不当造成环境污染或生态破坏、所辖区域发生重特大环境污染事件的，主要领导和主管领导1年内不予提拔使用。各级绩效考核部门要将生态环保内容全面纳入政府千分制绩效考核，提高生态环保指标在考核体系中的权重。分阶段对重点生态功能脆弱区、红线保护区、生态敏感区所在乡镇（街道）取消工业总产值考核指标。

（七）严格实行责任追究。要建立完善环境保护责任追究制度，对不履行环境保护法定职责、未完成环境保护目标责任状、因决策不当造成重大环境污染或生态破坏、发生重特大环境污染事件、擅自截留挤占环保专项资金、干扰环境执法等行为，严格追究相关责任人责任。对因安全生产工作不力致使发生安全生产事故后引发次生环境污染事件的，要严肃追究安全生产监管不力的责任。逐步建立生态环境损害责任终身追究制。

（八）开展环境保护责任审计。审计部门要设立专门机构，开展环境保护责任审计。对各区、县（市）政府、开发区管委会、各相关部门环境保护目标、任务完成情况和环境保护政策、资金、项目执行情况实施审计监督。制订领导干部环境保护审计办法，出台环境保护责任审计规定，为干部考核和责任追究提供依据。逐步开展领导干部自然资源资产离任审计。

（九）实施一票否决制度。制定环境保护一票否决办法，对在环境保护方面不履职尽责、违法违规的，在融资信贷、招标采购、资质认定、财税优惠、人大代表、政协委员、劳动模范、五一奖章、优秀党员、五四奖章等认定、参选和评优中，实行一票否决。

（十）发挥人大政协监督作用。各级人大、政协应对政府及相关部门环保工作完成情况进行询问和质询，提出意见和建议。

四、实行刚性的污染控制政策

（十一）继续划定生态保护红线。全面落实主体功能区规划。完善生态保护红线管理机制，对重要生态功能区、生态敏感脆弱区和禁止开发区实行严格保护，严禁违法开发建设活动。

（十二）建立完善的环境准入制度。环保部门要结合区域规划和产业定位，分区域制定环境准入政策，编制环保负面清单，加快推进生产方式绿色化。

（十三）严格实施落后淘汰制度。经济和信息化部门要按照国家规定的名录，确定和公布本区域需淘汰落后产能、工艺、设备的企业名单，并组织实施。

（十四）强化机动车尾气污染控制。严格控制燃油品质，实施车用汽柴油最新标准。淘汰黄标车。执行黄标车限行规定，严禁运输运营和外埠黄标车过户本市。禁止新增柴油公交车辆，3年内更新老旧柴油客车。所有柴油车辆必须达标排放。

（十五）落实扬尘污染控制制度。把建筑施工扬尘防治措施纳入施工单位资质管理、工程监理和工程招投标，对达不到扬尘控制要求的施工单位限期停业整顿，整顿期间禁止参与本地工程投标，逾期不达标的退出市场。扩大道路机械化湿式吸扫比例。运输沙石、渣土、土方、垃圾的车辆必须采取密闭措施，防止物料遗撒或泄漏。加强各类堆场扬尘监管，落实扬尘监管的主体责任。

（十六）建立环保黑名单制度。环保部门要将违法建设、违法施工、违法排污等单位列入黑名单，向社会公开发布。建立黑名单综合惩戒机制，对列入黑名单的单位实施资质、信贷、招投标、评奖等综合惩戒。

（十七）建立政府绿色采购制度。制定政府绿色采购办法，各级政府不得采购列入黑名单企业的产品和服务。

五、建立市场化推进机制

（十八）运用市场化手段优化供热结构。各区、县（市）政府根据《沈阳市城市供热规划》，制定本地区供热规划，并报市政府批准。全面取消拆除联网项目的并网费。原则上，禁止燃煤供热锅炉房新增供热面积。允许小型供热锅炉房经营者采取资产入股的方式，参与清洁能源供热经营。允许原锅炉房用地改变用途，用于开发建设或发展自主经营。

（十九）完善煤改清洁能源鼓励政策。大力推行以天然气、电替代煤炭，鼓励和支持发展固体电热蓄能技术，落实国家电价、燃气优惠政策，制定地方配套政策，降低燃气使用成本。

到2017年底，在政府划定的区域内，医院、学校、机关、企事业单位以及大中型商场、超市、宾馆、洗浴、餐饮等全部使用清洁能源。工业企业在改用清洁能源之前，必须使用洁净煤。

（二十）推广环保领域PPP融资。鼓励和引导社会资本进入环境建设、环境治理、环境服务领域，做好项目统筹规划，加强项目库建设。

（二十一）推行环境污染第三方治理。全面放开环境治理市场，制定财税金融优惠扶持政策，搭建政府、企业和金融机构合作平台。推进在环境公用设施、工业园区、重点企业污染治理等领域开展第三方治理。在工业园区试点推行环境综合服务模式。开展企业污染防治设施社会化运营。

（二十二）推行排污权交易。逐步建立排污权有偿使用和交易制度，出台排污权有偿使用和交易办法，探索建立排污权交易平台和市场。在供暖等领域开展排污权交易试点。建立排污权储备制度，重点支持大型集中热源等项目建设。积极探索排污权抵押融资，鼓励社会资本参与污染减排和排污权交易。

（二十三）建立完善生态补偿机制。建立重点生态保护地区生态补偿制度，落实补偿资金。完善生态补偿机制。探索开展人体健康环境损害评估及赔偿研究。

（二十四）扩大政府购买环境服务。环保部门制定政府购买环境服务指导性目录，财政部门统筹安排预算资金，积极推进政府购买环境监测、环境技术咨询、项目环境评审、自然资源审计等环境服务。全面开放服务性监测市场，有序开放公益性、监督性监测领域。

六、进一步扩大公众参与和社会监督

（二十五）全面推进环境信息公开。公开环保目标责任状、任务分解、工作计划及其完成情况；公开环境保护责任审计结果、环保绩效考核结果；公开环境保护黑名单、落后淘汰名单等各类工作清单；公开生态红线区、园区环保负面清单；公开环境质量状况、行政许可、行政处罚等情况；公开重点排污单位环境信息。信息公开内容应当通过主流媒体、官方网站等便于公众知晓的渠道公开。

（二十六）加大环境保护宣传力度。沈阳广播电视台、沈阳日报、沈阳晚报、沈阳网等主流媒体要开辟环境保护专栏专题，固定版面、固定时段，开展舆论监督，强化环保宣传。社区、村镇、机关、学校、企事业单位应采用丰富多彩、喜闻乐见的方式开展环保宣传。

（二十七）加强环境意识和生态文明教育。教育部门要将环境保护知识纳入中小学教育内容，保证教育课时，培养学生的环境保护意识。各级党校、行政学院要将环境保护列为干部培训必修课。各级工会、妇联、共青团等有关组织要将环境教育培训列入日程。

（二十八）强化公众监督。广泛聘请环保义务监督员。对公众举报各类环境违法行为予以奖励。支持环保公益组织发展。鼓励企业和社会组织发起成立环境基金会，募集环保公益基金。

（二十九）完善公众维权保障机制。维护公众环境权益，对经济困难的群体提供无偿法律服务，对公民、法人或其他组织提出的环境侵权诉讼，提供举证支持。鼓励和支持环境公益诉讼。

七、构建坚实的环境保护支撑体系

（三十）加大政府财政资金投入力度。市区两级政府要逐年加大环境保护投入。对保护和改善环境有显著成绩的单位和个人给予奖励。

（三十一）加强环保法制建设。加快推进地方性环境立法和制度建设，不断完善源头保护、损害赔偿、责任追究、环境治理和生态修复等环境保护制度，2017年底前完成生态保护红线管理条例、沈阳市大气污染防治条例、排污权交易办法、污染源自动监控管理办法等法规规章的制定。分行业制定最严格的环保标准。

（三十二）强化司法保障和行政监察。在法院设立环境与资源审判庭，在检察院设立环境与资源渎职监察处，在公安局设立环境与资源犯罪侦察处、环保公安支队，在监察局设立环境与资源监察处。加大对环境违法违纪行为的打击力度，对涉嫌环境犯罪的，依法追究刑事责任。

（三十三）大力发展环保科技与产业。科技部门要将重大环境保护与治理技术研发项目列入当年科技计划。大力发展节能环保产业，加快培育新的经济增长点。环保部门要制定环保产业发展规划和政策。将环保产业纳入政府战略性新兴产业专项资金支持范围。广泛吸收社会资本，设立环保产业投资基金，组建环保产业集团，培育、壮大一批绿色环保企业。

（三十四）加强环境保护能力建设。环保部门要创新管理机制体制，改革调整机构设置，适应环保工作新形势。到2016年底完成全市重点污染源、重点能耗企业和环境质量三大自动监控系统建设。充分利用“互联网+”等信息化手段，建立数据库和环境地图，打造“智慧环保”。

（三十五）建立环境保护工作报告制度。各区、县（市）政府和市政府相关部门要定期向人大、政协报告环境保护工作完成情况。切实抓好本意见的贯彻落实，每年向市委、市政府作出书面报告。

中共沈阳市委关于深入学习贯彻习近平总书记在振兴东北老工业基地座谈会上的重要讲话精神的通知

（2015年7月25日）

各区、县（市）党委，各开发区党工委，市委各部委，市直各党委（党组），各人民团体党组：

2015年7月17日，习近平总书记在长春主持召开部分省区党委主要负责同志座谈会，听取辽宁、吉林、黑龙江省和内蒙古自治区对推进东北老工业基地振兴和“十三五”时期经济社会发展的意见和建议，并发表重要讲话。讲话充分肯定了东北振兴十多年来取得的巨大成就，透彻分析了东北地区当前存在问题的症结和根源，深刻指出了解决问题的思路和方向，明确提出了抓好振兴发展的原则和要求。讲话站位高远、思想深刻、内涵丰富，具有很强的思想性、针对性和指导性，对于推进沈阳老工业基地全面振兴具有极其重大的现实意义和深远的历史意义。全市上下要立即行动起来，紧密联系实际，迅速掀起学习宣传和贯彻落实习近平总书记重要讲话精神的热潮。

一、深刻领会讲话的丰富思想和深刻内涵

深刻领会习近平总书记关于“东北振兴正处在滚石上山、爬坡过坎关键阶段”的重要判断，准确把握沈阳老工业基地振兴的历史方位和面临的困难问题，以强烈的责任感、紧迫感和使命感，埋头苦干、扎实进取，攻坚克难、奋发有为，进一步增强内生发展活力和动力，努力推动沈阳振兴发展实现新突破。

深刻领会习近平总书记关于“目前东北地区遇到的困难和挑战，既有国内

'三期叠加'的共性特征,又有自身产业结构、体制机制等个性特征"的科学分析,多从内因着眼、着手、着力,始终坚持把分析和解决问题聚焦在完善体制机制上,聚焦在优化经济结构和产业结构上,坚定发展信心,拿出扎实举措,形成一个同市场完全对接、充满活力的体制机制,坚持"加减乘除"一起做不断优化结构,走出一条质量更高、效益更好、结构更优、优势充分释放的发展新路。

深刻领会习近平总书记提出"在注重质量和效益的前提下,保持经济稳定增长"的发展理念,保持战略定力,立足当前、着眼长远,正确处理好存量与增量、速度与效益、发展与环境、增长与民生的关系,始终坚持符合经济规律、自然规律和社会规律的科学发展、可持续发展和包容性发展。

深刻领会习近平总书记指出的新一轮老工业基地全面振兴的目标方向和工作重点,把"四个着力"即着力完善体制机制、着力推进结构调整、着力鼓励创新创业、着力保障改善民生,作为事关沈阳全面振兴的治本之策、关键之举、决胜之要和稳定之基,抓住不放、持续用力、务求实效。

二、紧密结合实际抓好讲话精神的学习贯彻落实

结合学习贯彻习近平总书记系列重要讲话精神抓好落实。特别是要结合习近平总书记视察辽宁时的重要讲话、关于东北振兴的重要批示和参加全国"两会"辽宁、吉林代表团审议时的重要讲话精神抓好学习贯彻,以高度的政治自觉原原本本学、全面系统学、带着问题学、联系实际学,深刻领会精神实质,准确把握丰富内涵,深入学习理解讲话中蕴含的马克思主义立场、观点、方法,并将其充分运用到实际工作当中,始终同以习近平同志为总书记的党中央保持高度一致,真正以讲话精神统一思想行动,凝聚智慧力量,指导振兴实践,进一步坚定发展信心,增强担当意识,积极主动作为,全力推动沈阳振兴发展。

结合谋划推动沈阳新一轮振兴发展实践抓好落实。要认真对照总书记提出的"四个着力"要求,突出问题意识,坚持不懈推进完善体制机制、结构调整、创新创业、保障和改善民生等工作,为沈阳未来发展打下坚实基础。要充分运用全市经济发展状况大调研成果,注重听取和吸纳各方面意见建议,进一步深入调研、超前思考、认真谋划,以新的发展理念科学编制"十三五"规划,使其更具时代性、前瞻性和可操作性。要继续抓好国发〔2014〕28号文件的贯彻落实工作,进一步加强政策研究,搞好工作衔接,细化具体措施,充分释放政策效能。

结合当前工作抓好落实。当前,贯彻讲话精神,重点就是落实好市委十二届十一次全会确定的各项任务。一是继续采取有力措施,全力以赴抓好稳增长工作,确保完成全年目标任务,努力保持经济平稳健康发展。二是不断加快改革开放步伐,着力推进行政体制改革、国企改革、民营经济改革试点等重点领域和关键环节改革,坚持"请进来"和"走出去"相结合,加快构建开放型经济新体制。三是抓紧出台相关举措,放宽政策、放开市场、放活主体,大力推进大众创业创新。四是进一步加大城市建设和管理力度,继续巩固提升"创城"工作成果。五是切实保障民生建设资金投入,突出抓好重点民生工程。六是以加强法治政府建设、健全司法活动监督机制、健全社会诚信体系、推进安全生产网格化建设、做好信访稳定工作等为重点,全面深入推进依法治市。同时,要切实把《中共沈阳市委关于加快推进全面创新改革的意见》提出的各项任务落到实处,特别是抓紧研究制定试验工作方案,确保完成国家赋予的全面创新改革试验任务。结合开展"三严三实"专题教育抓好落实。认真贯彻中央和省委的要求部署,继续抓好党的政治纪律和政治规矩集中教育,广泛开展以"学讲话、讲诚信、懂规矩、守纪律、鼓士气、促振兴"为主题的大学习大讨论活动,着力抓好"不作为、不担当"问题专项整治,引导广大党员干部进一步加强党性修养,持续改进作风,深入落实中央八项规定精神,努力践行"八个带头、八个自觉",真正形成与新常态相适应的思想观念、能力本领、良好作风,确保专题教育取得显著成效,为沈阳新一轮振兴发展提供坚强保证。

三、迅速掀起学习宣传和贯彻落实讲话精神的热潮

坚持把学习宣传和贯彻落实讲话精神作为重大政治任务来抓,精心组织,周密安排,扎实推进。市委理论中心组和市人大常委会、市政府、市政协党组理论中心组以及各级党委理论中心组,都要安排专题学习讨论。市委办公厅、市政府办公厅要对讲话所确定的重点任务进行细化分解,明确责任分工和完成时限,加强督促检查。市委组织部要把学习讲话纳入干部培训计划,市委将分层次举办专题学习研讨班,用讲话精神武装头脑,指导实践,推动工作。市委宣传部要提出市委理论中心组学习方案,制定全市专门的学习宣传计划,组成宣讲团,并组织新闻媒体开辟专栏专版进行深入解读、大力宣传,着力营造学习贯彻讲话精神的浓厚氛围。各地区、各部门要把学习讲话作为开展"三严三实"专题教育的重要内容,与正在开展的以"学讲话、讲诚信、懂规矩、守纪律、鼓士气、促振兴"为主题的大学习大讨论紧密结合起来,组织开展专题学习,深入研讨、深化理解。各级党员干部特别是领导干部要发挥表率作用,在带头学好、学懂、学深的基础上组织好本地区、本部门的学习。

各地区、各部门学习宣传和贯彻落实讲话精神的情况,要及时报告市委。

中共沈阳市委沈阳市人民政府关于实施"盛京人才"战略打造具有国际竞争力人才高地的意见

(2015年9月2日)

为全面贯彻落实党的十八大和十八届三中、四中全会精神,推动沈阳在新一轮东北振兴中当先锋打头阵,加快建设国家中心城市,现就深入实施"盛京人才"战略,打造具有国际竞争力人才高地制定如下意见。

一、总体要求

1. 指导思想。认真学习贯彻落实习近平总书记系列重要讲话精神,落实中央和省委人才工作战略部署,紧扣全市经济社会发展重大需求,坚持聚焦人才、教育、科技、创新等要素,加快推进人才发展体制机制改革和政策创新,统筹实施人才引进、培育、创新激励和服务保障计划,培养造就一批高层次创新创业人才,引导和支持大众创业、万众创新,为沈阳振兴发展提供强大人才智力支撑。

2. 主要目标。以高层次人才为重点,培养和引进一批在关键领域掌握前沿核心技术、拥有自主知识产权的创新

型人才和高水平创新团队，使沈阳市人才队伍满足经济社会发展需要。到2020年，沈阳市人才总量在全国副省级城市中位居前列，人才队伍建设居国内一流水平，国际竞争力显著增强。大力支持全市各领域培养和引进高层次人才，依托国家“千人计划”和省“十百千”高端人才引进工程，引进300名左右海外高层次人才；依托国家“万人计划”、省“双千计划”人才工程和“盛京人才支持计划”，培养500名左右国内高层次人才；选拔创新型领军人才60人、市级优秀专家300人；引进和培养10个达到国际先进水平、50个具有国内先进水平的创新创业团队；高层次人才总量达到2万人左右。

3. 基本原则。坚持引进和培养相结合，既要注重引进外部高层次人才，又要注重培育本地优秀人才；坚持高端和实用相结合，既要注重引进人才的质量，又要注重人才效率的发挥；坚持当前和长远相结合，既要注重时效性引进急需短缺人才，又要注重前瞻性引育具有发展潜力的中青年人才。

4. 高层次人才及团队分类界定。根据《沈阳市高层次人才及团队认定标准》，结合全市当前和今后一段时间经济社会发展实际需要，重点引进和培养高层次人才，主要包括：顶尖人才、杰出人才、领军人才、拔尖人才、高级人才等五个层次。

重点引进和培养的团队分为创新团队和创业团队两类。创新团队是指以高层次创新人才为核心，创新业绩显著或有较大的创新潜力，依托高校、科研院所或企业研发平台和项目，致力于创新成果产业化的人才团队。创业团队是指带技术、项目、资金落户沈阳创业，技术和产品有较好的市场前景，符合沈阳市产业发展导向和技术创新需求，能引领沈阳市产业发展和技术创新的优秀团队。

二、实施高端人才引进计划，集聚一批急需紧缺高层次人才

5. 积极引进顶尖人才。立足高端引领、整体开发，围绕创建国家中心城市目标，加快推进国家自主创新示范区建设，重点引进一批在关键领域掌握前沿核心技术、拥有自主知识产权的国内外顶尖创新创业人才。市属单位引进1名顶尖人才，市委、市政府给予人才1000万元资金资助。对顶尖人才和团队的重大项目实行“一事一议”，最高可获得1亿元项目资助。（市人才办牵头，市人社局、市发改委、市财政局、市科技局配合）

6. 加大海内外高层次人才和人才团队引进。依托沈阳市科技重大专项计划、市级以上重点学科和重点实验室、大型企业和在沈金融机构、各类科技产业园区等平台，积极引进海内外人才和团队，对市属单位引进的杰出人才，给予100—500万元资金资助。实施沈阳市领军型创新创业团队引进培育计划，人才团队项目经评审认定后给予50—3000万元项目资助。面向汽车及零部件、装备制造、电子信息、医药化工、农产品深加工、民用航空、有色金属深加工、智能机器人、现代建筑等优势产业和新兴产业，引进紧缺人才。（市人才办牵头，市委统战部、市人社局、市财政局、市科技局配合）

7. 加大中青年人才引进力度。有计划引进和支持一批45周岁以下中青年科技创新人才，人选要具有特殊优秀的科学研究和技术创新潜能，课题研究方向和技术路线具有重要创新前景，提供稳定的支持经费用于开展课题研究、参加交流培训、购置研发设备、提供安家服务。深入推动引博工程，以企事业单位为主体，每年引进一批专业技术领域急需紧缺的优秀博士（博士后），享受3年每月2000元人才专项资金资助。积极引进海内外博士来沈创业，技术或专利达到国内外领先水平的，给予10—50万创业启动资金。（市人社局牵头，市人才办、市财政局配合）

8. 完善柔性引才机制。完善沈阳市柔性引才制度，对部分不愿意改变国籍、户籍、外国永久居留权的国内外高层次人才和特殊人才，制定规定给予户籍居民同等待遇。鼓励国内外紧缺高层次人才采取柔性流动方式来沈从事兼职、咨询、讲学、科研、创业和技术合作或其他专业工作，服务全市重大工程、重大项目。对沈阳市引进的高端外国专家实行年薪资助，按照年薪30—50万元、50—80万元、80万元以上3个区间，分别按年薪的40%、50%、60%的标准给予资助，资助金额最高不超过60万元。对列入国家外国专家局引智项目和“千人计划”配套引智工程资助的外国专家，实行1∶1配套资助。（市人社局牵头，市财政局配合）

9. 探索市场化引才新机制。充分发挥企业、高校、科研机构等用人单位的引才主体作用，广泛发动全市各单位各系统提出人才需求和举荐各类人才。鼓励和支持用人单位加大对紧缺创新创业人才的引进力度。支持人才中介服务业发展，积极引进国内外知名人才中介机构。充分调动高层次人才和人才中介机构引才积极性，通过中介引才、以才引才、亲情引才，努力提高引才精准度。建立实施引才激励制度，对为沈阳市引进国内外顶尖人才、杰出人才、优秀创新创业团队的个人和中介组织，分别给予50万元、20万元、30万元奖励。（市人社局牵头，市财政局配合）

三、实施人才重点培育计划，大力培养创新型人才

10. 规范和完善人才荣誉表彰制度。进一步健全沈阳市人才荣誉制度，完善全市创新型领军人才和优秀专家评选机制，实施初审、平台评审和专家顾问组审核三层评审，切实把取得重大科技成果、运用自主知识产权创新创业、促进高新技术产业发展、推动经济社会进步的各类专业技术人才选拔上来进行重点培养。对在沈工作的“两院”院士授予“沈阳市荣誉优秀专家”称号，给予沈阳市优秀专家待遇；对在沈工作的国家“千人计划”人才、国家“万人计划”人才，授予“沈阳市特聘专家”称号，给予沈阳市优秀专家待遇。提高沈阳市优秀专家津贴标准，提升专家待遇。建立“沈阳市政府特殊津贴”制度，给予有突出贡献的人才荣誉和适当物质奖励。对做出突出贡献的外国专家，以市政府名义进行表彰奖励，颁发“沈阳玫瑰奖”。对于高层次人才取得的各项成绩和荣誉，要在沈阳日报等主流媒体大力宣传。有计划地组织优秀专家到国（境）外交流培训。组织开展优秀专家智力支持行动、专家服务团活动，引导人才深入一线服务发展、发挥作用。（市人才办、市人社局牵头，市委宣传部配合）

11. 实施盛京人才支持计划。统筹全市各类人才培养支持项目，根据不同层次、不同类别人才特点，遴选出500名左右盛京人才，市人才工作领导小组审议通过后入选“盛京人才支持计划”，对入选者给予5—100万元个人奖励和相关政策支持，对杰出人才、领军人才、优秀专家和青年拔尖人才领办科技企业实现企业境内首次公开发行上市的，最高补助300万元；实现企业境外首次公开发行上市或境外证券交易所买壳上市或

在柜台交易市场买壳上市后转板至主板或创业板的，一次性补助300万元。加强与国家、省重大人才工程评选平台沟通联系，有计划地从"盛京人才支持计划"中择优推荐，对入选国家"千人计划"、"万人计划"、省"十百千高端人才引进工程"中"十"层次的人才，给予50—100万元支持经费，用于开展自主选题研究和团队建设。（市人才办牵头，市人社局、市财政局、市科技局、市委宣传部、市卫计委、市法院、市教育局、市金融办等配合）

12. 支持院士工作站、博士后科研工作站建设。坚持以需求为导向、项目为纽带、企业为主体，深入推进院士工作站建设，加大院士工作站支持创建力度，发挥院士专家智力优势。对做出突出贡献的院士和工作开展好的工作站给予50—100万元奖励。大力实施博士后培养工程，发展博士后科研工作站，制定《沈阳市博士后科研工作站管理办法》，资助科研项目启动经费，对做出较大贡献的博士后工作站给予10—50万元奖励，每招收一名博士后研究人员，给予5万元资助。鼓励博士后科研项目进行高新技术成果转化。（市人社局、市科协牵头，市财政局配合）

13. 加大各类优秀人才扶持培养力度。培养一批具有全球战略眼光和市场开拓意识、管理创新能力、社会责任感强的优秀企业家，把引才、引智、引资、引商、引企业紧密结合起来。支持优秀企业家入选各类人才计划，在市级荣誉、参政议政、投资服务、医疗保健等方面享受高层次人才政治和生活待遇。深入实施高技能人才培训补助计划，对列入培训补助计划的项目给予全额资助。组织和推动优秀高技能人才开展国（境）外交流培训。（市人社局、市财政局、市国资委、市经信委、市卫计委负责）

四、实施人才创业激励计划，激发各类人才建功立业

14. 建设人才管理试验区和创业基地。加快人才管理试验区、高端装备制造业人才管理试验区试点建设，拓展创新创业服务内容，以政策创新全面激发人才创新创业活力，打造区域人才竞争高地。以争创国家自主创新示范区为契机，充分发挥区域现有优势，依托国家大学科技城、沈阳材料国家实验室、国际新兴产业园科技创新驱动优势，加快建设国家级人才创业基地；以沈阳机器人产业基地建设为契机，重点引进和培育机器人领域领军人才，出台优惠政策，建立机器人产业人才创业基地；以建设中德沈阳高端装备产业园为契机，依托装备制造业、现代建筑产业、医药产业等优势产业加快建设国家级人才创业基地。出台优惠政策，鼓励高层次人才到基地创业。（浑南区、铁西区牵头，市人才办、市财政局配合）

15. 着力搭建海内外人才创业平台。鼓励各级政府、企业、在沈高校、科研院所作为多元化投资主体投资建设各类创业平台，实现专业技术、项目、人才和服务资源的集聚。设立创业种子基金，重点支持各类高层次人才创业发展。运用阶段参股、跟进投资、科技风险投资、风险补偿等方式，为高层次人才创新创业提供融资服务。（市财政局、市科技局、各区县<市>政府、各高校、科研院所负责）

16. 突出对科技和创新成果的激励。对引进的市属高层次创新创业人才和团队，在成果转化的初期，经评审后，可给予50—500万元的资助；来沈创业的国家"千人计划"海内外高层次人才，按照投资额不少于1：1的比例给予股权投资，股权投资资金最高限额5000万元。允许和鼓励高校、科研院所和国有企事业单位职务发明成果的所得收益，按至少50%、最多90%的比例划归参与研发的科技人员及其团队所有；领军人才创办的企业，知识产权等无形资产可按至少50%、最多90%的比例折算为技术股份。（市科技局牵头，市财政局、各高校、科研院所、国有企事业单位配合）

17. 引导和鼓励科技成果就地转化。建立校地战略合作机制，加强政产学研合作，促进科技成果、科研产品就地转化。对在沈的科技型企业转化科技成果并取得重大经济效益的，以后补助的方式给予重奖。整合科技项目资金，重点支持拥有符合产业发展方向、具有自主知识产权项目和技术的高层次人才创新创业。按照国家有关规定，符合条件的科研院所的科研人员经所在单位批准，可带着科研项目和成果，保留基本待遇到企业开展创新工作或创办企业。（市科技局牵头，各高校、科研院所、国有企事业单位配合）

18. 创新高层次人才分配机制。探索人才资本产权激励办法，推进生产要素按贡献大小参与分配改革，建立健全重实绩、重贡献，向优秀人才和关键岗位倾斜的分配机制。各地区各部门可在职务科技成果转化的收益中，提取一定比例奖励项目完成人员和有贡献的人员，也可采取协议方式高薪聘用高层次人才，实行一流人才、一流业绩、一流报酬。支持国有企业及民营企业实行首席专家、特聘专家制度，给予特殊津贴，吸引留住高层次人才。对于在沈创业的高层次人才，根据其上年度企业缴税情况及所做贡献，以人才专项资金予以奖励。（市人社局牵头，市人才办、市经信委、市国资委配合）

19. 加大人才创业融资扶持。探索建立创业投资引导基金、转贷引导基金、政策性担保、风险池资金等融资扶持资金，引导社会资本投资人才项目和企业，逐步提高财政资金间接扶持比例。鼓励金融机构加大对人才创业企业和项目的多渠道融资支持。对符合条件的人才创办企业，积极推荐股改、挂牌、上市，利用多层次资本市场加快发展。（市金融办牵头，市财政局、市科技局配合）

五、实施人才服务保障计划，完善高层次人才服务保障体系

20. 建立科学规范的人才评价和分类机制。采用国际通行标准，以能力和业绩为主要尺度，突出用人单位的主体作用，探索符合不同人才评价特点的评价方法，建立重在社会和业内认可的，以政府为主导、用人单位为主体、第三方专业评价机构参加的国际化人才评价机制。成立高层次人才评定委员会，按学科领域设立若干专家评估组。制定高层次人才确认办法和认定标准以及高层次人才团队评审办法，建立项目评审、人才测评相结合的评价指标体系，科学评价人才。经确认和评定进入沈阳市高层次人才库的各类人才，同一项目或待遇符合沈阳市多项人才政策规定条件的，按照"就高、从优、不重复"的原则享受优惠政策。围绕沈阳创新驱动战略和产业发展重点，坚持定性与定量相结合，细化人才评价标准，划分人才层次，逐步建立层次清、标准高、易操作的人才分类评价制度。（市人社局负责）

21. 搭建人才服务综合平台。制定和落实服务用人单位及高层次人才的办法措施，设立高层次人才服务"绿色通道"，帮助企事业单位等用人主体做好海外高层次人才引进工作，为引进的高层次人才及其家属在信息咨询、户口转

迁、身份证办理、提供人才公寓、简化出入境手续、税务登记、社会保障等方面提供"一站式"服务,建立人才交流、产品对接、成果转化的高品质人才交流服务平台。在发达国家建立海外人才工作联络站,形成国际性引才服务网络。建设高层次人才中介服务机构,重点引进和培养3—5家国际知名猎头公司,着力培养本土的猎头公司。(市人社局牵头,市公安局、市国税局、市地税局配合)

22. 妥善解决人才住房保障和岗位聘用。为沈阳市引进和培养的高层次人才和创新创业人才提供多渠道的住房保障。对顶尖人才采取一人一议的方式解决住房问题;对沈阳市引进和培养的杰出人才由市和区、县(市)两级财政、用人单位按一定比例给予50—100万元的购房补贴;领军人才给予30—50万元的购房补贴。对引进的顶尖人才、杰出人才和领军人才,事业单位可申请设置特设岗位。事业单位引进的博士及以上人才,若本单位编制已满的,由主管部门申请,经市编委办批准,在本系统内调剂解决。(市人社局牵头,市编委办、市财政局、市房产局、各区县<市>政府配合)

23. 提升人才服务整体功能。实施"人才项目专人服务计划",由政府购买公共服务,指派专人或组建服务(技术)团队,为引进的海内外高层次人才创新创业提供市场、融资、生产、管理等全方位、零距离服务。建立引进海内外高层次人才的跟踪服务机制,对于创新创业过程中存在困难的,在政策允许范围内,给予相应的支持。完善专家疗养制度,对业绩优秀的专家予以关心和照顾。对引进的高层次人才,帮助其解决来沈后子女在本市中小学(幼儿园)就学问题,统筹解决家属安置等实际困难。积极为高层次人才提供优质医疗服务,顶尖人才、杰出人才、领军人才享受特殊医疗待遇政策。(市人社局牵头,市人才办、市教育局、市卫计委、市民政局配合)

24. 加大吸引培养高层次人才投入。完善市人才专项资金管理使用,为高层次人才和创新团队项目实施提供保障。各级政府和部门要加大对人才的资金投入,进一步整合资源,统筹各部门、各领域的相关专项资金,在符合项目支持条件的前提下向相关人才方面倾斜。同时,建立健全以用人单位为主,市和区、县(市)两级政府分级负担、社会力量广泛支持的多渠道、多层次的经费投入机制。(市人才办牵头,市财政局、各区县(市)政府配合)

六、切实加强对高层次人才队伍建设的组织领导

25. 建立引进培养高层次人才责任机制。要加强对人才工作的领导,把引进培养高层次人才工作列入区县(市)年度工作目标考核,切实做到"一把手"抓"第一资源"。建立领导问责制度,定期组织高层次人才满意度调查和工作评估,对引进培养高层次人才工作严重滞后、本地区用人单位和高层次人才投诉较多,或者高层次人才流失严重的地区和部门,给予通报批评;对引进培养高层次人才工作弄虚作假的,按有关规定给予严肃处理。建立高层次人才联系制度,各级党政领导要采取多种方式与高层次人才保持经常联系沟通,了解其思想状况、工作情况和发展需求,对其工作、学习和生活上的困难要及时给予解决。

26. 强化引进培养高层次人才工作协调机制。"盛京人才"战略在市委、市政府的统一领导下,市人才工作领导小组组织实施,具体由市人才办负责牵头抓总、统筹协调,督促检查政策落实情况,牵头实施重大人才工程和人才项目、重要人才平台建设等工作。相关职能部门各司其职、加强协作。各区县(市)、各部门要围绕全市高层次人才队伍建设总目标,结合实际,科学制定本地区、本部门人才工作目标和实施办法。

关于加快推进全面创新改革的意见

(2015年9月17日)

为深入贯彻落实中共中央办公厅、国务院办公厅《关于在部分区域系统推进全面创新改革试验的总体方案》,破解创新驱动发展的瓶颈制约,加快形成同市场完全对接、充满内在活力的体制机制和以创新为主要引领与支撑的经济体系,走出一条质量更高、效益更好、结构更优、优势充分释放的发展新路,推动老工业基地全面振兴,现就加快推进沈阳市全面创新改革,提出如下指导意见。

一、准确把握全面创新改革总体要求

1. 重大意义。加快全面创新改革,是党中央、国务院主动顺应世界大势、协调推进"四个全面"战略布局、积极引领经济发展新常态作出的重大战略部署。沈阳被列为国家全面创新改革试验区,这是改革开放以来沈阳市迎来的一次前所未有的重大历史机遇,充分体现了党中央、国务院对沈阳老工业基地的巨大关怀和殷切希望,对于我们真正破除旧有体制机制,彻底转变发展方式,加快沈阳全面振兴意义十分重大。我们一定要切实增强责任感和紧迫感,不负重托、不辱使命,大胆探索、勇于实践,迅速掀起全面创新改革新热潮。

2. 指导思想。全面贯彻党的十八大和十八届二中、三中、四中全会精神,深入学习贯彻习近平总书记系列重要讲话精神,以实现创新驱动发展转型为目标,以推动科技创新为核心,以破除体制机制障碍为主攻方向,以完善创新体系为重点,整合创新资源,壮大创新主体,集聚创新人才,培育创新文化,确保完成国家赋予的全面创新改革试验任务,实现经济发展方式从要素驱动向创新驱动转变,不断提升城市持续创新能力与核心竞争力,加快建设国家中心城市,推动沈阳老工业基地实现全面振兴。

3. 基本原则。坚持统筹布局、全面创新。充分发挥科技创新的引领作用,统筹推进科技、管理、品牌、组织、商业模式创新,统筹推进引进来与走出去合作创新,努力实现科技创新、制度创新、开放创新有机统一、协同发展。坚持遵循规律、市场主导。把握市场规律、法治规律和创新规律,紧扣沈阳经济转型升级重大需求,创新体制机制,让市场成为优化配置创新资源的主要手段,让企业成为技术创新的主体力量,让创新真正落实到创造新的增长点上。坚持强化激励、人才为本。把人才作为创新的第一资源,更加注重培养、用好、吸引各类人才,更加注重强化激励机制,更加注重发挥企业家和技术技能人才队伍创新作用,充分激发全社会的创新活力。坚持问题导向、务求实效。把破解制约创新驱动发展的体制性、机制性矛盾和问题作为出发点和落脚点,聚焦最紧迫、有影响、可实现的重大举措,大胆先行先试,务求取得实效。

4. 主要目标。用5—10年时间,紧紧围绕加快新型工业化进程,打造面向东北亚富有活力的创新驱动发展示范城

市,建成具有国际竞争力的先进制造创新中心。

二、加大全面创新体制改革力度

5.改革政府管理体制。加快转变政府职能,减少政府对市场的不合理干预和对市场主体的不合理管制,清除各种障碍,突破瓶颈制约,让创新主体、创新要素、创新人才充分活跃起来。深化行政审批制度改革,建立快速审批通道,精简程序,优化流程,提高效率。进一步简政放权,全面清理和调整与创新相关的审批、认证、收费、评奖事项,不该保留的一律取消,必须保留的一律向社会公开。放宽科技创新市场管制,实行科研事项备案制度,扩大项目主体科研经费使用自主权。参照计划单列市标准,积极争取省级行政管理权限。抓好铁西区投资项目管理体制改革试点,尽快推广试点经验,加快建设服务型政府。

6.创新组织领导体制。成立沈阳市全面创新改革试验工作领导小组,统筹谋划和推进全面创新改革各项工作。建立沈阳地区全面创新改革协调协作机制,推行由政府部门、企业、驻沈高等院校和科研院所人员参加的联席会议制度,统筹解决推进过程中遇到的问题。完善统一规范、开放共享的全面创新改革服务工作体系,做好对高等院校、科研院所现有专利技术、非专利性实用技术的调查摸底工作,登记造册,为推动科技成果在沈阳市转化创造条件。加强跟踪调度,对全面创新改革试验情况进行定期评估。建立完善评价机制和考核办法,把创新业绩纳入全市目标考核体系,作为考核评价各级党政领导班子和领导干部的重要内容。探索建立"全面创新改革责任豁免"制度,支持和允许改革试验过程中试错、容错和纠错,切实解除改革创新者的后顾之忧。

7.建立公平竞争市场体制。统筹推进地方立法,及时开展涉及创新的法规、规章的立改废释工作。加强知识产权保护,健全知识产权侵权查处机制,强化行政执法与司法衔接,加强知识产权综合行政执法,健全知识产权维权援助体系,完善知识产权信用管理制度,将侵权行为信息纳入社会信用记录,加大对侵犯知识产权行为的打击力度。改革新技术、新产品、新商业模式的准入管理,破除不合理的准入性障碍,保证各类市场主体依法平等进入创新领域。

三、探索充分发挥市场作用有效机制

8.改革政府科技投入方式。设立全面创新改革资金,建立跨部门的财政科技项目统筹决策和联动管理制度,统筹使用各类科技投入专项资金。优化现有科技计划,健全竞争性经费和稳定支持经费相协调的投入机制,更多地向具有市场需求和能够产业化的科研项目倾斜。建立科技创新券制度,开展补助政策试点。发挥财政资金的杠杆作用,更多运用风险补偿、后补助、创投引导等方式,促进科技成果转移转化和资本化、产业化。

9.设立多层次的投资基金。扩大政府创新投资引导基金规模,支持重大科技创新成果在沈阳转化和产业化。创新国资创投管理机制,允许符合条件的国有创投企业建立跟投机制。加快社会资本投资创新平台建设,吸引国内外各类投资机构和资金进入沈阳,大力发展天使投资机构,引导社会资本更多投向初创期、成长期的未上市科技创新企业。引导保险资金以创业投资、股权投资等形式投向科技企业。建立财政科技经费与创业投资协同支持科技项目的新机制。

10.强化金融对创新驱动的支撑作用。推动有条件的科技企业在国内外各类证券市场上市融资,支持中小型科技企业到全国中小企业股份转让系统、区域性股权交易市场和柜台交易市场挂牌融资。加快筹建振兴银行,发展金融租赁公司和消费金融公司等新型金融机构。积极开展信托投资业务,创新促进科技成果转化的信托产品。鼓励有条件的地区建立科技金融产业园区和科技金融信用体系建设示范区,加快建设互联网金融示范基地。探索采取知识产权和股权质押贷款等方式,支持科技型企业开展技术创新融资。进一步推进专利保险试点工作。设立保证保险风险补偿基金,大力发展贷款保证保险业务,建立银行机构科技信贷风险分担机制,降低科技信贷风险和成本。

11.构建更高层次的开放创新机制。树立战略眼光,坚持全球创新资源为我所用,打破条条块块限制和各种所有制束缚,在更宽领域、更高层次上整合创新资源,通过市场、经济和行政的手段,把外部创新资源吸引进来,把本地创新资源调动起来,形成推动沈阳创新发展的强大力量。制定出台鼓励外资研发中心发展的相关政策,进一步吸引跨国公司、知名大学、研发机构等来沈设立研发中心,支持外资研发机构参与本市创新公共服务平台建设,与本市单位共建实验室和人才培养基地,联合开展核心技术攻关。大力支持国内跨国企业在沈设立全球研发中心、实验室、企业技术研究院等新型研发机构。加快中德装备园建设,探索以共建合作园、互设分基地等多种方式,深化国际创新交流合作,努力将其打造成为"中国制造2025"的示范基地、融合德国工业4.0的重要平台。鼓励本地企业并购、合资、参股国际研发企业或设立海外研发中心,支持有条件的企业和研发机构以境外投资并购等方式获取关键技术。鼓励建立国家高新区、实验室、工程技术研究中心区域联盟以及大型仪器设备共享服务联盟,推动区域内科技资源和创新要素有效流动、开放共享,促进自主技术和自主品牌走出去。深化与"一带一路"、京津冀等地区创新交流合作,推动沈阳经济区协同创新,打造东北对外开放新高地。

四、促进科技与经济深度融合

12.强化科技创新对产业发展的支撑作用。赋予沈阳国家大学科技城、中德装备园最为宽松、优惠的政策措施,打造创新要素融合叠加、裂变放大的科技创新特区。充分发挥高新区和综合保税区的互补优势,结合创建国家自主创新示范区,以浑南区为核心区和先导区,促进各类创新要素加快集聚,努力将其建设成为引领沈阳实现创新驱动的桥头堡,打造成为在全省乃至更大范围内具有示范意义的创新发展新高地。积极运用现代技术改造提升装备制造业等传统优势产业,促进生产流程再造和产品更新,提升"沈阳制造"的品质和影响力。依托现有科技创新资源,实施一批重大科技专项,加快发展通用航空、智能制造、新材料、新能源、节能环保等战略性新兴产业。积极争取国家和省的政策支持,加强现代建筑产业共性关键技术攻关,促进"互联网+"融入现代建筑产业,全面推广应用装配式建筑技术,大力发展智能建筑和绿色建筑,推动现代建筑产业做大做强。加强农业科技创新,不断提升现代农业发展水平。建立军民融合发展示范园区,发展军民两用高技术产业,鼓励企业进入军品科研生产和维修采购范围。

13.下放科技成果使用、处置和收益

权。高等院校和科研院所由财政资金支持形成的不涉及国防、国家安全、国家利益、重大社会公共利益的科技成果，其使用、处置和收益权全部下放给项目承接单位，可自主决定科技成果的合作实施、转让、对外投资和实施许可等转化事项，积极探索给研发团队下放更大的权利。

14. 提高科研人员成果转化收益水平。完善职务发明法定收益分配制度，健全科技成果、知识产权的归属和利益分享机制，提高骨干团队、主要发明人受益比例。鼓励研发团队负责人为实施成果转化发起成立公司，并在公司控股或成为大股东。职务发明成果在沈实施转化或转让的，其50%以上净收益可用于奖励科技成果完成人和为科技成果转化做出重要贡献人员。国有企事业单位对职务发明完成人、科技成果转化重要贡献人员和团队的奖励，计入当年单位工资总额，不作为工资总额基数。市级科技进步奖绝大部分用于奖励在沈实现产业化的科技成果。

15. 加大科研人员股权激励力度。深化收入分配制度改革，推广远大科技园的经验，鼓励各类企业通过员工持股、技术入股等激励方式，调动科研人员创新积极性。完善支持科研人员将科技成果、知识产权等无形资产入股和转让的有关政策。对高等院校和科研院所等事业单位以科技成果作价入股的企业，放宽企业设立年限和盈利水平的限制。高新技术企业和科技型企业科技人员通过科技成果转化取得股权奖励收入时，享受国家分期缴付个人所得税等有关优惠政策。

16. 做大做强科技大市场。按照“交易、共享、服务、交流”的功能定位，整合现有资源，在浑南区建设线上线下相结合的沈阳科技大市场，将其打造成为科技成果便捷交易、仪器设备开放共享、创新要素有效聚集、科技服务高效提供的国内外知名科技资源服务中心。依托科技大市场，引进各类中介机构，为科技成果转化提供专业化服务，围绕沈阳市主导产业发展关键技术研发和骨干企业重大技术需求，组织各类产学研对接活动，实现科研选题与产业发展紧密结合，推进重大科技难题招标。构建面向中小微企业的社会化、专业化、网络化创新服务平台。在科技大市场完成技术交易并在本地转化的项目，在市级科技计划中给予优先支持。

五、强化企业创新主体地位

17. 充分激发国有企业创新活力。积极争取上级政策支持，促成国家、省、市、企业共同出资，解决厂办大集体、壳企业等历史遗留问题，卸掉企业创新发展包袱，使国有企业在科技创新中轻装上阵。支持技术创新战略投资者参与国有企业混合所有制改革，增强企业技术创新能力。完善国有企业经营业绩考核办法，加大创新转型考核权重，分类实施以创新体系建设为核心的创新转型专项评价。

18. 鼓励企业建设高水平研发机构。完善鼓励企业设立科技研发机构实施办法，激励央企、省属和市属国有企业分立研发机构，实现高新技术企业研发机构全覆盖，引导规模以上企业建立研发机构，在行业骨干企业、科技型企业建设一批高水平的工程技术研究中心、重点实验室、企业技术中心、院士工作站、博士后科研工作站、博士后创新实践基地。完善企业研发机构建设补助制度，新获批市级以上研发机构的企业给予一次性经费补助。

19. 支持企业加大研发投入。改进企业研发费用计核方法，落实国家关于企业研发费用加计扣除、技术转让所得税减免、高新技术企业和技术先进型服务企业所得税减免等税收扶持政策，实施企业研发设备加速折旧政策，激励企业加大研发投入。试行科研储备金制度。对当年研发投入达到一定比例和增幅的企业给予奖励，将企业研发投入强度作为申报市级各类科技项目的重要依据。支持企业自主决策先行投入，开展重大产业关键共性技术、装备和标准的研发攻关等创新活动。

20. 完善扶持技术标准创制和采购创新产品政策。实施技术标准战略，对主导或参与各级各类技术标准制定和修订的创新企业和组织，给予资金奖励。支持组建重点领域标准推进联盟，建设标准创新研究基地，协同推进产品研发与标准制定。实施沈阳品牌战略，鼓励企业围绕研发创新、生产制造、质量管理和营销服务全过程制定品牌管理体系，对新获中国著名商标和国家质量奖的企业给予奖励。健全优先使用创新产品的采购政策，对首次投放市场的创新产品，鼓励采用首购、订购等非招标采购方式以及政府购买服务等方式予以支持，促进创新产品的规模化应用。研究制定高端智能装备首台（套）突破及示范应用政策，研究出台重大创新产品前期应用推广的补贴政策。

21. 以企业为主导深化产学研用结合。促进创新主体和创新资源深度融合，鼓励构建以企业为主导、产学研用合作的产业技术创新战略联盟，推动高等院校、科研院所和沈阳市企业组建产业协同创新中心、产业共性技术研发基地，探索设立以应用技术研发和产业化为主的工业技术研究院等新型研发机构，组织重大科技专项和产业化协同攻关，形成联合开发、优势互补、成果共享、风险共担的产学研用合作新机制。鼓励民营和中小微企业牵头承担市场导向明确的科技项目，财政资金以后补助方式予以支持。引导企业介入高校院所早期研发，主动切入创新链前端领域，构建利益共同体。

六、激发创新者动力活力

22. 积极引进高层次人才。大力实施“盛京人才”战略，对接国家“千人计划”、“万人计划”和省“十百千”高端人才引进工程，围绕重点行业、重点领域、重点项目，吸纳更多国内外高层次创新人才特别是人才团队来沈创新创业。加大对创新创业人才的政策倾斜力度，优化人才公共服务体系，完善领导干部联系高层次人才制度，鼓励人才集聚的大型企事业单位和产业园区利用自身存量用地建设单位租赁房或人才公寓，切实解决高层次人才工作条件、住房保障、医疗卫生、子女入学、配偶就业、出入境等现实问题，确保优秀人才引得来、留得住、用得好。

23. 创新人才培养和评价机制。改革基础教育培养模式，更加尊重个性发展，强化兴趣爱好和创造性思维的培养。实施“高等院校创新能力提升计划”，推进市属高校向应用技术型高校转型，探索校企联合招生、联合培养新模式。健全人才评价体系，对从事科技成果转化、应用开发和基础研究的人员分类制定评价标准，强化实践能力评价。对符合条件的海外高层次留学人才和科技创新业绩突出、成果显著的人才，开辟高级职称评审绿色通道。建立“沈阳市政府特殊津贴”制度，重点奖励有突出贡献的创新型人才。

24. 开辟人才便捷流动通道。鼓励科研人员在职离岗创业，允许科研人员在履行所聘岗位职责前提下，到科技创新型企业兼职兼薪。允许拥有科技成果的科研人员创办科技型企业，并持有企业股权。推动高等院校和科研院所设立一定比例的流动岗位，吸引有创新实践经验的企业家和企业科研人员兼职，试点将企业任职经历作为高校工程类教师晋升专业技术职务的重要条件。制定实施高校大学生创业办法，允许在读大学生休学创业，创业实践可按照相关规定计入学分，创业之后可重返学校完成学业。

七、营造良好创新生态环境

25. 破除制约创新的思想障碍。坚持把解放思想作为推动全面创新改革的重要前提，不断推进思想解放和观念更新，引导各级干部坚决破除四平八稳、应付交差的思想，树立强烈的机遇意识；坚决破除循规蹈矩、封闭保守的思想，树立强烈的创新意识；坚决破除恃权管理、热衷干预的思想，树立强烈的服务意识；坚决破除患得患失、畏首畏尾的思想，树立强烈的担当意识。全市上下要坚持用战略眼光和系统思维审视自己，跳出沈阳看沈阳，着眼全国找差距，打破传统思维惯性，破除以往路径依赖，突破陈规旧律束缚，敢于创新，勇于探索，大胆实践，不断开创全面创新改革的新局面。

26. 推进重大创新平台建设。充分发挥浑南高新区、沈阳经济技术开发区等国家级创新平台在科技创新和成果产业化方面的示范引领作用，在机器人与智能制造、信息技术、IC 装备、航空、“互联网 +”、生物医药、新材料、燃气轮机等领域，打造一批重大产业创新平台。大力引进国内外高端研发机构，加快国家工程（技术）中心、重点实验室和企业技术中心建设，围绕落实“中国制造2025”，加大科技资源整合力度，全力支持中国沈阳工业创新研究院建设，积极促进沈阳材料科学国家（联合）实验室、机器人与智能制造创新研究院等新型创新平台发展，形成一批关键技术创新平台。鼓励沈鼓——大工研究院、远大科技园等探索推动创新发展的新模式。

27. 加快“创客沈阳”建设。持续推进智慧城市建设，发展大数据产业，助力大众创业万众创新。发挥高等院校、科技园区、行业协会、科技社团等作用，推广创客空间、创业咖啡、创新工场等孵化模式，有效组织人才、技术、资本、市场等要素，实现创新与创业相结合、线上与线下相结合、孵化与投资相结合，构建一批低成本、便利化、全要素、开放式的众创空间。探索建立跨地区、跨行业的孵化器联盟，支持以 PPP 方式建设孵化器，对利用闲置厂房、楼宇新建的各类创客空间给予扶持。鼓励支持创造创意活动，培养具有创造发明兴趣、创新思维和动手能力的年轻创客，扶持更多创新创业社区。

28. 制定完善配套政策。制定出台鼓励各类主体创新、促进科技成果转移转化、完善金融支持体系、加大知识产权运用和保护力度、激励创新创业人才等一系列配套政策文件，有关部门要据此形成可操作的具体实施细则。建立全面创新改革政策调查和评价机制，定期对政策落实情况进行跟踪分析，广泛听取企业、高等院校、科研院所和社会公众的意见，并及时调整、充实和完善。

29. 大力培育创新文化。弘扬敢为人先、宽容失败的创新精神，培育企业家精神和创客文化，形成以文化涵养创新、以创新丰富文化的良性循环。深入实施全民科学素质行动计划，加大公益性科普设施的建设和管理力度，切实强化青少年科技教育工作，全面提高公民科学素养和创新意识。加强新闻宣传和舆论引导，树立一批破难关、勇创新、敢担当的先进典型，回应社会关切，为全面创新改革营造良好的社会环境。

中共沈阳市委关于认真学习贯彻《中国共产党廉洁自律准则》和《中国共产党纪律处分条例》的通知

（2015 年 11 月 24 日）

各区、县（市）党委，各开发区党工委，市委各部委，市直各党委（党组），各人民团体党组：

2015 年 10 月 18 日，中共中央印发了《中国共产党廉洁自律准则》（以下简称《准则》）和《中国共产党纪律处分条例》（以下简称《条例》）。为深入抓好《准则》和《条例》的学习贯彻，现就有关事项通知如下。

一、充分认识学习贯彻《准则》和《条例》的重大意义

党的十八大以来，以习近平同志为总书记的党中央坚持党要管党、从严治党，坚定不移推进党风廉政建设和反腐败斗争，突出强调政治纪律和政治规矩、组织纪律，坚决把纪律和规矩挺在前面，推动落实“两个责任”，加大反腐惩恶力度，驰而不息纠正“四风”，言出纪随，寸步不让，敢于较真，着力解决管党治党和执行纪律失之于宽、失之于松、失之于软的问题。新修订的《准则》和《条例》坚持依规治党和以德治党相统一，是落实党的十八大和十八届三中、四中全会精神，贯彻习近平总书记系列重要讲话精神，加强党内法规制度建设的重要成果，充分体现了全面从严治党要求。

《准则》重申了党的理想信念宗旨和优良传统作风，紧扣廉洁自律，坚持正面倡导，面向全体党员，突出“关键少数”，强调自律、重在立德，向全党提出了“四个必须”和“八条规范”，集中展现了共产党人高尚的道德追求，为党员和党员领导干部树立了看得见、够得着的道德标准。《条例》坚持纪法分开、纪在法前、纪严于法，以党章为根本遵循，细化纪律要求，列出了“负面清单”，规范了党的政治纪律、组织纪律、廉洁纪律、群众纪律、工作纪律和生活纪律，强调他律、重在立规，划出了党员和党员领导干部的行为底线，是各级党组织和全体党员的行为规范和指引，是管党治党的重要基础性党内法规。全市各级党组织和广大党员要把全面落实《准则》和《条例》作为一项重大政治任务，认真学习宣传，抓好贯彻实施，切实以严格的纪律和优良的作风凝心聚力，进一步营造风清气正的良好政治生态，更好地担当起推动沈阳新一轮振兴发展的历史重任。

二、全面抓好《准则》和《条例》的学习宣传教育工作

各级党委（党组）要结合实际，认真制定具体学习宣传教育方案，加强组织领导，周密安排部署，确保取得实效。要在近期安排党委（党组）中心组专题学习，每名党员和党员领导干部都要把学习贯彻《准则》和《条例》列入党性分析、民主生活会和组织生活会对照检查内容。要加强经常性、制度化的学习培训，将学习《准则》和《条例》纳入普通党员日常学习计划，纳入党校、行政学院教学课程，纳入党员教育培训和党员领导干部任前廉政考试的重要内容，纳入“三严三实”专题教育。要把宣传《准则》和《条例》作为当前宣传思想工作一项重要内容，充分利用广播、电视、报刊、网络

等媒体加大宣传力度。主流媒体要开辟专栏、专版，深入解读《准则》和《条例》的丰富内涵和重大意义，组织开展系列访谈，及时宣传党员干部学习贯彻情况和纪检监察机关监督执纪问责情况，为贯彻实施营造良好氛围。要组织骨干力量，通过召开理论研讨会、学习辅导讲座等形式，组织党政领导和专家学者进行解读，搞好宣讲活动。要采取案例剖析、警示教育等多种形式，使《准则》和《条例》切实为广大党员所熟知和敬畏。广大党员要逐条学习，入脑入心，熟练掌握各项廉洁自律要求和党的纪律底线，筑牢拒腐防变的思想根基。

三、切实抓好《准则》和《条例》的贯彻实施

各级党委(党组)要把贯彻实施《准则》和《条例》作为切实担当和落实好全面从严治党主体责任的重要抓手，坚决把管党治党责任落到实处，真正树立起党章党规党纪的权威性和严肃性。要以上率下，层层抓实、逐项落实，各负其责、形成合力，营造学习贯彻的良好氛围。要抓住党员领导干部这个“关键少数”，特别是各级党委(党组)“一把手”要以身作则、率先垂范，联系自身实际，解决突出问题，增强学习贯彻的针对性和实效性。要坚持问题导向，充分认清党风廉政建设和反腐败斗争形势任务，抓早抓小，动辄则咎，真正把规矩立起来、纪律严起来，教育引导广大党员牢固树立党章党规党纪意识，做到懂规矩、守纪律，自觉在廉洁自律上向高标准看齐，远离违纪红线。

各级纪委(纪检组)要自觉做贯彻实施《准则》和《条例》的表率。要把学习贯彻《准则》和《条例》贯穿于监督执纪问责的全过程，对违纪行为不放任、不迁就、不姑息，严明党的纪律戒尺，坚决维护党章党规党纪权威。要坚持把纪律挺在前面，正确把握和运用好监督执纪的“四种形态”，把真正管住纪律作为深化“三转”的方向，以《准则》和《条例》为重要依据，依纪依规开展纪律审查工作。要加大对违纪行为的查处力度，坚决纠正“四风”问题，切实加大对不担当不作为问题的整治力度，对于不守纪律、不讲规矩的行为，严肃查处问责，着力形成不敢腐、不能腐、不想腐的长效机制。

各级党委(党组)和纪委(纪检组)要加强对贯彻实施《准则》和《条例》情况的日常监督和专项检查，对违纪违规问题要批评教育、坚决纠正、督促整改、严肃问责，对典型问题要点名通报曝光。要加强对《准则》和《条例》贯彻实施情况的跟踪了解，注意收集整理、调研分析、及时上报贯彻执行过程中的重要情况和问题。

中共沈阳市委关于进一步加强和改进人大工作的决定

(2015年12月3日)

为深入贯彻党的十八大和十八届三中、四中、五中全会及习近平总书记系列重要讲话精神，认真落实《中共辽宁省委关于进一步加强和改进人大工作的决定》(辽委发〔2015〕7号)的要求部署，充分发挥沈阳市各级人大及其常委会在推动沈阳新一轮振兴发展中的重要作用，现就进一步加强和改进新形势下人大工作，作出如下决定。

一、切实加强和改善党对人大工作的领导

1. 深化对人民代表大会制度的认识。人民代表大会制度是符合中国国情和实际、体现社会主义国家性质、保证人民当家作主的根本政治制度。新形势下坚持和完善人民代表大会制度，对于完善和发展中国特色社会主义制度、推进国家治理体系和治理能力现代化，对于协调推进“四个全面”战略布局、实现中华民族伟大复兴的中国梦，对于加快建设国家中心城市、实现沈阳老工业基地全面振兴，具有十分重大的意义。各级党委要从全局的高度，深刻认识人民代表大会制度的性质、地位和作用，切实把思想和行动统一到中央和省委要求上来，自觉坚持和完善人民代表大会制度，推进人民代表大会制度理论和实践创新，推动人大工作完善发展，充分发挥地方国家权力机关在沈阳市政治、经济、文化、社会生活中的重要作用。

2. 全面贯彻党对人大工作的新要求新部署。党的十八大和十八届三中、四中、五中全会及习近平总书记系列重要讲话，对推动人民代表大会制度与时俱进、加强新形势下人大工作提出了一系列新要求新部署。各级党委、人大要深刻领会和认真落实中央和省委精神，切实加强和改进人大工作。各级人大及其常委会要认清使命，履行职责，把全面推进依法治国、维护宪法和法律权威作为重要任务，紧紧围绕党委中心工作，依法行使职权，着力保证宪法和法律法规在本行政区域内的遵守和执行，着力保障党的路线方针政策和党委重大决策部署的贯彻落实，着力促进创新、协调、绿色、开放、共享发展，着力解决好人民群众最关心最直接最现实利益问题，切实增强代表人民行使管理国家权力的政治责任感，不断开创人大工作新局面。

3. 强化党委对人大工作的领导。坚持党总揽全局、协调各方的领导核心作用，通过人民代表大会制度，保证党的路线方针政策和决策部署得到全面贯彻和有效执行。各级党委要把人大工作纳入党委工作总体部署，支持和保证人大及其常委会依照宪法法律积极主动、独立负责、协调一致开展工作。完善党委书记联系人大工作制度，听取人大工作情况汇报，参加人大有关活动。人大常委会领导成员、人大专门委员会和常委会工作机构主要负责人参加同级党委全局性会议和重大活动。各级人大及其常委会在工作中遇到的重大问题和重要事项，常委会党组要及时向同级党委请示报告。要依法积极开展工作，善于使党的主张通过法定程序成为国家意志，善于使党组织推荐的人选通过法定程序成为国家政权机关的领导人员，确保党的意图在人大及其常委会行使职权中得到贯彻落实。党委及组织部门要把推进社会主义民主法治建设成效和遵守执行宪法、法律、法规和人大及其常委会决议、决定情况，作为考核评价领导班子和领导干部的重要内容。

4. 加强人民代表大会制度的学习宣传。各级党委要把人民代表大会制度理论、宪法和相关法律列入中心组集体学习的重要内容，作为党校、行政学院培训干部的必修课程，作为公务员选拔和国家机关工作人员任前考试必须掌握的基本知识。党委宣传部门、新闻舆论单位要把宪法法律宣传、人民代表大会制度宣传和人大工作宣传纳入宣传工作总体部署，拓展宣传方式，充分运用微博、微信、手机客户端等新兴媒体，强化对立法、重点监督工作和人大代表履职的宣传报道，引导人民群众在人民代表大会制度体系内表达诉求，有序参与国家社会事务管理，着力增强全社会的人民代

表大会制度意识和民主法治观念。

二、充分发挥立法的引领、推动和保障作用

5.完善党委领导、人大主导的地方立法体制机制。切实加强对地方立法工作的领导，完善地方立法工作中重大问题决策程序，着力构建党委领导、人大主导、政府配合、各方协同、公众参与的立法工作新格局。坚持立法决策与改革决策协调统一，在研究总体改革方案和具体改革措施时，同步考虑改革涉及的立法问题，确保重大改革于法有据。对于本市立法规划、立法计划、重要法规草案和立法涉及本行政区域内重大体制及重大政策调整的要报市委决定，对于立法中遇到的重大问题，市人大常委会党组应及时向市委报告。健全由市人大及其常委会主导地方立法工作的体制机制，加强其对立法工作的组织协调，通过科学安排立法项目、指导督促法规起草、协调解决立法中的重大问题，统筹安排好各项立法工作。完善由市人大相关专门委员会、工作委员会组织有关部门参与起草综合性、全局性、基础性等重要地方性法规草案制度，防止部门利益法制化，及时开展地方性法规的修改、废止工作。加强立法队伍建设，在市人大常委会组成人员中增加有法治实践经验的专职委员比例，注重选拔具有法律专业知识的、符合条件的人员从事立法工作。

6.深入推进科学立法、民主立法，切实提高立法质量。市人大及其常委会要以宪法法律为依据，恪守以民为本、立法为民理念，坚持“针对问题立法、立法解决问题”，进一步完善立法项目征集和论证制度，科学制定立法规划和立法计划，建立健全立法规划和计划的动态调整机制，列入规划、计划的项目要形成立项论证报告，健全立法起草、论证、协调、审议、评估工作机制，完善向下级人大征询立法意见、法规起草征求人大代表意见、法规草案公开征求意见和公众意见采纳情况反馈等机制，探索委托第三方起草地方性法规草案，建立和完善立法顾问和专家咨询制度，拓宽代表和公民有序参与立法途径，广泛凝聚社会共识。积极开展立法协商，充分发挥政协委员、民主党派、工商联、无党派人士、人民团体、社会组织在立法协商中的作用。建立地方立法中涉及的重大利益调整论证咨询机制。对部门间争议较大的重要立法事项，引入第三方评估。完善地方性法规草案表决程序，对个别意见分歧较大的重要条款可以单独表决，对事关经济社会发展全局的重要地方性法规草案，要在人大常委会审议的基础上，提请市人民代表大会审议表决。

三、进一步增强人大监督工作实效

7.保证宪法法律实施，充分发挥人大对依法行政和公正司法的监督作用。各级人大及其常委会要结合本地实际，加大对有关法律法规实施情况的执法检查力度，强化对行政、司法权力运行的监督和制约，确保宪法法律法规得到有效实施，确保行政权、审判权、检察权得到正确行使，确保公民、法人和其他组织合法权益得到尊重和维护。严肃整治知法违法、以言代法、以权压法、徇私枉法问题，严厉追究给公民、法人和其他组织合法权益造成损害的失职、渎职责任，实现社会管理、公民权利保障法治化。

健全规范性文件备案审查机制和程序，“一府两院”制定的规范性文件要依法报人大常委会备案审查，各级人大常委会要积极开展主动审查，制定完善相关规定，进一步明确需备案的规范性文件范围、备案审查流程，探索建立报送督促问责、备案登记回执、审查答复、跟踪监督等各项制度，切实防止和治理违法违规设定行政许可、行政强制、行政处罚和行政征收等行为。

8.强化人大预算决算审查监督、国有资产监督职能。各级人大及其常委会要按照预算法的要求，切实加强对本级政府一般公共预算、政府性基金预算、国有资本经营预算、社会保险基金预算的科学性、准确性和细化程度的审查监督。加强对政府投资项目的审查监督，完善项目库建设，强化对专项资金及重大项目资金拨付使用的监督。建立科学、完整的预决算初步审查制度，进一步完善监督审查体系。加强对预算资金安排、拨付和使用情况的在线监督，切实提高财政资金使用效率。加强对财政转移支付、重点支出、结余结转资金等使用和绩效的审查监督，加大对审计查出问题的整改督办力度，强化违规责任追究。加强对政府债务规模及使用情况的监督，防范政府债务风险。

各级人大及其常委会要推进建立覆盖全部国有企业、分级管理的国有资本经营预算制度，建立政府向人大常委会报告履行出资人职责和国有资产管理情况的报告制度，加强对本级政府国有资产管理使用情况的监督。

9.增强人大监督刚性和监督实效。各级人大及其常委会要以经济社会发展大局为重，突出围绕群众特别关切、社会普遍关注的重大问题，综合运用各种监督形式，不断增强人大监督刚性和监督实效，推动相关问题及时有效解决。完善专题询问的组织方式和工作机制，增强询问监督的针对性和实效性。在审议专项工作报告时，可以组织对“一府两院”相关部门依法履职情况进行工作评议。对人大常委会的审议意见、视察意见，“一府两院”要认真整改落实，人大常委会主任会议适时听取落实情况的汇报。对审议意见的落实情况，人大常委会会议应适时听取和审议“一府两院”的报告，并进行满意度表决，表决结果在一定范围内公布。对人民群众反映强烈的重大问题，通过依法开展质询、特定问题调查等方式积极回应社会关切，推动问题解决。

四、确保人大及其常委会依法行使重大事项决定权

10.支持和保证人大及其常委会依法行使重大事项决定权。各级党委要增强依法执政观念，根据年度中心任务，适时提出须经人大法定程序的重大决策主张，通过人大及其常委会依法行使重大事项决定权，实现党委决策法制化。切实维护人大及其常委会决议决定的权威性、严肃性，凡人大及其常委会作出的决议决定要坚决落实，认真执行。

11.健全讨论决定重大事项工作机制。各级政府要规范重大决策出台前向同级人大报告制度，对属于人大及其常委会职权范围内本行政区域民主法治建设重大措施、区域发展总体规划及变更、城乡建设规划及调整、大额财政资金使用和政府举债融资、重点建设项目计划、大宗土地和矿产资源配置、重大公共设施建设、重大民生工程实施、对生态环境有重大影响的项目建设、生态保护区划定和变更等重大决策出台前，要向本级人大或人大常委会报告。各级人大及其常委会要及时审议、作出决议决定，并将本级和上级人大及其常委会决议决定的落实情况列入执法检查范围。各级政府、法院、检察院要主动报告对人大及其常委会决议决定的实施情况。各级人大常委会要从本地实际出发，制定地方性法规或工作细则，规范行使重大事项决定权的范围和程序，完善讨论决定重大

事项制度。建立人大常委会党组与“一府两院”党组工作协调会商机制。

五、支持保障人大及其常委会依法行使选举任免权

12. 认真做好人事选举任免工作。要坚持党管干部与人大依法行使选举权任免权相统一。各级党委要充分发扬民主,严格依法办事,经过法定程序使党组织推荐的人选成为国家机关领导人员。依法由人大及其常委会选举、任免的事项,应当事先向人民代表大会临时党组织或者人大常委会党组介绍相关情况,听取意见建议,尊重和保障人大代表依法联名提出候选人的权利,尊重人大选举、表决的结果。人大及其常委会要坚持和完善拟任命人员任前公示、法律考试、供职发言、颁发任命书、正式就职时公开向宪法宣誓等制度,加强对选举、任命干部的任后监督,探索监督新途径,健全引咎辞职、撤职、罢免等制度。政府工作部门主要负责人在每届任期内,至少向人大常委会报告一次履职情况,人大常委会组成人员审议履职报告后进行无记名满意度测评,测评结果向人大代表通报并在一定范围内公布。党委组织部门要把人大常委会对干部履职监督结果,作为干部考核和使用的重要依据。

六、充分发挥人大代表的主体作用

13. 优化人大代表结构。各级党委要加强对代表选举工作的统一领导,重视代表候选人推荐工作。提高基层人大代表特别是一线工人、农民、专业技术人员代表比例。各级人大常委会党组要根据代表政治素质和履职情况,向同级党委提出连任代表的建议人选,连任代表一般占代表总数的三分之一以上。党委组织部门承担代表候选人考察、审查工作责任,对代表候选人政治素质、思想品行、遵纪守法、履职能力等方面情况进行综合考察,对考察结果负责。党政干部、企业负责人不得挤占工人、农民和专业技术人员代表名额;严格认定代表候选人的身份,代表候选人身份要以参加选举时所从事的职业为准;代表候选人具有多重身份的,要按参加选举时工作性质主次认定。

14. 强化代表履职服务保障。各级人大常委会要定期组织代表视察、开展专题调研,邀请代表列席人大常委会会议和参与人大重要活动,定期提供信息资料和召开情况通报会,注重发挥闭会期间代表作用。各有关方面要为代表履职创造有利条件。

15. 提高代表议案建议办理质量。各级人大常委会要积极组织和引导代表围绕党委中心工作、经济社会发展和人民群众重大关切等重点开展调查研究,不断提高议案建议的质量。强化对议案建议办理单位承诺事项落实的跟踪问效,开展办理工作满意度测评,切实提高议案建议所涉问题的解决率。完善办理工作科学评价机制,探索议案建议办理第三方评估,推动重点难点问题解决。各有关方面要认真组织承办人大代表依法提交的议案及建议、批评和意见,完善相关交办和反馈制度,切实解决重答复、轻落实的问题;要把议案建议办理和落实情况纳入承办单位年度工作绩效考核,严格落实办理工作责任制和“一把手”责任制,提升议案建议办理工作整体效率和水平。

16. 加强同人大代表和人民群众的联系。各级党委、国家机关要把联系人大代表作为密切联系人民群众的重要纽带和桥梁,按照巩固和延展党的群众路线教育实践活动成果的要求,进一步完善联系人大代表制度,经常听取代表意见,不断改进自身工作。各级人大常委会要坚持常委会组成人员接待代表制度,建立完善联系代表机制,重视和吸收代表的意见,重大社情民意要及时向党委报告。加强代表之家、“两代表一委员”工作室、代表履职服务网络平台建设。完善人大代表联系群众制度,建立健全代表联络机构,拓宽代表联系群众的方式和渠道,通过调研、视察、走访、直接联系选民、代表接待日等方式,畅通社情民意表达和反映渠道。推动代表联络机构面向选区选民,公开代表基本信息,自觉接受人民群众监督。

17. 加强对代表履职的监督。各级人大常委会要建立代表履职信息管理系统,完善人大代表履职情况通报制度,建立人大代表履职档案,定期向代表本人、代表所在单位、本级全体代表、选举单位、选举单位同级党委组织部门通报。完善人大代表述职制度,每年组织一定数量的直接选举代表向选民述职,组织间接选举代表向选举单位人民代表大会会议或人大常委会会议述职。各级党委组织部门要和本级人大常委会代表工作部门共同加强对所推荐人大代表的管理,建立不称职人大代表退出制度。

七、加强人大及其常委会自身建设

18. 加强思想政治建设。各级人大及其常委会要深入学习党的路线方针政策和宪法法律,认真学习贯彻党的十八大以来中央重要会议精神和习近平总书记系列重要讲话精神,用中国特色社会主义理论武装头脑、指导实践。要严明政治纪律和政治规矩,在思想上、政治上、行动上始终与以习近平同志为总书记的党中央保持高度一致,建立健全践行“三严三实”制度的长效机制,按照“讲诚信、懂规矩、守纪律”的要求,建设政治坚定、为民务实、奋发干事、作风清廉、人民满意的地方国家权力机关。

19. 加强市人大及其常委会组织机构和队伍建设。优化人大常委会组成人员结构,组成人员中新提名的原则上应任满一届,专职的常委会组成人员至少要有三分之一能在换届时连任,专职组成人员比例要达到65%左右。加强人大专门委员会和常委会工作委员会建设,设立市人大人事选举委员会,将原市人大常委会人事代表选举工作委员会调整为市人大常委会代表工作委员会,与市人大人事选举委员会合署办公;设立市人大常委会预算工作委员会。充实编制和人员,增加各专门委员会和工作机构中相关方面的专业人才,提高工作的专业化水平。建立健全人大常委会、专门委员会、工作委员会专家顾问制度。根据需要每届安排一定数量的人大机关干部进行交流,每年适当安排一定数量的人大机关干部挂职锻炼。

20. 加强区县(市)人大及其常委会建设。按照新修改的地方各级人民代表大会和地方各级人民政府组织法,适当增加区县(市)人大常委会组成人员的名额,优化常委会组成人员结构,逐步将专职组成人员比例提高到60%以上。根据需要,区县(市)人大可以设立法制、财政经济2个专门委员会,设立办公室、科教文卫、城建环保、人事代表4个工作机构,将申诉控告、民侨外事、农业农村等工作,分别列入上述工作机构职能,并相应增挂机构牌子,进一步加强工作力量和能力建设。

街道人大工作委员会为区县(市)人大常委会派出机构,在区县(市)人大常委会和街道党工委领导下开展工作,落实区县(市)人大常委会工作部署,组织辖区内人大代表开展活动、督办代表议案建议,研究处理本地区代表及选民反映的重大问题等,并将工作情况向区

县（市）人大常委会报告。街道人大工作委员会可设专职主任，也可由街道党工委书记兼任，可综合设置人大工委办公室，至少配备1名专职工作人员，其工作经费列入区县（市）人大常委会部门预算。

21. 加强乡镇人大建设。乡镇人民代表大会依法讨论决定本行政区域内城镇建设、重大民生工程、重大建设项目等重大事项，审查批准有关计划和预决算报告。乡镇人民代表大会会议一般每年举行2次，每次会期不少于1天。乡镇人大设专职主席，提名为县级人大代表人选，有条件的可以配备专职副主席；乡镇人大可综合设置办公室，配备1名专职工作人员，其工作经费列入同级财政预算。乡镇人大主席团中非领导干部的各方面代表人士不低于50%，乡镇人大主席团成员不担任乡镇政府的职务。推进乡镇人大主席与其他党政职务的交流。乡镇人大主席团或者乡镇人大主席、副主席在闭会期间，可以组织代表听取审议乡镇政府专项工作报告，对法律法规实施情况进行检查，联系和组织代表开展活动，听取和反映代表、群众的意见建议；开会时，向乡镇人民代表大会报告工作。乡镇人大主席团或者乡镇人大主席、副主席，应当将代表的审议意见和群众对政府工作的意见交由有关方面研究处理，有关方面应当及时反馈研究处理情况。

22. 提高人大及其常委会议事实效。各级人大及其常委会要完善人民代表大会和人大常委会会议制度与议事规则，保证会议时间，提高会议实效。人大代表和常委会组成人员要提前调研、认真准备，提高审议质量；“一府两院”和相关部门主要负责人列席人民代表大会和人大常委会会议，听取意见，回答询问，并认真研究、积极采纳意见和建议，切实整改并及时反馈。人民代表大会批准的“一府两院”工作报告和计划、预算报告等大会决议，“一府两院”要认真落实。

23. 推进人大工作公开化、信息化。各级人大常委会要推进人大门户网站建设，对于常委会审议的法规案、专项工作报告、代表议案办理报告，计划、预决算、审计报告，执法检查报告，各项决议决定，审议意见及处理情况报告等，都要及时通过人大常委会门户网站向社会公开；不断扩大公民对人大工作的有序参与，通过多种方式主动征集人民群众对立法、监督题目的建议，在立法和重点监督工作过程中，采取公开电话、电子信箱等多种方式征集意见；对人民代表大会会议和人大常委会会议的全体会议及分组会议，探索实施电视直播和录播、网络直播等方式向社会公开，同时在沈阳日报等主流媒体上公开，更好地接受社会监督。

24. 加强对外交往和人大之间的联系。支持人大常委会与国外友城、地方议会间建立交流机制，宣传我国人民代表大会制度，推动地方对外友好关系的发展，促进地方经济建设和对外开放。各级人大常委会应加强与兄弟城市人大常委会的联系和交流，学习借鉴兄弟城市人大工作的成功经验。市人大常委会要加强对区县（市）和乡镇、街道人大工作的指导与联系，形成上下协同联动、共同做好人大工作的局面。

各级党委和人大常委会、“一府两院”及相关部门要按照本决定，结合实际制定贯彻落实的具体办法，认真抓好组织实施。

中共沈阳市委关于严肃换届纪律营造风清气正换届环境的通知

（2015年12月9日）

各区、县（市）党委，各开发区党工委，市委各部委，市直各党委（党组），各人民团体党组：

根据《中国共产党章程》和有关规定，从2016年1月开始，市、区县（市）、乡镇三级党委换届及村“两委”换届工作将相继展开。搞好这次换届工作，对于进一步加强领导班子和领导干部队伍建设，为沈阳新一轮振兴发展提供坚强保证，具有十分重要的意义。为营造风清气正的换届环境，保证换届工作平稳顺利进行，现就严肃换届纪律相关工作通知如下：

一、更加严明纪律，坚决维护换届工作的严肃性

抓好换届工作，是一项极为严肃的政治任务，事关落实从严管党治党要求，事关营造风清气正环境，事关打造良好政治生态，党的十八大以来，中央高度重视换届工作，严肃查处了湖南衡阳人大代表参与贿选案、四川南充拉票贿选案以及广东茂名买官卖官案等案件，彰显了维护换届纪律严肃性的坚强决心。沈阳市此次三级党委换届和村“两委”换届时间较为集中，涉及面较大，选举任务较重。各级党委必须站在讲政治、懂规矩、守纪律的高度，充分认识抓好换届工作的重要性，按照《中国共产党党章》、《中国共产党地方组织选举工作条例》、《中国共产党基层组织选举工作暂行条例》等法规制度要求，立足抓早、抓小、抓苗头，全面进入换届工作状态，切实把各项纪律和规矩挺在前面、立在前面，坚决维护换届工作的严肃性，为换届工作顺利展开奠定良好基础。

二、加强宣传引导，大力营造严肃换届纪律的浓厚氛围

坚持教育在先、警示在先、预防在先，督促党员干部认真学习《中国共产党廉洁自律准则》和《中国共产党纪律处分条例》以及换届选举工作法律、法规、政策和章程，切实增强纪律观念，更加筑牢纪律防线。充分利用各种媒体，广泛深入宣传换届工作的纪律要求，充分发挥社会监督作用，引导党员干部进一步强化正风肃纪的高度自觉。深入细致做好思想政治工作，教育党员干部更加强化政治意识、大局意识，自觉服从组织安排，正确对待进退留转。以近年来中央和省、市委查处的用人上不正之风典型案例为警戒，全面抓好警示教育，使党员干部从中汲取教训、切实引以为戒。

三、坚持严厉查处，狠刹换届中的歪风邪气

充分利用市纪委“12388”、市委组织部“12380”举报平台，及时受理违反换届纪律问题的群众举报。换届工作启动后，举报平台要设专人值守并进行专门登记，对受理的违反换届纪律问题，实行查核专办制度，对反映问题线索清楚、内容具体的举报，组织专门力量进行重点查办，明确办结时限，确保一查到底。对违反换届纪律的行为“零容忍”，发现一起、查处一起、通报一起，强化追究问责，决不姑息迁就。

四、严格落实责任，形成严肃换届纪律的工作合力

各级党委要对本地区换届工作承担主体责任，切实把严肃换届纪律摆上重要议程，专题研究，专门部署，贯穿到抓好换届工作的全过程和方方面面。各级

党委书记是第一责任人，既要加强对本级换届工作的领导，又要加强对下级换届工作的指导，做到守土有责、守土负责、守土尽责，推动形成层层负起责任、层层狠抓落实的工作格局。各级纪检监察机关和组织部门要在党委领导下，分工负责，密切配合，坚持重要问题共同研究、重要工作共同部署，确保换届工作圆满顺利推进。

中央、省委关于严肃换届纪律工作作出的安排部署，市委将及时进行研究落实。

中共沈阳市委关于制定国民经济和社会发展第十三个五年规划的建议

（2015年12月29日中国共产党沈阳市第十二届委员会第十二次全体会议通过）

“十三五”时期，是全面建成小康社会的决胜期，是全面创新改革的攻坚期，也是沈阳加快建设国家中心城市、推动老工业基地全面振兴的关键期。科学制定和实施“十三五”规划，对于推动沈阳老工业基地在新一轮振兴发展中当先锋打头阵具有十分重要的意义。根据中央和省委有关要求，结合沈阳实际，现就制定“十三五”规划提出如下建议。

一、主动适应引领新常态，开创沈阳振兴发展新局面

1.“十二五”时期沈阳振兴发展取得重大成就。“十二五”时期是沈阳市发展史上极不平凡的五年。面对外部环境复杂变化和经济下行压力不断加大的严峻形势，在中央和省委的正确领导下，市委、市政府团结带领全市各族人民，始终坚持科学发展不动摇，紧紧围绕完成“五大任务”、实现“三大目标”，抢抓机遇、开拓进取，攻坚克难、真抓实干，较好完成了“十二五”规划确定的主要目标任务，经济建设、政治建设、文化建设、社会建设以及生态文明建设和党的建设取得重大进展，谱写了沈阳老工业基地振兴发展的崭新篇章。出色完成了第十二届全国运动会主赛区的相关工作，赢得了“全国文明城市”这张最具含金量的国家级“城市名片”，成为了东北地区唯一的国家全面创新改革试验区，城市的知名度和影响力与日俱增。经过五年的不懈努力，沈阳市经济平稳健康发展，综合实力稳步提升，结构调整成效显著，增长动力平稳接续，发展空间持续优化，改革开放成果突出，城市功能逐步完善，生态环境不断改善，人民生活日益殷实，社会大局和谐稳定。“十二五”时期取得的重大成就，为加快沈阳老工业基地全面振兴奠定了坚实基础。

2.“十二五”时期沈阳振兴发展积累的宝贵经验。第一，坚持科学发展理念不动摇，以转变经济发展方式为主线，以调整经济结构为突破口，努力培育新的经济增长点，走出一条质量更高、效益更好、结构更优、后劲更足的发展新路；第二，坚持遇到困难不慌乱，咬定目标、保持定力，沉着应对、久久为功，立足当前稳增长，着眼长远促振兴，始终对沈阳的未来发展充满信心；第三，坚持加强干部队伍建设不放松，强化德才兼备、以德为先的用人标准，不断优化政治生态，营造求真务实、清正廉洁、干事创业的良好环境，打造一支素质过硬的干部队伍；第四，坚持增进民生福祉不懈怠，注重加强社会建设，深入实施各项民生工程，大力提升城市生态环境，让人民群众共享沈阳振兴发展的成果；第五，坚持团结共事不分神，各级班子密切配合，干部群众齐心协力，方方面面步调一致，凝聚起共谋振兴发展的强大合力。这些宝贵经验，对沈阳未来发展具有重要的指导作用。

3.“十三五”时期沈阳经济社会发展面临的新形势。未来五年，沈阳经济社会发展既面临难得的历史机遇，也面临诸多矛盾叠加、风险隐患增多的严峻挑战。当前，世界经济在深度调整中曲折复苏，新一轮科技革命和产业变革蓄势待发，我国经济发展进入新常态，“四个全面”战略布局协调推进，经济发展方式加快转变，新的增长动力正在孕育形成，为沈阳市推动经济结构转型升级、构建现代产业体系创造了良好的外部条件。新一轮东北振兴战略、“一带一路”开放战略的深入实施和中蒙俄经济走廊的加快建设，为沈阳市释放发展优势和潜力、加快发展开放型经济提供了有力支撑。特别是沈阳成为国家全面创新改革试验区，拥有系统性、整体性、协同性推进全面创新改革的先行先试权，为沈阳市率先实现创新驱动发展转型带来了新的重大历史机遇。但同时应该看到，国际金融危机深层次影响在相当长时期依然存在，发达国家制造业回归和再工业化推动国际竞争更加激烈；我国经济面临发展速度换挡、发展方式转变、发展动力转换等一系列新情况新挑战；与发达地区相比，沈阳市经济结构不优，产业转型升级不快，发展质量和效益不高，体制机制不活，自主创新能力不强，发展中不平衡、不协调、不可持续问题仍然突出，人民群众的获得感、安全感、幸福感有待进一步提高，沈阳老工业基地振兴发展正处于滚石上山、爬坡过坎的关键阶段。全市上下必须保持清醒头脑，切实增强机遇意识、忧患意识和责任意识，坚定必胜信心，积极主动作为，努力推动沈阳在科学发展道路上加快全面振兴。

4.“十三五”时期沈阳经济社会发展的指导思想。高举中国特色社会主义伟大旗帜，全面贯彻党的十八大和十八届三中、四中、五中全会精神，以马列主义、毛泽东思想、邓小平理论、“三个代表”重要思想、科学发展观为指导，深入贯彻习近平总书记系列重要讲话精神，按照“五位一体”总体布局和“四个全面”战略布局要求，牢固树立创新、协调、绿色、开放、共享的发展理念，紧紧抓住新一轮东北振兴和全面创新改革试验的重大机遇，主动适应、科学把握、积极引领新常态，坚持发展是第一要务，以“四个着力”为根本遵循，以“四个驱动”为重要引擎，以提高发展质量和效益为中心，以转方式调结构为主攻方向，保持战略定力，坚持稳中求进，坚决破除体制机制障碍，加快推进产业转型升级，鼓励和支持创新创业，切实保障和改善民生，加快建设国家中心城市，实现沈阳老工业基地全面振兴。

5.“十三五”时期沈阳经济社会发展的目标任务。根据党中央、国务院和省委、省政府的要求，结合沈阳实际，确定“十三五”时期沈阳经济社会发展的总目标是加快建设国家中心城市，总任务是实现老工业基地全面振兴。到2020年，保持经济年均增速不低于全国平均水平，保持居民收入增长与经济增长同步，保持全社会改革振兴发展活力不断增强，保持全市人民安全感幸福感不断提升，确保如期全面建成小康社会。为此，今后五年，要努力实现以下新的目标要求。

综合经济实力明显增强。经济保持中高速增长，转方式、调结构取得实质性

进展，产业迈向中高端水平，先进制造业加快发展，战略性新兴产业支撑作用更加突出，服务业比重进一步提高，消费对经济增长贡献明显加大，经济发展质量和效益明显提升。到2020年，地区生产总值和城乡居民人均收入比2010年翻一番。

人民生活质量普遍提高。就业、教育、文化、社保、医疗、住房等公共服务体系更加健全，基本公共服务均等化加快推进，贫困人口实现全面脱贫，社会更加和谐稳定，市民整体素质和城乡文明程度明显提高，人民群众的获得感、安全感、幸福感显著增强。

全面深化改革扎实推进。重点领域和关键环节改革取得决定性成果，系统完备、科学规范、运行有效的制度体系基本形成，有利于经济持续健康发展的体制机制基本确立，社会发展活力显著增强，新型工业化综合配套改革、区域一体化发展走在全国前列。

创新驱动发展成效显著。全面创新改革试验任务顺利完成，国家创新型城市建设取得重大进展，东北科技创新中心建设加快推进，大众创业万众创新取得显著成效，自主创新能力明显增强，具有国际竞争力的先进装备创新制造基地和国家新型工业化示范城市基本建成。

城市整体功能大幅提升。“智慧沈阳”建设全面推进，信息化与城市化高度融合，城市基础设施更加完善，城市品位显著提升，集聚、辐射能力明显增强，东北区域金融商贸中心、交通信息枢纽、科教文化强市的地位更加巩固。

城乡生态环境不断优化。生产方式和生活方式绿色、低碳水平明显提升，城乡绿化覆盖率显著提高，空气环境和水环境质量持续好转，资源节约循环高效利用，二氧化碳减排强度、万元GDP能耗和主要污染物排放指标持续降低，天更蓝、水更清、山更绿的中国北方生态宜居城市基本建成。

二、着力完善体制机制，切实增强振兴发展动力

坚持把完善体制机制作为实现沈阳老工业基地全面振兴的治本之策，强化问题导向，积极推进重点领域和关键环节改革，切实破除制约振兴发展的障碍，加快形成同市场完全对接、充满内在活力的体制机制。

6. 深化行政管理体制改革。正确处理好政府与市场、政府与社会的关系，加快转变政府职能，努力建设法治政府和服务型政府，不断激发市场活力和社会创造力。减少政府对市场的不合理干预和对市场主体的不合理管制，积极向基层放权、为市场松绑、给企业减负。深入实施政府权力清单和责任清单制度，深化行政审批制度改革，组建行政审批局，大力削减审批事项，再造审批流程，建立快速审批通道，运用互联网、大数据等信息技术手段提升行政服务和行政管理水平，大幅降低行政成本。加快推进事业单位分类改革。加大政府购买公共服务力度，探索政府与社会资本合作新机制，推动政府职能向创造良好发展环境、提供优质公共服务转变。创新政府管理体制，重新界定政府职能，重置政府机构，减少行政层级，明晰部门权责，增强政府组织架构的科学性。

7. 大力发展非公有制经济。全面清除影响非公有制经济发展的制度障碍，打破各种壁垒，放宽市场准入，制定非公有制企业进入特许经营领域具体办法，拓展非公有制经济发展空间。鼓励非公有制经济参与国有企业改革，主动承接国有企业产业转移、技术扩散和产品配套，支持发展非公有资本控股的混合所有制企业，推动非公有制经济与公有制经济的深度融合和有机统一。制定鼓励非公有制经济发展更加宽松的政策，充分释放民间资本的活力，营造有利于企业家和企业健康成长的良好环境，切实降低企业在沈投资兴业的成本。进一步强化服务理念，完善服务机制，主动为非公有制企业提供工作指导、政策咨询、信息服务，推动企业做大做强。加强对中小微企业的扶持和引导，通过减轻企业税费、加大财政金融支持、拓宽融资渠道等措施，促进中小微企业快速发展。

8. 加快推进国资国企改革。着力构建国有企业改革新模式，聚焦完善现代企业制度，健全企业治理模式和经营机制，强化企业市场主体地位，不断增强企业内在活力、市场竞争力和发展引领力。坚持以国资改革推动国企改革，按照以管资本为主的要求，改革国有资本授权经营体制，加快建立现代产权制度，促进国有资本与社会资本有机融合，积极发展混合所有制经济，确保国有资产保值增值。推进国资布局调整和国企市场化重组，培育一批具有国际影响力和较强竞争力的大型企业集团。积极促进中央企业与地方企业协同发展，重点围绕先进装备制造、航空产业等相关领域，拓展军地合作，打造沈阳军民融合示范区，努力实现互利共赢。建立健全市场化经营机制，完善公司法人治理结构，推行职业经理人制度，探索国有企业员工持股新模式，建立长效激励约束机制，强化国有企业经营责任追究，推进国有企业财务预算公开。积极争取上级政策支持，建立国家、省、市和企业共担成本机制，解决厂办大集体、壳企业等历史遗留问题，卸掉企业发展包袱，使国有企业轻装上阵。

9. 建立完善要素市场体系。打破劳动力、土地、资本、技术等要素进入市场的障碍，破解要素配置的二元结构和双轨体制，进一步提高市场主体活跃度，建立符合沈阳振兴发展需要的区域性要素市场体系。推动信息资源、知识产权、用益物权等新兴要素进入市场领域，催生更多新技术、新产业、新产品，充分发挥要素市场在推动经济转型升级中的基础性作用。大力建设发展各类要素市场组织和平台，创新交易管理机制，加快形成结构完备、覆盖完整、功能完善的市场载体，促进市场要素自由流动和公平交换，使各种要素能够依据市场规则、市场竞争、市场价格实现优化配置。深化农村土地制度改革，探索通过地票、入股、信托等方式，促进农村土地使用权证券化，实现合理流动。加强科学监管，提高集聚辐射功能，在降低交易成本、优化资源配置的前提下，吸引更多生产要素投向沈阳，拉动经济持续平稳健康增长。

10. 构建对外开放新格局。坚持对内与对外开放相互促进、内资与外资相互融合，充分利用国际国内两种资源、两个市场，加快形成对外开放新体制，积极培育国际竞争新优势，不断提高开放型经济发展水平。加大招商选资力度，加强对港台、东南亚、东北亚、欧美等重点地区招商，积极引导外资投向先进制造业、高新技术产业、战略性新兴产业、现代服务业、现代农业等重点产业，提高利用外资质量。紧紧抓住“一带一路”、中蒙俄经济走廊建设等战略机遇，加快企业“引进来”和“走出去”步伐，发挥中德高端装备制造产业园和中法生态园的示范引领作用，吸引更多国家在沈设立产业园区，打造产业合作示范基地。鼓励支持更多有条件的企业进行全球布局，大力开拓国际市场，加强国际产能和装备制造合作，创建海外装备制造产业园

区。做大做强综合保税区,壮大保税加工和保税贸易规模,充分发挥对外开放功能,加快向自由贸易区方向发展。建立多层次合作交流机制,强化与发达国家城市沟通,开辟更多国际航线,积极搭建形式多样的经贸交往平台。

11. 构建沈阳经济区一体化体制机制。坚持区域协调发展,积极促进经济区各市建立城际新城新市镇、城际连接带建设协作机制,加快构建要素有序自由流动、主体功能约束有效、基本公共服务均等、资源环境可承载的区域协调发展新格局,切实将沈阳经济区打造成为带动东北地区协同发展的增长极。积极推动沈阳经济区产业整合,加强重大产业项目统一规划布局,促进产业结构优化升级。推进城市基础设施互联互通,不断提升经济运行的承载能力,加快构建区域性中心城市功能体系,重点构筑区域性交通信息中心体系,形成覆盖整个经济区的高速公路和轨道交通骨架网,实现网络资源和信息资源的综合共享,建设沈阳经济区"智慧城市群"。建立沈阳经济区城市商业银行联盟,联合设立新型工业化产业基金及创业投资基金,加速推进要素市场一体化,建立区域性商品物流共同市场、产权交易市场,切实提升经济区的集聚和辐射能力。

三、着力推进结构调整,加快促进经济转型升级

坚持多策并举,加减乘除一起做,积极推进供给侧结构性改革,加快构建现代产业体系,逐步形成信息化与工业化深度融合、战略性新兴产业和传统制造业并驾齐驱、现代服务业和传统服务业相互促进的产业发展新格局,走出一条质量更高、效益更好、结构更优、优势充分释放的发展新路。

12. 加快改造提升传统优势产业。坚持走新型工业化道路,推动传统优势产业加快转型升级,不断迈向中高端。以加快新一代信息技术与制造业融合发展为主线,以智能制造为主攻方向,推动信息技术向市场、设计、生产等环节渗透,用智能装备和先进技术改造传统工艺设备,实现生产过程智能化,推动传统制造业向高端化、智能化、绿色化转变;促进制造业产业链条从加工制造向研发、设计、品牌、营销、服务、再制造延伸,推动制造业高附加值化和服务化;促进"互联网+制造业"融合发展,提升系统集成和高端成套水平,加快转移淘汰落后产能,全面提升制造业发展质量和核心竞争力,打造制造业升级版。

13. 大力培育发展新兴支柱产业。瞄准世界产业发展前沿,抢占核心技术制高点,推进新兴支柱产业规模化、高端化、集约化发展,重构产业竞争新优势。着眼于建设具有国际竞争力的先进装备创新制造基地,大力发展重大高端成套技术装备、高档数控机床、新一代汽车、增材制造、IC 装备、机器人及智能制造等高端装备制造业,构建自主可控、开放有序、富有竞争力的智能制造生态系统,打造"中国制造 2025"先行区。创新投融资方式,推动航空航天、先进轨道交通、现代建筑、新材料、生物制药、新能源和节能环保等新兴产业快速发展,加快形成一批具有先导和支撑作用的行业领军企业,培育一批极具创新活力的科技型中小企业,形成高端引领、多点支撑、多元发展的产业格局。

14. 加快发展现代服务业。坚持把做大做强现代服务业作为调整优化产业结构、促进经济转型升级的战略重点和主攻方向,扩大国家现代服务业综合试点成果,推动现代服务业发展提速、质量提升、规模扩大、比重提高,不断增强服务业对全市经济增长的贡献率。推动生产性服务业向专业化和价值链高端延伸,加快国家级电子商务产业基地以及沈阳国际物流港等重点物流园区建设,推动电子商务与物流协同发展;加快建设东北区域金融中心,深入实施优化金融生态改革试验,支持产业金融、科技金融、互联网金融发展,培育壮大工业设计及研发服务、制造业物流服务等生产性服务业,构建与先进制造业相适应的生产性服务业体系。推动生活性服务业向精细和高品质转变,加快传统商贸流通业转型升级,支持健康养老、教育培训、文化娱乐、体育健身等服务业繁荣发展,促进旅游业大发展快发展,不断完善社区服务体系,打造服务业发展的新引擎。着力创新消费供给、扩大消费需求,培育服务消费新热点,引导消费朝着智能、绿色、健康、安全方向转变。积极发展基于技术集成创新、模式创新、机制创新的新兴服务业,不断拓展服务业领域,丰富服务业业态,加快形成以服务经济为主导的发展格局。

15. 积极发展现代农业。加快转变农业发展方式,强化农业科技创新,积极构建现代农业产业体系、生产体系、经营体系,走产出高效、产品安全、资源节约、环境友好的农业现代化道路,使现代农业成为沈阳全面振兴的重要产业支撑。充分发挥环城都市农业产业带、沈康现代农业示范带、沈阜现代农业产业带的示范带动作用,推动高端精品、高效特色、高产生态农业加快发展,提高农业效益和竞争力。健全新型农业生产经营体系,培育新型经营主体,依法推进土地经营权有序流转,加强农业合作体系建设,推动农业生产经营规模化、集约化。加快农业产业化进程,做大做强农产品加工业,提升农产品就地转化和精深加工率。加强农业基础设施建设,推进农业标准化和信息化,夯实农产品质量安全体系,提高农业可持续发展能力。培育壮大农村电子商务,推进农业与二三产业融合发展,形成农业经济新业态、新模式,培育新的经济增长点。

16. 全面提升信息化水平。顺应"互联网+"迅猛发展的趋势,加快新一代信息技术开发,大力发展云计算、大数据、物联网等新一代信息技术产业,加快构建现代信息技术产业体系,为全方位实施信息化战略奠定坚实基础。着眼于产业信息化和信息产业化,充分发挥互联网在生产要素配置中的优化和集成作用,提升实体经济的创新力和影响力。加快培育发展数据经济,推动政务、行业、企业等各领域数据资源开放与产业化,打造东北地区大数据集散和信息交互、开发、流通中心,促进大数据在电子商务、交通物流、金融、电信、能源等行业领域的应用,通过"互联网+"催生经济增长新模式、新业态,形成推动经济提质增效的新优势。

17. 扎实推进新型城镇化。坚持"以人为本、产城融合"和"生态环保、绿色发展"的原则,妥善处理母城发展和周边建设、整体推进和重点突破、产业支撑和功能完善、适度超前和量力而行的关系,积极稳妥推进新型城镇化,壮大农村集体经济实力,推动新型城镇化与新农村建设协调发展。进一步完善城镇规划体系,合理划定城市边界,规范城乡建设用地增减挂钩,科学构建城镇体系。深化户籍制度改革,全面实施居住证制度,合理引导人口流动,维护进城落户农民土地承包权、宅基地使用权、集体收益分配权,有序推进农业转移人口市民化。支持于洪区开展国家中小城市综合改革试点工作,探索统筹城乡发展、加速新型

城镇化的新途径。积极引导城镇基础设施向农村地区延伸,增强对人口集聚和服务的支撑能力。稳步推进城镇基本公共服务常住人口全覆盖,逐步缩小城乡差距,打造城乡一体的"全域城市"。加大村镇建设规划实施力度,扶持建设一批具有历史、地域、民族特点的特色景观旅游村镇,打造形式多样、特色鲜明的乡村旅游休闲产品。以县域产业园区和新城新市镇建设为载体,积极培育壮大主导产业,做大做强特色产业集群,促进产城融合发展,推动县域经济转型升级、提质增效。

18. 持续优化空间布局。认真贯彻落实中央城市工作会议精神,统筹空间、规模、产业三大结构,进一步整合优势资源,激活发展潜能,不断优化区域发展空间和产业发展空间,切实把空间优势转化为产业优势和竞争优势。以实施主体功能区战略为统领,以"多规合一"为重点,充分衔接城市总体规划、土地利用总体规划、生态保护规划,严格按照主体功能区的定位,加快建设中部现代服务业核心区、西部先进装备制造及配套产业区、南部高新技术和临空产业区、东部汽车及零部件产业区和棋盘山生态旅游功能区、北部新兴产业区,促进各功能区合理分工、优势互补、特色突出、错位发展,提高土地集约利用水平,努力实现空间利用效率和价值最大化。着眼拓展城市空间、完善城市功能、加速产业积聚、释放发展潜能,积极推进新一轮区划调整,加快撤县设区步伐,促进沈阳都市区核心功能拓展和产业加速集聚,逐步形成人口、经济、资源环境相协调的空间开发格局,不断提升城市承载力、集聚力和辐射力。

四、着力鼓励创新创业,深化全面创新改革试验

加快推进全面创新改革试验,深入实施创新驱动发展战略,坚决破除一切制约创新的制度藩篱,激发全社会创新活力和创造潜能,积极营造有利于创新的体制架构和政策环境,加快形成以创新为主要引领和支撑的经济体系和发展模式。

19. 以企业为主体强化协同创新。建立企业创新的政策扶持机制,加大对科技型企业扶持力度,鼓励企业建设高水平研发机构,支持企业加大研发投入,深化以企业为主导的产学研用结合,真正使企业成为技术创新决策、研发投入、科研组织和成果转化的主体,形成一批有国际竞争力的创新型领军企业。鼓励构建重大支柱产业、新兴产业技术创新战略联盟,推动高等院校、科研院所和沈阳市企业组建产业协同创新中心、产业共性技术研发基地,设立以应用技术研发和产业化为主的工业技术创新研究院等新型研发机构,加快建成东北科技创新中心。加强基础性、战略性和共性技术研究,突破关键核心技术,打通基础研究、应用开发、中试和产业化之间的创新链条,不断提高原始创新、集成创新和引进消化吸收再创新能力。

20. 促进科技与经济深度融合。强化科技同经济对接、创新成果同产业对接、创新项目同现实生产力对接,让创新真正落实到创造新的增长点上,增强科技进步对经济社会发展的支撑、引领作用。大力发展高新技术产业,推动科技与装备制造业、新兴产业、现代农业等优势产业结合,提升产业层级和核心竞争力。赋予沈阳国家大学科技城、中德高端装备制造产业园更宽松、优惠的政策,打造创新要素融合叠加、裂变放大的科技创新特区。充分发挥高新区和综合保税区互补优势,以浑南区为核心区和先导区,促进各类创新要素加快集聚,努力将其建设成为引领沈阳创新驱动的桥头堡,打造成为在全省乃至在更大范围内具有示范意义的创新发展新高地。建立利益驱动的成果转化机制,下放科技成果使用、处置和收益权,提高科研人员成果转化收益水平,加大科研人员股权激励力度,促进科技成果资本化、产业化。

21. 支持重点区域先行先试。综合考虑近年来的工作基础,选择若干创新成果多、体制基础好、转型走在前、短期能突破的区域开展先行先试,重点推进铁西区实施"中国制造 2025"、浑南区强化自主创新、金融商贸开发区发展产业金融、沈北新区提高行政效能、和平区三好街推动创新创业等改革试验。鼓励和支持重点区域紧紧抓住制约创新驱动发展的突出矛盾和关键问题,集中资源和力量开展攻坚,务求取得实质性突破,为全市提供示范和借鉴。建立完善评价机制和考核办法,把创新业绩纳入全市目标考核体系,作为考核评价各级党政领导班子和领导干部的重要内容。探索建立"全面创新改革责任豁免"制度,支持和允许改革试验过程中试错、容错和纠错,切实解除改革创新者的后顾之忧。

22. 加强创新平台和众创空间建设。充分发挥浑南高新区、沈阳经济技术开发区等国家级创新平台在科技创新和成果转化方面的示范引领作用,大力引进国内外高端研发机构,支持沈阳材料国家实验室和机器人与智能制造创新研究院等新型创新平台发展,打造一批重大产业创新平台,形成一批关键技术创新平台,构建一批产学研协同创新平台,吸引科技创新资源加速集聚整合。鼓励支持企业、投资机构、行业组织等社会力量投资建设或管理运营创客空间、创业咖啡、创新工场等新型孵化载体,打造一批低成本、便利化、全要素、开放式的众创空间。鼓励各区县(市)、高校、孵化器和社会各方面力量,利用老旧厂房、闲置房屋、商业设施等资源进行整合和改造提升,为众创免费提供专门场所。

23. 完善创新服务体系。强化政府对科技创新的服务保障,改革政府科技投入方式,优化科技计划体系和科技资源配置模式。制定鼓励创新创业的配套政策,构建有利于创新创业的财税体制,完善扶持技术标准创制和采购创新产品的政策。改善金融服务,培育壮大创业投资和资本市场,支持科技型企业开展知识产权、股权质押融资,疏通金融进入实体经济特别是中小微企业的管道,使金融成为推动创新创业的重要力量。做大做强科技大市场,积极为科技成果转化提供专业化服务,围绕沈阳市主导产业发展关键技术研发和骨干企业重大技术需求,组织各类产学研用对接活动。加强科技创新资源共享体制机制改革,推动高校院所和企业的大型科技基础设施、仪器设备、科技文献、科学数据等科技资源向社会开放。支持企业等市场主体建立大型科研设备、机器设备等租赁、后援服务平台。

24. 积极鼓励大众创业。强化创业扶持,推进创业便利化,进一步放宽政策、放开市场、放活主体,加快构建引导支持创业的制度体系和公共服务体系。完善落实财税政策,加大财政资金支持和统筹力度,落实普惠性税收措施,减轻创业者负担。进一步优化资本市场,创新银行支持方式,丰富创业融资新模式,引导更多社会资金和金融资本参与创业投资,扶持创业企业起步成长。支持高端人才、科研人员、大学生及返乡人员创业,促进小微企业、创新型企业加快发展。大力发展创业孵化器、第三方专业

化服务和“互联网+”创业服务等各类新型孵化机构，推进创业服务资源开放共享，切实解决创业者面临的资金需求、市场信息、政策扶持、技术支撑、公共服务等瓶颈问题，最大限度激发各类市场主体创业活力。

五、着力保障和改善民生

持续增进人民群众福祉坚持把保障和改善民生作为一切工作的出发点和落脚点，按照人人参与、人人尽力、人人享有的要求，注重机会公平，守住民生底线，促进社会和谐，使广大市民在共建共享发展中有更多获得感。

25.千方百计扩大就业。深入实施就业优先战略和更加积极的就业政策，大力开发公益性岗位，建立就业援助机制，强化职业技能培训，促进高校毕业生、农村富余劳动力、复员退伍军人、就业困难人员等重点群体就业，帮助结构调整中失业人员尽快就业，努力消除城乡、行业、身份、性别、残疾等影响平等就业的制度障碍和就业歧视。有针对性地发展吸纳就业能力强的第三产业及劳动密集型产业，继续提高服务业就业比重，充分发挥小微企业吸纳就业的主渠道作用。推行工学结合、校企合作的技术工人培养模式，推行企业新型学徒制。完善失业监测预警机制，建立应对失业风险的就业应急预案。健全就业服务体系，提高就业服务能力，完善就业失业统计指标体系。积极构建和谐劳动关系，切实维护职工和企业合法权益。

26.提高居民收入水平。继续深化分配制度改革，逐步提高居民收入在国民收入分配中的比重、劳动报酬在初次分配中的比重，形成居民收入增长和经济发展同步、劳动报酬增长和劳动生产率提高同步的收入增长长效机制。加快推进居民收入均衡化，创造条件增加居民财产性收入，提高低收入者收入，扩大中等收入者比重，努力缩小城乡、区域、行业和社会成员之间收入分配差距。加强对企业工资的宏观调控和指导，提高技术工人待遇，完善企业工资指导线和最低工资制度，确保职工工资合理增长。深度挖掘农民增收空间，增加农民生产经营性收入、工资性收入和转移性收入。加大扶贫开发攻坚力度，实施精准扶贫、精准脱贫，增加贫困人口收入，确保贫困地区居民全部脱贫。

27.完善社会保障体系。坚持全覆盖、保基本、多层次、可持续的方针，以增强公平性、适应流动性、保证可持续性为重点，全面建成覆盖城乡居民的社会保障体系。健全养老保险制度，完善基本养老保险关系转移接续政策，提高城镇和农村居民养老保障标准。扎实推进机关事业单位养老保险制度改革。鼓励企业加快建立年金制度，构建多渠道、多层次的企业退休人员养老待遇增长机制。健全覆盖城乡居民的多层次医疗保障体系，全面实施大病保险制度，推进职工医保、居民医保、新农合三项制度有效对接，促进基本医保与商业健康保险相互补充和衔接发展。进一步发挥失业保险对保障失业人员生活和预防失业的积极作用。健全预防、补偿和康复相结合的工伤保险制度体系。完善城乡一体专项社会救助制度，健全临时救助制度。大力发展社会福利、优抚和慈善事业。加强保障性住房建设和物业服务管理，改善城镇中等偏下和低收入困难家庭的居住条件，提高住房保障水平。

28.推动文化大发展大繁荣。坚持用邓小平理论、“三个代表”重要思想、科学发展观和习近平总书记系列重要讲话精神教育全市人民，用中国梦和社会主义核心价值观凝聚共识、汇聚力量，为新一轮振兴发展提供强大精神动力。按照标准化、均等化的要求，加强文化基础设施建设，完善公共文化服务网络，构建覆盖城乡、结构合理、功能健全、实用高效的公共文化服务体系。巩固和提升文明城市成果，积极创建国家社会信用体系示范城市，加强和改进基层宣传思想文化工作，深化群众性精神文明创建活动，全面提高城市文明程度和市民文明素质。大力发展文化产业，鼓励新型文化业态发展，构建现代文化产业体系，丰富文化产品供给，推动文化产业成为支柱性产业。扶持优秀文化产品创作生产，加强文化人才培养，繁荣发展文学艺术、新闻出版、广播影视事业。充分发挥主流媒体的作用，自觉传播正能量，引导舆论、疏导民情、化解矛盾。推动传统媒体和新兴媒体融合发展，构建现代传播体系，加快媒体数字化建设，发展积极向上的网络文化，提高文化的传播力和影响力。加强历史文化遗产的保护与利用，有效实现传统文化传承与创新。加强对外文化交流与合作，推动文化产品和服务出口。

29.提升公共服务水平。加强基本公共服务的统筹规划，增加优质公共产品和服务供给，推进城乡公共服务均等化，建立城乡公共服务事业均衡发展的制度安排和政策支撑，扎实推进教育、医疗、体育、养老等公共服务向农村覆盖。加快构建开放型服务型现代教育体系，大力发展公办幼儿园，推进义务教育优质均衡发展，强化基础教育的普惠性和公平性，逐步实施中等职业教育免除学杂费、普通高中家庭经济困难学生免除学杂费，支持和规范民办教育发展，提高高校办学水平和创新能力，深化教育教学改革，推动市属本科院校从学术理论型向市场应用型转变，加快实现教育现代化。深化医药卫生体制改革，建立覆盖城乡居民的基本医疗卫生制度，全面深化公立医院改革，整合全市医疗资源，大力推进医联体建设，完善农村医疗卫生服务网络和城市社区卫生服务机构，建立完善分级诊疗制度，实现基层医疗卫生服务网络全覆盖。认真落实二胎人口生育政策。大力发展体育产业，培育品牌产品和赛事，深入实施全民健身战略，加快建设足球之都、体育强市步伐，努力提高人民群众身体素质和健康水平。积极应对人口老龄化，推动医疗卫生和养老服务相结合，加快建立多层次养老服务体系，大力发展老年服务业。健全农村留守儿童、妇女、老年人关爱服务体系，完善残疾人权益保障、困境儿童分类保障制度。加强双拥工作，促进军政军民团结。

30.提高社会治理水平。坚持源头治理、系统治理、综合治理、依法治理，持续推进平安沈阳建设，确保人民安居乐业、社会安定有序。坚持依法治市，不断提高地方立法质量，建立行政机关负责人应诉制度，规范执法行为，深化司法体制改革，促进司法公正，强化法治宣传教育，加快建设法治政府，大力弘扬法治精神，努力营造良好的法治环境。强化社会治安综合治理，健全和完善点线面结合、网上网下结合、人防物防技防结合、打防管控结合的立体化社会治安防控体系。落实重大决策社会稳定风险评估制度，完善社会矛盾排查预警和调处化解综合机制，加强和改进信访和调解工作，实行诉访分离，使群众问题能反映、矛盾能化解、权益有保障。加强社会组织管理，落实国家社会组织登记管理等相关法规和制度，支持和规范社会组织承接政府购买服务，促进社会组织健康有序发展。健全最严格的覆盖全过程的食品药品监管体制机制,建立质量可追溯体系,加大食品药品违法犯罪打击力度,保障食品药品安全。加强全民安全意识教育,落实企业主体责任,严格安全生产监管执法,及时排查化解安全隐患,防止发生重特大安全事故。完善应急体系和防灾减灾救灾机制,不断提升公共安全管理水平。完善流动人口和特殊人群服务管理机制,严厉打击各类违法犯罪活动,确保人民生命财产安全。

31. 全力打造“智慧沈阳”。坚持以人为本理念,以交通、医疗、教育等民生领域的智慧化为着力点和突破口,构建便捷高效的民生服务与城市管理体系。着力推进公共服务信息平台建设,统筹抓好“我的沈阳”手机智能门户、市民卡、智能交通、智慧教育、智慧卫生、智慧社区、创新创业试点等信息惠民工程建设,建成更加普惠的智慧民生综合服务体系。全面促进信息化与城市化相融合,建设智能的城市公共安全体系和安全生产体系,开展环境资源监测蓝天工程,建立覆盖全市农业行业的信息化体系,推进智慧市场监管系统建设,提高城市的运行效率和公共服务水平。强化城市管理信息资源整合,建立信息管理资源共享网络系统,促进城市管理由数字化向智慧化转变。加快智能化基础设施建设,推动城市公用设施智能化改造,完善信息系统和服务平台,加速推进“三网融合”和高速宽带进村入户,快速提升信息化网络化水平。

32. 加强城乡基础设施建设。科学规划建设城市交通、能源、供排水、供热以及污水和垃圾处理等基础设施,大力实施城乡道路畅通工程、市政设施提升工程、海绵城市建设工程、地下空间开发工程和农村设施改造工程,全面提升城乡基础设施水平。加强桃仙国际机场二跑道、京沈客运专线、城市轨道交通等重大基础设施建设,完善立体停车场设施和新能源汽车充电设施,提高城乡公共交通便捷度,构建快速化、立体化的城乡道路交通体系,全力打造国家公交都市和国家综合运输服务示范城市。按照先规划、后建设的原则,加大城市地下管网改造力度,完善城市老旧小区和城乡结合部自来水管网、煤气管网,加快推进地下综合管廊建设。深入推进海绵城市建设,加快实施老城区雨污分流改造,推广中水回用技术,建成适度超前、相互衔接、满足未来需求的城市排水防涝工程体系。全面提升浑河南岸防洪能力。加快城市地下空间有序开发和可持续利用,实现地上地下统筹同步开发,构建城市立体发展新格局。加强田间灌排、机耕道路等现代农业设施建设,完善水电路气信等农村基础设施网络。

33. 持续改善生态环境。坚持把生态文明建设放在更加突出位置,着眼于实现生产空间集约高效、生活空间宜居适度、生态空间山清水秀,深入实施“青山”“碧水”“蓝天”工程,全面启动生态红线保护行动,着力推进绿色发展、循环发展和低碳发展,促进人与自然和谐共生,建设天蓝、地绿、水清的美丽沈阳,打造生态宜居之都。大力推进清洁生产,发展循环经济,节约集约利用资源,制定清洁能源利用扶持政策,实行能源和水资源消耗、建设用地等总量和强度双控行动,促进生产、流通、消费过程的减量化、再利用、资源化,增强经济社会的可持续发展能力,力争进入循环型城市行列。坚持保护优先、自然恢复为主,实施山水林田湖生态保护和修复工程,开展大规模绿化行动,改善树种结构,扩大防护林、生态林规模,提升绿化景观水平,筑牢生态安全屏障。加强生态环境保护,严格按照主体功能区划分实施分类管理,强化水、大气、土壤等污染防治,建立健全环境预警应急机制,打造环境友好的“生态城市”。推进宜居乡村建设,健全完善农村环境治理和管护体系,加快城镇污水处理设施和城镇垃圾处理设施建设,加强重点水系和重点生态保护区建设。探索实行资源有偿使用制度和生态补偿制度,逐步推行节能量、碳排放权、排污权、水权交易制度。实施领导班子、领导干部环境保护考核办法和生态环境损害责任追究办法,建立健全环境保护责任体系,为全面改善城乡生态环境提供有力保证。

六、凝聚各方智慧力量,为顺利实施“十三五”规划提供坚强保障

实现“十三五”规划目标任务艰巨、责任重大、使命光荣,需要全市人民同心同德、群策群力、不懈奋斗。必须加强和改善党的领导,切实强化思想、人才和组织保障,调动一切积极因素,形成强大工作合力,确保“十三五”规划顺利实施。

34. 强化思想保障。坚持把解放思想作为引领经济发展新常态、助推老工业基地全面振兴的重要前提,不断推进思想解放和观念更新,为“十三五”规划顺利实施奠定坚实的思想基础。一是坚决破除消极悲观、茫然无措的思想,树立强烈的机遇意识。二是坚决破除与己无关、麻木不仁的思想,树立强烈的忧患意识。三是坚决破除恃权管理、随意干预的思想,树立强烈的市场意识。四是坚决破除循规蹈矩、封闭保守的思想,树立强烈的创新意识。五是坚决破除自我满足、松劲厌战的思想,树立强烈的进取意识。六是坚决破除患得患失、畏首畏尾的思想,树立强烈的担当意识。全市上下必须坚持用战略眼光和系统思维审视自己,跳出沈阳看沈阳,着眼全国找差距,打破传统思维惯性,破除以往路径依赖,突破陈规旧律束缚,敢于创新,勇于探索,大胆实践,不断开创各项工作新局面。

35. 强化人才保障。加快人才发展体制机制改革和政策创新,建立健全人才教育培养、引进使用、激励保障等方面的政策体系,推进人才工作科学化和制度化。以重大人才工程为依托,深入实施“盛京人才战略”,推动人才结构优化调整,突出“高精尖缺”导向,着力发现、培养、集聚科技领军人才、企业家人才、高技能人才队伍,更大力度引进急需紧缺人才。加大创新创业人才支持力度,搭建各类创新创业平台,营造鼓励创新、支持创业的浓厚氛围,激发创新热情和创业激情。完善人才流动制度体系,打破制约人才发展的体制壁垒,健全人才向基层流动、向艰苦地区和岗位流动、在一线创业的激励机制。积极倡导尊重劳动、尊重知识、尊重人才、尊重创造的社会氛围,推动形成人人皆可成才、人人尽展其才的生动局面。

36. 强化组织保障。严格落实全面从严治党、依规治党要求,为完成“十三五”规划目标提供坚强政治保证。全面加强和改进党的建设,完善党委研究经济社会发展战略、定期分析经济形势、研究制定重大政策的工作机制,不断提高党领导经济社会发展的能力和水平。扎实推进基层党建工作全面进步、全面过硬,切实强化基层党组织整体功能,充分发挥广大党员的先锋模范作用。坚持正确的用人导向,按照习近平总书记提出的好干部标准,切实抓好各级领导班子和干部队伍建设。严格落实“三严三实”“忠诚、干净、担当”和“讲诚信、懂规矩、守纪律”的要求,严明党的纪律和规矩,认真落实党风廉政建设主体责任和

监督责任，健全改进作风长效机制，强化权力运行制约和监督，以良好的从政环境和政治生态助推振兴发展。全力支持人大、政府、政协按照各自职能开展工作，加强同各民主党派、工商联和无党派人士的团结合作，发挥工会、共青团、妇联等群团组织的桥梁纽带作用，落实党的知识分子、民族、宗教和侨务政策，激发全市人民的主人翁意识，凝聚起推动“十三五”规划顺利实施的强大力量。各级党委要准确把握发展规律和趋势，明确目标要求，限定节点进度，严格督查考核，狠抓责任落实，锲而不舍地推进，不折不扣地执行，确保“十三五”各项任务按时序顺利完成。

全市各级党政组织和广大党员干部群众，要更加紧密地团结在以习近平同志为总书记的党中央周围，在省委的坚强领导下，牢牢把握“四个全面”战略布局，全面落实“四个着力”要求，解放思想，勇于担当，求真务实，开拓创新，为完成“十三五”各项任务、加快建设国家中心城市、实现沈阳老工业基地全面振兴而努力奋斗！

法规·规章

沈阳市校车安全管理办法

（沈阳市人民政府令第50号）

第一条 为了加强校车安全管理，保障乘坐校车学生的人身安全，根据国务院《校车安全管理条例》，结合本市实际，制定本办法。

第二条 本办法所称校车，是指本市行政区域内依据本办法取得使用许可，用于接送义务教育学生上下学的7座以上的载客汽车。

第三条 校车分为班线（加班）校车、包租校车。

（一）班线校车是指载客汽车在城乡道路上按照固定的线路、时间、站点、班次运行的校车方式，包括直达校车和普通校车。加班校车是班线校车的补充形式，在班线校车不能满足需要或者无法正常运营时，临时增加或者调配校车按照班线校车的线路、站点运行的方式。

（二）包租校车是指以运送学生为目的，校车服务提供者将校车包租给学校使用，提供驾驶劳务，按照约定的起始地、目的地和路线行驶，按照行驶里程或者包租时间计费并统一支付费用的校车运行方式。

第四条 市和区、县（市）人民政府应当按照国家规定建立多渠道筹措校车经费的机制，并通过财政资助、税收优惠、鼓励社会捐赠等多种方式，支持校车服务。

第五条 市和区、县（市）人民政府应当建立校车安全管理工作协调机制，统筹协调校车安全管理工作中的重大事项，做好校车安全管理工作。

区、县（市）人民政府对本行政区域的校车安全管理工作负总责，统一领导、组织、协调有关部门履行校车安全管理职责。

乡镇政府、街道办事处在学生上下学时段，应当安排当地村委会、社区相关人员负责乘车学生的安全监管，为学生出行提供安全和便利条件。

第六条 教育、公安、交通运输、安监等有关部门应当按规定履行校车安全管理的相关职责。有关部门应当建立健全校车安全管理信息共享机制。

第七条 学校可以配备校车。依法设立的道路旅客运输经营企业、城市公共交通企业，以及校车运营单位，可以提供校车服务。校车运营单位资格由市和区、县（市）教育行政部门确定，具体办法由市教育行政部门制定。

第八条 校车应当具备下列条件：

（一）符合机动车国家安全技术标准，经国家机动车产品主管部门许可生产的产品；

（二）依法办理了机动车登记和安全技术检验；

（三）购买机动车交通事故责任强制保险；

（四）符合国家规定的校车技术标准。

第九条 区、县（市）人民政府应当通过招标方式引进校车服务提供者。

学校应当与校车服务提供者签订校车安全管理责任书，明确各自的权利和义务，落实校车管理措施，并将校车安全管理责任书报区、县（市）教育行政部门备案。

第十条 教育行政部门应当会同公安、交通运输、安监等部门，组织校车服务提供者的管理人员和相关人员进行安全培训。

校车服务提供者和自备校车的学校应当建立健全校车安全管理制度，配备安全管理人员，加强校车的安全维护，定期对校车驾驶人进行安全教育，组织校车驾驶人学习道路交通安全法律法规以及安全防范、应急处置和应急救援知识，保障学生乘坐校车安全。

第十一条 学校应当采取集中教育和日常教育相结合的方法，对教师、学生及其监护人进行交通安全教育，向学生讲解校车安全乘坐知识和校车安全事故应急处理技能，每学期至少组织1次校车安全事故应急处理演练。

学生的监护人应当履行监护义务，配合学校、校车服务提供者的工作，拒绝使用不符合安全要求的车辆接送学生上下学。

第十二条 使用校车应当获取许可。校车使用许可的获取必须符合《校车安全管理条例》的规定。

第十三条 校车服务提供者和自备校车的学校申请获取校车使用许可，应当向区、县（市）教育行政部门提出书面申请并提供相应材料。书面申请中应当载明拟使用校车的学校、安全管理责任人员、校车驾驶人，以及校车拟行驶的线路、开行时间、停靠站点和学生数量、照管人等有关事项。

区、县（市）教育行政部门自收到申请材料之日起3个工作日内，分别送同级公安机关交通管理部门、交通运输行政部门征求意见，公安机关交通管理部门和交通运输行政部门应当在3个工作日内回复意见。区、县（市）教育行政部门自收到回复意见之日起5个工作日内提出审查意见，并报本级人民政府。本级人民政府决定批准的，由公安机关交通管理部门发给校车标牌，并在机动车行驶证上签注校车类型和核载人数；不予批准的，书面说明理由。

变更以上书面申请所载明事项内容的，应当向所在地教育行政部门备案。

第十四条 取得校车标牌的车辆达到报废标准或者不再作为校车使用的，校车服务提供者或者自备校车的学校应当将校车标牌交回公安机关交通管理部门。

第十五条 校车应当每半年进行1次机动车安全技术检验。

第十六条 校车应当全部安装座椅安全带，应当配备逃生锤、干粉灭火器、急救箱等安全设备。安全设备应当放置在便于取用的位置，并确保完好。

第十七条 校车应当按照规定配备具有行驶记录实时监控功能的卫星定位

装置和车辆行驶记录仪。

第十八条 校车服务提供者和自备校车的学校应当按照国家规定做好校车的安全维护,建立安全维护档案,保证校车处于良好技术状态。不符合安全技术条件的校车,应当停运维修,消除安全隐患。

承接校车维修业务的企业应当按照机动车维修技术规范维修校车,并实行校车维修质量保证期制度,在质量保证期内对校车的维修质量负责。

第十九条 校车驾驶人应当依照有关规定取得校车驾驶资格。

校车驾驶人应当参加岗前培训。

第二十条 区、县(市)人民政府应当组织教育、公安、交通运输部门对辖区内校车行驶线路进行实地勘察。

校车行驶线路应当尽量避开急弯、陡坡、临崖、临水的危险路段;确实无法避开的,道路或者交通设施的管理、养护单位应当按照标准对上述危险路段设置安全防护设施、限速标志、警告标牌。

第二十一条 校车运载学生,应当在规定的位置悬挂校车标牌,开启校车标志灯;按照审核确定的线路、开行时间行使;在核准的停靠站点停靠。校车在道路上停车上下学生,应当靠道路右侧停靠,开启危险报警闪光灯,打开停车指示标志。

第二十二条 公安机关交通管理部门应当加强对校车行驶线路的道路交通秩序管理。遇交通拥堵的,交通警察应当指挥疏导运载学生的校车优先通行。

校车运载学生,可以在公共交通专用车道以及其他禁止社会车辆通行但允许公共交通车辆通行的路段行驶。

第二十三条 区、县(市)人民政府应当组织教育、公安、交通运输部门本着就近方便的原则,科学设立校车停靠站点,并配备停靠标识牌和相应的服务设施。

校车上下学生,应当在校车停靠站点停靠;未设校车停靠站点的路段可以在公共交通站台停靠。校车抵达学校到离开期间,应当在指定地点停靠。

第二十四条 校车运载学生时,应当配备随车照管人员。校车服务提供者为学校提供校车服务的,可以由校车服务提供者指派,或者双方约定由学校指派随车照管人员;自备校车的,由学校指派随车照管人员。

校车服务提供者和自备校车的学校应当定期对随车照管人员进行安全教育,组织随车照管人员学习道路交通安全法律法规、应急处置和应急救援知识。

第二十五条 随车照管人员应当符合以下条件:

(一)身体健康,无传染性疾病,无癫痫、精神病等可能危及学生安全的疾病病史;

(二)无酗酒、吸毒记录;无犯罪记录;

(三)具有较强的组织沟通能力;

(四)具有较强的风险防范意识,掌握日常照管工作和紧急情况下处置和救援的必要知识和技能。

第二十六条 随车照管人员应当履行下列职责:

(一)学生上下车时,在车下引导、指挥,维护上下车秩序;

(二)发现驾驶人无校车驾驶资格,饮酒、醉酒后驾驶,或者身体严重不适以及校车超员等明显妨碍行车安全情形的,制止校车开行;

(三)清点乘车学生人数,帮助、指导学生安全落座、系好安全带,确认车门关闭后示意驾驶人启动校车;

(四)制止学生在校车行驶过程中离开座位等危险行为;

(五)核实学生下车人数,确认乘车学生已经全部离车后本人方可离车。

第二十七条 校车应当确保一人一座,禁止站立;不得以任何理由超员。

校车的副驾驶座位不得安排学生乘坐。校车运载学生过程中,禁止除驾驶人、随车照管人员外的人员乘坐。

第二十八条 校车发生交通事故,驾驶人、随车照管人员应当立即报警,设置警示标志。乘车学生继续留在校车内有危险的,随车照管人员应当将学生撤离到安全区域,并及时与学校、校车服务提供者、学生的监护人联系处理后续事宜。

第二十九条 学生乘坐校车收费,实施政府定价,由物价部门指导区、县(市)物价部门根据校车运营路线和运营里程,按照标准分别核定。对农村义务教育阶段公办学校符合乘坐校车条件的学生校车收费,政府适当给予补贴,有条件的地区逐步予以免收。

坚持学生自愿乘车,禁止乱收费。

第三十条 市和区、县(市)人民政府应当设立并公布举报电话、举报网络平台,方便群众举报违反校车安全管理规定的行为。

接到群众举报后,教育、公安、交通运输等部门依法及时处理。

第三十一条 公安机关交通管理部门应当加强对校车运行情况的监督检查,依法查处涉及校车的道路交通安全违法行为;依法收缴并强制报废作为接送学生车辆使用的拼装车或者达到报废标准的机动车;依法查处使用未取得校车标牌的车辆提供校车服务,未取得校车驾驶资格的人员驾驶校车,伪造、变造或者使用伪造、变造的校车标牌等行为,以及机动车驾驶人不按照规定避让校车等交通违法行为。

第三十二条 违反本办法规定,使用未取得校车标牌的车辆提供校车服务,或者使用未取得校车驾驶资格的人员驾驶校车的,由公安机关交通管理部门扣留该机动车,处1万元以上2万元以下的罚款,没收违法所得;情节严重的,由交通运输行政部门吊销其道路运输经营许可证件。

伪造、变造或者使用伪造、变造的校车标牌的,由公安机关交通管理部门收缴伪造、变造的校车标牌,扣留该机动车,处2000元以上5000元以下的罚款。

第三十三条 违反本办法规定,校车载人超过核定人数的,由公安机关交通管理部门扣留车辆至违法状态消除,并依照道路交通安全法律法规的规定从重处罚。

第三十四条 违反本办法规定,使用拼装或者达到报废标准的机动车接送学生的,由公安机关交通管理部门收缴并强制报废机动车;对驾驶人处2000元以上5000元以下的罚款,吊销其机动车驾驶证;对车辆所有人处8万元以上10万元以下的罚款,没收违法所得。

第三十五条 取得校车使用许可的学校、校车服务提供者违反本办法规定,情节严重的,原作出许可决定的区、县(市)人民政府可以吊销其校车使用许可,由公安机关交通管理部门收回校车标牌。

第三十六条 违反本办法规定,机动车驾驶人未取得校车驾驶资格驾驶校车的,由公安机关交通管理部门处1000元以上3000元以下的罚款,情节严重的,可以并处吊销机动车驾驶证。

第三十七条 校车驾驶人有下列情形之一的,由公安机关交通管理部门责令改正,可以处200元罚款:

(一)驾驶校车运载学生,不按照规定放置校车标牌、开启校车标志灯,或者不按照经审核确定的线路行驶;

（二）校车上下学生，不按照规定在校车停靠站点停靠；

（三）校车未运载学生上道路行驶，使用校车标牌、校车标志灯和停车指示标志；

（四）驾驶校车上道路行驶前，未对校车车况是否符合安全技术要求进行检查，或者驾驶存在安全隐患的校车上道路行驶；

（五）在校车载有学生时给车辆加油，或者在校车发动机引擎熄灭前离开驾驶座位。校车驾驶人违反道路交通安全法律法规关于道路通行规定的，由公安机关依法从重处罚。

第三十八条 校车驾驶人违反道路交通安全法律法规被依法处罚或者发生道路交通事故，不再符合校车驾驶人条件的，由公安机关交通管理部门取消校车驾驶资格，并在机动车驾驶证上签注。

第三十九条 机动车驾驶人违反本办法规定，不避让校车的，由公安机关交通管理部门处200元罚款。

第四十条 违反本办法规定，未指派照管人员随校车全程照管乘车学生的，由公安机关交通管理部门责令改正，可以处车辆所有人500元罚款。

随车照管人员未履行本办法规定职责的，由学校或者校车服务提供者责令改正；拒不改正的，给予处分或者予以解聘。

第四十一条 学校违反本办法规定的，除依照有关规定予以处罚外，由教育行政部门给予通报批评；导致发生学生伤亡事故的，对政府举办学校的负有责任的领导人员和直接责任人员依法给予处分；对民办学校由审批机关责令暂停招生，情节严重的，吊销其办学许可证，并由教育行政部门责令负有责任的领导人员和直接责任人员5年内不得从事学校管理事务。

第四十二条 入园幼儿应当由监护人或者其委托的成年人接送。对确因特殊情况不能由监护人或者其委托的成年人接送，需要使用车辆集中接送的，应当使用按照专用校车国家标准设计和制造的幼儿专用校车，遵守本办法校车安全管理的规定。

第四十三条 本市幼儿园校车过渡期为2年。过渡期后，幼儿园校车必须符合国家最新标准。

第四十四条 本办法自2015年6月1日起施行。

沈阳市政务服务管理办法

（沈阳市人民政府令第51号）

第一章 总 则

第一条 为加强政务服务管理，规范政务服务行为，推进法治、创新、服务、廉洁政府建设，根据《中华人民共和国行政许可法》等有关法律法规规定，结合本市实际，制定本办法。

第二条 本办法所称政务服务，是指市和区、县（市）政府部门、法律法规授权组织为公民、法人或者其他组织（以下简称申请人）依法办理行政许可等审批事项和公共服务项目的活动。

第三条 本市行政区域内政务服务工作适用本办法。

第四条 市和区、县（市）政务服务管理办公室为本级政府派出行政机构，负责政务服务工作的组织、管理和指导、协调；负责政务服务中心的建设与运行。

第五条 政务服务应当遵循公开、公正、高效、便民的原则。

第二章 政务服务建设

第六条 市和区、县（市）人民政府应当建立政务服务中心，集中办理政务服务事项。政务服务中心应当统一名称、统一场所标识、统一运行模式。

第七条 市和区、县（市）人民政府应当将政务服务中心纳入基本公共服务体系建设范畴，服务中心管理机构的运行经费列入本级政府财政预算。

第八条 市和区、县（市）人民政府应当加强政务服务信息化、数字化建设，构建政务服务网络数据交换平台，保证网上政务服务有序运行。

第九条 市政务服务管理办公室应当制定政务服务的标准和规范，推进政务服务科学化、制度化、标准化建设。

第十条 市和区、县（市）政务服务管理办公室负责制定政务服务事项进场目录，并报上级政府主管部门备案。

第十一条 承办政务服务事项的工作人员应当是政务服务部门行政编制人员或者依法授权承担政务服务事项的事业编制人员。

政务服务管理办公室应当对政务服务工作人员进行资格审查、业务培训和管理。政务服务工作人员应当保持相对稳定，一般定岗在两年以上，接受政务服务管理办公室和派驻部门的双重领导。

政务服务中心负责对政务服务工作人员进行考核，并将考核结果报送派驻部门。

第十二条 市和区、县（市）政务服务部门应当将本部门政务服务事项集中到一个内设机构，统一进驻政务服务中心，设立专门的服务窗口集中办理。

中央、省垂直管理部门的政务服务事项和供水、供气、供电等公共服务事项，可以纳入所在地政务服务中心集中办理。

经本级人民政府同意，因涉密、场地等因素限制未进入政务服务中心办理的政务服务事项或者单独设立的办事大厅（分中心），应当接受同级政务服务管理办公室的指导和监督。

第十三条 市和区、县（市）人民政府应当将政务服务中心作为政务公开的重要平台，通过电子显示屏、网站或者信息公开栏等方式集中公布政务服务信息。

第三章 政务服务运行

第十四条 市和区、县（市）人民政府应当建立政务服务权力清单和责任清单制度，每年定期组织对政务服务事项进行清理和调整，调整结果以政府公告形式向社会公布。

没有法律法规依据，政务服务部门不得自行设置或者变相设置行政许可等审批事项。

第十五条 政务服务部门负责编制政务服务事项办事指南和示范文本，政务服务管理办公室会同有关部门对政务服务事项的法定依据、申请要件、办理程序、办理时限等进行规范和审查。

政务服务事项的法定依据、申请要件、办理程序依法变更的，政务服务部门应当及时向社会公告，并报送政务服务管理办公室。

第十六条 申请人享有下列权利：

（一）政务服务事项咨询、申请；

（二）办理进程及结果查询；

（三）对政务服务部门和政务服务管理办公室及其工作人员工作进行监督、评议，提出意见、建议、投诉和举报；

（四）对政务服务部门作出的行政决定有异议的，可以依法申请行政复议或者提起行政诉讼。

第十七条 政务服务事项实行首问负责制和一次性告知制。

（一）申请人办理相关业务时，首先

接待的部门应当负责为申请人提供指引、介绍或者答疑服务。

（二）申请人办理相关业务时，工作人员应当一次性告知申请人所申办事项的依据、时限、程序、要件等基本信息；对于材料不齐全或者不符合法定形式的，应当一次性书面告知所需补正的全部材料。

第十八条 申请人提出政务服务申请应当依法向政务服务部门提交相关材料和反映真实情况。

第十九条 申请事项属于政务服务部门职责范围、材料齐全、符合法定形式的，应当向申请人出具加盖印章、注明受理日期的书面凭证。

通过网上政务服务平台提出申请的，政务服务部门应当在第二个工作日内完成对申请材料的审查，并告知申请人是否受理。同意受理的，在网上政务服务平台自动生成受理通知。

第二十条 申请事项不属于本部门职责范围的，收到申请的部门应当告知申请人向有关政务服务部门申请。

申请事项依法不需要取得行政许可等审批的，收到申请的部门应当当场告知申请人不需要申请的理由。

第二十一条 申请材料不齐全或者不符合法定形式的，政务服务部门应当一次性告知申请人需要补正的全部材料并出具书面凭证，未履行告知义务的，自收到申请材料之日起即为受理。

申请人通过网上政务服务平台提出申请的，政务服务部门应当通过网上政务服务平台告知申请人需要补正的全部材料。

第二十二条 根据办理方式的不同，政务服务事项可分为即时办理、承诺办理和联合办理。

（一）即时办理。对于程序简单、申报材料齐全、可当场办结的事项，受理部门应当当场办结；申请人申报材料不齐全的，受理部门应当出具《补充材料通知单》，并在申请人补正材料后，当场办结。

（二）承诺办理。对于程序复杂，需经现场勘验、审核、论证或者听证等办理过程的事项，受理部门当场审核申报材料，对符合申报条件的，出具《承办事项受理通知单》，正式受理该事项，并在规定时限内办结；申请人申报材料不齐全的，受理部门应当出具《补充材料通知单》。时限内提前办结的，应当及时通知申请人；特殊情况超时限办理的，应当作出书面说明。

（三）联合办理。政务服务事项涉及两个以上部门的，由政务服务管理办公室协调相关政务服务部门，按照统一受理、同步审查的原则实行联合办理。

第二十三条 除法律法规规定外，政务服务部门提供政务服务不得收取任何费用。

按照法律法规规定收取费用的，应当公布法定项目和收费标准，并在政务服务中心规定的窗口统一缴纳。

第二十四条 政务服务部门在完成政务服务事项的审批后，应当统一使用本部门审批专用章。

审批专用章仅限于政务服务中心内使用。

第四章 政务服务监督

第二十五条 市和区、县（市）人民政府应当将本级政务服务工作纳入党风廉政建设责任制考核和行政机关绩效考评。

第二十六条 政务服务工作应当依法向社会公开，接受公众监督，建立健全政务服务的群众满意度评价制度。

第二十七条 凡有下列情形之一的，由政务服务管理办公室提请本级人民政府责令改正；情节严重的，对部门负责人和直接责任人依照有关规定进行问责：

（一）应当进驻政务服务中心而未进驻的；

（二）未经本级人民政府同意在政务服务中心之外的场所受理申请的；

（三）应当派驻在编人员而未派驻的；

（四）对应当实行统一办理、联合办理的政务服务事项，而未履行牵头责任、协办责任的；

（五）应当公示而未公示的；

（六）应当举行听证而未举行的；

（七）违反本办法第二十三条规定的；

（八）其他违反有关政务服务管理规定的。

第二十八条 凡有下列情形之一的，由政务服务管理办公室通报派驻部门责令其改正；情节严重的，对部门负责人和直接责任人依照有关规定进行问责：

（一）对不符合法定条件或者超越职责作出准予决定的；

（二）对符合法定条件的申请不予受理或者在承诺期限内未作出决定的；

（三）对申请人提交的申请材料不齐全、不符合法定形式、不履行一次性告知义务的；

（四）在受理、审查、决定政务服务事项过程中，未向申请人履行法定告知义务的；

（五）窗口服务过程中作风粗暴、态度恶劣、违规办理，经查实的；

（六）其他违反有关政务服务管理规定的。

第二十九条 政务服务部门工作人员在办理政务服务事项过程中有违规收费、滥用职权、索贿、受贿以及其他损害申请人合法权益的行为，由监察机关依法依规进行处理。

第五章 附　　则

第三十条 街道（乡镇）政务服务中心的政务服务工作可以参照本办法执行。

第三十一条 本办法自2015年8月1日起施行，原《沈阳市行政审批若干规定》（市政府［2002］第12号令）同时废止。

沈阳市高层建筑消防安全管理规定

（沈阳市人民政府令第52号）

第一章 总　　则

第一条 为加强高层建筑消防安全管理，预防和减少火灾危害，保护人身、财产安全，维护公共安全，根据《中华人民共和国消防法》、《辽宁省消防条例》等法律、法规、规章规定，结合本市实际，制定本规定。

第二条 本市行政区域内高层建筑消防安全管理适用本规定。

本规定所称高层建筑，是指建筑高度大于27米的住宅建筑和建筑高度大于24米的非单层公共建筑。

第三条 高层建筑消防工作贯彻预防为主、防消结合的方针，按照政府统一领导、部门依法监管、单位全面负责、公民积极参与的原则，立足自防自救，实行科学管理，落实消防安全责任制。

第四条 区、县（市）人民政府负责本行政区域内高层建筑的消防工作。

市公安局对全市高层建筑的消防工作实施监督管理。区、县(市)公安机关对本行政区域内高层建筑的消防工作实施监督管理,并由本级公安机关消防机构具体实施。

公安派出所按国家和省有关规定,负责对其消防监督检查范围内的高层建筑实施消防监督检查。

区、县(市)人民政府其他有关部门及乡(镇)人民政府、街道办事处在各自的职责范围内,依照本规定和其他法律、法规、规章的规定做好高层建筑消防工作。

第二章 消防安全监管职责

第五条 区、县(市)人民政府在高层建筑消防工作中应当履行下列职责:

(一)贯彻实施消防法律、法规、规章;

(二)建立和完善消防工作联席会议制度,研究并协调解决高层建筑消防工作中的重大问题;

(三)组织开展高层建筑消防安全检查;

(四)针对高层建筑的火灾特点制定应急预案,建立应急反应和处置机制;

(五)对本级人民政府有关部门和乡(镇)人民政府、街道办事处履行高层建筑消防安全职责情况进行监督检查;

(六)推广使用先进的消防和应急救援技术、设备;

(七)法律、法规、规章规定的其他消防工作职责。

第六条 乡(镇)人民政府、街道办事处在高层建筑消防工作中应当履行下列职责:

(一)建立健全消防工作制度,确定消防安全管理人员,落实消防安全措施,实行高层建筑消防安全网格化管理;

(二)组织开展高层建筑消防安全专项治理和消防安全检查,督促消除火灾隐患;

(三)指导村(居)民委员会制定防火安全公约、开展防火安全检查等群众性消防工作;

(四)督促、指导无管理单位或者委托物业服务企业建立消防安全管理组织,落实消防安全责任;

(五)法律、法规、规章规定的其他消防工作职责。

第七条 公安机关消防机构在高层建筑消防工作中应当履行下列职责:

(一)贯彻执行消防法律、法规、规章和消防技术标准;

(二)依法实施高层建筑工程消防设计审核、消防验收和备案、抽查,以及高层建筑内公众聚集场所在投入使用、营业前的消防安全检查;

(三)开展消防监督检查,督促有关单位落实消防安全责任制,采取消防安全防范措施,加强日常监督,及时整改火灾隐患;

(四)负责高层建筑火灾扑救预案的制定和实施,组织、指导有关单位开展高层建筑火灾预防和应急疏散预案的制定与演练;

(五)建立高层建筑火灾扑救应急反应和处置机制,开展火灾扑救技术战术研究,组织公安消防队开展专业技能训练,承担高层建筑火灾扑救和应急救援工作;

(六)督促、指导专职消防队、志愿消防队工作,开展消防业务训练和灭火演练;

(七)定期对高层建筑的专兼职消防安全管理人员进行免费培训;

(八)法律、法规、规章规定的其他消防工作职责。

第八条 城乡建设行政主管部门应当加强对高层建筑工程质量和施工安全的监督管理,督促设计、施工、监理单位落实建设工程消防安全责任;按照工程质量监督管理的有关规定抽查建筑外保温、外墙装饰材料的质量。

第九条 房产行政主管部门应当将消防安全防范服务质量作为对物业服务企业进行监督管理的内容;应当监督、指导使用房屋专项维修资金对公共消防设施进行维修、更新和改造。

第十条 城市供水单位应当保证高层建筑消防用水,定期维护市政公共消火栓、消防水池等消防供水设施。

第三章 消防安全主体责任

第十一条 建设单位应当对下列高层建筑的消防安全负责,对消防安全隐患进行整改并承担费用:

(一)已竣工但尚未出售或者尚未交付物业买受人的;

(二)依法应当经公安机关消防机构验收,未经验收或者验收不合格而交付使用的;

(三)依法应当经公安机关消防机构竣工验收备案,未经备案或者备案抽查不合格而交付使用的;

(四)依法经消防竣工验收备案后未被抽查,因建设单位的违法行为造成建设项目未达到国家工程建设消防技术标准的。

第十二条 高层建筑共用部分消防安全由全体业主共同负责,高层建筑专有部分消防安全由相关业主各自负责。

高层建筑实行承包、租赁或者委托经营、管理时,产权单位应当提供符合消防安全要求的建筑物,承包人、承租人、受托人与产权单位应当在订立的协议中明确各方的消防安全责任;无约定或者约定不明确的,承包人、承租人、受托人对使用或者管理部分的消防安全负责。

供电、供水、燃气、供暖、电视、通讯等经营性设施设备的消防安全由相关专业经营单位负责。

第十三条 同一高层建筑由两个以上业主、使用人的,业主、使用人应当在协商一致的原则下,设立统一的消防安全管理组织,负责组织实施高层建筑消防安全管理工作,并书面告知所在地公安机关消防机构。

消防安全管理组织确立前,建设单位未选聘物业服务企业的,由建设单位承担消防安全管理责任;已选聘物业服务企业的,由双方依据合同约定明确消防安全管理责任。

对未设立消防安全管理组织的,村(居)民委员会、业主大会、业主委员会应当按照本规定,配合有关部门督促、指导、协助业主、使用人落实消防安全责任。

第十四条 消防安全管理组织在管理区域内履行下列消防安全职责:

(一)落实消防安全责任制,制定消防安全制度、消防安全操作规程,确定消防安全管理人员,组织防火巡查、检查,改善防火条件,及时消除火灾隐患;

(二)制定灭火和应急疏散预案,并定期组织针对高层建筑火灾特点的演练,提高组织疏散逃生的能力;

(三)定期对共用消防设施、器材进行维护保养,消防设施定期全面检测,保证共用消防设施、器材以及消防安全标志完好有效;

(四)保障疏散通道、安全出口、消防车通道畅通,保证防火防烟分区、防火间距符合消防技术标准;

(五)组织火灾自救,保护火灾现场,协助调查火灾原因;

(六)督促、指导业主、使用人做好

消防工作，劝阻、制止影响消防安全的行为，对劝阻、制止无效的及时报告当地公安机关消防机构或者公安派出所；

（七）利用广播、电子显示屏、公告栏、社区网络等宣传消防安全知识和技能；

（八）法律、法规、规章规定的其他消防安全职责。

第十五条 高层建筑业主大会、业主委员会应当履行下列消防安全职责：

（一）执行消防法律、法规、规章，落实消防安全责任制；

（二）组织、指导、督促业主、使用人或者消防安全管理组织履行消防安全职责，落实防火、灭火措施；

（三）定期组织研究解决消防工作问题，落实建筑消防设施检测、维修、更新、改造和共用部位火灾隐患整改资金。

第十六条 高层建筑的业主、使用人是消防安全责任主体，应当履行下列消防安全义务：

（一）遵守公共消防安全管理规定；

（二）不得违法设置经营性场所或者库房；

（三）严格执行用电、用火、用油、用气安全管理规定，发现违章行为及时举报；

（四）保持楼梯、走道和安全出口畅通，不得堆放物品、存放车辆或者设置其他障碍物；

（五）保护消防设施、器材，不得损坏、挪用或者擅自拆除、停用；

（六）其他应当履行的义务。

第四章　消防管理和火灾预防

第十七条 扩建、改建的高层建筑（含住宅以外的室内装修、建筑保温系统改造、用途变更），建设单位应当依法办理消防设计审核、消防验收或者备案、抽查手续。

扩建、改建高层建筑的，业主、使用人应当事先告知高层建筑的消防安全管理组织，并采取必要的安全防范措施。

第十八条 对高层建筑进行局部改造或者室内装修不得影响其他区域消防设施的使用，施工区域与其他区域之间应当采取防火分隔措施。

任何单位和个人不得擅自变更高层建筑使用功能，改动防火分区、消防设施等消防设计内容，降低装修材料燃烧性能等级。

第十九条 高层建筑外保温系统及外墙装饰防火设计、采用材料及施工，应当符合有关消防安全管理的规定和工程建设标准。

第二十条 高层建筑的消防车通道、防火间距、消防救援场地应当设置禁止占用的标识。

划定、设置停车泊位、设施时，不得妨碍消防车通行。不得在消防车通道出入口设置固定隔离桩等设施。

高层建筑外墙装饰装修、建筑屋面使用以及广告牌的设置，不得影响防火、逃生和灭火救援。

第二十一条 室内消火栓、灭火器、消防水泵、报警阀组等消防设施、器材应当设置使用、维护方法的标识；消防供水管道应当设置显示阀门正确启闭的状态标识；消防车取水口、室外消火栓、消防水泵接合器等消防安全重点部位，应当按照规定设置明显标志。

第二十二条 疏散通道、安全出口应当按照国家标准设置疏散指示标志。人员密集场所应当在房间、走道、厅堂等醒目位置设置安全疏散路线图。

第二十三条 高层建筑内用火管理应当符合下列要求：

（一）建立禁止或者限制室内吸烟的制度和措施，划定禁火、禁烟区域，并设置醒目的警示标志；

（二）禁止在具有火灾、爆炸危险的场所吸烟、使用明火。因施工等特殊情况需要使用明火作业的，应当经消防安全管理组织同意，并采取相应的消防安全措施。作业人员应当遵守消防安全规定；

（三）公众聚集场所在营业期间不得进行明火作业或者使用电（气）焊作业；

（四）宾馆、餐饮场所的炉火、烟道等设施与可燃物之间采取防火隔热措施，每季度对厨房排油烟管道进行一次检查、清洗和保养，建立检查和清洗记录。

第二十四条 用电应当符合有关规定。电气线路、电气设备应当由专业技术人员安装、维修，并按照有关规定定期进行安全检测。电气设备附近禁止堆放可燃物品。

第二十五条 任何单位和个人不得在高层建筑内生产、储存、经营易燃易爆危险品。教学、科研、医疗等单位必须使用的易燃易爆危险品，在征得相关部门同意后，可按不超过一周的使用量储存，并定人、定点、定措施，予以妥善保管。

居住宾馆、饭店的旅客，不得将易燃易爆危险品带入建筑物内。

第二十六条 在高层建筑内举办大型群众性活动，承办人应当依法向公安机关申请安全许可，制定灭火和应急疏散预案并组织演练，明确消防安全责任分工，确定消防安全管理人员，保持消防设施和消防器材配置齐全、完好有效，保证疏散通道、安全出口、疏散指示标志、应急照明和消防车通道符合消防技术标准和管理规定。

第二十七条 鼓励、引导高层建筑内的公众聚集场所投保火灾公众责任保险；鼓励保险公司承保火灾公众责任保险。

第二十八条 高层建筑内的机关、团体、企业、事业等单位应当每季度开展一次防火检查，其他单位应当每月进行一次防火检查，并填写检查记录。

高层建筑内的消防安全重点单位应当进行每日防火巡查，高层建筑内的公众聚集场所在营业期间的防火巡查应当每2小时一次；营业结束时应当对营业现场进行全面检查，消除遗留火种。防火巡查应当填写巡查记录，巡查人员及其主管人员应当在巡查记录上签名。

鼓励防火巡查、检查中使用便携式电子设备、电子巡更点、视频监视系统等高科技手段，高效防控火灾隐患。

第二十九条 高层公共建筑的地下停车场，停车数量超过300台的，可以设置小型流动巡逻车，及时发现并处置车辆电路打火、遗留火种等引发的初期火灾。

第三十条 高层建筑应当根据需要配备避难、逃生工具。

高层建筑的宾馆客房内应当配备手电筒、防烟面具等逃生器材及使用说明。

鼓励高层建筑业主、使用人自备口哨、手电筒、防烟面具等自救工具。

第三十一条 高层建筑的共用消防设施发生故障或者损坏的，消防安全管理组织应当及时组织维修。因建筑改造、设备检修等情况需要临时停用消防设施的，应当采取有效措施确保消防安全，并及时告知当地公安机关消防机构。

第三十二条 高层建筑消防设施检测、维修、更新、改造和共用部位火灾隐患整改的费用，在建筑保修期内由建设单位承担；保修期满后，除日常运行、维护费用等依法或者约定由物业服务费用支出的外，其他费用可以纳入共用设施设备专项维修资金开支范围；无专项维修资金或者专项维修资金不足的，由相关业主按照约定承担，无约定或者约定不明确的，按照各自专有部分建筑面积所占比例承担。费用支出情况应当向业主、使用人公示。

第三十三条 高层建筑设置消防控制室的，应当实行具有职业资格的人员24小时值班制度。

高层建筑设有自动消防设施的，应当委托具备消防设施检测资质的机构，对自动消防设施每半年进行一次消防安全技术检测，确保设施的完好有效。

第三十四条 消防控制室应当配备方便巡查、确认火灾所需的通讯、视频和初起火灾扑救所需的个人防护、破拆等设备、器材，并采取措施确保值班人员能够及时操作消防泵、配电装置、排烟（送风）机等消防设备。

第五章 消防宣传教育和应急处置

第三十五条 高层建筑内下列人员应当接受有关单位组织的消防安全培训：

（一）机关、团体、企业、事业等单位以及物业服务企业的消防安全责任人、消防安全管理人员；

（二）自动消防系统的操作人员；

（三）从事电焊、气焊等具有火灾危险作业的人员；

（四）人员密集的营业性场所的工作人员；

（五）其他依法需要培训的人员。

第三十六条 高层建筑的消防安全管理组织应当按照下列规定对所属人员进行消防安全教育培训：

（一）明确消防安全教育培训机构和人员；

（二）对新上岗和进入新岗位的人员进行上岗前消防安全培训；

（三）对在岗人员每年进行一次消防安全培训，属于公众聚集场所的，每半年进行一次消防安全培训，保证具备与其岗位职责相适应的检查消除火灾隐患、组织扑救初起火灾、组织人员疏散逃生和开展消防宣传教育培训的能力。

第三十七条 高层建筑的公共走道、员工通道等部位可以设置固定的宣传图片，反映消防安全工作的部署、考评、培训等工作。

第三十八条 高层建筑的消防安全管理组织，应当组建由物业管理人员、保安员、巡防员、消防志愿者等组成的志愿消防队，明确消防管理员和消防宣传员，开展消防宣传培训、扑救初期火灾等群众性自防自救工作。

第三十九条 高层建筑内的消防安全重点单位应当每半年组织一次灭火和应急疏散预案演练，其他单位每年组织一次演练。

公安机关消防机构、公安派出所应当予以指导、监督。

第四十条 高层建筑发生火灾时，消防安全管理组织应当组织力量及时扑救初起火灾，并协助公安消防队、专职消防队做好火情侦查、人员救助、火灾扑救、维护秩序等工作；设置有消防控制室的，值班人员应当立即启动应急处置程序。

第六章 法律责任

第四十一条 违反本规定给予的行政处罚，除法律、行政法规另有规定的外，由区、县（市）公安机关消防机构决定。

第四十二条 高层建筑的消防安全管理组织违反本规定，未履行消防安全管理职责严重影响消防安全，或者未及时组织整改火灾隐患的，责令限期改正；逾期不改正的，对其直接负责的主管人员和其他直接责任人员依法给予处分或者给予警告处罚。

第四十三条 违反本规定，有下列行为之一的，责令改正，处5000元以上5万元以下罚款：

（一）消防设施、器材或者消防安全标志的配置、设置不符合国家标准、行业标准，或者未保持完好有效的；

（二）损坏、挪用或者擅自拆除、停用消防设施、器材的；

（三）占用、堵塞、封闭疏散通道、安全出口或者有其他妨碍安全疏散行为的；

（四）埋压、圈占、遮挡消火栓或者占用防火间距的；

（五）占用、堵塞、封闭消防车通道，妨碍消防车通行的；

（六）对火灾隐患经公安机关消防机构通知后不及时采取措施消除的。

个人有前款第二项、第三项、第四项、第五项行为之一的，处警告或者500元以下罚款。

有本条第一款第三项、第四项、第五项行为，经责令改正拒不改正的，强制执行，所需费用由违法行为人承担。

第四十四条 民用建筑外保温系统及外墙装饰防火设计、采用材料及施工，不符合有关消防安全管理的规定和工程建设标准的，责令停止施工，并限期改正；逾期不改正的，处1万元以上10万元以下罚款。

第四十五条 违反本规定，外墙装修装饰、建筑屋面使用以及广告牌设置，影响逃生或者灭火救援的，责令限期改正；逾期不改正的，处5000元以上2万元以下罚款。

第四十六条 违反本规定，有下列行为之一，存在火灾隐患，经公安机关消防机构通知后不及时采取措施消除的，责令改正，并处1万元以上5万元以下罚款：

（一）用电、用火、使用可燃气体违反消防安全规定的；

（二）消防控制室值班人员不符合相关规定的。

第四十七条 高层建筑的宾馆客房内未按规定配备逃生器材的，责令改正；逾期不改正的，处5000元以上2万元以下罚款。

第四十八条 电器产品、燃气用具的安装、使用及其线路、管路的设计、敷设、维护保养、检测不符合消防技术标准和管理规定的，责令限期改正；逾期不改正的，责令停止使用，可以并处1000元以上5000元以下罚款。

第七章 附 则

第四十九条 本规定自2015年10月1日起施行。

沈阳市物业专项维修资金管理办法

（沈阳市人民政府令第53号）

第一章 总 则

第一条 为了加强物业专项维修资金管理，保障物业共用部位、共用设施设备的正常使用，维护物业专项维修资金所有者的合法权益，根据国务院《物业管理条例》等法律、法规的规定，结合本市实际，制定本办法。

第二条 本市城市规划区域内物业专项维修资金的交存、使用、管理和监督，适用本办法。

本市售后公有住房维修资金管理，

按照售后公有住房维修资金管理相关规定执行。

第三条 本办法所称物业专项维修资金，是指专项用于物业共用部位、共用设施设备保修期满后的维修、更新、改造及增设的资金。

第四条 物业专项维修资金管理遵循专户存储、专款专用、业主决策、政府监督的原则。

第五条 市房产主管部门负责全市物业专项维修资金的交存、使用和管理工作。市物业专项维修资金管理机构具体负责物业专项维修资金的日常管理工作。

区房产主管部门负责本辖区内物业专项维修资金的交存、使用和管理工作。

财政、规划、建设、审计、监察等相关部门按照各自职责对物业专项维修资金的管理进行监督。

第六条 街道办事处、乡(镇)人民政府协助区房产主管部门指导辖区内物业专项维修资金的管理工作，监督指导业主大会、业主委员会和物业服务企业有关物业专项维修资金管理的日常工作，调解物业专项维修资金管理纠纷。

居民委员会、村民委员会应当依法履行职责，支持、指导业主委员会的日常工作。

第二章 维修资金交存

第七条 两个以上业主的物业，其业主应当交存物业专项维修资金。

第八条 业主应当在办理房屋入住手续前将首期物业专项维修资金交存至物业专项维修资金专户。

任何单位或者个人不得代收物业专项维修资金。

第九条 业主应当按照下列标准交存首期物业专项维修资金：

(一)配备电梯的物业，按照建筑面积每平方米92元交存；

(二)未配备电梯的物业，按照建筑面积每平方米63元交存。

市房产主管部门可以根据物业建筑安装工程造价变动情况等因素，适时调整物业专项维修资金交存标准。

第十条 业主交存的物业专项维修资金属于业主所有。

第十一条 业主大会成立前，业主交存的物业专项维修资金，由市房产主管部门代管。

业主大会成立后，经业主大会决定自行管理物业专项维修资金的，由业主委员会向市房产主管部门申请划转本物业管理区域内业主交存的物业专项维修资金。未经业主大会决定自行管理物业专项维修资金的，继续由市房产主管部门代管。

第十二条 市房产主管部门应当通过公开招标方式确定商业银行，作为物业专项维修资金的专户管理银行，并在专户管理银行开立物业专项维修资金专户。

物业专项维修资金应当以物业管理区域为单位设总账，以幢为单位设分幢账，按照房屋户门号设分户账。

第十三条 业主大会成立后，决定自行管理物业专项维修资金的，应当召开业主大会会议，就下列事项进行表决：

(一)物业专项维修资金自行管理的决议；

(二)物业专项维修资金管理制度；

(三)确定物业专项维修资金专户管理银行、账目管理单位和物业专项维修资金账目责任人的决议；

(四)其他与物业专项维修资金有关的决议事项。

以上事项应当经物业管理区域内专有部分占建筑物总面积三分之二以上的业主且占总人数三分之二以上的业主书面形式表决同意。

物业所在地的区房产主管部门、街道办事处、乡(镇)人民政府应当对业主大会会议进行指导。

业主大会会议召开后，业主委员会应当将业主大会决议的事项及业主大会会议召开的情况在本物业管理区域内进行公示，公示期不得少于15日。

第十四条 决定自行管理物业专项维修资金的，业主委员会应当持有关材料向市房产主管部门提出划转本物业管理区域业主交存的物业专项维修资金的申请。市房产主管部门应当在受理申请之日起30日内，通知专户管理银行将该物业管理区域内业主交存的物业专项维修资金账面余额划转至业主大会开立的物业专项维修资金账户，并将有关账目等移交业主委员会。

第十五条 业主分户账面物业专项维修资金余额不足首期交存额百分之三十的，应当及时续交。原则上续交后业主分户账面余额不得低于首期交存额。

续交方案由业主大会决定。

业主委员会应当及时组织召开业主大会讨论决定续交方案，并依据续交方案向相关业主发出续交通知。业主应当在接到续交通知之日起10日内，将续交的物业专项维修资金交存到专户管理银行。

第十六条 物业专项维修资金交存规定实施前，未交存物业专项维修资金的物业，业主委员会可以组织召开业主大会会议讨论确定筹集方案。

第十七条 业主交存物业专项维修资金，专户管理银行应当出具辽宁省财政部门统一监制的住宅专项维修资金专用收据。

第三章 维修资金使用

第十八条 物业专项维修资金应当专项用于物业共用部位、共用设施设备保修期满后的维修、更新、改造及增设，不得挪作他用。

保修期无法确定的房屋，从实际入住时间算起，需要维修、更新、改造的物业共用部位、共用设施设备超过国家规定保修期限的，经业主大会讨论通过，可以申请使用物业专项维修资金。

第十九条 物业共用部位、共用设施设备的维修、更新、改造及增设费用，由相关业主按照下列规定分摊：

(一)属于物业管理区域内业主共有的物业共用部位、共用设施设备的维修、更新、改造及增设费用，由全体业主按照各自拥有物业建筑面积的比例分摊；

(二)专属一幢楼的物业共用部位、共用设施设备的维修、更新、改造及增设费用，由该楼全体业主按照各自拥有物业建筑面积的比例分摊；

(三)专属一个单元的物业共用部位、共用设施设备的维修、更新、改造及增设费用，由该单元全体业主按照各自拥有物业建筑面积的比例分摊；

(四)专属一个楼层的物业共用部位、共用设施设备的维修、更新、改造及增设费用，由该楼层全体业主按照各自拥有物业建筑面积的比例分摊。

第二十条 物业共用部位、共用设施设备维修、更新、改造及增设费用，涉及售后公有住房的，按照售后公有住房建筑面积的比例分摊，维修、更新、改造及增设费用从售后公有住房维修资金列支；涉及尚未售出的物业，开发建设或者产权单位应当按照尚未售出物业建筑面积的比例分摊。

第二十一条 由市房产主管部门代

管物业专项维修资金的，按照以下程序使用物业专项维修资金：

（一）业主委员会会同物业服务企业，根据维修、更新、改造及增设项目提出使用方案。未选聘物业服务企业的，由业主委员会提出使用方案。业主委员会可以聘请专业机构提出使用方案；

（二）业主委员会组织相关业主讨论使用方案。使用方案经物业专项维修资金列支范围内的专有部分占建筑物总面积三分之二以上的业主且占总人数三分之二以上的业主同意；

（三）业主委员会持使用方案、工程预算、业主表决情况等材料向区房产主管部门申请列支；使用售后公有住房专项维修资金的，业主委员会向售房单位申请列支，由售房单位向负责管理公有住房专项维修资金的部门报批；

（四）区房产主管部门审核同意后，业主委员会会同物业服务企业组织实施使用方案；

（五）工程完工后，业主委员会持工程质量监督报告、工程结算审核报告、业主分摊费用明细等材料向区房产主管部门申请结算；

（六）区房产主管部门审核同意后，报市房产主管部门，市房产主管部门通知专户管理银行将工程款划拨至业主委员会。

第二十二条 由业主大会自行管理物业专项维修资金的，按照以下程序使用物业专项维修资金：

（一）业主委员会会同物业服务企业，根据维修、更新、改造及增设项目提出使用方案；

（二）业主委员会组织相关业主讨论使用方案。使用方案经物业专项维修资金列支范围内的专有部分占建筑物总面积三分之二以上的业主且占总人数三分之二以上的业主同意；

（三）业主委员会持使用方案、工程预算、业主表决情况等材料，到区房产主管部门备案；使用售后公有住房维修资金的，业主委员会向售房单位申请列支，由售房单位向负责管理公有住房专项维修资金的部门报批；

（四）区房产主管部门备案后，业主委员会会同物业服务企业组织实施使用方案；

（五）工程完工后，业主委员会持工程质量监督报告、工程结算审核报告、业主分摊费用明细等材料到区房产主管部门备案；

（六）区房产主管部门备案后，业主委员会与施工单位按照合同约定结算。

第二十三条 发生下列情形之一，需要立即对物业项目进行维修、更新、改造的，可以采用应急程序，费用从相关业主物业专项维修资金中列支：

（一）电梯故障危及人身安全的；

（二）楼体外墙面（含垩檐、阳台）空鼓、开裂的；

（三）屋面、外墙面严重渗漏的；

（四）住宅区内的排水管线损坏，造成污水外溢的；

（五）消防、监控设施出现功能障碍的；

（六）供水、供电、供气设施设备损坏，影响居民用水、用电、用气的；

（七）因不可抗力原因损坏物业共用部位、共用设施设备的；

（八）危及房屋使用安全等应当紧急维修的其他情况。

第二十四条 发生危及房屋使用安全和严重影响住用功能的紧急情况，需要使用物业专项维修资金的，按照以下程序办理：

（一）业主委员会会同物业服务企业委托具有相应资质的单位进行认定；

（二）属于应急维修范围的，业主委员会应当立即组织选聘具有相应资质的施工企业实施抢修；

（三）工程完工后，业主委员会持认定报告、工程质量监督报告、工程结算审核报告、业主分摊费用明细等材料向区房产主管部门申请结算；业主大会自行管理物业专项维修资金的，业主委员会持上述资料到区房产主管部门备案；

（四）由市房产主管部门代管物业专项维修资金的，区房产主管部门审核同意后，报市房产主管部门，市房产主管部门通知专户管理银行将工程款划拨至业主委员会；由业主大会自行管理物业专项维修资金的，区房产主管部门备案后，业主委员会与施工单位按照合同约定结算。

第二十五条 物业共用部位、共用设施设备发生危及房屋使用安全和严重影响住用功能的紧急情况时，业主物业专项维修资金分户账余额不足以支付应急维修费用的，或者物业专项维修资金存在资金缺口的，应当由各区政府应急资金垫付，待物业专项维修资金归集到位后，予以归还。

第二十六条 下列费用不得从物业专项维修资金中列支：

（一）依法应当由开发建设单位或者施工单位承担的物业共用部位、共用设施设备维修、更新和改造费用；

（二）依法应当由相关单位承担的供水、供电、供气、供热、通讯、有线电视等管线和设施设备的维修、养护费用；

（三）应当由当事人承担的因人为损坏物业共用部位、共用设施设备所需的修复费用；

（四）根据物业服务合同约定，应当由物业服务企业承担的物业共用部位、共用设施设备的维修、养护费用。

第二十七条 在保证物业专项维修资金正常使用的前提下，可以按照国家有关规定将物业专项维修资金用于购买国债。

利用物业专项维修资金购买国债，应当在银行间债券市场或者商业银行柜台市场购买一级市场新发行的国债，并持有到期。

利用业主交存的物业专项维修资金购买国债的，应当经专有部分占建筑物总面积三分之二以上的业主且占总人数三分之二以上业主同意。

禁止利用物业专项维修资金从事国债回购、委托理财业务或者将购买的国债用于质押、抵押等担保行为。

第二十八条 下列资金应当转入物业专项维修资金滚存使用：

（一）物业专项维修资金的存储利息；

（二）利用物业专项维修资金购买国债的增值收益；

（三）利用物业共用部位、共用设施设备进行经营的所得收益，但业主大会另有决定的除外；

（四）物业共用设施设备报废后回收的残值。

第四章 监督管理

第二十九条 物业所有权转让时，其物业专项维修资金分户账余额随物业所有权同时过户。

第三十条 房屋灭失的，业主交存的物业专项维修资金分户账中余额应当返还业主。

第三十一条 市房产主管部门代管物业专项维修资金期间，应当向业主公布下列情况：

（一）物业专项维修资金交存、使用、增值收益和结存的总额；

（二）发生列支的项目、费用和分摊

情况；

（三）业主分户账中物业专项维修资金交存、使用、增值收益和结存的金额；

（四）其他有关物业专项维修资金使用和管理的情况。

业主大会自行管理物业专项维修资金的，由业主委员会负责公布。业主对公布的情况有异议的，可以向公布人申请复核。

市房产主管部门应当定期向社会公开物业专项维修资金存储和收支情况。

第三十二条　专户管理银行应当每月一次向市房产主管部门发送物业专项维修资金对账单；物业专项维修资金划转业主大会管理后，向业主委员会发送物业专项维修资金对账单。

市房产主管部门、业主委员会对资金账户变化情况有异议的，可以要求专户管理银行进行复核。

第三十三条　市房产主管部门、业主委员会应当建立物业专项维修资金查询制度，接受业主对其分户账中物业专项维修资金使用、增值收益和账面余额的查询。

业主可以通过登录市物业专项维修资金管理系统查询其分户账中物业专项维修资金的状况。

第三十四条　物业服务合同解除时，物业服务企业应当在区房产主管部门、街道办事处、乡（镇）人民政府的监督下，向业主委员会移交物业专项维修资金相关资料。

业主委员会任期届满，应当在区房产主管部门、街道办事处、乡（镇）人民政府的监督下，向新一届业主委员会或者居民委员会、村民委员会移交物业专项维修资金相关资料。

第三十五条　由市房产主管部门代管物业专项维修资金的，应当依法接受审计机关、监察机关的监督。

物业专项维修资金收支财务管理和会计核算制度执行情况，应当依法接受市财政主管部门的监督。

第三十六条　物业专项维修资金的归集、使用、管理发生纠纷时，由区房产主管部门会同街道办事处、乡（镇）人民政府和业主委员会进行调解，调解不成的，当事人可以依法向仲裁机构申请仲裁或者向人民法院起诉。

第五章　法律责任

第三十七条　由业主大会自行管理物业专项维修资金，业主委员会及其成员违反本办法规定，有下列情形之一的，由物业所在地的区房产主管部门责令限期改正；造成经济损失的，依法承担相应赔偿责任；构成犯罪的，依法追究刑事责任：

（一）未按照本办法规定设立物业专项维修资金专户或者未按照房屋户门号设分户账；

（二）利用物业专项维修资金从事国债回购、委托理财业务或者将购买的国债用于质押、抵押等担保行为。

第三十八条　违反本办法规定，挪用物业专项维修资金的，依法由有关部门追回挪用的物业专项维修资金，没收违法所得，可以并处挪用金额二倍以下的罚款；构成犯罪的，依法追究直接负责的主管人员和其他直接责任人员的刑事责任。

物业服务企业挪用物业专项维修资金，情节严重的，除按照前款规定予以处罚外，还应当由市房产主管部门吊销资质证书。

区房产主管部门挪用物业专项维修资金的，由市房产主管部门追回挪用的物业专项维修资金，对直接负责的主管人员和其他直接责任人员依法给予处分；构成犯罪的，依法追究刑事责任。

第三十九条　业主未按照本办法规定或者业主大会决议交存、续交物业专项维修资金，或者拒不分摊维修、更新、改造及增设费用的，业主委员会或者利害关系人可以向人民法院提起诉讼。

第四十条　违反本办法其他规定，相关法律、法规、规章已规定法律责任的，依法追究法律责任。

第六章　附　　则

第四十一条　各县（市）物业专项维修资金由所在地人民政府房产主管部门自行管理，可以参照本办法执行。

第四十二条　本办法自2016年1月1日起施行。

沈阳市防灾减灾办法

（沈阳市人民政府令第54号）

第一章　总　　则

第一条　为了防御和减轻自然灾害、事故灾难、突发性公共卫生事件和社会安全事件等可能造成的人员伤亡、财产损失、生态环境破坏，提高综合防灾减灾能力，根据《中华人民共和国突发事件应对法》和国务院《自然灾害救助条例》等有关规定，结合本市实际，制定本办法。

第二条　本市行政区域内的防灾减灾事项，适用本办法。

第三条　防灾减灾工作遵循政府主导、分级负责、属地管理、防救并重、社会互助的原则。

第四条　区、县（市）人民政府应当加强对防灾减灾工作的领导，将防灾减灾工作纳入本级经济和社会发展规划，所需经费列入财政预算。

第五条　市减灾委员会负责全市防灾减灾的组织领导和工作协调。其主要职责是：负责制定全市防灾减灾工作的方针政策和规划，协调开展重大减灾活动，指导各地区开展防灾减灾工作，推进国内外减灾交流与合作。

市减灾委员会办公室负责日常工作。

区、县（市）减灾委员会负责本行政区域防灾减灾的组织、协调工作。

第六条　市减灾委员会设立专家组，对全市防灾减灾工作重大决策和重要规划提供政策咨询和建议，开展防灾减灾课题研究，对自然灾害、事故灾难、突发性公共卫生事件和社会安全事件等进行损失评估，为政府决策提供依据。

第七条　区、县（市）人民政府应当加强灾害防范与救助队伍建设，人民解放军、武警部队、公安消防、民兵预备役部队、卫生医疗机构、红十字会、专业救援队伍应当依照本办法和其他法律、行政法规、军事法规的规定，参加突发事件的应急救援和处置工作。

市减灾委员会成员单位，乡镇、街道办事处、企事业单位应当配备专职或兼职的防灾减灾工作人员。防灾减灾工作人员应当参加相关业务培训。

第二章　防灾减灾规划

第八条　市减灾委员会应当根据国家综合防灾减灾规划和本市灾害风险的实际，编制全市防灾减灾规划，报市人民政府批准后实施。

区、县（市）减灾委员会应当根据全市防灾减灾规划和本行政区域的实际，编制本行政区域的防灾减灾规划，报本级人民政府批准后实施，并报市减灾委员会备案。

第九条　编制防灾减灾规划，应当对防灾减灾应急准备，应急避难场所建设布局,有关灾害预防措施,应急救援措施,防灾减灾知识宣传教育等作出具体安排,并提出防灾减灾技术、信息、资金、物资等保障措施。

第十条 防灾减灾规划报送审批前,应当征求有关部门、单位、专家和公众的意见。

第十一条 各级人民政府应当将本规划内容纳入本地经济社会发展规划,逐级落实。

各级减灾委员会应当对规划的实施情况进行跟踪,并将中期评估和总体实施情况向本级政府报告。

第三章 灾害防范

第十二条 各级减灾委员会应当针对各种可能发生的自然灾害、事故灾难、突发性公共卫生事件和社会安全事件等建立预测预警机制,对可能发生的突发事件进行监测。

第十三条 各级减灾委员会应当建立灾情信息发布平台和灾害应急指挥系统。

第十四条 城乡建设规划及重大项目建设应当符合国家、省、市有关防灾减灾标准和要求。

第十五条 市减灾委员会指导区、县(市)减灾委员会每年对本行政区域内容易引发灾害的危险源、隐患区域进行排查、登记、风险评估,定期检查并及时采取防范措施。

第十六条 各级减灾委员会应当组织、协调、指导应急避难场所建设(改造)项目。成员单位应当按照各自职能,协同各级减灾委员会做好指导、协调、督促检查工作。

第十七条 教育部门应当督促、指导学校将应急知识纳入学校的安全教学内容,定期组织开展应急疏散演练,培养学生的防灾减灾意识和自救、互救技能。

第十八条 红十字会应当在其职责范围内,开展卫生救护、大众避险知识普及培训工作。

第十九条 市减灾委员会其他成员单位应当加强灾害监测预警,及时将预警信息报告本级人民政府或者减灾委员会,同时向灾害可能发生地人民政府和减灾委员会通报。根据灾害预警信息,减灾委员会应当及时启动预警响应,落实响应措施。

广播电视、通信等部门应当通过广播、电视、手机短信、电子显示屏、互联网等方式,及时发布涉灾部门提供的灾害预警信息,公告避难场所具体地址及到达路径。

新闻媒体应当无偿开展防灾减灾和救灾应急、自救与互救知识的公益宣传。

第二十条 国家行政机关、企事业单位、社会团体应当定期开展以防灾减灾为目标的隐患排查活动,有针对性的组织应急演练,杜绝各类灾害事故的发生。

区、县(市)减灾委员会应当定期开展防灾减灾知识培训活动,每年邀请专家或专业人员对社区(村)管理人员、居民及机关企事业单位有关人员进行培训。

第二十一条 区、县(市)人民政府应当建立健全救灾应急物资储备保障制度,完善救灾物资的生产、储备、调拨、紧急调运和监管体系。

区、县(市)人民政府应当建设救灾物资储备库。

第二十二条 建立政府提供支持、商业机构参与的多层次分担机制。鼓励单位和个人投保巨灾保险。

第四章 灾害救助

第二十三条 市和区、县(市)人民政府应当加强防灾减灾志愿者队伍建设,发挥社会组织、基层自治和公众在灾害防御、紧急救援、救灾捐赠、医疗救助、卫生防疫、健康教育、恢复重建、灾后心理干预等方面作用。

第二十四条 市减灾委员会成员单位应当做好灾情信息的收集、分析、上报工作。对造成人员伤亡或者重大财产损失的,可越级上报,不得迟报、谎报、瞒报。

第二十五条 自然灾害、事故灾难、突发性公共卫生事件和社会安全事件等发生后,市减灾委员会成员单位应当按照各自职责,落实应急救助措施,保障受灾人员应急期间的食品、衣被、干净饮水、临时住所、医疗等基本生活。

第二十六条 公安交通部门应当保障救灾应急车辆优先通行。

第二十七条 灾情稳定后,受灾地区人民政府和有关部门应当做好受灾人员冬寒和春荒期间的口粮、衣被、取暖、医疗等基本生活救助工作。

第二十八条 各级减灾委员会应当落实和完善救灾捐赠制度,对灾害达到特别重大等级的,应当启动救灾捐赠预案,组织和发动开展救灾捐赠工作。

第二十九条 受灾地区人民政府应当统筹做好灾害救助和其他社会救助制度的衔接,及时向符合条件的受灾人员提供低保、临时救助等其他社会救助。

第五章 过渡性安置和恢复重建

第三十条 发生特别重大和重大灾害事件后,各级减灾委员会应当及时组织对灾害损失进行调查评估,协调组织灾后过渡性安置和恢复重建工作。

第三十一条 受灾群众需要过渡性安置的,受灾地区人民政府应当根据灾区的实际情况,采取就地安置与异地安置、政府安置与自行安置相结合的方式,对受灾人员进行过渡性安置。

第三十二条 过渡性安置点应当设置在交通条件便利、方便受灾群众恢复生产和生活的区域,避开可能发生次生灾害的区域。

第三十三条 受灾地区人民政府应当统筹研究制定、组织实施因灾害毁损居民住房的恢复重建优惠政策和工作计划。

民政、城乡建设、规划和国土资源、房产等部门应当为灾后重建工作提供必要的资金、物质和技术支持。

第三十四条 灾后恢复重建,应当统筹安排交通、邮电、供水供电、商业服务、科研与技术服务、园林绿化、环境保护、文化教育、卫生事业等市政公用工程设施和公共生活服务设施,以及住房和无障碍设施的建设,合理确定建设规模和时序。

第三十五条 受灾地区人民政府应当鼓励并组织受灾群众自救互救,恢复重建。

第六章 监督管理

第三十六条 区、县(市)人民政府应当公布灾害救助、灾后过渡性安置和恢复重建的资金、物资以及社会捐赠款物的使用情况,并对资金、物资的筹集、分配、拨付、使用情况登记造册,建立健全档案。

第三十七条 审计机关和监察机关应当加强对灾害救助、灾后过渡性安置和恢复重建的资金、物资的筹集、分配、拨付、使用的审计和监督,并及时公布结果。

第三十八条 任何单位和个人都有权对防灾减灾活动中的违法行为进行举报。

第七章　法律责任

第三十九条　行政机关工作人员违反本办法规定，有下列行为之一的，由任免机关或者监察机关依照法律法规给予处分；构成犯罪的，依法追究刑事责任：

（一）迟报、谎报、瞒报自然灾害损失情况，造成后果的；

（二）截留、挪用、私分自然灾害救助款物或者捐赠款物的；

（三）未及时组织受灾人员转移安置，或者在防灾减灾工作不力，造成后果的；

（四）其他滥用职权、玩忽职守、徇私舞弊等行为的；

第四十条　单位或者个人侵占、毁损、拆除或者擅自移动防灾减灾标识、设施的，由区、县（市）人民政府相关部门责令其停止违法行为，恢复原状或者采取其他补救措施；违反治安管理的，由公安机关依法处罚。

第四十一条　违反本办法规定，有下列情形之一的，由公安机关依法给予治安管理处罚；构成犯罪的，依法追究刑事责任：

（一）以骗取、抢夺、聚众哄抢等方式侵占救助款物或者捐赠款物的；

（二）以暴力、威胁等方法阻碍工作人员依法履行防灾减灾工作的。

第八章　附则

第四十二条　本办法自2016年1月1日起施行。

沈阳市商品住房交付使用管理办法

（沈阳市人民政府令第55号）

第一条　为了加强商品住房交付使用的管理，保护商品住房买卖双方的合法权益，根据国务院《城市房地产开发经营管理条例》、《建设工程质量管理条例》和《沈阳市物业管理条例》等有关规定，结合本市实际，制定本办法。

第二条　本办法适用于本市行政区域内国有土地上新建商品住房交付使用的管理。

第三条　市建设行政主管部门负责全市商品住房交付使用的监督工作。区、县（市）建设行政主管部门具体负责本行政区域内商品住房交付使用的受理、核验等日常管理工作。

规划和国土资源、房产、城建、公安消防、人防、环保、民政、城市管理行政执法等相关部门，应当按照职责分工，做好商品住房交付使用管理工作。

第四条　供水、供电、供热、燃气、排水、路灯、安全技防等配套设施或者配套工程的专业经营服务单位，应当按照与房地产开发企业签订的工程合同和法律、法规、政策明确要求的事项，按期完成商品住宅的配套设施和配套工程建设。

第五条　开发建设单位在商品住房交付使用前，应当到项目所在地区、县（市）建设行政主管部门申请办理交付使用核验手续，并提供下列材料：

（一）商品房销（预）售许可证；

（二）辽宁省房屋建筑工程竣工验收备案书；

（三）沈阳市城镇建筑及建筑物群体名称申报审批表；

（四）项目按照规划要求需配建的教育、医疗、环卫、人防、物业管理用房及其他商业服务和管理等公共服务配套设施的移交承接手续；

（五）供水、供电、供热、燃气等开通文件。采取临时性措施的，提供相关部门的证明文件；

（六）庭园的道路、绿化工程完成情况的书面报告书；

（七）建筑物楼门牌编号审批表；

（八）与前期物业服务公司签订的前期物业委托合同；

（九）法律、法规、规章、政策规定的其他材料。

第六条　区、县（市）建设行政主管部门应当对申请人的申请材料进行审查。材料齐全的，自收到申请之日起，区、县（市）建设行政主管部门应当在7个工作日内，对申请交付使用的商品住房项目进行现场核查。

第七条　区、县（市）建设行政主管部门应当对下列情况进行现场核查：

（一）项目的主出入口与市政道路相连情况；

（二）项目的主出入大门的街、路及项目名称、大门全貌；

（三）楼门（院）牌号，单元号，户、室、房间号，车库、网店、仓库等门牌号安装情况；

（四）供水、供电、供热、燃气、排水等配套设施完成情况；

（五）交付使用区域内的道路、绿化、环卫设施、路灯、围墙、机动车停车位、自行车停车棚配建情况；

（六）按照规划要求需建设的全民健身场地和设施的完成情况；

（七）项目分期开发建设、分期交付使用的，按照规划要求需配建的教育、医疗、环卫、人防、物业管理用房及其他商业服务和管理等公共服务配套设施尚未与项目同步建设时，项目开发建设单位落实的可供过渡使用的相应配套设施完成情况；

（八）分期开发建设的项目与施工场地的隔离设施完成情况。

第八条　区、县（市）建设行政主管部门应当于现场核查结束后3个工作日内，对核查合格的项目出具《沈阳市商品住房交付使用条件确认书》；对核查不合格的项目，责令开发建设单位整改后，再重新进行现场核查。

第九条　区、县（市）建设行政主管部门出具《沈阳市商品住房交付使用条件确认书》后3个工作日内，应当将《沈阳市商品住房交付使用条件确认书》及交付使用核验手续，报市建设行政主管部门备案。

第十条　商品住房交付时，开发建设单位应当将《沈阳市商品住房交付使用条件确认书》在商品住房交付场所进行公示，并可以向买受人提供复印副本。

第十一条　开发建设单位应当持《沈阳市商品住房交付使用条件确认书》向区、县（市）房产主管部门申请办理商品住房项目交付使用备案手续，未取得《沈阳市商品住房交付使用条件确认书》的商品住房项目，区、县（市）房产主管部门不予受理备案手续，该商品住房不得交付使用。

第十二条　开发建设单位违反本办法规定，将未取得《沈阳市商品住房交付使用条件确认书》的商品住房交付使用的，由区、县（市）建设行政主管部门责令开发建设单位停止交付使用，限期补办手续，并按照每套住房销售额处以千分之二以上千分之五以下的罚款，但每套处罚金额最高不得超过3万元。拒不整改的，相关部门对开发建设单位不予办理新建项目审批手续。

第十三条　开发建设单位违反本办法规定，将未取得《沈阳市商品住房交付使用条件确认书》的商品住房交付使用的，由市建设行政主管部门将其违规行为记入企业信用档案，并向社会公布。

第十四条　商品住房交付使用管理

工作人员在商品住房交付使用管理工作中,玩忽职守、滥用职权、徇私舞弊的,由其所在部门或者有关部门给予行政处分。

第十五条 本办法自2016年3月1日起施行。

沈阳市棋盘山风景名胜区管理办法

(沈阳市人民政府令第56号)

第一章 总 则

第一条 为了加强对棋盘山风景名胜区(以下简称风景区)的管理,有效保护和合理利用风景名胜资源,依据国务院《风景名胜区条例》、《辽宁省风景名胜保护管理暂行条例》等相关法规,结合风景区实际,制定本办法。

第二条 风景区范围内的居民,从事生产经营、开发建设、旅游、宗教、文化等各项活动的单位和个人,均应遵守本办法。

第三条 风景区范围以辽宁省人民政府批准的风景区总体规划确定的界线为准,由当地人民政府组织有关部门按此范围立碑刻文,标明界区,在风景区周边设置标准地名标志。

在风景区外围,划定保护地带。

第四条 风景区的规划、保护、利用和管理应当遵循科学规划、统一管理、严格保护、永续利用的原则。

第五条 沈阳市棋盘山风景名胜区管理局(以下简称风景区管理局)是沈阳市人民政府的派出机构,负责风景区的规划实施、保护、利用和统一管理工作。

市人民政府各有关部门、风景区所在地人民政府,应当依法按照各自职责,共同做好风景区相关管理工作。

第二章 规 划

第六条 风景区总体规划应当按照国务院《风景名胜区条例》、《辽宁省风景名胜保护管理暂行条例》及其他相关法律、法规的规定,由沈阳市人民政府组织编制,报省人民政府批准。

第七条 风景区管理局负责组织实施经批准的风景区总体规划。风景区内村镇建设规划及集体土地、山林利用规划,应当与风景区总体规划、生态保护红线的规定相一致。

第八条 风景区规划经批准后,不得擅自调整和变更。确需调整和变更的,应当按照法定程序办理。

风景区规划经批准后,应当向社会公布,任何组织和个人有权查阅。

第九条 禁止违反风景区规划,在核心景区内建设各类宾馆、度假村、招待所、培训中心、疗养院以及与风景名胜资源保护无关的其他建筑;已经建设的,应当按照风景区规划逐步迁出。

第十条 严格控制风景区内居民住宅建设,确需新建的,应当符合风景区规划和控制规模。

第三章 保 护

第十一条 风景区内的自然景物和人文景物及其所处的环境,均属风景名胜资源。禁止以任何名义和方式侵占、出让或者变相出让风景名胜资源和风景区土地。

第十二条 风景区内禁止从事下列活动:

(一)开山、采石、开矿、开荒、修坟立碑等破坏景观、植被和地形地貌的活动;

(二)修建储存爆炸性、易燃性、放射性、毒害性、腐蚀性物品的设施。

(三)其他破坏风景区设施及生态环境的行为。

第十三条 风景区内建筑物布局、设计,均应当与自然景观、历史文化风貌相协调,不得破坏景观、污染环境、妨碍游览。

在风景区内从事建设活动的,按照有关法律、法规的规定办理审批手续。经批准的建设活动,应当制定有关污染防治、水土保持、生态保护、恢复治理方案,并予以实施,在施工现场设置警示标志和安全防护围栏,在指定地点处置建筑余土和建筑垃圾。施工结束后,及时清理场地,恢复环境原貌。

第十四条 加强风景区林木的保护,做好植树绿化、封山育林、护林防火和防治病虫害工作,按照规划要求进行抚育管理。

风景区的林木只准进行抚育和必要的更新性质采伐。凡属更新性质的采伐,应当经林业主管部门批准。

不得擅自采挖苗木、花、草、药材及珍稀植物。因科研、教学需要采集标本、野生药材及其他林产品的,应当依法办理审批手续,在指定地点限量采集。采集珍稀植物的,应当经林业主管部门批准。

第十五条 在风景区开发利用各类水体,或者进行改变水资源、水环境自然状态的活动,应当依法报主管部门审批。

禁止向各类水体及其上游排放、倾倒污水、垃圾及其他污染物。机动船只应当安装防止油污染装置。

禁止擅自捕捞水生动植物的行为。

第十六条 风景区内严格控制噪声污染,机动车辆、船只不得使用高音喇叭,营业性场所禁止使用室外扬声器招揽游客。

第十七条 风景区内严格控制大气污染,禁止使用燃煤锅炉。

第十八条 风景区内的寺庙、碑碣、石刻、古建筑、革命遗址、历史遗迹等文物古迹和具有民间传说的重要人文景物,不得占用、拆迁、损毁和破坏。对具有历史、艺术、科学价值的文物,应当依法保护,及时修缮。

涉及文物古迹的开发、修缮等工作,应当经文物行政部门批准。

第十九条 风景区内的古树、名木、奇峰、异石等资源,实行特殊保护。应当建立档案,悬挂标志,制定保护措施,落实保护责任。

第二十条 风景区内禁止违法引进或者带入外来物种及未经依法检疫的动植物及其产品。

第二十一条 风景区管理局根据保护环境、恢复生态和森林防火等需要,可以对重要景区、景点实行临时封闭,并予以公告。

第二十二条 风景区内军事设施的保护,按照《中华人民共和国军事设施保护法》和国家有关规定执行。

风景区内军队的非军事设施建设应当遵守本办法。

第四章 管 理

第二十三条 进入风景区的游客和其他人员,应当服从风景区管理局的统一管理,遵守风景区的规定,保护风景名胜资源,爱护各项公共设施,维护环境卫生和公共秩序。

风景区内禁止下列行为:

(一)在景物或者设施上刻划、涂污;

（二）乱扔、乱倒垃圾、污物；

（三）燃放烟花、乱丢烟头、烧荒、焚烧秸秆、野炊以及其他未经批准的野外用火；

（四）在明令禁止的区域游泳、游玩、攀爬；

（五）以纠缠、强行讨要等滋扰他人的方式乞讨；

（六）假冒僧尼从事宗教活动或者募化活动；

（七）其他违反风景区管理秩序的行为。

第二十四条 风景区内的服务网点，应当由风景区管理局依照有关法律、法规和风景区规划，采用招标等公平竞争的方式确定经营者。

风景区管理局应当与经营者签订合同，依法确定权利义务。经营者应当按规定缴纳风景名胜资源有偿使用费。

第二十五条 风景区内从事经营活动的单位或个人，应当在指定地点、区域和规定的营业范围内依法经营、文明经商，禁止擅自搭棚、设摊经营，禁止在景物周围圈占摄影位置。

船只、电瓶车在风景区内从事观光游览服务，应当依法办理审批手续，禁止无证营运、无证驾驶。

风景区内的导游人员应当持证上岗。

第二十六条 风景区管理局应当加强风景区的旅游安全管理，在危险部位设置安全警示牌及安全设施。禁止超量接待旅游者和在没有安全保障的区域开展旅游活动。

第二十七条 风景区管理局应当加强风景区的环境卫生管理，设置必要的环卫设施，保持良好的游览环境。

风景区内的生活排放污水，应当经过处理，达到国家或地方污水排放标准。

第二十八条 进入风景区的车辆，应当遵守风景区相关规定，服从交通疏导，按照规定的路线、速度行驶，在指定的地点停放。

第二十九条 风景区内建筑物的外墙、屋顶、平台、阳台等处不得设置、堆放、吊挂破坏景观、有碍观瞻的物品。

第三十条 单位或个人在风景区内利用文物、景物、景点拍摄电影、电视剧、宣传片，设置、张贴商业广告，举办大型游乐等活动，应当依法办理审批手续。

第三十一条 依法保障风景区内宗教团体、宗教活动场所的合法权益和正常的宗教活动。风景区内的宗教团体、宗教活动场所应当遵守国家、省、市有关宗教事务管理的法律、法规和规章。

第五章 法律责任

第三十二条 违反本办法规定，有下列行为之一的，由风景区管理局或有关部门予以警告，责令改正，没收违法所得，并视情节轻重予以处罚：

（一）擅自采挖苗木、花、草、药材及珍稀植物的，赔偿经济损失，并按照《中华人民共和国野生植物保护条例》和《中华人民共和国森林法实施条例》的规定予以处罚。擅自捕捞水生动植物的，没收捕捞物和违法所得，并按照《中华人民共和国渔业法》的规定予以处罚；

（二）在风景区内向各类水体及其上游排放、倾倒污水、垃圾及其他污染物的，按照《中华人民共和国水污染防治法》和《中华人民共和国固体废物污染环境防治法》等法律的规定予以处罚；

（三）机动车辆、船只使用高音喇叭或营业性场所使用室外扬声器招揽游客的，可处200元以上500元以下罚款；

（四）在风景区内燃放烟花、乱丢烟头、烧荒、焚烧秸秆、野炊以及进行其他未经批准的野外用火的，依据《森林防火条例》的规定予以处罚，构成犯罪的，依法追究刑事责任；

（五）在风景区内擅自搭棚、设摊经营的，可处100元以上1000元以下罚款；

（六）圈占摄影位置的，可处200元以上500元以下罚款；

（七）船只、电瓶车无证营运的，可处500元以上1000元以下罚款；

（八）无证导游的，依据《旅游法》的规定予以处罚；

（九）进入风景区的车辆不按照规定路线、速度行驶和停放的，依据《中华人民共和国道路交通安全法》的规定予以处罚；

（十）在风景区内建筑物的外墙、屋顶、平台、阳台等处设置、堆放、吊挂破坏景观、有碍观瞻物品逾期不改正的，可处50元以上100元以下罚款；

（十一）未经批准，在风景区内利用文物、景物、景点拍摄电影、电视剧、宣传片的，限期补办手续，并可处1000元以上1万元以下罚款；

（十二）以纠缠或强行讨要方式乞讨的，假冒僧尼从事宗教活动或者募化活动的，由公安机关或宗教事务部门依法处理。

第六章 附 则

第三十三条 本办法自2016年3月1日起施行。

沈阳市献血管理办法

（沈阳市人民政府令第57号）

第一条 为保证医疗用血的需要和安全，规范和推动无偿献血工作，保障献血者和用血者的身体健康，发扬人道主义精神，根据《中华人民共和国献血法》、《辽宁省实施<中华人民共和国献血法>办法》等有关规定，结合本市实际，制定本办法。

第二条 本办法适用于本市行政区域内的献血以及与之相关的管理活动。

法律、法规另有规定的从其规定。

第三条 本市实行个人自愿无偿献血、社会团体无偿献血、个人储血、互助献血相结合的原则。

提倡18周岁至55周岁的健康公民自愿参加无偿献血。既往无献血反应，符合健康检查要求的多次献血者主动要求再次献血的，年龄可以延长至60周岁。

鼓励符合献血条件的国家工作人员、现役军人和高等院校在校学生率先献血。确定每年1月、9月为“无偿献血活动月”，倡导国家机关、企事业单位在活动月中组织开展集体献血活动。

第四条 市人民政府应当设立献血工作委员会对本市的献血工作实行统一领导，组织、协调有关部门共同做好献血工作。制定血液应急预案，保障日常医疗、突发公共卫生事件、灾害事件时的医疗急救用血需要。

第五条 市和区、县（市）人民政府应当将献血工作纳入精神文明建设体系，广泛宣传献血的意义，普及献血的科学知识，开展预防和控制经血液途径传播疾病的教育，推动献血事业发展。

第六条 市卫生行政部门是本市献血工作的行政主管部门，负责献血的监督管理工作；市献血办公室是无偿献血办事机构，负责献血的日常管理工作。

区、县（市）卫生行政部门负责本行

政区域内献血工作的组织、宣传、动员及日常管理工作。

其他有关部门按照各自职责做好无偿献血工作。

各级红十字会应当依法参与,推动献血工作。

第七条 血站是经省卫生行政部门依法批准设立的采集、提供临床用血的机构,是不以营利为目的的公益性组织,应当为无偿献血者提供安全、卫生、便利的条件。

第八条 医疗机构应当加强无偿献血知识的宣传教育和动员工作,普及并告知用血者返还互助金的时限及标准等献血相关政策,积极推行成分输血,保证医疗质量和安全。

第九条 医疗机构临床用血应当按照有关规定及技术规范,实行统一管理,坚持科学合理用血,不得滥用和浪费血液。

医疗机构在保证急救用血的前提下,应当优先安排无偿献血者及其配偶、父母、子女的临床用血。

第十条 建立血液管理信息网络系统,由市卫生行政部门对血液采集、供应进行动态监管,确保医疗机构临床用血和突发事件时血液的调集。

第十一条 血站对献血者每次采集血液量一般为200毫升,最多不超过400毫升,两次采集间隔不少于6个月;每次单采血小板不超过2个治疗单位,单采血小板献血间隔不少于2周,每年不多于24次。

单采血小板后与全血献血间隔不少于4周,全血献血后与单采血小板间隔不少于3个月。

第十二条 无偿献血者享受下列待遇:

(一)自献血之日起5年内无偿使用血液,5年后无偿使用献血量等量的血液;

(二)累计献血800毫升以上的,由市人民政府和红十字会给予奖励,并终生无偿使用血液;

(三)献血者捐献单采血小板的,献血量按照一个治疗单位折合全血800毫升计算;

(四)配型成功并无偿捐献造血干细胞的,献血量按照捐献一次折合全血800毫升计算。

第十三条 无偿献血者的配偶及其亲属享受下列待遇:

(一)献血者的配偶、父母、子女,自献血之日起3个月后5年内无偿使用献血量等量的血液;

(二)配型成功并无偿捐献造血干细胞的,其配偶、父母、子女终身无偿使用累计不超过800毫升的血液;

(三)达到国家无偿献血奉献奖金奖标准以上献血者的配偶、父母、子女、祖父母、外祖父母,自献血之日起3个月后5年内无偿使用献血量等量的血液;

(四)稀有血型献血者的配偶、父母、子女、祖父母、外祖父母,自献血之日起3个月后5年内无偿使用献血量等量的血液。

第十四条 实行无偿献血互助金制度。公民临床用血时,医疗机构除按照国家规定标准收取用于血液采集、储存、分离、检验等费用(简称血液采集成本费)外,同时按照每200毫升收取200元互助金。

第十五条 收取的互助金由市献血办公室保管。保管期限为1年,自收取之日起计算。

保管期间内的互助金,待本人或者其配偶、父母、子女在本市献血后按其献血量计算返还互助金。

超过保管期限的互助金不予返还,实行收支两条线管理,由市献血办公室上缴财政,专户储存,专款专用,用于发展献血事业。

第十六条 持下列材料到市献血办公室办理退还互助金:

(一)献血者的有效身分证明;

(二)市红十字会为配型成功并无偿捐献造血干细胞者开具的证明材料;

(三)代办人的有效身份证明、户口簿或者亲属身份证明;

(四)无偿献血证、输血费收据(输血临时医嘱、输血记录或者输血费用清单)、互助金收据等。

第十七条 18周岁以下或者55周岁以上的本市公民用血后,可凭有效身份证明或者户口簿、输血费收据、互助金收据等材料,到市献血办公室办理退还互助金。

第十八条 市和区、县(市)人民政府、红十字会对积极参加献血和在献血工作中作出显著成绩的单位和个人,给予表彰或者奖励。对年度组织献血人数达到本单位人数30%以上的单位授予"无偿献血先进集体"荣誉称号。

第十九条 经市人民政府批准,血站可以在紧急状态下适时公布采血供血信息。任何单位和个人不得发布可能引起社会公众恐慌的血液信息。

第二十条 任何单位和个人不得从事下列活动:

(一)非法组织、雇佣他人采集或者出售血液及血液成分牟取利益;

(二)冒用、借用、租用他人献血证件;

(三)利用虚假证明材料骗取血液采集成本费和互助金。

第二十一条 血站违反有关操作规程和制度采集血液,由区、县(市)卫生行政部门责令改正;给献血者健康造成损害的,应当依法赔偿,对直接负责的主管人员和其他直接责任人员,依法给予行政处分;构成犯罪的,依法追究刑事责任。

第二十二条 医疗机构及医务人员违反本办法规定,将不符合国家规定标准的血液用于患者的,由区、县(市)卫生行政部门责令改正;给患者健康造成损害的,应当依法赔偿,对直接负责的主管人员和其他直接责任人员,依法给予行政处分;构成犯罪的,依法追究刑事责任。

第二十三条 有下列行为之一的,由区、县(市)卫生行政部门予以取缔,没收违法所得,可以并处10万元以下罚款;构成犯罪的,依法追究刑事责任:

(一)非法采集血液的;

(二)血站、医疗机构出售无偿献血的血液的;

(三)非法组织他人出卖血液的。

第二十四条 冒用、借用、租用他人献血证件的,由区、县(市)卫生行政部门视情节轻重,予以警告,每例处以100元至1000元的罚款。

第二十五条 擅自发布血液信息,造成不良影响、引起社会公众恐慌或者引发重大群体性事件的,由有关部门依法处理。

第二十六条 本办法自2016年2月1日起施行,原《沈阳市献血管理办法》(市政府〔2001〕第3号令)同时废止。

沈阳大事记(2015年)

一 月

1日 市地税局对发票摇奖办法做出调整,采用摇奖和刮奖两种方式。在保留80万元大奖不变的同时,将原来的3个10万元二等奖和10个1万元三等奖,合并为1万个50元的小奖,并设置1万个定额发票奖项,每个奖金10元;每期发票摇奖奖项从14个提高到2万多个,中奖面大幅度增加。同时增加查询中奖信息的渠道。

▲零时起,沈阳取消1元钱的出租车燃油附加费。

4日 沈阳综合保税区成立“沈阳综合保税区联合运营中心”。该中心由沈阳综合保税区管委会办公室牵头,由浑南区政府、苏家屯区政府和辽中县政府共同参与,其主要工作是招商引资、业务培训和政策咨询。运营中心成立后,将采取联合办公形式,有效整合资源,统一规范高效运作,助力沈阳综合保税区各区块及配套区域科学、快速发展。

7日 冯玉萍艺术工作室宣告成立。冯玉萍艺术工作室隶属于沈阳市文联,是沈阳首个以评剧表演艺术家个人名字命名的艺术工作室。艺术工作室成立后,将打造一部由冯玉萍领衔主演兼制作人的新作——新编大型历史评剧《孝庄梦歌》。

8日 华晨宝马汽车有限公司第100万辆国产宝马汽车整车在华晨宝马汽车有限公司铁西工厂正式下线。华晨宝马汽车有限公司于2003年5月正式在沈阳成立,同年10月第一辆国产宝马整车投放市场。

▲《沈阳市第一批生态保护红线方案》正式出台,第一批共划定10个生态保护红线区,包括卧龙湖、仙子湖、獾子洞、五龙山、棋盘山、石人山、白清寨、沈西北防风阻沙带、4道号水库、三台子水库等全市生态保护重点区域,红线区面积1002.08平方公里。

14日 沈阳市政府新闻办对外发布,“沈阳‘百万市民走进博物馆’系列活动暨2015沈阳‘中小学生走进博物馆’活动”正式启动。活动将持续开展5年,预计参与群众将累计超过1000万人次。

15日 BMW品牌旗下首款插电式混合动力豪华商务轿车新BMW5系插电式混合动力在中国正式上市,建议零售价为人民币69.86万元。新车型由华晨宝马沈阳大东工厂生产,包括北京、上海、深圳、广州、成都、杭州和沈阳在内的全国7座城市启动了销售工作和全方位配套服务支持。

16日 沈阳3.5万台重型货车开始安装卫星定位装置。全市3.5万台重型载货汽车(总质量12吨及以上)和半挂牵引车将全部安装卫星定位装置,并完成监控平台建设,接入全国道路货运车辆公共平台。

▲位于太原街的兴隆一百开业。

18日 第三届康平卧龙湖大辽文化冬捕节开幕,来自省内外的6万余游客共同见证冬捕盛况。头鱼拍出了历届最高价19.8万元。

▲辽宁省科技馆试运行。截至当日下午15时30分,共接待观众5800余人。

20日 铁西区与医大一院联手启动居民健康管理工程。铁西区与中国医科大学附属第一医院正式签约合作:从2月起,中国医科大学附属第一医院10余名副主任医师以上专家组成的医疗团队将以每两周一至两次的频率,分别到铁西区启工、云峰、霁虹、翟家等6个社区卫生服务中心免费进行专家坐诊、培训和健康知识讲座,全面启动居民健康管理工程。

21日 市委召开沈阳经济发展状况大调研动员部署会。市委决定,成立由市委常委牵头负责的5个专题调研组,从现在开始到3月底,重点围绕国有及国有控股企业以及外资企业、服务业、高新技术产业、民营和中小微企业、农业等领域,开展沈阳经济发展状况大调研。

▲中华全国总工会副主席、书记处书记焦开河率全总慰问团在沈阳开展送温暖活动。

22日 国内机器人行业年度企业盛会“2014高工机器人年会暨高工金球奖典礼”在深圳举行,新松公司凭借智能移动机器人、工业机器人、并联机器人在2014年的市场卓越表现,荣获2014高工机器人金球奖。

23日 由中国工业设计协会、沈阳市经济和信息化委员会、皇姑区人民政府共同签约,“中国装备制造业工业设计中心”落户沈阳市皇姑区。该“中心”将根植辽宁省雄厚的装备制造产业基础,辐射东北三省,服务全国,主要在智能装备、机器人、通讯设施、智慧产业、信息数据平台、交通工具、工程机械等产业领域,充分发挥工业设计的创新驱动力,打造新一轮产业升级中的创新服务平台。

24日 沈阳首批20个历史建筑文化街区导引标识牌正式上岗。这些文化路牌除了有“指向”功能,标注了标志性地点、公共设施建筑外,还标注了周边的重要历史文化建筑、场馆,突出地方文化特色,符合城市文化的认同、识别以及旅游要求。

27日 市委召开常委扩大会议。省委常委、市委书记曾维主持会议并讲话。省委常委、省委组织部部长辛桂梓宣布中央和省委决定并讲话。中央和省委决定:潘利国同志任中共沈阳市委委员、常委、副书记,提名为沈阳市人民政府市长候选人。

31日 最高人民法院第二巡回法庭在沈阳揭牌。最高法第二巡回法庭位于沈阳21世纪大厦旁边、原浑南审批大厅处,一共有4个法庭。巡回法庭做出的判决、裁定,经合议庭成员签署后,由审判长签发,与最高人民法院的效力等同。巡回区为辽宁、吉林、黑龙江。法庭从2月1日起受理和审理案件。

▲沈阳IC装备及零部件产业战略峰会召开,会议邀请科技部领导、业界专家和企业负责人共商产业发展大计。科

技部副部长曹健林，副省长、市委副书记、市政府党组书记潘利国出席会议并讲话。

二　月

2日　市十五届人大常委会举行第十七次会议，市人大常委会主任赵长义、副主任聂洪升分别主持两次全体大会。会议听取审议了沈阳市人民代表大会常务委员会代表资格审查委员会关于补选代表的代表资格审查报告；听取审议并表决通过了沈阳市人民代表大会常务委员会关于接受邓福林辞去沈阳市第十五届人民代表大会常务委员会委员职务请求的决定；听取审议并表决通过了沈阳市人民代表大会常务委员会关于接受陈海波辞去沈阳市人民政府市长职务请求的决定；审议并表决决定任命潘利国为沈阳市人民政府副市长；审议并表决通过了沈阳市人民代表大会常务委员会关于潘利国为沈阳市人民政府代理市长的决定。

3日　沈阳市纪委发布2014年全市反腐败案件查办和执纪问责成果。2014年，全市各级纪检监察机关共受理信访举报7483件(次)，新立案件1107件，比年上升6.24%；给予党政纪处分1260人，上升17.65%；移送司法机关115人，上升21.05%。查办大案要案407件，上升15.62%；其中涉及市管干部21人、处级干部97人。通过办案挽回经济损失1.93亿元。严肃查处了沈阳市食药监局原局长王燕玲等一批典型案件。

5日　中国共产党沈阳市第十二届纪律检查委员会第五次全体会议召开。省委常委、市委书记曾维出席并讲话，副省长、市委副书记、代市长潘利国，市人大常委会主任赵长义，市政协主席姜宏出席会议。

▲中科院智能制造及机器人技术创新与产业化联盟在沈阳正式成立。该联盟是由新松机器人牵头，联合沈阳自动化所、深圳先进院、深圳自动化所等科研机构和企业，重点面向我国制造业转型升级对智能装备的迫切需求，开展工业机器人、服务机器人等产品的研发和应用推广。

6日　"榜样的力量——2014年感动沈阳人物评选暨道德模范颁奖典礼"在盛京大剧院举行。"最美好儿女"万春春等10人获评2014年感动沈阳十大人物，同时授予沈阳市道德模范称号。"最美交通人"任川等10人被评为2014年感动沈阳人物提名奖，同时授予沈阳市道德模范称号。前不久去世的"地铁好大爷"郭勇被授予感动沈阳人物特别奖。2014年评选出的100位沈阳市"身边好人"、20位"最美沈阳人"同时受到表彰。

9—12日　中国人民政治协商会议沈阳市第十四届委员会第三次会议召开。会议审议并通过姜宏三席代表市政协十四届委员会常务委员会所做的工作报告和刘慧鸣副主席所做的提案工作情况报告。会议增选许文有为政协沈阳市第十四届委员会副主席，于喆光、王树江、王秋雨、成会明、许树文、苏效众、张春风、赵丹、段阳、徐明、鲁博为政协沈阳市第十四届委员会常务委员会委员。

10—13日　沈阳市第十五届人民代表大会第三次会议在辽宁人民会堂召开。大会补选了沈阳市人民政府市长、沈阳市第十五届人民代表大会常务委员会副主任、沈阳市人民检察院检察长。潘利国当选沈阳市人民政府市长，李继安、黄凯当选沈阳市第十五届人民代表大会常务委员会副主任，赵东岩当选沈阳市人民检察院检察长。

11日　首架波音777尾翼FTB(前扭力盒)复材壁板项目交付仪式在中航沈飞民用飞机有限责任公司举行。该项目的成功交付标志着中航工业沈飞民机已具备了复合材料的制造能力，同时也填补了辽宁省、沈阳市民用飞机复合材料制造领域国际合作的空白。

15日　沈阳市举行迎新春茶话会。省委常委、市委书记曾维致辞，副省长、市长潘利国主持茶话会，市人大常委会主任赵长义，市政协主席姜宏，市老领导张荣茂、崔文信、任殿喜、赵金城、刘雅琴出席茶话会。

▲东北首家汽车旅馆试营业。该酒店位于沈北新区蒲南路，共有32个不同主题的客房和3栋别墅。酒店客房与车库相连，住客停车后可直接进入房间。

16日　省长李希到沈阳市看望慰问坚守在工作岗位上的一线干部职工和公安干警、武警官兵，考察节日市场，代表省委、省政府向全省人民群众致以新春祝福和节日问候。

17日　农历腊月二十九，省委常委、市委书记曾维先后到环卫除雪现场、市信访大厅、211路大北门停车场和市公安局指挥中心，看望慰问节日期间坚守岗位的一线干部职工，向他们致以新春祝福和节日问候，并送上节日慰问品。

▲副省长、市长潘利国到北市副食商场、沈阳第三热力供暖有限公司珠江热源厂、沈阳市公安消防支队铁西中队、沈阳石蜡化工有限公司，检查了沈阳节日市场供应、供暖运行保障、消防安全和企业安全生产等各项工作。

23日　国家质检总局批复同意由中国科学院沈阳自动化研究所和沈阳产品质量监督检验院按B级国家质检中心标准联合筹建国家机器人质量监督检验中心(辽宁)。这是国内获批的首家机器人质量监督检验中心，建成后将填补国内机器人国家级质量检测中心的空白，成为目前惟一的专业机器人整机及核心零部件检测机构。

28日　全国精神文明建设工作表彰暨学雷锋志愿服务大会在人民大会堂小礼堂举行。来自全国各地精神文明建设一线的500多位代表参加会议。沈阳市获评第四届"全国文明城市"。省委常委、市委书记曾维代表沈阳市进京接受中央领导同志颁奖，并受到习近平总书记等党和国家领导人的亲切接见。

三　月

2日　沈阳市领导与阜新市党政代表团就进一步贯彻落实省委、省政府关于突破辽西北的战略部署，全面推进沈阜区域合作与帮扶工作，加快两市互动发展进行专题座谈。省委常委、市委书记曾维出席座谈会并讲话，副省长、市长潘利国主持座谈会。阜新市委书记张铁民讲话，市人大常委会主任齐继慧出席，市长杨忠林作沈阜互动发展工作情况介绍。

▲中华全国总工会在北京人民大会堂召开全国先进女职工集体和个人表彰大会，表彰全国五一巾帼奖状、奖章获得者。沈飞公司线束厂ARJ线束工段荣获全国五一巾帼奖状，被授予"全国工人先锋号"，工段长郑秋菊在表彰会上做事迹报告，并在会前受到中共中央政治局委员、中华全国总工会主席李建国的亲切接见。

3日　沈阳市全国人大代表启程赴京，参加即将于3月5日召开的十二届全国人大三次会议。

▲全国最大的雷锋文化馆在沈阳工美大厦开馆。活动当天，来自省市的18个学雷锋先进单位，以及雷锋的战友、学雷锋标兵近千人参加活动。该馆展览面积达2700平方米，现展出雷锋图片、资料千余件，并展示著名书法家哲成、卢林等人的作品200余幅。

▲中央文明办举办“中国好人榜”2月入选名单发布仪式暨全国道德模范与身边好人现场交流活动。“20多年如一日照顾生病公婆如亲生父母”的沈阳燃气集团有限公司员工张静等105位身边好人荣登“中国好人榜”。

▲中航工业黎明承担的国家“十一五”863计划先进能源技术领域重大专项“中低热值燃料R0110燃气轮机研制及其在IGCC电站中的工程应用示范”课题，通过国家科技部高技术中心组织的验收。中心专家组一致认为，以中航工业黎明为主体组成的研制联合体，圆满完成了中低热值燃料R0110燃气轮机的研制工作，燃机各项指标达到合同书要求，同意通过技术验收。

10日　设立在沈阳市的最高法院第二巡回法庭公开开庭审理首例二审民事案件。

12日　10时左右，位于沈阳市大东区的华晨金杯公司一车间失火。沈阳市公安局消防支队接到报警，立即调集5个中队20台消防车100名官兵赶赴现场。现场为一烤漆房起火，经过奋力扑救，火势迅速扑灭，没有人员伤亡。

16日　副省长、市长潘利国会见来沈阳参加印度投资说明会的印度驻华大使康特一行。当天上午举办的印度投资说明会邀请了160余家沈阳企业参加，会上宣传推介了印度投资环境和重点投资领域。特变电工沈变集团等企业还交流了在印度的投资经验。

17日　省政协主席夏德仁到沈阳调研先进制造业发展情况。夏德仁一行到沈阳新松机器人股份有限公司，考察公司B3厂房工业及移动机器人生产车间，详细了解机器人的生产流程及公司运营情况等。

▲沈阳市召开农村工作会议，深入贯彻落实中央和省农村工作会议精神，研究部署新常态下当前和今后一个时期的全市“三农”工作。省委常委、市委书记曾维讲话，副省长、市长潘利国主持会议。

20日　沈阳市召开新型城镇化工作会议。省委常委、市委书记曾维主持会议并讲话。副省长、市长潘利国出席会议并讲话。会议听取关于完善城镇体系、优化城乡发展格局和推进新型城镇化工作有关情况的汇报，并就进一步修改完善沈阳市推进新型城镇化规划进行了深入讨论。

21日　上午，中国第二批68位在韩志愿军烈士遗骸安葬仪式在抗美援朝烈士陵园举行。10时，副省长薛恒宣布仪式开始。来自民政部、外交部、财政部、总政治部和辽宁省政府、沈阳市政府以及抗美援朝老战士、烈士家属和社会各界群众代表300余人，出席安葬仪式。

21—22日　国家发展改革委主任徐绍史在辽宁省沈阳、大连等地调研，并主持召开座谈会，就当前经济形势和经济工作，听取辽宁省部分市、县、区和企业负责同志的意见建议。省长李希陪同调研，出席座谈会并发言。

23日　全省精神文明建设工作表彰大会在沈阳市召开。省委书记、省人大常委会主任王珉出席会议并讲话，省长李希主持会议。副省长、沈阳市市长潘利国在会上发言。

▲省委常委、市委书记曾维与营口市委书记吴汉圣、市长葛乐夫率队的营口市党政考察团，围绕促进两市互动发展举行座谈会。曾维主持座谈会并讲话，吴汉圣、葛乐夫出席并讲话。

24日　省委书记、省人大常委会主任王珉到沈阳市，就落实全国两会精神，转变经济发展方式，大力发展文化事业和文化产业，特别是对推进提升公共文化设施建设管理水平进行专题调研，考察辽宁省博物馆新馆、省艺术中心和盛京大剧院。省委常委、市委书记曾维，省委常委、宣传部部长范卫平，副省长贺旻，副省长、市长潘利国参加调研。

26日　沈阳市2015年就业创业工作会议在沈阳理工大学召开。副省长、市长潘利国出席会议并讲话。市委常委、常务副市长顾春明主持会议。铁西区政府等32个单位（集体）被评为“沈阳市就业创业工作先进单位（集体）”；沈阳新松机器人自动化股份有限公司等20个单位被评为“沈阳市吸纳就业工作先进企业”；和平区北市场街道等20个单位被评为“沈阳市就业创业基层工作先进集体”；邵帅等50人被评为“沈阳市就业创业工作先进个人”。

▲阿根廷工商联合会与和平区政府签订合作项目，在和平区筹建一所国际足球学校。该项目规划占地0.67公顷，投资规模500万元人民币，项目选址在长白岛经济区，建设周期为一年。该项目将聘请前阿根廷国家队队员阿萨德担任校长，定期来沈传授足球教育经验。

▲“中国音乐学院——辽宁法库民族音乐研究教学实践基地”落成，并举行揭牌仪式。该基地建成后，中国音乐学院与法库县将在民族音乐研究、音乐人才培养、艺术实践等领域开展合作。

30日　位于市府广场东南的辽宁省博物馆今起正式关闭。省博新馆位于浑南区智慧三街157号，建成后的新馆建筑面积达10万平方米，是旧馆的3倍，成为全国省级博物馆中规模最大的一座。

31日　省十二届人大常委会第十六次会议闭幕。会议补选潘利国为第十二届全国人民代表大会代表。

▲沈城首家公益性、实体化青年创业实践工场在浑南区亿丰时代广场举办开场仪式，所推出的主角——“爱·循环”青年能量工场咖啡主题书屋，将为全市广大青年提供集创业实践、以书会友、旧物交换、爱心捐赠、志愿服务、兴趣沙龙、婚恋交友、法律咨询、心理疏导、扶贫助困于一身的全方位、立体化服务。

四　　月

1日　沈阳市召开旅游产业发展工作会议，深入贯彻落实国家和省旅游产业发展会议精神，研究部署新常态下全市旅游产业发展工作。省委常委、市委书记曾维出席会议并讲话，市长潘利国主持会议。会上，印发了《中共沈阳市委、沈阳市人民政府关于促进旅游产业改革发展的实施意见》和《沈阳市旅游产业发展总体规划纲要（2015—2020年）》。

2日　沈阳市召开创建全国文明城市总结表彰暨推进城市文明建设动员大会。省委常委、市委书记曾维出席会议并讲话，市长潘利国主持会议，市政协主席姜宏出席会议。沈河区、铁西区、市教育局、市公安局、市城建局作交流发言，市领导向受表彰的先进单位和个人代表颁奖。

▲在2014中国旅游总评榜颁奖典礼上，沈北新区荣获“2014年度中国最受欢迎自驾游目的地”，沈北旅游开发

区管委会荣获“2014年度中国最具推广力旅游局”。

3日 从四川来的10只小熊猫平安落户沈阳森林动物园。

8日 沈阳市于洪新城旧城改造建设项目荣获“2014年中国人居环境范例奖”。全国有54个项目获得此奖。

9日 沈阳市全民义务植树活动日。省委、省人大常委会、省政府、省政协,市委、市人大常委会、市政府、市政协的领导,沈阳军区、省军区和武警辽宁省总队、96101部队的官兵与省市直属机关部分干部,在浑南区棋盘山秀湖环湖路北侧六号沟绿地参加全民义务植树活动,共栽植油松、京桃、苹果、李子等树种2000余株,并完成新植树木的浇水及绿地整理等任务。

10日 沈阳市召开经济工作会议。省委常委、市委书记曾维主持会议并讲话,市长潘利国就做好今年经济工作进行安排部署,市人大常委会主任赵长义,市政协主席姜宏出席会议。

▲市长潘利国在市政府贵宾会见室向德国人菲利普·艾勒颁发“中国绿卡”——《中华人民共和国外国人永久居留证》。艾勒现任宝马(中国)服务有限公司总裁兼首席执行官,2002年华晨宝马汽车有限公司成立后,他到沈阳担任公司副总裁,成为宝马大东工厂的第一任“厂长”,直至2010年离开沈阳。

13日 2014年国家百千万人才工程入选人员名单揭晓,东北大学王国仁教授入选,并同时获得“有突出贡献中青年专家”荣誉称号,为此次辽宁省惟一入选人员。

16日 沈阳对公积金贷款政策作出重大调整。住房公积金贷款限额调整:职工单方缴存住房公积金,贷款最高限额由35万元调至40万元;夫妻双方缴存住房公积金,贷款最高限额由55万元调至60万元;家庭成员三人以上共同申请贷款的最高限额由60万元调至80万元。普通商品住房公积金贷款首付比例调整:首次购买普通商品住房,住房公积金个人贷款最低首付比例为20%。还贷年龄调整:对符合贷款条件的职工,还贷年龄延长至法定退休年龄后5年,即男65周岁、女60周岁。

18—19日 交通运输部党组书记、部长杨传堂到沈阳调研,重点考察深国际沈阳现代综合物流园项目和康平县北泗线、戴马线、北福线等农村公路建设。副省长薛恒、市长潘利国陪同调研。

20日 为期四天的第十四届中国国际机床展览会(CIMT2015)在北京中国国际展览中心(新馆)举办。包括世界机床制造业百强企业在内的28个国家和地区的1554家知名机床工具制造厂商参与展会。沈阳机床集团以“你好,明天”为主题,推出15台具有国际化水准的智能化产品,全面展示沈阳机床的新技术、新理念、新服务和新模式。市人大常委会主任赵长义参观了沈阳机床展位并参加了沈阳机床集团与国家开发银行《开发性金融合作协议》的签约仪式。

20—22日 2015中国绿公司年会在沈阳举行。以“创变者:打造商业新价值”为主题的2015中国绿公司年会第一次全体大会在沈阳召开。千余位政、商、学等各界精英齐聚一堂,纵论创新变革,畅谈合作共赢。

22日 东软集团在沈阳投资签约仪式于东软集团举行。东软集团与沈阳市政府在健康医疗产业、智能制造产业、汽车电子产业、大众创业等领域达成的多项战略协议,搭乘2015绿公司年会的创变发展平台顺利签约。省委常委、市委书记曾维出席签约仪式,市长潘利国致辞。

23日 辽宁省第四届全民读书节暨沈阳市全民读书月揭幕仪式在辽宁大剧院广场举行。

25日 2015中国沈阳国际旅游节四季游活动春季游启动仪式在北陵公园皇太极广场举行。约6万游客参加春季游的启动仪式。春季游期间,各区县(市)共推出69项特色活动和40条精品线路。

26日 《沈阳市政府提高行政效能行动计划》正式发布。全市政府系统首先将进一步明确机构职能,着重解决部门机构重叠、职责交叉、人浮于事等问题,使政府组织体系更加精干高效。同时,通过推行岗位责任制、限时办结制、首问责任制、失职追究制等制度,进一步规范日常政务工作。政府系统还将再造工作流程,提高公文运转速度,实现日事日毕、日清日高。

▲沈阳海关顺利完成区域通关一体化改革系统切换,由大连、沈阳、长春、哈尔滨、呼和浩特、满洲里等6家海关共同参与的东北地区海关区域通关一体化改革正式启动。当天上午,首批参与系统切换的五家试点企业之一的沈阳平和法雷奥汽车传动系统有限公司通过区域通关一体化模式成功申报进口一批汽车零部件。

27日 沈阳市庆祝“五一”国际劳动节暨先进集体和先进个人表彰大会在辽宁人民会堂召开。市总工会决定,授予沈阳机床成套设备有限责任公司等50个先进单位“沈阳五一劳动奖状”,授予中航工业沈阳飞机工业(集团)有限公司线束厂电缆工段段长郑秋菊等467名先进个人“沈阳五一劳动奖章”,命名特变电工沈阳变压器集团有限公司技术中心直流部等50个先进集体为“沈阳工人先锋号”。

▲香港特别行政区政府驻辽宁联络处揭牌。该处隶属香港特区政府驻北京办事处,临时办公地点位于沈阳市和平区青年大街386号沈阳丽都索菲特酒店四楼420至422号办公室。

28日 吉林利源精制股份有限公司与沈北新区签约,将投资50亿元在沈北新区建设轨道车辆制造及铝型材深加工项目,年产轨道车辆1500节、铝型材深加工成品1万吨。项目计划2015年开工,2018年竣工。

▲在市政府新闻办举行的新闻发布会上,《中共沈阳市委、沈阳市人民政府关于全面加强环境保护工作的意见》正式公布。沈阳将构建“政府全面负责、环保统一监督、各部门依法履职、全社会广泛参与”的环境保护工作新格局。

29日 国际市民体育联盟沈阳市民运动会在辽宁省网球馆开幕。市长潘利国宣布以“运动让生活更美好”为主题的市民运动会开幕。本届运动会被认证为国际市民体育联盟2015年度活动,国际市民体育联盟专家委员会成员、欧洲徒步协会主席丽丝尼尔森参加开幕式,并向市体育局颁发国际市民体育联盟认证牌。

▲沈阳和抚顺两市就推进沈抚同城化建设进行工作会商。沈阳市市长潘利国,抚顺市市委书记王桂芬、市长栾庆伟参加会商。

▲沈阳空港口岸关检“三互”(信息互换、监管互认、执法互助)合作示范区在沈阳桃仙国际机场正式启动。这是沈阳海关与沈阳出入境检验检疫局促进沈阳通关便利化水平,提升口岸监管能力,强化关检口岸执法水平所作出的一项突破性尝试。

▲和平区政府与东北大学、东网科技签署三方协议,东北亚互联网金融总部基地落户三好街。

▲省科技馆正式面向公众开放。展览新增"机器手臂"、"龙卷风"、"光速自行车"、"魔针"等近30个项目。

五　月

4日　北京积水潭医院、宝马研发中心、金地商业综合体等8个沈阳经济技术开发区首批项目集体开工，总投资50亿元以上。其中，北京积水潭医院项目位于沈阳经济技术开发区中央南大街18号，总投资12亿元，总建筑面积20万平方米，总床位1500张，经省卫计委批复，为三级甲等非营利性综合医院。一期建设项目主要包括门诊、急诊、病房、体检中心，预计2017年完工运营。该项目采取三方合作建设，由铁西区政府主导，来金公司负责医院投资建设，北京积水潭医院负责医院管理、医疗服务和技术支撑。

6日　由沈阳市政府和欧洲货币集团共同主办的中国（沈阳）国际金融高层峰会开幕。本次峰会以"沈阳：通往中国东北之大门"为主题，通过主题演讲、专题讨论和实地考察，全面展示沈阳经济最新发展动态，推介沈阳金融发展优势，提高沈阳招商引资的竞争力和吸引力。

7日　市长潘利国在北京会见中国国际工程咨询公司总经理肖凤桐。双方就区域经济发展决策、制定产业发展规划、重大项目开发策划及咨询等领域合作进行深入探讨。当日，市政府与中咨公司签署战略合作框架协议。市领导张景辉代表市政府与中咨公司签署战略合作协议书。

8日　由中国商业联合会主办，法库县人民政府、中国东北商品交易中心承办的第二届中国东北商品交易会暨中贸国际商城第三届商品展销节在法库县中国东北商品交易中心开幕。本届交易会展区面积8万平方米，300多家企业参展，集中展示了服装类、食品类、农贸类、建材类、家具类、汽车类、夜市美食类等万余种商品。

12日　市政府新闻办组织"沈阳市创新设计服务与相关产业融合发展合作模式"新闻发布会宣布，沈阳梵天工业设计有限公司、沈阳远大铝业集团及沈阳新松机器人自动化股份有限公司共同研发玻璃幕墙智能清洗机器人，同时也宣告一个同城企业强强联合、跨界融合的创新模式诞生。

11—13日　代省长陈求发到沈阳市调研。调研期间，陈求发深入县区、企业、产业基地、施工现场，实地考察沈阳城市规划建设和企业运行情况，听取沈阳市及各区县（市）的汇报。省委常委、市委书记曾维参加调研并主持座谈。

13日　沈北新区与辽宁辉山乳业集团有限公司签署战略合作框架协议。双方初步确定在建设乳品全产业链产业集群、现代农业产业集群、生态牧场综合开发、工业与观光牧场旅游开发、辉山乳业集团上市公司总部大厦等项目或领域进行合作，项目总投资将达到100亿元。

15—17日　第四届中国（沈阳）国际现代建筑产业博览会在沈阳国际展览中心举行。本届展会展览面积6.5万平方米，展位数量3000个，设置4个室内展馆和一个大型室外展场。5.8万人次观众参观，400多个项目达成合作意向。

16日　沈阳建筑大学和德国驻华大使馆、德国驻沈阳总领事馆联合举办2015中德节能示范中心合作技术国际研讨会。当天，沈阳建筑大学中德节能示范中心建成并揭牌。

19日　盛京银行取得《基金销售业务资格证书》，正式开展证券投资基金销售业务，盛京银行成为拥有基金销售牌照的地方商业银行。

20日　市政府与沈阳军区联勤部签订军地合作推进驻沈部队燃煤锅炉改造框架协议。根据双方签署的燃煤锅炉改造协议，市政府与沈阳军区联勤部将建立协调会商机制，在节能减排、污染治理、环境监测等方面开展协作。按照"军地衔接、资源共享、统一规划、整体推进"的思路，对接落实军队"清煤工程"和沈阳市"蓝天工程"，将驻沈部队燃煤锅炉改造纳入沈阳市统一规划，通过清煤改电（气）、并网改造等方式，彻底清除燃煤锅炉污染。

▲市长潘利国在市政府贵宾会见室将《沈阳市政府旅游产业发展顾问聘书》颁发给中青旅控股有限公司市场推广部、社会责任部总监葛磊。这标志着市政府新型"智库"建设正式启动。

21日　省委常委、市委书记曾维率团到哈尔滨市考察，以促进两市不断拓展合作领域，努力开创新一轮振兴发展互利共赢的崭新局面。黑龙江省委常委、哈尔滨市委书记陈海波，市长宋希斌，市委副书记、市纪委书记姜国文陪同考察。

22日　市体育局与智美控股集团签署《关于发展沈阳市体育产业的战略合作意向》。市长潘利国参加签约仪式，并会见智美控股集团董事局主席任文。

23日　第七届沈阳全民读书月暨沈河区全民读书月活动在沈河区小南文化广场举行闭幕式。读书月期间，全市约350余万市民参与了300余项各具特色的基层读书活动。

24日　沈阳高校创客孵化大赛决赛在东北大学举行。东北大学"轻反馈"创客项目，获得超级创客万元大奖。沈阳工业大学帮助老人的全方位移动下肢康复机器人"步行王"等3个项目获得优秀创客大奖，奖金3000元。

25—28日　市长潘利国率市经贸代表团赴上海、南京开展以深耕在谈项目为重点、以引进沪宁一流企业为目的的经贸合作交流活动。此次活动也是对前一段时间沪企辽宁行的回访及对其成果的巩固和深化。代表团与一大批沪宁知名企业及工商企业界人士进行广泛接触和深入洽谈，高效、务实地推进了28个项目。市政府与上海均瑶集团、复星集团签署战略合作协议及意向，大力推进沈阳战略性新兴产业、现代服务业、智慧城市等重点项目，经贸合作交流活动取得丰硕成果。

28日　省委书记李希到沈阳市和平区南宁幼儿园和砂山街第四小学，看望慰问少年儿童、教师，代表省委、省政府祝愿全省少年儿童节日快乐，向为全省少年儿童学习成长倾注心血的教育工作者表示感谢和慰问。

六　月

1日　市长潘利国为沈阳市大数据管理局揭牌，并向省政府办公厅原副巡视员慈明安、中国移动沈阳分公司总经理彭霞、东网科技有限公司总经理杨宝卫、东软集团副总裁赵大哲、省信息安全与测评认证中心副主任郭剑峰等五人颁发聘书，聘为沈阳智慧城市建设专家委员会专家。

4日　2015韩国釜山医疗技术交流特别展在沈阳举办。市长潘利国会见由釜山市市长徐秉洙率领的釜山市代表团。

5日　沈阳市政府与中国建设银行签署战略合作协议。根据协议，双方将根据国家宏观经济、区域发展及有关信贷政策，结合沈阳市重点产业、骨干企业、重大项目的金融需求，探索多样化的金融合作模式，建立紧密的银政合作关系，推动沈阳产业结构转型升级，全面助力沈阳经济社会发展。

8日　由欧美同学会·中国留学人员联谊会和沈阳市委、市政府共同主办的“千人计划”专家团沈阳行活动启动。会上，聘请42位专家为沈阳全面振兴特别专家。

10日　宝马集团授权华晨汽车集团绵阳新晨动力生产王子发动机项目签约仪式在沈阳举行。本次项目合作是华晨集团在践行“市场换技术”方面取得的又一重大进展，将对中国汽车发动机产业起到重大影响。

11日　沈阳三生制药有限责任公司在香港联交所成功上市，代码1530，融资约55亿港币，成为今年沈阳市首家上市企业。

12日　以“中德同行合作共赢”为主题的德国企业沈阳行暨中德智能制造创新论坛在沈阳开幕。来自中德两国政界、学界和企业界的嘉宾围绕中德（沈阳）装备制造产业园规划建设、智能制造创新合作等领域开展对接交流。中德产业园坐落于沈阳经济技术开发区，规划总面积48平方公里。

11—13日　国土资源部部长姜大明率国务院第八督查组第一组来沈，就国务院重大政策措施落实情况进行实地督查。6月11日，督察组召开会议听取沈阳市工作汇报。督查组一行先后深入老旧小区改造完成的沈河区溪林社区孝文化长廊、社区便民服务中心、新松机器人股份有限公司智慧产业园、浑南新城市政综合管廊控制中心等进行实地督查，并听取沈阳市创建智慧城市等有关情况的汇报。

17日　省人大常委会视察组对沈阳市辽河流域治理保护和生态恢复工作进行视察。视察组视察了康平县孔家污水处理厂、康平县两家子河道所等。

18日　沈阳航空航天大学（辽宁通用航空研究院）协同部分高校、航空企业和科研院所，经过近三年艰苦攻关，成功研制的我国首款电动力轻型运动飞机RX1E首批两架交付。RX1E是电动力的双座新能源通用飞机，采用新的设计理念和先进的生产工艺，自主设计制造的全复合材料机体结构，拥有完全的自主知识产权。

▲沈阳市大数据管理局与中国联合网络通信有限公司沈阳市分公司、中国移动通信集团辽宁有限公司沈阳分公司、中国电信集团公司辽宁省沈阳市分公司、北方联合广播电视网络股份有限公司沈阳分公司、中国铁塔股份有限公司沈阳市分公司等五家企业签署智慧沈阳战略合作协议。这标志着智慧沈阳信息通信基础设施建设进入快速发展阶段。

23日　沈阳市政府和社会资本合作（PPP）第二批36个项目进行公示。总投资263.9亿元。

24日　华晨集团金杯车辆公司举行新工厂建设开工仪式，华晨集团金杯车辆公司搬迁改造、新工厂建设全面启动。项目建设总投资22.5亿元，占地面积100公顷，建筑面积46万平方米，年生产能力将从目前的8万辆增加到20万辆。

25日　沈鼓集团第一家分公司——新疆分公司正式在乌鲁木齐揭牌成立。

26日　沈阳市举行“大众创业、万众创新”典型报告会。“中国工业淘堡网”创办人、沈阳格微软件有限责任公司董事长张桂平等9位全市创业、创新代表，分别讲述自己的创业创新历程，为与会者上了一堂生动的人生励志课。

27日　由沈阳市体育局与斯迈夫体育产业有限公司联合打造的中国沈阳“足球之都”斯迈夫足球产业孵化基地揭牌。市长潘利国出席活动，并为即将出征哥德杯世界青少年足球赛的沈阳青少年足球队授旗。活动现场，沈阳、长春、哈尔滨、武汉、长沙、太原、兰州、阜新、鞍山、抚顺、辽阳、铁岭、营口、本溪等14个城市共同成立中国城市足球联盟。

▲沈阳城市建设学院国际足球学院以及沈阳城市足球俱乐部正式成立。市长潘利国、教育部体卫艺司副司长殷俊海，市委副书记邢凯、省体育局局长孙永言分别为国际足球学院和足球俱乐部揭牌。沈阳城市建设学院位于浑南区，其国际足球学院现有标准足球场地7块，拟新建一个可容纳3000人的标准足球馆、一个可容纳3万人的国际化足球场和6块五人制、七人制足球场地。

▲市长潘利国考察2015第十四届中国沈阳国际汽车工业博览会。本届汽博会由中国机械工业集团有限公司、中国汽车工业国际合作有限公司主办，启用沈阳国际展览中心8个展馆和室外展区，展览面积达18万平方米，国内外参展企业近200家、展出车型近千款。本届汽博会首次举办“2015中国沈阳二手车展示交易会”，近20家参展商展出近500台二手车。

30日　辽宁省委组织部分副省级职务以上老领导来沈，就“全省新一轮振兴发展”进行调研。

七　月

1日　沈阳市高校创新创业工作推进会在沈阳大学召开。市长潘利国出席会议并讲话，并考察沈阳大学的大学生创业中心、生命科学工程学院等。市人社局、沈河区、铁西区、沈北新区和沈阳大学、东北大学、沈阳工业大学、沈阳农业大学代表分别与东软控股有限公司代表签署创业孵化基地共建协议。

▲沈阳市城乡低保标准和农村五保供养标准再次提高，城市低保标准提高7%以上，农村低保标准提高12%以上，农村五保供养标准平均提高10%以上。

2日　市政府批准设立沈阳振兴发展基金。沈阳振兴发展基金是政府出资设立并按市场化方式运作的综合性基金，按照“政府引导、市场运作、防范风险、滚动发展”的原则运作。基金由沈阳市投融资管理中心发起设立，规模100亿元，2015年首期规模30亿元。基金主要用于沈阳市重要支柱产业，战略性新兴产业、高新技术产业、电子信息产业、现代农业，文化、金融等现代服务业以及PPP项目等相关领域，重点对沈阳市的重大项目实施股权投资，围绕“大众创业、万众创新”，支持参与小微企业创业创新。

▲沈阳佳德联益能源科技股份有限公司“佳德联益”在“新三板”正式挂牌。至此，沈阳已有20家企业成功抢滩“新三板”市场，为沈阳中小企业发展注入强大的资本力量。

4—11日　市长潘利国率领沈阳市经贸代表团赴土耳其、德国进行友好访问和开展经贸洽谈活动。为进一步落实中央新一轮振兴东北战略，拓宽和加强沈阳市同土耳其、德国间经贸交流与合作，代表团坚持“引进来”与“走出去”相结合，围绕沈阳市重点产业，多领域、多产业地洽谈推进一批重点项目,促成11个合作协议正式签署,出访取得丰硕成果。

6日 沈阳市反信息诈骗中心正式成立。该中心是由公安、宣传、金融、电信等各种社会资源全面整合的侦防一体化反信息诈骗犯罪专门机构,市公安局承担日常工作。中心将采取“事前防范宣传、事中快速处置、事后心理疏导”的防范和打击信息诈骗新模式。

7日 “九一八”历史博物馆被授予“中央国家机关爱国主义教育基地”并举行授牌仪式。全国共命名10家“中央国家机关爱国主义教育基地”,“九一八”历史博物馆是东北三省惟一的一家。

10日 沈阳农村综合产权交易中心挂牌成立。交易中心为农业经营主体融资和农村各类产权交易搭起有效的对接平台,有利于规范农村产权交易行为。这标志着沈阳市农村改革取得重大突破。

13日 辽宁鑫奉珠宝集团有限公司旗下的嘉比德文化有限公司在上海股权托管交易中心正式挂牌,成功登陆上海股权交易中心中小企业股权报价系统(企业代码:205122)。此举也标志着该公司成为全国文物收藏行业第一家在上海股权托管交易中心Q版上市企业。

15－19日 沈阳广播电视台童声合唱团赴德国韦尼格罗德市参加第九届约翰·勃拉姆斯国际合唱比赛暨音乐节,夺得童声组金奖。

15日 科技部党组书记、副部长王志刚到沈阳就国务院28号文件落实情况以及自主创新示范区建设等工作进行专题调研,考察沈阳国际软件园的两化融合展示中心、新松机器人股份有限公司的智慧产业园等,听取沈阳智慧城市建设和两化融合、机器人产业发展等相关工作汇报。

▲由沈阳和芝加哥两市政府共同主办的“沈阳—芝加哥经贸合作洽谈会”在沈举行。市长潘利国、芝加哥市副市长斯蒂芬·高克和美国驻沈阳总领事闻思国分别致辞。

▲沈阳大数据运营有限公司正式挂牌成立。公司一期注册资本2000万元,是由沈阳创业投资管理集团有限公司代表沈阳市人民政府和东网科技有限公司出资发起成立的混合所有制公司。旨在协助政府构建城市级数据产业基础,促进数据创新应用,助力政务、行业、企业等各领域数据资源开放与资产化。

16日 沈阳市政府与中国联通沈阳市分公司举行“行车易停车易”智慧交通建设项目签约暨启动仪式。这是沈阳市智慧城市建设的第一个正式签约项目,标志着沈阳智慧城市建设正式进入实施阶段。

17日 省委常委、市委书记曾维会见日本IHI株式会社首席顾问中村房芳一行。当天,沈阳远大企业集团与日本IHI株式会社正式签署协议,合资成立远大石川岛农机(沈阳)有限公司,主营玉米收割机及小型农用拖拉机。

7月19日 东北大学入选教育部首批“全国高校实践育人创新创业基地”名单,该名单包括33所部委属院校、8家地方院校及单位、2家高职高专、2家地方政府和5家国有大中型企业。

21－22日 全国双拥工作领导小组副组长兼办公室主任、民政部副部长窦玉沛率领全国双拥工作调研督导组来沈,就沈阳市双拥模范城创建工作进行调研督导。

23日 市长潘利国代表市政府向德国驻沈阳总领事馆总领事傅培言颁发“沈阳市荣誉市民”荣誉证书。傅培言1953年出生于德国汉堡,2012年10月出任德国驻沈阳总领事馆第一任总领事。

24日 《沈阳日报》报道:日前,经中共中央批准,曾维同志任辽宁省委副书记。

▲沈阳市人民政府与全国中小企业股份转让系统有限责任公司签署战略合作备忘录。全国中小企业股份转让系统俗称“新三板”,是经国务院批准设立的全国性证券交易场所。辽宁天禹星科技股份有限公司在全国股转系统挂牌。

▲由沈阳化工大学牵头组建的“辽宁省精细化工产业技术联盟”正式成立。联盟由沈阳化工大学、大连理工大学、辽宁省石油化工规划设计院和辽宁奥克化学股份有限公司发起,共吸纳省内高校、科研院所、产业集群和精细化工企业等106家单位。

27日 中共沈阳市委十二届十一次全体会议举行。市委常委会主持会议。省委副书记、市委书记曾维代表市委常委会作工作报告。会议认真学习习近平总书记在振兴东北老工业基地座谈会上的重要讲话精神,讨论通过市委常委会工作报告,审议《中共沈阳市委关于加快推进全面创新改革的意见》。

30日 省委副书记、市委书记曾维率省、市“八一”慰问团到武警辽宁总队第二支队和96101部队,亲切慰问部队官兵,并致以节日的祝贺。

▲沈阳与上海举行经济合作项目签约仪式。沈阳市政府及相关地区、部门分别与上海仪电集团等8家沪企签署12个合作项目。市长潘利国参加签约活动并会见上海企业家代表。

31日 全国首个居家无忧“互联网＋家”实体店与线上APP平台在和平区太原街街道沈铁和谐家园小区正式启动。这是政府通过市场化运作,搭建“互联网＋家”线上线下服务平台,积极探索为和谐社区提供3(社区＋物业＋居家无忧)＋X全方位服务模式的新尝试。

八　月

1日 沈阳足球公园建成后对外开放,园区10个球场实行收费使用。

4日 《沈阳日报》报道:“八一”前夕,在武警部队举行的第十八届“中国武警十大忠诚卫士”颁奖典礼上,武警辽宁总队沈阳支队八中队战士卢晓波荣获“中国武警十大忠诚卫士”称号,这是该支队战士首次获得武警部队的至高荣誉。

6日 市政府新闻办公室发布:为进一步促进大学生及青年创业就业工作,沈阳市将设立5000万元“大学生及青年创业就业发展基金”,专门用于扶持大学生及青年创业。

7日 市长潘利国率市政府代表团赴哈尔滨市考察城市建设管理工作。代表团先后到科技创新城、太阳岛湿地等地参观考察,与哈尔滨市相关地区和部门交流工作经验。黑龙江省委常委、哈尔滨市委书记陈海波会见代表团一行。

11日 科技部副部长曹健林就沈阳市创建国家自主创新示范区工作进行调研,先后到沈阳国际软件园、新松智慧产业园、东北区域超算中心和东软集团实地考察,并听取有关工作汇报。

13日 全国十省市体育产业专题调研会议在沈阳召开。沈阳市已获批国家体育产业联系点城市,成为全国35个体育产业联系点城市之一。未来,将有国家级体育产业项目入驻沈阳,国家级体育产业科研成果也将在沈阳先试先行。

14日 省政协主席夏德仁率调研组到沈阳调研，并召开座谈会，围绕落实2009年省委政协工作会议精神，听取沈阳市工作汇报及相关建议。省委副书记、市委书记曾维出席会议。

▲省委副书记、市委书记曾维，市委副书记、市长潘利国与本溪市委书记高宏彬，市委副书记、代市长崔枫林率队的本溪市党政考察团，围绕推进沈本一体化建设召开座谈会。

▲《沈阳日报》报道：沈阳与京津冀（城市群）、上海、南京、镇江、杭州等16个城市，入选国家交通运输部首批综合运输服务示范城市。

▲位于北陵公园对面的东北首个出入境24小时自助服务大厅启用。

17—18日 省政协主席夏德仁率在辽全国政协委员视察团到沈，就沈阳建设国家中心城市情况进行视察。视察团先后视察了东网科技超算中心、新松智慧产业园、蒲河生态廊道和大东汽车城，听取沈阳市政府关于建设国家中心城市有关情况的汇报，并与省政府及沈阳市政府座谈交换意见。

▲市长潘利国率相关地区和部门负责人，赴北京、河北洽谈推进重点项目。潘利国会见了中国建筑工程总公司董事长、党组书记、总裁官庆，中国铝业公司董事长、党组书记葛红林，就中建、中铝合作在沈投资10亿元的中建铝建筑铝模板项目进行深入洽谈；考察了华夏幸福基业股份有限公司投资建设的固安产业新城，推进该公司进一步扩大在沈投资。同时，沈阳智慧产业园项目顺利签约，软通动力信息技术（集团）有限公司将在互联网+创新创业、大数据、互联网+产业领域等方面与沈北新区全面开展战略合作，打造年产值达百亿规模的沈阳智慧产业集群。

20日 第四届沈阳法库国际飞行大会暨2015中国沈阳国际航空博览会在法库财湖机场的沈阳通用航空产业基地开幕。

22日 历经4年建设的辽宁省图书馆新馆正式对外试开放。新馆位于浑南区，建筑面积10.3万平方米，拥有阅览坐席7000个，藏书能力1000万册。

24日 省委副书记、市委书记曾维，市长潘利国与铁岭市委书记吴野松、市长孙铁率队的铁岭市党政代表团，围绕加快推进沈铁互动发展举行专题座谈会。

▲沈阳两场馆入选国务院公布的第二批100处国家级抗战纪念设施、遗址名录，分别为中共满洲省委旧址纪念馆（位于沈阳市和平区皇寺路福安巷3号）和沈阳二战盟军战俘营旧址（位于沈阳市大东区地坛街30－3号）。

25日 根据省委统一部署，省委第六巡视组进驻沈阳市开展巡视工作。

26日 市长潘利国出席市教育局与青岛伟东集团共同推进沈阳智慧教育建设的战略合作签约仪式，并会见青岛伟东集团董事长王端瑞。

▲“我的沈阳·乘车易”手机客户端正式上线启用。手机下载安装后，市民便可体验“智慧交通”带来的出行便利。

▲首批试点的两个“沈阳新社区智慧屋”在皇姑中海西社区和沈河清泉社区揭牌。沈阳计划年内建成50个新社区“智慧屋”。“智慧屋”将线上政务等便民服务延伸到线下，满足百姓的生活服务需求。在社区为市民提供产品体验、金融服务、物流配送、网购平台等多种服务。

28日 市总工会命名王欣劳模创新工作室等26个首批“沈阳市劳模创新工作室”，并分别给予2万元工作资金支持。此前，由市总工会推荐的中航工业沈阳飞机工业集团有限公司王刚劳模创新工作室和沈阳鼓风机集团股份有限公司杨建华劳模创新工作室分别被命名为首批全省和全国劳模创新工作室。

29日 省委书记、省人大常委会主任李希到沈阳市，亲切看望慰问部分抗战老战士、老同志，代表省委、省政府和全省人民向为民族解放、国家独立作出巨大牺牲和特殊贡献的老战士、老同志，致以崇高的敬意和诚挚的问候。

31日 “铭记历史·圆梦中华”全国红色旅游万里行主题活动在“九一八”历史博物馆广场启动。此活动由国家旅游局、省政府共同主办。

▲省委书记、省人大常委会主任李希到沈阳市，就建立健全立体化社会治安防控体系建设，加强社会治安综合治理工作进行专题调研，先后考察市公安局指挥中心和多福社区。

▲2015中国（沈阳）国际机器人大会在浑南总部基地开幕。市长潘利国在开幕式上致辞，并在开幕式前会见2006年诺贝尔物理学奖得主乔治·斯穆特博士、2007年诺贝尔经济学奖得主埃里克·马斯金博士和2013年诺贝尔医学奖得主托马斯·聚德霍夫博士等参会嘉宾。

九　月

1—5日 第十四届中国国际装备制造业博览会暨首届中国沈阳国际机器人展览会在沈阳国际展览中心举行。展览吸引了国内外近千家企业参展，共设展位4026个，展出面积约11万平方米。

▲沈阳至丹东高铁开通运营。沈丹高铁全长208公里，设沈阳南、本溪新城、本溪、南芬北、通远堡西、凤城东、五龙背东、丹东8个车站，沈阳至丹东最短运行时间由3小时34分缩短至1小时11分。

▲“我的沈阳”智能门户（内测版）正式上线。“我的沈阳”智能门户是市大数据管理局打造的一款城市级便民服务智慧平台。现已推出医保查询、公积金查询、违章查询、快递查询等查询服务和生活缴费服务。

6—8日 省委副书记、市委书记曾维率辽宁省党政代表团，看望辽宁省第七批援藏干部和援藏人才，并带去省委书记、省人大常委会主任李希，省长陈求发《致辽宁省第七批援藏全体同志的慰问信》。

8日 市政府主办的“光荣与梦想”2015沈阳城市足球峰会在沈阳足球大厦开幕。同时，中国沈阳足球改革发展智库、中国沈阳校园足球联盟基地揭牌。沈阳市分别与澳大利亚戈斯福德市签署足球友好城市战略合作协议，与人民网签署战略合作协议，与智美体育集团签署“动乐魔方”建设协议。

▲世界杯预选赛亚洲区比赛在沈阳奥体中心举行，中国男足以3－0战胜马尔代夫队。

9日 由文化部、东北三省政府共同主办，沈阳市政府承办的第六届中国东北文化产业博览交易会在沈阳国际展览中心开幕。

▲市政府与东北大学举行战略合作框架协议签约暨沈阳机器人协同创新中心揭牌仪式。东北大学、沈阳工业大学、中科院沈阳自动化所、沈阳新松机器人自动化股份有限公司、东软集团、沈阳机床股份有限公司、晨讯科技集团7家单位共同签约组建沈阳机器人协同创新中心。

▲于洪区政府与软通动力信息技术(集团)有限公司、意大利维龙集团签署合作协议,共同建设跨境电商平台及产业链采购协同平台项目。市长潘利国参加签约仪式并会见两家项目合作企业负责人。

11 日 第十四届中国沈阳韩国周在沈阳市朝鲜族第六中学操场举行开幕式。本届韩国周由沈阳市政府和韩国驻沈阳总领事馆主办,和平区政府、市外经贸局等单位及沈阳韩国商会承办,期间将举办 19 项主要活动。

12—13 日 “百名留英博士创业沈阳交流推介会”在沈阳浑南总部基地大厦举行。欧美同学会·中国留学人员联谊会、全英中国学生学者联谊会与沈阳市委、市政府联合主办“百名留英博士创业沈阳行”活动,邀请 101 名在英国牛津、剑桥、帝国理工等知名高校留学的中国博士生来沈考察创业环境,并就所携 87 个创业项目进行合作对接。

14 日 省委书记、省人大常委会主任李希到“三严三实”专题教育定点联系企业沈阳新松机器人自动化股份有限公司浑南智慧产业园调研,深入生产车间、召开座谈会议,看发展、问情况、听建议,帮助企业研究解决生产经营中存在的问题,进一步理清发展思路。

▲市公安局在全市城乡接合部和医院、校园、宗教场所周边等治安问题复杂地区组建 28 个流动派出所,配备 37 个警务室。副市长、市公安局局长许文有为南塔鞋城内的流动派出所揭牌,宣布全市 28 家流动派出所正式成立。

15 日 经沈阳市追逃办与有关单位和部门通力合作,出逃美国 14 年的沈阳黎明服装集团公司原董事长、总经理王宏明,在北京被缉捕归案并押解回沈。皇姑区检察院反贪局以涉嫌贪污犯罪,对王宏明立案侦查,对其采取刑事拘留强制措施。

16 日 沈阳市举行新一轮振兴论坛暨沈阳市领导与院士专家座谈会。市长潘利国与十余位应邀来沈的中国科学院、中国工程院院士及各相关领域专家共商沈阳发展大计。李德仁、王国栋、李天、张懿、张玉奎、封锡盛、胡壮麒、柯伟、段正澄、顾国彪、郭东明、牛凤瑞、史丹、林木西、刘治彦、剧锦文等院士、专家获颁沈阳市政府智库专家聘书。

▲《沈阳市医疗纠纷预防与处置办法》出台。办法规定:医疗责任保险的参保单位是医疗机构,参保费用由医疗机构或医疗机构与医务人员共同承担,医疗机构不得因参加保险而提高现有收费标准或者变相增加患者负担,索赔金额不超 1 万元在医疗机构解决,八种“医闹行为”将报警处理。

17 日 第九届中国辽宁国际农产品交易会暨第十五届中国沈阳国际农业博览会在沈阳国际展览中心开幕。本届农博会展出面积 6.5 万平方米,吸引韩国、加拿大、澳大利亚等 31 个国家和地区的 1500 多家企业、上万种名优新特产品参展。

▲中航工业－波音制造创新中心沈阳分部在沈飞民机公司正式挂牌。市长潘利国出席挂牌仪式,并与波音中国公司全球采购中心副总裁肯德·费舍尔等进行工作会商。

▲全市首批 162 所学校体育场对市民开放,10 月底前再开放 147 所。两批共开放 309 所学校体育场,包括和平、沈河、铁西、皇姑、大东等各区、县(市)。

▲皇姑屯事件博物馆正式对公众开放。博物馆位于天山路 211 号,建筑面积 1200 平方米,分五个部分展示皇姑屯历史事件的前因后果,警示后人牢记历史、珍爱和平。

18 日 “勿忘九一八”撞钟鸣警仪式在沈阳市举行。这也是中国人民抗日战争暨世界反法西斯战争胜利 70 周年系列纪念活动之一。省委书记、省人大常委会主任李希,中央宣传部副部长王世明,省政协主席夏德仁出席仪式。省委副书记、市委书记曾维主持仪式。

19 日 沈阳市获得 2016 中国城市规划年会承办权。

20 日 吉图珲高铁开通运营,被誉为“东北最美高铁”。吉图珲高铁设计时速 250 公里,初期运营时速 200 公里。沈阳至珲春最短用时为 4 小时 36 分钟,沈阳至延吉最短用时为 3 小时 54 分钟。

21 日 市长潘利国率沈阳市经贸团赴贵阳市考察南明河环境综合整治工程和大数据建设成果。其间,潘利国一行考察了贵州省绿地金融资产交易中心和浪潮贵安大数据创新中心,洽谈推进了绿地集团和浪潮集团拟在沈投资项目。贵州省委常委、贵阳市委书记陈刚会见沈阳经贸团一行。

22 日 东北大学、中科院沈阳自动化研究所、沈阳新松机器人合作在东北大学筹建机器人科学与工程学院签约仪式在沈举行,标志着国内 985 高校首个机器人科学与工程学院将诞生。

▲辽宁盛恒律师事务所融资服务板挂牌上市仪式在辽宁省股权交通中心举行。该所成为东北首家、世界第五家上市律师事务所。

▲中国沈阳海智创新创业大赛在东北大学举行决赛。金奖项目之一东北大学杨杰教授团队的“碳化硅高温直流开关电源”项目成功获得 1000 万元融资。

22—24 日 市长潘利国率经贸团赴重庆市,考察了重庆两路寸滩保税港区、团结村铁路物流枢纽,与重庆市相关部门就 PPP 投融资模式改革、统筹城乡综合配套改革、“渝新欧”国际贸易大通道建设运营、推进新型城镇化、内陆开放高地建设、金融改革创新等工作进行了座谈交流。经贸团还洽谈推进了沈阳市口腔医院扩建项目,重庆君盾集团、同元集团和瀚华金控公司在沈投资项目。

23 日 中科院、省政府、市政府签署三方协议书,共建中国科学院机器人与智能制造创新研究院。创新研究院选址在沈阳市浑南区创新路,规划占地面积 39.7 公顷,共分两期建设,一期建设计划在 2020 年底完成。

25 日 文化部副部长项兆伦来沈就沈阳市非物质文化遗产保护工作进行专题调研。项兆伦来到和平区老北市文化园,考察了沈阳宏亿皇寺艺术馆、锡伯族家庙和实胜寺等。

27 日 1.5 万名马拉松爱好者参与的“2015 智美体育杯沈阳马拉松赛”正式开跑。

28 日 省、市政府共同举行庆祝中华人民共和国成立 66 周年国庆招待会。省长陈求发出席招待会,副省长邴志刚致辞,市长潘利国主持招待会。俄罗斯驻沈阳总领事白德福、日本驻沈阳总领事大泽勉、韩国驻沈阳总领事申凤燮、德国驻沈阳总领事卜布、法国驻沈阳总领事马克·拉米、朝鲜驻沈阳副总领事金永日、美国驻沈阳总领馆代表刘杰森应邀出席招待会。

29 日 西北二环快速路、迎宾路高架桥和东陵路高架桥正式竣工通车。市长潘利国为刚刚完成搬迁的沈阳市城市建设档案馆新馆揭牌,并参观沈阳城市建设摄影展。

▲“我的沈阳·行车易停车易”智慧交通系统正式上线运行。市长潘利国出席系统启动仪式。

30 日 省委书记、省人大常委会主任李希,省长陈求发,省政协主席夏德仁到沈阳抗美援朝烈士陵园,与各界代表一起向烈士敬献花篮，并祭扫烈士墓。省委副书记、市委书记曾维，市长潘利国，市人大常委会主任赵长义，市政协主席姜宏参加仪式。

十 月

1日 由中国商业联合会主办、法库县承办的第三届中国东北商品交易会在法库开幕。展会主题为“品牌与特色”，包括首届沈阳法库树莓节、首届沈阳法库寒富苹果节等活动，有400多家企业参展。

8日 全省第一张“三证合一、一照一码”的工商营业执照在沈阳市和平区行政服务大厅工商服务窗口产生，领取者为启迪东北亚科技城投资有限公司。

9日 浑南区举行大数据和智慧城市创业联盟启动仪式。创业联盟现有各类创业企业和团队133个。

▲东北大学千人计划特聘教授王义入选欧洲科学院院士，是本次该科学院信息学部遴选的12名院士中惟一的华人。

10日 由沈阳日报发起并承办的首届“创”文化高峰论坛暨第23届全国副省级城市党报评论理论宣传研讨会在东北大学国际交流中心开幕。来自全国副省级城市党报的代表、特邀专家、学者齐聚沈阳，围绕“创”文化展开研讨。

▲沈阳北站北广场正式投入使用，北广场地面公交枢纽站及地下一层出租车场站同时对外开放。

12日 市政府与中兴通讯股份有限公司签署战略合作框架协议，共同推动智慧沈阳建设。市长潘利国出席签约仪式并会见中兴通讯股份有限公司总裁史立荣。

13日 沈阳市召开与铁岭市、西丰县座谈会，就对口支持西丰县发展工作进行座谈，并对下步任务进行部署。省委副书记、市委书记曾维出席座谈会并讲话。

17日 由沈阳、长春、哈尔滨、大连四市政府及东北大学、中国(海南)改革发展研究院共同主办的经济新常态下的东北振兴论坛在沈举办。中国经济体制改革研究会顾问宋晓梧，国务院发展研究中心副主任张军扩等专家学者；国家发改委东北振兴司副司长杨荫凯、经济体改司副司长宋葛龙；沈阳市市长潘利国，哈尔滨市市长宋希斌，长春市委常委、副市长王路，大连市委常委、常务副市长曹爱华等东北四市领导，以及政、产、学、研、企等各届人士齐聚一堂，共商东北区域合作发展大计。潘利国在开幕式上发表了题为“打造命运共同体、成为中国经济第四极”的主旨演讲。

▲怒江北街打通工程主干道通车，该工程全长1067米，南接怒江南街、北接怒江北街，穿越北三环及北侧裕虎铁路、京沈高速铁路，向北直接与青城山路相连接，人行道及非机动车道总计宽40多米、双向8车道。

▲第十届中国互联网金融领袖千人峰会暨世界众筹大会辽宁行活动在和平区三好街举行。

18日 市长潘利国、市领导阎秉哲陪同哈尔滨市市长宋希斌考察沈阳市高新技术企业东软集团。

18—22日 第四届东北三省合唱节在沈阳盛京大剧院举行。

19日 辽宁省暨沈阳市大众创业万众创新活动周在和平区三好街诚大国际数码广场启幕。沈阳市作为本届全国“双创活动周”7个分会场之一，以“创新创业——汇聚振兴发展新动能”为主题，开展创客大赛、创新创业投资论坛、众创专题报告会等9项主题活动。

20日 沈阳首家公立涉外国际医院——“沈阳国际医院”正式落户中国医科大学附属盛京医院。

20—22日 全国人大常委会副委员长、全国妇联主席沈跃跃到辽宁省，深入沈阳、辽阳等地的街道社区、乡镇村屯，就深入贯彻落实习近平总书记在中央党的群团工作会议上的重要讲话精神，进一步推动基层妇联工作进行调研。在沈阳市，沈跃跃到和平区文安路社区、大东区高教社区调研，实地了解沈河区反家庭暴力告诫制度开展情况，考察沈阳市富成蔬菜种植专业合作社、沈阳儿童活动中心等地。

22日 沈阳市调整居民供热价格听证会在沈阳军区金星宾馆举行，初步方案拟将供热价格每平方米降2元。

25日 沈北新区曙光村荣获“2015中国最美休闲乡村”、“特色民居村”称号。

27日 由商务部投资促进局、中国银行辽宁省分行、沈阳市人民政府主办的中德投资并购论坛暨中德企业交流会在沈举行。中国并购公会和德国联邦并购协会在会上共同签署《中国－德国企业并购合作宣言》。中国并购公会和德国联邦并购协会，将分别在北京和慕尼黑建立合作办事处，同时，共同发起成立中德企业并购基金，基金首期规模达10亿欧元，将重点支持中德两国企业在智能设备、消费品、医疗服务、金融服务等领域开展合作。

28日 沈阳市政府与阿里巴巴集团签署全面战略合作协议。双方约定在智慧城市、云计算和大数据、电子商务、互联网服务等领域开展合作，将阿里巴巴集团核心技术作为沈阳市智慧城市建设以及新兴产业发展的重要支撑，推动沈阳市全面提升产业竞争力，加快推动智慧沈阳建设。

29日 市政府与西门子(中国)有限公司在北京人民大会堂签署《全面合作框架协议》。市长潘利国、西门子(中国)有限公司总裁兼首席执行官赫尔曼在协议书上签字。双方将以中德装备园为战略合作重点平台，开展以智能制造为重点的多领域合作，并与本地优秀企业建立战略合作关系，共同开拓本地及海内外市场。

30日 10时38分，“沈满欧”首班“和谐”列车驶出沈阳东站，开启了沈阳对接欧洲国际市场的“直通车”。“沈满欧”班列从沈阳东站始发，途经满洲里、俄罗斯、白俄罗斯、波兰、终到德国汉堡，全程11000公里，运行时间12—14天，比传统海运缩短近2/3时间。

▲辽宁中意智能科技产业园项目在苏家屯区雪松经济开发区建成投产，预计现代化家居产品年产量将达到30万套，成为亚洲最大的家居产业基地。

31日 以“新金融新动力新发展——产业与金融的对话”为主题的中国金融论坛2015东北分论坛在沈召开。

十一月

1日 中共沈阳市委办公厅、沈阳市人民政府办公厅发布公告：经批准，自2015年11月2日起，中共沈阳市委从沈阳市沈河区青年大街150号、沈阳市人民政府从沈阳市沈河区市府大路260号，一并迁至沈阳市浑南区沈中大街206号(邮编：110169)。迁址后的市委、市政府各部门原办公电话不变。

2日 沈阳日报数字联播网全面上线运行。

2—5 日 由共青团中央、人力资源和社会保障部共同主办的第十一届"振兴杯"全国青年职业技能大赛决赛在沈阳举行。全国"青创先锋"系列活动同时启动。

3 日 市长潘利国出席市政府与浪潮集团有限公司签署战略合作框架协议签约仪式，并会见浪潮集团董事长兼首席执行官孙丕恕。根据协议，双方将以云计算、大数据技术为核心，共建大数据公司，积极参与智慧沈阳应用项目建设；共建大数据创新展厅，展示沈阳市大数据创新先进成果，提升城市影响力、营造大数据文化氛围；共建大数据创新应用中心、创客中心、人才培养基地，建立政务大数据开放平台、互联网数据采集平台，并促进大数据在农业、医疗卫生、交通、税务、食品安全等领域的应用。

5 日 市长潘利国出席 2015 年"沈阳玫瑰奖"颁奖仪式，并向 12 名为沈阳经济社会发展作出突出贡献的外国专家颁发证书和奖章。

6—13 日 经中国艺术家协会推荐，应联合国国际文化教育基金会邀请，沈阳市和平区南京一校舞蹈队、足球队的 30 多名小学生赴联合国参加"庆祝联合国成立 70 周年"活动。在联合国总部，南京一校的孩子们表演了获奖舞蹈《童年·1937》，并被联合国国际文化教育基金会授予"纪念联合国成立 70 周年和平小使者"称号。

8 日 辽宁出现大范围雾霾。经市政府批准，10 时 30 分沈阳市重污染天气应急指挥部启动重污染天气二级(橙色)应急响应，15 时 30 分升为一级(红色)预警。

10 日 辽宁省最大的光伏电站在康平县二牛所口镇开工建设。该项目占地面积共 98.1 公顷，年发电量 4700 万千瓦/时，由国家电力投资集团东北电力有限公司所属的东北电力开发公司投资 3.5 亿元建设，预计 2016 年 6 月 30 日前竣工投产。

11 日 沈阳市政府与札幌市政府共同举办纪念招待会，庆祝两市建立友好城市关系 35 周年。市长潘利国、札幌市市长秋元克广、日本驻沈阳总领事大泽勉分别致辞。

13 日 市长潘利国向华晨宝马汽车有限公司技术及生产高级副总裁海森颁发了 2015 年"沈阳玫瑰奖"，以表彰他为沈阳发展作出的贡献。

15 日 "2015 中国(沈阳)电子商务与区域经济发展论坛"在和平区举行，中国电子商务协会向和平区政府授予"中国电子商务示范区"牌匾，和平区成为东北首家国家级电子商务示范区，为沈阳市创建"国家电子商务示范城市"奠定坚实基础。

17 日 市长潘利国出席钢宝利 GONVAMA 汽车板材加工中心项目签约仪式，并会见投资企业代表。该项目由世界第一大钢铁集团安赛乐米塔尔中国项目公司 VAMA、世界五百强西班牙钢宝利等企业联合投资建设，是 2016 年全市重点项目，选址于苏家屯区沈水科技创新城。建成后将为宝马、一汽、广汽等汽车品牌提供高端汽车车身板材产品。

18 日 沈阳地铁四号线工程开工仪式在浑南区高铁二街与全运二西路交汇口施工现场举行。该工程北起望花街站，南至航天南路站。线路全长 34.1 公里，均为地下线路，概算总投资 210.3 亿元，计划 5 年后通车试运营。

▲辽宁公信集团新疆分公司在乌鲁木齐揭牌，这是沈阳援疆工作队继成功促成沈鼓集团在新疆成立分公司后的又一产业援疆成果。辽宁公信集团是集财务审计、税务咨询、工程造价、招投标代理、资产评估、产权交易、拍卖等中介服务于一身的中介服务集团。

▲沈阳乐天世界一期、沈阳文化艺术中心(盛京大剧院)两项工程获得 2015 中国建设工程"鲁班奖"，这是辽宁省 2015 年仅有的两个"鲁班奖"工程。

19 日 水利部党组成员、副部长田学斌，副省长赵化明、省水利厅有关领导到沈阳调研农村水利工作，视察了辽中县辽浑蒲泵站更新改造项目大树林子排水站工程施工现场和辽中县老大房镇水利服务站，现场了解沈阳大型泵站和大型灌区的改造情况及全市乡镇水利服务站建设运行情况。

20 日 市长潘利国与辽阳市党政考察团就全面推进沈阳与辽阳区域合作，加快两市互动发展进行专题座谈。

21 日 由沈阳市老龄工作委员会办公室和辽宁华龄智能养老产业发展中心主办的全国智能化养老高层论坛暨全国智能化养老"沈阳模式"研讨会在沈阳举行。国务院发展研究中心副主任张来明，全国老龄办巡视员、全国华龄智能养老产业发展中心理事长朱勇出席会议并讲话。

23—24 日 市长潘利国率各地区、相关部门负责人赴青岛市，就智能制造转型升级等重大课题考察学习。潘利国出席沈阳企业家赴海尔集团研修班开班仪式并讲话，来自沈阳机床、北方重工、辉山乳业等 31 家企业的负责人和 13 个区、县(市)政府及相关部门负责人参加了第五期培训。

▲2015 世界青少年机器人邀请赛(FRC)在沈阳举办，由东北育才学校高一 4 名学生组成的参赛队与来自美国、澳大利亚、加拿大等国家和地区的 17 支代表队同场竞技，勇夺联盟总冠军。

25 日 市长潘利国率相关地区和部门负责人在长沙、武汉两地考察推进新能源、新材料、现代商贸等重点项目。潘利国在长沙考察了湖南巨星集团，参观了锂电池生产车间，与巨星集团董事长邱则有洽谈推进新能源项目；会见华菱安赛乐米塔尔汽车板公司首席执行官菲尔南德、首席运营官执行总裁焦国华，洽谈推进苏家屯区钢宝利钢瓦玛汽车钢铁加工中心的高端汽车板材加工及激光拼焊项目。在武汉考察了金马凯旋集团家居 CBD 展示中心、红木家具馆，卓尔集团汉口北市场项目和电商城。

25—26 日 民政部副部长顾朝曦率调研督察组到沈督导检查禁毒工作和督查调研社会工作。26 日上午，顾朝曦出席全国城乡社区建设专家委员会第二次全体会议暨理论研讨会，并为东北大学城乡社区建设研究院揭牌。

26 日 全国省会城市老科协 2015 年工作经验交流会在沈阳开幕，会议以"高举旗帜、创新发展"为主题，总结交流工作经验体会，研究探讨推动老科协工作创新发展的思路举措。中国老科协会长陈至立出席开幕式并讲话。省委副书记、市委书记曾维出席开幕式。

27 日 由沈阳市政府主办，盛京银行股份有限公司承办，和平、沈河、皇姑区政府协办的"加强金融大联合促进东北再振兴"金融高层峰会开幕。全国政协经济委员会副主任委员董大胜出席峰会，市长潘利国致辞。

30 日 根据省委巡视工作领导小组的安排，省委第六巡视组组长张书义向沈阳市反馈了巡视情况。省委副书记、市委书记曾维作表态发言，对落实巡视整改工作提出要求。市委副书记、市长潘利国主持会议，市人大常委会主任赵长义出席会议。

▲经有关部门审批核准，位于沈阳的惟一法人证券公司——"诚浩证券有限责任公司"变更为"网信证券有限责

任公司”,成为全省首个试水“互联网+证券”的证券公司。

十二月

1日　中航工业沈飞民机A01厂房生产现场举行Q400机身连接第100架交付仪式。Q400机身连接段全长22.6米,重3387公斤,是一项高精尖技术的系统工程。

2日　于洪区与意大利AC米兰足球俱乐部(中国)青训营签署协议,将在沈阳市第五十六中学合作开办东北地区首家中小学足球培训基地。

▲经国家发改委、中央编办等11个部门联合审批,新民市成为第二批国家新型城镇化综合试点城市,这是继海城市后辽宁省第2个国家级新型城镇化综合试点市。

3日　以“智慧产业、创新城市”为主题的2015中国(沈阳)智慧产业展暨第六届中国(沈阳)国际手机博览会,在辽宁工业展览馆开幕。市长潘利国参观展会,并会见中国工程院院士徐寿波、中国通信工业协会会长王秉科等与会嘉宾。

7日　沈阳农业大学副校长李天来、中国航空工业集团公司副总工程师孙聪当选中国工程院院士。

▲中国沈阳书刊批发市场开始搬迁,新址位于大东区龙之梦小商品大世界五楼,建筑面积1.3万平方米。年底前试营业。

8日　市长潘利国出席唯品会东北电子商务产业园项目签约仪式,会见唯品会(中国)有限公司高级副总裁唐倚智。项目位于于洪区永安新城,占地面积约66.7公顷,一期占地26.7公顷,计划2016年春季开工,主要建设唯品会东北总部运营结算中心和仓储物流中心,总投资20亿元。

16日　东北大学计算机科学与工程学院正式揭牌成立。

16—18日　在浙江省乌镇举行的第二届世界互联网大会上,中国科学院沈阳自动化研究所重点展示了WIA工业无线技术、可重构工业控制网络以及软件定义生产系统等多项沈阳自动化所自主研发的智能制造核心技术。该所展出的工业4.0智能制造下的模拟车间,是目前世界上惟一的全无线控制、设备智能识别的车间。

▲沈阳格微软件有限责任公司应中国国家互联网信息办公室的邀请,作为东北地区惟一的工业互联网企业参加了第二届世界互联网大会。

17日　2016年全国流动人口关怀关爱活动启动仪式在沈阳市五爱市场国际小商品城举行。

18日　省政协主席夏德仁到沈阳市调研“两代表一委员”工作室建设及活动开展情况。夏德仁到沈河区新北站街道凯旋社区,详细了解社区“两代表一委员”工作室建设及活动开展情况。随后与社区干部、驻室沈河区党代表、人大代表、政协委员进行座谈,听取大家对“两代表一委员”工作室的意见、建议。

▲首届东北亚“互联网+”平台经济大会在和平区开幕。外埠友好城区领导、国际商会负责人、知名经济学家、产业投资界高端人士、国内平台经济企业及创新创业代表约500余人参加大会。

22日　沈阳桃李面包股份有限公司在上海证券交易所上市交易,股票代码603866,总融资额为6.19亿元。

23日　市长潘利国会见由国家煤矿安监局副局长杨富率领的国务院安委会督查组一行,并介绍沈阳安全生产形势。

▲国务院正式发布关于《中德(沈阳)高端装备制造产业园建设方案》的批复文件。中德(沈阳)高端装备制造产业园作为沈阳市全面创新改革工作的重要平台,园区10平方公里起步区已进入实质性建设阶段,建成各类项目35个,在建及完成注册项目15个,签约项目7个。

24日　浑南区政府与百度糯米签署战略合作协议。根据协议,百度糯米沈阳区域总部进驻浑南区,发挥双方资源优势共建O2O产业生态产业链,提升本地居民生活品质并激发生活服务业发展。

27日　市长潘利国考察刚刚开业的沈阳豫珑城项目,并会见复星集团董事长郭广昌。沈阳豫珑城项目地处沈河区中街核心商圈,占地面积3.2万平方米,总建筑面积16.2万平方米。

▲由皇姑区政府与中国工业设计协会、市经信委共建的“中国装备制造工业设计中心”举行启动仪式。

28日　创新沈阳俱乐部正式成立。该俱乐部由沈阳市部分优秀企业、科研院所、高等院校共同筹建。市长潘利国出席成立大会并与东软集团董事长刘积仁共同为俱乐部揭牌。

▲沈城南部门户交通枢纽工程——五爱街立交桥工程全面开工,预计2016年“十一”前主要道路及交通节点实现竣工通车。

▲反映沈阳工业题材的电视连续剧《大路上》获第30届中国电视剧“飞天奖”。

29日　中共沈阳市委十二届十二次全会暨经济工作会议召开。省委副书记、市委书记曾维作工作报告,市委副书记、市长潘利国就2016年全市经济工作作出部署。会议审议通过市委常委会工作报告、《中共沈阳市委关于制定国民经济和社会发展第十三个五年规划的建议》和《关于市委候补委员姜军同志递补为市委委员的决定》。

▲沈阳市表彰功勋企业家暨新年联谊会在盛京大剧院歌剧厅举行。10名为沈阳振兴发展做出突出贡献的企业家获得沈阳首届“功勋企业家”殊荣。省委副书记、市委书记曾维出席表彰仪式并为功勋企业家颁奖,市长潘利国主持表彰仪式,市人大常委会主任赵长义、市政协主席姜宏出席表彰仪式。

31日　和平区政务审批服务局挂牌,和平区法制局成立。这是和平区重点领域改革、创新行政管理方式的又一新举。

附　录

2015年沈阳市新增中国驰名商标

商标所有人	商标名称
沈阳小俊男食品工业有限公司	小俊男

2015年沈阳市新增辽宁省著名商标

商标所有人	商标名称
沈阳推动广告有限公司	推动策划及图
沈阳鲁博厨业有限公司	盛京鲁博及图
东北制药集团沈阳第一制药有限公司	其仙
沈阳衡器制造有限公司	星平及图
沈阳市长城过滤纸板有限公司	双圣及图
辽宁东鹰电器集团有限公司	东鹰电器及图
沈阳创新合金有限公司	创新合金及图
沈阳市永森竹木业有限公司	皇盾添彩
辽宁爱普罗斯饲料有限公司	爱普罗斯
沈阳兴合钛业有限公司	图形商标
辽宁美娜嘉家私有限公司	美娜嘉 MEINAJIA

2015年新增沈阳市著名商标

商标所有人	商标名称
沈阳网上三好街资讯有限公司	网上三好街

商标所有人	商标名称
辽宁朵朵童世界商业管理有限公司	朵朵童世界及图
沈阳参中堂商贸有限公司	参中堂+拼音
沈阳大光明钟表眼镜有限公司	大光明
沈阳市红利来厨房设备制造有限公司	红利来
沈阳渡口餐饮管理有限公司	辽河渡口
沈阳市李连贵熏肉大饼餐饮中心	李连贵
东北制药集团股份有限公司	德维喜
辽宁方林装饰工程有限公司	方林装饰 FANGLIN DECORATION
沈阳隆兆家具有限公司	隆兆及图
沈阳三洋建筑机械有限公司	图形商标
沈阳市凉宇制冷设备厂	沈古轮
沈阳市流浪人家快餐店	流浪人家
沈阳营安隆连锁超市有限公司	YING AN LONG 及图
沈阳市于洪区品膳坊传统精品菜馆	品膳坊及图
沈阳泰利德泵业制造有限公司	泰利德及图
沈阳礼拜天食品有限责任公司	图形商标
新民市鑫鑫种子有限公司	安尔富
沈阳市兴盛泉酒业有限公司	冰海 BINGHAI
沈阳西奥电梯制造有限公司	西奥 XAEL 及图

2015 年度沈阳名牌产品

序号	商　　标	产品名称	单　　位
1	通厨	厨房设备	沈阳通用厨房工程有限公司
2	金石	食用植物油	中纺粮油(沈阳)有限公司
3	克拉古斯	系列肉制品	沈阳克拉古斯食品有限公司
4	沈北七星	大米	沈阳辽北七星米业有限公司
5	钰用山珍	金针菇	沈阳恒生农业发展有限公司
6	北乡	大米	沈阳狮子王工贸有限公司

序号	商　标	产品名称	单　位
7	佳德联益	超声波热(冷)量表	沈阳佳德联益能源科技股份有限公司
8	飞宇 + 图标	胶管、胶布制品	沈阳第四橡胶(厂)有限公司
9	礼拜天	雪糕	沈阳礼拜天食品有限责任公司
10	金杯	轻型载货汽车	沈阳金杯车辆制造有限公司
11	邦迪	地板	沈阳好百年木业有限公司
12	图标 + 文字	风幕机	沈阳金晨伟业冷暖设备有限公司
13	雷诺玛	系列床上用品	沈阳雷诺玛床饰品有限公司
14	水首长	天然矿泉水	沈阳大清宝泉矿泉水饮品制品有限公司
15	图标 + 文字	搅拌器	辽宁豪耐思石化装备有限公司
16	图标 + 文字	母线槽、电缆桥架系列	沈阳凯宸电气有限公司
17	嘉乐百岚	民用沙发	沈阳市于洪区嘉乐家具制造厂
18	图标	高低压成套电器开关	沈阳东鹰电器集团有限公司
19	北阳	1 – 35KV 交联电力电缆	沈阳北阳电缆制造有限责任公司
20	北美金象	强化复合地板	沈阳北美木业有限公司
21	皇盾添彩	浸渍纸层压木质地板	沈阳永森竹木业有限公司
22	贝格尔	厨柜	沈阳贝格尔实业有限公司
23	长龙	35KV 及以下交联聚乙烯绝缘电力电缆	沈阳长城电缆实业有限公司
24	海泉	潜水电泵	沈阳海泉潜水电泵有限公司
25	凌勃欣义	LLDPE 防腐管道	辽宁凌勃防腐工程科技有限公司
26	斯沃	SIWO 低压电器开关系列	沈阳斯沃电器有限公司
27	中华	系列轿车	华晨汽车集团控股有限公司
28	辽野	肥料	沈阳四兄弟肥业有限公司
29	奥唯线缆 + 图标	电线电缆	沈阳奥唯线缆制造有限公司
30	绒盛	貉配合饲料	沈阳博阳饲料有限公司
31	沈桥 + 图标	节能环保型输送带	沈阳沈桥胶带制造有限公司
32	克达	畜禽饲料系列	沈阳市克达饲料有限公司
33	NBM	饲料	辽宁华达牧业有限公司
34	好年缘	绿色蔬菜	新民市福德蔬菜种植专业合作社
35	创典居	内墙砖	沈阳新王者陶瓷有限公司

序号	商　　标	产品名称	单　　位
36	重工	熟食	沈阳重工食品有限公司
37	NHI	中厚板轧制生产线精整区设备	北方重工集团有限公司
38	NHI	烧结球团设备	北方重工集团有限公司
39	NHI	球磨机	北方重工集团有限公司
40	福隆兴/FUIONGXING/图标	塑料管材、管件	沈阳福隆兴管业有限公司
41	图标	铁路信号 AX 系列继电器	沈阳铁路信号有限公司
42	沈冶	混合机	中国有色(沈阳)冶金机械有限公司
43	沈冶	中心车体	中国有色(沈阳)冶金机械有限公司
44	沈防	气相防锈纸	沈阳防锈包装材料有限责任公司
45	沈防	气相防锈塑料薄膜	沈阳防锈包装材料有限责任公司

沈阳市国家级旅游景区一览表

序号	单位名称	等级	电话	地址
1	沈阳市植物园(世博园)	5A	88038300	棋盘山开发区双园路 301 号
2	沈阳故宫博物院	4A	24843001	沈河区沈阳路 171 号
3	沈阳棋盘山风景区	4A	88050619	棋盘山开发区满堂乡
4	沈阳“九一八”历史博物馆	4A	88331017	大东区望花街 46 号
5	沈阳怪坡风景区	4A	89758143	沈北新区清泉街道拥屯社区
6	张氏帅府博物馆	4A	24842454	沈河区朝阳街少帅府巷 46 号
7	沈飞航空博览园	4A	86599619	皇姑区陵北街 1 号
8	沈阳三农博览园	4A	87557667	新民市大柳屯镇长岗子村
9	沈阳科学宫	4A	23978007	沈河区青年大街 201 号
10	沈阳森林动物园	4A	88050366	沈阳棋盘山风景区内
11	沈阳市北陵公园(清昭陵)	4A	86897976	皇姑区泰山路 12 号
12	沈阳市东陵公园(清福陵)	4A	88032505	棋盘山开发区区东陵路 210 号
13	沈阳五爱市场购物旅游景区	4A	62569963	沈河区热闹路 65 号
14	沈阳中华寺旅游风景区	4A	82700888	东陵(浑南新)区王滨乡中华寺村
15	沈阳方特欢乐世界	4A	62839221	沈北新区盛京大街 55 号

序号	单位名称	等级	电话	地址
16	沈阳新乐遗址博物馆	3A	86117218	皇姑区龙山路1号
17	沈阳仙子湖风景旅游度假区	3A	87632499	新民市前当堡镇
18	沈阳老龙口酒博物馆	3A	88766575	大东区珠林路1号
19	沈阳工业博物馆	3A	25702088	铁西区卫工北街14号
20	南关天主教堂	3A	24153411	沈河区南乐郊路40号
21	沈阳市慈恩寺	3A	24130182	沈河区大南街慈恩寺巷2号
22	沈阳白清寨滑雪场	3A	89552589	苏家屯区白清街道广福路69－1号
23	沈阳财湖旅游度假区	3A	87105587	法库县十间房镇尚屯村
24	沈阳爱新觉罗祖家坊酒业	3A	88538558	法库县大孤家子镇半拉山村
25	蒙牛乳业(沈阳)工业旅游景区	3A	89710873	沈北新区沈北路121号
26	沈阳国家森林公园	3A	89778333	棋盘山开发区马刚乡老寺沟
27	沈阳鸟岛公园	3A	88033900	棋盘山开发区东陵路195号
28	沈阳华夏饮食文化博物馆	3A	62256372	棋盘山开发区观音阁村
29	沈阳朝阳山风景区	3A	24769276	东陵(浑南新)区祝家街道办事处朝阳山风景区
30	沈阳市城市规划展示馆	3A	31378969	沈河区五爱街156号
31	沈阳市抗美援朝烈士陵园	3A	86613405	皇姑区金山路50号
32	辽宁伊利乳业工业旅游景区	3A	31398391	沈北新区辉山农业高新技术开发区宏业街73号
33	华晨宝马工业旅游景区	3A	84559905	大东区山嘴子路14号
34	周恩来少年读书旧址纪念馆	3A	62437085	大东区东顺城街育才巷12号
35	沈阳市大法寺(八王寺)	3A	88573009	大东区八王寺街120号
36	花果山神秘谷	3A	89634933	棋盘山开发区望滨乡闫家村
37	马耳山风景区	3A	31488018	苏家屯区姚千街道马耳山村
38	辽中蒲河国家湿地公园	3A	87777772	蒲河廊道辽中段中下游
39	世外桃源温泉养生度假小镇	3A	66603634	辽中县杨士岗镇
40	沈阳小韩村温泉度假村	3A	89299666	于洪区光辉街道双树村
41	沈阳紫烟薰衣草庄园	3A	85858521	沈北新区马刚街道马泉社区
42	沈阳五龙山风景区	3A	87165666	法库县丁家房镇邦牛堡村
43	沈阳－铁西工人村生活馆	3A	25705066	铁西区赞工街34号
44	沈阳卧龙湖生态风景区	3A	87343850	康平县康平镇顺山5路

序号	单位名称	等级	电话	地址
45	卧龙谷旅游拓展小镇	3A	86230660	康平县输港路
46	稻梦空间	3A	89691707	沈北新区兴隆台锡伯族镇
47	克拉古斯品牌工艺展示中心	3A	88080365	沈北新区辉山经济开发区竞业街 12 号
48	大德农博乐园	3A	31905666	于洪区光辉乡
49	1905 文化创意园	3A	61785010	铁西区兴华北街 8 号
50	龙之梦休闲旅游中心	3A	31982223	大东区滂江街 22 号
51	沈阳"11 号院"艺术区	3A	22719032	沈河区十一纬路 11 号
52	沈阳杨城寨生态旅游区	3A	89518388	沈阳市苏家屯区大沟街道百灵路 26 号
53	仟睿达水上世界	3A	89729888	沈北新区蒲河大道 108 号
54	丁香湖公园	3A	31583782	沈阳市于洪区 52 - 11
55	沈阳珍珠湖	3A	87777773	辽中县刘二堡镇
56	来福庄园	3A	87327777	康平县胜利街道办事处
57	大辽圣市商业街	3A	87322077	康平县顺山三路南
58	星云开心农场	3A	27032458	沈阳市法库县冯贝堡镇无名屯村
59	沈阳古陨石科普基地	2A	23801062	浑南区李相镇
60	沈阳市太清宫	2A	22744030	沈河区西顺城街 16 号
61	沈阳市实胜寺	2A	22531709	和平区皇寺路 206 号
62	沈阳水洞风景区	2A	89551424	苏家屯区白清街道广福路
63	沈阳七星山旅游风景区	2A	89607933	沈北新区石佛寺街道
64	沈阳蓬瀛宫	2A	24513455	沈河区南塔街
65	沈阳中心庙	2A	84841659	沈河区中街东路
66	沈阳市李相新城生态园	2A	24740981	浑南区李相镇
67	沈阳三山梅花鹿园旅游景区	2A	89296133	于洪区平罗街道北三台子村
68	沈阳八王寺饮料工业园	2A	31070709	沈阳欧盟经济开发区建设路 109 号
69	为雅都市庄园	2A	15840541234	康平县二牛所口镇
70	巴尔虎山风景区	1A	87075006	法库县四家子蒙古族乡政府
71	万亩松旅游景区	1A	87280003	康平县海州乡
72	北湖渔村生态园	1A	31368860	大东区前进街道榆林村
73	展望庄园	1A	87320750	康平县二牛所口镇敖汉村

序号	单位名称	等级	电话	地址
74	北巴尔虎山	1A	13840508078	康平县西关乡

沈阳市旅游星级饭店一览表

五星级饭店(7 家)

单位名称	负责人	电话	传真	地址	邮编
沈阳皇朝万豪酒店	文　凯	23883456	23880677	和平区青年大街 388 号	110003
沈阳中山皇冠假日酒店	吴蔚人	23341999	23341199	和平区南京北街 204 – 208 号	110001
沈阳丽都索菲特酒店	施　乐	23188888	23188000	和平区青年大街 386 号	110004
沈阳黎明国际酒店	刘樵洛	24359999	24359000	大东区长安街 10 号	110042
沈阳凯宾斯基饭店	寇德甫	22988988	22988101	沈河区青年大街 109 号	110014
东北大厦	刘庆军	62508888	62508882	沈河区哈尔滨路 99 号	110013
北约客维景国际大酒店	李　江	89305555	89305678	和平区同泽街 35 号	110001

四星级饭店(24 家)

单位名称	负责人	电话	传真	地址	邮编
沈阳凯莱大酒店	王　晨	22528855	22521112	沈河区北站迎宾街 32 号	110013
沈阳盛贸饭店	左治平	23412288	23411988	和平区中华路 68 号	110001
沈阳格林大饭店	朱铁平	22576688	22522288	沈河区北站路 72 号	110013
沈阳金都饭店	史　吏	23510888	23510580	和平区太原南街 189 号	110001
沈阳高登大酒店	白洪利	22818888	22818866	沈河区青年大街 52 号	110014
沈阳假日酒店	吴蔚人	23341888	23341188	和平区南京北街 204 号	110001
沈阳时代广场酒店	陈杰宏	22532828	22531950	沈河区北站路 99 号	110013
沈阳世星国际饭店	孙　琳	62135555	62135888	铁西区启工街 8 号	110026
沈阳七宝山饭店	王浩东	62266789	62538866	和平区十一纬路 79 – 81 号	110003
辽宁凤凰饭店	王清华	86105858	86105340	皇姑区黄河南大街 109 号	110031
辽宁大厦	张幸贵	86081166	86809355	皇姑区黄河南大街 105 号	110031
辽宁政协会馆	周　丽	86293888	86293555	皇姑区崇山东路 73 号	110032
沈阳玫瑰大酒店	李长清	24898188	24898060	沈河区中街路 201 号	110011

单位名称	负责人	电话	传真	地址	邮编
沈阳金厦酒店	高世星	82978888	82978053	沈河区大西路289号	110014
辽宁天都饭店	李春生	23296666	23296166	和平区南五马路238号	110006
辽宁瑞心国际城市酒店	尚宏桥	88598588	88598599	沈河区敬宾街3－3号	110013
沈阳市华人大酒店	刘　晨	23900000	23910099	和平区青年大街314号	110003
辽宁荣富饭店	刘　辉	25117777	25111177	铁西区北二东路17号	110025
沈阳沈飞宾馆	王仁泽	86598999	86598881	皇姑区陵北街1号	110034
沈阳天伦瑞格酒店	王显峰	24876666	24876999	沈河区朝阳街23号	110011
沈阳迎宾馆	单承平	22805588	22805603	沈河区北三经街9号	110013
沈阳悦客来柏晶酒店	王勇力	31515888	31515688	皇姑区华山路93号	110031
沈阳南阳华人国际酒店	刘春明	23922222	23811188	和平区和平北大街176号	110003
沈阳天丰国际酒店	刘　健	86678888	25610799	铁西区兴华南街31号	110023

三星级饭店(51家)

单位名称	负责人	电话	传真	地址	邮编
辽宁宾馆	李树明	23839166	23839103	和平区中山路97号	110001
沈阳鸿翔宾馆	龚云桃	24018888	24018855	沈河区万柳塘路53号	110015
辽宁省华峰宾馆	余星明	31519696	31519322	皇姑区崇山东路32号	110032
沈阳亚泰大酒店	王连伟	24897777	24897878	沈河区沈阳路265号	110011
沈阳空港来登饭店	高　晶	89398866	89397988	浑南区沈阳桃仙国际机场	110169
沈阳鸿宇山庄	徐　强	88055051	88055065	棋盘山风景区	110013
沈阳金海岸大酒店	邢　巍	5300688	25305688	于洪区黄海路35号	110141
沈阳华苑大酒店	韩　晶	89135632	89135647	苏家屯区海棠街39号	110101
辽宁工会大厦	张　健	62235999	62234828	皇姑区崇山东路40号	110032
辽宁东盛大厦	李庆发	62236666	62236565	沈河区北京街9号	110013
沈阳瑞心东方酒店	纪　澄	22583333	22583777	沈河区北站路112号	110013
沈阳民航宾馆	张　彤	88291888	88291333	大东区小河沿路3号	110043
沈阳邮政大厦	朱铁平	22593333	22593077	沈河区北站路78号	110013
辽宁省人民大厦	常　锋	86681666	86223148	皇姑区崇山东路41号	110032
辽宁金三角饭店	张　明	23292288	23292002	和平区中华路43号	110001

单位名称	负责人	电话	传真	地址	邮编
辽宁瑞心快捷北站酒店	尹世平	62231888	62232888	沈河区北站路102号	110013
沈阳文华酒店	李剑英	87888886	87898889	辽中县东环街59号	110200
辽宁省老道口大厦	马　海	62100399	23404508	和平区胜利北街1号	110001
沈阳正兴宾馆	隋广友	22829988	22710513	沈河区一经街二纬路23号	110013
辽宁金剑宾馆	杨文凯	86686666	86686910	皇姑区崇山东路8号	110032
沈后金辉宾馆	朱　娟	25688688	25688666	铁西区沈辽东路34号	110021
沈阳金山宾馆	于宏斌	31313333	31313399	和平区昆山北街62号	110001
辽宁瑞心商旅东旭酒店	关长新	23299188	23299088	和平区南京南街40号	110001
沈阳金杯汽车大厦	于　海	23868888	23879582	和平区中华路57号	110001
沈阳金星宾馆	王宝农	62101111	62101187	和平区太原北街9号	110001
沈阳金城宾馆	袁小盂	23168888	23168777	和平区太原北街1号	110001
沈阳金利宾馆	高国福	23911171	23051690	沈河区文化路83号	110016
辽宁金科大厦	马英华	23898880	23907788	和平区文化路19号	110004
辽宁大剧院宾馆	李长青	22735688	22743953	沈河区市府大路363号	110013
辽宁国大酒店	王　云	86399000	86398898	皇姑区昆山东路28号	110032
新民市迎宾馆	崔天朗	87856427	87859928	新民市辽河大街135号	110300
沈阳科隆酒店	闻绍辉	24896666	24896699	沈河区朝阳街238号	110011
沈阳北辰大酒店	吴　波	88522425	88556428	沈河区惠工街169号	110013
辽宁省柳湖宾馆	吕晓民	31015566	86895756	皇姑区崇山东路30号	110032
沈阳毓英楼宾馆	姚宝龙	31297888	31297888	沈河区六纬路23号	110014
辽宁东湖度假村	范达方	88050209	88057788	棋盘山风景区秀湖南岸	110163
辽宁杏林苑宾馆	陈艺信	88051238	88051258	棋盘山风景区满堂乡观音阁村	110163
沈阳中城商务酒店	楼国玮	31809777	31809808	铁西区景星南街38号	110021
沈阳军交大厦	张贵发	22582666	22582699	沈河区北站路110号	110013
辽宁阳光宾馆	宫德敏	86198888	86198103	于洪区长江北街56号	110036
新民市丽景宾馆	李英波	0427－7560666	0427－7560744	新民市兴隆堡沈阳采油厂	110316
神鹏国际商务酒店	马广红	27037777	27125072	法库县南大街	110418
辽宁省玉龙山庄	柯　巍	88058008	88058018	棋盘山国际旅游开发区	110164
沈阳军区金泉宾馆	周义军	28889666	25653097	铁西区云峰街45号	110021

单位名称	负责人	电话	传真	地址	邮编
沈阳市康平宾馆	齐丽艳	87325656	87325858	康平县康平镇建设街	110500
沈阳地中海印象酒店	柯　妍	89799555	89764567	沈北新区马刚乡洋什水库	110121
沈阳市紫薇仙庄(停业)	许绍文	89591100	89591122	苏家屯区佟沟乡	110003
沈阳金辉大厦(停业)	李春祥	62256666	62256666	和平区南八马路27号	110005
沈阳雷格酒店(停业)	石　更	22946666	22919998	沈河区沈洲路2号	110011
沈阳兰亭宾馆(停业)	周　放	86395888	86395858	皇姑区北陵大街37号	110032
沈阳圣有声大酒店	于　含	23300570	23328000	和平区砂山南路5号5甲	110005

二星级饭店(11家)

单位名称	负责人	电话	传真	地址	邮编
沈阳宾馆	李曙光	86688888	86688007	皇姑区泰山路2号	110033
沈阳石化大厦	骆　巍	86298000	86241748	皇姑区长江街17号	110031
沈阳市国兴大酒店	姜　军	25305858	25308488	于洪区黄海路46号	110141
沈阳市老天合宾馆二部	臧运元	84183000	24807138	沈河区热闹路62号	110011
沈阳市老天合宾馆	臧运元	24807158	24807138	沈河区热闹路60号	110011
沈阳天源宾馆	黄晓辉	88559988-6666	88530899	沈河区惠工街235号	110013
沈阳怪坡金源宾馆	章志刚	89758158	89758277	新城子区怪坡风景区	110121
沈阳铁建宾馆	毛树伟	88530560	88556839	沈河区敬宾街3-1号	110013
沈阳市政府招待所	马瑞霞	24849575	24844201	沈河区正阳街212号	110011
沈阳金碧大厦	吴兰英	25361188	25819406	于洪区沈新路188号	110141
沈阳翔云楼宾馆	王发山	28863335	86860145	皇姑区北陵大街9号	110032

一星级饭店(4家)

单位名称	负责人	电话	传真	地址	邮编
沈阳翰皇国际商务酒店	杨仁寿	88596000	88596166	大东区北顺城路188号	110041
沈阳泉银宾馆	朱国辉	24839800	24314148	大东区小河沿路68号	110042
法库宾馆	陈国红	87103555	87103555	法库镇兴法路吉祥街	110400
辽宁红霞宾馆	江登云	23231099	23225503	和平区光荣街26号甲	110003

沈阳市公共交通线路一览表

线路	起始站点	途 经 站 点
环路	沈阳站南——沈阳站北	沈阳站南(南一马路)、市文化宫、体育广场南、和平广场、南五马路中兴街、南五马路振兴街、南湖公园、盛京医院南湖院区、展览馆、陆军总院、南塔、省医院东门、大南边门、第二十七中学、大南街热闹路、大南门、故宫东华门、商业城(钟楼)、北中街皇城恒隆广场、中街鼓楼、小西门、市红十字会医院、中山路杏林街、辽宁日报社、中山路和平大街、中山广场东、中山路太原街、沈阳站北
100路	全运五路公交枢纽——21世纪广场	全运五路公交枢纽、智慧四街全运三路、智慧四街全运二路、智慧四街全运路、智慧四街高深路、北环路白塔河二路、北环路智慧三街、智慧三街双深路、卓越平方、双E港小区、新隆街高科路、21世纪广场
100路复线	沈阳南站——21世纪广场	沈阳南站、新运河路沈营路、新运河路白塔二街、白塔三街新运河路、莫子山路白塔四街、智慧大街全运五路、省档案馆、省科技馆、智慧四街全运三路、智慧四街全运二路、智慧四街全运路、智慧四街高深路、北环路白塔河二路、北环路智慧三街、智慧三街双深路、卓越平方、双E港小区、新隆街高科路、21世纪广场
101	弓匠小区——工业大学中央校区	弓匠小区、北方交通重工集团、沈鼓集团、中央大街地铁站、优诗美地、中央湖畔、中央大街沈辽路、工业大学中央校区东门
102	和泰馨城——沈阳站西广场	和泰馨城、东平湖街沈大路、北李官、沈大路巢湖街、沈大路太湖街、沈大路洪湖二街、于洪新村、铁西森林公园、康利汽车公司、肇工街建设大路、南六路启西巷、南六路马壮街、南六路卫工街、南六路保工街、南六路兴顺街、景星街南六路、景星街北四路、小北三路景星街、小北三路兴华街、小北三路云峰街、小北三路兴工街、沈阳站西广场
103	长客西站——五爱市场	长客西站公交枢纽站、长客西站、仙女湖公园北、西部货运中心北、沈辽路齐贤街、沈辽路艳粉街、兴华街沈辽路、兴华街南十路、兴华公园东、铁西百货、铁西广场、建设大路云峰街东、建设大路兴工街、胜利大街南五马路、沈阳站南、中华路太原街、中华路南京街、马路湾、十三纬路光荣街、十三纬路四经街、十三纬路三经街、大西菜行、顺通食街、第七中学、五爱西区北、五爱市场
104	恒大绿洲西——兴隆大都汇	恒大绿洲西、汪河路南阳湖街、碧桂园银河城、汪河路大通湖街、大通湖街细河南路、大通湖街细河路、惠泽园东、仙女河路大通湖街、仙女河路吉力湖街南、吉力湖街仙女河北路、冶金机械公司、沈辽路赞工街、卫工街沈辽路、劳动公园东、劳动公园北、卫工街南九路、南八路卫工街、南七路马壮街、卫工街建设大路、兴隆大都汇
105	嘉华新城——沈阳北站	嘉华新城、嘉华学校、汇泉路文源街、文澜苑、坤泰新界、富民街浑南五东路、富民桥南、富民街银河丽湾、富民街文萃路、富民街文化东路、文化东路富民街、泉园街泉园三路、泉园街泉园二路、东陵区医院、长青街泉园一路、万泉实业公司、东方宾馆、翠园小区、热闹路东滨河路、大南门东、小河沿、大东门、东中街、小津桥、横街、天后宫路小北街、房产市场、惠工广场东、沈阳北站
106	中海城北——沈阳北站北广场	中海城北、赤山路西江街、八家子小区、绿地老街坊、武警总队、万科魅力之城北门、万科魅力之城、恒盛广场、亚都名苑、教师新村、陵西二小区、第四十中学、北方医院、第九印刷厂、沙河子小区、长江街泰山路、泰山路黄河大街、省实验中学、辽宁中医、北陵电影院、龙江广场、沈阳北站北广场
107	东方御景——龙之梦亚太城	东方御景、美林逸墅、三江紫香园、东陵路农科院、省农业技术学校、沈抚立交桥东、东北汽贸、一汽福达、良城美景、辽宁奥通、新东安居小区、新光红缨小区、和睦路新东二街、三家子、善邻路东塔街、善邻路黎明三街、善邻路地坛街、龙之梦衡园、龙之梦丽晶大酒店、龙之梦海洋馆、龙之梦小商品大世界、龙之梦亚太城
108	全运五路公交枢纽——泉园小区	全运五路公交枢纽、智慧四街全运三路、绿城全运村、桃仙街全运三路、桃仙街全运路、宏运路沈本大街、国际软件园、沈本大街白塔河二路、沈本大街双深路、沈本大街白塔河路、新松机器人、市气象局、亿丰时代广场、奥体中心南门、省浑南训练基地、富民街浑南五东路、富民桥南、银河丽湾、富民街文萃路、富民街文化东路、和美妇产医院、东陵区医院、泉园小区
109	彩霞街临波路——大西电子市场西	彩霞街临波路、临波路夹河街、伊丽雅特湾、泛华广场、浑河堡、浦江苑、新华社、五里河公园西、夏宫、五里河茂业中心、文化路立交桥南、展览馆、盛京医院南湖院区、鲁迅美术学院、领事馆、第七医院、十一纬路二经街、大西边门、房地产大厦、大西电子市场西

线路	起始站点	途 经 站 点
109 支线	浑河站—— 奥体中心枢纽站	浑河站、浑河站邮局、三山集团、长白中路胜利大街、长白二街夹河路、长白二街仙岛南路、万科鹿特丹、长白南路长白二街、长白南路长白三街、长白南路南京街、富海澜湾半岛、东北气象中心、名流幸福小区、铸造厂、后榆村、临波路夹河街、临波路彩霞街、浑河堡、浦江苑、奥体中心公交枢纽站
111	东北制药—— 昆山路松花江街	东北制药、昆明湖街林海路、张士果品市场、沈新路巢湖街、沈新路开发大路、沈新路洪湖二街、洪湖小区、长客西站、仙女湖公园北、西部货运中心北、沈辽路齐贤街、沈辽路艳粉街、沈辽路兴华街、沈辽路云峰街、云峰街南九路、云峰街南七路、云峰街建设大路、云峰街北四路、云峰街北三路、云峰街北二路、虹桥路爱工街、兴工街千姿汇、兴工街北一路、珠江街天山路、珠江街华山路、昆山路珠江街、碧塘公园南、第四医院南、昆山路嫩江街、沈阳有线电视台、沈阳北站北、昆山路松花江街
112	保利海棠花园—— 皇姑屯火车站	保利海棠花园、新泰街东新路、保利花园、第149中学、新宁街东平路、新立堡、东北汽贸、一汽福达、良城美景、辽宁奥通、二〇一、民贵家园、东贸库、黎明金叶家园、沈海热电厂、珠林桥东、莱茵河畔、市骨科医院、辽沈二街东北大马路、文华园、洮昌小区、沈阳大学南门、小北边门、省高级法院、敬宾街、沈阳北站北、沈阳有线电视台、昆山路嫩江街、第四医院南、碧塘公园南、昆山路珠江街、昆山路荆江街、怒江街华山路、皇姑屯火车站
113	观音村——泉园广场	观音村、观音、观音路、德孚润滑油、空训基地、鸭绿江北街天仙路、北陵开发区、新锐防爆电器、上岗子、城建北尚、富丽阳光、中驰汽贸、剑苑小区、梨园剧场、崇山路鸭绿江东街、恒驰物流、沈阳大学西门、望花街临河路、小北关街二〇二巷、小北边门、沈阳大学南门、八王寺、八王寺街天后宫路、横街、小津桥、东中街、大东门、小河沿、大南门、大南街热闹路、第二十七中学、大南边门、省医院东门、南塔鞋城、文化东路天坛南街、出租汽车公司南、和美妇产医院、泉园广场
114	保利心语花园—— 沈阳北站站前	保利心语花园、铁西区体育中心、北四路重工街、美好愿景、北四路肇工街、北四路启工街、北四路卫工街、市交通技术学校、新北方装饰建材城、陶林居、北四路贵和街、兴华街北四路、铁西区政府、北三路云峰街、北三路兴工街、沈阳站西广场、沈阳站北、中山路太原街、中山广场东、中山路和平大街、辽宁日报社、八一公园东、市人大、青年北大街、沈阳北站站前
115	望花工业园——新华路	望花工业园、侯家岗子、三五四七装具厂、望花新村、上海通用北盛汽车、海鲜市场、北大营街南卡门路、合作街上园路、华美英语学校(老瓜堡)、合作街北海街、洮昌小区、沈阳大学南门、小北边门、省高级法院、虎跃快客、青年北大街、市人大、市府大路三经街、八一公园西、和平大街北七马路、中山路和平大街、中山广场东、医大一院、南京街北二马路、中山公园西、体育广场、铁路中学、新华广场西、和平区法院、新华路
116	恒大城—— 龙之梦亚太城	恒大城、桃源欣城、万科魅力之城、恒盛广场、亚都名苑、教师公寓、教师新村、红田地产、格林阳光、格林梦夏、怒江北街新开河、市委党校、百鸟公园、辽宁大学、宁山路北行、宁山路黄河大街、地质局、北陵电影院、龙江广场、沈阳北站北、敬宾街、省高级法院、市物价局、天后宫、小北街天后宫路、小北门、大北门、小津桥、津桥路小什字街、市群众艺术馆、龙之梦会展中心、龙之梦亚太数码、龙之梦亚太城
116 支线	千山西路八家子 ——松山路地铁口	千山西路八家子、华邑世纪城、千山西路怒江北街、千山西路规划街、千山西路长江北街、千山西路川江街、千山西路黄河大街、黄河大街松山路、松山路地铁口
117	腾飞二街——小北边门	腾飞二街飞翔路、盛京医院滑翔院区、滑翔路腾飞一街、生日城、滑翔公园东、天华医药、诗波特小区、沈辽路兴工街、东北汽配商贸中心、南八马路太原街、南八马路海口街、沈阳急救中心、南湖公园西门、方型广场南、南湖公园、盛京医院南湖院区、展览馆、陆军总院、地王国际花园、风雨坛街西滨河路、五爱市场西区、五爱市场、热闹路大南街、大南门、故宫东华门、商业城(钟楼)、大北门、八王寺街天后宫路、八王寺、小北边门
118	水家——北中街	水家、水家西、沈阳出口加工区西区、东亚国际城、浑南东路文华街、沈阳建筑大学、音乐学院南校区、沈音南校区、在水一方社区、和泰东方园、万科花园新城、金杯汽车制造有限公司、东陵加工区、六〇六所、江东街小河沿路、小河沿路滂江街、万泉公园东门、四六三医院、魁星楼路大什字街、大南门东、大南门、故宫东华门、商业城(钟楼)、北中街
118 支线	古城子—— 新生活广场长青店	古城子、古城子市场、牛相、麦子屯、中科院计算所(高精数控)、水家北、沈阳出口加工区西区、东亚国际城、浑南东路文华街、沈阳建筑大学、音乐学院南校区、文汇街南堤路、南堤路文汇街、和泰东方园、万科花园新城、新生活广场长青店

线路	起始站点	途 经 站 点
121	康城春天里——陵园街银山路	康城春天里、道义五街正良五路、正良五路道义四街、道义三街、蒲昌路道义二街、正良、唐轩公馆、沈阳师范大学北门、沈北巴士、郭七路口、蒲昌路盛京大街、五洲龙汽车公司、沈阳师范大学东门、梅江街文大路、万方小学、梅江市场、北三台子、第十中学、三台子一校、陵北街辉山路、陵北街三台子、沈飞四中、沈飞集团、航空博览园、客运出租公司、金山路陵北街、陵园街金山路、陵园街银山路
123	揽军路——五十中学	揽军路、腾飞一街南滑翔路、盛京医院滑翔院区、腾飞一街滑翔路、腾飞一街飞翔路、第十五中学、云峰街沈辽路、云峰街南七路、云峰街建设大路、建设大路兴工街、胜利大街南五马路、沈阳站南、沈阳站北、中山路太原街、中山广场东、中山路和平大街、和平大街北七马路、八一公园西、北市场东、阜新二街总站路、市行政执法局、北站路青年北大街、市建委、敬宾街、市消防局、小北关街二〇二巷、望花街临河路、沈阳大学西门、恒驰物流、五十中学
125	向山北路——南通天街	向山北路、朝鲜一中、向工街向山路、向工一校、昆山路前塔湾、中海寰宇天下塔湾西、塔湾邮局、太平庄、崇山路淮河街、海华新居、延河街昆山路、小白楼、华山路怒江街、皇姑公安分局、华山路珠江街、华山路长江街、皇寺广场、北市场西、沈医二院、南京街北六马路、中山广场东、中山路和平大街、辽宁日报社、中山路杏林街、市红十字会医院、奉天街药王庙路、房地产大厦、奉天街北热闹路、五爱西区北、五爱市场、南通天街
126	奥体中心枢纽站——上园路望花南街	奥体中心枢纽站、泛华广场、浑河堡、浦江苑、新华社、五里河公园西、夏宫、五里河茂业中心、文萃路青年大街、五爱街文萃路、陆军总院东门、地王国际花园、风雨坛街西滨河路、奉天街五爱市场西区、奉天街北热闹路、房地产大厦、万寿寺街大西路、万寿寺街小西路、市信访大厅、令闻街教场路、令闻街天后宫、令闻街房产市场、市物价局、小北边门、沈阳大学南门、洮昌小区、联合路辽沈二街、北方客运公司、上园小区东、上园小区、上园路合作街、上园路望花南街
127	青山路怒江西街——龙之梦亚太城	青山路怒江西街、依云北郡A区、依云北郡、教师新村、陵西二小区、白山路川江街、北陵公园北、客运出租公司、金山小区、北陵东门、金山钢材市场、富丽阳光南区、银山路鸭绿巷、鸭绿江东街银山路、金辉天鹅湾、鸭绿江东街锡山路、崇山路鸭绿江东街、恒驰物流北门、市胸科医院、北海街联合路、市骨科医院、北海街工农路、莱茵河畔、龙之梦红星美凯龙、龙之梦大酒店、龙之梦小商品大世界、龙之梦亚太城
128	全运五路公交枢纽——沈阳站西广场	全运五路公交枢纽、智慧四街全运三路、省博物馆、省图书馆、全运三路智慧大街、全运三路白塔二街、白塔一街全运路、全运路沈营路、红椿路高铁二街、红椿路铁路桥、红椿路南京街、红椿路胜利大街(暂不停靠)、九州湾景汇(暂不停靠)、新加坡城、万科城、胜利大街砂南路、胜利大街南九马路、沈辽路兴工街、兴工街建设大路、沈阳站西广场
129	金奥新城——药王庙路	金奥新城、仙女河北路金龙湖街、仙女河路金龙湖街、仙女河路大通湖街、仙女河路吉力湖街南、仙女河路吉力湖街北、路官二街、西部货运中心东、路官一街沈辽路、路官一街红粉路、今日阳光家园、艳粉新村、红粉路艳璐街、家乐福金牛店、兴华街沈辽路、兴华街南十路、兴华公园东、铁西百货、铁西广场、北四路兴华街、北四路云峰街、兴工街北四路、兴工街北三路(沈阳站西)、兴工街北二路、沈阳站北、中山路太原街、中山广场东、中山路和平大街、辽宁日报社、中山路杏林街、市红十字会医院、药王庙路
130	金山小区——全运五路公交枢纽	金山小区、北陵东门、北陵公园、辽宁中医、市残联、青年北大街、市政府、市委、青年公园西、华润中心、五里河茂业中心、浑河堡、彩霞街沈营路、21世纪广场、沈中大街白塔河路、沈中大街双深路、沈中大街白塔河二路、沈中大街全运路、沈中大街全运三路、全运五路公交枢纽
131	七三九医院——大东门	七三九医院(沈阳医学院)、沈阳十中、百花小区、陵北街辉山路、陵北街三台子、沈飞四中、沈飞集团、航空博览园、客运出租公司、金山小区、北陵东门、武功山小区、省游泳馆、省教育厅、北塔、崇山路鸭绿江东街、恒驰物流、沈阳大学西门、望花街临河路、小北关街二〇二巷、市物价局、天后宫、小北街天后宫路、小北门、大北门、小津桥、东中街、大东门
132	沈阳工贸学校——科普公园	沈阳工贸学校、大东科技园、沈阳东站北、东北大马路明堂街、东北大马路新生二街、市骨科医院、辽沈二街如意三路、辽沈二街工农路、北边城路草仓路、东边城街珠林路、市群众艺术馆、津桥路小什字街、小津桥、大北门、小北门皇城恒隆广场、中街、故宫西华门、市环保局、五爱市场、五爱市场西区、风雨坛街西滨河路、地王国际花园、陆军总院东门、五爱街文萃路、科普公园东
133	保利花园东——东滨河路小南街	保利花园东、新宁街东平路、新立堡、东北汽贸、一汽福达、良城美景、辽宁奥通、二〇一、民贵家园、东贸库、黎明金叶家园、沈海热电厂、珠林桥东、天江老龙口、市群众艺术馆、津桥路小什字街、小津桥、东中街、大东门、大南门东、大南门西、市环保局、五爱服装城、成城花园、小南街文艺路、省金秋医院、东滨河路小南街

线路	起始站点	途 经 站 点
134	路官一街——龙之梦亚太城	路官一街、路官一街沈辽路、保工街南十四路、保工街南十二路、保工街南十路、南九路兴顺街、九路市场、兴华公园东、铁西百货、铁西广场、建设大路云峰街东、建设大路兴工街、南五马路胜利大街、南五马路民族街、铁路中学、和平广场、南五马路中兴街、南五马路振兴街、方型广场北、鲁迅儿童公园、万科春河里、华润中心北、青年公园南、风雨坛街西滨河路、五爱市场西区、风雨坛街热闹路、南顺城路风雨坛街、市环保局、大南门西、小河沿、大东门、大东车库、大东路小什字街、东边城街大东路、东边城街津桥路、龙之梦亚太城
135	沈阳机床城——南塔客运站	沈阳机床城、沈胡路东平湖街、和泰馨城、东平湖街沈大路、北李官、沈大路巢湖街、沈大路太湖街、沈大路洪湖街、于洪新村、铁西森林公园、康利汽车公司、建设大路肇工街、建设大路启工街、建设大路卫工街、建设大路保工街、建设大路兴顺街、铁西广场、建设大路云峰街西、建设大路兴工街、南五马路胜利大街、南五马路民族街、铁路中学、和平广场、南五马路中兴街、南五马路振兴街、南湖公园、盛京医院南湖院区、展览馆、陆军总院、南塔、南塔鞋城、南塔客运站
136	英守村——沈阳北站站前	英守村(丁香湖公园)、白山路丁香湖路、白山路元江街、华润橡树湾、保利上林湾南门、靓马新村、巴黎香榭、西江街白山路、万科四季花城、香炉山路西江街、香炉山路怒江北街、龙逸花园、北方医院、香炉山路黄河大街、新乐宿舍、新乐遗址、凤凰饭店、辽宁大厦、北陵公园、辽宁中医、儿童医院、松花江街崇山路、宁山路小学、省消防总队、市建委、沈阳北站站前
138	青城山路黄河大街——马路湾	青城山路黄河大街、黄河大街万山路、沈阳医学院、何氏眼科医院、丽晶公馆、国奥现代城、赤山路黄河大街、赤山路川江街、松山小区、长江街北固山路、五彩新村、陵西二小区、第四十中学、北方医院、香炉山路黄河大街、新乐宿舍、新乐遗址、辽宁大厦、省实验中学、黄河大街宁山路、黄河大街巴山路、第四医院、皇寺广场、市检察院、八一公园西、和平大街北七马路、水务集团、和平大街八纬路、和平大街十纬路、马路湾
140	新湖小区——上木厂	新湖小区、和平家园、虹桥路爱工街、兴工街千姿汇、兴工街北一路、西塔东、市检察院、北市场、市府大路三经街、市中级法院、清真寺、太清宫东、小北门皇城恒隆广场、中街、故宫西华门、市环保局、大南门东、小河沿、大东门、大东车库、大东路小什字街、大东边门、长安路滂江街、长安小区、二四五医院、东塔机场、东塔、八里堡、方凌路凌云街、方凌路 10 号、上木厂
141	辽宁大学北校区——兴华公园北	辽宁大学北校区、沈阳航空航天大学、正良(唐轩公馆)、唐轩公馆(正良二路)、沈阳师范大学、四台子、黄河大街万山路、沈阳医学院、何氏眼科医院、国奥现代城、赤山路黄河大街、赤山路川江街、松山小区、长江街北固山路、五彩新村、陵西二小区、教师公寓、教师新村、红田地产、格林阳光、格林梦夏、怒江北街新开河、市委党校、怒江广场、昆山路怒江街、小白楼、第二十一中学、淮河街天山路、重型文化广场、兴华街小北一路、兴华街北二路南、铁西区政府、兴华街北四路、铁西广场、铁西百货、兴华公园北
142	新兴(苏家屯东西环路)	新兴、新兴绿色家园、大淑市场、锦绣家园、富民小区、种子公司(林校)、香柏路、苏家屯消防中队、雪松开发区管委会、血栓医院、公园商场、金色月光、朝鲜小学、铁路医院、苏家屯区教委、劳动公园、科圣花园、铁路俱乐部、沈阳南站、老圈楼(文化馆)、商业大厦、青年桥、广特超市、维康药房、丁香小区、苏家屯工商局、种子公司(林校)、富民小区、锦绣家园、大淑市场、新兴绿色家园、新兴
143	花苑新村(苏家屯南北环路)	花苑新村、圣为供热分公司、苏家屯客运站、苏家屯妇婴医院(民主市场)、598 部队、老圈楼(文化馆)、沈阳南站、铁中铁小、苏白路、六库(人民路)、高楼子、湖畔绿洲、窑地、敬老院、金宝台道口、金宝花园、彩虹桥、路灯管理所、巡警大队、桂花市场、血栓医院、公园商场、轻工市场东门、青年桥、广特超市、维康药房、176 中学、工人村市场、花苑新村
144	金宝台二手车交易市场——官屯村	金宝台二手车交易市场、金宝台村、电缆厂、金宝花园、青松中学、安居园、苏家屯金山小区、电业小区、朝鲜二中、铁路医院、苏家屯区中心医院、华苑商场、老圈楼、苏家屯火车站、598 部队、香杨路玫瑰街、苏家屯大润发超市、迎春街香杨路、富城一期、富城二期、富城三期、新生活实业公司、三角地、东风电缆厂、高力新村、韩城村口、韩城村、官屯村口、官屯社区、官屯村
145	满融村——雪松开发区	满融村、满融东、吉水暖气公司、苏家屯交警大队、湖畔绿洲、第 175 中学、正大香格城南门、苏白路市场、中顺汽车、苏家屯区政府、铁路医院、朝鲜小学、金色月光、公园商场、青年桥、枫杨路丽花街、商业大厦、苏家屯妇婴医院、香杨路海棠街、大润发超市、河畔花城北门、荣成世纪嘉园、维康药房、轻工市场西门、血栓医院、桂花市场、丁香苑、雪松开发区

线路	起始站点	途　经　站　点
146	绿色家园——奥体中心枢纽站	绿色家园、华瑞家园、营城子、后桑林子、璟悦香湾、上深沟建材市场、金水湾家园、博荣水立方（大甸子）、教场、泰莱十六区、文澜苑、坤泰新界、省浑南训练基地、奥体中心南门、女人街、奥体中心枢纽站
147	工业博物馆——莲花街万柳塘路	工业博物馆、粮食市场、北一路保工街东、沈阳国际纺织服装城、小北一路齐贤街、小北一路景星街、小北一路兴华街、和平家园、虹桥路爱工街、霁虹、富云花都、克俭小区、珠江桥东、珠江街步云山路、珠江街华山路、昆山路珠江街、碧塘公园南、第四医院南、嫩江街昆山路、肇东街大庆路、北站路青年北大街、家乐福北站店、省高级法院、小北边门、沈阳大学南门、八王寺、八王寺街天后宫路、横街、草仓路大什字街、大悦城东、大东路小什字街、大东边门、华润万家滂江店、滂江市场、莲花街万柳塘路
148	东陵公园——沈阳北站	东陵公园、东陵路前陵堡、东陵路东三环、沈阳农业大学、农科院、省农业技术学校、沈抚立交桥东、东北汽贸、水晶城街一汽福达、水晶城街八家子、水晶城、东贸路水暖城、观泉路铁道口、国瑞商城、东毛君屯、世捷教育、铁路物资公司、工农路东建街、沈阳东站、工农路东辽街、第141中学、工农路北海街、市骨科医院、大东工人俱乐部、辽沈二街东北大马路、文华园、洮昌小区、沈阳大学南门、小北边门、省高级法院、家乐福北站店、惠宾街沈阳北站
149	陶林居——三菱发动机厂北门	陶林居、建设大路兴顺街、铁西广场、建设大路云峰街东、建设大路兴工街、南五马路胜利大街、太原街南五马路、太原街南八马路、太原街南十马路、胜利大街南十一马路、胜利大街砂川街、胜利大街砂阳路、胜利大街玉屏路、胜利桥北、万科城、格林生活坊、长白港湾站、下夹河、中海国际社区、沙岗子、上夹河、金家湾东、前榆树台、三菱发动机厂北门
150	三菱发动机厂北门——大悦城	三菱发动机厂北门、三菱发动机厂、新秀街沈营路、东大软件园、变压器研究所、东海电子、海外学子园、亚泰花园、东陵区（浑南新区）政府、报业印务中心、21世纪广场、辽宁移动通信、彩霞街公铁桥、彩霞街沈营路、泛华广场、浑河堡、浦江苑、奥体中心地铁站、新华公寓、艺术家园、富民街银河丽湾、富民街文萃路、富民街文化东路、和美妇产医院、泉园广场、血磁医院、万柳塘公园、大南边门、第二十七中学、大南街热闹路、大南门东、小河沿、大东门、大什字街大东路、大悦城
151	二台子街观泉路——第七医院南	二台子街观泉路、观泉路望花新村、观泉路二台子街、观泉路沈铁路、沈阳宝钢、观泉路五金建材市场、钢花小区、联合路东建街、金地铂悦、康福食品、新颖宾馆、联合路东辽街、联合路北海街、文华园、辽沈二街东北大马路、辽沈二街如意三路、辽沈二街工农路、北边城路草仓路、东边城街珏林路、市群众艺术馆、大悦城东、天龙家园、大东路小什字街、大东门、小河沿、大南门西、市环保局、风雨坛街沈州路、风雨坛街热闹路、五爱西区北、第七中学、顺通食街、大西菜行、十三纬路三经街、第七医院南
152	沈阳理工大学——沈阳站	沈阳理工大学、巨子模具城、嘉华新城、嘉华学校、汇泉路文源街、文澜苑、汇泉路5号、市气象局、亿丰时代广场、女人街、五里河公园西、夏宫、五里河茂业中心、文化路立交桥南、展览馆、盛京医院南湖院区、南湖公园、南五马路振兴街、省委、市体育局、体育广场、中山公园西、市文化宫、沈阳站
152支线	沈阳站——沈阳北站	沈阳站、沈阳站北、太原街中山路、西塔、北市场西、皇寺广场、哈尔滨路肇东街、青年北大街、沈阳北站
152专线	沈阳理工大学——王宝石寨村	沈阳理工大学、张沙布、王宝石寨村
153	胡台新城——和泰馨城停车场	胡台新城、繁荣三路、后胡台、宋岗、前七线、昂邦牛、集贤、诺木珲、沙坨、新蔡线、繁荣、爱国、西爱线、兴盛、后民屯、东民、沈胡路东平湖街、和泰馨城
154	东大软件园——大润发和平店	东大软件园、变压器研究所、亿达唯美品格、东海电子、海外学子园、亚泰花园、东陵区（浑南新区）政府、报业印务中心、21世纪广场、彩霞街公铁桥、沈营路华园东路、融城时代、首创国际城、嘉禾源农贸市场、伊丽雅特湾、铸造厂、上夹河、沙岗子、中海国际社区、长白港湾站、南京街长白北路、工农桥南、盛发花园、省体院、市第六医院、和平大街南七马路、和平广场、体育广场、市文化宫、大润发和平店
155	汪家——奥体中心枢纽站	汪家、汪家新村、前汪家、东李公路沈抚大道、沈抚立交、石庙子、石庙子东街、刘付屯、东岗子、李巴彦、恒大江湾（万家）、杨官屯、沈阳出口加工区、水家屯、东亚国际城、浑南东路文华街、沈阳建筑大学、音乐学院南校区、文汇街南堤路、南堤路长青街、长青桥南、万科金域蓝湾、南堤路朗月街、朗云街南堤路、河畔新城、艺术家园、新华公寓、奥体中心枢纽站
155路地铁专线	沈阳建筑大学——奥体中心枢纽站	沈阳建筑大学、音乐学院南校区、文汇街南堤路、南堤路长青街、长青桥南、南堤路朗日街、南堤路朗月街、朗云街南堤路、河畔新城、艺术家园、新华公寓、奥体中心枢纽站

线路	起始站点	途经站点
156	中学堂路——北站北广场	中学堂路、小什字街(鸿基园小区)、大北关街(枫合万嘉)、八王寺街、甘泉路、天后宫路小北街、天后宫、市物价局、第四十七中学、敬宾街、北站北广场
157	道义大街道义——五爱市场西区	道义大街道义、龙腾碧玉湾、瀚博皇家御湾、太湖国际花园、瀚博皇家御院、辽宁大学北校区、沈阳航空航天大学、唐轩公馆、沈阳师范大学、四台子、黄河大街万山路、沈阳医学院、七三九医院、何氏眼科医院、黄河大街百花山路、松陵文化宫、莲花山路三台子、沈飞集团、航空博览园、客运出租公司、金山小区、北陵东门、武功山小区、省游泳馆、松花江街崇山路、宁山路小学、省消防总队、敬宾街、省高级法院、市物价局、天后宫、太清宫北、小西门、大西门、风雨坛街沈州路、风雨坛街热闹路、五爱市场西区
157 支线	雷明雅阁——五爱市场西区	雷明雅阁、诚信食品、沈阳航空航天大学、唐轩公馆、沈阳师范大学、四台子、黄河大街万山路、沈阳医学院、七三九医院、何氏眼科医院、黄河大街百花山路、松陵文化宫、莲花山路三台子、沈飞集团、航空博览园、客运出租公司、金山小区、北陵东门、武功山小区、省游泳馆、松花江街崇山路、宁山路小学、省消防总队、敬宾街、省高级法院、市物价局、天后宫、太清宫北、小西门、大西门、风雨坛街沈州路、风雨坛街热闹路、五爱市场西区
158	金水港湾——凌空一街揽军路	金水港湾、锦水街大榆桥南、塔湾欣城、锦水街苍山路、明廉路锦水街、明廉路食品公司、北一路保工街东、小北一路齐贤街、景星街北一路、景星街北二路、景星街北三路、景星街北四路、建设大路兴顺街、兴顺街南六路、兴顺街南八路、九路市场、南九路兴华街、云峰街沈辽路、腾飞一街沈辽路、市第十五中学、腾飞一街北滑翔路、生日城、滑翔路凌空二街、凌空一街揽军路
159	山水文园——皇寺广场	山水文园、毛望公路、东山嘴子、华晨汽车、陶瓷城、东望街东陶路、沈阳宝钢(钢花小区)、联合路东建街、金地铂悦、康福食品、新颖宾馆、联合路东辽街、联合路北海街、市胸科医院、恒驰物流北门、恒驰物流、沈阳大学西门、望花街临河路、小北关街二〇二巷、市物价局、天后宫、太清宫北、清真寺、市中级法院、市府广场东、市政府、哈尔滨路青年北大街、皇寺广场
159 复线	八棵树——皇寺广场	八棵树机动车考试中心、沈阳实验中学、八棵树驾校、山水文园、毛望公路、东山嘴子、华晨汽车、陶瓷城、东望街东陶路、沈阳宝钢(钢花小区)、联合路东建街、金地铂悦、康福食品、新颖宾馆、联合路东辽街、联合路北海街、市胸科医院、恒驰物流北门、恒驰物流、沈阳大学西门、望花街临河路、小北关街二〇二巷、市物价局、天后宫、太清宫北、清真寺、市中级法院、市府广场东、市政府、哈尔滨路青年北大街、皇寺广场
160	十三号街地铁站——宝马园区五号门	十三号街地铁站、地铁大厦、开发大道十五号街、开发大道十六号街、开发大道十七号街、西四环开发大道、西四环沈西五路、西四环开发二路、西四环沈辽路、二十二号路西四环、二十二号路二十街、马贝村、二十二号路二十四街、宝马发动机、宝马园区三号门、宝马园区五号门
161	六号街十一号路——金沙江街北行	六号街十一号路、丽水金阳、六号街十四号路、家宁花园、宁官市场、沈辽路大明湖街、沈辽路昆明湖街、鹏程花园、山东堡、三隆碧桂园、新型建材厂、鼓风机一分厂、冶金机械公司、沈辽路赞工街、肇工街沈辽路、劳动公园西、工人村、肇工街南十路、启工机械学校、南九路卫工街、南九路保工街、南九路兴顺街、九路市场、兴华公园东、铁西百货、铁西广场、建设大路云峰街西、建设大路兴工街、兴工街建设大路、兴工街北四路、兴工街北三路(沈阳站西)、兴工街北二路、兴工街千姿汇、兴工街北一路、珠江街天山路、珠江街华山路、金沙江街北行
162	西三家子——铁西广场	西三家子、望花三小、东机正门、老年公寓、沈阳职业技术学院、劳动广场、西门、望花新村木材市场、东方欧博城、望花立交桥北、金山路鸭绿江东街、城建北尚南、富丽阳光、中驰汽贸、剑苑小区、梨园剧场、鸭绿江街崇山路、北塔、省教育厅、华商晨报、儿童医院、辽宁中医、崇山路嘉陵江街、辽宁大学、长江街宁山路、北行、碧塘公园南、珠江街华山路、珠江街天山路、兴工街北一路、兴工街千姿汇、兴工街北二路北、兴工街北三路(沈阳站西)、兴工街北四路、兴工街建设大路、建设大路兴工街、建设大路云峰街、铁西广场、铁西广场西
163	汾河街——省劳经学校	汾河街、虹桥中学、太平庄、崇山路淮河街、海华新居、延河街岐山路、岐山路怒江街、岐山路荆江街、岐山路大渡河街、岐山路北行、岐山路嘉陵江街、岐山路黄河大街、省公安厅、市残联、北站路青年北大街、沈阳北站、惠工广场东、家乐福北站店、省高级法院、小北关街二〇二巷、望花街临河路、沈阳大学西门、恒驰物流、九一八历史博物馆、通利汽车公司、上园路北大营街、上园小区、小二台子、三洋空调、沈铁路 63 号、大二台子、观泉路、化工油漆厂、前进、省劳经学校

线路	起始站点	途　经　站　点
165	苏家屯沙柳路——家乐福金牛店	苏家屯沙柳路、香杨路迎春街、香杨路玫瑰街、牡丹街山榆路、铁路客车厂、雪莲街山榆路、沈阳国际展览中心(十里锦城)、木材防腐厂、大官房、可济药业、玉皇药业、中升汽车园、馨丽康城、九洲湾景汇、胜利大街公铁桥、胜利大街环城高速、胜利大街金家湾、新加坡城、越秀星汇蓝海花园、万科城、胜利桥北、胜利大街玉屏路、砂南路砂平街、砂山商店、滑翔路凌空二街、生日城、滑翔路腾飞一街、盛京医院滑翔院区、家乐福金牛店
166	阳光100——金杯汽车制造有限公司	阳光100、阳光100新城、浑河路阳光100一号路、凌空二街南滑翔路、生日城东、滑翔路凌空二街、砂阳路砂山街、省妇婴医院、市第六医院南、省体院、盛发花园、龙王庙公园、交通安全教育学校、东北大学南门、市交通局西门、文体路三好街、世茂百货、五里河茂业中心、文萃路青年大街、沈阳教育学院、宏伟新都、南塔公园、南塔日杂、天坛小区、文萃路富民街、溪林花园、文萃路丰乐二街、文萃路长青街、和泰东方园、万科花园新城、长青街文化东路、金杯汽车制造有限公司
167	永盛水调歌城西——三号街纺织厂	永盛水调歌城西、永盛水调歌城南、浑河路吉力湖街东、浑河路阳光100一号路、凌空二街南滑翔路、生日城东、凌空二街滑翔路、滑翔公园东、天华医药、诗波特小区、兴工街沈辽路、南六路兴工街、铁西区中心医院北、铁西百货、南六路勋望街、兴顺街南六路、兴顺街南八路、市第五医院、兴顺街南十二路、工业大学兴顺校区、南十三路保工街、保工街南十四路、西部货运中心北、仙女湖公园北、长客西站、洪湖小区、洪湖二街沈新路、水产市场、花海路燕塞湖街、张士开发区管委会、大明湖街星海路、沈辽路大明湖街、宁官市场、家宁花园、广全中学、四号街十号路、三号街纺织厂
168北线	沈阳北站——秀湖广场	沈阳北站、市建委、敬宾街、省高级法院、小北边门、沈阳大学南门、八王寺、八王寺街天后宫路、横街、小津桥、津桥路小什字街、市群众艺术馆、天江老龙口、珠林桥东、沈海热电厂、一汽惠华、二〇一、辽宁奥通、良城美景、东北汽贸、沈抚立交桥东、省农业技术学校、农科院、沈阳农业大学、东陵路东三环、前陵堡、东陵公园、鸟岛西、盛京高尔夫、中旅国际小镇、桑提亚纳庄园、奥林匹克花园、世博园西门、世博园、海洋世界、上满堂、满族风情村、下木、中木、上木、清韵百园、棋盘山景区、冰川动物乐园、秀湖广场
168南线(观光一线)	马路湾——秀湖广场	马路湾、十一纬路招商银行、十一纬路交通银行、十一纬路二经街、大西边门、房地产大厦、铁通公司、南顺城路风雨坛街、市环保局、大南门西、小河沿、大东门、东中街、小津桥、津桥路小什字街、市群众艺术馆、天江老龙口、珠林桥东、沈海热电厂、一汽惠华、二〇一、辽宁奥通、良城美景、东北汽贸、沈抚立交桥东、省农业技术学校、农科院、沈阳农业大学、东陵路绕城高速、前陵堡、东陵公园、鸟岛、盛京高尔夫、中旅国际小镇、桑提亚纳庄园、奥林匹克花园、世博园西门、世博园、海洋世界、上满堂、满族风情村、下木、中木、上木、清韵百园、棋盘山景区、冰川动物乐园、秀湖广场
168支线A(观光2号线)	秀湖广场——花果山神秘谷	秀湖广场、影视基地、棋盘山风景区北门、毛望路、望滨派出所、望滨办事处、花果山神秘谷
168支线C	世博园——辽宁何氏医学院	世博园、辽宁何氏医学院
169	水晶城——长白港湾站	水晶城、水晶城街八家子、水晶城街一汽福达、良城美景、辽宁奥通、新东安居小区、八里堡小学、东陵环卫所、八里堡、凌云街、方凌路、上木厂、东陵油库、第五十一中学、德氏冷饮、方方园小区、方家栏、金杯汽车制造有限公司、文化东路长青街、东北大学基础学院、文化东路富民街、出租汽车公司南、文化东路天坛一街、南塔鞋城、南塔、陆军总院、文化路立交桥南、五里河茂业中心、世贸百货、市交通局、新世界花园、三好桥北、长白东路长白四街、长白港湾站
170	恒大绿洲西——沈阳站西广场	恒大绿洲西、恒大绿洲、南阳湖街浑河路、碧桂园银河城、浑河路大通湖街、省路桥二公司、浑河路吉力湖街西、浑河路吉力湖街东、浑河路阳光100一号路、凌空二街南滑翔路、生日城东、凌空二街滑翔路、滑翔公园东、天华医药、诗波特小区、沈后招待所、云峰街沈辽路、云峰街南七路、云峰街建设大路、云峰街北四路、云峰北街地铁站、小北三路兴工街、沈阳站西广场
171	荣盛锦绣天地——张士开发区管委会	二十一号路(工业大学西)、香堤南苑西门、沈辽路浑河十一街、荣盛锦绣天地、化工大学东门、工业大学中央校区北门、荣盛幸福大道、新湖青蓝国际、地铁巴士西区、金色枫景、四号街十四号路、四号街十号路(中光电子)、国电东北分公司、地铁四号街站、张士灯具城、张士开发区管委会

线路	起始站点	途 经 站 点
172	荣盛锦绣天地——地铁十三号街站	荣盛锦绣天地、沈阳化工大学正门、滨河社区 B 区、滨河社区 A 区、金泰集团、十三号街十三号路、远大集团、地铁大厦、地铁十三号街站
173	长白苑——龙之梦亚太城	长白苑、万科城、格林生活坊、长白东路长白四街、三好桥北、新世界花园、华强广场、百脑汇、沈阳音乐学院、盛京医院南湖院区、鲁迅美术学院、华润中心北、青年公园南、风雨坛街西滨河路、五爱市场西区、五爱市场、热闹路大南街、大南门东、小河沿、大东门、大东车库、小什字街大东路、天龙家园、小东路小什字街、市群众艺术馆、龙之梦亚太城
175	包道屯——兴隆大都汇	包道屯、包道社区、长江街辉山西路、长江街千山路、长江街赤山路、松山小区、长江街北固山路、五彩新村、陵西二小区、第四十中学、北方医院、铸铁管件厂、第九印刷厂、沙河子小区、长江街泰山路、建赏欧洲、辽宁大学、长江街宁山路、岐山路北行、岐山路珠江街、岐山路荆江街、怒江街岐山路、昆山路怒江街、小白楼、中海寰宇天下、塔湾、中海寰宇天下塔湾西、昆山路前塔湾、向工一校、飞跃实验中学、向工街明廉路、卫工街北一路、卫工街北二路、卫工街北三路、卫工街北四路、兴隆大都汇
176	砂山街玉屏路——塔湾家乐福	砂山街玉屏路、砂山街玉屏二路、万和花园、砂山商店、滑翔路凌空二街、生日城、盛京医院滑翔院区、万科花园、南滑翔路腾飞二街、艳粉新村、艳粉街沈辽路、景星街南十二路、景星街南十中路、九路市场、景星街南八路、南六路兴顺街、南六路保工街、南六路卫工街、建设西路、卫工街建设大路、卫工街北四路、卫工街北三路、卫工街北二路、卫工街北一路、向工街明廉路、飞跃实验中学、向工一校、昆山路前塔湾、昆山路塔湾西、塔湾家乐福
177	大溪地——沈阳北站	大溪地、东北育才双语学校、沈北路人和街、中信银行沈北支行、水木康桥、辽宁装备学院、蒲河新城管委会、闽南石材城、兴农路通顺街、奥森环境公司、赵家沟、王家沟、上王家沟、八棵树、罗家沟、南赵家沟、祥和汽校、山水文园、东山嘴子、陶瓷城、国瑞商城、中铁物资集团、万科蓝山、沈阳东站北、东北大马路明堂街、东辽街联合路、联合路东辽街、联合路北海街、联合路辽沈二街、洮昌小区、沈阳大学南门、小北边门、省高级法院、家乐福北站店、惠工广场东、沈阳北站
178	郭七——柳条湖	郭七、蒲昌路盛京大街、郭七路口、沈北巴士、沈阳师范大学北门、唐轩公馆、道义大街正良二路、沈阳师范大学、四台子、文储路黄河大街、加华小城、万山路梅江街、北三台子、第十中学、三台子一校、陵北街辉山路、陵北街三台子、沈飞四中、沈飞集团、航空博览园、客运出租公司、金山小区、银山小区、陵园街银山路、陵园街铜山路、陵园街锡山路、北塔、柳条湖
178 区间（支线）	方特欢乐世界——沈阳师范大学	方特欢乐世界、盛京大街蒲田路、总部基地北、总部基地、碧桂园太阳城、盛京大街蒲南路、盛京大街郭七、郭七、蒲昌路盛京大街、郭七路口、沈北巴士、沈阳师范大学北门、唐轩公馆、道义大街正良二路、沈阳师范大学
179	蒲河镇——五爱市场	蒲河镇、通顺街蒲河大道、泰盈九如溪谷、禾丰牧业、黄泥河子、香雪面粉、安宁医院、益海嘉里、飞龙包装、大志新村、大洼、沈阳机电市场、王家沟、榆林后村、东山公墓、大富豪家俬、榆林堡、省劳经学校、前进、化工油漆厂、大二台子、沈铁路 63 号、三洋空调、小二台子、上园小区、北方客运公司、文华园、辽沈二街东北大马路、莱茵河畔、天江老龙口、市群众艺术馆、津桥路小什字街、小津桥、东中街、大东门、小河沿、大南门、五爱市场
180	正良——辉山（大溪地）	正良、蒲昌路道义二街、蒲昌路道义大街、道义大街蒲昌路、沈阳航空航天大学、沈北路招商银行、沈阳航空航天大学南门、辽宁美术职业学院、沈北路盛京大街、青杨林公园、国土督察局沈阳局、沈北路陵园北街、北方软件学院、光电产业园、沈阳国际科技园、沈北路鸭绿江北街、辽宁经济管理干部学院、省交校南门、兴明街蒲裕路、辽宁金融职业学院、虎石台镇政府、黄楼、虎石台管委会、蒙牛乳业、柳岗屯、沈北路月亮湖街、沈北路大望街、吉隆公司、北钢不锈钢公司、沈北路辉山大街、沈北路宏业街、泉涌新镇、沈北路人和街、沈阳二中北校区、东北育才双语学校、辉山（大溪地）
181	西湖俪景东——盛京医院滑翔院区	西湖俪景东、西湖俪景西、世代书香、第五十六中学、红旗石材城、姚家、新塔湾钢材市场、于洪职教中心、于洪动监、东平湖街沈胡公路、和泰馨城、东平湖街沈大路、北李官、沈大路巢湖街、沈大路太湖街、家乐福于洪店、于洪广场、于洪南里、强工二街南十路、铁西劳动局、南十二路重工街、共济爱婴医院、劳动公园北、卫工街南十二路、南十三路保工街、南十三路齐贤街、工业大学兴顺校区、沈辽路兴华街、沈辽路云峰街、腾飞一街沈辽路、第十五中学、腾飞一街北滑翔路、盛京医院滑翔院区、腾飞二街滑翔路

线路	起始站点	途经站点
182	虎石台职教园——辽宁广告职业学院	虎石台职教园、市信息工程学校南门、虎石台综合大市场、第一一九中学、兴盛街建设北一路、虎石台公园西、省交校北门、兴明街建设南一路、兴明街蒲裕路、兴明街沈北路、天赋家园、辽宁经济管理干部学校、鸭绿江北街蒲昌路、捷通消防车公司、雨润市场北门、蒲昌路天乾湖街、蒲昌路孝汉街、蒲昌路陵园北街（明丰家园）、沈师大沈北附属学校、蒲昌路蓝湾街、蒲昌路雅居街、蒲昌路盛京大街、郭七路口、沈北巴士、沈阳师范大学北门、唐轩公馆、正良（福瑞佳超市）、沈阳航空航天大学、沈北路道义三街、沈北路道义四街、雷明雅阁、沈北路学园街、香槟新坐标、博士花园、郭大桥村、文林苑小区、辽宁广告学院
183	辽宁经济管理干部学院（虎石台环线）	东环：辽宁经济管理干部学院、天赋家园、省交校南门、兴明街蒲裕路、沈阳农大高职技术学院、省交校北门、虎石台公园西、虎石台镇政府、黄楼、矿务局中学、大古城子、首开国风润城、蒲河大道虎石台大街、市化工学校、市汽车工程学校、联东U谷、宏达驾校、鸭绿江北街蒲河大道、中国医科大学、省城建学院、辽宁经济管理干部学院北门、辽宁经济管理干部学院 西环：辽宁经济管理干部学院、辽宁经济管理干部学院北门、省城建学院、中国医科大学、鸭绿江北街蒲河大道、宏达驾校、联东U谷、市汽车工程学校、市化工学校、蒲河大道虎石台大街、首开国风润城、大古城子、矿务局中学、黄楼、虎石台镇政府、虎石台公园西、省交校北门、沈阳农大高职技术学院、兴明街蒲裕路、省交校南门、天赋家园、辽宁经济管理干部学院
184	北站北广场——兴隆大都汇	北站北广场、省公安厅、岐山路黄河大街、岐山路嘉陵江街、北行、碧塘公园西、家具广场、储备局、西塔、胜利大街北四马路、胜利大街北二马路、北二路兴工街、北二路云峰街、北二路兴华街、北二路景星街、保工街北二路、北三路保工街、圣工街北四路、北四路卫工街、卫工街北四路、兴隆大都汇
186	东湖市场——沙岭小区	东湖市场、于洪广场、依云首府北门、于洪区委、和谐广场、于洪运管处、东平湖街沈大路、和泰馨城、安捷巴士于洪分公司、洪汇路西三环、圣吉木业、宏发家具、旺达金属公司、工业园管委会、洪汇路永康街、洪汇路永兴街、索坤玻璃公司、洪汇路车桥厂、五金工业园、宝隆建材城、沙岭小区
187	凯德俪锦城——玛丽蒂姆酒店	凯德俪锦城、金沙二期、中海希望小学（水木城典）、五金工业园、洪汇路车桥厂、索坤玻璃公司、洪汇路永兴街、工业园管委会、旺达金属公司、宏发家具、圣吉木业、洪汇路西三环、安捷巴士于洪分公司、洪汇路东平湖街（和泰馨城）、东平湖街沈大路、于洪运管处、和谐广场、于洪区委、依云首府北门、于洪区政府、漾日华庭、沈新园西、洪湖小区、洪湖一街沈新路、洪湖一街、澳海西湖印象、三隆世纪城、山东堡、南阳湖街仙女河北路、于台、益格风情湾、于洪中医院、宏发天琴湾、恒大绿洲、碧桂园银河城、玛丽蒂姆酒店
188	红椿路铁路桥——马路湾	红椿路铁路桥、红椿路高铁二街、百荷湾（白塔堡）、白塔市场、阳光新嘉园、沈营路新秀街、沈铁田园牧歌、万科新榆公馆、糖厂子、新优街世纪路、东陵区（浑南新区）政府、二十一世纪广场、浑南新区医院、沈营路华园东路、融城时代、首创国际城、嘉禾源农贸市场、伊丽雅特湾、浦江御品、临波路金阳大街、名流幸福小区、东北气象中心、长白南路和安街、和安街仙岛南路、合众公园、长白四街长白中路、翰逸华园、新世界花园、市交通局、百脑汇、沈阳音乐学院、盛京医院南湖院区、鲁迅美术学院、领事馆西、十四纬路五经街、省水利厅、光荣街十四纬路、马路湾
190	环北家园——皇姑屯火车站	环北家园、环际酒店、新北浅食品、保利溪湖林语、沈阳计算机学校、万科假日风景、恒大雅苑、沈师大学生公寓、黄河大街万山路、沈阳医学院、何氏眼科医院、国奥现代城、松山路黄河大街、松山小区、长江街北固山路、五彩新村、陵西二小区、第四十中学、北方医院、第九印刷厂、沙河子小区、长江街泰山路、建赏欧洲、辽宁大学、长江街宁山路、北行、碧塘公园南、珠江街昆山路、华山路珠江街、皇姑公安分局、怒江街华山路、皇姑屯火车站
191	沈阳师范大学——方特欢乐世界	沈阳师范大学、道义大街正良二路、唐轩公馆、沈阳航空航天大学、沈北路招商银行、沈阳航空航天大学南门、辽宁美术职业学院、郭七、盛京大街蒲南路、碧桂园太阳城、总部基地、总部基地北、盛京大街蒲田路、方特欢乐世界
192（178区间）	方特欢乐世界——沈阳师范大学	方特欢乐世界、盛京大街蒲田路、总部基地北、总部基地、碧桂园太阳城、盛京大街蒲南路、盛京大街郭七、郭七、蒲昌路盛京大街、郭七路口、沈北巴士、沈阳师范大学北门、唐轩公馆、正良（唐轩公馆）、道义大街正良二路、沈阳师范大学
193	道义北（北苑绿洲）——正良	道义北（北苑绿洲）、自来水厂、弓匠屯、俪景小区、龙腾碧玉湾、瀚博皇家御湾、太湖国际花园、瀚博皇家御院、辽宁大学北校区、沈阳航空航天大学、蒲昌路道义大街、蒲昌路道义二街、正良

线路	起始站点	途经站点
194	虎石台镇政府——辉山(大溪池)	虎石台镇政府、黄楼、建设路大古城街、建设路小古城街、欧盟开发区管委会、八王寺饮料公司、大望街建设路、海尔公司、邵家河桥、李尔汽车配件、蒲南路辉山大街、禾丰牧业、泰盈九如溪谷、蒲北路人和街、沈北路人和街、沈阳二中北校区、东北育才双语学校、辉山(大溪地)
195	辽宁现代服务职业技术学院——沈北路辉山大街	辽宁现代服务职业技术学院、九如溪谷、蒲北路人和街、越秀岬湖郡、皇第龙邸、天时街沈北路、东北育才双语学校、沈阳二中北校区、沈北路人和街、中信银行沈北支行、水木康桥、省装备学院、蒲河新城管委会、明珠路通顺街、翔宇中学、冯道社区、泉涌新镇、沈北路宏业街、沈北路辉山大街
197	正良——首开国风润城	蒲昌路道义大街、道义大街蒲昌路、正良(福瑞佳超市)、沈阳航空航天大学、辽宁大学北校区、瀚博皇家御院、太湖国际花园、瀚博皇家御湾、信基城、盛京医院沈北分院、城市公用商业广场、蒲河大道盛京大街、蒲河大道盛京二街、三盛颐景蓝湾、中兴和园、龙湖香醍漫步、尚柏奥特莱斯、蒲河大道蒲南路、医大新校区西门、医大新校区南门、医大新校区、虎石台市政公用管理所、一一九中学、兴盛街建设北一路、兴明街建设北一路、兴明街建设路、黄楼、矿务局中学、多维联合集团、蒲平路小古城街、蒲升路小古城街、大润发仓储库、首开国风润城(古城新都)
201	惠泽园西——沈阳站西广场	惠泽园西、临河街大通湖街、临河街宏发华城、仙女河路吉力湖街北、路官二街、西部货运中心东、沈辽路齐贤街、沈辽路艳粉街、兴华街沈辽路、兴华街南十路、兴华公园东、铁西百货、铁西广场、兴华街北四路、铁西区政府、北二路兴华街、北二路云峰街、北二路兴工街、兴工街北三路(沈阳站西)、沈阳站西广场
202	砂山街玉屏一路——塔南公园	砂山街玉屏一路、万和花园、砂山商店、砂山体育场、砂山街南十马路、南八马路太原街、东北汽配商贸中心、胜利大街南五马路、沈阳站南、沈阳站北、兴工街北二路、霁虹、富云花都、克俭小区、珠江桥东、天山路新安江街、皇姑屯火车站、天山路同江街、同江街步云山路、小白楼、华山路淮河街、淮河街昆山路、淮河街宁山路、太平庄、塔湾邮局、塔南公园
203	艳粉新村——沈阳北站	艳粉新村、艳粉街腾飞二街、万科花园、盛京医院滑翔院区、滑翔二小区、天华医药、诗波特小区、沈辽路兴工街、东北汽配商贸中心、胜利大街南五马路、沈阳站南、中华路太原街、中华路南京街、马路湾北、和平大街十纬路、和平大街八纬路、水务集团、和平大街北七马路、八一公园西、北市场东、哈尔滨路青年北大街、哈尔滨路惠工街、沈阳北站
204	和泰馨城——沈阳站北	和泰馨城、洪汇路东平湖街、东平湖街沈大路、北李官、沈大路巢湖街、沈大路太湖街、沈大路洪湖街、于洪新村、重工街南七路、南十路重工街、南十路肇工街、启工二校、南十路卫工街、保工街南十路、保工街南八路、香江家居、市交通技术学校东、保工街北三路、北二路保工街、北二路景星街、北二路兴华街、北二路云峰街、北二路兴工街、沈阳站北
205	富山花园——沈阳站北	富山花园、富山花园西门、富丽阳光南区、陵东装饰材料市场、北陵东门、省军区北门、北陵公园、辽宁中医、崇山路嘉陵江街、辽宁大学、百鸟公园、市委党校、崇山路淮河街、太平庄、塔湾邮局、中海寰宇天下西、食品公司、第一粮库、北二路保工街、北二路景星街、北二路兴华街、北二路云峰街、北二路兴工街、沈阳站北
206	沈阳化工大学——沈阳站南	沈阳化工大学、沈阳化工大学东门、工业大学中央校区北门、沈辽路中央大街、翟家街道办事处、翟家开发区、家宁花园、宁官市场、沈辽路大明湖街、沈辽路昆明湖街、鹏程花园、山东堡、三隆碧桂园、新型建材厂、鼓风机一分厂、冶金机械公司、沈辽路赞工街、仙女湖公园北、西部货运中心北、沈辽路齐贤街、沈辽路艳粉街、沈辽路兴华街、沈辽路云峰街、沈后招待所、沈辽路兴工街、东北汽配商贸中心、胜利大街南五马路、沈阳站南
206路夜线	沈阳化工大学——马路湾	沈阳化工大学、沈阳化工大学东门、工业大学中央校区北门、沈辽路中央大街、翟家街道办事处、翟家开发区、家宁花园、宁官市场、沈辽路大明湖街、沈辽路昆明湖街、鹏程花园、山东堡、三隆碧桂园、新型建材厂、鼓风机一分厂、冶金机械公司、沈辽路赞工街、仙女湖公园北、西部货运中心北、沈辽路齐贤街、沈辽路艳粉街、沈辽路兴华街、沈辽路云峰街、沈后招待所、沈辽路兴工街、东北汽配商贸中心、胜利大街南五马路、沈阳站南、中华路太原街、中华路南京街、马路湾

线路	起始站点	途经站点
207	工业大学兴顺校区——龙之梦亚太城	工业大学兴顺校区、齐贤街南十二路、齐贤街南十路、齐贤街南八路、齐贤街南六路、建设大路兴顺街、铁西广场、建设大路云峰街西、建设大路兴工街、胜利大街南五马路、沈阳站南、中华路太原街、中华路南京街、马路湾、中山公园东、十三纬路光荣街、十三纬路五经街、十三纬路三经街、大西菜行、第七中学、五爱西区北、西顺城街沈州路、大西门、小西门、太清宫东、小北门、大北门、小津桥、津桥路小什字街、市群众艺术馆、龙之梦亚太城
208	中铁万科(香湖盛景)——沈阳站北	中铁万科(香湖盛景)、元江街橙山路、松山西路元江街、丁香水岸、松山路南(松山路147号)、保利上林湾东门、保利上林湾、华润橡树湾、白山路元江街、白山路丁香湖路、金辉湖畔里、宠物市场、东北汽配城、向工北小区、向工一校、飞跃实验中学、向工街明廉路、明廉路锦水街、食品公司南、北一路保工街东、沈阳国际纺织服装城、北一路万达广场、重型文化广场、兴华街小北一路、北二路兴华街、北二路云峰街、北二路兴工街、沈阳站北
209	东北汽配城——沈阳北站	东北汽配城、向工北小区、向工一校、昆山路前塔湾、昆山路塔湾东、中海寰宇天下、小白楼、昆山路怒江街、昆山路荆江街、昆山路珠江街、碧塘公园南、第四医院南、皇寺广场、市检察院、北市场、三经街市府大路、市人大、青年北大街、沈阳北站
210	金山小区——马路湾	金山小区、北陵东门、省军区北门、北陵公园、辽宁中医、崇山路嘉陵江街、辽宁大学、长江街宁山路、岐山路北行、珠江街岐山路、珠江街华山路、珠江街天山路、兴工街北一路、兴工街千姿汇、兴工街北二路、沈阳站北、中山路太原街、医大一院、马路湾
211	东望北街——大北门	东望北街、东山嘴子、华晨汽车、陶瓷城、东望街东陶路、国瑞商城、中铁物资集团、万科蓝山、沈阳东站北、东北大马路明堂街、东北大马路新生二街、市骨科医院、大北边门、第五中学、枫合万嘉、横街、大北门
212	东机正门——科普公园	东机正门、正新路、建新街、西门、望花新村木材市场、东方欧博城、望花立交桥、圣淘沙家园、紫竹茗郡、通利汽车公司、九一八历史博物馆、恒驰物流、沈阳大学西门、望花街临河路、小北关街二〇二巷、市物价局、天后宫、太清宫北、太清宫、小西门、大西门、风雨坛街沈州路、风雨坛街热闹路、五爱市场西区、风雨坛街西滨河路、地王国际花园、陆军总院东门、五爱街文萃路、科普公园
213	纺织研究院——乐购超市	纺织研究院、宏伟新都、南塔、省医院东门、大南边门、建设大厦、成城花园、南关路小南街、辽宁奉天中医院、五爱市场西区、五爱市场、热闹路大南街、大南门、故宫东华门、商业城(钟楼)、大北门、横街、枫合万嘉、第五中学、大北边门、市骨科医院、北海街联合路、市胸科医院、恒驰物流北门、崇山路鸭绿江东街、北塔、省教育厅、华商晨报、儿童医院、辽宁中医、北陵公园、辽宁大厦、乐购超市
214	浑南管委会——北站北广场	浑南管委会、辽宁移动通信、彩霞街公铁桥、彩霞街沈营路、泛华广场、浑河堡、浐江苑、新华社、五里河公园西、夏宫、五里河茂业中心、文化路立交桥南、华润中心、青年公园西、彩电塔、大西菜行东、市委、市府恒隆广场、市府广场东、市政府、青年北大街、沈阳有线电视台、北站北广场
215	长江街泰山路——莲花街万柳塘路	长江街泰山路、建赏欧洲、辽宁大学、长江街宁山路、北行、碧塘公园南、第四医院南、皇寺广场、市检察院、北市场、市府大路三经街、市府恒隆广场、小西路、小西门、中街鼓楼、故宫西华门、市环保局、大南门西、小河沿、大东车库、小什字街大东路、省肿瘤医院、万泉公园、莲花街万柳塘路
216	保工南街——沈阳北站	保工南街(南十四路)、南十三路保工街、南十三路艳粉街、兴华街沈辽路、兴华街南十路、兴华公园东、铁西百货、铁西广场、建设大路云峰街东、建设大路兴工街、胜利大街南五马路、沈阳站南、沈阳站北、太原街中山路、铁路局、西塔南、市检察院、北市场、市府大路三经街、市政府东、沈阳北站
217	北三台子——沈阳北站	北三台子、第九十七中学、三台子一校、陵北街辉山路、陵北街三台子、沈飞四中、松山路黄河大街、二四二医院、省中医二院、新乐宿舍、凤凰饭店、辽宁大厦南、北陵公园、辽宁中医、北陵大街宁山路、省公安厅、市残联、北站路青年北大街、沈阳北站
217支线	沈阳师范大学东门——松山路地铁口	沈阳师范大学东门、田义屯、梅江街万山路、北三台子、第九十七中学、三台子一校、陵北街辉山路、陵北街三台子、沈飞四中、松山路黄河大街、松山路地铁口
217支线2	沈阳军区现代管理学院——松山路地铁口	沈阳军区现代管理学院、沈阳警察特训支队、沈阳市公安局收容教育所、金德工业园、田义屯北、文储路梅江街、加华小城、利生华园、省工程技术学校、沈阳医学院、何氏眼科医院、黄河大街百花山路、国奥现代城、黄河大街松山路、松山路地铁口

线路	起始站点	途 经 站 点
218	东陵公园——大东门	东陵公园、前陵堡、东陵路东三环、沈阳农业大学、农科院、省农业技术学校、沈抚立交桥东、东北汽贸、一汽福达、良城美景、辽宁奥通、二〇一、一汽惠华、沈海热电厂、珠林桥东、天江老龙口、市群众艺术馆、津桥路小什字街、小津桥、东中街、大东门
219	王家沟——五爱市场	王家沟、榆林后村、东山公墓、大富豪家私、榆林堡、省劳经学校、前进、化工油漆厂、大二台子、沈铁路63号、三洋空调、小二台子、上园小区、北方客运公司、北海街联合路、市骨科医院、莱茵河畔、天江老龙口、市群众艺术馆、津桥路小什字街、小津桥、东中街、大东门、小河沿、大南门、五爱市场
220	金山小区——沈阳站	金山小区、北陵东门、省军区北门、北陵公园、辽宁中医、北陵大街宁山路、省公安厅、市残联、青年北大街、市人大、八一公园东、辽宁日报社、中山路和平大街、中山广场东、医大一院、中华路太原街、沈阳站
221	沈阳东站——沈阳站	沈阳东站北、东北大马路明堂街、东北大马路新生二街、市骨科医院、大北边门、第五中学、枫合万嘉、横街、天后宫路小北街、太清宫北、清真寺、市中级法院、八一公园东、辽宁日报社、沈阳日报社、十一纬路交通银行、十一纬路招商银行、中华路和平大街、中华路太原街、沈阳站
222	大北门—— 长白二街长白五路	大北门、小北门皇城恒隆广场、中街、故宫西华门、市环保局、风雨坛街沈州路、风雨坛街热闹路、五爱市场西区、风雨坛街西滨河路、青年公园南、华润中心北、鲁迅美术学院、盛京医院南湖院区、沈阳音乐学院、百脑汇、华强广场、新世界花园、三好桥北、长白东路长白四街、格林生活坊、高炮一师、长白二街长白五路
222复线	大北门—— 胜利南街湾景汇	大北门、小北门皇城恒隆广场、中街、故宫西华门、市环保局、风雨坛街沈州路、风雨坛街热闹路、五爱市场西区、风雨坛街西滨河路、青年公园南、华润中心北、鲁迅美术学院、盛京医院南湖院区、沈阳音乐学院、百脑汇、华强广场、新世界花园、三好桥北、长白东路长白四街、格林生活坊、高炮一师、长白二街长白五路、胜利南街公交派出所、新加坡城、胜利南街鲜族学校、金家湾、环城高速、胜利南街沙场、胜利南街公铁桥、胜利南街湾景汇北、胜利南街湾景汇
223	江南水乡——沈阳站南	江南水乡、朗明街孤石路、朗明街浑南中路、恒达路朗明街、在水一方社区、和泰东方园、万科花园新城、汽车制造厂、长青街泉园三路、长青街泉园一路、万泉实业公司、东方宾馆、翠园小区、热闹路大南街、五爱市场、五爱西区北、第七中学、顺通食街、大西菜行、十三纬路三经街、十三纬路五经街、十三纬路光荣街、十三纬路吉林路、体育广场、中山公园西、市文化宫、沈阳站南(南一马路)
224	杨官——沈阳北站	杨官、杨官屯、沈阳出口加工区、水家屯、东亚国际城、浑南东路文华街、沈阳建筑大学、音乐学院南校区、沈音南校区南、在水一方社区、和泰东方园、万科花园新城、汽车制造厂、东北大学基础学院、文化东路富民街、出租汽车公司南、文化东路天坛一街、南塔鞋城、南塔、陆军总院、地王国际花园、风雨坛街西滨河路、五爱市场西区、风雨坛街热闹路、西顺城街沈州路、大西门、小西门、太清宫北、天后宫、房产市场、惠工广场东、沈阳北站
224区间	水家—— 沈阳北站(公交枢纽西区)	水家、水家北、沈阳出口加工区西区、东亚国际城、浑南东路文华街、沈阳建筑大学、沈音学院南校区、沈音南校区南、在水一方社区、和泰东方园、万科花园新城、汽车制造厂、东北大学基础学院、文化东路富民街、出租汽车公司南、文化东路天坛一街、南塔鞋城、南塔、陆军总院、地王国际花园、风雨坛街西滨河路、五爱市场西区、风雨坛街热闹路、西顺城街沈州路、大西门、小西门、太清宫北、天后宫、房产市场、惠工广场东、沈阳北站
225	东塔机场——沈阳站南	东塔机场、小河沿路江东街、小河沿路滂江街、四六三医院、省东方医院、荣昌集团、科学家花园、万柳塘公园西、大南边门、省医院、小南边门、文艺路五爱街、地王国际花园、陆军总院、展览馆、盛京医院南湖院区、南湖公园、方型广场北、十三纬路光荣街、市体育局、中山公园西、市文化宫、沈阳站南(南一马路)
226	于洪区委——和平广场	于洪区委、依云首府北门、于洪广场、于洪南里、南十路强工二街、南十路重工街、南十路肇工街、启工二校、南十路卫工街、南九路保工街、南九路兴顺街、九路市场、南九路兴华街、云峰街沈辽路、沈后招待所、沈辽路兴工街、东北汽配商贸中心、南八马路太原街、新华广场东、和平广场
227	金山小区—— 煤炭设计院	金山小区、北陵东门、省军区北门、北陵公园、辽宁中医、儿童医院、松花江街崇山路、宁山路小学、省消防总队、敬宾街、省高级法院、市物价局、天后宫、太清宫北、太清宫、小西门、大西门、风雨坛街沈州路、风雨坛街热闹路、五爱市场、热闹路大南街、热闹路东滨河路、煤炭设计院

线路	起始站点	途 经 站 点
228	宠物市场——小河沿	宠物市场、东北汽配城、向工北小区、向工一校、昆山路前塔湾、中海寰宇天下塔湾西、塔湾邮局、太平庄、崇山路淮河街、市委党校、怒江广场、宁山路金沙江街、宁山路北行、宁山路黄河大街、地质局、北陵电影院、宁山路小学、省消防总队、敬宾街、家乐福北站店、惠工广场东、市政府东、小西路、小西门、中街鼓楼、故宫西华门、市环保局、大南门西、小河沿
229	沈阳东站——沈阳北站	沈阳东站、沈阳东站北、东北大马路明堂街、东北大马路新生二街、市骨科医院、北海街联合路、市胸科医院、沈阳北方客运公司、恒驰物流、沈阳大学西门、望花街临河路、小北关街二〇二巷、省高级法院、惠工广场东、沈阳北站
230	新东安居小区——沈阳北站	新东安居小区、和睦路新东二街、黎明文化宫、二〇四、和睦路地坛街、地坛街和睦北二路、天江老龙口、市群众艺术馆、津桥路小什字街、小津桥、大北门、小北门、市信访大厅、清真寺、市中级法院、市政府东、惠工广场北、沈阳北站
231	金山小区——滑翔三小区	金山小区、北陵东门、省军区北门、北陵公园、辽宁大厦南、省实验中学、黄河大街宁山路、黄河大街巴山路、第四医院、皇寺广场、北市场西、沈医二院、南京街北六马路、医大一院、南京街北二马路、中山公园西、体育广场、铁路中学、新华广场、南京街南十马路、砂山公园东、省妇婴医院、砂阳路砂山街、滑翔路凌空二街【铰接车不停】、腾飞一街滑翔路【铰接车不停】、滑翔公园北【铰接车不停】、滑翔三小区
232	三台子——沈阳站	三台子、松陵文化宫、黄河大街松山路、二四二医院、省中医二院、新乐宿舍、新乐遗址、辽宁大厦、省实验中学、黄河大街宁山路、黄河大街巴山路、第四医院、皇寺广场、北市场西、沈医二院、南京街北六马路、中山路太原街、沈阳站北、沈阳站
233	中海城北——沈阳站西广场	中海城北、中海城、中海城南、西江街白山路、万科四季花城、太岳山路西江街、刑警学院家属区、塔湾小学、刑警学院、塔南公园、中海寰宇天下西、食品公司、北一路保工街东、小北一路齐贤街、小北一路景星街、小北一路兴华街、和平家园、云峰街北二路、云峰街北三路、小北三路兴工街、沈阳站西广场
235	丁香湖畔新城——马路湾	丁香湖畔新城、丁香屯、丁香小学、广业西路、重工街广业路、重工街北一路、长城宾馆、东北制药厂、北二路肇工街、北二路北启工街、北二路卫工街、北二路奖工街、北二路保工街、北二路景星街、北二路兴华街、北二路云峰街、北二路兴工街、沈阳站北、沈阳站、中华路太原街、中华路南京街、马路湾
236	蒲河大道——沈阳北站	蒲河大道、盛京医院沈北分院、瀚博皇家御湾、太湖国际花园、瀚博皇家御院、辽宁大学北校区、沈阳航空航天大学、唐轩公馆、道义大街正良二路、沈阳师范大学、四台子、黄河大街万山路、沈阳医学院、何氏眼科医院、国奥现代城、松山路黄河大街、松山小区、长江街北固山路、五彩新村、陵西二小区、第四十中学、北方医院、第九印刷厂、沙河子小区、长江街泰山路、建赏欧洲、辽宁大学、长江街宁山路、北行、碧塘公园南、第四医院南、昆山路嫩江街、北站路青年北大街、沈阳北站
236 地铁专线	蒲河大道——松山路地铁口	蒲河大道、盛京医院沈北分院、瀚博皇家御湾、太湖国际花园、瀚博皇家御院、辽宁大学北校区、沈阳航空航天大学、唐轩公馆、道义大街正良二路、沈阳师范大学、四台子、黄河大街万山路、沈阳医学院、何氏眼科医院、国奥现代城、松山路地铁口
237	和睦路地坛街——铁西广场	和睦路地坛街、二〇四、三家子、东塔街东宁街、航天新光集团、东塔、东塔机场、二四五医院、长安小区、长安路滂江街、大东边门、大东路小什字街、大东车库、大东门、大南门东、大南门西、市环保局、南顺城路风雨坛街、大西门、大西路奉天街、大西边门、十一纬路二经街、十一纬路交通银行、十一纬路招商银行、马路湾、中华路南京街、中华路太原街、沈阳站、沈阳站南、胜利大街南五马路、建设大路兴工街、云峰街建设大路、铁西广场
238	天泰翰宇苑——五爱市场西区	天泰翰宇苑、沈阳建筑大学西、沈音南校区南、浑南中路朗明街、军区总院浑南分院、金地国际花园、沈阳乐府艺术学校、坤泰新界、省浑南训练基地、奥体中心南门、女人街、五里河公园西、夏宫、五里河茂业中心、文化路立交桥南、华润中心、青年公园西、彩电塔、第七中学、五爱市场西区
239	康利汽车公司——泉园小区	康利汽车公司、建设大路肇工街、建设大路启工街、建设大路卫工街、建设大路保工街、建设大路兴顺街、铁西广场、建设大路云峰街西、建设大路兴工街、南五马路胜利大街、南五马路民族街、铁路中学、和平广场、南五马路中兴街、南五马路振兴街、南湖公园、盛京医院南湖院区、展览馆、陆军总院、南塔、南塔鞋城、文化东路天坛一街、出租汽车公司南、和美妇产医院、泉园二路、泉园小区

线路	起始站点	途经站点
239 夜车	和泰馨城——泉园小区	和泰馨城、东平湖街沈大路、北李官、沈大路巢湖街、沈大路太湖街、沈大路洪湖街、于洪新村、铁西森林公园、康利汽车公司、建设大路肇工街、建设大路启工街、建设大路卫工街、建设大路保工街、建设大路兴顺街、铁西广场、建设大路云峰街西、建设大路兴工街、南五马路胜利大街、南五马路民族街、铁路中学、和平广场、南五马路中兴街、南五马路振兴街、南湖公园、盛京医院南湖院区、展览馆、陆军总院、南塔、南塔鞋城、文化东路天坛一街、出租汽车公司南、和美妇产医院、泉园二路、泉园小区
240	长客西站公交枢纽站——马路湾	长客西站公交枢纽站、壮工街勋业三路、华润万家重工店、勋业三路重工街、万聚隆超市、勋业三路肇工街、劳动公园西、工人村、肇工街南十路、肇工街南七路、建设大路肇工街、建设大路启工街、建设大路卫工街、建设大路保工街、建设大路兴顺街、铁西广场、建设大路云峰街西、建设大路兴工街、胜利大街南五马路、沈阳站南、沈阳站、中华路太原街、中华路马路湾、马路湾
241	重工街广业路——长客西站	重工街广业路、重工街北一路、长城宾馆、东北制药厂、重工街北三路、水泵总厂、北四路重工街、美好愿景、肇工街建设大路、南七路肇工街、重工街南七路、重工街南十路、重工街南十二路、重工街勋业一路、长客西站
241 支线	意大利风情小镇——保利心语花园	意大利风情小镇、意大利风情小镇东、广业路重工街、重工街广业路、重工街北一路、长城宾馆、东北制药厂、肇工街北二路、肇工街北三路、肇工街北四路、肇工街建设大路、重工街地铁站、铁西区体育中心、保利心语花园
242	金山小区——保工街南十四路	金山小区、北陵东门、省军区北门、北陵公园、辽宁大厦南、长江街泰山路、辽宁大学、长江街宁山路、北行、碧塘公园南、昆山路珠江街、昆山路荆江街、昆山路怒江街、小白楼、中海寰宇天下、昆山路塔湾东、中海寰宇天下西、食品公司、第一粮库、保工街北二路、保工街北三路、市交通技术学校东、香江家居、保工街南八路、保工街南十路、保工街南十二路、保工街南十四路
243	新东三街东陵西路——沈阳站北	新东三街东陵西路、新东三街和睦路、和睦路新东二街、黎明文化宫、二〇四、和睦路地坛街、地坛街和睦北二路、天江老龙口、市群众艺术馆、津桥路小什字街、小津桥、大北门、小北门、市信访大厅、清真寺、市中级法院、市府大路三经街、北市场、市检察院、西塔、胜利大街北四马路、沈阳站北
244	东北大学南门——沈阳北站	东北大学南门、交通安全教育学校、龙王庙公园、盛发花园、省体院、市第六医院、南湖公园西门、方型广场南、南湖公园、盛京医院南湖院区、展览馆、华润中心、青年公园西、彩电塔、大西菜行东、市委、市府恒隆广场、市府广场东、市政府东、沈阳北站
245	金山小区——南塔客运站	金山小区、北陵东门、省军区北门、北陵公园、辽宁中医、儿童医院、华商晨报、省教育厅、北塔、崇山路鸭绿江东街、恒驰物流北门、市胸科医院、北海街联合路、市骨科医院、北海街工农路、莱茵河畔、龙之梦红星美凯龙、龙之梦衡园、龙之梦畅园、华润万家滂江店、滂江市场、万柳塘路莲花街、万柳塘路万莲路、万泉旅社、沈空司令部、南塔电子市场、南塔客运站
246	方凌路——沈阳站南	方凌路（上木厂）、东陵油库、凌云公司、德氏冷饮、方方园小区、方家栏、东陵加工区、六〇六所、万莲小区、万柳塘路万莲路、东方宾馆、翠园小区、热闹路大南街、五爱市场、五爱市场西区、西滨河路风雨坛街、彩电塔、西滨河路三经街、领事馆西、十四纬路五经街、省水利厅、光荣街十三纬路、二〇二医院、马路湾、中华路南京街、中华路太原街、沈阳站南
247	玉屏路——家乐福北站店	玉屏路砂川街、万和花园、河北街二校、砂南路砂阳路、省妇婴医院、市第六医院、和平大街南七马路、省委、中山公园东、马路湾、和平大街十纬路、和平大街八纬路、水务集团、八一公园西、三经街市府大路、市人大、青年北大街、家乐福北站店
248	大东门——第二十一中学	大东门、东中街、小津桥、大北门、小北门、市信访大厅、清真寺、市中级法院、市府大路三经街、北市场、市检察院、皇寺广场、华山路长江街、珠江街华山路、昆山路荆江街、昆山路怒江街、小白楼、第二十一中学
249	万科四季花城——中兴街砂阳路	万科四季花城、皇姑热电厂、怒江公园西、水榭花都、淮河街崇山路、市委党校、怒江广场、昆山路荆江街、昆山路珠江街、家具广场、储备局、西塔南、铁路局、太原街中山路、中山路太原街、中山广场东、水务集团、物资局、沈阳日报社、第七医院、领事馆、五经街十四纬路、省水利厅、回民中学、方型广场南、南湖公园西门、中兴街砂阳路

线路	起始站点	途经站点
250	青阳四季园——北站北广场	青阳四季园、瑞丰嘉园、青阳四季园北门、方明街方兴路、中房凌云花园、民航南路江东街、六〇六所、万莲小区、万柳塘路万莲路、市盲校万泉街、万泉公园西门、大什字街育才巷、大什字街大东路、大悦城、大什字街草仓路、小什字街中学堂路、枫合万嘉、市第一医院、清泉路八王寺街、沈阳大学南门、小北边门、省高级法院、敬宾街、沈阳北站北、北站北广场
252	于洪新城管委会——沙河子	于洪新城管委会、细河路大通湖街、惠泽园小区、仙女河路大通湖街、吉力湖街仙女河路、宏发三千院、细河路吉力湖街、东北机电五金城、南滑翔路腾飞二街、万科花园、南滑翔路凌空二街、生日城东、滑翔公园东、天华医药、诗波特小区、兴工街沈辽路、兴工街南七路、兴工街建设大路、兴工街北四路、兴工街北三路(沈阳站西)、兴工街北二路、胜利大街北二马路、胜利大街北四马路、西塔南、储备局、家具广场、碧塘公园西、北行、长江街宁山路、辽宁大学、建赏欧洲、长江街泰山路、沙河子小区、沙河子
253	东方玫瑰园——市第六医院	东方玫瑰园、和惠家园、梧桐馨园、北大营街上园路、通利汽车公司、九一八历史博物馆、恒驰物流、沈阳大学西门、望花街临河路、小北关街二〇二巷、省高级法院、家乐福北站店、惠工广场东、惠工广场南、奉天街市府大路、奉天街小西路、奉天街药王庙路、大西边门、十一纬路二经街、第七医院、五经街十三纬路、光荣街十四纬路、方型广场北、方型广场南、南湖公园西门、市第六医院
254	保利心语花园——龙之梦亚太城	保利心语花园北、保利心语花园、铁西区体育中心、牛心屯三路重工街、美好愿景北门、北三路北启工街、北三路卫工街、北三路圣工街、北三路保工街、北三路齐贤街、北三路景星街、铁西区政府、云峰街北三路、北二路云峰街、北二路兴工街、胜利大街北二马路、胜利大街北四马路、老道口、三洞桥、皇寺广场、哈尔滨路青年北大街、华府天地南、天后宫路友好街、天后宫路令闻街、天后宫路小北街、横街、草仓路大什字街、草仓路小什字街、东边城街珠林路、龙之梦亚太城
255	蒲河大道——沈阳站北	蒲河大道、盛京医院沈北分院、瀚博皇家御湾、太湖国际花园、瀚博皇家御院、辽宁大学北校区、沈阳航空航天大学、唐轩公馆、道义大街正良二路、沈阳师范大学、四台子、黄河大街万山路、沈阳医学院、何氏眼科医院、国奥现代城、松山路黄河大街、松山小区、松山路长江街、恒盛广场、青山路怒江街、青山路、依云北郡A区、加州花园、大禹蘭庭花园、西江街白山路、万科四季花城、皇姑热电厂、怒江公园西、水榭花都、淮河街崇山路、淮河街昆山路、小白楼、华山路怒江街、华山路珠江街、华山路长江街、储备局、西塔、铁路局、太原街中山路、沈阳站北
256	辽宁美术印刷厂——砂山街玉屏一路	辽宁美术印刷厂、北大营街南卡门路、上园路合作街、上园小区、北方客运公司、联合路辽沈二街、洮昌小区、沈阳大学南门、市物价局、天后宫、太清宫北、清真寺、奉天街小西路、奉天街药王庙路、房地产大厦、奉天街北热闹路、顺通食街、大西菜行、十三纬路三经街、五经街十四纬路、省水利厅、回民中学、方型广场南、南湖公园西门、市第六医院、市第六医院南、省妇婴医院、砂南路砂阳路、砂南路砂山街、万和花园、砂山街玉屏一路
257	于洪新城管委会——龙之梦亚太城	于洪新城管委会、惠泽园社区、临河街大通湖街、临河街宏发华城、宏发三千院、细河路吉力湖街、东北机电五金城、南滑翔路腾飞二街、万科花园、滑翔六小区、南滑翔路凌空二街、生日城东、滑翔公园东、天华医药、诗波特小区、沈辽路兴工街、东北汽配商贸中心、南五马路胜利大街、南五马路民族街、铁路中学、和平广场、南五马路中兴街、南五马路振兴街、方型广场北、鲁迅儿童公园、万科春河里、华润中心北、青年公园南、文艺路五爱街、小南边门、省医院、大南边门、第二十七中学、大南街热闹路、大南门、故宫东华门、商业城(钟楼)、大北门、小津桥、津桥路小什字街、市群众艺术馆、龙之梦亚太城
258	洮昌小区——艳粉新村	洮昌小区、联合路辽沈二街、北海街联合路、市骨科医院、大北边门、第五中学、枫合万嘉、横街、小津桥、大北门、小北门、太清宫、小西门、市红十字会医院、中山路杏林街、辽宁日报社、沈阳日报社、三经街交通银行、第七医院、领事馆、鲁迅公园、方型广场北、方型广场南、南湖公园西门、市第六医院南、省妇婴医院、砂阳路砂山街、生日城、盛京医院滑翔院区、万科花园、南滑翔路腾飞二街、艳粉新村
259	望花路北——丰乐二街	望花路北、望花新村、上海通用北盛汽车、海鲜市场、北大营街南卡门路、合作街上园路、华美英语学校、北海街联合路、市骨科医院、大北边门、第五中学、枫合万嘉、横街、小津桥、大悦城东、天龙家园、小什字街大东路、省东方医院、东滨河路热闹路、科学家花园、万柳塘公园西、南塔电子市场、南塔客运站、文化东路天坛一街、出租汽车公司南、文化东路富民街、东北大学基础学院、丰乐二街文萃路、丰乐二街

线路	起始站点	途 经 站 点
260	中海城北——南通天街	中海城北、中海城、中海城南、白山路西江街、大禹蘭庭花园、加州花园、教师新村、陵西二小区、第四十中学、北方医院、第九印刷厂、沙河子小区、长江街泰山路、建赏欧洲、辽宁大学、长江街宁山路、北行、碧塘公园南、第四医院南、皇寺广场、市检察院、北市场、市府大路三经街、市中级法院、奉天街小西路、药王庙路奉天街、大西门、南顺城路沈州路、市环保局、五爱服装城、南通天街
260 支线	中海城北——松山路地铁口	中海城北、八家子小区、绿地老街坊、省武警总队、万科魅力之城、赤山路怒江街、桃源欣城南、长江街赤山路、松山小区、松山路黄河大街、松山路地铁口
261	曹后路——中山公园西	曹后路、曹家屯、翟家开发区、家宁花园、宁官市场、沈辽路大明湖街、沈辽路昆明湖街、鹏程花园、山东堡、三隆碧桂园、大通湖街沈辽路、仙女河北路吉力湖街、仙女河路吉力湖街北、路官二街、西部货运中心东、保工街南十四路、保工街南十二路、保工街南十路、南九路保工街、南九路兴顺街、九路市场、南九路兴华街、云峰街南九路、云峰街南七路、兴工四校、兴工街建设大路、胜利大街南五马路、沈阳站南、中华路太原街、中山公园西
261 支线	郎家圣新园——家宁花园	郎家圣新园、大于堡、小于堡、小于村委会、浑河六街小于、浑河六街十八号路、金辉尚璟、浑河六街淀粉厂、家宁花园
261 地铁支线	曹后路——张士开发区管委会	曹后路、浑河六街小于、浑河六街十八号路、金辉尚璟、浑河六街淀粉厂、家宁花园、宁官市场、沈辽路大明湖街、沈辽路昆明湖街、昆明湖街沈辽路、张士开发区管委会
262	砂南路砂平街——沈阳北站	砂南路砂平街、胜利大街砂川街、胜利大街南十一马路、胜利大街南九马路、东北汽配商贸中心、胜利大街南六马路、胜利大街南五马路、沈阳站南、沈阳站北、胜利大街北二马路、胜利大街北四马路、老道口、西塔、北市场西、皇寺广场、哈尔滨路肇东街、哈尔滨路青年北大街、华府天地南、惠工广场南、沈阳北站
263	御龙逸城——西塔	御龙逸城、方文路、方明街方兴路、方方园小区、方家栏、汽车制造厂、东北大学基础学院、文化东路富民街、和美妇产医院、泉园广场、血磁医院、万柳塘公园、大南边门、建设大厦、南关小区、南关路小南街、辽宁奉天中医院、五爱市场西区、五爱西区北、第七中学、顺通食街、大西菜行、十三纬路三经街、十三纬路五经街、十三纬路光荣街、十三纬路吉林路、中山公园东、马路湾、中华路南京街、中华路太原街、沈阳站北、胜利大街北二马路、胜利大街北四马路、西塔
264	长客西站——沈阳北站	长客西站公交枢纽站、长客西站、重工街勋业一路、重工街南十二路、重工街南十路、重工街南七路、南七路肇工街、市中心医院、南七路卫工街、南七路保工街、南七路兴顺街、南七路勋望街、南七路兴华街、铁西区中心医院、云峰街建设大路、建设大路兴工街、胜利大街南五马路、市文化宫、中山公园西、南京街北二马路、医大一院、南京街北六马路、沈医二院、北市场西、皇寺广场、哈尔滨路肇东街、青年北大街、沈阳北站
265	银山小区——文萃路丰乐二街	银山小区、北陵东门、省军区北门、北陵公园、辽宁中医、北陵电影院、宁山路小学、省消防总队、敬宾街、家乐福北站店、惠工广场东、市政府东、八一公园东、辽宁日报社、沈阳日报社、三经街交通银行、第七医院、领事馆、鲁迅美术学院、盛京医院南湖院区、展览馆、陆军总院东门、沈阳教育学院、宏伟新都、南塔公园、南塔日杂、天坛小区、文萃路富民街、溪林花园、文萃路丰乐二街
266	人大附小沈阳分校——方家栏路	人大附小沈阳分校、于洪广场、于洪南里、南十路强工二街、南十路重工街、重工街南七路、康利汽车公司、建设大路肇工街、建设大路启工街、建设大路卫工街、建设大路保工街、建设大路兴顺街、铁西百货、兴华公园东、兴华街南十路、兴华街沈辽路、家乐福金牛店、盛京医院滑翔院区、滑翔路腾飞一街、生日城、滑翔路凌空二街、砂阳路砂山街、省妇婴医院、砂山公园东、南京街南十马路、新华广场、和平广场、省委、中山公园东、十一纬路招商银行、十一纬路交通银行、十一纬路二经街、大西边门、房地产大厦、五爱西区北、五爱市场、热闹路大南街、热闹路东滨河路、翠园小区、东方宾馆、万泉实业公司、长青街泉园一路、长青街泉园三路、方家栏路
267	丁香屯——沈阳北站	丁香屯、丁香小学、广业西路、重工街广业路、北一路钢材市场、北一路肇工街、博宇金属贸易集团、北启工街北二西路、卫工北街北二路、向工街明廉路、飞跃实验中学、向工一校、昆山路前塔湾、中海寰宇天下塔湾西、中海寰宇天下、东北玩具城、小白楼、华山路怒江街、皇姑公安分局、华山路珠江街、华山路长江街、皇寺广场、哈尔滨路青年北大街、华府天地南、惠工广场南、沈阳北站

线路	起始站点	途 经 站 点
267 支线	大兴——兴隆大都汇	大兴、新光、大兴学校、西桥、大兴街道办、大兴沙岗子、陈孤家子、陈孤家子东、红兴路环城高速、红旗台高速口、西湖俪景西、丁红、沈阳金谷、北一路重工街、北一路钢材市场、肇工街北一路、万科朗润园、肇工街北三路、肇工街北四路、北四路肇工街、北四路启工街、卫工街北四路、兴隆大都汇
268	中海城北——砂山货运站	中海城北、中海城、中海城南、西江街白山路、万科四季花城、皇姑热电厂、怒江公园西、水榭花都、淮河街崇山路、淮河街昆山路、小白楼、昆山路怒江街、皇姑公安分局、珠江街天山路、新湖小区、北一东路 65 号、重型文化广场、兴华街小北一路、兴华街北二路北、铁西区政府、兴华街北四路、铁西广场、建设大路云峰街东、建设大路兴工街、兴工街南七路、兴工街沈辽路、凌空一街沈辽路、凌空一街北滑翔路、凌空一街滑翔路、砂山商店、砂山货运站
268 支线	华润橡树湾东——松山路地铁口	华润橡树湾东、保利上林湾二期东门、松山西路西江街、松山西路中海城、松山西路依云北郡、松山西路万科魅力之城、阳光尚城、松山路长江街、松山小区、松山路黄河大街、松山路地铁站
269	于洪新城管委会——沈阳北站	于洪新城管委会、细河路大通湖街、于洪新城供暖公司、细河路吉力湖街、东北机电五金城、南滑翔路腾飞二街、万科花园、盛京医院滑翔院区、生日城、滑翔路凌空二街、砂阳路砂山街、省妇婴医院、市第六医院南、南湖公园西门、方型广场南、方型广场北、回民中学、光荣街十四纬路、二〇二医院、电业体育馆、八经街七纬路、水务集团、和平大街北七马路、八一公园西、市府大路三经街、市政府东、沈阳北站
271	炮兵学院——沈阳站	炮兵学院、第三干休所、省行政学院、沈抚立交桥东、新立堡、高官台、水暖城、观泉路铁道口、高官台街东望街、沈阳宝钢(钢花小区)、联合路东建街、金地铂悦、康福食品、新颖宾馆、联合路东辽街、联合路北海街、市胸科医院、恒驰物流北门、崇山路鸭绿江东街、北塔、省教育厅、松花江街崇山路、宁山路小学、省消防总队、敬宾街、惠工广场东、哈尔滨路青年北大街、皇寺广场、华山路长江街、储备局、西塔、太原街中山路、沈阳站
272	前榆新村——南十三纬路	前榆新村、制控电机厂、前榆村、铸造厂、后榆村、绮霞街浑南西路、金地檀郡、沈营路华园东路、融城时代、首创国际城、泛华广场、浑河堡、浦江苑、新华社、五里河公园西、夏宫、五里河茂业中心、文化路立交桥南、展览馆、盛京医院南湖院区、南湖公园、方型广场北、鲁迅公园、领事馆西、南十三纬路
273	沈阳东站——市第六医院	沈阳东站、工农路东辽街、第一四一中学、工农路北海街、辽沈二街工农路、北边城路草仓路、草仓路东边城街、大东交通分局、大悦城东、天龙家园、大东路小什字街、大东车库、大东门、小河沿、大南门、热闹路大南街、五爱市场、五爱市场西区、西滨河路风雨坛街、彩电塔、西滨河路三经街、鲁迅公园、方型广场北、方型广场南、南湖公园西门、市第六医院
274	中房基安花园西门——五爱市场西区	中房基安花园西门、东陵西路联盛南巷、新东安居小区、和睦路新东二街、黎明文化宫、二〇四、和睦路地坛街、地坛街善邻路、善邻路滂江街、龙之梦畅园、华润万家滂江店、滂江市场、万柳塘路莲花街、万柳塘路万莲路、东方宾馆、翠园小区、热闹路大南街、五爱市场、五爱市场西区
276	沈阳理工大学——龙之梦亚太城	沈阳理工大学、长青街孤石路、浑南实验学校、音乐学院南校区、在水一方社区、文萃路长青街、丰乐二街文萃路、摩托车城、东北大学基础学院、文化东路富民街、和美妇产医院、泉园广场、血磁医院、万柳塘公园、万柳塘公园西、科学家花园、热闹路东滨河路、大南街热闹路、大南门、故宫东华门、商业城(钟楼)、大北门、小津桥、津桥路小什字街、市群众艺术馆、龙之梦亚太城
276 复线	罗官——龙之梦亚太城	罗官屯、观象台、东方钛业、沈阳理工大学、长青街孤石路、浑南实验学校、音乐学院南校区、在水一方社区、文萃路长青街、丰乐二街文萃路、摩托车城、东北大学基础学院、文化东路富民街、和美妇产医院、泉园广场、血磁医院、万柳塘公园、万柳塘公园西、科学家花园、热闹路东滨河路、大南街热闹路、大南门、故宫东华门、商业城(钟楼)、大北门、小津桥、津桥路小什字街、市群众艺术馆、龙之梦亚太城
277	黄河汽车公司——五爱市场西区	黄河汽车公司、东药宿舍、北一路重工街、北一路钢材市场、北一路肇工街、博宇金属贸易集团、北一路卫工街、粮食市场、北一路保工街西、北一路保工街东、沈阳国际纺织服装城、北一路万达广场、重型文化广场、北一东路 65 号、新湖小区、兴工街北一路、兴工街千姿汇、兴工街北二路、沈阳站北、北二马路天津街、医大一院、中山广场东、中山路和平大街、辽宁日报社、中山路杏林街、市红十字会医院、奉天街药王庙路、房地产大厦、五爱市场西区

线路	起始站点	途 经 站 点
278	黄河汽车公司——滑翔三小区	黄河汽车公司、东药宿舍、长城宾馆、东北制药厂、水泵总厂、北四路重工街、美好愿景、肇工街建设大路、肇工街南七路、肇工街南十路、启工二校、南十路卫工街、劳动公园北、保工街南十二路、南十三路齐贤街、工业大学兴顺校区、艳粉街沈辽路、艳粉新村、艳阳小区、盛京医院滑翔院区、滑翔路腾飞一街、生日城、滑翔公园东、滑翔三小区
279	居易青年城——兴华公园北	居易青年城、城建北尚、富丽阳光、中驰汽贸、剑苑小区、梨园剧场、北塔、省教育厅、华商晨报、儿童医院、辽宁中医、宁山路黄河大街、黄河大街巴山路、第四医院、皇寺广场、三洞桥、老道口、胜利大街北四马路、胜利大街北二马路、沈阳站北、沈阳站南、胜利大街南五马路、建设大路兴工街、建设大路云峰街、铁西百货、兴华公园北
280	金山小区——中兴街砂阳路	金山小区、北陵东门、武功山小区、省游泳馆、华商晨报、辽河街燕山路、北陵电影院、北陵大街宁山路、省公安厅、市残联、青年北大街、市人大、八一公园东、辽宁日报社、沈阳日报社、三经街交通银行、第七医院、十三纬路三经街、十三纬路五经街、五经街十四纬路、光荣街十四纬路、回民中学、方型广场南、南湖公园西门、中兴街砂阳路
281	七二四文化宫——沈阳站西广场	七二四文化宫、劳动广场、西门、市殡仪馆、观音屯、北陵开发区、省邮电仓库、上岗子、城建北尚、富丽阳光、富丽阳光南区、陵东装饰材料市场、银山小区、金山小区、北陵东门、武功山小区、省游泳馆、华商晨报、辽河街燕山路、北陵电影院、龙江广场、省公安厅、市残联、青年北大街、市人大、市府大路三经街、北市场、市检察院、西塔南、铁路局、太原街中山路、沈阳站北、兴工街北二路、沈阳站西广场
282	沈阳环科院——第二十一中学	沈阳环科院、纺织研究院、宏伟新都、南塔、陆军总院、展览馆、盛京医院南湖院区、南湖公园、方型广场北、回民中学、十三纬路光荣街、十三纬路吉林路、市体育局、体育广场、中山公园西、南京街北二马路、医大一院、南京街北六马路、沈医二院、西塔东、兴工街北一路、兴工街千姿汇、霁虹、富云花都、克俭小区、珠江桥东、天山路新安江街、皇姑屯火车站、天山路同江街、同江街步云山路、小白楼、第二十一中学
283	工业大学中央校区南门——万科四季花城	工业大学中央校区南门、工业大学中央校区东门、沈辽路中央大街、翟家街道办事处、翟家开发区、家宁花园、宁官市场、沈辽路大明湖街、沈辽路昆明湖街、鹏程花园、山东堡、三隆碧桂园、新型建材厂、鼓风机一分厂、冶金机械公司、沈辽路赞工街、仙女湖公园北、西部货运中心北、沈辽路齐贤街、沈辽路艳粉街、兴华街沈辽路、兴华街南十路、兴华公园东、铁西百货、铁西广场、兴华街北四路、铁西区政府、兴华街北二路、兴华街小北一路、重型文化广场、淮河街天山路、第二十一中学、淮河街昆山路、淮河街崇山路、水榭花都、怒江公园西、皇姑热电厂、万科四季花城
284	巢湖街渤海路——沈阳站西广场	巢湖街渤海路、于洪区委南、依云首府北门、于洪广场、于洪南里、强工二街南十路、建业路强工二街、建业路重工街、建业路肇工街、南八路启工街、市中心医院南、南八路卫工街、南八路保工街、香江家居、市交通技术学校东、保工街北三路、小北二路齐贤街、小北二路景星街、小北二路兴华街、小北二路应昌街、小北二路云峰街、云峰街北三路、小北三路兴工街、沈阳站西广场
286	万科新榆公馆——龙之梦亚太城	万科新榆公馆(桥下)、万科新榆公馆、糖厂子、世纪新城、华园东路沈营路、浑南新区医院、彩霞街公铁桥、彩霞街沈营路、嘉禾源农贸市场、泛华广场、浑河堡、浦江苑、新华社、五里河公园西、夏宫、五里河茂业中心、文萃路青年大街、沈阳教育学院、宏伟新都、南塔、省金秋医院、文艺路小南街、省医院、大南边门、万柳塘公园西、科学家花园、东滨河路热闹路、荣昌集团、省东方医院、大什字街育才巷、大什字街大东路、大悦城、津桥路小什字街、市群众艺术馆、龙之梦亚太城
287	天河家园——龙之梦亚太城	天河家园、长白港湾站、南京街长白路、工农桥南、工农桥北、省妇婴医院、市第六医院南、中兴街南八马路、中兴二巷中兴街、省委、中山公园东、马路湾、十一纬路招商银行、十一纬路交通银行、十一纬路二经街、大西边门、房地产大厦、铁通公司、南顺城路风雨坛街、市环保局、大南门、故宫东华门、商业城(钟楼)、大北门、小津桥、津桥路小什字街、市群众艺术馆、龙之梦会展中心、龙之梦小商品大世界、龙之梦亚太城
288	南十二路重工街——北站北广场	南十二路重工街、重工街勋业一路、长客西站、赞工街沈新路、赞工街勋业三路、赞工街勋业一路、赞工街南十二路、赞工街南十路、南十路肇工街、肇工街南七路、市中心医院、卫工街建设大路、卫工街北四路、卫工街北三路、卫工街北二路、北二路奖工街、保工街北二路、第一粮库、北一路保工街东、沈阳国际纺织服装城、北一路万达广场、重型文化广场、北一东路 65 号、新湖小区、西塔东、北市场西、皇寺广场、总站路阜新二街、市行政执法局、肇东街安达路、昆山路嫩江街、沈阳有线电视台、北站北广场

线路	起始站点	途 经 站 点
289	新华壹品——华强广场	新华壹品、上园小区、上园路联合路、联合路东辽街、联合路北海街、联合路辽沈二街、洮昌小区、沈阳大学南门、市物价局、天后宫、太清宫北、太清宫、小西门、大西门、大西路奉天街、大西边门、十一纬路二经街、第七医院、领事馆、鲁迅美术学院、盛京医院南湖院区、沈阳音乐学院、百脑汇、华强广场
290	包道社区北——小河沿	包道社区北、包道社区、辉山西路川江街、川江街千山西路、川江街赤山路、赤山路川江街、松山小区、长江街北固山路、五彩新村、陵西二小区、第四十中学、北方医院、第九印刷厂、沙河子小区、长江街泰山路、泰山路黄河大街、北陵公园、辽宁中医、审判法庭陈列馆、龙江广场、沈阳北站北、敬宾街、省高级法院、市物价局、天后宫、小北街天后宫路、小北门皇城恒隆广场、中街、故宫西华门、市环保局、大南门西、小河沿
290 支线	银亿万万城——松山路地铁口	银亿万万城、包道屯、包道社区、辉山路川江街、川江街千山西路、川江街赤山路、赤山路黄河大街、黄河大街松山路、松山路地铁口
291	天泰翰宇苑——家乐福北站店	天泰翰宇苑、沈阳建筑大学西、沈音南校区南、浑南中路朗明街、军区总院浑南分院、朗日街浑南中路、恒达路朗日街、沈阳乐府艺术学校、河畔新城、富民街银河丽湾、富民街文萃路、富民街文化东路、和美妇产医院、泉园广场、血磁医院、万柳塘公园、大南边门、省医院、小南边门、文艺路五爱街、风雨坛街西滨河路、奉天街五爱市场西区、房地产大厦、万寿寺街大西路、万寿寺街小西路、小西路、市政府东、惠工广场东(虎跃快客)、家乐福北站店
292	铜山路(陵园街)——御龙逸城	铜山路(陵园街)、铜山路陵园街、陵园街锡山路、省教育厅、华商晨报、辽河街燕山路、北陵电影院、龙江广场、沈阳北站北、敬宾街、省高级法院、市物价局、天后宫、小北街天后宫路、小北门皇城恒隆广场、中街、故宫西华门、市环保局、大南门西、小河沿、育才巷小什字街、四六三医院、小河沿路滂江街、江东街小河沿路、六〇六所、东陵加工区、方家栏、方明街方兴路、金华苑、方文路方明街、御龙逸城
293	华润橡树湾东——南通天街	华润橡树湾东、松山路南、保利上林湾东门、靓马新村、巴黎香榭、西江街白山路、北陵法庭、万科四季花城北二门、万科四季花城北一门、北苑明珠、红田地产、格林阳光、格林梦夏、怒江街新开河、市委党校、怒江广场、宁山路金沙江街、宁山路北行、宁山路黄河大街、北陵大街宁山路、省公安厅、市残联、青年北大街、市政府、市府广场西、清真南寺、奉天街小西路、房地产大厦、奉天街北热闹路、五爱西区北、五爱市场、五爱服装城、南通天街
294	三台子——五爱市场北(南乐郊路)	三台子、沈飞四中、松山路黄河大街、松山小区、长江街北固山路、五彩新村、陵西二小区、第四十中学、北方医院、香炉山路黄河大街、新乐宿舍、新乐遗址、辽宁大厦、省实验中学、黄河大街宁山路、黄河大街巴山路、第四医院、皇寺广场、哈尔滨路青年北大街、华府天地南、天后宫路友好街、天后宫路令闻街、小北街天后宫路、小北门皇城恒隆广场、中街、故宫西华门、市环保局、五爱市场北(南乐郊路)
295	家乐福北站店——保工街南十四路	家乐福北站店、惠工广场东、市政府东、市府大路三经街、北市场、市检察院、西塔、西塔南、铁路局、太原街中山路、沈阳站北、北二路兴工街、北二路云峰街、兴华街北二路南、铁西区政府、兴华街北四路、铁西广场、铁西百货、南六路勋望街、南六路兴顺街、保工街南六路、保工街南八路、保工街南十路、保工街南十二路、保工街南十四路
296	滑翔三小区——龙之梦亚太城	滑翔三小区、滑翔公园东、滑翔路凌空二街、砂阳路砂山街、省妇婴医院、砂山公园东、南京街南十马路、新华广场、铁路中学、体育广场、市体育局、中山公园东、马路湾、十一纬路招商银行、十一纬路交通银行、十一纬路二经街、大西边门、房地产大厦、铁通公司、南顺城路风雨坛街、市环保局、大南门、故宫东华门、商业城(钟楼)、大北门、小津桥、津桥路小什字街、市群众艺术馆、龙之梦会展中心、龙之梦小商品大世界、龙之梦亚太城
297	市工人文化宫——万柳塘公园北	市工人文化宫、保工街南八路、香江家居、新北方装饰建材城、陶林居、北四路贵和街、北四路兴华街、北四路云峰街、兴工街北四路、兴工街建设大路、南五马路胜利大街、南五马路民族街、铁路中学、和平广场、南五马路中兴街、南五马路振兴街、方型广场北、回民中学、省水利厅、十四纬路五经街、领事馆西、十三纬路三经街、大西菜行、第七中学、五爱西区北、五爱市场、热闹路大南街、翠园小区、万柳塘公园北

线路	起始站点	途经站点
298	东机正门——大东路	东机正门、文官街、文体中心、劳动广场、西门、望花新村木材市场、东方欧博城、望花立交桥、圣淘沙家园、紫竹茗郡、通利汽车公司、九一八历史博物馆、沈阳北方客运公司、市胸科医院、北海街联合路、市骨科医院、大北边门、第五中学、枫合万嘉、横街、小津桥、东中街、大东门、大东路
299	卫士家园——沈阳站西广场	卫士家园、上园路联合路、上园小区、上园路合作街、通利汽车公司、九一八历史博物馆、崇山路鸭绿江东街、北塔、省教育厅、华商晨报、儿童医院、辽宁中医、崇山路嘉陵江街、辽宁大学、百鸟公园、市委党校、崇山路淮河街、淮河街昆山路、淮河街天山路、重型文化广场、小北一路兴华街、新湖北国之春南、小北一路兴工街、兴工街千姿汇、兴工街北二路北、兴工街北三路、沈阳站西广场
324	苏家屯——北站北广场	苏家屯、新石代石材城、血栓医院、雪松路迎春街、雪松路牡丹街、中顺汽车、苏白路市场、辽宁卫生职院、湖畔绿洲、吉水暖气公司、满融首府、苏家屯区委党校、下河湾、民族开发区、浑河站、三山集团、越秀星汇蓝海花园、万科城、格林生活坊、远洋天地、工农桥南、南京街砂阳路、南京街南十马路、新华广场、铁路中学、沈阳站、沈阳站北、太原街中山路、铁路局、西塔、储备局、家具广场、第四医院南、昆山路嫩江街、北站北广场
325	虎石台——沈阳北站	虎石台(辽宁交通高等专科学校)、兴盛街、虎石台邮局、虎石台第一小学、老市场、市益民医院、矿务局中学、欧盟工业园(黄楼)、虎石台开发区、辽宁金融职业学院、詹屯、鑫宁家园、三〇一、朱尔屯、朱尔屯道口、西三家子、文官屯、西门、望花新村木材市场、东方欧博城、望花立交桥、圣淘沙家园、紫竹茗郡、通利汽车公司、九一八历史博物馆、崇山路鸭绿江东街、北塔、省教育厅、松花江街崇山路、宁山路小学、省消防总队、沈阳北站
326	新城子——五爱市场西区	新城子中央路北斗街、新城子电影城、新城子邮局、新城子大市场、红楼小区、五五村口、道树子东、道树子西、七家子东、七家子西、财落三村、财落二村、财落市场、姚家东、姚家西、大辛二村、全胜北、全胜西、三家子检查站、三家子、依生制药厂、道义大街大三线、自来水五厂、弓匠村、俪景小区、太湖国际花园、瀚博皇家御院、辽宁大学北校区、沈阳航空航天大学、唐轩公馆、沈阳师范大学、四台子、黄河大街万山路、沈阳医学院、何氏眼科医院、国奥现代城、黄河大街松山路、二四二医院、省中医二院、新乐宿舍、辽宁大厦、省实验中学、黄河大街宁山路、黄河大街巴山路、第四医院、皇寺广场、市检察院、北市场、市中级法院、太清宫、小西门、大西门、风雨坛街热闹路、五爱市场西区
327	碧桂园凤凰城——沈阳站南	碧桂园凤凰城、丁香街沙柳路、苏家屯工商局、枫杨路青年桥、苏家屯大润发超市、玫瑰街香杨路、苏家屯火车站、玫瑰街北九路、十里锦城(沈阳国际展览中心)、木材防腐厂、大官房、可济药业、银杏路雪莲街(原加工厂)、沈阳市工业技术学校、华府丹郡、恒大名都、沈阳卷烟厂、上河湾、王士村、前榆树台、上夹河、沙岗子、中海国际社区、长白港湾站、工农桥南、工农桥北、南京街砂阳路、南京街南十马路、新华广场、铁路中学、沈阳站南(南一马路)
328	新城子——马路湾	新城子、沈北客运站、新城子中心大市场、贵州路北斗街、新兴广场、王驿屯、西五旗、木材交易中心、崔公堡、孟家屯、大望花台、小望花台、吴三家子、中古城子、首开国风润城、大古城子、矿务局中学、虎石台开发区(黄楼)、辽宁金融职业学院、詹屯、三〇一、朱尔屯、朱尔屯南、西三家子、新楼、文官屯、西门、望花新村木材市场、东方欧博城、望花立交桥北、圣淘沙家园、紫竹茗郡、通利汽车公司、九一八历史博物馆、崇山路鸭绿江东街、北塔、省教育厅、松花江街崇山路、宁山路小学、省消防总队、市建委、沈阳北站站前、惠工广场西、哈尔滨路青年北大街、总站路阜新二街、皇寺广场、北市场西、西塔、沈阳站北、沈阳站、中华路南京街、马路湾
329	马三家子——黑龙江街武夷山路	马三家、马三教养院、马三家中街、马三桥头、兰屯、兰屯桥、小三家、铁路西站、永安桥、朝鲜小学、刘家窝棚、大转弯桥、小转弯桥、大芳士、元江街白山路、向工一校、昆山路前塔湾、中海寰宇天下塔湾西、太平庄、崇山路淮河街、宁山路延河街、怒江广场、宁山路金沙江街、宁山路北行、宁山路黄河大街、嫩江街宁山路、省公安厅、龙江广场、黑龙江街武夷山路
329 支线	闸上——中海寰宇天下塔湾西	闸上、闸上村委会、嘉益食品、明星村(南线)、高力屯、阳光城、高力大棚、看守所、造化监狱、大转弯桥、小转弯桥、大芳士、元江街白山路、向工一校、昆山路前塔湾、中海寰宇天下塔湾西

线路	起始站点	途　经　站　点
333	苏家屯——沈阳北站	苏家屯客运站、苏家屯大润发超市、青年桥、公园商场、铁路医院、雪松路牡丹街、北国奥林匹克花园、沈阳国际会展中心、辽宁反腐倡廉展览馆、航天路、小羊安、城建学院、白塔堡、白塔市场、阳光新嘉园、沈营路新秀街、沈铁田园牧歌、万科新榆公馆、糖厂子、世纪新城、沈营路华园东路、融城时代、首创国际城、泛华广场、浑河堡、浦江苑、新华社、五里河公园西、夏宫、五里河茂业中心、文化路立交桥南、陆军总院、地王国际花园、风雨坛街西滨河路、五爱市场西区、风雨坛街热闹路、大西门、小西门、太清宫北、天后宫、房产市场、惠工广场东、沈阳北站
333 支线	苏家屯——沈阳北站	苏家屯客运站、苏家屯大润发超市、青年桥、公园商场、铁路医院、雪松路牡丹街、北国奥林匹克花园、沈阳国际会展中心、南京街银杏路、沈阳体育学院、新沈阳南站(预留站)、小羊安、城建学院、白塔堡、白塔市场、阳光新嘉园、沈营路新秀街、沈铁田园牧歌、万科新榆公馆、糖厂子、世纪新城、沈营路华园东路、融城时代、首创国际城、泛华广场、浑河堡、浦江苑、新华社、五里河公园西、夏宫、五里河茂业中心、文化路立交桥南、陆军总院、地王国际花园、风雨坛街西滨河路、五爱市场西区、风雨坛街热闹路、大西门、小西门、太清宫北、天后宫、房产市场、惠工广场东、沈阳北站
334	红椿路铁路桥——沈阳北站	红椿路铁路桥(郡原小石城)、红椿路高铁二街(郡原望庄)、百荷湾(白塔堡)、白塔小学、百荷湾北门、白塔三街高深路、理想新城、三环辅路、卓越平方、双 E 港小区、白塔河路(上深村)、飞云路金辉街、飞云路新岛街、教场、泰莱十六区、文澜苑、坤泰新界、省浑南训练基地、奥体中心南门、新华公寓、科普公园东、五爱街文萃路、陆军总院东门、地王国际花园、风雨坛街西滨河路、五爱市场西区、风雨坛街热闹路、大西门、小西门、太清宫北、天后宫、房产市场、惠工广场东、沈阳北站
335	金宝台二手车市场——二十一世纪广场	金宝台二手车市场、金宝台村、金宝花园、三十中学、桂花街北青松路、血栓医院、公园商场、铁路医院、雪松路牡丹街、北国奥林匹克花园、雪莲街山榆路、华润雪花啤酒厂、大羊安村、有轨电车车辆段、毡匠村、毡匠路口、火石桥、东北花卉大世界、小羊安村、城建学院、白塔堡、白塔市场、阳光新嘉园、沈营路新秀街、东大软件园、变压器研究所、高科路世纪路、高科路新明街、下深工业园、21 世纪广场
381	石佛寺——大渡河街	石佛寺、孟家、立新、张家、鲁家、中心台、兴鲜村、兴隆台、救兵台、永丰村(粮库)、尹家(世家沈北新城)、纸板厂、下坎子、全胜、三家子(沈北)、道义工业新区、弓匠屯、瀚博小区、道义镇政府、道义中学、辽宁大学北校区、正良村、沈阳师范大学、四台子、黄河大街万山路、沈阳医学院、国奥现代城、黄河大街松山路、二四二医院、省中医二院、新乐宿舍、新乐遗址、辽宁大厦、省实验中学、辽宁大学、长江街宁山路、北行、大渡河街
382	新城子——大渡河街	新城子、五五村、道树子、七家子、德胜台、财落、七十五中学、姚家、大辛屯二村、全胜、三家子(沈北)、道义工业新区、弓匠屯、瀚博小区、道义镇政府、道义中学、辽宁大学北校区、正良村、沈阳师范大学、四台子、黄河大街万山路、沈阳医学院、国奥现代城、黄河大街松山路、二四二医院、省中医二院、新乐宿舍、辽宁大厦、省实验中学、辽宁大学、长江街宁山路、北行、大渡河街
383	依路——市骨科医院	依路、拥屯、怪坡风景区、阎家沟、万米、后腰堡、前腰堡、清水台、泥沟堡、二井、孙家洼子、蒿甸子、马家堡子、蒲河镇、华康牧业公司、好利来工业园(黄泥河子)、希杰饲料公司(转盘/百事可乐)、聚农路(千禧鹤/雨润食品)、泉涌新镇(辉山畜牧场/阳光洛可可)、冯道社区、翔宇中学、闽南石材城、奥森环境公司、赵家沟(中南陶瓷城)、王家沟、上王家沟、八棵树、罗家沟、南赵家沟、祥和汽校、山水文园(花园新城)、东山嘴子、陶瓷城、东望街东陶路、国瑞商城、中铁物资集团、万科蓝山、沈阳东站北、东北大马路明堂街、东北大马路新生二街、市骨科医院
383 复线	依路——龙之梦亚太城	依路、拥屯、怪坡风景区、阎家沟、万米、后腰堡、前腰堡、清水台、泥沟堡、二井、孙家洼子、蒿甸子、马家堡子、蒲河镇、华康牧业公司、好利来工业园(黄泥河子)、希杰饲料公司(转盘/百事可乐)、聚农路(千禧鹤/雨润食品)、泉涌新镇(辉山畜牧场/阳光洛可可)、冯道社区、翔宇中学、闽南石材城、奥森环境公司、赵家沟(中南陶瓷城)、王家沟、上王家沟、八棵树、罗家沟、南赵家沟、祥和汽校、山水文园(花园新城)、东山嘴子、陶瓷城、东望街东陶路、国瑞商城、中铁物资集团、万科蓝山、沈阳东站北、东北大马路明堂街、东北大马路新生二街、市骨科医院、北海街工农路、莱茵河畔、龙之梦亚太城

线路	起始站点	途经站点
384	棋盘山——白塔路	棋盘山、宋家、清韵百园、中木、下木、小东沟、上满堂、世博园(碧桂园)、上水泉、中水泉、老年公寓、下水泉、英达桥头、英达、御湖开发区、后陵、东方御景、炮校东门、金家屯、农科院、省农业技术学校、沈抚立交桥东、东北汽贸、一汽福达、良城美景、辽宁奥通、二〇一、一汽惠华、沈海热电厂、珠林桥东、天江老龙口、市群众艺术馆、津桥路小什字街、小津桥、白塔路
385	皇家极地海洋世界——白塔路	皇家极地海洋世界、晓仁镜村、砖瓦村、大仁镜村、化工厂、旧站、高坎镇桥头、三家子村、上马村、世博园南门、万科兰乔圣菲、烟台村、七间房、工人医院、司法干校、东陵公园、少林武校、前陵堡、东陵路东三环、沈阳农业大学、农科院、省农业技术学校、沈抚立交桥东、东北汽贸、良城美景、辽宁奥通、二〇一、一汽惠华、沈海热电厂、珠林桥东、天江老龙口、市群众艺术馆、津桥路小什字街、小津桥、白塔路
386	深井子——白塔路	深井子村委会、深井子街、十大线、大甸子、小甸子、上伯、下伯、后汪家、前汪家、石庙子、东陵路东三环、沈阳农业大学、农科院、省农业技术学校、沈抚立交桥东、东北汽贸、一汽福达、良城美景、辽宁奥通、二〇一、一汽惠华、沈海热电厂、珠林桥东、天江老龙口、市群众艺术馆、津桥路小什字街、小津桥、白塔路
387	白清寨——南塔客运站	白清寨、顺山子、太平山、山城子、老瓜洼、上高士、下高士、祝家、常王寨、小常王寨、常家湾、红旗岭、畜牧场、李相、古城子、麦子屯、沈阳出口加工区、沈阳建筑大学、沈音南校区南、在水一方社区、和泰东方园、万科花园新城、东北大学基础学院、出租汽车公司南、南塔客运站
387 区间	祝家——南塔客运站	祝家、常王寨、小常王寨、常家湾、红旗岭、畜牧场、李相、古城子、麦子屯、沈阳出口加工区、沈阳建筑大学、沈音南校区南、在水一方社区、和泰东方园、万科花园新城、东北大学基础学院、出租汽车公司南、南塔客运站
388	老塘峪——南塔客运站	老塘峪、石官屯、杏树村、馒首山、李相、邦士台、得胜屯、高八寨、永安道口、保和、施家寨、元科蜡厂、东陵殡仪馆、孙家寨、下泉水峪村道口、下泉水峪村委会、下泉水峪村、南岭村、南岭村委会、新大地公司、营城子、后桑林子、博荣水立方(大甸子)、教场、泰莱十六区、文澜苑、奥体中心南门、河畔花园、五爱街文萃路、陆军总院东门、南塔、南塔鞋城、南塔客运站
389	陈相——南塔客运站	陈相、公墓、皮家湾、下庙子、电池厂、刘后地、佟沟、佳地园、胜利、绿岛、信盟花园、荒山子、舞蹈学校、桃仙镇、万家岭、美地庄园、班家寨、前桑林子、营城子、后桑林子、博荣水立方(大甸子)、教场、泰莱十六区、文澜苑、奥体中心南门、河畔花园、五爱街文萃路、陆军总院东门、南塔、南塔鞋城、南塔客运站
390	桃仙——南塔客运站	桃仙、富家屯、荒山子、舞蹈学校、桃仙镇、万家岭、美地庄园、班家寨、前桑林子、营城子、后桑林子、博荣水立方(大甸子)、教场、泰莱十六区、文澜苑、奥体中心南门、河畔花园、五爱街文萃路、陆军总院东门、南塔、南塔鞋城、南塔客运站
393	光荣——北陵公园	光荣、茨榆、曙光、马家、穆家、新农村、全胜、三家子检查站、沟子沿、平罗、上蒲河、黄土坎、道义中学、辽宁大学北校区、正良村、沈阳师范大学、四台子、黄河大街万山路、沈阳医学院、国奥现代城、黄河大街松山路、二四二医院、省中医二院、新乐宿舍、辽宁大厦、北陵公园
394	陈相——南塔客运站	陈相、柳匠屯、胡老屯、小东沟、前三道岗子、后长岭子、沙河堡佟古家子、于家道口、沙河堡、沙河桥北、后桑栏子、鲍家、毡匠路口、火石桥、东北花卉大世界、大羊安村、小羊安村、白塔市场、阳光新嘉园、沈营路新秀街、万科新榆公馆、糖厂子、世纪新城、沈营路华园东路、融城时代、浑河堡南、五里河公园西、五爱街文萃路、陆军总院东门、南塔、南塔客运站
395	姚千——南塔客运站	姚千、上瓦房、朱家庄、刘千户、小堡屯、奉集、刘后地、佟沟、佳地园、胜利、绿岛、信盟花园、荒山子、舞蹈学校、桃仙镇、万家岭、美地庄园、班家寨、前桑林子、营城子、后桑林子、博荣水立方(大甸子)、教场、泰莱十六区、文澜苑、奥体中心南门、河畔花园、五爱街文萃路、陆军总院东门、南塔、南塔鞋城、南塔客运站
396	光辉农场——重工街北一路	光辉农场、三台子市场、光辉乡政府、三台子养鸡场、高台子、门台加油站、集体、西大林子、东大林子、曹台、范家屯、大兴、新兴村、西桥、大兴乡政府、大兴沙岗子、陈孤家子、第五十六中学、红旗台、丁红、丁香屯、丁香小学、重工街北一路

线路	起始站点	途　经　站　点
397	解放——大渡河街	解放、解放市场、于金台、万金台、大尚义、小尚义、达连屯、周家、陆家、青堆子、马家甸、监狱城、白辛台、北刘家、东二台子、西二台子、平罗镇政府、平罗市场、广告学院、关家、旺牛屯、白家、造化、中海城北、中海城、加州花园、教师新村、陵西二小区、第四十中学、北方医院、第九印刷厂、沙河子小区、长江街泰山路、建赏欧洲、辽宁大学、长江街宁山路、北行、大渡河街
397 区间	监狱城——大渡河街	监狱城、白辛台、北刘家、东二台子、西二台子、平罗镇政府、平罗市场、广告学院、关家、旺牛屯、白家、造化、中海城北、中海城、加州花园、教师新村、陵西二小区、第四十中学、北方医院、第九印刷厂、沙河子小区、长江街泰山路、建赏欧洲、辽宁大学、长江街宁山路、北行、大渡河街
398	虎石台——北陵公园	虎石台综合大市场、虎石台小学、老市场、虎石台镇政府、省金融学校、兴明街蒲裕路、省交校南门、沈北路天赋家园、辽宁经济管理干部学校、小桥子村北、小桥子村、小桥子村南、万合汽校、物流园、五金建材市场、消防训练基地、文官屯、德孚润滑油、空训基地、鸭绿江街圣安路（观音屯）、北陵开发区、新锐防爆电器、上岗子、城建北尚、烈士陵园、金山小区、北陵东门、省军区北门、北陵公园
398 复线	虎石台职教园——北陵公园地铁口	虎石台职教园、市信息工程学校南门、富城春天小区、虎石台综合大市场、中国医科大学、省城建学院、省经济管理干部学校北门、鸭绿江北街沈北路、小桥子村北、小桥子村、小桥子村南、万合汽校、物流园、五金建材市场、消防训练基地、文官屯、德孚润滑油、空训基地、鸭绿江街圣安路（观音屯）、北陵开发区、新锐防爆电器、上岗子、城建北尚、烈士陵园、金山小区、北陵东门、省军区北门、北陵公园地铁口
399	虎石台——沈阳站北	虎石台、老市场、矿务局中学、虎石台开发区、辽宁金融职业学院、詹屯、三〇一、朱尔屯、西三家子、新楼、西门、望花新村木材市场、东方欧博城、望花立交桥、圣淘沙家园、紫竹茗郡、通利汽车公司、九一八历史博物馆、崇山路鸭绿江东街、北塔、省教育厅、松花江街崇山路、宁山路小学、省消防总队、市建委、青年北大街、总站路阜新二街、皇寺广场、北市场西、沈医二院、西塔、铁路局、太原街中山路、沈阳站北
501	沙岭客运站——五爱市场西区	沙岭客运站、大成公司、永森木业、家具园管委会、俪锦城、沙岭小区、粮旺集团、兰胜台、辽宁成工（金威橡胶）、高明台、共和综合市场、连云塔机、沈新路七号街、天津汽贸、张士、沈新路松花湖街、沈新路巢湖街、巢湖街渤海路、于洪区委、依云首府北门、于洪广场、于洪南里、南十路强工二街、南十路重工街、南十路肇工街、启工机械学校、南九路卫工街、南七路保工街、南七路兴顺街、南七路勋望街、铁西百货、铁西广场、建设大路兴工街、胜利大街南五马路、沈阳站南、中华路太原街、中华路南京街、二〇二医院、十三纬路光荣街、十三纬路五经街、十三纬路三经街、大西菜行、顺通食街、第七中学、五爱市场西区
503	沈阳北站——五爱市场	沈阳北站、家乐福北站店、惠工广场东、房产市场、天后宫北、天后宫、太清宫北、太清宫、小西门、大西门、市环保局、五爱市场（小南街）
523	东方威尼斯——沈阳站南	东方威尼斯、丰乐二街文萃路、摩托车城、东北大学基础学院、文化东路富民街、出租汽车公司南、文化东路天坛一街、南塔鞋城、省医院东门、大南边门、建设大厦、南关小区、南关路小南街、辽宁奉天中医院、五爱市场西区、五爱西区北、第七中学、顺通食街、大西菜行、十三纬路三经街、十三纬路五经街、十三纬路光荣街、十三纬路吉林路、体育广场、中山公园西、市文化宫、沈阳站南（南一马路）
718	东湖市场——解放南	东湖市场、于洪广场、于洪家乐福、太湖街、巢湖街、北李官、东平湖街、和泰馨城、沈胡公路、于洪动监、于洪职教中心、新塔湾钢材市场、姚家、红旗石材城、第五十六中学、世代书香、创奇游乐公司、双联电子公司、陈孤家子、大兴沙岗子、大兴街道、西桥、大兴学校、新光（新房子）、大兴铸造厂、范屯、西大林、集体、光辉乡、老边、南台、解放南
719	东湖市场——平罗	东湖市场、于洪广场、于洪家乐福、太湖街、巢湖街、北李官、东平湖街、和泰馨城、沈胡公路、于洪动监、于洪职教中心、新塔湾钢材市场、姚家、红旗石材城、第五十六中学、世代书香、创奇游乐公司、双联电子公司、陈孤家子、大兴沙岗子、大兴街道、西桥、大兴学校、新光（新房子）、大兴铸造厂、马三家供电所、范家屯、交通经济驾校、马三家街道、第五十九中学、马三家公铁桥、金马新村、马三家、前辛台、郝三家、平罗

线路	起始站点	途经站点
720	东湖市场——解放北	东湖市场、于洪广场、于洪家乐福、太湖街、巢湖街、北李官、东平湖街、和泰馨城、沈胡公路、于洪动监、于洪职教中心、新塔湾钢材市场、姚家、红旗石材城、第五十六中学、世代书香、创奇游乐公司、双联电子公司、陈孤家子、大兴沙岗子、大兴街道、西桥、大兴学校、新光(新房子)、大兴铸造厂、马三家供电所、范家屯、交通经济驾校、马三家街道、第五十九中学、马三家公铁桥、金马新村、马三家、古城子、十里河、双树子、解放北
721	东湖市场——前进	东湖市场、于洪广场、太湖街、于洪区委、巢湖街、北李官、东平湖北街、和泰馨城、沈胡公路、沈胡路环城高速、东民、后民屯、兴盛、西爱线、爱国、繁荣、沙陀子、前进
721支线1	东湖市场——静安	东湖市场、于洪广场、太湖街、于洪区委、巢湖街、北李官、东平湖北街、和泰馨城、沈胡公路、沈胡路环城高速、东民、后民屯、兴盛、西爱线、爱国、繁荣、曹台、岔路、皮台、边台、静安
721支线2	东湖市场——曹台	东湖市场、于洪广场、黄海路、于洪区委、巢湖街、北李官、东平湖北街、和泰馨城、沈胡公路、环东物流、宏发小学、东民、后民屯、兴盛、爱国家园、光辉、大兴、全胜、曹台
722	熊家岗路——和泰馨城尚东区	熊家岗路、于洪机场、东大智慧森邻北门、东大智慧森邻南门、舒丽雅、于洪建材市场、迎宾路北、迎宾路南、洪湖社区、东湖市场、于洪人力资源市场、于洪广场、于洪家乐福、世代龙泽湾、漾日华庭、沈新园、开发大路、沈新路巢湖街、海逸综合市场、海逸购物中心、海逸诗阁、和谐广场、于洪区委、沈大路、和泰尚东区正门、和泰尚东区
800	陵园西街——三好桥	陵园西街、金山路91号、金山小区、北陵东门、省军区北门、北陵公园、辽宁中医、北陵大街宁山路、省公安厅、市残联、北站路青年北大街、沈阳北站、惠工广场南、奉天街市府大路、奉天街小西路、奉天街药王庙路、房地产大厦东、风雨坛街沈州路、风雨坛街热闹路、五爱市场西区、风雨坛街西滨河路、地王国际花园、陆军总院东门、五爱街北文萃路、文萃路青年大街、五里河茂业中心、世贸百货、市交通局、新世界花园、三好桥
K801	碧桂园凤凰城——五爱市场	碧桂园凤凰城、南营子、沙柳小学、溪畔人家、苏家屯客运站、海棠花园、苏家屯妇婴医院、苏家屯房产大厦、青年桥、公园商场、铁路医院、雪松路牡丹街、北国奥林匹克花园、十里锦城、大官房、可济药业、玉皇药业、加工厂宿舍、馨丽康城、九州湾景汇、胜利南街湾景汇北、浑河站、三山集团、马总、长白苑、万科城、格林生活坊、远洋天地、工农桥南、工农桥北、南京街砂阳路、省妇婴医院、市第六医院南、南湖公园西门、方型广场、盛京医院南湖院区、展览馆、陆军总院、南塔、省医院东门、大南边门、第二十七中学、五爱市场
K802	碧桂园凤凰城——龙之梦亚太城	碧桂园凤凰城、南营子、沙柳小学、溪畔人家、苏家屯客运站、海棠花园、苏家屯妇婴医院、苏家屯房产大厦、青年桥、公园商场、铁路医院、雪松路牡丹街、北国奥林匹克花园、十里锦城、大官房、可济药业、玉皇药业、加工厂宿舍、馨丽康城、九州湾景汇、胜利南街湾景汇北、浑河站、三山集团、马总、长白苑、万科城、格林生活坊、远洋天地、工农桥南、工农桥北、南京街砂阳路、省妇婴医院、市第六医院南、南湖公园西门、方型广场、盛京医院南湖院区、展览馆、陆军总院、地王国际花园、风雨坛街街西滨河路、五爱市场西区、五爱市场、热闹路大南街、大南门东、小河沿、大东门、东中街、小津桥、津桥路小什字街、市群众艺术馆、龙之梦亚太城
铁西新区1线	张士灯具城——西塔	张士灯具城、张士开发区管委会、花海路燕塞湖街、水产市场、沈新路洪湖二街、洪湖小区、长客西站、重工街勋业一路、重工街南十二路、重工街南十路、重工街南七路、南七路肇工街、建设大路肇工街、建设大路启工街、建设大路卫工街、建设大路保工街、建设大路兴顺街、铁西广场、建设大路云峰街西、建设大路兴工街、胜利大街南五马路、沈阳站南、沈阳站北、太原街中山路、铁路局、西塔
铁西新区2线	久利建材——南湖公园西门	久利公司、七号路七号街、七号路六号街、七号路六号街东、七号路四号街、四号街开发大路、四号街十一号路、四号街十四号路、家宁花园、宁官市场、沈辽路大明湖街、沈辽路昆明湖街、鹏程花园、山东堡、三隆碧桂园、新型建材厂、鼓风机一分厂、冶金机械公司、沈辽路赞工街、仙女湖公园北、西部货运中心北、沈辽路齐贤街、沈辽路艳粉街、沈辽路兴华街、沈辽路云峰街、沈后招待所、沈辽路兴工街、东北汽配商贸中心、南八马路太原街、南八马路海口街、沈阳急救中心、南湖公园西门

线路	起始站点	途经站点
铁西新区产业一线	长客西站——安川电机	长客西站、洪湖一街沈新路、洪湖一街、澳海西湖印象、星海路、昆明湖街星海路、昆明湖街(张士开发区管委会)、普力司通、云海路(东北制药)、云海路松花湖街、七号路一号街、七号路四号街、七号路六号街东、七号路六号街、七号路七号街、久利公司、开发大路七号街、施道克电力公司、中央大街地铁站、沈鼓集团南、高中压阀门、机床集团、丽都新城西、机床集团3号门、远大集团、十三号街地铁大厦、北车集团、三一重工、特变电工、申克动力、安川电机
浑南区一线	理想新城——方荣路	理想新城、高远路东大软件园、变压器研究所、东海电子、海外学子园、亚泰花园、东陵区(浑南新区)政府、报业印务中心、二十一世纪广场、辽宁移动通信、彩霞街公铁桥、彩霞街沈营路、泛华广场、浑河堡、浦江苑、新华社、新华公寓、艺术家园、河畔新城、沈音乐府艺术学校、恒达路朗日街、金海园、长青桥、南堤路文汇街、文汇街南堤路、音乐学院南校区、在水一方社区、和泰东方园、万科花园新城、方青北路、青阳四季园、瑞丰嘉园、方荣路
预备役号专线	高炮一师西——皇姑屯火车站	高炮一师西、万科城、格林生活坊、长白东路长白四街、三好桥北、新世界花园、市交通局西门、东北大学南门、交通安全教育学校、龙王庙公园、盛发花园、省体院、市第六医院、和平大街南七马路、铁路中学、南五马路民族街、南五马路胜利大街、振工街建设大路、兴工街北三路(沈阳站西)、兴工街北二路、兴工街千姿汇、兴工街北一路、珠江街天山路、华山路珠江街、皇姑公安分局、怒江街华山路、皇姑屯火车站
旅游观光一线(观光巴士1号线)	辽宁大厦——奥体中心南门	辽宁大厦、北陵公园、省政府、辽宁中医、省公安厅、北站路青年大街、惠工广场北、市府广场西、市中级法院、太清宫东、小津桥、东中街、大东门、大南门西、房地产大厦、大西边门、彩电塔、青年公园西、华润中心、文化路立交桥南、五里河茂业中心、夏宫、五里河公园西、奥体中心南门
浑河西峡谷旅游专线	地铁中央大街站——浑河西峡谷公园	地铁中央大街站、荣盛幸福大道、中央大街沈辽路、工业大学中央校区东门、工业大学中央校区南门、浑河西峡谷公园
	新城子－虎石台－蒲河新城	新城子、新城子邮局、新城子中心大市场、贵州路北斗街、新兴广场、王驿屯、西五旗、木材交易中心、崔公堡、孟家屯、大望花台、小望花台、吴三家子、中古城子、首开国风润城、大古城子、矿务局中学、市益民医院、老市场、虎石台镇政府、黄楼、虎石台管委会、蒙牛乳业、柳岗屯、沈北路月亮湖街、沈北路大望街、吉隆公司、北钢不锈钢公司、沈北路辉山大街、沈北路宏业街、泉涌新镇、中信银行沈北支行、水木康桥、省装备学院、蒲河新城管委会
沈抚一号线	沈阳站——抚顺南站	沈阳站、胜利大街北四马路、三洞桥、皇寺广场、珠林桥东、二〇一、二〇五、保利花园、沈抚立交桥东、马官桥、沈阳农业大学、李石开发区、三宝屯、抚顺八纬路、石化大学、七百商店、石油研究院、海城街、大官屯、三道街、抚顺南站
沈抚三号线	沈阳北站——抚顺南站	沈阳北站、惠工广场南、龙之梦亚太城、珠林桥东、二〇一、二〇五、保利花园、沈抚立交桥东、马官桥、沈阳农业大学、东陵公园、赛特奥莱、奥林匹克花园、世博园南门、高坎、砖瓦村、小仁镜村、皇家极地海洋世界、热高乐园、高湾、和平桥北、石化大学、七百商店、石油研究院、海城街、永济路西、大官屯、三道街、抚顺南站
沈抚四号线	沈阳五爱市场——抚顺白云商场	沈阳五爱市场、鸿翔宾馆、莲花街、珠林桥东、二〇一、二〇五、保利花园、沈抚立交桥东、马官桥、沈阳农业大学、李石开发区、三宝屯、抚顺八纬路、石化大学、七百商店、石油研究院、海城街、大官屯、三道街、抚顺白云商场
沈抚城际公交1线	抚顺沈抚新城——龙之梦亚太城	沈阳理工大学应用技术学院、沈抚新城管委会、四方高中、锦绣澜湾、君悦地产、抚顺万科金域蓝湾、金风湾、四环桥、伯官东街、伯官大街、伯官西街、汪家、沈抚立交桥、石庙子、刘付屯、东岗子、李巴彦、恒大江湾、杨官屯、沈阳出口加工区、东亚国际城、沈阳建筑大学、音乐学院南校区、在水一方社区、和泰东方园、万科花园新城、长青街、泉园一路、万泉旅社、莲花街、华润万家滂江店、龙之梦畅园、龙之梦亚太城
沈抚城际公交2线	抚顺沈抚新城——龙之梦亚太城	沈阳理工大学应用技术学院、沈抚新城管委会、亿丰国际、顺安路、悦鑫国际、阳光丽景、开发区公安分局、顺飞广场、催化剂厂、万科金域蓝湾东门、永泰电力、化工机械、凯顺化工、抚顺职业技术学院、旺力城、四环桥、伯官东街、伯官大街、伯官西街、汪家、沈抚立交桥、石庙子、刘付屯、东岗子、李巴彦、恒大江湾、杨官屯、沈阳出口加工区、东亚国际城、沈阳建筑大学、音乐学院南校区、在水一方社区、和泰东方园、万科花园新城、长青街、泉园一路、万泉旅社、莲花街、华润万家滂江店、龙之梦畅园、龙之梦亚太城

线路	起始站点	途经站点
苏家屯中环	苏家屯金山小区	苏家屯金山小区、路灯管理所、巡警大队、桂花市场、血栓医院、苏家屯交通局、苏家屯公安局、苏家屯消防中队、苏家屯工商局、丁香小区、维康药房、枫杨路市场、青年桥、苏家屯客运站、海棠街、苏家屯妇婴医院（民主市场）、商业大厦、玫瑰街电业局、沈阳南站、军人招待所、铁中铁小、苏白路、六库（人民路）、带锯厂、苏白路市场西门、中顺汽车、苏家屯区教委、朝鲜小学、北青松路、苏家屯金山小区
机场巴士	马路湾——桃仙机场	马路湾、桃仙机场
机场巴士1号线	辽宁省快速汽车客运站——桃仙机场	辽宁省快速汽车客运站（北站虎跃快客）、桃仙机场
机场巴士2号线	沈阳站SK客运枢纽站——桃仙机场	沈阳站SK客运枢纽站、桃仙机场
地铁一号线	十三号街——黎明广场	十三号街、中央大街、七号街、四号街、张士、开发大道、于洪广场、迎宾路、重工街、启工街、保工街、铁西广场、云峰北街、沈阳站、太原街、南市场、青年大街、怀远门、中街、东中街、滂江街、黎明广场
地铁二号线	全运路——航空航天大学	全运路、白塔河路、世纪大厦、营盘街、奥体中心、五里河、市图书馆、工业展览馆、青年公园、青年大街、市府广场、金融中心、沈阳北站、岐山路、中医药大学、北陵公园、新乐遗址、陵西、三台子、医学院、师范大学、航空航天大学
有轨电车1号线	兴隆大奥莱——会展中心	兴隆大奥莱、亿丰广场、银卡路、中国电信、新松机器人、白塔河路、月星国际城、消防总队、万丽广场、金道城、国际软件园、新松智慧园、绿城全运村、华茂中心、运行中心、尚盈丽城、府城铭邸、国际学校、光明学校、黑牛财富、城建学院、艺术中心、沈阳南站、东北大学、尚盈丽景、电车公司、会展中心
有轨电车2号线	兴隆大奥莱——桃仙机场	兴隆大奥莱、亿丰广场、银卡路、中国电信、新松机器人、白塔河路、月星国际城、消防总队、万丽广场、金道城、国际软件园、新松智慧园、国际设计谷、千锦汇酒店、美地庄园、宁路村、桃仙、机场宾馆、桃仙机场
有轨电车3号线	世纪大厦——会展中心	世纪大厦、白塔河路、中海康城、首创光和城、华茂中心、和鸿广场、科技馆、鲁美学院、锦联产业园、大学科技城、音乐学院、国际医院、东北大学、尚盈丽景、电车公司、会展中心
有轨电车5号线	奥体中心——沈抚新城	奥体中心、沈阳海关、金水花城、奥体游泳馆、行政服务中心、浑南图书馆、陆军总院、浑南实验学校、万科新里程、建筑大学、金地滨河国际、综合保税区、万科新城、东湖学校、温馨港湾、金地艺境、东北冷鲜港、天洁华尔街、汪家馨城、通航大厦、伯官、上伯官、沈抚新城

（交通局）

索　　　　　　引

一、本索引采用分析索引方法，按英语26个字母的顺序排列。

二、本索引依据编目、分目及主要条目所在的列序位置，分别注明页码（其中黑体字为编目），其后“a、b、c”表示所在栏目，供读者在检索时查阅。

G

H

K

L

Y

Z

中国统计出版社最新图书简目

（仅供参考，以实际出版为准）

统计资料

中国统计年鉴　中国统计摘要　中国发展报告
中国经济普查年鉴2013　国际统计年鉴　金砖国家联合统计手册
中国-东盟国家统计手册　中国农村统计年鉴　中国县域统计年鉴
中国城市统计年鉴　中国对外直接投资统计公报　中国地区经济监测报告
中国贸易外经统计年鉴　中国零售和餐饮连锁企业统计年鉴　中国商品交易市场统计年鉴
大中型批发零售和住宿餐饮企业统计年鉴　中国农产品价格调查年鉴　中国住户调查年鉴
中国价格统计年鉴　中国能源统计年鉴　全国农产品成本收益资料汇编
中国环境统计年鉴　中国建筑业统计年鉴　国外资源、能源和环境统计资料汇编
中国工业统计年鉴　中国城乡建设统计年鉴　中国房地产统计年鉴
中国城市建设统计年鉴　中国科技统计年鉴　中国第三产业统计年鉴
中国证券期货统计年鉴　中国劳动统计年鉴　中国高技术产业统计年鉴
工业企业科技活动资料　中国社会统计年鉴　中国人口和就业统计年鉴
中国人才资源统计报告　中国教育经费统计年鉴　中国文化及相关产业统计年鉴
文化及相关产业统计概览　中国民政统计年鉴　中国民族统计年鉴
中国残疾人事业统计年鉴　中国妇女儿童状况统计资料（英）　中国乡镇街道行政区域简册
中国基本单位统计年鉴

省级综合统计年鉴系列

北京 天津 河北 山西 内蒙古 辽宁 吉林 黑龙江 上海 江苏 浙江 安徽 福建 江西 山东 河南 湖北 湖南 广东 广西 海南 重庆 四川 贵州 云南 西藏 陕西 甘肃 青海 宁夏 新疆 新疆生产建设兵团

市(县)级综合统计年鉴系列

天津滨海新区 石家庄 唐山 邯郸 保定 沧州 邢台 廊坊 承德 衡水 秦皇岛 张家口 太原 大同 阳泉 长治 晋城 朔州 晋中 运城 忻州 临汾 呼和浩特 呼和浩特新城区 鄂尔多斯 包头 沈阳 大连 长春 延吉 四平 通化 哈尔滨 齐齐哈尔 黑龙江垦区 上海浦东新区 南京 无锡 徐州 常州 苏州 南通 连云港 淮安 盐城 扬州 镇江 泰州 宿迁 江阴 丹阳 杭州 宁波 温州 嘉兴 湖州 绍兴 金华 衢州 舟山 台州 丽水 合肥 安庆 马鞍山 福州 厦门 宁德 漳州 南昌 九江 上饶 新余 抚州 萍乡 赣州 吉安 景德镇 济南 青岛 潍坊 枣庄 日照 滕州 郑州 洛阳 平顶山 三门峡 商丘 信阳 济源 武汉 十堰 荆州 宜昌 荆门 咸宁 长沙 广州 深圳 惠州 东莞 南宁 柳州 桂林 来宾 海口 三亚 成都 贵阳 昆明 西安 安康 兰州 庆阳 银川 乌鲁木齐 兵团一师 兵团十师

调查年鉴系列

天津 山西 内蒙古 辽宁 吉林 上海　福建 江西 河南 湖北 湖南 广西　重庆 四川 云南 甘肃 宁夏 新疆

统计方法应用/实用手册

实用SAS统计分析教程　马克威统计分析与数据挖掘应用案例
乡镇统计人员岗位知识培训系列教材：辅助调查员岗位基础知识　乡镇统计人员岗位基础知识
县级统计人员岗位知识培训系列教材：Excel在统计工作中的应用　简明统计分析
EXCEL在基层统计工作中的应用　统计公文知识问答

统计通俗读物/统计科普图书

漫话诺贝尔经济学大师与数学情缘　魅力统计　漫话信息时代的统计学　统计使人更聪明
漫游数据王国　探访随机世界　新中国统计工作历史流变1949-1999　无处不在的统计

重点图书

新编英汉汉英统计大词典　中华医学统计百科全书
挑大学选专业2016—考研择校指南　挑大学选专业2016—高考志愿填报指南

中国统计出版社发行部电话：（010）63376907　63376908　同棋行书店电话：68783171　68783172
地址：北京市丰台区西三环南路甲6号　邮政编码：100073　网址：http://www.zgtjcbs.com